2 Cape Point

Die Landzunge südlich von Kapstadt gehört zu den malerischsten Küstenlandschaften des Kontinents. S. 155

3 Das Weinland

Die Weingüter des Westkaps locken mit umwerfender Landschaft, kapholländischer Architektur und ebenso ausgezeichneten wie erschwinglichen Tropfen. S. 202

4 Walbeobachtung

An der Whale Coast wagen sich die Wale oft erstaunlich nah ans Land heran. S. 249

5 De Hoop Nature Reserve

Hier kann man Dünen hinabschlittern oder von ihren hohen Kuppen nach Walen Ausschau halten. S. 260

6 Storms River Mouth

Auf dem schönsten Küstenabschnitt der Garden Route führt eine Hängebrücke über die Mündung des Storms River. S. 293

3., vollständig überarbeitete Auflage

Reiseziele und Routen

Traveltipps von A bis Z

Land und Leute

Kapstadt und die Kap-Halbinsel

Westkap

Nordkap

Ostkap

KwaZulu-Natal

Freistaat

Gauteng

Nordwest-Provinz

Mpumalanga und Limpopo

Anhang

Tony Pinchuck, Barbara McCrea,
Donald Reid, Ross Velton

SÜDAFRIKA

STEFAN LOOSE
TRAVEL HANDBÜCHER

SÜDAFRIKA
Die Highlights

1 Kapstadt

Der spektakulärste Weg auf Kapstadts berühmten Hausberg, den Tafelberg, ist auch der bequemste – mit der Seilbahn, deren Kabine sich unterwegs um ihre Achse dreht. S. 117

7 Kgalagadi Transfrontier Park

Geparden und andere Steppentiere bevölkern die karge, aber imposante Landschaft der Kalahari. S. 332

8 Wildblumen

Nach dem Winterregen verwandelt sich die sonst so unwirtliche Landschaft des Namaqualands in ein Blumenmeer von unglaublicher Farbenpracht. S. 340

9 Richtersveld

Wüst, schroff, heiß: Der Richtersveld Transfrontier Park, eine der spektakulärsten Gebirgslandschaften Südafrikas, verblüfft mit spärlicher, surrealer Vegetation. S. 349

10 Addo Elephant National Park

Elefanten und anderes Großwild gibt es am Ostende der Garden Route zu bewundern. S. 363

11 Wild Coast

Dieser Teil des Ostkaps verspricht Ruhe und Abgeschiedenheit. S. 400

12 Durban

Afrikas betriebsamste Hafenstadt hat besonders viele Einwohner indischer Herkunft. S. 420

13 Die Drakensberge

Ein hervorragendes Wanderrevier sind die mystischen „Drachenberge" mit Südafrikas höchsten Gipfeln sowie Wasserfällen, Schluchten, Felskunst der San und grandiosen Panoramen. S. 459

14 Hluhluwe-Imfolozi Park

Das schönste Wildreservat von KwaZulu-Natal bietet unübertroffene Möglichkeiten zur Tierbeobachtung.
S. 473

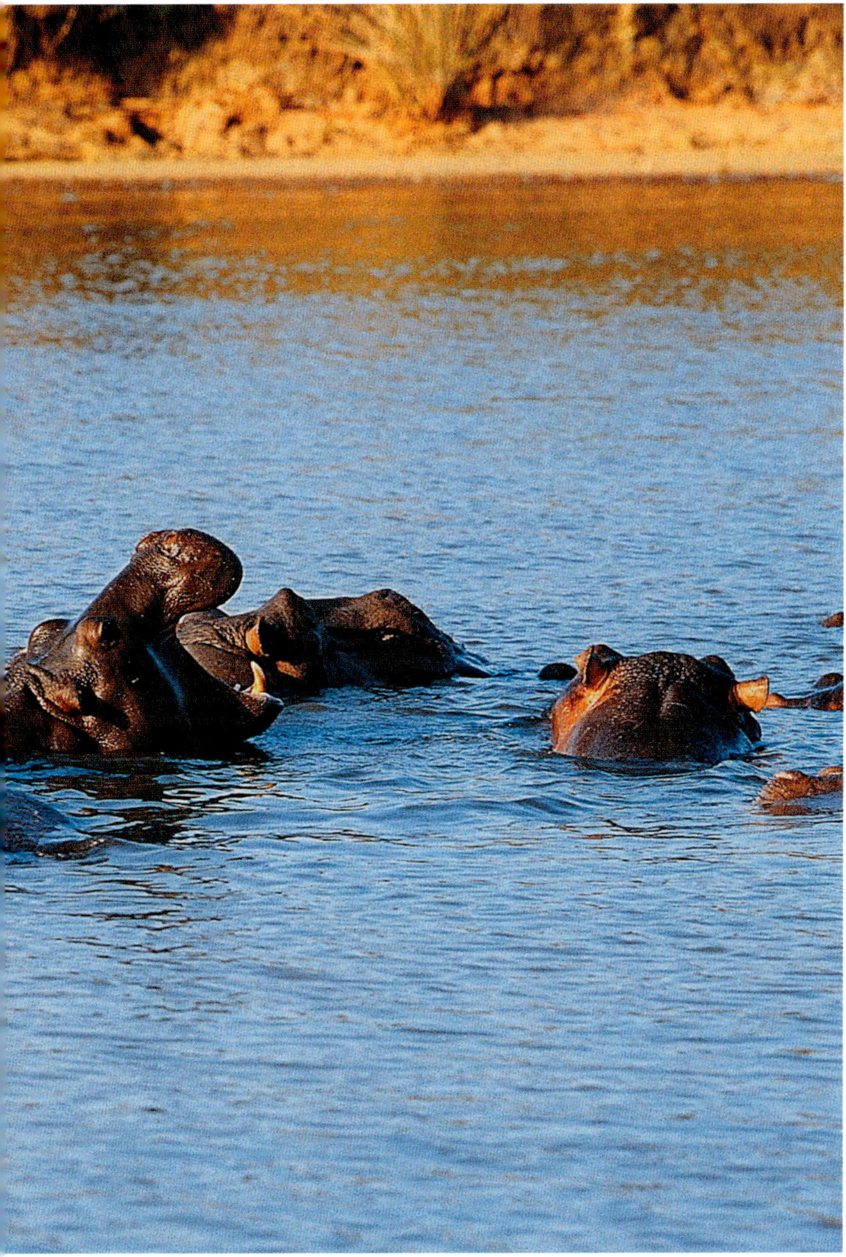

15 Johannesburg

Viel Kultur, tolle Restaurants und ein super Nachtleben: Damit überrascht die chaotische Metropole all jene, die der schlechte Ruf nicht von einem Besuch abhält. S. 524

16 Madikwe Game Reserve

Das weitläufige Wildreservat mit erstaunlich geringer Besucherzahl bietet ausgezeichnete Lodges und hervorragende Aussichten zum Tierebeobachten, von Giraffen bis zu Löwen und Elefanten. S. 599

17 Krüger-Nationalpark

In Südafrikas beliebtestem Nationalpark kommt man Löwen und anderem Großwild ganz nah. S. 637

Inhalt

Highlights 2
Reiseziele und Routen 23
Klima und Reisezeit 36
Reisekosten 38

Traveltipps von A bis Z 39

Anreise 40
Botschaften und Konsulate 40
Essen und Trinken 42
Feste und Feiertage 45
Geld 48
Gesundheit 49
Informationen 50
Internet und E-Mail 52
Kinder 52
Maße und Elektrizität 53
Medien 54
Nationalparks und Reservate 55
Notfälle 61
Post 61
Reisende mit Behinderungen 62
Schwule und Lesben 62
Sicherheit 63
Sport und Aktivitäten 65
Telefon 67
Transport 68
Übernachtung 75
Versicherungen 79
Visa 80
Zeit 80

Land und Leute 81

Tierwelt 82
Geschichte 94
Musik 110

Kapstadt und die Kap-Halbinsel 117

Upper City Centre 122
Strand Street 133
Die V&A Waterfront 134
Robben Island 137
Die südlichen Vororte 139
Der Tafelberg 143
Atlantic Seaboard 145
False Bay Seaboard 149
Simon's Town 151
Table Mountain National Park – Cape of Good Hope 154
Cape Flats und afrikanische Townships 157

Westkap 201

Das Weinland 202
Stellenbosch 203
Die Weingüter um Stellenbosch 209
Somerset West, Vergelegen und Morgenster 212

Paarl und Umgebung 212
Die Weingüter um Paarl 216
Franschhoek 217
Route 62 und Kleine Karoo 221
Von Worcester bis Barrydale 222
Tulbagh 224
Robertson 225
McGregor 226
Montagu 228
Barrydale und Umgebung 230
Oudtshoorn und Umgebung 231
Cango Caves 234
Calitzdorp 235
Groenfontein Valley 236
Prince Albert und Umgebung 236
Die N1 von Worcester nach Beaufort West 238
Beaufort West 240
Karoo National Park 240
Das Overberg-Hinterland und die Whale Coast 241
Caledon 241
Greyton und die Boesmanskloof Traverse 243
Genadendal 244
Swellendam und Umgebung 245
Bontebok National Park 247
Die Küste bis Hermanus 247
Hermanus und die Whale Coast 249
Stanford 254
De Kelders und Grootbos 255
Gansbaai und Danger Point 257
Elim 257
Bredasdorp 258
Cape Agulhas und Umgebung 258
Arniston 259
De Hoop Nature Reserve 260
Die Garden Route 261
Mossel Bay 262
George 267
Victoria Bay 269
Wilderness 271
Wilderness National Park 272
Knysna 273
Die Wälder von Knysna 279
Plettenberg Bay und Umgebung 283
Keurboomstrand und The Crags 289
Tsitsikamma National Park, Nature's Valley, Storms River 292
Storms River Mouth 293
Storms River Village 295
Die Westküste 296
Swartland 297
Darling und Umgebung 297
Groot Winterhoek 298
Langebaan und Umgebung 299
Vredenburg und West Coast Fossil Park 300
Paternoster 301
Columbine Nature Reserve 303
Velddrif 303
Elands Bay 304
Lambert's Bay 305
Die Cederberge 306
Citrusdal 306
Citrusdal Hot Springs 307
Cederberg Wilderness Area 307
Clanwilliam und Umgebung 308
Boskloof 310
Die nördlichen Cederberge und der Pakhuis Pass 310
Wuppertal und das Biedouw Valley 311

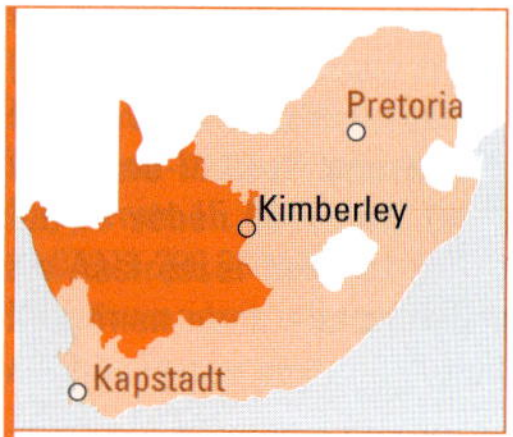

Nordkap 313

Kimberley 315
The Big Hole: Das Kimberley Mine Museum 315
Market Square und Umgebung 319
Das Hauptgeschäftsviertel (CBD) 319
Belgravia 321
Die Kalahari 326
Upington 326
Kuruman und Umgebung 330
Kgalagadi Transfrontier Park 332
Augrabies Falls National Park 337
Auf der N14 nach Westen: Pella 339
Namaqualand 339
Springbok und Umgebung 341
Zentral-Namaqualand 343
Südliches Namaqualand und Bokkeveld 344

Die Westküste und das Richtersveld 347
Port Nolloth 348
Alexander Bay 349
Das Richtersveld 349

Ostkap 351

Port Elizabeth und die westliche Region 355
Port Elizabeth 355
Addo Elephant National Park 363
Private Tierreservate 365
Zwischen Port Elizabeth und Storms River 367
Jeffrey's Bay 367
St Francis Bay 368
Zwischen Port Elizabeth und Port Alfred 369
Alexandria State Forest 369
Kenton-on-Sea 370
Port Alfred 371
Grahamstown 374
Die Umgebung von Grahamstown 379
Bathurst 380
Landeinwärts bis zum Rande der Karoo 380
Cradock 380
Mountain Zebra National Park 384
Graaff-Reinet und Umgebung 384
Nieu Bethesda 388
East London und die Zentralregion 389
East London 390
Amatola Mountains 394
King William's Town 394
Fort Hare University und Alice 395
Hogsback 396
Ostkap-Drakensberge 398
Rhodes und Umgebung 398
Die Wild Coast 400
Cintsa und Haga-Haga 402
Von Morgan Bay nach Qora Mouth 403
Kei Mouth und Qolora Mouth 403
Nxaxo Mouth und Wavecrest Hotel 404
Mazeppa Bay und Qora Mouth 404
Dwesa Nature Reserve 405
Cwebe Nature Reserve und Haven Hotel 405
Coffee Bay und Umgebung 406
Hole In The Wall 407
Mthatha River Mouth 408
Hluleka Nature Reserve 408
Mthatha und Umgebung 408
Qunu 411
Port St Johns und Umgebung 412
Nördliche Wild Coast bis nach KwaZulu-Natal 415

KwaZulu-Natal 417

Durban 420
Das Zentrum 422
Berea 429
Cato Manor 432
KwaMashu, Shembe und Inanda 433
Die Umgebung von Durban 445
Die Südküste 445
Aliwal Shoal 446
Oribi Gorge Nature Reserve 447
Hibiscus Coast 447
Umtamvuna Nature Reserve 449
Die Nordküste 449
Umhlanga Rocks 449
La Mercy, Tongaat und Ballito 451
KwaDukuza, Groutville und Blythedale 451
Harold Johnson Nature Reserve 452
Valley of a Thousand Hills 452
Pietermaritzburg 453
Die Midlands 457
Die Ukhahlamba Drakensberge 458
Südliche Drakensberge 460
Zentrale Drakensberge 462

Nördliche Drakensberge 468
Elephant Coast und Zululand-Wildreservate 471
Die Strecke zum Hluhluwe-Imfolozi Park 471
Hluhluwe 473
Hluhluwe-Imfolozi Park 473
Lake St. Lucia 476
Mkhuze Game Reserve und Phinda Game Reserve 482
Die nördliche Elephant Coast 485
Lake Sibaya und Mabbi 488
Rocktail Bay 489
Ingwavuma 489
Ndumo Game Reserve 490
Tembe Elephant Park 491
Kosi Bay 491
Ithala Game Reserve 492
Zentral-Zululand und die Battlefields 493
Das Zulu-Kerngebiet 493
Gingindlovu 495
Eshowe 496
Shakaland und Simunye 499
Ulundi und Ondini 500
Die Battlefields 501
Isandlwana und Rorke's Drift 501
Dundee und das Talana Museum 503
Ncome Blood River 504
Ladysmith und Umgebung 505
Spioenkop 506

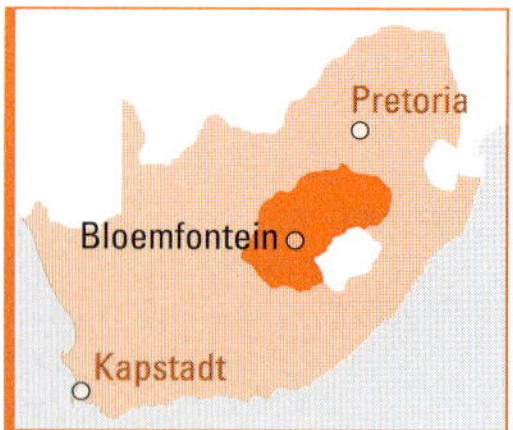

Freistaat 507

Bloemfontein und Umgebung 508
Die Stadt 509
Die Highlands Route 514
Basotho Cultural Village 515
Phuthadijhaba und Umgebung 516
Golden Gate Highlands National Park 517
Clarens 520
Fouriesburg und Umgebung 521
Ficksburg 521
Ladybrand 522

Gauteng 523

Johannesburg 524
Die Innenstadt 529
Central Business District (CBD) 532
Zentrale Bezirke 535
Braamfontein 535
Hillbrow, Berea und Yeoville 536
Nördliche Bezirke 537
Parktown 537
Johannesburg Zoo und Houghton 540
Melville, Emmarentia, Auckland Park und Richmond 540
Sophiatown 542
Rosebank, Melrose, Hyde Park, Parkhurst, Geenside, Norwood und Orange Grove 542
Sandton, Randburg, Bryanston, Morningside und Fourways 542
Alexandra 543
Östliche und südliche Bezirke 544
Südlich des Zentrums 544
Soweto 545
Orlando West und Dube 546
Die Umgebung von Johannesburg 566
Cradle of Humankind 566
Pretoria 569
Church Square 571
Strijdom Square und Umgebung 571
Paul Kruger House und Umgebung 574
Burgers Park und Museum Park 574
Zoo und Mariammen Temple 575
Correctional Services Museum und Freedom Park 575

Voortrekker Monument 576
Arcadia und die Union Buildings 576
Sunnyside, Loftus Versveld Stadium und Pretoria University 577
Hatfield und Brooklyn 577
UNISA 577
Die Umgebung von Pretoria 582

Nordwest-Provinz 585

Die Region Bojanala 588
Rustenburg und Umgebung 588
Sun City 592
Pilanesberg National Park 594
Die Zentralregion 597
Groot Marico 597
Madikwe Game Reserve 599
Mafikeng und Mmabatho 600

Mpumalanga und Limpopo 605

Das Escarpment 608
Dullstroom 610
Lydenburg und Long Tom Pass 610
Sabie 611
Pilgrim's Rest 613
Graskop 614
Blyde River Canyon und Blydepoort Dam 615
Das Lowveld 618
Nelspruit 618
Östlich von Nelspruit: Südrand des Krüger-Parks 622
Barberton 622
Nördlich von Nelspruit: Westflanke des Krüger-Parks 624
Polokwane und die R71 nach Phalaborwa 630
Letaba 632
Haenertsburg 633
George's Valley Road und Magoebaskloof Valleys 634
Tzaneen 634
Modjadji Cycad Reserve 635
Phalaborwa 635
Krüger-Park 637

Anhang 657

Sprache 658
Glossar 661
Reisemedizin zum Nachschlagen 663
Index 666
Notizen 676
Notizen 677
Bildnachweis 678
Impressum 679
Kartenverzeichnis 680

Themen

Die Freedom Charta	102
Die Wahrheits- und Versöhnungskommission	109
Rebecca Malope	112
Brenda Fassie	113
Ladysmith Black Mambazo und der Iscathamiya-Sound	114
Die Sprache der Farbe(n)	124
Adderley Street	126
Sklaverei am Kap	128
Jüdische Immigranten in Südafrika	130
Geschichte einer Insel	138
Kapholländische Architektur	142
Klippschliefer	144
Fynbos	154
Kap-Fauna	155
Afrikaans	211
Präsident Botha: Steuermann der Apartheid	269
Die Elefanten von Knysna	280
Walfang in Südafrika	288
Westküstenblumen	297
Cecil John Rhodes	323
Robert Sobukwe	385
Steve Biko und die Black-Consciousness-Bewegung	395
Felsmalereien	399
Das große Rinderschlachten	404
Xhosa-Traditionen	406
Nelson Mandela	410
Die Felsmalereien der San	464
Schildkröten in Maputaland	490
Die vergessenen Soldaten	504
Gandhi in Johannesburg	532
Sir Herbert Baker	538
Der Aufstand von Soweto 1976	548
Die „Wiege der Menschheit"	567
Mampoer	598
Die Belagerung von Mafikeng	603
Flora und Fauna im Krüger-Park	640

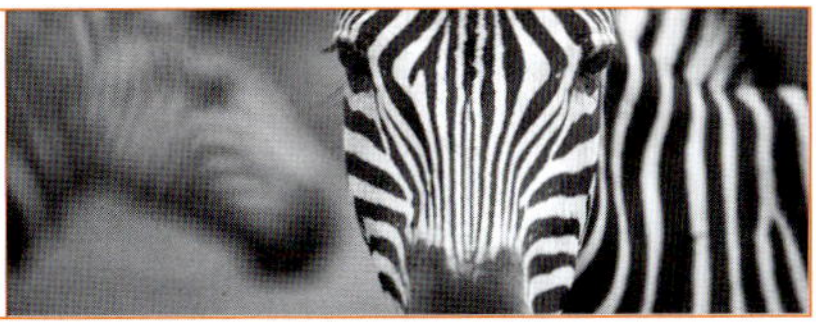

Reiseziele und Routen

Reiseziele

Südafrika, so groß wie Frankreich und Spanien zusammen, ist ein faszinierendes Reiseziel voller Kontraste und grandioser Landschaften. Seine Vielfalt reicht von den pittoresken Dörfern und Städtchen der Garden Route des Westkaps bis zur unberührten subtropischen Küste des nördlichen KwaZulu-Natal, von der riesigen Halbwüste der Karoo im Landesinneren bis zum Krüger-Nationalpark im Nordosten, einem der beliebtesten Safariziele Afrikas. Die Tatsache, dass es auch ein Schmelztiegel afrikanischer Kulturen ist, lag lange Zeit hinter dem „Eisernen Vorhang" des Apartheid-Regimes verborgen.

Eine angenehme Überraschung stellt für viele Besucher die hervorragende Infrastruktur Südafrikas dar, die den europäischen Vergleich nicht zu scheuen braucht. Gute Verkehrsverbindungen und Transportmittel sowie eine im Ansteigen begriffene Zahl erstklassiger B&Bs und anderer Übernachtungsmöglichkeiten machen Südafrika zu einem hervorragenden Reiseland. Low-Budget-Reisenden stehen zahlreiche preiswerte **Backpacker**-Hostels und Backpacker-Busse zur Verfügung.

Ausländische Besucher werden in erster Linie das „weiße" Südafrika zu sehen bekommen. Die Apartheid ist zwar offiziell abgeschafft, doch hat sie das Erscheinungsbild des Landes nachhaltig geprägt. Nirgendwo wird dies deutlicher als in den Städten: Die afrikanischen Viertel gleichen oft Elendssiedlungen und liegen in der Regel weit außerhalb.

Die **Bevölkerung** Südafrikas lässt sich nicht einfach in Schwarze und Weiße unterteilen. Die zahlenstärkste Gruppe sind die **Schwarzafrikaner** (79,5 % der Gesamtbevölkerung), gefolgt von den **Weißen** mit 9 %. Danach kommen die **Coloureds** (knapp unter 9 %) – die Nachkommen weißer Siedler, asiatischer Sklaven und Afrikaner, die Englisch und Afrikaans sprechen und im Westkap die Bevölkerungsmehrheit stellen. Die **Inder** (2,5 %), überwiegend in KwaZulu-Natal anzutreffen, kamen Anfang des 20. Jhs. als Gastarbeiter nach Südafrika.

Doch Statistiken sind immer ein bisschen trocken. Einen besseren Aufschluss über die bunte **Vielfalt** Südafrikas geben die zahlreichen offiziellen Landessprachen, von denen die meisten eine bestimmte Kultur repräsentieren, deren Wurzeln in verschiedenen bäuerlichen Gegenden des Landes liegen. Jede Region zeichnet sich durch ihre typische Architektur, Kunsthand-

Das Haus der Geister

Die Schamanen der San verzierten über Tausende von Jahren **Felswände mit** Bildern. Diese präzisen **Malereien** stellen unter anderem Tiere und Menschen dar sowie Menschen, die sich in Tiere verwandeln. Sie sind in allen Bergregionen Südafrikas anzutreffen. Archäologen gehen inzwischen davon aus, dass diese Zeichnungen Metaphern für spirituelle Erfahrungen sind. Zu den Wichtigsten gehört der Trance-Tanz zur Heilung Kranker, der auch heute noch in den wenigen letzten San-Gemeinschaften üblich ist. Felsen werden als Übergänge von der Welt der Menschen in die der Geistwesen betrachtet: Wenn wir San-Felskunst anschauen, blicken wir in das „Haus der Geister". Mehr dazu auf S. 97 und S. 464.

Mutter mit Kind vor einer Hütte in Zulu Village, KwaZulu-Natal

werk und manchmal auch Trachten aus. Noch spannender sind vielleicht die Städte, in denen sich das ganze Land ein Stelldichein gibt und einen Schmelztiegel von Ländlichem und Urbanem, Tradition und Moderne bildet.

Kriminalität ist zwar nicht das alles beherrschende Thema des Landes, auch wenn sie in den Medien den ersten Platz einnimmt, aber sie darf nicht unterschätzt werden. Vorsicht ist angezeigt – Paranoia nicht. Statistisch gesehen ist die Innenstadt von Johannesburg am gefährlichsten. Auch in anderen Städten ist ein gewisses Risiko nie auszuschließen.

Die Regionen im Überblick

Zwar könnte man innerhalb weniger Wochen eine hastige Rundreise durch ganz Südafrika unternehmen, sinnvoller ist es aber, sich auf einen bestimmten Teil des Landes zu konzentrieren. Jede der neun Provinzen besitzt mindestens zwei, drei absolute Highlights. Es ist also ratsam, sich je nach Jahreszeit und Interesse entweder auf den **Westen** oder den **Osten** des Landes zu beschränken.

Eine der Hauptsehenswürdigkeiten im **westlichen** Südafrika, das man vorzugsweise in der wärmeren Jahreszeit (November bis April) besuchen sollte, ist zweifellos **Kapstadt** (S. 117), die in unvergleichlicher Kulisse am Fuß des Tafelbergs gelegene Stadt am Südzipfel des Kontinents. Nur eine halbe Tagesreise entfernt liegt das **Westkap** (S. 201), eine Provinz, die sich durch ihr jahrhundertealtes Kolonialerbe hervorhebt. Hier finden sich kapholländische Architektur, Kolonialstädtchen und Weinberge in den **Winelands** (S. 202), bewaldete Küste entlang der **Garden Route** (S. 261) und weiter landeinwärts Halbwüste mit verstreuten Afrikaander-*dorps* in der **Kleinen Karoo** (S. 221).

Reisende, denen der Westen Südafrikas zu „europäisch" vorkommt und die auf der Suche nach einem ursprünglicheren Afrika sind, sollten die **Ostteile** des Landes anstreben, am besten während der kühleren Monate Mai bis Oktober. Sie betreten südafrikanischen Boden höchstwahrscheinlich in **Johannesburg** (S. 524), dessen chaotisches Straßentreiben, Wolkenkratzer und

Ein Fest für Botaniker: die Kapflora

Auf den ersten Blick sieht die Vegetation entlang der Südküste nach unscheinbarem Gestrüpp aus. Doch bei genauerem Hinsehen erkennt man eine enorme Vielfalt an Wuchsformen, Farben und Blütenpflanzen. Die auffälligste und eindrucksvollste davon ist die **Königs-Protee** *(Protea cynaroides)*.
Geobotanisch ist die Kapregion überaus interessant. Die Erde wird in sechs so genannte Florenreiche unterteilt, Gebiete, die sich durch den eigenständigen Charakter ihrer Pflanzenwelt auszeichnen. Das **Florenreich der Kapregion** ist mit Abstand das kleinste und das einzige, das innerhalb der Grenzen eines Landes liegt: Es umfasst nur den Landstreifen von Kapstadt bis kurz vor Port Elizabeth. Dabei ist es das verhältnismäßig artenreichste und über 30 % der Pflanzenarten kommen nur hier in kleinen, eng begrenzten Beständen vor. Einen ähnlich hohen Anteil an endemischen Pflanzen gibt es sonst nirgendwo auf der Welt.
Die vorherrschende Pflanzengemeinschaft ist der **Fynbos** (S. 154), doch darüber hinaus gehören zum Florenreich der Kapregion auch noch andere Biome (Lebensgemeinschaften von Pflanzen und Tieren). In Würdigung dieser Bedeutung hat die Unesco dieses Florenreich 2004 in die Welterbeliste aufgenommen. Zu seinen acht Schutzgebieten gehören unter anderem der Tafelberg und der Kapstädter Kirstenbosch als weltweit erster botanischer Garten mit Welterbestatus.

Völkergemisch sich vom Rest des Landes abheben. Schon nach einer halbtägigen Autofahrt erreicht man die Provinzen **Limpopo** und **Mpumalanga** (S. 605), innerhalb dessen Grenzen der riesige **Krüger-Nationalpark** (S. 637) liegt. Von den rund zwei Dutzend großen Tierreservaten zieht der Krüger-Park mit Abstand die meisten Besucher an; kein anderes Reservat auf dem ganzen Kontinent kann mit so vielen verschiedenen Säugetierarten aufwarten.

Vom Krüger-Park bietet sich die Weiterfahrt nach KwaZulu-Natal im Süden an. **KwaZulu-Natal** (S. 417) ist ein Paradies für alle, die gern wilde

Tiere und Vögel beobachten. Der **Hluhluwe-Umfolozi Park** (S. 473) ist der beste Ort der Welt, um die vom Aussterben bedrohten Nashörner zu sehen. In der Nähe befinden sich weitere hervorragende, kleinere Parks wie der Itala, Mkuzi und Ndumo. Für Natur- und Wanderfreunde bieten sich Streifzüge durch das gewaltige Gebirgsmassiv der **Drakensberge** (S. 458) an.

Durban (S. 420) ist nach Kapstadt die einzige Stadt Südafrikas, in der man den ganzen Urlaub verbringen könnte, ohne sich zu langweilen: ein quirliger, kultureller Schmelztiegel mit einem exotischen indischen Viertel und einer belebten Uferpromenade am Sandstrand direkt vor der Haustür. Die **Strände** nördlich und südlich von Durban zählen zu den am dichtesten bebauten und erschlossenen des Landes, doch weiter nördlich, zur mosambikanischen Grenze hin, liegt der unberührteste Küstenstreifen Südafrikas.

Lange, nur stellenweise erschlossene **Sandstrände** sind das Charakteristikum eines Großteils der 2798 km langen Küstenlinie, die sich vom kalten Atlantik um das Nordkap herum bis zum subtropischen Indischen Ozean erstreckt, dessen Wellen an die Ufer von KwaZulu-Natal schlagen. **Jeffrey's Bay** (S. 367) am Ostkap gilt als einer der besten Surfertreffs der Welt. Der Großteil der Ostkap-Küste liegt vor einer wildromantischen Bergkulisse und ist auch für Spaziergänger und Sonnenanbeter sehr reizvoll.

Beim **Tauchen**, insbesondere vor der Küste von KwaZulu-Natal, erschließt sich inmitten der Korallenriffe und bunt schillernden Fische eine ganz neue Welt. Die südlich der Weingüter des Westkaps gelegene **Whale Coast** (S. 249) ist eines der absoluten Highlights von Südafrika, denn hier lassen sich während der Saison direkt vom Ufer aus, oft aus allernächster Nähe, **Wale** beobachten.

Wer über mehr Zeit verfügt, kann im Anschluss an die Großstädte, Strände und Tierreservate eine Fahrt ins karge, aber faszinierende **Landesinnere** mit seiner endlosen Weite, Bergpässen, bizarren Felsen, Buschlandschaften und abgeschiedenen *dorps* unternehmen.

Das **Nordkap** (S. 313) und die **Nordwest-Provinz** (S. 585) stellen zwar keine so offensichtlichen Reiseziele wie der Krüger-Park oder Kapstadt dar, doch sie halten ungeahnte Überraschungen bereit. Wenn genügend Regen gefallen ist, erblühen im August und September dort auf weiten Flächen inmitten der Wüste **Wildblumen** (S. 340, Namaqualand) in unglaublicher Zahl und Farbenpracht.

Lockruf der Natur

Es gibt nur wenige Länder, die eine so umwerfende Vielfalt an Sehenswürdigkeiten, Aktivitäten und Abenteuern in so ausgedehnter und abwechslungsreicher freier Natur zu bieten haben wie Südafrika. Die Halbwüste der Karoo, die Wildreservate von Mpumalanga, die Gipfel und Pässe der Drakensberge, die Dünenberge, einsamen Strände und bewaldeten Uferfelsen der Küstenebene bilden die herrliche Kulisse für jeden erdenklichen Zeitvertreib: vom Relaxen am Strand bis zu aufregenden Fußsafaris oder dem ultimativen Nervenkitzel beim Schwimmen mit Haien. Die Auswahl ist so unüberschaubar wie Südafrikas weite, wilde Landschaften.

Aktiv in Südafrika

Seit 1994 die Demokratie – gefolgt von wahren Touristenströmen – Einzug in Südafrika hielt, wuchs das Angebot an **Outdoor-Aktivitäten** fast im Beschleunigungstempo eines Bungeesprungs von der Bloukrans River Bridge. Die Klassiker haben nichts von ihrem Reiz verloren: **Fahrten durch berauschende Landschaft** – über Kapstadts Chapman's Peak Drive (S. 148), zur Frühjahrsblüte ins *veld* des Nordkaps oder über die Gebirgspässe der Karoo – oder Hunderte markierter **Wanderrouten** kreuz und quer durchs Land – von einer halbtägigen Wanderung um die Robberg Peninsula bei Plettenberg Bay (S. 283) bis zum fünftägigen Otter Trail (S. 291) am Küstenabschnitt der Garden Route.

Zu den schönsten Wandererlebnissen in Südafrika gehören neben der imposanten Landschaft die vielen Möglichkeiten **Tiere** zu **beobachten**: eine reiche Vogelwelt, aber auch kleinere Säugetiere, Reptilien und Insekten. Südafrikas größter Trumpf ist natürlich das Großwild, und Besucher haben die Qual der Wahl zwischen vier Hauptregionen für Tierbeobachtungen (s. Kasten).

Die Top 4 für die „Big Five"

Der Krüger-Nationalpark ist Südafrikas berühmtestes Wildreservat – und das zu Recht. Man sollte darüber aber die übrigen hervorragenden Naturreservate nicht aus den Augen verlieren. Neben dem Krüger hat Südafrika noch drei weitere bedeutende Safariregionen: in der Nordwest-Provinz, KwaZulu-Natal und im Ostkap.

Der **Krüger-Nationalpark** im Nordosten ist *das* südafrikanische Safariziel, und das kommt nicht von ungefähr. Das riesige Schutzgebiet (etwa so groß wie Rheinland-Pfalz) lockt mit eindrucksvollen Tierpopulationen, ausgezeichneter Infrastruktur für Safaris auf eigene Faust und einer Vielzahl von Luxus-Safarilodges. S. 637

Der **Pilanesberg National Park** in der Nordwest-Provinz ist das größte Wildreservat in der Nähe von Johannesburg und eine Alternative für Besucher mit wenig Zeit. S. 594

KwaZulu-Natal hat mehrere staatliche und private Wildreservate, allen voran den Hluhluwe-Imfolozi Park. Dieses Schutzgebiet ist der vielleicht beste Ort der Welt, um Nashörner zu beobachten, und bietet authentischere Wildnisatmosphäre als der Krüger-Nationalpark. S. 473

Das **Ostkap** ist Südafrikas Neuzugang unter den „Big Five"-Regionen, doch schon jetzt eine ernst zu nehmende Konkurrenz für die anderen. Die Region liegt nur eine Tagesfahrt von Kapstadt entfernt, ist malariafrei und hat außer dem Addo Elephant National Park noch Dutzende privater Reservate zu bieten, u. a. das renommierte Shamwari-Reservate, das bei den World Travel Awards 2009 zum zwölften Mal in Folge als bestes Safari- und Wildreservat der Welt ausgezeichnet wurde. S. 351

Auf Adrenalinjunkies wartet ein gewaltiges und stetig wachsendes Angebot an **Funsportarten**. Wasserratten können bei Jeffrey's Bay (S. 283) auf den Wellen reiten, mit dem Wind durch die Tafelbucht surfen (S. 192), mit dem Kajak die Wild Coast (S. 400) hinauf- oder den Dusi hinabpaddeln oder zur Abwechslung mal ganz gemächlich den Oranje hinabtreiben. Wer das Ausgefallene sucht, kann es z. B. mit **Kloofing** (der hiesigen Version des Canyoning) in den Flussschluchten des Westkaps probieren. Wie wäre es mit einem Höllentrip per Mountainbike über „Die Hel", eine Passstraße mit unglaublich engen Serpentinen (S. 237), oder einer Jeeptour ins Richtersveld (S. 349)?

Luftige Abenteuer für Schwindelfreie versprechen Paraglider-Flüge im Nordkap oder Fallschirmsprünge in Gauteng. Gute Nerven braucht man auch zum Abseilen vom Tafelberg, Ziplining an einer Seilrutsche über die Kruis River Gorge, Sandboarding auf den Dünenhängen der Westküste oder für Skiabfahrten in Tiffendell – genug, um selbst die umtriebigsten Besucher in Atem zu halten.

Zwei Ozeane

Die Nationalparks zählen zu den besten Safarizielen in Afrika – und die Ozeane versprechen einige der eindrucksvollsten Begegnungen mit Meeressäugern weltweit. Südafrika gehört zu den besten Orten überhaupt, um **Wale** vom Ufer aus zu beobachten. Hermanus stilisiert sich sogar zur „Walhauptstadt" des Landes, doch in der Walsaison (etwa Juli–Nov) sind die Meeresriesen von geeigneten Aussichtspunkten überall entlang der Küste zu sichten – selbst beim Verlassen eines Cafés an der Main Road von Kalk Bay in Kapstadt kann man schon mal einen Südlichen Glattwal aus dem Wasser schnellen sehen.

2500 km Küstenlinie und zwei Ozeane (der wärmere Indische Ozean und der kühlere Atlantik) sind Heimat für eine reiche Meeres- und Küstenfauna (in südafrikanischen Gewässern tummeln sich allein schon rund 2000 Fischarten) und bieten z. B. Gelegenheit, Auge in Auge mit **Weißen Haien** zu schwimmen (Gansbaai, S. 257), mit **Pinguinen** zu plantschen (Boulders Beach, S. 153) oder **Meeresschildkröten** zu beobachten, die ihre Eier im Sand ablegen (Rocktail Bay, S. 489). Darüber hinaus gibt es jede Menge Angebote für Aktivurlauber, wie **Seekajakfahrten** ab Plettenberg Bay (S. 286), **Schnorchelexpeditionen** in einen Seetang-Wald vor Kapstadt (S. 192) oder **Tauchgänge** in die farbenprächtige Fischwelt der Korallenriffe von Sodwana Bay (S. 386).

Provinz-Architektur

Die faszinierendste historische Architektur Südafrikas findet sich teilweise fernab der großen Städte und abseits der Touristenrouten an abgelegenen Landsträßchen und in den *dorps*. In der Westkap-Provinz begegnen einem auf Schritt und Tritt schnuckelige weiß getünchte Cottages, die einst als Landarbeiter-Häuschen dienten – oder es heute noch tun.

Der Charakter vieler ländlicher Städtchen und Dörfer ist durch ihre Altbauten geprägt. Die Provinzen West- und Ostkap haben besonders viel an **kapholländischer** und **viktorianisch-kolonialer** Architektur zu bieten. Die Siedlung Matjiesfontein im Westkap ist mit dem zinnenbewehrten Hotel Milner, den aus England importierten Straßenlaternen und den Inneneinrichtungen im Stil der Zeit ein Paradebeispiel viktorianischer Architektur. An der Inlandroute R62, die durch die Berge der Kleinen Karoo führt, reiht sich *dorp* um *dorp* mit **denkmalwürdigen Straßenfassaden**, so z. B. Montagu (S. 228), Barrydale (S. 230) und Calitzdorp (S. 235). Oudtshoorn (S. 231) seinerseits beeindruckt mit seinen einzigartigen „**Federpalästen**" aus Sandstein, die während des Straußenfeder-Booms im Stil der viktorianischen Neugotik errichtet wurden.

In der Ostkap-Provinz prunkt Graaff-Reinet (S. 384), das ehemalige Grenzstädtchen aus dem 18. Jh., mit ganzen Straßenzügen kapholländischer Häuser. Grahamstown (S. 374) verdankt seinen Charakter seinen wunderschönen Fassaden im **ländlich georgianischen** Stil und einigen wehrhaften Gebäuden, die davon zeugen, dass in dieser Grenzstadt im frühen 19. Jh. Militäringenieure am Werk waren. Aus einer anderen Ära stammt Pilgrim's Rest (S. 613) in Mpumalanga, ein nahezu perfekt erhaltenes **Bergarbeiterdorf** aus vorgefertigten Wellblechbauten.

Nicht weniger faszinierend sind die unzähligen historischen **Missionsstationen**, wie Genadendal (S. 244) im Westkap mit seiner deutsch geprägten Architektur und das surreale Pella (S. 339) mitten in der Nordkap-Wüste, dessen Kirche in den 1880er-Jahren von französischen Missionaren gebaut wurde.

Faszination der Architektur

Die Touristenbroschüren präsentieren Südafrika gern als Land der weiten, wilden Landschaften. Viel weniger Getöse wird um sein reiches **Architekturerbe** gemacht; nur die kapholländischen Bauten finden hier und da Erwähnung. Dabei entwickelten die Afrikaner in dieser Region schon seit Jahrtausenden verschiedenste lokale Baustile, und Südafrikas Stadtlandschaften sind ein faszinierender Mix aus drei Jahrhunderten Kolonialarchitektur und moderner Baukunst.

Der Reichtum der südafrikanischen Architektur besteht in der Vielfalt der Bautraditionen in den neun Provinzen – die so viele Baustile wie gesprochene Sprachen aufweisen. Wer glaubt, die **traditionellen afrikanischen Bauweisen** beschränkten sich auf runde Lehmhütten mit Strohdächern, ist im Irrtum. Die **Xhosa-Rondavels**, die entlang der Wild Coast des Ostkaps in der Landschaft verstreut stehen, sind tatsächlich meist rund und aus Lehm gebaut, doch die historischen **Zulu-Bienenkorbhütten** von Ondini im ländlichen KwaZulu-Natal sind geflochten – eigentlich überdimensionierte, umgestülpte Körbe aus Holzstangen mit Gras- oder Riedgeflecht.

Anderswo werden europäische Einflüsse spürbar: Die schönen **Basotho-Häuser** im östlichen Freistaat sind rechteckig und mit spektakulärer Wandmalerei in Erdfarben geschmückt. Am markantesten sind die rechteckigen **Ndebele-Häuser** von Mpumalanga mit ihrer Dekoration aus knallbunten geometrischen Motiven, die sogar die Welt des internationalen Designs beeinflusst haben – die Ndebele-Hauskünstlerin **Esther Mahlangu** war mit ihren Werken weltweit auf Ausstellungen zu sehen und wurde von BMW mit der Gestaltung eines seiner „Art Cars" beauftragt.

Die Variationsbreite der **Kolonialstile** verblüffend und in keiner Stadt im südlichen Afrika in größerer Fülle und Vielfalt zu bewundern als in **Kapstadt** (S. 117). Die Fassaden der Long Street spiegeln drei Jahrhunderte niederländischer und britischer Architektureinflüsse wider: Am oberen Ende der Straße steht die Palm Tree Mosque praktisch auf Tuchfühlung mit einem halben Dutzend Backpacker-Hostels, die in zwei- oder dreigeschossigen **viktorianischen** Bauten residieren; in Hafennähe drängt sich die prachtvolle Niederländisch Reformierte Missionskirche aus dem frühen 19. Jh. neben einem Bürohaus im **Jugendstil**.

In Port Elizabeth, der ältesten Stadt des Ostkaps, wirken die tadellos erhaltenen **ländlich georgianischen** Reihenhäuser aus den 1820er-Jahren wie geradewegs von der englischen Südküste hierher versetzt. Weiter östlich, in KwaZulu-Natal, erinnern die Städte **Durban** (S. 420) und **Pietermaritzburg** (S. 453) ein wenig an Indien – mit subtropischem Klima, einem großen indischen Bevölkerungsanteil, zahlreichen **hinduistischen Tempeln** und den kolonialzeitlichen **Villen** der Zuckerbarone mit umlaufenden Veranden.

Das Stadtzentrum von **Bloemfontein** (S. 508), der Hauptstadt des Freistaats, wirkt am attraktivsten, wenn das Abendlicht die Sandsteinfassaden golden überhaucht. Die öffentlichen Bauten stammen größtenteils aus der **spätviktorianischen** und **edwardianischen** Ära, wirken aber recht bescheiden im Vergleich zu Gautengs Bauwerken aus derselben Periode. Die **Union Buildings** in **Pretoria** (S. 576) z. B. sind ein majestätischer und ungeheuer symbolträchtiger Komplex, der 1912 als Sitz der Regierung der frisch vereinigten Republik Südafrika errichtet wurde und diese Funktion noch heute erfüllt.

In **Johannesburg** (S. 524) erscheint das wilde Durcheinander der Architektur ebenso bunt und vielfältig wie seine Bewohner. In diesem Sammelsurium von Bauten aus dem 20. Jh. residieren die „Altreichen" (also alle, die schon seit über 50 Jahren Geld an den Füßen haben) in den edwardianischen Villen, die für die *randlords* (Bergbaumagnaten) errichtet wurden, während die Neureichen einfach möglichst gigantisch bauen.

Wer nach Beispielen der **modernen südafrikanischen Architektur** sucht, findet sie hier en masse – von den protzigen Häusern und Hotels von Sandton über den augenfälligen umgekehrten Kegel des Grand Central Water Tower in Midrand bis zur klotzigen BankCity im Zentrum von Johannesburg. Große Teile des Stadtbilds sind heute jedoch geprägt von den teils rostfarbenen, teils bunt gestrichenen **Wellblechschuppen** behelfsmäßiger Siedlungen, die allenthalben aus dem Boden schießen.

Reiserouten

Whale Coast, Garden Route und Addo Elephant National Park

- 2 Wochen

Der schnellste Weg aus **Kapstadt** (S. 117) hinaus führt über die N2 vorbei am Internationalen Flughafen und dann bis Somerset-West. In **Gordon's Bay** (S. 248) fühlt man sich ans Mittelmeer versetzt. Von der kurvenreichen R44 aus lassen sich im Juli und November an der sogenannten Walküste diese gewaltigen Meeressäuger beobachten. **Hermanus** (S. 249), gilt als *die* Walstadt schlechthin im Land. Neben Walen kann man an der Küste vor **Gansbaai** (S. 257) noch andere – erheblich gefährlichere – Meeresbewohner hautnah erleben: Weiße Haie.

Von **Pearly Beach** aus führt eine staubige Piste nach **Elim** (S. 257), in eines der schönsten von Deutschen gegründeten Missionsstädtchen im Western Cape. Auf einer guten Staubpiste geht es weiter nach **Bredasdorp** (S. 258) mit dem Shipwreck Museum. **Arniston** (S. 259) ist der inoffizielle Name des nächsten Ortes, benannt nach einem Schiff, das vor dem Ort auf Grund lief. Von Arniston ist es nur noch ein Katzensprung bis zum südlichsten Ende Afrikas. Hier, am **Cape Agulhas** (S. 258), nicht am Kap der Guten Hoffnung, treffen Indischer und Atlantischer Ozean aufeinander.

Von Cape Agulhas gibt es zwei Möglichkeiten der Weiterfahrt – entweder abenteuerlich-staubig oder bequem. Die schnelle Variante folgt der R319 bis zur Kreuzung mit der N2, an der es rechts nach Swellendam abgeht. Die ungeteerte Alternative zweigt ein paar Kilometer nördlich von Bredasdorp nach rechts Richtung Ouplaas ab. Das 360 km^2 große **De Hoop Nature Reserve** (S. 260) liegt 50 km östlich von Bredasdorp an der südwestlichen Küste der Kap-Provinz. Die landschaftliche Vielfalt ist enorm. Östlich von Swellendam stößt die Pistenvariante dann auf die N2.

Das 1743 gegründete **Swellendam** (S. 245) ist nicht nur Südafrikas drittälteste Stadt, sondern mit seinen zahlreichen hübschen kapholländischen Häusern eine der schönsten. Dort, wo der erste Europäer 1488 südafrikanischen Boden betreten hat, liegt **Mossel Bay** (S. 262), das

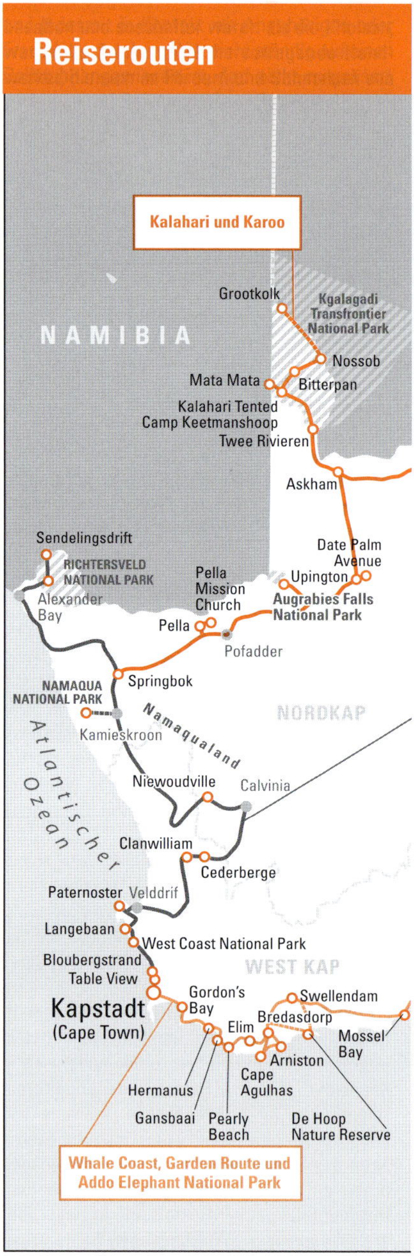

N
0
300 km
SIMBABWE
Mashatu Game Reserve
Central Kalahari Game Reserve
BOTSUANA
Khutse Game Reserve
LIMPOPO
MOSAMBIK
KRUGER NP
Von Johannesburg über den Krüger-Park nach Durban
Magoebaskloof Valleys
Tzaneen
Polokwane
Strijdom Tunnel
Abel Erasmus-Pass
Blyde River Canyon
Pilgrim's Rest
Graskop
Lydenburg
Kruger Gate
Hazyview
Long Tom Pass
Sabie
White River
PRETORIA
GAUTENG
Badplaas
Barberton
Witbank
Lochiel
Johannesburg
NORDWEST-PROVINZ
Amsterdam
SWASI-LAND
MPUMALANGA
Ndumo Wilderness Camp
Piet Retief
Jozini
Kosi Bay
Hotazel
Kuruman
Pongola
Sodwana Bay
FREISTAAT
KWAZULU-NATAL
Kimberley
Drakensberge
Winterton
Melmoth
Empangeni
Eshowe (mit Simunye und Shakaland)
Natal Midlands
LESOTHO
Von Kapstadt nach Norden zum Richtersveld National Park
Durban
Isipingo
Amanzimtoti
OST-KAP
Mlengana-Pass
Port Edward
Umtata
Port St Johns
OSTKAP
Wild Coast
Coffee Bay
Hole in the Wall
Robberg Marine and Nature Reserve
Great Kei River Bridge
Wilderness National Park
Gonubie Mouth
Grahamstown
Addo Elephant National Park
East London
Buffalo City
Bathurst
George
Plettenberg Bay
Port Alfred
Knysna
Port Elizabeth
Bloukrans Pass
Von Johannesburg über Durban und die Wild Coast nach Kapstadt
Nature's Valley
Tsitsikamma National Park
Indischer Ozean

inoffizielle „Eingangstor" zur Garden Route. Von Mossel Bay auf der R102, nicht auf der zu gut ausgebauten N2, weiter nach George fahren.

George (S. 267) steht bei Golfern hoch im Kurs. Zwischen Victoria Bay und Knysna liegt der **Wilderness National Park** (S. 272), ein dicht bewaldetes Feuchtbiotop mit Lagunen, Flüssen, Sümpfen und Seen. Touristisches Zentrum der Garden Route ist ohne Zweifel **Knysna** (S. 273). Die Lage an der Lagune ist ein Traum. Weltberühmt ist der Ort für seine Austern, die unbedingt probiert werden sollten. In **Plettenberg Bay** (S. 283) tummeln sich nicht nur Wale, sondern auch etwas aggressivere Meeresbewohner, die Weißen Haie, die sich allerdings glücklicherweise hauptsächlich von den Robben im **Robberg Marine and Nature Reserve** (S. 283) ernähren. Die Strecke über **Nature's Valley** und den **Bloukrans Pass** ist traumhaft schön. Der 1964 ins Leben gerufene **Tsitsikamma National Park** (S. 292) war der erste Meeresnaturschutzpark in Afrika.

Von der Garden Route her kommend ist **Port Elizabeth** (S. 355) sozusagen das Eingangsportal zu den malariafreien Wildnisgebieten der Provinz Ostkap. Um die hiesigen malariafreien Game Reserves in einer Rundtour erleben zu können, empfiehlt es sich Port Elizabeth zunächst auf der N2 Richtung Grahamstown zu verlassen, dann auf die R72 und über Alexandria nach Kenton-on-Sea zu fahren. Von dort auf der R343 wieder nach Norden. **Grahamstown** (S. 374) ist ein sehr englisch anmutender Ort, der von den Siedlern, die 1820 von der britischen Insel kamen, gegründet wurde.

Der **Addo Elephant National Park** (S. 363) erfuhr durch den Kauf von privatem Land eine gewaltige Erweiterung. Das macht ihn zum landschaftlich abwechslungsreichsten Naturschutzgebiet des Landes.

Von Kapstadt nach Norden zum Richtersveld Transfrontier Park

- 3–4 Wochen

Von den Parkplätzen bei **Table View** oder dem in **Bloubergstrand** (S. 122) lässt sich im letzten Nachmittagslicht das beste Foto vom Tafelberg mit der Tafelbucht im Vordergrund schießen. Von hier aus geht es auf der R27 die Westküste entlang nach Norden. Besonders attraktiv für Besucher ist das verhältnismäßig warme und herrlich türkisfarbene Wasser der Bucht von **Langebaan** (S. 299), die über den **West Coast National Park** (S. 300) zu erreichen ist. **Paternoster** (S. 301) ist definitiv eines der schönsten Dörfer an der Westküste. Die verfallenen alten Fischerhäuser wurden renoviert.

Von Paternoster geht es weiter nach Velddrif, von dort auf der R399 nach Osten, wo diese in Piketberg auf die N7 stößt. Auf dieser geht es 44 km nach Norden über den Piekanaarskloof-Pass bis Citrusdal. Von dort führt eine Piste in die **Cederberge**. **Clanwilliam** (S. 308) ist berühmt für den nur dort gedeihenden Rooibos-Tee, ein wohlschmeckendes und gesundes Getränk, das in Südafrika überall erhältlich ist.

Nicht nur Botaniker bezeichnen es als ein Wunder, wenn einmal im Jahr, meist zwischen August und September, die Wildblumen zwischen **Namaqualand** (S. 339) und Namibia anfangen zu blühen. Die Flower Route führt über Calvinia nach **Niewoudville** (S. 346) und verlässt dann das Hochplateau Richtung Springbok. Von Kamieskroon bietet sich ein Abstecher in den **Namaqua National Park** (S. 340) an.

Das **Richtersveld** gehört aufgrund seiner Abgeschiedenheit und der großartigen Landschaft mit steil aufragenden Felsmassiven und tiefen Schluchten zu den schönsten Regionen Südafrikas. Der 1620 km^2 große **Richtersveld Transfrontier Park** (S. 349) wurde 1991 gegründet, um die einzigartige Bergwüstenlandschaft zu erhalten.

Nach der Rundfahrt durch den Richtersveld Park, die im Gegensatz zur Anfahrt von Springbok über Alexander Bay nur mit allradgetriebenen Geländewagen möglich ist, kann man noch einen Abstecher in den namibischen Teil des Parks machen. Nach Abwicklung der Grenzformalitäten in **Sendelingsdrift** (S. 350) geht es auf eine zwei Autos fassende Fähre, die den Orange, der hier Garib River heißt, überquert und seit Oktober 2007 Südafrika mit Namibia verbindet.

Von Johannesburg über den Krüger-Park nach Durban

- 3–4 Wochen

Auf der Autobahn Richtung Osten nimmt der Verkehr deutlich ab. Kohle steht synonym für **Witbank**. Noch im Gebiet der Kohleminen und Maisfelder beginnt eine von Südafrikas vielen Art Routes, Strecken, an denen sich „Kunsthandwerker" angesiedelt haben. In **Polokwane** (früher Pietersburg; S. 630), der Hauptstadt der Provinz Limpopo, herrscht eine entspannte Atmosphäre. Das Straßenbild ist gemischt, hier leben Schwarz und Weiß ganz selbstverständlich nebeneinander.

Jenseits des Homelands Lebowa schlängelt sich eine kurvenreiche Straße durch zunehmend grünere Landschaft. Bei den **Magoebaskloof Valleys** (S. 634) überwindet die Straße auf nur sechs Kilometern einen Höhenunterschied von 600 Metern. Mitten in den Transvaal-Drakensbergen liegt in einem stark bewaldeten, subtropischen Tal das Städtchen **Tzaneen** (S. 634).

Bei der Abfahrt ins Tal gilt es möglichst viel sattes „Grün" zu tanken, denn auf dem weiteren Weg ins *lowveld* trocknet die Landschaft zunehmend aus. Lichte Busch- und Strauchsavanne lösen die dichte Treibhaus-Vegetation rund um Tzaneen ab. Dann beginnt die Straße steil anzusteigen, in wenigen Kehren von etwa 600 auf fast 2000 m. Hinter dem **Strijdom Tunnel** beginnt der beeindruckende **Abel Erasmus-Pass**. Bekanntestes Naturphänomen Mpumalangas ist der **Blyde River Canyon** (S. 615), oft als afrikanischer Grand Canyon bezeichnet.

Im herrlich gelegenen Städtchen **Graskop** (S. 614) gibt es in einigen kleinen, gemütlichen Restaurants Tee und Pfannkuchen. Von hier ist nur noch ein Leopardensprung in den **Krüger-Park** (S. 637). Vom **Kruger Gate** führt eine kerzengerade Teerstraße nach **Hazyview** (S. 624), und auf dem Weg nach **Sabie** (S. 611) wächst die üppig-grüne, subtropische Vegetation fast bis in die Straße.

46 km lang zieht sich der **Long Tom Pass** durch die sanft geschwungenen, bewaldeten Hügel der nördlichen Drakensberge. Er ist Teil der sogenannten **Panorama-Route** durch Berge und Täler. In einer kleinen Senke liegt der legendäre Ort, wo Südafrikas größter Goldrausch stattgefunden hat: **Pilgrim's Rest** (S. 613). Die Straße beschreibt einen Bogen zurück nach Sabie. Von dort geht es auf einer gut ausgebauten, kurvenreichen Straße geht es durch eine waldreiche Hügellandschaft zum nächsten Ziel, **White River** (S. 618). Auch **Barberton** (S. 622) ist auf Gold gebaut.

Die Reiseroute geht vorbei an ausgedehnten Nutzholz-Plantagen, bis am Fuß der Hlumuhlumu Mountains, der Donnerberge, die kleine Siedlung **Badplaas** auftaucht. Die R541 zieht sich weiter durch Weideland, auf dem Kühe gehalten werden. In **Lochiel** geht es recht auf die N17, etwa 30 km weiter wieder links auf die R33. Am Horizont kratzt eine Bergkette an den Wolken. Vorbei an **Amsterdam**, missverständlicher könnte die kleine Stadt im Nichts kaum heißen, geht es sanft auf und ab.

In **Piet Retief**, dem nächsten Ort, wird der Reisende noch einmal mit der Vergangenheit konfrontiert. Piet Retief war einer der bekanntesten Voortrekker-Führer. Auf der gut ausgebauten N2 ist **Pongola** dann relativ schnell erreicht. Hier liegen bereits die ersten Wildnisreservate KwaZulu/Natals.

Zurück auf der Hauptstraße zweigt hinter dem Pongola-Staudamm eine kleine, nicht nummerierte, aber geteerte Straße nach Jozini ab. 56 km weiter nördlich liegt das komfortable **Ndumo Wilderness Camp**, eine private Zelt-Lodge, die im Nationalpark, nur ein paar Kilometer von der mosambikanischen Grenze entfernt, gebaut worden ist.

Sobald die Straße auf die R22 trifft, die zum Mosambik-Südafrika-Highway ausgebaut worden ist, geht es rechts Richtung Süden. Die einsamen und unberührten Sandstrände zwischen Kosi und Sodwana Bay beherbergen nicht nur traumhafte Tauchgründe, sondern bieten zwischen November und Februar auch erstklassige Schildkröten-Beobachtungsmöglichkeiten.

Über **Empangeni** gelangt man nach **Eshowe** (S. 496), wo Besucher gleich an zwei Orten Zulu-Kultur hautnah erfahren können, im **Shakaland** und in **Simunye** (S. 499). Von Shakaland geht es auf der R66 nach **Melmoth**. Von dort schlängelt sich die R34 durch sonnenverbranntes Hügelland. In diesen sanft anmutenden *rolling hills* fanden die bedeutendsten Schlachten der südafrikanischen Geschichte statt.

Hinter **Winterton** geht es dann endlich aufwärts. Richtung „Berg", wie die große Randstufe der Drakensberge auf Afrikaans genannt wird. Die Luft wird klarer und frischer, verbranntes Gelb macht sattem Grün Platz. An der Grenze zu Lesotho, hoch oben, ragt die gezackte Bergkette auf, die tatsächlich an den Rücken eines Drachens erinnert. Beim Morgenspaziergang in den nebelverhangenen Drachenbergen fällt es schwer sich vorzustellen, schon am Nachmittag in den Wellen des wohltemperierten Indischen Ozeans zu baden.

Ein schnurgerades, leicht gewelltes Asphaltband entfernt sich von den Bergen, zieht sich durch ausgedehntes Weideland, die **Natal Midlands**. Nach *low-* und *highveld*, nach Hitze und Staub, Nebel, Bergen, Schlachtfeldern und Städtebesichtigungen kann man auf der Autobahnfahrt nach **Durban** (S. 420) den Indischen Ozean schon fast wieder riechen. Verführerisch bläst einem die kühle, salzig schmeckende Brise entgegen. Durban ist so etwas wie das Miami Südafrikas. Miami Beach findet sich somit an den weißen Sandstränden der **Marine Parade**.

Kalahari und Karoo

■ 3–4 Wochen

Dieser Trip lässt sich gut mit der Route von Kapstadt zum Richtersveld kombinieren oder zu einer Südafrika/Namibia-Reise ausweiten.

In **Springbok** (S. 341) geht es auf der N14 in östliche Richtung. Endlos scheint sich das schwarze, in der Sonne flimmernde Asphaltband dahinzuziehen. Das kleine Schild links nach **Pella** (S. 339) sollte trotzdem nicht übersehen werden (24 km westlich von Pofadder). Pella ist eine in dieser trockenen Gegend völlig unerwartet perfekte Oase, was vor allem an den Hunderten von Dattelpalmen liegt, die hier üppig neben Feigen- und Granatapfelbäumen gedeihen.

Die nächste Überraschung – nach 12 km auf der Piste – ist die **Pella Mission Church**, die 1886 von katholischen Missionaren mit der Hilfe von Einheimischen gebaut wurde. Highlight des 820 km^2 großen **Augrabies Falls National Park** (S. 337) sind die herrlichen Augrabies-Wasserfälle. **Upington** (S. 326) liegt direkt am Orange River und ist das landwirtschaftliche Zentrum der Region. Bereits im vorletzten Jahrhundert entstanden hier die ersten Bewässerungssysteme.

Die **Date Palm Avenue** ist die Zufahrtsstraße zum Eiland Holiday Resort und von mehr als 200 riesigen, 1935 gepflanzten Dattelpalmen gesäumt. Die über 1 km lange Allee ist die längste auf der Südhalbkugel und wurde 1982 unter Denkmalschutz gestellt. Von Upington aus geht es auf der R360 Richtung Norden und dann immer geradeaus, genauer gesagt 186 km weit, bis die nächste größere Ansiedlung erreicht ist. Der Miniort **Askham** ist der letzte vor dem **Kgalagadi Transfrontier National Park** (S. 332), dessen Eingangscamp **Twee Rivieren** nochmals 75 km weiter nördlich liegt.

Der Kgalagadi Transfrontier Park liegt im nördlichsten Zipfel Südafrikas, eingezwängt zwischen Namibia im Westen und Botswana im Osten. Er ist Teil eines der größten Naturschutzgebiete Afrikas. Auch für Pkw leicht zu bewältigende Pisten durchziehen den Park, von Wasserloch zu Wasserloch, sowie zu den beiden eingezäunten Camps **Nossob** und **Mata Mata**, wo sich seit Oktober 2007 ein neu eröffneter Touristen-Grenzübergang nach Namibia befindet, der die Weiterreise ins Nachbarland bzw. nach Botswana deutlich verkürzt.

Die südafrikanischen Ausreiseformalitäten erfolgen im Hauptcamp **Twee Rivieren**. Wer den Mata Mata-Grenzübergang benutzen möchte, muss vorher mindestens zwei Nächte im Park verbracht haben. Durch diese Regelung soll kommerzieller Durchgangsverkehr verhindert werden. **Twee Rivieren** ist das Tor zum Kgalagadi National Park und gleichzeitig das komfortable Hauptcamp.

Neben diesen drei traditionellen Camps gibt es noch drei weitere, sogenannte Wilderness Camps – **Bitterpan**, **Grootkolk** und **Kalahari Tented Camp** – die dank fehlender Zäune hautnahen Naturkontakt versprechen. Über **Hotazel** („hot as hell", 105 km von Van Zylsrus auf der R31) sind es weitere 61 km nach **Kuruman**, das für seine enorme Süßwasserquelle Die Oog, „das Auge", berühmt ist.

Die R31 geht auf ihrem weiteren Weg fast unbemerkt von der **Kalahari** in die **Karoo** über. In **Kimberley** (S. 315), der Stadt der Diamanten, befördert Südafrikas einzige Straßenbahn Besucher zum berühmten **Big Hole**, dem größten von Menschen geschaffenen Loch der Erde. Von Kimberley lässt sich die Reise entweder nach Johannesburg oder Kapstadt fortsetzen.

Von Johannesburg nach Kapstadt

■ 6 Wochen

Für diesen Trip verbindet man die Küstenrouten auf S. 33 und S. 30 mit dieser Route. Von Durban kommend, folgt auf dem Weg nach Süden ein Badeort dem anderen. Immer wieder laden weißsandige Strände zu einem kurzen Halt ein und der Blick gleitet nach links zum Meer.

Isipingo, mit seinen weißen Sandstränden und seiner Lagune, lässt den Gasfuß schon ein bisschen weniger fest zutreten. **Amanzimtoti** ist der Beach für die Surfer, auf den Parkplätzen weisen ihre Buggys mit den Dachgepäckträgern darauf hin. **Port Edward** (S. 448) ist Natals südlichster Badeort.

Zunächst auf einer Teerstraße, dann auf einer holprigen, staubigen Piste, vorbei an kahlen Hügelketten, rattert der Mietwagen weiter, über Port Edward auf der R61 nach Süden, dem Küstenort **Port St. Johns** (S. 412) entgegen. Die **Wild Coast** (S. 400) ist so zerklüftet und – nomen est omen – wild, dass es selbst kühnen Ingenieuren nicht möglich war einen Küsten-Highway zu bauen.

Die Durchgangsstraße N2 nach Süden, zwischen Durban und East London, verläuft weit weg vom Meer im Landesinneren. Kleine Pisten, fast immer in sehr schlechtem Zustand, zweigen von ihr ab, zu einsamen Buchten an der Küste. Port St. Johns wirkt wie eine multikulturelle Alt-Hippie/Surfer-Kolonie – und ist es auch.

Über den **Mlengana-Pass**, hoch über dem Umngazi River, geht es weiter Richtung Umtata. Zur Rechten ragt ein großer Fels empor, der aussieht wie ein Laib frischgebackenen Brotes. Nach **Coffee Bay** (S. 406) führt eine der wenigen Teerstraßen, die die Wild Coast mit der N2 verbindet. In eleganten Kurven durchzieht die Straße eine sanfte, grüne Hügellandschaft. Zwischen den Flüssen Nenga – Walfluss – und Mapuzi – Ort der Kürbisse – liegt die traumhafte **Coffee Bay** mit ihrem 1 km langen Sandstrand.

Ein weiteres Highlight an der Wild Coast wartet knapp 40 km entfernt an der Küste: das **Hole in the Wall**, ein natürliches Felsentor, von der Meeresbrandung umspült. Zurück auf der N2 nimmt der Verkehr wieder zu. Nach ein paar Stunden, am Ende einer spektakulären Gefällstrecke durch die *kei cuttings* und dem Passieren der **Great Kei River Bridge**, die die ehemalige Transkei-Südgrenze markiert, befindet sich der Reisende wieder im europäisch anmutenden, reicheren Teil des Landes.

Zwischen **Gonubie Mouth** und **Buffalo City** (früher: East London) liegen die beliebtesten Surfstrände der Provinz Ostkap. **Port Alfred** (S. 371) wirkt auf den ersten Blick wie ein Resort an der französischen Riviera: blauer Himmel, türkisfarbenes Meer, weiße Häuser und teure Segeljachten. **Bathurst** (S. 380) gleicht durch seine Lage im Grünen, seine Hecken, alten Häuschen und das handgemalte Pub-Schild einem Dorf irgendwo in England.

Mit dem Erreichen von **Grahamstown** (S. 374) knüpft man nun direkt an Route 1 an, der man in umgekehrter Richtung bis Kapstadt folgt.

Klima und Reisezeiten

Südafrika ist ein überwiegend sonniges Land, aber wenn es einmal kalt wird, macht sich das empfindlich bemerkbar. Die meisten Häuser besitzen nämlich keine Heizung, und alles ist auf die normalerweise angenehm warme Witterung ausgerichtet. Beim Kofferpacken spielt das zu erwartende Wetter eine wichtige Rolle, vor allem im Winter. Die **Jahreszeiten** der südlichen Hemisphäre sind denen der nördlichen genau entgegengesetzt, das heißt im Juni und Juli herrscht in Südafrika Winter, und Hochsommer ist dort im Dezember und Januar. Dann fährt das halbe Land in die Sommerferien.

Südafrika umfasst mehrere Klimazonen. In **Kapstadt** und am Küstenstrich der **Garden Route** herrscht mediterranes Klima, beeinflusst von den Winden, die über den Südatlantik heranwehen. Im Sommer ist das Wetter meistens warm, doch etwas unbeständig. Mit Regen ist das ganze Jahr über zu rechnen, und im Winter kann es unangenehm kalt und nass werden. Viele Kapstädter sind der Meinung, dass die schönsten Monate im Jahr die von März bis Mai sind: Der starke Wind lässt nach, die Temperaturen sind mild – und die Touristen sind weg.

KwaZulu-Natal hat warme, sonnige Winter, Korallenriffe und sanft plätschernde Meereswellen. In den Drakensbergen schneit es im Winter und im Sommer kann es neblig sein.

Johannesburg und Pretoria liegen auf dem Highveld-Plateau und weisen ein nahezu perfektes Klima auf. Im Sommer ist es tagsüber heiß, jedoch herrscht längst nicht dieselbe Luftfeuchtigkeit wie an der Küste von KwaZulu-Natal. Im Winter ist es trocken und die Nächte sind kalt.

Im **Lowveld**, dem östlich von Johannesburg befindlichen Tiefland entlang der Grenze zu Mosambik, in dem sich auch der Krüger-Nationalpark befindet, fällt im Sommer und Winter ähnlich viel Regen wie im Highveld, doch da es längst nicht so hoch liegt, sind die Temperaturschwankungen weitaus geringer.

Shukuza (Krüger-Park)

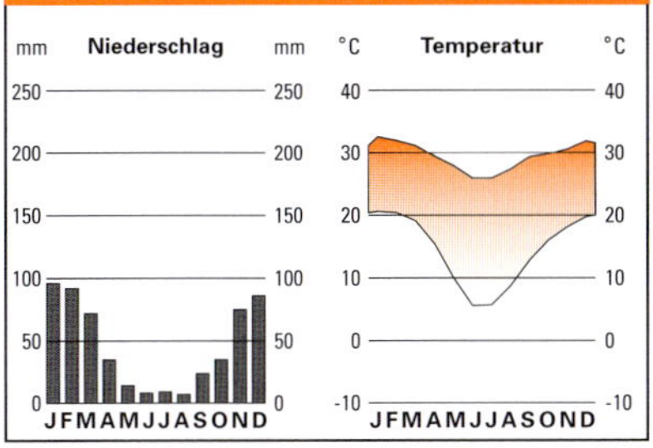

Kimberley

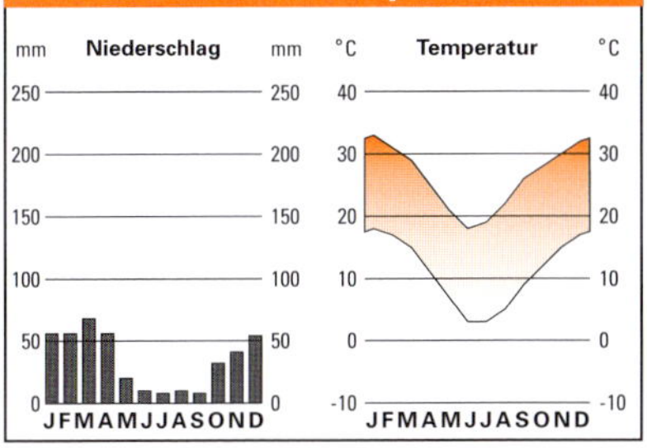

Johannesburg

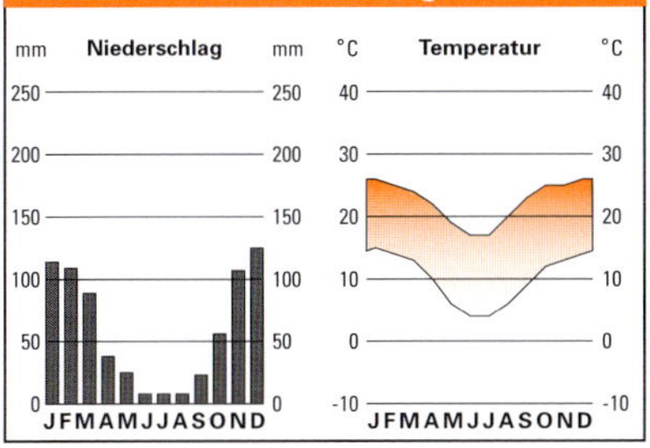

Bloemfontein

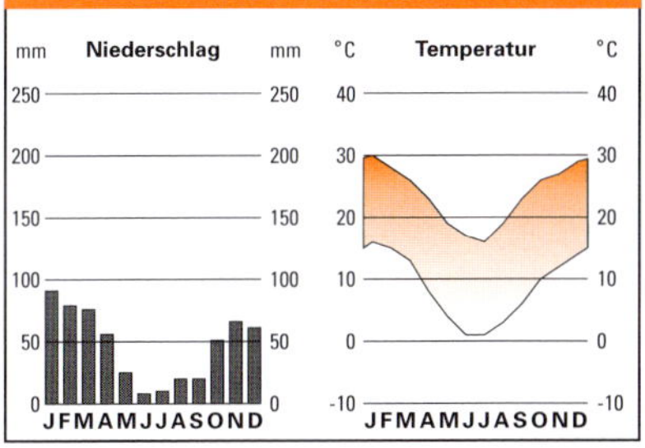

Durban

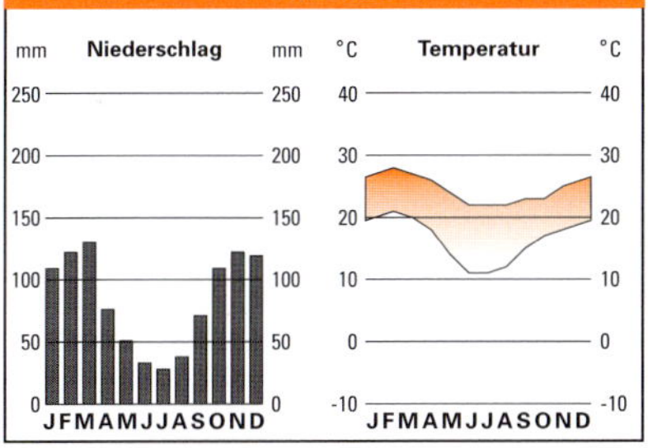

Kapstadt

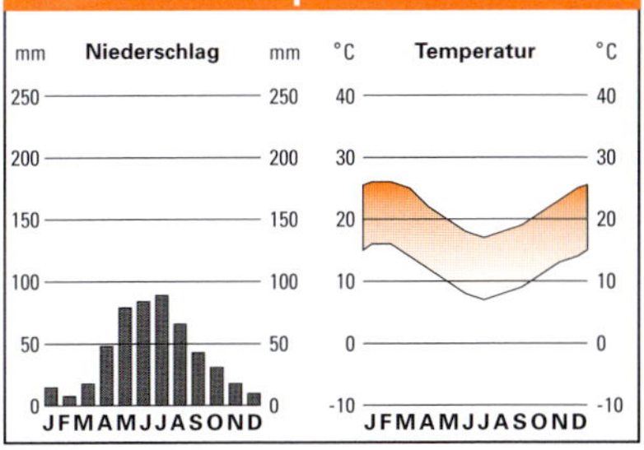

Port Elizabeth

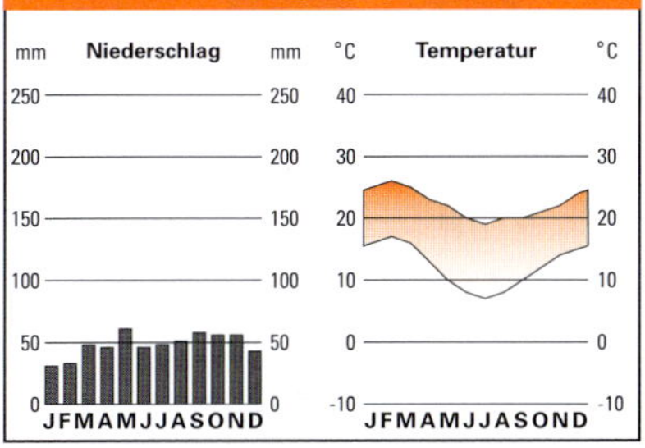

Reisekosten

Das teuerste an einem Südafrika-Besuch ist die Anreise. Wenn man erst mal da ist, dürfte es kein Problem sein, eine relativ preiswerte Reisegegend zu finden. Wie teuer ein Südafrika-Urlaub ist, hängt auch vom aktuellen Wechselkurs ab – seit der südafrikanische Rand nach Einführung der Demokratie in Südafrika frei konvertierbar wurde, hat er im Verhältnis zum Pfund, US-Dollar und Euro einige heftige Wechselkursschwankungen durchgemacht.

Tagesbudget

Für das Tagesbudget dürfte die Unterkunft der größte Kostenfaktor sein. Wer in Backpacker-Lodges mit Selbstversorgung nächtigt, kann mit weniger als 20 € pro Tag auskommen. Für Übernachtungen in B&Bs und Gästehäusern, ein Restaurantessen pro Tag und ein bis zwei Snacks zwischendurch ist mindestens das Doppelte zu veranschlagen. Bei Aufenthalten in Luxushotels und den Game-Lodges der Reservaten muss man mit Kosten von mindestens 160 € pro Tag rechnen. Luxus-Safarilodges in den großen Wildtierreservaten schlagen mit mindestens 200 € pro Tag zu Buche – nach oben sind dabei keine Grenzen gesetzt. Zusatzkosten für Automiete, Outdoor-Aktivitäten, Ausritte und Safaris können das Budget erheblich aufblähen. Dagegen sind die Eintrittsgelder der meisten Museen sehr niedrig; nur die gehobensten Institutionen verlangen mehr als 1,50 €.

Was kostet wie viel?

Zeltplatz	ab R50
Schlafsaalbett	unter R100
Zimmer im Budgethotel	unter R200
Bed & Breakfast	R200–400
Zimmer im Boutiquehotel	ab R600
Essen im Restaurant	R75–200
Tellergericht im Café	R60
Burger	R30
Eine Flasche Wein	R30–100
Eintritt in die Nationalparks	R60–132 pro Tag
Tauchkurs	ab R2500
Postkarte nach Europa	R4
SIM-Karte fürs Mobiltelefon	ab R100
Busfahrt Kapstadt – Durban	R475
Flug Kapstadt – Durban	R1500
Mietwagen pro Woche	ab R1650

Traveltipps von A bis Z

Anreise S. 40
Botschaften und Konsulate S. 40
Essen und Trinken S. 42
Feste und Feiertage S. 45
Geld S. 48
Gesundheit S. 49
Informationen S. 50
Internet und E-Mail S. 52
Kinder S. 52
Maße und Elektrizität S. 53
Medien S. 54
Nationalparks und Reservate S. 55
Notfälle S. 61
Post S. 61
Reisende mit Behinderungen S. 62
Schwule und Lesben S. 62
Sicherheit S. 63
Sport und Aktivitäten S. 65
Telefon S. 67
Transport S. 68
Übernachtung S. 75
Versicherungen S. 79
Visa S. 80
Zeit S. 80

Anreise

Als wirtschaftliches und touristisches Zentrum Schwarzafrikas besitzt Südafrika hervorragende Flugverbindungen mit Europa. Die meisten Flüge gehen nach **Johannesburg** (OR Tambo International), aber auch **Kapstadt** wird häufig angeflogen. Die Ticketpreise richten sich nach der **Saison**: Am teuersten wird es im Juni, Juli und August sowie in der ersten Januarwoche. Die besten Chancen auf ein günstiges Angebot hat man im Oktober, November und ab der zweiten Januarwoche bis März.

Da sich beim Flug nach Südafrika höchstens eine einstündige Zeitverschiebung ergibt, bleibt man vom Jet Lag verschont und kann sich recht schnell erholen. Ein Direktflug von Frankfurt nach Johannesburg dauert etwa zehn Stunden und kostet im Schnitt in der Hauptsaison um 800 €, in der Nebensaison um 550 € inkl. Steuern.

Bei einigen Fluggesellschaften sind Gabelflüge ohne Aufpreis möglich.

Fluggesellschaften und Websites

South African Airways (SAA) fliegt tgl. von Frankfurt und München nach Johannesburg und von dort weiter nach Kapstadt.

Büros von South African Airways

Deutschland
Darmstädter Landstr. 125, 60598 Frankfurt
☏ 069-299 803-0, 📠 299 803-77
💻 www.flysaa.com
🕓 Mo–Fr 8–18 Uhr

Österreich
Opernring 1/R/8, 1010 Wien
☏ 01-587 1585, 📠 587 1489

Weitere Fluggesellschaften

Air Berlin, 💻 www.airberlin.com.
Einmal wöchentlich von Berlin Tegel über München nach Kapstadt (in der Hochsaison zweimal).

Air France, 💻 www.airfrance.de.
Tgl. von Paris nach Johannesburg, dort Anschluss nach Kapstadt.

British Airways, 💻 www.british-airways.com.
Tgl. von London nach Johannesburg und Kapstadt.

KLM, 💻 www.klm.com.
Tgl. von Amsterdam nach Johannesburg und Kapstadt.

Lufthansa, 💻 www.lufthansa.com.
Tgl. von Frankfurt nach Johannesburg, in der Hochsaison auch nach Kapstadt.

Swiss, 💻 www.swiss.com.
Tgl. von Zürich nach Johannesburg und von dort weiter nach Kapstadt.

Wesentlich länger, aber zum Teil günstiger sind die Flüge mit **Emirates**, 💻 www.emirates.com, über Dubai, und **Qatar Airways**, 💻 www.qatarairways.com, über Doha (mehrmals wöchentlich).

Flüge im Netz buchen

Folgende Websites haben in Tests gut abgeschnitten:

💻 www.ebookers.de
💻 www.checkfelix.de
💻 www.expedia.de
💻 www.kayak.com
💻 www.opodo.de
💻 www.swoodoo.com
💻 www.travelchannel.de
💻 www.weg.de
💻 www.travelonline.co.za (in Südafrika)
💻 www.lastminute.de

Botschaften und Konsulate

Südafrikanische Vertretungen im Ausland

In Deutschland

Botschaft
Tiergartenstr. 18, 10785 Berlin
☏ 030-220 730, 💻 www.suedafrika.org
🕓 Mo–Fr 8–16.30 Uhr

Generalkonsulat
Sendlinger-Tor-Platz 5, 80336 München
☏ 089-231 1630

Reisen und Klimawandel

Der Klimawandel ist vielleicht das dringlichste Thema, mit dem wir uns in Zukunft befassen müssen. Wer reist, erzeugt auch CO_2: Der Flugverkehr trägt mit einem Anteil von bis zu 10 % zur globalen Erwärmung bei. Wir sehen das Reisen dennoch als Bereicherung: Es verbindet Menschen und Kulturen und kann einen wichtigen Beitrag für die wirtschaftliche Entwicklung eines Landes leisten. Reisen bringt aber auch eine Verantwortung mit sich. Dazu gehört darüber nachzudenken, wie oft wir fliegen und was wir tun können, um die Umweltschäden auszugleichen, die wir mit unseren Reisen verursachen.
Wir können insgesamt weniger reisen – oder weniger fliegen und länger bleiben, den Zug nehmen (wenn es einen gibt), Nachtflüge meiden (da sie mehr Schaden verursachen). Und wir können einen Beitrag an ein Ausgleichsprogramm wie 💻 **www.atmosfair.de** leisten. Dabei ermittelt ein Emissionsrechner, wie viel CO_2 der Flug produziert und was es kostet, eine vergleichbare Menge Klimagase einzusparen. Mit dem Betrag werden Projekte in Entwicklungsländern unterstützt, die den Ausstoß von Klimagasen verringern helfen.

nachdenken • klimabewusst reisen
atmosfair

In Österreich

Botschaft
Sandgasse 33, 1190 Wien
☎ 01-320 6493-97, 📠 320 649351
✉ vienna.bilateral@foreign.gov.za,
💻 www.saembvie.at
Honorarkonsulate in Graz, Innsbruck, Linz und St. Pölten.

In der Schweiz

Botschaft
Alpenstr. 29, 3006 Bern
☎ 031-350 1313, ☎ 351 3945
✉ bern.consular@foreign.gov.za
💻 www.southafrica.ch
Generalkonsulat in Genf

Ausländische Vertretungen in Südafrika

Deutsche Botschaft

180 Blackwood St, Arcadia, Pretoria 0083
☎ 012-427 8900, 📠 343 9401
✉ info@pretoria.diplo.de
💻 www.pretoria.diplo.de
Generalkonsulat
22 Riebeek Street, Safmarine House, Cape Town 8001
☎ 021-405 3000, 📠 421 0400
✉ info@kapstadt.diplo.de
💻 www.kapstadt.diplo.de
Honorarkonsulate in Durban und Port Elizabeth

Österreichische Botschaft

1109 Duncan St, Brooklyn, Pretoria 0181
☎ 012-452 9155, 📠 460 1151
✉ pretoria-ob@bmeia.qv.at
💻 www.aussenministerium.at/pretoria
Generalkonsulat
1 Thibault Square, Cape Town 800
☎ 021-421 1440, 📠 425 3489
✉ kapstadt-gk@bmeia.gv.at
Honorarkonsulate in Johannesburg, Durban und Port Elizabeth

Schweizer Botschaft

225 Veale Street, Parc Nouveau
New Muckleneuk 0181
☎ 012-452 0660, 📠 346 6605,
✉ pre.vertretung@eda.admin.ch
💻 www.eda.admin.ch/pretoria
Generalkonsulat
1 Thibault Square, Cape Town 8001
☎ 021-418 36 65, 📠 418 3688
✉ cap.vertretung@eda.admin.ch
💻 www.eda.admin.ch/capetown
Konsulat in Durban

Essen und Trinken

So etwas wie eine typisch südafrikanische Küche existiert eigentlich nicht, obwohl Anstrengungen unternommen wurden, die Kap-Küche in diesen Status zu erheben. Das einzige gemeinsame Element scheint die **Vorliebe für Fleisch** zu sein.

Darüber hinaus hat Südafrika aber auch jede Menge **Seafood** zu bieten, darunter zahlreiche Fische, Hummer, Austern und Muscheln. Das im Land gedeihende Obst und Gemüse ist überwiegend von hochwertiger Qualität. Straßenstände haben keine große Tradition. Wer unterwegs Hunger bekommt, holt sich eine Pastete oder Hähnchen mit Pommes in einem Fastfood-Laden.

Bei den alkoholischen **Getränken** bieten sich eine Hand voll mittelmäßiger Lagerbiere sowie die überwiegend ganz hervorragenden südafrikanischen Weine an. In den größeren Städten gibt es zahlreiche fantastische Restaurants, die internationale Küche bieten.

Frühstück, Mittag- und Abendessen

Der kulinarische Tagesablauf in Südafrika ist nach wie vor britisch geprägt. Die meisten B&Bs, Hotels und Gästehäuser servieren zum **Frühstück** Eier mit Speck und Würstchen. Immer häufiger gibt es auch Müsli, Obst, Joghurt, Croissants und Gebäck. **Mittagessen** gibt es gegen 13 Uhr, **Abendessen** um 19 oder 20 Uhr, wobei der Speiseplan mittags und abends recht ähnlich aussieht: In der Regel kommt irgendein Gericht aus Fleisch oder Fisch mit Gemüse auf den Tisch. Viele Südafrikaner essen mittags auch gern etwas Leichteres wie ein Sandwich, Pasteten, Salat oder Burger.

Öffnungszeiten

Der Arbeitstag beginnt und endet in Südafrika früh: Normalerweise haben **Geschäfte** Mo–Fr 8.30–15.30 und Sa 8–11 Uhr geöffnet. In Kleinstädten schließen viele Einrichtungen um die Mittagszeit herum für eine Stunde. Am Sonntag haben in der Regel nur einige kleine Läden geöffnet, wo Lebensmittel und das Allernotwendigste verkauft werden.
Manche Einrichtungen haben unterschiedliche Sommer- und Winteröffnungszeiten. Mit „Winter" sind dann die Monate April bis August oder September gemeint; das restliche Jahr über ist „Sommer".

Küchen

Die traditionelle schwarz-südafrikanische Küche basiert überwiegend auf Maisbrei (ähnlich der Polenta), **mielie pap** oder **pap** genannt, begleitet von Soßen auf Fleisch- oder Gemüsebasis. Was die weißen Südafrikaner angeht, so wird in Afrikaander-Haushalten oft handfeste **boerekos** gekocht, die etwas schwer im Magen liegen kann. Südafrikaner britischer Herkunft, die früher zumeist die traditionellen englischen Mahlzeiten favorisierten – Fleisch und zu lange gekochtes Gemüse –, haben ihren Geschmack inzwischen umgestellt. Nachstehend einige der bekanntesten Eigenarten der südafrikanischen Küche.

Braais

Braai ist die Abkürzung von *braaivleis*, dem afrikaansen Wort für „Fleisch vom Grill". Ein *braai* ist nicht einfach eine Angelegenheit, bei der im Freien Fleisch auf einem Rost gebraten wird, sondern eine Kulthandlung, die für die südafrikanische Identität womöglich noch prägender ist als ein Barbeque für die Australier.

Ein *braai* ist auch nicht einfach ein Essen, sondern ein gesellschaftliches Ereignis, normalerweise für Familienmitglieder und Freunde, begleitet von Unmengen Bier. Und ein *braai* ist wahrscheinlich auch die einzige Möglichkeit für Besucher aus Übersee, um weiße südafrikanische Männer beim Kochen zu ertappen.

Es gibt so gut wie nichts, das nicht auf einem *braai*-Rost gebraten werden kann: Ein traditionelles Grillfest besteht aus riesigen Steaks, Lammkoteletts und **boerewors**, eine südafrikanische Spezialität. Dazu werden normalerweise Gemüse, Kartoffeln und Kürbis in Alufolie gebackenen.

Potjiekos und Boerekos

Eine Variation von *braai* ist **potjiekos** (wörtlich: „Topfessen"), wo das Essen, am liebsten im Freien auf einem offenen Feuer, in einem dreibeinigen, gusseisernen Kessel (dem *potjie*) gekocht wird. Ähnlich ist **boerekos** („Bauernkost"), die allerdings in der Küche und überwiegend in burischen Haushalten zubereitet wird. Sie zeichnet sich durch cholesterinreiche Deftigkeit aus, bei der sogar Gemüse mit Butter und Zucker „verfeinert" wird. Ganz groß ist *boerekos* in punkto köstliche Nachspeisen, z. B. *koeksisters* (mit Sirup durchtränktes Gebäck) und *melktert* (ein leckerer Pudding).

Kap-Küche

Aus dem Kochstil der aus Asien und Madagaskar eingeführten Sklaven entwickelte sich die Cape Cuisine – manchmal Kap-Malaienküche genannt. Sie zeichnet sich durch mild-süße, aromatische Currys mit starkem indonesischem Einschlag aus, und vor allem wer Kapstadt besucht, innerhalb dessen muslimischer Gemeinde sie entstand, sollte sie wenigstens einmal probiert haben. Zu den typischen Gerichten zählen **bredie** (Eintopf) mit der Spezialität *waterblommetjiebredie,* bei der Wasserhyazinthen mitgekocht werden; **bobotie**, ein gut gewürztes Gericht mit Pfefferminze unter einer leckeren Karamellkruste, und **sosaties**, Fleisch am Spieß, das in Minze mariniert wurde. Zum Nachtisch bieten sich mit Mandeln gefüllte **Datteln** an; schwerer dagegen ist **malva pudding**, eine köstliche Kombination aus Milch, Zucker, Sahne und Aprikosenmarmelade.

Die Kap-Küche ist zwar lecker, aber nicht allzu abwechslungsreich und nur wenige Restaurants haben sich darauf spezialisiert. Dennoch haben sich viele Gerichte, die aus der Cape Cuisine stammen, auf den allgemeinen südafrikanischen Küchenzettel geschlichen.

Andere ethnische und regionale Einflüsse

Zwar lässt sich die südafrikanische Küche nicht regional eingrenzen, aber Reisende werden feststellen, dass sich die Vorlieben für bestimmte Gerichte von Region zu Region unterscheiden. In **KwaZulu-Natal**, vor allem um Durban und Pietermaritzburg herum, kann man z. B. besonders gut indisch essen. Der Beitrag Südafrikas zu dieser vielfältigen Küche ist der bescheidene **bunny chow**, ein einfaches und preiswertes Imbissgericht, das aus einem halben, ausgehöhlten Laib Weißbrot besteht und ursprünglich mit Bohnencurry gefüllt war. Inzwischen kann die Füllung aus allem Möglichen bestehen – von Curryhuhn bis Sardinen.

Wegen der Nähe zu Mosambik hat in Südafrika schon früh die **portugiesische Küche** Einzug gehalten – besonders in Form der scharfen peri-peri-Gewürzmischung, die sich hervorragend für *braais* eignet. Am weitesten verbreitet ist das köstliche **peri-peri-chicken**.

Vegetarisches Essen

Ein Vegetarierparadies ist Südafrika nicht, doch es findet sich zumindest ein fleischloses Gericht auf jeder Speisekarte. Und selbst Steakhäuser sind empfehlenswert, denn sie haben meistens über die allerbesten Salatbars weit und breit, besonders die der Steakhauskette Spur, an denen sich die Gäste schon für etwa R25 unbegrenzt bedienen können. In größeren Städten finden Selbstversorger köstliche Snacks und andere leckere Sachen zum Mitnehmen bei Woolworths und im Supermarkt Pick n Pay.

Essen gehen

In südafrikanischen Restaurants kann man sehr preiswert essen. In jeder Stadt finden sich Lokale, die eine anständige Hauptmahlzeit für weniger als R75 anbieten, und wer R200 hinblättert, darf mit erlesenen Gaumenfreuden rechnen. Jede Stadt, von den großen bis zu kleineren, verfügt über Restaurants mit exquisiter Küche. **Franschhoek**, eine Kleinstadt in den Winelands, hat sich als kulinarisches Zentrum des Landes einen Namen gemacht und weist mehrere ausgezeichnete Lokale auf engstem Raum auf. Normalerweise wird in allen Restaurants Alkohol ausgeschenkt, nur in den muslimischen Lokalen in Kapstadt ist Alkohol tabu.

Eine erfreuliche Erscheinung der letzten Jahre, insbesondere in Kapstadt, ist das Aufkommen von **Cafés** nach europäischem Vorbild. Man kann dort nicht nur ebenso gut essen wie in einem Restaurant, sondern auch genauso gemütlich bei einer Tasse Kaffee sitzen, ohne das Gefühl zu haben, etwas zu essen bestellen zu müssen. Ein ordentliches Essen in einem der Cafés, die bis spät abends geöffnet haben, bekommt man für rund R75. Allerdings dürfen diese Newcomer nicht mit einem der traditionellen südafrikanischen Cafés verwechselt werden, die es selbst im kleinsten Marktflecken gibt. Dabei handelt es sich mehr um einen Tante-Emma-Laden, der ein paar Zeitschriften, Limonaden, Knabberzeug und Konservendosen verkauft.

Ganz oben auf der nationalen Beliebtheitsskala stehen die **Schnellrestaurants**, die in fast jeder Stadt zu finden sind. Internationale Ketten wie KFC und Wimpy gibt es hier an jeder Ecke. Ebenso südafrikanische Ketten, z. B. die nach amerikanischem Vorbild entstandene Steakhauskette Spur und das inzwischen auch im Ausland vertretene Nando's Chickenland, in dessen Läden es hervorragende Grillhähnchen nach portugiesischem Rezept mit zahlreichen leckeren Soßen gibt. In all diesen Lokalen bekommt man für rund R40 einen sättigenden Burger oder ein halbes Hähnchen, jeweils mit Pommes, oder ein beachtliches Steak für etwas das Doppelte.

Nur wenige Restaurants halten bestimmte Öffnungszeiten ein, daher haben wir in den entsprechenden Kapiteln angegeben, zu welcher (Essens-)Zeit sie normalerweise geöffnet sind. Bei Lokalen, in denen es ratsam ist, einen Tisch zu reservieren, stehen die Telefonnummern dabei.

Die Website 💻 www.eatout.co.za ist die leicht zu navigierende, nach Städten geordnete Internetausgabe von *EatOut,* dem südafrikanischen **Restaurantführer**, der jedes Jahr aktualisiert wird und in Buchläden und an Zeitungskiosken erhältlich ist.

Getränke

Man trinkt seltener in geselliger Runde in Kneipen und Bars, wie es in Europa üblich ist, obwohl die **shebeens** in den Townships diese Funktion erfüllen. Die Mehrzahl der Weißen geben sich dem Alkoholgenuss lieber in den eigenen vier Wänden hin. Die innerstädtischen **Bars** sind überwiegend raubeinige Männerdomänen, während die Frauen in steife Lounges oder in die den Hotels angegliederten Ladies' Bars verwiesen werden. Langsam verbreiten sich auch **Pubs und Sportsbars** im irisch-englischen Stil, obwohl sie eigentlich in der südafrikanischen Kultur nicht verwurzelt sind.

Bier, Wein und Hochprozentiges gibt es montags bis samstags von 9 bis 18 Uhr in *bottle stores* und auch in den meisten Supermärkten. In Restaurants oder Pubs sind auch außerhalb dieser Zeiten Drinks zu haben. Die gängigen **Softdrinks** sind auch in Südafrika zu haben und die enorme Vielfalt an **Fruchtsäften** ist bemerkenswert. **Rooibos-Tee** wird aus der einheimischen Rotbusch-Pflanze gewonnen und enthält kein Koffein.

Bier

Südafrika ist zwar ein renommiertes Weinland, doch das Nationalgetränk ist unbestritten Bier. Bier ist das Wahrzeichen südafrikanischer Männlichkeit, ebenso wie das *braai,* und kennt weder Rassen- noch Klassenschranken. Jeder Südafrikaner schwört gewöhnlich auf seine Lieblingsbiermarke, obwohl weniger geübte Gaumen fast keinen Unterschied schmecken; schließlich wird der Großteil aller heimischen Biersorten in den riesigen South African Breweries hergestellt, einer der größten Brauereien der Welt. Ihre einzige Konkurrenz in der gleichen Preislage stellt Namibian Breweries dar, dessen Windhoek Lager laut Kennern den Bieren von SAB vorzuziehen ist. Am verbreitetsten ist **Lager**, ein relativ leichtes, dünnflüssiges Gebräu, das eisgekühlt an heißen Tagen recht erfrischend ist.

Inzwischen gibt es auch ein paar Mikrobrauereien – die bekannteste davon ist Mitchell's in Knysna, die etwas ausgefallenere Biere produziert, und Birkenhead in Stanford. Diese sind in einigen *bottle stores* und Bars zwischen Kapstadt und Port Elizabeth erhältlich. **Importbiere** sind verglichen mit den Erzeugnissen der einheimischen Großbrauereien ziemlich teuer, mit Ausnahme des guten tschechischen Pilsner Urquell, das von SAB im Zuge ihrer globalen Expansion aufgekauft wurde.

Trinkgeld

In Restaurants und für Taxis normalerweise bis zu 15 %. Wer jedoch unwirsch und schlecht bedient wurde, gibt weniger. Allerdings sollten Touristen nicht vergessen, dass ein Großteil der Menschen, die das Zimmer reinigen oder schwer beladene Tabletts heranschleppen, „schwarz" arbeiten und auf ein Trinkgeld angewiesen sind, denn die kärglichen Löhne reichen kaum aus, eine große Familie zu ernähren. Die übliche Entlohnung für Pagen in Hotels beträgt rund R5 pro Gepäckstück. Der Tankwart sollte für das Auftanken und Scheibenwischen ebenfalls R5 bekommen. In Hotels gehört es zum guten Ton, dem Zimmermädchen ein bisschen Geld zu hinterlassen.

Viele Einrichtungen, vor allem private Game-Lodges, nehmen von Gästen beim Auschecken ein (freiwilliges) Sammeltrinkgeld entgegen – mit Abstand das fairste System, da es sicherstellt, dass auch die Angestellten, die nicht direkt mit den Besuchern zu tun haben, ihren Anteil erhalten.

Wein

Südafrikas **Weinindustrie** ist nach rund 350 Jahren davon abgekommen, französische Weine produzieren zu wollen und setzt jetzt auf frische, fruchtige Sorten nach kalifornischer und australischer Art. Die Produktion steigt ständig, um der Nachfrage des unaufhörlich wachsenden Exportmarktes gerecht zu werden, und eine Reihe südafrikanischer Weingüter genießen internationales Renommee. Weinfreunde dürfen sich auf einige himmlische Tropfen zu äußerst erschwinglichen Preisen gefasst machen.

Wer auf der Suche nach einer einheimischen Rebsorte ist, sollte **Pinotage** probieren. Die rote Rebe ist eine – auch sprachliche – Kreuzung aus Spätburgunder *(Pinot noir)* und Cinsault *(Hermitage)*. Es werden auch exzellente Weißweine produziert, wobei der Trend zu Verschnitten geht. Der angebotene **Portwein** wird Kennern wahrscheinlich zu süß sein, dagegen sind ein paar hervorragende **Schaumweine** erhältlich.

Die **Preise** für eine genießbare Flasche Wein beginnen bei unter R30, für das Doppelte erhält man schon etwas recht Ansprechendes. Die meisten Weine kosten weniger als R100. Für einen edlen Tropfen muss man allerdings locker R250 und mehr hinlegen. Auf jeden Fall können Südafrikareisende sich jederzeit eine gute Flasche gönnen, ohne ein Vermögen dafür auszugeben.

Die beste Möglichkeit sich einen Überblick über das Angebot zu verschaffen, bietet eine Weinprobe in einem der **Weingüter**. Manche von ihnen verlangen eine geringe Teilnahmegebühr, um zu verhindern, dass Besucher sich allzu reichlich bedienen. Die ältesten und besuchenswertesten Weingüter sind die **Constantia Estates** in Kapstadt (S. 141) sowie die so genannten **Winelands** in der Umgebung der Städte Stellenbosch (S. 203), Paarl (S. 212) und Franschhoek (S. 217), wo überall Weintouren angeboten werden. Weitere Weingebiete sind Robertson (S. 225), Oranje River (S. 327) und Walker Bay (S. 250).

Feste und Feiertage

An Festen und Festivals herrscht in Südafrika kein Mangel: Jährlich werden mehr als 80 Musikfestivals veranstaltet, allein neun am Osterwochenende. Daneben gibt es eine unüberschaubare Zahl an Festen in kleineren Städten. Es ist nett, wenn man eines dieser Ereignisse mitnehmen kann, aber kaum jemand wird eigens dafür seine Reiseroute ändern.

Es gibt aber auch eine Reihe größerer Veranstaltungen, die man durchaus in der Reiseplanung berücksichtigen sollte. Johannesburg oder Kapstadt haben erwartungsgemäß am meisten zu bieten, aber die beiden wichtigsten Kulturevents des Landes, das National Arts Festival und das Klein Karoo Nasionale Kunstefees, finden in kleinen Städtchen der Karoo statt: Grahamstown und Oudtshoorn. Wenn die Sache hier ins Rollen kommt, wachsen die Orte auf das Doppelte ihrer Größe an.

Festkalender

Januar

Cape Town Minstrel Carnival, Kapstadt. Südafrikas längste und lauteste alljährliche Party zieht über 10 000 Besucher ins Green Point Stadium. Das Ganze beginnt am 2. Januar mit der Feier zum „Tweede Nuewe Jaar" (Zweiten Neujahr). Im Zentrum des Vergnügens stehen farbenfrohe Spielmannszüge, die in Sing- und Tanzwettbewerben gegeneinander antreten. Wer einigermaßen gute Plätze möchte, reserviert die Karten (R30–60) am besten vorher über Computicket.

Maynardville Shakespeare Festival, Kapstadt, 💻 www.maynardville.co.za. Erfrischende Inszenierungen von Shakespeare-Stücken in der herrlichen Kulisse des Maynardville Open Air Theatre in Wynberg.

Februar

Cape Town Pride Pageant, 💻 www.capetownpride.co.za. Zweiwöchiges schwul-lesbisches Festival mit jeder Menge Partys, Straßenumzügen und anderen Veranstaltungen.

Gesetzliche Feiertage

Viele Geschäfte und touristische Einrichtungen sind auch an gesetzlichen Feiertagen geöffnet, mitunter etwas eingeschränkt. Nur an Karfreitag und am 25. Dezember hat alles zu.
Die wichtigsten Feiertage:

1. Januar	Neujahrstag
21. März	Tag der Menschenrechte
Karfreitag	
Ostersonntag	
Ostermontag	
27. April	Tag der Freiheit
1. Mai	Tag der Arbeit
16. Juni	Tag der Jugend
9. August	Nationaler Frauentag
24. September	Tag des Erbes
16. Dezember	Tag der Versöhnung
25. Dezember	Weihnachten
26. Dezember	Tag der Versöhnung

FNB Dance Umbrella, Johannesburg, 💻 www.at.artslink.co.za/~arts/umbrella/. Das größte Tanzfestival des Landes von Mitte Februar bis Mitte März zeigt die ganze Bandbreite an tänzerischen Ausdrucksformen, die der Subkontinent hervorgebracht hat.

März

Cape Argus Pick 'n Pay Cycle Tour, Kapstadt (S. 191). Das weltgrößte und wohl spektakulärste Radrennen mit Einzelwertung. Große Teile der Strecke führen am Meer entlang.

Cape Town International Jazz Festival, Kapstadt, 💻 www.capetownjazzfest.com. Die Antwort auf das weltberühmte North Sea Jazz Festival der Niederlande bringt seit dem Jahr 2000 am letzten Märzwochenende führende ausländische und afrikanische Musiker in die Stadt.

Klein Karoo Nasionale Kunstefees, Oudtshoorn, Westkap, 💻 www.kknk.co.za. Südafrikas größtes Kunst- und Kulturfestival verwandelt das verschlafene Karoostädtchen Oudtshoorn in eine einzige große Party. Auch wer kein Afrikaans versteht, findet genügend Angebote auf Englisch, um den Tag zu füllen.

Splashy Fen Music Festival, Underberg, Kwa Zulu-Natal, 💻 www.splashyfen.co.za. In der zweiten Monatshälfte strömen tausende Musikfans zu Südafrikas ältestem Musikfestival vor der herrlichen Kulisse der Drakensberge. Die Bands spielen Rock und Pop, Mainstream und Alternative, und es gibt ein Kinderprogramm.

April

Two Oceans Marathon, Kapstadt, 💻 www.twooceansmarathon.org.za. Zu den vielen Sportevents des Westkap zählt dieser 56-Kilometer-Ultra-Marathon, dessen Läufer von begeisterten Massen angefeuert werden.

Pink Loerie Mardi Gras, Knysna, Westkap, 💻 www.pinkloerie.com. Eine Woche lang feiert die Gay-Community in Südafrikas Austern-Hauptstadt Partys mit Misswahlen, Cabaret, Drag Shows und mehr.

Juni

Comrades Marathon, Durban/Pietermaritzburg, KwaZulu-Natal, 💻 www.comrades.com. Dieser 80 km lange legendäre Lauf zwischen Durban und Pietermaritzburg zieht 13 000 Teilnehmer an und wird auch im Fernsehen übertragen.

National Arts Festival, Grahamstown, Ostkap (S. 374). Afrikas größtes Festival der darstellenden Künste: Zehn Tage lang Jazz, Klassik, Tanz, Cabaret und Theater mit jeder nur erdenklichen Art von Bühnenkunst.

Juli

Knysna Oyster Festival, Knysna, Westkap, 💻 www.oysterfestival.co.za. 14 Tage lang Bechern, Schlemmen und Austernschlürfen entlang der Garden Route und dazwischen jede Menge Sportevents.

August

Oppikoppi Bushveld Festival, Northam, Nordwest-Provinz, 💻 www.oppikoppi.co.za. Klein-Woodstock in Südafrika: Das Oppikoppi Festival rockt den Busch. *Oppikoppi* ist Afrikaans und bedeutet „auf dem Berg". Vier Tage und Nächte lang spielen insgesamt 60 einheimische und internationale Bands

Joy of Jazz, Johannesburg, 💻 www.joyofjazz.co.za. Jo'burgs wichtigstes Jazz-Festival versammelt verschiedene Musikstile im Newtown Cultural Precinct.

September

Arts Alive, Johannesburg, 💻 www.artsalive.co.za. Jo'burgs größtes Kulturevent bietet vier Tage lang Tanz, Kunst, Lesungen und Musik auf den Bühnen des Newtown Precinct, des Kulturzentrums in der Innenstadt.

Hermanus Whale Festival, Hermanus, Westkap, 💻 www.whalefestival.co.za. Jedes Jahr veranstaltet Hermanus nahe Kapstadt mitten in der Whalewatching-Saison ein einwöchiges Festival. Auf dem Programm stehen Theater, Livemusik, ein Kunsthandwerksmarkt und ein Kinderfest.

November

Cape Town World Cinema Festival, Kapstadt, 💻 www.sithengi.co.za. Das Filmfestival zeigt spannendes Kino aus Entwicklungsländern, mit Schwerpunkt auf Afrika und insbesondere Südafrika. Verschiedene Veranstaltungsorte in der ganzen Stadt.

Kirstenbosch Summer Sunset Concerts, Kapstadt, 💻 www.sanbi.org/frames/whatsonfram.htm. Beliebtes Musikfestival auf den wunderbaren Rasenflächen des Botanischen Gartens am Fuß des Tafelbergs. Geboten werden verschiedene Genres. Um 17.30 Uhr geht es los: Früh herkommen (wegen der Parkplätze), Picknickkorb und etwas Gutes zu trinken mitbringen – und genießen. Karten gibt es vor Ort.

Out in Africa South African Gay & Lesbian Film Festival, Kapstadt und Johannesburg, 💻 www.oia.co.za. Das schwul-lesbische Filmfestival – angeblich das beliebteste Filmfest des Landes – zeigt in der ersten Monatshälfte internationale und einheimische Produktionen.

Dezember

Mother City Queer Projects, Kapstadt (S. 185). Sehr beliebtes schwullesbisches Event. Die verschiedenen Tanzflächen, die exaltierten Outfits und eine Atmosphäre von Dauerdelirium ziehen tausende Feierfreudige an.

Carols by Candlelight at Kirstenbosch, Kapstadt, ✆ 021-799 8783. Eine Institution in Kapstadt: Von Donnerstag bis Sonntag vor Weihnachten gibt es im Botanischen Garten ein Weihnachtsprogramm. Der Jahreszeit angemessen kommen die Familien hier mit Picknickkorb zu Krippenspiel und Weihnachtsliedern. Einlass ist ab 19 Uhr, gesungen wird ab 20 Uhr.

Dezember bis März

Spier Summer Festival, Spier Wine Estate, Stellenbosch, Westkap, 💻 http://africacentre.net. Ganze vier Monate lang werden Musik, Oper, Tanz, Comedy und Theater geboten, wobei das Programm zunehmend einen afrikanischen Schwerpunkt setzt.

Ferientermine

Die südafrikanischen **Schulferien** können die eigenen Reisepläne ziemlich durcheinander bringen, vor allem wenn man zelten, in Nationalparks oder in billigeren Quartieren übernachten will. Die meisten jener Unterkünfte sind schon lange im Voraus ausgebucht. Wer also in diesem Zeitraum eine Südafrikareise plant, sollte besonders in den Nationalparks so früh wie möglich eine Unterkunft reservieren.

Die längste und verkehrsreichste Ferienzeit liegt um **Weihnachten (Sommer)**. Die Schulen schließen etwa von Anfang Dezember bis Ende Januar. Flüge und Schlafwagenplätze sind zwischen dem 16. Dezember und 2. Januar, wenn viele Betriebe und Verwaltungsbüros dicht machen und ihre Angestellten in die Ferien entlassen, nur schwer zu bekommen. Wer Südafrika in der Weihnachtszeit besuchen möchte, sollte sowohl internationale als nationale Flüge bereits sechs Monate vorher buchen.

Die Schulferien der verschiedenen Provinzen (am Meer und im Landesinneren) liegen nicht alle im gleichen Zeitraum, doch als Faustregel gelten folgende Termine: **Osterferien**, Mitte März bis Mitte April; **Winterferien**, Mitte Juni bis Mitte Juli, und **Frühjahrsferien**, Ende September bis Anfang Oktober. Die genauen Termine stehen auf der staatlichen Infoseite 💻 www.info.gov.za/aboutsa/schoolcal.htm.

Mehrwertsteuer

Auf fast alle Waren und Dienstleistungen wird eine Mehrwertsteuer von 14 % geschlagen, die *value-added tax* (**VAT**). Diese ist normalerweise bereits im geforderten Preis enthalten. Ausländische Besucher können sich ab einem Betrag von mehr als R250 die VAT zurückerstatten lassen. Dafür müssen direkt vor dem Abflug am Flughafen die Quittung, versehen mit dem Namen des Käufers und Verkäufers sowie einem Stempel, der Reisepass und die erworbenen Sachen vorgelegt werden. Außerdem muss ein entsprechendes Formular, ein sogenanntes *VAT refund control sheet* (VAT 255), ausgefüllt werden, das auf internationalen Flughäfen erhältlich ist.
Nähere Informationen gibt es beim *VAT Refund Administrator*, ✆ 011-394 1117, 💻 www.taxrefunds.co.za.

Geld

Währung und Banken

Die Landeswährung Südafrikas ist der **Rand** (R), oft „buck" genannt, aufgeteilt in 100 Cents. Es gibt Scheine im Wert von R10, 20, 50, 100 und 200 sowie Münzen zu 5, 10, 20 und 50 Cents sowie R1, 2 und 5.

In jeder größeren Ortschaft gibt es eine **Bank**, wo man Geld wechseln kann. Die Öffnungszeiten sind Mo–Fr 9–15.30 und Sa 9–11 Uhr. Die Banken in Kleinstädten haben meistens über Mittag geschlossen. Einige Banken in Großstädten verfügen über ein **bureaux de change**, das bis 19 Uhr geöffnet ist.

Im Notfall kann man auch in manchen Hotels Geld tauschen, allerdings gegen eine saftige Bearbeitungsgebühr. Darüber hinaus wechseln auch die Filialen von American Express und Rennies Travel Bargeld und Reiseschecks.

Wechselkurse

1 €	=	9,30 Rand	1 Rand	=	0,11 €
1 sFr	=	7,13 Rand	1 Rand	=	0,14 sFr

Karten und Reiseschecks

Kreditkarten und Bankkarten sind der bequemste Weg, um unterwegs an Geld zu kommen. **Geldautomaten** akzeptieren alle gängigen Karten und sind normalerweise rund um die Uhr zugänglich. Plastik ist auch bei Zimmerreservierungen hilfreich oder bei Bezahlung von touristischen Dienstleistungen. Für Automiete ist eine Kreditkarte unerlässlich. In den großen Städten sind Visa und Mastercard die Karten mit der größten Akzeptanz.

Travellers Cheques bieten sich als Sicherheitsreserve an, weil sie bei Diebstahl oder Verlust ersetzt werden. Schecks von American Express, Visa und Thomas Cook in Dollar oder Euro werden akzeptiert.

In entlegeneren Gebieten kommt man mit Karten oder Reiseschecks nicht weit, hier ist **Bargeld** gefragt. Am sichersten transportiert man Geldreserven eng am Körper, z. B. in einem Geldgürtel.

Informationen und Notrufnummern

American Express: ✆ 0049-69-979 720 00 (auch bei Verlust für Ersatzkarten zuständig), 💻 www.americanexpress.com/germany.

Maestro Card: ✆ 0049-69-740 987, 💻 www.maestrokarte.de.
Bei Verlust: 0049-1805 021 021.
Standorte von Geldautomaten unter 💻 maestrocard.com/de/ueber/ueber_bankomatensuche.html.

MasterCard: ✆ 0049-69-793 319 10.
Karte sperren: ✆ 001-63 67 22 71 11 (international gebührenfrei), 💻 www.mastercard.com/de/.

Visa: Karte sperren: 001-800-11-535-0660 (international gebührenfreies R-Gespräch), 💻 www.visa.de.
Standorte der Geldautomaten unter 💻 visa.via.infonow.net/locator/global/.

Gesundheit

Die meisten gesundheitlichen Bedenken, die in anderen Teilen Afrikas sicherlich angemessen sind, kann man getrost über Bord werfen. Heruntergekommene Krankenhäuser und ausgefallene Tropenkrankheiten sind keine Merkmale Südafrikas. In allen Touristengebieten wird Hygiene groß geschrieben und das **Trinkwasser** ist sauber. Das einzige wirkliche Risiko, das viele Besucher stark unterschätzen, ist die **Sonnenstrahlung**. In manchen Teilen des Landes besteht außerdem **Malaria-Gefahr**, der man durch die Einnahme bestimmter Medikamente begegnen kann (s. „Reisemedizin zum Nachschlagen", S. 663).

Die staatlichen **Krankenhäuser** in Südafrika sind ziemlich gut ausgestattet, doch aufgrund finanzieller Engpässe haben sie Schwierigkeiten, ihren Standard aufrechtzuerhalten. Daher ist mit langen Wartezeiten und manchmal etwas nachlässiger Behandlung zu rechnen. Reisende sind in Privatkrankenhäusern oder -kliniken, die dem europäischen Standard entsprechen, wahrscheinlich besser versorgt. Adressen von Privatkliniken sind in den Regionalkapiteln unter „Sonstiges" angegeben. Die Behandlung muss in jedem Fall bar bezahlt werden, daher ist der Abschluss einer Reisekrankenversicherung (S. 79) ratsam, die eventuell anfallende Kosten ersetzt.

Zahnärzte gibt es in jeder größeren und kleineren Stadt. Ihr Niveau entspricht dem europäischen, aber sie verlangen weniger Geld. Die Adressen findet man im Telefonbuch unter „dentists".

Reiseapotheke

Die meisten Medikamente sind in Apotheken im ganzen Land zu bekommen. Nur in sehr ländlichen Gegenden, in die sich selten Besucher verirren, könnte das eine oder andere schwer zu kriegen sein. Wer regelmäßig Medikamente einnehmen muss, sollte einen ausreichenden Vorrat mitbringen.
Zur Grundausstattung sollten gehören:

- ☐ **Antibiotikum** Sinnvoll, wenn man sich von den Hauptrouten entfernt; am besten ein Breitbandantibiotikum
- ☐ **Antiseptikum** zur Desinfektion von Wunden. Bei Insektenstichen, Ausschlag, kleineren Verletzungen, entzündeter oder rissiger Haut hilft die in Südafrika erhältliche Calendulasalbe *(ointment)* von Nelson.
- ☐ **Pflaster und Verbandzeug** in verschiedenen Breiten.
- ☐ **Augentropfen** Wohltuend bei Fahrten auf staubigen Straßen.
- ☐ **Pinzette** um Dornen oder Splitter zu entfernen.
- ☐ **Mückenschutz** Unerlässlich in Gebieten mit Malariarisiko (s. S. 664).
- ☐ **Paracetamol** Gegen Schmerzen und Fieber.
- ☐ **Lippenbalsam**

Impfungen

Obwohl für Südafrika offiziell keine Impfungen vorgeschrieben sind, empfehlen Tropeninstitute abgesehen von einer Auffrischungsimpfung **Polio/Tetanus/Diphtherie** eine Impfung gegen **Typhus** und gegen **Hepatitis A** – die Krankheit

Reisemedizin im Internet

Wer sich vor dem Besuch beim Reisemediziner schon mal über die Gesundheitsrisiken in Südafrika kundig machen möchte, findet auf den folgenden Websites Informationen:

Auswärtiges Amt
🖳 www.auswaertiges-amt.de
Robert-Koch-Institut
🖳 www.rki.de
Centrum für Reisemedizim
🖳 www.crm.de
Deutsche Gesellschaft für Tropenmedizin
🖳 www.dtg.org
Dt. Ges. für Reise und Touristik-Medizin
🖳 www.drtm-online.de
Die Reisemedizin
🖳 www.die-reisemedizin.de
Reisemedizinische Beratung Freiburg
🖳 www.tropenmedizin.de
Tropeninstitut Hamburg
🖳 www.gesundes-reisen.de
Fit for Travel
🖳 www.fit-for-travel.de

wird durch verseuchte Lebensmittel und schmutziges Trinkwasser übertragen, das Ansteckungsrisiko ist in Südafrika jedoch sehr gering.

Eine Impfung gegen Hepatitis B ist eigentlich nur für Menschen erforderlich, die im Gesundheitswesen arbeiten, denn sie wird durch Blutkontakt, etwa über gebrauchte Injektionsnadeln, übertragen – nichts, womit Reisende normalerweise in Berührung kommen.

Um die Impfungen sollte man sich sechs bis acht Wochen vor der Abreise kümmern.

Wer zuerst in ein anderes afrikanisches Land reist und dafür eine Gelbfieberimpfung benötigt, muss wissen, dass die Bescheinigung über eine Gelbfieberimpfung erst zehn Tage nach Verabreichung der Spritze gültig wird.

Tropenmedizinische Institute

Deutschland

Berlin Impfzentrum,
Spandauer Damm 130, Haus 10, 14050,
✆ 030-301166, 🖳 www.bbges.de
Dresden Institut für Tropen- und Reisemedizin,
Friedrichstr. 39, 01067,
✆ 0351-480 3801, 🖳 www.khdf.de
Düsseldorf Heinrich-Heine-Universität,
Moorenstr. 5, Gebäude 11.31, 40225,
✆ 0211-811 7031,
🖳 www.uniklinik-duesseldorf.de
Göttingen Tropeninstitut,
Werner-von-Siemens-Str. 10, 37077,
✆ 0551-307500
Hamburg Bernhard-Nocht-Institut,
Bernhard-Nocht-Str. 74, 20359,
✆ 040-428180, 🖳 www.bni.uni-hamburg.de
Heidelberg Institut für Tropenhygiene,
Im Neuenheimer Feld 324, 69120,
✆ 06221-562905,
🖳 www.tropenmedizin-heidelberg.de
München Abt. für Infektion und Tropenmedizin,
Leopoldstr. 5, 80802,
✆ 089-2180-13500
Rostock Abt. für Tropenmedizin und Infektionskrankheiten,
Ernst-Heydemann-Str. 6–8, 15055,
✆ 0381-494 7511,
🖳 www.tropen.med.uni-rostock.de
Tübingen Institut für Tropenmedizin,
Kepplerstr. 15, 72074,
✆ 07071-298 2364,
🖳 www.medizin.uni-tuebingen.de/tropenmedizin

Österreich

Wien Zentrum für Reisemedizin,
Zimmermanngasse 1a, 1090,
✆ 01-403 8343, 🖳 www.reisemed.at

Schweiz

Basel Schweizerisches Tropeninstitut,
Socinstr. 57, 4051,
✆ 061-284 8111, 🖳 www.sti.ch

Informationen

Fremdenverkehrsämter

Der Tourismus boomt in Südafrika, so dass man keine Probleme haben wird, sich schon vor der Abreise mit Landkarten, Büchern und Broschüren einzudecken. **South African Tourism** (die staatliche Tourismusorganisation) ist sehr effizient: Falls sich eines ihrer Büros in der Nähe befindet, sollte man es aufsuchen und sich mit kostenlosen Karten und Infomaterial zu Hotels und organisierten Touren versorgen. Man kann aber auch ihre Website 💻 **www.southafrica.net** anklicken und die Infoseiten der Organisation aufrufen.

So gut wie jede Stadt in Südafrika, bis hin zum verschlafensten *dorp*, besitzt irgendeine Form von **Tourist Information Office** – manchmal unter dem Dach eines Museums, staatlichen Büros oder einer Bibliothek –, wo kostenlose Stadtpläne und B&B-Listen ausliegen und Reisende Informationen einholen können. In Großstädten wie Kapstadt und Durban gibt es gleich mehrere dieser Büros, in denen sich fast alles organisieren lässt, von Hotelreservierungen bis Safari-Trips.

Wo immer es möglich war, haben wir die **Öffnungszeiten** angegeben. Sie sind üblicherweise Mo–Fr 8.30–17 Uhr, und viele Büros sind inzwischen auch am Samstag und Sonntag für ein paar Stunden geöffnet. In kleineren Städten haben sie manchmal zwischen 13 und 14 Uhr geschlossen, in größeren dagegen können die Öffnungszeiten auch länger als bis 17 Uhr sein.

Da Südafrika ein Land im Umbruch ist, werden die aktuellsten Informationen oft durch Mundpropaganda weitergegeben, und in dieser Hinsicht sind die Backpacker-Hostels eine wahre Fundgrube. Wer Südafrika mit eher kleiner Reisekasse bereisen möchte, darf davon ausgehen, dass die Anzeigenbretter, die vielen Traveller, die sich hier treffen, und die überwiegend hilfsbereiten Angestellten in den Hostels ganz erheblich zu einem geglückten Reiseverlauf beitragen.

Landkarten

Nach den Wahlen von 1994 wurden viele Orte in Südafrika umbenannt – dieser Prozess ist noch immer im Gange, daher empfiehlt es sich beim Kauf einer Landkarte vor der Abreise darauf zu achten, dass sie auch up to date ist.

Bartholomew gibt im Rahmen der Serie World Travel Map eine hervorragende Landkarte zu Südafrika im Maßstab 1:2 000 000 heraus. **The Rough Guide Map**: *South Africa, Lesotho & Swaziland* ist darüber hinaus reiß- und wasserfest. Ebenfalls nützlich sind die vom **MapStudio** produzierten „Miniplan"-Stadtpläne größerer Städte wie Kapstadt, Durban und Pretoria: Sie sind nicht nur von der Größe her benutzerfreundlich, sondern es sind auch Hotels, Kinos, Postämter und Krankenhäuser usw. eingezeichnet. MapStudio erstellt außerdem gute Regionalkarten landschaftlich reizvoller Strecken und eine ausgezeichnete Natal Drakensberg-Karte, auf der

Namensverwirrung

Nach dem Einzug der Demokratie in Südafrika 1994 begann die Regierung **Ortsnamen zu ändern**, vor allem solche, die mit der Apartheid verbunden waren – ein Vorgang, der noch immer andauert. Folglich sind auf Landkarten häufig veraltete Bezeichnungen zu finden. Es lohnt also, sich möglichst aktuelle Ausgaben zu besorgen.

Verwirrung stiften können auch die Namen der Großräume, die eine Großstadt mit den umliegenden kleineren Städten zu einer Verwaltungseinheit zusammenfassen. Mit Ausnahme der City of Cape Town (die die benachbarte Stadt Somerset West einschließt) und der City of Johannesburg lauten die Bezeichnungen dieser Metropolitan Municipalities völlig anders als die ihrer Kernstädte. Häufig sind Einrichtungen und Organisationen wie Touristeninformationen mit dem Namen des Großraums bezeichnet. Im allgemeinen Sprachgebrauch wird aber in der Regel der Name der Stadt selbst verwendet.

Die wichtigsten **Großräume** sind:

- Tshwane (Pretoria und Umgebung)
- eThekwini (Durban und Umgebung)
- Ekurhuleni (die Städte östlich von Johannesburg)
- Nelson Mandela Bay (Port Elizabeth und Umgebung)
- Buffalo City (East London, King William's Town und Bisho).

Wanderwege, Picknickstellen, Campingplätze und Sehenswürdigkeiten ausgewiesen sind.

Die südafrikanische Automobilorganisation **Automobile Association** (AA) gibt zahlreiche exzellente Regionalkarten heraus, die in den AA-Büros gekauft werden können.

Für Reisen im Westkap (inkl. der Kap-Halbinsel) und an der Wild Coast des Ostkaps produziert der südafrikanische Landkartenverlag **Baardskeerder**, 💻 www.themaps.co.za, die genauesten, aktuellsten und auch schönsten Karten.

Internet und E-Mail

Wer online gehen will, muss meist nicht lange nach einer Möglichkeit suchen. **Internet-Cafés** gibt es auch in kleineren Orten und die meisten **Backpacker-Hostels** und Hotels bieten ihren Gästen Internet-Zugang (etwa R10–25 pro Std.). Wer für das eigene Notebook oder andere Geräte **WLAN** nutzen möchte, findet in immer mehr Cafés und Unterkünften entsprechende Hotspots.

Kinder

Südafrika ist ein ausgezeichnetes Reiseziel für Familien. Man kann Städte erkunden, am Strand faulenzen oder in der Abgeschiedenheit der Bergwelt zur Ruhe kommen. Die Menschen in Südafrika sind kinderfreundlich, hilfsbereit und verständnisvoll. Der nachstehende Text richtet sich vor allem an Familien mit Kindern unter fünf Jahren.

Die Anreise per **Flugzeug** ist immer beschwerlich, muss aber nicht in Stress ausarten. Am lästigsten sind die Wartezeiten auf den Flughäfen. Man kann sie allerdings nutzen, um sich und die Kinder in den überall vorhandenen Wasch- bzw. Mutter-und-Kind-Räumen in Ruhe zu waschen, die Zähne zu putzen und die Kleidung zu wechseln, was in den beengten Flugzeugtoiletten nur mit Mühe zu bewerkstelligen ist.

Der Komfort im Flugzeug selbst variiert je nach Fluggesellschaft. Die renommierten bieten „schwebende" Kinderbettchen für Säuglinge und Kinder-Menüs, die vor denen für Erwachsene ausgegeben werden, damit man den Kindern beim Essen behilflich sein kann. Meist gibt es Spiele, Bastelmaterial oder Ähnliches. Es kann aber passieren, dass es weder Milch noch eine Möglichkeit gibt, Fläschchen zu erwärmen, von Babynahrung ganz zu schweigen. Besonders mit einem Kind unter zwei Jahren, das noch keinen Anspruch auf einen Sitzplatz hat, sollte nur eine der großen Fluggesellschaften in Betracht gezogen werden. Der Service ist ungleich besser, und man wird beim Aus- und Einsteigen bevorzugt behandelt, was bei Billiganbietern nicht der Fall ist.

Eine Rückentrage für die Kleinsten hat sich bestens bewährt, man kann sie notfalls auch im Flugzeug aufstellen und dem Kind somit ein Minimum an Bewegungsfreiheit geben. Ein Krabbelkind gute zwölf Stunden auf dem Schoß zu halten, geht über die Kräfte eines einzelnen Menschen. Gerade als allein reisendes Elternteil sollte man sich nicht scheuen, Mitreisende und Flugpersonal um Hilfe zu bitten. In jedem Fall empfiehlt sich eine Ausrüstung mit Windeln, Babynahrung und Wechselwäsche wie für eine Dreitagereise, denn für einen unvorhergesehenen Aufenthalt sollte man immer gewappnet sein. Für die weiten Wege auf den Flughäfen und auch nach der Ankunft ist ein leichter Klappbuggy sehr praktisch, der abgesehen vom üblichen Gepäck kostenlos befördert wird.

Für die ersten Nächte nach der Ankunft braucht man ein gutes, möglichst ruhiges **Hotel**, in dem sich niemand übermäßig durch ein weinendes oder aufgedrehtes Kind gestört fühlt. Ältere und ans Reisen gewohnte Kinder kommen mit der Umstellung eher zurecht, dennoch sollte man auf großartige Unternehmungen gleich nach der Ankunft tunlichst verzichten. Für die Nacht muss unbedingt etwas zu essen und zu trinken bereitgehalten werden.

Angesichts der Größe des Landes wird man wahrscheinlich viel Zeit im **Auto** verbringen. Um den Stress gelangweilter, nörgelnder Kinder auf dem Rücksitz zu vermeiden, sollte man kurze Fahrten und Zwischenstopps einplanen – oder sich für eine Bahnfahrt bzw. einen Flug zwischen zwei größeren Anlaufstellen entscheiden. Die Garden Route z. B. ist eine ideale Strecke, denn hier gibt es zahlreiche Picknickstellen, insbesondere auf dem Abschnitt zwischen Mossel Bay und Storms River. Die Fahrt Johannesburg – Kapstadt dagegen bedeutet schon für Erwachsene eine Nervenzerreißprobe.

Eine **Tiersafari** kann für kleinere Kinder mehr Frust als Lust bedeuten, denn auch damit sind längere Autofahrten verbunden. Und es besteht keine Garantie, dass die versprochenen „wilden" Tiere sich tatsächlich blicken lassen. Außerdem hat ein Krabbelkind natürlich wenig Spaß daran, Tiere aus beträchtlicher Entfernung und durch die Scheiben eines Fahrzeugs zu betrachten. Kinder, die alt genug sind, um damit umgehen zu können, stattet man am besten mit einem eigenen Fernglas aus.

Es gibt zahlreiche für Familien geeignete **Unterkünfte**. Hotels, Gästehäuser, B&Bs und auch immer mehr Backpacker-Lodges stellen gerne ein Extrabett oder zusammenhängende Zimmer zur Verfügung. Kinder zahlen meist den halben Preis. Eine gute Alternative sind Ferienapartments, zu denen oft auch ein Pool gehört. Viele Urlauberresorts richten sich speziell an Familien mit größeren Kindern und bieten ein Kinder-Freizeitprogramm. An oberster Stelle steht die Forever-Kette, 💻 www.foreversa.co.za, mit Anlagen in herrlicher Lage, z. B. in Keurboomstrand nahe der Plettenberg Bay. Ausgezeichnet sind auch die Family Hotels mit Vollpension, von denen sich einige entlang der Wild Coast befinden. Sie verfügen nicht nur über Spielplätze und Paddelboote, sondern oft auch über Babysitter, die sich während der Mahlzeiten der Erwachsenen oder einen ganzen Tag lang um die Kleinen kümmern. Übrigens sind in vielen Safaricamps keine Kinder unter zwölf Jahren zugelassen.

Mit einem Baby oder Kleinkind außer Haus zu **essen**, ist kein Problem, vor allem nicht in den Freiluftrestaurants. Manche Lokale stellen auch Kinderstühle bereit und bieten Kinderportionen an. Und im Notfall gibt es immer noch die überall anzutreffenden, familienfreundlichen Ableger von Ketten wie Spur, Nado's oder Wimpy.

Die meisten afrikanischen Mütter stillen an jedem Ort, doch bei weißen Südafrikanern ist das unüblich, daher ist etwas Diskretion angemessen, insbesondere in konservativeren Gegenden – damit ist der Großteil des Landes (abgesehen von den Mittelklassebezirken von Kapstadt, Johannesburg oder Durban gemeint). **Wickelräume** gibt es nur wenige, aber in den großen Einkaufszentren sollte man keine Probleme haben.

Alles, was Kinder brauchen, von Wegwerfwindeln bis zu Spielzeug, ist in Südafrika leicht erhältlich. Die **Gesundheits- und Hygienestandards** sind hoch, und es gibt zahlreiche gute Ärzte und Kliniken. Malaria kommt nur in einem kleinen Teil des Landes vor (S. 664). Wer diese Gebiete besuchen möchte, sollte sich das gut überlegen, denn die erforderliche Malariaprophylaxe wird für Kinder unter zwei Jahren nicht empfohlen, und selbst größere werden sich wahrscheinlich nur widerstrebend die tägliche Tablettendosis verabreichen lassen.

Es ist besser, die meisten großen Tierreservate, insbesondere den Krüger-Nationalpark und die in KwaZulu-Natal, den Nordwest-Provinzen sowie die in der Provinz Limpopo zu meiden und stattdessen die malariafreien am West- und Ostkap aufzusuchen, z. B. den Addo Elephant National Park. Im südafrikanischen Winter (Juli, August) verringert sich das Malariarisiko erheblich. Wer mit der Familie dorthin möchte, sollte diese Zeit wählen. **Tuberkulose** (TB) ist in Südafrika weit verbreitet, vor allem (aber keineswegs ausschließlich) unter der armen Bevölkerung. Daher müssen Kinder unbedingt geimpft sein. Ganz wichtig ist **Sonnenschutz**, Näheres s. S. 665.

Nützliche Internetadressen

💻 www.familytravelsa.co.za.
Tipps zu Unterkünften und Unternehmungen für Familien in ganz Südafrika.

💻 www.capetownkids.co.za.
Infos für Eltern und Kinder in Kapstadt.

💻 www.jozikids.co.za.
Infos für Eltern und Kinder in Johannesburg.

Maße und Elektrizität

In Südafrika gilt das **metrische System**. Das Stromnetz ist für 220/230 V Wechselstrom und die meisten Steckdosen sind für dreipolige Rundstecker ausgelegt. Besucher aus Deutschland, Österreich und der Schweiz benötigen für ihre Elektrogeräte also einen **Adapter**. In den meisten Badezimmern der Hotels ist allerdings ein 110 V-Stecker für elektrische Rasierapparate vorhanden. Nähere Informationen gibt es auf der Website 💻 www.kropla.com.

Medien

Südafrika besitzt keine ausgeprägte Tradition überregionaler Tageszeitungen, stattdessen erscheinen zahlreiche Lokalblätter unterschiedlicher Qualität. Die Fernsehsender zeigen eine Mischung aus importierten Programmen, hausgemachten Seifenopern nach US-Vorbild und einigen Realityshows sowie hin und wieder einen sehenswerten Dokumentarfilm. Im Bereich des Rundfunks wird Südafrika den breit gefächerten Interessen des Publikums am besten gerecht. Durch eine Neuregulierung der Kanalfrequenzen sind viele kleine Radiostationen entstanden.

Zeitungen

Von den rund 20 meist auf Englisch oder Afrikaans erscheinenden Tageszeitungen ist nur **Business Day**, 💻 www.businessday.co.za, als überregional zu bezeichnen. Das Blatt ist eine gute Quelle für seriöse nationale und internationale Nachrichten.

Jede größere Stadt besitzt eine englischsprachige Zeitung, die fast alle von Südafrikas größtem Zeitungsverlag, **Independent News & Media**, herausgegeben werden, einer Tochter des irischen Unternehmens, das auch den *Independent* in London und den *Irish Independent* besitzt. Das Vorzeigeblatt der Gruppe ist **The Star,** 💻 www.thestar.co.za, in Johannesburg, der in etwa ebenso viele schwarze wie weiße Leser hat. Die mitunter etwas flache Lokalberichterstattung wird ergänzt durch wenige kurze Meldungen zum internationalen Geschehen, die aus Dublin oder London herübergeschoben werden.

In Kapstadt werden die Morgenzeitung **Cape Times**, 💻 www.capetimes.co.za, und **Cape Argus,** 💻 www.capeargus.co.za, am Nachmittag, nach demselben bewährten Rezept produziert, ebenso die **Pretoria News,** 💻 www.pretorianews.co.za, der **Herald**, 💻 www.theherald.co.za, in Port Elizabeth und die **Daily News**, 💻 www.dailynews.co.za, in Durban.

Südafrikas auflagenstärkste Zeitung ist die **Daily Sun**, ein Johannesburger Boulevardblatt. Die Zeitung trifft den Nerv der Township-Bewohner: ein bisschen Verbrechen, ein bisschen Übernatürliches und Themen, die aus dem Alltag der Menschen gegriffen sind. Eine weitere Johannesburger Boulevardzeitung ist der **Sowetan,** 💻 www.sowetan.co.za, der sich seit den 80er-Jahren mit etwas mehr Anspruch als die Sun halten kann. In Kapstadt setzt die **Voice** ganz auf das Rezept der Daily Sun und zeichnet sich durch betont lockeren Stil und eine wilde Mischung aus Sex, Crime und Hokuspokus aus.

Das intellektuelle Schwergewicht des Landes ist zweifellos der freitags erscheinende **Mail & Guardian**, 💻 www.mg.co.za. Er liefert neutralen und hervorragend recherchierten Qualitätsjournalismus, auch wenn er gelegentlich etwas schwerfällig daherkommt. Ebenfalls freitags erscheint der optisch leichter verdauliche **The Weekender**, eine Schwesterzeitung des **Business Day**, die ausführlicher auf die wichtigsten Storys der Woche eingeht und mit einigen der besten Kolumnisten des Landes aufwartet.

Die **Sunday Times** erreicht ihre Auflage – rund eine halbe Million – mit einer wohldosierten Mischung aus solide recherchierten Reportagen und Klatschgeschichten, gewürzt mit einer Portion Klatsch und Tratsch aus aller Welt. Der **Sunday Independent**, 💻 www.sundayindependent.co.za, stammt aus dem gleichen Stall wie der Londoner *Independent* und dessen irisches Gegenstück. Er gibt sich etwas gediegener, doch er überzeugt nicht mehr so recht.

Zeitungen bekommt man am einfachsten in Gemischtwarenläden und Papierhandlungen, vor allem in den CNA-Filialen. Dort sind auch **internationale Zeitungen und Magazine**, allerdings überwiegend britische, erhältlich.

Fernsehen

Die drei staatlichen Sender der South Africa Broadcasting Corporation zeigen einen Mix aus einheimischen Spielfilmen, Sport, Quizshows,

Soaps und Dokumentarfilmen sowie jede Menge importierte Produktionen. **SABC 1**, **2** und **3** teilen sich die wenig beneidenswerte Aufgabe, ein Programm zu bieten, bei dem für jeden Zuschauer etwas dabei ist, wobei sie ihre Sendezeit zwischen den elf offiziellen Landessprachen ausloten müssen.

In der Praxis sieht es so aus, dass die meisten Sendungen in englischer Sprache sind: SABC 3, 💻 www.sabc3.co.za, sendet sogar fast ausschließlich auf Englisch, mit einem hohen Anteil an britischen und US-amerikanischen Filmen, während SABC 2, 💻 www.sabc2.co.za, und SABC 1, 💻 www.sabc1.co.za, sich sichtlich Mühe geben, die übrigen zehn Sprachen abzudecken, obwohl sich auch bei ihnen viel Englischsprachiges einschleicht. SABC 1 hat mit seinem Sportschwerpunkt die meisten Zuschauer.

Südafrikas erster und einziger unabhängiger kommerzieller Kanal **e.tv**, 💻 www.etv.co.za, ging 1998 auf Sendung. Er ist unter der Prämisse gestartet, südafrikanischen Produktionen einen breiten Raum zu gewähren – ein Auftrag, der allerdings in keiner Weise erfüllt wird.

Es gibt kein Kabelfernsehen, aber DSTV, 💻 www.dstv.co.za, bietet seinen Abonnenten **Satellitenfernsehen** mit einer Mischung aus Sport, Spielfilmen, Nachrichten und Spartenkanälen, die manchmal auch in Hotels zu empfangen sind.

Radio

Angesichts der Tatsache, dass es in Südafrika viele Menschen gibt, die weder schreiben noch lesen können und am Rande des Existenzminimums leben, ist es nicht verwunderlich, dass der Rundfunk das am weitesten verbreitete Medium ist. Die SABC betreibt eine Rundfunkstation für jede der elf offiziellen Sprachgruppen. Der englischsprachige Sender **SAfm**, 💻 www.safm.co.za, entwickelt sich immer mehr zu einem Talkshowsender mit gelegentlichen Unterbrechungen für Nachrichten.

Unter der Regie der SABC laufen auch **5FM Stereo**, ein nationaler Popsender, der die Top 40 bringt, sowie **Radio Metro**, der sich vor allem an schwarze Stadtbewohner richtet.

Um ein Gefühl dafür zu bekommen, wie Südafrikaner ticken, kann man in Gauteng den Talksender **702** einschalten (in Jo'burg 92,7 FM und in Pretoria 106 FM, 💻 www.702.co.za) oder sein Pendant **CapeTalk in Kapstadt** (567 AM, 💻 www.capetalk.co.za). Beide bringen Nachrichten, Wetter, Verkehrs- und Sportmeldungen. Neben den hier genannten Sendern, gibt es noch zahlreiche weitere regionale und kommerzielle, die ein breites Spektrum abdecken.

Nationalparks und Reservate

Kein anderes afrikanisches Land besitzt so viele Parks, Naturschutzgebiete und Tierreservate wie Südafrika – Hunderte von Reservaten und staatlich verwalteten Waldgebieten überziehen das Land. Darunter befinden sich auch einige Geheimtipps. Zu den begehrtesten Zielen zählen rund zwei Dutzend Parks, in denen die Fauna und Flora Südafrikas unter Schutz steht.

Mit einigen wenigen Ausnahmen fallen sie unter die Zuständigkeit von **Ezemvelo KZN Wildlife**, ✆ 033-845 1000, 💻 www.kznwildlife.com – eine Organisation, die für die meisten staatlichen Reservate in KwaZulu-Natal zuständig ist – und **South African National Parks**, ✆ 012-428 9111, 💻 www.sanparks.org, die für das übrige Land verantwortlich ist. Zusätzlich zu den staatlichen Parks gibt es auch private Reservate, die sich zumeist unmittelbar am Rand dieser Parks befinden und Heimatrevier derselben Tiere sind.

Besucher sollten sich darüber im Klaren sein, dass nur manche Nationalparks auch gleichzeitig Tierreservate sind (siehe Kasten für eine Übersicht, was es in welchem der größeren Parks zu sehen gibt). Zwar zieht es die meisten Touristen der aufregenden wilden Tiere wegen nach Südafrika, aber man sollte nicht die wunderbaren **Naturschutzgebiete** vergessen, die besondere Landschaften schützen und in denen Tiere leben, die vielleicht nicht ganz so werbewirksam, aber ebenso sehenswert sind wie die **Big Five** (Büffel, Elefant, Leopard, Löwe und Nashorn). Parks, in denen Meeres- und Feuchtgebiete, vom Aussterben bedrohte Pflanzenarten, Wälder, Wüsten und Bergregionen unter Schutz stehen, locken meist mit dem zusätzlichen Anreiz, dass sie von Tieren, Vögeln, Insekten, Reptilien oder Meeressäugetieren bewohnt werden – Südafrika ist eines der ganz wenigen Länder, in denen man von der Küste aus Wale beobachten kann.

Wer sich für einen der drei begehrtesten Parks Südafrikas entscheiden muss, wird wahrscheinlich den **Krüger-Park** am Ostrand von Mpumalanga und der Provinz Limpopo wählen, vor allem wegen seiner riesigen Ausdehnung, den vielen Tierarten, der vielfältigen Lowveld-Habitate und der hervorragenden Möglichkeiten zur Tierbeobachtung. An zweiter Stelle in der Besuchergunst rangiert der **Tsitsikamma**: Er hat Waldgebiete mit altehrwürdigen Bäumen, Meeresklippen, den Storms River Mouth und den Otter Trail zu bieten, den beliebtesten Wanderweg Südafrikas. Im ganzen Land gibt es keine dramatischere Gebirgslandschaft als die des **Ukhahlamba Drakensberg Parks**, der eine Reihe von Reservaten an der Grenze zwischen KwaZulu-Natal und Lesotho umfasst und gemächliche Wanderpfade entlang von Wasserläufen und anspruchsvollere Klettertouren für geübte Bergsteiger bereithält.

Der unangefochtene Status des Krüger-Nationalparks mit den meisten Elefanten, Löwen und Tausenden anderer Tiere führt dazu, dass die **Parks in KwaZulu-Natal** etwas ins Hintertreffen geraten – ganz zu Unrecht. Sie bieten nicht nur die weltweit besten Chancen, Nashörner zu sehen, sondern sind auch naturbelassener als der Krüger-Park und haben oft sogar bessere Unterkünfte zu vergleichbaren Preisen. Sowohl im Krüger-Park als auch in den Parks in KwaZulu-Natal kann man geführte Wanderungen und Nachtfahrten unternehmen – eine sehr beliebte Art, die scheuen Nachttiere zu sehen, die nach Einbruch der Dunkelheit durch den Busch schleichen.

Erwähnenswert ist auch der **Addo Elephant National Park** im Ostkap, der zurzeit erweitert wird und zum „Big Five"-Park geworden ist – in dieser Größe der einzige in der Südhälfte des Landes. Zudem spricht für Addo: Er ist das Reservat mit der abwechslungsreichsten Landschaft, von Kapstadt in einer Tagesfahrt zu erreichen und als einziger der großen Parks malariafrei.

Unterkünfte in den Parks

Zu den Unterbringungsmöglichkeiten in den Nationalparks gehören **Campingplätze** (rund R150–250 pro Zelt); **Safarizelte** in einigen der Restcamps im Krüger-Park und in KwaZulu-Natal (die verschiedene Arten der Unterbringung anbieten, darunter Chalets, Safarizelte und Campingplätze; ab R170 p. P.); einfache Hütten **mit** Gemeinschaftswaschräumen und -küchen (R180 p. P.); **Bungalows mit einem Raum und Bad, aber ohne Kochgelegenheit** (ab R280 p. P.) und Cottages mit Bad oder Dusche und Kochmöglichkeit (ab R300 p. P.).

Family Cottages mit Bad und Küche bieten Platz für vier Personen. Abgesehen von den Zeltplätzen sind überall Bettwäsche, Handtücher, Kühlschrank und die notwendigsten Kochutensilien vorhanden. In einigen Restcamps gibt es einen Laden, wo die Zutaten für ein Picknick oder *braai* erhältlich sind, und zudem ein **Restaurant**.

Am schönsten ist die Unterbringung in einem sogenannten **Private Game Reserve**, die es vor allem in der Umgebung des Krüger-Parks gibt. Billig ist es nicht, aber meist recht luxuriös. Übernachtet wird entweder in Zelten mit Du/WC, in denen man bequem aufrecht stehen kann, oder in kleinen strohgedeckten Rondavels, oder (in den elegantesten und teuersten) sogar in einem komfortablen Zimmern mit Klimaanlage.

Ein paar der Camps besitzen *bush showers* (eine aufgehängte, mit warmem Wasser gefüllte Gießkanne mit einer Düse), und es gibt kaum etwas Romantischeres als eine Dusche unter dem afrikanischen Sternenhimmel zu nehmen. Da es manchmal keinen Elektroanschluss gibt, werden einige Chalets oder Zelte mit Petroleumlampen beleuchtet. Die **Verpflegung** ist in der Regel gut und reichlich, und auf Wunsch wird auch vegetarisch gekocht. Die Preise liegen bei mindestens R2000, in den luxuriösesten Game-Lodges deutlich darüber. Dabei darf nicht vergessen werden, dass darin sämtliche Mahlzeiten und Game Drives enthalten sind – und da die Besucherzahlen eine bestimmte Größenordnung nicht überschreiten dürfen, wird die Ausgabe mit einem exklusiven Naturerlebnis belohnt.

Safaris

Tiere in freier Wildbahn **aufzuspüren**, erfordert Geschick und Erfahrung, und es passiert leichter als man denkt, dass man ein Nashorn für einen großen Felsbrocken hält oder den König der Tiere im hohen Gras einfach übersieht. Schließlich ist die afrikanische Tierwelt von der Natur so ausgestattet, dass sie möglichst mit ihrer Umgebung verschmilzt. Wer in der Erwartung herkommt, all die Tiere zu Gesicht zu bekommen, die man aus Dokumentarfilmen kennt, vergisst, dass dort monatelange Filmaufnahmen auf Halbstundenlänge zusammengeschnitten wurden, und wird zwangsläufig enttäuscht werden.

Neulinge im afrikanischen Busch sollten sich mindestens zwei Übernachtungen in einer luxuriösen Lodge in einem der privaten Reservate (z. B. im Umkreis des Krüger-Parks) gönnen; die dort angestellten Wildhüter unternehmen mit den Gästen Pirschfahrten in offenen Jeeps. **Tipps** dazu, wie man bei der Tierbeobachtung am besten vorgeht und zum besseren Verständnis des gebotenen Naturschauspiels, finden sich im Kapitel Krüger-Nationalpark (S. 645).

Mit dem eigenen Auto

Der große Vorteil einer Fahrt durch die Nationalparks im eigenen Wagen besteht nicht nur darin, dass dies die billigste Art ist, sondern auch darin, dass es aufregender ist, die „wilden" Tiere selbst zu erspähen und nicht von einem entsprechend informierten Guide zu den Stellen gebracht zu werden, wo gerade Tiere gesichtet wurden. Außerdem kann man dann den zeitlichen Ablauf und die Dauer der Beobachtung selbst bestim-

Die wichtigsten Nationalparks und Reservate

Nr.	Park	Schwerpunkt	Beschreibung und Highlights	Seite
Westkap				
1	Agulhas NP	Marine- und Küstenschutzgebiet	Gebirgiger Südzipfel Afrikas mit artenreicher Fauna und bedeutenden archäologischen Stätten.	258
2	Bontebok NP	Bedrohte Tierarten	Am Fuße schroffer Berge gelegenes Schutzgebiet für Antilopen und Kap-Bergzebras.	247
3	Table Mountain NP	Die Naturgegenden der Halbinsel (ehemals Cape Peninsula NP)	Eine außergewöhnlich vielfältige Flora und Fauna gedeiht in den ungezähmten Naturräumen, die einen Großteil um Kapstadt ausmachen, darunter der Tafelberg und das Kap der Guten Hoffnung.	154
4	Karoo NP	Wüstenreservat	Karge, bergige Landschaft mit Fossilien, Herbivoren (Pflanzenfresser) und Frühlingsblumen.	240
5	Knysna National Lake Area	Marine- und Küstenschutzgebiet/ bedrohte Tierarten	Umfasst die Knysna Lagoon und die bizarren Felsformationen, die so genannten *heads* an der dem Meer zugewandten Seite. Der See ist ein Schutzgebiet für Seepferdchen.	273
6	Tsitsikamma NP	Marine- und Küstenschutzgebiet	Klippen, Gezeitenpools, tiefe Schluchten und immergrüne Wälder. Schnorcheln, tauchen und Waldwanderwege.	292
7	West Coast NP	Marine- und Küstenschutzgebiet	Feuchtgebiet. Vogelbeobachtung und Wassersport.	300
8	Wilderness NP	Marine- und Küstenschutzgebiet	Seen, Flüsse, Lagunen, Wald, Fynbos, Strände und Meer.	272
Ostkap				
9	Addo Elephant NP	Wildreservat	Einziger NP im Süden, in dem die Big Five zu finden sich, darunter mehr als 300 Elefanten.	363
10	Camdeboo NP	Wüstenreservat	Halbwüste in der Karoo am Fuß des Sneeuberg mit 43 pflanzenfressenden Tierarten. Aus einem Canyon ragen bis zu 120 m hohe Doleritsäulen auf (Basaltgestein), am spektakulärsten im Valley of Desolation.	386
11	Mountain Zebra NP	bedrohte Tierarten	Spektakuläre Berglandschaft inmitten von Flachland, Lebensraum der seltenen Bergzebras und anderer Pflanzenfresser.	384
Nordkap				
12	Augrabies Falls NP	Wüstenreservat Antilopen und viele Vögel.	Der Orange River schäumt durch eine tiefe Schlucht. Wüstenlandschaft,	337
13	Kgalagadi Transfrontier Park	Wüstenreservat/Wildschutzgebiet	Abgeschiedene Wüste mit rostroten Dünen, Wüstenlöwen, scheuen Leoparden und Tausenden von Antilopen.	332

14 Namaqua NP	Marine- und Küstenschutzgebiet/ Wildblumen	Berg- und Küstenregion, berühmt für ihre schätzungsweise 3500 Pflanzenarten, darunter wilde Frühlingsblumen.	340
15 Ai-Ais Richtersveld Transfrontier Park	Gebirgs- und Wüstenreservat	Schluchten, hohe Berge und dramatische Landschaft, erstreckt sich vom Orange River, dem Lebensraum zahlreicher Reptilien, Vögel, Säugetiere und Pflanzen, Richtung Landesinneres.	349
Freistaat			
16 Golden Gate Highlands NP	Gebirgsenklave	Resort am Fuße bizarrer Sandsteinformationen inmitten der Maluti Mountains. Wanderwege.	517
Nordwest-Provinz			
17 Pilanesberg NP	Wildreservat	Von Bergen eingerahmte Savanne, Heimat der Big Five, von Johannesburg aus zu erreichen.	594
Provinz Mpumalanga/Limpopo			
18 Krüger-Nationalpark	Wildreservat	Das größte und bekannteste Tierreservat das Subkontinents.	637
19 Mapungubwe NP	Ausgrabungsstätte/Wildreservat	Welterbestätte, bedeutender Fundort von Goldartefakten einer mittelalterlichen Kultur. Verschiedene Ökosysteme sind Lebensraum einer Vielzahl von Säugetieren, darunter Elefanten und Raubtiere.	
20 Marakele NP	Wildreservat	Herrliche Landschaft mit Gipfeln, Plateaus und schroffen Felsen, bewohnt von Löwen, Elefanten, Nashörnern und anderen Säugetieren.	
KwaZulu-Natal			
21 iSimangaliso	Küstenfeuchtgebiet	Ausgedehntes Gelände mit Feucht- und Wildnisgebieten, Küsten und Tierreservaten.	476
22 Hluhluwe-Imfolozi GR	Wildreservat	Gebirgiger und kleiner als der Krüger-Park, zählt zu den besten Parks Afrikas, um Nashörner zu sehen.	473
23 Ithala GR	Wildreservat	Weniger bekanntes, ausgezeichnetes kleines Tierreservat in hügeligem Gelände.	492
24 Mkhuze GR	Wild-/Vogelschutzgebiet	Hervorragend geeignet zum Beobachten von Vögeln, Nashörnern und anderen Pflanzenfressern. Waldwanderwege.	482
25 Ukhahlamba Drakensberg Park	Gebirgsreservat	Mehrere Parks überziehen die höchsten und eindrucksvollsten Berggipfel Südafrikas.	458

men. Für Reisende mit **Kindern** ist dies praktisch der einzige Weg, ein Tierreservat zu besuchen, denn die meisten Luxus-Lodges lassen keine Kinder unter zwölf Jahren zu.

Einziger Nachteil einer solchen Safari ist, dass man sich unter Umständen plötzlich inmitten einer Ansammlung von Fahrzeugen wiederfindet, die den Blick verstellen, vor allem wenn sich irgendwo eine Löwenfamilie niedergelassen hat. Wer also nicht in einem Minibus oder Jeep unterwegs ist, hat oft keine Möglichkeit, das weite *veld* zu überschauen.

Die Tierreservate in KwaZulu-Natal, an erster Stelle Hluhluwe-Imfolozi, Mkhuzi und Ithala, sind für Selbstfahrer äußerst lohnenswert, ebenso das Pilanesberg Game Reserve in der Nordwest-Provinz. Der abgelegene **Kgalagadi Transfrontier Park** an der Grenze zu Botsuana ermöglicht Selbstfahrern eine aufregende Fahrt durch unberührten afrikanischen Busch.

Wer eine Safari in Eigenregie plant, tut gut daran, etwas Geld in einen ausführlichen **Naturreiseführer** zu investieren. Dasselbe gilt für einen ordentlichen **Feldstecher** – um keine Streitigkeiten zu provozieren, sollten alle Beteiligten, auch Kinder, mit einem eigenen Fernglas ausgerüstet sein. Außerdem ist es ratsam, eine Thermoskanne mit Kaffee oder Tee und eine Kühltasche mit Proviant mitzunehmen.

Organisierte Touren

Oft bieten nahe der Reservate gelegene Backpacker-Lodges – manchmal auch Hotels und B&Bs – **Safari-Ausflüge** an. Dabei versäumt man allerdings das wunderbare Erlebnis, mitten in der Wildnis aufzuwachen, wie es die Unterbringung im Reservat bietet. Während der südafrikanischen Schulferien, wenn z. B. der Krüger-Park völlig ausgebucht ist, bleibt aber vielleicht gar nichts anderes übrig.

Was organisierte Safaris anbelangt, so steht meist das Erlebnis in direktem Verhältnis zu den Kosten. In der Umgebung des Krüger-Parks wird mit billigen Pauschalangeboten auf „Safari-Farmen" geworben. Sie sind meist in Ordnung, sofern man bereit ist, Tiere in einer Art großem Zoo zu betrachten, und eignen sich durchaus für eine Übernachtung auf dem Weg in den Krüger-Park. Allerdings stellen sie keinen Ersatz für die authentische Wildniserfahrung dar – früher oder später stoßen die Besucher während des Game Drive auf Zäune und Schlagbäume. Eini-

Parkgebühren, Reservierungen und Anfragen

Die **Eintrittsgebühren** dienen der Erhaltung der Parks und sind pro Tag zu bezahlen. Am höchsten sind die Gebühren im Krüger-Nationalpark und Kgalagadi Transfrontier Park, wo von ausländischen Besuchern R160 p. P. verlangt werden. Ansonsten ist mit R70–130 zu rechnen. Als Faustregel gilt, dass Besucher, die jünger als 12 Jahre sind, die Hälfte des Erwachsenenpreises zahlen, Bürger Südafrikas ein Viertel des Eintrittspreises für ausländische Erwachsene, und Bürger der Southern Africa Development Community, zu der viele Länder in der Region zählen, die Hälfte des Eintrittspreises für ausländische Erwachsene.

Wer mehrere Parks besuchen möchte, sollte die Kosten überschlagen und evtl. eine **Wild Card** erstehen, die ein Jahr lang unbegrenzten Eintritt in allen von SANParks-geführten Reservaten gewährt. Ausländische Besucher bezahlen für diesen Ausweis R940 im Falle einer Einzelperson, oder R1640 für zwei Personen. Es gibt auch eine Familienkarte für zwei Erwachsene plus Kinder unter 18 Jahren zum Preis von R2210. Diese Sammelkarten sind in den von SANParks gemanagten Parks erhältlich; wer sich näher informieren und/oder den Pass online kaufen möchte, kann 💻 www.wildinafrica.com anklicken.

Die **Unterkünfte** in den meisten größeren Nationalparks können im Voraus (in der Hochsaison sollten das mehrere Monate sein) über South African National Parks gebucht werden, mit Ausnahme des Pilanesberg Parks (Details s. S. 594) und den Reservaten in KwaZulu-Natal, für die Ezemvelo KZN Wildlife zuständig ist. Es kann sehr schwierig und zeitraubend sein, telefonisch bei South African National Parks zu buchen – besser geht's übers Internet. Näheres zu Unterkünften in Nationalparks s. S. 56.

ge der empfehlenswerteren Adressen in dieser Kategorie sind in den entsprechenden Kapiteln aufgeführt.

Safaris in privaten Reservaten

Sofern man eine glückliche Wahl getroffen hat, ermöglich der Aufenthalt in einem Privatreservat das ultimative Safari-Erlebnis. Hier verbringt man die Zeit in einer kleinen Gruppe, kann sich entspannt dem Vergnügen hingeben und den gesamten organisatorischen Aufwand anderen überlassen. Da kein Massenbetrieb herrscht, ist die Naturerfahrung viel intensiver, als das in einem der großen Restcamps im Krüger-Park möglich ist. Außerdem hat man einen sachkundigen Ranger zur Seite, der während der Ausflüge die Tier- und Pflanzenwelt erklärt und Fragen beantwortet.

Privat geführte Safari-Lodges, die auf Konzessionsbasis operieren, gibt es im Krüger und in einigen anderen Nationalparks, z. B. im Addo. In den kleineren privaten Reservaten logieren immer nur zehn bis sechzehn Gäste gleichzeitig. Dadurch herrscht eine sehr familiäre Atmosphäre. Größere Camps beherbergen hingegen zwei- bis dreimal so viele Menschen und gleichen einem Hotel mitten im Busch. Zahlreiche Safari-Lodges haben eigene Wasserstellen, an denen man bequem von der Bar aus Tiere beobachten kann.

Die allerbesten Privatreservate des Landes finden sich am Westrand des Krüger-Nationalparks; hier erwarten den Besucher neben kostspieligen Lodges auch einige Unterkünfte, die relativ viel Luxus für relativ wenig Geld bieten.

Der typische Tagesablauf in einem Privatcamp sieht so aus, dass die Gäste im Morgengrauen zum Tee-/Kaffeetrinken geweckt werden und danach eine geführte Buschwanderung oder einer Jeep-Fahrt machen, um Tiere zu beobachten. Nach einem vormittäglichen Brunch oder Frühstück besteht die Möglichkeit, sich eine Weile auf einer Aussichtsplattform oder in einem Hochstand aufzuhalten und in aller Ruhe das Naturschauspiel zu beobachten.

Am Spätnachmittag findet ein weiterer Ausflug statt, ähnlich dem am frühen Morgen, allerdings gekrönt von einem Sundowner. Oftmals schließt sich daran noch eine Nachtfahrt an. Die Jeeps sind mit starken Handscheinwerfern ausgestattet, mit deren Hilfe sich nachtaktive Tiere ausfindig machen lassen.

Die **Preise** sind immer Pauschalpreise, d. h. sie umfassen Unterkunft, Vollverpflegung und sämtliche Expeditionen in die Wildnis – dennoch ist die Bandbreite groß. Die Camps am obersten Ende der Preisskala bieten zwar den meisten Luxus und Stil, garantieren aber nicht unbedingt eine artenreichere Tierwelt. Manche Besucher gelangen zu der Überzeugung, dass billigere Camps den kostspieligeren in der gleichen Gegend vorzuziehen sind, da ihre schlichtere Atmosphäre besser im Einklang mit der Natur ringsum steht.

Notfälle

Polizei und Feuer ✆ 1011, Ambulanz ✆ 10177.

Post

Die südafrikanische Post ist langsam und unzuverlässig, und Geld oder andere Wertsachen können auf dem Postweg leicht abhanden kommen. Ein Brief von einer Stadt zur anderen dauert ungefähr eine Woche, und wenn der Absender/Adressat sich in einem abgeschiedenen Landesteil aufhält, kann die Sendung sogar noch länger unterwegs sein.

Internationale Luftpost kommt da oft schneller an. Das betrifft vor allem solche, die in Johannesburg oder Kapstadt aufgegeben wurde, denn von dort aus starten Direktflüge nach Europa. Wer Briefe oder Pakete auf dem Landweg nach Deutschland, Österreich oder in die Schweiz schickt, muss mit einer Transportdauer von bis zu sechs Wochen rechnen.

Die meisten größeren und kleineren Städte verfügen über ein **Postamt**, das normalerweise Mo–Fr 8.30–16.30 und Sa 8–11.30 Uhr geöffnet hat (manche schließen auch schon früher). Die verbreiteten Filialen des privaten **PostNet**, 💻 www.postnet.co.za, bieten größtenteils die gleichen Dienste, darunter auch Kurierservice. **Kurierdienste** wie Federal Express, ✆ 0800-

033 339, 💻 www.fedex.com/za, und DHL, ✆ 086-034 5000, 💻 www.dhl.co.za, sind teurer und nur in größeren Städten angesiedelt, aber weitaus verlässlicher als die Post.

Briefmarken gibt es auf Postämtern und in Zeitungsläden, etwa in CNA-Filialen und Supermärkten. Porto ist relativ teuer: Eine Postkarte kostet per Luftpost (weltweit) R4, ein Normalbrief R5. Die meisten Hauptpostämter und zahlreiche Backpacker-Hostels bieten **Poste restante** an.

Reisende mit Behinderungen

In Südafrika ist man auf behinderte Menschen vielleicht nicht ganz so gut eingestellt wie in Europa, aber im Allgemeinen ist das Angebot an behindertengerechten Einrichtungen sehr zufriedenstellend. Es ist eher dem Zufall als gezielter Planung zuzuschreiben, dass viele Gebäude gut mit einem Rollstuhl erreichbar sind, denn in Südafrika wird überwiegend niedrig gebaut. Da das Auto hier König ist, kann man oft bis vor die Tür einer Unterkunft fahren und den Wagen dort abstellen.

Es gibt **organisierte Touren** und Spezialangebote für Behinderte, und zunehmend werden in diesem Bereich auch **Aktivreisen** nach Südafrika angeboten. Im Rahmen dieser Pakete haben Rollstuhlfahrer die Möglichkeit, an Safaris, Sport- und allen möglichen Abenteueraktivitäten teilzunehmen, darunter Kajaking, Ausritte, Fallschirmspringen und Seilbahnfahren. Die Touren werden für Reisende mit eigenem Wagen oder als Gruppenreise angeboten. Nähere Infos unter den Kontaktadressen unten; die genannten Agenturen vermitteln Kontakte zu südafrikanischen Reisebüros, die auf die Bedürfnisse behinderter Reisender eingestellt sind.

Wer lieber in **Eigenregie** reisen möchte, muss im Voraus wissen, wo die Möglichkeit besteht, auf Hilfsangebote zurückzugreifen, und wo man ganz auf sich selbst gestellt sein wird, insbesondere dann, wenn es um die Organisation von Transport und Unterkunft geht. Außerdem ist es wichtig, sich nicht zu überschätzen und jederzeit in Kontakt mit Angehörigen oder Freunden zu stehen. Wer nicht ständig auf einen Rollstuhl angewiesen ist, darf nicht vergessen, dass man auf Reisen größere Strecken als gewohnt zurücklegen muss (oft auf unwegsamerem Untergrund und bei höheren Temperaturen). Rollstuhlfahrer sollten vor Reiseantritt ihren Rollstuhl durchchecken lassen und ein Reparaturset mitnehmen.

Die Website 💻 **www.disabledtravel.co.za** der Beschäftigungstherapeutin Karin Coetzee wendet sich an Reisende mit Behinderungen und führt Unterkünfte, Restaurants und Sehenswürdigkeiten auf, die sie persönlich hinsichtlich ihrer Zugänglichkeit eingestuft hat. Außerdem gibt's praktische Links zu allen möglichen Aspekten des Reisens, vom Anmieten eines Autos und organisierten Touren bis zu orthopädischer Ausrüstung. Die US-Seite 💻 **www.access-able.com** listet Informationen für Reisende mit Behinderungen, darunter auch nützliche Angaben über das Reisen in Südafrika.

Schwule und Lesben

Das Grundgesetz Südafrikas ist das erste wirklich schwulen- und lesbenfreundliche der Welt. Außerdem weist die Republik die am breitesten gefächerte Homoszene Afrikas auf. Hier ist Homosexualität unter Menschen über 18 Jahren (bei gegenseitigem Einverständnis) nicht nur legal, sondern die Verfassung verbietet ausdrücklich eine Diskriminierung aufgrund sexueller Neigung. Soweit die Rechtslage. Außerhalb der großen Städte ist Südafrika aber meist stockkonservativ, und die öffentliche Zurschaustellung erotischer Zuneigung ist nicht gern gesehen, schon gar nicht von Mann zu Mann oder Frau zu Frau. Viele Weiße halten das für „unchristlich“, und viele Schwarze für „unafrikanisch“.

South African Tourism ist sich dagegen des Potenzials sehr wohl bewusst, das in den Geldbörsen homosexueller Reisender schlummert, und hat eine Menge Broschüren speziell für diese Zielgruppe erstellt. Und das zahlt sich aus – **Kapstadt** gilt als eine der lohnendsten

Gay-Destinationen weltweit. Es ist die Schwulen-Hauptstadt Südafrikas, genauer gesagt, des gesamten afrikanischen Kontinents. Wie so vieles in der Stadt wird auch die Homoszene von Weißen dominiert, doch langsam etablieren sich auch gay-freundliche Clubs in den Townships.

In **Johannesburg** ist die Homoszene erheblich multirassischer als in Kapstadt, vor allem in den Clubs. Die Schwulen- und Lesbenszene in **Pretoria** ist in den letzten Jahren ungeheuer angewachsen. Auch in **Port Elizabeth** und **Durban** sowie in kleineren Städten überall im Land nimmt die Zahl der von Schwulen/Lesben geführten oder homofreundlichen Einrichtungen zu.

Johannesburg veranstaltet im September sein eigenes **Gay Pride Festival**, 💻 www.joburg pride.org, und jedes Jahr im November findet dort und in Kapstadt das Out in Africa South African Gay and Lesbian **Film Festival**, 💻 www.oia.co.za, statt.

Sicherheit

Ungeachtet der erschreckenden Kriminalitätsstatistik bleiben die meisten Südafrikabesucher gänzlich unbeschadet. Es gilt zwar vorsichtig zu sein, aber nicht paranoid, was wiederum nicht heißen soll, dass man die Augen vor der Realität verschließt: Kriminalität ist das wahrscheinlich größte Problem des Landes. Sobald man sich aber klar macht, dass überproportional viele Straftaten in den armen afrikanischen und farbigen Townships begangen werden, verliert die Statistik etwas von ihrem Schrecken. Schwere Verbrechen sind aber nicht nur in den Townships, sondern auch in Johannesburg, der gefährlichsten Ecke des Landes, ein Problem.

Die Sicherung des Besitzes und „Sicherheit" allgemein stellen eine Art landesweite Obsession dar, und es ist nur schwer vorstellbar, welches Thema die Dinnerpartys vieler Südafrikaner beherrschen wird, falls sich das Problem jemals erledigt. Fast alle mittelständischen Wohnhäuser werden – wie unschwer erkennbar – von privaten bewaffneten Sicherheitsorganisationen bewacht. Hinzu kommen Alarmanlagen, Gitter, hohe Zäune und elektronisch gesteuerte Eingangstore – selbst in manchen Townships. Und nicht nur Polizisten, sondern auch Privatleute tragen in aller Öffentlichkeit Feuerwaffen.

Wer Opfer eines Überfalls wird, sollte unbedingt den Ratschlag beherzigen, keine Gegenwehr zu leisten und den Forderungen nachzukommen. Das Risiko, in eine solche Situation zu geraten, lässt sich erheblich mindern, wenn man seinen gesunden Menschenverstand einsetzt und ein paar simple Vorsichtsmaßnahmen trifft (s. Kasten). Es lohnt auch ein Blick in die Sicherheitshinweise des Auswärtigen Amtes unter 💻 www.auswaertiges-amt.de.

Drogen, Alkohol und Auto fahren

Die in Südafrika am häufigsten hergestellte und genommene Droge ist **Dagga** (Cannabis in Form getrockneter Blätter). Die Qualität ist meistens gut, doch das ändert nichts an der Tatsache, dass sie illegal ist. **Ecstasy** ist im Zusammenhang mit der Rave-Kultur, die in Südafrika sehr angesagt ist, in erster Linie die Droge der weißen Mittelschicht. Den Alkoholgenuss in der Öffentlichkeit verbietet übrigens das südafrikanische Gesetz – auch wenn sich niemand daran zu halten scheint. Gegen das Alkoholverbot am Steuer wird häufig und leichtfertig verstoßen, worin die einzige wirklich große Gefahr auf Südafrikas Straßen liegt. Zumindest erklärt sich daraus teilweise, warum während der Weihnachtsferien alljährlich mehr als tausend Menschen bei Massenkarambolagen ihr Leben lassen.

Sexuelle Belästigung

Die Vergewaltigungsrate in Südafrika ist erschreckend hoch, doch Touristinnen sind davon kaum betroffen. Es ist sogar äußerst selten, dass Frauen in die Situation kommen, unerwünschte Annäherungsversuche abwehren zu müssen. Dennoch sollten sie besser nicht allein reisen, auf gar keinen Fall trampen oder ohne Begleitung Wanderungen in einsamen Gegenden unternehmen. Dies gilt sowohl für Städte als auch ländliche Gegenden und für alle Orte nach

Einbruch der Dunkelheit. Sobald es dunkel ist, sollten Frauen auch nicht mehr in einem Minibus-Taxi fahren. Die Grundhaltung der meisten südafrikanischen Männer, egal welcher Hautfarbe, ist nach wie vor ziemlich chauvinistisch. Der Versuch, freundlich und entgegenkommend zu sein, kann manchmal als sexuelle Einladung fehlinterpretiert werden, daher sollten Frauen darauf achten, keine missverständlichen Signale (auch nicht in punkto Kleidung) auszusenden.

Polizei

Für viele schwarze Südafrikaner ist die **South African National Police** (SANP) immer noch mit dem Stigma des Mittäters der Apartheid-Regierung behaftet, und es muss noch viel Werbung gemacht werden, ehe die Polizei als „Freund und Helfer" betrachtet wird. Die Polizisten sind schlecht bezahlt und ausgerüstet, sie werden nicht selten beschossen (und oft tödlich verletzt)

Sicherheitstipps

Allgemein

- Sich möglichst wenig touristisch gebärden
- Unauffällige Kleidung tragen
- In Städten keine Fotoapparate oder Videokameras offen herumtragen
- Keinen kostbaren Schmuck/Armbanduhren tragen
- Die teure Designer-Sonnenbrille zu Hause lassen – sie kann dem Träger vom Gesicht gerissen werden
- Wenn man überfallen wird, Ruhe bewahren und sich kooperativ zeigen
- Nur das Allernotwendigste mitnehmen
- Wertsachen, insbesondere Kameras, nie unbeaufsichtigt lassen

Zu Fuß unterwegs

- Taschen fest unter den Arm klemmen
- Keine großen Geldsummen mit sich führen
- Die Brieftasche nicht in der hinteren Hosentasche aufbewahren
- Immer wissen, wo man seine Wertsachen verstaut hat
- Wertsachen im Lokal nicht einfach auf den Tisch, Stuhl oder Fußboden legen/stellen
- Die anderen Passanten auf der Straße im Auge behalten
- Niemanden zu nahe an sich herankommen lassen – Gruppen aus dem Weg gehen
- Die öffentlichen Verkehrsmittel in großen Städten nur zu zweit oder in der Gruppe benutzen

Am Strand

- Den Autoschlüssel mit einer Sicherheitsnadel an der Badekleidung befestigen oder in einer wasserdichten Brieftasche oder Box mit ins Wasser nehmen

Im Auto

- Sämtliche Türen verriegeln
- Die hinteren Wagenfenster nur einen Spalt öffnen, der zu klein ist, um eine Hand durchzustecken
- Auf Parkplätzen nie etwas offen im Auto liegen lassen, das auch nur im Entferntesten zum Stehlen einlädt

An Geldautomaten

- Geldautomaten sind ein beliebtes Betätigungsfeld einfallsreicher Diebe, die nicht mit Gewalt, sondern mit Köpfchen vorgehen. Egal, wie freundlich oder hilfesuchend sich ein Fremder an einem Geldautomaten gebärdet – man sollte sich niemals auf irgendeine Form der Interaktion einlassen
- Wird man um Hilfe gebeten, weil jemand (angeblich) Probleme mit dem Automaten hat, nicht eingreifen – den Rat geben, sich an die Bank zu wenden
- Hat man selbst Probleme mit dem Automaten, nie die Hilfe Fremder annehmen
- Beim Geldabheben darauf achten, dass die anderen Kunden den Sicherheitsabstand einhalten
- Im Zweifelsfall einen anderen Automaten suchen
- Nie Fremde beim Eingeben der PIN zusehen lassen
- Wird die Karte geschluckt, sofort reklamieren

und genießen wenig Respekt – entsprechend demoralisiert sind sie. Wer im Auto angehalten wird, z. B. von einer Straßenkontrolle, sollte ihnen höflich und freundlich begegnen und nicht vergessen, dass der Fahrer nach südafrikanischem Straßenverkehrsrecht verpflichtet ist, ständig den **Führerschein** bei sich zu haben. Reisende, die bestohlen wurden, dürfen nicht allzu viel kriminalistischen Eifer von Seiten der Ordnungshüter erwarten oder damit rechnen, ihre Habseligkeiten zurückzubekommen. Sie sollten aber eine Anzeige bei der Polizei machen, um zumindest einen Beleg für die Reiseversicherung zu bekommen.

Sport und Aktivitäten

Südafrikas vielseitige Landschaft mit Bergen, Wäldern, Felsküsten und Sandstränden sowie endlosen Meilen weites Bushveld und die Nationalparks bieten hervorragende Möglichkeiten für sportliche Aktivitäten im Freien. Dies wissen auch die Südafrikaner selbst, und das Ergebnis ist eine hoch entwickelte Infrastruktur für Sportmöglichkeiten im offenen Terrain. Dazu gehören vor allem ein beachtliches nationales Netz an Wanderwegen und eine große Anzahl von kommerziellen Anbietern für Abenteuersport.

Wanderwege

Nirgendwo, selbst nicht im Zentrum von Johannesburg, ist man weit von einer Wandermöglichkeit entfernt. Die besten Pfade liegen natürlich in Wildnis-Gebieten. Dort finden sich markierte Wege für halbstündige Spaziergänge oder für größere und längere Expeditionen zu Fuß, die zu den landschaftlich reizvollsten Stellen des Landes führen.

Pfade für Mehrtagestouren mit Übernachtungen sind im Allgemeinen gut mit farbigen Markierungen gekennzeichnet und mit Zeltplätzen oder Hütten am Weg ausgestattet. Die Anzahl der Wanderer, die eine Route begehen dürfen, ist meistens begrenzt, und viele Touren sind so beliebt, dass sie schon mehrere Monate im Voraus ausgebucht sind.

Schwimmen

Das Meer um Südafrika ist alles andere als ruhig: Von der 2500 km langen Küstenlinie sind nur die Strände von KwaZulu-Natal am Indischen Ozean und die nördlichen Küstengebiete der Provinz Westkap tropisch, und die gesamte Küste entlang schlagen beachtliche Wellen ans Ufer. Im Meer bei Kapstadt lässt es sich nur zwischen November und März angenehm baden. Allgemein gilt: Je weiter östlich man sich vom Kap der Guten Hoffnung befindet, desto wärmer ist das Wasser und desto länger die Badesaison. Wassertemperaturen, die kaum unter 18 °C fallen, erlauben an der Küste von KwaZulu-Natal ganzjähriges Schwimmvergnügen. Aber Vorsicht: Entlang der gesamten Küste gibt es gefährliche Unterwasserströmungen und Strudel, daher ist es ratsam, nur unter Aufsicht von Rettungsschwimmern zu baden. Wenn keine da sind, sollte man auf den Rat von Einheimischen hören, niemals alleine schwimmen und die Gefahren des Meeres nie unterschätzen.

Charakteristisch für Afrika sind **geführte Wandertouren durch die Wildnis**, bei denen man sich in Wildgebieten (wie dem Krüger-Nationalpark), begleitet von bewaffneten Wildhütern, bewegen kann. Allerdings vermitteln diese Wanderungen in erster Linie ein „Gefühl" für die Tierwelt – vom Auto aus lassen sich gewöhnlich viel mehr Tiere beobachten. Spezialtouren umfassen Unternehmungen mit Mountainbikes, in Kanus oder auf Pferden. Es gibt sogar ein paar Wanderwege für Behinderte, z. B. für Blinde oder für Rollstuhlfahrer.

Wassersport

Südafrika ist einer der angesagtesten **Surfertreffs** in der ganzrn Welt. Dem perfekten Surf von **Jeffrey's Bay** wurde in dem Streifen *Endless Summer*, einem der Kultfilme der 1960er-Jahre, Unsterblichkeit verliehen. Aber jeder Surfer wird beteuern, dass es entlang der ganzen Küste – von der namibischen bis zur mosam-

Für den ultimativen Kick:
Abseilen vom Tafelberg

bikanischen Grenze – genauso gute oder gar bessere Surfstrände gibt. Surfer tendieren oft zu Cliquen-Bildung, doch die südafrikanische Surf-Gemeinde gilt als eine der freundlichsten, und Neuankömmlinge, die etwas können, werden schnell akzeptiert. Hervorragende Surfbretter gibt es hier für einen Bruchteil des europäischen Preises zu kaufen. **Windsurfen** ist ein anderer populärer Sport, und in zahlreichen Badeorten wird die entsprechende Ausrüstung verliehen.

Auf den Flüssen und Seen des Landes sind die südafrikanischen Touristen als äußerst kühne **Motorbootfahrer** bekannt, eine Aktivität, die eng mit dem **Wasserskilaufen** verbunden ist. **Kajaks** und **Kanus** sind ebenfalls sehr populär. Boote können in Ferienanlagen und in Nationalparks, die an Flüssen liegen, gemietet werden. Für Abenteuerlustige werden **Wildwasserfahrten** mit Kajaks oder **Rafting**, z. B. auf dem Tugela in KwaZulu-Natal und auf dem Orange River, angeboten.

Tauchen und Schnorcheln

Tauchen ist ein beliebtes Freizeitvergnügen, und Südafrika eines der preiswertesten Länder der Welt, um einen international anerkannten Tauchschein zu machen. Tauchkurse werden in allen Küstenstädten und in zahlreichen Urlauberresorts angeboten. Die Preise beginnen bei R3000 (inklusive der Ausrüstung). Die besten Tauchmöglichkeiten bieten die Gewässer vor dem **St Lucia Marine Reserve** an der nördlichen Küste von KwaZulu-Natal, wo jährlich bis zu 100 000 Tauchgänge zu den Korallenriffen und ihrer farbigen Unterwasserwelt unternommen werden. Entlang der Küsten um das **Kap der Guten Hoffnung** gibt es zwar keine Korallenriffe, dafür kann man aber unzählige Schiffswracks und riesige Kelp-Wälder (Algen) erforschen. Am **Südkap** und entlang der **Garden Route** gibt es ein paar Stellen, wo man sich in Hochsicherheitskäfigen in Haifischgründe hinablassen kann. **KwaZulu-Natal** ist auch bestens zum Schnorcheln geeignet. Weitere interessante Gebiete für Schnorchler gibt es z. B. im **Tsitsikamma National Park**.

Weitere Aktivitäten

Angeln ist eine weitere hoch spezialisierte Freizeitaktivität in Südafrika. Vor den Küsten gibt es etwa 250 verschiedene Fischarten, die vom Strand, von Felsen oder von Schiffen aus gefangen werden. Im Landesinnern gibt es viele Flüsse und Stauseen mit Süßwasserfischen. Das Forellenangeln ist besonders beliebt in Mpumalanga, dem nördlichen Teil der Ostkap-Provinz sowie in den mittleren Regionen von KwaZulu-Natal.

Südafrika bietet eine ganze Reihe von Freizeitaktivitäten in der Luft: In den Winelands werden **Ballonfahrten** angeboten, und beim **Drachenfliegen** über Kapstadt kann man eine neue, spannende Sicht gewinnen. Los geht es am Lion's Head, und dann lässt man sich von den thermischen Aufwinden tragen. Erdverbundenere Unternehmungen wie **Bergsteigen** und **Klettern** sind vielerorts möglich, denn sie haben sich in Südafrika mehr oder weniger zu Breitensportarten entwickelt. Immer beliebter wird **Kloofing** (oder Canyoning), wobei die Teilnehmer dem Lauf eines Baches folgen und dabei durch Schluchten klettern, waten, springen oder sich abseilen.

Für Besucher, die sich nicht zwischen Himmel und Erde entscheiden können, bietet sich ein **Bungee-Sprung** von der Gouritz River Bridge bei Mossel Bay an – dem weltweit höchsten, kommerziell angebotenen Bungee-Jump.

In fast allen Ferienanlagen – an der Küste sowie im Landesinnern – stehen **Reitpferde** zur Verfügung, sei es stunden- oder tageweise. **Golf**-Enthusiasten können sich auf eine fantastische Zeit in Südafrika freuen. Es gibt zahlreiche Golfplätze, oft in wunderbarer Landschaft. Und wer in einem der wenigen Skigebiete im Ost- oder Westkap **Ski laufen** will, kann den Daheimgebliebenen von einer ziemlich „exotischen" Südafrika-Erfahrung berichten.

Telefon

Das südafrikanische **Telefonnetz** wird von Telkom dominiert und funktioniert zuverlässig. In jeder kleineren und größeren Stadt finden sich Telefonzellen, die mit Münzen oder Karte funktionieren. **Internationale Telefonate** können von fast allen aus geführt werden, besser allerdings mit Telefonkarte, denn die Münzen rattern schneller durch als man sprechen kann. Schon ein Gespräch von 1–2 Minuten kostet R20. **Telefonkarten** zu R15, 20, 50, 100 und 200 werden in Telkom-Büros, auf Postämtern und in Zeitungsläden verkauft.

Handys heißen in Südafrika *cell phones* oder einfach *cells* und sind sehr weit verbreitet – es gibt mehr Mobil- als Festnetzanschlüsse. Die drei konkurrierenden Betreiber Vodacom, MTN und Cell C decken alle wichtigen Landesteile und die dort hinführenden Hauptstraßen ab. Wer ein GSM/Triband-Handy hat, kann damit auch in Südafrika telefonieren, sofern es eine Roamingvereinbarung mit dem heimischen Anbieter gibt. Das kann allerdings sehr ins Geld gehen.

Viel günstiger ist es, vor Ort eine **SIM-Karte** zu kaufen, die die eigene während des Aufenthaltes in Südafrika ersetzt. Man sollte sich vorab versichern, dass das Telefon dafür freigeschaltet ist. Diese SIM-Karte enthält die neue, südafrikanische Telefonnummer, und die Bezahlung erfolgt mit **Prepaid cards**. Sehr preiswerte Starter Packs (für R100 oder weniger), inklusive einer SIM-Karte und Freiminuten, können in den zahlreichen südafrikanischen Mobiltelefon-Shops und in anderen Geschäften, darunter die CNA-Filialen und Supermärkte, gekauft werden.

Eine andere Möglichkeit ist, bei der Ankunft eine südafrikanische SIM-Karte oder ein Handy mit SIM-Karte zu **leihen**. Die Preise für SIM-Karten beginnen bei R5 pro Tag, für Handys bei R7. Ein Miet-Handy (und -Navi) kann auch beim Leihen eines Autos vereinbart werden. Autoverleiher, die diesen Service anbieten, sind z. B. Avis, Budget und Hertz (S. 75), genauso wie die Backpacker-Busgesellschaft Baz (S. 71). Leihmöglichkeiten bestehen an den größeren Flughäfen (Johannesburg, Kapstadt, Port Elizabeth, Durban und George).

Handys verleihen Rent a Mobile, www.rentamobile.co.za, Telefonverleihzweig von MTN, und Vodashop Renta Fone, www.rentafone.net, Verleihzweig von Vodacom.

Vorwahlen

Südafrika	0027
Deutschland	0049
Österreich	0043
Schweiz	0041

Nicht vergessen, die Null in der nachfolgenden Ortsnetzkennzahl wegzulassen.

Transport

Ungeachtet der großen Entfernungen lässt sich der größte Teil Südafrikas gut auf der Straße erkunden – teilweise mit dem zuverlässigen Bus- oder Eisenbahnnetz, aber überwiegend am besten mit einem Mietwagen auf den guten Fernstraßen. Wer schnell eine größere Strecke zurücklegen möchte, kann das Flugzeug nehmen.

Einzige Schwachstelle bildet der öffentliche Nahverkehr: Die innerstädtischen Transportmittel verkehren relativ selten, und die Benutzung ist oft nicht ungefährlich. Zur Zeit der Recherche wurde versucht, das staatliche Bus Rapid Transport System einzuführen, um den öffentlichen Nahverkehr in geordnetere Bahnen zu lenken. Solange dies nicht geschafft ist, fahren diejenigen Südafrikaner, die es sich leisten können, normalerweise mit dem Auto, und Besucher, die mehr als ein, zwei Tage in einer größeren Stadt verbringen möchten, sollten in Erwägung ziehen, es ihnen gleichzutun.

In die Nationalparks und zu abgelegenen Orten ohne eigenes Fahrzeug zu gelangen, ist ziemlich schwierig. Und ist man dort angekommen, lässt sich ohne eigenen Wagen meistens wenig ausrichten.

Busse

Die drei zuverlässigsten Busgesellschaften für Langstreckenfahrten sind **Greyhound**, **Intercape** und **Translux**. Sie verkehren zwischen fast allen größeren Städten. Diese Busse *(coaches)* sind in der Regel sicher, preiswert und dazu noch bequem, denn die allermeisten verfügen über Klimaanlage und Toilette. Die Fahrkosten richten

HAUPTBUSROUTEN

sich nach der Entfernung und der Jahreszeit und sind am höchsten während der Hauptreisezeit, also um die Schulferien herum. Außerhalb der Saison sind Tickets um bis zu 30 % billiger. Eine Fahrkarte von Kapstadt aus kostet ungefähr: nach Paarl R110; Mossel Bay R160; Port Elizabeth R270; East London, R360; Mthatha R420; und nach Durban R510.

Translux, Greyhound und Intercape betreiben außerdem die billigeren Budgetlinien **City to City**, **Cityliner** und **Budgetliner**, deren Fahrpläne und Preise auf den Webseiten der Muttergesellschaften zu finden sind. Daneben gibt es eine Reihe kleinerer privater Gesellschaften. Es kann schwierig sein, sich über sie zu informieren, am besten erkundigt man sich am Tag vor der Abfahrt am Busbahnhof.

Der **Baz Bus** ist eine ungemein praktische Einrichtung, vor allem für Backpacker und Budget-Traveller, denn die Intercity-Busse halten unterwegs an Backpacker-Unterkünften. Die Baz-Route verläuft in beide Richtungen entlang der Küste zwischen Kapstadt und Port Elizabeth

Englische/afrikaanse Straßennamen

Auf den Straßenschildern zahlreicher Städte sind die Straßennamen zweisprachig, also auf Englisch und Afrikaans, besonders in überwiegend afrikaanssprachigen Gegenden außerhalb der Großstädte. Oft weist der afrikaanse Name kaum Ähnlichkeit mit dem englischen auf – also Vorsicht beim Landkartenlesen.

Entfernungen (in km)

	Bloemfontein	Cradock	Durban	East London	George	Graaff-Reinet	Grahamstown	Johannesburg	Kapstadt	Kimberley	Mossel Bay	Mthatha	Nelspruit	Oudtshoorn	Polokwane	Port Elizabeth	Pretoria	Skukuza
Bloemfontein																		
Cradock	384																	
Durban	628	806																
East London	546	289	667															
George	764	481	1240	630														
Graaff-Reinet	422	139	945	388	342													
Grahamstown	570	175	796	185	461	274												
Johannesburg	396	811	598	992	1168	826	987											
Kapstadt	998	811	1660	1042	436	672	873	1405										
Kimberley	175	493	842	722	734	501	654	467	960									
Mossel Bay	808	547	1306	696	66	408	497	1234	778	770								
Mthatha	527	370	436	231	851	509	360	866	1181	779	857							
Nelspruit	754	1124	689	1214	1509	1167	1242	358	1779	832	1575	983						
Oudtshoorn	714	451	1244	689	63	312	479	1130	422	676	94	839	1472					
Polokwane	952	733	77	594	1173	872	722	503	1544	748	1226	363	675	1299				
Port Elizabeth	676	251	927	300	330	251	131	1062	756	763	396	490	1373	358	854			
Pretoria	454	869	656	322	1226	895	1045	58	1324	525	1292	903	328	1188	561	1119		
Skukuza	880	1233	809	1334	1616	1274	1349	478	1888	952	1695	1099	120	1561	727	1459	436	
Upington	576	669	1243	958	857	667	844	875	821	401	792	1178	1144	698	1149	902	813	1252

(1x tgl.), und zwischen Port Elizabeth und Durban (5x wöchentl.). Im Landesinneren fahren die Busse zwischen Durban und Johannesburg/Pretoria über die Drakensberge (3x wöchentl.), zwischen Durban und Swasiland (3x wöchentl.) – an der Küste entlang bis nach St. Lucia – und zwischen Swasiland und Jo'burg/Pretoria (3x wöchentl.). Einige unabhängige Shuttlebusbetreiber haben sich in das Baz-Busnetz eingeklinkt und verkehren im Westkap nach Stellenbosch, Hermanus und Oudtshoorn, im Ostkap nach Hogsback, Coffee Bay, Mpande und Port St Johns, in KwaZulu-Natal zu zusätzlichen Zielen in Durban und nach Southern Drakensberg und Southbroom, und in Gauteng nach Pretoria.

Busgesellschaften

Baz Bus, ✆ 021-439 2323,
💻 www. bazbus.com. Buchung auch über Backpacker-Hostels oder bei den Baz-Büros in den Touristeninformationszentren von Kapstadt und Durban.
Greyhound, ✆ 083-915 9000,
💻 www.greyhound.co.za.
Intercape, ✆ 0861-287 287,
💻 www.intercape.co.za.
Translux, ✆ 0861-589 282;
💻 www.translux.co.za.

Minibus-Taxis

Diese Sammelbusse sind das bevorzugte Transportmittel von zwei Dritteln aller Südafrikaner. Sie verkehren überall im Land, auf relativ kurzen Strecken zwischen einer Stadt und der anderen, sie transportieren Pendler von und zu Townships, legen aber auch weitere Entfernungen zurück. Allerdings ist die Benutzung nicht ohne Risiko: schlecht gewartete Fahrzeuge, rücksichtslose Fahrer und gewalttätige Auseinandersetzungen zwischen konkurrierenden Betreibern. Es ist daher ratsam, bei Einheimischen nachzufragen, ob man sich einem Minibus-Taxi anvertrauen kann. Das gilt besonders in Großstädten, wo die Sammeltaxistände in der Regel ein beliebtes Betätigungsfeld für Taschendiebe darstellen. Außerdem ist der Stauraum für Gepäck in diesen Kleinbussen äußerst beschränkt.

Das Bus Rapid Transport System

Schon 2007 wurde in den größeren Städten damit begonnen, ein öffentliches Verkehrsnetz zu installieren, das den Nahverkehr modernisieren und Ordnung ins existierende System bringen sollte, das vom ungeregelten Angebot an Minibus-Taxis beherrscht wurde. Das neue System soll wie ein Nahverkehrsbahnnetz funktionieren, und die Busse sollen entlang den Hauptstraßen auf eigenen Busspuren verkehren. Es wird weiterhin Taxis geben, aber nur für den Transport in beschränkten Bereichen, z. B. für Fahrgäste, die an den Bahnhöfen ankommen. Das ganze System sollte bis zur Fußball-WM 2010 stehen, jedoch hat sich auf Seiten der Taxibetreiber, die sich um ihre Existenz gebracht sehen, ein starker, zum Teil gewalttätiger Widerstand gegen das neue Busnetz herausgebildet. Von offizieller Seite wird dagegengehalten, dass die Taxiunternehmen auch weiterhin ihren Teil vom Kuchen abbekommen werden. Wie sich das Ganze entwickelt, bleibt abzuwarten.

Dennoch sollten Reisende diese Form des Transports nicht gänzlich ausschließen. 2005 wurde ein staatliches Programm gestartet, das innerhalb von sieben Jahren die gesamte klapprige Taxiflotte durch neue Fahrzeuge ersetzen soll, was die Situation etwas verbessern dürfte. Positive Auswirkungen sollte auch das Bus Rapid Transport System haben, das ab 2009 eingeführt wurde (s. Kasten). Südafrika-Besucher ohne Auto, die entlegenere Ecken aufsuchen, werden feststellen, dass ein Minibus-Taxi oft das einzig mögliche und in der Regel gefahrlose Transportmittel ist. Allerdings muss mit langen Wartezeiten gerechnet werden, da die Minibus-Taxis nur unregelmäßig verkehren. Die **Fahrkosten** sind gering und entsprechen in etwa denen billiger Intercitybusse. Das Geld sollte möglichst passend bereit gehalten werden (vor allem auf kurzen Strecken) und wird von den hinteren Sitzen nach vorn an die Mitfahrgäste weitergegeben. Es landet schließlich beim Fahrer, der das Wechselgeld herausgibt.

Eisenbahn

Langsamer als mit der Bahn kann man das Land kaum bereisen: Die Zugfahrt von Johannesburg nach Kapstadt dauert zum Beispiel 29 Stunden – die Busfahrt dagegen nur 19 Stunden. Wer eine gegenüber dem Bus komfortablere Nacht im Zug verbringt, spart immerhin eine Nacht im Hotel. Familien mit Kindern wird im Zug ein eigenes Abteil zugewiesen, und Kinder unter fünf Jahren reisen kostenlos.

Die meisten Intercity-Züge betreibt **Spoornet**, ✆ 086-000 8888, 💻 www.spoornet.co.za. Die Standardzüge, Shosholoza Meyl, 💻 www.shosholozameyl.co.za, genannt, bieten Tourist Class und Economy Class in Abteilen, die mit Waschbecken ausgestattet sind. Der Unterschied zwischen den beiden Klassen besteht darin, dass die Economy Class Großraumwaggons hat, während sich in der Tourist Class nur vier Leute einen Wagen teilen und es daher etwas ruhiger ist. **Coupés**, Abteile, die in der Tourist Class nur zwei Fahrgäste unterbringen, sind ideal für Paare.

Die Sitze in den Schlafwagenabteilen sind bequem und lassen sich in Betten verwandeln. Wer keinen Schlafsack mitbringt, kann gegen Gebühr frisch gewaschene Baumwolllaken und Decken ausleihen. Sie werden von dem Zugbegleiter ausgegeben, der abends durch die Abteile geht und die Betten herrichtet. Am besten kauft man den *bedding voucher* gleich bei der Fahrkartenreservierung.

Auf der Strecke Johannesburg – Kapstadt bietet Spoornet an zwei Wochentagen auch die teure **Premier Classe**, 💻 www.premierclasse.co.za, mit Einzel-, Doppel-, Dreier- und Viererabteilen. Mittags und abends werden im luxuriösen Speisewagen mehrgängige Menüs serviert, alles inkl. Die **Ticketpreise** liegen für die Fahrt von Johannesburg nach Kapstadt in der Premier Classe zwischen R1400 und R2500 p. P., je nach Jahreszeit – am teuersten ist es in den Schulferien. Ein Tourist-Class-Ticket kostet R570, Economy etwa R300. Bahnfahrkarten müssen im Voraus am Bahnhof oder in einem Spoornet-Büro (nur in größeren Städten vorhanden) reserviert werden.

In Südafrika verkehren auch ein paar **Luxuszüge**. Diese Art des Reisens bietet sich für Leute an, die in stilvollem Ambiente durch eine überwiegend traumhafte Landschaft befördert werden möchten und bereit sind, ein kleines Vermögen dafür auszugeben. Der berühmte **Blue Train** von Spoornet verkehrt zwischen Kapstadt und Pretoria sowie zwischen Kapstadt und Port Elizabeth (auf dieser Strecke die einzige Zugverbindung). Der Preis für die 29-stündige Reise von Pretoria nach Kapstadt beginnt bei knapp unter R11 000 p. P. im 2er-Abteil. Die Kleiderordnung schreibt tagsüber *smart casual*-Bekleidung vor und während des Dinners Abendkleidung. Buchung über das Zentralbüro von Blue Train in Pretoria, ✆ 012-334 8459, 💻 www.bluetrain.co.za, oder im Kapstädter Reservierungsbüro, ✆ 021-449 2672.

Eine gleichermaßen luxuriöse Alternative ist eine Fahrt mit **Rovos Rail**. Auskünfte unter ✆ 012-315 8242, Pretoria; ✆ 021-421 4020, Kapstadt; 💻 www.rovos.co.za. Rovos Rail verkehrt auf vier Strecken in drei luxuriösen Klassen: von Kapstadt nach Pretoria (R11 000 p. P. im Doppelabteil) und George (R6000); von Pretoria nach Durban (R12 000) und von Pretoria zu den Victoria-Fällen in Simbabwe (ab R12 500).

Der **Sicherheit** zu Liebe sollten Passagiere ihre Wertsachen nie unbeaufsichtigt im Abteil liegen lassen. Die Fenster sollten geschlossen sein, bevor man das Abteil verlässt, selbst wenn dieses abgeschlossen ist, denn Bahnhöfe sind ein beliebtes Betätigungsfeld von Langfingern, insbesondere in Gauteng.

Flüge

Wenn die Zeit knapp ist, lohnt sich ein Inlandsflug. Die Kosten relativieren sich auf langen Strecken, verglichen mit den Ausgaben für einen Mietwagen plus die erforderlichen Übernachtungen, und die Angebote der Billigfluggesellschaften können sehr günstig sein.

Die mit Abstand größte Fluggesellschaft, die Inlandsflüge anbietet, ist **South African Airways** (SAA) mit ihren beiden Töchtern SA Airlink und SA Express (Reservierung für alle drei über SAA). Daneben gibt es noch einige kleinere Anbieter, deren nennenswertester **British Airways Comair** und dessen Internet-Budget-Ableger **Kulula.com** ist. Weitere Budget-Airlines sind **1Time** und **Mango**, der Billigableger der SAA.

Ein einfacher Flug von Johannesburg nach Kapstadt oder von Kapstadt nach Durban ist mit **SAA** und den ihr angeschlossenen Gesellschaften in der Touristenklasse teilweise für unter R1000 zu haben. Auf der Route Johannesburg–Kapstadt bieten die Billigflieger gewöhnlich Tickets für ca. R700, bei Sonderangeboten zuweilen sogar für nur R300.

Airlines in Südafrika

1Time, 0861-345 345, www.1time.co.za. Budget-Flüge zwischen Johannesburg, Kapstadt, George, East London und Durban sowie Sansibar.

British Airways Comair, 0860-435 922, www.ba.com/travel/home/public/en_za. Flüge von Johannesburg nach Kapstadt, Port Elizabeth und Durban; und von Kapstadt nach Durban.

kulula.com, 0861-585 852; www.kulula.com. Budget-Flüge von Johannesburg nach Kapstadt, Durban, Port Elizabeth und George sowie nach Harare, Windhoek und Mauritius, außerdem zwischen Kapstadt, Port Elizabeth und Durban.

Mango, 0861-162 646, www.flymango.com. Mit der Billigfluglinie der SAA von Johannesburg nach Kapstadt und Durban sowie von Kapstadt nach Jo'burg, Durban und Bloemfontein.

South African Airways, 0861-359 722, www.flysaa.com. Deckt zusammen mit SA Airlink und SA Express die meisten Flugverbindungen nach Johannesburg, Kapstadt und Durban ab. Weitere Destinationen sind Bloemfontein, East London, George, Hoedspruit, Kimberley, Margate, Mmabatho, Nelspruit (Ausgangspunkt zum Krüger-Park), Phalaborwa, Pietermaritzburg, Plettenberg Bay, Polokwane, Sun City, Ulundi, Mthatha und Upington.

Günstiger fliegen

Auf der Suche nach einem Schnäppchen lohnt es sich immer, bei allen Fluglinien nach den Preisen zu schauen. Obwohl SAA und British Airways normalerweise am teuersten sind, ist das nicht immer der Fall, da sie manchmal gerade für den gewünschten Flugtermin das günstigste Angebot haben. Wer bei den Flugterminen etwas flexibler ist, kann auf den Websites der meisten Fluggesellschaften nach dem besten Preis über einen Zeitraum von einem Monat suchen lassen.

Auto und Wohnmobil

Abgesehen von der Teilnahme an einer organisierten Tour, bietet ein eigener Wagen die einzige Möglichkeit, in die Nationalparks und abgelegeneren Küstengebiete zu gelangen – das Sicherheitsrisiko ist gering. Und einige der sehenswertesten Flecken abseits der Trampelpfade kann man nur mit einem eigenen Fahrzeug besuchen, denn Busse verkehren in erster Linie auf den viel befahrenen Strecken.

Südafrika lässt sich mühelos mit dem Auto bereisen, denn es verfügt über ein gut ausgebautes **Schnellstraßennetz** sowie zahlreiche Bundes- und Nebenstraßen, die asphaltiert und in der Regel in sehr ordentlichem Zustand sind. Ein Mietwagen ist durchaus erschwinglich, vor allem bei geteilten Kosten.

Entlang der Hauptstrecken finden sich zahlreiche **Tankstellen**, die normalerweise rund um die Uhr geöffnet haben. Auf Nebenstraßen sind die Abstände zwischen den Tankstellen allerdings größer, daher sollte man jede Gelegenheit zum Auftanken nutzen. Selbstbedienungstankstellen gibt es kaum – schlecht bezahlte Angestellte füllen den Tank, checken auf Wunsch Öl- und Kühlwasserstand sowie den Reifendruck und putzen oft auch die Scheiben, selbst wenn sie nicht darum gebeten werden. Über ein Trinkgeld in Höhe von R5 freuen sie sich auf jeden Fall.

Parken ist kein Problem, aber wegen der vielen Autoeinbrüche gibt es fast überall (z. B. bei Einkaufszentren) Parkwächter, sogenannte *car guards*. Diese müssen nicht bezahlt werden, aber ein Trinkgeld von je nach Parkdauer R2–5 kommt immer gut an.

Verkehrsregeln und -tipps

Besucher aus Deutschland, Österreich und der Schweiz brauchen einen **Internationalen Führerschein**. Eigentlich gelten alle ausländischen

Führerscheine, sofern sie ein Foto enthalten und in Englisch ausgefertigt sind. Da aber weder ältere deutsche noch der neue EU-Führerschein in englischer Sprache ausgestellt sind, braucht man zusätzlich einen Internationalen Führerschein (dieser gilt nur mit dem nationalen Führerschein zusammen, also beide mitnehmen). Fahrer sollten stets Führerschein und Reisepass griffbereit haben.

In Südafrika herrscht **Linksverkehr**. Das **Tempolimit** liegt in Ortschaften bei 60 km/h, außerhalb von Ortschaften bei 100 km/h und auf Autobahnen sowie Schnellstraßen bei 120 km/h. Verkehrsampeln heißen in Südafrika übrigens **robots**. Abgesehen vom Kreisverkehr, in dem jeweils das von rechts kommende Fahrzeug Vorfahrt hat, gibt es auch **four-way stops**, wo laut Verkehrsrecht das zuerst angekommene Fahrzeug auch als erstes die Kreuzung verlassen darf/muss.

Die südafrikanische **Verkehrsstatistik** weist erschreckende Unfallzahlen auf. Ursache dafür sind rücksichtslose, oft alkoholisierte Fahrer und überladene, defekte Fahrzeuge. Man sollte unbedingt einen großen Sicherheitsabstand wahren, denn Massenkarambolagen sind keine Seltenheit. Außerdem ist es ratsam, den Gegenverkehr gut im Auge zu behalten, da überholende Fahrzeuge aus der Gegenrichtung oft selbstverständlich davon ausgehen, dass das entgegenkommende Fahrzeug auf den Randstreifen ausweicht, um einen Frontalzusammenstoß zu vermeiden.

Auf dem Randstreifen zu fahren bedeutet zwar keinen Verstoß gegen die Straßenverkehrsordnung, ist jedoch nicht ungefährlich, da dieser oft auch von Fußgängern benutzt wird. Wer auf den Randstreifen ausweicht, um ein schnelleres Fahrzeug vorbeizulassen, bekommt als Dankeschön vielleicht ein kurzes Signal mit der Warnblinkleuchte. Das Warnblinksignal eines entgegenkommenden Fahrzeugs kann ein Hinweis auf eine bevorstehende Radarfalle sein.

Eine weitere mögliche **Gefahrenquelle**, vor allem in ländlichen Gebieten, stellen Tiere auf der Fahrbahn dar. Damit ist besonders nach Einbruch der Dunkelheit zu rechnen. Aufgrund der erheblichen **Entfernungen** zwischen größeren Städten besteht das zunehmende Risiko, am Steuer einzuschlafen – besonders auf langen Fahrten durch eine sich kaum verändernde Landschaft wie es sie in der Karoo oder dem Freistaat gibt. Auf jeden Fall sollten Autofahrten generell sorgfältig und mit ausreichender Zeit für Erholungspausen und Übernachtungen geplant werden.

In Großstädten müssen Autofahrer besonders vorsichtig sein, denn dort besteht die Gefahr, Opfer von Autodieben zu werden, die auch vor Gewalt nicht zurückschrecken – also auch während der Fahrt die Autotüren verriegeln (weitere Sicherheitshinweise s. S. 63).

Südafrikas Automobil-Club, die **Automobile Association** (AA), ✆ 083-843 22, 💻 www.aasa.co.za, vergibt Straßenkarten und informiert über den Straßenzustand.

Ein Auto mieten

Südafrika-Besucher, die innerhalb relativ kurzer Zeit viel vom Land sehen möchten, sollten einen Mietwagen nehmen. Am preiswertesten lässt sich dies gleich bei der Buchung im Reisebüro arrangieren. Wer glaubt, erst nach der Ankunft an einem südafrikanischen Flughafen ein Fahrzeug mieten zu können, muss sich auf eine Enttäuschung gefasst machen: Die meisten Wagen sind längst vergeben, vor allem unter der Woche.

Die durchschnittlichen **Preise** bei einer Mietdauer von einer Woche liegen bei etwa R250 pro Tag (mit R3000 Selbstbeteiligung im Schadensfall) inklusive unbegrenzten Freikilometern. Die meisten Mietwagenfirmen verlangen, dass der Fahrer mindestens 23 Jahre alt ist und eine mindestens zweijährige Fahrpraxis hat. Um das Fahrzeug in Empfang zu nehmen, muss eine Kreditkarte vorgelegt werden. Wer in Südafrika mit einem Mietwagen unterwegs ist, muss nicht nur den Linksverkehr beachten, sondern braucht auch den Internationalen Führerschein.

Der Vorteil einer Buchung über eine namhafte Agentur besteht darin, dass man den Wagen nicht dort zurückgeben muss, wo man ihn abgeholt hat, aber normalerweise wird dafür eine zusätzliche Gebühr erhoben. Wer nach Lesotho und/oder Swasiland fahren möchte, sollte sich danach erkundigen, ob die Geschäftsbedingungen der jeweiligen Mietwagenverleihgesellschaft dies zulässt – das ist nicht immer der Fall. Oft haftet die Versicherung nicht für Schäden, die beim Fahren auf ungeteerten Straßen (z. B. in Nationalparks) entstehen, – auch das unbedingt checken. Einheimische Firmen sind fast immer billiger als Ketten, doch normalerweise schreiben sie vor, dass man mit dem Fahrzeug nur eine bestimmte Entfernung vom Ausgangspunkt zurücklegen darf.

Ein **Wohnmobil** oder ein mit einem Dachzelt ausgestatteter **Geländewagen** ist praktisch für den Besuch abgelegener Ecken mit spärlichen Übernachtungsmöglichkeiten. Ein Fahrzeug mit Schlafgelegenheiten für drei Personen schlägt ungefähr mit R1100 pro Tag zu Buche. Manche Anbieter haben Stand-by-Preise, die bei kurzfristiger Buchung (eine Woche oder weniger im Voraus) 15–20 % Ermäßigung bringen. Die sogenannten Vans sind mit Koch- und Essgeschirr, Bettwäsche und normalerweise einer Toilette ausgestattet. Der Nachteil eines Campingwagens ist, dass er Berge nur im Schneckentempo bewältigt und viel Treibstoff schluckt (die kleineren brauchen 15 Liter auf 100 km), wodurch sich die Ersparnis hinsichtlich der Übernachtungskosten einigermaßen relativiert.

Mietwagenfirmen

Avis, 💻 www.avis.de
Britz, 💻 www.britz.com.
Einer der größten Anbieter für Wohnmobile und Geländewagen.
Drive Africa, Kapstadt, ✆ 021-447 1144, 💻 www.driveafrica.co.za.
Wohnmobile und Autos zu guten Preisen.
Wer drei Monate oder länger unterwegs ist, kann auch einen Wagen kaufen und das Unternehmen kauft ihn später zu einem vorher vereinbarten Preis zurück.
Europcar, 💻 www.europcar.de
Hertz, 💻 www.hertz.de
Holiday Autos, 💻 holidayautos.de.
Gehört zur Gruppe von lastminute.com.
Imperial, 💻 www.imperialcarrental.co.za.
Gehört zur Europcar-Gruppe.
Sixt, 💻 www.sixt.de
Tempest, ✆ 0860-031 666, 💻 www.tempestcarhire.co.za.
Teilweise sehr günstige Angebote.

Fahrrad

Südafrika bietet sich durchaus zum Radfahren an, denn viele gute, verkehrsarme Straßen führen durch herrliche Landschaften, und in den meisten Städten gibt es Fahrradgeschäfte, die alles erforderliche Zubehör vorrätig haben, und immer mehr Backpacker-Hostels verleihen Mountainbikes zu annehmbaren Preisen, wodurch sich die Möglichkeit bietet, viel mit dem Rad zu fahren, ohne das eigene von zu Hause mitbringen zu müssen. Allerdings muss man ziemlich fit sein, da Südafrika ein gebirgiges Land ist und viele Steigungen nur mit Mühe zu bewältigen sind. Auch das Wetter ist Radlern nicht immer wohl gesinnt: Wenn es nicht gerade regnet, kann es ganz schön heiß sein, also viel Flüssigkeit mitnehmen. Viel befahrene Hauptstraßen sollten allerdings gemieden werden.

Trampen

Wir raten generell vom Trampen ab. Dies gilt für Südafrika besonders in größeren Städten, aber auch auf dem Land. Wer aus irgendeinem Grund per Anhalter fahren muss, sollte unbedingt gewisse Vorsichtsmaßnahmen einhalten: Nicht allein trampen und sich nicht in gottverlassenen Gebieten zwischen *dorps* absetzen lassen. Den Fahrer fragen, wohin er fährt, bevor man selbst sagt, wohin man möchte, und das Gepäck nicht im Kofferraum verstauen, denn das erschwert eine möglicherweise notwendige Flucht. Auf den Anschlagbrettern von Backpacker-Lodges finden sich manchmal Anzeigen von Leuten, die eine Mitfahrgelegenheit anbieten – auf diese Art kann man den Fahrer vorher kennen lernen.

Übernachtung

Verglichen mit den Preisen in anderen Entwicklungsländern mögen die Unterkünfte in Südafrika teuer erscheinen, doch ihr Standard ist meist hoch und das Geld wirklich wert. Selbst in der einfachsten Backpacker-Lodge gibt es normalerweise frische Laken und saubere Zimmer. Mit

Ausnahme der allerbilligsten Zimmer haben fast alle Bad oder Du/WC, und oft können die Gäste den Garten oder Pool benutzen. Wer etwas Ausgefallenes sucht, findet geschmackvolle Boutiquehotels, luxuriöse Gästehäuser, Lodges und Landgasthöfe in traumhafter Umgebung – und das zu Preisen, für die dies in Deutschland nicht zu haben wäre. In den südafrikanischen Nationalparks und -reservaten stehen ganz verschiedene Unterkünfte bereit, von schlichten Restcamps bis hin zu superluxuriösen Game-Lodges. Mehr dazu auf S. 56.

Da Südafrika bei Rucksackreisenden zunehmend beliebter wird, gibt es in vielen Gegenden auch **Budget-Unterkünfte**, die teilweise hervorragend ausgestattet sind. **Campingplätze, Caravanparks** und **Ferienwohnungen** sind ebenfalls reichlich vorhanden.

Wer in einem Nationalpark oder in Touristenzentren wie Kapstadt oder der Garden Route absteigen möchte, sollte seine Unterkunft unbedingt im Voraus buchen, dasselbe gilt während der Hauptreisezeit. **Hauptsaison** ist im Hochsommer während der Weihnachtsferien. Neben den einheimischen Urlaubern kommen dann noch zahlreiche Ausländer auf der Flucht vor dem Winter hinzu. Die Osterferien sind kürzer und nicht ganz so hektisch. Viele südafrikanische Familien ziehen dann mit Kind und Kegel an die Küste. Sowohl Weihnachten als auch zu Ostern können die Preise in der unteren und mittleren Preisklasse doppelt so hoch sein – das trifft jedoch nicht für Campingplätze und Backpacker-Lodges zu –, und die meisten Zimmer sind schon Monate im Voraus ausgebucht. Mehr zu den Ferienterminen auf S. 47.

Hotels

Die meisten **Budgethotels** sind Überbleibsel aus den 1950er- und 60er-Jahren. Viele haben inzwischen eher die Funktion einer Eckkneipe, aber einige der alten Hotels in den *dorps* haben einen gewissen Retro-Charme und vermieten Zimmer schon ab R200 p. P.

Mittelklassehotels verlangen normalerweise R350–600 p. P. Sie bieten einen ordentlichen, manchmal ausgezeichneten Service und sind oft in alten, diskret modernisierten Gebäuden untergebracht. In den Feriengebieten an der Küste – wie die Garden Route, das südliche KwaZulu-Natal und alle größeren Badeorte dazwischen – finden sich zahlreiche Mittelklassehotels, oft direkt am Meer. Viele Hotels, besonders an wichtigen Verkehrsstrecken im Landesinnern, sind unter der Woche von Geschäftsreisenden belegt, am Wochenende dagegen werben sie nicht selten mit Sonderpreisen um Kundschaft.

Viele Mittelklasse- und Komforthotels gehören **Hotelketten** an, die größte ist Protea, 💻 www.proteahotels.com. Weitere sind Southern Sun 💻 www.southernsun.com, Holiday Inn, 💻 www.ichotels.com, und Three Cities, 💻 www.threecities.co.za, die allesamt einen verlässlichen Standard bieten – inklusive Standard-Atmosphäre.

Country-Lodges und Boutiquehotels

Wer das Besondere sucht und etwas mehr ausgeben möchte, kann in kleinen, stilvollen Unterkünften absteigen – darin ist Südafrika wirklich top und man bekommt viel fürs Geld. Es gibt stylische **Boutiquehotels** in den Städten und *dorps* und luxuriöse **Country-Lodges** in spektakulärer Lage: Eco-Lodges inmitten von Wäldern oder am Rand von Klippen und magische Rückzugsorte mitten im Nirgendwo. Für einen unvergesslichen Aufenthalt muss man mit mindestens R750, eher R1000 rechnen. Dafür wird man rundum verwöhnt und oft gibt es ein Spa auf dem Gelände. Zahlreiche Luxus-Safaricamps und Gamelodges lassen *Jenseits von Afrika*-Fantasien wahr werden. Mehr dazu s. S. 56.

B&Bs und Gästehäuser

Die am weitesten verbreitete Form der Unterkunft in Südafrika sind **B&Bs** und **Gästehäuser**. Offiziell zeichnen sie sich dadurch aus, dass die Vermieter auch auf dem Gelände wohnen. Die einfachsten B&Bs bestehen aus ein oder zwei Zimmern in einem Privathaus, wo man sich das Bad mit den Gastgebern teilt. Bei den etwas besseren Adressen, die Zimmer mit Bad anbieten (was meist der Fall ist), ist diese Definition aber nicht mehr so genau zu nehmen. Zimmer mit eigenem Bad kosten ab R200 p. P. Dafür kann man eine saubere und wohnliche Unterkunft erwarten, aber nicht unbedingt direkt am Strand oder in der Nähe von anderen Attraktionen. Eine Klasse besser zahlt man ab R300 und alles, was über R500 kostet, sollte das volle Programm bieten: tolle Lage, echten Komfort und ausgezeichneten Service.

Jahrzehntelang war Touristen der Zugang zu den Privatwohnungen schwarzer Südafrikaner von staatlicher Seite aus verwehrt. Das hat sich seit dem Aufkommen der Township-Touren grundlegend verändert. Seit Ende der 90er-Jahre bieten Township-Bewohner Gästezimmer an, wodurch sich eine ganz neue Art eröffnet hat, Südafrika kennen zu lernen. Bislang ist die Zahl der **Township B&Bs** noch relativ gering, aber wir haben versucht, so viele wie möglich anzugeben. Die Übernachtungspreise liegen bei ca. R250 p. P.

Entlang vieler Straßen auf dem Land stehen häufig Schilder mit der Aufschrift „Bed en Ontbyt" (Afrikaans für „Übernachtung und Frühstück"), was so viel heißt wie **Übernachtung auf dem Bauernhof**. Hier kann man ein Zimmer im Haupthaus oder in einem Gartenhaus mieten. Das Frühstück ist normalerweise deftig, und die Preise liegen ein wenig unter denen der städtischen B&Bs. Manche Farmstays bieten Wanderungen, Reitpferde oder andere Freizeitbetätigungen an. Unter diesen Unterkünften befinden sich ein paar wahre Schmuckstücke, die wir natürlich in den Reiseführer aufgenommen haben. In fast allen Touristeninformationen sind Listen vorhanden, auf denen die Adressen von Bauernhöfen in der Umgebung vermerkt sind, die Zimmer oder Cottages vermieten.

Preiskategorien

Zur besseren Übersicht haben wir die Unterkünfte in Kategorien eingeteilt. Die Preise gelten normalerweise pro Person während der Hochsaison, also in den Sommermonaten, und gehen von einer Belegung mit zwei Personen aus (DZ, Ferienwohnung oder Cottage). Auch die Kosten für Dormbetten werden mit dem Preiscode angegeben. Zu Spitzenzeiten (Dezember bis Anfang Januar und Ostern) können die Preise in manchen Gegenden um einiges höher ausfallen, im Winter gibt es dagegen oft sehr günstige Sonderangebote.

❶ bis R100
❷ bis R200
❸ bis R300
❹ bis R400
❺ bis R500
❻ bis R750
❼ bis R1000
❽ bis R2000
❾ über R2000

Caravan Parks, Ferienanlagen und Zeltplätze

Früher machten viele südafrikanische Familien preiswert Ferien im Wohnwagen, daher die zahlreichen Caravan Parks im ganzen Land. Allerdings hat ihre Beliebtheit nachgelassen und damit auch der Standard. Inzwischen sind viele **öffentliche Campingplätze** zu trostlosen Flecken verkommen, nur in den ländlicheren Gebieten oder in der Nähe kleiner *dorps* findet man noch den einen oder anderen, der einladend wirkt.

Es ist also nicht ratsam, auf einem öffentlichen Campingplatz in der Nähe größerer Städte zu übernachten, auch weil eine relativ große Gefahr besteht, bestohlen zu werden. Ein Stellplatz auf öffentlichen Campingplätzen kostet rund R80. Empfehlenswerter sind im Allgemeinen die gepflegteren **privaten Campingplätze**, die für etwa denselben Preis ordentliche Waschräume und Kochmöglichkeiten, Ferienhütten für Selbstversorger, einen Minisupermarkt, Grillstellen und Swimming Pool bieten.

Nahezu jeder **Nationalpark** und viele Reservate verfügen über Campingplätze, und in manchen abgeschiedenen Gegenden wie in Teilen von KwaZulu-Natal ist Zelten manchmal die einzige Möglichkeit, ein Dach über dem Kopf zu haben. Die Gebühr beträgt je nach Beliebtheit des Parks und Einrichtungen R150–250 pro

Stellplatz. Die Anlagen bieten neben sauberen Gemeinschaftsduschen/-toiletten und Waschräumen *(ablutions)* oft auch eine Koch- oder zumindest eine *braai*-Stelle. **Wildes Zelten** ist nirgendwo in Südafrika erlaubt.

Backpacker-Lodges

Die günstigsten Übernachtungsmöglichkeiten in Südafrika stellen die Betten in den Schlafsälen der Backpacker-Lodges dar, die etwa R100 p. P. kosten. Heute findet man gewöhnlich engagiert gemanagte Backpacker-Lodges mit sauberen Laken und freundlichen Mitarbeitern. In den Städten und Touristenzielen hat man die Wahl zwischen mehreren Adressen und praktisch jede nennenswerte Stadt hat mindestens eine. Die meisten vermieten auch Doppelzimmer (um R275 p. P.), manchmal sogar mit eigenem Bad (R300–375), und immer mehr bieten Familienzimmer für rund R125 p. P. Normalerweise gibt es eine Gemeinschaftsküche, ein Restaurant, TV, Internet-Zugang und oft auch andere Angebote wie Radverleih.

Diese Lodges, die einen ständigen Strom an Reisenden beherbergen, stellen ausgezeichnete Travellertreffs und Infoquellen dar. Viele veranstalten auch günstige Touren in die Umgebung und holen Gäste nach Anmeldung am Bahnhof oder Busbahnhof – insbesondere an den Haltestellen des Baz-Bus – ab. Einziger Nachteil ist, dass man unterwegs praktisch immer wieder dieselben Leute trifft.

Unterkunftsuche im Internet

B&Bs, Gästehäuser und Unterkünfte für Selbstversorger

www.safarinow.com
Eine der ältesten und besten Buchungswebsites in Südafrika, für alle Unterkunftsarten (nicht nur Safaris), mit Nutzerkritiken und Bewertungen.

www.capestay.co.za
Unterkünfte aller Art, aber nur im Westkap.

www.tripadvisor.com Internationale Website mit gutem Angebot an Unterkünften in den Touristengebieten Südafrikas, mit Nutzerkritiken.

www.roomsforafrica.com
Umfangreiche Unterkunftslisten mit Nutzermeinungen und Buchungsmöglichkeiten fürs ganze Land.

www.portfolioofplaces.co.za
Online-Ausgabe der Portfolio Collection, einer Reihe mit fünf Broschüren zu B&Bs, Unterkünften auf dem Land, Gamelodges, Retreats, Bungalows und Apartments; Anbieter zahlen hohe Gebühren, um hier gelistet zu werden. Alle Unterkünfte müssen klaren Standards entsprechen und werden regelmäßig geprüft.

www.greenwoodguides.com/south-africa
Ähnlich wie die Portfolio Collection listet der Greenwood Guide eine kleinere Auswahl ausgesuchter Unterkünfte aus, die dafür bezahlen müssen. Im Allgemeinen originellere und interessantere Unterkünfte als bei der Portfolio Collection.

Backpacker

www.hihostels.com
Hostelling International agiert als Buchungsagentur für immer mehr Backpackerhostels in Südafrika.

www.bazbus.co.za
Website des größten Backpacker-Busunternehmens in Südafrika, bietet auch Links zu Hostels mit Online-Buchungsmöglichkeit.

www.backpackingsouthafrica.co.za
Internetpräsenz der South African Youth Travel Confederation, einer gemeinnützigen Organisation, die verschiedene Anbieter für Jugendreisen repräsentiert. Gute Links zu Unterkünften.

www.hostelbookers.com
Internationale Website mit klarer Navigation und gutem Angebot an südafrikanischen Hostels mit Nutzermeinungen und Bewertungen.

Campingplätze und Caravan Parks

www.sa-venues.com
Allgemeine Website für Unterkünfte mit gutem Teil zu Campingplätzen und Wohnmobilparks.

Selbstversorger

Die zweitgünstigste Art der Unterbringung neben den Backpacker-Lodges sind **Ferienbungalows** oder -**apartments**. Einer der großen Vorteile des *self-catering* ist die große Auswahl an entsprechenden Unterkünften, und das schon für ab R250 p. P. (bei Doppelbelegung). Sie finden sich auf Farmen, in Strandnähe, in Wäldern und abgeschiedenen Gegenden sowie in praktisch jeder Klein- oder Großstadt.

In Apartments ist oft Platz für bis zu sechs Personen, und da die Preise meist pauschal und nicht pro Kopf berechnet werden, können Familien oder Gruppen sehr preiswert unterkommen. Selbstversorger können Geld sparen, haben mehr Privatsphäre und brauchen sich an keine Frühstückszeiten zu halten, wie sie in Guesthouses oder B&Bs üblich sind.

Der Standard der Unterkünfte für Selbstversorger ist ziemlich hoch. In den Cottages oder Wohnungen ist gewöhnlich alles Notwendige wie Geschirr usw. vorhanden, die moderneren von ihnen sind sogar mit Mikrowelle und TV ausgestattet. Auch Bettwäsche und Handtücher werden in den meisten Fällen gestellt, allerdings sollte man sich vor dem Einchecken danach erkundigen.

Versicherungen

Auslandskranken-versicherung

Der Abschluss einer Auslandskrankenversicherung ist in jedem Fall zu empfehlen. Besonders bei Krankenhausaufenthalten kann schnell eine erhebliche Summe zusammenkommen. Bei schwerer Erkrankung wird der Betroffene in die Heimat geflogen, wenn er plausibel darlegen kann, dass am Urlaubsort keine ausreichende Versorgung gewährleistet ist. Dabei ist der Passus „wenn medizinisch notwendig" im Kleingedruckten zu beachten, denn gerade medizinische Notwendigkeit ist selten leicht zu beweisen. Einschränkungen gibt es zudem bei Zahnbehandlungen (nur Notfallbehandlung) und chronischen Krankheiten.

Im Krankheitsfall müssen die Rechnungen für die Behandlung vorher beglichen werden. Wenn nach der Rückkehr die Belege bei der Versicherung eingereicht worden sind, werden die Kosten erstattet. Manche internationale Krankenhäuser können bei ernsten Erkrankungen und teuren Behandlungen direkt mit der Versicherung abrechnen.

Auslandskrankenversicherungen für Reisen von bis zu sechs Wochen Dauer werden ab 6 € pro Person angeboten, wer länger verreist, zahlt um 2 € pro zusätzlichem Tag. Zudem gibt es Versicherungen für die ganze Familie ab 19 €. Zu den Anbietern gehören der ADAC, die Debeka, DKV, Europäische, HUK-Coburg, International Service Assekuranz (bis zu 18 Monaten, Extra Versicherungen für Sportler), TAS Assekuranz, Signal Iduna, Universa und Victoria. Bei einigen Kreditkarten sind Auslandskrankenversicherungen enthalten. Reisende über 60 oder gar 70 Jahre werden teils gar nicht oder nur teuer versichert.

Reisegepäckversicherung

Viele Versicherungen sichern auch Gepäckverlust ab, einige haben sich sogar auf solche Fälle spezialisiert (z. B. Elvia, ✆ 089-624240, 💻 www.elvia.de). Die Bedingungen sind immer sehr eng gefasst. Die Stiftung Warentest rät von einer Gepäckversicherung ab, da sich die Versicherer meist auf die Unachtsamkeit des Reisenden berufen und nicht zahlen. Für wertvolle Sachen wie eine Fotoausrüstung kann eine Fotoversicherung abgeschlossen werden, die zwar relativ teuer ist, aber die Geräte gegen sämtliche Risiken versichert. Die Kamera darf wegen möglicher Motorradräuber nur am Körper befestigt getragen werden.

Im Schadensfall muss der Verlust sofort bei der Polizei gemeldet werden. Eine **Checkliste**, auf der alle Gegenstände und ihr Wert eingetragen sind, und Fotos der Gepäckstücke ist dabei hilfreich. Ansonsten sollte alles, was nicht ausreichend versichert ist, im Handgepäck transportiert werden. Eine Reisegepäckversicherung mit einer Deckung von rund 2000 € kostet für 24 Tage ca. 30 €, ein Jahresvertrag 60–70 €.

Reiserücktrittsversicherung

Bei Pauschalreisen ist die Rücktrittskostenversicherung meistens im Preis eingeschlossen (nachfragen). Sie muss in der Regel bis 14 Tage nach Reisebuchung abgeschlossen werden. Die Stornokosten werden beim Tod eines Familienmitglieds oder Reisepartners und im Krankheitsfall übernommen, wenn die Reiseunfähigkeit ärztlich nachgewiesen werden kann. Die Kosten der Versicherung liegen meist bei 20–30 € pro 1000 € Reisepreis.

Versicherungspakete

Diese Rundum-Pakete sind auf maximal fünf bis acht Wochen begrenzt und beinhalten neben der Reisekrankenversicherung eine Gepäck-, Reiserücktrittskosten- und Reisenotruf- bzw. Rat&Tat-Versicherung. Letztere bietet eine Notrufnummer zur Soforthilfe während der Reise. Außerdem werden Krankenhauskosten sofort von der Versicherung beglichen und bei ernsthaften Erkrankungen der Rücktransport übernommen. Wenn der Versicherte nicht transportfähig ist und länger als zehn Tage im Krankenhaus bleiben muss, darf auf Kosten der Versicherung eine nahe stehende Person einfliegen. Auch beim Verlust der Reisekasse kann man über den Notruf einen Vorschuss erhalten. Versicherungspakete lassen sich über das Reisebüro zu Hause abschließen.

Bei längeren Reisen sind nur Einzelversicherungen möglich. Ein optimaler Versicherungsschutz wird dann teuer. Deshalb sollten in diesem Fall die Leistungen verschiedener Unternehmen verglichen und nur das, was man wirklich braucht, versichert werden. Bei häufigen Auslandsreisen können Versicherungen auch für ein ganzes Jahr abgeschlossen werden.

www.test.de
Die Stiftung Warentest nimmt Versicherungen unter die Lupe.

www.dooyoo.de/reiseversicherung/
Dieses Portal sammelt Erfahrungsberichte zu Reiseversicherungen.

Visa

Deutsche, Österreicher und Schweizer benötigen für die Einreise nach Südafrika **kein Visum**. Für eine Aufenthaltsgenehmigung von bis zu **90 Tagen** reicht die Vorlage eines Reisepasses, der noch mindestens sechs Monate gültig ist und noch zwei leere Seiten enthält. Außerdem sollte man im Besitz eines gültigen Rückflugtickets sein. Wer das nicht vorlegen kann, muss eventuell bei der Einreise eine Kaution in Höhe des Einzelflugticketpreises hinterlegen (das Geld wird nach Verlassen des Landes zurückerstattet). Bei der Ankunft fordert die Einreisebehörde eventuell den Nachweis ausreichender finanzieller Mittel für die Dauer des Aufenthaltes.

Wer sich längere Zeit in Südafrika aufhalten möchte, muss bei einem der Hauptbüros des Department of Home Affairs einen Antrag auf eine **Verlängerung** des vorübergehenden Aufenthaltsrechtes *(temporary residence permit)* beantragen und dort Auskunft über den Anlass sowie die Art der Finanzierung geben. In Kapstadt befindet sich das entsprechende Büro in der 56 Barrack Street, ✆ 021-462 4970; in Johannesburg an der Plein Street, Ecke Harrison Street, ✆ 011-639 4000. Das Department unterhält auch Büros in anderen Städten – im Telefonbuch oder auf der Website www.home-affairs.gov.za/regions.asp nachsehen und sich vergewissern, dass dort auch wirklich Verlängerungen ausgestellt werden.

Zeit

Besucher aus Deutschland, Österreich und der Schweiz müssen je nach Jahreszeit nur mit einer Zeitverschiebung von höchstens einer Stunde rechnen. Ein Jetlag ist praktisch ausgeschlossen.

Land und Leute

Tierwelt S. 82
Geschichte S. 94
Musik S. 110

Tierwelt

Abgesehen von Krüger-, Kgalagadi Transfrontier-, Hluhluwe-Umfolozi- und Pilanesberg-Park, wo man den „**Großen Fünf**" (Löwe, Leopard, Büffel, Elefant und Nashorn) begegnen kann, gibt es Hunderte weitere Wildschutzgebiete, die zahllose kleinere Raubtiere und Dutzende Pflanzenfresser in beeindruckender Landschaft beherbergen.

Hunderte von farbenprächtigen Vogelarten prägen das Bild und die Klangkulisse der südafrikanischen Landschaft entscheidend mit, doch sie alle aufzuführen, würde den Rahmen dieses Kapitels sprengen.

Primaten

Südafrika besitzt (neben dem *Homo sapiens*) nur fünf verschiedene **Primatenarten**; das ist die geringste Zahl auf dem afrikanischen Kontinent. Es handelt sich um zwei Galagoarten, zwei Meerkatzenarten und eine Pavianart – die größten Primaten des Landes. Menschenaffen wie Gorillas und Schimpansen sind im südlichen Afrika nicht in freier Wildbahn anzutreffen.

Bärenpaviane

Die am weitesten verbreitete Primatenart Südafrikas sind die **Bärenpaviane**, (chacma baboons, *Papio ursinus*, auch *cynocephalus* genannt). Pavianmännchen können von Statur und Gehabe ziemlich respekteinflößend wirken und sind oft dreist genug, um Fahrzeuge oder Unterkünfte nach Nahrung zu durchwühlen, ohne sich von Menschen in unmittelbarer Nähe abschrecken zu lassen.

Paviane sind sehr gesellig und stets in Gruppen von 15 bis 100 Tieren unterwegs. Ihre Sozialbeziehungen sind komplex und drehen sich vor allem darum, in der Hierarchie auf- oder zumindest nicht abzusteigen. Rang, Geschlecht, Alter, körperliche Stärke und Familienbande bestimmen die Stellung des Einzelnen in der Gruppe, die von einem dominanten Männchen angeführt wird. Die Männchen sind ungenierte Machos: Jedes erwachsene Männchen steht in der Hierarchie über sämtlichen Weibchen.

Steckbrief

- Südafrika umfasst eine Fläche von rund 1,2 Millionen km^2 und hat etwa 49 Millionen **Einwohner**.
- Es gibt elf **Amtssprachen**: Zulu, Xhosa, Afrikaans, Pedi, Englisch, Ndebele, Sotho, Setswana, siSwati, Venda und Tsonga.
- Die **Landesreligionen** sind Christentum (68 %), Islam (2 %), Hinduismus (1,5 %) und indigene Religionen (28,5 %).
- Südafrika ist eine **Mehrparteiendemokratie**. Staatsoberhaupt und Regierungschef ist Jacob Zuma. Parlamentssitz ist Kapstadt, die **Parlamentshauptstadt**; die **Regierungshauptstadt** dagegen ist Pretoria, von wo aus der Präsident und sein Kabinett das Land regieren. **Gerichtshauptstadt** ist Bloemfontein, Sitz des Obersten Berufungsgerichts, während das Verfassungsgericht seinen Sitz in Johannesburg hat. Jede der neun Provinzen des Landes hat eine eigene Provinzregierung.
- Südafrika ist das **wirtschaftlich** erfolgreichste Land Afrikas und verfügt über gut entwickelte Bergbau-, Industrie-, Agrar- und Finanzsektoren. Gleichzeitig zählt Südafrika weltweit zu den Ländern, in denen das Vermögen besonders ungleich verteilt ist.
- Die reichste und mit 3,2 Millionen Einwohnern größte Stadt Südafrikas ist **Johannesburg** (auch Jo'burg, Egoli oder Jozi), das allein fast 10 % des Bruttoinlandsprodukts erwirtschaftet. Die Hälfte aller Touristen, die nach Südafrika kommen, betritt in der Hauptstadt der kleinsten Provinz des Landes südafrikanischen Boden.

Die Tage sind von Futtersuche und Jagd geprägt. Paviane sind ziemlich wahllose Allesfresser, die sich gern im *bushveld* über einen Skorpion oder eine neu geborene Antilope hermachen, aber auch schon mal einen kompletten Orangenbaum auf einer Zitrusplantage abernten. Die **Fellpflege** während der Ruhezeiten dient zugleich der Pflege der sozialen Beziehungen: Wie andere Affenarten auch lausen und „massieren" die Paviane sich ausgiebig gegenseitig. Bei den

Fundstücken, die sie sich dabei ins Maul stecken, handelt es sich teils um Zecken und teils um lose Hautfetzen.

Grüne Meerkatzen

Eine ebenfalls häufige Primatenart, die man in der Osthälfte des Landes und am Küstenstreifen entlang westwärts bis nach Mossel Bay zu sehen bekommt, sind die **Grünen Meerkatzen** (vervet monkeys, *Cercopithecus aethiops*). Sie gehen gern im Grasland auf Futtersuche, entfernen sich aber selten weit vom Waldrand und halten sich bevorzugt an Flussläufen auf. Auch außerhalb der Naturschutzgebiete sind sie rund um Farmen und selbst am Stadtrand anzutreffen, wo sich gute Möglichkeiten für die Futtersuche bieten.

Im Ostkap, in KwaZulu-Natal und an der Garden Route treiben sie sich mitunter an den Küstenstraßen herum. Meerkatzen ernähren sich vorwiegend vegetarisch, verschmähen aber auch Wirbellose, kleine Eidechsen, Küken und Eier nicht und finden sogar Geschmack an Keksen und Süßigkeiten.

Die Meerkatzen leben in Familienverbänden aus Weibchen und Jungtieren, die von dazugehörigen Männchen verteidigt werden. Ihr Sozialgefüge ist eine Art starres Kastensystem. Die Rangstufe der Mutter bestimmt die der Tochter von frühester Kindheit an. Niederrangige erwachsene Weibchen müssen mit Züchtigung rechnen, wenn sie diesen höhergestellten Backfischen nicht den gebührenden Respekt erweisen.

Weißkehlmeerkatzen

Im Gegensatz zu den frechen Grünen Meerkatzen sind die selteneren **Weißkehlmeerkatzen** (samango monkeys, *Cercopithecus albogularis*) scheuere Tiere, die sich nur gelegentlich durch ihren lauten Ruf oder krachend brechende Äste verraten. Sie sind lediglich in vereinzelten Regionen von KwaZulu-Natal, Ostkap und Mpumalanga anzutreffen und halten sich vor allem in den oberen Etagen der Baumkronen auf. Gelegentlich wagen sie sich aber auch zur Futtersuche ins offene Gelände hinaus.

Die Weißkehlmeerkatzen ähneln den Grünen Meerkatzen, sind aber größer und tragen einen langen Backenbart, der vage an Darth Vader erinnert. Wie die Grünen Meerkatzen sind sie sehr gesellige Tiere und leben in Weibchengruppen unter der Oberherrschaft eines dominanten Männchens. Im Vergleich zu ihren Verwandten halten sie sich aber bei der Nahrungssuche nicht so dicht beisammen.

Galagos

Mit ihrem weichen Plüschfell, den großen, runden Augen und Ohren und ihrer entfernten Ähnlichkeit mit Hauskatzen gehören die Galagos zu den niedlichsten Primaten überhaupt (kein Wunder, dass man sie auch „Bushbabys“ nennt). Insgesamt gibt es in Afrika ein halbes Dutzend Arten dieser Halbaffen, doch südlich des Limpopo kommen nur der dickschwänzige Großohr-Riesengalago (thick-tailed bushbaby, *Otolemur crassicaudatus*) und der etwa halb so große Moholi-Galago (lesser bushbaby, *Galago moholi*) vor.

Ersterer lebt nur in den östlichen Randgebieten des südlichen Afrika. Im Nordosten Südafrikas überschneidet sich sein Verbreitungsgebiet mit dem des Moholi-Galago, das sich von dort über den Norden des Landes bis in die Nordwest-Provinz erstreckt. Im Vergleich zu den anderen Galagos, die schnell und behände von Baum zu Baum springen, bewegt sich der Riesengalago langsamer hoppelnd oder schleichend die Äste entlang.

Wer in einem der Naturreservate in KwaZulu-Natal übernachtet, hat gute Chancen, einen Galago zu sehen. Nach Anbruch der Dunkelheit verlassen sie den Schutz des dichten Laubdachs, wo sie tagsüber in kleinen Gruppen schlafen, um einzeln auf Futtersuche nach Baumsäften und Früchten zu gehen. Und falls man sie nicht zu Gesicht bekommt, hört man zumindest ihre schrillen Schreie durch die Nacht gellen. Galagos sind sehr zutraulich und wagen sich auf der Suche nach Essensresten manchmal bis in die Speisesäle der Lodges.

Raubtiere

In Südafrika leben fast drei Dutzend Arten von **Raubtieren**, von Mangusten und Wieseln über Hundeartige und Hyänen bis zu den Raubkatzen.

Hundeartige

Fünf Hundeartige *(Canidae)* sind in Südafrika heimisch: zwei Füchse, zwei Schakale und der Afrikanische Wildhund. Am häufigsten lässt sich der **Schabrackenschakal** (black-backed jackal, *Canis mesomelas*) blicken, vor allem in den Wildreservaten des Landes. Er sieht ein bisschen wie ein kleiner, magerer Schäferhund aus, allerdings mit eher fuchsähnlicher Schnauze. Vom **Streifenschakal** (side-striped jackal, *Canis adustus*) unterscheidet er sich durch die weiß gesprenkelte, dunkle Rückenpartie, der er seinen Namen verdankt. Der Streifenschakal ist in Südafrika nur in der Region des Krüger-Nationalparks und ganz im Norden von KwaZulu-Natal zu finden.

Die Tatsache, dass der Schabrackenschakal einen trockeneren Lebensraum bevorzugt, während der Streifenschakal wasserreiches Waldland schätzt, kann bei der Unterscheidung helfen. Beide Arten sind Allesfresser; ihr Nahrungsspektrum reicht von Aas über kleine Säugetiere, Reptilien, Vögel und Insekten bis zu Früchten und Beeren. Beide sind meist allein oder paarweise unterwegs, gelegentlich sieht man allerdings auch Familiengruppen.

Der **Löffelhund** (bat-eared fox, *Otocyon megalotis*) ist in der westlichen Hälfte des Landes und entlang des Limpopo verbreitet. Er wird den Füchsen zugerechnet und ist von den Schakalen anhand seiner riesigen Ohren, der kürzeren, spitzeren Schnauze und der wesentlich geringeren Größe leicht zu unterscheiden. Seine schwarze Zorro-Maske hilft bei der Unterscheidung vom gleich großen **Kapfuchs** (Cape fox, *Vulpes chama*), dessen Verbreitungsgebiet sich mit seinem überschneidet. Wie andere Hundeartige auch ist der Löffelhund ein Allesfresser, doch seine bevorzugte Kost besteht aus Termiten und Larven, wobei ihm seine großen, radarähnlichen Ohren nützlich sind. Damit kann er die genaue Position von Mistkäferlarven in bis zu 30 cm Bodentiefe durch Triangulation ermitteln, um sie auszugraben. Löffelhunde leben in Paaren oder Familienverbänden.

Die **Afrikanischen Wildhunde** (wild dogs, *Lycaon pictus*), die einst als Jäger in der afrikanischen Savanne weit verbreitet waren, sind inzwischen vom Aussterben bedroht. Viele Jahre lang wurden sie bedenkenlos abgeknallt, weil man ihnen zu Unrecht unterstellte, Rinder und Schafe mutwillig aus reinem Blutdurst zu reißen. Neuere wissenschaftliche Erkenntnisse ergaben, dass sie ganz im Gegenteil äußerst systematisch und effizient jagen – und darin erfolgreicher sind als irgendeine andere afrikanische Raubtierart.

Sie überlebten nur im Krüger-Nationalpark und wurden inzwischen im Hluhluwe-Imfolozi wieder angesiedelt; man muss aber schon extremes Glück haben, um ein Rudel auf Jagd gehen zu sehen. Sie können hohe Geschwindigkeiten von bis zu 50 km/h über lange Strecken durchhalten und reißen ihre Beute im Rudel – ein schauriges Bild, aber auch nicht gruseliger als der Kehlbiss, mit dem der Löwe seine Beute erstickt. Das ganze Rudel von zehn bis 15 Individuen kümmert sich um die Aufzucht der Welpen und füttert sie mit hochgewürgtem Fleisch.

Hyänen

Die größten heimischen Raubtiere nach den Löwen sind die Hyänen, und die **Tüpfelhyäne** (spotted hyena, *Crocuta crocuta*) ist neben dem Löwen der Fleischfresser, den man im Krüger, Hluhluwe-Imfolozi und Kgalagadi am häufigsten zu sehen bekommt. Obwohl sie vor allem als Aasfresser bekannt sind, tun sich die Tüpfelhyänen auch als gefährliche Jäger hervor. Am häufigsten sind sie da anzutreffen, wo sich auch Antilopen und Zebras aufhalten. Die ausgezeichneten Futterverwerter verzehren ihre Beute mit ihren außerordentlich kräftigen Zähnen und Kiefern praktisch komplett, samt Haut und Knochen.

In Regionen, wo sie sich an menschliche Nähe gewöhnt haben, klauen sie oft sogar Schuhe, schmutzige Töpfe und Abfall aus Zelten. Sie zeigen sich auch am Tag, sind aber vor allem nachts aktiv – dann lassen sie auch ihre unheimlichen heulenden Rufe ertönen. Die Rudel von etwa 20 Tieren werden von Weibchen angeführt, die größer als die Männchen sind und untereinander um ihre Rangstellung rivalisieren.

Die **Braune Hyäne** oder **Schabrackenhyäne** (brown hyena, *Hyaena brunnea*) kommt nur in Teilen von Namibia, Botswana, Zimbabwe und Südafrika vor. In Südafrika lässt sie sich normalerweise nur in den nördlichsten Regionen blicken. Auch dass sie meist einzeln unterwegs sind, unterscheidet diese zottigeren und etwas kleineren Hyänen von ihren getüpfelten Verwandten.

Der **Erdwolf** (aardwolf, *Proteles cristatus*), der ebenfalls den Hyänen zugerechnet wird, ist kleiner und wesentlich leichtgewichtiger als die Tüpfelhyäne. Außerdem ist er weniger zottig und trägt eine Zeichnung aus senkrechten dunklen Streifen auf gelblich braunem Grund. Darüber hinaus unterscheidet er sich von den Hyänen durch seine Ernährung, die aus Insekten besteht und zwar in erster Linie aus Erntetermiten, die er mit seiner breiten, klebrigen Zunge aufleckt (bis zu 200 000 Stück pro Nacht).

Die nachtaktiven Tiere sind in Südafrika viel weiter verbreitet als die anderen Hyänen und manchmal auch in den kühleren Stunden vor Sonnenuntergang oder nach Sonnenaufgang unterwegs. Sie sind zwar nicht oft zu beobachten, aber im Cape of Good Hope Nature Reserve und in den Nationalparks Karoo, Mountain Zebra, Pilanesberg, Krüger, Hluhluwe-Imfolozi und Kgagaladi lohnt es sich, nach ihnen Ausschau zu halten.

Raubkatzen

Mit Ausnahme der Löwen, die in Rudeln leben, sind die **Katzen** einzelgängerische Raubtiere. Der Gepard ist ein Sonderfall, der sich anatomisch von den anderen Katzen unterscheidet. Ansonsten sind sich die Mitglieder dieser Tierfamilie so ähnlich, dass, wie Richard Estes in seinem *Safari Companion* bemerkt, die Großkatzen bloß „Riesenversionen" der Hauskatze sind, von der „sie sich hauptsächlich durch eine Kehlkopfveränderung unterscheiden, die ihnen das Brüllen ermöglicht".

Für die meisten Safaritouristen sind die faszinierendsten *Felidae* die **Löwen** *(Panthera leo)*, Afrikas größte Katzen und auch die größten heimischen Raubtiere überhaupt. Da trifft sich es gut, dass man die Löwen am ehesten zu Gesicht bekommt, obwohl sie von allen Katzen in Südafrika die geringste Verbreitung haben. Die staatlichen Nationalparks Krüger und Kgalagadi weisen stabile Löwenpopulationen auf, und auch im Hluhluwe-Imfolozi und im Addo Elephant National Park wurden Rudel wieder angesiedelt; allerdings ist die Zahl der Löwen hier noch relativ gering.

Die trägen, geselligen und ziemlich großen Tiere versuchen in der Regel gar nicht, sich zu verstecken, und sind daher relativ leicht aufzuspüren, vor allem, wenn sie bereits von anderen Besuchern gesichtet wurden – eine Ansammlung parkender Fahrzeuge weist oft auf ein Löwenrudel hin. Ihr Ruf als kaltblütige, tüchtige Jäger ist eher unverdient: Nur 30 % ihrer Jagdversuche sind erfolgreich, und das auch nur, wenn sie im Rudel angreifen. Die Männchen sparen sich die Mühe des Jagens nach Möglichkeit ganz und lassen sich gern von den Löwinnen des Rudels mit einer Gratismahlzeit versorgen.

Der Löwe mag der König der Tiere sein, aber die erfolgreichste und vielleicht auch schönste der Großkatzen ist der **Leopard** (leopard, *Panthera pardus*), der heute noch von Afrikas Südküste bis nach China verbreitet ist. Die ausgesprochen anpassungsfähigen Katzen können selbst in extrem trockenen oder kalten Zonen überleben und scheuen auch die Nähe menschlicher Behausungen nicht, wo sie sich gern am Vieh vergreifen. Das erklärt ihr Fehlen in den Schafzuchtgebieten im zentralen Südafrika, wo sie von den Farmern ausgerottet wurden. In den schroffen Gebirgsregionen des südlichen Westkaps streifen sie noch umher, doch wird man die meist versteckt lebenden Einzelgänger hier selten zu Gesicht bekommen.

Die besten Chancen, einen Leoparden zu sichten, bestehen bei den privaten Lodges in **Sabi Sands**, direkt neben dem Krüger-Nationalpark, deren Leoparden an menschliche Besucher gewöhnt sind. Die muskulösen Katzen können Beutetiere reißen, die doppelt so schwer sind wie sie selbst, und eine Impala-Antilope, die ihrem eigenen Gewicht entspricht, auf einen Baum hinaufzerren. Längere Hetzjagden gehören nicht zum taktischen Repertoire der Leoparden; sie schleichen sich lieber bis auf zwei Meter an ihre Beute heran, bevor sie zuschlagen.

In natura betrachtet, unterscheidet sich der **Gepard** (cheetah, *Acionyx jubatus*) so stark vom Leoparden, dass kaum Verwechslungsgefahr bestehen dürfte. Die Geparden sind die Windhunde unter den Großkatzen. Sie haben kleine Köpfe, sehr lange Beine und ein feines Tupfenmuster. Im Gegensatz zu Leoparden klettern sie nie auf Bäume, da sie vorwiegend an das Leben in der offenen Savanne angepasst sind. Sie leben allein und nur in der Paarungszeit kurzfristig als Paargemeinschaft. Auch als Jäger gehen sie normalerweise allein vor und verlassen sich dabei auf ihre gute Sicht und ihre unglaubliche Sprintgeschwindigkeit, die sie für wenige Sekunden auf bis zu 100 km/h steigern können.

Da sie leichter als Löwen und nicht so kraftvoll wie Leoparden sind, können sie ihre Beutetiere nicht durch die reine Angriffswucht zu Fall bringen. Stattdessen treten sie ihrem Opfer die Hinterbeine weg, um es aus dem Gleichgewicht zu bringen, bevor sie es anfallen. Einst waren Geparden in Südafrika weit verbreitet, doch heute sind sie nur noch in einigen Reservaten zu sehen, u. a. im Krüger, Kgalagadi, Hluhluwe-Imfolozi und in Reservaten im Ostkap wie Addo, Mountain Zebra und Kwandwe.

Die übrigen *Felidae* werden üblicherweise den Kleinkatzen zugerechnet, obwohl auch der **Karakal** *(Caracal caracal)* ein stattliches Tier ist. Der imposante Jäger mit hervorragenden Kletterfähigkeiten kann Beutetiere wie ausgewachsene Impalas oder Schafe zur Strecke bringen, die sein eigenes Gewicht von 8–18 kg weit übertreffen. Häufiger ernährt er sich aber von Vögeln, die er teils im Flug erlegt, und von kleineren Säugetieren wie Klippschliefern. Er ist in weiten Teilen Südafrikas verbreitet (allerdings nicht in KwaZulu-Natal), aber nur selten zu sehen. Zu den besten Gebieten, um Karakals zu sichten, gehört der Mountain Zebra National Park, aber sie sind auch im Krüger, Giant's Castle, Cape Peninsula, Karoo und Kgalagadi National Park heimisch.

Der langbeinige, gefleckte **Serval** *(Felis serval)* hat eine größere Schulterhöhe als der Karakal, ist aber graziler als dieser. Auch diese Wildkatzen lassen sich nur selten blicken, obwohl sie im Krüger, Hluhluwe-Imfolozi und Giant's Castle verbreitet sind. Die geschickten Jäger nutzen ihre großen, rundlichen Ohren, um die Beute (meist kleine Nagetiere, Vögel oder Reptilien) zu orten, die sie mit eindrucksvollen Sprüngen erjagen und mit beiden Vordertatzen packen.

Eine echte Kleinkatze ist die in ganz Südafrika vorkommende **Afrikanische Wildkatze** oder **Falbkatze** (African wild cat, *Felis silvestris lybica*). Sie ist leicht mit einer getigerten Hauskatze zu verwechseln, hat allerdings längere Beine und rötlich gefärbte Ohren. Diese Wildkatzen, die von den Ägyptern schon vor rund 6000 Jahren gezähmt wurden, sind mit unseren Hauskatzen so eng verwandt, dass die beiden sich auch in freier Natur häufig kreuzen.

Kleinere Raubtiere

Zu den kleineren Räubern gehört der ungewöhnliche **Honigdachs** (honey badger, *Mellivora capensis*), der mit dem Europäischen Dachs verwandt ist und im Ruf steht, sich bei Bedrohung äußerst erbittert zu verteidigen. Der Allesfresser bricht bevorzugt Bienennester auf (zu denen ihn ein kleiner Vogel, der sogenannte Honiganzeiger, führt); seiner dicken, lose sitzenden Haut können Bienenstiche nichts anhaben.

Die **Kleinfleck-Ginsterkatze** oder **Europäische Ginsterkatze** (small-spotted genet, *Genetta genetta*) erinnert an eine schlanke, lang gestreckte Katze. Die Tiere wurden einst im Mittelmeerraum auch gezähmt, doch domestizierte Wildkatzen erwiesen sich als bessere Mäusejäger. Die Ginsterkatzen gehören zu den Schleichkatzen und sind somit auch mit den Mangusten verwandt. Nachts treiben sie sich häufig in der Umgebung der Lodges in Nationalparks herum, wo einige ein halbzahmes Dasein führen.

Sie sind überall im Land, mit Ausnahme von KwaZulu-Natal, verbreitet, allerdings oft nur schwer von den **Großfleck-Ginsterkatzen** (large-spotted genets, *Genetta tigrina*) zu unterscheiden, die größere Flecken und eine schwarze (statt einer weißen) Schwanzspitze haben. Diese kommen im Nordwesten des Landes, in KwaZulu-Natal und entlang der Küste westwärts bis zur Kap-Halbinsel vor.

Die meisten **Mangusten** (mongoose), von denen es in Südafrika fast ein Dutzend Arten gibt, sind nicht besonders menschenscheu und suchen selbst, wenn sie sich gestört fühlen, nicht sofort das Weite. Sie schwärmen in geselliger Runde in den Busch aus, um abwechslungsreiche Nahrung wie Wirbellose, Eier, Eidechsen und Frösche aufzustöbern.

Die **Afrikanische Zibetkatze** (African civet, *Civettictis civetta*) ist ein relativ großes und kräftiges Tier, das ebenso wie die kleineren Ginsterkatzen zu den Schleichkatzen gehört. Sie wurde früher häufig in Gefangenschaft gehalten, um Zibet zu gewinnen: Das moschusartig riechende Sekret der Drüsen in Schwanznähe diente als Inhaltsstoff von Parfüms. Zibetkatzen lassen sich nicht allzu häufig blicken, sind aber insofern sehr berechenbar, als sie Nacht für Nacht dieselben Wege nehmen.

Der krallenlose **Kapotter** (Cape clawless otter, *Aonyx capensis*), eine große, kräftige Fingerotterart, ist am besten im Tsitsikamma National Park zu besichtigen, wo er sich von Krabben, Fischen und Tintenfischen ernährt und häufig auf Küstenfelsen und in Gezeitentümpeln nach Nahrung sucht. Er ist auch in den Reservaten von KwaZulu-Natal und im Krüger-Nationalpark zahlreich vertreten.

Antilopen

Rund ein Drittel aller afrikanischen Antilopenarten ist in Südafrika heimisch, und Antilopen sind die in den Wildreservaten des Landes am häufigsten zu beobachtenden Tiere. Auch auf den Wiesen und Feldern zwischen den Orten des Binnenlands lassen sie sich regelmäßig blicken. Die südafrikanischen Antilopen werden in mehrere **Unterfamilien** unterteilt und sind wie die Büffel, Giraffen und Hausrinder **Wiederkäuer** – d. h., sie haben vier Mägen und würgen die vorverdaute Nahrung zwischendurch wieder hoch, um sie nochmals durchzukauen.

Waldböcke

Die Angehörigen der Unterfamilie Waldböcke sind die einzigen afrikanischen Antilopen ohne ausgeprägtes Revierverhalten. Man sieht sie meist im Schatten von Dickichten und Gebüsch, wo sie sich vor Raubtieren versteckt halten. Normalerweise haben nur die männlichen Tiere spiralförmig gewundene Hörner. Eine Ausnahme bilden die **Elenantilopen** (eland, *Taurotragus oryx*), die größten Antilopen der Welt, bei denen beide Geschlechter gerade Hörner haben (die aber ebenfalls in sich gedreht sind).

Die Elenantilope hat einen massigen Körperbau und bewegt sich behäbig wie ein Ochse, ist aber ein hervorragender Springer. Sie war einst weit verbreitet; heute finden sich noch Herden im Gebiet des Krüger und des Kgalagadi National Park und in einem kleinen Restgebiet in den nördlichen Drakensbergen in KwaZulu-Natal; außerdem wurden sie inzwischen in einer Anzahl von Reservaten überall im Land wieder angesiedelt.

Der prachtvolle **Große Kudu** *(Tragelaphus strepsiceros)* ist eleganter gebaut. Die Männchen haben phänomenale, spiralförmig geschwungene Hörner von bis zu 1,5 m Länge. Die Weibchen leben normalerweise in Herden von drei oder mehr Individuen, die sich manchmal vorübergehend zu größeren Verbänden zusammenschließen. Die Männchen bilden weniger stabile Gruppen von ähnlicher Größe, sind aber auch häufig als Einzelgänger unterwegs.

Trotz einer gewissen Familienähnlichkeit sind die Kudus kaum mit den **Buschböcken** (bushbuck, *Tragelaphus scriptus*) zu verwechseln, die einen erheblich kürzeren Rumpf und lediglich einfach gedrehte Hörner haben. Außerdem sind sie die einzigen Mitglieder der Unterfamilie, die grundsätzlich als Einzelgänger leben, weshalb sie für Beobachter schwerer zu entdecken sind. Außer in den großen Wildreservaten sind sie auch im Addo Elephant und im Greater St Lucia National Park zu Hause.

Die **Nyalas** (*Tragelaphus angasi*) liegen von der Größe zwischen Kudu und Buschbock, mit dem man sie auf den ersten Blick verwechseln könnte. Deutliche Erkennungsmerkmale sind ihre Größe, die klar abgegrenzten senkrechten weißen Streifen an den Flanken (bis zu 14 beim Männchen und 18 beim Weibchen) und bei den Männchen die kurze Stehmähne vom Nacken bis zur Schulter. Die Weibchen halten meist ihre beiden letzten Jungen bei sich und tun sich mit anderen Weibchen zu kleinen Herden von selten mehr als zehn Tieren zusammen. Die Männchen neigen mit zunehmendem Alter immer mehr zum Einzelgängerdasein.

Pferdeböcke

Die weitgehend auf den Krüger-Nationalpark beschränkte **Rappenantilope** (sable antelope, *Hippotragus niger*) ist nicht weniger eindrucksvoll als der Große Kudu. Mit ihrem eleganten schwarzen (bzw. bei den Weibchen rötlichbraunen) Rumpf, dem kontrastierenden weißen Bauch und der weißen Gesichtszeichnung und ihren mächtigen, nach hinten gebogenen Hörnern wirkt sie wie das Vollblut unter den Wiederkäuern, vor allem wenn sie majestätisch über die Savanne galoppiert (lieber halten sich die Tiere allerdings in Waldlandschaft auf). Die Weibchen bilden streng hierarchisch geordnete Herden von ein bis drei Dutzend Tieren. Die ausgewachsenen Bullen, die ein festes Revier verteidigen, bleiben oft in Deckung, wo sie leicht zu übersehen sind.

Die **Pferdeantilope** (roan antelope, *Hippotragus equinus*) sieht ähnlich aus wie die Rappenantilope, ist aber größer (Afrikas zweitgrößte Antilopenart nach der Elenantilope), hat kürzere Hörner und ein hellbraunes Fell. Sie ist in der offenen Savanne häufiger anzutreffen als die Rappenantilope.

Die **Oryxantilope**, auch **Spießbock** genannt (gemsbok, *Oryx gazella*), ist in Südafrika nur im Kgalagadi National Park anzutreffen, dem südlichsten Zipfel ihres Verbreitungsgebiets in den Wüsten Namibias und Botswanas. Eine Herde dieser äußerst geselligen Grasfresser ist kaum mit anderen Antilopen zu verwechseln. Die Oryxantilopen sind hervorragend an ihren trockenen Lebensraum angepasst; sie können sehr lange ohne Wasser auskommen und ihre Flüssigkeit stattdessen aus Melonen und Vegetation beziehen. Je nach Umgebungstemperatur kann die normalerweise bei 38 °C liegende Körpertemperatur der Tiere auf weit über 40 °C ansteigen, ohne dass sie dadurch Schaden nehmen. Ihr Gehirn wird dabei durch den Blutstrom von der Nase auf eine niedrigere Temperatur heruntergekühlt.

Kuhantilopen

Mit ihren relativ kurzen, seitlich ausladenden Hörnern und ihrer plumpen Erscheinung sehen die **Kuhantilopen** tatsächlich ein bisschen wie magere Kühe aus – vor allem im Gesicht. Alle Kuhantilopenarten leben gesellig. Besonders auffällig ist das bei den **Streifengnus** (blue wildebeest, *Connochaetes taurinus*), die in Ostafrika zu ihren jährlichen Wanderungen Herden von Hunderttausenden bilden. Solche Riesenherden bekommt man in Südafrika nicht zu sehen, doch kleinere Herden tummeln sich in allen Wildreservaten im Norden des Landes und in KwaZulu-Natal sowie mehreren Reservaten der südlichen Landeshälfte, wo sie wieder angesiedelt wurden.

Ein wesentlich seltenerer Anblick ist das **Weißschwanzgnu** (black wildebeest, *Connochaetes gnou*), das im 19. Jh. fast ausgerottet wurde. Heute leben in Südafrika wieder rund 3000 Exemplare, die in den Nationalparks Karoo, Mountain Zebra und Giant's Castle anzutreffen sind. Sie unterscheiden sich von ihren Verwandten durch ihre dunklere Farbe und (wie der Name schon sagt) ihren langen weißen Schwanz.

Nicht viel eleganter als die Gnus wirken die **Rote Kuhantilope** (red hartebeest, *Alcelaphus buselaphus*), die extrem seltene **Lichtenstein-Antilope** (Liechtenstein's hartebeest, *Sigmocerus lichtensteinii*) und die **Leierantilope** (tsessebe, *Damaliscus lunatus*). Sie sehen sich alle sehr ähnlich, doch zu Verwechslungen dürfte es eigentlich nur im Krüger-Nationalpark kommen, dem einzigen Ort, an dem sich das Verbreitungsgebiet von Lichtenstein- und Leierantilopen überschneidet. Das Hauptunterscheidungsmerkmal sind die Hörner, die bei der Lichtenstein-Antilope stärker gewunden sind und sich fast berühren, bei der Leierantilope hingegen weiter nach außen gespreizt stehen. Die Rote Kuhantilope ist u. a. im Mountain Zebra, Karoo, Addo und Kgalagadi National Park zu beobachten.

Blessbock (blesbok, *Damaliscus dorcas phillipsi*) und **Buntbock** (bontebok, *Damaliscus dorcas dorcas*) sind zwei nahezu identische Unterarten der gleichen Antilopenart und sehen wie dunklere, attraktivere Versionen der Leierantilope aus. Die größte Buntbock-Population beherbergt das De Hoop Nature Reserve. Weitere Exemplare sind im Cape of Good Hope Reserve des Table Mountain National Park zu besichtigen.

Ducker und Zwergantilopen

Die Ducker und die Böckchen oder Zwergantilopen bilden keine Herden, sondern leben als Einzelgänger oder in Paaren. Trotz oder vielleicht wegen ihrer geringen Größe verhalten sich die Männchen äußerst aggressiv und können ihre geraden, dolchspitzen Hörner mit tödlicher Wirkung einsetzen.

Die kleinste südafrikanische Antilope ist der **Blauducker** (blue duiker, *Philantomba monticola*). Er wiegt rund 4 kg, hat einen gewölbten Rücken und eine Schulterhöhe von ca. 35 cm (das entspricht etwa der Größe einer Katze). Das extrem scheue Tier lässt sich in seinem Lebensraum in den südlichen und östlichen Küstenwäldern nur selten entdecken. Der etwas größere **Rotducker** (red duiker, *Cephalophus natalensis*) ist dreimal so schwer und bewohnt ein ähnliches Habitat wie der Blauducker, allerdings ausschließlich in den Wäldern von KwaZulu-Natal.

Besser sind da schon die Chancen, den graubraunen **Kronenducker** (common duiker, *Sylvicapra grimmia*) zu Gesicht zu bekommen, der in ganz Südafrika verbreitet ist und zu den Antilopen gehört, die sich am ehesten an menschliche Behausungen heranwagen. Wenn er sich bedroht fühlt, erstarrt er im Unterholz; wird er gejagt, prescht er im wilden Zickzack davon, um die Verfolger zu verwirren.

Ähnliche Haken schlagen auch die Zwergantilopen, insbesondere der **Kap-Greisbock** (Cape grysbok, *Raphicerus melanotis*) und der **Sharpe-Greisbock** (Sharpe's grysbok, *Raphicerus sharpii*), die sich ausgesprochen ähnlich sehen, aber nicht zu verwechseln sind, weil ihre Verbreitungsgebiete sich nicht überschneiden. Der Kap-Greisbock lebt im Fynbos-Gürtel des Westkaps (u. a. im Cape of Good Hope Reserve und im Addo Elephant National Park), der Sharpe-Greisbock dagegen in der Nordostecke des Landes in der Umgebung des Krüger-Nationalparks. Beide sind nachtaktiv und somit nur selten zu sichten.

Ein naher Verwandter des Greisbocks ist das **Steinböckchen** (steenbok, *Raphicerus campestris*), das sich von allen Zwergantilopen am weitaus häufigsten zeigt, ob tags oder nachts und überall im Lande (bis auf Teile von KwaZulu-Natal). Die großen, dunklen Augen, die riesigen Ohren und die zierliche Gestalt geben dieser nur etwa 50 cm hohen Antilope ihren niedlichen Bambi-Charme.

Auch recht häufig zu sehen ist der **Klippspringer** (klipspringer, *Oreotragus oreotragus*), der als einzige Antilopenart der *koppies* und Felsgebiete unverwechselbar ist. Er ist zugleich die einzige Antilopenart, die auf den Hufspitzen läuft. Wer im Krüger oder Mountain Zebra National Park (und anderen Wildnisgebieten mit schroffen Felsen) die Augen offen hält, sieht die Tiere vielleicht mit gewaltigen Sprüngen steile Hänge erklimmen oder von Fels zu Fels hüpfen.

Die größte Zwergantilope ist das **Bleichböckchen** (oribi, *Ourebia ourebi*), das man für ein zu groß geratenes Steinböckchen oder auch für eine kleine Gazelle halten könnte, da seine Bewegungen eher gazellentypisch sind – schneller und graziöser als die der übrigen Zwergantilopen. Bleichböckchen sind nur in kleinen Verbreitungsgebieten in KwaZulu-Natal anzutreffen und leben in Grüppchen aus einem Bock und mehreren Weibchen. Wer sich ihnen nähert, vernimmt u. U. ihre schrillen Warnpfiffe, noch bevor er sie sieht. Oft flüchten sie ein kurzes Stück und bleiben dann stehen, um sich nach dem Störer umzusehen.

Springbock

Springböcke (springbok, *Antidorcas marsupalis*) fühlen sich in offenem Gelände unter verschiedensten Bedingungen wohl, von Wüstenregionen bis zur Feuchtsavanne. Diese mittelgroßen Antilopen sind in Reservaten in der westlichen Trockenzone des Landes zu beobachten, wo sie auch auf Wildfarmen als Fleisch- und Lederlieferanten gezüchtet werden. Ihre charakteristisch gebogenen Hörner und der dunkle Horizontalstreifen an den Flanken, der die rotbraune Rückenpartie vom weißen Bauch trennt, sind markante Erkennungszeichen. Springböcke wurden schon mit Geschwindigkeiten von fast 90 km/h gemessen und sind dafür bekannt, dass sie „prunken", d. h. sich mit durchgestreckten Beinen und Katzenbuckel senkrecht in die Höhe schnellen.

Impala

Die **Impala** *(Aepyceros melampus)* ist größer und schwerer als der Springbock, mit dem sie entfernte Ähnlichkeit hat. Diese eleganten und kraftvollen Antilopen sind hervorragende Springer mit dokumentierten Sprungweiten von bis zu 11 m und -höhen von bis zu 3 m. Nur die Männchen tragen das markante, leierförmige Hörnerpaar. Sie sind in den Reservaten im Nordosten und in KwaZulu-Natal so häufig, dass manche Ranger sie als eine Art Ziegen der Savanne betrachten – woran durchaus ein Körnchen Wahrheit ist, da die anspruchslosen Tiere sowohl grasen als auch Laub äsen.

Weibchen und Jungtiere bilden feste Herden von mitunter über 100 Tieren, deren Wandergebiet sich mit den Revieren mehrerer Männchen überschneiden kann. In der Brunstzeit, die in die ersten fünf Monate des Jahres fällt, lösen diese Männchen Harems von rund 20 Weibchen aus der Herde heraus und geben sich alle Mühe, diese zusammenzuhalten und gegen potenzielle Rivalen zu verteidigen.

Wasser- und Riedböcke

Alle Arten der Gattung *Kobus* leben bevorzugt in Wassernähe. Am größten ist der **Gemeine Wasserbock** (waterbuck, *Kobus ellipsiprymnus*), eine kräftige Antilopenart von 1,3 m Schulterhöhe mit zottigem, rotbraunem Fell und einem ellipsenförmigen weißen Ring am Hinterteil. Nur die Männchen haben Hörner. Die geselligen Tiere bilden kleine Herden von gewöhnlich bis zu zehn, manchmal auch bis zu 30 Individuen. Sie sind in den Reservaten des Nordostens stellenweise in der Nähe von Waldland und Dauergewässern zu finden.

Zwei eng verwandte Arten sind der **Gemeine Riedbock** (common reedbuck, *Redunca arundinum*) und der etwas kleinere **Bergriedbock** (mountain reedbuck, *Redunca fulvorufula*), zwei hellbraune Antilopen, die etwa um ein Drittel kleiner sind als der Wasserbock. Der Gemeine Riedbock hält sich gern in hohem Gras oder Schilfgürteln auf, während der Bergriedbock in Hügel- oder Gebirgsregionen mit Bäumen oder Grashängen in Gewässernähe lebt.

Alle drei Arten sind in entsprechenden Zonen des Krüger-Nationalparks zu beobachten. Der Wasserbock und der Gemeine Riedbock kommen auch in geschützten Feuchtgebieten von KwaZulu-Natal vor, während der Bergriedbock im Mountain Zebra, Giant's Castle und Pilanesberg National Park verbreitet ist.

Büffelherde im Timbavati Game Reserve im Krüger-Park

Weitere wiederkäuende Paarhufer

Neben Rindern, Schafen, Ziegen und Antilopen gehören auch Büffel und Giraffen zu den **wiederkäuenden Paarhufern**. Bakterien in ihrem Verdauungstrakt zerlegen die Kohlenhydrate der Pflanzennahrung; die abgestorbenen Bakterien werden als Protein absorbiert. Dieses höchst effiziente System macht die Wiederkäuer zu ausgezeichneten Futterverwertern – im Gegensatz zu Nicht-Wiederkäuern wie den Elefanten, die einen Großteil ihrer Nahrung als unverwertete Fasern wieder ausscheiden. Manche Arten grasen, d. h. ernähren sich vorwiegend von Gras, andere äsen, verzehren also vor allem Laub.

Büffel

Man muss sich nicht lange im Krüger-Nationalpark oder den meisten anderen südafrikanischen Wildreservaten aufhalten, um den **Kaffernbüffel** oder **Afrikanischen Büffel** (buffalo, *Syncerus caffer*) zu Gesicht zu bekommen, der als einer der „Big Five" auf dem Wunschzettel jedes Safarijägers steht. Besucher sollten sich von seiner Ähnlichkeit mit Hausrindern oder Wasserbüffeln (mit denen er nicht sehr nah verwandt ist) und seinem scheinbar friedlichen Wesen nicht in Sicherheit wiegen lassen: Vor allem einzelgängerische Bullen werden selbst von erfahrenen Jägern als gefährliche Killer gefürchtet. Fazit: Auch wenn es in manchen Wildreservaten keine Raubtiere gibt, heißt das nicht, dass man dort gefahrlos ohne Führer herumwandern kann.

Büffel legen kein Revierverhalten an den Tag und sind ausgesprochen gesellige Tiere, die sich zu Hunderten oder sogar Tausenden zusammentun. Die Herden mit einem oder mehreren Leitbullen untergliedern sich in Familiengruppen aus etwa einem Dutzend miteinander verwandter Kühe unter einer Leitkuh. Diese Untereinheiten sind gut zu erkennen, da sie sich während der Ruhezeiten oft dicht zusammenkuscheln. Für Kühe und Bullen gelten getrennte Hackordnungen. Letztere müssen die Herde mit etwa drei Jahren verlassen und bilden dann „Junggesellenherden", die man an ihrer geringen Individuenzahl erkennt.

Ausgestoßene alte Bullen (wegen ihrer Vorliebe für Schlammbäder auch „*daga boys*" genannt – *daga* heißt „Schlamm"), die ihre Stellung in der Rangordnung und die Chance auf Paarung verloren haben, werden verständlicherweise zu grimmigen und verbitterten Einzelgängern, denen man um jeden Preis aus dem Weg gehen sollte. Die Bullen unterscheiden sich von den Kühen durch ihre mächtigeren Hörner, die durch einen markanten, in der Mitte gefurchten Stirnwulst verbunden sind.

Giraffen

Giraffen *(Giraffa camelopardalis)* sind am einfachsten zu erspähen, weil ihr langer Hals unverkennbar über das Gestrüpp ragt. Diese höchsten Säugetiere der Welt verbringen den Tag damit, die Blätter von Bäumen abzuäsen, die für andere Arten zu hoch oben wachsen. Ihre Leibspeise sind die Blätter von Langfaden-Bäumen *(Combretum)* und Kameldornbäumen *(Acacia)*. Ihre außerordentlich beweglichen Lippen und zum Greiforgan ausgebildeten Zungen sind fast so geschickt wie unsere Hände und versetzen sie in die Lage, die nahrhaftesten Blätter herauszupflücken, ohne sich an den messerspitzen Dornen zu verletzen. Abends legen sie sich zum Wiederkäuen hin. Sie zeigen kein Revierverhalten und bilden lose Herdenverbände ohne Leittier.

Wer einer Junggesellenherde begegnet, kann mitunter erleben, wie die Jungmännchen ihre Kräfte durch „Halsdrücken" messen. Wenn der Östrus (die Zeit der Paarungsbereitschaft) eines Weibchens einsetzt, was zu jeder Jahreszeit geschehen kann, paart sich das dominante Männchen mit ihr. Das Junge kommt nach einer Trächtigkeitsdauer von ungefähr 14 Monaten zur Welt. Mehr als die Hälfte der Jungtiere fällt jedoch schon in den ersten Lebensjahren Löwen oder Hyänen zum Opfer. Der Krüger und der Pilanesberg National Park bieten ebenso wie die Nationalparks von KwaZulu-Natal gute Chancen, Giraffen zu sichten.

Nicht-Wiederkäuer

Nicht wiederkäuende Säugetiere haben primitivere Verdauungsapparate als die Wiederkäuer. Zwar beherbergen beide im Verdauungstrakt Bakterien, die die Kohlenhydrate der Pflanzennahrung zerlegen, doch da das Verdauungssystem der Nicht-Wiederkäuer keinen so hohen Wirkungsgrad hat, müssen sie mehr Nahrung aufnehmen und sie schneller durchsetzen. Ihr Vorteil ist, dass sie Nahrung mit wesentlich höherem Faseranteil vertragen.

Elefanten

Einst waren die **Elefanten** *(Loxodonta africana)* über ganz Südafrika verbreitet. Heute findet man sie nur noch in einer Handvoll Wildreservate, vor allem im Krüger, Pilanesberg, Hluhluwe-Imfolozi, Tembe und Addo. Letzterer beherbergt die einzige Population, die in den südlichen zwei Dritteln des Landes aus eigener Kraft überleben konnte. Ansonsten leben vielleicht noch ein, zwei Elefanten im Knysna Forest, doch ihre Tage sind gezählt und sie lassen sich kaum blicken. In natura wirken die Elefanten sogar noch größer, als man sie sich vorstellt.

Die meisten Besucher brauchen keine weitere Ermahnung, um eilig auf Abstand zu gehen, wenn ein Elefant drohend mit den Ohren flappt, weil sie ihm zu nah auf den Pelz gerückt sind. Andererseits wirken die Dickhäuter auch erstaunlich graziös. Innerhalb weniger Augenblicke kann eine große Herde auf ihren gepolsterten, sorgfältig gesetzten Füßen fast lautlos zwischen den Bäumen verschwinden. Ihre Nähe verrät nur das lautstarke Krachen, wenn sie Äste von den Bäumen reißen und junge Bäumchen entwurzeln.

Elefanten sind ungemein faszinierend zu beobachten, vielleicht weil ihr Umgang miteinander, ihre Verhaltensmuster und Charaktere so viele Parallelen zu unseren aufweisen. Wie Menschen führen sie ein komplexes, von gegenseitigen Abhängigkeiten bestimmtes Sozialleben, vom hilfsbedürftigen Elefantenbaby und unsicheren Jungelefanten bis zum Erwachsenenalter. Die Jungen werden nach 22-monatiger Trächtigkeit in Anwesenheit mehrerer anderer Elefantenkühe zur Welt gebracht. Elefantenkühe säugen ihre Kälber zwei bis drei Jahre lang. Die Familienverbände bestehen aus miteinander verwandten Elefantenkühen, die ihre Jungen aufmerksam beschützen, unter Führung einer altehrwürdigen Leitkuh. Diese startet am ehesten schon mal einen Scheinangriff, um Störenfriede abzuschrecken – lässt sich gelegentlich aber auch dazu hinreißen, ihre Stoßzähne gegen Fahrzeuge oder Menschen einzusetzen.

Buschlegenden zufolge schämen sich Elefanten, wenn sie einen Menschen getötet haben, und bedecken den Leichnam mit Ästen und Gras. Auf jeden Fall beschäftigen sie sich intensiv mit den Körpern ihrer eigenen toten Verwandten; oft verstreuen sie die Knochen und wachen längere Zeit in der Nähe der sterblichen Überreste. Alte Elefanten sterben mit etwa 70 bis 80 Jahren, wenn der letzte Satz Backenzähne abgewetzt ist, sodass sie ihre Nahrung nicht mehr zerkleinern können.

Schliefer

Sie sehen zwar am ehesten wie Nagetiere aus, sind aber trotz Flauschpelz und Karnickelgröße erstaunlicherweise die nächsten lebenden Verwandten der Elefanten. Ihre einheimische Bezeichnung *dassie* (mit „a" gesprochen) geht auf den Namen *dasje* (kleiner Dachs) zurück, den sie von den ersten niederländischen Siedlern erhielten.

Die **Baumschliefer** (tree dassies, *Dendrohyrax arboreus*) leben als selten zu sehende Einzelgänger am Ostkap und in den Küstenebenen des südlichen KwaZulu-Natal, wo sie Zuflucht in Wäldern und dichtem Buschland suchen. Dagegen sind die **Klippschliefer** (rock dassies, *Procavia capensis*) viel weiter verbreitet, da sie sich nach Ausrottung ihrer natürlichen Feinde relativ ungestört vermehren konnten. Sie bevölkern felsige Gebiete im ganzen Land; ausgenommen sind nur die Regionen nördlich des Oranje in der Westhälfte des Landes, das Westkap und die Nordküste von KwaZulu-Natal. Zu ihren spektakulärsten Lebensräumen gehören die Küstenfelsen des Tsitsikamma National Park, auf denen sie sich in aller Ruhe sonnen, während unter ihnen wilde Brecher schäumen.

Ähnlich wie Reptilien haben Klippschliefer keine gute Körpertemperaturregulierung und suchen daher Schutz vor zu großer Kälte oder zu heißer Sonnenstrahlung. Nach dem Aufwachen sind sie zunächst noch träge und suchen Felsen auf, um sich in der Morgensonne aufzuwärmen – um diese Zeit stehen die Chancen, sie zu sehen, am besten. Ein erwachsenes Tier steht Wache, um die anderen bei Bedrohungen mit einem tiefen Warnlaut zu alarmieren. Klippschliefer leben in Kolonien aus einem dominanten Männchen und acht oder mehr untereinander verwandten Weibchen mit ihren Jungen.

Nashörner

Es gibt zwei Nashornarten in Afrika: das **Spitzmaulnashorn** (black rhino, *Diceros bicornis*) und das viel massigere **Breitmaulnashorn** (white rhino, *Ceratotherium simum*). Beide wurden in ganz Afrika in freier Wildbahn so gut wie ausgerottet. Zum Glück hat Südafrika rechtzeitig Maßnahmen zum Schutz der Tiere ergriffen (besonders in KwaZulu-Natal) und ist daher heute der beste Ort der Welt, um beide Arten zu beobachten. Wer ein, zwei Tage in den Wildreservaten Ithala, Hluhluwe-Imfolozi oder Mkhuze verbringt, dürfte mindestens eine Nashornart zu Gesicht bekommen. Ansonsten gibt es Breitmaulnashörner auch im Addo Elephant National Park und beide Arten im Krüger und im Pilanesberg National Park zu sehen.

Die irreführenden Bezeichnungen „Schwarzes Nashorn" für das Spitzmaulnashorn und „Weißes Nashorn" für das Breitmaulnashorn beruhen auf einer Sprachverwirrung: Die burische Bezeichnung *wijde* für das breite Maul des Letzteren wurde von den Engländern als „white" (weiß) missverstanden. Tatsächlich sind beide Nashörner grau.

Die unterschiedlichen Maulformen sind sehr aufschlussreich, da sie im Zusammenhang mit der bevorzugten Nahrung und folglich auch dem Lebensraum der beiden Nashornarten stehen. Das angrifflustige, kleinere Spitzmaulnashorn hat spitze, bewegliche Lippen, mit denen es Blätter von Bäumen und Büschen pflücken kann. Dagegen frisst sich das Breitmaulnashorn mit seinem breiten, stumpfen Maul durchs Grasland wie ein Rasenmäher. So erklärt sich auch die größere Geselligkeit der Breitmaulnashörner, die sich zu ihrem Schutz im offenen Grasland lieber zu mehreren zusammentun. Das eigenbrötlerische Spitzmaulnashorn sucht dagegen gern Deckung in Dickichten und ist deshalb viel schwieriger zu erspähen.

Nashörner bringen nach 15–18 Monaten Trächtigkeit ein einzelnes Junges zur Welt, das bis zum Alter von ein oder zwei Jahren gesäugt wird. So vermehren sie sich im Vergleich zu den meisten anderen Tieren nur langsam – auch dies ein Faktor, der ihre Populationen gefährdet.

Flusspferde

Die **Flusspferde** (hippopotamuses, *Hippopotamus amphibius*) sind äußerst anpassungsfähige Tiere, die ehemals die südafrikanischen Gewässer vom Limpopo im Norden bis zum Marschland der Kap-Halbinsel im Süden bewohnten. Seitdem wurden sie auf die Nordostecke des Landes zurückgedrängt. Die südlichste von Natur aus hier heimische Population lebt in KwaZulu-Natal. In anderen Gebieten wurden sie nachträglich wieder angesiedelt.

Flusspferde brauchen Süßwasser von ausreichender Tiefe, um darin unterzutauchen, und geeignete Grasweiden. Sie müssen den größten Teil des Tages im Wasser zubringen, um ihre dünne, unbehaarte Haut vor der Sonne zu schützen. Nach Einbruch der Dunkelheit verlassen sie das Wasser und verbringen die Nacht mit Grasen, wobei sie oft bis zu 10 km zurücklegen.

Obwohl sie den Eindruck liebenswerter Dickerchen vermitteln, wenn sie grunzend im Wasser herumplanschen, sind sie in ganz Afrika zu Recht gefürchtet, da sie angeblich mehr Menschen auf dem Gewissen haben als irgendein anderes afrikanisches Tier. Wenn sie sich gestört fühlen, können männliche Einzelgänger und Weibchen mit Jungen extrem aggressiv werden. Ihre gefährlich langen Eckzähne können ein Kanu im Handumdrehen aufschlitzen; an Land greifen sie mit bis zu 30 km/h an und haben einen unerwartet kleinen Wendekreis.

Zebras

Die Zebras gehören zusammen mit den eng verwandten Pferden, Eseln und Halbeseln zur Familie der *Equidae*. Zwei der insgesamt noch drei Zebraarten kommen in Südafrika vor.

Das **Steppenzebra** oder Burchell-Zebra *(Equus burchelli)* hat kleine Ohren und breite schwarze Streifen mit helleren „Schatten" dazwischen. Restbestände der ursprünglichen Populationen gibt es noch in Mpumalanga, KwaZulu-Natal und am Limpopo. In vielen anderen Gebieten wurde es wieder angesiedelt, sodass man Steppenzebras heute in zahlreichen Wildreservaten überall im Land antrifft.

Das **Kap-Bergzebra** *(Equus zebra zebra)* entging nur knapp der Ausrottung. Heute gibt es aber wieder solide, wenn auch zahlenmäßig geringere Bestände im Mountain Zebra National Park des Ostkaps und in anderen Reservaten im Südwesten, die geeignetes Gebirgsterrain bieten. Erkennungsmerkmale des Bergzebras sind die Halswamme (eine herabhängende Hautfalte an der Halsunterseite), das Fehlen von „Schattenstreifen", die größeren Ohren und das bis zu den Hufen herabreichende Streifenmuster – wohingegen die Streifenzeichnung des Steppenzebras schon an den Beinen ausläuft.

Zebras bilden Familienherden aus einem Leithengst und zwei oder mehr Stuten mit ihren Fohlen. Unverpaarte Hengste tun sich oft zu Junggesellenherden zusammen. Bei den Steppenzebras verlässt der Nachwuchs den Familienverband nach ein oder zwei Jahren. Die Bergzebras sind da viel toleranter; hier dürfen die Jungtiere in der Familienherde bleiben.

Schweine

Es gibt zwei Arten von wilden Schweinen in Südafrika. Wer den Krüger oder Pilanesberg National Park oder die Nationalparks von KwaZulu-Natal besucht, gewöhnt sich rasch an den Anblick ganzer Familien von **Warzenschweinen** (warthogs, *Phacochoerus aethiopicus*), die mit steil in die Höhe gereckten Schwänzen durch die Savanne traben. Diese Familiengruppen bestehen meist aus einer Muttersau mit zwei bis vier Ferkeln, manchmal auch aus zwei bis drei weiblichen Tieren mit ihren Jungen. Die Eber schließen sich der Gruppe nur zur Paarung an. Sie unterscheiden sich von den Sauen durch ihre ausgeprägteren Gesichtswarzen; man glaubt, dass sie als Schutzpolster dienen, um den Kopf bei ihren oft heftigen Kämpfen zu schützen.

Die **Buschschweine** (bushpigs, *Potamochoerus larvatus*) sind in Südafrika zwar noch etwas weiter verbreitet als die Warzenschweine, aber als nachtaktive Waldbewohner nicht so häufig zu sehen.

Sonstige Säugetiere

Obwohl ihnen die Vorliebe für Ameisen und Termiten und die nachtaktive Lebensweise gemeinsam ist und beide von ziemlich bizarrer Erscheinung sind, verbindet die Erdferkel und die Schuppentiere keinerlei Verwandtschaftsbeziehung. Das **Erdferkel** (aardvark, *Orycteropus afer*) gehört zu den seltsamsten Tieren nicht nur Afrikas, sondern der ganzen Welt. Die einzelgängerischen Säugetiere von bis zu 70 kg Gewicht verkriechen sich tagsüber in großen Bauten, die sie mit bemerkenswerter Geschwindigkeit und Energie graben. Nachts kommen sie heraus, um in Termitenhügeln im Umkreis von bis zu 5 km nach ihrer Hauptnahrung zu wühlen. Am häufigsten sind sie in Buschlandschaft mit zahlreichen Termitenhügeln anzutreffen.

Das **Steppenschuppentier** (pangolin, *Manis temminckii*) sieht nicht weniger seltsam aus. Die schuppenbedeckten Säugetiere haben eine gewisse Ähnlichkeit mit Gürteltieren und ernähren sich von Ameisen und Termiten. Bei Bedrohung rollen sie sich kugelförmig zusammen. Schuppentiere sind in Südafrika nördlich des Oranje weit verbreitet.

Wer eine Nachttour unternimmt, muss schon Pech haben, um nicht die funkelnden Augen der **Springhasen** (springhare, *Pedetes capensis*) zu erblicken, die trotz ihrer Ähnlichkeit mit kaninchengroßen Kängurus echte Nagetiere sind.

Das größte und außergewöhnlichste aller afrikanischen Nagetiere ist das **Südafrikanische Stachelschwein** (porcupine, *Hystrix africaeaustralis*), das mit seinem langen Stachelkleid völlig unverwechselbar ist. Die Stachelschweine sind weit verbreitet und kommen auch in den meisten Reservaten vor, doch da sie nachtaktiv sind, sieht man möglicherweise nur ihre abgeworfenen Stacheln.

Geschichte

Neuere Fossilienfunde beweisen, dass der *Homo sapiens* schon vor mehr als 50 000 Jahren an der Südküste Afrikas lebte. Die Nachkommen dieser nomadischen Steinzeitmenschen – das Jäger-

Die jahrtausendealte Felskunst der San stellt vor allem Tiere und Menschen dar.

und Sammlervolk der San und das Hirtenvolk der Khoikhoi, deren beider Hautfarbe ins Rötliche ging – lebten am Westkap, als im 15. Jahrhundert die ersten Europäer landeten. Etwa zur Entstehungszeit der ersten holländischen Siedlung am Kap in der Mitte des 17. Jahrhunderts war ein Großteil der östlichen Landeshälfte von hoch gewachsenen, dunkelhäutigen Menschen bewohnt, die seit der Zeit um Christi Geburt den Limpopo überquerten.

Damit war die Bühne für das vielschichtige Schauspiel der jüngeren südafrikanischen Geschichte bereitet, das in erster Linie im Kampf der verschiedenen einheimischen Völker und der europäischen Kolonialisten um die spärlichen Ressourcen bestand. Im 20. Jahrhundert erlebte der Kolonialismus einen vorübergehenden Triumph, Südafrika vereinigte sich und die weiße Bevölkerung unterdrückte die Bürgerrechtsforderungen der Schwarzen, was zur unmenschlichsten Erfindung Südafrikas führte – der Apartheid. Aber am Ende stand schließlich der krönende Sieg der Rassengleichheit, und 2009 feierte Südafrika stolz seinen 15. Jahrestag als demokratisches Land.

Die ersten Südafrikaner

Felszeichnungen belegen die fast 30 000 Jahre zurückgehende Existenz menschlicher Kultur auf dem Subkontinent. Sie sind gleichzeitig die älteste und dauerhafteste Kunstform Südafrikas. Angefertigt haben sie Jäger und Sammler vom Volk der **San**, die von den Europäern „Buschmänner“ genannt wurden. Es gibt noch einige wenige Angehörige der San – die direktesten Nachfahren der Steinzeitmenschen – vor allem in Namibia und Botswana. Damit ist ihre Kultur die am längsten andauernde auf dem gesamten Subkontinent. Wahrscheinlich bewohnten sie irgendwann einmal das gesamte Afrika südlich der Sahara.

Sie waren **Nomaden** und ernährten sich von dem, was die Männer von der Jagd und die Frauen vom Sammeln mitbrachten. Daneben blieb ihnen aber viel Zeit für die Kunst und die Religion. Die San lebten in kleinen, lose miteinander verbundenen Familiengruppen, und es stand jedem Mitglied frei, sich einer anderen Sippe anzuschließen. Privatbesitz spielte so gut wie keine Rolle, denn alles Lebensnotwendige lieferte die Natur.

Vor rund 2000 Jahren trat eine revolutionäre Veränderung ein, als einige Gruppen im nördlichen Botswana Schafe und Rinder aus Nordafrika einfingen und fortan als **Hirten** lebten. Das Gesellschaftsgefüge hatte nun eine Vorstellung von Besitztum und dessen Vermehrung. Das Vieh wurde zum Wohlstands- und Statussymbol und langsam entwickelten sich soziale Unterschiede. Die Kernverbände wurden größer und gruppierten sich um einen Häuptling, der Macht besaß, darunter die Zuteilung von Weideflächen. Sie waren auch die ersten Südafrikaner, die die portugiesischen Seeleute antrafen, als sie im 15. Jahrhundert an der Kapküste landeten.

Die sogenannten **Khoikhoi** („Menschen von Menschen") unterschieden sich ethnisch nicht von den San – wie viele Anthropologen früher glaubten –, sondern hatten einfach nur eine andere Sozialstruktur. Heute geht man davon aus, dass es den Khoi, die ihr Vieh verloren hatten, offen stand, wieder San zu sein, und San, die in Besitz von Vieh gekommen waren, Khoi werden konnten, wodurch die Kollektivbezeichnung **Khoisan** entstand.

Diese dynamische Geschichtsbetrachtung ist deshalb von erheblicher Bedeutung, da sie mit der im 19. Jahrhundert herrschenden Vorstellung aufräumt, die geschichtlichen und kulturellen Errungenschaften einer bestimmten Kultur würden schlichtweg durch die Rasse, in die ein Mensch hineingeboren wird, bestimmt – ein Konzept, das von den Apartheidsideologen begeistert aufgenommen wurde.

Bauern und Handwerker

Vor rund 2000 Jahren kamen große, dunkelhäutige Menschen über den Limpopo ins Gebiet des heutigen Südafrika. Sie waren sowohl Viehzüchter als auch Ackerbauern. Diese **Bantu-sprachigen** Bauern (Vorfahren der meisten schwarzen Südafrikaner) zogen langsam nach Süden und besiedelten die gesamte Osthälfte des Subkontinents bis hinab zum Ostkap, wo sie im 16. Jahrhundert zum ersten Mal mit Europäern zusammentrafen.

Abgesehen davon, dass diese Bauern ausgezeichnete landwirtschaftliche Kenntnisse besaßen und sesshafter waren als die Khoisan, waren die Bantus auch hervorragende Handwerker, die sich im Fördern und Schmelzen von Metallen auskannten, darunter Gold, Kupfer und Eisen. Dies stellte einen wichtigen Faktor in dem ausgedehnten **Handelsnetz** dar, das sich damals entwickelte.

Das Kap wird holländisch

Die ersten Europäer, die ihren Fuß auf südafrikanischen Boden setzten, waren portugiesische Seeleute unter dem Kommando von **Bartolomeu Diaz**. Es sollten aber noch 170 Jahre vergehen, bevor eine europäische Siedlung in Südafrika gegründet wurde. 1652 ging ein Schiff mit einer Gruppe weißer Angestellter der **Niederländisch-Ostindischen Kompanie**, die eine Handelsroute zwischen Holland und Südostasien eingerichtet hatte, in der Tafelbucht vor Anker, um eine Versorgungsstation für die Handelsschiffe einzurichten.

Obwohl der Stationskommandant **Jan van Riebeeck** die eingeborenen Khoi als „ein wildes Pack ohne Gewissen" betrachtete, waren die Holländer von Anfang an auf sie als Viehlieferanten angewiesen, die mit wertlosem Zeug „bezahlt" wurden. Allmählich dehnte sich die Siedlung aus, und Van Riebeeck benötigte mehr **Arbeitskräfte**. Zu seiner großen Empörung hatten die hohen Herren in Holland die Versklavung der Einheimischen untersagt und lehnten van Riebeecks Forderung nach Sklaven aus anderen Teilen des Handelsreiches ab.

Also mussten die Ländereien rings um die Festung kolonialisiert werden, und 1657 wurde eine Reihe holländischer Männer aus ihren Verträgen entlassen, um als freie Bürger das Land zu bewirtschaften, das ihnen die Kompanie zur Verfügung stellte. Im Gegenzug versprach die Kompanie, ihnen ihre Produkte zu festgelegten Preisen abzunehmen. Dieser Schritt führte zur ersten einer Reihe von **kriegerischen Auseinandersetzungen** zwischen den Khoikhoi und den Holländern. Zwar endete die erste unentschieden, doch auf Dauer waren die Khoikhoi den mit Pferden und Feuerwaffen ausgerüsteten Holländern unterlegen.

Unterdessen war es Van Riebeeck im Jahr 1658 gelungen, eine Schiffsladung **Sklaven** aus Westafrika zu bekommen – damit führte er am Kap die Sklaverei ein. Die Niederländisch-Ostindische Handelskompanie selbst wurde der größte Sklavenbesitzer am Kap und importierte nun mit solcher Geschwindigkeit Sklaven, vor allem aus Ostasien, dass es gegen 1711 in der Kolonie mehr Sklaven als freie Bürger gab. Mit der erzwungenen Hilfe dieser Menschen expandierte die winzige Kapkolonie und verdrängte die auf der Halbinsel lebenden Khoikhoi, die gegen 1713 alles verloren hatten.

Fast ihr gesamter Viehbestand (annähernd 50 000 Tiere) und ein Großteil ihres Landes westlich der Hottentots Holland Mountains (90 km südlich des heutigen Kapstadt) waren von der Kompanie geschluckt worden. Armut und Krankheiten wie Windpocken, die vorher in Südafrika unbekannt waren, dezimierten ihre Reihen und zerstörten ihr Gesellschaftssystem. Mitte des 18. Jahrhunderts fristeten die noch verbliebenen Khoi ein erbärmliches Dasein als Dienstboten der Kolonisten.

Auch **verarmten Weißen**, einer Randgruppe der Kolonialgesellschaft, boten sich wenig Möglichkeiten. Viele packten ihre paar Habseligkeiten in einen Planwagen und zogen ins Landesinnere, wo sie sich entweder von den Erträgen durch die Jagd auf wilde Tiere ernährten oder den Khoi mit Waffengewalt das Vieh abnahmen. Diese nomadisierenden **Trekburen** entzogen sich der Kontrolle der Niederländisch-Ostindischen Kompanie und begannen, die frei gewordene Nische als Viehtreiber einzunehmen, die früher die Khoi innegehabt hatten.

An der Wende zum 19. Jahrhundert waren die Trekburen bis weit ins Ostkap vorgerückt und hatten dabei die Khoi und San mit Gewalt zurückgedrängt. Doch als ihnen ihre herkömmliche Existenz geraubt und ihr Sozialgefüge zerstört worden war, verlegten sich die Khoisan darauf, den Trekburen Rinder und Schafe zu stehlen, woraufhin die Trekburen begannen, die San wie wilde Tiere zu jagen, männliche San abzuschlachten und Frauen und Kinder zu versklaven.

Im Anschluss an die **britische Besetzung des Kaps** im Jahr 1795 nahm die Zahl der vom Kap wegstrebenden Trekburen zu.

Der Aufstieg der Zulu

Während im Westen des Landes die Trekburen in Scharen die Kap-Kolonie verließen, ereigneten sich im Osten gleichermaßen bedeutsame Dinge. Im Laufe des 17. und 18. Jahrhunderts hatte die Anzahl der Nachkommen der nach Südafrika eingewanderten **bantu-sprachigen Menschen** erheblich zugenommen. Sie hatten sich über die gesamte Osthälfte des Landes ausgebreitet. Um 1900 wimmelte es dort von Menschen und Vieh, das die Weiden aufzehrte, und die Expansionsgrenzen waren erreicht. Erschwerend hinzu kam eine lang anhaltende Dürreperiode.

Am ausgeprägtesten war das Problem in **KwaZulu-Natal**, wo durch die Unterwerfung der Nachbarn und die Beschlagnahmung ihrer Weidegebiete Stammesfürstentümer überdauert hatten. Im frühen 19. Jahrhundert beherrschten zwei dieser starken Gruppen, die **Ndwandwe** und die **Mthethwa**, den östlichen Teil Südafrikas in der Umgebung des Tugela River. Ihre blutigen Auseinandersetzungen endeten um 1817 mit der Niederlage der Mthethwa. Nun sollten die Zulu eine der mächtigsten Gruppierungen Südafrikas werden. Etwa 1816 nahm **Shaka** den Häuptlingssitz der Zulu ein und begann, ihre Kriegstechniken zu verändern.

Um 1820 waren die Zulu zur vorherrschenden Regionalmacht geworden, und um die Jahrhundertmitte bildeten sie einen **zentralisierten Militärstaat** mit einem 40 000 Mann starken Berufsheer. Eine der Stärken ihres Herrschaftssystems lag in der Bereitschaft, die Überlebenden aufzunehmen und als vollwertige Mitglieder in den expandierenden Zulu-Staat einzugliedern. Jahrelang sandte Shaka seine Truppen aus, um in benachbarte Territorien einzudringen, bis er 1828 von einem Diener und zwei seiner Halbbrüder erstochen wurde. **Dingane**, einer der beiden, trat Shakas Nachfolge an und setzte das Schreckensregime fort.

Der Aufstieg des Zulu-Reiches erschütterte das ganze südliche Afrika und führte nicht nur zur Bildung einer Reihe **zentralisierter Nguni-Staaten**, sondern bereitete auch den Weg für den Vormarsch der Buren im Landesinneren. Es kam zur sogenannten **Mfecane** (Zwangsumsiedlung), in deren Verlauf riesige Landstriche brachgelegt und im ganzen Osten Südafrikas Menschen um ihr Hab und Gut gebracht und von ihrem Land vertrieben wurden. In ihrem Kampf ums Überleben schlossen sie sich entweder in kleinen Gruppen oder in größeren Verbänden zusammen. Jenseits der Nordgrenze des Zulu-Reiches lebte eine andere Nguni-Volksgruppe, die in kultureller und sprachlicher Hinsicht eng mit den Zulu verwandt war. Unter Sobhuza I. und dessen Sohn Mswati II., von dem der neu gegründete Staat **Swasiland** seinen Namen erhielt, wurden sie vereinigt.

In der Nordwest-Provinz vertrieb Shaka einige hundert Zulu zusammen mit ihrem Anführer **Mzilikazi** und drängte sie ins südwestliche Zimbabwe ab, wo sie das Königreich der **Matabele** (oder **Ndebele**) gründeten. In den Drakensbergen, am Westrand von KwaZulu-Natal, festigte **Moshoeshoe I.** ein Territorium, aus dem sich der heutige Staat Lesotho entwickelte.

Der Große Treck

Unterdessen waren am Kap viele Afrikaander (Buren) der selbstherrlichen britischen Vorherrschaft überdrüssig geworden, die ihnen weder Schutz vor den immer brutaler werdenden Auseinandersetzungen mit den Bantu-Völkern noch Entschädigungen für die angerichteten Schäden bot. Was sie aber besonders erbitterte, war die Art und Weise, wie die Kolonialbehörden sich an der „Arbeitsteilung" zu schaffen machten und die – nach Ansicht der Buren von Gott gewollten – Rassenschranken aufhoben. 1828 trat das **Cape Ordinance 50** in Kraft, ein Gesetz, das den unter die britische Gesetzbarkeit fallenden Khoi sowie den freigelassenen schwarzen Sklaven die Gleichstellung mit den Weißen vor dem Gesetz garantierte. 1834 folgte die **Aufhebung der Sklaverei** durch die Briten.

Aus Protest verließen rund 15 000 Afrikaander, also etwa jeder zehnte Einwohner der Kolonie, das Kap, um dem Einflussbereich der Engländer zu entkommen. In der Osthälfte des Landes angelangt, fanden sie zu ihrer großen Freude weite, offenbar unbewohnte fruchtbare Landstriche. Doch sie waren direkt im Auge des *mfecane*-Wirbelsturms gelandet – in Gegenden, die nur vorübergehend geräumt waren, entweder aufgrund kriegerischer Aktivitäten oder von verängstigten Bewohnern, die sich versteckt hielten.

Als die Buren sich in alle Richtungen ausbreiteten, stießen sie dabei auf die Nguni-Staaten und es kam zu mehreren bewaffneten Auseinandersetzungen. Etwa Mitte des 19. Jhs. hatten die Voortrekker die beiden Boer-Republiken **Transvaal** (heute Mpumalanga, Nordwest-Provinz und Limpopo) und **Oranje-Freistaat** (der heutige Freistaat) gegründet und es auch geschafft, diese zu kontrollieren. Die Unabhängigkeit dieser beiden Staaten wurde in den 1850er-Jahren von den Briten anerkannt.

Gold und Diamanten

Im britischen Mutterland interessierte man sich wenig für die Vorgänge im südafrikanischen Landesinneren. Abgesehen von seiner strategisch wichtigen Position war Südafrika ein chaotisches, unzivilisiertes Anhängsel des Empire und für die Krone nicht weiter von Bedeutung. Der Tatsache, dass in den 60er-Jahren des 19. Jahrhunderts in der Umgebung des heutigen Kimberley **Diamanten** (das größte Depot der Welt) und in den 80er-Jahren **Gold** in Witwatersrand (dem heutigen Gauteng) gefunden wurde, verdankte Südafrika seine Verwandlung von einer unbedeutenden Agrargesellschaft in eine urbanisierte Industriegesellschaft.

In jener Zeit machten Kapitalisten wie **Cecil Rhodes** ein Vermögen, wurde das traditionelle afrikanische Gesellschaftsgefüge zerstört und der Unabhängigkeit der Burenrepubliken ein Ende bereitet. Die **Goldfelder** von Gauteng waren zwar überreichlich bestückt, aber besonders schwierig abzubauen. Es mussten tiefe Schächte gegraben werden, und dafür benötigte man viel Kapital: teure Maschinen und billige Arbeitskräfte. Die Gelder profithungriger Investoren aus Übersee flossen schnell.

Der Burenkrieg

Die Entdeckung der Goldadern war jedoch auch einer der Hauptauslöser für den **Burenkrieg**. Durch die Ausbeutung der Goldminen war das wirtschaftliche Zentrum Südafrikas vom britisch regierten Kap in eine Burenrepublik gerückt, während gleichzeitig Großbritanniens europäischer Konkurrent Deutschland politische und wirtschaftliche Bande mit den Burenrepubliken zu knüpfen begonnen hatte. England fürchtete um den Verlust seiner wichtigen Marinebasis, aber noch drängender waren wahrscheinlich die Interessen der internationalen Hochfinanz und die erheblichen Summen, die England in die Minen gesteckt hatte. London stand im Mittelpunkt des Welthandels und war auf eine florierende Minenindustrie in Südafrika bedacht, doch die Buren schienen eher unwillig, ihre Infrastruktur zu modernisieren, um den Erzabbau zu erleichtern.

Was immer auch die Beweggründe waren – schon geraume Zeit hatten Stimmen in England die Vereinigung Südafrikas als einzige Möglichkeit zur Wahrung britischer Interessen auf dem Subkontinent gefordert. Daher erklärte das Empire unter einem hauchdünnen Vorwand dem letzten unabhängigen afrikanischen Königreich den Krieg und unterjochte es im **Zulu-Krieg** von 1879. Damit sicherte sich die Krone KwaZulu-Natal, was bedeutete, dass sämtliche südafrikanische Küstengebiete unter britischer Kontrolle standen. Zur Herrschaft über den gesamten Subkontinent südlich des Limpopo fehlten nur noch die beiden Burenrepubliken; über dem Rest wehte bereits der Union Jack.

In den letzten Jahren des 19. Jhs. verlangte Großbritannien von Transvaal, den dort lebenden englischen Minenarbeitern das Wahlrecht zuzugestehen. Dies hätte das Ende der politischen Kontrolle in ihrem eigenen Staat bedeutet, denn die Zahl der Ausländer übertraf die der Buren. Also wiesen die Buren die Forderung zurück, und im Oktober 1899 brach der Krieg aus. Die britische Heeresleitung rechnete mit einem leichten Sieg. Lord Kitchener sprach von einem „teatime war", den die Soldaten so schnell gewinnen würden, dass sie rechtzeitig zum Weihnachtsfest wieder zu Hause sein würden.

Die Sache geriet für England jedoch zur kostspieligsten Unternehmung seit den napoleonischen Kriegen. Gleich in der Anfangsphase des Krieges überraschten die Buren die Imperialmacht mit einem Sturmangriff auf das britisch kontrollierte KwaZulu-Natal sowie das Nordkap und brachten ihr eine Reihe schmählicher Niederlagen bei. Im Juni gelang es den verstärkten englischen Truppen, die Buren zurückzudrängen, aber die Buren fochten noch weitere zwei Jahre einen erbitterten Partisanenkampf aus. **Lord Kitchener** antwortete mit einer Politik der verbrannten Erde, die aus Feldern und Weiden eine Wüste und Tausende Frauen und Kinder zu Heimatlosen machten.

Um diese Witwen und Waisen aufzufangen, erfanden die Briten das **Konzentrationslager**, in dem 26 370 Burenfrauen und -kinder ums Leben kamen. So mancher Afrikaander kann das den Engländern bis heute nicht verzeihen. Weniger bekannt ist, dass es auch afrikanische Konzentrationslager gab, in denen 14 000 Afrikaner qualvoll starben. Anfang 1902 waren die Buren demoralisiert, und im Mai tauschten die Burenrepubliken ihre Unabhängigkeit gegen das Versprechen der Briten zum Wiederaufbau ein.

Am Ende des sogenannten „teatime war" hatte Großbritannien fast 500 000 Soldaten ins Feld geschickt und 22 000 von ihnen verloren. Von den 88 000 Burenkämpfern waren 7000 im Gefecht umgekommen. Nachdem nun die zwei Burenrepubliken und die beiden britischen Kolonien unter einer Herrschaft zusammengefasst waren, stand der Gründung der **südafrikanischen Union** nichts mehr im Wege. Sie erfolgte im Jahr 1910.

Wanderarbeiter und der Bambatha-Aufstand

In der Zeit zwischen Beendigung des Burenkrieges und der Gründung der Union machte sich in den Bergwerken ein empfindlicher Mangel an ungelernten Arbeitskräften breit. Die meisten Schwarzafrikaner lebten immer noch von der Landwirtschaft, bis die Regierung Maßnahmen ergriff, die sie dazu zwangen, sich in den Bergwerken zu verdingen. Eine davon war die Einführung von **Steuerabgaben**. Dadurch sahen sich die Afrikaner gezwungen, von der Subsistenzwirtschaft in die Geldgesellschaft überzuwechseln, um an Bargeld zu kommen. 1906 weigerte sich eine Gruppe von Zulu, den Obulus zu entrichten.

Daraufhin rief die Regierung das Kriegsrecht aus und ging brutal gegen die Unbotmäßigen vor: Sie verbrannte ihre Hütten und beschlagnahmte ihre gesamten Besitztümer. Dies rief einen gewaltigen Aufstand unter Anführung des Häuptlings Bambatha hervor, der von der Kolonialmacht gnadenlos niedergeschlagen wurde und 4000 Rebellen das Leben kostete. Danach war der bewaffnete Widerstand der Afrikaner für mehr als ein halbes Jahrhundert gebrochen.

Nach der Zerschlagung der **Bambatha-Rebellion** stieg die Zahl der aus Zululand stammenden schwarzen Arbeiter, die sich in den Minen von Gauteng verdingten, um 60 % an. Gegen 1909 lebten 80 % der erwachsenen männlichen Bevölkerung aus diesem Landstrich nicht mehr bei ihren Familien, sondern waren irgendwo im Land als Gastarbeiter tätig. In dieser Zeit entwickelte sich die Wanderarbeit, mit all ihren negativen Begleiterscheinungen für das Familiengefüge, zu einer der tragenden, ökonomischen und gesellschaftlichen Säulen Südafrikas, und damit war der Grundstein für die Apartheid gelegt.

Der rasante Aufstieg des Afrikaanderdoms

Parallel dazu vollzog sich zu Beginn des 20. Jhs. eine weitere Migrationsbewegung, als zahlreiche Afrikaander ihre Bauernhöfe aufgeben mussten. Dies ging teilweise auf die Auswirkungen des Burenkrieges zurück, war aber auch das Resultat von Übervölkerung, Dürre und Schädlingsbefall. Viele Buren reihten sich in die wachsende Schar der weißen Arbeiterklasse ein, die sich von den englischsprachigen Kapitalisten, in deren Händen die wirtschaftliche Macht lag, verachtet und von noch schlechter bezahlten Afrikanern, die mit ihnen um Jobs konkurrierten, bedrängt fühlte.

1918 gründete eine Gruppe von Afrikaandern, den **Broederbond** („die Bruderschaft"), eine geheime Gesellschaft, die die Interessen der Afrikaander vertreten wollte. Sie machte es sich zur Aufgabe, die Lebensbedingungen der verarmten Mitglieder des *volk* zu verbessern und ihren Stolz und ihr Selbstbewusstsein bezüglich ihrer Sprache, Religion und Kultur zu wecken. Der Broederbond bestimmte fast ein halbes Jahrhundert lang den südafrikanischen Alltag.

In den 30er-Jahren bereisten mehrere junge, intellektuelle Afrikaander Europa und erlebten dort den **Faschismus**. Zu jener Zeit begannen intellektuelle Afrikaander, den Begriff **Apartheid** zu verwenden. Unter denjenigen, die während der 30er-Jahre in Nazideutschland die Hacken zusammenschlugen, befanden sich **Nico Diederichs**, der spätere Finanzminister unter der Afrikaander-Regierung der National Party, **Hendrik Frensch Verwoerd**, Chefideologe der Apartheid und Premierminister (1958–66), sowie **Piet Meyer**, Chef des staatlichen Rundfunks, der seinen Sohn Izan (rückwärts buchstabiert „Nazi") nannte. 1939 trat der Broederbond in Aktion – mit einem Programm, das innerhalb von zehn Jahren 10 000 Afrikaander-Firmen ins Leben rief. Einige davon zählen heute noch zu den führenden Wirtschaftsunternehmen Südafrikas.

Afrikanischer Widerstand

Ungeachtet der Tatsache, dass sie ihren Sieg im Burenkrieg nicht zuletzt der Unterstützung der Afrikaner zu verdanken und vage Versprechungen gemacht hatten, den Schwarzen nach Kriegsende mehr Rechte zu geben, schlossen die Briten sie von dem Vertrag zwischen sich und den Afrikaandern aus, der 1910 ein vereinigtes Südafrika als Ergebnis präsentierte. Im Gegenteil – es dauerte nicht lange, bis die weiße Unionsregierung die Rechte der Afrikaner zu beschneiden begann. Daraufhin gründete im Jahr 1912 eine Gruppe mittelständischer, in Missionsschulen ausgebildeter Afrikaner den **South African Native National Congress** (den späteren ANC), um für ein allgemeines Wahlrecht zu kämpfen.

1914 reiste eine SANNC-Delegation nach London, um gegen den **Natives' Land Act** von 1913 zu protestieren. Sie kehrten unverrichteter Dinge zurück und der Land Act trat in Kraft. Damit war die gesetzliche Grundlage für die rund 35 Jahre später zementierte Apartheid geschaffen. Der Act sah die Teilung Südafrikas in getrennte Gebiete für Afrikaner und Weiße vor, wobei der schwarzen Bevölkerungsmehrheit weniger als 10 % der Landesfläche zugestanden wurde.

Während der gesamten ersten Hälfte des 20. Jhs. blieb der ANC eine konservative Organisation, die aktiven Protest ablehnte. Dafür traten eine Reihe alternativer Massenorganisationen auf den Plan, darunter die **Industrial and Commercial Union**, eine 1919 gegründete afrikanische Arbeitergewerkschaft, die auf ihrem Höhepunkt im Jahr 1928 beachtliche 150 000 Mitglieder zählte. Doch in den 30er-Jahren hatte sie ihr Pulver verschossen.

Die erste rassenübergreifende politische Bewegung im Lande war die 1921 gegründete **South African Communist Party**, in deren Zentralkomitee Vertreter aller Hautfarben zu finden waren. Sie gewann nie eine signifikante Anhängerschaft, bildete jedoch später eine wichtige Triebkraft innerhalb des ANC. Die gesamten 30er-Jahre hindurch verfasste der ANC Reden und Bittschriften, die allesamt ungehört verhallten.

Am Zweiten Weltkrieg schieden sich die Geister der Afrikaander. Einige, wie Premierminister **Jan Smuts**, votierten mit Verve dafür, auf Seiten der Briten in den Krieg einzutreten. Für andere dagegen, wie **John Vorster** (der später Premierminister wurde), war Großbritannien der Erzfeind, daher unterstützten sie Deutschland, und einige verschrieben sich dem **Ossewa Brandwag** („Ochsenwagen-Überfallkommando"), das Sabotageakte verübte.

Nach Kriegsende setzten einige Südafrikaner ihre Hoffnung auf Reformen durch Premierminister Smuts, der sogar an der Abfassung der Präambel zur Menschenrechts-Charta beteiligt war. Doch hatte er es nicht eilig, der Mehrzahl der Südafrikaner diese Rechte einzuräumen.

Die Schwarzen organisieren sich

1944 gründete ein junger Mann namens **Nelson Mandela** zusammen mit seinen Freunden **Oliver Tambo**, **Walter Sisulu** und **Anton Lembede** die **ANC Youth League**. In ihrer Gründungsschrift kritisierte die Liga die ANC-Führung als „Gentlemen mit sauberen Händen". Auf ihrer Jahresversammlung von 1945 verabschiedete der ANC ein Papier mit dem Titel „Africans' Claims in South Africa", in dem sich eine zunehmende politische Bewusstwerdung widerspiegelt. In dem Dokument wurde das **allgemeine Wahlrecht** und ein Ende der **Rassenschranke** gefordert, die dafür sorgte, dass die meisten besser bezahlten Arbeitsposten Weißen vorbehalten waren.

1946 organisierte die African Mineworkers' Union aus Protest gegen den sinkenden Lebensstandard einen der größten Streiks in der Landesgeschichte. Praktisch in der gesamten Goldgrubenregion von Gauteng standen alle Räder still, als 100 000 Arbeiter ihre Geräte niederlegten. Smuts schickte ein Polizeiaufgebot, das die Arbeiter mit vorgehaltenem Karabiner in die Stollen zwang. 1947 machte Nelson Mandela seine ersten Schritte in die Öffentlichkeit, als er zum Generalsekretär des ANC gewählt wurde.

Veränderungen bahnen sich an

Seit Jahren waren innerhalb der weißen Regierung Stimmen laut geworden, die auf eine Lockerung der Rassentrennung zielten, und selbst Smuts, der eher ein Hardliner war, hatte zugegeben, dass die Situation ein Ende finden müsse. Immer mehr Afrikaner strömten in die Städte und durchbrachen das Rollenstereotyp, wonach sie als Stammesangehörige in Dörfern auf dem platten Land zu leben hatten. Die Regierung rief die **Fagan Commission** ins Leben, die sich mit den **Passgesetzen** befassen sollte, die die Bewegungsfreiheit der Afrikaner einschränkten und jedem Schwarzen, der keine Arbeitsstelle vorweisen konnte, das Betreten weißer Städte untersagten.

Die Fagan Commission, die 1948 die Ergebnisse ihrer Untersuchungen vorlegte, kam zu dem Schluss, dass „der Trend zur Urbanisierung irreversibel ist und die Passgesetze gelockert werden sollten". Während einige Schwarze dies mit aufkeimender Hoffnung zur Kenntnis nahmen, war es so ziemlich das Letzte, was viele Weiße hören wollten. Die Gefahr, den Job an einen schlechter bezahlten schwarzen Arbeiter zu verlieren, war für weiße Arbeiter durchaus real, und Burenfarmer mussten befürchten, bald ohne Arbeitskräfte dazusitzen, wenn die Schwarzen wegen besser bezahlter Stellen in die Städte abwandern würden.

Die National Party gelangt an die Macht

Vor diesem Hintergrund aus Hoffnung und Furcht rief die Smuts-Regierung allgemeine Wahlen aus. Die oppositionelle **National Party**, die nationalistische Afrikaander-Interessen vertrat, setzte im Wahlkampf auf das Thema *swart gevaar* („schwarze Gefahr"). Mit Blick auf die Wählerstimmen der Afrikaander – überwiegend Arbeiter und Bauern – gelobten sie, die Welle der in die Städte drängenden Afrikaner zurückzudrängen und sie zurück in ihre Reservate zu schicken. Weißen Geschäftsleuten dagegen boten sie an, jede Menge billiger, schwarzer Arbeitskräfte in die Städte zu schaffen.

Am 28. Mai 1948 erwachten die Südafrikaner und stellten fest, dass die Mehrheit der Wähler der National Party den Vorzug gegeben hatte. Der Parteichef **D. F. Malan** erklärte vor einer Gruppe begeisterter Anhänger: „Zum ersten Mal gehört Südafrika uns. Möge Gott dafür sorgen, dass es für immer unser ist. Millionen barbarische Schwarze blicken auf uns, in der Hoffnung auf Führung, Gerechtigkeit und einen christlichen Lebenswandel."

Mittlerweile hatte sich innerhalb des ANC ein Machtwechsel ereignet. Angesichts der Tatenlosigkeit der alten Garde unternahm die Youth League einen Putsch, wählte ihre eigene Führung unter Vorsitz von Nelson Mandela und verabschiedete ein radikales **Aktionsprogramm** mit einem ganzen Arsenal an Taktiken, zu denen laut Mandela „die neuen Waffen Boykott, Streik, ziviler Ungehorsam und passiver Widerstand" zählten.

Die Freedom Charta

- Alle Regierung muss vom Volk ausgehen.
- Gleiche Rechte für alle Volksgruppen.
- Die finanziellen Einnahmen der Nation sollen allen Bewohnern zugute kommen.
- Der Grundbesitz soll unter all jenen aufgeteilt werden, die das Land bearbeiten.
- Gleichberechtigung vor dem Gesetz.
- Gleiche Menschenrechte für alle.
- Arbeit und Sicherheit für alle.
- Die Türen zu Bildungs- und Kulturstätten sollen geöffnet werden.
- Es soll Wohnraum und Sicherheit geben und es sollen ordentliche Lebensbedingungen herrschen.
- Frieden und Freundschaft sollen herrschen.

Die 50er-Jahre: friedlicher Protest

Im Verlauf der 50er-Jahre verabschiedete die National Party eine ganze Reihe von Gesetzen, die schließlich die Struktur der Apartheid bestimmen sollten. Einige der ersten Anschläge auf die Bürgerrechte der Andersfarbigen waren: der **Bantu Authorities Act**, der in den afrikanischen Reservaten Marionettenregierungen einsetzte; der **Population Registration Act**, der jeden Südafrikaner bei der Geburt als „weiß, eingeboren oder farbig" einstufte; der **Group Areas Act**, der Südafrika in verschiedene ethnische Gebiete einteilte, und der **Suppression of Communism Act**, der jegliche Opposition gegen die Apartheid (ob kommunistisch oder nicht) unter Strafe stellte.

Der ANC reagierte 1952 darauf mit der **Defiance Campaign**, bei der für Schwarze die gleichen Bürgerrechte wie für Weiße gefordert wurden. Im Laufe der Kampagne begingen 8000 Freiwillige absichtliche Verstöße gegen die o. g. Apartheidgesetze und wurden verhaftet. Die friedlichen Proteste dauerten bis in den Oktober 1952 fort, doch dann provozierte die Polizei Gewalt, indem sie in East London das Feuer auf eine Gebetsversammlung eröffnete. Bei den anschließenden Tumulten wurden zwei Weiße getötet, woraufhin die Häuser der ANC-Anführer durchsucht und mehr als 100 ANC-Mitglieder festgenommen und unter Bann gestellt wurden.

Ein Bann bedeutete eine Einschränkung der Bewegungsfreiheit und politischen Betätigung. Der betreffenden Person war es verboten, zwei oder mehr Menschen gleichzeitig zu sehen oder mit einer anderen unter Hausarrest stehenden Person zu sprechen. Außerdem war ihr das Betreten bestimmter Gebäude untersagt, sie wurde überwacht, musste sich regelmäßig bei der Polizei melden und durfte weder publizieren noch zitiert werden.

Das geschichtsträchtigste Ereignis der Dekade war der 1955 in der Nähe von Johannesburg abgehaltene **Congress of the People**. Bei einer Massenversammlung von 3000 Delegierten taten sich vier Organisationen, Vertreter der Afrikaner, Coloureds, Weißen und Inder, als Bündnispartner in der **Congress Alliance** zusammen. ANC-Führer **Albert Luthuli** erklärte: „Zum ersten Mal in der Geschichte unserer multirassischen Nation treffen sich ihre Angehörigen als Gleiche, ungeachtet von Rasse, Hautfarbe und Religionszugehörigkeit, um eine Freiheits-Charta für alle Menschen in unserem Lande zu formulieren". Die **Freedom Charter** (s. Kasten), die während des Congress of the People abgesegnet wurde, stellt die Grundlage des ANC-Parteiprogrammes dar.

156 Oppositionsführer wurden von der Polizei verhaftet und des Hochverrats beschuldigt. Als Beweisstück im **Treason Trial** (Hochverratsprozess) diente die Freedom Charter, die als „Vorlage für eine gewaltsame kommunistische Revolution" bezeichnet wurde. Obwohl alle Beklagten schließlich freigesprochen wurden, hatte der vier Jahre dauernde Prozess negative Auswirkungen auf den ANC, und es begannen sich Meinungsverschiedenheiten aufzutun. Eine Gruppe Afrikanisten trat unter Leitung des charismatischen **Robert Mangaliso Sobukwe** 1958 aus dem ANC aus, gründete den **Pan Africanist Congress** (PAC) und erklärte, die Zusammenarbeit mit weißen Aktivisten diene nicht dem Ziel der Befreiung der Schwarzen.

Sharpeville

Am 21. März 1960 erschienen Sobukwe und Tausende seiner Mitstreiter ohne Pässe bei Polizeidienststellen in Gauteng und im Westkap. Vor der Polizeistation in Sharpeville, südlich von Johannesburg, gerieten die Polizisten in Panik und eröffneten das Feuer. 69 Menschen wurden getötet und fast 200 verletzt, die meisten durch Schüsse in den Rücken.

Am 27. März kam es im ganzen Land zu Demonstrationen und der ANC-Aktivist Oliver Tambo (bis zur Freilassung Mandelas der spätere ANC-Führer im Exil) verließ illegal das Land. Am nächsten Tag blieben Afrikaner in Massen ihren Arbeitsplätzen fern, und Tausende nahmen an einer öffentlichen Passverbrennungsaktion teil. Einen Tag darauf erklärte die Regierung den **Ausnahmezustand**, ließ 22 000 Menschen verhaften und. verbot den ANC und den PAC. Viele weiße Südafrikaner gerieten in Panik, als der Rand an Wert verlor und die Aktienkurse fielen. Einige glaubten sich am Vorabend einer blutigen Revolution.

Bald darauf schoss ein geistig verwirrter weißer Farmer Premierminister **Hendrik Verwoerd** zweimal in den Kopf, und viele Menschen hofften, sein Tod würde ein schnelles Ende der Apartheid bringen. Aber Dr. Verwoerd überlebte – und war fortan ein noch stärkerer Verfechter der Apartheid als zuvor. Kein anderer Politiker betrachtete die Apartheid so sehr als seine persönliche Errungenschaft wie Verwoerd, der daraus ein lückenloses System entwickelte, basierend auf der Einrichtung **unabhängiger Bantustans**, in denen Afrikaner weit weg von den Gebieten der Weißen sich selbst verwalteten. Dahinter stand die Absicht, die Afrikaner in unterschiedliche ethnische Gruppen aufzusplitten, d. h. die Schwarzen, die die größte Bevölkerungsgruppe stellten, in verschiedene kleine „Stämme" zu zergliedern und sie so zu schwächen.

Im Anschluss an das Oppositionsverbot von 1960 widmete sich Dr. Verwoerd mit Enthusiasmus seinem Traum von einer rein weißen **Afrikaander-Republik**, dessen Verwirklichung er mittels eines Referendums im März 1961 erleben durfte. Seine Anstrengungen „dankte" ihm die Premierministerkonferenz des Commonwealth in London mit dem Ausschluss der Republik aus dem Commonwealth, und Mandela forderte die Einberufung eine Nationalversammlung „zum Entwurf einer nicht-rassistischen demokratischen Verfassung". Doch stattdessen ernannte Verwoerd den ehemaligen Neonazi **John Vorster** zum Justizminister. Der gelernte Jurist machte sich mit Feuereifer daran, außerhalb der Normalwege der Gerichtsbarkeit eine Flut unerhört repressiver Gesetze zu verabschieden.

Einige Mitglieder des ANC erkannten, dass sich das Blatt der Geschichte unwiderruflich gewendet hatte. „Im Leben jeder Nation kommt ein Zeitpunkt, wo nur noch zwei Möglichkeiten bleiben: Unterwerfung oder Kampf. Südafrika steht jetzt an diesem Scheideweg. Wir werden uns nicht unterwerfen", erklärte Mandela der Weltöffentlichkeit, bevor er als Oberkommandierender von **Umkhonto we Sizwe** („Speer der Nation", alias MK), eines neugegründeten, bewaffneten Flügels unter Leitung einiger ANC- und KP-Führer in den Untergrund ging. Diese Organisation hatte sich, unter der strikten Maßgabe, keine Menschen zu töten oder zu verletzen, wirtschaftlichen und symbolhaften Sabotageakten verschrieben.

Mandela operierte ein Jahr lang im Geheimen, reiste währenddessen durchs Land, verließ es auf illegalen Wegen und tauchte plötzlich bei Versammlungen auf – was ihm den Spitznamen „Black Pimpernel" (Schwarze Pimpernelle) einbrachte. Doch im August 1962 wurde er festgenommen, verurteilt und ins Gefängnis geworfen. 1963 wurde er für kurze Zeit freigelassen, um seine Verteidigung gegen den Vorwurf des Hochverrats im **Rivonia Trial** vorzubereiten. Mandela und neun weitere ANC-Führer wurden schuldig gesprochen und zu lebenslänglicher Haft verurteilt.

Apartheid: die finstersten Tage

Der Rivonia-Prozess kennzeichnete den Beginn einer Dekade, in der alles nach dem Willen der weißen Regierung zu verlaufen schien. Die Proteste waren verstummt, der Staat wurde immer mächtiger und für weiße Südafrikaner, Geschäftsleute und ausländische Investoren herrschten rosige Zeiten, jedenfalls vordergründig. Die Erinnerung an das Massaker von Sharpeville verebbte schnell, und es herrschte wieder Ruhe im Land. Unter schwarzen Südafrikanern aber nahm die Armut zu – ein Resultat der Apartheidsgesetzgebung.

1966 wurde Dr. Verwoerd im Parlament von einem geistig gestörten Boten erstochen. Sein Nachfolger wurde der pragmatischere **John Vorster**. Seine Regierungszeit war von einem zunehmenden Einsatz der **Polizei** als Repressionsinstrument geprägt: Bann, Inhaftierung ohne Gerichtsverhandlung, Hausarrest und der Tod politischer Gefangener in Polizeigewahrsam waren bald an der Tagesordnung.

Der ANC war machtlos, und ihr militanter Flügel MK leistete so gut wie keinen Widerstand mehr. Das lag zum Teil daran, dass Südafrika bis Mitte der 70er-Jahre von gleichgesinnten weißen Regimen im benachbarten Rhodesien und Mosambik umgeben war, die das Einschleusen von Kämpfern praktisch unmöglich machten. Am Anfang dieser Dekade war der wacklige Frieden ins Wanken geraten, als angesichts des sinkenden Lebensstandards der Schwarzen die Arbeiterschaft wieder in Aktion trat. **Gewerkschaften** begannen, das vom ANC hinterlassene Vakuum auszufüllen.

Mit dem Aufstand von Soweto am 16. Juni 1976 zeichnete sich eine Verlegung der Protestaktionen weg von den Fabriken und hinein in die Townships ab. Schwarze Jugendliche gingen aus Prostest gegen die Einführung des Afrikaans als Schulsprache auf die Straße. Nachdem die Polizei auf demonstrierende Schüler geschossen und dabei den 13-jährigen Hector Peterson ermordet hatte, breiteten sich die Proteste über das ganze Land aus. Ein Aufstand folgte dem anderen, und im Februar 1977 hatten sie 575 Todesopfer (beinahe ein Viertel davon Kinder) gefordert.

Die Regierung musste immer mehr bewaffnete Polizei einsetzen, um die Ordnung aufrechtzuerhalten. Aber den zahlreichen neuen Befreiungsbewegungen war kein Einhalt mehr zu gebieten. Viele von ihnen machten einen Teil der weithin operierenden **Black Consciousness-Bewegung** aus. Als sich die Unruhen auch 1977 fortsetzten, ließ die Vorster-Regierung alle neuen Schwarzenorganisationen verbieten und ihre Anführer einsperren. Im September 1977 musste **Steve Biko** (einer der Verhafteten) als der 46. politische Häftling in Gewahrsam der Sicherheitspolizei sein Leben lassen.

Ende der 70er traten an die Stelle der verbotenen Organisationen zahlreiche neue. Von da an wurde die Regierung der in den 80er-Jahren noch wachsenden **Opposition** nicht mehr Herr. Gegen Ende der Dekade machte der Wirtschaftssektor deutlich, dass das Konzept der Apartheid nicht mehr tragfähig war, und die Regierung sah sich zum Einlenken gezwungen.

Die Zahl der schwarzen Südafrikaner überstieg bei weitem die der weißen. Auf ihrem Höhepunkt im Jahr 1910 stellten Weiße immerhin 21 % der Landesbevölkerung, nun war die Rate auf 16 % gesunken. Prognosen besagten, dass diese Zahl gegen Ende des 20. Jahrhunderts auf 10 % fallen würde. Die Rechnung der Apartheidsverfechter ging einfach nicht mehr auf.

Die General-Strategie

Nichts schien mehr an der Erkenntnis vorbeizuführen, dass kein noch so großes Polizeiaufgebot Vorsters Südafrika aus der Misere helfen konnte. 1978 musste er seinen Posten an seinen ehemaligen Verteidigungsminister **Pieter Willem (P. W.) Botha** abtreten. Während Vorsters Regierungszeit hatte Botha die **South African Defence Force** in die unerbittlichste Militärmaschinerie auf dem afrikanischen Kontinent verwandelt, die nach und nach sein Hauptinstrument zur Aufrechterhaltung der Herrschaft der Weißen bildete.

Botha realisierte, dass die Tage der Apartheid nach herkömmlichem Muster gezählt waren, und er nahm ein zweigleisiges Programm in Angriff, bestehend aus Reformen auf der einen und noch nie dagewesenen Repressionen auf der anderen Seite. Er entwarf seine sogenannte **Total Strategy**. Deren Ziel war es, jede Facette der weißen Gesellschaftsschicht in den Kampf gegen die Apartheidsgegner einzubeziehen. Dazu gehörten auch militärische Trainingsprogramme in weißen Schulen, Propagandakampagnen, die Verlängerung der Wehrpflicht und politische Reformen zugunsten dem Regime freundlich gesinnter Inder und Farbiger.

Trotzdem kam es in den 80er-Jahren zunehmend zu **Sabotageakten** gegen Einrichtungen des Apartheidstaats. Botha begann, Reformen in Erwägung zu ziehen, und ließ **Nelson Mandela** und andere inhaftierte ANC-Führer von Robben Island ins Pollsmoor Prison auf das Kapstädter Festland verlegen. Gleichzeitig schickte er immer stärkere Polizeitruppen in die afrikanischen Townships, um die Proteststimmen zu unterdrücken und versuchte, den Nachbarstaaten durch wirtschaftliche Anreize und Ausübung von Druck die Gründung einer „Zusammenarbeit südafrikanischer Staaten" unter südafrikanischer Oberherrschaft schmackhaft zu machen.

Zwischen 1981 und 1983 griff er zu militärischen Mitteln und entsandte in jedes dieser Länder die südafrikanische Armee, nach Angola, Mosambik, Botswana, Zimbabwe, Swasiland und Lesotho. 1983 entwarf Botha einen weiteren Plan zur Stärkung der Apartheid, die sogenannte **Neue Verfassung**. Diese sollte den Coloureds und Indern das Wahlrecht für ihre eigenen, nach Rassen getrennten – und machtlosen – Parlamentskammern zugestehen.

Bothas Absicht war, durch eine Allianz aus Weißen, Coloureds und Indern die schwarze Opposition auszuschalten. Das Ganze erwies sich als ein gewaltiger Fehlschlag, der nur dazu führte, die Ultra-Rechten zu erzürnen, die darin eine Beschneidung der Privilegien der Weißen sahen. Als Botha diesen Plan dennoch in die Tat umsetzte, versammelten sich 15 000 Delegierte von Anti-Apartheidsgruppen auf dem Mitchell's Plain in Kapstadt und gründeten im Rahmen der größten Oppositionsversammlung seit dem Congress of the People von 1955 die **United Democratic Front** (UDF).

In der UDF vereinigten sich unter der Schirmherrschaft einer Führung, der auch ANC-Veteranen angehörten, 575 Organisationen aller im Lande vertretenen Rassen. Die UDF wurde zu einem Sprachrohr des ANC. Es folgten zwei Jahre, in denen es immer wieder zu Streiks, Protestaktionen und Boykotten kam.

Angesichts der zunehmenden Proteste suchte die Regierung nach Auswegen, und bot zwischen März und Dezember 1983 **Mandela** wiederholt die **Freilassung** an, sofern er seiner Verbannung in das Bantustan Transkei zustimmen würde. Er lehnte jedes Mal ab und das Katz-und Mausspiel dauerte die gesamten 80er-Jahre hindurch an. Währenddessen wurde der Druck immer stärker und die afrikanischen Townships unregierbar. Gegen Ende der 80er gingen regelmäßig Fernsehbilder um die Welt, auf denen Apartheid-Soldaten und Polizisten gezeigt wurden, wie sie unbewaffnete Afrikaner verprügelten und erschossen.

Das **Commonwealth** verfügte den Ausschluss des Apartheidregimes, die Vereinigten Staaten und Australien schränkten die Flugverbindungen ein und der US-Kongress verabschiedete ein Gesetz, das sich für **Disinvestment** (Zurückziehung von Vermögenswerten) aussprach. In der zweiten Hälfte der 80er-Jahre kündigte die **Chase Manhattan Bank** an, Südafrika keine weiteren Kredite zu gewähren, und 90 US-Firmen schlossen ihre südafrikanischen Filialen. Botha bot an, „Mandela freizulassen, wenn er der Gewalt abschwört".

Mandelas Antwort lautete: „Ich bin überrascht, welche Bedingungen mir die Regierung auferlegen will. Ich bin kein Mann der Gewalt. Erst als uns alle anderen Arten des Widerstandes verwehrt waren, griffen wir zu den Waffen. Soll Botha ... der Gewalt abschwören."

Langsam wurde offensichtlich, dass sich das Blatt gewendet hatte: Jetzt war Botha der Gefangene, dessen Freilassung von Mandela abhing. Der **schwarze Widerstand** ließ sich einfach nicht brechen und die **ultra-rechten Weißen** waren im Begriff, Botha rechts zu überholen. Die erzkonservative Conservative Party hatte bei Wahlen enorme Stimmenzuwächse zu verzeichnen, während gegen Ende der 80er-Jahre die neo-nazistische **Afrikaner Weerstand Beweging** (Afrikaander-Widerstandsbewegung, kurz AWB) drohend von einem Bürgerkrieg schwadronierte.

Krisenzeit

1986 verkündete Botha eine Fortsetzung des **Ausnahmezustandes** und ließ ein letztes Mal alle Höllenhunde der Tyrannei los. Gezielte Tötungen, Massenverhaftungen, Hochverratsprozesse und **Folterungen** waren an der Tagesordnung. 1987 flog eine beunruhigte Gruppe südafrikanischer Geschäftsleute, der überwiegende Teil Afrikaander, in den Senegal, um sich mit ANC-Vertretern unter Leitung von **Thabo Mbeki** zu treffen. Sie unterzeichneten ein gemeinsames Papier mit der dringenden Forderung nach Verhandlungsgesprächen.

Im Juli 1988 wurde Mandela mit Tuberkulose ins Tygerberg Hospital in Kapstadt eingeliefert. Im Oktober hatte sich sein Zustand gebessert, doch er brauchte nicht mehr ins Pollsmoor Prison zurückzukehren, sondern wurde in ein Wächterhäuschen des Victor Verster (heute Groot Drakenstein) Prison am Rande von Paarl verlegt. Die obersten Militärchefs machten Botha unmissverständlich klar, dass ein endgültiger militärischer Sieg über die Apartheidsgegner unmöglich war und der nie offiziell erklärte Krieg gegen Angola den Staat in den Ruin zu treiben drohte.

Anfang 1989 forderte Mandela Botha in einem Brief zu Verhandlungsgesprächen auf. Aber Botha blieb stur. Nachdem er einen Schlaganfall erlitten hatte, enthoben seine Parteigenossen ihn seines Amtes und ersetzten ihn durch **Frederik Willem (F. W.) De Klerk**. De Klerk machte von Anfang an keinen Hehl daraus, dass er die Macht im Lande nicht in den Händen der Bevölkerungsmehrheit sehen wollte. Sein Erbe war schwer: Mit der Wirtschaft ging es bergab. Die Aufrechterhaltung der Apartheid verschlang Unsummen. Der illegale Zustrom schwarzer Landflüchtlinge in die Städte floss unaufhaltsam. Die Schwarzen, die von Bothas Verfassungsreformen ausgeschlossen waren, begannen die Geduld zu verlieren.

Im September 1989 forderte US-Präsident **George Bush** (Senior) De Klerk auf, Mandela innerhalb von sechs Monaten auf freien Fuß zu setzen, ansonsten würden die Sanktionen gegen Südafrika erweitert. Im Vertrauen auf sein Geschick, den ANC ins Leere laufen zu lassen, ließ De Klerk im Februar 1990 das Verbot des ANC, des PAC, der Kommunistischen Partei sowie von 33 anderen Organisationen aufheben und verkündete gleichzeitig die **Freilassung Mandelas**. Am 11. Februar 1990 verließ Mandela gegen 16 Uhr das Victor-Verster-Gefängnis und wurde zum Kapstädter Rathaus gefahren, wo er nach knapp drei Jahrzehnten zum ersten Mal wieder eine öffentliche Ansprache hielt.

Im Mai 1990 unterzeichneten Mandela und De Klerk eine **Vereinbarung**, in der sich die Regierung zur Rücknahme repressiver Gesetze und der Entlassung politischer Häftlinge bereit erklärte, während der ANC zustimmte, den bewaffneten Widerstand aufzugeben. Doch als die Verträge abgeschlossen werden sollten, wurde deutlich, dass De Klerk nach wie vor an rassistischen Vorbehalten festhielt. „Eine Mehrheitsregierung ist Südafrika nicht dienlich", verkündete er, „denn sie führt zu einer Oberherrschaft von Minderheiten."

Verhandlungen

Der politische Verhandlungsprozess dauerte insgesamt von 1990 bis 1994. Eine der Widrigkeiten stellten die Gewaltakte aus den Reihen der Sicherheitskräfte des Apartheid-Regimes dar, die hinter den Kulissen damit beauftragt waren, den ANC zu unterminieren. Außerdem drohte die Gefahr eines **Bürgerkriegs**, ausgehend von schwer bewaffneten Rechtsradikalen und den gewaltsamen Auseinandersetzungen in KwaZulu-Natal zwischen Zulu-Nationalisten der **Inkatha Freedom Party** und ANC-Anhängern, die zwischen 1987 und 1990 annähernd 3000 Todesopfer gefordert hatten.

Die **Ermordung von Chris Hani**, dem zweitbeliebtesten ANC-Führer, im April 1993 durch einen Killer aus der rechten Szene ließ bei allen Südafrikanern alte Ängste wieder aufleben. Das Land stand unmittelbar am Rande eines Bürgerkriegs. Drei Abende hintereinander verfolgten die Menschen in ganz Südafrika Mandelas Fernsehansprachen, in denen er die Bürger eindringlich aufforderte, Ruhe zu bewahren. Damit war ein Wendepunkt in der Geschichte erreicht, denn es zeigte sich, dass nur der ANC-Präsident in der Lage war, das Chaos abzuwenden, während De Klerk den Kopf in den Sand steckte. Mandela forderte die sofortige Festsetzung eines **Wahldatums**: Kurz darauf stand der 27. April 1994 als Wahltag fest.

Die Wahlen von 1994

Der Wahltag verlief ohne Zwischenfälle. Im Alter von 76 Jahren ging Nelson Mandela neben Millionen anderer Südafrikaner zum ersten Mal in seinem Leben zur Wahlurne. Am 2. Mai bekannte De Klerk seine Wahlniederlage, nachdem der ANC mit 62,7 % der Stimmen einen Erdrutschsieg erzielt hatte. An zweiter Stelle in der Wählergunst rangierte die National Party mit 20,4 %, gefolgt von der Inkatha Freedom Party mit 10,5 %. Mit Ausnahme des Westkaps und von KwaZulu-Natal erzielte der ANC überall die Mehrheit. Allerdings musste der ANC enttäuscht feststellen, dass es ihm nicht gelungen war, eine breite Wählerschaft unter nicht schwarzen Gruppierungen für sich zu gewinnen.

Der eigentliche Kampf stand dem ANC jetzt aber erst bevor. Er hatte ein Land mit 38 Millionen Menschen übernommen. Schätzungsweise 6 Millionen von ihnen waren arbeitslos, 9 Millionen notleidend, 10 Millionen lebten in Behausungen ohne Wasser- und 20 Millionen ohne Stromversorgung. Rund 60 % der erwachsenen Schwarzen waren Analphabeten und von den schwarzen Kindern unter 14 Jahren besuchten weniger als 50 % eine Schule. Die Kindersterblichkeit bei den Afrikanern lag bei 80 pro Tausend, verglichen mit sieben pro Tausend bei den Weißen.

Die Ära Mandela

An nur wenige Personen in der Geschichte waren so hohe Erwartungen geknüpft, noch weniger haben sie erfüllt, Mandela hat sie übertroffen. Wir wussten von seiner moralischen Stärke schon, bevor er das Gefängnis verließ. Seitdem erleben wir seine unerschöpfliche Güte, seinen Sinn für Humor und die Tiefe seiner menschlichen Reife. Als Gefangener bestimmte er praktisch das Datum seiner Freilassung. Als Präsident wählte er weise den Moment seines Abgangs. Jede andere Nation könnte sich glücklich schätzen, eine solche Persönlichkeit an der Spitze zu haben. Sein letztes volles Amtsjahr bietet uns noch einmal die Gelegenheit, die Tatsache zu würdigen, dass ihm die Zusammenführung und der Zusammenhalt unseres zersplitterten Landes zu verdanken ist.

Mail & Guardian, 24. Dezember 1998

Die ersten fünf Jahre südafrikanischer Demokratie sind unauslöschlich mit der Person Nelson Mandelas verbunden. Auf der einen Seite musste er die schwarze Mehrheit beschwichtigen, die jetzt, nachdem ihr endlich die Bürgerrechte zugestanden worden waren, voller Ungeduld eine sofortige Verbesserung ihrer Lebenssituation

Ehemalige Wohnung Nelson Mandelas in Soweto bei Johannesburg

erwartete, und auf der anderen die Ängste vieler Weißer ausräumen.

Das Hauptthema während der Präsidentschaft Mandelas war die **Versöhnung**. Einer der Höhepunkte der Versöhnungspolitik ereignete sich im Mai und Juni 1995, als in Südafrika der **Rugby-World Cup** ausgetragen wurde. Die Springboks – viele Jahre lang aufgrund ihrer Weigerung, farbige Spieler aufzunehmen, international geächtet – gewannen vor einem begeisterten Publikum, darunter auch Mandela, der das Springbok-Trikot trug – filmisch verarbeitet in Clint Eastwoods *Invictus – unbezwungen* (2009; nach dem Roman *Der Sieg des Nelson Mandela: Wie aus Feinden Freunde wurden* von John Carlin). Der bedeutungsvollste Nebenschauplatz jener Periode war die **Truth and Reconciliation Commission**, die 1996 ihre Tätigkeit aufnahm, um die entsetzlichen Menschenrechtsverletzungen aufzuarbeiten, die sich in Südafrika zwischen 1960 und 1994 ereignet hatten (s. Kasten S. 109).

Die im Mai 1996 verabschiedete **Neue Verfassung** schrieb fest, dass Südafrika weiterhin eine parlamentarische Demokratie unter Vorsitz eines Präsidenten bleiben würde. Es handelt sich um eine der progressivsten Verfassungen weltweit. Trotz des Sieges liberal-demokratischer Prinzipien ließ sich Südafrika nicht über Nacht in einen friedlichen Rechtsstaat verwandeln. Die Kriminalitätsrate bewegte sich noch immer in dramatischen Höhen, wie tagtäglich in den Medien zu lesen war. Gegen Ende der ersten fünf Jahre der ANC-Regierung meldete die Polizei durchschnittlich 52 Morde pro Tag, alle 30 Minuten eine Vergewaltigung (darunter ein erschreckender Anstieg an Kindesvergewaltigungen) und alle 90 Minuten einen Autodiebstahl.

Nach Mandela

1999 trat **Thabo Mbeki** Mandelas Nachfolge als Präsident von Südafrika an. Die Medien tauften Mbeki voller Hoffnung und im Glauben, dieser clevere und gebildete Technokrat würde die Armut bekämpfen, Schulen, Krankenhäuser und

Die Wahrheits- und Versöhnungskommission

Als Südafrika 1994 zur Demokratie fand, herrschte weltweite Übereinstimmung darin, dass die Apartheid laut UN-Resolution „ein Verbrechen gegen die Menschlichkeit" gewesen war und in ihrem Namen Grausamkeiten begangen worden waren. Doch kein Außenstehender hatte eine Vorstellung davon, wie abscheulich diese Grausamkeiten waren und mit welcher Systematik sie begangen worden waren. Ans Tageslicht kam dies erst bei den Anhörungen der Truth and Reconciliation Commission (TRC), die die während der Apartheid begangenen Menschenrechtsverletzungen zu untersuchen hatte. Unter Vorsitz des Friedensnobelpreisträgers Erzbischof Desmond Tutu beleuchtete die Kommission die Vorgänge von März 1960, als sich das Massaker von Sharpeville ereignete, bis zum 10. Mai 1994, dem Tag der Amtseinführung Mandelas. Dies geschah hauptsächlich mithilfe von Zeugenaussagen der Opfer und Täter. Für ihre absolute Offenheit wurde den Tätern Amnestie zugesagt.

Die Sitzungen begannen im April 1996 und dauerten bis Juni 2000. Führende Mitglieder der ehemaligen Regierung und des ANC erschienen vor der TRC, unter ihnen auch Ex-Präsident F.W. De Klerk. Im Mai 1996 erklärte er der Kommission, er habe von den unter der Apartheid verübten Grausamkeiten nichts gewusst. Die Kommission kam zu dem Ergebnis, dass „die Regierung Südafrikas in der Zeit von 1960 bis 1994 in erschreckendem Ausmaß Menschenrechtsverletzungen in Südafrika begangen hat, und ab 1974 auch im südlichen Afrika". Unzählige Aussagen gegenüber der TRC bekräftigten, dass die Regierung seit den 70er- bis in die 90er-Jahre hinein an verbrecherischen Aktivitäten beteiligt war, darunter außergerichtliche Exekutionen politischer Gegner, Folter, Verschleppung, sexuelle Übergriffe und illegale Grenzüberschreitung zum Zweck der Ermordung von Südafrikanern im Exil. Die Kommission hatte aber gleichzeitig festgestellt, dass sich auch der ANC (sowie verschiedene andere Organisationen, darunter PAC und Inkatha) Menschenrechtsverletzungen schuldig gemacht hatte. Der Rechenschaftsbericht kam zu dem Schluss, dass der ANC einen gerechtfertigten Kampf gegen das Apartheid-Regime geführt, dabei aber eine Grenze zwischen „blindwütigem Krieg" und „angemessenen Mitteln" gezogen hatte.

Der TRC musste sich erhebliche Kritik aus allen Lagern gefallen lassen. Viele Südafrikaner waren der Ansicht, der Gerechtigkeit könne nur mittels Kriegsverbrechertribunalen nach dem Vorbild der Nürnberger Prozesse genüge getan werden. Doch Bischof Tutu hielt dagegen, dass dies für Südafrika nicht angemessen wäre, da keine Seite einen militärischen Sieg errungen hatte. Und was die Amnestieversprechen anbelangte, machte er deutlich, dass die „Angehörigen der Sicherheitsdienste sich niemals zu einer Aussage hätten überreden lassen, hätte ihnen ein Strafprozess gedroht."

Häuser bauen lassen und auch noch Arbeitsplätze schaffen, „Mr. Delivery" – der, der die Erwartungen erfüllt und Pläne in die Tat umsetzt. Die wirtschaftsfreundliche Politik Mbekis bescherte dem Land ein gesundes **Wirtschaftswachstum**, eine wachsende schwarze Mittelschicht und eine kleine Riege ultrareicher schwarzer Unternehmer. Aber für die arme Hälfte der Bevölkerung tat er nichts, und die Ungleichheit im Land wuchs noch weiter.

Die Armen hatten außerdem die Auswirkungen von Mbekis fehlgeleiteter Aids-Politik zu tragen. Der Präsident leugnete jeglichen Zusammenhang zwischen HIV und **Aids** und lehnte die Ausgabe antiretroviraler Medikamente in staatlichen Kliniken ab. Das war mit ein Grund dafür, dass mehr als fünf Millionen Südafrikaner an mit Aids verbundenen Krankheiten starben und eine Million Kinder zu Waisen wurden.

Auch die **Korruption** nagte an den Grundmauern von Südafrikas Gesellschaft. Das krasseste Beispiel war ein **Rüstungsgeschäft**, bei dem die ANC-Regierung militärische Ausrüstung kaufte, die die Armee des Landes zuvor für ungeeignet und zu teuer erklärt hatte. Der damalige Verteidigungsminister soll bestochen worden sein, und anscheinend ist an den ANC eine beträchtliche Spende geflossen.

Während also gutes Geld für Waffen verschwendet wurde, schwelten zahlreiche soziale Probleme. Anfang 2007, acht Jahre nach Mbekis Machtübernahme, lebten acht Millionen Menschen in Hütten, Millionen waren nicht ans Abwassersystem angeschlossen, und die Arbeitslosenquote betrug 40 %. Über die Langsamkeit des Veränderungsprozesses machte sich zunehmend Unmut breit, der sich auf den Straßen der Townships Luft verschaffte – mehr als 6000 Proteste fanden allein im Jahr 2005 statt. Ende 2007 wurde Mbeki schließlich von seiner eigenen Partei entmachtet.

Sein Amtsnachfolger war der umstrittene ehemalige Vizepräsident des ANC, **Jacob Zuma**, gegen den wegen Korruption, Betrugs, krimineller Geschäfte, Geldwäsche und Steuerhinterziehung ermittelt wurde. Kurz zuvor war er vom Vorwurf der Vergewaltigung freigesprochen worden. Diese Anschuldigungen hätten ausgereicht, um die Karrieren der meisten Politiker zu ruinieren, doch Zuma erwies sich als mit allen Wassern gewaschener Politiker, indem er sie noch zu seinen Gunsten ausschlachtete. Der gewiefte Populist stellte sich als Mann aus dem Volke hin, der sich gegen eine Verschwörung der von Mbeki angeführten Elite zur Wehr zu setzen habe.

Der südafrikanische Gewerkschaftsverband und die Kommunistische Partei stellten sich in der Hoffnung auf einen Linksschwenk des ANC hinter Zuma. Wundersamerweise tauchten zwei Wochen vor den **Parlamentswahlen** vom April 2009 geheime Tonbandmitschnitte auf, die auf politische Einflussnahme in Zumas Gerichtsverfahren hindeuteten. Die Vorwürfe gegen Zuma wurden fallen gelassen, obwohl niemand Zweifel daran hatte, dass an den Beschuldigungen etwas dran war.

Der von Zuma angeführte ANC trug bei den Wahlen einen klaren Sieg davon; die Democratic Alliance (DA), die stärkste Oppositionspartei, konnte ihren Stimmenanteil ausbauen. Die Unterstützung für die beiden wichtigsten politischen Gruppierungen richtete sich grob an ethnischen Grenzlinien aus: Der ANC wurde größtenteils von Schwarzen unterstützt, die DA von Weißen und „Farbigen". Eine Pro-Mbeki-ANC-Splittergruppe, der **Congress of the People**, schlug sich ebenfalls recht ordentlich und wurde in einigen Provinzparlamenten zur stärksten Oppositionskraft.

Präsident Jacob Zuma sieht sich mit der schwierigen Aufgabe konfrontiert, mächtige Gruppeninteressen auszugleichen. Er muss die Wirtschaft bei Laune halten, um ein gutes Klima für Wirtschaftswachstum und Investitionen zu schaffen. Und er muss die Armut bekämpfen, um die Gewerkschaften und die Kommunistische Partei in Schach zu halten. Bei seiner Amtseinführung im Mai 2009 erinnerte er an das Klima der Versöhnung unter Mandela und versprach einen rascheren Wandel.

Für ihn spricht, dass er sehr viel warmherziger und beliebter ist als Mbeki. Er fühlt sich gleichermaßen wohl beim Shakehands mit Wirtschaftsbossen und im traditionellen Leopardenfell beim Dorftanz. Und er muss auch ganz schön geschmeidig sein, will er all die Forderungen der immer lauter werdenden Besitzlosen als auch die der Geschäftsleute, die den ANC im Endeffekt ja finanzieren, erfüllen.

Musik

Südafrika verfügt über eine der größten Musikindustrien Afrikas und produziert Musik unterschiedlichster Stilrichtungen. Musikliebhaber finden hier mühelos alles Mögliche, darunter seit 200 Jahren fast unverändert gebliebene indigene afrikanische Rhythmen und eine große Auswahl an weißer Popmusik, wie man sie aus den Plattengeschäften der westlichen Welt kennt.

In Übersee werden überwiegend schwarzafrikanische Klänge angeboten. Neuere Entwicklungen werden meist ignoriert. Daher sei es westlichen Fans verziehen, wenn sie glauben, dass der **Iscathamiya**-Chorgesang der Gruppe Ladysmith Black Mambazo oder der **Mbaqanga** („township jive") – berühmt geworden durch Paul Simons Album *Graceland* und Künstler wie Mahlathini und die Mahotella Queens – in Südafrika immer noch der letzte Schrei seien. In Wirklichkeit ist der Iscathamiya inzwischen fast nur noch in den Hostels der Zulu-Arbeiter zu hören, wo er seinen Ursprung nahm, während der Mbaqanga zwar noch populär ist, aber als altmodisch gilt – den legt der DJ zwar bei einer afrikanischen Hochzeit auf, aber auf einer feuchtfröhlichen Party in der Stadt will das niemand mehr hören.

Die mit Abstand beliebteste Musik im Land, oder jedenfalls die mit den höchsten Verkaufszahlen, ist afrikanischer **Gospel**. Die schwarze Stadtjugend bevorzugt **Kwaito** und lokalen **Hip-Hop**, während ihre Eltern oft auf **Jazz** stehen. **Afropop**, eine gekonnte Mischung aus verschiedenen älteren afrikanischen Klängen und westlichem Pop, rekrutiert seine Anhängerschaft sowohl unter Schwarzen als auch unter Weißen.

Die meisten englischsprachigen weißen Südafrikaner hören gern internationale Popmusik. Afrikaanssprachige lieben hausgemachte Popballaden; ältere oder auf dem Land lebende Afrikaander ziehen oft *boeremusiek* vor, eine sogenannte „traditionelle" Mischung aus deutscher und holländischer Musik, durchsetzt mit amerikanischem Country. Sowohl Englisch- als auch Afrikaanssprachige stehen auf einheimische Musiker, deren Repertoire so ziemlich jede Variante moderner Popmusik umfasst. Viele weiße Jugendliche beider Sprachen mögen Techno, ebenso wie ihre Altersgenossen indischer Herkunft.

Zulus favorisieren nach wie vor **Maskanda**, einen neo-traditionellen Gesang mit Gitarrenbegleitung. Kleine Tanzcombos sind besonders bei Coloureds beliebt, doch die Musik dieser Bands wird selten auf Vinyl gepresst. Wer zwischen Weihnachten und Neujahr Kapstadt besucht, sollte sich den „Ministrel Carnival" (s. S. 46) der Farbigen nicht entgehen lassen. Die Wurzeln der bei diesem Anlass gespielten Musik gehen auf afro-amerikanische Spielmänner zurück, die vor 150 Jahren Südafrika bereisten, sowie auf die Malaienchöre, die wiederum von Klängen beeinflusst wurden, die im 18. Jahrhundert aus Indonesien eingeführt wurden.

Nach dem zu urteilen, was aus den südafrikanischen Radios, Clubs und Stereoanlagen der Autos dröhnt, geben mehr Leute als auf dem restlichen Kontinent nordamerikanischer Musik den Vorzug. Insbesondere afro-amerikanische Musik ist bei schwarzen Südafrikanern schon seit mehr als100 Jahren beliebt und hat eine maßgebliche Rolle in der Entwicklung lokaler Musik gespielt. Aufgrund der Befürchtung, aus dem Ausland importierte Musik könnte die südafrikanische Musik vom Markt verdrängen, wurden **Radioquoten** eingeführt.

Je nach Ausrichtung der Station muss zwischen einem Viertel und knapp der Hälfte der Sendezeit in Südafrika produzierte Musik gespielt werden. Diese Maßnahme scheint vor allem zum Erstarken der von urbanen jungen Schwarzen hervorgebrachten Produktionen geführt zu haben, denn diese haben heute den größten wirtschaftlichen Erfolg seit Jahrzehnten zu verzeichnen. Die Aussichten für ihre weißen Altersgenossen sind nicht so gut, ungeachtet der Tatsache, dass sie teilweise Material von Weltklasse präsentieren. Da der Bevölkerungsanteil der Weißen relativ klein ist, sehen sich weiße südafrikanische Popmusiker oft vor die Wahl gestellt, entweder zu stagnieren oder zu emigrieren.

Das vielleicht größte musikalische Geschenk des schwarzen Südafrika an die Welt sind Chorgesänge, und nirgendwo klingen sie besser als in den **Kirchen**. In den meisten katholischen, evangelischen und methodistischen Gemeinden entstand eine Kirchenchortradition, basierend auf den klassischen europäischen Kirchenliedern und aufgelockert durch afrikanischen Rhythmus und Tanz.

Gospel

Die Musik in den **Pfingstlerkirchen** weist einen stärkeren US-Einfluss auf, doch die Rhythmen und Melodien sind unverkennbar südafrikanisch und sehr bewegend. Diese Art der Gospelmusik ist die am meisten verkaufte, und es lohnt sich, Ausschau nach CDs von Gruppen wie den **Lord Comforters, Joyous Celebration**, **Pure Magic**, **Lusanda Spiritual Group** oder der stimmgewaltigen **Rebecca Malope** (s. Kasten) zu halten.

Sehr schön anzuhören ist auch die Musik in den **zionistischen Kirchen**, deren Gemeinden mehr Mitglieder umfassen als die aller anderen Kirchen Südafrikas. Die zionistische Gospelmusik besteht aus einer eigentümlichen

Rebecca Malope

Die zierliche Rebecca Malope ist seit vielen Jahren der Gospel-Star Südafrikas. Nur Stadien können bei ihren Auftritten ihre riesige, fast ausschließlich schwarze Fangemeinde fassen. Jedes ihrer Alben wurde zu Gold oder Platin, und jeder kennt ihre Liedtexte. Das heißt fast jeder – außerhalb Afrikas ist Rebecca Malope so gut wie unbekannt.

Rebecca wurde 1969 als Tochter eines Sotho-Vaters und einer Swazi-Mutter in Nelspruit, Mpumalanga, geboren und sang schon als Kind im Chor der dortigen Kirche, in der ihr Großvater Pastor war. Ihre ersten Plattenaufnahmen bestanden überwiegend aus albernen Popsongs, doch dann wurde sie in Johannesburg von Sizwe Zako entdeckt, ihrem späteren Keyboarder und Produzenten. Unter seiner Anleitung und (laut Eigenaussage) auf Grund von Fanbriefen, in denen sie gebeten wurde, die Lieder Gottes zu singen, kehrte Rebecca 1990 zum Gospel zurück – ein Schritt, der sich mehr als auszahlte.

Rebecca behauptet, nicht apolitisch zu sein und sagt, dass sie manchmal auch bei politischen Veranstaltungen auftritt, dann aber mit ausgewählten Liedern, deren Texte die Politiker ihrer Ansicht nach hören müssen. Rebeccas musikalisches Konzept stammt von Zako und variiert kaum. Die Lieder sind religiöse Lobgesänge, untermalt von Keyboardwirbeln und begleitet von ausgezeichneten Backgroundstimmen. Sie trägt sie mit dramatischen Gesten und einer klangvollen, hohen, manchmal verführerisch rauchigen Stimme vor.

Mischung aus Wehklage und Inbrunst, die besonders gut zu den Nachtwachen vor einer Beerdigung passt, aber auch bei normalen Gottesdiensten zu hören ist.

Kwaito und Hip-Hop

Kwaito, der definitive Sound der schwarzen südafrikanischen Jugend, existiert seit über 15 Jahren. Anscheinend begann alles damit, dass DJs in den frühen 90ern feststellten, dass Chicago House in weißen Clubs nicht ankam, und deshalb die Singles in schwarzen Nachtclubs ausprobierten. Dort zeigte sich, dass das Publikum die Platten am liebsten hörte, wenn die Geschwindigkeit von 45 auf 33 gedrosselt wurde. In Kwaito spiegelt sich die depressive, nihilistische Stimmung vieler Township-Jugendlicher, und die Musik wird oft mit Bandenwesen und hemmungsloser Sexualität in Verbindung gebracht.

Die Karrieren vieler Kwaito-Interpreten sind kurzlebig. **Arthur** z. B., einer der Pioniere des Genres, hat sich inzwischen darauf verlegt, neue Talente zu produzieren. Zu den interessanten Stimmen zählen **Tokollo**, **Mzekezeke**, **Kabelo**, der „Hardrocker" **Mandoza** und **Zola**. Erfolgreiche Kwaito-Bands sind u. a. **Trompies**, **Bongo Maffin** und **Mafikizolo**. Das Sensations-Trio **Malaika** verfremdet den Kwaito gekonnt Richtung Afropop – künstlerisch fragwürdig, aber kommerziell ausgesprochen erfolgreich.

Südafrikanische **Hip-Hop**-Künstler drücken sich eher als ihre Kwaito-Kollegen auf Englisch aus und kommen eher aus mittelständischen Familien als aus den Townships – folglich können sie auch mehr Geld für Studioaufnahmen hinlegen. Renommierte Größen des Hip-Hop sind **Skwatta Kamp**, **Optical Illusion**, **Cashless Society**, **Zubz** und **H20**. Anhänger der südafrikanischen Hip-Hop-Szene beteuern zwar, dieser habe den Kwaito abgelöst, doch die Wirklichkeit ist vielschichtiger, und der Unterschied zwischen den beiden Stilen ist nicht immer klar definiert. Von Puristen geschätzte Hip-Hop-Musiker sind z. B. **Parliament**, **Wildlife Society**, **Fifth Floor** und **Lions of Zion** (die, wie der Name vermuten lässt, Hip-Hop mit Reggae verschmelzen) aus Kapstadt und **Basement Platform** aus Johannesburg.

House, Rap und Reggae

Schöpfer und Fans DJ-gemixter südafrikanischer House-Klänge kommen aus allen Rassen und Kulturen des Landes, doch schwarze

DJs wie **DJ Fresh, Glen Lewis, DJ Mbuso** und **Oskido** heimsen die meiste Beachtung in den heimischen Medien ein. Für ihre Mix-Musik greifen sie fast ausschließlich auf Musikaufnahmen aus Großbritannien und Frankreich zurück.

Rap ist in Südafrika seit den frühen 1990er-Jahren unverändert populär, blieb jedoch vorwiegend eine Ghettoerscheinung innerhalb der farbigen Bevölkerung des Westkaps. Viele der Musiker, die sich vor allem afroamerikanische Rapper wie Public Enemy zum Vorbild nehmen, vermitteln den deutlichen Eindruck, eigentlich „in Afrika gestrandete Amerikaner" zu sein. Pioniere dieser Musikrichtung waren die sehr politischen **Prophets of Da City**. Mehrere von ihnen machten sich nach Auflösung der Gruppe auch als Solomusiker einen Namen, insbesondere **Rahim, Junior Solela** und **Ishmael**.

Seitdem sind weitere Rapper auf der Bildfläche erschienen, z. B. **Brasse Van Die Kaap** (die auf Afrikaans rappen), **Reddy D** und **Godessa**. Die neu gegründete Produktionsfirma African Dope mit Sitz in Kapstadt verzeichnete in letzter Zeit Erfolge u. a. mit **Teba, Funny Carp** und den Crossover-Jazz-Latin-Hip-Hop-Funkstern **Moodphase5ive**.

Für **Lucky Dube**, den Star der südafrikanischen Reggae-Szene, der 2007 tragischerweise einem Raubüberfall zum Opfer fiel, will sich einfach kein würdiger Nachfolger finden. Der energische, disziplinierte und talentierte Live-Musiker reicherte seinen klassischen Reggae-Sound gern mit Falsetttönen an, die an den amerikanischen Soulsänger Smokey Robinson erinnerten.

Brenda Fassie

Kwaito hat den Karrieren zahlreicher Popstars der 1980er-Jahre ein Ende gemacht, doch der inzwischen verstorbenen Brenda Fassie ist es nicht nur gelungen, diese neue Welle zu überstehen, sondern auf ihr mitzuschwimmen. Brenda war die Popkönigin Südafrikas und ist die einzige einheimische Künstlerin, deren Musik noch in den Clubs überall im Lande gespielt wird und die Leute unweigerlich auf die Tanzfläche zieht.

Brendas Karriere begann Anfang der 80er-Jahre als Leadsängerin von Brenda and the Big Dudes mit einer Reihe Bubblegumhits, darunter der Evergreen „Weekend Special". Brenda mixte in ihrem Sound Kwaito, Mbaqanga und Gospel mit ihren ureigenen, außergewöhnlichen Schöpfungen und erzielte mit Liedern wie „Vul'Indlela" und „Nomakanjani" wohl verdiente Riesenerfolge. Brenda hat sich politisch nie besonders engagiert, brachte jedoch im spannungsgeladenen Jahr 1989 auf dem Album Too Late for Mama den südafrikanischen Zeitgeist mit ihrem bewegenden Song „Good Black Woman", der die brutale Polizeigewalt anprangert, einfühlsam zum Ausdruck.

Tragisch, aber wahrscheinlich unvermeidlich, wurde sie schließlich das Opfer ihrer stürmischen Art zu leben. Sie starb im Jahr 2004, nachdem sie zwei Wochen lang im Koma gelegen hatte; einer ihrer Besucher am Krankenbett war Präsident Thabo Mbeki. Bei ihrem von einem riesigen Medienaufgebot begleiteten Begräbnis kam es zu herzerreißenden Szenen, und als ein paar Monate später in einem Fernsehprogramm die Zuschauer aufgefordert wurden, per Telefon die herausragendste Persönlichkeit in der ganzen südafrikanischen Geschichte zu benennen, gelangte Brenda auf den 17. Platz, den höchsten unter allen genannten Musikern.

Neo-traditionelle Musik

Wie beim Kwaito liefern die Instrumente in der neo-traditionellen Musik eigentlich nur die Klangkulisse für Songtexte und Tanz. Zu den größten Stars dieses Genres gehört der aus der Provinz Limpopo stammende Shanga-Sänger **Thomas Chauke**, der seinen Gesang oft mit Drum Machine, elektronischem Keyboard und komplexem Gitarrensound untermalt. Neo-traditionelle **Sotho**-Musik kommt langsam aus der Mode. Aber der Bassrhythmus ist toll, die anfeuernden Rufe sind hinreißend und die Akkordeonklänge verleihen dem Sound einen Touch von Cajun. Empfehlenswert sind hier die Aufnahmen von Gruppen wie Tau Oa Matshela und Tau Oa Linare

Neo-traditionelle Musik der Xhosa und Tswana ist auf dem Markt kaum vertreten, aber **Zulu-Musik** kann sich noch halten, sowohl in ihrer

Ladysmith Black Mambazo und der Iscathamiya-Sound

Die bekannteste südafrikanische neo-traditionelle Musik ist Iscathamiya oder Mbubeaus der Zulu-Tradition. Iscathamiya, ein Chorgesang ohne Begleitung, wurde im Westen durch Ladysmith Black Mambazo bekannt und nahm seinen Anfang nach dem Ersten Weltkrieg in den Hostels der Wanderarbeiter. Den ersten großen Hit landeten Solomon Linda and the Original Evening Birds, deren Song „Mbube" 100 000 mal verkauft wurde. Später machte er in einer Neuversion als The Lion Sleeps Tonight Furore und wurde ein Welthit.

1973 nahmen Ladysmith Black Mambazo ihr erstes Album Amabutho auf, von dem 25 000 Stück (das bedeutet in Südafrika eine Goldene Schallplatte) verkauft waren. Inzwischen hat die Gruppe rund 40 weitere goldene Alben produziert. Im Anschluss an ihre Zusammenarbeit mit Paul Simon auf dem Album Graceland produzierte er ihr Album Shaka Zulu, das 100 000 Mal rund um den Globus verkauft wurde und Iscathamiya international bekannt machte. 1997 brachte Ladysmith Black Mambazo Heavenly heraus, ein Album in Zusammenarbeit mit internationalen Künstlern, darunter Dolly Parton. Nachdem ihr Song „Inkanyezi Nezazi" in einer britischen Fernsehwerbung für gebackene Bohnen zu hören war, verkaufte die Gruppe in Großbritannien mehr als eine Million Tonträger, ein noch nie dagewesener Erfolg in der südafrikanischen Musikgeschichte.

Wer des Zulu nicht mächtig ist, kann zwar die fließenden Tanzbewegungen, den makellosen Gesang und die Vokalarrangements würdigen, doch für die Zulu liegt die eigentliche Größe in der wunderbaren Lyrik aus der Feder von Joe Shabalala, dem Leadsänger der Black Mambazos. Er ist zweifellos einer der begnadetsten lebenden Songschreiber Südafrikas.

A-cappella-Form, genannt **Iscathamiya**, als auch in der auf Gesang/Gitarre basierenden namens **Maskanda**. Besonders hörenswert sind die Kassetten und CDs von Phuzekhemisi, Shiyani Ncgobo sowie dem verstorbenen, großartigen Mfaz'Omnyama. Ein weiterer Star der neo-traditionellen Musikszene ist die *Queen of Ndebele music*, Nothembi Mkhwebane, die nicht nur singt, sondern auch E-Gitarre spielt.

Jazz

Jazz ist in Südafrika seit vielen Jahrzehnten populär, und in Johannesburg, Pretoria oder Kapstadt werden praktisch jedes Wochenende und manchmal auch während der Woche Jazzveranstaltungen geboten. Der südafrikanische Jazz war die Musik, die am stärksten mit dem Widerstand gegen die Apartheid in Verbindung gebracht wurde, vor allem nachdem seine Hauptvertreter in den 60er-Jahren ins selbst gewählte Exil gingen.

Die Wurzeln des südafrikanischen Jazz reichen jedoch sehr viel weiter zurück. Sie liegen in der Marabi-Musik, die kurz nach dem Ersten Weltkrieg in den schwarzen Slums von Johannesburg entstand und anfänglich in illegalen *shebeens* auf dem Piano gespielt wurde, immer basierend auf einer schlichten Dreiklangstruktur und einer Kombination aus indigenen afrikanischen Rhythmen und verschiedenen westlichen Musikstilen. In den 30er-Jahren erfuhr Marabi unter Hinzunahme von Gitarre, Banjo und Klarinette eine Weiterentwicklung.

Während des Zweiten Weltkriegs kam **amerikanischer Swing** in Südafrika in Mode, und aus der Verbindung von Swing und Marabi ging ein neuer Stil hervor, der **African Jazz**. Dieser dominierte während der 40er- und 50er-Jahre, und ihm entstammten die ersten südafrikanischen Gesangskünstler, die ins Exil gingen: **Miriam Makeba** und die **Manhattan Brothers**.

Die Weiterentwicklung ging nun in Richtung der amerikanischen Avantgarde, personifiziert durch Thelonious Monk und John Coltrane. Zwei der ersten Vertreter dieses Stils in Südafrika waren die **Jazz Epistles**, bestehend aus Hugh Masekela, Jonas Gwangwa, Abdullah Ibrahim (der damals Dollar Brand hieß) sowie dem hervorragenden Kippie Moeketsi; und die **Blue Notes**, zu denen u. a. Chris McGregor und

Dudu Pukwana zählten. Als gemischtrassige öffentliche Auftritte in Südafrika gesetzlich verboten wurden, verließen fast alle Mitglieder der Epistles Anfang der 60er-Jahre einzeln das Land; die Blue Notes kehrten Südafrika 1964 gemeinsam den Rücken.

Mittlerweile sind fast alle alten Interpreten des African Jazz verstorben, während die meisten Exilanten, darunter Miriam Makeba, Hugh Masekela und **Jonas Gwangwa** in die Heimat zurückgekehrt sind und ihre verdiente Anerkennung erfahren. Ein paar Avantgarde-Veteranen wie Abdullah Ibrahim, **Mankunku** und **Bheki Mseleku** treten noch auf, aber es ist eine neue Generation von Jazzern herangewachsen, z. B. Sänger/innen wie **Gloria Bosman**, **Judith Sephuma**, **Sibongile Kumalo**, Saxophonisten wie **McCoy Mrubata** und **Zim Ngqawana**, Keyboarder wie **Paul Hamner** und **Themba Mkhize**, Gitarristen wie **Jimmy Dludlu** und **Selaelo Selota** und Trompetenspieler wie **Prince Lengoasa** und **Marcus Wyatt**.

Politische Musik

Seit dem Ende der Apartheid hört man die politischen Lieder, die bei Demonstrationen, Kundgebungen und vor allem bei Beerdigungen ermordeter Aktivisten gesungen wurden, nur noch selten. In den 80er-Jahren machte sich **Mzwakhe Mbuli** einen Namen als „Poet des Volkes", der seine wortgewandten, anklagenden Politgedichte als Sprechgesänge bei zahllosen Protestveranstaltungen im ganzen Land vortrug. Die Staatsmacht ließ sein Haus mit Brandbomben beschießen, und Mzwakhe selbst wurde schikaniert und eingesperrt. Doch seine Gedichte blieben kämpferisch, mit Titeln wie *Unbroken Spirit* und *Now is the Time*.

1989 erkannte Mzwakhe die Zeichen der Zeit und schrieb in einem Gedicht: „Endlich liegt der Stier im Sterben, er tritt nur noch wild um sich". Ein Jahr darauf, bei der Feier anlässlich Mandelas Freilassung, äußerte er prophetisch: „Wenn du wählst und gewählt wirst, denke an die, die starben." Nach den Wahlen von 1994 war Mzwakhe eine Zeit lang ein zufriedener Mensch und fragte seine desillusionierten Kompatrioten: „Wenn jetzt nicht die Zeit zum Glücklichsein ist, wann dann?". Gleichzeitig forderte er in seinen Texten ein Ende gesellschaftlicher Übel wie Kriminalität und Drogensucht. Allerdings verbüßte er eine jahrelange Haftstrafe in einem Hochsicherheitsgefängnis, nachdem er des bewaffneten Raubüberfalls für schuldig befunden wurde (Mzwakhe beteuert, er sei einem Komplott zum Opfer gefallen, da er Zeuge eines Drogenschmuggels geworden war, in den Staatsdiener verwickelt waren).

Afropop

Unter dem Begriff „Afropop" lässt sich bis zu einem gewissen Grad fast alles subsumieren, doch ist dies wahrscheinlich der Bereich, in den sich viele zeitgenössische südafrikanische Musikschaffende am besten einordnen lassen. Afropop ist die Kunst, verschiedene afrikanische Musikstile mit eingängigen westlichen Sounds zu kombinieren, ein gemischtrassiges Publikum anzusprechen und Klänge statt mit echten Instrumenten von Computern gesteuert hervorzubringen.

Die Anfänge des Afropop gehen bis auf Miriam Makebas erste in Amerika aufgenommene Platten in den frühen 60er-Jahren zurück. Jüngere Beispiele sind z.B. Paul Simons 1987 in Zusammenarbeit mit Ladysmith Black Mambazo erschienene *Graceland*. Auch die Musik der Bubblegumpop-Queen **Yvonne Chaka Chaka** aus den 80ern und 90ern könnte man als Afropop bezeichnen. Zu Interpreten, die in dieselben Fußstapfen traten, zählen **Jabu Khanyile** (seine Musik könnte als Zulu-Pop bezeichnet werden), **Vusi Mahlasela**, **Ringo** (beeinflusst von African Jazz und traditioneller Xhosa-Musik) und **Busi Mhlongo** (beeinflusst von African Jazz und Zulu Maskanda).

Ein aufgehender, viel versprechender Stern am Afropop-Himmel ist **Thandiswa Mazwai**. Obwohl sie in ihrem ersten Album mit Absicht eine Vielzahl verschiedener Stilrichtungen gemischt hat, sowohl amerikanische als auch südafrikanische, betont sie bei Live-Auftritten ihre Xhosa-Wurzeln, und wird weithin als die neue Makeba betrachtet.

Weißer Pop und Rock

Englischsprachige Südafrikaner haben seit mehr als 100 Jahren jeden in der westlichen Welt erfolgreichen Musikstil kolportiert, und manche sind sogar in Übersee berühmt geworden, darunter der Rockmusiker **Manfred Mann** in den 60er-Jahren und einige Zeit später **Dave Matthews**. Einige Rock-/Punkbands, die es in jüngerer Zeit im Westen zu Berühmtheit gebracht haben, sind z.B. **Seether**, **Just Jinger** und **Wonderboom**.

Dank bestimmter Fernsehprogramme, darunter die südafrikanische Version von *Deutschland sucht den Superstar*, beschränkt sich die Chose nicht auf Rock, sondern umfasst praktische jede Variante zeitgenössischer Popmusik. Zu den Jungstars zählen u.a. **Danny K** mit seinem geschmeidigen und besonders bei Teenies beliebten R&B sowie der etwas reifere **Heinz Winckler**.

Afrikaanse Musik

Ebenso wie der African Jazz ist Afrikaansmusiek eine Welt für sich, mit zahlreichen Unterkategorien und einer langen Liste heiß geliebter Interpreten. Ihre Entstehung lässt sich bis ins 17. Jahrhundert zurückverfolgen, auf eine Mischung aus deutsch-holländischer und französischer Musik. Von Ende der 20er- bis in die 60er-Jahre hinein gelangte als prägendster ausländischer Einfluss die amerikanische Country-Musik hinzu. In jener Zeit kamen auch die ersten echten Schlager auf den Markt, zumeist in Afrikaans vorgetragene Cover-Versionen amerikanischer Hits. Eine etwas schwerfälligere und überwiegend instrumentale Variante des Genres ist die sogenannte **Boeremusiek** („Bauernmusik"). Bei ihr gibt das Akkordeon den Ton an, früher nur untermalt von Saiteninstrumenten, später auch mit Schlagzeug, E-Bass und Keyboard.

Anfang der 70er-Jahre ging der Einfluss von Country zurück. An seine Stelle trat der seichtere Pop, insbesondere Eurodisco, und auf dieser Welle schwammen eine ganze Reihe Afrikaanssprachiger Popstars mit. Etwas höheren Ansprüchen wurde der leicht opernhafte Stil von **Gé Korsten** gerecht, dem vermutlich beliebtesten afrikaanssprachigen Interpreten jener Zeit.

Nachdem die Apartheid abgeschafft war, machte sich landesweit Sorge um die Zukunft des Afrikaans und der damit verbundenen Kultur breit, was zum Wiederaufleben des Interesses an Afrikaansmusiek führte. Heute ist die Bandbreite dieser Art von Musik zweifellos größer als je zuvor. Als Beispiele seien genannt: die House/Disco von **Juanita**, der Heavy Rock von **Karen Zoid** und **Jackhammer**, die modernisierte Boeremusiek der **Klipwerf Orkes** und die an Neil Diamond erinnernden Songs von **Steve Hofmeyer** (dem Bestseller unter den afrikaanssprachigen Musikern).

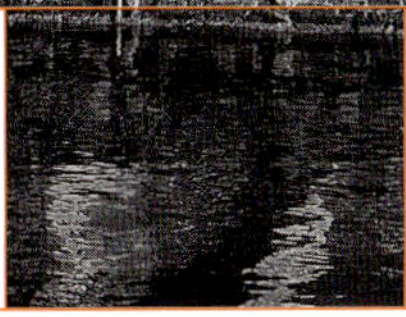

Kapstadt 1 HIGHLIGHT und die Kap-Halbinsel

Stefan Loose Traveltipps

Bo-Kaap Farbenfrohe kapholländische Gebäude säumen die Straßen eines der ältesten Wohngebiete Kapstadts. S. 133

Golden Lion Der goldene Löwe ist das Highlight des Gold of Africa Museums, einer der bedeutendsten afrikanischen Kunstsammlungen. S. 134

Robben Island Ein Muss ist der Besuch der berüchtigten Gefängnisinsel, wo Nelson Mandela fast zwei Jahrzehnte lang festgehalten wurde. S. 137

Mit der Schwebebahn auf den Tafelberg Von den rotierenden Gondeln aus bieten sich unvergessliche Ausblicke. S. 143

Mit Pinguinen schwimmen Boulders Beach bietet nicht nur herrliche Badestrände, sondern auch eine Kolonie putziger afrikanischer Pinguine. S. 153

2 **Cape Point** An dem spektakulären, felsigen Südzipfel der Kap-Halbinsel lassen sich wunderbare Wanderungen unternehmen. S. 155

Townships Gospel-, Jazz- und Fußballtouren gewähren faszinierende Einblicke in das Leben in den Townships. S. 158

Die Long Street bei Nacht In den Cafés, Kneipen und Nachtclubs geht es bis in die frühen Morgenstunden hoch her. S. 177

Kapstadt, Cape Town oder Kaapstad – wie immer man sie auch nennen will – ist zweifellos die schönste, romantischste und am meisten besuchte Stadt Südafrikas. Nur wenige Städte rund um den Globus dürften sich einer so wunderbaren Lage rühmen wie das auf dem Grat der gebirgigen, in den Atlantik hineinreichenden Kap-Halbinsel gelegene Kapstadt. Seine überwältigende, berühmte Sehenswürdigkeit ist der oft in Wolken gehüllte Tafelberg, der machtvoll über dem Zentrum empor ragt.

Der Tafelberg, der die Stadt in unterschiedliche Bezirke teilt, bildet das solide Herz Kapstadts. Hier gibt es Parkanlagen, unberührte Wildnis, Wälder und Wanderwege, und seine Ausläufer säumen Weingärten und begehrte Wohnviertel. Blickt man von seinem Gipfel aus nach Norden, sieht man das Stadtzentrum und den von spielzeuggroßen Schiffen wimmelnden Hafen. Nach Westen hin, an den Spitzen der Twelve Apostles vorbei, fällt der Blick auf einen schroffen Steilhang und über das teuerste Wohngebiet von ganz Afrika, das sich einer traumhaften Aussicht auf den Atlantik erfreut. Nach Süden hin sind die Berghänge bewaldet. In den tieferen Lagen befinden sich einige Weingüter sowie der herrliche Botanische Garten. Hinter den von Eichen beschatteten Vororten Newlands und Constantia liegt das wärmere False Bay Seaboard, das sich in vielen Windungen zum Cape Point hinzieht. Nach Osten hin, am Rande unansehnlicher Industriegebiete dehnen sich beiderseits der Zufahrtstraße die „farbigen" Townships und schwarzen Ghettos aus.

Wer die Reize Kapstadt auskosten möchte, sollte viel Zeit im Freien verbringen. Windsurfer aus aller Welt steuern die Tafelbucht wegen ihrer ausgezeichneten Bedingungen an, und Unerschrockene springen am Seil gesichert vom Lion's Head oder gleiten durch die Lüfte zur Küste von Clifton hinab. Daneben hat die Stadt mit ihren zahllosen Wanderwegen und den Stränden, die sich über eine Länge von 150 km erstrecken, auch geruhsamere Aktivitäten zu bieten.

Das bunte Völkergemisch Kapstadts spiegelt sich in der **Architektur** (S. 142) wider. Vollendete Beispiele des frühen kapholländischen Baustils zieren die Weingüter von Constantia, die im 17. Jh. unter dem Einfluss französischer Flüchtlinge zur Blüte gelangten. Im 19. Jh. freigelassene muslimische Sklaven bereicherten das Stadtbild durch Minarette, und die Engländer, die jene Sklaven befreit hatten, errichteten Gebäude im georgianischen und viktorianischen Stil. Im 20. Jh. entwickelte sich im dicht bevölkerten Bo-Kaap und im „farbigen" District Six ein ganz besonderer Jazzstil.

Das **Wetter** spielt im Leben der Kapstädter eine ungemein wichtige Rolle, insbesondere der **Southeaster**, der kühle Südostwind, der im Sommer von der False Bay in die Stadt bläst. Er kann ohne Weiteres bestimmen, wie man den Tag gestalten wird. Denn wenn er mit mehr als 60 km/h über die Halbinsel rast, möchte man keinen Hund vor die Tür schicken und schon gar keinen Ausflug an den Strand unternehmen. Seine zahmere Erscheinungsform, der so genannte **Cape Doctor**, sorgt dagegen an schwülen Sommertagen für willkommene Erfrischung und lässt die berühmte Tischdecke aus Wolken über dem Tafelberg schweben.

Geschichte

Über viele Jahrhunderte zogen die ersten Bewohner Südafrikas, die **San**, als Jäger und Sammler frei und ungehindert über die Kap-Halbinsel, bis sie vor ungefähr 2000 Jahren von den **Khoikhoi**, aus dem Norden einwandernden Schafzüchtern, ins Landesinnere verdrängt wurden. Die Khoikhoi kontrollierten rund 1600 Jahre lang die Weidegebiete des Kap. Gegen Ende des 15. Jhs. umrundeten **portugiesische** Seefahrer auf dem Weg nach Ostafrika und Ostindien zum ersten Mal das Kap, wo sie auf der Suche nach Verpflegung anlegten, und nannten es Cabo de Boa Esperanza (Kap der Guten Hoffnung). Schon bald gaben sie ihre Versuche, mit den Khoikhoi zu handeln, auf. Über lange Zeit unternahm kein Europäer weitere Anstrengungen zur Einrichtung einer Versorgungsstation, bis im Jahr 1652 die Niederländisch-Ostindische Handelskompagnie (VOC) Kurs auf die Tafelbucht nahm und dort einen Handelsposten errichtete.

Die VOC, zu jener Zeit die mächtigste Handelsgesellschaft der Welt, plante am Kap nichts weiter als eine Zwischenstation, um frische Lebensmittel und Trinkwasser an Segelschiffe zu liefern, die auf der Suche nach Gewürzen,

Kapstadt und die Kap-Halbinsel

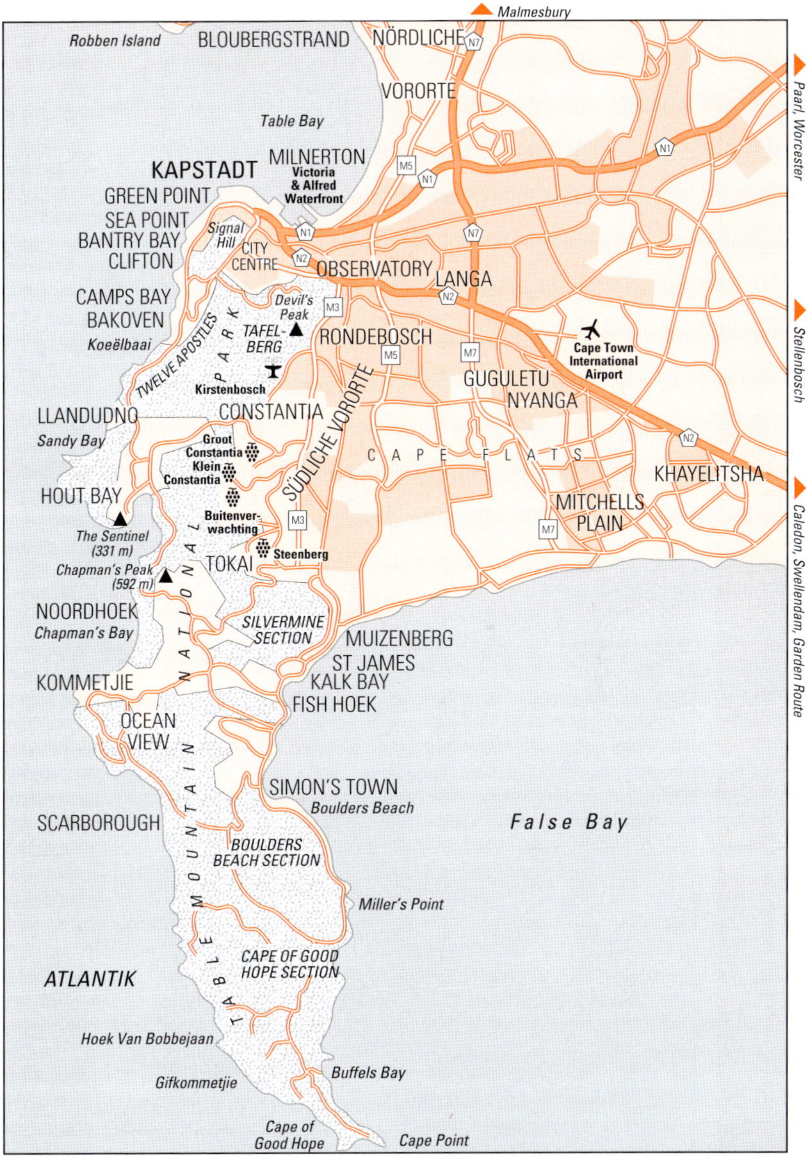

Kapstadt Übersicht

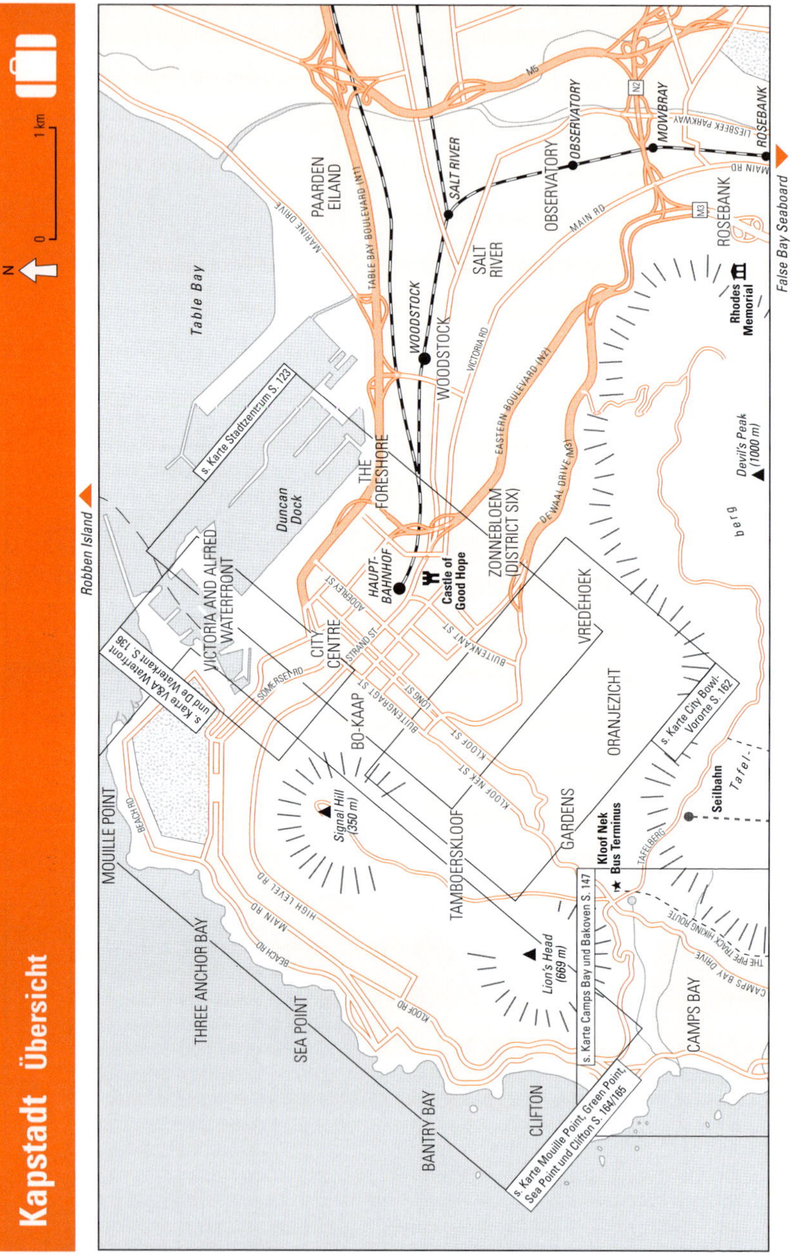

Sklaven und Profit zwischen Europa und dem Osten verkehrten. Das kleine Häufchen Männer, das unter der Führung von **Jan van Riebeeck** an Land ging, erbaute an der Stelle der heutigen Grand Parade eine Festung aus Lehm und legte **Gemüsefelder** an, die sie von Khoikhois bearbeiten lassen wollten.

Verständlicherweise waren die Khoikhoi jedoch nicht geneigt, ihre traditionelle Lebensweise gegen die Einschränkungen einer von Fremden aufgezwungenen Arbeit einzutauschen, daher ging van Riebeeck 1658 dazu über, Sklaven zu importieren. Die Khoikhoi verfolgten das Anwachsen der holländischen Siedlung mit Besorgnis und versuchten 1659 mit kriegerischen Mitteln die Europäer zu vertreiben. Doch sie erlitten eine Niederlage und mussten die Halbinsel den Kolonisten überlassen.

Anfang des 18. Jhs. zerfiel die Khoikhoi-Gesellschaft am Westkap, **deutsche** und **französische** Religionsflüchtlinge verstärkten den Anteil der europäischen Bevölkerung und die Sklaverei wurde zur wirtschaftlichen Basis der Kolonie, mittlerweile ein Dorf mit Kanälen und niedrigen, weiß getünchten Häusern. Um 1750 zählte Kapstadt bereits mehr als 1000 Gebäude und 2500 Einwohner.

1795 besetzten die **Briten** Kapstadt, da sie den wichtigen Seehandel mit dem Osten durch den napoleonischen Expansionismus bedroht sahen. Die calvinistischen holländischen Bürger waren davon keineswegs erbaut, doch für die überwiegend muslimischen Sklaven bedeutete dies das **Ende der Sklaverei**. Die Briten führten zudem die **Religionsfreiheit** ein, und bald hatten ehemalige Sklaven in der Dorp Street im Viertel Bo-Kaap die erste Moschee Südafrikas errichtet.

Anfang des 19. Jhs. war Kapstadt zu einem der kosmopolitischsten Orte der Welt und einer der wichtigsten Hafenstädte avanciert. 1819 war das Gebäude der Commercial Exchange fertiggestellt, gefolgt von Kaufhäusern, Banken und Gebäuden von Versicherungsgesellschaften. In den 60er-Jahren des 19. Jhs. wurde mit der Anlage des Hafens begonnen, die Victoria Road von der Innenstadt bis nach Sea Point gebaut und die Bahngleise bis in den Vorort Wynberg gelegt. Da die Sklaverei abgeschafft war, erbauten das viktorianische Kapstadt zur Zwangsarbeit verurteilte Sträflinge und Kriegsgefangene aus dem Grenzgebiet der Kolonie am Ostkap. In dieser Zeit bahnte sich die Rassentrennung an, und als im Jahr 1901 die Beulenpest ausbrach, lieferte dies den Stadtvätern einen willkommenen Vorwand zur Errichtung von **N'dabeni**, dem ersten schwarzen Viertel Kapstadts in der Nähe von Maitland.

1910 wurde Kapstadt zum **Parlamentssitz** der neu gegründeten Union Südafrika ernannt. Die Afrikaner und Coloureds waren von dem Deal zwischen Buren und Briten ausgeschlossen und sahen sich gezwungen, ihrer politischen Überzeugung am Arbeitsplatz Ausdruck zu verleihen. 1919 organisierten sie sich in der einflussreichen **Industrial and Commercial Union**, die zeitweilig 200 000 Mitglieder zählte.

Mit fortschreitender Industrialisierung nahm die Nachfrage nach schwarzen Arbeitskräften zu, die in den 1945 erbauten Satellitenstädten **Guguletu** und **Nyanga** untergebracht wurden. Drei Jahre später gelangte die National Party an die Macht, die einer verängstigten weißen Wählerschaft versprach, dem Zustrom der Afrikaner in die Städte einen Riegel vorzuschieben. In Kapstadt bewirkte diese Politik, dass auf dem Arbeitsmarkt Coloureds gegenüber Afrikanern bevorzugt wurden, aus den Reihen der afrikanischen Bevölkerung nur noch die Männer, die eine Arbeitsstelle vorweisen konnten, in Kapstadt zugelassen waren (afrikanische Frauen waren gänzlich aus der Stadt verbannt) und der Bau von Familienunterkünften für Afrikaner verboten wurde.

Die Township Langa entwickelte sich zu einer Bastion des **Pan Africanist Congress** (PAC), der am 8. April 1960 in Kapstadt eine friedliche Demonstration gegen die Passgesetze organisierte. Polizisten feuerten in die Menge, töteten drei Menschen und verwundeten zahlreiche weitere. Daraufhin rief die Regierung den Ausnahmezustand aus und erließ ein Verbot von Anti-Apartheid-Gruppierungen, darunter auch PAC und ANC.

1966 wurde der berüchtigte **Group Areas Act** angewandt, um den District Six dem Erdboden gleich zu machen und altansässige, gemischtrassige Coloured-Gemeinden auf die desolaten **Cape Flats** umzusiedeln. Dort bildeten sich die brutalen Banden, die bis heute eines der größten Probleme Kapstadts darstellen. Um die Opposition mundtot zu machen, ließ die National Party im Jahr 1972 alle „farbigen" Volksvertreter aus dem Stadtrat verbannen.

Elf Jahre später, während einer gewaltigen Versammlung auf den Cape Flats, vereinigte sich die außerparlamentarische Opposition ungeachtet staatlicher Repressionen in der **United Democratic Front** und läutete eine intensive Periode des Anti-Apartheid-Kampfes ein. 1986 geriet ein fundamentaler Stützpfeiler der Apartheid ins Wanken, als sich die Regierung gezwungen sah, die Zuzugskontrolle aufzuheben. Daraufhin strömten immer mehr Arbeit suchende Schwarze in die Stadt, errichteten Slums und machten Kapstadt zu einer der am schnellsten wachsenden Städte der Welt.

Am 11. Februar 1990, nur ein paar Stunden nach seiner Freilassung aus dem Gefängnis, hielt **Nelson Mandela** vom Balkon der City Hall aus seine erste öffentliche Rede vor einer begeisterten Menge, die sich in der Grand Parade drängte. Vier Jahre danach zog er als erster demokratisch gewählter Präsident Südafrikas in das 500 m entfernte Parlamentsgebäude (Parliament) ein, das bis dato Weißen vorbehalten war.

Ungeachtet der mehr als 15 Jahre nichtrassistischer Demokratie ist Kapstadt immer noch eine geteilte Stadt. Die Weißen erfreuen sich nach wie vor ihrer angenehmen Existenz in den schattigen Vororten entlang der Küste und der Ausläufer des Tafelbergs. Auf den öden Cape Flats war zwar ein gewisser Fortschritt zu verzeichnen, als sie an das Stromnetz angeschlossen und Papphäuser durch Steinhäuser ersetzt wurden, doch die provisorischen Hütten sind immer noch da und breiten sich unaufhaltsam aus. Obwohl die Weißen in ständiger Furcht vor Verbrechen leben, werden meist Schwarze und Coloureds Opfer krimineller Taten, vor allem bei Auseinandersetzungen im Drogenmilieu und zwischen den Banden.

Vom Zentrum nach Süden hin, entlang des östlichen Ausläufers des Tafelberges, reihen sich die zunehmend wohlhabender wirkenden, überwiegend von Weißen bewohnten **südlichen Vororte**, vom künstlerisch angehauchten Observatory über die hübschen Viertel der Mittelklasse Rondebosch und Newlands bis zu den Winzereien von Constantia. Das **Atlantic Seaboard** entlang der Küste ist trockener und sonniger; hier erstrecken sich am Hang mit Aussicht aufs Meer die vornehmen Viertel Clifton und Camps Bay.

Die Küste der **False Bay** ist regenreicher und grüner; hier ist das Meer normalerweise um ein paar Grad wärmer als an der Westküste der Halbinsel, daher sind Muizenberg, Fish Hoek und Boulders Beach in Simon's Town die beliebtesten Badestrände Kapstadts. Die **nördlichen Vororte** Parow, Milnerton und Bloubergstrand, die sich im Nordosten an der Tafelbucht aneinander reihen, sind ausgesprochen langweilig. Südlich davon erstrecken sich entlang der N2 in Richtung Binnenland die endlosen „farbigen" **Cape Flats Townships** und die desolaten **afrikanischen Ghettos** Nyanga, Langa und Guguletu.

Orientierung

Die **Strand Street** verlief früher direkt an der Küste entlang (auch wenn man sich das heute kaum noch vorstellen kann). Das gesamte bebaute Land nördlich dieser Straße wurde im Lauf der Zeit dem Meer abgerungen. Im südlich davon gelegenen **Upper City Centre** finden sich die Überreste des 350 Jahre alten Stadtkerns, die der Abrissbirne und den urbanen Säuberungen der Apartheid entgangen sind. Das Viertel gehört zu den bezauberndsten Südafrikas.

Auf dem gesamten Gelände zwischen der Strand Street und den Nordausläufern des Tafelbergs findet sich ein Sammelsurium georgianischer, kapholländischer, viktorianischer und neuzeitlicher Architektur (S. 142); in seinen Märkten, Gassen und Moscheen begegnen sich Europa, Asien und Afrika. Hier stehen zudem das **Parlamentsgebäude**, der **Botanische Garten** und zahlreiche interessante **Museen**. Nördlich der Strand Street, im **Lower City Centre**, liegt das betriebsame Hafengelände **Duncan Dock**.

Upper City Centre

Zur Orientierung eignet sich hervorragend die **Adderley Street**, die vom Bahnhof im Norden bis zu den Gardens im Süden mitten durch die Upper City führt. Östlich von ihr konzentrieren sich nahe

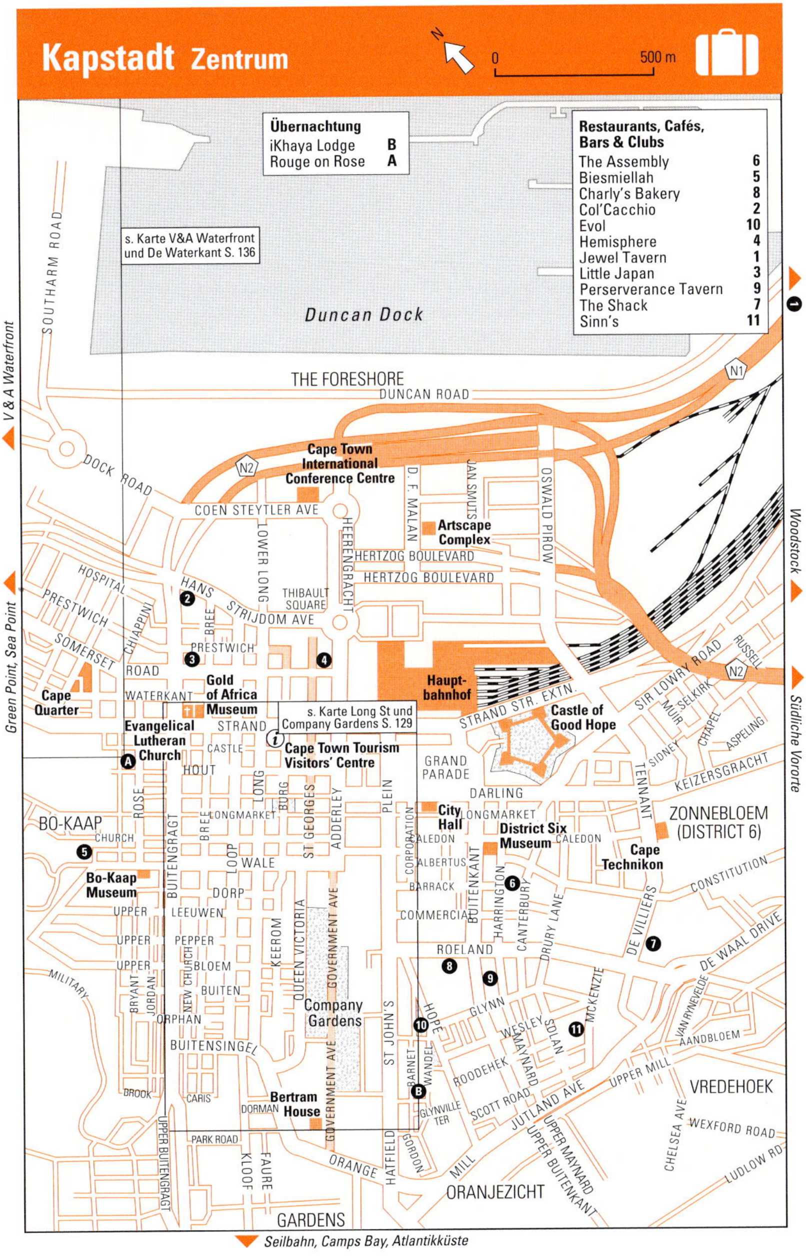
Kapstadt Zentrum
N
0
500 m
Übernachtung
iKhaya Lodge B
Rouge on Rose A
Restaurants, Cafés, Bars & Clubs
The Assembly 6
Biesmiellah 5
Charly's Bakery 8
Col'Cacchio 2
Evol 10
Hemisphere 4
Jewel Tavern 1
Little Japan 3
Perserverance Tavern 9
The Shack 7
Sinn's 11
s. Karte V&A Waterfront und De Waterkant S. 136
Duncan Dock
SOUTHARM ROAD
V & A Waterfront
THE FORESHORE
DUNCAN ROAD
N1
N2
DOCK ROAD
Cape Town International Conference Centre
COEN STEYTLER AVE
LOWER LONG
HEERENGRACHT
D. F. MALAN
JAN SMUTS
OSWALD PIROW
Artscape Complex
HERTZOG BOULEVARD
THIBAULT SQUARE
HANS STRIJDOM AVE
HOSPITAL
PRESTWICH
SOMERSET
CHIAPPINI
BREE
ROAD
WATERKANT
Cape Quarter
Green Point, Sea Point
Gold of Africa Museum
Evangelical Lutheran Church
STRAND
CASTLE
HOUT
s. Karte Long St und Company Gardens S. 129
Cape Town Tourism Visitors' Centre
Hauptbahnhof
STRAND STR. EXTN.
Castle of Good Hope
GRAND PARADE
DARLING
Woodstock
SIR LOWRY ROAD
RUSSELL
MUIR
SELKIRK
CHAPEL
ASPELING
SIDNEY
TENNANT
KEIZERSGRACHT
Südliche Vororte
ZONNEBLOEM (DISTRICT 6)
BO-KAAP
CHURCH
ROSE
BUITENGRAGT
LONGMARKET
LONG
BURG
ST GEORGES
ADDERLEY
PLEIN
City Hall
CALEDON
District Six Museum
Cape Technikon
WALE
LOOP
CORPORATION
ALBERTUS
BARRACK
BUITENKANT
HARRINGTON
CANTERBURY
DRURY LANE
DE VILLIERS
CONSTITUTION
Bo-Kaap Museum
DORP
UPPER
LEEUWEN
PEPPER
BLOEM
BUITEN
ORPHAN
COMMERCIAL
ROELAND
DE WAAL DRIVE
MILITARY
BRYANT
JORDAN
NEW CHURCH
KEEROM
QUEEN VICTORIA
GOVERNMENT AVE
Company Gardens
ST JOHN'S
HOPE
GLYNN
WESLEY
SOLAN
MCKENZIE
VAN RYNEVELDE
AANDBLOEM
BUITENSINGEL
BROOK
CARIS
DORMAN
Bertram House
BARNET
WANDEL
ROODEHEK
MAYNARD
UPPER MILL
VREDEHOEK
GLYNVILLE TER
SCOTT ROAD
JUTLAND AVE
CHELSEA AVE
WEXFORD ROAD
UPPER BUITENGRAGT
PARK ROAD
KLOOF
FAURE
ORANGE
HATFIELD
GORDON
MILL
ORANJEZICHT
UPPER MAYNARD
UPPER BUITENKANT
LUDLOW RD
GARDENS
Seilbahn, Camps Bay, Atlantikküste

Die Sprache der Farbe(n)

Besucher aus anderen Teilen der Welt werden mit Erstaunen feststellen, dass Kapstadt sich ganz und gar „unafrikanisch" anfühlt und anhört. Die dominierende Stadtsprache ist Afrikaans (eng verwandt mit dem Niederländischen). Englisch wird zwar überall gesprochen und verstanden, doch Afrikaans ist die Muttersprache eines Großteils der „farbigen" Stadtbewohner sowie einer beträchtlichen Anzahl der weißhäutigen Kapstädter. Die Bezeichnung „coloured" (farbig) bezieht sich im Unterschied zum britischen, amerikanischen und deutschen Sprachgebrauch, wo „farbig" als eine taktvolle Umschreibung für Menschen dunkler Hautfarbe gilt, auf gemischtrassige Südafrikaner. Die meisten dunkelhäutigen Kapstädter (über 50 % der Einwohner) sind Coloureds. Unter ihren Ahnen befinden sich schwarzafrikanische Sklaven und Nachkommen der Khoikhoi bis zurück ins 17. Jh.

Ende des 19. Jahrhunderts versuchten die weißen, Afrikaans sprechenden Südafrikaner in ihrem Streben nach einer eigenständigen Identität eine „reinrassige" Kultur zu schaffen, indem sie einen Keil zwischen sich und die *coloured* Afrikaans-Sprachigen trieben. Sie schufen Afrikaans als „Sprache des weißen Mannes" neu und bereinigten sie von den ihrer Ansicht nach unfeinen „farbigen" Verbindungen, indem sie Bezeichnungen asiatischer oder afrikanischer Herkunft durch holländische Wörter ersetzten. 1925 wurde Afrikaans neben Englisch zur Amtssprache erhoben, und die bei den Coloureds gebräuchlichen Dialekte wurden überheblich als vom korrekten Sprachgebrauch abweichend betrachtet.

Den Nationalisten unter den Afrikaandern (Buren) reichte das noch nicht aus, und nach der Einführung der Apartheid im Jahr 1948 machten sie sich daran, die Rassenunterschiede genauer zu etikettieren. Im Zuge des **Population Registration Act** wurden alle Südafrikaner als weiß, coloured oder Bantu (die Apartheid-Bezeichnung für Afrikaner) eingestuft. Die Erfinder gingen von der Vorstellung aus, die Unterschiede ließen sich an Hand objektiver Kriterien bestimmen. Den Apartheid-Behörden schien es ziemlich eindeutig zu sein, wer als weiß oder als „Bantu" zu gelten hatte, doch bei den Coloureds wurde es problematisch, da sie keine homogene Gruppe darstellten. Um Abhilfe zu schaffen, wurde 1959 der **Coloured**

der Strand Street das **Castle of Good Hope**, das Gelände des **District Six**, die **Grand Parade** und die **City Hall**. Das Viertel westlich der Adderley Street mutet mit seinen Cafés, Buchläden und Antiquitätengeschäften im Umkreis der Fußgängerzone **St George's Mall** und des **Greenmarket Square** sehr europäisch an. Das **Bo-Kaap** oder muslimische Viertel, drei Querstraßen weiter westlich jenseits der Buitengragt (wörtlich: äußerer Kanal, ist jedoch eine Straße), mit seinen Minaretten und Gewürzläden bildet dazu einen malerischen Kontrast.

Südwestlich der Stelle, an der Adderley Street und Wale Street aufeinander treffen, schlägt das „politische" Herz Kapstadts: Dort liegen rings um den Botanischen Garten das **Parliament**, Museen, die Stadtarchive und De Tuynhuys, die Residenz des amtierenden Präsidenten.

Adderley Street

Die von einigen schönen Bauten aus mehreren Jahrhunderten gesäumte Adderley Street war früher die renommierte Einkaufsmeile der Stadt. Zwar verunstalten eine Reihe von Einkaufszentren aus den 1960er- und 1970er-Jahren das Straßenbild, doch nur ein paar Minuten vom Gewimmel entfernt, in den Straßen und Gassen rings um den Greenmarket Square, hat sich noch etwas historisches Flair erhalten.

Eines der unansehnlichsten neueren Gebäude ist der in den 1970er-Jahren erbaute Geschäftskomplex und Verkehrsknotenpunkt **Golden Acre** am Nordende (Hafenseite) der Adderley Street. Auf den Bürgersteigen und Fußgängerzonen zwischen dem Einkaufskomplex und dem Bahnhof findet meist ein **Flohmarkt** statt – Vorsicht: ein beliebtes Arbeitsfeld von Taschendieben.

Proclamation Act erlassen, der die „Farbigen" in acht Kategorien einteilte: Kap-Coloured, Malaien (Moslems), Griqua, Chinesen, Inder, Andere Inder, Andere Asiaten und Andere Coloured. Aus wirtschaftspolitischen Erwägungen erhielten Japaner den Ehrentitel „honorary white" (ehrenhalber weiß).

Eine weitere Schwierigkeit stellte die Tatsache dar, dass das Aussehen der Coloureds die ganze Bandbreite umfasst: von „Farbigen", die von Weißen nicht zu unterscheiden sind, bis zu Farbigen, die wie Schwarzafrikaner aussehen. Einige Coloureds „frisierten" ihre Herkunft und gingen als Weiße durch, und die Apartheid-Gesetzgebung bot die Möglichkeit der individuellen rassischen Reklassifizierung. Zwischen 1983 und 1990 wurden fast 5000 „Cape Coloureds" zu „Weißen" umgestuft und mehr als 2000 Afrikaner zu „Cape Coloured". Die Feststellung der Rassenzugehörigkeit geschah mittels ominöser Tests – einer z. B. bestand darin, dass der Testperson ein Bleistift ins Haar gesteckt und verdreht wurde; rollte sich das Haar in die Ursprungslage zurück, galt die Person als farbig, blieb es in der Form, war sie weiß.

Diese Klassifizierungen bedeuteten jedoch sehr viel mehr als bloße Semantik; von ihnen hing die gesamte Lebensperspektive eines Menschen ab. In zahlreichen Familien wurde das eine Mitglied als farbig eingestuft, während das andere als weiß deklariert wurde und die Möglichkeit bekam, in hübschen Weißensiedlungen zu wohnen, eine gute Arbeitsstelle zu finden (viele Jobs waren ausschließlich Weißen vorbehalten) und seine Kinder auf bessere Schulen und Universitäten zu schicken. Zahlreiche besser gestellte farbige Hausbesitzer dagegen mussten ihre Wohnhäuser in angenehmen Vororten wie Claremont räumen, die über Nacht zu „weißen" Vierteln deklariert wurden.

Seit der Abschaffung der Apartheid verändern sich die Zusammensetzungen der Wohngebiete und auch die Einstellung zum ethnischen Sprachgebrauch. Manche Südafrikaner lehnen den Terminus *coloured* inzwischen ab, da er Assoziationen mit der Apartheid weckt, und vermeiden jegliche rassenbezogene Definition; andere dagegen benutzen den Begriff mit Stolz und sehen darin einen Ausdruck ihrer eigenständigen Kultur, die auf das Sklaven- und Khoikhoi-Erbe zurückgeht.

Ein Stückchen weiter südlich verkaufen Bewohner des muslimischen Viertels Bo-Kaap auf einem **Blumenmarkt** bunte Sträuße. Beiderseits der Adderley Street stehen zwei eindrucksvolle Bankgebäude. Das prächtigere, von einer hohen Kuppel gekrönte, beherbergt die ehemalige **Standard Bank**, die man durch ein Portal mit korinthischen Säulen betritt. Jetzt beherbergt das Gebäude ein feudales Restaurant und ein Café. Die 1913 fertig gestellte **First National Bank** war das letzte südafrikanische Bauwerk des Architekten Sir Herbert Baker (S. 538).

Am Übergang der Adderley Street in die Wale Street steht die **Slave Lodge**. Die Lodge beherbergt neben interessanten Ausstellungsstücken vom Kap Kostbarkeiten aus aller Welt. Das Museum wurde 1998 am Heritage Day umgetauft und hat seither seinen Schwerpunkt auf südafrikanische Sozialgeschichte verlagert, insbesondere die blutige Geschichte der Sklaverei.

Fast zwei Jahrhunderte lang – mehr als die Hälfte seiner Siedlungsgeschichte – gründeten sich die wirtschaftlichen und sozialen Strukturen Kapstadts auf die Sklaverei (s. Kasten). Die Slave Lodge wurde 1679 für die Niederländisch Ostindische Kompagnie zur Unterbringung ihrer menschlichen Ware erbaut. Um 1770 war die Kompagnie der größte Sklavenhalter am Kap, und in der Lodge wurden fast tausend Sklaven gehalten. Unter Aufsicht der VOC diente die Lodge auch als größtes Bordell der Kapkolonie, dessen Türen sich allabendlich eine Stunde lang für jedermann öffneten. Nach der britischen Übernahme und der Freilassung der Sklaven war die Lodge von 1810–1914 Sitz des Obersten Gerichtshofes, beherbergte anschließend Verwaltungsbüros und bietet heute einer ständig

Adderley Street

Zwar nutzten die Holländer Robben Island als Gefängnisinsel für politische Häftlinge (s. S. 137–138), doch auch das südafrikanische Festland wäre um ein Haar eine Sträflingskolonie wie Australien geworden, wohin die Briten ihre Verbrecher und Staatsfeinde deportierten. Gegen 1840 forderten „rechtschaffene Australier" die Einstellung der Transporte von Kriminellen nach Downunder, woraufhin die britische Regierung versuchte, Gesetzesbrecher ans Kap abzuschieben. Im Jahre 1848 setzte das mit 282 Gefangenen beladene britische Schiff Neptune vor Bermuda die Segel mit Kurs auf Kapstadt. Dort löste die Nachricht helle Empörung aus.

1849 lauschten 5000 Bürger auf der Grand Parade den Protestreden prominenter Liberaler gegen die britische Regierung. Als das Schiff im September 1849 anlegte, ließ Gouverneur Sir Harry Smith keinen einzigen Sträfling an Land, zudem setzte sich der Politiker **Charles Adderley** in London vor dem House of Commons (Unterhaus) erfolgreich für das Anliegen der Kap-Kolonisten ein. Im Februar 1850 segelte die Neptune mitsamt ihrer Sträflingsladung weiter nach Tasmanien, und die dankbaren Kapbewohner gaben der größten Durchgangsstraße der Stadt den Namen **Adderley Street**.

erweiterten Ausstellung über Sklaverei eine Heimstatt.

Mit einem Audioguide können Besucher auf den Spuren des deutschen Salzhändlers Otto Menzl wandeln, wie er im 18. Jh. durch die Lodge geführt wird. Dadurch erhalten sie einen guten Eindruck von den elenden Lebensbedingungen jener Zeit. ⌚ Mo–Sa 10–17 Uhr, Eintritt R15.

Long Street

Die Long Street, eine Einbahnstraße, durchzieht parallel zur Adderley Street in ganzer Länge die Innenstadt und ist eine der abwechslungsreichsten Verkehrsadern Kapstadts und als Epizentrum des Kapstadter Nachtlebens bekannt. Als sich hier vor über 300 Jahren Muslime niederließen, bildete die Long Street die Stadtgrenze Kapstadts; um 1960 war sie zu einer schäbigen Kneipen- und Bordell-Meile verkommen. Erstaunlicherweise blieb von der wechselhaften Vergangenheit noch einiges erhalten, wenn auch mit einem Hauch der mittlerweile besseren Gesellschaft durchsetzt, neben einem Abschnitt mit Billigmöbelgeschäften und Imbissen.

Eine Erkundung der Straße lohnt ab der Kreuzung mit der Wale Street. Hier findet man in friedlicher Nachbarschaft Moscheen und Bars, und die Antiquitäten- und Kunstgewerbeläden, Buchhandlungen und Cafés erfreuen sich regen Zulaufs. Jede Menge Backpackerhostels und ein paar teurere Hotels säumen die Straße – wer hier übernachtet, muss allerdings auf nächtlichen Lärm von den Clubs gefasst sein. Die Gegend bietet abends genug Sicherheit für eine Kneipen- oder Clubtour, und Taxis sind ohne Probleme zu finden. Straßenverkäufer bieten *boerewors* feil, und von 20 bis 4 Uhr erschallt von Mohammeds Dönerstand laute Musik.

Die **Long Street Baths**, ✆ 021-400 3302, am Nordende der Long Street, dort, wo sie auf den Buitensingel (äußeren Stadthalbring) stößt, sind seit 1906 eine feste Institution der Stadt. Die türkischen Bäder haben separate Öffnungszeiten für Frauen und Männer: für Frauen am Di 9–13, Do und Sa 9–18 Uhr, für Männer am Di 13–19, Mi und Fr 9–13, So 8–12 Uhr. Ein Besuch der Bäder inkl. Massage kostet R75, wer nur schwimmen will, zahlt R15. ⌚ Mo–So 7–19 Uhr.

Weiter nördlich, an der Long Street Nr. 185, ragt hinter einer einsamen Palme unübersehbar die **Palm Tree Mosque** (kein Zutritt) auf. Es ist das einzige in dieser Straße noch erhaltene Gebäude aus dem 18. Jh. 1807 ging es in die Hände von Mitgliedern der muslimischen Gemeinde über, die das Obergeschoss in eine Moschee verwandelte.

Schräg gegenüber, in der Wale Street Nr. 76, befindet sich ein hervorragender Kunstgewerbemarkt, der **Pan African Market**. Hier bieten Verkäufer auf drei Stockwerken vielerlei Kunst und Kunstgewerbe aus dem gesamten Kontinent an. Hier kann man sich auch afrikanisch einkleiden – Näherinnen stehen bereit. ⌚ Mo–Fr 9–17 Uhr.

Am nördlichen Ende der Long Street steht das **South African Missionary Meeting-House-Museum**, Long Street Nr. 40, ein ungewöhnliches

Bauwerk mit einer wunderbaren, mit großen Fenstern versehenen und durch vier schlanke korinthische Säulen in drei Gebäudeabschnitte unterteilten Fassade. Die 1804 im Auftrag der South African Missionary Society fertig gestellte Kirche war die erste Missionskirche des Landes; hier erhielten Sklaven Unterricht im Lesen, Schreiben und Unterweisungen im christlichen Glauben. ⌚ Mo–Fr 9–16 Uhr; Eintritt frei.

Greenmarket Square und Umgebung

Biegt man von der Long Street nach Nordosten in die Shortmarket Street ein, streift man den Rand des Greenmarket Square, der mit seinem Kopfsteinpflaster und Markt europäisch anmutet. Der Platz nahm seinen Anfang als Gemüsemarkt, und jetzt findet hier ein Flohmarkt statt. An der Westseite des Platzes steht das von der Longmarket Street her zugängliche **Old Town House**, 💻 www.iziko.org.za/michaelis. Dieses ausgezeichnete Beispiel kapholländischer Architektur wurde Mitte des 18. Jhs. erbaut. Heute beherbergt das ehemalige Rathaus die Michaelis-Sammlung, eine interessante Ausstellung von Landschaftsgemälden weniger bekannter holländischer und flämischer Maler. Abends finden oft klassische Konzerte statt; das Programm ist der Website zu entnehmen. Angenehm entspannend ist ein Mittagessen im Hof des Gebäudes. ⌚ tgl. 10–17 Uhr; Eintritt frei.

Östlich des Platzes verläuft die **St George's Mall**, eine Fußgängerzone, die von der Wale Street nach Nordosten zum Thibault Square in der Nähe des Bahnhofs führt. Mit ihren Coffeeshops, Snackbars, den Straßenkünstlern und Ständen stellt sie zwischen dem Bahnhof und den Company Gardens die angenehmere Alternative zur Adderley Street dar.

Die **St George's Cathedral** am Südende der Mall, an der Kreuzung Queen Victoria Street und Wale Street, ist mehr von historischem als architektonischem Interesse: Am 7. September 1986 hämmerte **Desmond Tutu** in einer symbolischen Geste an ihre Pforte und verlangte, als erster schwarzer Erzbischof Südafrikas eingesetzt zu werden. Drei Jahre später läutete er die letzten Tage der Apartheid ein, als er an der Spitze von 30 000 Menschen von der Kathedrale zum Rathaus marschierte, wo er das Leitmotiv des neuen Südafrika prägte: „We are the rainbow people!" rief er der Menge zu, „We are the new people of South Africa!"

In der **Church Street** (eine Querstraße nahe dem südlichen Ende der Mall) und ihrer Umgebung wimmelt es von Antiquitätengeschäften. Auf ihrem verkehrsberuhigten nordöstlichen Abschnitt wird inoffiziell ein Antiquitätenmarkt abgehalten.

Government Avenue und Company Gardens

Ein Spaziergang auf der Government Avenue, der südwestlichen Verlängerung der Adderley Street, zählt zu den gemütlichsten, die im Zentrum Kapstadts möglich sind (alle Straßen und Wege in den Company Gardens sind autofrei). Dieser von Eichen und Bänken gesäumte Boulevard verläuft an der Rückseite des Parlaments vorbei durch die Gardens.

Am nördlichen Ende der Straße erhebt sich rechts die **South African Library** mit einer ausgezeichneten Sammlung von historischen und naturwissenschaftlichen Werken über das südliche Afrika. Sie wurde mit den Geldern aus einer Weinsteuer erbaut und öffnete 1822 ihre Pforten. ⌚ Mo–Fr 9–18, Sa 9–13 Uhr; Eintritt frei.

Die **Company Gardens**, die sich von hier bis zum South African Museum erstrecken, bildeten die eigentliche *raison d'être* der holländischen Niederlassung am Kap. Die Gärten wurden 1652 angelegt, um die zwischen den Niederlanden und dem Osten verkehrenden Segelschiffe der Niederländisch-Ostindischen Handelskompanie mit frischem Gemüse zu versorgen. Anfänglich verrichteten importierte Sklaven die Arbeit. Ende des 17. Jhs. wurden die Gemüsefelder zur Erbauung der sich allmählich herausbildenden Kolonialelite in einen Botanischen Garten mit Teichen, Wiesen und schattigen Wegen verwandelt. In den Gardens, die nach wie vor ein angenehmer Ort zum Spazierengehen sind, lädt ein Gartencafé zur Rast ein.

Wer von der South African Library auf der Government Avenue am rückwärtigen Teil des Parliament vorbeispaziert, kann durch ein Eisentor einen Blick auf die eleganten Gebäude und Blumenrabatten von **De Tuynhuys** werfen, dem Büro (nicht die Residenz) des Präsidenten. Ein Stück-

Sklaverei am Kap

Offiziell wurde die Sklaverei am Kap im Jahr 1838 abgeschafft, doch ihr Erbe ist in Südafrika immer noch spürbar. Die meisten dunkelhäutigen Landesbewohner, die rund 50 % der Einwohner Kapstadts ausmachen, stammen von Sklaven und indigenen Khosan ab, und manche Historiker sind der Ansicht, die Apartheid sei eine „natürliche" Fortsetzung der Sklaverei unter anderen Vorzeichen gewesen.

Im ausgehenden 18. Jh. übertraf die Zahl der versklavten Bevölkerung mit fast 26 000 Mitgliedern die der freien Bürger am Kap. Ungeachtet der damit einhergehenden tiefgreifenden Auswirkungen auf die Entwicklung des südafrikanischen Gesellschaftssystems blieb dieses Thema bis zur Veröffentlichung einiger Studien zur Sklaverei in den 1980er-Jahren einer der am wenigsten erforschten Aspekte der Geschichte des Landes. Bis heute fällt es vielen Coloureds schwer, ihre Abstammung von ehemaligen Sklaven zu akzeptieren.

Am Kap selbst wurden paradoxerweise so gut wie keine Bewohner versklavt. Während auf dem gesamten Kontinent Menschen für den Export nach Amerika gejagt wurden, musste die Kapverwaltung, der es nach Vorschrift der VOC verboten war, die Urbevölkerung der Region zu versklaven, ihren Bedarf andernorts decken. Von den 63 000 vor 1808 in die Kapregion importierten Sklaven stammten die meisten aus Ostafrika, Madagaskar, Indien und dem indonesischen Archipel, wodurch eine kulturelle Vielfalt entstand wie in kaum einer anderen Sklavengesellschaft. Anfänglich verhinderte dies die Entwicklung einer eigenen Identität, doch im Laufe der Zeit bildete sich eine Mischkultur heraus, die u. a. eine maßgebliche Rolle in der Weiterentwicklung des Afrikaans spielte.

chen weiter endet der baumbestandene Weg an einem Platz mit Zierteichen und Statuen, die an der Ostseite von der South African National Gallery, dem Jewish Museum und der Great Synagogue und an der Westseite vom South African Museum und dem Planetarium eingerahmt werden.

South African National Gallery

Am südlichen Endes der Government Avenue, wo sie mit der winzigen Gallery Lane zusammentrifft, befindet sich die South African National Gallery, unverzichtbare Anlaufstelle jedes Besuchers, der sich für die hiesige Kunstszene interessiert. Neben einer kleinen, hervorragenden Sammlung zeitgenössischer südafrikanischer Kunst – interessant ist z. B. die Skulptur *Butcher Boys* von Jane Alexander, die Südafrikas ganze Brutalität und Gewalt der Vergangenheit und Gegenwart bildlich verkörpert – sind auch traditionelle Arbeiten aus dem Südosten des Kontinents zu sehen, in deren Mittelpunkt eine kleine Sammlung (ein Geschenk der deutschen Regierung) steht.

Die Ausstellungsstücke, darunter Perlen und Schnitzereien, wurden nach ihrer ästhetischen Qualität und Seltenheit ausgesucht und repräsentieren die Absicht der Galerie, das Augenmerk auf vernachlässigte Aspekte des südafrikanischen Erbes zu lenken. In einem Raum sind weniger berühmte Arbeiten britischer Künstler ausgestellt. In der Galerie gibt es auch ein Café und einen hervorragenden Kunstgewerbeladen mit bestickten Textilien, Korbwaren, Drahtartikeln und schönen Perlenstickereien. 🕓 Di–So 10–17 Uhr; Eintritt R15, Kinder R5.

South African Jewish Museum

Das südafrikanische jüdische Museum, 💻 www.sajewishmuseum.co.za, liegt neben der Nationalgalerie, aber sein Eingang befindet sich in der 88 Hatfield St. Ein Teil der Ausstellung ist in der ältesten Synagoge Südafrikas aus dem Jahre 1863 untergebracht. Das Museum erzählt die Geschichte der südafrikanischen Juden von den Anfängen vor mehr als 150 Jahren bis zur Gegenwart. Der Rundgang beginnt in der Old Synagogue, von wo aus die Besucher ins Obergeschoss eines neuen, zweistöckigen Gebäudes über eine Laufplanke gelangen – ein Symbol für die Ankunft der ersten jüdischen Immigranten mit Schiffen, die in den 40er-Jahren des 19. Jhs. in der Tafelbucht anlegten.

Die Ausstellung verfolgt drei Erzählstränge: „**Memories**" befasst sich mit den Ursprüngen und Erlebnissen der Zuwanderer; „**Reality**" berichtet von ihrer Integration in Südafrika und

Long Street und Company Gardens

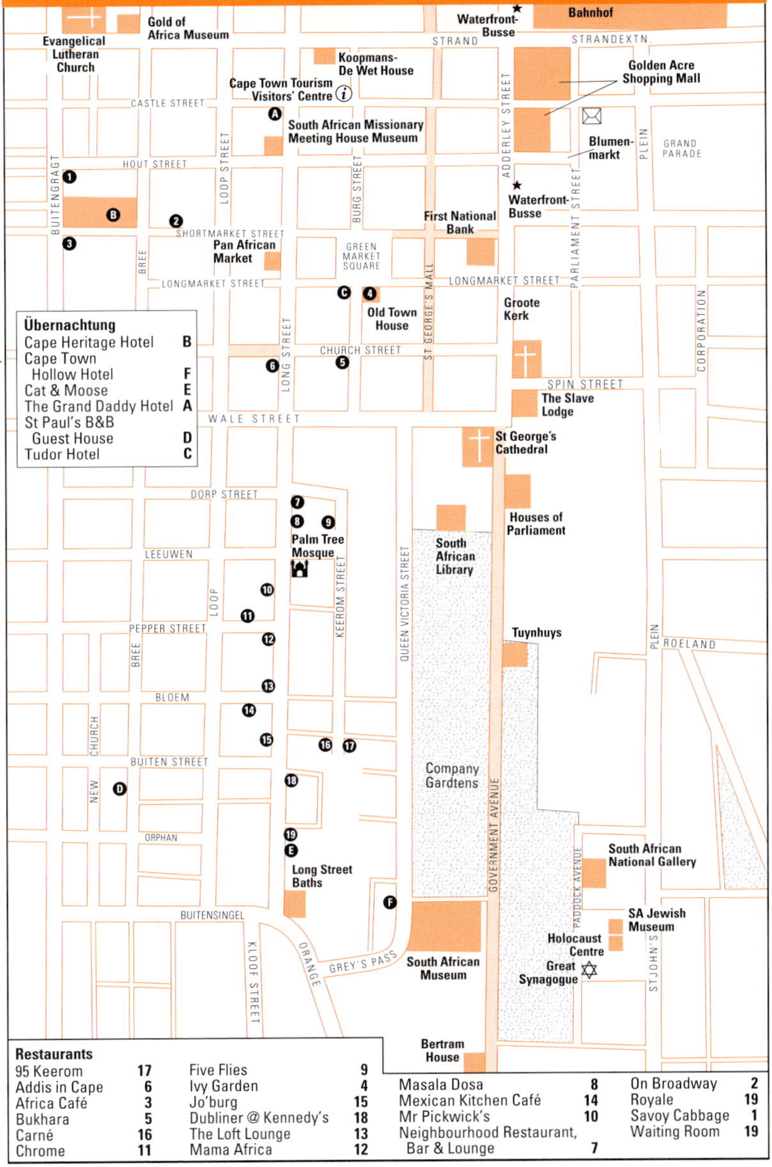

„**Dreams**" beleuchtet die Rolle der Juden in Südafrika, ihre Beziehung zu Israel und ihre Position in der Welt.

Im Erdgeschoss befindet sich die begehbare Nachbildung eines litauischen *shtetls* (die Vorfahren der meisten südafrikanischen Juden stammen aus Litauen). Der Museumskomplex beherbergt auch ein empfehlenswertes Restaurant, einen Laden und ein Auditorium. ⌚ So–Do 10–17, Fr 10–14 Uhr; Eintritt R35, Kinder R15.

Cape Town Holocaust Centre und Great Synagogue

Die 1999 eröffnete Holocaust-Ausstellung im Obergeschoss des **Holocaust Centre** (unter einem Dach mit dem Jüdischen Museum) zählt zu den anschaulichsten und bewegendsten Museen Kapstadts. Sie ist in einem Land mit rassistischer Vergangenheit von besonderer Eindringlichkeit. Mittels Texten, Fotografien, Gegenständen (z. B. eine KZ-Häftlingsuniform), Filmclips, Soundtracks und Video wird dem Besucher das komplexe Thema nahegebracht.

Die Ausstellung behandelt die Geschichte des Antisemitismus in Europa bis hin zur „Endlösung" der Nazis und befasst sich zudem mit den südafrikanischen *Greyshirts*, die sich in den 1930er-Jahren von der Nazi-Ideologie anstecken ließen und später in der National Party aufgingen. ⌚ Mo–Do und So 10–17, Fr 10–13 Uhr; Eintritt frei.

Eine Tür weiter steht die **Great Synagogue**, die von den schottischen Architekten Parker & Forsyth entworfen und 1905 fertig gestellt wurde. Mit ihrer mächtigen Kuppel und den beiden hohen Türmen erinnert ihr Baustil an mitteleuropäische Barockkirchen. Wer das Innere besichtigen möchte, muss im Holocaust Centre die Erlaubnis einholen und vielleicht einen Ausweis vorlegen.

South African Museum und Planetarium

Das wichtigste Naturkundemuseum des Landes, das South African Museum, 🖳 www.museums.org.za/sam, befindet sich in der 25 Queen Victoria St, westlich der Government Avenue. In der **ethnografischen Abteilung** sind sehr interessante traditionelle Kunstgegenstände und Handarbeiten verschiedener afrikanischer Gruppen und ungewöhnliche Felszeichnungen zu sehen. Die **naturkundliche Abteilung**, eine Treppe höher, umfasst präparierte Tiere, Dioramen prähistorischer Karoo-Reptilien und Beispiele der Flora und Fauna des Tafelbergs. Das Highlight ist der vierstöckige „whale well": wie ein gewaltiges Mobile von der Decke baumelnde Wal-Skelette, untermalt vom

Jüdische Immigranten in Südafrika

Rund 16 000 Juden leben heute in Kapstadt; die überwiegende Mehrzahl sind Abkömmlinge osteuropäischer Flüchtlinge, die Ende des 19. oder zu Beginn des 20. Jhs in Südafrika Zuflucht vor Diskriminierung und Verfolgung suchten.

Seitdem die britische Okkupationsmacht 1795 am Kap die Glaubensfreiheit ausrief, sahen sich die bereits in Südafrika lebenden Juden in geringem Maße mit einschränkenden Gesetzen konfrontiert. Allerdings machten sich im 20. Jh. hin und wieder antisemitische Strömungen breit, insbesondere in den 1930er-Jahren unter den Anhängern der damaligen Oppositionspartei, der Nationalist Party. Vor Ausbruch des zweiten Weltkrieges verfielen einige Kreise dieser Partei dem Einfluss der deutschen Nazi-Ideologie und der Vorstellung, sämtliche Widrigkeiten, mit denen die Afrikaander sich konfrontiert sahen, wären einer „britisch-jüdischen Kapitalistenverschwörung" zuzuschreiben.

1941 machte sich die Partei dafür stark, keine jüdischen Flüchtlinge mehr aufzunehmen und forderte sogar die Repatriierung „unerwünschter Einwanderer".

Kurz vor ihrem Wahlsieg im Jahr 1947 legte die Apartheidspartei plötzlich ihre antisemitische Überzeugung ab: Einer ihrer ersten politischen Schritte nach der Machtübernahme von 1948 bestand in der offiziellen Anerkennung des Staates Israel, mit dem die National Party bis zu ihrer Machtaufgabe im Jahr 1994 gute Beziehungen unterhielt. Die ANC-Regierung steht der Sache der Palästinenser weitaus positiver und Israel kritischer gegenüber als ihre Vorgänger.

sphärisch klingenden Walgesängen. ⏲ tgl. 10–17 Uhr, 1. Mo im Monat geschl.; Eintritt R15.

Wer sich von Fachleuten über den Sternenhimmel der südlichen Hemisphäre informieren lassen möchte, sollte ins angrenzende **Planetarium**, 💻 www.iziko.org.za/planetarium/esshows, gehen; Vorführungen Mo–Fr 14, Di 20, Sa und So 12, 13 und 14.30 Uhr. Es werden auch wechselnde Vorstellungen zu Themen wie z. B. den Himmelsmythen der San gezeigt. Aktuelle Programmhefte liegen im Museum aus (Infos auch im Internet). Außerdem werden Pläne verkauft, auf denen die Planetenkonstellation innerhalb eines bestimmten Monats eingezeichnet ist. ⏲ tgl. 10–17 Uhr; Eintritt R20, Kinder R6.

Bertram House

Am Südende der Government Avenue steht das Bertram House, ein Museum, dessen schöne, zweistöckige Backsteinfassade auf einen duftenden Kräutergarten hinausgeht. Das in 40er-Jahren des 19. Jhs. erbaute Gebäude ist das einzige in Kapstadt noch erhaltene Backsteinhaus im georgianischen Stil. Es ist mit Möbeln und Haushaltsgegenständen ausgestattet, die bei wohlhabenden britischen Familien in der ersten Hälfte des 19. Jhs. üblich waren. Das 1962 zum National Monument ernannte Bertram House wurde zwischen 1983 und 1984 umfassend im ursprünglichen Stil restauriert. ⏲ nur Mo und Fr 10–17 Uhr; Eintritt R5, Spende.

Houses of Parliament

Das südafrikanische Parlament, östlich der Government Avenue an der Parliament Street, besteht aus einer ganzen Reihe miteinander verbundener Gebäude mit einem Labyrinth aus Korridoren, Hunderten von Büros und Konferenzräumen. Viele stammen aus der Reformphase des Apartheidregimes in den 1980er-Jahren, als im Interesse der Rassentrennung drei verschiedene Verwaltungsabteilungen mit nach Rassen getrennter Zuständigkeit eingerichtet wurden.

Im ursprünglichen, 1885 fertig gestellten imposanten viktorianisch-neoklassizistischen Flügel tagte anfänglich die gesetzgebende Versammlung der Kapkolonie. Nach dem 1910 erfolgten Zusammenschluss von Burenrepubliken und britischen Kolonien wurde er Sitz des Parlamentes der Union Südafrika, jenes alte Parlament, das mehr als 70 Jahre lang repressive Gesetze, darunter auch die Apartheidsgesetze, verabschiedete.

Die neue Kammer wurde 1983 als Teil des **Dreikammernparlaments** erbaut, P.W. Bothas Versuch, eine Mehrheitsregierung abzuwenden, indem er versuchte, Inder und Coloureds zu vereinigen – allerdings in getrennten Sitzungssälen. Die „tricameral" Kammer, in der gelegentlich die drei nicht-afrikanischen „Rassen" zusammentraten, ist heute die **National Assembly**, wo Besucher Parlamentsdebatten beiwohnen dürfen. Kostenlose einstündige Führungen durch das Gebäude (stdl. Mo–Fr 9–12 Uhr; Anmeldung eine Woche im Voraus unter ✆ 021-403 2201) beginnen am Parlamentseingang an der Plein Street, Ausweis oder Pass nicht vergessen! Hier gibt's auch die Tickets für die Parlamentsdebatten – am interessantesten ist immer die Fragestunde (Mi 15 Uhr), wenn den Parlamentariern die Minister Rede und Antwort stehen.

Castle of Good Hope

Von außen erscheint das älteste Gebäude Südafrikas nicht besonders attraktiv und seine Lage an der Darling Street, hinter dem Bahnhof und Busbahnhof, macht es auch nicht gerade besser. Dennoch lohnt das Castle of Good Hope, 💻 www.castleofgoodhope.co.za, ⏲ tgl. 9.30–16 Uhr; Eintritt R20, die Eintrittsgebühr. Nach umfangreichen zehnjährigen Restaurierungsarbeiten erstrahlt das Innere jetzt wieder im Glanz des 1798 eingeführten British Regency-Stils. Heutzutage lockt das Gebäude zusätzlich mit guten zeitgenössischen **Ausstellungen** – Einzelheiten auf der Website.

„The Castle" wurde in der europäischen Festungsbauweise des 17. Jhs. errichtet – mit wuchtigen Eckbastionen zum Schutz der Außenmauern. Das 1679 fertig gestellte Bauwerk ersetzte van Riebeecks früheres Fort aus Lehm und Holz, das an der Stelle stand, wo sich nun die Grand Parade befindet. Der Eingang ist ein schönes Beispiel für den holländischen Klassizismus des 17. Jahrhunderts. Im Turm über dem Eingang hängt immer noch an den ursprünglichen Holzbalken die 1697 in Amsterdam gegossene Glocke. 150 Jahre lang bildete das Castle das Zentrum der Kapverwaltung und das Herz des gesellschaftlichen und wirtschaftlichen Lebens.

Im Castle sind drei interessante Ausstellungen zu besichtigen: Das Military Museum behandelt die kriegerischen Konflikte aus den Anfangszeiten der Niederlassung; im Secunde's House sind Möbel, Gemälde und Kunstgegenstände aus den Wohnräumen des stellvertretenden Gouverneurs zu sehen, und die William Fehr Collection, eine der renommiertesten Kunstsammlungen des Landes, umfasst bildliche Darstellungen der Siedlung, holländisches und indonesisches Mobiliar aus dem 18. und 19. Jh. sowie chinesisches und japanisches Porzellan aus dem 17. und 18. Jh. Die kostenlosen Führungen (tgl. um 11, 12 und 14 Uhr) eignen sich zur Orientierung und beinhalten eine Besichtigung der wichtigsten Gebäudeteile. Im Hof gibt es zudem einen gemütlichen Teashop mit Blick auf den Tafelberg.

Grand Parade und City Hall

Westlich des Castle erstreckt sich die Grand Parade; die weitläufige Freifläche diente bis zur Fußball-WM 2010 als Markt- und Parkplatz und Ort für politische Kundgebungen. Sie stand am 11. Februar 1990 weltweit im Zentrum des politischen Geschehens, als sich hier 100 000 Menschen versammelten, um die erste öffentliche Ansprache Nelson Mandelas zu hören, die er nach seiner Freilassung aus dem Gefängnis auf dem Balkon der City Hall hielt. Dieses Gebäude im edwardianischen Baustil hebt sich wirkungsvoll von der Kulisse des Tafelbergs ab. Während der WM mutierte der Platz zum **Fan Park**, wo bis zu 30 000 Fans die WM-Spiele auf mehreren Bildschirmen live verfolgen konnten.

District Six

Südlich des Castle, im Schatten des Devil's Peak, liegt ein unbebautes Gelände, das auf Stadtplänen mit Zonnebloem (Sonnenblume) bezeichnet wird. Bevor die Apartheid-Regierung daran ging, es dem Erdboden gleichzumachen, war dies der District Six, ein ärmliches, aber lebhaftes Viertel mit 55 000 überwiegend „farbigen" Einwohnern. Mit seiner multikulturellen Vielfalt in den schmalen Gassen galt der Bezirk als die Seele Kapstadts.

Im Jahr 1966 erklärten die Apartheidsideologen den District Six zur **White Group Area** und ließen die Bulldozer anrollen, die immerhin 15 Jahre brauchten, um das Viertel aus dem Stadtbild zu entfernen. Nur die Moscheen und Kirchen blieben stehen. Allerdings rief diese Willkür sowohl im Ausland als auch im eigenen Land solche Empörung hervor, dass sich trotz der günstigen Grundstückspreise kaum jemand bereit fand, hier ein Haus zu bauen. So stehen am Rande des Viertels nur ein paar luxuriöse Mietshäuser und das Cape Technikon, eine Ausbildungsstätte, die fast ein Viertel des ehemaligen Districts einimmt. Nach langjährigen Verhandlungen wurde inzwischen erreicht, dass auf Staatskosten preiswerte Wohnungen gebaut werden und einige der früheren Bewohner zurückkehren konnten. Ein Großteil des Gebiets bleibt aber nach wie vor unbebaut, da sich die verschiedenen Gruppen weiter um einen möglichst großen Anteil an der Beute raufen.

Am Nordende des District Six, an der 25a Buitenkant St, Ecke Albertus St, befindet sich das ergreifende **District Six Museum**, 💻 www.districtsix.co.za). Es gibt nur wenige Orte in Kapstadt, die auf so bewegende Art und Weise die Auswirkungen der Apartheid auf das tägliche Leben der „kleinen Leute" verdeutlichen, wie dieses Museum. Es ist in der ehemaligen Central Methodist Mission Church untergebracht, wo die Opfer der Zwangsräumung bis in die 1980er-Jahre hinein Unterstützung fanden und die ein Treffpunkt für Apartheidsgegner wurde. Im einstigen Kircheninneren sind u. a. Haushaltsgegenstände, Handwerkszeug und Fotos zu sehen, die ein anschauliches Bild vom Alltag der früheren Bewohner vermitteln.

Einen Großteil des Bodens bedeckt ein Plan des alten District Six, auf dem die Vertriebenen schriftlich ihre Erinnerungen an vom Erdboden verschwundene Orte und Gebäude festgehalten haben. Beachtung verdient auch die fast komplette Sammlung von Original-Straßenschildern; die einem Mitarbeiter der Stadtreinigung zu verdanken ist, der eigentlich den Auftrag hatte, die Schilder in der Tiefe der Tafelbucht verschwinden zu lassen. Im Museumscafé gibt's Snacks, darunter die traditionellen süßen *koeksisters*. 🕓 Mo 9–15, Di–Sa 9–16 Uhr; Eintritt R10.

Bo-Kaap

Ein paar Minuten vom Parlamentskomplex entfernt, an den Ausläufern des Signal Hill, liegt das Bo-Kaap, eines der ältesten und faszinierendsten Wohnviertel Kapstadts. Farbenfroh getünchte Häuser aus dem 19. Jh. im holländischen und georgianischen Stil säumen seine Straßen und das Gewirr aus Gassen und Pfaden, das die Heimat der **muslimischen Gemeinde** bildet. Das Bo-Kaap besitzt seine ganz eigene, unverkennbare Identität, die nach der Zerstörung des District Six, mit dem es viel gemeinsam hatte, umso deutlicher hervortritt. Hier wird noch ein besonderer Dialekt des Afrikaans gesprochen, der allerdings zunehmend vom Englischen verdrängt wird.

Alteingesessene Anwohner haben ihren Familienbesitz verkauft, und nach der Schließung der wichtigen *halal*-Fleischerei stehen die Zeichen endgültig auf Wandel. Im Viertel haben sich schon einige trendige Leute von außerhalb niedergelassen, und ein paar Guesthouses versuchen aus der tollen zentralen Lage des Viertels zwischen der vergnügungssüchtigen Long Street und der quirligen Waterfront Kapital zu schlagen.

Die Einwohner des Bo-Kaap sind Abkömmlinge von ehemaligen Regierungsgegnern und Sklaven, die im 16. und 17. Jh. von den Holländern hierher verschleppt wurden. Man belegte sie mit dem irreführenden Sammelbegriff „Kap-Malaien“, obwohl weniger als 1 % von ihnen wirklich aus Malaysia kam; die meisten stammten aus Afrika, Indien, Madagaskar und Sri Lanka.

Das Bo-Kaap lässt sich am einfachsten zu Fuß über die Wale Street erreichen, die vom südlichen Ende der Adderley Street über die Buitengragt hinauf führt und die Hauptverkehrsader des Bo-Kaap bildet. Das Bo-Kaap lässt sich am besten im Rahmen einer **Tour** mit Museumsbesuch und Rundgang besichtigen. Die zuverlässigste (und preiswerteste) ist der zweistündige Stadtrundgang für R120 (inkl. Eintritt zum Museum), veranstaltet von Bo-Kaap Guided Tours, ✆ 021-422 1554 oder 082-423 6932, ✉ shireen.narkedien@gmail.com. Die Fremdenführer sind Ortsansässige, deren Kenntnisse weit über das Sightseeing-Standardprogramm hinausreichen.

Ein lohnendes Ziel ist das **Bo-Kaap Museum**, 71 Wale St, 💻 www.iziko.org.za/bokaap, kurz vor dem Ende der Buitengragt. Es besteht in erster Linie aus dem Wohnhaus und den Besitztümern des religiösen Oberhaupts Abu Bakr Effendi, den die Briten 1862 als Vermittler zwischen verfeindeten muslimischen Fraktionen aus der Türkei kommen ließen. Er gründete eine arabische Schule und verfasste ein Buch in der Sprache der Region – einem Vorläufer des heutigen Afrikaans, und wahrscheinlich das erste gebundene Druckerzeugnis in dieser Sprache. Das Museum ist zudem eine Informationsquelle bezüglich der lokaltypischen Ausprägungen des Islam, die eigenständige Traditionen und annähernd zwei Dutzend über die Halbinsel verstreute *kramats* (Schrein eines muslimischen Heiligen) hervorbrachten. 🕓 Mo–Sa 10–17 Uhr; geringe Eintrittsgebühr.

Eine Querstraße südlich des Museums, an der Dorp Street, erhebt sich die **Auwal**, die erste offizielle Moschee Südafrikas, die 1795 auf Betreiben von Tuan Guru, einem islamischen Gelehrten, gegründet wurde. Inzwischen hat das 10 000 Einwohner starke Viertel zehn weitere Moscheen.

Strand Street

Die Strand Street, eine wichtige Verkehrsader, die den Freeway N2 mit dem innerstädtischen Geschäftsviertel verbindet, bildet die Trennlinie zwischen dem Upper und dem Lower City Centre. Aufgrund ihrer Nähe zum Hafen war die Strand Street von der Mitte des 18. bis zur Mitte des 19. Jhs. eine der renommiertesten Straßen Kapstadts, doch das Einzige, was noch darauf hindeutet, sind eine Hand voll eleganter, unter Denkmalschutz stehender Gebäude inmitten des Verkehrslärms: das **Martin Melck House**, in dem das **Gold of Africa Museum** untergebracht ist, die **Evangelical Lutheran Church** und das **Koopmans-De Wet House**.

Gold of Africa Museum

Seitdem im ausgehenden 19. Jh. in der Nähe von Johannesburg Gold entdeckt wurde, verbindet man in der westlichen Welt den Begriff Südafrika mit diesem wertvollen Metall und den Reichtümern, für die es steht. Das hervorragende Gold of Africa Museum, 96 Strand St, 💻 www.

goldofafrica.com, unweit der Buitengragt, zeigt jedoch eine neue Seite des Goldes – in Form der erlesenen Kunstgegenstände, die afrikanische Goldschmiede aus Mali, Senegal, Ghana und von der Elfenbeinküste im 19. und 20. Jh. herstellten.

Diese vielleicht wichtigste Sammlung ihrer Art umfasst mehrere hundert wunderbare Stücke – Masken, eine Krone sowie Figuren von Menschen und Tieren. Das absolute Highlight aber ist der **Goldene Löwe** aus Ghana, das Symbol des Museums. Zum Museum gehört auch ein kleiner Vorführraum, in dem ständig ein Film gezeigt wird, eine Weinstube, wo Snacks, Kaffee und Kapwein erhältlich sind, eine Goldschmiede und ein Souvenirladen, der Postkarten, Goldblättchen und geschmackvolle kleine Mitbringsel verkauft. ◷ Mo–Sa. 9.30–17 Uhr; Eintritt R25.

Evangelical Lutheran Church

Direkt neben dem Gold of Africa Museum, an der Buitengragt, Ecke Strand Street, steht die Evangelisch Lutherische Kirche. Der ehemalige Schuppen wurde 1785 in ein Gotteshaus mit Uhrturm und gotischen Elementen wie Bogenfenstern umgebaut. Die auf den Schultern zweier lebensgroßer Atlanten ruhende **Kanzel** im Kirchenschiff stellt eines der Meisterwerke des kapholländischen Architekten Anton Anreith dar.

Der Bau der lutherischen Kirche in Kapstadt Ende des 18. Jhs. stellte einen erheblichen Fortschritt dar, denn bis dahin herrschte extreme religiöse Intoleranz: Nicht nur war der Protestantismus die einzige erlaubte Form der Religionsausübung – die Holländisch Reformierte Kirche besaß auch das alleinige Monopol auf die Errettung der Seelen. ◷ Mo, Mi und Fr 9–12 Uhr; Eintritt frei.

Koopmans-De Wet House

Das zwischen zwei Büroblocks in der Nähe von Cape Town Tourism eingeklemmte Koopmans-De Wet House, 35 Strand St, ist ein wunderbares Beispiel für ein neoklassizistisches Stadthaus des 18. Jhs. Es beherbergt eine erlesene Sammlung antiker Möbel und kostbares Porzellan. Interessante Hintergrundinformationen über das Haus und seine Geschichte enthalten die preiswerten Broschüren, die am Eingang erhältlich sind.

Die Fassade ist eine schöne Synthese von holländischen Stilelementen (Schiebefenster, große Haustüren) und einer von der südafrikanischen Witterung diktierten Bauweise. Hohe Zimmerdecken und Fensterläden boten Schutz vor der Sommerhitze. Die **Laterne** in der Lünette über dem Eingang war im 18. und frühen 19. Jh. fester Bestandteil aller Stadthäuser der Kapregion. Sie diente dazu, die Straße zu beleuchten und somit Sklaven daran zu hindern, im Schutze der Nacht verschwörerische Versammlungen abzuhalten. ◷ Di–Do 9.30–16.30 Uhr; geringe Eintrittsgebühr.

Die V&A Waterfront

Die Victoria and Alfred Waterfront, kurz *The Waterfront* genannt, ist die ursprüngliche Hafenanlage Kapstadts und heute ein quirliger Komplex mit Geschäften, Restaurants und Hafenpromenaden mit herrlicher Sicht auf den Tafelberg. Hier legen auch die Boote zur Robben Island ab – die Touristen steigen an genau derselben Stelle in die Boote, wo früher die heutigen Politgrößen des Landes zur Zwangsarbeit oder ins Gefängnis aufbrechen mussten.

Südlich der Waterfront erstreckt sich zwischen Innenstadt und Bo-Kaap das Viertel **De Waterkant** mit hübschen Reihenhaussträßchen, einigen guten Restaurants und Cafés sowie dem „pink square", dem selbsternannten Schwulenviertel der Stadt mit Clubs, Kneipen und Sauna.

The Waterfront

Aufgrund der tückischen Witterung galt das Kap als das **Kap der Stürme**, und die Tafelbucht war oft mit Schiffwracks übersät. Die Debatte darüber, ob eine Hafenanlage gebaut werden sollte, bestimmte die erste Hälfte des 19. Jhs. Um 1850, als immer mehr Schiffe das Kap anliefen, wurde die Nachfrage nach einem sicheren Hafen immer lauter und erreichte 1860 seinen Höhepunkt, als die Versicherungsgesellschaft Lloyds sich weigerte, weiterhin Schiffe zu versichern, die in der Tafelbucht vor Anker gingen.

Die britische Kolonialregierung verhielt sich angesichts der zu erwartenden Kosten zögerlich, gab jedoch schließlich nach. An einem stürmischen Septembertag im Jahr 1860 warf der damals noch minderjährige Prinz Alfred im Rahmen einer pompösen Zeremonie die erste Schaufel Erde in die Tafelbucht und legte damit den Grundstein für Breakwater, den westlichen Hafenarm. 1869 war das Dock mit zwei Hauptbecken fertig.

Kaum ein anderer Teil Kapstadts lässt sich mit öffentlichen Transportmitteln so leicht erreichen wie die Waterfront. Golden Arrow-Stadtbusse fahren vor dem Bahnhof an der Adderley Street und von der Beach Road in Sea Point hierher. Auch der offene City Sightseeing Bus (S. 197) hält an der Waterfront. Und auch für Autofahrer ist gut gesorgt: Es gibt mehrere Parkplätze und Parkhäuser. Wer die Waterfront per Taxi verlassen möchte, findet einen Taxistand am Breakwater Boulevard.

Die Marina und die Victoria und Alfred Basins

Das Victoria Basin mit dem kleineren Alfred Basin im Westen und der angrenzenden Marina nimmt die nordwestliche Hälfte der Landungsstege und Kais der Waterfront ein. Das Einkaufsparadies der Waterfront ist die schicke, zweistöckige **Victoria Wharf**, die sich nordöstlich des Amphitheaters entlang des Quays Five und Six erstreckt. Hier kommen die meisten Waterfront-Besucher an. Von den Freiluft-Restaurants und Cafés aus fällt der Blick auf den grandiosen Tafelberg.

Geht man von hier aus am Alfred Basins North Quay nach Süden, stößt man auf das **Alfred Mall Shopping Centre**, eine Ansammlung von Souveniergeschäften, Boutiquen und Restaurants. Das Hafengelände östlich der Alfred Shopping Mall wird vom **Old Port Captain's Office** beherrscht, einem imposanten, 1904 errichteten Gebäude, in dem Werkstätten von Künstlern und Handwerkern untergebracht waren.-

Two Oceans Aquarium

Das lohnende Two Oceans Aquarium, 💻 www.aquarium.co.za, in der Dock Road an der North Wharf veranschaulicht die einzigartige Unterwasserwelt am Kap, wo der warme Indische Ozean auf den kalten Atlantik trifft. Im Unterge-

Kapstadt am Wasser: die Victoria und Alfred Waterfront

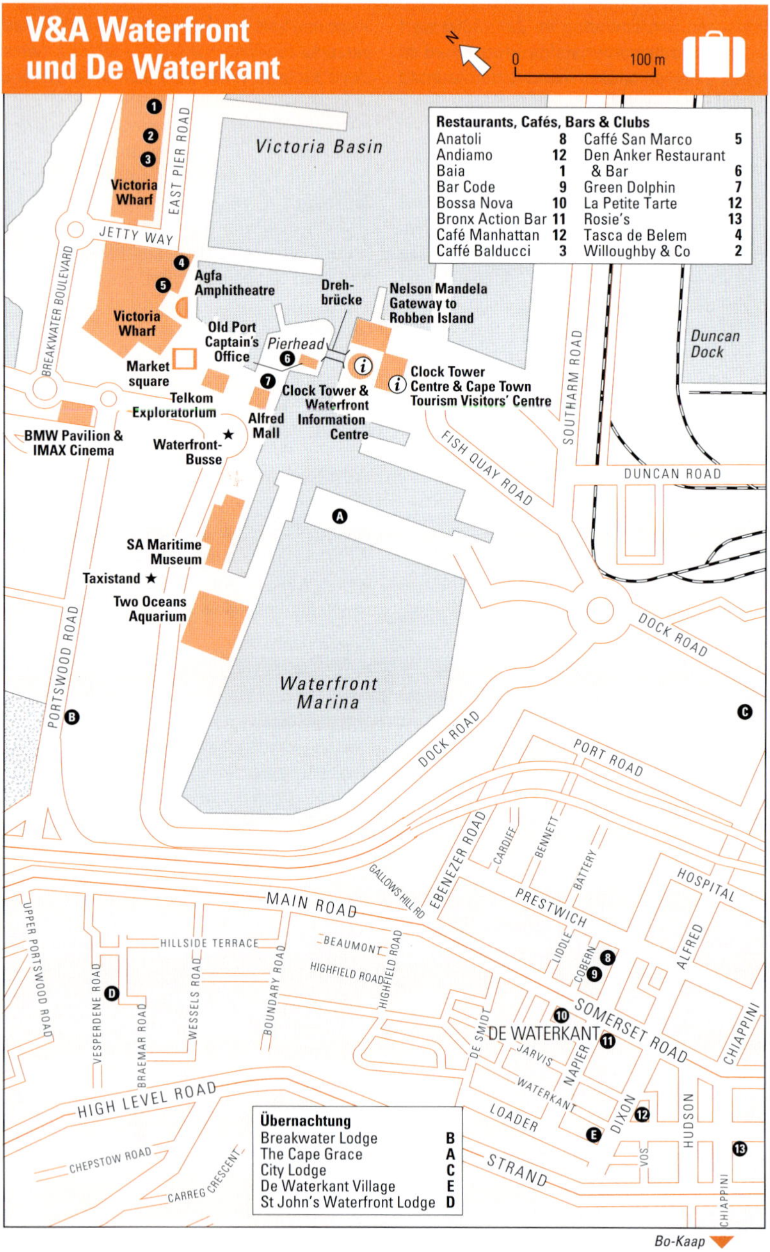
V&A Waterfront
und De Waterkant
N
0
100 m
Restaurants, Cafés, Bars & Clubs
Anatoli 8
Andiamo 12
Baia 1
Bar Code 9
Bossa Nova 10
Bronx Action Bar 11
Café Manhattan 12
Caffé Balducci 3
Caffé San Marco 5
Den Anker Restaurant & Bar 6
Green Dolphin 7
La Petite Tarte 12
Rosie's 13
Tasca de Belem 4
Willoughby & Co 2
Victoria Basin
Victoria Wharf
East Pier Road
Jetty Way
Breakwater Boulevard
Agfa Amphitheatre
Drehbrücke
Nelson Mandela Gateway to Robben Island
Old Port Captain's Office
Pierhead
Market square
Clock Tower Centre & Cape Town Tourism Visitors' Centre
Clock Tower & Waterfront Information Centre
Telkom Exploratorium
Alfred Mall
BMW Pavilion & IMAX Cinema
Waterfront-Busse
Duncan Dock
Southarm Road
Duncan Road
Fish Quay Road
SA Maritime Museum
Taxistand
Two Oceans Aquarium
Portswood Road
Dock Road
Waterfront Marina
Port Road
Mouille Point, Green Point, Sea Point
Green Point, Sea Point
Stadtzentrum
Ebenezer Road
Cardiff
Bennett
Battery
Gallows Hill Rd
Prestwich
Hospital
Main Road
Upper Portswood Road
Hillside Terrace
Beaumont
Highfield Road
Vesperdene Road
Braemar Road
Wessels Road
Boundary Road
Liddle
Cobern
Alfred
Somerset Road
De Smidt
De Waterkant
Jarvis
Napier
Waterkant
Chiappini
Dixon
Loader
Hudson
Vos
Strand
High Level Road
Chepstow Road
Carreg Crescent
Übernachtung
Breakwater Lodge B
The Cape Grace A
City Lodge C
De Waterkant Village E
St John's Waterfront Lodge D
Bo-Kaap

schoss liegt das **Alpha Activity Centre**, das insbesondere Kinder anspricht. Hier kann man am Kap beheimatete Bärenrobben beobachten, die sich unter Wasser tummeln.

Eines der Highlights ist die **Fütterung der Haie** jeden Sonntag um 15.30 Uhr. Besucher können dann hautnah miterleben, wie die Sägehaie *(raggies – raggedtooth sharks)* Tauchern buchstäblich aus der Hand fressen. Kleinere Haie, Stachelrochen und Schildkröten werden am Mo, Mi und Fr um 15.30 Uhr gefüttert. ◷ tgl. 9.30–18 Uhr; Eintritt R75, Kinder R35.

Fish Quay

Vom Pierhead führt eine Drehbrücke zum **Fish Quay**, zum **Clock Tower Precinct** und zum **Nelson Mandela Gateway to Robben Island**. Das zweigeschossige Gebäude mit herrlicher Aussicht auf die Insel umfasst auch ein Restaurant und ein kleines Museum. ◷ tgl. 7.30–17.30 Uhr; Eintritt frei.

Am Fish Quay steht der **Clock Tower**, in dem eine Filiale des Waterfront Information Centre untergebracht ist. Das achteckige Bauwerk mit seinen gotischen Fenstern wurde 1882 als Büro des Hafenmeisters erbaut und hat drei durch eine Treppe miteinander verbundene Zimmer. Das Spiegelzimmer im zweiten Stock erlaubte es dem Hafenmeister, die Vorgänge im gesamten Hafen zu überwachen, ohne das Haus verlassen zu müssen. Das **Clock Tower Centre** neben dem Clock Tower, ein zweistöckiges Einkaufszentrum, beherbergt auch ein großes Büro des Cape Tourism Visitor Centre.

Robben Island

Nur ein paar Kilometer vom Trubel der Waterfront entfernt herrscht auf dem flachen, windigen Robben Island eine fast unheimliche Stille. Eigentlich sollten hier die nationalen Kritiker des Apartheidregimes zum Schweigen gebracht werden, doch stattdessen geriet die Insel in den Mittelpunkt des internationalen Protestes gegen die südafrikanische Willkürherrschaft. Die nur 6 km^2 große, spärlich mit Gestrüpp bewachsene Insel war fast 20 Jahre lang die „Heimat" Nelson Mandelas.

Die Insel

Die Fähre braucht rund eine halbe Stunde bis zur Insel, wo ehemalige Häftlinge und Bewacher nun als Fremdenführer tätig sind. Nach der Ankunft erwartet die Besucher eine **Busfahrt** über die Insel und ein **Gefängnisrundgang**. Der Bus hält an mehreren historisch bedeutsamen Stätten, zuerst am **Kramat**, der zum Gedenken an Tuan Guru erbaut wurde, einem muslimischen Gelehrten aus dem indonesischen Archipel, den die Holländer im 18. Jh. nach Robben Island verbannten. Nach seiner Freilassung engagierte er sich bei der Verbreitung des Islam unter den Sklaven in Kapstadt. Die Busfahrt führt auch am **Friedhof** und der **Kirche der Leprakranken** vorbei.

Das Haus von **Robert Sobukwe** ist vielleicht das traurigste, ergreifendste Relikt aus der Vergangenheit der Gefängnisinsel. Sobukwe, der Vorsitzende des Pan Africanist Congress (einer radikalen Abspaltung des ANC) wurde hier neun Jahre lang in Einzelhaft gehalten. Kein anderer politischer Häftling durfte mit ihm sprechen, doch manchmal brachte er seine Solidarität mit ihnen zum Ausdruck, indem er Sand durch seine

Touren nach Robben Island

Verschiedene Anbieter an der Waterfront verkaufen Tickets für **Bootsfahrten** zur Insel, aber Vorsicht: Die Schiffe fahren zwar tatsächlich *zur* Insel, doch nur mit den offiziellen Tickets des Nelson Mandela Gateway darf sie auch betreten werden. Die Tour kostet R180, inkl. der Fahrt mit einem Katamaran oder der historischen Fähre, Eintritt zur Insel und 3 1/2-stündiger Inseltour. Vorausbuchung mit Kreditkarte unter ✆ 021-419 1300, 💻 www.robben-island.org.za, ist zwingend erforderlich, da die Boote oft ausgebucht sind, v. a. im Dez und Jan. Unbedingt die Buchungsnummer bereithalten und mindestens eine halbe Stunde vor Abfahrt da sein, um das Ticket abzuholen. Die Boote verkehren täglich – im Sommer von 8–18 Uhr, im Winter von 9–15 Uhr – zu jeder vollen Stunde, außer um 12 und um 16 Uhr. Bei schlechtem Wetter können die Fahrten ausfallen.

Finger rieseln ließ, wenn sie vorbeimarschierten. Nach seiner Haftentlassung 1969 stand Sobukwe bis zu seinem Krebstod 1978 in Kimberley unter Hausarrest.

Der Bus hält unter anderem beim **Kalksteinbruch**, wo Nelson Mandela und seine Mithäftlinge unzählige Stunden harter Arbeit ableisteten.

Das Hochsicherheitsgefängnis

Die Besichtigung des Maximum Security Prison, ein finsterer Komplex am Rand der Insel, beginnt mit einer-Tour unter der Führung eines ehemaligen Gefängnisinsassen durch den berühmten **B-Trakt**. Danach können sich die Besucher auf eigene Faust umsehen. **Mandelas Zelle** wurde genauso belassen, wie sie war, ohne irgend-

Geschichte einer Insel

Nelson Mandela ist der berühmteste Strafgefangene von Robben Island, aber er war keineswegs der erste. Schon im 17. Jh. diente die Insel als Straflager für politische Gegner. Der erste Sträfling, der auf die Insel verbannt wurde, war der Khoikhoi-Häuptling **Autshumato**, der zu Beginn des 17. Jhs. die englische Sprache erlernte und sich mit den Briten verbündete. Nachdem sich die holländische Niederlassung fest etabliert hatte, ließ ihn Jan van Riebeeck 1658 auf der Insel festsetzen. Das restliche 17. Jh. wurden eine Reihe politischer Gefangener aus Südostasien wegen ihres Widerstandes gegen die holländische Kolonialregierung hierher verbannt.

Im 19. Jh. nutzten die **Briten** Robben Island als Lager für Deserteure, Kriminelle und politische Gefangene. Gefangen genommene **Xhosa-Anführer**, die während der Grenzkriege von Anfang bis Mitte des 19. Jhs. das Britische Empire bekämpften, wurden auf dem Seeweg vom Ost- ans Westkap transportiert, für viele endete die Reise auf Robben Island. 1846 ging man dazu über, auch Angehörige **sozialer Randgruppen** auf die Insel zu verfrachten. Zu den Verbrechern und politischen Häftlingen gesellten sich nun kleine Gauner, Prostituierte, Geisteskranke und Behinderte. In den 90er-Jahren des 19. Jhs. etablierte sich zudem eine Leprakolonie. 1921 wurden die Geisteskranken von der Insel weggeholt, die Leprakranken erst 1930.

Robben Island wurde eigentlich erst bekannt, als 1961 das **Prisons Department** das Regime übernahm. Als Nelson Mandela hierherkam, war die Anlage zu einem Hochsicherheitsgefängnis umgebaut worden. Die Häftlinge durften nur alle sechs Monate einen einzigen Brief verschicken und erhalten. Die brutalen Haftbedingungen, zu denen routinemäßig Prügelstrafen und schwere Zwangsarbeit gehörten, wurden durch die geografische Lage noch verschlimmert: Eisige Winde vom Südpol fegen regelmäßig über die Insel. Die Gefangenen aber mussten kurze Hosen und dünne Pullover tragen. Wie alle anderen schlief auch Mandela auf einer dünnen Matte auf dem Fußboden und war 16 Stunden pro Tag in einer fünf Quadratmeter winzigen Einzelzelle eingesperrt.

Erstaunlicherweise fanden die Häftlinge Möglichkeiten des **Protestes** durch Hungerstreiks, öffentliche Anprangerung der Missstände (z. B. bei Besuchen von Vertretern des Internationalen Roten Kreuzes) und forderten sogar auf juristischem Weg von der Gefängnisleitung die Abschaffung der Prügelstrafe. Im Laufe der Jahre erkämpften sie einige Verbesserungen, und die Insel wurde zu einer Universität hinter Gittern, wo sich Menschen unterschiedlicher politischer Ansichten und Generationen austauschten. Nicht selten gaben Gefangene ihren Wächtern Nachhilfeunterricht. 1991 wurden die letzten politischen Häftlinge von Robben Island freigelassen und 1996 die verbliebenen Gefangenen auf das Festland verbracht.

Am 1. Januar 1997 ging die Verwaltung von Robben Island vom Department of Correctional Services an das Department of the Arts, Culture, Science and Technology über, die daraus ein Museum machte. Im Dezember 1999 wurde die gesamte Insel von der UN zum Weltkulturerbe der Menschheit erklärt.

welche Verschönerungsmaßnahmen, doch die anderen Zellen sind abgeschlossen und leer.

Im nahe gelegenen **A-Trakt** dokumentiert die Ausstellung „Cell Stories" die ganze Ärmlichkeit des Gefängnisdaseins. Die winzigen Isolationszellen enthalten persönliche Gegenstände ehemaliger Häftlinge, Dokumente und Fotos.

Gegen Ende der 1980er-Jahre wurden Kameras auf die Insel geschmuggelt, und die Häftlinge machten Schnappschüsse, die jetzt in der **Smuggled Camera Exhibition** in den Gemeinschaftszellen des D-Traktes hängen. Die **Living Legacy** Tour durch den F-Trakt wird von Ex-Gefangenen geführt, die von ihrer Haft berichten und Fragen beantworten.

Die südlichen Vororte

Vom Tafelberg und der Innenstadt erstrecken sich die Wohnviertel Kapstadts Richtung Osten bis weit ins Binnenland. Hier liegen die ehemals überwiegend Weißen vorbehaltenen südlichen Vororte, die vom östlichen Ausläufer des Tafelbergs bis Muizenberg an der False Bay reichen, mit Claremont und Newlands im Zentrum.

Von jeder Ecke ist der bewaldete Tafelberg zu sehen, und der Weg in die Wälder, Parks und Weingärten an seinem Osthang und seinem Ausläufer, dem Constantiaberg, nicht weit. Die Vororte sind nett zum Übernachten, wenn man nicht am Meer oder im Zentrum absteigen möchte. Von der Innenstadt, der Waterfront oder der City Bowl sind sie am schnellsten über den **M3 Highway** zu erreichen. Per **Bahn** kommt man nach Woodstock, Salt River, Observatory, Mowbray, Rosebank und Rondebosch sowie zu den weiter südlich gelegenen Bahnhöfen Richtung Fish Hoek und Simon's Town.

Woodstock, Salt River und Observatory

Wer vom Zentrum aus nach Osten fährt, erreicht zuerst Woodstock, den ältesten und kahlsten Vorort, der aber ein paar hübsche viktorianische Häuser aufzuweisen hat, die ursprünglich „farbige" Arbeiter beherbergten und neuerdings bei Besserverdienern und Künstlern in Mode kommen. Im Mittelpunkt dieser Wiederbelebung steht die **Old Biscuit Mill** in der Albert Road (S. 188) mit ihrem tollen Markt am Samstagvormittag, der mit Essenständen, Kunstgewerbeläden und Galerien lockt.

Östlich davon liegt Salt River, ein vorwiegend von Coloureds bewohntes Arbeiterviertel, und im Süden Observatory, das allgemein als Zentrum der einheimischen Bohème gilt. Diesen Ruf verdankt es nicht zuletzt seiner Nähe zur **University of Cape Town** und der Groote Schuur Hospital Medical School sowie einigen nichtstaatlichen Organisationen. Unter den zur Abwechslung einmal nicht aufgemotzten Arkaden an der Hauptstraße Lower Main Road und in den Seitenstraßen gibt es eine Hand voll netter Cafés und Kneipen, außerdem einen tollen Bioladen. Im riesigen **Groote Schuur Hospital**, das sich über der Schnellstraße, die durch Observatory führt, erhebt, wurde 1967 die erste erfolgreiche Herztransplantation der Menschheitsgeschichte durchgeführt.

Rosebank und Irma Stern Museum

Rosebank, südlich von Observatory, glänzt mit dem **UCT Irma Stern Museum**, Cecil Rd, 💻 www.irmastern.co.za, gewidmet dem Leben und Werk einer der Wegbereiterinnen der südafrikanischen Künstlerszene des 20. Jhs., weniger dank ihres eher bescheidenen Beitrages zur internationalen Kunstwelt, sondern aufgrund der Tatsache, dass sie moderne europäische Ideen in die Kolonien brachte.

Irma Stern wurde 1894 in einer südafrikanischen Kleinstadt als Tochter deutsch-jüdischer Eltern geboren und absolvierte ein Studium an der Kunstakademie in Weimar. Sich auflehnend gegen die konservative Prägung der Akademie ging sie dazu über, expressionistische Stilmittel in ihren Gemälden zu verwenden. Sterns Arbeiten wurden in Europa geschätzt, doch als sie nach dem Zweiten Weltkrieg nach Südafrika zurückkehrte, behaupteten Kritiker, ihr Stil verberge einfach nur ihre technische Unfähigkeit.

Das Museum war 38 Jahre lang, bis zu ihrem Tod im Jahr 1966, die Wohnstätte der Künstlerin. Es enthält eine erstaunliche, von Irma Stern zusammengetragene Sammlung iberischer, afrikanischer, orientalischer und antiker Gegenstände. Im Grunde spiegelt das ganze Haus die Begeisterung der Künstlerin für alles Exotische wider, angefangen von ihren eigenen, an Gauguin erinnernden Gemälden mit „Eingeborenen"-Darstellungen, über die mit wunderbaren Schnitzereien versehenen Holztüren, die sie von einer Reise nach Sansibar mitbrachte, bis zu dem für südafrikanische Verhältnisse völlig untypischen Garten mit seinem Bambusdickicht und den Palmen. ⌚ Di–Sa 10–17 Uhr; Eintritt R10.

Rondebosch und Rhodes Memorial

Südlich von Rosebank, im benachbarten Rondebosch, befindet sich die **University of Cape Town** (UCT), deren mit Kletterpflanzen überwucherte Gebäude aus dem 19. Jh. den Hang des Tafelbergs oberhalb der Main Road und der Autobahn M3 überziehen. Nördlich des Campus, zur Stadt hin, steht das im Stil eines griechischen Tempels errichtete **Rhodes Memorial**. Die Statue eines sich aufbäumenden Pferdes steht als Symbol für Cecil Rhodes. Zur Büste des Empire-Gründers führt eine Reihe von Treppen hinauf. Vom **Tea Garden** aus hat man einen herrlichen Blick auf Kapstadt.

Rhodes' großes Anwesen **Groote Schuur**, an der Main Road, wurde zur offiziellen Residenz des Premierministers. Als das Land das Präsidialsystem einführte, wurde es der amtliche Wohnsitz des Präsidenten. Unterhalb des Memorial, an der M3, steht die heute etwas fehl am Platz wirkende **Mostert's Mill**: Die Windmühle wurde vor zwei Jahrhunderten erbaut, als sich hier noch Weizenfelder erstreckten.

Newlands, Claremont, Bishopscourt und Wynberg

Wer auf dem Van der Stel Freeway (M3) oder der Main Road von Rondebosch nach Süden fährt, kommt durch einige alte, vornehme Stadtteile. In **Newlands** befinden sich die bekanntesten Rugby- und Cricketstadien Kapstadts. Einen Stopp lohnt das **Montebello Craft and Design Centre**, 31 Newlands Avenue, in dem es außergewöhnlich gute Kunstgewerbegeschäfte und -werkstätten sowie ein Restaurant gibt. ⌚ Mo–Fr 9–16.45, Sa und So 9.30–15 Uhr.

Das wohlhabende **Claremont**, südlich von Newlands, ist ein begehrtes Einkaufs- und Vergnügungsviertel mit zwei Kinokomplexen und zahlreichen Läden in der **Cavendish Square Mall**. Etwas weiter südlich, hinter dem Hinweisschild zu den Kirstenbosch Gardens, liegt **Bishopscourt**, wo die Residenz des anglikanischen Bischofs von Kapstadt steht und sich inmitten großer Anwesen prächtige Villen verbergen.

Wynberg wartet mit dem bekannten Maynardville Shakespearean-Freilufttheater und ein paar ausgefallenen Geschäften und Restaurants in der Wolfe Street, **Little Chelsea** genannt, auf. Die Main Road von Wynberg dagegen bietet ein etwas anderes Einkaufserlebnis – einen interessanten Bummel vorbei an Straßenständen, Billigläden und Textilgeschäften, die von den zwischen Wynberg und Khayelitsha pendelnden Arbeitern frequentiert werden.

Kirstenbosch National Botanical Gardens

Die Kirstenbosch National Botanical Gardens an der Rhodes Avenue, 5 km südlich von Rondebosch, ✆ 021-799 8783, 💻 www.sanbi.org, stellen nach der Waterfront und der Fahrt auf den Tafelberg die drittgrößte Touristenattraktion Kapstadts dar.

Der Kirstenbosch war der erste botanische Garten, der nur einheimische Pflanzen kultivierte. Er wurde 1913 begründet, um Südafrikas außerordentlich reichhaltige und vielfältige Flora zu bewahren und zur Schau zu stellen. Heute gilt er als einer der großartigsten botanischen Gärten der Welt und zieht mit fast 25 000 einheimischen Pflanzenarten, einem Herbarium, einem Versuchsgelände und seiner Bibliothek Wissenschaftler aus aller Welt an. 2004 wurde der Garten zum Unesco-Welterbe ernannt – als sechste Stätte in Südafrika und weltweit erster botanischer Garten, eine besondere Würdigung der internationalen Bedeutung des Fynbos-Florenreichs (s. Kasten S. 154).

Täglich um 10 Uhr wird eine kostenlose Führung angeboten. Außerdem fahren zu jeder vollen Stunde Shuttle-Touren (R25) vom Visitors' Centre ab. Im Sommer finden am Sonntagabend Freiluftkonzerte statt (Dez–März 16.30–18.30 Uhr), und wer Proviant mitbringt, kann sich auf die Wiese legen, Kapwein schlürfen und die Musik, die Bergluft und den Sonnenuntergang gleichermaßen genießen. Auf dem Gelände gibt es ein Outdoor-Café, das täglich zum Frühstück,

Mittagessen und Nachmittagstee geöffnet hat, außerdem ein Restaurant, in dessen Kamin im Winter ein Feuer prasselt. Allerdings zahlt man eher für das Ambiente als für den Service.

Die wunderbare Anlage geht nahtlos in die natürliche Bergflora über, die einen Großteil des felsigen Osthangs und der bewaldeten Schluchten des Tafelbergs bedeckt; kein Zaun versperrt den Weg zum Gipfel. Die Lage ist atemberaubend – ein herrlicher Ort zum Teetrinken und Spazierengehen oder für eine Wanderung auf den steilen Pfaden, die auf den Gipfel hinaufführen. Zwei beliebte Wanderwege beginnen beim Contour Path oberhalb des Botanischen Gartens, einer zur **Nursery Ravine** und ein anderer zur **Skeleton Gorge** (S. 144). Da in den abgelegeneren Bereichen des Kirstenbosch und auf dem Tafelberg gelegentlich Überfälle vorkommen, sollten Frauen und Wanderer generell nur in Gruppen unterwegs sein und keine Wertsachen mitführen. ⌚ tgl. April–Aug 8–18, Sep–März 8–17 Uhr; Eintritt R35, Kinder R10.

Wer kein Fahrzeug hat und sich keiner organisierten Tour anschließen möchte, gelangt am besten mit einem Rikki oder Taxi hin, von denen normalerweise auch einige vor dem Gartengelände warten. Außerdem hält der City Sightseeing Bus (S. 197) sechsmal tgl. am Garten. Autofahrer nehmen die M3 und biegen an der beschilderten Abfahrt Rhodes Drive (M63) in der Nähe von Newlands ab.

Constantia und seine Winelands (Weingüter)

Südlich von Kirstenbosch liegen die eleganten Vororte Constantia und die ältesten Weingüter des Kaps. Mit dem Auto lässt sich das Weingebiet an den Ausläufern des Tafelbergs und Constantiabergs leicht erreichen. Vom Van der Stel Freeway (M3), der zwischen der Innenstadt und Muizenberg verläuft, sind es noch knapp 10 Min. Fahrt.

Der Weinanbau nahm 1685 auf dem Hof von **Simon van der Stel** seinen Anfang, dem Gouverneur, der den Auftrag hatte, die junge holländische Kolonie zu erweitern. Er machte sich mit Feuereifer ans Werk und sicherte sich einen riesigen Teil des fruchtbarsten Landes am Constantiaberg unmittelbar südlich des Tafelbergs. Das Anwesen benannte er nach seiner Tochter Constancia, und dies ist heute noch (mit einer kleinen Änderung der Schreibweise) der Name von Kapstadts ältestem und begehrtestem Wohnviertel.

Constantia ist ein hübscher, grüner Bezirk mit Eichenhainen, Reitschulen, dem im kapholländischen Stil gestylten Einkaufszentrum Constantia Mall und – natürlich – Weingütern. Aus den Constantia-Reben wird seit van der Stels erster Ernte im Jahr 1705 Wein gekeltert. Als van der Stel 1712 starb, wurde der Besitz aufgeteilt und verkauft, dadurch entstanden das heutige **Groot Constantia**, **Klein Constantia** und **Buitenverwachting**. Alle drei Winzereien stehen Besuchern offen und bieten Weinproben an. Wer nicht ins eigentliche Weingebiet weiterfahren kann oder will, sollte sich einen Abstecher nach Constantia keinesfalls entgehen lassen.

Mit öffentlichen Verkehrsmitteln ist Constantia nicht zu erreichen, doch Groot Constantia steht auf dem Programm fast aller Sightseeingtouren. Autofahrer nehmen von der M3 die ausgeschilderte Abfahrt Ladies Mile Extension und folgen den Wegweisern nach Groot Constantia. Buitenverwachting und Klein Constantia liegen an der Klein Constantia Road, unweit der Ladies Mile Extension, und sind dank zahlreicher Hinweisschilder nicht zu verfehlen.

Groot Constantia

Das größte und am stärksten auf Touristen ausgerichtete Weingut ist Groot Constantia, 🖳 www.museums.org.za/grootcon. Sein besonderer Reiz besteht darin, dass hier noch van der Stels Originalgebäude stehen. **Kellerführungen** mit fünf Weinverkostungen (nur nach Anmeldung unter ✆ 021-794 5128) finden tgl. von 10 bis 16 Uhr zu jeder vollen Stunde statt; Teilnahme R30. **Weinproben** gibt es für R25 von Mai–Nov tgl. 10–16.30, Dez–April tgl. 9–17.30 Uhr. Außerdem bietet sich das weitläufige Weingut bestens für Spaziergänge an.

Ein Besuch von Groot Constantia lohnt, auch wenn seine Darstellung des Lebens in dem kolonialen Schlösschen des 17. Jhs. weitgehend die Sklavenarbeit außer Acht lässt, auf der sein Reichtum basierte. Das typisch kapholländische **Herrenhaus,** ursprünglich van der Stels Wohn-

Kapholländische Architektur

Der kapholländische Baustil, der sich zwischen dem 17. Jh. und frühen 19. Jh. am Westkap entwickelte, ist so untrennbar mit den Winelands verbunden, dass er praktisch einen Teil der Landschaft ausmacht. Die blendend weiß getünchten Mauern bilden einen wunderbaren Kontrast zu den grünen Weingärten, und die Reetdächer und geschwungenen Giebel scheinen die Linien der sie umgebenden Berge nachzuzeichnen. Im 20. Jh. wurde dieser Baustil als Ausdruck weißer südafrikanischer Identität angenommen, und seine Elemente zieren die Fassaden vieler Wohnhäuser. Endgiebel waren im mittelalterlichen Nordeuropa, insbesondere in Holland, üblich, doch die in die lange Seite des Daches eingelassenen **Mittelgiebel** waren selten und wurden zum Wahrzeichen des kapholländischen Stils. Im 18. Jh. besaßen viele Gebäude in der Kapstädter Innenstadt Giebel, doch sie verschwanden um 1830 aus dem Stadtbild und wichen Gebäuden mit Flachdächern.

Der Hauptgrund dafür war wahrscheinlich Brandstiftung. Es gab eine Reihe von Bränden, für die Sklaven verantwortlich gemacht wurden; 1710 wütete ein Brand in Stellenbosch, und in den Jahren 1736 und 1798 verwüsteten Feuersbrünste Kapstadt. Die daraufhin getroffenen Maßnahmen veränderten das Kapstädter Stadtbild. Alle Gebäude der VOC mussten mit feuerfesten Flachdächern versehen werden, z. B. das **Old Town House** (1755) beim Greenmarket Square. Nach dem Brand von 1798 wurden Brandschutzgesetze erlassen: Um die Gefahr einer Ausbreitung von Flammen zu vermindern, wurden schmale Gassen zwischen den Häusern angelegt und Strohdächer sowie jegliche Vorsprünge an Außenwänden – auch Fensterläden – verboten. Daraus resultieren die glatten Fassaden und innen angebrachten Fensterläden der im frühen 19. Jh. gebauten Kaphäuser. Mit dem Ende der spitzen Dächer verschwanden von den Stadthäusern auch die Giebel und überlebten in Ausnahmefällen eher symbolisch als kleine Dachverzierung. Ein gutes Beispiel ist das **Bo-Kaap Museum** (1763–68) in der Wale Street.

Die **Bauernhäuser**, die sich aus dem einfachen Langhaus entwickelten, wurden im Laufe der Zeit immer größer und prunkvoller, eine Folge des zunehmenden Wohlstandes der Landbesitzer. Auf dem flachen Land bestand kaum die Gefahr eines sich ausbreitenden Feuers, sodass die Spitzdächer ebenso wie der Giebel bestehen blieben. Der Giebel wurde zum Wahrzeichen der Landhäuser und war direkt über der Vordertür ein wichtiges Element in der Fassadengestaltung, denn durch das eingelassene Fenster gelangt Licht ins Haus. Der Giebel entwickelte sich zu einem sichtbaren Wohlstandssymbol, und die Besitzer wetteiferten darum, den größten, schönsten und modernsten zu haben.

haus, wurde Ende des 18. Jhs. von dem Architekten Thibault umgebaut und nach einem Brand originalgetreu wieder aufgebaut. Eine Eichenallee verläuft vom Eingang zum Herrenhaus, hinter dem die oberirdischen Weinkeller liegen.

Klein Constantia und Buitenverwachting

Klein Constantia und Buitenverwachting, beide kleiner als Groot Constantia, bieten kostenlose Weinproben in weniger förmlicher Atmosphäre. Die Gebäude sind zwar längst nicht so großartig, aber die Lage ist genauso schön. **Klein Constantia**, Klein Constantia Road, kostenlose Weinprobe und Verkauf Mo–Fr 9–17, Sa 9–13 Uhr, 💻 www.kleinconstantia.com, produziert ein paar erlesene Weine, darunter den Vin de Constance, Nachfolger eines Constantia-Weines aus dem 18. Jh., ein Lieblingswein Napoleons, Friedrichs des Großen und Bismarcks. Der köstliche Dessertwein, abgefüllt in Flaschen, die so aussehen wie die Originalflaschen, ist ein originelles Souvenir.

Buitenverwachting, ebenfalls an der Klein Constantia Road, 💻 www.buitenverwachting.co.za, bietet seinen Angestellten vorbildliche Arbeitsbedingungen. 🕓 Mo–Fr 9–17, Sa 9–13 Uhr; Eintritt und Weinprobe frei. Buitenverwachtings gleichnamiges Restaurant der gehobenen Preisklasse bietet elegante Speiseerlebnisse für besondere Anlässe. ⌚ Mo–Sa Mittag- und Abendessen; ✆ 021-794 3522. Besuchern, die einen Tag auf der Farm mit Kühen und Pferden verbringen möchten, wird auf Wunsch von Nov–April Mo–Sa 12.30–14.30 Uhr für R110 ein **Schlemmer-Picknick** geboten, das man unter den Eichen verzehren kann; Vorbestellung erforderlich unter ✆ 021-794 1012 oder 082-973 8543.

Der Tafelberg

Das 1087 m hohe, abgeflachte Massiv des Tafelbergs beherrscht mit seinen schroffen Felshängen und tiefen Schluchten die Nordspitze der Halbinsel. Die Nordwand, mit dem **Lion's Head** und **Signal Hill** im Westen und dem **Devil's Peak** im Osten, überragt die Innenstadt. Den westlichen Bereich des Berges prägen eine Reihe zackiger Formationen, die so genannten **Twelve Apostles**; der südwestliche schaut auf die Hout Bay herab und der östliche über die südlichen Vororte. Der Berg, eine Wildnis inmitten der Stadt, ist Heimat von vielen Tieren und 1400 **Pflanzenarten**. Zu den einheimischen **Säugetieren** zählen Paviane, Klippschliefer (S. 144) und Stachelschweine.

Der Tafelberg gilt als das meistbestiegene Massiv der Welt und hat unter dem fortwährenden Ansturm von **Wanderern** sehr gelitten, auch wenn die Schäden nicht auf den ersten Blick erkennbar sind. Aber der Berg wehrt sich und fordert jedes Jahr seine Opfer. Die meisten Unglücksfälle ereignen sich, wenn Leute vom Weg abkommen (oft aufgrund plötzlich aufziehenden Nebels). Wer wandern oder klettern möchte, sollte sich gut vorbereiten und eventuell einen Guide anheuern. Es werden auch **geführte Tageswanderungen** angeboten, die auf die Kondition der Teilnehmer zugeschnitten sind (S. 192). Den Rückweg kann man entweder auf die bequeme Art per Seilbahn zurücklegen oder teilweise mit Abseilen.

Die Schwebebahn

Die einfachste, aber aufgrund der faszinierenden Aussicht keinesfalls langweiligste Art, auf den Tafelberg zu gelangen, ist die Fahrt mit der Schwebebahn. Die Kabinen der Bahn sind so konstruiert, dass sie sich unterwegs einmal um ihre eigene Achse drehen und den Passagieren einen Rundblick ermöglichen. Sie fahren von der **Lower Cable Station** an der Tafelberg Road ab. (Abfahrt tgl. alle 10–15 Min. von Mai–Okt 8–18, Nov 8–19, Dez–Jan 8–21, Feb–März 8.30–19.30, April 8.30–17.30 Uhr; Rückfahrkarte R145, Kinder ab 4 Jahren R76.

Der Betrieb kann bei schlechtem Wetter oder zwecks Reparaturarbeiten unterbrochen sein; aktuelle Informationen ✆ 021-424 5148 oder 021-424 8181, 💻 www.tablemountain.net. Ein schöner Ausflug lässt sich unternehmen, wenn man das Frühstück im runderneuerten Ökorestaurant oben auf dem Berg einnimmt, oder aber einen Drink und Abendessen bei Sonnenuntergang – die Bergstation ist ein wunderbarer Ort, um den Sonnenuntergang zu erleben.

Zur Talstation gelangt man per Rikki oder mit einem der Minibustaxis, die ständig zwischen hier und der Adderley Street verkehren. Auch der offene Cape Town Explorerbus (S. 197) hält an der Talstation. Autofahrer finden Parkplätze an der zur Lower Cable Station führenden Tafelberg Road, müssen aber in der Hauptsaison mit einem längeren Fußweg rechnen – die Reihe der parkenden Fahrzeuge kann sich über mehrere hundert Meter Länge hinziehen.

Wanderungen und Aussichtspunkte

Eine Bergbesteigung ist zwar eine größere Herausforderung als die Fahrt mit der Schwebebahn, darf aber nicht leichtfertig angegangen werden: Selbst wenn es beim Abmarsch ein sonniger, klarer Tag zu werden scheint, kann es oben am Berg ganz anders aussehen. Wunderbare Wanderwege führen auf den Tafelberg oder an ihm entlang (s. „Aktivitäten" S. 192); am besten sollten diese jedoch mit einem Guide unternommen werden, nicht nur wegen eventueller Schwierigkeiten bei der Bergbesteigung, sondern auch, weil es zu Überfällen auf Touristen gekommen ist.

Signal Hill und Lion's Head

Vom Kreisverkehr oben am Kloofnek führt eine Straße am Signal Hill hinauf zu einem Parkplatz und einem Aussichtspunkt mit herrlichem Blick auf die Tafelbucht, den Hafen und die Innenstadt.

Die Kanone hier diente früher dazu Schiffen, die in der Bucht vor Anker lagen, Signale zu geben. Noch heute wird täglich die Noon Gun abgefeuert, deren Donner das darunterliegende Bo-Kaap und die Innenstadt erschüttert. Auf halber Höhe der Straße befindet sich ein islamischer *kramat* (Heiligenschrein), einer von mehreren auf der Halbinsel, die die Stadt „beschützen".

Man kann von hier aus auch gemächlich zum Lion's Head hinauf wandern, was bei Vollmond ungefähr die halbe Stadtbevölkerung zu tun scheint – man sollte aber immer in einer Gruppe gehen, da es stets Risiken birgt, alleine unterwegs zu sein. Wer „Lion's Head full moon" googelt, findet sicher eine Gruppe, der er bzw. sie sich anschließen kann.

Platteklip Gorge und Maclear's Beacon

Den ersten überlieferten Versuch der Besteigung des Tafelbergs unternahm der portugiesische Kapitän Antonio de Saldanha im Jahr 1503. Er wählte dafür den Weg durch die Platteklip Gorge, die Schlucht, die vom Front Table (der Nordseite) aus zu sehen ist, und sich als die leichteste Strecke erwies. Nach einem kurzen, einfachen Anstieg erreicht man Maclear's Beacon, mit 1086 m die höchste Erhebung des Berges. Die Platteklip-Route beginnt an der Talstation und hat den zusätzlichen Vorteil, an der Upper Cable Station zu enden, sodass der „Abstieg" mit der Bahn erfolgen kann.

Von der **Lower Cable Station** aus geht es auf der Tafelberg Road nach Osten bis zu einem hohen, mit Draht befestigten steinernen Damm. Gleich dahinter, links eines kleinen Steinwalls, zeigt ein Wegweiser zur Platteklip Gorge. Nach einer steilen, 15-minütigen Klettertour ist der **Upper Contour Path** erreicht. Nach rund 25 m auf diesem Pfad Richtung Osten biegt man auf den als „Contour Path/Platteklip Gorge" ausgeschilderten Pfad ein. Dieser Weg geht im Zickzack weiter und ist deutlich zu erkennen.

Der Weg durch diese Schlucht, die größte Einkerbung des Berges, führt direkt und sicher bis zum Gipfel hinauf. Allerdings ist der Anstieg sehr steil und dauert bei durchschnittlicher Kondition zwei bis drei Stunden. Oben angekommen wendet man sich nach rechts und erklimmt die letzte kurze Anhöhe zum **Front Table**, wo sich ein atemberaubender Ausblick auf die Stadt eröffnet. Ein Schild weist den Weg zur oberen Bahnstation – 15 Min. zu Fuß auf einem betonierten Weg, der von vielen Besuchern genutzt wird.

Maclear's Beacon liegt rund 35 Min. vom oberen Ende der Platteklip Gorge entfernt an einem Pfad Richtung Osten; weiße Quadrate auf gelben Fußabdrücken weisen den Weg. Der Wanderpfad mit ständigem Blick auf Maclear's Beacon überquert den Front Table. Vom Gipfel bieten sich Ausblicke auf die False Bay und die Hottentots Holland Mountains im Osten.

Skeleton Gorge und Nursery Ravine

Ein Besuch des Botanischen Gartens lässt sich mit der Besteigung des Tafelsbergs und dem Abstieg über einen anderen Weg mit anschließendem Nachmittagstee im Restaurant des Kirstenbosch verbinden. Man beginnt beim Restaurant

Klippschliefer

Die knuddligen Pelztiere, die aussehen wie übergroße Meerschweinchen und den Gipfel des Tafelbergs bevölkern, sind Dassies oder Klippschliefer *(Procavia capensis)* und trotz ihrer äußeren Erscheinung keine Nagetiere, sondern die nächsten lebenden Verwandten der Elefanten. Ihr Name leitet sich vom afrikaansen *dasje* „kleiner Dachs" her, dem Namen, den ihnen die ersten holländischen Siedler gaben. Dassies sind überall in Südafrika in felsigen Lagen anzutreffen und sehr weit verbreitet, da ihre natürlichen Feinde so gut wie ausgerottet wurden.

Wie die Reptilien sind Dassies sehr empfindlich gegen Temperaturschwankungen und müssen sich vor Hitze und Kälte schützen. Wenn sie morgens frierend aufwachen, suchen sie zunächst ein von der Morgensonne beschienenes Plätzchen auf – um diese Zeit sind sie am besten zu beobachten. Ein erwachsenes Tier steht Wache und stößt bei Gefahr einen spitzen Warnruf aus. Dassies leben in Familien mit einem erwachsenen Männchen und acht oder mehr Weibchen samt Nachkommen zusammen.

und folgt den Wegweisern zur **Skeleton Gorge**, die zum **Contour Path** hinaufführen. Eine Gedenktafel am Contour Path weist darauf hin, dass dies der **Smuts' Track** ist, die von Jan Smuts, dem Burenführer und südafrikanischen Premierminister bevorzugte Wanderstrecke.

An der Tafel beginnt der Aufstieg durch die Skeleton Gorge über Treppenstufen, Holzleitern und lose Steinblöcke. Wanderer sollten sich auf steile Abschnitte und schwieriges Klettern durch Felsen gefasst machen und unter keinen Umständen vom Weg abweichen. Die Strecke erfordert einiges an Fitness und kann in etwa zwei Stunden zurückgelegt werden. Der Abstieg durch Skeleton Gorge ist nicht zu empfehlen, da es hier gefährlich rutschig sein kann.

Ratsamer ist es, den Weg durch die **Nursery Ravine** zu nehmen. Oben an der Skeleton Gorge angekommen, geht man ein paar Meter nach rechts bis zum Wegweiser mit der Aufschrift **Kasteelspoort**. Auf diesem Weg sind es nur 35 Min. vom Ende der Skeleton bis zum oberen Ende der Nursery Ravine. Durch die Nursery gelangt man wieder auf den 310 m hohen Contour Path, und auf diesem zurück zum Kirstenbosch. Der gesamte Fußmarsch dauert ungefähr fünf Stunden.

Atlantic Seaboard

Da der Tafelberg fast auf ganzer Länge der westlichen Halbinsel steil ins Meer abfällt, klammert sich entlang des **Atlantic Seaboard** ein Gürtel aus Vororten mühsam an seine Hänge. Die Meeresbrandung an der Westseite der Halbinsel kann eisig sein, viel kälter als das Wasser der False Bay. Zum Baden ist der Atlantik nicht ideal, dafür bieten sich von den traumhaften Küstenstraßen sagenhafte Ausblicke, insbesondere hinter **Sea Point**, und die Gelegenheit Wale zu beobachten (S. 151). Die Küste an sich besteht aus einer Reihe von Buchten und weißen Sandstränden vor der Kulisse der Zwölf Apostel. Die Strände eignen sich hervorragend zum Sonnenbaden und Betrachten des Sonnenuntergangs. Den fantastischen Ausblick machen sich auch viele der angesagtesten Freiluftcafés und -bars der Stadt zunutze.

Mouille Point, Green Point und das Stadion

Die Vororte **Mouille Point**, westlich der V&A Waterfront, und sein Nachbar Green Point, liegen der Innenstadt am nächsten. Das bekannteste Bauwerk ist der in den 20er-Jahren des 19. Jhs. erbaute viktorianische **Leuchtturm**, der mit seinen roten und weißen Streifen direkt aus einem Kinderbilderbuch entnommen sein könnte.

Mouille Point geht in das erheblich größere **Green Point** über, das sich sowohl landeinwärts als auch nach Westen hin entlang der zerklüfteten Atlantikküste erstreckt. Dank seiner Nähe zur Waterfront – rund 10 Min. Fußweg – und der Nähe zum Meer hat sich Green Point im Laufe der letzten Jahre zu einem respektablen Stadtteil mit guten Unterkünften und Cafés gemausert.

Neuerdings kann sich Green Point auch mit dem Green Point Stadium schmücken, das für die WM 2010 erbaut wurde. Es fasst 68 000 Zuschauer, ist 15 Stockwerke hoch und bietet in den Untergeschossen 12 000 Parkplätze. Das Gitterdach kann abends in hübschen Farben erstrahlen.

Sea Point und Bantry Bay

Entlang der Main Road nach Südwesten geht Green Point dann in **Sea Point** über, eine international geprägte Gegend voller Wohnblocks, Unterkünfte für Touristen und Restaurants. An der Uferpromenade kann man zusammen mit Kinderwagen schiebenden Müttern, älteren Leuten und Walkern und Joggern die felsige Küste und die salzige Luft genießen. Die Rasenflächen an der Promenade werden zum Picknicken und Ballspielen genutzt. Restaurants und Geschäfte säumen die Main Road, eine betriebsame Durchgangsstraße einen Block Richtung Lion's Head.

Am Westende bietet der Sea Point Pool die einzige Möglichkeit zum Schwimmen in dieser Gegend, ein unbeheizter gechlorter Salzwasserpool von olympischen Ausmaßen mit Liegewiese in schöner Lage direkt am Meer. ⌚ Mai–Nov 8.30–16.30, Dez–April 7–18 Uhr; R15. Am Westende von Sea Point liegt **Bantry Bay**, dessen schicke Hotelanlagen und Ferienwohnungen zwar weit genug vom umtriebigen Sea Point entfernt liegen, damit sich Urlauber wohlfühlen, aber doch nah genug für einen Spaziergang zu einem der Sea Point-Restaurants.

Von Clifton zur Sandy Bay

Das schicke **Clifton** liegt eine Bucht weiter an der Victoria Road (M6). Die hiesigen Grundstückspreise zählen nicht ohne Grund zu den höchsten von ganz Afrika, denn Clifton umfasst vier wunderbare, über steile Treppen erreichbare Sandstrände, die durch Granitfelsen voneinander getrennt sind. Hier kann man hervorragend surfen und schwimmen; das Wasser ist allerdings eiskalt. Clifton ist innerhalb von 30 Min. mit einem der mehrmals tgl. von der Innenstadt aus nach Hout Bay fahrenden Busse erreichbar. Im Sommer ist an der M6 oft kein Parkplatz zu finden, daher sucht man sich am besten einen in der Ortschaft. Es ist ratsam, Verpflegung mitzubringen, denn es gibt nur ein einziges, überteuertes Café. Die windgeschützten Strände sind bei muskelbepackten Ballspielern und Familien gleichermaßen beliebt. An Sommerabenden sind sie ideal, um den Sonnenuntergang und die abendliche Kühle zu genießen.

Etwas weiter südlich, an den Ausläufern des Tafelbergs, liegt **Camps Bay**, aufgrund der unvergleichlichen Lage einer der begehrtesten Vororte Kapstadts. Camps Bay ist von der City Bowl auch leicht über Kloof Nek zu erreichen. Seine Hauptstraße, die von namhaften Restaurants, ein paar Abendlokalen und einigen gehobenen Unterkünften gesäumte Victoria Road, führt direkt entlang der Küste. Der lange Sandstrand ist per Bus erreichbar und daher Ziel von Familien sämtlicher Größen und Hautfarben. Er ist allerdings den eisigen Südostwinden und manchmal auch tückischen Strömungen ausgesetzt.

Das Gelände zwischen Camps Bay und der exklusiven Bucht von Llandudno, 20 km von der Innenstadt entfernt und über die Victoria Road (auf der keine öffentlichen Transportmittel verkehren) erreichbar, ist größtenteils unbebaut. Eine steile, schmale Straße windet sich an teuren Villen vorbei hinab zum felsendurchsetzten Ufer. Hier kann man ausgezeichnet sonnenbaden und den Sonnenuntergang genießen. Der kleine Parkplatz ist zur Saison dem Ansturm nicht gewachsen, sodass dann auch die angrenzenden Straßen zugeparkt werden.

Sandy Bay, der größte FKK-Strand von Kapstadt, lässt sich nur nach einer 20-minütigen Wanderung von Llandudno aus erreichen; vom Südende des Parkplatzes von Llandudno führt ein ausgeschilderter Weg hierher. Während der Apartheid war die Polizei angewiesen, alle nur erdenklichen Anstrengungen zu unternehmen, um Nacktbadende dingfest zu machen, doch heutzutage kann sich hier jeder so an- oder ausgezogen wie gewünscht in die Sonne legen. Dieser Strand ist zugleich ein sehr beliebter Schwulentreff.

Hout Bay

Hout Bay ist zwar kein ruhiges Fischerdorf mehr, besitzt aber immer noch einen Fischereihafen und bildet das Zentrum der regionalen Krabbenindustrie. Das 20 km vom Zentrum entfernte Hout Bay ist ein beliebtes Ziel für Tagestouren, und trotz der Verschandelung der Landschaft durch hässliche Wohnbauten ist sie dank Sentinel und Chapman's Peak, die den Eingang zur Bucht säumen, nach wie vor beeindruckend. Hout Bay ist für Kapstadt mit seinem Erbe einer von der Rassentrennung geprägten Stadtplanung sehr ungewöhnlich: Hier liegen die Wohnviertel der armen schwarzen und der wohlhabenden weißen Bevölkerung direkt nebeneinander.

Die **ImiZamo Yethu Township** abseits der Nelson Mandela Road, kurz vor Hout Bay aus Richtung Constantia Nek, lässt sich auf einem lohnenswerten und unterhaltsamen geführten Spaziergang erkunden, ✆ 083-719 4870, 💻 www.suedafrika.net/imizamoyethu; Führungen tgl. um 10.30, 13 und 16 Uhr, R75.

Die Landschaft kann man am besten im Rahmen einer kurzen Dampferfahrt genießen, die vom Hafen zur Insel **Duiker Island** führt, auf der es eine kleine Robbenkolonie gibt. Ein zuverlässiger Anbieter ist Nauticat, ✆ 021-790 7278, mit Abfahrten ca. um 8.45, 9.45, 11, 12.30, 14.30 und 15.30 Uhr; hin und zurück R60.

Das Dorf jenseits des Hafens hat sich einen kleinen Rest historisches Flair erhalten, z. B. im **Hout Bay Museum**, 4 St Andrews Rd, das interessante Ausstellungsstücke über die ehemaligen Strandloper (Strandräuber) und die lokale Fischindustrie beherbergt. 🕒 Mo–Fr 9–16 Uhr; Eintritt R5. Für die Betrachtung der mehr als 3000 Vögel

Camps Bay und Bakoven

Sea Point, Green Point, Stadtzentrum

Lion's Head Pipe Track

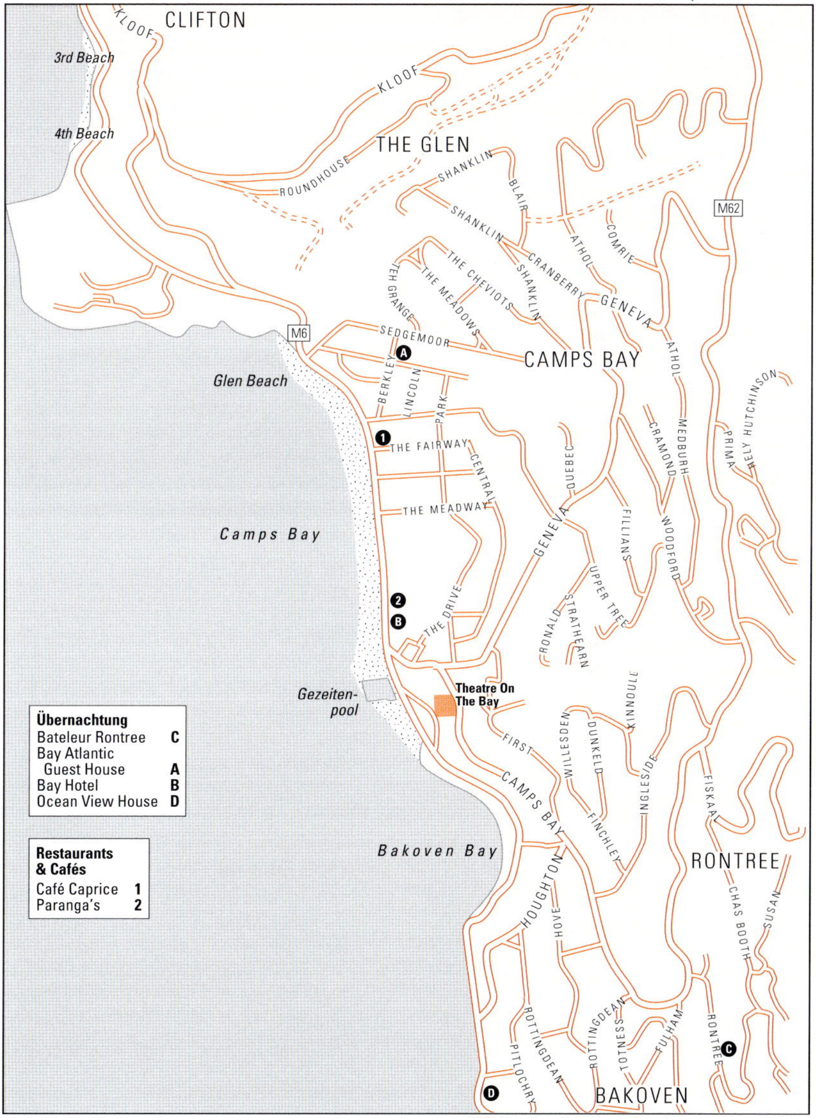

Hout Bay, Noordhoek, Cape Point

und Tiere, die in großzügigen Volieren in der nahe gelegenen **World of Birds**, Valley Rd, gehalten werden, braucht man mindestens zwei Stunden.

Zu den Bewohnern eines großen, begehbaren **Affendschungels**, ⌚ tgl. 11.30–13 und 14–15.30 Uhr, zählen u. a. niedliche Totenkopfäffchen. Es ist erlaubt, sie zu streicheln und mit ihnen zu spielen. Im hauseigenen Café und Restaurant werden kleine Gerichte serviert; wer Proviant mitbringt, kann ihn auf der Flamingo Terrace verzehren. ⌚ tgl. 9–17 Uhr; Eintritt R60, Kinder R40.

Hout Bay liegt an einer wichtigen Straßenkreuzung der Halbinsel. Von Kapstadt sind es 20 km – entweder entlang der Küste oder weiter landeinwärts via Constantia. Notfalls lässt sich der Vorort mit einem Stadtbus (S. 197), mit Minibustaxis oder Rikkis, ☎ 0861-745 547, erreichen. Hout Bay besitzt die dichteste Konzentration von Übernachtungsmöglichkeiten südlich von Sea Point, darunter Hotels und B&Bs sowie einige Geschäfte. **Hout Bay Tourism**, ☎ 021-791 8380, neben dem Museum, hat eine Zimmervermittlung, ⌚ Mo–Fr 9–17, Sa und So 9–13 Uhr.

Unter dem Dach des kleinen Einkaufszentrums **Mariner's** neben der Hafenanlage und dem Parkplatz wird im Seafood Emporium frischer Fisch verkauft, darunter die Westkap-Spezialität *snoek*, ein grätenreicher, aber köstlich schmeckender Fisch. Im Obergeschoss befindet sich ein ordentliches Fischrestaurant mit Veranda und Aussicht auf den Strand. Fish 'n' Chips zum Mitnehmen sind an der Fischtheke im Erdgeschoss zu haben.

Vom Chapman's Peak Drive nach Scarborough

Die Fahrt auf dem östlich von Hout Bay an der Küste entlangführenden Chapman's Peak Drive ist atemberaubend. Nach Erdrutschen ist die Straße jedoch zurzeit geschlossen, und wann sie wieder freigegeben wird, ist nicht bekannt. Außerdem wird weiterhin darum gestritten, ob die Straße von Radfahrern und Wanderern benutzt werden darf oder nicht. Am besten erkundigt man sich bei Cape Town Tourism nach dem Stand der Dinge.

Noordhoek, eine rasch wachsende Siedlung am südlichen Ende des Chapman's Peak Drive, besteht aus bescheidenen Gehöften und Reitställen in einem sanften Tal. Solange der Chapman's Peak Drive gesperrt ist, ist Noordhoek über die M3 Richtung Süden auf dem Oukaapseweg erreichbar.

Das Noordhoek Farm Village beim ausgeschilderten Abzweig zum Chapman's Peak ist eine Art Ortszentrum mit sehr leckerem Essen, ein paar brauchbaren Kunsthandwerksläden und einem Spielplatz. Von hier erstreckt sich ein 6 km langer, breiter, ungezähmter weißer Strand an der Chapman's Bay entlang bis nach Kommetjie. Er ist fantastisch zum Spazierengehen und Reiten, kann sich aber bei Südostwind in eine Art Sandstrahlgebläse verwandeln. Zum Schwimmen ist es ziemlich kalt, doch Surfer wissen die raue Brandung bei den weiter nördlich gelegenen Felsen zu schätzen.

Wenn man Richtung Süden fährt, weist auf der linken Seite ein Schild den Weg zum Restaurant und Pub Red Herring abseits der Küste, rund 10 Min. zu Fuß vom Parkplatz am Wasser entfernt. Ein weiterer Wegweiser ganz in der Nähe kündigt das Monkey Valley Resort an, wo auch Besucher, die nicht zu den Hotelgästen zählen, Mahlzeiten zu angemessenen Preisen und die herrliche Aussicht genießen können.

Obwohl **Kommetjie** nur ein paar Kilometer Küstenlinie südlich von Noordhoek liegt, ist der Ort nur auf einem 15 km langen Umweg auf der durchs Landesinnere führenden Straße zu erreichen. Auch Kommetjie eignet sich bestens zum Spazierengehen, entweder um die felsige Küste beim Leuchtturm Slangkop herum oder am Strand Richtung Noordhoek. Außerdem ist es ein beliebtes Ziel für Surfer, ist allerdings nur für sehr erfahrene Wellenreiter geeignet. Anfänger sollten ihre Standfestigkeit in Muizenberg erproben.

Das idyllische Dorf **Scarborough**, fast zehn Straßenkilometer von Kommetjie entfernt, ist die entlegenste Siedlung auf der Halbinsel und lockt mit türkisfarbenem, kaltem Wasser und weißen Sandstränden. Es ist ein gutes Ziel für eine schöne Autofahrt von Simon's Town über das Rückgrat der Halbinsel zum Cape Point. Das beste Speiselokal in der Gegend ist Camel Rock, ✆ 021-780 1122; auf der vom Wetter gezeichneten Veranda werden schnörkellose Gerichte und Bier serviert. ⌚ Mi–Mo mittags und abends.

False Bay Seaboard

Im Sommer ist das Wasser der False Bay um einige Grade wärmer als das des Atlantik, daher zieht es die meisten Strandurlauber bereits seit Langem auf diese Seite der Halbinsel. Eine Reihe dörflicher Vororte am Fuß der Berge, jeder mit der Metrorail erreichbar, erstreckt sich Richtung Süden von Muizenberg über St James, Kalk Bay, Fish Hoek bis nach Simon's Town. Jede Siedlung besitzt ihren eigenen Charakter, doch allen gemeinsam sind die Restaurants, Geschäfte und Übernachtungsmöglichkeiten. Simon's Town, eine der ältesten Niederlassungen Südafrikas, eignet sich für einen Tagesausflug mit einem Abstecher zum **Table Mountain National Park** und Cape Point (S. 143).

Autofahrer, die von Kapstadt kommen, nehmen am besten die M3 Richtung Süden. Von Muizenberg führen die Main Road und die Eisenbahnstrecke den gesamten Weg bis Simon's Town direkt an der Küste entlang. Die faszinierende, einstündige **Bahnfahrt** von Kapstadt nach Simon's Town ist an sich schon Grund genug, hierher zu kommen. Die meisten Bahnhöfe liegen nahe dem Meer.

Muizenberg und die Historical Mile

Früher war Muizenberg der eleganteste Badeort Südafrikas. Mittlerweile ist er ziemlich heruntergekommen, doch das ändert nichts daran, dass er einen langen, sicheren und einladenden Strand besitzt (auch hier gilt aber: keine Wertsachen mitbringen und die Habseligkeiten nicht unbeaufsichtigt lassen). Bunte Umkleidekabinen erinnern an seine Glanzzeit als Ziel gut betuchter Sommerfrischler, darunter Persönlichkeiten wie Agatha Christie.

Die sanft geschwungene, sandige Bucht von Muizenberg ist immer noch die beliebteste der Halbinsel; man kann baden, und die Wellen eignen sich zum Surfen. Erwachsene und Kinder können bei verschiedenen Surfschulen am Strand Unterricht nehmen, z. B. bei Gary's Surf

School, ✆ 021-788 9839, 💻 www.garysurf.com, R500 für 2 Std. inkl. Ausrüstung, oder beim Surf Shack, ✆ 021-788 9286, 💻 www.surfshack.co.za, der verschiedene Pakete im Angebot hat: z. B. vier Unterrichtsstunden für relativ günstige R800 pro Paar plus Ausrüstungsverleih. Bei beiden Schulen können die Surfnovizen Wetsuit und Brett normalerweise nach dem Unterricht für den Rest des Tages behalten.

Ein kurzer Küstenabschnitt, der am Bahnhof von Muizenberg beginnt, wird als **Historical Mile** bezeichnet. Die „historische Meile" mit ihren sehenswerten Gebäuden lässt sich leicht zu Fuß erkunden.

Das **Bahnhofsgebäude**, ein 1913 fertig gestelltes Bauwerk im edwardianischen Stil, steht unter Denkmalschutz, und das **Posthuys**, ein weiß getünchtes, strohgedecktes Gebäude aus dem Jahr 1673, ist ein wunderbares Beispiel kapholländischer Architektur.

Das **Rhodes' Cottage Museum** ist in dem Haus untergebracht, das der Millionär und Politiker 1899 kaufte und in dem er 1902 verstarb. Interessant sind einige der ausgestellten persönlichen Memorabilien und alten Möbelstücke. 🕒 Di–So 10–13 und 14–17 Uhr; Eintritt frei.

Abseits der Küste ist noch die schäbig-schicke Dorfstraße von Muizenberg von Interesse, wo sich die örtliche Bohème ein Stelldichein mit den kongolesischen Bewohnern des Orts gibt.

Der vernachlässigte Küstenabschnitt von Muizenberg soll nach und nach saniert werden; seine natürliche Schönheit lässt sich aber auch jetzt schon nicht bestreiten.

Auskünfte zu Übernachtungsmöglichkeiten in der Gegend erteilt **Peninsula Tourism**, ✆ 021-787 9140, ✉ muizenberg@tourismcapetown.co.za, im Pavillon an der Beach Road, 🕒 Mo–Fr 8.30–17.30, Sa 9–12 Uhr, ansonsten kann man auch unter 💻 www.safarinow.com nachschauen.

St James

St James, 2 km südlich von Muizenberg, ist eleganter. Die meisten Eigenheime dort liegen am Berghang und sind über Treppen zu erreichen, die zwischen der Main Road und dem Boyes Drive nach oben führen. Der beste Grund dafür, am hiesigen Bahnhof auszusteigen, sind der geschützte **Gezeitenpool** und der geteerte, 20 Min. lange **Küstenspazierweg**, der am felsigen Ufer entlang bis nach Muizenberg führt – einer der schönsten Spazierwege der Halbinsel, von dem sich Ausblicke auf die gesamte False Bay bieten. Aufmerksame Spaziergänger können hin und wieder eine Robbe sichten, oder (während der entsprechenden Saison) auch Wale.

Die in leuchtenden Grundfarben gestrichenen viktorianischen Badehäuschen am Strand von St James, die sowohl vom Zug als auch von der Straße aus zu sehen sind, stellen ein beliebtes Fotomotiv dar. Am Wochenende und während der Schulferien ist der Strand meistens überlaufen. Gelegentlich vollziehen christliche Gruppen hier feierliche Taufzeremonien, bei denen sie in voller Montur ins Wasser waten.

Kalk Bay

Kalk Bay ist einer der südlichsten Vororte Kapstadts, ein betriebsamer **Hafen** mit Fischerbooten, Ausblicken auf den Berg und einer Ladenzeile mit Cafés und Restaurants. Irgendwie gelang es Kalk Bay, durch die Maschen des *Group Areas Act* zu schlüpfen, denn es ist eine der wenigen Ansiedlungen auf der Halbinsel mit einer intakten „farbigen" Gemeinde, und – abgesehen vom größeren Hout Bay – die einzige Niederlassung „farbiger" Fischer.

Kalk Bay ist außerdem für seine Künstler- und alternative Szene bekannt, die sich an den Kopfsteinpflasterstraßen niedergelassen hat, und es gibt auch ein paar Unterkünfte. Am Wochenende fallen die Kapstädter hier ein – zum Frühstücken oder Mittagessen in einem der exzellenten Cafés, zum Bummeln oder für einen Drink am Wasser, dann herrscht Hochbetrieb.

Im Rücken von Kalk Bay liegt das **Silvermine Nature Reserve**, das sich über das Rückgrat der Halbinsel erstreckt. Dieser Teil der Tafelbergkette offeriert Wanderwege mit traumhaften Ausblicken auf beide Seiten der Halbinsel sowie Picknickmöglichkeiten an einem großen See. Am einfachsten lassen sich die Picknickplätze und der Staudamm über den Oukaapseweg (M64) nach Noordhoek erreichen, der am Südende der M3 ausgeschildert ist.

Der Besuch des Naturschutzgebiets ist besonders für Kinder toll (S. 184). 🕒 von Sonnen-

Whalewatching am Kap

Die im Umkreis von Kapstadt am häufigsten anzutreffende Walart ist der Südliche Glattwal (Südkaper). Um Wale zu beobachten, eignet am besten die wärmere **False Bay**, wo sich die Meeressäuger von Aug–Nov tummeln. Man kann sein Glück auch am **Atlantic Seaboard** bei **Chapman's Peak** Richtung Hout Bay sowie zwischen **Llandudno** und **Sea Point** versuchen, aber um sie gut sehen zu können, benötigt man an beiden Küsten ein Fernglas. Entlang der False Bay kennzeichnen Hinweisschilder geeignete Aussichtspunkte. Eine hervorragende Sicht bietet sich vom **Boyes Drive**, der hinter Muizenberg und Kalk Bay am Berg entlang verläuft.

Wer mit dem Auto unterwegs ist, fährt auf der M3 von der Innenstadt nach Muizenberg und biegt in Lakeside scharf rechts auf den Boyes Drive ab. Hier steigt die Straße an und führt über eine Anhöhe zwischen Kalk Bay und Fish Hoek wieder zur Main Road hinab. Man kann aber ebenso an der Küste entlang auf der Main Road bleiben: Besonders empfehlenswert ist der Abschnitt zwischen **Fish Hoek** und **Simon's Town**. Dort gibt es eine ausgesprochen hübsche Aussichtsstelle oberhalb der Felsen am Südende des Fish Hoek Beach, wenn man nach Süden, Richtung Glencairn, spaziert. Am **Boulders Beach**, am südlichen Ende von Simon's Town, steht eine Informationstafel über Wale, und von den flachen Felsausläufern bietet sich ein Ausblick aufs Meer. Noch bessere Aussichtspunkte befinden sich weiter unten an der Küste, zwischen Simon's Town und **Smitswinkelbaai**, wo die Straße höher am Berg verläuft.

Wer auf öffentliche Verkehrsmittel angewiesen ist, nimmt den Zug nach Fish Hoek oder Simon's Town und hält vom Uferweg Jager's Walk, der unterhalb der Bahnlinie am Ufer entlang von Fish Hoek zur Sunny Cove führt, Ausschau nach Walen. Allerdings gibt es weiter östlich, vor allem bei Hermanus und Walker Bay (S. 249), noch erheblich bessere Möglichkeiten. Informationen über die Stellen, an denen während der vergangenen 24 Std. Wale gesichtet wurden, bietet Cape Town Tourism, ✆ 083-910 1028.

auf- bis Sonnenuntergang; Eintritt R20, Kinder R10. Von Kalk Bay führen mehrere schöne Wege die Berge hinter dem Dorf hinauf; sie zweigen vom Boyes Drive ab. Alle Wege sind auf der Silvermine Map verzeichnet, die es in allen Outdoorläden gibt.

Fish Hoek

Der Strand von Fish Hoek, südlich der Kalk Bay, wird vor allem von Familien bevorzugt. Direkt am Strand liegt das **Fish Hoek Galley Seafood Restaurant**. Dank des Strandes bestehen einige Übernachtungsmöglichkeiten (S. 168), doch davon abgesehen handelt es sich um einen der langweiligsten Vororte der gesamten False Bay. Ob es daran liegt, dass ein obskures Gesetz den Verkauf von Alkohol in den hiesigen Super- und Getränkemärkten verbietet?

An der Rückseite des Restaurants beginnt der **Jager's Walk**, der am Steilufer über dem Meer entlang nach Sunny Cove (1 km) führt und von dort aus, allerdings nicht mehr asphaltiert, weitere 6 km bis Simon's Town. Zur entsprechenden Jahreszeit kann man von diesem Weg aus draußen auf dem Ozean Wale beobachten.

Simon's Town

Simon's Town, die drittälteste europäische Niederlassung in Südafrika und der wichtigste Stützpunkt der südafrikanischen Marine, ist keineswegs ein raubeiniger Hafen. Der nur 40 km von Kapstadt entfernte Ort ist ausgesprochen hübsch mit einem nahezu perfekt erhaltenen Stadtbild. Der Anblick der Ozeanriesen und der Matrosen in tadellos weißen Uniformen verleiht Simon's Town zusätzlichen Charme.

Da es ungefähr auf halbem Weg entlang der Küste zum Cape Point liegt, eignet sich Simon's Town mit seinen weiten Ausblicken auf die False Bay und die Hottentots Holland Mountains wunderbar als Übernachtungsort und Ausgangspunkt für Tagesausflüge mit dem Zug nach Kap-

Von Kalk Bay nach Muizenberg

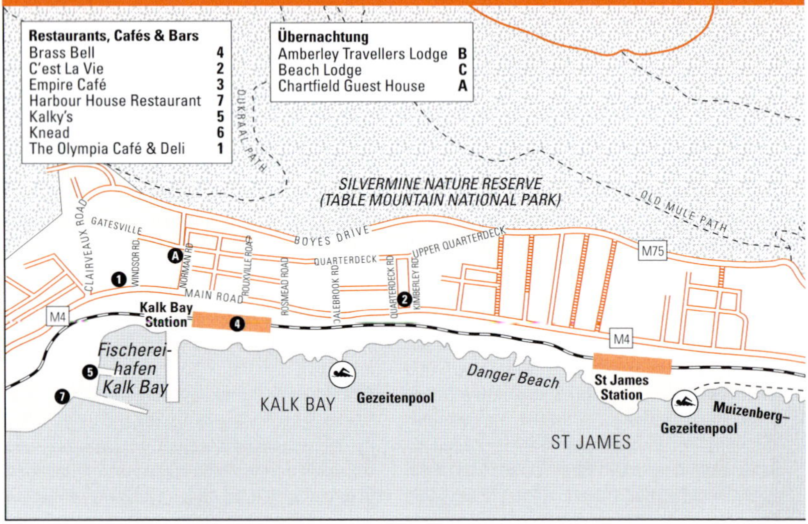

stadt. Nur ein paar Kilometer südlich befindet sich **Boulders Beach** mit seiner großen Kolonie putziger **afrikanischer Pinguine**, die schon alleine einen Abstecher nach Simon's Town wert sind.

Simon's Town wurde 1687 als Winterhafen der VOC gegründet und (wie mehrere andere Ortschaften in und um Kapstadt) von **Gouverneur Simon van der Stel** in aller Bescheidenheit nach sich selbst benannt. Der berühmteste Besucher war Lord Nelson, der sich 1776 hier als Leutnant zur See auf dem Heimweg aus dem Osten erholte. 19 Jahre später besetzten brititsche Kriegsschiffe Simon's Town und nutzten es als Brückenkopf für die erste britische Invasion des Kaps. Nach sieben Jahren zogen die Briten ab, kehrten aber 1806 wieder zurück. Simon's Town blieb bis 1957 britischer Marinestützpunkt und wurde erst dann Südafrika übergeben.

Ein paar Zeichen, wie die eine oder andere Moschee, deuten darauf hin, dass es hinter dem rein „weißen" Erscheinungsbild eine weitere Welt gibt. Im frühen 18. Jh. kamen die ersten Moslems, Sklaven aus aus dem indonesischen Archipel, die den holländischen Kriegshafen bauen mussten. Nachdem die Briten 1807 den Sklavenhandel verboten hatten, wurden die Schiffe angehalten, ihre menschliche Fracht in Simon's Town zu löschen, wo bald ein ganzer Bezirk zur sogenannten Black Town wurde. 1967, als Simon's Town zur White Group Area erklärt wurde, gab es hier 1200 mittelständische „farbige" Familien, Nachkommen jener Sklaven. In den frühen 1970er-Jahren waren die meisten von ihnen aufgrund des *Group Areas Act* in die desolate Township **Ocean View** (ironischerweise eine der wenigen Stellen der Halbinsel ohne Meeresblick) zwangsumgesiedelt worden.

Bei Ankunft der Züge warten am Bahnhof Rikkis, ✆ 072-387 4366, die Passagiere auf Wunsch nach Boulders bringen. Südlich des Bahnhofs führt von der Hauptstraße King George's Street eine ausgeschilderte Straße nach links zu den Museen. Das **Simon's Town Museum**, Court Rd, ist in der Old Residency untergebracht, die 1772 für den Gouverneur der VOC erbaut wurde. Das Gebäude diente gleichzeitig als Sklavenquartier (die Zellen befinden sich im Keller) und städti-

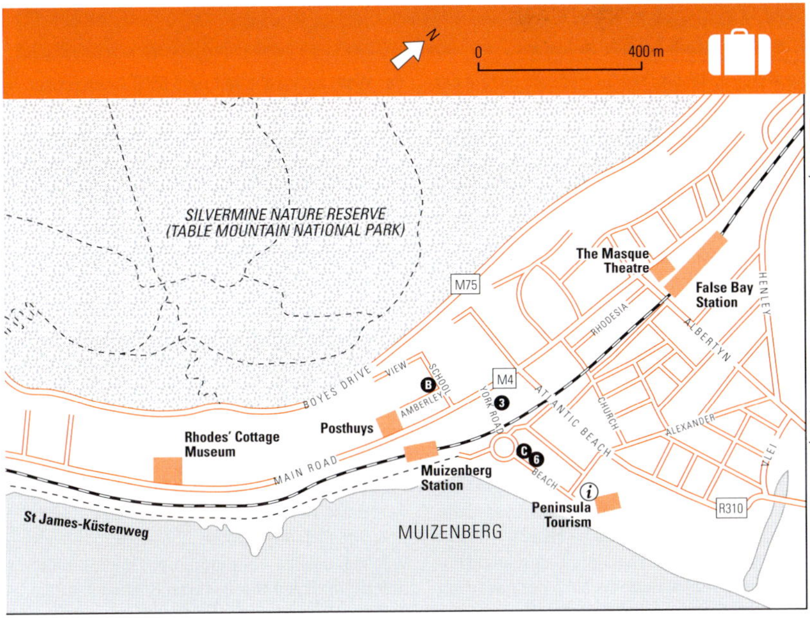

sches Bordell. Die Ausstellung zum Thema Seefahrt umfasst eine Menge Informationen über Able Seaman Just Nuisance, einen dänischen Seefahrer, der im 2. Weltkrieg das Maskottchen der Royal Navy war. 🕓 Mo–Fr 9–16, Sa 10–13, So 11–15 Uhr; geringe Eintrittsgebühr.

Das **South African Naval Museum**, eine Tür weiter, zeigt u. a. das Innere eines U-Boots, eine (künstlich) schaukelnde Schiffsbrücke und viele Porträts südafrikanischer Marinekommandeure. 🕓 tgl. 10–15 Uhr; Eintritt frei.

Im Zentrum von Simon's Town, etwas mehr als 1 km südlich des Bahnhofs, erstreckt sich der **Jubilee Square**, ein von Palmen beschatteter Parkplatz nahe der St George's Street. Er ist umgeben von ein paar Cafés und Geschäften. An der Hafenseite der Straße steht an der Promenade eine Statue des unvermeidlichen Able Seaman Just Nuisance. Treppen führen zur **Marina** hinab, wo sich direkt am Wasser bescheidene Läden und Restaurants befinden. Die besten Fish 'n' Chips gibt's bei Salty Seadog. Während der Walsaison empfehlen sich **Bootsausflüge** ab dem Anleger, ✆ 083-257 7760.

Boulders

Zwei Kilometer vom Bahnhof Richtung Cape Point liegt Boulders Beach. Das Gebiet wurde nach den riesigen, von Wind und Wellen abgeschliffenen Felsbrocken benannt, die eine Reihe kleiner Buchten mit Sandstränden und Badetümpeln bilden. Die meisten Besucher kommen jedoch wegen der **afrikanischen Pinguine** (Brillenpinguine; früher *jackass penguins*, d. h. Eselpinguine genannt, denn sie geben erstaunlich laute, schnarrende Geräusche von sich) in einem umzäunten Reservat am Boulders Beach.

Das eigentliche Habitat der afrikanischen Pinguine sind die Inseln vor der südafrikanischen Westküste, und die Boulders-Kolonie ist eine der beiden einzigen Festlandskolonien von Pinguinen auf der ganzen Welt. Dieser einzige Ort, wo sich die Zahl dieser vom Aussterben bedrohten Tierart wieder vermehrt, bietet die äußerst seltene Gelegenheit, sie aus nächster Nähe zu betrachten. 🕓 Dez–Jan 7–19.30 Uhr, Feb–März und Okt–Nov 8–18.30 Uhr; Eintritt R30, Kinder R5.

Boulders ist auch von **Seaforth** zu erreichen, das ein paar Kilometer weiter Richtung Simon's

Fynbos

Die ersten holländischen Siedler suchten auf der Kap-Halbinsel vergeblich nach Bauholz. Alles was sie fanden, war ein unscheinbares Gestrüpp, das sie als *fijn bosch* („dünner Busch") bezeichneten. Noch heute ist es unter seinem afrikaansen Namen *fynbos* bekannt. Um Abhilfe zu schaffen, pflanzten die Siedler Exoten wie Eichen an, die heute noch in der Kapstädter Innenstadt Schatten spenden, und im Laufe der Jahrhunderte legten ihre Nachfahren an den Flanken des Tafelbergs Kiefernwälder an, um eine malerische Landschaft gemäß ihrer europäischen Vorstellung zu schaffen. Erst vor relativ kurzer Zeit gingen die Kapbewohner dazu über, den Fynbos mit Stolz als Teil des kulturellen Erbes der Halbinsel zu betrachten. Übrigens sind viele in Europa verbreitete Zierpflanzen, wie Geranien, Fresien, Gladiolen, Gänseblümchen und Lilien veredelte Arten der am Kap beheimateten Flora.

Der Fynbos zeichnet sich durch eine erstaunliche Pflanzenvielfalt aus, die 80 % der gesamten **Capensis** (Kapflora), des kleinsten Florenreichs der Welt, ausmacht. Mit rund 8500 Arten ist der Fynbos eine der vielfältigsten Vegetationszonen der Erde. Nur die südamerikanischen Regenwälder können sich annähernd mit diesem Artenreichtum messen. Allein auf der Kap-Halbinsel, deren Fläche weniger als 500 km² beträgt, finden sich 2256 Pflanzenarten (fast doppelt so viele wie in Großbritannien, das 5000-mal größer ist). Während die anderen fünf Florenreiche riesige Gebiete, wie Australien oder die Nordhalbkugel umfassen, erstreckt sich das Kap-Florenreich über einen relativ schmalen Bogen entlang der Küste von Niewoudville im Westen über Kapstadt bis nach Grahamstown im Osten. Die vier Pflanzengrundarten des Fynbos sind: **Protea** (die Landesblume Südafrikas); die rund 600 Heidekrautarten umfassende **Erika** (im Rest der Welt kommen nur 26 Arten vor); **Gräser** und **Geophyten** (im Boden überwinternde oder wachsende Pflanzen), darunter Lilien und die feuerroten Roten Disas, die im Spätsommer am Tafelberg blühen.

Town ausgeschildert ist. In Seaforth gibt's ein kleines Informationszentrum, und über eine Plattform ist ein Strand zugänglich, auf dem sich Hunderte Pinguine tummeln. Die meisten Leute gehen zu Fuß von Seaforth nach Boulders und halten Ausschau nach all den Pinguinen im Gebüsch am Wegesrand, wo sich jede Menge Nistplätze befinden. In Seaforth selbst bietet ein Strand, der auf der einen Seite vom gewaltigen Grau des Marinestützpunkts begrenzt wird, Möglichkeiten zum gefahrlosen Baden. Am Boulders Beach gibt es keinerlei Einrichtungen, aber an beiden Strandenden jeweils ein Restaurant mit Terrasse und frischem Fisch auf der Karte.

Table Mountain National Park – Cape of Good Hope

Die meisten Touristen besuchen das Kap der guten Hoffnung im Table Mountain National Park, ✆ 021-780 9100, 💻 www.tmnp.co.za, um den südlichsten Zipfel Afrikas und die Stelle zu sehen, wo am Cape Point der Indische Ozean und der Atlantik aufeinander treffen. In Wirklichkeit befindet sich hier weder das eine noch das andere. Dennoch ist es ein atemberaubender Ort, dessen Besuch man auf gar keinen Fall auslassen sollte. Die tatsächliche Südspitze des Kontinents bildet das Cape Agulhas (S. 258), rund 300 km weiter südöstlich, doch Cape Point ist wesentlich leichter zu erreichen als Agulhas und weitaus aufregender.

Das Reservat umfasst gewaltige Felsklippen mit sagenhafter Aussicht, umspült von tosenden Wellen und einem brüllenden Wind ausgesetzt, der den Besuchern auf dem Aussichtspunkt oben am alten Leuchtturm die Mützen vom Kopf und die Sonnenbrillen von der Nase fegt. 🕓 tgl. April–Sep 7–17, Okt–März 6–18 Uhr; Eintritt R60, Kinder R10.

Die meisten Besucher kommen im Rahmen einer Sightseeingtour zum Point. Zahlreiche Veranstalter haben Tagestouren zu den Highlights der Halbinsel im Programm; Day Trippers, ✆ 021-511 4766, veranstaltet *fun tours* für R500 (inkl. Mittagspicknick), einige davon mit der Möglichkeit, einen Teil der Strecke mit dem Fahrrad zurückzulegen. Näheres zu Sightseeingtouren, die auch einen Abstecher in das Reservat vorsehen, S. 192.

Zum Naturschutzgebiet fahren keine öffentlichen Verkehrsmittel, aber Nichtmotorisierte können mit dem Zug nach Simon's Town fahren und dort ein Rikki, ✆ 021-786 2136, für den Hin- und Rückweg mieten. Wer einen fahrbaren Untersatz besitzt, nimmt die M3 nach Muizenberg und weiter die M4 via Simon's Town bis zum Eingangstor des Reservats, wo man zusammen mit der Eintrittskarte eine übersichtliche Karte erhält, auf der die wichtigsten Straßen und Wanderwege sowie die Gezeitenpools und andere Einrichtungen eingezeichnet sind.

Es ist ratsam, so früh wie möglich herzukommen, um den Busladungen voller Besucher und auch dem im Laufe des Tages immer heftiger wehenden Wind ein Schnippchen zu schlagen. Es lohnt sich, beim **Buffelsfontein Visitors' Centre**, ✆ 021-780 9204, 8 km vom Eingangstor entfernt, vorbeizuschauen, denn dort gibt es eine ansprechende Ausstellung inkl. interessanter Videos zur hiesigen Fauna und Flora. ⏲ tgl. 7.30–17 Uhr.

Vom Parkplatz führt ein kurzer, steiler und von Touristen wimmelnder Fußweg zum beliebten Aussichtspunkt beim jahrhundertealten Leuchtturm hinauf. Weniger Energiegeladene nehmen die **Bergbahn** (hin und zurück R45) nach oben, wo sich ein Souvenirladen befindet. Zudem gibt es am Parkplatz unten ein recht gutes **Restaurant**, das Two Oceans, mit Tischen im Freien und großen Fenstern, die eine Aussicht aufs Meer bieten.

Kap-Fauna

Abgesehen von den einheimischen Pflanzen bekommen Besucher sicher die einen oder anderen Tiere, die im Fynbos-Habitat leben, zu Gesicht. Paviane turnen überall am felsigen Ufer herum und können sich als wahre Plagegeister entpuppen; Autofahrer sollten unbedingt die Fenster geschlossen halten und beim Ein- und Aussteigen sehr vorsichtig sein, denn die Affen scheuen keineswegs davor zurück, in Fahrzeuge einzudringen und sind unheimlich gewiefte Lebensmitteldiebe. Niemals sollte man in ihrer Nähe Lebensmittel auspacken oder etwas essen oder trinken. Wer sie füttert, obwohl dies streng verboten ist, muss mit einer Geldstrafe rechnen. An verschiedenen Stellen sind offizielle Pavianvertreiber im Einsatz.

Außerdem gibt es **Bontebok**, **Elenantilopen** und **Kuhantilopen**, und an den Hängen grasen **Greisböckchen**. Mit sehr viel Glück lässt sich vielleicht sogar eines der äußerst seltenen **Kap-Bergzebras** erblicken.

Strauße schreiten durch den niedrigen Fynbos, und manchmal kommen **afrikanische Pinguine** an Land. Eine auffällige Erscheinung an Felsküsten ist der **schwarze Austernfischer**, der mit seinem knallroten Schnabel Napfschnecken von den Felsen pickt. An Stränden und auf Felsen lassen sich gern Scharen von **Kapkormoranen** nieder, die oft ihre Schwingen zum Trocknen ausgebreitet haben. Bei den geschäftig am Ufer hin und her trippelnden Vögeln handelt es sich um **Regenpfeifer** und **Sanderlinge** auf der Suche nach verdaulicher Kost, die von den Wellen herangetragen wird. Mit Sicherheit sehen Besucher Siedleragame, Schwarze Gürtelschweife und Klippschliefer *(dassies)*.

2 HIGHLIGHT

Cape Point und Umgebung

Cape Point ist der gefährliche, windgepeitschte Felsvorsprung mit tückischen Strömungen, der die Navigationskünste von Seeleuten auf eine harte Probe stellt, seit die Portugiesen im 15. Jh. zum ersten Mal das Kap umrundeten. Vor seiner Küste liegen zahlreiche Schiffswracks; zwei davon lassen sich zu Fuß besichtigen und liegen bei **Olifantsbos** an der Westseite: Das eine ist ein 1942 gesunkenes US-Schiff, das andere ein südafrikanisches Küstenschiff, das 1965 auf Grund lief.

Das 1860 erbaute **Old Lighthouse** lag zu häufig im Nebel, um Schiffe erfolgreich von den Felsen fernzuhalten. Daher wurde 1914 weiter unten ein neuer Leuchtturm errichtet,

Auch wenn Cape Point nicht ganz die Südspitze des Kontinents ist, ist es doch an Dramatik kaum zu überbieten.

dem es zwar auch nicht immer gelang, Katastrophen zu verhindern, jedoch ist er immer noch die stärkste Lichtquelle an der Küste Südafrikas.

Wandern und schwimmen

Viele Besucher begnügen sich mit dem Blick vom Cape Point und sehen das übrige Reservat nur durch das Wagenfenster, doch die dramatische Landschaft und Kapflora lässt sich erst während eines Spaziergangs wirklich wahrnehmen. Im **Cape of Good Hope Nature Reserve** gibt es mehrere markierte **Wanderwege**. Wer eine lange Wanderung plant, sollte möglichst früh aufbrechen und viel Wasser mitnehmen, denn Schatten ist rar, und der Wind kann sehr unangenehm werden.

Eine der einfachsten Strecken ist der ausgeschilderte, 40-minütige Spaziergang vom Parkplatz am **Cape Point** zum weiter westlich gelegenen **Cape of Good Hope**. Wer am Ufer entlangwandern möchte, kann den ausgetretenen Pfad entlang der Atlantikküste nehmen. Ein guter Zugang zu diesem Weg befindet sich bei **Gifkommetjie**; nach dem entsprechenden Wegweiser an der Cape Point Road Ausschau halten.

Vom Parkplatz führen verschiedene sandige Pfade ziemlich steil über Felsen und durch Büsche und Wolfsmilchgewächse zur Küste hinab, an der man sowohl in der einen als auch in der anderen Richtung weiterwandern kann. Ein beliebter dreitägiger Wanderweg ist der **Hoerikwaggo Table Mountain Trail** von Cape Point zum Tafelberg; Hütten für die beiden Übernachtungen liegen am Wegesrand (ab R2100 p. P.), ✆ 021 465 8515, 💻 www.tmnp.co.za.

Am Rande der Cape Point Road, die durch das Naturschutzgebiet verläuft, weisen Schilder den Weg über Nebenstraßen zu **Stränden**. Schwimmen im Meer ist viel zu gefährlich, aber in der angrenzenden **Buffels Bay** und **Bordjiesrif**, auf halber Höhe der Ostküste, gibt es sichere Gezeitenpools.

Beide Buchten haben Grillstellen, doch die weiter südlich gelegene Buffels Bay ist der hübschere Ort, denn am Rand der großen Wiesen gibt es ein paar geschützte Plätzchen zum Picknicken.

Cape Flats und afrikanische Townships

Östlich der nördlichen und südlichen Vororte, zwischen dem Industriegelände mit seinen rauchenden Schloten und den windgepeitschten Cape Flats, erstreckt sich bis weit über den Flughafen hinaus das weitaus größte Wohngebiet Kapstadts. Es umfasst die „farbigen" Bezirke, die **„schwarzen" Townships** und **Elendssiedlungen**.

Die Cape Flats sind, wie der Name besagt, flach, aber auch staubig und dicht bevölkert; die M5 bildet die Trennlinie zwischen den Flats und den südlichen Vororten. Ein Besuch der jeweils ausschließlich von Schwarzafrikanern oder Coloureds bewohnten Flats-Siedlungen ist sowohl erschütternd als auch ermutigend, denn inmitten tiefster Armut herrscht ein spürbarer Geist unerschütterlicher Tatkraft und Gelassenheit.

Die „schwarzen" Townships wurden als „Schlafstädte" für die im „weißen" Kapstadt benötigten Arbeitskräfte eingerichtet. Es waren keine Orte, um sich eine Existenz aufzubauen, und ohne jegliche Infrastruktur geplant. In den ausschließlich Männern vorbehaltenen Massenunterkünften, eine „Erfindung" des Apartheidregimes, liegen die Wurzeln zahlreicher sozialer Spannungen. In den 1950er-Jahren verabschiedete die Regierung ein Gesetz, das den Zustrom von Menschen afrikanischer Herkunft nach Kapstadt eindämmte. Kein Afrikaner durfte sich am Kap westlich einer Linie, die unweit des Fish River verlief, der alten, über 1000 km langen Begrenzung Kapstadts, permanent niederlassen. Frauen durften sich in der Stadt keine Arbeit suchen, und Männern war es untersagt, ihre Ehefrauen mitzubringen. Um 1970 war in Langa das Verhältnis von Frauen zu Männern eins zu zehn.

Im Endeffekt gelang es der Apartheidregierung aber doch nicht, Kapstadt ganz und gar gegen die Massen verzweifelter Arbeitssuchender abzuriegeln. Dort, wo die Menschen keine legale Unterkunft finden konnten, errichteten sie **Notunterkünfte** aus Wellblech, Pappkartons und Plastikfolie. In den 1970er- und 1980er-Jahren versuchte der Staat, des Problems Herr zu werden, indem die Behausungen dem Erdboden gleichgemacht wurden, doch kaum waren Polizei und Bulldozer abgezogen, erstanden die

Township-Touren und Township-Stays

Im Rahmen mehrerer Projekte wird derzeit versucht, Touristen zum Besuch der Townships zu ermutigen, doch da die meisten der fast 2000 Morde, die jährlich in Kapstadt begangen werden, sich hier ereignen, ist es ratsam, sich einer der Township-Touren, S. 192–194, anzuschließen. Alle dort aufgeführten Touren werden von Einwohnern der Cape Flats oder in Zusammenarbeit mit dortigen Gemeindeeinrichtungen durchgeführt und bemühen sich schwerpunktmäßig um den direkten Kontakt zu den Anwohnern. Sie umfassen z. B. den Besuch von *shebeens*, Nachtclubs und eines Township-Restaurants, ermöglichen Gespräche mit Bewohnern der Barackensiedlungen und der Hostels in Langa sowie Treffen mit traditionellen Heilern und Musikern, Künstlern und Kunsthandwerkern. Manche Touren führen auch zu „sites of political struggle", wo wichtige Ereignisse im Kampf gegen die Apartheid stattfanden. Die beste Möglichkeit, das Leben in den Townships hautnah kennenzulernen, bietet jedoch ein Aufenthalt in einem der Township-B&Bs, die angehme, freundliche und sichere Übernachtungsmöglichkeiten sind, s. Kasten S. 169.

Lager aufs Neue. Sie bilden mittlerweile einen festen Bestandteil der Cape Flats.

Eine der bekanntesten illegalen Siedlungen Südafrikas ist **Crossroads**, deren Bewohner wiederholt Opfer brutaler, organisierter Übergriffe wurden, bei denen Handlanger des Apartheidregimes und Polizisten auch vor Mord nicht zurückschreckten, und immer wieder Abrisskommandos anrückten. Mit dem Mut der Verzweiflung hielten die Besetzer stand und bekamen schließlich das Bleiberecht zugesprochen. Die heutige Regierung unternimmt Anstrengungen zur Verbesserung der Lebensbedingungen in den Elendssiedlungen, indem eine Stromversorgung installiert wird und Wasserleitungen und sanitäre Anlagen sowie kleine Ziegelsteinhäuser gebaut werden.

Langa, die älteste und zentralste Township, liegt unmittelbar östlich des „weißen" Vororts Pinelands und nördlich der N2. An diesem erbarmungslos grauen Ort ohne das winzigste Bisschen Grün sieht man Frauen, die Schafs- und Ziegenköpfe verkaufen, und daneben öffentliche Telefonbüros, die von einfallsreichen Township-Geschäftsleuten im Inneren ausgedienter Frachtcontainer eingerichtet wurden. Kleinfamilien wohnen in hübschen, neuen Häusern hinter Mauern, während sich in den ehemaligen Männer-Hostels bis zu drei Familien ein einziges Zimmer teilen.

Südlich der afrikanischen Ghettos liegt **Mitchell's Plain**, eine „farbige" Siedlung, die bis zur Küste der False Bay hinab reicht. Wer auf der M5 nach Muizenberg fährt, kommt daran vorbei. Mitchell's Plain ist längst nicht so armselig wie die afrikanischen Townships, was zeigt, dass hellere Haut während der Apartheid automatisch bessere Lebensbedingungen ermöglichte. Doch für die Coloureds war die Zwangsumsiedlung nicht weniger tragisch, denn viele wurden von ihrem eigenen Grund und Boden vertrieben, weil ihr Wohnviertel zur White Group Area erklärt wurde. Zahlreiche Familien mussten Mitchell's Plain als ihre neue Heimat akzeptieren, als der District Six (S. 132) dem Erdboden gleichgemacht wurde. Unter den zwangsumgesiedelten Bewohnern konnte sich nie mehr das frühere Gemeinschaftsgefühl entwickeln – die gewalttätigen Jugendbanden, die zum Alltag von Mitchell's Plain gehören, sind ein Resultat dieser Entwurzelung und der Armut.

Übernachtung

Kapstadt hat Übernachtungsmöglichkeiten sämtlicher Preislagen, doch wer sich ein Bett in der gewünschten Kategorie sichern möchte, sollte rechtzeitig buchen, insbesondere um die Weihnachtsferien herum (Mitte Dezember bis Mitte Januar). Kapstadt erstreckt sich weit über die Halbinsel und bietet jede Menge verschiedener Lagen mit heiß debattierten Vor- und Nachteilen und unterschiedlicher natürlicher Schönheit. Reisende müssen sich entscheiden, ob sie zentral in der Nähe der Sehenswürdigkeiten und des Nachtlebens nächtigen möchten oder lieber ruhiger und in Ozeannähe weiter draußen, was aber längere Anfahrten zum Zentrum zur Folge hat. Die dichteste Konzentration von Unterkünften findet sich im Zentrum, in der City Bowl und am Atlantik bis nach Camps Bay.

Cape Town Tourism betreibt eine sehr brauchbare Unterkunftsvermittlung. Die besten Hotelwebsites sind 🖳 www.tripadvisor.com, 🖳 www.safarinow.com, 🖳 www.i-escape.com und 🖳 www.capestay.co.za. Die ersten beiden veröffentlichen auch Lesermeinungen zu den Unterkünften. Teurere Pensionen sind im Portfolio, 🖳 www.portfoliocollection.com, aufgelistet. Die Mitglieder zahlen hohe Gebühren, um sich in diese Liste aufnehmen zu lassen, und die Qualität der Unterkünfte wird streng überwacht, sodass ein hoher Standard gewährleistet ist.

A–Z Holiday Accommodation, 🖳 www.a-zholidayhomes.co.za, kann mit Unterkünften für Selbstversorger zu unterschiedlichsten Preisen aushelfen.

Innenstadt

Karte S. 129

Die quirligste Club- und Restaurantstraße Kapstadts ist die Long Street. An der Vergnügungsmeile selbst liegen einige Hostels und Hotels, dazu kommen östlich der Straße um den Museumskomplex und die Company Gardens herum weitere Unterkünfte. Von hier sind alle Museen zu Fuß zu erreichen, die besten Kneipen und Clubs der Stadt liegen vor der Haustür, und es ist kein Problem, Transportmittel für Fahrten hinaus aus dem Zentrum oder zur Waterfront zu finden. Direkt an der Long Street liegende Zimmer sind allerdings recht laut.

Cape Town Hollow Hotel, 88 Queen Victoria St, ✆ 021-423 1260, 🖳 www.capetownhollow.co.za. Mehrstöckiges Hotel, Zimmer mit Bad, AC und Kabel-TV, einen kurzen Fußweg durch die Company Gardens vom South African Museum und der National Gallery entfernt. Die Zimmer mit Bergblick sind etwas teurer ❼

Cat & Moose, 305 Long St, ✆ 021-423 7638, 🖳 www.catandmoose.co.za. Stilvollste der Unterkünfte an der Long Street, in einem Gebäude aus dem 18. Jh. ganz in der Nähe des Dampfbads am Südrand der Innenstadt. Holzdielen, Erdfarben und afrikanische Masken verleihen einen warmen Ethnotouch. Dorms, 3-Bett-Zimmer und DZ rund um einen kleinen, schattigen Hof mit Tauchbecken. Dorms ❶, Zimmer ❸

The Grand Daddy Hotel, 38 Long St, ✆ 021-424 7248, 🖳 www.daddylonglegs.co.za. Sieben retro-coole, von einheimischen Künstlern ausgestaltete American-Airstream-Wohnwagen zieren das Dach des Grand Daddy Hotel; sie sind durch hölzerne, mit heimischen Pflanzen begrünte Stege miteinander verbunden. DZ R1000. ❻ Auf den Hoteletagen darunter gibt's auch konventionelle Zimmer und günstigere Apartments für Selbstversorger, die einer jungen, kreativen städtischen Ästhetik huldigen. ❺

iKhaya Lodge, Wandel St, Dunkley Square, ✆ 021-461 8880, 🖳 www.ikhayalodge.co.za, Karte S. 123. Nur 3 kurze Häuserblocks von den Museen und den angesagten Restaurants entfernt. 11 Zimmer mit Bad im Haupthaus und einige luxuriöse Loft-Suiten, entweder mit Berg- oder (billigerem) Stadtblick. Rund um die Uhr besetzte Rezeption, Satelliten-TV und WLAN-Zugang in der ganzen Lodge. ❺

Rouge on Rose, 25 Rose St, Ecke Hout St, ✆ 021-426 0298, 🖳 www.rougeonrose.co.za, Karte S. 123. Neun nagelneue Suiten in einem Guesthouse im Bo-Kaap, alle mit einfachen Einrichtungen für Selbstversorger und Lounge/Esszimmer. Schön an einer durch einige Unterkünfte und Restaurants aufgewerteten Straße gelegen, mit tollem Blick hinüber zum Signal Hill, und nur einen Katzensprung von der Long Street und De Waterkant entfernt. ❻

Eleganz am Kap

Cape Heritage Hotel, 90 Bree St, am Cape Heritage Square, direkt unterhalb des Bo-Kaap, ✆ 021-424 4646, 🖳 www.capeheritage.co.za. Elegantes, geschmackvoll restauriertes Boutiquehotel in einem Gebäude aus dem Jahr 1771. Die Zimmer bieten eine reizende Mischung aus Kap-Historie und Moderne mit wunderschönen handgefertigten Objekten und Einrichtungsgegenständen. Ein weiteres Lockmittel ist der Whirlpool auf dem Dach. ❼

St Paul's B&B Guest House, 182 Bree St, ✆ 021-423 4420, 💻 www.stpaulschurch.co.za. Reizendes, gut geführtes und preiswertes Guesthouse in einem georgianischen Gebäude in einer ruhigen Straße am Rande der Innenstadt, nicht weit von den Sehenswürdigkeiten. Große, angenehme und helle Zimmer mit Gemeinschaftsbad. ❷

Tudor Hotel, 153 Longmarket St, ✆ 021-424 1335, 💻 www.tudorhotel.co.za. Das sehr zentral gelegene, preisgünstige Hotel mit Blick auf den Greenmarket Square hat B&B-Zimmer mit Bad. ❺

V&A Waterfront und De Waterkant

Karte S. 136

Die Unterkünfte an der schicken V&A Waterfront (üblicherweise schlicht Waterfront genannt) sind zumeist etwas teurer, doch es gibt auch ein paar relativ preisgünstige, vor allem in der Gegend südlich der Waterfront und von De Waterkant. Genau richtig ist an der Waterfront, wer gerne in einem sicheren Gebiet einkaufen geht und Restaurants und Cafés zu Fuß erreichen möchte. Transportmittel sind leicht erhältlich – das Zentrum ist zwar nicht weit, aber der Weg dahin wird Fußgängern vom Verkehr verleidet. Besser schont man die Beinmuskeln für Spaziergänge im Zentrum selbst und in den Company Gardens. An der Waterfront tobt nicht gerade das Nachtleben, aber die Gegend verströmt mit dem Gekreische der Seemöwen, dem Tuten der Schiffshörner und dem Flattern der Takelagen im Wind eine nette Hafenatmosphäre.

Cottages und B&Bs in De Waterkant

De Waterkant Village, Rezeption 1 Loader St, De Waterkant, ✆ 021-409 2500, 💻 www.villageandlife.com. Die restaurierten historischen Cottages in der Waterkant, Loader, Dixon und Napier St besitzen ein, zwei oder drei Schlafzimmer; manche mit Garage, Pool oder Dachgarten mit Hafen- oder Bergblick. Dem Unternehmen Village and Life gehören auch zwei B&Bs sowie Apartments für Selbstversorger an der Waterfront. ❻

Weniger als 1 km von der Waterfront entfernt, dazu nicht weit vom Zentrum und vom Green Point, erstreckt sich neben dem Bo-Kaap an einer Bergflanke De Waterkant, eine sehr schöne Gegend zum Übernachten. Restaurierte viktorianische Reihenhäuser, die angesagte Bars und Restaurants beherbergen, säumen schmale, hübsche Kopfsteinpfasterstraßen. De Waterkant ist das Schwulenviertel von Kapstadt, aber natürlich auch für alle anderen attraktiv. Viele der historischen Cottages können gemietet werden, darunter einige für Familien und Gruppen.

Breakwater Lodge, Portswood Rd, Waterfront, ✆ 021-406 1911 (nach „Lodge Reservations" fragen), 💻 www.breakwaterlodge.co.za. Das ehemalige Gefängnis aus dem 19. Jh. ist heute die erschwinglichste Unterkunft in unmittelbarer Nähe der Waterfront. Die gesichtslose Lodge sollte aber nur im Notfall als Unterkunft gewählt werden. WLAN im ganzen Haus und reichlich Parkraum. ❺

The Cape Grace, West Quay, Waterfront, ✆ 021-410 7100, 💻 www.capegrace.co.za. Eines der teuersten, exklusivsten Hotels Südafrikas in traumhafter Lage mit Tafelberg- oder Hafenblick. Großer beheizter Pool, Wellnessbereich und im obersten Geschoss Jacuzzi mit tollem Ausblick. Auch wer nicht hier übernachtet, kann in der schönen Bar am Kai zu Mittag speisen oder einen Cocktail schlürfen – hier gibt's außerdem das umfangreichste Whiskyangebot der Stadt. ❾

City Lodge, Alfred Rd, Ecke Dock Rd, Waterfront, ✆ 021-419 9450, 💻 www.citylodge.co.za. Schmuckloses, aber völlig ausreichendes Hotel einer landesweiten Kette, zwischen Waterfront und Innenstadt, weniger als 1 km von beiden entfernt. Zimmer mit TV, außerdem ein kleiner Swimming Pool. Von Fr–So günstiger, über die hoteleigene Internet-Auktionsseite 💻 www.bid2stay.co.za sind Zimmer mit Rabatt zu bekommen. DZ R1500. ❻

St John's Waterfront Lodge, 6 Braemar Rd, ✆ 021-439 1404, 💻 www.stjohns.co.za. Das der Waterfront am nächsten (10 Min. zu Fuß) gelegene Hostel wird von hilfsbereiten Angestellten effizient geleitet. Es beherbergt 4 Schlafsäle mit 8–9 Betten und 13 DZ, 3 davon mit Bad. 2 Pools, wunderbarer Garten und Bar, Frühstück kostet extra. Außerdem kostenloser Internet-Zugang, Münzwaschmaschine und Tourenvermittlung. Dorms ❷, Zimmer ❸

City Bowl

Karte S. 162

Die Unterkünfte in der City Bowl sind sehr beliebt, denn die nördlichsten Randbezirke liegen nur 5–10 Min. zu Fuß von den Gardens und Museen entfernt. An der Kloof Street, der Verlängerung der Long Street, gibt es vereinzelte Backpackerlodges sowie einige nette Cafés und Restaurants. Hier ist es ruhiger und schattiger als im Zentrum; die Guesthouses in höheren Lagen verfügen teilweise über Gärten, tolle Ausblicke und Swimming Pools. Die Häuser in Tamboerskloof und Oranjezicht sind wegen der zentralen und schönen Lage und des leichten Zugangs zur Atlantikküste und nach Camps Bay über den Bergrand am Kloof Nek sehr teuer. Am Kloof Nek ist auch der Zugang zur Seilbahn auf den Tafelberg. Mit öffentlichen Verkehrsmitteln sind die City Bowl-Viertel nicht zu erreichen, doch die meisten genannten Unterkünfte liegen weniger als 3 km vom Zentrum entfernt, und es ist kein Problem, ein Taxi zu finden oder Rikkis zu benutzen.

Untere Preisklasse

African Sun, 3 Florida Rd, Vredehoek, ✆ 021-461 1601, ✉ afpress@iafrica. com. Ein kleines, zum Wohnhaus einer Familie gehörendes Apartment (Selbstverpflegung) mit eigenem Eingang, rund 1 km von der Innenstadt. Geschmackvoll „ethnisch" eingerichtet; freundliche, interessante und gut informierte Besitzer. Gutes Preis-Leistungs-Verhältnis. ❸

Ashanti Lodge and Guest House, 11 Hof St, Gardens, ✆ 021-423 8721, 💻 www.ashanti. co.za. Eine riesige viktorianische Villa mit Marmor und afrikanischem Dekor, hohen Decken, gepflegtem Vorgarten und Pool mit Sonnenterrasse. Die DZ und Dorms (6–8 Betten) sind mit schmiedeeisernen (Etagen-)Betten möbliert. Sehr gesellige Bar – wer nicht so sehr auf Partys aus ist, sollte sich besser zu den Guesthouses der Betreiber in der Union St aufmachen. Dorms ❷, Guesthouse ❸

The Backpack, 74 New Church St, Tamboerskloof, ✆ 021-423 4530, 💻 www.backpackers. co.za. Ausgezeichnetes Hostel in 4 miteinander verbundenen Häusern in Spaziernähe der City Bowl und Innenstadt und dabei viel ruhiger als die Long St. Effizient und freundlich, geschmackvoll-zurückhaltend eingerichtet, viel Freifläche, darunter eine Poolterrasse im Garten. Dorms (4–8 Betten) und Privatzimmer, manche mit Bad und für Familien geeignet. Außerdem gibt es im Haus ein Reisebüro, ein rund um die Uhr geöffnetes Internetcafé und ein bis spätabends offenes Restaurant mit Bar. Dorms und Zimmer ❷–❸

Belmont House, 10 Belmont Ave, Oranjezicht, ✆ 021-461 5417, 💻 www.blencathra.co.za. Hübsch restauriertes Haus aus den 1920ern; 7 kühle Zimmer mit Dusche oder Badewanne. Je nach Wunsch B&B oder Selbstverpflegung in der Gemeinschaftsküche. ❹

Blencathra, De Hoop, Ecke Cambridge Ave, Tamboerskloof, ✆ 021-424 9571, 💻 www.blencathra.co.za. Ruhige, geräumige Selbstverpfleger-Zimmer, sechs davon mit Bad, in einem großen Haus mit Bergblick, 2 km von der Innenstadt und 4 km vom Atlantik. Garten mit Sitzgelegenheiten und Pool, außerdem Chalet im Garten und billigere Studentenzimmer und Dorms ohne eigene Bäder. ❷–❸

Cape Town Backpackers, 81 New Church St, ✆ 021-426 0200, 💻 www.capetown backpackers.com. Exzellentes Hostel nahe der Kloof St mit DZ, Dorms, Innenhof zum Frühstücken und Dachterrasse mit Tafelbergblick, dazu den üblichen Hostel-einrichtungen inkl. Reiseschalter. Das benachbarte Guesthouse bietet Deluxe-Zimmer mit Bad und Balkon. ❷–❹

Mountain Manor Backpackers, 17 Breda St, Gardens, ✆ 021-461 7200, 💻 www.mountain manor.co.za. Etwas günstigere Dorms und DZ in einem sehr zentral gelegenen viktorianischen Haus mit Gemeinschaftsküche und der üblichen jungen Backpackerszene; Dachterrasse zum Chillen. ❶–❷

Saasveld Lodge, 73 Kloof St, Tamboerskloof, ✆ 021-424 6169, 💻 www.saasveldlodge.co.za. Etwas unpersönliches 4-stöckiges Gästehaus an der verkehrsreichen Kloof St, weniger als

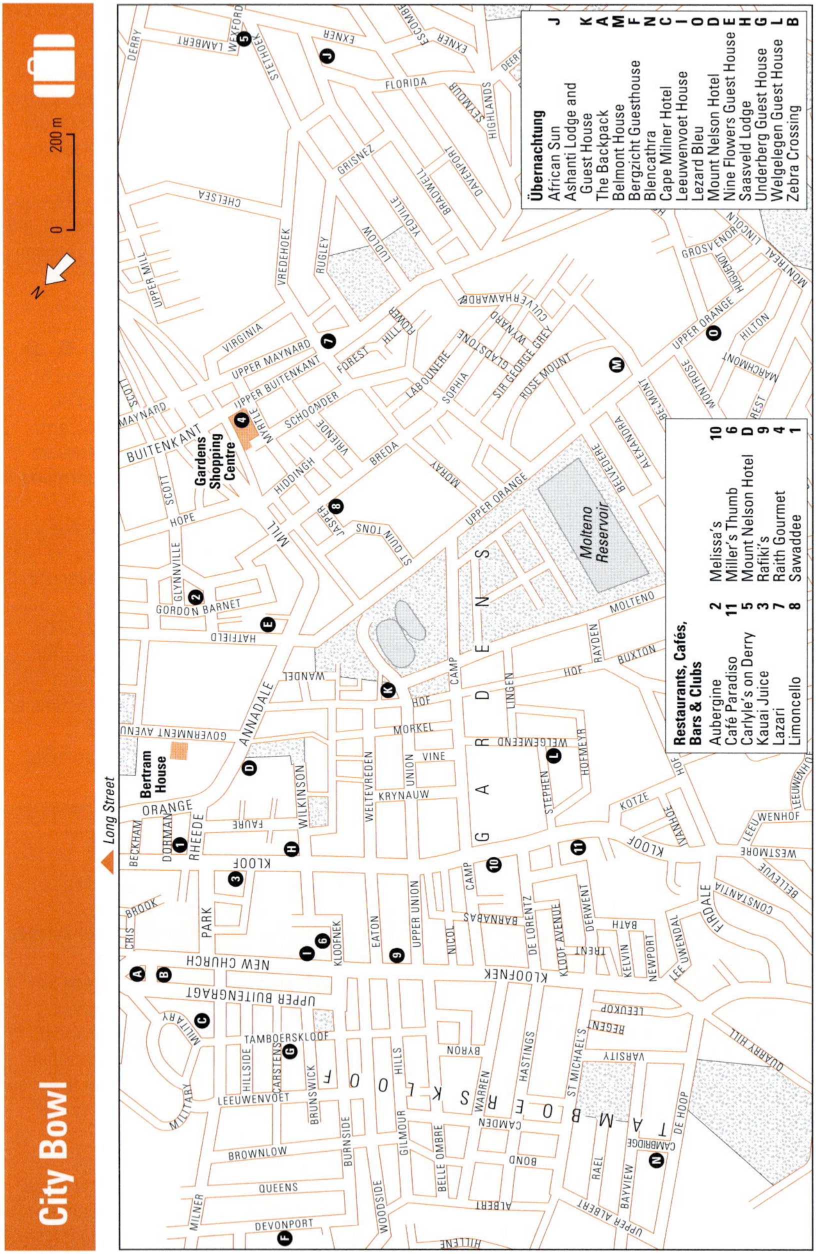
City Bowl
0
200 m
N
Übernachtung
African Sun J
Ashanti Lodge and Guest House K
The Backpack A
Belmont House M
Bergzicht Guesthouse F
Blencathra N
Cape Milner Hotel C
Leeuwenvoet House I
Lezard Bleu O
Mount Nelson Hotel D
Nine Flowers Guest House E
Saasveld Lodge H
Underberg Guest House G
Welgelegen Guest House L
Zebra Crossing B
Restaurants, Cafés, Bars & Clubs
Aubergine 2
Café Paradiso 11
Carlyle's on Derry 5
Kauai Juice 3
Lazari 7
Limoncello 8
Melissa's 10
Miller's Thumb 6
Mount Nelson Hotel D
Rafiki's 9
Raith Gourmet 4
Sawaddee 1
Molteno Reservoir
Gardens Shopping Centre
Bertram House
Long Street
G A R D E N S
T A M B O E R S K L O O F

1 km von der Innenstadt entfernt. Zimmer mit Bad und TV. ❹

Zebra Crossing, 82 New Church St, ✆ 021-422 1265, 💻 www.zebra-crossing.co.za. Kapstadts einzige Backpackerlodge, die mit geruhsamer Atmosphäre wirbt. Zwei viktorianische Häuser in Spaziernähe zu den Cafés an der Kloof St. Eigenes Café mit Bar und zwei angenehme Terrassen unter Weinranken. Unterbringung in Dorms und DZ – am besten sind die mit Bergblick. Parkplätze, kinderfreundlich und alle möglichen Reiseinfos. ❷–❸

Mittlere bis obere Preisklasse

Bergzicht Guesthouse, 5 Devonport Rd, Tamboerskloof, ✆ 021-423 8513, 💻 www.bergzichtguesthouse.co.za. Freundliches, gemütliches Guesthouse mit hübscher Aussicht, hilfsbereiten Gastgebern und Pool. Schlicht eingerichtete Zimmer. ❺

Cape Milner Hotel, 2a Milner Rd, Tamboerskloof, ✆ 021-426 1101, 💻 wwwcapemilner.com, am Fuß des Signal Hill, rund 1 km vom Stadtzentrum. Schickes Hotel mit hellen, luftigen Zimmern, alle mit Blick auf den Tafelberg; ausgezeichneter Service. Swimming Pool, Restaurant und Bar. ❻

Leeuwenvoet House, 8 Kloofnek Rd, Tamboerskloof, ✆ 021-424 1133, 💻 www.leeuwenvoet.co.za. Bezauberndes, ruhiges kapholländisches Giebelhaus mit fantastischem Blick auf den Tafelberg von der breiten Veranda. 15 Zimmer mit Kiefern- und Korbmobiliar, Bad, TV, Telefon und Ventilator. An einer großen Durchgangsstraße (wer keinen Lärm mag, sollte nach einem ruhigeren Zimmer fragen), sicherer Parkplatz. ❻

Lezard Bleu, 30 Upper Orange St, Oranjezicht, ✆ 021-461 4601, 💻 www.lezardbleu.co.za. Freundliche deutsche Besitzer. 7 komfortable und makellose Zimmer mit Bad in einem geräumigen Haus aus den 1960ern. Von jedem Zimmer führt eine Schiebetür in den Garten mit seinem netten Swimming Pool. In einem hübschen Stadtteil gelegen, 1 km vom Zentrum entfernt. ❻

Mount Nelson Hotel, 76 Orange St, Gardens, ✆ 021-483 1000, 💻 www.mountnelson.co.za. Die große alte Dame Kapstadts: Ein schönes und berühmtes viktorianisches Kolonialhotel, 1899 erbaut und Ende des 20. Jhs. erweitert. Das inmitten einer herrlichen Anlage befindliche Hotel ist bestens gelegen – das Zentrum liegt vor der Haustür –, aber die Preise sind gepfeffert. Mit schicker Bar und gut besuchter Restaurantterrasse. ❾

Nine Flowers Guest House, 133 Hatfield St, Gardens, ✆ 021-462 1430, 💻 www.nineflowers.com. Empfehlenswertes Guesthouse mit neun Zimmern in einem restaurierten viktorianischen Haus in praktischer Lage, sehr gepflegt und mit moderner Einrichtung. Parkplatz. ❻

Underberg Guest House, 6 Tamboerskloof Rd, Tamboerskloof, ✆ 021-426 2262, 💻 www.underbergguesthouse.co.za. Direkt vor den Toren der Innenstadt gelegenes viktorianisches Guesthouse mit hohen Decken und großzügigen Räumlichkeiten aber trotzdem intimer Atmosphäre. ❺–❻

Welgelegen Guest House, 6 Stephen St, Gardens, ✆ 021-426 2373, 💻 www.welgelegen.co.za. Die Zimmer des viktorianischen Gästehauses mit Bergblick sind ausgesprochen stilvoll gestaltet, in einer Mischung aus altehrwürdiger Eleganz und afrikanischem Schick. Es gibt auch einen Raum für Massagen und Schönheitspflege. Umweltfreundlich und sozialverantwortlich agierende Betreiber. ❻

Südliche Vororte

Die an der bewaldeten Seite des Tafelbergs gelegenen Stadtviertel **Rosebank**, **Claremont**, **Newlands** und **Rondebosch** sind grün und ruhig. Sie liegen günstig zur Universität und an einer Zugstrecke zwischen der Innenstadt und der südlichen Halbinsel, sodass Strand und Stadt tagsüber leicht zu erreichen sind. Die Unterkünfte hier sind günstiger als im Zentrum und an der Atlantikküste. Ein Nachtleben gibt es eigentlich nur in **Observatory**, dem dem Zentrum am nächsten gelegenen Vorort mit seinen gut besuchten Cafés.

Carmichael House, 11 Wolmunster Rd, Rosebank, 💻 www.carmichaelhouse.co.za, ✆ 021-689 8350. 1901 erbautes 2-stöckiges Guesthouse, 6 große Zimmer, ein stiller Garten, Pool und abgeschlossener Parkplatz. 10 Fußminuten vom Rhodes Memorial und

Mouille Point, Green Point, Sea Point und Clifton

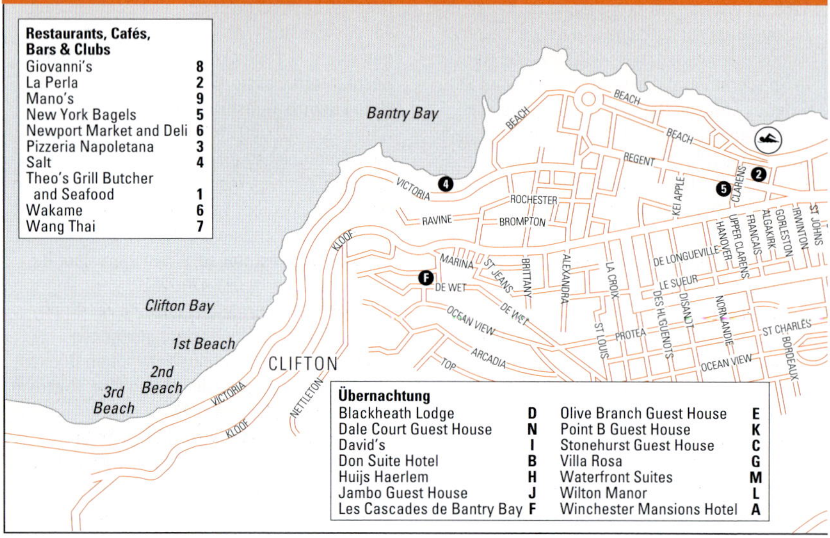

Contour Path und 1 km von denGeschäften in Rondebosch entfernt. (4)

33 South Boutique Backpackers, 48 Trill Rd, Observatory, ✆ 021-447 2423, 💻 www.33southbackpackers.com. Geräumiges viktorianisches Haus für Backpacker, die es gerne bequem haben. Tolle Lage in ruhiger Straße, ein paar Minuten vom Bahnhof oder der quirligen Lower Main Rd mit Kneipen, Cafés und Bioläden entfernt. Die Betreiber bieten auch in anderen Teilen der Stadt Zimmer mit ähnlichem Standard, z. B. in Kalk Bay, im Bo-Kaap und in Khayelitsha, sodass, wer möchte, mit der Hostelkette verschiedene Teile der Stadt kennen lernen kann. (2)

Gloucester House Bed & Breakfast, 54 Weltevreden Ave, Rondebosch, ✆ 021-689 3894. Gästehaus mit 2 DZ und großzügigem Wohn-/Esszimmer für Selbstversorger. Der große Garten, der Pool und die Grillstelle stehen Gästen zur Verfügung. Für zusätzliche R40 p. P. gibt's auch Frühstück (3)

Ivydene, abseits der Glebe Rd, Rondebosch, ✆ 021-685 1747, ✉ ivydene@mweb.co.za. 5 Ferienwohnungen in einem hübschen alten Haus nahe der Universität, mit Garten, Pool und freundlicher Atmosphäre. Preisnachlass bei einem Aufenthalt von einer Woche oder länger. (3)

Kinloch Garden Apartment, 3 Palm St, Newlands, ✆ 021-683 5199, ✉ marinella@mweb.co.za. Das einem Wohnhaus angegliederte, hübsch eingerichtete Apartment besitzt einen eigenen Eingang plus Garten. Herrliche Aussicht auf den Tafelberg. Ganz in der Nähe der Universität und 20 Fußminuten von Kirstenbosch und den Geschäften in Claremont. (4), bei Aufenthalten von einer Woche oder mehr (3)

The Vineyard, Colinton Rd, Ecke Protea Rd, Newlands, ✆ 021-683 3044, 💻 www.vineyard.co.za. Eines der Tophotels der Stadt in einem restaurierten kapholländischen Landsitz, der 1799 für Lady Anne Barnard erbaut wurde.

Die weitläufige Gartenanlage hat wunderbare Aussicht auf den Tafelberg und ein fantastisches Wellness- und Fitnesscenter an einem Ende. ❼

Atlantic Seabord

Am Atlantikufer befinden sich die Küstenvororte Mouille („muu-lie" ausgesprochen) Point, Green Point, Three Anchor Bay und Sea Point. Hier gibt es zahlreiche Unterkünfte – eine gute Alternative zur City Bowl, wenn man in der Nähe der Innenstadt wohnen möchte. Südlich von Sea Point, am Victoria Drive, nicht weit von der Innenstadt entfernt, liegt am Berghang der wohlhabende Vorort Camps Bay mit herrlicher Aussicht auf den Atlantik und zahlreichen Restaurants und Geschäften. Das benachbarte Llandudno hat zwar ähnliche Ausblicke, jedoch weder Geschäfte noch Restaurants, dafür aber einen traumhaft schönen Strand. Hout Bay ist die größte Siedlung der unteren Halbinsel und der einzige Ort hinter Camps Bay, der mit öffentlichen Verkehrsmitteln zu erreichen ist. Südlich von Hout Bay liegt das eher ländliche Noordhoek, unweit des Table Mountain National Park, mit guten Möglichkeiten für Strandspaziergänge und zum Reiten und Surfen.

Green Point

Dale Court Guest House, 1 Exhibition Terrace Rd, ✆ 021-439 8774, 💻 www.dalecourt.co.za. B&B mit zivilen Preisen in günstiger Lage gleich gegenüber der V&A Waterfront. Das Guesthouse betreibt auch den 8-stöckigen Block gegenüber, in dem sich zweckmäßige Familien-Apartments befinden. ❹–❺

David's, 12 Croxteth Rd, ✆ 021-439 4649, 💻 www.davids.co.za. Elegantes und erschwingliches B&B in einer stillen Wohnstraße im trendigen Green Point unmittelbar abseits der Hauptstraße. Hat auch einige separate Apartments für Selbstversorger. Gay-freundlich. ❹

Jambo Guest House, 1 Grove Rd, ✆ 021-439 4219, 💻 www.jambo.co.za. Das kleine, charmante Haus vermietet 4 Luxuszimmer mit Bad und eine Gartensuite in einer ruhigen Sackgasse, die von der Main Rd abzweigt, kaum mehr als 1 km von der V&A Waterfront. Herrlicher, schattiger Garten mit Teich, und hervorragender Service. Die luxuriöse Suite verfügt über ein großes Wohnzimmer, Jacuzzi und Flügeltüren, die auf den Garten hinausgehen. Das üppige Frühstücksbuffet ist inklusive. ❻

Point B Guest House, 14 Pine Rd, ✆ 021-434 0902 oder 083-627 5583, 💻 www.pointb.co.za. Vier Zimmer in einem altehrwürdigen Haus sowie eines im Gartenhaus, nahe der Waterfront. Sitzgelegenheiten auf der Terrasse am Pool; Korbmöbel in den freundlichen, hellen Zimmern. Toller persönlicher Service. ❺

Wilton Manor, 15 Croxteth Rd, ✆ 021-434 2572, 💻 www.wiltonmanor.co.za. Ruhiges, freundliches Guesthouse mit kleinem Garten in einem viktorianischen Gebäude in der Nähe des Stadtzentrums. 5 der 17 B&B-Zimmer haben ein Bad, die billigeren teilen sich ein Badezimmer, besitzen aber Handwaschbecken. Guter Service. ❻

Sea Point und Bantry Bay

Don Suite Hotel, 249 Beach Rd, Sea Point, ✆ 021-434 1083, 💻 www.don.co.za. 5-stöckiger Block mit 27 Apartments für Selbstversorger, gegenüber der Hafenpromenade und 300 m vom Restaurantstrip der Main Road. Die Apartments sind modern und gut ausgestattet; Preise sind abhängig vom Ausblick. ❻

Huijs Haerlem, 25 Main Drive, ✆ 021-434 6434, 💻 www.huijshaerlem.co.za. Elegantes, freundliches Guesthouse in zwei benachbaren, mit holländischen Antiquitäten ausgestatteten Gebäuden. Die acht Zimmer bieten Blicke aufs Meer, den Signal Hill oder den hübschen Garten. ❻

Les Cascades de Bantry Bay, 48 De Wet Rd, Bantry Bay, ✆ 021-434 5209, 💻 www.lescascades.co.za. Eines der schönsten Guesthouses der Stadt, hoch über dem Atlantik. Alle Zimmer mit Meerblick und Terrasse oder Balkon, herrliche Lounges, Veranden und Pools sowie exzellenter Service. Und die Unterkunft ist (was für ein so schickes Haus ungewöhnlich ist) kinderfreundlich. Weiteres Guesthouses an derselben Straße. ❽

Villa Rosa, 277 High Level Rd, Sea Point, ✆ 021-434 2768, 💻 www.villa-rosa.com. Freundliches Guesthouse mit 8 Zimmern in einem ziegelroten, 2-stöckigen viktorianischen Haus am Ausläufer des Signal Hill, 2 Querstraßen von der Uferpromenade. Die geschmackvoll schlichten Zimmer verfügen über TV, Telefon und Safe, doch nur einige im Obergeschoss haben Meerblick. ❹–❺

Winchester Mansions Hotel, 221 Beach Rd, Sea Point, ✆ 021-434 2351, 💻 www.winchester.co.za. Kolonialhotel aus den 1920ern in bester Lage an der Uferstraße und mit einer Atmosphäre wie aus einem Krimi von Agatha Christie – die meisten der besten Zimmer

Frühstück auf der Veranda

Blackheath Lodge, 6 Blackheath Rd, ✆ 021-439 2541, 💻 www.blackheathlodge.co.za. Tolles Guesthouse in einem stattlichen viktorianischen Haus an einer ruhigen Straße ganz in der Nähe des quirligen Sea Point. Die zehn Zimmer sind groß und luftig (einige mit Blick auf den Lion's Head), die großen Betten sind superbequem, und die Ausstattung mit frischer weißer Bettwäsche und schicken Lampenschirmen ist dezent kreativ. Frühstück gibt's auf einer Gartenveranda beim Pool. ❻

Wohnen umgeben von Antiquitäten

Stonehurst Guest House, 3 Frere Rd, Sea Point, ✆ 021-434 9670, 💻 www.stonehurst.co.za. Viktorianisches Wohnhaus mit hübschem Vorgarten, Küche und Gäste-Lounge, hübsch eingerichtet mit Antiquitäten und Sammlerstücken (Betreiber Jan ist Antiquitätenhändler). Die meisten Zimmer haben ein Bad, manche einen Balkon. Tolle Lage ein paar Straßen von der betriebsamen Main Rd entfernt und gutes Preis-Leistungs-Verhältnis. ❸

sind jetzt allerdings modern eingerichtet. Vor dem 3-stöckigen Gebäude im kapholländischen Revival-Stil stehen Palmen, die Zimmer besitzen Deckenventilatoren, und auf das angenehm kühle Restaurant im Innenhof schaut man von efeuüberwachsenen Balkonen herab. Tolle Unterkunft in dieser Preisklasse. ❽

Camps Bay und Bakoven

Bay Atlantic Guest House, 3 Berkley Rd, ✆ 021-438 4341, 💻 www.thebayatlantic.com. Äußerst entspanntes und wunderbares Guesthouse in zweistöckigem Wohnhaus. Die freundlichen Betreiber bieten einen sehr persönlichen Service. Es gibt ein kleines, aber gemütliches Zimmer ohne Ausblick (wahrscheinlich das billigste Guesthouse-Zimmer in Camps Bay) und luxuriösere Zimmer mit Terrasse und tollem Meerblick. ❹ (ohne Ausblick) – ❻ (mit Meerblick).

Bay Hotel, Victoria Rd, Camps Bay, ✆ 021-438 4444, 💻 www.thebay.co.za. Elegantes Luxushotel an der schicken Uferpromenade. Das Ende der 1980er erbaute Gebäude vereinigt neo-kapholländische mit mediterranen Elementen und einer gradlinigen, stilvollen Einrichtung. Breites Angebot an Zimmern, von kleinen, aber gut ausgestatteten „Traveller's Rooms" bis zu luxuriöser Penthouse-Suite. ❽–❾

Bateleur Rontree, 12 Rontree St, Camps Bay, ✆ 021-438 4783, 💻 www.bateleurshouse.co.za. Schnörkelloses Guesthouse mit freundlichem Service und spektakulärem Meerblick von der Poolterrasse und einigen Zimmern. ❺

Leeukop, 25 Sedgemoor Rd, Camps Bay, ✆ 021-438 1361, 💻 www.leeukop.co.za. In der Nähe des Strands und der Cafés: stilvolles, gemütliches Apartment neben dem Haus des Besitzers mit Bergblick und kleiner Gartenterrasse. Das Apartment ist voll ausgestattet, die Gäste können entweder selbst kochen oder B&B wählen. ❺

Ocean View House, 33 Victoria Rd, Bakoven, ✆ 021-438 1982, 💻 www.oceanview-house.com. Von einer Familie geführtes, exzentrisch blau-gelbes Boutiquehotel auf einem 3000 m^2 großen, neben einem Fynbos-Reservat gelegenem Grundstück, durch das ein Fluss fließt. 14 geräumige, komfortabel und modern eingerichtete Zimmer mit Berg- oder Meerblick. ❻

Perser und Art déco

Hout Bay Hideaway, 37 Skaife St, Hout Bay, ✆ 021-790 8040, 💻 www.houtbay-hideaway.com. Tolles Guesthouse mit Perserteppichen, atemberaubenden Art-déco-Sesseln, riesigen Betten und jeder Menge Luxus. Alle vier Zimmer mit Berg- oder Meerblick und eine Terrasse zum Frühstücken. Hinterm Haus lockt vor der Bergkulisse in einem hübschen Fynbos-Garten, der in Dschungelvegetation übergeht, ein Meerwasserpool. ❻–❼

Hout Bay und Llandudno

Houtkapperspoort, 1 Hout Bay Main Rd, ✆ 021-794 5216, 💻 www.houtkapperspoort.co.za. 26 charmante aus Stein und Holz erbaute Ferienbungalows für Selbstversorger mit 1 bis 4 Schlafzimmern vor der Kulisse des Tafelbergs in ländlicher Umgebung unweit von Constantia Nek (7 km von der Hout Bay). Wer sich sportlich betätigen möchte, kann wandern, Tennis spielen oder im solarbeheizten Pool schwimmen. Sehr empfehlenswerte Anlage. ❺

Sunbird Mountain Retreat & Lodge, Boskykloof Road, Hout Bay, ✆ 021-790 7758, 💻 www.sunbirdlodge.co.za. Vier einladende, geräumige

Grandiose Meerblicke

Sunset on the Rocks, 11 Sunset Ave, Llandudno, ✆ 021-790 2103, 💻 www.sunsetontherocks-llandudno.co.za. Zauberhafte Unterkunft an einem Hang oberhalb einer der schönsten Buchten der Halbinsel. Drei kompakte Wohnungen für Selbstversorger in einem wundervoll überwucherten Fynbos-Garten, eine mit einem riesigen Granitblock in einer Wand, alle mit fantastischen Ausblicken aufs Meer. Hout Bay mit seinen Geschäften und Restaurants ist nur 10 Autominuten entfernt. ❹

Apartments und ein Guesthouse mit u. a. einer Gästewohnung für Familien, alles in einem Waldstück hoch oben am Berg. Alle Zimmer mit toller Aussicht; windgeschützter Pool. Apartment ab R530, B&B ❺

Noordhoek

Monkey Valley Beach Nature Resort, Mountain Rd, Noordhoek, ✆ 021-789 8000, 🖳 www.monkeyvalleyresort.com. Hübsche zweistöckige Ferienbungalows, zumeist aus Holz und strohgedeckt, auf einem weitläufigen Gelände am Chapman's Peak mit Blick auf den 7 km langen Noordhoek Beach, 40 km südlich der Innenstadt inmitten ursprünglicher Natur und ohne andere Häuser in Sichtweite. Ein deutlicher Schwerpunkt liegt auf Naturprodukten. Verpflegung entweder im Restaurant, auf B&B-Basis oder in Eigenregie. Die Bungalows bieten Platz für 6–8 Personen; für Gruppen recht preiswert. B&B ❻

Ekogaia Farm Cottages, 2 Nthombeni Way, Noordhoek, ✆ 021-789 1751 oder 083-403 2623, 🖳 www.ekogaia.co.za. Zwei Ferienbungalows für Selbstversorger auf schönem Biobauernhof, beide umweltschonend designt, mit Terrassen, Berg- und Seeblick, Rückzugsmöglichkeiten und Picknick- und Kinderspielplätzen. ❸

False Bay Seaboard

Wer jeden Tag schwimmen, surfen und am Strand spazieren gehen und dazu noch tolle Restaurants genießen möchte, sollte in dieser Gegend absteigen – allerdings ist das Zentrum von Kapstadt etwa 20 km mit dem Auto entfernt, tagsüber aber auch mit dem Zug zu erreichen. **Muizenberg**, der älteste Küstenvorort Kapstadts, war früher wegen seiner Sandstrände und der Ausblicke auf die Bucht äußerst beliebt, macht aber jetzt einen leicht heruntergekommenen Eindruck. Die bröckelnden Strandhotels haben Surfschulen und einigen Cafés Platz gemacht. Südlich davon liegt das hübsche **St James**, am nettesten ist jedoch **Kalk Bay** mit seinem Hafen, seinen originellen Antiquitätenläden und seinen künstlerisch angehauchten Cafés. **Fish Hoek** weiter Richtung Süden zeichnet sich durch seinen Strand aus, hat aber sonst nicht sehr viel zu bieten. **Simon's Town**, 45 Autominuten von der City entfernt, wird von den meisten Kapstädtern als eigenständige Ortschaft betrachtet, was sie ursprünglich auch war, doch heute gehört sie definitiv zum Großraum Kapstadt. Tagsüber warten bei der Ankunft der Züge in Simon's Town (1 Std. von Kapstadt) Rikkis, die Besucher in jede Ecke in der Umgebung bringen. Hier gibt's weitaus weniger Guesthouses als auf der Atlantikseite, und eine gute Alternative, besonders im beliebten Kalk Bay, sind Ferienapartments; die besten Infoquellen hierfür sind 🖳 www.safarinow.com und Peninsula Tourism, Beach Road Pavilion, Muizenberg, ✆ 021-787 9140, 🖳 www.capetown.travel, 🕓 Mo–Fr 8–17, Sa 9–13 Uhr.

Muizenberg bis Fish Hoek

Amberley Travellers Lodge, 15 Amberley Rd, Muizenberg, ✆ 021-788 7032 oder 082-686 1864, 🖳 www.amberleylodge.com. Restauriertes 2-stöckiges Haus abseits der Main Rd mit sauberen, geräumigen Zimmern und Küche. Günstige DZ statt düsterer Dorms. ❷

Beach Lodge, Surfers Corner, Muizenberg, ✆ 021-788 1771, 🖳 www.thebeachlodge.co.za. Direkt am Strand über einem Surfladen, mit sauberen und hellen günstigen Zimmern, die besten davon mit Balkonen zur Promenade raus. Auf jeden Fall ist überall die Brandung zu hören. Auch für Familien geeignet. ❷

Chartfield Guest House, 30 Gatesville Rd, Kalk Bay, ✆ 021-788 3793, 🖳 www.chartfield.co.za. Gemütliche Unterkunft 100 m vom Bahnhof Kalk Bay in einem gepflegten, weitläufigen Haus am Hang über dem Hafen mit sagenhaftem Meerblick. Die besten Zimmer sind das im Loft mit Balkon und die beiden Eckzimmer mit 180-Grad-Panorama. ❺

The Mountain House, 7 Mountain Rd, Clovelly, ✆ 083-455 5664, 🖳 www.themountainhouse.co.za. Schöne Unterkunft auf halbem Weg zwischen Fish Hoek und Kalk Bay, mit der False Bay und der Atlantikküste in der Ferne. Das 2-Zimmer-Cottage im Garten der einheimischen Architektin Carin Hartford verfügt über jede Menge Fenster, damit die Bewohner die tolle Berglage voll auskosten können; an den Wohnbereich schließt sich eine Terrasse an. ❹

African Township Homestays

Es gibt kaum eine bessere Möglichkeit, eine Vorstellung vom Alltag in den Townships zu bekommen, als eine oder mehrere Nächte dort zu verbringen, was zum Preis einer normalen Township-Tour möglich ist. Die Zahl der Townshipbewohner, die in ihren Privathäusern **B&B** anbieten, ist zwar noch gering, aber im Ansteigen begriffen. Wer bei einer Familie wohnt, nimmt meist mit ihr das Frühstück und Abendessen ein und erlebt *ubuntu*, die traditionelle afrikanische Gastfreundlichkeit. Normalerweise werden die Gäste auch in *shebeens*, zu Musikveranstaltungen, in Kirchen oder auf ein Schwätzchen zu den Nachbarn mitgenommen. Viele Besucher lassen sich von Tourveranstaltern hinbringen, doch einige der Township-B&Bs schicken sogar jemanden zum Flughafen, der die Gäste in Empfang nimmt. Autofahrer erhalten genaue Wegbeschreibungen oder werden an einem günstigen Treffpunkt abgeholt. Diese B&Bs sind weitaus günstigere Übernachtungsmöglichkeiten als die Unterkünfte im Zentrum von Kapstadt. Informationen zu anderen als den hier genannten B&Bs in Townships bietet das **Cape Town Tourism Centre**, NY1, Ecke NY4, Guguletu, ✆ 021-637 8449, 💻 www.capetown.travel, 🕓 Mo–Fr 9–17.30, Sa 9–14 Uhr, das gern bei der Suche nach einer Township-Unterkunft behilflich ist. Eine andere Möglichkeit ist 💻 www.aatravel.co.za/capetown/townships. Die Touristeninformation in Guguletu hat außerdem eine Ausstellung mit historischen Fotografien und einen Kunsthandwerksladen.

Kopanong, Khayelitsha, ✆ 021-361 2084 oder 082-476 1278, 💻 www.kopanong-township.co.za. Eines der dynamischsten B&B-Unternehmen in den Townships, geleitet von der unermüdlichen Thope Lekau, deren Herzensanliegen es ist, Touristen in Gäste zu verwandeln, die am Township-Leben teilnehmen. Die ehemalige NGO-Mitarbeiterin erzählt die Geschichte der Township, gibt eine Einführung in hiesige Musik und tischt ein traditionelles Familienfrühstück auf. Wenn gewünscht, kocht sie auch ein traditionelles Abendessen oder bietet eine Führung an. B&B ❸.

Majoro's, Khayelitsha, ✆ 021-361 3412 oder 082-537 6882, 💻 www.aatravel.co.za/capetown/townships. Die Gastgeberin des zwei Zimmer mit Gemeinschaftsdusche/WC umfassenden Hauses ist die reizende Maria Maile. Das Abendessen besteht u. a. aus traditionellen Gerichten wie *mielie pap*, und das englische Frühstück, vielleicht Rührei und Schinken, wird mit afrikanischen Leckerbissen wie Fischbouletten oder frisch gebackenem Brot angereichert. B&B ❷.

Malebo's, Khayelitsha, ✆ 021-361 2391, 💻 www.malebos.com. drei Zimmer mit Gemeinschafts-Du/WC im gastfreundlichen Haus von Lydea Masoleng und ihrem Mann. Morgens gibt es ein kleines Frühstück; auf Wunsch ist ein Abendessen erhältlich, eine Kombination aus westlichen und traditionellen afrikanischen Speisen. Die Gäste sind eingeladen, ihre Gastgeber in eine *shebeen* (Kneipe) oder am Sonntag in die Kirche zu begleiten. B&B ❸

Manteo, Langa, ✆ 021-694 2504, 💻 www.tiscover.co.za/manteo. B&B in der ältesten und dem Stadtzentrum am nächsten gelegenen Township Kapstadts, mit 2 Zimmern außerhalb und einem im Haupthaus. Die freundliche Gastgeberin Thandiwe Peter begleitet Gäste zu einigen der Township-Highlights, darunter in eine *shebeen*, in der oft gesungen und getanzt wird, in eine Kirche oder zu einem Begräbnis. Da Langa nicht weit von der Innenstadt entfernt ist, kommen die meisten Gäste mit dem Auto. B&B ❸

Sunny Cove Manor, 72 Simon's Town Rd, Fish Hoek, 💻 www.sunnycovemanor.com, ✆ 021-782 2274. Freundliches, altmodisch eingerichtetes B&B unweit vom Bahnhof Sunny Cove, mit herrlicher Aussicht aufs Meer und bewachtem Parkplatz. Nur einen Katzensprung vom Strand und den Restaurants von Fish Hoek entfernt. ❺

Simon's Town und Umgebung

Blue Bay, 48 Palace Hill Rd, ✆ 021-786 1700, 💻 www.bbay.co.za. Luxuriöse Unterkunft für

Selbstversorger mit atemberaubenden Ausblicken aufs Meer und ruhiger Lage 1 km vom Zentrum von Simon's Town. Hier kann man die ganze Familie unterbringen; bei längeren Aufenthalten gibt's Ermäßigungen. ❺

British Hotel Apartments, 90 St George's St, ✆ 021-786 2214, 💻 www.britishhotelapartments.co.za. Preisgünstige Ferienapartments für Familien und Gruppen mit drei Schlafzimmern in einem eleganten viktorianischen Haus von 1898 in der höchst malerischen Hauptstraße. Nur 1 DZ. Riesige Balkone mit Aussicht auf die Straße und den Hafen. ❺

Simon's Town Backpackers, 66 St George's St, ✆ 021-786 1964, 💻 www.capepax.co.za. Günstige Lage mitten in Simon's Town, in Spaziernähe zum Bahnhof. Das renovierte Gebäude aus dem Jahr 1802 bietet Dorms und DZ (teils mit Bad) und besitzt einen großen Balkon mit Blick aufs Wasser. Gäste können Fahrräder für einen Ausflug zum Cape Point ausleihen oder im Kajak an der Pinguinkolonie vorbeipaddeln. Dorms ❶, DZ ❷–❸

Topsail House, 176 St George's St, ✆ 021-786 5537. Umgebaute ehemalige Klosterschule mit mehr Platz als in üblichen Backpackerlodges, allerdings ein bisschen mitgenommen. Unterschiedliche Unterbringungsmöglichkeiten, darunter ein Zimmer für Selbstversorger in einer Kapelle; am hübschesten sind jedoch die DZ mit Bad im Obergeschoss. 5 Min. zu Fuß vom Zentrum, sichere Parkmöglichkeiten. ❷–❸

Essen

In Kapstadt kann man hervorragend essen. Fleisch und Fisch sind von bester Qualität, und auch Vegetarier müssen nicht darben. Es gibt viele gemütliche, gut besuchte Restaurants, die fantasievolle und qualitativ hochwertige Gerichte servieren. Das Angebot ist breit und umfasst praktisch alle internationalen Küchen. Verglichen mit vielen europäischen Ländern sind die Preise sehr erschwinglich, und das bedeutet für Touristen, dass sie hier in erstklassigen Restaurants innovative Gerichte ausgezeichneter Küchenchefs zu einem Preis bekommen, den sie zu Hause für eine bessere Pizza bezahlen.

Ein Abendessen mit zwei Gängen inkl. Getränken kostet in einem einfachen Restaurant etwa R150, in einem Lokal mittlerer bis gehobener Preisklasse bis zu R250. Ein Frühstück kann man sich in einem billigen Café für weniger als R30 einverleiben, ein Mittagessen für unter R50.

Es gibt zwar ein paar Restaurants, die auf **Kap-** oder **afrikanische Küche** spezialisiert sind, doch bei der Restaurantwahl sollte dies nicht unbedingt den Ausschlag geben. Wer **Seafood** liebt, erhält in jedem Restaurant, das etwas auf sich hält, frischen Fisch vom Kap sowie Früchte des Meeres aus wärmeren Gewässern. Jedoch nehmen die Fischbestände auf der ganzen Welt ab, und wer umweltbewusst speisen möchte, sollte sich z. B. für einen leckeren Kap-Fisch wie Yellowtail entscheiden, der nicht bedroht ist. Der leichte Kingklip steht zwar auf vielen Speisekarten, sollte aber aus ökologischen Gründen nicht gegessen werden. Die **Southern African Sustainable Seafood Initiative** informiert über den Bestandsstatus verschiedenster Fischarten. Grün gekennzeichnete Arten sind die beste Wahl, da nicht so sehr von der Überfischung betroffen sind, orange gekennzeichnete sind zweifelhaft, das Verspeisen rot gekennzeichneter ist illegal. Wer möchte, kann den Namen des Fisches, den man kaufen oder bestellen möchte, per SMS an ✆ 079-499 8795 schicken, um sich über seinen Gefährdungsstatus zu informieren.

Apropos Umweltschutz: Südafrikanisches Leitungswasser ist überall gefahrlos trinkbar – man muss also kein Wasser in Plastikflaschen kaufen, wodurch der globale Plastikflaschenberg nur noch weiter wachsen würde.

Innenstadt

Das Stadtzentrum erlebt seit einiger Zeit eine Renaissance, und zu den **Restaurants** gesellen sich zahlreiche **Cafés** im europäischen Stil, die zumeist bis gegen 23 Uhr geöffnet haben. Die genannten Lokale im Einzugsgebiet der Long Street sind auf dem Plan S. 129 eingezeichnet; die übrigen auf dem Plan S. 123.

Long Street und Umgebung

95 Keerom, 95 Keerom St, ✆ 021-422 0765. Pompöser Tummelplatz für Betuchte mit gut gemachter, leichter Nouvelle Cuisine nach italienischer Art. ⌚ Mo–Fr Mittag- und Abendessen, Sa nur Abendessen. Teuer.

Addis in Cape, 41 Church St, ✆ 021-424 5722. Köstliche äthiopische Traditionsküche und unwiderstehliches *injera*-Fladenbrot, um die Speisen aufzustippen. Ggf. eigenes Besteck mitbringen. Freundlich und zwanglos. ⌚ Mo–Sa Mittag- und Abendessen. Moderate Preise.

Africa Café,108 Shortmarket St, Heritage Square, ✆ 021-422 0221. Vielleicht das beste Touristenrestaurant in Kapstadt, was die afrikanische Küche betrifft, mit einer fantastischen Auswahl an Gerichten aus allen Teilen des Kontinents. Angesichts eines Festschmauses aus 16 Gerichten bei unbegrenztem Nachschlag ist der Preis von R200 p. P. durchaus angemessen. Reservierung erforderlich. ⌚ Abendessen tgl. ab 18.30 Uhr, So geschlossen. Untere bis mittlere Preislage.

Bukhara, 33 Church St, ✆ 021-424 0000. Beliebtes, schickes nordindisches Restaurant, wo man den Köchen bei der Arbeit zusehen kann. Das Essen ist köstlich. Um abends einen Tisch für einen der beiden Durchgänge (19 und 21 Uhr) zu bekommen, ist eine Reservierung unumgänglich. Mo–Sa Mittag- und Abendessen, So nur Abendessen. Teuer.

Five Flies, 14-16 Keerom St, ✆ 021-424 4442. Einfallsreiche Gerichte mit einem Touch allerfeinster Weltküche – eine gelungene Verbindung. Die Gerichte auf dem Teller sind eine Augenweide, das Ambiente ist elegant, aber nicht steif. Vielleicht das beste Restaurant von ganz Kapstadt. ⌚ Mo–Fr Mittag- und Abendessen, Sa und So nur Abendessen. Teuer.

Mama Africa, 178 Long St, ✆ 021-424 8634. Spezialitäten aus ganz Afrika, darunter gegrilltes Springbok-, Impala-, Kudu-, Straußen- und sogar Krokodilfleisch. Gäste können auch an der 12 m langen Theke in der Form einer grünen Mamba sitzen und afrikanische Livemusik hören.⌚ Mo–Sa Abendessen. Bezahlbar.

Masala Dosa, 167 Long St, ✆ 021-424 6772. Zackig servierte südindische Gerichte mit einem Beigeschmack von Bollywood. Schon das Ingwer-Apfel-Lassi ist einen Besuch wert. ⌚ tgl. 12–22 Uhr. Preiswert.

Mexican Kitchen Café, 13 Bloem St, ✆ 021-423 1541. Zwangloses Restaurant, serviert preiswerte Burritos, Enchiladas, Nachos und Calamari-Fajitas, auch leckere vegetarische und Gerichte zum Mitnehmen und die besten Frozen Margaritas in der Stadt. Nette Atmosphäre – wer möchte, kann sein Haupt mit einem Sombrero schmücken. ⌚ tgl. bis Mitternacht. Preiswert.

Mr Pickwick's,158 Long St. Die Adresse für den plötzlichen Heißhungeranfall um Mitternacht. Herzhafte und billige Gerichte, darunter eine große Auswahl riesiger Sandwiches. ⌚ Mo und Di 8–2, Mi–Sa 8–4 Uhr. Preiswert.

Royale, 273 Long St, ✆ 021-422 4536. Gourmet-Burger mit ungewöhnlichen Zutaten, z. B. Brie oder gebackenem Gemüse. Zur Auswahl stehen Buletten aus Lamm-, Rind- und Hühnerfleisch sowie 7 vegetarische Varianten inkl. Tofu. ⌚ Mo–Sa ab 12 Uhr bis spät. Preiswert.

Savoy Cabbage, 101 Hout St, ✆ 021 424 2626. Ländliche Küche nach europäischer Art, raffiniert und innovativ zubereitet und wahnwitzig teuer, was aber für die besten Gourmetgenüsse der Stadt gerechtfertigt ist. ⌚ Mo–Fr Mittag- und Abendessen, Sa nur Abendessen. Teuer.

Andere Gegenden im Zentrum

Biesmiellah, im Bo-Kaap, Upper Wales, Ecke Pentz St, ✆ 021-423 0850. Eines der ältesten Restaurants für traditionelle moslemische Kap-Küche; wer möchte, kann sich in die Schlange für den Straßenverkauf einreihen und dann Samosas und köstliche herzhafte Wraps, die hier *salomes* heißen, genießen. Keine alkoholischen Getränke. ⌚ Mo–Sa ab11 Uhr. Mittlere Preislage.

Charly's Bakery, 20 Roeland St. Kreiert die köstlichsten Kuchen und schönsten Cupcakes von ganz Kapstadt. Eine Sünde wert sind *Death by Chocolate* – ein sehr gehaltvoller, saftiger Kuchen – oder der *Double Chocolate Cheesecake*. In den sehr schlichten Räumlichkeiten kann auch ein Frühstück oder ein kleines Gericht eingenommen werden. ⌚ Mo–Fr 7.30–16 Uhr. Preiswert.

Col'Cacchio, Seeff House, 42 Hans Strijdom Ave. Außergewöhnliche Pizzeria, die auch Pasta und Salate serviert. Mehr als 40 Pizzabeläge, von Räucherlachs über Sour Cream bis zu Kaviar. Keine Reservierung erforderlich. ⌚ Mo–Fr Mittagessen, tgl. Abendessen. Preiswert.

Jewel Tavern, abseits der Vanguard Road, Duncan Docks, ✆ 021-448 1977. Schlichtes taiwanesisches Matrosen-Lokal, das inzwischen bei Kapstädter Feinschmeckern hoch im Kurs steht. Das Restaurant auf dem Hafengelände serviert ausgezeichnetes Essen, darunter köstliche Sauerscharf-Suppe und Frühlingsrollen, bei deren Zubereitung die Gäste manchmal zuschauen können. ⌚ tgl. ab vormittags bis 22 Uhr. Erschwinglich bis teuer.

Little Japan, 48 Riebeeck St, ✆ 021-421 4360. Minilokal mit einer exzellenten Auswahl japanischer Gerichte, die sich nicht auf Sushi beschränkt. ⌚ Mo–Fr Mittag- und Abendessen, Sa nur Abendessen. Zivile Preise.

Sinn's, Wembley Square, McKenzie Rd, ✆ 021-465 0967. Betriebsame, ganztägig geöffnete Cocktailbar in einem angesagten Büro- und Wohnkomplex für ein hippes, junges Publikum. ⌚ tgl. 9–23 Uhr. Mittlere bis gehobene Preislage.

Afrikanische Townships

Die Townships bieten denjenigen, die in einem der B&Bs übernachten oder an einer Tour teilnehmen, die ein Essen oder einen Besuch in einer *shebeen* umfasst, eine besondere Gelegenheit, afrikanisches Essen zu probieren. Wer nur herumfährt, was sowieso nicht ratsam, da unsicher wäre, findet bestimmt keine authentischen Ess- und Trinklokale. Es gibt jedoch eine Ausnahme: Mzoli's in der dem Zentrum am nächsten gelegenen Township ist mit dem Auto erreichbar und hat schon die Aufmerksamkeit von Starkoch Jamie Oliver erregt, dem es das gegrillte Fleisch angetan hatte. Im Zentrum von Kapstadt finden sich ein paar Restaurants, die afrikanische Küche anbieten, aber diese richten sich an Touristen, und nie würde ein waschechter Xhosa-Arbeiter in der Long Street essen – das wäre sowieso zu teuer.

Mzoli's, NY 115, Guguletu, Abfahrt von der N2 zur Modderdam Rd, beim Flughafen, ✆ 021-638 1355. Am besten mittags herkommen (per Telefon Tisch reservieren und nach dem Weg fragen!), dann gibt's hinterm Haus gegrilltes Fleisch *(tshisanyama)*, und man trifft die Einheimischen. Im Angebot ist Fleisch, Fleisch und noch mehr Fleisch, z. B. Koteletts, *boerewors*-Würste, Rind und Lamm mit Klößen, *pap* (dicker Maisbrei), Fleischsauce und *chakalaka*, einem Tomatensalat. Nichts für Vegetarier!

V&A Waterfront und De Waterkant

Karte S. 136

Die Waterfront hat Besuchern mit einigermaßen gut gepolsterter Brieftasche essensmäßig einiges zu bieten. Allerdings wimmelt sie wie alle Einkaufszentren in Südafrika von Filial-Lokalen und nichtssagenden Schnellrestaurants. De Waterkant lockt mit ein paar netten Restaurants im schick aufgemöbelten historischen (Schwulen-) Viertel.

V&A Waterfront

Baia, Upper Level, Quay, ✆ 021-421 0935. Auf der Restaurant-Terrasse mit Blick auf den Tafelberg wird meisterhaft zubereiteter Fisch und Seafood aufgetischt. Tipp: Die gut gewürzte Seafood Bouillabaisse. ⌚ tgl. Mittag- und Abendessen. Teuer.

Caffé Balducci, Quay 6, ✆ 021-421 6002. Schickes Café-Restaurant mit frischer Ausstrahlung, schöner Aussicht und interessanter, südafrikanisch beeinflusster kalifornisch-italienischer Küche. Beliebte Sushibar direkt vor der Tür, ⌚ tgl. 9–24 Uhr. Teuer, aber das Geld wert.

Caffé San Marco, Piazza Level, Victoria Wharf, ✆ 021-418 5434. Coffeeshop und Bar auf der Piazza, serviert ganztags Frühstück, gute Sandwiches, gegrillte Gemüse und frische Salate, warmes Essen und ausgezeichneten Tintenfisch mit Knoblauch und Chilli. Außerdem 18 verschiedene Sorten Eis und Sorbet. ⌚ tgl. 8.30–23.30 Uhr. Mittlere Preislage.

Tasca de Belem, Shop 154, Piazza Level, Victoria Wharf, Waterfront, ✆ 021-419 3009. Portugiesische Spezialitäten, z. B. auf offener Flamme gegrillte Hühnchen oder *peri-peri*-Hühnerleber; im Sommer begehrte Sitzgelegenheiten im Freien. ⌚ tgl. 11–21 Uhr. Mittlere bis gehobene Preislage.
Willoughby & Co, Shop 6182, Lower Level, Victoria Wharf, ✆ 021-418 6115. Das beste Fischrestaurant der Waterfront serviert Sushi und Seafood in munterer Atmosphäre. ⌚ tgl. Mittag- und Abendessen.

De Waterkant

Anatoli, 24 Napier St, ✆ 419 2501. Gut besuchtes türkisches Restaurant in einer umgebauten Lagerhalle aus dem frühen 20. Jh., serviert u. a. ausgezeichnete meze und sündhaft gute Desserts, wie getrocknete Datteln mit Sahne. Ein Supertipp für Vegetarier. ⌚ Mo–Sa Abendessen bis 23 Uhr. Bezahlbar.
Andiamo, Cape Quarter Piazza, Dixon St, ✆ 021-421 3688. Quirliger italienischer Deli mit Tischen im Innenhof, wo Salate, Pasta und Sandwiches serviert werden. Im Deli selbst gibt es eine Auswahl an Fleisch, Käse, Salaten, Dips und frisch gebackenem Brot – Kunden können anrufen und sich ein Picknick zum Abholen zusammenstellen lassen. ⌚ tgl. 9–23 Uhr. Mittlere Preislage.
La Petite Tarte, Cape Quarter, Dixon St, ✆ 021-425 9077. Winziges französisches Café. Auf der Karte stehen u. a. süße und herzhafte Pasteten, Letztere z. B. mit Pilzen, Schinken und Blauschimmelkäse. Auch tolle Kräutertees. ⌚ tgl. 7.30–17 Uhr. Preiswert.
Origin Coffee, 28 Hudson St, ✆ 021-421 1000. Selbst gerösteter Kaffee aus Afrika sowie Asien und Lateinamerika. Gleichermaßen ansprechend ist die Auswahl an Tees, und wer möchte, kann sich zum Getränk eine Kleinigkeit zu essen genehmigen. ⌚ Mo–Fr 7–17, Sa 9–14 Uhr.

City Bowl

Karte S. 162
Die Mehrzahl der Lokale in den City Bowl-Vororten liegen dicht nebeneinander an der Kloof Street – oder deren Umkreis – in Gardens.

Aubergine, 39 Barnet St, ✆ 021-465 4909. Unschlagbar für ein 5-Sterne-Abendessen, mit einem Garten, in dem sich wunderbar die erstklassige afro-asiatische Küche von Harald Bresselschmidt genießen lässt. ⌚ Mo–Sa abends, Mi–Fr auch mittags. Teuer, aber ein Erlebnis.
Daily Deli, 110 Kloof St, Gardens. Bei den einheimischen Kreativen beliebtes Café mit Bergblick in einem Straßenzug mit schönen viktorianischen Häusern. Toll für Kaffee und Kuchen und auch für gesunde Feinkost.
Carlyle's on Derry, 17 Derry St, Gardens, ✆ 021-461 8787. Gourmet-Pizzas mit dünner Kruste und belegt z. B. mit Feigen und Schimmelkäse, Thai-Huhn und Koriander oder Zitronenschinken und Rauke. Buchung erforderlich. ⌚ Bar tgl. ab 16.30 Uhr, Küche ab 18 Uhr.
Café Paradiso, 110 Kloof St, Gardens, ✆ 021-423 8653. Französisches Bistroessen, außerdem Kinderkarte. Die Terrasse bietet Ausblick auf den Berg, über die City und den Hafen. ⌚ tgl. Mittag- und Abendessen. Mittlere Preislage.
Kauai Juice, 50 Kloof St, Gardens. Lust auf etwas Gesundes, aber Billiges? Dies ist das Lokal dafür. Hier kommen exotische Zutaten wie Ginseng und Echinacea in die Getränke, außerdem gibt es fettarme, thailändisch inspirierte Sandwiches mit Rind- oder Hühnerfleisch oder Gemüse sowie leckere Salate. ⌚ tgl. 8–22 Uhr. Preiswert.
Lazari, Ecke Upper Maynard St und Vredehoek Ave, ✆ 021-461 9865. Ein Stammlokal der Anwohner aus der City Bowl. Frisch zubereitete, kreative Frühstücks- und Mittagsgerichte, Kuchen und Kekse aus dem eigenen Backofen. ⌚ tgl. Frühstück und Mittagessen. Mittlere Preislage.
Limoncello, 8 Breda St, Gardens, ✆ 021-461 5100. Kleine italienische Trattoria mit hervorragender Pasta und Pizza, den besten Calamari der Stadt und genialem Risotto-Tagesgericht. ⌚ Mo–Fr Mittag- und Abendessen, Sa und So nur Abendessen. Mittlere Preislage.
Melissa's, 94 Kloof St, Gardens. Die Lebensmittelabteilung verkauft frisch zubereitete Mittelmeer-Spezialitäten, und das kleine

Café bietet Frühstück, Snacks und leckere Desserts. ◷ Mo–Fr 7.30–21, Sa und So 8–21 Uhr. Mittlere Preislage.

Miller's Thumb, 10b Kloof Nek Rd, ✆ 021-424 3838. Freundliches Speiselokal mit durchgehend guten, auf verschiedenste Arten zubereiteten Seafoodgerichten. Toll für Fischfreunde, aber es gibt auch Steaks. ◷ Mo–Sa abends, Di–Fr auch mittags. Mittlere bis gehobene Preisklasse.

Mount Nelson Hotel, 76 Orange St, Gardens. High Tea wie zur Kolonialzeit, angeboten im ältesten und schönsten Hotel Kapstadts. Eines der absoluten kulinarischen Highlights. Der große Teetisch biegt sich unter Platten mit warmen und kalten Speisen, darunter Brötchen mit Räucherlachs und Kuchen. Nach dem Schmaus für R150 kann man Mittag- und Abendessen auslassen. ◷ tgl. 14.30–17.30 Uhr.

Raith Gourmet, Gardens Shopping Centre, Mill St, Gardens. Café und Deli mit Schwerpunkt auf Fleischgerichten und einem außergewöhnlichen Angebot, darunter köstlich belegte Sandwiches. Es gibt auch deutsche Spezialitäten, z. B. Sauerkraut mit Räucherspeck. ◷ Mo–Fr 8.30–18, Sa 8.30–13 Uhr. Preiswert.

Sawaddee, 12 Rheede St, ✆ 021-422 1633. Unkomplizierte, schnell zubereitete Thai-Kost in der Nähe des Labia-Kinos. Sehr lecker sind die Calamari mit Paprika und Knoblauchsauce. ◷ So geschlossen. Moderate Preise.

Societi Bistro, 50 Orange St, ✆ 021-424 2100. Freundliches Bistro mit gutem italienisch angehauchtem Essen aus frischen Zutaten in hübsch restauriertem Gebäude mehr oder weniger gegenüber vom Mount Nelson Hotel; auch Tische im Garten. Ideal für ein Essen vor oder nach einem Kinobesuch im Labia. ◷ Mo–Fr 12–23 Uhr, Samstagsbrunch 9–15 Uhr. Moderate Preise.

Südliche Vororte

Woodstock bis Constantia

Chandani, 85 Roodebloem Rd, Woodstock, ✆ 021-447 7887. Hervorragende nordindische Küche mit einer großen Auswahl vegetarischer Speisen in einem geschmackvoll restaurierten viktorianischen Haus. ◷ Mo–Sa Mittag- und Abendessen. Mittlere Preislage.

Don Pedros, 113 Roodebloem Rd, Woodstock, ✆ 021-447 4493. Seit den 1980ern, als sich hier regelmäßig Apartheidgegner trafen, bietet das Lokal gutes, billiges Essen und ein gemütliches Kneipenambiente. Gay-freundlich. ◷ tgl. 10 Uhr bis spät.

Gardener's Cottage, 31 Newlands Ave, Montebello Estate, Newlands. Das Lokal in einem Komplex alter Farmgebäude unter Kiefern serviert herzhaftes Frühstück und leichtes Mittagessen. Im Komplex gibt es interessante Kunst- und Kunstgewerbe-Werkstätten. ◷ Di–Fr 8–16.30, Sa und So 8.30–16.30 Uhr. Mittlere Preislage.

Kirstenbosch Tea Room, Rhodes Drive, Newlands. Die Gäste kommen eher der tollen Lage als des durchschnittlichen Essens wegen. Gleich am Haupteingang gibt es ein großes Selbstbedienungslokal – ideal, um die Kinder herumtollen zu lassen, während man seinen Kaffee unter den Bäumen am Fluss genießt. Ein weiterer Tea Room mit Strohdach und Sonnenschirmen befindet sich in der Nähe des oberen Eingangs zur Gartenanlage. ◷ tgl. 8.30–17 Uhr. Mittlere Preisklasse.

Olive Station Levantine Restaurant & Deli, Rondebosch Village Shopping Centre, Main Rd, Rondebosch, ✆ 021-686 8224. Tolles nahöstliches Frühstück, Pittataschen, Brot und Backwaren aus dem Holzofen und große Auswahl an Oliven. Olivenöl vom Kap und andere Feinkostwaren sind käuflich erhältlich. ◷ Mo–Fr 8–18, Sa 8–14 Uhr. Mittlere Preislage.

River Café, Constantia Uitsig Wine Estate, Spaanschemat River Rd, ✆ 021-794 3010. Gutes Frühstück und Mittagessen auf edler Caféterrasse, die Tische draußen sollten aber reserviert werden. ◷ tgl. Frühstück und Mittagessen. Moderat bis teuer.

Atlantic Seaboard

Die genannten Lokale in Green Point, Mouille Point und Sea Point sind auf dem Plan S. 164 eingezeichnet.

Green Point

Giovanni's Deliworld, 103 Main Rd, Green Point. Freundliches und bestens besuchtes italienisches Deli & Coffeeshop mit ein paar

Tischen drinnen und draußen; bietet Kaffee, leckere Sandwiches mit Belag nach Wunsch, Salate und Dips sowie gute Fertiggerichte zum Mitnehmen. ⌚ tgl. 8–21 Uhr. Mittlere Preisklasse.

Mano's, 39 Main Rd, ✆ 021-434 1090. Italienische Küche, hervorragende Salate und mit die beste *crème brûlée* der Stadt. Beliebt bei Models und Schickeria. ⌚ Mo–Sa Mittag- und Abendessen. Moderat.

Theo's Grill Butcher and Seafood, 163 Beach Rd, ✆ 021-439 3494. Restaurant direkt am Meer mit Kneipentischen draußen, serviert exzellente Fleisch- und Seafoodgerichte mit griechischem Einschlag. Auch gut für Familien. ⌚ Mo–Fr Mittag- und Abendessen, Sa nur Abendessen. Mittlere Preislage.

Wang Thai, 105 Main Rd, ✆ 021-439 6164. Die Karte im besten Thai-Restaurant Kapstadts umfasst scharfe Tom-Yam-Suppe, Rindfleischsalat, gedämpften Fisch mit Limonensaft und Chilli sowie die Spezialität des Hauses: hauchdünn geschnittene gebratene Filets. ⌚ tgl. Mittag- und Abendessen. Moderat.

Mouille Point

Newport Market and Deli, 47 Beach Rd, Mouille Point. Helles Deli mit Blick auf die Tafelbucht, serviert Kaffee, ausgezeichnete Sandwiches, Salate und ein paar warme Gerichte. ⌚ Mo–Fr 7.30–20, Sa und So ab 8 Uhr. Untere Preisklasse.

Wakame, 47 Beach Rd, ✆ 021-433 2377. Asiatische Küche mit himmlischen Desserts, z. B. mit Schokolade und Banane gefüllte Frühlingsrollen. Jeder Tisch mit Meeresblick, Terrassenbar im Obergeschoss. Reservierung erforderlich. ⌚ tgl. Mittag- und Abendessen. Moderat bis teuer.

Sea Point

La Perla, Ecke Beach und Church St, ✆ 021-434 2471. Dieser altbewährte Lieblingsitaliener serviert gutes Seafood, Suppen und Pasta-Gerichte (aber keine Pizza) in direkter Strandlage. ⌚ tgl. Mittag- und Abendessen. Mittlere bis gehobene Preiskategorie.

Mr Chan, 178a Main Rd, ✆ 021-439 2239. Lohnendes Chinarestaurant mit ausgezeichnetem Rindfleisch nach Hongkong-Art. ⌚ Mo–Sa Mittag- und Abendessen. Moderate Preise.

New York Bagels, 51 Regent Rd. Ein fantastischer Deli-Supermarket mit osteuropäischen und Mittelmeerspeisen aus der jüdischen Küche. Überwältigende Auswahl an Bagels, gefüllt mit allem möglichen Hausgemachten, von geschnetzelter Leber bis Hering; außerdem Salate zum Mitnehmen. ⌚ tgl. bis spät. Preiswert.

Pizzeria Napoletana, 178 Main Rd, ✆ 021-434 5386. Italienisches Familienrestaurant mit herzhafter Küche zum guten Preis-Leistungs-Verhältnis. ⌚ Mo–Sa Mittag- und Abendessen. Mittlere Preislage.

Camps Bay und weiter südlich

Café Caprice, 37 Victoria Rd, Camps Bay, ✆ 021-438 8315. Direkt gegenüber dem Camps Bay-Strand gelegenes, gut besuchtes, aber prätentiöses Mittelmeer-Restaurant. ⌚ tgl. 9 Uhr bis spät. Mittlere Preislage.

Café Roux, Noordhoek Farm Village, ✆ 021-789 2538. Gesundes, modernes Essen – auch gut für Kinder, die sich draußen rumtreiben können und auf der Karte sicher etwas finden, was ihnen zusagt. ⌚ Di–So Frühstück und Mittagessen.

Food Barn, Noordhoek Farm Village, ✆ 021-789 1390. Französische und internationale Gourmetgerichte vom bekannten Küchenchef Franck Dangereux zu vernünftigen Preisen in einfacher Umgebung, in der auch Kinder willkommen sind. Die Eltern können auf der Terrasse die Sonne genießen, während die Kinder den Bauernhof erkunden. ⌚ Mo–So mittags, Di–Sa abends.

La Cuccina Food Store, Victoria Mall, Victoria Rd, Hout Bay. Hochwertige Deli- und Café-Gerichte in freundlichem Ambiente; das köstliche Essen entschädigt für den fehlenden Seeblick. Um die Mittagszeit gibt es ein Buffet mit Quiches, Salaten und Lasagne. ⌚ tgl. 8–19 Uhr. Moderate Preise.

Mariners Wharf Bistro, The Harbour, Hout Bay. Gemütliches Seafood-Restaurant mit Freiterrasse und Hafenblick, auch Essen zum Mitnehmen. ⌚ tgl. 10–18 Uhr. Preiswert.

Paranga's, Shop 1, The Promenade, Victoria Rd, Camps Bay, ✆ 021-438 0404. Strandtreff fürs junge Publikum, zum Sehen und Gesehenwerden, während man sich mit Salaten, Seafood, Pasta oder Sushi stärkt. ◷ Di–So 9 Uhr bis spät, Mo ab 12 Uhr. Nicht billig.
Salt, Ambassador Hotel, 34 Victoria Rd, Bantry Bay, ✆ 021-439 7258. Internationale Fusionsküche in von Glas und Beigetönen dominiertem Speisesaal, der direkt über dem Ozean schwebt. Wer nicht essen möchte, kann auch einfach bei einem Bier den Sonnenuntergang bestaunen. ◷ Mo–So Mittag- und Abendessen. Teuer.

False Bay Seaboard

Muizenberg

Knead, Muizenberg Beachfront, ✆ 021-788 2909. Munteres Café direkt bei der Surfer's Corner mit erstklassigen Broten, knusprigen Sandwiches und Kuchen, normalerweise viel zu chaotisch für schnellen Service. Windige Plätze draußen, Esstheke drinnen mit Blick auf den Ozean.
Empire Café, 11 York Rd, ✆ 021-788 1250. Kaffee und Backwaren mit Blick auf die vorbeifahrenden Züge und den Ozean dahinter. Gutes Mittagessen mit köstlicher Pasta an frischem Fisch. ◷ tgl. Frühstück und Mittagessen, Do und Fr auch Abendessen.

Kalk Bay

Harbour House Restaurant, am Hafen, ✆ 021-788 4133. Seafood und Mittelmeer-Küche in wunderschöner Lage am Meer. Am besten reserviert man einen Tisch mit „bay view" oder lässt sich zum Sonnenuntergangsdrink auf der Terrasse nieder. Im Winter locken ein offener Kamin und gemütliche Sofas. ◷ tgl. Mittag- und Abendessen. Teuer.

C'est si bon!

C'est La Vie, Rosmead Ave, Kalk Bay, ✆ 083-676 7430. Schnörkellose, charmante französische Bäckerei mit Tischen draußen an einer Kopfsteinpflasterstraße. Echte Baguettes und Croissants und exzellenter Kaffee. ◷ Mi–So Frühstück und Mittagessen.

Kalky's, am Hafen. Produziert seit vielen Jahren die besten traditionellen Fish'n'Chips der Halbinsel sowie sehr preiswerte Seafood-Teller; der Fisch kommt vom Boot direkt in die Pfanne. Das einfache Lokal mit Holzbänken erfreut sich seit vielen Jahren großer Beliebtheit. Auch Straßenverkauf. ◷ tgl. bis Sonnenuntergang. Preiswert.
The Olympia Café & Deli, Main Rd. Eine der wenigen Lokalitäten, die Kapstädter aus Uptown zur False Bay locken. Das etwas gammelig wirkende Olympia bietet Blick auf den Hafen, morgens köstlichen Kaffee, frisch gepressten Orangensaft und ofenfrische Backwaren. Die jeweils angebotenen Gourmet-Tagesgerichte, darunter Fisch aus der Region, stehen auf einer Schiefertafel angeschrieben. Keine Reservierungen, zum Abendessen früh da sein! ◷ tgl. 7–21 Uhr. Mittlere Preislage.

Simon's Town

Bon Appétit, 90 St George's St, ✆ 021-786 2412. Im alten British Hotel untergebracht, bietet das Bon Appetit klassische, gekonnt präsentierte französische Küche. Besitzer und Küchenchef Emmanuel hat seine Ausbildung bei Michelin absolviert, folglich kommt nur Erstklassiges auf den Tisch. ◷ Di–Sa Abendessen. Kostspielig.
The Meeting Place, 98 St Georges St, ✆ 021-786 5678. Auf dem Balkon des netten Cafés an der Hauptstraße von Simon's Town's mit Hafenblick werden kleine Gerichte aus dem Mittelmeerraum serviert. Auch Vegetarier kommen hier auf ihre Kosten. ◷ Mo–Sa 9–21 Uhr. Mittlere Preislage.
Tibetan Teahouse, 2 Harrington Rd, Seaforth Beach, ✆ 021-786 1544. In dem Lokal, zu erkennen an den Gebetsfahnen, wird nach traditionellen tibetischen Rezepten gekocht. Ausschließlich vegetarische Gerichte, daher ist mit Sicherheit kein Fleisch im Linsen-Sherpa Stew. ◷ Di–So 10–17 Uhr. Preiswert.

Unterhaltung und Kultur

Kapstadt ist es gelungen, seinen Ruf als Stadt, in der „Nachtleben" gleichbedeutend ist mit „Nachtruhe", abzulegen. Besonders an der quirligen und sicheren Long Street, wo es außerdem kein Problem ist, ein Taxi zu

Das charmante Stadtbild und der Boulders Beach lohnen einen Abstecher nach Simon's Town.

ergattern, gibt es jetzt jede Menge Lokale und Clubs. Nach den vorhergehenden Anstrengungen des Wochenendes sind die Sonntagabende merklich ruhiger, aber auch dann gibt's noch ein paar Möglichkeiten zum Ausgehen.

Bars und Clubs

In Kapstadt gibt es jede Menge **Bars**, von schick über exzentrisch bis zu schmuddelig. Die meisten Alkohollizenzen schreiben zwar vor, dass die letzte Runde morgens um 2 Uhr serviert wird, doch das wird nicht allzu ernst genommen. Einige Bars haben Großbildschirme für Sportübertragungen, Billardtische, Essen zu erschwinglichen Preisen und draußen Sitzmöglichkeiten für warme Nachmittage. Wer aber afrikanische Rhythmen hören möchte, sollte besser nach Johannesburg (oder London) fahren – die Kapstädter Clubs sind alle international ausgerichtet, obwohl in einigen wenigen Läden auch heimische Bands zu hören sind, besonders in der Zula Bar und im Assembly. Wenn Livemusik geboten wird, muss normalerweise Eintritt gezahlt werden.

In einigen Restaurants, die auch afrikanische Spezialitäten servieren, wird panafrikanische Musik mit Instrumenten wie der Marimba zu Gehör gebracht. Leider werden die bekanntesten südafrikanischen Musiker im Ausland mehr geschätzt und besser bezahlt als im eigenen Land. Mit Spezialtouren (S. 193) können Interessierte Musiker und Clubs in den Cape Flats und Townships besuchen, um ein paar authentische Töne Kapmusik zu hören.

Long Street und Umgebung

Chrome, 6 Pepper St, nahe Long St, ✆ 083-700 6079. Die Main Dance Arena ist auf jüngere Tanzwütige ausgerichtet und spielt Hip-Hop, R&B, House, Electro und sonntagabends südafrikanischen Kwaito. Der VIP-Bereich des Clubs ist nur mit Reservierung zugänglich. In der Platinum VIP Lounge herrscht relaxte Partyatmosphäre für reifere Nachtschwärmer. Schick anziehen!

Das Cape Town International Jazz Festival zieht hochkarätige Musiker aus aller Welt an.

Dubliner@Kennedy's, 251 Long St, ✆ 021-424 1212, 🖳 www.thedubliner.co.za. Immer voller, extrem beliebter traditioneller irischer Pub mit Guinness und Pils vom Fass, Kneipenessen vom mittags bis Mitternacht und nicht gerade umwerfender Livemusik ab 22 Uhr. Oben können Gäste bei einem Pint einen Klavierspieler gesanglich unterstützen. Großbildschirme für Sportübertragungen sowie Billardtische.

Jo'burg, 218 Long St, ✆ 021-422 0142, 🖳 www.joburgbar.com. Ein guter, aber dicht gedrängter Platz, um bei eingängiger Musik aus der Konserve in Gesellschaft von Kunststudenten und Medienleuten Stehblues zu tanzen. So ab 21 Uhr Livemusik. 🕓 tgl. 17–4 Uhr, Restaurant nebenan tgl. 8–15.30 Uhr.

Mama Africa, 178 Long St, ✆ 021-424 8634. Lässige, geräumige Bar und Restaurant mit einer 12 m langen Bartheke in Form einer langen rosa Schlange. Wer will, kann hier Strauß, Krokodil oder ein madagassisches Fischgericht probieren. Jeden Abend außer So spielt eine afrikanische Marimba-Band. 🕓 ab 19 Uhr.

Neighbourhood Restaurant, Bar and Lounge, 163 Long St, ✆ 021-424 7260. Riesiger Bildschirm in der Lounge für Sportübertragungen, toll für einen Drink am frühen oder späten Abend in den verschiedenen, immer gut gefüllten Räumlichkeiten oder auf dem Balkon. Heimische und importierte Biere, preisgünstiges Kneipenessen. 🕓 Mo–Fr ab 16, Sa ab 14 Uhr, So geschl.

Rafiki's, 13b Kloof Nek, ✆ 021-426 4731. Lockere Atmosphäre und altersgemischtes Publikum, große Veranda, Sportübertragungen, WLAN-Hotspot. Im Winter Kaminfeuer. Beliebt bei Backpackern und Einheimischen. 🕓 tgl. 9–2 Uhr.

Waiting Room, 273 Long St, ✆ 021-422 4536, 🖳 www.royaleeatery.co.za. Diese quirlige, funkige, retro-coole Bar über dem Royale bietet eine Tanzfläche und auf dem Dach eine Terrasse. Musik zumeist von DJs, aber einmal in der Woche gewöhnlich Livemusik. 🕓 Mo–Sa.

Zula Sound Bar and Restaurant, 194 Long St, 🖳 www.zulabar.co.za. Jeden Abend Musik- und Theaterdarbietungen einheimischer Künstler, mittelteures Restaurant mit Nachos, Salaten, Chicken Wings und Hamburgern. Außerdem Balkon zum Relaxen und Spielezimmer. Einer der angesagtesten Läden an der Long St. 🕓 tgl. 12–24, Mo ab 16 Uhr.

Andere Gegenden der Innenstadt

The Assembly, 61 Harrington St, Zonnebloem, ✆ 021-465 7286, 💻 www.theassembly.co.za. Einer der beliebtesten Clubs der Stadt für Partyfreunde in einer geräumigen ehemaligen Fabrik mit viel Tequila und DJs, die die Menge mit Indie, Rock, Pop und Electronica in Bewegung halten. 🕓 Fr und Sa 21–4 Uhr.

Evol, 69 Hope St, ✆ 083-562 2583. Der einzige Laden der Stadt für Alternative, Electro, Indie und Punk mit enthusiastischem Publikum freitagabends ab 23 Uhr. Gutes Abtanzen für 18- bis 35-Jährige und ein bisschen schäbig.

Hemisphere, 31st Floor, Absa Centre, 2 Riebeeck St, ✆ 021-421 0581. Eine der stilvollsten Bars/ Lounges in einem der höchsten Gebäude Kapstadts. Die durchgestylte Einrichtung wirkt eher anheimelnd als steif. Keine Sandalen, Sportschuhe, T-Shirts und Leute unter 25 erlaubt. Hip-Hop, House, R&B, Funk. 🕓 Do ab 22, Fr ab 16.30, Sa ab 22 Uhr.

Perserverance Tavern, 83 Buitenkant St, Gardens, ✆ 021-461 2440. „Persies" ist der älteste Pub in Kapstadt und besteht seit 1836, als sich hier Seeleute und Soldaten trafen. Schön restauriert mit Holzböden und Originalausstattung. Billiges Bier und günstige Pommes als Grundlage auf dem Weg z. B. ins Assembly. 🕓 Mo–Sa 12 Uhr bis spät.

The Shack, 45b De Villiers St, Zonnebloem, ✆ 021-461 5892. Eine Kapstädter Institution mit erschwinglichen Drinks und mehreren Billardtischen, Terrasse und Restaurant (🕓 18–3 Uhr), das getoastete Sandwiches, scharfe Pommes und Hamburger serviert. Etwas ungepflegt bzw. einfach locker, je nach Sichtweise. 🕓 Mo–Fr 13–4, Sa und So 18–4 Uhr.

V&A Waterfront

Die Waterfront ist sicher keine Partymeile, aber sie birgt das beste Jazzlokal in Kapstadt. Partyfreunde sollten sich in die Somerset Road und hinauf nach De Waterkant orientieren, besonders Schwule und Lesben (S. 185).

Den Anker Restaurant and Bar, Pierhead. Pub und Bistro am Pier, überwiegend von Touristen und besser betuchten Einheimischen bevölkert. Spezialität sind belgische Importbiere vom Fass oder aus der Flasche und Kap-Weine per Glas. Der Hauswein kommt von einem angesehenen Weingut in Stellenbosch. 🕓 tgl. 11–24 Uhr.

Green Dolphin, Pierhead, ✆ 021-421 7471, 💻 www.greendolphin.co.za. Ausgezeichnete, wenn auch im Winter etwas frostige Jazz-Kneipe mit erstklassiger Livemusik von den besten Jazzmusikern am Kap sowie tourenden Bands jeden Abend ab 20.15 Uhr. Abendessen, darunter köstliches Seafood, ab 18 Uhr. Eintritt R35; wer an einem Tisch sitzt, von dem aus die Bands zu sehen sind, muss auch zu Abend essen. Wer das nicht möchte, kann sich an die Bar setzen, rauchen und die Musik hören, aber die Musiker nicht sehen. 🕓 12–24 Uhr.

Südliche Vororte

Brass Bell, im Bahnhofsgebäude von Kalk Bay, Main Rd. Eine beliebte Kneipe in traumhafter Lage. Die Wellen der False Bay schlagen an die Mauern der Terrasse, aber die faden Seafoodgerichte werden der großartigen Kulisse nicht gerecht. 🕓 tgl. bis spät.

Caveau at the Mill, 13 Boundary Rd, Nähe Main Rd, Newlands. Das beste Lokal der Stadt für Leute, die gute Kap-Weine im Glas probieren möchten – es stehen mehr als 70 Rebensäfte zur Auswahl. Dazu passen Käse, Fleisch oder eine richtige Mahlzeit. Auch zum Frühstück geöffnet, Tische unter Bäumen am Fluss bei der historischen Josephine Mill. Filiale in der Stadt am Heritage Sqaure mit ähnlichem Angebot. 🕓 Di–Sa 7–22, So 10–15 Uhr.

Foresters' Arms, 52 Newlands Ave, Newlands. Studenten und Menschen, die ihr Studium längst hinter sich haben, drängen sich im beliebten „Forries" mitten im grünen Newlands bei Bier vom Fass. Der große, holzgetäfelte Pub besitzt einen herrlichen Innenhof, wo man auf Holzbänken gemütlich ein Bierchen schlürfen kann. 🕓 Mo–Sa 10–23, So 10–18 Uhr.

Obz Café, Lower Main Rd, Observatory. Tolles Café für den Beginn einer Erkundungstour der Lokale an der Lower Main Rd, schon seit Langem beliebter Treffpunkt in „Obs" mit guter Bar, großen Fenstern und annehmbarem Essen.

Atlantic Seaboard

Café Caprice, 37 Victoria Rd, Camps Bay, ✆ 021-438 8315. Treffpunkt am Strand für

Cocktails schlürfende Schickimickis, echte und Möchtegern-Promis. Abends legen DJs alles Mögliche auf, von Ella Fitzgerald bis Kwaito, aber Platz zum Tanzen ist Mangelware. Die Tische draußen sind heiß umkämpft. Tagsüber familienfreundlicher mit gutem Frühstück und Mittagessen. ⌚ ab 8 Uhr bis spät; im Sommer jeden Abend DJs, das restliche Jahr über Fr–So.

Dunes, 1 Beach Rd, Hout Bay, ✆ 021-790 1876. Besonders an sonnigen Wochenendnachmittagen beliebtes Lokal für einen Drink direkt am Hout Bay Beach, aber eigentlich ein Restaurant. ⌚ tgl. 9–2, im Winter ab 10 Uhr.

Dizzy Jazz Café, 41 Camps Bay Drive, Camps Bay, ✆ 021-438 2686. Gut besuchter, länger als andere Kneipen geöffneter Pub mit großer Veranda, Kneipenessen und winziger Tanz-

Popmusik und Cape Jazz

Eine besondere musikalische Errungenschaft der Stadt ist der Cape Jazz, eine heimische Variante der Jazzmusik mit stark afrikanischer Färbung. Sein berühmtester Vertreter ist der international gefeierte **Abdullah Ibrahim**, geboren und aufgewachsen im District Six. Ibrahim ist ein begnadeter Pianist und Komponist, der seit Jahrzehnten eine geradezu hypnotische Fusion aus afrikanischem, amerikanischem und kap-typischem Sound kreiert. Zu seinen bekanntesten Aufnahmen gehören *Mannenberg* und *African Marketplace*, die die schmeichelnden Rhythmen der *ghoema* – traditionelle Karnevalsklänge vom Kap – mit den an- und abschwellenden Wechselgesängen der afrikanischen Gospelmusik kombinieren. Zu den Cape-Jazz-Legenden gehört auch ein Triumvirat herausragender Saxofonisten: der verstorbene **Basil Coetzee**, ein phänomenaler Tenorsaxofonist, der an *Mannenberg* mitwirkte, **Robbie Jansen**, ein Altsaxofonist mit besonders ungestümer und eigenwilliger Spielweise, und **Winston Mankunku**, der viel von Coltrane und Wayne Shorters einzigartigem Umgang mit afrikanischen Inspirationen gelernt hat.

Der Cape Jazz entwickelt sich immer noch weiter. Infos über Konzerttermine und Veranstaltungsorte gibt es in der Presse, im Internet und bei den örtlichen Touristeninformationen. Zu den bewährtesten Adressen zählt der Green Dolphin (S. 179). Eine Institution von Kapstadt ist die Jamsession im Swingers, Lansdowne, ✆ 021-762 2443, am Montagabend, bei der einige der besten einheimischen Talente live zu erleben sind. Wer hier nicht alleine hingehen möchte, kann sich einer **Jazz-Tour**, 💻 www.coffeebeans.co.za, anschließen. Zum jährlichen Cape Town International Jazz Festival (April) reisen stets einige der renommiertesten Musiker der Welt an. **Ghoema** ist der Rhythmus, der auf *ghoema*-Trommeln gespielt wird und viele Generationen lang die Grundlage für die beliebten *moppies* (komischen Lieder) und *ghoemaliedjies* (Picknicklieder) bildete. Der Name *ghoema* leitet sich von der Trommel her, die aus einem Blechfass ohne Boden besteht.

Zum **Jahreswechsel** dominieren Kapstadts farbenfrohe Minstrel-Gruppen das Straßenbild. Ab Neujahr tummeln sich die überaus populären, an Rio erinnernden *nagtroepe* (wörtlich: Nachttruppen) und Scharen von Zuschauern auf den Straßen, und *ghoema*-Gruppen wetteifern bei Festveranstaltungen um Preisauszeichnungen. Am 2. Januar lassen sich Familien aus der ganzen Kapregion auf Klappstühlen, Sesseln und Sofas an den Straßen des Bo-Kaap nieder, um dem Spektakel beizuwohnen. Wer zu dieser Zeit hier nächtigen möchte, findet sicher keinen Schlaf. Der Alkohol fließt dann in Strömen, und es gibt jede Menge Essenstände. Zu dieser Jahreszeit ist auch die Marschmusik der Weihnachtskapellen und „Malaien-Chöre“ in der „Mutterstadt“ zu hören. Oder man kann bei individuell zugeschnittenen Township-Touren (S. 192) die Musiker daheim besuchen, um die typischen Kapstadt-Klänge direkt an der Quelle zu erleben. Darüber hinaus ist Kapstadt auch mit interessanten Rock-, Reggae-, Ska-, Punk und verschiedensten Popbands bestens versorgt. Sie treten oft in den Clubs und Kneipen an der Long Street oder in der Lower Main Road in Observatory auf.

fläche. Verschiedene Biere vom Fass und jeden Abend unterschiedliche Livemusik. Eintritt R20. ⏲ tgl. 12–4 Uhr (Musik ab 20.30 Uhr).

La Med Bar and Restaurant, Glen Country Club, Victoria Rd, Clifton, ✆ 438 5600. Ein hübsches Plätzchen für einen Drink bei Sonnenuntergang, beliebter Treffpunkt eines sportbegeisterten Mainstream-Publikums. Im Winter Kaminfeuer. Livemusik am Wochenende. ⏲ tgl. 8.30 Uhr (Frühstück) bis spät.

Red Herring, Pine Rd, Ecke Beach Rd, Noordhoek, ✆ 021-789 1783. Lockerer, freundlicher Pub samt Restaurant mit Terrasse und Blick auf das reizvolle Noordhoek Valley. Beliebt bei Familien, Surfern, Strandbesuchern und ihren Hunden. Sehr begehrt an warmen Wochenendnachmittagen. Sonntagabends Livemusik. ⏲ Di–So 11–24, Mo ab 17 Uhr.

Cape Flats

West End and Club Galaxy, College Rd, Rylands, ✆ 021-637 9132, 🖳 www.superclubs.co.za. Mit Abstand das beste Veranstaltungslokal auf den Flats. Beherbergt zwei Nachtclubs mit vier Tanzflächen unter einem Dach. Mainstream-House im Galaxy und Contemporary Fusion im West End für ein schickes, junges Publikum. ⏲ Do–Sa 21 Uhr bis spät.

Theater, Comedy und Livemusik

Der international bekannteste südafrikanische Bühnenautor ist Athol Fugard, aber die Tage des didaktischen Protesttheaters sind angesichts ständig neuer innovativer **Theaterstücke**, die sich die Schaffung eines neuen afrikanischen oder Fusionstheaters auf die Fahnen geschrieben haben, inzwischen gezählt.

Am umstrittensten ist der brillante Brett Bailey, ein Weißer, der in stärkerem Maße für die Townships steht als viele Schwarze, und mit seiner Truppe Third World Bunfight ein elektrisierendes, visuell und physisch chaotisches Theater schafft, oft mit Laienschauspielern und -tänzern. Die wichtigste Physical-Theatre-Gruppe Kapstadts, Magnet, 🖳 www.magnet theatre.co.za, produziert durchgängig exzellentes politisch bewusstes, aber nicht didaktisches Theater. Einige Inszenierungen entstehen in Zusammenarbeit mit der modernen Tanztheatertruppe Jazzart, 🖳 www.jazzart.co.za, die die besten schwarzen Tänzer der Stadt auf die Bühne bringt und westlichen und afrikanischen Tanz zusammenführt. Der in Kapstadt gebürtige Sir Anthony Sher ist der berühmteste Schauspieler der Stadt und spielt zuweilen in tollen Inszenierungen in seiner Heimatstadt, z. B. in einer afrikanischen Version von Shakespeares *Sturm* im Jahr 2009.

Comedy erfreut sich großer Beliebtheit, besonders bei „farbigen" Bewohnern der Stadt, für Außenstehende kann die Mischung aus Afrikaans und interkulturellen Anspielungen jedoch schwer verständlich ausfallen. Der wahrscheinlich berühmteste südafrikanische Satiriker ist **Pieter Dirk Uys**, dessen Charakter Evita Bezuidenhout seit Apartheidstagen die südafrikanische Gesellschaft gnadenlos karikiert. Er tritt oft in Kapstadt auf, aber am besten sieht man ihn im Rahmen eines Wochenendausflugs nach Darling, eine Stunde von Kapstadt entfernt (S. 297). Neuere, begabte Komödianten sind z. B. Marc Lottering, ein „farbiger" Kapstädter, der seine „farbigen" Mitmenschen aufs Korn nimmt, Nik Rabinowitz, ein respektloser junger Mann aus der jüdischen Mittelschicht, der seine Xhosa-Kenntnisse dazu benutzt, kulturelle Vorurteile lächerlich zu machen, und Riyaad Moosa, ein zum Comedian mutierter muslimischer Arzt. Falls er gerade ein Gastspiel gibt, lohnt es sich auch, Trevor Noah aus Gauteng zu sehen, einen der talentiertesten jungen südafrikanischen Comedians.

Der einzige Veranstaltungsort allein für Comedy ist der **Jou Ma Se Comedy Club**, Albert Hall, 208 Albert Rd, Woodstock, ✆ 021-447 7237, 🖳 www.joumasecomedy.com. Das jährliche **International Comedy Festival**, 🖳 www.comedyfestival.co.za, präsentiert im Baxter und an anderen Orten im September heimische und ausländische Künstler.

Comedy Encounters, 🖳 www.oldmutual.co.za/comedyencounters, ist ein weiteres Comedy-Festival und findet im April statt.

David Kramer und der verstorbene Taliep Petersen, der von den Handlangern seiner Frau ermordet wurde, produzierten mehrere **Musical**-Kassenschlager, in denen die Geschichte und Kultur Kapstadts gefeiert wurde.

Wer Glück hat, kann David Kramer, 💻 www.davidkramer.co.za, erleben, wie er seinen Karoo Kitaar Blues, auf Afrikaans und mit Township- und Kap-Rhythmen, zum Besten gibt.
Klassische Musik hat eine relativ kleine, aber treue Anhängerschaft. Sinfoniekonzerte finden in der City Hall und im Baxter Theatre statt. Kostenlose Mittagskonzerte, oft von Studenten des **South African College of Music** der Cape Town University, werden Do um 13 Uhr geboten; Veranstaltungsort ist das Baxter Theatre, 💻 www.baxter.co.za, oder das gleich dahinter befindliche College selbst, ✆ 021-650 2640, 💻 www.web.uct.ac.za/depts/sacm.
Cape Town Concert Series, 💻 www.ctconcerts.co.za, ist eine Organisation, die viele Gastspiele von Solisten und Kammerensembles auf die Bühne bringt. Als besonderer Ohrenschmaus erweisen sich die Aufführungen der **Cape Town Opera**, 💻 www.capetownopera.co.za, in der sich die schwarzen Südafrikaner durchgesetzt haben und den immer noch überwiegend europäischen Werken etwas afrikanische Würze verleihen. Wie in allen Bereichen der Kunst und Kultur in Südafrika gibt es auch hier ein Bestreben, verschiedene Strömungen zu mischen, und so sind schon einige faszinierende Opernwerke entstanden.

Artscape, D. F. Malan St, ✆ 021-410 9838, allgemeine Infos über Artscape 💻 www.artscape.co.za, bessere Infos über Veranstaltungen unter 💻 www.computicket.com. Hier werden hochrangige Ballett- und Opernaufführungen geboten, daneben aber auch aufsehenerregende neue Stücke.
Baxter Theatre Centre, Main Rd, Rondebosch, ✆ 021-685 7880, 💻 www.baxter.co.za. Der Mammut-Komplex, dessen Design dem Moskauer Zentralbahnhof nachempfunden wurde, ist das kulturelle Herz von Kapstadt. Das erlesene Programm umfasst alle erdenklichen Bühnenshows, von modernen Stücken über Comedy-Festivals bis zu Jazz- und klassischen Konzerten sowie Kindertheater. Die erste Anlaufstelle für interessante Veranstaltungen in der Stadt.
Little Theatre, University of Cape Town, Orange St, ✆ 021-480 7128, 💻 www.uct.ac.za/about/arts/littletheatre. Hier kommen die in der Schauspielschule der Universität produzierten Stücke zur Aufführung; sie reichen von egozentrischer Nabelschau bis atemberaubend gut.
Maynardville Open Air Theatre, Church St, Ecke Wolfe St, Wynberg, 💻 www.maynardville.co.za. Ticketreservierung über Computicket (S. 196). Jedes Jahr wird im Januar und Februar unter dem Sternenhimmel im Maynardville Park ein Shakespeare-Stück aufgeführt. Die Stücke werden von den renommiertesten jungen Schauspielern und Bühnenbildnern Kapstadts gekonnt in Szene gesetzt.
New Space Theatre, 44 Long St, ✆ 074-134 6636, 💻 www.newspacetheatre.co.za. Zentraler und atemberaubender Veranstaltungsort mit einem interessanten Programm an freien Produktionen.
On Broadway, 88 Shortmarket St, City Centre, ✆ 021-424 1194, 💻 www.onbroadway.co.za. Einer der wenigen Veranstaltungsorte für die kleine Revueszene der Stadt ist dieses Bar-Restaurant, wo allabendlich Vorstellungen für ein ethnisch gemischtes Publikum stattfinden. Sonntags im Sommer Drag Shows. Billiger als die Mainstream-Theater. 🕒 tgl. 18.30 Uhr bis spät.
Theatre On The Bay, Link St, Camps Bay, ✆ 021-438 3300, 💻 www.theatreonthebay.co.za. Das elegante Theater richtet sich an ein eher älteres Publikum und bietet u. a. zeitgenössische Mainstream-Stücke, Musicals und Revuen – nicht besonders ausgefallen, aber fast durchweg von guter Qualität.

Kinos

Obwohl Kapstadt eine boomende Filmindustrie besitzt, sind einheimische Produktionen eher selten. Verschiedene kommerzielle Kinos zeigen Hollywood-Filme. Ein ansprechendes Programm aus Kunst-, Kultfilmen und Neuerscheinungen bringen das zentral gelegene Retrokino **The Labia**, 69 Orange St, und das **Labia on Kloof**, Kloof St, beide ✆ 021-424 5927, 💻 www.labia.co.za.
An der Waterfront gibt es zwei Kinos, **Nu-Metro**, ✆ 0861-cinema, 💻 www.numetro.co.za, und **Ster-Kinekor Cinema Nouveau**, ✆ 082-16789,

www.sterkinekor.com. Zwei weitere versorgen in der Cavendish Mall in Claremont die südlichen Vororte: das Mainstream-Kino **Ster-Kinekor**, 082-16789, und das Programmkino **Ster-Kinekor Cinema Nouveau**, 021-657 5600. Das aktuelle Kinoprogramm ist den Tageszeitungen *Cape Times* und *Cape Argus* zu entnehmen.
Interessant sind auch folgende **Filmfestivals**: das International Documentary Festival, www.encounters.co.za, im Juni und Juli, das TRI Continental Film Festival, www.3continentsfestival.co.za, im August und September, das sich vor allem mit Politik und Gesellschaft der Dritten Welt befasst, und das Out in Africa South African Gay and Lesbian Film Festival, www.oia.co.za, im September.

Kapstadt für Kinder

Kapstadt ist ein herrliches Reiseziel für Eltern mit Kindern und wartet mit jeder Menge Aktivitäten an der frischen Luft auf. Eine gute Informationsquelle ist www.capetownkids.co.za. Autoverleiher stellen Kindersitze zur Verfügung; dies muss aber im Voraus arrangiert werden. Wer für für die Reise einen **Babysitter** oder gar ein Kindermädchen braucht, kann sich an Sitters4U, 083-691 2009, www.sitters4u.co.za, oder Super Sitters, 021-552 1220, www.supersitters.net, wenden.

Museen und Sehenswürdigkeiten

Two Oceans Aquarium, S. 135. Dies ist eines der lohnenswertesten Museen Kapstadts mit zahlreichen Betätigungsmöglichkeiten für Kinder. Im Touch Pool können ein paar Tiere gestreichelt werden – vielleicht sogar ein kleiner Hai oder Seeigel – und im Alpha Activity Centre lockt meistens ein Puppentheater oder der Schminktisch, außerdem Computerterminals, wo ältere Kinder etwas über Meeresbiologie erfahren können.
SA Museum and Planetarium, S. 130. Das Museum ist ein tolles Ausflugsziel an Regentagen, besonders für 5–12-Jährige. Im museumseigenen Discovery Room, Mo–Fr 10–15, Sa und So 11–16.30 Uhr, sind lebende Ameisen und Riesenspinnen sowie eine Ausstellung über Krokodile zu sehen. Im Planetarium werden am Wochenende sowie während der Schulferien Kindervorstellungen angeboten.
Planet Kids, 3 Wherry Rd, Muizenberg, hinter der False Bay Station, 021-788 3070, www.planetkids.co.za. Tolles, beschäftigungstherapeutisch designtes Indoor-Spielzentrum für Kinder bis 12 Jahre, jede Menge Spaß garantiert, dazu gesunde Snacks und ein ruhigeres Umfeld als in der normalen Plastik- und Zucker-Szene. Gute Betreuung der Kinder. Wer warten möchte, kann dies bei Tee und Kuchen tun. Alle Kinder willkommen. tgl. 10–18 Uhr, R30.
MTN Science Centre, Canal Walk Shopping Mall, Century City, von der N1 Ausfahrt Sable St, 021-529 8100, www.mtnsciencentre.org.za. Interaktives Erkundungscenter für Kinder aller Altersklassen mit vielen Möglichkeiten, Sachen auszuprobieren. Mo–Do und So 9–18, Fr und Sa 9–21 Uhr, Kinder R28, Erw. R22.
Scratch Patch, Dido Valley, Simon's Town, 021-786 2020, und Dock Rd, Waterfront, 021-419 9429, www.scratchpatch.co.za. Hier können jede Menge Schätze wie Halbedelsteine gesammelt und in Behälter gefüllt werden, die man am Eingang kauft. tgl. 9–17 Uhr.
Ratanga Junction, Century City, von der N1 Ausfahrt Sable St, 0861-120 0300, www.ratanga.co.za. Beliebter Themenpark mit verschiedenen spannenden Fahrgeschäften – ein toller Tagesausflug, aber nur in den Schulferien geöffnet. Öffnungszeiten am besten vorher abchecken. 10–17 Uhr.

Strände und Swimming Pools

Im Sommer ist ein Ausflug zu einem der Strände ein unkompliziertes Familienvergnügen. Die meisten Strände sind wenig erschlossen, daher ist es ratsam, genügend Essen und Getränke mitzunehmen. Möglichst früh aufbrechen, denn ab etwa 11 Uhr strahlt die Sonne zu intensiv, zudem kommt oft ein starker Wind auf.
Boulders Beach (S. 153) an der False Bay ist einer der wenigen Strände, die man auch aufsuchen kann, wenn der Südostwind bläst, denn das von Felsen umrahmte Wasser ist flach und kindersicher. Außerdem gibt es hier eine Pinguinkolonie. **Fish Hoek** (S. 151) ist einer der

schönsten Strände der Halbinsel mit einem langen Sandstreifen und einem Spielplatz. Der asphaltierte Jager's Walk entlang der felsigen Küste ist auch mit Kinderwagen begehbar.
St James (S. 150) hat einen zum Planschen geeigneten Gezeitenpool mit einem kleinen Sandstrand und bunten Badehäuschen, ist aber an Sommerwochenenden extrem überfüllt. Von hier kann man auf einem ebenfalls kinderwagentauglichen und mit schönem Bergpanorama gesegneten Küstenpfad bis nach Muizenberg weiterspazieren.
Zum Schwimmen ist das Wasser an der **Atlantic Seaboard** (Atlantikküste) zu kalt, aber hier gibt es einladende Fleckchen mit Sand, Felsen und Pools im Felsen – sowie einer herrlichen Aussicht. An den Stränden kann man hervorragend picknicken und an windstillen Sommerabenden den Sonnenuntergang betrachten.
Das der Innenstadt am nächsten gelegene Küstenstück ist die **Sea Point Promenade**. Die geteerte Uferpromenade erstreckt sich auf einer Länge von 3 km vom Leuchtturm bei Mouille Point bis zum Sea Point Pavilion. Dieser Küstenstreifen liegt dem Stadtzentrum am nächsten. Der Weg ist für Kinderwagen und Rollerblades geeignet und bietet den zusätzlichen Anreiz von Spielplätzen.
Dank des Gezeitenpools und kleiner Pools in den Felsen ist der beliebte Strand **Camps Bay** (S. 146) sehr kinderfreundlich. Er ist vom Stadtzentrum aus gut per Bus oder Auto zu erreichen. Der 6 km lange weiße Sandstrand zwischen **Noordhoek** und **Kommetjie** (S. 149) mit herrlicher Aussicht auf den Chapman's Peak lädt zum Spazierengehen, Drachenfliegen und Reiten ein. Wer nach Kommetjie unterwegs ist, kann einen Abstecher zum Imhoff Farm Village machen und dort auf Kamelen reiten.
Ein kinderfreundlices Schwimmbad ist der **Newlands Pool**, der über ein Planschbecken und einen kleinen Spielplatz verfügt. Zum herrlichen **Sea Point Pool** beim Sea Point Pavilion (S. 145) gehören zwei Kinderbecken und Liegewiesen.

Im Grünen

The Barnyard Farmstall, Steenberg Rd (M42), neben dem Steenberg Estate, zwischen der Tokai Rd und dem Ou Kaapseweg. Einladendes Plätzchen für ein Picknick im Freien oder eine Tasse Kaffee auf dem kleinen Hof der Farm mit frei herumlaufenden Enten und Hühnern sowie einem besonders netten Kinderspielplatz. Auf dem Weg zum Südteil der Halbinsel oder zum Cape Point.
Imhoff Farm, Kommetjie Rd, South Peninsula, gegenüber der Abzweigung Ocean View, ✆ 021-783 4545, 🖳 www.imhofffarm.co.za. Verschiedene Angebote wie Kamel- und Ponyritte, Ausritte am Strand, Paintball, Streichelzoo und Reptilienpark. Außerdem gutes Café sowie Hofladen. 🕓 Di–So 10–17 Uhr.
Kirstenbosch National Botanical Garden, S. 140. Steht ganz oben auf der Liste der beliebtesten Familienausflüge, denn die großen Rasenflächen bieten Platz zum Austoben, und es gibt Bäume und Felsen zum Klettern. Kein Müll, keine Hunde und kinderwagengeeignete Spazierwege; auch herrlich für ein Picknick oder zum Kaffeetrinken an Tischen im Freien. Mit größeren Kindern kann man die ausgeschilderten Wanderwege begehen.
Newlands Forest, 9 km südlich der Innenstadt, abseits der M3 Richtung Muizenberg. Einfache Wanderwege in und um Kiefernwälder und Bäche am windgeschützten bewaldeten Südhang des Tafelbergs, auch ein nicht besonders abschüssiger Pfad, der sich gut mit einem Kinderwagen bewältigen lässt. Am sichersten ist das Gelände am Wochenende und nachmittags, wenn Jogger und Anwohner unterwegs sind, die ihre Hunde ausführen. Autofahrer finden Parkmöglichkeiten an der Ausfahrt der M3, die mit „Forestry Office“ ausgeschildert ist. 🕓 von Sonnenauf- bis Sonnenuntergang, Eintritt frei.
Silvermine Nature Reserve, (S. 150). Hier kann man mit Kleinkindern um den See spazieren, paddeln und picknicken. Allerdings ist das Gelände Wind und Nebel ausgesetzt und sollte bei schlechtem Wetter gemieden werden. Mit älteren Kindern kann man auch ein paar relativ leichte Bergwanderwege mit wundervollen Ausblicken bewältigen. Wasser und Proviant mitnehmen. Empfehlenswert ist der am Parkplatz ausgeschilderte Elephant's Eye Cave Walk.

Tokai Forest Arboretum, zu erreichen über die M3 Richtung Süden, Ausfahrt Tokai, dann rechts und ein paar Kilometer Richtung Berg bis zum Ende der geteerten Straße, dann links. Friedliches, ländlich geprägtes Plätzchen mit reetgedecktem Teashop, sehr gut geeignet für kleinere Kinder. Auch dann windgeschützt, wenn es sonst überall ordentlich bläst.

Kapstadt für Schwule und Lesben

Kapstadt ist nicht nur Südafrikas Homo-Hauptstadt, sondern die des gesamten afrikanischen Kontinents. Die Stadt erfreute sich immer schon einer lebhaften Homo-Szene und zieht neuerdings schwul-lesbische Besucher aus aller Welt an. Das Gay Village der Stadt mit B&Bs, Guesthouses, Pubs, Clubs, Cruisebars, Videoshows und Saunen konzentriert sich entlang der Vergnügungsmeilen der Somerset Road und in den miteinander verbundenen Vierteln Green Point, Sea Point und besonders dem schicken De Waterkant am Rande der Innenstadt. Die *Pink Map*, herausgegeben von A&C Maps, listet gay-freundliche Lokalitäten von Kapstadt. Sie ist erhältlich in den Visitor Centres oder kann unter 💻 www.nottheofficial.co.za/mapguides/63/Pink-Maps heruntergeladen werden.

In Kapstadt findet jedes Jahr eine **Gay Costume Party** statt, organisiert von Mother City Queer Projects, 💻 www.mcqp.co.za, die sich inzwischen zu einem zehntägigen Festival (alljährlich vom 6.–16. Dez) gemausert hat. Die Veranstaltung steht jeweils unter einem Motto (frühere hießen z. B. „unter Wasser" oder „Lights, Camera, Action"), und die Teilnehmer ziehen sich dem Motto entsprechend so verrückt wie nur möglich an. Außerdem gibt es im Feb ein **Gay Pride Festival**, 💻 www.capetownpride.co.za.

Abgesehen von den südafrikanischen **Gay Websites** und Infoadressen, die im Kapitel „Reisevorbereitung" (S. 62) aufgeführt sind, lohnt auch ein Blick auf 💻 www.gaynetcapetown.co.za, die sich speziell an schwul-lesbische Kapstadt-Besucher wendet und gay-freundliche Restaurants und Unterkünfte auflistet sowie über HIV/Aids informiert.

Clubs und Bars

Bar Code, 18 Cobern St, De Waterkant, ✆ 021-421 5305, 💻 www.leatherbar.co.za. Eine Leder-, Uniform- und Jeansbar nur für Männer mit Darkrooms und Terrasse draußen. Vorher anrufen und nach dem Dresscode für den Abend fragen.

Bronx Action Bar and Navigaytion, 22 Somerset Rd, Ecke Napier St, Green Point, 💻 www.bronx.co.za und 💻 www.navigaytion.co.za. Beliebtester Gay-Tanzladen in Kapstadt, zwei Clubs mit unterschiedlicher Musik in einem Gebäude. Die immer gut besuchte Bronx Bar unten bietet jeden Abend am Mainstream orientierte Musik. Im Navigaytion oben dröhnt weniger kommerzielle Musik aus den Boxen, und auf der Tanzfläche können sich sowohl schwule Männer und Jungs wie auch abenteuerlustige Hetero-Frauen und -Männer gehen lassen. 🕒 Mi, Fr und Sa ab 20 Uhr.

Café Manhattan, 74 Waterkant St, De Waterkant, 💻 www.manhattan.co.za. Kultivierte, lässige Restaurant-Bar mit gutem, erschwinglichem fleischlastigem Essen. Hier ist immer viel los, besonders bei gutem Wetter. Normalerweise Do und So ab 21 Uhr Livemusik. Am letzten Donnerstag des Monats Frauenabend, aber Lesben und Hetero-Frauen sind auch sonst immer willkommen. 🕒 tgl. 10–2 Uhr.

The Loft Lounge, 24 Napier St, De Waterkant, 💻 www.loftlounge.co.za. Edlere Groove-Bar in einem stilvollen Industriegebäude. Unten retro-schicke Bar mit tollen Sofas und Balkon, oben große Fenster und Kunst, die man bei einem Cocktail bewundern kann. Gut zum Leutetreffen, da die Musik leise genug zum Reden ist. Auch Hetero- und lesbische Frauen können sich hier wohlfühlen und das kultivierte Ambiente genießen. 🕒 Di–So 17–2 Uhr.

On Broadway, 88 Shortmarket St, ✆ 021-4242 1194, 💻 www.onbroadway.co.za. Eine der wenigen Topadressen der kleinen Kabarettszene der Stadt ist diese tolle Restaurant-Bar mit mediterraner Küche und allabendlichen Live-Auftritten vor ethnisch gemischtem Publikum. Reservierung ist ein Muss. Die Travestieshows am Sonntagabend ziehen ein schwules Publikum an, ansonsten ist es aber völlig gemischt. ⌚ Shows tgl. von 19 Uhr bis spät.

Rosie's, Waterkant St, Ecke Chiappini, De Waterkant. Intime Bar mit schwarzem und „farbigem" Publikum, für Frauen nicht geeignet. ⌚ tgl. bis spät.

Sauna

The Hothouse Steam and Leisure, 18 Jarvis St, Green Point, 💻 www.hothouse.co.za. Luxuriöses Männer-Etablissement mit Jacuzzis, Sauna, Dampfbad, Sonnendeck, einer Bar, an der ein paar Gerichte erhältlich sind, Videolounge, Kamin, Satelliten-TV und privaten Kabinen. Eintritt R50–100, je nach Tag und Tageszeit. ⌚ Mo–Mi 12–2, Do 12–4, Wochenende 12–6 Uhr.

Einkaufen

Die beliebteste Einkaufsgegend ist die V&A Waterfront: Hier befinden sich zahlreiche Geschäfte in wunderbarer Lage; außerdem gibt es eine große Auswahl an Restaurants; allerdings sind die Preise etwas höher als anderswo. Die Innenstadt bietet ebenfalls zahlreiche – nach Ansicht mancher Leute interessantere – Einkaufsmöglichkeiten, vor allem für Sammler, Liebhaber von Antiquitäten und Secondhand-Büchern. Die Bewohner der Vororte kaufen meistens in der näheren Umgebung ein, in der schicken Cavendish Square Mall in Claremont oder einem der anderen Einkaufszentren. Wer in den innerstädtischen Randbezirken Green und Sea Point, angrenzend an die V&A Waterfront, abgestiegen ist, findet Supermärkte und andere Geschäfte entlang der Main Road, und in der City Bowl gibt es das Gardens Shopping Centre. Weitere kleinere Einkaufszentren sind in allen Vororten zu finden.

Die **Geschäftszeiten** waren lange Zeit Mo–Fr 8.30–17 Uhr und Sa 8.30–13 Uhr, doch inzwischen haben viele Supermärkte, Buchläden und Spezialgeschäfte auch nach 17 Uhr, samstagnachmittags und sogar am Sonntag geöffnet. Am Sonntagnachmittag wird man jedoch nicht viele offene Läden finden; eine Ausnahme bildet da nur die Waterfront.

Einkaufszentren

Einkaufen in Südafrika folgt dem nordamerikanischen Muster: Weit verbreitet sind große Einkaufszentren, in denen es vom Buchladen über Banken bis zu Klamotten- und Lebensmittelläden alles gibt, außerdem ein Kino sowie mehrere Cafés und Restaurants.

Cavendish Square, Vineyard Rd, Claremont Station, Claremont. Ein aufwendiger, vielstöckiger Komplex, das Hauptgeschäftszentrum der südlichen Vororte. ⌚ Mo–Sa 9–19 Uhr, Buch- und Musikläden bis 21 Uhr, So 10–17 Uhr.

Constantia Village Shopping Centre, Main Rd, Constantia. Ein kleines, exklusives Einkaufszentrum, in dem es auch 2 große Supermärkte gibt. ⌚ Mo–Fr 9–18, Sa 9–17, So 9–13 Uhr.

Gardens Shopping Centre, Mill St, Gardens. Kleines Einkaufszentrum in der City Bowl, in der Nähe der Company Gardens und der Innenstadt, mit einem großen Supermarket, ausgezeichnetem Delikatessenladen und den meisten Geschäften für den täglichen Bedarf. ⌚ Mo–Fr 9–19, Sa 9–17, So 10–14 Uhr.

V&A Waterfront, man könnte Kapstadt besuchen, ohne jemals den Waterfront-Komplex zu verlassen, dessen Victoria Wharf Shopping Centre eine Vielzahl gut sortierter Geschäfte beherbergt, darunter Filialen aller namhaften südafrikanischen Ladenketten, in denen Bücher, Kleidung, Lebensmittel und Kunsthandwerk verkauft werden. ⌚ Mo–Sa 9–21, So 10–21 Uhr.

Kunst und Kunstgewerbe

Kapstadt ist nicht so bekannt für einheimisches **Kunsthandwerk** wie Durban, und viele der hier angebotenen Waren stammen aus anderen Teilen Afrikas, insbesondere Simbabwe und Zambia. In der Innenstadt und an der V&A Waterfront gibt es mehrere Kunstgewerbeläden, doch oft finden sich dieselben Sachen für erheblich weniger Geld auf den **Straßenmärkten** überall in der Stadt, die allerdings wenig mit exotischen westafrikanischen Märkten gemein haben, sondern mehr an europäische Flohmärkte erinnern. An verschiedenen Stellen außerhalb der Einkaufszentren oder bei Straßenhändlern sind teilweise sehr schöne Perlenstickereien erhältlich, zumeist mit afrikanischen Tiermotiven.

Kunsthandwerk kauft man am besten auf einem der vielen Straßenmärkte.

Geschäfte

Africa Nova, Cape Quarter, Dixon St, De Waterkant, ✆ 021-425 5123, 🖳 www.africanova.co.za. Überdurchschnittlich gute Auswahl an afrikanischem Kunsthandwerk sowie zeitgenössischen afrikanischen Textilien und Kunstgegenständen, mit Schwerpunkt auf handgefertigten Einzelstücken. ◷ Mo–Fr 9–17, Sa und So 10–14 Uhr.

African Image, Church St, Ecke Burg St, City Centre, ✆ 021-423 8385. Einer der besten Läden für authentische, traditionelle und moderne afrikanische Kunst und Kunsthandwerk, von Textilien und antiken Skulpturen bis Perlarbeiten. ◷ Mo–Fr 9–17, Sa 9–14 Uhr.

Clementina Ceramics, 205 The Colosseum Building, 3 St George's Mall, ✆ 021-419 2679. Einzigartige zeitgenössische südafrikanische Keramiken, darunter sehr dekoratives Geschirr. ◷ Mo–Fr 10–17, Sa 10–15 Uhr.

Ethno Bongo, Main Rd, Hout Bay, ✆ 790 0802, 🖳 www.dolceandbanana.com. Ein reizendes Geschäft, das zu günstigen Preisen wunderbares Kunstgewerbe, Schmuck und Zubehör aus recyceltem Metall und Holz und aus natürlichen Materialien wie Edelsteinen und Muscheln sowie traditionelle afrikanische Bekleidung bietet – sehr empfehlenswerte Geschenke und Souvenirs. ◷ Mo–Fr 9.30–17.30, Sa 9.30–16, So 10–14 Uhr.

Kalk Bay Gallery, 62 Main Rd, Kalk Bay, ✆ 021-788 1674, 🖳 www.foreignportfolio.co.za. Verkauft Gemälde afrikanischer Künstler, Grafiken, Drucke und ein wenig afrikanisches Kunsthandwerk zu angemessenen Preisen, und es besteht die Chance, ein interessantes Sammlerstück aufzustöbern. ◷ Mo–Fr 9–17, Sa und So 9.30–17 Uhr. In der Umgebung warten noch weitere ähnliche Geschäfte auf Kundschaft.

Rose Korber Art Consultancy, 48 Sedgemoor Rd, Camps Bay, ✆ 021-438 9152, 🖳 www.rosekorberart.com. Dies sollte die erste Anlaufstelle ernsthafter Kunstsammler sein, denn hier findet man eine außergewöhnliche Auswahl zeitgenössischer Kunst und Kunstgewerbe,

z. B. Keramiken und Perlenstickereien aus allen Teilen Afrikas. ◷ Mo–Fr 9–17 Uhr.
Zulu Azania, 56a Church St, City Centre, ✆ 021-424 4510. Stammeskunst aus ganz Afrika, darunter einige große und teure Stücke. ◷ Mo–Fr 9–16, Sa 9–15 Uhr.

Märkte

Cape Town Station, Forecourt, Adderley St. An vielen Reihen von Ständen werden billige chinesische Produkte und afrikanisches Kunsthandwerk verkauft. Nicht in erster Linie auf Touristen ausgerichtet, daher ziemlich authentisch. ◷ Mo–Fr 8–17, Sa 8–14 Uhr.
Green Point Market, Western Blvd, Green Point. Ein riesiger Markt unter freiem Himmel, wo es praktisch alles gibt: afrikanisches Kunstgewerbe, Pflanzen, Autoersatzteile und Hausgemachtes. ◷ So 9–16 Uhr.
Greenmarket Square, Burg St. Wer Nippes, Kunsthandwerk und CDs sucht, sollte diesen Markt unter freiem Himmel auf einem schönen Kopfsteinpflasterplatz besuchen. Dies ist auch der beste Ort in Kapstadt, um nach *kikois* (Strandkleidung) aus Tansania zu suchen. Die meisten Händler kommen aus Westafrika und Simbabwe. ◷ Mo–Fr 8–17, Sa 8–14 Uhr.
The Pan African Market, 76 Long St. Kunstgegenstände, Raritäten und Kunsthandwerk, Livemusik, ein auf afrikanische Küche spezialisiertes Café, ein Bücherstand und ein Zöpfchenflechter aus Kamerun sowie westafrikanische Schneider im Herzen des Antiquitäten- und Kunstviertels in der Innenstadt. ◷ Mo–Fr 9–17, Sa 9–15 Uhr.
The Craft Market, neben dem Aquarium, V&A Waterfront, 💻 www.waterfront.co.za. Handgemachte Produkte und afrikanisches Kunsthandwerk von kitschigen Straußeneiern bis zu Bekleidung und Accessoires. Außerdem verschiedene ganzheitliche Behandlungsangebote. ◷ Mo–So 9–18 Uhr.
Sivuyile Craft Centre, NY1, Ecke NY4, Guguletu, Cape Flats, ✆ 021-637 8449. Ein Township-Markt unter dem Dach eines Information Centre unweit der N2, wo Kunsthandwerker aus Perlen, Draht und anderen Materialien traditionelle und moderne Gegenstände herstellen. ◷ Mo–Fr 8–17, Sa 9–14 Uhr.
Victoria Rd Market, Camps Bay. Der Markt in spektakulärer Lage auf der Steilküste über dem Atlantik bietet tgl. eine Auswahl an Holzschnitzereien, Perlen, Textilien und Körbe.

Samstagsmarkt für Gourmets

Neighbourgoods Market, 373-5 Albert Rd, Old Biscuit Mill, Woodstock, 💻 www.theoldbiscuitmill.co.za. Wunderbares kulinarisches Erlebnis mit feinem Käse, Holzofenbrot, Kaffee, Luxusbieren und Obst und Gemüse in einem mit natürlichem Licht beleuchteten viktorianischen Lagerhaus. Nicht gerade billig, aber dafür gibt's hier das beste Angebot an naturbelassenen und frischen Lebensmitteln von ganz Kapstadt und Umgebung. ◷ Sa 9–14 Uhr. Die Straße runter locken im Fairweather House, 176 Sir Lowry Rd, ✆ 021-465 9108, zeitgenössische afrikanische Galerien, ◷ wie oben.

Bücher

Angesichts der eher begrenzten Leserschaft – die Zahl derer, die lesen und sich dann auch noch Bücher leisten können, ist gering – werden in Südafrika erstaunlich viele Bücher veröffentlicht, darunter Romane einheimischer Autoren sowie dicke Bände zur Geschichte, Politik und Naturwissenschaft. Die Kette mit den meisten Filialen, z. B. am Flughafen und in den Einkaufszentren, ist Exclusive Books. An der Upper Long Street liegen nah beieinander über ein halbes Dutzend Secondhand-Buchläden und Comicshops, und es gibt auch einige interessante unabhängige Buchläden.
Clarke's Bookshop, 211 Long St, ✆ 021-423 5739. Beste Adresse in Kapstadt für Bücher über Südafrika; große Auswahl an Titeln zur Literaturwissenschaft, Geschichte, Politik, Kunst und Naturkunde; sehr gut informiertes Personal. Auch seltene Bücher über Südafrika. ◷ Mo–Fr 9–17, Sa 9–13 Uhr.
Exclusive Books, Filialen an der V&A Waterfront, ✆ 021-419 0905, ◷ Mo–Fr 9–22.30, Sa 9–23, So 10–21 Uhr; am Cavendish Square, Claremont, ✆ 021-674 3030, ◷ Mo–Do 9.30–21, Fr und Sa 9–22.30, So 9.30–21 Uhr; und im

Lesen auf dem Sofa

Book Lounge, 71 Roeland St, ✆ 021-462 2425. Der freundlichste Buchladen im Zentrum mit bequemen Sofas und einem Café bietet eine hervorragende Auswahl an afrikanischen Büchern sowie ein gutes Sortiment an importierten Titeln.

Constantia Village Shopping Centre, Spaanschemat River Rd, Constantia, ✆ 021-794 7800, ◷ Mo–Sa 9–20, So 9–17 Uhr. Hervorragend zum Stöbern geeignete, wohlsortierte Buchhandlung; verkauft auch Magazine und wunderschöne Bildbände.
Kirstenbosch Shop, Kirstenbosch National Botanical Garden, ✆ 021-762 2510. Ausgezeichnete Auswahl an Naturkundebüchern, Nachschlagewerken zur Tier- und Pflanzenbestimmung sowie Südafrika-Reiseführern; auch einige Kinderbücher. Man muss keine Eintrittskarte für den Botanischen Garten kaufen, um den Buchladen zu betreten. ◷ tgl. 9–18 Uhr.
Wordsworth's, Ground Floor, V&A Waterfront, ✆ 021-425 6880. Guter normaler Buchladen mit ausgezeichneter Reisebuchabteilung. ◷ Mo–Sa 9–22, So 10–21.30 Uhr.

Musik

African Music Store, 134 Long St, City Centre ✆ 021-426 0857. Kleiner, zentral gelegener, auf afrikanische Musik spezialisierter Laden. ◷ Mo–Fr 9–17, Sa 9–14 Uhr.
Look & Listen, Cavendish Square, Claremont, ✆ 021-683 1810. Das größte Musikgeschäft Kapstadts hat ein Riesenangebot an Musik, darunter lokaler Jazz, und ein respektables Sortiment an Tonträgern aus allen Teilen Afrikas. ◷ tgl. 9–19 Uhr.
Mabu Vinyl, 2 Rheede St, Gardens, ✆ 021-423 7635. Gebrauchte CDs, Schallplatten und Kassetten aller Richtungen. ◷ Mo–Do 9–20, Fr 9–19, Sa 9–18, So 11–15 Uhr.
Musica Megastore, V&A Waterfront, ✆ 021-425 6300, besitzt ein Superangebot an afrikanischer und klassischer Musik. ◷ tgl. 9–21 Uhr.

Lebensmittel und Proviant

Lebensmittel sind gewöhnlich von guter Qualität. Der beste, aber auch teuerste Supermarkt ist Woolworths, gefolgt vom billigeren Pick 'n Pay; beide Ketten verfügen über Filialen in allen Einkaufszentren in der Stadt.

Delis und Hofverkäufe

Andiamo, Cape Quarter, Dixon St, De Waterkant, ✆ 021-421 3688. Italienischer Deli mit einer tollen Auswahl an Fleisch, Käse, Salaten, Dips und Brot, woraus sich ein leckeres Proviantpaket für eine Bergwanderung zusammenstellen lässt. Kunden können anrufen und sich ein Picknick zum Abholen zusammenstellen lassen. ◷ tgl. 9–22 Uhr.
Giovanni's, 103 Main Rd, Green Point, ✆ 021-434 6893. Frisch gebackenes Brot und wunderbare italienische Gerichte zum Mitnehmen. Wer sehr hungrig ist, kann sich auch bei Kaffee und einem Snack an einen Tisch setzen und den Blick aufs Green Point Stadium genießen. ◷ tgl. 8.30–21 Uhr.
Melissa's, 94 Kloof St, Gardens, und Constantia Village, bietet importierte und einheimische Delikatessen, entweder zum Verzehr vor Ort oder zum Mitnehmen. ◷ Mo–Fr 7.30–20, Sa und So 8–21 Uhr, Constantia 7.30–19, Sa und So 8–18 Uhr.
New York Bagel Deli, 51 Regent Rd, Sea Point, hat die besten Bagels der Stadt mit einer erstaunlichen Auswahl an Belägen – von Rindfleisch über Leber bis zu eingelegtem Hering. ◷ tgl. 7–21 Uhr.

Frischer Fisch

Fish Market, Mariner's Wharf, Hout Bay Harbour. Hier gibt es Seafood frisch aus dem Meer, allerdings in weniger urtümlicher Atmosphäre als am Kalk Bay Harbour. ◷ Mo–Fr 9–19.30, Sa und So 9–18 Uhr.
Kalk Bay Harbour, Harbourside, Kalk Bay. Die Käufer suchen sich den Fisch direkt beim Fischer aus und lassen ihn dort ausnehmen. Das Angebot hängt von der Saison ab.

Wein

Caroline's Fine Wines, 62 Strand St, ✆ 021-419 8984; und King's Warehouse,

V&A Waterfront, ✆ 021-425 5701. Caroline Rillema behauptet sich seit 1979 erfolgreich im Weingeschäft und bietet tgl. Proben der edelsten Kapweine. ◷ Mo–Fr 9–17 Uhr, Waterfront auch Sa 9–17 Uhr.
Vaughan Johnson's, Dock Rd, the V&A Waterfront, ✆ 021-419 2121. Eines der renommiertesten Weingeschäfte Kapstadts mit einer Riesenauswahl an erlesenen südafrikanischen Tropfen, die allerdings ihren Preis haben. ◷ Mo–Fr 9–18, Sa 9–17, So 10–17 Uhr.
Wine Concepts, 50 Kloof St; sowie im Castle Building, Kildare Lane, Ecke Main Rd, Newlands. Ausgezeichnetes Angebot an südafrikanischen und ausländischen Weinen; freundliche, fachmännische Bedienung. ◷ Mo–Do 9–19, Fr 9–20, Sa 9–17 Uhr.
Woolworths, in den Einkaufszentren in der City. Die Zeiten, als man die Hausweine dieser namhaften südafrikanischen Supermarktkette verschämt dekantierte, um keinen Blick auf das Etikett zu erlauben, gehören längst der Vergangenheit an. Inzwischen präsentieren Weinkenner diese qualitativ hochwertigen und dabei sehr preiswerten Erzeugnisse eher mit Stolz.

Aktivitäten

Eine der bemerkenswertesten Besonderheiten Kapstadts ist der nahtlose Übergang von der Stadt zum Nationalpark der Kap-Halbinsel; Berge, Wälder und Strände liegen praktisch vor der Haustür. Es gibt sicherlich wenige Großstädte in der Welt, in der sportliche Aktivitäten im Freien so leicht durchzuführen und so preiswert sind wie hier. Dies gilt z. B. fürs Bergsteigen und Tauchen oder für Paddeltouren entlang der Küste. Und wer sich nicht selbst anstrengen möchte, kann ein Bierchen trinken und dabei ein Fußball- oder Rugby-Spiel verfolgen.

Abseilen

Abseil Africa, ✆ 021-424 4760, 💻 www.abseilafrica.co.za, veranstaltet halbtägige Abseiltouren am Tafelberg für etwa R495. Eine Tour inklusive Wanderung kostet R650.

Cricket

Auch am Kap wird Cricket gespielt. Der **Newlands Cricket Ground**, 61 Campground Rd, Newlands, ✆ 021-674 4146, von ehrwürdigen Eichen umgeben, gilt als einer der schönsten Cricketplätze der Welt. Hier werden Lokalderbys und Länderspiele ausgetragen.

Fitness

Virgin Active Clubs, gut organisierte Studios, die sich in fast allen Gegenden Kapstadts finden, mit großen Schwimmbecken und makellos sauberen Umkleiden. Ihr Call Center, ✆ 0860-020 0911, 💻 www.virginactive.co.za, informiert über die Preise für Besucher.

Fußball

Fußballspiele werden inzwischen genauso gut besucht wie die Cricket- und Rugbywettkämpfe. In Kapstadt wimmelt es von Fußballtalenten, und es ist anzunehmen, dass die Sportart im Gefolge der WM 2010 noch weitere Anhänger gewinnt. Die staubigen Straßen und Plätze der Cape Flats haben hervorragende Fußballer hervorgebracht – z. B. Benni McCarthy (Ajax Amsterdam, Celta Vigo) and Quinton Fortune (Atletico Madrid, Manchester United). Der ambitionierteste Verein der Stadt ist Ajax Cape Town, 💻 www.ajaxct.org, der übrigens zur Hälfte Ajax Amsterdam gehört. Die für Zuschauer aufregendsten Spiele sind die zwischen den lokalen Clubs und den Spitzenteams aus Soweto (Orlando Pirates oder Kaizer Chiefs). Spielstätten sind das WM-Stadion Green Point Stadium, Beach Road, das Athlone Stadium in der Klipfontein Road, Athlone und Newlands Rugby Stadium.

Golf

Der **Milnerton Golfplatz**, Bridge Road, Milnerton, ✆ 021-552 1047, liegt zwischen einer Lagune und der Tafelbucht versteckt und bietet eine geradezu klassisch zu nennende Aussicht auf den Tafelberg. Andere populäre Golfplätze sind der **Rondebosch Golf Club**, Klipfontein Rd, Rondebosch, ✆ 021-689 4176, und der **Westlake Golf Club**, Westlake Ave, Lakeside, ✆ 021-788 2020.

Klettern

High Adventure, ✆ 021-689 1234 oder 082-437 5145, 💻 www.highadventure.co.za, bringt Interessenten entsprechend ihrer Fähigkeiten zu ungewöhnlichen, einzigartigen Stellen. Die maßgeschneiderten Ausflüge finden ab mindestens 2 Teilnehmern statt. Eine Hallenkletterwand bietet das **City Rock Indoor Climbing Centre**, 21 Anson Rd, Observatory, ✆ 021-447 1326, 💻 www.cityrock.co.za.

Mountainbiken

Day Trippers, ✆ 021-511 4766, 💻 www.daytrippers.co.za, organisiert Mountainbike-Touren, darunter eine von Scarborough nach Cape Point.
Downhill Adventures, Kloof St, Ecke Orange St, im Stadtzentrum, ✆ 021-422 0388, 💻 www.downhilladventures.co.za, veranstaltet ähnliche Touren, u. a. in den Tokai-Wald.

Paragliding

Die Bedingungen für Paragliding sind in Kapstadt ideal. Am beliebtesten ist der Flug vom Lion's Head hinunter zur Camps Bay. **Wallend-Air School**, ✆ 021-762 2441, 💻 www.wallendair.com, bietet Tandemflüge für R950, für die keine Erfahrungen vonnöten sind. Peter Wallend, einer der südafrikanischen Paragliding-Meister, veranstaltet Kurse für den Paragliding-Schein.

Radfahren

Fahrradverleih s. S. 194
Rad fahren ist eine fantastische Art, die Landschaft kennen zu lernen. Nähere Auskünfte zur **Cape Argus Pick 'n Pay Cycle Tour**, dem größten Einzelzeitfahren der Welt, vermittelt **Pedal Power Associates,** ✆ 021-689 8420, 💻 www.cycletour.co.za. Diese Radfahrorganisation führt von September bis Mai auch Radtouren durch.

Reiten

Indicator Lodge, Skaapskraal Road, Ottery, östlich von Wynberg über die M5, ✆ 021-703 4396, 💻 www.horsetrailsafaris.co.za. Ausflüge hoch zu Ross durch die Dünen zur Küste, allerdings ist man nur 10 Min. am Strand.
Sleepy Hollow Horse Riding, Sleepy Hollow Lane, Noordhoek, ✆ 021-789 2341 oder 083-261 0104, organisiert Ausritte am herrlichen Strand von Noordhoek, genauso wie **Imhoff Farm**, ✆ 082 774 1191. Beide verlangen etwa R350 für 2 Std.

Rugby

Die westliche Kap-Provinz kann als eine der Top-Rugby-Gegenden der Welt bezeichnet werden. Das Spiel wird vom Publikum mit fast religiösem Fanatismus verfolgt. Das Herz des Kapstädter Rugby-Sports schlägt auf dem heiligen Rasen des **Newlands Rugby Stadium**, Boundary Road, Newlands, ✆ 021-659 4600.

Sandboarding

Downhill Adventures, ✆ 021-422 0388, ist der Vorreiter dieses neuesten Abenteuersports. Bretter, Boots usw. werden gestellt, ebenso erfahrene Lehrkräfte, die Anfängern das Sandborden beibringen. **Sunscene Outdoor Adventures**, ✆ 021-783 0203, 💻 www.sunscene.co.za, bietet neben Sandboarding auch Surfen und genießt einen guten Ruf für das Unterrichten von Kindern. Tagesausflüge ab etwa R500.

Schwimmen

Rettungsschwimmer bewachen die Strände von Milnerton, Camps Bay, Llandudno, Muizenberg und Fish Hoek. Brauchbare Pools bieten die **Long Street Baths,** Long Street, ✆ 021-400 3302, mit Kapstadts einzigem beheizten öffentlichen Hallenbecken, ⌚ tgl. 7–19 Uhr, sowie der **Newlands Swimming Pool,** Main Rd, Ecke San Souci Rd, Newlands, ✆ 021-674 4197, ⌚ Okt bis Ostern 9.30–17 Uhr, R15, mit seinem 50-m-Becken. Ein ausgezeichneter, gechlorter Salzwasserpool im Olympiaformat befindet sich an der Beach Rd, ✆ 021-434 3341, ⌚ Sommer 7–19 Uhr, Winter (unbeheizt) 8.30–17 Uhr, R15.

Seekajak

Real Cape Adventures, ✆ 021-790 5611 oder 082-556 2520, 🖳 www.seakayak.co.za, bietet eine ganze Reihe von Halbtags- oder Tages-Paddeltouren an, z. B. rund um das Kap der Guten Hoffnung, zur Pinguinkolonie am Strand von Boulders und in der Hout Bay. Das billigste Angebot ist eine 2- bis 3-stündige Kajaktour für R250 p. P.

Skydiving

Den ultimativen Blick auf den Tafelberg und Robben Island bietet ein Tandemsprung aus 3000 m Höhe, veranstaltet von **Skydive Cape Town**, 20 Min. von Kapstadt an der R27 West Coast Rd, ✆ 082-800 6290, 🖳 www.skydivecapetown.za.net; R1450.

Surfen

Die Topstrände zum Surfen sind die Big Bay in Bloubergstrand, wo jeden Sommer Wettkämpfe abgehalten werden, sowie Llandudno, Muizenberg und Long Beach bei Kommetjie and Noordhoek. Weitere Auskünfte auf der hervorragenden Website 🖳 www.wavescape.co.za, wo es die besten Informationen zu allem gibt, was mit Surfen in Südafrika zu tun hat. Zum Lernen eignet sich am besten Muizenberg, z. B. bei Gary's oder Surf Shack (S. 150).

Tauchen

Die Gewässer am Kap sind zwar kalt, weisen jedoch jede Menge attraktiver Schiffwracks und Korallenbänke auf. **Scuba Shack**, 289 Long St, ✆ 021-424 9368, 🖳 www.scubashack.co.za, bietet Tauchgänge vom Ufer und vom Boot aus (ab R480 für Tauchen und Ausrüstung) sowie Tauchen im Haibecken des Aquariums und im Kelp Forest, in dem es von nicht-beißenden Fischen nur so wimmelt (jeweils R450). Schnorcheln mit den Südafrikanischen Seebären vor der Küste kostet R455. Mit eigener Ausrüstung sind die Tauchtrips billiger. Über Scuba Shack kann auch ein internationaler PADI-Tauchschein erworben werden.

Wandern

Die besten Möglichkeiten für leichtere Wanderungen bieten der Newlands Forest, oberhalb des Rhodes-Denkmals, und die Strände. Für längere Unternehmungen empfehlen sich der Tafelberg, der Tokai Forest sowie die Naturschutzgebiete Silvermine Nature Reserve oder Cape Point Nature Reserve. Am besten sind geführte Halbtages- oder Tagestouren z. B. mit **Margie**, ✆ 021-715 6136, 🖳 www.tablemountainwalks.co.za, einer lizenzierten Tafelberg-Bergführerin, die den klassischen Tafelberg-Aufstieg sowie andere Routen auf der Halbinsel bietet. Abholung von der Unterkunft ist kostenlos, außerdem gibt's Erfrischungen und Mittagessen. Ab R450 p. P.

High Adventure (s. „Klettern"), veranstaltet geführte Wanderungen unter Leitung erfahrener Bergführer auf den Tafelberg, je nach Kondition der Teilnehmer (ab R450 p. P.).

Windsurfen und Drachensurfen

Während sich die meisten Kapstädter im Sommer über den lästigen Südostwind beklagen, kommt dieser den Windsurfern natürlich sehr gelegen. Näheres beim **Cape Sport Centre**, Langebaan, ✆ 021-772 1114, 🖳 www.capesport.co.za, das auch andere Wassersportarten sowie Unterkünfte anbietet. Die riesige Lagune hat bessere Bedingungen als der Ozean um Kapstadt herum, wo die See rauer ist. Preise für Windsurfen beginnen bei R500 für Unterweisung und 2 Std. auf dem Wasser. Ein 2-Tages-Drachensurfpaket kostet R2185, inkl. Ausrüstung und Anleitung.

Touren

Eine der besten Orientierungsmöglichkeiten zu Beginn eines Kapstadt-Besuchs bietet ein 2 1/2- bis dreistündiger Stadtspaziergang durch die Innenstadt. Zwei Veranstalter organisieren vormittags täglich außer sonntags ab der Touristeninformation in der Burg Street Rundgänge an; diese müssen gebucht werden. **Footsteps to Freedom**, ✆ 021-426 4260, 🖳 www.footstepstofreedom.co.za, R120, führt zu historischen Sehenswürdigkeiten und Gebäuden und beleuchtet dabei gesellschaftliche Themen; **Kapstadt zu Fuß**, ✆ 021-462 4252, 🖳 www.wanderlust.co.za, R150, geleitet von einer ehemaligen Lehrerin

Über den „Southeaster", den kühlen Südostwind von der False Bay, freuen sich zumindest die Wassersportler.

und Schriftstellerin, führt durch die Innenstadt und zum Bo-Kaap und wird auf Englisch und Deutsch angeboten. Wer an Rundgängen durchs Bo-Kaap interessiert ist, kann sich an **Shireen**, ✆ 021-424 0719, wenden, die auf Anfrage vormittags oder nachmittags Touren anbietet.
Eine wachsende Zahl kleinerer Veranstalter führt thematische Touren mit kulturellen Schwerpunkten durch. Am beliebtesten sind die Township-Touren, die es Besuchern ermöglichen, ungefährdet die „schwarzen" und „farbigen" Gebiete kennen zu lernen, die unter dem Apartheidsregime eingerichtet wurden. Die besten Veranstalter haben sich einen nachhaltigen Tourismus auf die Fahnen geschrieben und haben Touren im Programm, die einen tieferen Einblick in den südafrikanischen Alltag erlauben. Cape Jazz, Fußballsafaris und Kochkurse in kapmalaiischer Küche bilden einen Teil des angebotenen Spektrums an Touren und Aktivitäten. **Besonders interessant** sind die Touren von Andulela und Coffee Bean Routes (S. 194). Bei den Musiktouren lässt sich die Musik der Einheimischen am besten erleben: direkt vor Ort und vielleicht sogar bei den Musikern zu Hause. Fast alle Veranstalter holen die Teilnehmer an der Unterkunft ab und bringen sie am Ende der Tour wieder dorthin zurück. Die Preise beginnen bei ca. R500, klassische Township-Touren sind günstiger.

Touranbieter

Day Trippers, ✆ 021-511 4766, 💻 www.daytrippers.co.za. Der exzellente Veranstalter organisiert Tagestouren auf die Kap-Halbinsel und zum Cape Point inklusive Radfahren und Wandern. Beide Aktivitäten werden auch weiter entfernt in den Cederbergen, in der Little Karoo und im Weinland angeboten.
Andulela Tours, ✆ 021-790 2592, 💻 www.andulela.com. Tolles Angebot an faszinierenden Aktivtouren: Trommeln, Glasperlenkunst und Kochen in den

afrikanischen Townships, Besuche bei bekannten Cape-Jazz-Musikern, kapmalaiische Küche im Bo-Kaap, Fußball- oder Weintouren, Besuche am Cape Point mit Infos über Paviane. Außerdem hat der Veranstalter weiter ins Land hinein führende Touren im Programm, z. B. in die Cederberge mit ihren Felsmalereien.

Our Pride, ✆ 021-531 4291 oder 082-446 7974, 💻 www.bonanitours.co.za. Empfehlenswerte Touren, bei denen Touristen mit Einheimischen ins Gespräch kommen und politisch bedeutsame Stätten in den Townships besuchen. Im Angebot sind außerdem abendliche Tonwship-Touren, sonntagvormittags Gospeltouren zu Xhosa-Kirchen sowie Xhosa-Folkloretouren.

Coffee Beans Routes, ✆ 021-424 3572, 💻 www.coffeebeansroutes.com. Auf Musik und Kultur spezialisierter Anbieter: Cape Town Jazz Safari, Fußballtouren, Dichtung und andere Kultur in den Townships.

Zibonele Tours and Transfers, ✆ 021-511 4263 oder 072-740 1604, 💻 www.ziboneletours.com. Die empfehlenswerten Tagestouren führen jeden Morgen vom District Six in die Townships, wo Spaziergänge Eindrücke vom echten Alltag in den Hüttensiedlungen vermitteln oder mit dem bequemen Minibus Sehenswürdigkeiten angefahren werden. Man besucht einen traditionellen Heiler *(sangoma)* sowie Sammelunterkünfte, Schulen und soziale Projekte.

Cape Convoy, ✆ 021-531 1928, 💻 www.capeconvoy.com. Empfehlenswerte Touren in einem Landrover mit Dachplane wie bei einer Safari im Krüger-Nationalpark mit dem enthusiastischen und witzigen Briten Rob Salmon. Die beiden beliebtesten Touren – die Ganztagestouren zum Cape Point und zum Tafelberg und zur Robben Island – gibt's zum günstigeren Pauschalpreis von zusammen R1000. Für Weinliebhaber bieten sich Ausflüge in das Weinland, für Tierfreunde Trips zum nächstgelegenen Safaripark etwa zwei Stunden von Kapstadt entfernt an.

Sonstiges

Apotheken

Apotheken mit verlängerten Öffnungszeiten sind z. B.:

Hypermed Pharmacy, York Rd, Ecke Main Rd, Green Point, ✆ 021-434 1414, ⌚ Mo–Fr 8.30–19, Sa und So 9–19 Uhr;
Sunset Pharmacy, Sea Point Medical Centre, Kloof Rd, Sea Point, ✆ 021-434 3333, ⌚ tgl. 8.30–21 Uhr;
Tamboerskloof Pharmacy, 16 Kloof Nek Rd, Tamboerskloof, ✆ 021-424 4450, ⌚ tgl. 9–20.30 Uhr.

Autovermietungen

Angesichts der spärlichen Versorgung mit öffentlichen Transportmitteln ist ein Mietwagen im Grunde die einzig bequeme Art, die Kap-Halbinsel kennen zu lernen, und das muss nicht die Welt kosten. Es gibt Dutzende von Verleihfirmen, S. 75. Zum Preisvergleich kann man die Broschüren im Büro von Cape Town Tourism heranziehen, oder vorher bei einem der großen internationalen Autoverleiher buchen, der vielleicht mit bestimmten Fluglinien oder Kreditkartenanbietern Sonderangebote ausgehandelt hat. Auch viele Backpackerhostels besitzen Sondervereinbarungen mit Verleihfirmen.

Aroundaboutcars, ✆ 021-422 4022, 💻 www.aroundaboutcars.com, ist eine private nationale Verleihfirma mit Sitz in Kapstadt, die günstige Pauschalangebote und flexible Preise hat. Die billigsten Angebote gibt's für 2 bis 3 Jahre alte Wagen, die nur in Kapstadt gefahren werden dürfen.

Vineyard Car Hire, ✆ 021-761 0671, 💻 www.vineyardcarhire.co.za, ist ebenfalls preiswert.

Allen's Car Hire, ✆ 021-701 8844, ✉ abradley@mweb.co.za, ist preiswert und zuverlässig. Der Mietwagen wird entweder im Hotel oder bei Landung am Flughafen zugestellt.

Fahrräder

Downhill Adventures, ✆ 021-422 0388, 💻 www.downhilladventures.co.za, hat Angebote ab R140 für 24 Std.

Geld

Banken findet man im Geschäftszentrum der Innenstadt, in den Mittelklasse-Vororten und an der Waterfront, ⌚ Mo–Fr 8.30–15.30,

Sa 8–11 Uhr. Alle Banken verfügen über Geldautomaten, die Karten mit dem Cirrus- und Maestro-Symbol akzeptieren. Wer außerhalb der üblichen Bankstunden Geld wechseln möchte, kann dies bei:
American Express, Shop 11a, Alfred Mall, Waterfront, ⌚ Mo–Fr 9–19, Sa und So 9–17 Uhr (Kartenverlust ☏ 0800-110 0929; Reisescheckangelegenheiten ☏ 0800-990 123).
Rennies Foreign Exchange, Victoria Wharf, V&A Waterfront, ⌚ Mo–Sa 9–21, So 10–21 Uhr.
Master Currencies, Cape Town International Airport, ⌚ tgl. 6.30–22 Uhr

Gepäckaufbewahrung

Fast alle Backpackerhostels haben eine Gepäckaufbewahrung, und in den meisten anderen Unterkünften kann man Gepäck problemlos ein, zwei Tage zur Aufbewahrung abgeben.

Informationen

Die beste Informationsquelle ist **Cape Town Tourism**, 💻 www.tourismcapetown.com, das 2 hervorragende Informationsbüros unterhält: **Visitors' Centre**, Burg St, Ecke Castle St, ☏ 021-426 4260, 5 Min. zu Fuß westlich des Bahnhofs, ⌚ Okt–März Mo–Fr 8–18, Sa 8.30–14 und So 9–13 Uhr, April–Sep Mo–Fr 8–19, Sa 8.30–13 und So 9–13 Uhr, und **Clocktower Precinct Visitors' Centre**, ☏ 021-405 4500, an der V&A Waterfront, ⌚ tgl. 9–21 Uhr. Beide Büros vermitteln Unterkünfte, Sightseeing-, Themen- und Safari-Touren, verfügen über ein Café, ein Internet-Café und einen Buchladen und haben billige Stadtpläne sowie jede Menge Infomaterial.
Einen guten Überblick über aktuelle Ereignisse vermitteln die Freitagsbeilagen des *Mail & Guardian* und der *Cape Times (Top of the Times)*. Für Clubevents und Theateraufführungen ist das Gratisblättchen *48 Hours*, 💻 www.48hours.co.za, am besten, das donnerstags in vielen Cafés der Innenstadt, in den Touristeninformationen und den Filialen von Exclusive Books ausgelegt wird. Sehr aktuell ist die dazugehörige Website. Wer mehr als nur die Innenstadt erkunden möchte, sollte sich einen detaillierten **Stadtplan** anschaffen, erhältlich in den meisten Buchläden. Am billigsten ist die *A to Z Streetmap* von MapStudio; ausreichend für das Zentrum und die meisten Vororte, nicht jedoch für Simon's Town. Es gibt unzählige **Guidebooks** zu Stadtspaziergängen, Wanderungen auf den Tafelberg, Tauchrevieren usw. Die beste Auswahl haben die Filialen von Exclusive Books (S. 188). Interessante Bücher zu südafrikanischen Themen finden sich auch in den Secondhand-Buchläden an der Long Street, am besten ist jedoch die Book Lounge in der Roeland Street (S. 189).

Konsulate

Deutsches Generalkonsulat,
Safmarine House, 22 Riebeek St,
☏ 021-405 3000, 📠 421 0400
Österreichisches Generalkonsulat,
1 Thibault Square,
☏ 021-421 1440, 📠 425 3489
Schweizer Generalkonsulat,
1 Thibault Square,
☏ 021-418 36 65, 📠 418 36 88

Medizinische Hilfe

Die beiden größten Krankenhausgruppen sind **Netcare**, Notruf ☏ 082911, und **Medi-Clinic**, die überall auf der Halbinsel Kliniken unterhalten.
Zentral liegt das **City Park Hospital** von Netcare in der 181 Longmarket Street, ☏ 021-480 6111. Hier muss man wie in allen privaten Krankenhäusern selbst bezahlen. Das staatliche Gesundheitswesen sollte am besten gemieden werden – oft sind die Wartezeiten exorbitant, die Einrichtungen sind meistens überfüllt und Personal ist knapp – was nicht heißt, dass es dort keine guten Ärzte gibt.
Das größte staatliche Krankenhaus ist die **Groote Schuur**, Hospital Drive, Observatory, ☏ 021-404 9111, unmittelbar an der M3.
Näher bei der Innenstadt liegt in unweit der Waterfont das **Somerset Hospital**, Beach Rd, Mouille Point, ☏ 021-402 6911.

Mobiltelefonverleih

Cellucity, Shop 6193, V&A Waterfront, ☏ 021-418 1306. Man kann auch gleich bei der Ankunft am Flughafen ein Handy mieten:

Rentafone, www.rentafone.net, oder **Cellucity**, www.cellucity.co.za. Am besten im Voraus arrangieren, damit das Handy bei der Ankunft nur noch abgeholt werden muss. Ein Handy zu leihen ist billiger als das eigene mitzubringen.

Motorräder

Le Cap Motorcycle Hire, B9 Edgemead Business Park, Ecke Link Way und Southdale Road, Edgemead, 072-259 0009, www.lecap.co.za, vermietet alles erforderliche Zubehör sowie Motorräder (ab R420 pro Tag, plus R1 pro km), auch wochenweise. Es werden auch Motorradtouren mit vorgebuchten Unterkünften angeboten.

Polizei

Notruf 10 111.
Zentrale: Caledon Square, Buitenkant St, 021-467 8079.

Post

Das **Hauptpostamt** an der Parliament St, City Centre, 021-464 1700, Mo, Di, Do und Fr 8–16.30, Mi 8.30–16.30, Sa 8–12 Uhr; hat einen Poste restante- und Informationsschalter.

Reisebüros

Das renommierteste Reisebüro Südafrikas ist **Sure Travel**, das rund zwei Dutzend Filialen in Kapstadt besitzt. Wo sich das am nächsten gelegene befindet, ist unter 0800-221 656 zu erfahren. Bewährt hat sich auch **One World Travel Centre**, 309 Long St, 021-423 0777. An der Long Street gibt es mehrere Reisebüros, und auch einige Hostels verfügen über einen Reiseservice.

Telefonieren

Auch bei Ortsgesprächen die Ortsvorwahl vorwählen. Bei Anrufen ins Ausland 00 vorwählen. Die Telefonauskunft ist unter 1023 zu erreichen, die Gelben Seiten unter 10118. Wer kein Handy hat, kann bei fast allen Zeitungshändlern eine Telefonkarte kaufen und damit von einer Telefonzelle aus telefonieren. Münztelefone sind selten.

Vorverkauf

Computicket, 083-915 8000, www.computicket.co.za, reserviert Eintrittskarten für die meisten Theater, Kinos und Sportveranstaltungen sowie Flug- und Bustickets.

Wäsche waschen

Die meisten Backpackerlodges verfügen über Münzwaschmaschinen. Guesthouses, Hotels und B&Bs waschen normalerweise gegen eine geringe Gebühr. Davon abgesehen gibt es in der Innenstadt, z. B. an der Kloof Street, sowie in den meisten Vororten Waschsalons.

Zahnärzte

Die Adressen gut ausgebildeter und ausgestatteter Zahnärzte findet man unter „Dentists" in den Gelben Seiten.

Nahverkehr

Die Innenstadt ist zwar kompakt genug, um sie zu Fuß zu erkunden, doch viele interessante Attraktionen befinden sich auf der Halbinsel. Wer Kapstadt wirklich kennen lernen und von den wenigen Nahverkehrsmitteln unabhängig sein möchte, nimmt sich am besten einen Mietwagen. Ansonsten sind Rikkis (S. 198) billiger als Taxis und das beste Fortbewegungsmittel, aber man muss anrufen und alles im Voraus organisieren, da sie keine festen Fahrpläne und -routen haben. Oder man bucht einfach gleich eine der vielen hervorragenden Sightseeingtouren.
Zur Zeit der Recherche war ein „Integrated Rapid Transport"-Netz für Kapstadt in Planung. Die erste Phase des Projekts sollte bis zur WM fertig sein. Dann gäbe es eine regelmäßige Busanbindung des Flughafens an die Innenstadt sowie Busse vom Zentrum nach Green Point, Sea Point und Hout Bay und in die Vororte in der City Bowl. Falls das alles klappt wie geplant, wird es erheblich einfacher werden, sich ohne eigenes Auto im Zentrum von Kapstadt fortzubewegen.
Allerdings gibt es eine Zugverbindung durch die südlichen Vororte bis nach Simon's Town. Sie ist ziemlich zuverlässig und wird viel benutzt.

Besucher sollten wissen, dass es riskant ist, nach Einbruch der Dunkelheit öffentliche Transportmittel zu benutzen. Es empfiehlt sich, ein Taxi oder Rikki zu nehmen. Abends sind in den Ausgehvierteln Taxis unterwegs, sodass es kein Problem ist, eins zu finden.

Stadtbusse

Die einzigen zuverlässigen und häufig verkehrenden Busse sind die von der Innenstadt zur Waterfront und nach Sea Point. Der Versuch, einen Bus in die südlichen Vororte zu finden, ergibt wenig Sinn, denn die Stadtbahn ist schneller und verkehrt öfter. Der wichtigste Busbahnhof ist der **Golden Acre Bus Terminus**, abseits der Strand St, zwischen dem Golden Acre Shopping Centre, dem Bahnhof und der Grand Parade. Hier fahren die Busse nach Green Point, Sea Point, Camps Bay und Hout Bay ab; die zur Waterfront dagegen fahren an der Adderley St vor dem Bahnhof ab. Da die Busse nicht nummeriert sind, müssen Passagiere den Zielort auf der Windschutzscheibe ablesen. Abgesehen von Stadtbussen mit Zielrichtung Waterfront sind alle anderen Stadtbusse für den Transport nicht-motorisierter Einheimischer gedacht und nicht auf die Bedürfnisse der Touristen eingestellt. Sie sind ab 6.30 Uhr im Einsatz und fahren bis 18.30 Uhr. Die Waterfront-Busse fahren sogar bis 22.30 Uhr und verkehren in kurzen Abständen.

Fahrkarten gibt es im Bus beim Fahrer: Es ist ratsam, beim Einsteigen das gewünschte Ziel zu nennen. Ein Einzelfahrschein kostet R10–15. **Fahrplaninformationen** gibt es bei der Golden Arrow Information Booth, ✆ 0800-65 64 63 (kostenloser Anruf), 💻 www.gabs.co.za, am Golden Acre-Busbahnhof.

Sehr praktisch, um zu den Sehenswürdigkeiten in der Innenstadt, zu den Museen, nach Kirstenbosch und zu den Atlantikstränden zu gelangen, ist der offene **Cape Town Sightseeing Bus**, ✆ 021-511 6000, 💻 www.sightseeing.co.za – mit R140 p. P. pro Tag allerdings etwas teuer. Die Fahrgäste können den ganzen Tag lang an jedem gewünschten Punkt entlang der verschiedenen Routen ein- und aussteigen. Der Fahrplan ist im Winter etwas anders als im Sommer.

Nützliche Buslinien

Von der Innenstadt nach

Waterfront Cape Town Station – Riebeeck St – Buitengragt St – Waterfront.
Mo–Fr alle 10 Min. Sa und So alle 15 Min.

Sea Point Golden Acre Terminal – Mouille Point – Main Rd Green Point – Main Rd Sea Point.
Mo–Sa 20x tgl.

Hout Bay Golden Acre Terminal – Lower Plein St – Darling Rd – Adderley St – Green Point – Sea Point – Camps Bay – Hout Bay Beach – Hout Bay Harbour. zum Strand und Hafen;
Mo–Sa 6x tgl., So 3x tgl.; die gesamte Fahrt dauert 1 Std.

Kirstenbosch Golden Acre-Terminal – Mowbray–Kirstenbosch um 7.30, 12.35 und 15.35 Uhr, zurück nur um 9.35 und 15.30 Uhr.

Von der V&A Waterfront nach

Sea Point V&A Waterfront – Mouille Point – Green Point – Three Anchor Bay – Beach Road Sea Point.
Tgl. alle 20 Min.

Stadtbahn

Betreiber der Stadtbahn ist **Metrorail**, Fahrplanauskunft unter ✆ 0800-656 463. Die wahrscheinlich einzige für Touristen interessante Strecke ist die, die vom Hauptbahnhof durch die südlichen Vororte zur False Bay führt. Drei weitere Bahnlinien führen von Kapstadt in Richtung Osten nach Strand (durch Bellville) und zu den benachbarten Städten Stellenbosch und Paarl. Diese Fahrten sind jedoch nicht zu empfehlen, denn sie führen durch einige Teile der Flats, die als gefährlich gelten. Selbst bei den Zügen nach Simon's Town sollte man nie in einen leeren Wagen einsteigen.

Die Fahrt nach False Bay zählt zweifellos zu den schönsten, die man mit einem Vorortzug unternehmen kann, und ist ein Erlebnis, das man sich nicht entgehen lassen sollte. Die Trasse erreicht bei Muizenberg die Küste und führt weiter nach Süden bis Simon's Town, manchmal so nah am Meer entlang, dass man die Gischt spürt. Der Bahnabschnitt bis Fish Hoek wird häufig bedient; es fahren mehrere Züge pro Stunde (Mo–Fr 5.10–19.30 Uhr alle 15 Min., Sa 6.20–18.45 Uhr alle 20 Min., So 5.50–17.30 Uhr ungefähr stdl., im Sommer jedoch öfter). Züge nach Simon's Town verkehren alle 40–60 Min.

Die Züge verkehren oberirdisch, die Bahnhöfe sind an den Straßen nicht ausgeschildert. Wer in einem der südlichen Vororte Quartier bezogen hat, sollte sich in der Unterkunft nach dem nächsten Bahnhof erkundigen.

Tickets müssen vor dem Einsteigen am Bahnhof gekauft werden.Am empfehlenswertesten ist die durchaus erschwingliche Fahrt in der 1. Klasse (die einfache Fahrt von Kapstadt nach Muizenberg kostet z. B. R12); eine 2. Klasse existiert seltsamerweise nicht. Die Wagen der 3. Klasse sind meistens ziemlich voll.

Taxis

Der Begriff „Taxi" ist in Südafrika weit gefasst: Unter diesen Begriff fallen sowohl Taxis mit Taxameter als auch vollgestopfte Minibusse und Rikkis.

Taxis mit Taxameter werden von der Stadtverwaltung kontrolliert und halten nicht überall. Fahrgäste müssen sich zu einer der offiziellen Haltestellen begeben, die sich z. B. an der Waterfront, am Bahnhof und am Greenmarket Square befinden. Man kann sie zudem telefonisch bestellen. Der Name und Ausweis des Fahrers sowie der Gebührenzähler müssen im Fahrzeuginneren deutlich erkennbar sein. Der Fahrpreis beträgt ab ca. R15 pro km. Zuverlässige Anbieter sind: Marine Taxi Hire, ✆ 021-434 0434, und Unicab, ✆ 021-448 1720.

Minibus-Taxis sind billig und befahren ständig in atemberaubendem Tempo die Hauptstraßen. Abgesehen von der Gefahr für Leib und Leben besteht auch die Gefahr, von Taschendieben um Wertsachen erleichtert zu werden. Minibus-Taxis kann man an ihrer zentralen Sammelstelle beim Bahnhof besteigen oder überall anhalten – sie machen sich durch Hupen, laute Musik und Ausrufer bemerkbar. Bezahlt wird beim Helfer, der neben dem Fahrer sitzt und dem man auch das Fahrziel mitteilt. Der Fahrpreis liegt für die meisten Strecken unter R10.

Rikkis befördern rund um die Uhr in erster Linie Touristen. Rikkis müssen telefonisch angefordert werden, ✆ 086-174 5547, 💻 www.rikkis.co.za, und verkehren in der City Bowl (R30 bis zur Waterfront) und am Atlantic Seaboard bis nach Hout Bay. Außerdem fahren sie nach Kirstenbosch (R130 für 5 Passagiere) und bieten auch eine recht preiswerte Transportmöglichkeit zum Flughafen (R180). In der Innenstadt und in Kirstenbosch und Hout Bay stehen an zentralen Stellen kostenlos zu benutzende Telefone. Auch für größere Gruppen gibt's Shuttlebusse.

Neben den Shuttlebusbetreibern, die im Kapitel „Transport" unter „Flüge" (S. 200) aufgeführt sind, bietet sich noch **Sun Tours & Shuttle**, ✆ 021-797 4646, an, mit einem 24-Stunden-Service zwischen beliebigen Orten auf der Halbinsel, z. B. zwischen der Innenstadt und dem Flughafen (R300).

Transport

An Bord eines Luxusdampfers in die Tafelbucht einzulaufen, ist sicher ein unvergessliches Ereignis, das allerdings nur wenigen vergönnt ist. Die Ankunft per Flugzeug oder Mietwagen dagegen mag manchen Besucher schockieren, denn der Weg in die Stadt führt unweigerlich an den grauen Industrie- und Elendssiedlungen am Rande der N2 vorbei.

Selbstfahrer

Auf den guten Straßen und mehreren Stadtautobahnen Kapstadts kommt man außer während der Rushhour (7–8.30 und 16.30–18 Uhr) zügig voran. Der Tafelberg und die beiden Küsten machen die Orientierung leicht, und es lassen sich ein paar herrliche Fahrten unternehmen. Am **reizvollsten** sind die **Strecken** an der Atlantikküste nach Hout Bay und auf dem Boyes Drive nach Kalk Bay sowie die zum Cape Point im Table Mountain National Park.

Die für ganz Südafrika **empfohlene Regel,** defensiv und aufmerksam zu fahren, gilt auch in Kapstadt. Ein ungeschriebenes Gesetz lautet: Minibus-Taxis haben immer Vorfahrt. Autofahrer sollten sie ihnen nie streitig machen.

Bei der Auffahrt auf die Schnellstraßen ist Vorsicht geboten: Die Zufahrten gehen manchmal direkt in die Autobahn über, und die meisten Autofahrer nehmen es mit der auf den Freeways geltenden Geschwindigkeitsbegrenzung von 100 km/h nicht so genau. Die Abfahrten sind in den Vororten nicht immer gut gekennzeichnet, und manchmal ist nur der Endpunkt der Schnellstraße ausgeschildert, daher ist es ratsam, sich vorher an Hand des Stadtplans sachkundig zu machen.
Parkplätze gibt es überall in dieser autofreundlichen Stadt. Wer am Straßenrand parken möchte, muss einen Parkwächter mit leuchtend gelber Weste auftreiben, um für 1, 2 oder 3 Std. Parkzeit zu zahlen. Kapstadt besitzt auch einige vielstöckige Parkhäuser; eines befindet sich im Golden Acre-Komplex, ein anderes steht am Nordende der Lower Burg St. Alle Parkhäuser in der Innenstadt von Kapstadt sind klar ausgeschildert. Außer in den Parkhäusern erwarten die Parkwächter, die ein Auge auf die abgestellten Wagen haben, in aller Regel ein Trinkgeld – sie können zwar manchmal nervig sein, aber die Wächter sind auf die Trinkgelder wirklich angewiesen.

Busse

Fernbusse sind das billigste Transportmittel von Stadt zu Stadt. Die Terminals von **Greyhound**, **Intercape** und **Translux** befinden sich in der Innenstadt nahe dem etwas chaotischen Betonkomplex an der Strand St, Ecke Adderley St, in dem auch der Bahnhof und das Einkaufszentrum Golden Acre untergebracht sind. Eine andere Transportmöglichkeit ist der Backpackerbus **Baz Bus**, ✆ 021-439 2323, 💻 www.bazbus.com, der Ziele im ganzen Land ansteuert und bei den Backpackerhostels abfährt.

Busse nach:
BLOEMFONTEIN (3x tgl.; 13 Std.);
CALVINIA (1x wöchentl.; 6 1/2 Std.);
CRADOCK (1x tgl.; 10 Std.);
DURBAN (3x tgl.; 20 Std.);
EAST LONDON (3x tgl.; 15 3/4 Std.);
GEORGE (4x tgl.; 6 Std.);
GRAAFF-REINET (1–2x tgl.; 9 Std.);
GRAHAMSTOWN (1x tgl.; 12 1/2 Std.);
JOHANNESBURG (4x tgl.; 17 Std.);
KIMBERLEY (1x tgl. außer Mi; 11 3/4 Std.);
KNYSNA (4x tgl.; 6 3/4 Std.);
MONTAGU (3x wöchentl.; 4 Std.);
MOSSEL BAY (4x tgl.; 5 1/4 Std.);
OUDTSHOORN (3x wöchentl.; 6 1/4 Std.);
PAARL (4x wöchentl.; 1 1/2 Std.);
PIETERMARITZBURG (3x tgl.; 18 3/4 Std.);
PLETTENBERG BAY (4x tgl.; 7 1/2 Std.);
PORT ELIZABETH (4x tgl.; 10 Std.);
PRETORIA (4x tgl.; 18 Std.);
SEDGEFIELD (1x tgl.; 6 3/4 Std.);
SPRINGBOK (6x wöchentl.; 6 1/2 Std.);
STELLENBOSCH (1–2x tgl.; 1 Std.);
STORMS RIVER (4x tgl.; 10 1/4 Std.);
UMTATA (1x tgl.; 18 Std.);
UPINGTON (4x wöchentl.; 10 1/2 Std.);
VANRHYNSDORP (1x tgl.; 5 Std.);
WILDERNESS (4x tgl.; 6 1/2 Std.);
WINDHOEK (Namibia, 4x wöchentl.; 16 1/2 Std.).

Baz-Busverbindungen
Näheres zur Weiterfahrt von Port Elizabeth S. 362.
Von Kapstadt tgl. nach:
BOT RIVER (1 1/2 Std.);
GEORGE (7 Std., hier umsteigen in den Shuttlebus nach Oudtshoorn);
JEFFREY'S BAY (12 1/4 Std.);
KNYSNA (8 1/2 Std.);
MOSSEL BAY (6 Std.);
NATURE'S VALLEY (10 Std.);
PLETTENBERG BAY (9 1/2 Std.);
PORT ELIZABETH (13 1/2 Std.)
STORMS RIVER (10 1/2 Std.)
SWELLENDAM (3 Std.);
WILDERNESS (7 1/2 Std.).

Eisenbahn

Alle Züge der Stadt- und Fernbahnen halten am Bahnhof beim Betonkomplex an der Strand St, Ecke Adderley St.

Züge nach:
BLOEMFONTEIN (1x wöchentl.; 23 Std.);
DURBAN (1x wöchentl.; 36 1/2 Std.);
JOHANNESBURG (1x tgl.; 25 Std.);
KIMBERLEY (1x tgl.;16 1/2 Std.);
PIETERMARITZBURG (Mo; 34 Std.);
PRETORIA (1x tgl.; 26 1/2 Std.).

Flüge

Der **Cape Town International Airport** befindet sich 22 km östlich der Innenstadt. Im Rahmen der Fußball-WM 2010 sollen öffentliche Verkehrsanbindungen vom Flughafen in die Innenstadt geschaffen werden, aber am besten ist es, vor der Ankunft einen Shuttlebus vorauszubuchen:

Airport Shuttle, ✆ 021-462 0272 oder 082-360 9956, ✉ airportshuttle@new.co.za, **Way2Go**, ✆ 021-734 4651, **Backpacker Bus** (für die Hostels), ✆ 021-447 4991, ✉ bpackbus@mweb.co.za, oder **Rikkis**, ✆ 0861-745 5447, 💻 www.rikkis.co.za.

Der Fahrpreis vom Flughafen in die Innenstadt beträgt bis zur jeweiligen Unterkunft ab R200. Vor beiden Terminals warten die Taxis mit Taxameter von **Touch Down Taxis**, ✆ 021-919 4659, einer Gesellschaft, die die offizielle Transporterlaubnis vom Flughafen hat. Die Fahrt in die Innenstadt kostet ab R250.

Im internationalen Terminal befinden sich Schalter aller namhaften **Mietwagenanbieter**. Eine vorherige Buchung ist unerlässlich.

Bei der Ankunft internationaler Flüge ist ein **Wechselschalter** geöffnet. Zudem gibt es Geldautomaten sowie einen kleinen Infoschalter für Touristen.

Das Flughafenhotel **Road Lodge**, ✆ 021-934 7303, ist nützlich für Flüge, die zu unchristlichen Zeiten starten oder landen. Es ist von den Terminalgebäuden zu Fuß erreichbar und nicht übermäßig teuer. ❸

Am internationalen und Inlandsterminal vermieten Vodashop Rentafone, 💻 www.rentafone.net, und Cellucity, 💻 www.cellucity.co.za, **Mobiltelefone** – am besten vorher organisieren und dann nur noch abholen.

Bei einigen Autoverleihern ist ein Miethandy im Preis enthalten (man muss dann nur noch für die getätigten Anrufe bezahlen); außerdem kann man Navis mieten.

Inlandflüge

BLOEMFONTEIN (2–3x tgl.; 1 1/2 Std.);
DURBAN (10x tgl.; 2 Std.);
EAST LONDON (4x tgl.; 2 Std.);
GEORGE (3–4x tgl.; 1 Std.);
HOEDSPRUIT (1x tgl.; 3 Std.);
JOHANNESBURG (16x tgl.; 2 Std.);
KIMBERLEY (1x tgl.; 2 Std.);
NELSPRUIT (1x tgl.; 2 1/4 Std.);
PORT ELIZABETH (4x tgl.; 1 1/2 Std.);
SUN CITY (1x tgl.; 2 Std.);
UPINGTON (6x wöchentl.; 1 3/4 Std.);
WALVIS BAY (2x wöchentl.; 2 Std.);
WINDHOEK (5x wöchentl.; 2 1/4 Std.).

Fluggesellschaften

1Time, ✆ 0861-134 5345
British Airways, ✆ 021-936 9000
KLM, ✆ 086-024 7747
Kulula.com, ✆ 0861-158 5852
Lufthansa, ✆ 021-415 3535
Qantas, ✆ 011-441 8550
SA Airlink, ✆ 021-936 1111
South African Airways, ✆ 021-936 1111
Virgin Atlantic, ✆ 011-340 3400.

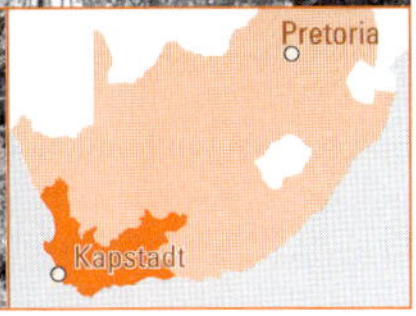

Westkap

Stefan Loose Traveltipps

3 Das Weinland Auf malerischen Weingütern die besten Tropfen verschiedener Jahrgänge kosten. S. 202

Route 62 Gebirgige Inlandroute zu verschlafenen Dörfern, über spektakuläre Pässe und durch karge Halbwüste. S. 221

4 Hermanus und die Whale Coast In der Walker Bay mit ihrer imposanten Bergkulisse vom Hotelzimmer aus den vorbeiziehenden Walen zuschauen. S. 249

5 De Hoop Nature Reserve Gewaltige Dünen und Unmengen von Walen in der Walsaison machen dieses Reservat zum vielleicht schönsten des Landes. S. 260

6 Storms River Mouth Dramatischer Küstenabschnitt, wo die bewaldeten Hänge zur Felsküste abfallen und der Storms River in den tosenden Ozean mündet. S. 293

Canopy Tour In schwindelnder Höhe im Tsitsikamma Forest am Drahtseil von einem Urwaldbaumwipfel zum anderen schaukeln. S. 294

Seafood In einem der Strandlokale an der Westküste in den kulinarischen Genüssen schwelgen, die das Meer hergibt. S. 296

Oudrif Ein Aufenthalt in der außergewöhnlichen Ferienanlage im faszinierenden Hinterland der Cederberge. S. 311

Die gebirgigste und vielleicht schönste Provinz Südafrikas, das Westkap, gilt als beliebtestes Touristenziel des Landes. Selbst mehrwöchige Aufenthalte reichen kaum aus, um sämtliche Attraktionen der Gegend zu bewundern. Viele Besucher zeigen sich jedoch angesichts des fehlenden afrikanischen Flairs etwas enttäuscht: Von den neun südafrikanischen Provinzen sind das Westkap und das Nordkap die einzigen, die keine afrikanische Mehrheit aufweisen. Die mit 55 % größte Bevölkerungsgruppe besteht aus „Coloureds", Menschen gemischter Herkunft. Sie stammen von weißen Siedlern, den einheimischen Khoisan und Sklaven aus dem Osten ab.

Unter der schönen Oberfläche des Weinlandes und der Garden Route verbirgt sich eine harte Realität: Die Armut offenbart sich in den **Squatter Camps** am Rande der wohlhabenden Städte und auf einigen Farmen, wo auch nach dem Ende der Apartheid noch immer Arbeitspraktiken aus dem 19. Jahrhundert vorherrschen.

In jedem Fall üben die schönen Berge, Täler und Strände der Provinz eine unglaubliche Faszination aus. Das **Weinland** liegt weniger als eine Stunde von Kapstadt entfernt und bietet reichlich Gelegenheit zum Essen, Trinken und Genießen der Landschaft. Zahllose Giebel-Anwesen kauern inmitten der Weinberge vor einer Kulisse von schieferfarbenen Felsspitzen.

Im Osten der Winelands liegt das **Breede River Valley**, eine Region, die man auf der N1 Richtung Johannesburg passiert. Zwischen den Obstbausiedlungen verbergen sich beliebte Wochenendziele der Kapstädter. Das von Besuchern in der Vergangenheit ignorierte Gebiet fand durch kreatives Marketing seinen Weg auf die Landkarte – als faszinierende **Route 62** (R62) und Nebenstrecke, die sich durch das Hinterland schlängelt und die Städte der **Kleinen Karoo** zwischen Kapstadt und Port Elizabeth miteinander verbindet.

Südöstlich des Weinlands erstreckt sich zwischen Arniston und Mossel Bay die Region **Overberg**, die entlang der Küste und landeinwärts bis Swellendam verläuft. Auf einer eiligen Fahrt Richtung Osten bleibt diese Gegend hinter den Bergen allerdings unentdeckt. Die **Walküste** im Süden, ein wilder Abschnitt des Indischen Ozeans, der bereits das Schicksal Hunderter von Schiffen besiegelte, gilt als beste Stelle des Landes für **Walbeobachtungen**. Außerdem reihen sich hier abseits der Hauptstrecken einige schöne Küstenorte aneinander.

Bekanntester Anziehungspunkt des Westkaps ist die **Garden Route**, ein Abschnitt der N2, der von **Mossel Bay** 185 km an der Küste entlang bis **Storms River** führt. Die Garden Route bildet einen Abschnitt der Strecke zwischen den Verkehrsknotenpunkten Kapstadt und Port Elizabeth. Sie bietet bessere **öffentliche Verkehrsverbindungen** als irgendein anderer Landesteil. Leicht erreichbar und landschaftlich überaus reizvoll, wird die Garden Route zunehmend auch vom Pauschaltourismus entdeckt. Zielgruppe sind Aktivurlauber und das Angebot im Bereich **Abenteuersport** wächst entsprechend.

Die weniger populäre, abgelegene und windige **Westküste** nördlich von Kapstadt wird gerne während der Wildblumenzeit im August und September bereist. Besucher steuern meist den **West Coast National Park** an. Ein weiterer Hauptanziehungspunkt ist der Gebirgszug **Cederberg**, 200 km nördlich von Kapstadt an der N7, eine felsige Wildnis mit Wanderwegen und verborgenen Felskunststätten – Werke des einheimischen Volkes der **San**, das im 19. Jh. so gut wie ausgerottet wurde.

3 HIGHLIGHT

Das Weinland

Durch Südafrika ziehen sich zahlreiche beliebte Weinrouten bis in die Karoo und tief in das Nordkap hinein. Die als „Weinland" bekannte Gegend beschränkt sich jedoch nur auf die ältesten Weinkellereien vor der Halbinsel, die sich alle in einem Umkreis von 60 km um Kapstadt befinden. In diesem Gebiet liegen die frühesten europäischen Siedlungen Stellenbosch, Paarl, Franschhoek und Somerset West – jede davon mit einer eigenen Weinroute. An den Hängen präsentiert sich die traditionelle kapholländische **Architektur** in perfekter Harmonie mit der Landschaft.

Das Weinland lässt sich am besten per Auto erkunden – die Fahrt durch die Landschaft macht einen Großteil des Vergnügens aus. Wer kein eigenes Fahrzeug zur Verfügung hat, kann bei verschiedenen Kapstädter Veranstaltern eine Tagestour ins Weinland buchen (s. S. 193). Stellenbosch, die lohnenswerteste Stadt im Weinland, besticht durch lässige Eleganz, wunderschöne Straßenzüge, gute Museen und viele Besuchereinrichtungen. Ein landschaftliches Highlight der Region ist die Fahrt über die R310 und den **Helshoogte Pass** zwischen Stellenbosch und Paarl, einer landwirtschaftlich geprägten Gemeinde.

Die kleinste Stadt des Weinlands, **Franschhoek**, ist am schönsten gelegen, an der Spitze eines schmalen Tals. Sie hat sich inzwischen zur kulinarischen Hauptstadt des Landes entwickelt. **Somerset West** hat dagegen nur zwei herausragende Trümpfe zu bieten: **Vergelegen**, das atemberaubendste aller Anwesen im Weinland, das sich leicht in die Stellenbosch-Weinroute integrieren lässt, und das Nachbargut **Morgenster**, das nicht nur Spitzenweine erzeugt, sondern auch Oliven und preisgekröntes Olivenöl aus eigener Produktion zur Verkostung anbietet.

Immer mehr Weingüter servieren Mittagessen oder verkaufen Picknickmahlzeiten, die man auf ihrem Gelände genießen kann – eine tolle Idee für Besucher, die mit Kindern unterwegs sind oder einfach nur den idyllischen Anblick der dunstigen Berge genießen möchten.

Auf ins Weinland!

Bei mehreren Hundert Anwesen im Weinland fällt die Auswahl nicht leicht. Unsere Liste umfasst Weinkellereien von allgemeinem Interesse – mit einer schönen Architektur und Umgebung oder einem großen Unterhaltungsangebot wie Restaurants, Picknicks und Reitgelegenheiten – sowie einige mit Weinen der Spitzenklasse. Man sollte sich für eine Gegend entscheiden und nicht zu viele Weinkellereien an einem Tag besichtigen. Das Personal in den Kellereien informiert kenntnisreich über die Charakteristiken der verschiedenen Weine. Die meisten Anwesen verlangen für eine Weinprobe bis zu R30 und haben **sonntags geschlossen**. Manche bieten Weinproben auch nur zu bestimmten Zeiten an, s. Beschreibungen der einzelnen Anwesen.
Als besonders hilfreich für eine Weintour erweist sich John Platters jährlich überarbeiteter *South African Wine Guide*, 💻 www.platteronline.com, mit aktuellen Bewertungen aller Weinerzeugnisse des Landes.

Stellenbosch

Alleen mit 300 Jahre alten Eichen bestimmen das Bild der 46 km östlich von Kapstadt gelegenen Ortschaft Stellenbosch – daher auch ihr Afrikaans-Spitzname „Die Eikestad" (die Eichenstadt). Mit ihren historischen Fassaden, Straßencafés, Wasserrinnen und einer europäischen Stadtplanung, die den Braak (eine Dorfwiese) zum Mittelpunkt hat, lädt sie zu einer Erkundungstour ein. Die Stadt ist das unbestrittene Herzstück des Weinlands. Sie bietet mehr Attraktionen als Paarl oder Franschhoek und dient zudem als Knotenpunkt der größten und ältesten **Weinrouten** des Kaps.

Außerdem befindet sich hier die Universität von Stellenbosch, das angesehenste afrikaanssprachige Bildungsinstitut. Die lebendige Atmosphäre der Stadt kann jedoch nicht darüber hinwegtäuschen, dass es sich im Grunde um einen konservativen Ort handelt, der einst als intellektuelles Zentrum der Apartheid galt: Gefördert wurde hier u. a. Premierminister Dr. H. F. Verwoerd, der die *Grand Apartheid* ins Leben rief.

Geschichte

Als **Simon van der Stel** im November 1679 am Kap eintraf, um die Funktion des Kommandeurs der Niederländischen Ostindischen Kompanie zu übernehmen, begann er, die Gegend entlang des Eerste River (erster Fluss) zu erforschen. Er entdeckte ein reizvolles kleines Tal. Kaum einen Monat später war es als Stellenbosch (Stels Busch) auf der Landkarte verzeichnet – der erste von mehreren über das Kap verteilten Orten, darunter auch die Siedlung Simonsberg mit Blick über die Stadt, die vom Gouverneur nach der eigenen Familie benannt wurde.

Von der Leitung der Niederländischen Ostindischen Kompanie im Heimatland wurde van

WESTKAP

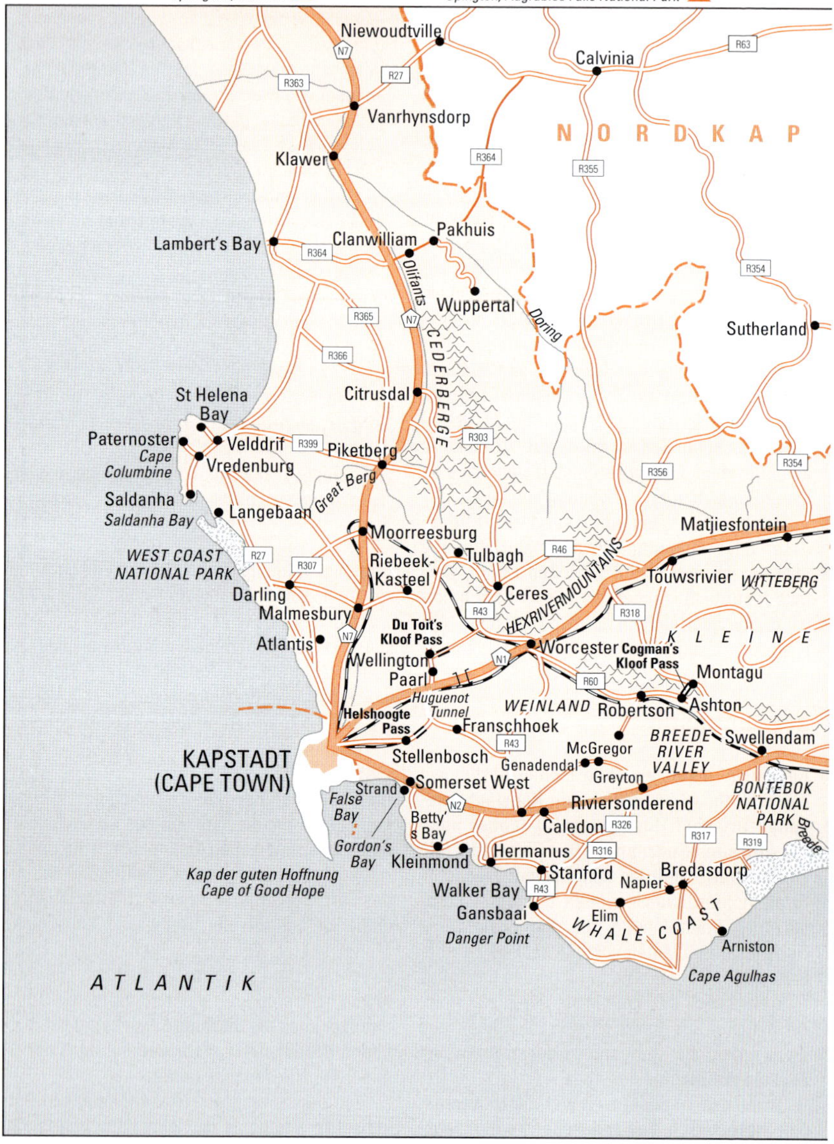
Springbok, Namibia
Upington, Augrabies Falls National Park
Niewoudtville
Calvinia
Vanrhynsdorp
Klawer
N O R D K A P
Lambert's Bay
Clanwilliam
Pakhuis
Wuppertal
Olifants
Doring
CEDERBERGE
Sutherland
Citrusdal
St Helena Bay
Paternoster
Cape Columbine
Velddrif
Vredenburg
Piketberg
Saldanha
Saldanha Bay
Langebaan
Great Berg
WEST COAST NATIONAL PARK
Moorreesburg
Riebeek-Kasteel
Tulbagh
Ceres
Matjiesfontein
Touwsrivier
WITTEBERG
HEXRIVERMOUNTAINS
Darling
Malmesbury
Atlantis
Du Toit's Kloof Pass
Wellington
Paarl
Huguenot Tunnel
Worcester
Cogman's Kloof Pass
K L E I N E
Montagu
Helshoogte Pass
WEINLAND
Robertson
Ashton
Franschhoek
Stellenbosch
BREEDE RIVER VALLEY
Swellendam
KAPSTADT (CAPE TOWN)
McGregor
Genadendal
Greyton
Somerset West
Strand
False Bay
Riviersonderend
BONTEBOK NATIONAL PARK
Breede
Betty's Bay
Caledon
Gordon's Bay
Kleinmond
Hermanus
Stanford
Bredasdorp
Napier
Kap der guten Hoffnung
Cape of Good Hope
Walker Bay
Gansbaai
Elim
WHALE COAST
Arniston
Danger Point
Cape Agulhas
ATLANTIK
N7
N1
N2
R27
R43
R46
R60
R63
R303
R307
R316
R317
R318
R319
R326
R354
R355
R356
R363
R364
R365
R366
R399

N
0
100 km
Kimberley, Johannesburg, Pretoria
Bloemfontein, Johannesburg, Pretoria
Victoria West
Three Sisters
G R O S S E K A R O O
KAROO NATIONAL PARK
Beaufort West
Leeu-Gamka
Laingsburg
WITTEBERG
GROOTRIVI
Graaff-Reinet
BAVIAANSKLOOF MOUNTAINS
SWARTBERG
OSTKAP
WESTKAP
Prince Albert
Swartberg Pass
Meringspoort Pass
Cango Caves
De Rust
GROENFONTEIN VALLEY
Calitzdorp
Uniondale
KOUGA MOUNTAINS
K A R O O
Oudtshoorn
Barrydale
Tradouws Pass
TSITSIKAMMA MOUNTAINS
OUTENIQUA MOUNTAINS
WILDERNESS NATIONAL PARK
Keurbooms
Storms
LANGEBERG
Knysna
Bloukrans
George
Sedgefield
Gourits
Riversdale
Plettenberg Bay
TSITSIKAMMA NATIONAL PARK
Port Elizabeth
OVERBERG
Mossel Bay
DE HOOP NATURE RESERVE
INDISCHER OZEAN
R353
R308
R356
R381
R63
N12
N1
N9
N2
R332
R327
R329
R407
R341
R323
R62
R328

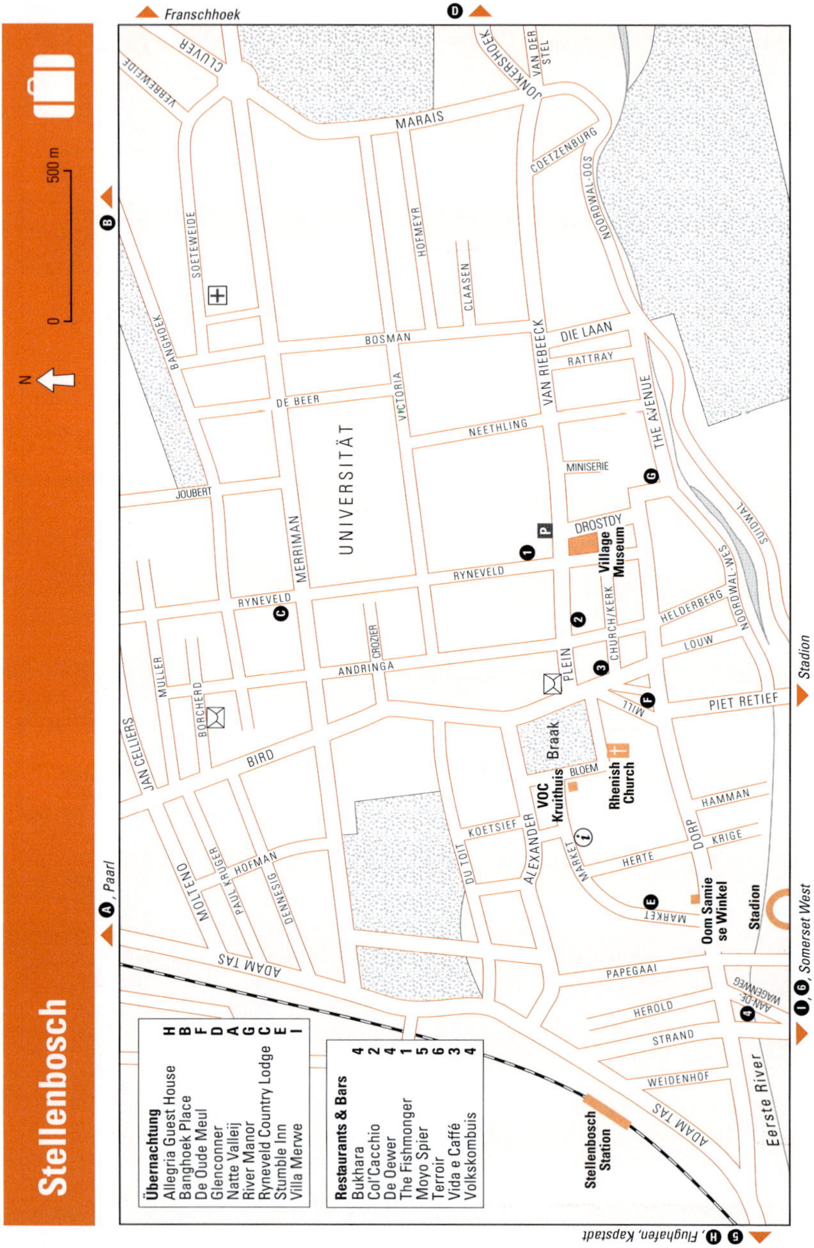
Stellenbosch
Übernachtung
Allegria Guest House H
Banghoek Place B
De Oude Meul F
Glenconner D
Natte Valleij A
River Manor G
Ryneveld Country Lodge C
Stumble Inn E
Villa Merwe I
Restaurants & Bars
Bukhara 4
Col'Cacchio 2
De Oewer 4
The Fishmonger 1
Moyo Spier 5
Terroir 6
Vida e Caffé 3
Volkskombuis 4
Franschhoek
A, Paarl
Stadion
I, 6, Somerset West
5 H, Flughafen, Kapstadt
N
0
500 m
UNIVERSITÄT
Village Museum
DROSTDY
Braak
VOC Kruithuis
Rhenish Church
Oom Samie se Winkel
Stadion
Stellenbosch Station
Eerste River
MARAIS
BOSMAN
DE BEER
JOUBERT
RYNEVELD
ANDRINGA
BIRD
HOFMAN
ADAM TAS
NEETHLING
DIE LAAN
RATTRAY
MINISERIE
HELDERBERG
LOUW
PIET RETIEF
HAMMAN
KRIGE
HERTE
MARKET
KOETSIEF
PAPEGAAI
HEROLD
STRAND
WEIDENHOF
MERRIMAN
VICTORIA
HOFMEYR
CLAASEN
SOETEWEIDE
BANGHOEK
CLUVER
VERBEWEIDE
JONKERSHOEK
VAN DER STEL
COETZENBURG
NOORDWAL-OOS
NOORDWAL-WES
SUIDWAL
VAN RIEBEECK
THE AVENUE
CHURCH/KERK
PLEIN
MILL
BLOEM
DORP
ALEXANDER
DU TOIT
CROZIER
MULLER
BORCHERD
JAN CELLIERS
MOLTENO
PAUL KRUGER
DENNESIG
VAN-DE-WAGENWEG

der Stel mit der Erschließung des Hinterlandes des Kaps beauftragt, und schon bald siedelte er die ersten **Free Burghers** (Freien Bürger) in Stellenbosch an. Binnen acht Jahren nahm er 60 Eigentumsübertragungen vor und während der folgenden zwei Jahrzehnte etablierte sich Stellenbosch als wohlhabende, teils feudalistische, von Großgrundbesitzern dominierte Gemeinde. Im Jahre 1702 bewunderte der dänische Reisende Abraham Bogaert die „Entstehung der schönen Wohnstätten sowie die großartigen Schätze an Wein und Getreide". Zum Ausklang des Jahrhunderts gab es bereits über 1000 Häuser und einige beträchtliche *burgher*-Anwesen in und um Stellenbosch, von denen viele bis heute erhalten geblieben sind.

Orientierung

Seine Attraktivität verdankt Stellenbosch in erster Linie der Umgebung und den schönen Straßenzügen. Hier kann man wunderbar herumschlendern. Das Tourist Information Bureau dient als guter Ausgangspunkt für eine Erkundungstour. In östlicher Richtung erreicht man kurz danach einen weißen Häuserblock – das einst als Waffen- und Munitionslager der Niederländischen Ostindischen Kompanie erbaute **VOC Kruithuis**.

Biegt man hier rechts ab und läuft am **Braak**, der großen Wiese im Ortszentrum, entlang nach Süden, passiert man die **Rhenish Church**, Bloem St, aus dem Jahre 1823, die früher als Schule für Sklaven und Coloureds diente.

Village Museum und Dorp Street

Folgt man der Ryneveld St Richtung Norden, trifft man auf Stellenboschs museales Highlight, das unterhaltsame **Village Museum**, 18 Ryneveld St. Anhand einer Vierergruppe historischer Wohnhäuser aus unterschiedlichen Perioden, wie dem urtypisch kapholländischen **Blettermanhuis** aus dem 18. Jh., gibt es einen repräsentativen Überblick über das architektonische und gesellschaftliche Erbe der Stadt. Die Gebäude sind wunderschön erhalten und ausgestattet. Außerdem sieht man Arbeiter in historischer Kleidung. 🕒 Mo–Sa 9.30–17, So 10–17 Uhr, Eintritt R20.

Nach einem Besuch im Village Museum lohnt ein Spaziergang zurück nach Süden zur **Dorp Street**, Stellenboschs schön erhaltener historischer Achse. Zu bestaunen sind hier die Gebäude, Giebel, Eichen und Wasserrinnen am Straßenrand. Nicht verpassen sollte man zwischen Aan-die-Wagen-Weg und Krige St die **Krige's Cottages**, Nr. 37–51, historische Stadthäuser mit einer ungewöhnlichen Terrasse. Die Gebäude entstanden in der ersten Hälfte des 19. Jhs. im kapholländischen Stil. Später wurden viktorianische Elemente ergänzt, das Ergebnis sind interessante Mischungen aus Giebeln mit viktorianischen Dachfenstern und Veranden mit filigranem Eisendekor vor schlichten eleganten kapholländischen Fassaden.

Übernachtung

Stellenbosch verfügt über vielfältige Unterkunftsmöglichkeiten – von Backpacker-Lodges bis zu Luxushotels. Abgesehen von einigen Zimmern auf Farmen außerhalb der Stadt sind alle Herbergen zu Fuß vom Stadtzentrum erreichbar.

Allegria Guest House, Cairngorm Rd, Stellenbosch, ✆ 021-881 3389, 💻 www.allegria.co.za. Kleine, gut geführte Unterkunft auf einem ländlichen Anwesen 8 km westlich von Stellenbosch zwischen zwei Weingütern. Das Gästehaus des freundlichen holländischen Inhaberpaars Jan und Annemarie hat 6 Zimmer in drei Kategorien, einen Pool und tolle Aussicht. Ab ❻

Banghoek Place, 193 Banghoek Rd, ✆ 021-887 0048. Das etwas schickere Schwesterhaus des Stumble Inn (s. u.) vermietet extrem preisgünstige DZ und 3-Bett-Zimmer, größtenteils mit Bad, und hat auch 3 kleine Dorms. Günstige Pauschalangebote mit 2 Übernachtungen und Weintour. Dorms ❷, DZ ❸ und 3BZ ❷

De Oude Meul, 10a Mill St (abseits der Dorp St), ✆ 021-887 7085, 💻 www.deoudemeul.com. Mitten in der Stadt an einer recht belebten Straße. Preiswerte, angenehme Zimmer über einem Antiquitätengeschäft. ❹

Glenconner, Jonkershoek Rd, 4 km vom Zentrum, ✆ 021-886 5120, ✉ glenconner@icon.co.za. Einladende Cottages auf einer Farm in einem stillen Tal; in der Nähe der Wanderwege des Jonkershoek Nature Reserve. Selbstverpflegung ❹ oder B&B ❺

Natte Valleij, R44 Klapmuts Rd, ✆ 021-875 5171, 💻 www.nattevalleij.co.za, 12 km nördlich der

Stadt, ein großes Cottage mit 6 Betten und 1 kleinere Familieneinheit, die an einen alten Weinkeller angrenzt. Pool; Frühstück auf der Veranda. Selbstversorgung & B&B ❸

River Manor, 6–8 The Ave, ☏ 021-887 9944, 💻 www.rivermanor.com. Sehr angenehm wohnt es sich im überaus romantischen, wenn auch etwas förmlichen Rahmen dieser beiden historischen Häuser mit auf dem Bett verstreuten Blütenblättern, kuschligen Bademänteln und Liegestühlen am Pool, außerdem Jacuzzi. ❻

Ryneveld Country Lodge, 67 Ryneveld St, ☏ 021-887 4469, 💻 www.ryneveldlodge.co.za. Elegantes Gebäude aus dem späten 19. Jh. unter Denkmalschutz, mit viktorianischen Antiquitäten möbliert. Makellose Zimmer; die beiden besten im Obergeschoss mit Zugang zu einer Terrasse. Auch 3 Bungalows mit vier Betten; Pool. ❺–❻

Stumble Inn, 12 Market St, ☏ 021-887 4049, 💻 www.stumbleinnstellenbosch.hostel.com. Bestes und ältestes Hostel der Stadt, untergebracht in zwei altehrwürdigen Häusern unweit der Touristeninformation; freundliches Personal. DZ, Schlafsäle und Camping, auch berühmt für preiswerte Touren (S. 209). Dorms ❶, Zimmer ❷

Villa Merwe, 6 Cynaroides Rd, Paradyskloof, ☏ 021-880 1185, 💻 www.villamerwe.co.za. Drei saubere, gemütliche Zimmer in einem modernen Wohnhaus, alle mit Bad und Eingang; Lounge, Pool und Garten. 5 Automin. vom Zentrum. ❺

Essen

Stellenbosch bietet eine reiche Auswahl an guten Lokalen. Diese sind sowohl im Stadtzentrum als auch auf den umliegenden Anwesen zu finden. Meist kann man draußen sitzen und am Abend herrscht eine entspannte, teilweise feuchtfröhliche Atmosphäre.

Bukhara, Dorp Ecke Bird St, ☏ 021-882 9133. Hervorragende nordindische Gerichte, die in Sichtweite der Gäste hinter einer Glasscheibe zubereitet werden. Mittlere bis sehr hohe Preise, aber große Portionen. Zu den Spezialitäten zählen *butter chicken* und *tandoori lamb chops*. Aufmerksame Bedienung und freundliches Ambiente. 🕒 tgl. 12–15, So–Do 18–22, Fr und Sa 18–23 Uhr.

Col'Cacchio, Shop 8, Simonsplein Centre, Plein St. Das bei Studenten beliebte Lokal liegt deutlich über dem Niveau einer Durchschnittspizzeria. Besonders probierenswert: die Morituri-Pizza mit Speck, Huhn, Feta, roter Paprika und Avocado. 🕒 tgl. 12–23 Uhr.

The Fishmonger, Sanlam Building, Ryneveld St, ☏ 021-887 7835, Seafood-Restaurant der Spitzenklasse mit Sitzgelegenheit draußen. Angemessene Preise, schlichtes Ambiente. 🕒 tgl. 12–22 Uhr.

Moyo Spier, Lynedoch Rd (R310), ☏ 021-809 1133. Eines von vier Restaurants des Weinguts Spier. Das extravagante Lokal in der Gartenanlage eines der größten und touristenfreundlichsten Weingüter des Westkaps wirkt wie eine Kreuzung zwischen einem afrikanischen Dorf und einem Beduinenlager und bietet in seinen Pavillons, Zelten und Baumhäusern Platz für 1200 Gäste. Das riesige Buffet lockt mit einer verwirrenden Vielfalt von Aromen und Spezialitäten aus ganz Afrika. Dazu noch Liveunterhaltung und auf Wunsch Gesichtsbemalung – was will man mehr? 🕒 12 Uhr bis spät.

Terroir, Kleine Zalze Wine Estate, Strand Rd (R44), ☏ 021-880 8167. Kulinarisches Highlight rund 12,5 km von Stellenbosch auf einem Weingut mit Golfplatz. Im vornehmen, aber nicht steifen Speisesaal und an den Tischen im Freien unter schattigen Eichen werden französisch inspirierte Gerichte vorwiegend aus Bioprodukten der Region gereicht. Ein typisches Beispiel ist der geräucherte Kartoffelbrei an geschmortem Schweinebauch in Sojasauce mit Ingwer und Wacholderbeeren. 🕒 Mo–Sa 12.30–14.30 und 19–21.30 Uhr, So nur Mittagessen.

Vida e Caffé, Ecke Bird und Kerk St. Das quirlige, auf Portugiesisch gestylte Café im Ortszentrum gehört zu einer landesweiten Kette. Der Service ist so ausgezeichnet wie der Kaffee. 🕒 Mo–Sa 8–17, So 9–16 Uhr.

Volkskombuis und **De Oewer**, Aan-de-Wagenweg, hinter Dorp St, ☏ 021-887 2121. Zwei beliebte Lokale am Ufer des Eerste-Flusses. Serviert werden hervorragende nordafrikanische und mediterrane Speisen bei De Oewer und erschwingliche, moderne Kap-Küche bei Volkskombuis. 🕒 tgl. 12–14.30 und 18.30–22 Uhr, im Winter So nur Mittagessen.

Sonstiges

Informationen

Tourist Information Bureau, 36 Market St, 💻 www.stellenboschtourism.co.za, ☏ 021-883 3584, etwa 1 km vom Bahnhof entfernt, bietet Informationen über die Attraktionen vor Ort. ⌚ Mai–Aug Mo–Fr 9–17, Sa 9.30–14, So 10–12; Sep–Apr Mo–Fr 8–18, Sa 9–15, So 10–15 Uhr.

Touren

Easy Rider Wine Tours mit Sitz in der Backpacker-Lodge Stumble Inn (s. S. 208), bieten Tagespauschaltouren zu vier Weinkellereien an, R350 inkl. Käseverkostung beim Fairview Estate und Mittagessen.

Transport

Busse

Einige wenige (teure) Intercity-Busse aus Kapstadt und Port Elizabeth fahren durch Stellenbosch und halten hier am Bahnhof.

Eisenbahn

Die Züge der **Metrorail**, ☏ 0800-65 64 63, 💻 www.capemetrorail.co.za, fahren 6–7x tgl. nach KAPSTADT (tagsüber etwa alle 1 1/2 Std.), Fahrzeit: ca. 1–1 1/4 Std. Die Verbindung kann allerdings wegen Sicherheitsbedenken nicht uneingeschränkt empfohlen werden.

Die Weingüter um Stellenbosch

Stellenbosch erkannte als erste Gegend das Marketing-Potenzial einer **Weinroute**. Umgesetzt wurde die Idee im Jahre 1971. Die Strategie hat sich als äußerst erfolgreich erwiesen, und heute lockt das Gebiet alljährlich Zehntausende von Besuchern aus aller Welt an. Die Region verzeichnet mehr Besucher als irgendeine andere im Weinland. Obwohl sie nur einen Bruchteil der südafrikanischen Weinanbaugebiete ausmacht, ist ihre Weinroute mit rund 200 Weinkellereien die ausgedehnteste des Landes. Außer der kleinen Auswahl unten (alle an Straßen gelegen, die von Stellenbosch ausgehen) gibt es Dutzende weiterer ausgezeichneter Adressen, die alle zu erkunden Monate dauern würde. Alle Weinkellereien sind an den Hauptverkehrsstraßen deutlich ausgeschildert. Wer mit dem Auto nach Stellenbosch kommt, kann die umliegenden Weinkellereien in Ruhe erkunden. Die Anfahrt von Kapstadt dauert sowohl über die N1 als auch über die N2 weniger als eine Stunde.

Charmante „Boutique"-Weinkellerei

Uva Mira, ca. 8 km südlich von Stellenbosch, an der Annandale Rd, die von der R44 abzweigt, 💻 www.uvamira.co.za. Die zauberhafte Boutique-Weinkellerei wäre schon für die kurvenreiche Anfahrt den halben Helderberg hinauf einen Besuch wert. Die originelle Probierstube vermittelt den Eindruck sanft gealterter historischer Bausubstanz, obwohl es sich in Wirklichkeit um einen Neubau handelt. Von der Terrasse bietet sich ein einzigartiger Blick über die Weinberge zur rund 50 km entfernten False Bay – an klaren Tagen kann man sogar Robben Island sehen. Aushängeschild des Hauses ist eine hoch bewertete rote Cuvée, aber es war der Einzellagen-Chardonnay, der Uva Mira Jahr für Jahr 4 oder 5 Sterne im Platter Guide einbringt. ⌚ Mo–Fr 8–17, Sa und So 10–16 Uhr, R20.

Delaire, am Helshoogte Pass, 6 km östlich von Stellenbosch an der R310 nach Franschhoek, 💻 www.delairewinery.co.za. Das hiesige Restaurant bietet den herrlichsten Panoramablick im ganzen Weinland – zwischen Eichen hindurch auf den Groot Drakenstein, die Simonsig-Berge und in wild zerklüftete Täler. Das Weingut produziert mehrere erstklassige Rot- und Weißweine. ⌚ Mo–Fr 9–17.30, Sa und So 10–17.30 Uhr, R15.

Jordan Vineyards, 11,5 km westlich von Stellenbosch in der Nähe der R310, 💻 www.jordanwines.com. Jordan ist ein Pionier unter den neumodisch gesinnten Weingütern des Kaps, mit Hightech-Keller, modernem Verkostungsraum und freundlichem Service. Schon die Fahrt hierher hat hohen Erlebniswert: Sie führt in eine von Weinbergen gesäumte *kloof* (Schlucht), durch die Meeresbrisen von der False Bay und der Tafelbucht streichen, was den Trauben offensichtlich gut tut, denn das Weingut erzeugt ein großes Sortiment herausragender roter und weißer Tropfen. Wer möchte, kann am See zum

STELLENBOSCH WEINROUTE

Wein ein mitgebrachtes Picknick verzehren. ⌚ Mo–Fr 10–16.30, Sa und So 9.30–14.30 Uhr, Eintritt R15 (wird bei einem Einkauf verrechnet).

Morgenhof, 4 km nördlich von Stellenbosch an der R 44, 💻 www.morgenhof.com. Der schlossähnliche Komplex am Hang des weinbewachsenen Simonsbergs wird von der energischen Französin Anne Cointreau-Huchon geleitet (Enkelin des Gründers des Cognac-Handelshauses Rémy Martin). Der Morgenhof hat eine helle, geräumige Probierstube mit Bar. Draußen wird ein vorzügliches leichtes Mittagessen serviert. Zu den vielen erstklassigen Weinen zählen Merlot, Cabernet Sauvignon, Pinotage, Sauvignon Blanc, Chardonnay und Chenin Blanc. ⌚ Mai–Okt Mo–Fr 10–16.30, Sa und So 10–15 Uhr, Nov–Apr Mo–Fr 9–17.30, Sa und So 10–17 Uhr, R10.

Neethlingshof, 6,5 km westlich von Stellenbosch an der Polkadraai Rd (R306), 💻 www.neethlingshof.co.za. Im Zentrum des Guts steht das wunderschön restaurierte kapholländische Herrenhaus von 1814, das man über eine 1 km lange Kiefernallee erreicht. Die ersten Reben des Neethlingshof wurden schon 1692 angepflanzt. Das Weingut erhält insbesondere für seinen umwerfenden süßen Dessertwein „Weisser Riesling Noble Late Harvest" und mehrere ausgezeichnete Rotweine regelmäßig Topbewertungen. ⌚ Mo–Fr 9–17, Sa und So 10–16 Uhr, Weinprobe R35.

Overgaauw, 6,5 km westlich von Stellenbosch, in der Nähe der M12. Das Weingut mit dem eleganten Verkostungsraum im viktorianischen Stil produziert Rotweine von hervor-

Afrikaans

Die nach Zulu und Xhosa dritte Sprache des Landes – Afrikaans – sprechen 15 % der Bevölkerung in Südafrika. Dagegen sprechen nur 9 % der Südafrikaner Englisch.

Anzeichen für das Aufkommen eines neuen südafrikanischen Dialekts gab es bereits 1685, als H.A. van Rheede, ein Funktionär der Niederländischen Ostindischen Kompanie aus Europa, die „verzerrte und unverständliche" Version des im Drakenstein Valley – in der Gegend des heutigen Paarl – gesprochenen Holländisch bemängelte. Durch die Aufnahme englischer, französischer, deutscher, malaiischer und einheimischer Wörter und Ausdrücke entfernte sich die Sprache immer mehr vom Hochholländischen. Im 19. Jh. fand sie sowohl unter den Weißen als auch unter den Coloureds des Kaps breite Anwendung. Von der Elite wurde Afrikaans allerdings als minderwertiges Kreolisch abgetan, ungeeignet für Literatur und offizielle Kommunikation.

Im Jahre 1905 begann **Gustav Preller**, ein junger Journalist aus dem Arbeitermilieu der Buren, Afrikaans als „Sprache der Weißen" wieder zu entdecken. Die Assoziation mit den Coloureds wurde abgeschwächt, indem man die nicht-europäischen Wörter durch holländische ersetzte. Preller veranlasste die Herausgabe der ersten einer Reihe von populistischen afrikaanssprachigen Zeitschriften sowie eine Verherrlichung der Geschichte und Kultur der Buren. Im Zuge dieses **Second Language Movement** übernahmen die Weißen die geistige Kontrolle über Afrikaans, und der Druck hinsichtlich einer Anerkennung als Amtssprache – die schließlich 1925 erfolgte – wuchs.

Im Jahre 1948 kam die National Party an die Macht. Ihre Apartheidspolitik ging Hand in Hand mit einer Förderung der Interessen ihrer afrikaanssprachigen Anhänger. Bald bekleideten Afrikaander die Großzahl der Stellen im öffentlichen Dienst und in den öffentlichen Versorgungsbetrieben. Obwohl es mehr farbige als weiße Afrikaanssprachige gab, entwickelte sich die Sprache schnell zum Fundament des entstehenden **Apartheidsystems**, und in den 1970er-Jahren unternahm die Regierung gar den Versuch, Afrikaans als einzige Sprache in Schulen vorzuschreiben. Diese Maßnahme führte unmittelbar zum **Aufstand von Soweto** (1976), der den Anfang vom Ende der Afrikaander-Hegemonie in Südafrika bedeutete. Die Repressionen der 1970er- und 1980er-Jahre und die Vertreibungen unter dem Group Areas Act veranlassten viele afrikaanssprachige Coloureds ihrer mit Apartheid behafteten Muttersprache den Rücken zu kehren und Englisch vorzuziehen.

Unter der neuen Verfassung sind bestehende **Sprachrechte** nicht gefährdet, sodass Afrikaans genauso weit verbreitet bleiben wird wie bisher. Die Zukunft der *taal* (Sprache) liegt heute sowohl in den Händen der Coloureds als auch in denen der Weißen.

ragender Qualität, u. a. den Tria Corda mit Bordeaux-Charakter und einen sehr gefragten Cabernet Sauvignon. Overgaauw baute als erstes Weingut des Landes Merlot an und ist bis heute der einzige südafrikanische Produzent von Silvaner, einem ebenso preisgünstigen wie gefälligen trockenen Weißwein. ⌚ Mo–Fr 9–17, Sa 10–12.30 Uhr, Eintritt frei.

Rustenberg Wines, Rustenberg Rd, 5 km nördlich von Stellenbosch, 💻 www.rustenberg.co.za. Eines der Weingüter, die Stellenbosch am nächsten liegen, und zugleich eins der attraktivsten. Die Anfahrt führt durch lauschige Alleen zwischen Obstplantagen und Schafweiden. Die romantische Bauernhofatmosphäre des bescheidenen Guts steht im faszinierenden Kontrast zum architektonisch eindrucksvollen Hightech-Verkostungsraum. Obwohl die ersten Reben hier schon 1692 angebaut wurden, ist die Weinkellerei ausgesprochen zukunftsorientiert. Neben den hervorragenden Weinen der Marke Rustenberg sind auch die preiswerteren Rot- und Weißweine der Zweitmarke Brampton nicht zu verachten. ⌚ Mo–Fr 9–16.30, Sa 10–13.30 Uhr, Eintritt frei.

Simonsig Estate, 9,5 km nördlich von Stellenbosch, an der Kromme Rhee Rd, die von der

R44 zur R304 verläuft, 🖳 www.simonsig.co.za. Der zwanglose Verkostungsbereich im Freien unter weinberankten Pergolen bietet prachtvollen Blick in Richtung Stellenbosch auf dunstigblaue Berge und Weingärten. Zu den vielen Spitzenweinen des Weinguts gehören der wegweisende Red Hill Pinotage, der Kaapse-Vonkel-Schaumwein (die Weinkellerei produzierte vor rund 30 Jahren als erste des Landes einen Sekt mit Flaschengärung) und der Merindol Syrah, der 2007 vom renommierten Platter Guide mit 4,5 Sternen ausgezeichnet wurde. 🕓 Mo–Fr 8.30–17, Sa 8.30–16 Uhr, R25.

Somerset West, Vergelegen und Morgenster

Die einzigen überzeugenden Gründe, die wenig verlockende Stadt Somerset West, 50 km östlich von Kapstadt, über die N2 anzusteuern, sind **Vergelegen** an der Lourensford Road und das Nachbargut **Morgenster**, die beide offiziell zur Helderberg-Weinroute gehören, sich aber auch problemlos an einen Besuch in Stellenbosch, nur 14 km weiter nördlich, anhängen lassen.

Vergelegen, 🖳 www.vergelegen.co.za, produziert nicht nur ein eindrucksvolles Weinsortiment, sondern ist zugleich auch ein ausgesprochenes architektonisches Schmuckstück. Die Entstehungsgeschichte des Anwesens ist exemplarisch für die berüchtigten frühen Herrschaftsjahre der Niederländischen Ostindischen Kompanie am Kap, die von Korruption und Machtmissbrauch geprägt waren. Das Gut wurde von Willem Adriaan van der Stel, Gouverneur seit 1699, im Renaissance-Stil erbaut und vermittelte einen prächtigen Eindruck inmitten des wilden rückständigen Kaps um 1700.

Van der Steel erwarb das Land auf illegalem Weg, ließ Vergelegen von Sklaven der Kompanie errichten und bediente sich der Ressourcen der Kompanie, um ausgedehnte Landstriche in der Umgebung zu bebauen. Parallel missbrauchte er seine Macht als Gouverneur, um die meisten bedeutenden Märkte des Kaps zu monopolisieren. Als die Niederländische Ostindische Kompanie in Holland davon erfuhr, wurde van der Steel gefeuert und man ordnete an, Vergelegen zu zerstören, um zukünftige Gouverneure gar nicht erst auf falsche Gedanken zu bringen. Man geht davon aus, dass die Zerstörung nicht vollständig erfolgte und dass das heutige Gebäude auf dem Fundament des ursprünglichen steht.

Vergelegen war das einzige Weingut, das von der britischen Königin während ihres Aufenthalts in Südafrika 1995 besucht wurde. Das **Besucherzentrum** gegenüber dem Geschäft am Gebäudeeingang liefert Hintergrundinformationen zum Anwesen. Das **Weinprobierzentrum** nebenan bietet professionelle Proben mit kurzen Erläuterungen zu jeder Marke, 🕓 Nov–Apr. Daneben empfiehlt sich eine Besichtigung des Gehöfts, das 1917 von Lady Florence Phillips, der Ehefrau eines Johannesburger Bergbaumagnaten, restauriert wurde. Die blasse Fassade mit dem klassischen Giebeldreieck und dem mit Pilastern geschmückten Eingang erreicht man durch einen achteckigen Garten, wo sich im Sommer zahlreiche Schmetterlinge tummeln. Dank der vielen Teiche und schönen, mit Kastanien- und Kampferbäumen bepflanzten Flächen gilt Vergelegen als einer der erholsamsten Orte am Kap. 🕓 tgl. 9.30–16 Uhr, Eintritt R10, Weinprobe R2–10 pro Glas.

Das Nachbargut **Morgenster**, 🖳 www.morgenster.co.za, besticht durch sein bezauberndes ländliches Ambiente. Von der Veranda des Verkostungsraums schaut man auf einen idyllischen See und die dunstigen Berge in der Ferne. Von seinen zwei himmlischen roten Cuvées mal abgesehen, bietet das Weingut als ungewöhnliche Dreingabe auch Olivenverkostungen – drei Sorten Oliven, drei Sorten Olivenöl und köstliche Olivenpasten. 🕓 Mo–Fr 10–17, Sa und So 10–16 Uhr, Weinprobe R12, Olivenverkostung R12.

Paarl und Umgebung

Obwohl Paarl attraktiv in ein sehr fruchtbares Tal voller historischer Monumente eingebettet ist, bleibt es im Grunde ein *dorp*, das sowohl die Kultiviertheit von Stellenbosch als auch das trendige Flair von Franschhoek vermissen lässt. Seinen Wohlstand verdankt dieses Farmzentrum den Leichtindustrien – Getreidesilos, Konservenfabriken und Mühlen – an der Nordseite der

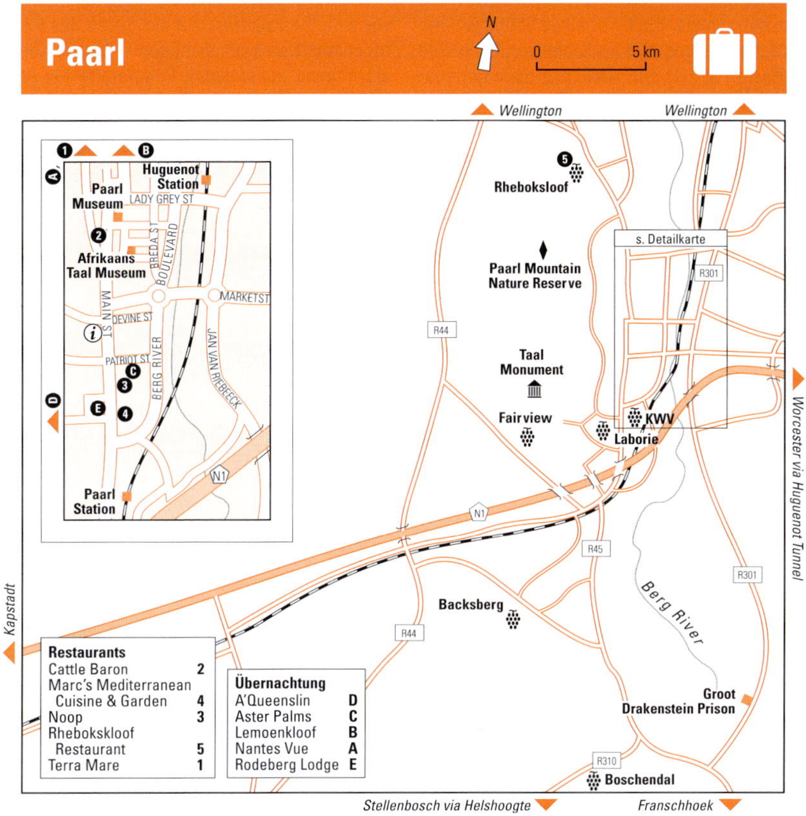

Stadt sowie einer reichen Auswahl an Trauben, Guaven, Oliven, Orangen und Mais auf den umliegenden Farmen. Trotzdem ist Paarl die größte Gemeinde im Weinland. Als exklusive Gegend gelten die mit Weinreben bestandenen Hänge des **Paarl Mountain**, der über der Stadt thront.

Geschichte

Im Jahre 1657, nur fünf Jahre nach Errichtung der Verpflegungsstation der Niederländischen Ostindischen Kompanie auf der Kap-Halbinsel, fand sich **Abraham Gabbema** mit einer Gruppe von Männern im Berg River Valley ein, um die Handelsmöglichkeiten mit den Khoikhoi zu testen und nach dem legendären Gold von Monomotapa zu suchen. Ganz offensichtlich träumten sie von einem Schatz, denn als sie nach einer regnerischen Nacht erwachten und die Silberkuppel aus Granit über dem Tal erblickten, tauften sie diese Peerlbergh (Perlberg). In abgewandelter Form – Paarl – wurde dies zum Namen der Stadt.

Dreißig Jahre später vergab Simon van der Stel, der Kommandeur des Kaps, Landstriche der Khoikhoi an den Hängen des Paarl Mountain an französische Hugenotten und holländische Siedler. Als Paarl 1847 offiziell Stadtstatus erhielt, diente es weiter als Vorposten am Rand der Drakenstein Mountains, Wagenbauzentrum und letzter Versorgungsstopp.

Für die beiden gegnerischen politischen Kräfte, die das moderne Südafrika prägten, hat die Stadt historische Bedeutung: Das **Afrikaner-**

dom betrachtete Paarl als heilige Stätte, wo ihre Sprachbewegung 1875 ins Leben gerufen wurde (s. Kasten S. 211). Der **ANC** (und die internationale Gemeinschaft) verbindet Paarl dagegen mit der Entlassung Nelson Mandelas aus dem **Drakenstein Prison** (damals Victor Verster Prison genannt) 1990.

Die Stadt und Umgebung

Während sich Stellenbosch und Franschhoek dank ihrer kompakten Stadtzentren hervorragend zum Herumschlendern eignen, erstreckt sich der am besten erhaltene und älteste Teil von Paarl mit seinen historischen Fassaden gute 2 km entlang der von Eichen gesäumten **Main Street**.

Das **Paarl Museum**, 303 Main St, ist in einem hübschen, strohgedeckten kapholländischen Gebäude untergebracht. Die Innenräume können mit dem äußeren Erscheinungsbild kaum konkurrieren, allerdings sind hier interessante Informationstafeln über die Architektur der Stadt sowie Glasschaukästen mit exzentrischem, viktorianischem Allerlei zu bewundern. In der Post-Apartheidzeit sind einige Ausstellungsstücke zur indigenen Khoisan-Bevölkerung der Gegend hinzugekommen, und auch die Auswirkungen der Kolonisierung durch die Europäer, darunter die Einführung der Sklaverei, werden veranschaulicht. ◷ Mo–Fr 9–17, Sa 9–13 Uhr, R5.

Die andere Sehenswürdigkeit in Paarl selbst ist das pompöse **Taal Monument** aus der Apartheid-Ära, das Afrikaans-Denkmal unmittelbar vor dem Stadtzentrum auf der Spitze des Paarl Mountain. Das Monument von 1973 galt früher als ebenso bedeutsame Pilgerstätte für Afrikaander wie das Voortrekker Monument in Pretoria. Vom Coffeeshop und Kuriositätenladen genießt man einen wunderschönen Panoramablick über die Halbinsel und False Bay in der einen und über das Weinland in der anderen Richtung. Anfahrt über Main St nach Süden, vorbei am Hauptsitz der KWV, danach den Schildern rechts den Berghang hinauf folgen. ◷ tgl. 9–17 Uhr.

Ausritte und Quad-Bike-Touren

Auf Rhebokskloof befindet sich der Veranstalter **Wine Valley Horse Trails**, ✆ 021-869 8687 oder 083-226 8735, 🖳 www.horsetrails-sa.co.za, der 1–4-stündige Ausritte für Anfänger und Fortgeschrittene durch die herrliche Landschaft der Umgebung anbietet. Die Preise beginnen bei R280 für 1 Std. Die längeren Reitausflüge sind erfahrenen Reitern vorbehalten, doch für Sattelneulinge gibt es eine Pauschaltour, die sowohl einen Ausritt als auch eine fachmännisch begleitete Weinprobe beinhaltet. Der Veranstalter organisiert auch Touren mit geländetauglichen Quad-Bikes (ab R280 für 1 Std.).

Groot Drakenstein (Victor Verster) Prison

Etwa 9 km südlich der N1 auf der Höhe von Paarl an der R301, der südlichen Verlängerung der Jan van Riebeeck St, steht das Victor Verster Prison, das 2000 in Groot Drakenstein umbenannt wurde. Hier war **Nelson Mandela** zuletzt eingesperrt. Durch die Tore von Victor Verster erblickte Mandela am 11. Februar 1990 das Licht der Freiheit. Und von hier wurden auch die ersten Bilder von ihm nach 27 Jahren um die Welt geschickt – gemäß dem Prisons Act durften während seiner gesamten Inhaftierungszeit nicht einmal alte Aufnahmen von ihm veröffentlicht werden. Mit dem Rugby-Feld an seiner Vorderseite und der Kulisse aus dunstigen Bergen wirkt das Gefängnis eher wie eine Jungenschule. Die unbekümmert inmitten der Weinberge und Weinroutenwegweiser angebrachten Gefängnisschilder vermitteln einen etwas bizarren Eindruck.

Übernachtung

Die meisten Unterkünfte der Stadt liegen entweder an oder direkt hinter der Hauptstraße. Viele davon sind in historischen Gebäuden untergebracht. Die Campingplätze und Chalets unmittelbar außerhalb der Stadt gelten als billigste Optionen.

A'Queenslin, 2 Queen St, ✆ 082-577 0635, ✉ aqueenslin@telkomsa.net, in einem ruhigen Stadtteil, umgeben von Weinbergen und überragt vom Paarl Rock. Zwei Zimmer mit Du/WC mit eigenem Eingang und Gartenbereich in einem Familienhaus auf 2 Ebenen. Außerdem 3 DZ mit Gemeinschaftsbad. Eingeschränkte Selbstverpflegung möglich, da Kühlschrank und Mikrowelle vorhanden. DZ/Zimmer mit Bad ❸

Aster Palms, 3 Patriot St, ✆ 021 872 0895, 💻 www.asterpalms.co.za. Einladendes B&B in einem Haus aus den 1920ern ein paar Straßenecken von der Touristeninformation. 4 luftige DZ und ein zauberhafter Garten mit solarbeheiztem Pool. ❻

Lemoenkloof, 396a Main St, ✆ 021-872 3782, 💻 www.lemoenkloof.co.za. Komfortables, gut geführtes, zum Nationaldenkmal ernanntes Gästehaus mit kapholländischen und viktorianischen Stilelementen von 1820. Pool, Zimmer mit TV und Kühlschrank. ❻

Nantes Vue, 56 Mill St, ✆ 021-872 7311, 💻 www.nantes-paarl.co.za. DZ mit Du/WC und einer künstlerisch angehauchten Einrichtung in einem denkmalgeschützten kapholländischen Gästehaus. Freundliche Atmosphäre, Frühstück auf der Veranda mit Blick auf einen kleinen Garten. ❹

Rodeberg Lodge, 74 Main St, ✆ 021-863 32 02, 💻 www.rodeberglodge.co.za, großes, zentral gelegenes viktorianisches Stadthaus mit schlichter historischer Einrichtung in kühler, geräumiger Atmosphäre. Sechs Zimmer mit Bad; am besten nimmt man eins nach hinten raus ohne Verkehrslärm. ❹

Essen

Paarl ist nicht so gourmet-touristisch wie Franschhoek, doch entlang der Hauptstraße finden sich mehrere Lokale, die ordentliche Snacks, Kaffee oder größere Mahlzeiten bieten, sowie einige hervorragende Restaurants in der ländlichen Umgebung mit wunderschöner Aussicht auf Weingärten und Berge.

Cattle Baron, Gymnasium St, ✆ 021-872 2000. Bewährtes, auf Familien ausgerichtetes Steakhouse, spezialisiert auf Rindfleisch, Hühnchen und Fisch. ⌚ Mo–Fr 12–15.30 und 18–23.30, Sa 18–24, So 12–15.30 und 18–22.30 Uhr.

Marc's Mediterranean Cuisine & Garden, 129 Main St, ✆ 021-863 3980. Eines der beliebtesten zwanglosen Esslokale in Paarl. Einfache, aber leckere Gerichte, darunter Paella, *meze*, Couscous, Seafood und Lamm, serviert in einem modernisierten historischen Gebäude auf einem ausgedehnten Gelände. ⌚ tgl. 12–14.30, Mo–Sa auch 18.30–21.30 Uhr.

Noop, 217 Main St. Supercoole Outdoor-Weinbar mit einer eindrucksvollen Auswahl offener Weine und ein paar tollen Variationen bewährter Klassiker wie Burger, *biryani* und Pasteten. ⌚ Mo–Fr 7.30–23, Sa 7.30–15 Uhr.

Rhebokskloof Restaurant, Rhebokskloof Minor Rd, ✆ 021-863 8606, intimes viktorianisches Lokal mit Seeblick und schattiger Terrasse im Sommer, Feinschmeckergerichte mit aufregenden Geschmackskombinationen – sowohl einheimische als auch internationale Küche. ⌚ tgl. 9–11.30, 12–17 und 18 Uhr bis spät.

Terra Mare, 90a Main St, ✆ 021-863 4805. Schlichte, aber gekonnt zubereitete Kost aus regionalen Zutaten, wie Karoo-Lammkoteletts mit Frühlingsrollen oder Pasta mit Pesto, in einem Restaurant aus Glas und Stahl mit weitem Blick auf das Paarl Valley. ⌚ Di–Sa 10–14 und 18–22 Uhr.

Informationen

Tourist Office, 216 Main St, Ecke Plantasie St, ✆ 021-863 4937, 💻 www.paarlonline.com. Gute Auswahl an Karten, hilft bei der Unterkunftsuche. ⌚ Mo–Fr 8–17, Sa 9–14, So 10–14 Uhr.

Transport

Busse

Greyhound-Intercity-Busse halten an der Shell-Tankstelle an der Hauptstraße am Südende der Stadt, etwa 2 km vom Tourist Office entfernt.

Busse nach:

BEAUFORT WEST 4–5x tgl. (5 Std.),
KAPSTADT 4x wöchentl. (1 1/2 Std.),
DURBAN 2x tgl. (18 Std.),
EAST LONDON 1x tgl. (11 1/2 Std.),
JOHANNESBURG 4–5x tgl. (14 Std.),
PRETORIA 4–5x tgl. (15 Std.).

Eisenbahn

Metrorail- und **Spoornet**-Züge aus Kapstadt fahren die Huguenot Station in der Lady Grey St am Nordende der Stadt in der Nähe der zentralen Geschäfte an. Züge nach KAPSTADT 18x tgl., 1 1/4 Std.

Die Weingüter um Paarl

Es gibt ein paar angesehene Weinkellereien in Paarl selbst, aber die meisten befinden sich auf den Gütern der Umgebung. Eines der beliebtesten Weingüter hier ist Boschendal, das offiziell zur Franschhoek-Weinroute gehört, aber auch von Paarl leicht zu erreichen ist.

Backsberg Estate, 22 km südlich von Paarl an der Simondium Rd (WR1), 🖳 www.backsberg.co.za. Das seit Generationen von der Familie Back bewirtschaftete Anwesen tut sich als erstes CO_2-neutrales Weingut Südafrikas hervor, hat aber bei aller Umweltfreundlichkeit keinerlei Abstriche an der Qualität gemacht. Zu seinen Erzeugnissen, die unter den Markennamen Babylons Toren und Black Label vertrieben werden, gehören einige rote Cuvées der Spitzenklasse und ein köstlicher Chardonnay. Das gut besuchte Anwesen ist mit seinen Sitzplätzen im Freien, die Blick auf den Rosengarten und den Weinberg an den Hängen des Simonsberg bieten, ein angenehmer Ort, um sich die Zeit zu vertreiben. Außerdem gibt es hier ein Restaurant und einen Irrgarten zum fröhlichen Verlaufen. ◷ Mo–Fr 8–17, Sa 8.30–16.30, So 9.30–16.30 Uhr, R20.

Fairview, Suid Agter Paarl Rd, am südlichen Stadtrand, 🖳 www.fairview.co.za. Eines der unterhaltsamsten Weingüter von Paarl (vor allem für Familien). Die hauseigene Ziegenherde turnt auf der Außenwendeltreppe des Turms am Eingang herum, der auch auf den Weinetiketten zu sehen ist. Ein Feinkostgeschäft verkauft Würstchen und Aufschnitt für Picknicks auf dem Rasen. Außerdem kann man hier den Ziegen-, Schafs- und Kuhmilchkäse des Hauses kosten und erwerben. Wenn die Tourbusse zur Weinverkostung anrollen, bricht in dem innovativen Familienbetrieb allerdings schon mal Hektik aus. Zum umfangreichen Weinsortiment gehören mehrere hochwertige Shiraz-Weine und ein hoch bewerteter Pinotage. ◷ Mo–Fr 8–17, Sa 9–16, So 10–16 Uhr, R25.

Laborie, Taillefert St, 🖳 www.laborie.co.za. Eine der eindrucksvollsten Weinkellereien von Paarl befindet sich praktischerweise direkt in der Stadt selbst. Vor dem schönen Herrenhaus liegen ein Rosengarten, weitläufige, penibel gepflegte Rasenflächen, historische Gebäude und Eichen zu Füßen des Taal Monument. Zum wun-

Die Ziegen sind nicht nur Maskottchen und Namensgeber der Fairview-Weine, sondern liefern auch köstlichen Käse.

derbaren Verkostungsraum gehört ein Balkon gleich über den Weingärten, die sich den Paarl Mountain hinaufziehen. Außer einem Shiraz der Spitzenkategorie produziert die Kellerei auch einen großartigen trockenen Schaumwein, der nach der Methode Cap Classique (Champagner-Gärung) ausschließlich aus Chardonnay-Trauben erzeugt wird, und den Pineau de Laborie, einen geradezu unverschämt leckeren Dessertwein auf Pinotage-Basis. ⏲ April–Sep Mo–Sa 9–17, Okt–März Mo–So 9–17 Uhr, R15 für die Verkostung von fünf Weinen.

Rhebokskloof, von der R45 ausgeschildert, 11,5 km nordwestlich von Paarl, 💻 www.rheboks kloof.co.za. Das äußerst fotogene und auch für Hochzeitsfeiern sehr beliebte Weingut erstreckt sich am Fuß faszinierend modellierter Granit-*koppies* mit Blick auf eine flache *kloof* am Rand eines Naturschutzgebiets. Das renommierte Restaurant des Anwesens (s. S. 215) liegt an einem künstlich angelegten See mit Schwänen. Die Spitzenweine des umfangreichen Sortiments sind ein Cabernet Sauvignon und ein Chardonnay. Hier werden auch Ausritte und Quad-Bike-Touren angeboten (s. Kasten S. 214). ⏲ tgl. 9–17 Uhr, R20.

Franschhoek

Zwischen 1688 und 1700 akzeptierten rund 200 **französische Hugenotten** in dem verzweifelten Versuch, der religiösen Verfolgung in Frankreich zu entkommen, ein Angebot der Niederländischen Ostindischen Kompanie: Man gewährte ihnen Überfahrten zum Kap und Ländereien. Sie nahmen Kontakt mit frühen Siedlergruppen in der Gegend, den **Khoi-Hirten**, auf. Der folgende Konflikt zwischen den französischen Neuankömmlingen und den Khoi nahm wohl bekannte Züge an: Ganz allmählich verdrängten die weißen Siedler die Hirten und trieben sie entweder tiefer ins Hinterland oder in eine Knechtschaft auf ihren Farmen.

Die weiße Hegemonie etablierte sich rasch und bereits 1713 hieß die Gegend **De France Hoek**. Die französische Sprache starb allerdings innerhalb einer einzigen Generation aus. Viele Anwesen sind trotzdem heute noch unter ihrem ursprünglichen französischen Namen bekannt. Die Stadt selbst entstand 1833 um eine Kirche herum und umfasst Teile der früheren Farmen La Cotte und Cabrière.

Obwohl das 33 km von Stellenbosch und 29 km von Paarl entfernt liegende Franschhoek immer noch ein kleines *dorp* ist, hat es sich zur kulinarischen Hauptstadt des Westkaps, wenn nicht gar des ganzen Landes, entwickelt. Seine spätviktorianische und neuere, französisch beeinflusste Architektur, die prächtige Lage in einem an drei Seiten von Bergen umschlossenen Tal und die zahlreichen Weingärten machen den Ort zu einem wunderschönen Anlaufziel.

Die Stadt und Umgebung

Abgesehen vom Weintrinken und Speisen umfassen Franschhoeks Attraktionen auch das Wandern, Reiten oder Radfahren im Tal bzw. den Besuch des Huguenot Monument und des angrenzenden Museums, die beide an der Spitze der Huguenot Rd zu finden sind (an der T-Kreuzung mit der Lambrecht St). Das **Huguenot Monument** besteht aus drei schmalen, zusammengefügten Bögen, die die Dreifaltigkeit symbolisieren, während das **Huguenot Memorial Museum** einen guten Überblick über die Geschichte und Kultur der Hugenotten sowie über deren Beitrag zum modernen Südafrika vermittelt. ⏲ Mo–Sa 9–17, So 14–17 Uhr, Eintritt R10.

Eine besonders lohnende Möglichkeit, die landschaftliche Schönheit von Franschhoek (und das eine oder andere Glas Wein) zu genießen, ist ein Ausritt – zwei Veranstalter organisieren geführte Reitausflüge. Das **Mont Rochelle Equestrian Centre**, Mont Rochelle Estate, ✆ 083-300 4368, bietet dreistündige Ausritte mit Weinproben auf den Gütern Rickety Bridge und Mont Rochelle (R300); einfache Ausritte kosten R130 pro Stunde. **Paradise Stables**, Roberstsvlei Rd, ✆ 021-876 2160, 💻 www.paradisestables.co.za, streckt den Ausritt mit Besuch der beiden Weingüter auf vier Stunden (R450); geritten wird auf Vollblutaraberpferden. Für normale Ausritte sind R150 pro Stunde zu berappen.

Museum van de Caab

12 km nördlich von Franschhoek liegt an der R45 das Weingut Solms Delta (S. 219) mit dem sehr empfehlenswerten **Museum van de Caab**. Die

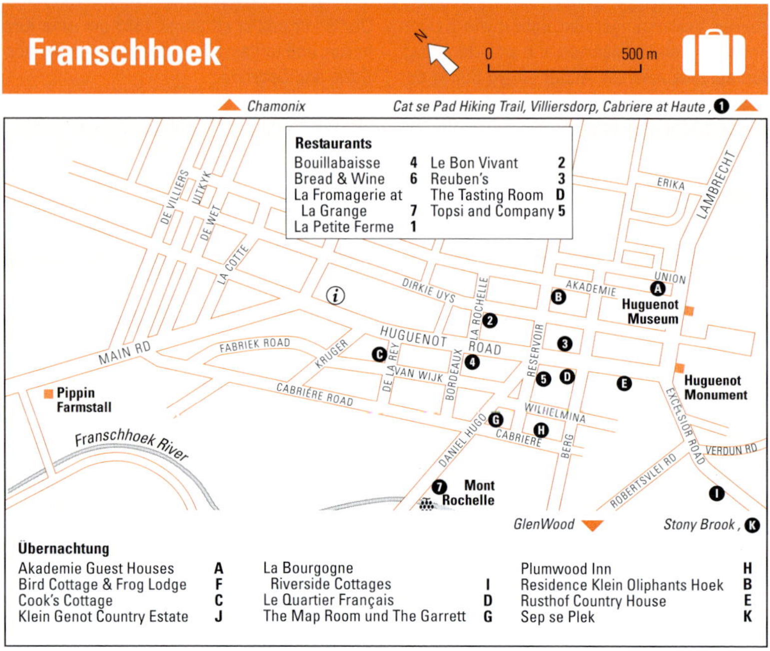

Ausstellung, die neben dem unaufdringlichen Verkostungsraum im ursprünglichen Weinkeller, einem kapholländischen Giebelbau aus den 1740er-Jahren, untergebracht ist, gibt einen kurzen, faszinierenden Querschnitt durch die Geschichte des Anwesens – von steinzeitlichen Fundstücken über die Ankunft der Khoisan, die Kolonisierung durch die Europäer und die Einführung der Sklaverei bis zur Entstehung und schließlich zum Ende des Apartheid-Systems. ◷ tgl. 9–17 Uhr, Eintritt frei.

Die Weingüter

Franschhoeks Weingüter sind klein und nahe genug beieinander, um zwei oder drei davon an einem Vormittag zu besuchen. Vom Huguenot Monument durch die Stadt Richtung Norden sind die meisten Weingüter von der Huguenot Rd und ihrer Verlängerung, der Main Rd, ausgeschildert. Die übrigen sind über die Excelsior Rd und die Franschhoek Pass Road zu erreichen.

Cabrière at Haute Cabrière, ca. 2 km außerhalb der Stadt über die Franschhoek Pass Rd, 💻 www.cabriere.co.za. Die stimmungsvolle Kellerei mit urigen Gewölbedecken und grob gehauenen Stufen, die sich in den Weinkeller hin abwinden, wirkt fast, als hätten die Nibelungen sie in den Berg getrieben – tatsächlich befand sich hier einst ein Bergwerk. Besonders bekannt ist das Gut für seine Pinot Noirs und seinen eigenwilligen Winzer Achim von Arnim. Richtig spannend wird es, wenn er oder einer seiner Söhne die Kunst demonstrieren, eine Schampusflasche mit dem Säbel fein säuberlich zu köpfen. ◷ Mo–Fr 9–16.30, Sa 10–16 Uhr, R20 für die Verkostung von drei Weinen, R30 für fünf.

GlenWood, Robertsvlei Rd, von der R45 ausgeschildert, 💻 www.glenwoodvineyards.co.za. Auf dem kleinen Weingut in herrlicher Lage nur etwa 10 Autominuten vom Dorftrubel fühlt man sich überraschend weitab vom Geschehen der Welt. Häufig führt der Besitzer selbst Besucher durch Weingärten und -kellerei. ◷ Mo–Fr 11–16, Sep–April auch Sa und So 11–15 Uhr, Verkostung R25.

Mont Rochelle, Dassenberg Rd, 💻 www.montrochelle.co.za. Eines der am schönsten gelegenen Weingüter von Franschhoek erstreckt sich vor der Kulisse des Klein Dassenberg. Der ungewöhnliche Weinkeller ist in einer umgebauten Obstpackerei aus dem 19. Jh. mit filigranem Maßwerk, Buntglasfenstern und Kronleuchtern untergebracht. Der Alleineigentümer des Weinguts ist schwarz – bislang noch eine Seltenheit in Südafrika. Die besten Erzeugnisse des Anwesens sind ein erstklassiger Syrah und die tollen Weißweine. ⌚ tgl. 10–18 Uhr, R15.

Stony Brook Vineyards, ca. 4 km von Franschhoek, in der Nähe der Excelsior Rd, 💻 www.stonybrook.co.za. Die als Familienbetrieb geführte Boutique-Weinkellerei mit nur 140 000 m² Rebenanbaufläche erzeugt zahlreiche erstklassige Weine wie ihr gefeiertes Spitzenprodukt, den Ghost Gum Cabernet Sauvignon, der seinen Namen einem imposanten alten Baum vor dem Haus und der zwanglosen Probierstube verdankt. Die unterhaltsamen Verkostungen werden von den Inhabern selbst veranstaltet. ⌚ Mo–Fr 10–15, Sa 10–13 Uhr, R20.

Übernachtung

Bird Cottage und **Frog Lodge**, Verdun Rd, 4,5 km von Franschhoek, ✆ 021-876 2136, ✉ cindy@kingsley.co.za. Zwei kunstsinnig eingerichtete Cottages in herrlichem Garten mit heimischen Pflanzen inmitten von Feldern und Wiesen vor Bergkulisse. Abgeschiedener geht es so nahe bei Franschhoek kaum. Preiswert. ❸

Cook's Cottage, Ecke De La Rey und Van Wyk St, ✆ 021 876 4229, 💻 www.cookscottage.co.za. Geräumiges, zweigeschossiges, sehr hübsch eingerichtetes Haus aus der viktorianischen Ära im Ortszentrum. 2 Schlafzimmer und eine große Wohn-Essküche mit offenem Kamin. Für bis zu 4 Pers. ❽

Klein Genot Country Estate, Green Valley Rd, ✆ 021-876 2738, 💻 www.kleingenot.com. Die luxuriöse Boutique-Unterkunft auf einem wunderbaren, weitläufigen Gelände etwas abseits der Hauptstraße präsentiert sich im burischen Barock: strohgedeckte, pseudokapholländische Bauten, schwere Vorhänge und zahlreiche Original-Kunstwerke südafrikanischer Herkunft. Die Zimmer sind rund um einen Koi-Teich angeordnet. Zur Anlage gehört außerdem ein Wellness-Center mit drei Behandlungsräumen. ❽

La Bourgogne Riverside Cottages, Excelsior Rd, ✆ 021-876 3245, 💻 www.labourgogne.co.za. Sechs umgebaute Arbeiterhäuschen in einem Garten mit heimischer Vegetation am Flussufer; die Anlage gehört zu einer Obstplantage. ❹

Le Quartier Français, 16 Huguenot Rd, ✆ 021-876 2151, 💻 www.lequartier.co.za. Feudale Unterkunft mit 6 Suiten (2 mit eigenem, ummauerten Garten und Pool) und 15 Zimmern mit sonnigen Stoffen, rund um einen Kräuter- und Blumengarten sowie Swimming Pool.

Trinken für den guten Zweck

Solms Delta Wine Estate & Museum, 13 km nördlich von Franschhoek über R45, 💻 www.solms-delta.co.za. Das nette Weingut in ländlicher Idylle produziert ungewöhnliche und konstant herausragende Weine, die man an Sommertagen unter alten Eichen am Rand der Weingärten verkosten kann. Außerdem können sich Besucher mit einem vorbestellten Picknickkorb am Ufer des Flüsschens niederlassen, das die Grenze des Anwesens bildet, und das faszinierende Museum auf dem Gelände besichtigen (s. S. 217). Die Hälfte der Gewinne aus dem Weinverkauf fließt in eine Stiftung, die den Bewohnern des Guts und des Franschhoek Valley zugute kommt. ⌚ tgl. 9–17 Uhr, Eintritt frei.

Sich zurückziehen und ausspannen

Akademie Guest Houses, 5 Akademie St, ✆ 021-876 3027, 💻 www.aka.co.za. Ein wunderschönes Zimmer im Obergeschoss mit Balkon und 3 charaktervolle Cottages (eins davon ein zweigeschossiges Haus mit umlaufendem Balkon und Badewanne im Freien), jeweils mit eigenem Garten und Pool und zahlreichen Originalkunstwerken. Privatsphäre wird hier groß geschrieben. Die Betreiber bieten eine tolle Auswahl an Filmklassikern und Musik, die man sich mit aufs Zimmer nehmen kann. Frühstück wird unter den Reben serviert. Cottage R1900–3500.

Kinderfreundlich. Das hoteleigene Restaurant gehört zu den besten des Landes. ❽–❾

The Map Room und **The Garrett**, 21 Cabrière St, ✆ 021 876 4229, 💻 www.cookscottage.co.za. Zwei benachbarte, fantasievoll eingerichtete Unterkünfte für Selbstversorger im Ortszentrum. The Garrett ist ein gemütliches Nest für 2 mit toller Aussicht und eigenem Garten samt Pool. Der zweigeschossige Map Room, ebenfalls für 2 Pers., bietet großzügigere Räumlichkeiten und eine Terrasse. ❻

Plumwood Inn, 11 Cabrière St, ✆ 021-876 3883, 💻 www.plumwoodinn.com. Zuverlässig hervorragendes Boutique-Guesthouse, dessen afrikanisch beeinflusste Ausstattung sich von der Frankomanie Franschhoeks abhebt. Die holländischen Besitzer Roel und Lucienne Rutten bieten ihren Gästen erstklassigen Service. ❻

Residence Klein Oliphants Hoek, 14 Akademie St, ✆ 021-876 2566, 💻 www.kleinoliphantshoek.co.za. Stimmungsvolles 2-geschossiges Gästehaus in einer ehemaligen viktorianischen Missionsstation. Riesiger Empfangsraum mit hoher Decke; die einstigen Klassenzimmer und Missionarsunterkünfte wurden zu 8 Gästezimmern mit unterschiedlichem Komfortstandard umgebaut. Zum Frühstücksraum gehört eine Terrasse mit Blick auf den kunstvoll angelegten Kräuter- und Rosengarten. ❻–❽

Rusthof Country House, 12 Huguenot St, ✆ 021-876 3762, 💻 www.rusthof.com. Modernes Gästehaus mit 8 Zimmern an der Hauptstraße (wovon man aber kaum etwas merkt), nur einen Katzensprung von einigen der Spitzenrestaurants von Franschhoek entfernt. Die Zimmer gehen auf einen Rosengarten; der Service ist erstklassig. ❻

Sep se Plek, Excelsior Rd, ✆ 083-459 9534 oder 083-444 2477, ✉ ladboer@mweb.co.za. Wohl das einzige Schnäppchen in Franschhoek: 3 komplett ausgestattete Cottages mit je 2 Schlafzimmern an einem kleinen, ruhigen, baumbestandenen See auf einer Obstplantage. ❷

Essen

Essen und Trinken zählen zu den Hauptbeschäftigungen in Franschhoek. Man sollte also zumindest eines oder zwei der exzellenten Restaurants aufsuchen, die zu den besten des Landes gehören. Franschhoeks Küche entwickelt sich allmählich über ihre französischen Wurzeln hinaus und bezieht jetzt auch asiatische, südafrikanische und andere Einflüsse mit ein. Im Ort drängen sich die Restaurants entlang der Huguenot Rd. Einige erstklassige Alternativen gibt es auf den Weingütern der Umgebung. Reservierungen sind notwendig.

Restaurants

Bread & Wine, Môreson Farm, Happy Valley Rd, von der R45 ausgeschildert, ✆ 021-876 3692. Hervorragendes, kinderfreundliches Lokal, umgeben von Zitronenplantagen und Weinbergen, serviert kreative mediterrane Landküche im modernen Stil (z. B. geschmorte Tomaten mit Auberginen-Ravioli), dazu werden verschiedene Brotsorten und selbstgekelterter Wein gereicht. 🕓 tgl. 12–15 Uhr

La Fromagerie at La Grange, 13 Daniel Hugo St. Im Garten mit Blick auf die Weinstöcke werden Käseplatten mit südafrikanischem Käse und Wein serviert, aber auch Tee und Kuchen sowie Mittagessen, darunter Eintöpfe und Gratins. 🕓 tgl. Mittag- und Abendessen, außerdem Käseverkostung 12–16 Uhr. An Sommerwochenenden verwandelt sich das familienfreundliche Lokal in einen beschwingten Jazztreff.

La Petite Ferme, Franschhoek Pass Rd, ✆ 021 876 3016. *Condé Nast Traveler* hält das vielfach preisgekrönte Etablissement für eins

Kulinarisches Happening

Bouillabaisse, 38 Huguenot St, ✆ 021-876 4430. Performance-Küche vom Feinsten: In dem gemütlichen Bistro mit offener Küche über die ganze Länge des Raums wird geniale Kochkunst zur spannenden Abendunterhaltung. Es gibt auch Hauptgerichte, aber am besten lässt sich die asiatisch beeinflusste Aromenvielfalt in Form von Appetithäppchen nach Tapas-Art genießen. Nach Sitzplätzen direkt am Geschehen fragen und auf keinen Fall die hausgemachten Sorbets verpassen: Limone-Basilikum, Orange-Chili und Ingwer-Zitronengras. 🕓 Mo–Sa 10–22 Uhr.

der 15 Restaurants mit dem besten Preis-Leistungs-Verhältnis weltweit. Das beliebte Lokal tischt delikate moderne Landküche zum unschlagbaren Blick über ein rebenbepflanztes Tal auf. Zu seinen Spezialitäten gehören die selbstgeräucherte Forelle, Karoo-Lammbraten und würzige Straußenfleisch-Rouladen. Zu den Mahlzeiten werden Weine aus der eigenen Kellerei gereicht. ◷ tgl. 12–16 Uhr.

Le Bon Vivant, 22 Dirkie Uys St, ✆ 021-876 2717. Ganz hervorragendes Restaurant mit erschwinglichen Preisen, 2- bis 5-gängige *nouvelle cuisine*-Tagesgerichte sowie Gerichte von der Speisekarte mit leicht holländischem Einschlag. ◷ Do–Di 12–15 und 18.30 Uhr bis spät, Mi geschl.

Reuben's, 19 Huguenot Rd, ✆ 021-876 3772. Eines der Spitzenrestaurants von Franschhoek: minimalistischer Schick, entspannte Atmosphäre und eine tgl. wechselnde, ebenso einfallsreiche wie vielseitige Speisekarte. Wild spielt eine wichtige Rolle; außerdem gibt es immer Geflügel, Lamm, Schwein, Seafood und ein vegetarisches Gericht, alle mit indischen, japanischen und anderen asiatischen Würznoten. Phänomenal sind auch die Vorspeisen, etwa pikant gewürztes Tatar oder Tintenfisch mit Chili-Salz. ◷ tgl. 9–11, 12–15 und 19–21 Uhr.

The Tasting Room, Le Quartier Français, 16 Huguenot Rd, ✆ 021-876 2151. Das Restaurant, das Franschhoek auf die Gourmet-Landkarte brachte, bleibt eines der besten Südafrikas (und wird vom britischen *Restaurant*-Magazin zu den Top 50 der Welt gezählt). Abends internationale moderne Kochkunst der Sonderklasse in formeller Atmosphäre. Auch für Vegetarier ist immer etwas dabei, und die Desserts sind deliziös. ◷ tgl. 7–22 Uhr.

Topsi & Co, 7 Reservoir St West, ✆ 021-876 2952. Das von einem der exzentrischsten und berühmtesten Köche Südafrikas, Topsi Venter, geführte Restaurant ist immer für eine Überraschung gut, denn hier werden die ausgefallensten Zutaten meisterhaft zu einer wahren Gaumenfreude zusammengestellt. Ein sprechender Papagei namens Dr. Arnoldus Pannevis stolziert zwischen den Gästen umher, um überall nach dem Rechten zu sehen. ◷ Mi–Mo 12–14.30 und 19–21 Uhr.

Informationen

Das hochfrequentierte **Tourist Office**, 68 Huguenot Rd, unmittelbar nördlich der Kreuzung mit der Kruger St, 💻 www.franschhoek.org.za, bietet Infos zu aktuellen Veranstaltungen in der Gegend und ausgezeichnete Übersichtspläne des Ortes sowie der Weingüter. ◷ Sep–April Mo–Fr 9–18, Sa und So 9–17 Uhr, Mai–Aug Mo–Fr 9–17, Sa und So 9–16 Uhr.

Transport

Da es nach bzw. in Franschhoek keine öffentlichen Verkehrsmittel gibt, ist die Stadt nur mit dem Auto zu erreichen.

Route 62 und Kleine Karoo

Eine der lohnenswertesten (wenn auch weniger bekannten) Strecken des Westkaps ist das Pendant zur Garden Route durchs Landesinnere: die **Bergroute** von Kapstadt nach Port Elizabeth zumeist über die **R62**, und daher unter der Bezeichnung Route 62 bekannt. Sie führt über dramatische Pässe und *poorts* (Talstrecken) sowie durch *dorps* und *dryland* (Trockengebiet). Diese „Hintergarten"-Route gibt in vieler Hinsicht sogar mehr her als die Garden Route, da sie weniger touristisch ist und mit spektakulärer Landschaft, ruhigeren Straßen und ein paar ausgesprochen netten Kleinstädten lockt.

Hinter dem Weinland von Paarl und Stellenbosch breitet sich ein riesiges Hinterland fächerförmig von Kapstadt aus. Unmittelbar hinter Paarl gräbt sich der Huguenot Tunnel auf der N1 durch den Dutoitsberg-Gebirgszug und taucht im **Obst- und Weingebiet** des Breede River Valley wieder auf, wo die Berge einem Puzzle aus unterschiedlichen Tälern weichen. Die meisten Kalenderfotos von einsamen weißen, hinter Weinbergen versteckten Gehöften entstehen hier und nicht im eigentlichen Weinland.

Das Breede River Valley deckt einen Teil der Strecke zum Ostkap über Oudtshoorn ab. Seine Städte sind beliebte Ausflugsziele der Kapstädter. **Worcester**, das große Zentrum der Region an der N1, ist nur 110 km von Kapstadt entfernt. Bis zu dem Ort **Tulbagh**, nördlich davon, mit seinen schön restaurierten kapholländischen Straßenzügen sind dagegen 130 km zurückzulegen. Südlich von Worcester folgt die R60 dem Hain des Breede River und führt zur eher farblosen Kleinstadt **Robertson**, dem Mittelpunkt einer weiteren Weinroute.

Etwa 19 km südlich befindet sich **McGregor**, ein erholsames Dorf mit ländlicher Atmosphäre – ein hervorragendes Ziel für Wochenendurlauber. Ganz in der Nähe wird der hübsche historische Badeort **Montagu** unweit der Kap-Halbinsel von steilen, rot gestreiften Klippen überragt, die ehrgeizige Bergsteiger aus dem ganzen Land anlocken. Weitere 60 km östlich erreicht man das sympathische **Barrydale**. Der kleine Karoo-Ort, den die meisten Touristen noch nicht entdeckt haben, liegt ganz in der Nähe der Thermalquellen von Warmwaterberg.

Von Barrydale schlängelt sich die R62 Richtung Osten in den „Hinterhof" der Garden Route, die Kleine Karoo (oder Klein Karoo) – ein ausgedehntes, leicht khakifarbenes Hinterland (*karoo* ist ein Khoi-Begriff und bedeutet soviel wie „hart und trocken"). Die Kleine Karoo bietet den einfachsten Zugang zur **Halbwüste**, die ein Drittel von Südafrikas Fläche bedeckt. Offene baumlose Ebenen mit vereinzelten niedrigen, drahtigen Büschen und stumpfen Hügeln gehen schließlich in die Große Karoo über, die sich bis in den südlichen Freistaat und weit in die Provinzen des Ost- und Nordkaps hinein erstreckt. Die Große Karoo umfasst das raue Grenzland, das eine Reihe von Südafrikanern abwechselnd besetzten: San-Jäger, Khoi-Hirten, Griqua- (coloured) Farmer und afrikaanische Trekker. Das von Weißen und Coloureds gesprochene Afrikaans ist die heute vorherrschende Sprache, die Coloureds haben zudem Überreste des Khoi integriert.

Als unangekündigte Überraschung entlang des Weges entpuppt sich **Calitzdorp**, ein kleines ländliches *dorp*, mit dem Auto gut fünf bis sechs Stunden von Kapstadt entfernt. Bescheidene Weinfarmen an den Seitenstraßen des Ortes produzieren einige der besten Portweine Südafrikas. In den vernachlässigten Tälern der Gegend ist noch etwas vom Lebensgeist der alten Karoo zu spüren. Zwischen den Gehöften und den verstreuten, verblichenen Cottages der farbigen Arbeiter besteht eine fast feudalistische Beziehung.

Oudtshoorn (eine halbe Stunde entfernt) dagegen bietet wohlbekannte Touristenattraktionen: die Straußenfarmen und massiven **Cango Caves**. In Oudtshoorn, das über sehr gute Verkehrsanbindungen verfügt und weniger als 70 km von der Küste entfernt liegt, treffen Berg- und Küstenstraße zusammen. Der Ort ist ein beliebtes Ziel für Tagesausflüge von George. Von Oudtshoorn führt eine 27 km lange Achterbahnfahrt über die spektakulärste Passstraße der Kapregion, den ungeteerten Swartberg Pass, durch die Swartberge zum Karoo-Dorf **Prince Albert**, das mit seiner kargen Schönheit und seinen bemerkenswerten Lichtverhältnissen viele Künstler anlockt. Ihre Werke sind in einer interessanten Galerie zu besichtigen; außerdem hat der Ort ein paar ausgezeichnete Unterkünfte.

Die N1 windet sich hinter Worcester auf ihrem Weg durch das nördlichste Drittel der Kleinen Karoo, vorbei an **Matjiesfontein**, einer gut erhaltenen viktorianischen Eisenbahnerstadt, und dem unaufdringlichen, unterschätzten **Karoo National Park**. Beide liegen unmittelbar hinter der Hauptstraße und sind auf jeden Fall einen Stopp wert.

Ein Abstecher führt von Matjiesfontein nordwärts nach **Sutherland**, einem entlegenen Karoo-Dorf mit prachtvollem Sternenhimmel und dem Ruf, im Winter das kälteste Fleckchen Südafrikas zu sein. An diesem Ort mit minimaler Licht- und Luftverschmutzung ist eins der größten Teleskope der Südhalbkugel stationiert; Wissenschaftler aus aller Welt hausen hier in Forschungsstationen unter Kuppeldächern.

Von Worcester bis Barrydale

Besonders lohnende Stopps auf der Inlandroute von Kapstadt nach Oudtshoorn sind die hübschen Orte Tulbagh, Montagu und Barrydale. Worcester ist dagegen nur besuchenswert, wenn man sich für seinen hervorragenden Botanischen Garten interessiert.

Pässe und Poorts der Kleinen Karoo

Die Kleine Karoo wird im Norden von der Langebergkette und im Süden von der Outeniqua-Gebirgskette (Abgrenzung zur Garden Route) gesäumt. In der Mitte erstreckt sich ein Landstrich aus Bergen und Tälern, der diese Gegend für Radfahrzeuge jahrhundertelang unpassierbar machte. Im 19. Jahrhundert nahmen sich die Briten des Problems an und errichteten Dutzende von Pässen über die Berge des Kaps. 34 davon sind dem herausragenden Straßenbauer Andrew Geddes Bain und seinem Sohn Thomas zu verdanken. Im Jahre 1878 sagte Anthony Trollope, der **Outeniqua-Pass**, unmittelbar nördlich von George Richtung Oudtshoorn, gleiche den Bergstraßen in den Pyrenäen – eine Beschreibung, die heute noch auf praktisch alle Pässe in der Kleinen Karoo zutrifft. In der Tat entschädigen diese thronenden viktorianischen Meisterwerke für jegliche Versäumnisse in den Museen und Kunstgalerien der Kleinen Karoo.

Nachfolgend einige der besten Pässe:

Bain's Kloof Pass, an der R303 nordöstlich von Paarl, mit spektakulären Haarnadelkurven.

Cogman's Kloof Pass, 5 km lange Strecke zwischen Ashton und Montagu, der dramatischste Teil windet sich durch eine Felswand in das Montagu-Tal (s. Kasten S. 228).

Du Toit's Kloof Pass, zwischen Paarl und Worcester, aufregendere Alternative zum Huguenot Toll Tunnel mit einem Gefälle von 11 % (s. unter Worcester, S. 224).

Gamkaskloof Pass, auch als „Die Hel" bekannt, zu erreichen vom Gipfel des Swartberg-Passes. Dieser wohl eindrucksvollste Pass in der Region führt in ein spektakuläres, einsames Tal (s. Kasten S. 237).

Meiringspoort Unmittelbar nördlich von De Rust führt eine geteerte Straße durch eine der Swartberg-Schluchten, die mehrfach einen hellbraunen Fluss überquert, während zu beiden Seiten riesige gefaltete und gezackte Felsplatten in die Höhe ragen. An jeder Furt gibt es einen Picknickplatz und an Furt 17 (alle sind nummeriert) einen Wasserfall. Von hier kann man 12 km in das Gebirge hineinwandern.

Prince Alfred's Pass, auf der R339, zwischen der N2 unmittelbar östlich von Knysna und Avontuur an der R62. Eine abenteuerliche unbefestigte Straße, die sich durch die Berge an ein paar einsamen Farmen vorbeiwindet.

Swartberg Pass, zwischen Oudtshoorn und Prince Albert, Pendant zu Meiringspoort über die Swartberge mit einem Gefälle von 14 % über schmale, ungeteerte und kurvige Straßen.

Worcester und die Karoo Botanic Gardens

Das interessanteste Erlebnis auf der Strecke von Kapstadt nach Worcester, 110 km nordöstlich der Kapmetropole, ist der **Huguenot Toll Tunnel** auf der N1, der durch hohe Berge in ein herrliches Tal führt. Die für diese Weltgegend relativ große Stadt Worcester ist ein landwirtschaftliches Zentrum mit einer Reihe von Fabriken und geruchsintensiven Hühnerfarmen. Sie liegt inmitten eines Weinanbaugebiets, dessen Winzergenossenschaften etwa ein Fünftel der landesweiten Weinmenge herstellen.

Wenn man auf der N1 nach Worcester hineinfährt, weisen Schilder den Weg zu den **Karoo Botanic Gardens**, ✆ 023–347 0785. Die Schwesteranlage des Kirstenbosch in Kapstadt (S. 140) ist vor allem für ihre heimischen Frühlingsblumen und Sukkulenten bekannt. ⌚ tgl. 7–19 Uhr, Eintritt R16. In dem hübschen Restaurant mit Blick über den Garten auf die attraktive Bergkulisse werden leichte Mahlzeiten serviert. ⌚ So und Mo 9–17, Di–Sa 9–20 Uhr.

Die Stadt selbst hat kaum etwas zu bieten, bis auf die hübschen **historischen Fassaden** an der Church St und das faszinierende **Kleinplasie Living Open Air Museum**, das das Leben an der Karoo-Grenze zwischen 1690 und 1900 dokumentiert. Es setzt sich aus zwei Dutzend nachgebildeten Gebäuden und alten Werkstätten zusammen, in denen Kunsthandwerk hergestellt wird. Besonders bemerkenswert ist eine Hirtenhütte aus Kragstein, die den einzigartigen volkstümlichen Stil der Karoo veranschaulicht: gewölbte Steindächer und keine Balken-und-Sturz-Konstruktionen, aus Mangel an Holz in der baumlosen Weite.

Auf dem Gelände gibt es auch ein **Restaurant** und ein **Café**, und der Weinladen nebenan bietet eine gute Auswahl aus den Worcester-Kellereien an. Das Museum befindet sich direkt außerhalb des Zentrums. Anfahrt über High St nach Osten, dann rechts in die Straße nach Robertson abbiegen. ⌚ Mo–Sa 9–16.30 Uhr, R15.

Die Weingüter von Tulbagh

Mehrere neu gegründete Weingüter rund um Tulbagh laden zu Weinproben und -kauf ein, allerdings nicht am Sonntag. An der Tulbagh-Weinroute, 💻 www.tulbaghwineroute.com, liegen einige Weinkellereien mit gutem Ruf, wie **Twee Jonge Gezellen**, ⌚ Mo–Fr 9–16, Sa 10–14 Uhr, Eintritt frei, und der hochmoderne Weinbetrieb **Saronsberg**, ⌚ Mo–Fr 8.30–17, Sa 10–14 Uhr, Eintritt frei. Beim Tourist Office gibt es eine ausgezeichnete Karte, auf der die Weingüter mit Öffnungszeiten verzeichnet sind. Ansonsten bekommt man die hiesigen Weine vor Ort im **Paddagang Wine House** und bei der Kellerei der **Manley Wine Lodge** oder bei **Things I Love** in der Church Street, ✆ 023-230 1742, 💻 www.thingsilove.co.za.

Tulbagh

Tulbagh liegt zwar nicht direkt an der R62, ist aber über die R43 von Worcester gut zu erreichen. Der Ort schmiegt sich abseits aller Straßen, die irgendwohin führen, in ein weites Talbecken, umgeben von den Witzenbergen. Er ist ein gutes Ziel für einen Tages- oder Wochenendausflug vom 120 km entfernten Kapstadt, doch wer genug Zeit hat, kann sich ihm auch auf der R303 über den schönen **Bain's Kloof-Pass** nähern.

Bei einer einfachen Ortsdurchfahrt – die Van der Stel St entlang – gewinnt man den Eindruck, Tulbagh sei nichts weiter als ein eintöniges *dorp.* Dabei präsentiert sich einen Block weiter westlich an der **Church Street** ein perfekt restaurierter Straßenzug aus dem 18. und 19. Jh. Obwohl es kaum noch Originalfassaden gibt (die Stadt wurde 1969 bei einem Erdbeben zerstört), erscheinen die wunderschönen Gebäude durchaus authentisch. Nach dem Erdbeben verwendete man zur **Restaurierung** Material aus den Ruinen und stützte sich dabei auf fotografische und handgezeichnete Vorlagen.

Entlang der kurzen Straße sind mindestens sechs unterschiedliche Stile vertreten. **Paddagang** (Froschpassage), Nr. 23, ein früheres *taphuis* (Weinhaus), beherbergt heute ein Restaurant mit dazugehörigem Weinhaus (s. u., Essen): Die Flaschen machen eher mit den lustigen Comic-Fröschen auf den Etiketten auf sich aufmerksam als durch ihren Inhalt.

4 km nördlich der Stadt liegt an der Verlängerung der Van der Stel St das **De Oude Drostdy Museum**, ein eindrucksvolles kapholländisches Meisterwerk. ⌚ Mo–Fr 10–17, Sa 10–14 Uhr, R7.

Übernachtung

In Tulbagh gibt es eine gute Auswahl an Unterkünften: von Selbstversorgung auf Bauernhöfen bis zu Guesthouses; im Ort selbst sind allerdings keine richtigen Budget-Unterkünfte zu finden.

Acre Laan Farm Cottages, 5 km südlich der Stadt, 1 km abseits der Wolseley Rd, ✆ 023-230 2991, ✉ fanie@cfconstruksie.co.za. Zwei Selbstverpfleger-Cottages für je 4 Pers. mit Messingbetten und offenem Kamin auf einer Farm. ❷

De Oude Herberg, 6 Church St, ✆ 023-230 0260, 💻 www.deoudeherberg.co.za. Herberge in guter Lage mit Zimmern im ländlichen Stil. Französische Türen führen auf die Veranda oder in den Garten, und an heißen Tagen lädt ein Pool mit Liegestühlen zur Entspannung ein. Das vornehmste Zimmer, im ältesten Teils des Hauses, geht zur Straße. Das nur im Sommer geöffnete Restaurant des Hauses ist das beste von ganz Tulbagh. ❹

Manley Wine Lodge, rund 1,5 km nördlich der Stadt an der Hauptstraße, ✆ 023-230 0582, 💻 www.manleywinelodge.co.za. Luftige B&B-Zimmer und geräumige 2-stöckige Cottages mit Lounge auf einem Weingut. ❻

Wild Olive Farm, ✆ 023-230 1160, 6 km südlich der Stadt Richtung Wolseley führt ein ausgeschilderter, nicht asphaltierter Karrenpfad zu dieser familienfreundlichen Unterkunft auf einer Farm. Sechs Cottages zur Selbstverpflegung mit Kamin und *braai*-Grill. Auch Campingplatz auf einer Wiese mit sauberen Sanitäranlagen. Gäste erhalten Milch und Eier. Bademöglichkeiten in einem Bergbach. ❸

Essen

Boulders Bush Pub, Vindoux Farm, Twee Jonge Gezellen Rd. Pub mit Kneipenkost und Pizza auf einem Weingut ein paar Kilometer außerhalb des Orts. Schöne Aussicht von der Terrasse.

Paddagang Restaurant and Wine House, 23 Church St, ✆ 023-230 0242, eine der größten Attraktionen Tulbaghs. 1821 als eine der ersten Schenken des Kaps erbaut, serviert das Paddagang erschwingliche traditionelle Speisen, darunter *waterblommetjebredie*, *smoersnoek* und *bobotie*, und dazu südafrikanische Weine, Sitzgelegenheiten draußen im Garten unter Weinreben. ⌚ tgl. 9–16 Uhr.

Pielows Restaurant at the Oude Herberg, Church St, ✆ 023-230 0260. Candlelight-Dinner der Spitzenklasse mit köstlichen Fisch- und Fleischgerichten. Reservierung ist ein Muss. ⌚ Di–Sa Abendessen, Mai–Aug geschl.

Things I Love, 10 Church St. Deli für Frühstück, leichte Mittagsgerichte und frühes Abendessen, auf dem Bürgersteig oder im Garten zu verzehren. Dazu Käse, Schokolade, Oliven und Wein aus der Gegend.

Readers, 12 Church St, ✆ 023-230 0087. Kleines Lokal in einem Cottage aus dem 18. Jh. Mittags und abends ländliche Kap-Küche mit ungewöhnlichen Kreationen wie Zitronen-Lamm mit gebratenem Knoblauch oder Gazpacho mit Avocado-Sorbet. ⌚ Di geschl.

Informationen

Tourist Office, 4 Church St, ✆ 023-230 1348, 💻 www.tulbaghtourism.org.za, gibt Auskunft über Aktivitäten und Übernachtungsmöglichkeiten in der Gegend, ⌚ Mo–Fr 9–17, Sa und So 10–15 Uhr.

Robertson

Robertson, erreichbar entweder über die N1 oder N2 von Kapstadt her, ist die größte Stadt im schönen Abschnitt des Breede River Valley, hierzulande Robertson Valley genannt. Etwa 10 % der südafrikanischen Weinberge liegen im Robertson Valley. Der Boden weist einen für den Traubenanbau idealen Säurewert auf. Aufgrund der Hitze und Trockenheit ist jedoch eine intensive Bewässerung nötig. Zu den besten hiesigen Weinen zählen Chenin Blancs, Colombards und Muskateller.

Der einzige gute Grund für einen Besuch dieser Obstbauernstadt sind ihre ausgezeichneten Weine, die oft preiswerter sind als die der Weinland-Regionen näher an Kapstadt.

Übernachtung

Robertson Backpackers, 4 Dordrecht Ave, ✆ 023-626 1280, 💻 www.robertsonbackpackers.co.za. Eines der besten Backpacker-Hostels des Westkaps. DZ (teils mit Bad) und Dorm-Betten in einem geräumigen viktorianischen Haus mit offenem Kamin für kalte Winterabende und hübschem Garten. Das Hostel organisiert auch eine eigene Weintour zum annehmbaren Preis. ❶–❷

Informationen

Tourist Office, Voortrekker St, ✆ 023-626 4437. Kostenlose Zimmerreservierung in der Region. 🕓 Mo–Fr 8–17, Sa 9–16, So 10–14 Uhr.

McGregor

Wer sich nicht mit Wein eindecken will, kann von Robertson geradewegs nach McGregor weiterfahren, 15 Minuten weiter südlich am Ende einer kleinen Straße, die von der R60 ausgeschildert ist, und rund 180 km von Kapstadt. Die Straße von Süden, die sich als interessanter Umweg anzubieten scheint, sollte man tunlichst meiden – sie ist nur mit Vierradantrieb zu bewältigen. McGregor ist ein attraktiver Ort mit strahlend weißen Cottages zwischen niedrigem Gestrüpp, Weinstöcken und Olivenbäumen und ruhiger, entspannter Atmosphäre.

Als Ziel für einen Wochenendausflug von Kapstadt hat McGregor einiges zu bieten: ein paar anständige Restaurants, eine Menge erschwingliche Unterkünfte und ein schönes Retreat-Zentrum mit preisgünstigen Massageangeboten und anderen Behandlungen. Auch eine Weintour in und um McGregor und Robertson ist sehr verlockend, allerdings nichts für sonntags, denn dann hat hier alles zu.

Im 19. Jh. gelangte McGregor als Zentrum der Peitschenstiel-Industrie zu bescheidenem Wohlstand. Fuhrmänner und Transportreiter kauften hier ihre langen Bambusstöcke zum Antreiben der Ochsen. Heute sind Ochsenwagen rar und neben der Landwirtschaft entwickelt sich der bisher noch begrenzte Tourismus in zunehmendem Maße.

Ein echter Besuchermagnet ist die Wanderstrecke über die **Boesmanskloof Traverse** (s. Kasten S. 243), die 14 km außerhalb von McGregor beginnt und nach Greyton auf der anderen Bergseite verläuft. Von McGregor kann man eine Etappe der Strecke begehen, die bis zum größten Wasserfall und dann zum Ausgangspunkt des Wegs zurückführt – eine drei- bis vierstündige Wanderung durch die märchenhaft schöne Flussschlucht (auf Afrikaans *kloof* genannt).

Übernachtung

Sämtliche zentral gelegenen Unterkünfte befinden sich in der Voortrekker St oder, von dort aus ausgeschildert, an den Schotterstraßen des Orts. Das tüchtige **Tourist Office** (s. u.) bietet kostenlose Zimmerreservierungen und eine Liste von Unterkünften auf seiner Website.

The Barn, Grewe St. Über das Tourist Office zu buchen. Wunderschön restaurierte Scheune mit Betten für 5 Pers. in 3 Zimmern, viktorianischer Badewanne, antikem Kap-Mobiliar, Kamin und Holzofen. Wird nur komplett vermietet (R1000).

McGregor Country House, Voortrekker St, ✆ 023-625 1656. B&B in viktorianischem Cottage an der Hauptstraße, mit hübschem Garten, Swimming Pool und einem irischem Pub. ❸

Lady McGregor, Voortrekker St. Über das Tourist Office zu buchen. Die billigste Unterkunft des Orts bietet sehr anständige und saubere DZ mit Frühstück und einen Schlafsaal über dem Pub-Restaurant Jack and Grape. Bettwäsche wird gestellt. Gute Ausstattung für Selbstversorger, Pool und Satelliten-TV. ❷

Langewater Farm, 2 km außerhalb des Orts Richtung Boesmanskloof. Über das Tourist Office zu buchen. 3 eher bescheidene Cottages für Selbstversorger auf einem Bauernhof. Ideal für Familien – sehr faire Preise, jede Menge Tiere und reichlich Platz zum Austoben. ❷

McGregor Country Cottages, Voortrekker St, ✆ 023-625 1816, 💻 wwww.mcgregor.org.za/countrycottages.php. Ruhiger Komplex von Cottages mit traditionellen roten Dächern und Kaminen, umgeben von Gärten, Plantagen und

Weingüter und Weinhandlungen im Robertson Valley

Die Weinroute des Robertson Valley reicht bis nach McGregor im Süden und Bonnievale im Osten. Nachfolgend die besten ihrer fast drei Dutzend Weingüter:

Bon Courage, ca. 10 km südöstlich von Robertson an der R317, 💻 www.boncourage.co.za. Produziert einige hervorragende süße Weißweine, insbesondere Muskateller. Probierstube in einem wunderschönen alten Gehöft am Breede River. 🕓 Mo–Fr 8–17, Sa 9–15 Uhr, Eintritt frei. Das dazugehörige Café Maude serviert Frühstück und leichtes Mittagessen.

De Wetshof, etwa 12 km südöstlich der Stadt an der R317, 💻 www.dewetshof.com. Herrliches Anwesen mit Blick auf fotogene Berge und Weinfelder, produziert einige vorzügliche Weine, z. B. den Bateleur Chardonnay. 🕓 Mo–Fr 8.30–16.30, Sa 9.30–12.30 Uhr, Eintritt frei.

Graham Beck, etwa 7 km nördlich von Robertson, 💻 www.grahambeckwines.co.za. Progressives, ambitioniertes Weingut, das international Furore macht. Große Auswahl an Rot- und Weißweinen, viele davon erstklassig. Hochmoderne Probierstube. 🕓 Mo–Fr 9–17, Sa 10–15 Uhr, Eintritt frei.

La Verne Wine Boutique, in einem umgebauten Eisenbahnerhaus neben der Robertson Art Gallery, am Ortseingang über die R60 von Westen, 💻 www.lavernewines.co.za. Der Outlet-Laden vertritt 50 Weinerzeuger aus dem Robertson Valley. Besucher können hier Weine probieren und karton- oder flaschenweise erwerben. Außerdem verteilt La Verne Kartenskizzen der Weinbaugebiete als Orientierungshilfe für Streifzüge. 🕓 Mo–Do 9–17.30, Fr 9–18, Sa 9–17 Uhr.

Robertson Winery, im Ort, in einer Seitenstraße der R60, 💻 www.robertsonwinery.co.za. Erzeuger einiger ausgesprochen trinkbarer Chardonnays und Colombards, die hier günstiger verkauft werden als in den Geschäften. 🕓 Mo–Fr 8–17, Sa und So 9–15 Uhr, Eintritt frei.

Springfield, einige Kilometer südöstlich von Robertson an der R317, 💻 www.springfieldestate.com. Das geniale Weingut erzeugt ein Sortiment wirklich herausragender Rot- und Weißweine, die teils zu Südafrikas absoluten Spitzenreitern zählen. 🕓 Mo–Fr 8–17, Sa 9–16 Uhr, Eintritt frei.

Van Loveren, 15 km nordwestlich von Bonnevale an der R317, 💻 www.vanloveren.co.za. Weinproben in einem hübschen Garten, berühmt für süffige Tropfen wie den River Red, einen Südafrika-Klassiker mit konstant gutem Preis-Leistungs-Verhältnis. 🕓 Mo–Fr 8.30–17, Sa 9.30–13 Uhr, Eintritt frei.

Gemüseäckern. Mit Selbstversorgung und Pool. Separates Honeymoon-Häuschen, das seinen Preis wert ist; Rollstuhlfahrer- und kinderfreundlich. ❸–❹

Onverwacht, am Beginn der Boesmanskloof Traverse, 📞 023-625 1667, Unterbringung in schlichten Hütten, spektakulärer Ausblick und Flussbecken zum Baden. Kein Strom. Schlafsack, Handtücher und Vorräte müssen mitgebracht werden. ❶

Rhebokskraal Farm Cottages, 2 km südlich der Stadt, 📞 023-625 1787, ✉ rhebokskraal@hermann.co.za. Abgeschiedene Cottages zwischen Obst- und Olivenbäumen sowie Weingärten. Die Restaurants in der Stadt sind von hier aus gut erreichbar. ❷

Temenos Country Retreat, Ecke Bree und Voortrekker St, 📞 023-625 1871, 💻 www.temenos.org.za. Eine Oase der Ruhe mit Cottages in einer wunderschönen Gartenanlage, einem ausgewachsenen Schwimmbecken, einer Bibliothek und Meditationsbereichen. Die ausgesprochen sichere und friedliche Anlage ist ideal für allein reisende Frauen. ❸–❹

Essen und Unterhaltung

Tebaldi's at Temenos, Voortrekker St. Das netteste Lokal des Orts. Tapas, Käse, italienische Küche und Weine aus der Umgebung im lauschigen Garten oder an Straßentischen. 🕓 Di–So 9.30–16.30 Uhr, Do–Sa Abendessen ab 19 Uhr.

Villagers, Voortrekker St, verkauft Oliven, Eingemachtes und Bio-Obstsäfte aus eigener Produktion und serviert tagsüber Snacks und

Tee auf einer Veranda mit Blick auf das Geschehen ringsum, ⏲ Mo–Sa 9–16.30 Uhr.
DeliGirls and Bistro, Voortrekker St, ist die beste Adresse für Picknickzutaten wie selbstgebackenes Brot, geräucherten Fisch, Käse, Schokolade und andere Köstlichkeiten. Serviert auch Kaffee und leichte Mittagsgerichte. ⏲ Mo und Mi–Sa 9.30–16.30, So 9.30–14.30 Uhr.
Jack and Grape, Voortrekker St. Pub mit deftigen Steaks und Sportsendungen auf dem Großbildschirm. ⏲ Mo–Sa.
Green Gables Mill House, am Ende der Voortrekker St, Abendessen mit Ausblick auf die Weinberge. ⏲ Mi, Fr, Sa und So abends.

Informationen

Tourist Office, Voortrekker St, ✆ 023-625 1954, 💻 www.tourismmcgregor.co.za. Kleines, in der Hauptstraße von McGregor gelegenes Info Centre. ⏲ Mo–Fr 9–13 und 14–16.30, Sa und So 9–13 Uhr. Reserviert Unterkünfte und stellt Permits für das Begehen der gesamten Boesmanskloof Traverse oder den Abschnitt bis zum Wasserfall aus (R25). Informiert auch über Kunstateliers in der Stadt und die Adressen von Heilpraktikern, die Massage und Yoga anbieten.

Montagu

Als bestes Ziel im Breede River Valley gilt Montagu, 190 km von Kapstadt entfernt. Die Anreise aus südlicher Richtung durch die Cogman's Kloof Gorge zählt zu den spektakulärsten Fahrten im Land. Eine kurze 5 km lange Straße windet sich durch eine Felswand hindurch in ein schmales Tal, das sich dramatisch in Richtung Montagu öffnet. Hoch aufragende Berge erheben sich in Form von riesigen Bögen mit Schichten in Rot- und Ockertönen. Von September bis Oktober durchfluten die sanfteren Farben der Pfirsich- und Aprikosenblüten das Tal. Das attraktive Montagu ist mit seiner viktorianischen Architektur und seinem historischen Flair mindestens für eine Übernachtung gut.

Benannt wurde die Stadt 1851 nach dem vorausschauenden britischen Minister des Kaps, **John Montagu**. Dieser erkannte, dass sich die Kolonie ohne vernünftige Verkehrsanschlüsse nie entwickeln würde, und gab die ersten Bergpässe zur Verbindung der abgelegeneren Gegenden mit Kapstadt in Auftrag. Die dankbaren Farmer von Agter Cogman's Kloof (übersetzt: „hinter Cogman's Kloof") ergriffen die Chance, ihrem Dorf einen neuen Namen zu geben, und benannten es nach John Montagu.

Aktivitäten in Montagu

Drei Wanderwege beginnen an der Old Mill am Nordende der Tanner St, wo sich am Fuße der Kliffs auch ein kleiner Park erstreckt. Wanderkarten erhält man im Tourist Office von Montagu. Der Lover's Walk, die mit 2 km kürzeste Strecke, führt durch Bath Kloof (oder Badkloof) am Keisie River entlang bis zu den Thermalquellen, ⏲ 7–18 Uhr. Anstrengender ist der 12 km lange Cogman's-Kloof-Wanderweg, und für ambitionierte Besucher empfiehlt sich der Bloupunt-Wanderweg mit ca. 15,5 km Länge, der bis auf über 1000 m ansteigt.
Wer sich nicht fit genug fühlt, die **Langeberg Mountains** zu Fuß zu erklimmen, kann den Gipfel innerhalb von 3 Stunden per **Traktor** erreichen, Mi und Sa 10 und 14 Uhr, Reservierung im Tourismusbüro von Montagu, von der Protea Farm aus, 29 km entlang der Straße am Koo/Touws River (R318). Warme Kleidung nicht vergessen.

Montagu ist vor allem für seine **Thermalquellen** berühmt, doch davon abgesehen kommen auch ernsthafte **Kletterer** an den Felswänden, die zu den anspruchsvollsten des Landes zählen, auf ihre Kosten. Einer von Südafrikas Spitzenkletterern betreibt die De Bos Guest Farm (S. 229), die sich gut als Ausgangsbasis für Klettertouren eignet. Außerdem kann man auf einer Reihe von Wegen die Berge erkunden – die bequemste Option ist eine Traktorfahrt zu einem Gipfel mit einem atemberaubenden Panoramablick. Montagu dient zudem als guter Ausgangspunkt für Ausflüge entlang der Robertson- und Little-Karoo-**Weinroute** (S. 227).

40 km östlich von Montagu liegt an der R62 das Sanbona Wildlife Reserve, das interessanteste Wildreservat des Westkaps, auf einem riesigen und sehr schönen Gelände mit frei umherstreifenden Großkatzen; Näheres s. u. (S. 231).

Das malerische Montagu lässt sich hervorragend zu Fuß besichtigen. Bei einem Spaziergang durch den Ort fallen interessante Gebäude sowie die schöne Kulisse aus Bergen, Tälern und Farmen ins Auge. Der beste Teil des in einer schönen alten Kirche untergebrachten **Montagu Museum**, 41 Long St, ist sein Kräuterprojekt, das sich mit dem traditionellen Wissen der Khoi über die medizinischen Heilkräfte der Pflanzen befasst. ⌚ Mo–Fr 9–17, Sa und So 10.30–12.30 Uhr, Eintritt R5.

Samstagvormittags bietet ein besuchenswerter Bauernmarkt an der Kirche Oliven und Olivenöl, Brot, Käse, Mandeln und Dörrobst an – alles von den Farmen der Umgebung und zu außergewöhnlich günstigen Preisen.

Montagus Hauptattraktion ist das **Montagu Springs Resort**, 💻 www.montagusprings.co.za, ca. 3 km nordwestlich der Stadt an der R318 (zu Fuß erreichbar, dem Keisie River am Nordrand der Stadt folgen). Mehrere gechlorte, unterschiedlich temperierte Pools im Freien und Whirlpools liegen spektakulär am Fuße der Kliffs. Die Atmosphäre wird durch die Neonlichter eines Hotelkomplexes und Fastfood-Lokale etwas beeinträchtigt. Das Resort ist für Kinder geeignet, an Wochenenden und in den Schulferien allerdings überlaufen. Etwas ruhiger geht es ganz früh morgens bzw. spät am Abend zu.

Im Winter können die Wassertemperaturen ungemütlich kühl werden. Dann weicht man besser zu den Quellen von Caledon (S. 241) oder Warmwaterberg (S. 231) aus, die viel wärmer und in vieler Hinsicht einladender sind. ⌚ tgl. 8–23 Uhr, Eintritt R50, Kinder R30.

Übernachtung

Selbst wer nur der Quellen wegen herkommt, sollte nicht im hektischen Resort übernachten, sondern sich besser eine Unterkunft in der Stadt suchen.

Aasvoelkrans, 1 Van Riebeeck St, ✆ 023-614 1228, 💻 www.aasvoelkrans.co.za. Vier besonders fantasievoll eingerichtete Gartenzimmer in einem Guesthouse auf einem Gestüt, in einem hübschen Teil der Stadt gelegen. ❺

Cynthia's, 3 Krom St, ✆ 023-614 2760, 💻 www.cynthias-cottages.co.za. 7 Cottages zur Selbstverpflegung am Westrand der Stadt, allesamt alte Häuser mit Gärten und *braai*-Plätzen nahe den Anfangspunkten der Wanderwege. Die Cottages kosten je nach Größe R290–520 pro Nacht.

De Bos Guest Farm, 8 Brown St, ✆ 023-614 2532, 💻 www.debos.co.za. Camping, Dorm-Betten und schlichte DZ auf einer Farm am Westrand der Stadt. Die Inhaber sind erfahrene Felskletterer, und Stuart Brown veranstaltet geführte Klettertouren für Gäste, die ihre eigene Ausrüstung dabeihaben und vorausbuchen. Wanderwege starten gleich vor der Haustür. ❶–❷

Montagu Rose Guest House, 19 Kohler St, ✆ 023-614 2681, 💻 www.montagurose.co.za. Preiswertes, gut geführtes Gästehaus in modernem Gebäude mit ausgezeichnetem Service. Alle Zimmer mit Bad und Bergblick ausgestattet. ❹

Montagu Springs, von der R62 westlich der Stadt ausgeschildert, ✆ 023-614 1050, 💻 www.montagusprings.co.za. Großes Resort mit voll ausgestatteten Chalets zur Selbstverpflegung für 4 Pers. Die Preise der Chalets beginnen bei R450 pro Nacht in der Woche und R680 an Wochenenden und in den Schulferien.

Seven Church Street, ✆ 023-614 1186, 💻 www.sevenchurchstreet.co.za. Hübsches, zentral gelegenes viktorianisches Haus, äußerst komfortable Unterkunft mit bestickten Laken und einem wunderschönen Garten. Freundlich und gut geführt. ❺

Squirrel's Corner, Bloem, Ecke Jouberts St, ✆ 023-614 1081, 💻 www.squirrelscorner.co.za, eines der erschwinglichsten B&Bs der Stadt, 4 bequeme Zimmer mit Du/WC in einem freundlichen Familienhaus, sowie ein Apartment im Gartenhaus, 2 Blocks von der Hauptstraße entfernt. ❸

Essen

Montagu hat ein paar sehr gute Restaurants (zum Abendessen Reservierung erforderlich); zwei *farm stalls* an der Bath Street, wo Obst, *biltong* und *boerewors* verkauft werden, einen netten Teegarten außerhalb der Stadt sowie ein paar Coffeeshops an der Long Street. **Rambling**

Rose ist ein empfehlenswerter Verkaufsstand mit Fruchtsäften und landwirtschaftlichen Produkten aus der Umgebung.

BellaMonta, 4 Market St, ✆ 023-614 2941. Familienrestaurant mit Pizza, Hamburgern, Fisch- und Seafoodgerichten zu erschwinglichen Preisen. ⌚ Mo–Sa zum Abendessen.

Die Stal, 8 km außerhalb der Stadt an der R318, ✆ 082-324 4318. Nettes Lokal auf einer Farm, serviert Mittagessen und Nachmittagstee. ⌚ Mo geschl.

Jessica's, 28 Bath St, ✆ 023-614 1805, kleines freundliches Lokal, benannt nach dem Boxer des Besitzers und geschmückt mit alten Drucken von Hunden. Raffinierte kosmopolitische Bistro-Küche zu fairen Preisen und eine hervorragende Auswahl an Robertson-Weinen. Spezialität: *cajun*-Babyhuhn auf Wildreis mit Peri-Peri-Sahne. ⌚ tgl. abends, im Winter So geschl.

Preston's Restaurant & Thomas Bain Pub, Bath St, ✆ 023-614 1633, empfiehlt sich hauptsächlich als gemütliche kleine Kneipe. ⌚ bis spät.

Templetons@Four Oaks, 46 Long St, ✆ 023-614 3013. Pub und Restaurant mit Fleisch- und Fischgerichten und nettem schattigem Hof. Für Vegetarier gibt's gute Spinat-Kartoffel-Ravioli. ⌚ Mo–Sa abends, So geschl.

Sixty on Route 62, Long St, ist eine gute Adresse zum Frühstück oder Kaffee – mit Großbild-TV.

Informationen

Tourist Office, 24 Bath St, ✆ 023-614 2471, ⌚ Mo–Fr 8–18, Sa 9–17, So 9.30–17 Uhr.

Transport

Der Busservice nach Montagu beschränkt sich auf eine Linie von Belville in KAPSTADT via PAARL und WORCESTER, betrieben von **Munniks**, ✆ 021-637 1850, Abfahrt in Kapstadt Fr, Rückfahrt So.

Barrydale und Umgebung

Barrydale, 240 km von Kapstadt, ist ideal, um ein paar Tage in das Kleinstadtleben der Kleinen Karoo einzutauchen. Hier gibt es gute Unterkünfte zu bezahlbaren Preisen, die Thermalquellen von Warmwaterberg, 30 km weiter östlich, und – als besondere Attraktion für spirituell Interessierte – das Labyrinth von Lemoenshoek, 15 km östlich des Orts. Westlich von Barrydale kann man im Sanbona Wildlife Reserve Großwild beobachten.

Barrydale ist bislang noch ein touristischer Geheimtipp, hat aber trotzdem eine Reihe von Restaurants und anständigen Nachtquartieren zu bieten. Auf der 60 km langen Fahrt von Montagu begeistern grandiose Bergpanoramen. Die Atmosphäre des Orts ist sehr ländlich: Weingärten säumen die Hauptstraße, Vieh grast hinter Trockenmauern, Feigen-, Pfirsich- und Quittenbäume gedeihen in der ausgedörrten Landschaft.

Von der R62, die am Dorfrand vorbeiläuft, zweigt die Van Riebeeck Street als Hauptstraße des Orts ab, die mehr Fußgänger- als Autoverkehr zu sehen bekommt. Die wichtigsten Gebäude hier sind die elfenbeinfarbene Kirche und der Supermarkt mit Geldautomat und Postamt.

Bei einigen Kellereien kann man Weine verkosten und kaufen; besonders empfehlenswert ist die **Southern Cape Winery**, Van Riebeeck St, ✆ 028 572 1012. ⌚ Mo–Fr 8–17, Sa 9–15 Uhr.

Übernachtung

Sandy's Place, ✆ 028-572 1415. Drei kleine hotelartige Wohneinheiten für Selbstversorger mit TV und Mikrowelle. Ziemlich unpersönlich, aber unschlagbar günstig. Verkehrslärm von der Hauptstraße. ❷

Tradouw Guest House, ✆ 028-572 1434, 🖳 www.home.intekom.com/tradouwguesthouse. Das von einem schwulen Paar betriebene Gästehaus ist die beste Unterkunft an der R62. Vier Zimmer an einem schattigen, weinberankten Hof und zwei weitere zum großen Garten zu ausgesprochen zivilen Preisen. Die Inhaber packen ihren Gästen gern ein Lunchpaket. ❸

Essen

Die meisten Esslokale von Barrydale reihen sich an der R62.

Blue Cow, auf der Ostseite der R62 ausgeschildert. Ruhiges Plätzchen mit Blick auf Felder und einen See. Nachmittags können Kinder auf der benachbarten Farm Tiere füttern.

Clarke of the Karoo serviert leckere Steaks und *bobotie;* dazu gibt's eine kostenlose Vorspeise. Am Wochenende hat das Lokal auch abends auf, was in Barrydale eher die Ausnahme ist.

Jam Tarts, farbenfrohes, hübsch eingerichtetes Restaurant, eines der besten an der R62.

A Place in Time, ✆ 028-572 1393. Empfehlenswerte Adresse für Pizza, Wild, Spareribs und Crème brûlée. ⌚ tgl. außer Mi zum Abendessen.

Informationen

Visitor Information Centre, am Ortseingang, ✆ 028-572 1572, ⌚ Mo–Fr 8.30–13.15 und 14–17 Uhr.

Das Sanbona Wildlife Reserve

20 km westlich von Barrydale erstreckt sich das **Sanbona Wildlife Reserve**, ✆ 028-572 1365, 💻 www.sanbona.com, auf der Fläche von 21 Farmen, die zusammen eine riesige Wildnisregion umfassen. In der äußerst eindrucksvollen Landschaft aus schroffen Felsen, Bergen und Halbwüstenvegetation liegen vier extrem luxuriöse Lodges: **Tilney Manor** mit eigenem Wellness-Center, **Khanni Lodge**, **Dwyka Tented Lodge** und **Gondwana Lodge** insbesondere für Familien.

Im Übernachtungspreis sind zwei Tierbeobachtungstouren pro Tag enthalten. Der spärlichen Vegetation wegen gibt es hier allerdings viel weniger Tiere zu sehen als in den großen *bushveld*-Wildreservaten wie dem Krüger-Nationalpark. Andererseits ist dies das einzige Gebiet des Westkaps, wo Löwen und Geparden frei herumlaufen, und das Reservat hat sogar eine Elefantenherde. Sanbona lohnt sich vor allem für Besucher, die unbedingt Großwild sehen wollen und für den Krüger-Nationalpark nicht genug Zeit haben. Am besten bleibt man zwei Nächte. Tagesbesucher haben keinen Zutritt. R4560–4950 p. P. und Nacht, alles inklusive.

Das Labyrinth und das Warmwaterberg Spa

Das Labyrinth, 15 km östlich von Barrydale auf einer kleinen Farm bei Lemoenshoek, ✆ 028-572 1643, ist ein wunderschöner Irrgarten nach dem Vorbild des Labyrinthmosaiks in der Kathedrale von Chartres. Der durch Rosenquarze abgegrenzte Weg bietet herrlichen Blick auf die Berge. Die Besucherspenden fließen in die Wildtier-Auffangstation der Farm.

Weitere 15 km östlich, hinter Ronnie's Sex Shop, einem Pub (keinem Bordell!) und weithin bekannten Wahrzeichen mitten im Nirgendwo, liegt das **Warmwaterberg Spa**, ✆ 028 572 1609, 💻 www.warmwaterbergspa.co.za. Die heißen Quellen der Karoo-Farm speisen zwei ungechlorte Thermalbecken, die von grünen Rasenflächen und Palmen umgeben sind. Die Anlage lockt vor allem südafrikanische Besucher und ist während der Schulferien und am Wochenende mitunter ziemlich überfüllt und laut. Sie bietet schlichte Unterkunft für Selbstversorger in Holzhütten oder Zimmern im Farmgebäude. Die Gäste können Bettwäsche mieten und bekommen einen Schlüssel zum Wellness-Hallenbad. Außerdem gibt es einige Campingstellplätze, eine Bar und ein Restaurant. ❷–❸

Oudtshoorn und Umgebung

Oudtshoorn, 420 km von Kapstadt und 180 ausgedörrte, gebirgige Straßenkilometer von Barrydale, vermarktet sich als „Straußenhauptstadt der Welt“. Kein Wunder – in der Umgebung finden sich unzählige Straußenfarmen, einige davon kann man besichtigen. In den örtlichen Souvenirläden gibt es die Tiere in allen nur erdenklichen Formen. Aber Oudtshoorn hat zwei weitere Vorzüge: Zum einen ist der Ort ein geeigneter Ausgangspunkt zu den **Cango Caves**, zum anderen wartet er mit einem angenehmen Klima und viel Sonnenschein auf.

Lediglich 63 km sowie ein Bergrücken trennen Oudtshoorn vom Küstenort Wilderness, aber das Wetter könnte nicht unterschiedlicher sein. Das macht sich besonders im Winter angenehm bemerkbar, wenn kalte Regengüsse an der küstennahen Garden Route die Vorstellung vom „sonnigen Südafrika“ zunichte machen können. Im Sommer wird es hier allerdings glutheiß; dann sollte man möglichst Unterkünfte mit Pool wählen. In Winternächten ist dagegen mit Frost zu rechnen.

Das etwa 50 km westlich von Oudtshoorn gelegene hübsche, unauffällige viktorianische Dorf

Calitzdorp lässt sich gut in eine Rundfahrt durch das landschaftlich ansprechende **Groenfontein Valley** integrieren.

Die hiesigen Weinkellereien und ein, zwei Cafés kann man auf einer Fahrt durch die Kleine Karoo über die R62 ansteuern.

Geschichte

Seinen Anfang nahm Oudtshoorn als kleines Dorf, das nach Geesje Ernestina Johanna van Oudtshoorn, der Frau des ersten Bürgerbeauftragten von George, benannt wurde. In den 60er-Jahren des 19. Jhs. wurden wilde **Strauße** erstmals unter den idealen Bedingungen des Oudtshoorn Valley aufgezogen. Die bizarre viktorianische Vorliebe für lange Federn machte die Strauße zu einer Quelle beachtlichen Wohlstands, und schon um 1880 begann man, Tausende von Kilogramm Federn zu exportieren.

Die Gruppe der Arbeiter bestand größtenteils aus farbigen Nachkommen der Outeniqua- und Attaqua-Khoikhoi sowie Trekburen, die lächerliche, durch Essens-, Wein-, Schnaps- und Tabakrationen aufgebesserte Löhne erhielten. Anfang des 20. Jhs. bauten sich erfolgreiche Farmer und Händler „Federpaläste", prunkhafte edwardianische Gebäude aus Sandstein, die sich zum charakteristischen Merkmal von Oudtshoorn entwickelten.

Die Stadt und die Straußenfarmen

Das schlichte, überschaubare Stadtzentrum von Oudtshoorn hat nur ein paar Museen zu bieten. Glanzpunkte des Ortes sind die viktorianischen und edwardianischen Sandsteinhäuser, einige davon sind für ein Karoo-*dorp* überraschend elegant und erhaben. Das **C.P. Nel Museum**, Baron van Reede St, Ecke Voortrekker Rd, dient als guter Ausgangspunkt für eine Erkundungstour. Das hübsche Sandsteingebäude wurde 1906 als Jungenschule erbaut und beherbergt heute eine außergewöhnliche Sammlung zum Thema Strauße, ⌚ Mo–Sa 8–17, Sa 9–13 Uhr, R15.

Das nahe gelegene, tadellos erhaltene **Le Roux Town House**, Loop St, Ecke High St, bietet die einmalige Gelegenheit, einen Blick ins Innere der viel gepriesenen Federpaläste zu werfen. Die wunderschönen, traditionellen Einrichtungsgegenstände wurden allesamt zwischen 1900 und 1920 aus Europa importiert, ⌚ Mo–Fr 9–17 Uhr, R15.

Viele Leute kommen nach Oudtshoorn, um Strauße zu sehen oder gar auf ihnen zu reiten. Afrikas größter Vogel ist nicht nur auf den Straußenfarmen zu bewundern, sondern auch auf der Durchreise sieht man ganze Scharen in der Nähe der Farmen oder auf Lastwagen, die sich auf dem Weg zum Schlachter befinden – Federn sind inzwischen aus der Mode gekommen, dafür erfreut sich nun das Straußenfleisch mit seinem niedrigen Cholesteringehalt größter Beliebtheit.

Eine Reihe von Farmen bieten **Touren**, 45–90 Min., ca. R60 für Erwachsene, inkl. Erläuterungen, an und außerdem die Chance, auf einem Strauß zu sitzen und spektakuläre Straußenrennen mitzuerleben. Am beliebtesten ist die Cango Ostrich and Butterfly Farm an der Hauptstraße zwischen Oudtshoorn und den Cango Caves, die nur eine Besuchergruppe (oder Einzelpersonen) pro Tour zulässt.

Aufregender ist allerdings die **Buffelsdrift Game Lodge**, ✆ 044-272 0106, 7 km außerhalb der Stadt an der Straße zu den Cango Caves, die Besuchern nach Voranmeldung die Chance bietet, **Elefanten** unter Aufsicht der Elefantenführer zu tätscheln und zu füttern und ihnen bei der Dressur und beim Spiel Gesellschaft zu leisten. Vom Restaurant der Lodge am großen Stausee sind oft Flusspferde zu sehen und mit Glück auch andere Tiere, die hier zur Tränke kommen. Eintritt R165.

Noch mehr Erlebnisse mit „wilden Tieren" verspricht die **Cango Wildlife Ranch**, ✆ 044-272 5593, gleich außerhalb von Oudtshoorn an der Cango Road. Auf geführten Touren kommt man ganz nah an weiße Tiger, Geparden, Krokodile und weitere faszinierende Geschöpfe aus anderen Regionen Afrikas heran. Gegen Aufschlag können sich Besucher sogar beim Streicheln der Tiere und Reptilien fotografieren lassen oder zu den **Krokodilen** ins Becken steigen. Davon sollte man sich allerdings keinen großen Nervenkitzel erwarten; normalerweise zucken die Krokodile nicht mal mit der Wimper. ⌚ tgl. 8–18 Uhr, Eintritt R100, Kinder R60, unter vier Jahren frei.

Übernachtung

In Oudtshoorn gibt es eine Reihe großer Hotels, die vor allem von Tourenbussen angefahren werden, viele gute B&Bs und Gästehäuser, einen zentralen Campingplatz mit Chalets und eine der besten Backpacker-Lodges des Landes. Einige der hübschesten Unterkünfte finden sich inmitten der herrlichen Landschaft an der Strecke zu den Cango Caves. Das Tourist Office betreibt eine kostenlose Unterkunfts-vermittlung. Die Preise purzeln in den Winter-monaten nach dem einwöchigen Klein Karoo Nasionale Kunstefees (KKNK; wwww.absakknk.co.za), einem großen Kunst- und Kulturfestival, vorwiegend auf Afrikaans, mit Straßenfest um die Ostertage im März/April – dann sind sämtliche Betten der Stadt mit Gästen aus dem ganzen Land belegt.

Backpacker's Paradise, 148 Baron Van Reede St, ✆ 044-272 3436, 💻 www.backpackersparadise.net. Gut geführtes 2-stöckiges Hostel an der Hauptstraße; EZ mit großem Bett, DZ und Familienzimmer mit Du/WC sowie drei kleine Dorms. Zum Angebot gehören allabend-liche *braais* mit Straußenfleisch oder Vegetarieroptionen und ein täglicher Shuttle-service von der Baz-Bushaltestelle in George. Das zum Haus gehörige Adventure Centre organisiert Radtouren auf den Swartberg Pass und einen täglichen Shuttlebus zu den Höhlen, einer Straußenfarm und der Wildlife-Ranch. ❶–❷

Berluda, an der R328, 15 km von Oudtshoorn an der Strecke zu den Cango Caves, ✆ 044-272 8518, wwww.berluda.co.za. Eine Allee führt zu dem relativ modern anmutenden Farmhaus mit 5 Gästezimmern und 2 Selbstversorger-Cottages in einem alten Garten. Die freundlichen Besitzer organisieren auf Wunsch gern eine Tour zu ihrer 8 km entfernten Straußenfarm; außerdem gibt es einen erfrischenden Pool. ❺

Buffelsdrift Game Lodge, 7 km von der Stadt an der Straße zu den Höhlen, ✆ 044-272 0106, 💻 www.buffelsdrift.com. Die exklusivste Unterkunft der Stadt: luxuriöse Safarizelte samt eigenem Bad an einem großen Stausee mit Flusspferden. Dazu gehört ein schickes offenes Restaurant mit Strohdach. Safaris oder Ausritte mit der Chance, Nashörner, Büffel, Elefanten, Giraffen und verschiedene Antilopen zu sehen, sind im Preis inbegriffen. Keine Übernachtungs-möglichkeit für Kinder unter 12 Jahren, aber Familien können tagsüber das Restaurant besuchen oder an den angebotenen Aktivitäten teilnehmen. ❽

De Oue Werf, an der R328 Richtung Cango Caves ausgeschildert, ✆ 044-272 8712 💻 www.ouewerf.co.za. Luxuriöse Gartenzimmer zum günstigen Preis auf einer Farm, die bereits von der 6. Generation einer sehr gastfreund-lichen Familie betrieben wird. Rasenflächen erstrecken sich bis zu einem großen Teich mit Seilrutsche, Floß und zahlreichen Vögeln. Tolle Basis auf dem Land für einen Ausflug zu den Höhlen. ❹

Gum Tree Lodge, 139 Church St, ✆ 044-279 2528, 💻 www.gumtreelodge.co.za. Zwei einander gegenüberliegende Häuser, jedes mit B&B-Zimmern, 10 Fußmin. von der Innenstadt. Begrüßungs-Sherry und Heizdecken für kalte Winternächte. ❸

Kleinplaas Holiday Resort, 171 Baron van Reede St, ✆ 044-272 5811, 💻 www.kleinplaas.co.za. Gut geführter und tadellos gepflegter, schattiger Campingplatz und voll ausgestattete Backstein-Chalets für Selbstversorger in Stadtnähe mit Swimming Pool und Waschküche. Auf Wunsch auch B&B. Die auskunftsfreudigen Inhaber kennen sich in der Stadt gut aus. R380–560 pro Wohneinheit.

Essen

Pepperboom Restaurant, 6 Baron van Reede St, zentraler Coffeeshop gegenüber vom Museum, gute Salate, Burger, Pitta-Taschen – dazu leckeren Kaffee. 🕓 tgl. 8.30–22 Uhr, So abends geschl.

Buffelsdrift Game Lodge, 7 km außerhalb der Stadt Richtung Cango Caves, ✆ 044-272 0106. Gutes Frühstück oder Mittagessen auf einer Holzterrasse am Stausee, wo es mit Glück einige Vertreter der heimischen Tierwelt zu sehen gibt. Das Restaurant der Lodge bewirtet auch Tagesbesucher, und die Mahlzeit lässt sich auf Wunsch mit Elefantentätscheln, Safari-Touren o. ä. kombinieren.

Jemima's, 94 Baron Reede St, ✆ 044-272 0808. Eines der beiden besten Restaurants der Stadt.

Auf der fantasievollen, preiswerten Speisekarte stehen Spezialitäten wie mit *boerewors* gefüllte Ravioli, Butternut-Käsekuchen, Wildgerichte und köstliche Kleinigkeiten – alles so verlockend, dass die Auswahl schwer fällt. ⌚ Mo–Fr 11–15 Uhr und tgl. 18 Uhr bis spät.

Kalinka's, 93 Baron van Reede St, ✆ 044-279 2596. Die zweite Topadresse der Stadt residiert in einem Sandsteinhaus mit Springbrunnen davor und ist auf Wildgerichte spezialisiert, zu denen russisches Schwarzbrot und Importwodka gereicht werden. Guter Service und attraktiv angerichtete, sehr wohlschmeckende Speisen. Besonders lecker ist der Backpudding mit Kardamom und Dattelbranntwein. ⌚ tgl. 18–22 Uhr.

Paljas, 109 Baron van Reede St, ✆ 044-272 0982. Eines der besseren Lokale der Stadt mit zeitgenössischer südafrikanischer Küche, in der sich Kap-, Karoo- und afrikanische Geschmacksrichtungen vom Ostkap und aus KwaZulu-Natal vereinigen. Der Schwerpunkt liegt eindeutig auf Fleisch. ⌚ tgl. Abendessen.

Sonstiges

Informationen

Tourist Office, Baron van Reede St, ✆ 044-279 2532, 💻 www.oudtshoorn.com, neben dem Queens Hotel. Infos zu Höhlen, Straußenfarmen und örtlichen Unterkünften mit kostenlosem Reservierungsservice. ⌚ Mo–Fr 8–18, Sa 9.30–13 Uhr.

Internet

Ein günstig gelegenes Internetcafé findet sich in der Queens Mall, gleich an der Voortrekker St. Hier gibt es auch einen Pick n Pay-Supermarkt.

Transport

Intercity-Busse halten an der Queens Mall, in unmittelbarer Nähe der Voortrekker St.

Busse nach:
KAPSTADT 3x wöchentl. (6 1/4 Std.),
GEORGE 3–4x tgl. (1 1/2 Std.),
JOHANNESBURG 1–2x tgl. (13 1/2 Std.),
KNYSNA 1–2x tgl. (2 Std.),
MOSSEL BAY 1–2x tgl. (45 Min.),
PRETORIA 1–2x tgl. (14 1/2 Std.).

Cango Caves

Die Cango Caves zählen zu den zehn beliebtesten Attraktionen von Südafrika. Anfahrt von Oudtshoorn mit dem **Auto** über die Baron van Reede St Richtung Norden, danach 32 km über die R328. Jährlich kommen 250 000 Besucher, um die fantastischen Höhlenkammern, tropfenden Felsen und Kalzitsäulen zu bestaunen. In den letzten zwei Jahrhunderten wurden die Höhlen allerdings durch menschliche Eingriffe stark in Mitleidenschaft gezogen. Dennoch präsentieren sie nach wie vor eine atemberaubende Landschaft im Innern der Swartberg-Ausläufer. Wer ein ruhiges, besinnliches Erlebnis erwartet, wird allerdings enttäuscht: Die Höhlen erreicht man nur im Rahmen einer Tour, die von lautstarken Erläuterungen begleitet wird.

Cango ist ein Khoi-Begriff und bedeutet so viel wie „feuchter Platz" – sehr zutreffend, denn die eindrucksvollen Formationen der Höhlen sind durch Wasser entstanden, das stetig durch den Fels sickert und dabei den Kalkstein auflöst, der von der Decke der Höhlen an den Wänden hinunter tropft, sodass es zu den Kalziumkarbonat-Ablagerungen kommt. Obwohl die Höhlen einige Millionen Jahre alt sind, reichen die geologischen Formationen nur ca. 100 000 Jahre zurück.

Schon Jahrtausende vor Ankunft der weißen Siedler suchten San-Jäger und -Sammler Schutz in den Eingangshöhlen, allerdings sind sie wohl kaum bis zu den lichtlosen unterirdischen Kammern vorgedrungen. **Jacobus van Zyl**, ein Karoo-Farmer, war vermutlich der erste, der dorthin gelangte, als er sich im Juli 1780 mit einer Lampe bewaffnet in die Dunkelheit hinabgleiten ließ.

Während der nächsten zwei Jahrhunderte fand sich eine wachsende Anzahl von Besuchern und Pilgern hier ein, die eine Menge der Kalkstein-Säulen wegschleppten. In den 1970er-Jahren wurden die Höhlen den Massen schmackhaft gemacht – ein Besucherkomplex entstand, der steinige Boden wurde betoniert, Leitern und Fußwege wurden errichtet und die Höhlen verwandelten sich in eine kitschige Attraktion mit farbigen Lichtern, Flötenmusik und Erläuterungen.

Bis hierher fand die Apartheidpolitik ihren Weg: Unter Premierminister Dr. Hendrik Verwoerd, dem Erzideologen der Rassentrennung, hackte man einen separaten „Non-Whites"-Eingang in die Wand, was zu einem verheerenden Durchzug führte, der die Höhlen auszutrocknen begann. Glücklicherweise haben die schlimmsten Exzesse inzwischen ein Ende gefunden: Konzerte in den Höhlen sind nicht mehr erlaubt und die farbigen Lichter wurden auch wieder entfernt.

Pro Stunde werden zwei **Touren**, ✆ 044-272 7410, 🖳 www.cangocaves.co.za, angeboten, tgl. 9–16 Uhr. Die einstündige Standard Tour zur vollen Stunde führt durch die ersten sechs Kammern und kostet R60, für Kinder R35. Abenteuerlustige kommen bei der 90-minütigen Adventure Tour auf ihre Kosten (zur halben Stunde, R77). Sie führt in die tiefsten zugänglichen Abschnitte, wo die Öffnungen immer kleiner werden. Übergewichtige und Leute, die zu Klaustrophobie neigen, sollten sich lieber nicht durch die engen Öffnungen mit Namen wie Lumbago Walk, Devil's Chimney und The Letterbox zwängen. Außerdem sind alte Kleidung und Schuhe mit rutschfester Sohle unbedingt zu empfehlen.

Zum **Besucherkomplex** gehören das recht ordentliche Restaurant Marimba, ein Souvenirladen, ein Besucherzentrum mit interessanten Ausstellungen über die Geologie, die Menschen und die Tierwelt in den Höhlen. Die am nächsten gelegene **Unterkunft** ist das Cango Mountain Resort, ✆ 044-272 4506, 27 km nördlich von Oudtshoorn von der R328 ausgeschildert. Das Resort liegt 3 km von der Hauptstraße entfernt wunderschön am Flussufer und ist die beste Adresse der Gegend für Selbstverpfleger – mit Chalets, Campingplatz und kleinem Laden. ❷

Wildgewandel, 2 km von den Höhlen entfernt an der Straße zurück Richtung Oudtshoorn, ist ein preiswertes **Lokal**, das Burger, Steaks und Sandwiches serviert. Bietet außerdem Kamelritte auf dem dazugehörigen Gelände an.

Calitzdorp

Nur 50 km westlich von Oudtshoorn liegt das kleine Karoo-Dorf Calitzdorp. Nach dem Trubel in der „Straußenhauptstadt" bietet es mit seinen viktorianischen Straßen und einigen Weingütern eine willkommene Abwechslung. Drei kleine, gut ausgeschilderte **Weingüter** an Nebenstraßen einige 100 m vom Zentrum erzeugen hervorragende Portweine.

Wärmstens empfohlen wird Die Krans Estate, wo man Portweine und andere Weine probieren und sich die Beine bei einem 30-minütigen Spaziergang durch die reizvolle Landschaft vertreten kann. Ihr hervorragender Vintage Reserve Port zählt zu den drei besten des Landes, 🕓 Mo–Fr 8–17, Sa 9–15 Uhr, Eintritt frei.

Das Boplaas Estate, 🖳 www.boplaas.co.za, bringt ebenfalls gute Portweine hervor. Außerdem lohnt sich hier ein Blick in die riesige strohgedeckte Probierstube, welche an eine Cantina aus einem Western erinnert, 🕓 Mo–Fr 8–17, Sa 9–15 Uhr, kostenlose Weinproben.

Wer etwas Zeit übrig hat, kann noch den Calitzdorp Wine Cellar aufsuchen, der in erster Linie einen atemberaubenden Blick auf das Gamka River Valley bietet, 🕓 Mo–Fr 8–13, 14–17 Uhr, Sa 8–12 Uhr, Eintritt frei.

Übernachtung und Essen

Die Dorpshuis, 4 Van Riebeeck St, ✆ 044-213 3453, 🖳 www.diedorpshuis.co.za. Ausgesprochen preiswerte, luftige B&B-Zimmer. Angeschlossenes, gutes Lokal mit leichten Mahlzeiten und schwereren traditionellen Karoo-Spezialitäten, z. B. *stews* und Lamm. 🕓 Mo–So. B&B ❷

Port-Wine Guest House, Queen, Ecke Station St, ✆ 044-213 3131, 🖳 www.portwine.net, ist die schickste Unterbringung der Stadt in einem renovierten Gehöft aus dem frühen 19. Jh. mit Blick auf das Boplaas Estate. ❺

Welgevonden Guest House, St Helena Rd (ca. 300 m westlich von Queen St, zu erreichen über den Fluss und die Voortrekker St), ✆ 044-213 3642, 🖳 www.welgevonguesthouse.co.za, ist ein gemütliches Gästehaus im Country-Stil auf einer kleinen Chardonnay-Farm, 300 m abseits der Hauptstraße. ❸

Informationen

Das bescheidene **Tourist Office** in der Shell-Tankstelle, Voortrekker St, ✆ 044-213 3775, 🖳 www.calitzdorp.co.za, hat einige Broschüren zum Dorf und seiner Umgebung sowie Infos zu Weingütern und Unterkünften. ⌚ Mo–Fr 9–17, Sa und So 10–17 Uhr.

Groenfontein Valley

Eine kleine Rundstrecke geht direkt hinter Calitzdorp ab und führt in das wunderschöne Groenfontein Valley. Die schmale unbefestigte Straße schlängelt sich durch die Swartberg-Ausläufer, über Bäche und an weißen Karoo-Cottages und Farmen vorbei, und trifft schließlich mit der R328 Richtung Oudtshoorn zusammen.

Auf Nebenstraßen lassen sich auch die Cango Caves und Prince Albert erreichen, und die Fahrt durchs Hinterland zählt zu den schönsten, die man in Südafrika unternehmen kann. Viele der Sträßchen sind ungeteert, doch mit einem normalen Pkw problemlos zu bewältigen, sofern man die Geschwindigkeit drosselt.

Ein ausgezeichneter Grund, die Nebenstrecke in das Groenfontein Valley zu nehmen, sind ein paar Übernachtungen im Retreat at Groenfontein, ✆ 044-213 3880, 💻 www.groenfontein.com, 20 km hinter Calitzdorp und 59 km vor Oudtshoorn gelegen. Die fünf komfortablen Zimmer verfügen über Bad und Kamin. Im Preis enthalten ist ein gutes Abendessen, auf Wunsch auch vegetarisch. Das abgelegene viktorianisch-koloniale Gehöft grenzt an das 2300 km² große Swartberg Nature Reserve, ein wunderschönes Wildnisgebiet mit Schluchten, Flüssen und unbefestigten Straßen. Im Winter halbieren sich die Übernachtungspreise. ❻

Zwei empfehlenswerte **Unterkünfte** für alle, die selbst kochen möchten, sind Red Stone Hills, ✆ T044-213 3783, 💻 www.redstone.co.za, mit vier liebevoll eingerichteten viktorianischen Cottages auf einer Farm 6 km abseits der R62 (Abzweigung 14 km östlich von Calitzdorp) ❸, und die billigere, gemütliche Kruis Rivier Guest Farm, ✆ 044-213 3788, 💻 www.kruisrivier.co.za, ein Stück weiter an derselben Straße wie Red Stone Hills, die sich ausgezeichnet als Stützpunkt für Wanderungen eignet. Die Inhaber legen Wert darauf, die Preise erschwinglich zu halten, und bieten auf Wunsch auch Frühstück und *braai*-Pakete. ❷–❸

Prince Albert und Umgebung

Aufgrund seiner Abgeschiedenheit hat sich Prince Albert, das auf der Spitze zwischen Kleiner und Großer Karoo liegt, eine traditionelle, ländliche Architektur bewahrt. Die attraktive Kleinstadt 70 km nördlich von Oudtshoorn ist über die Schleifen und Grate des Schwartberg-Passes zu erreichen – eine der denkbar faszinierendsten Zufahrten zu einer Ortschaft – und fest im *thirstland* (Durstland) des südafrikanischen Hinterlandes verankert. Umso erwähnenswerter ist die kleine beständige Quelle des Ortes, deren Wasser durch die Straßen rinnt und zahlreiche Obstbäume und Gärten nährt.

Die meisten Besucher kommen nach Prince Albert auf der Fahrt durch eines der beiden südlichen Eingangstore: den **Swartberg Pass** an der R328 und **Meiringspoort** an der N12, wobei sie in der Regel auf der einen Strecke herein gelangen, eine Nacht in der Stadt verbringen und sie durch das andere „Tor“ wieder verlassen.

Prince Albert kann man problemlos zu Fuß erkunden. Seine Einwohner sind freundlich, und alles Benötigte findet sich an der Hauptstraße. Die Besonderheit des Orts liegt in dem typischen Flair eines Karoo-*dorp:* Der silberne Kirchturm der holländischen Reformierten Kirche ragt in den tiefblauen Himmel empor, und die Einwohner schlendern durch die Straßen oder bewegen sich gemächlich auf quietschenden Rädern fort.

Der Reiz der Stadt hat dazu geführt, dass sich mehrere Künstler hier niedergelassen haben. Bei der ausgezeichneten **Prince Albert Gallery**, 57 Church St, in einem geräumigen viktorianischen Gebäude mit Café kann man nach Lust und Laune stöbern und Gemälde, Bildhauerkunst, Perlenarbeiten, Schmuck, Keramik und Radierungen von Künstlern der Umgebung erwerben. ⌚ Mo–Fr 10–16, Sa und So 10–13 Uhr.

Prince Albert ist aber auch für weitere kunsthandwerkliche Produkte bekannt, vor allem für seine Mohairwaren wie Decken, Socken, Schals und andere Kleidungsstücke. Gute Adressen hierfür sind **Prince of Africa** an der Hauptstraße gleich neben dem Swartberg Hotel (s. u., Übernachtung) oder **Wolskuur Spinners**, ein Stück weiter die Straße hinunter.

Bei **Gay's Guernsey Dairy** am Südende des Orts gibt es u. a. fantastischen, preisgekrönten Käse aus eigener Herstellung zu kosten und zu kaufen. Besonders für Kinder ist ein Besuch der Farm spannend, um in aller Herrgottsfrühe beim Melken zuzuschauen und auf einem Rundgang die Farmtiere und -aktivitäten zu erleben. ⌚ tgl. 7–9 und 16–18 Uhr, Eintritt frei.

Eine der lohnendsten Unternehmungen, die in Prince Albert, wenn nicht gar in ganz Südafrika, möglich sind, ist eine Betrachtung des nächtlichen Sternenhimmels in Begleitung des Astronomen **Hans Daehne**, ✆ 072-732 2950, nur am Wochenende und in den Schulferien, R150 für einen Vortrag mit Sternenbeobachtung. Der Karoo-Himmel ist wahrhaft himmlisch für Sternenkundler, denn er wird nicht von Smog getrübt und nur ganz wenige elektrische Lichtquellen konkurrieren mit dem Sternenlicht. Deshalb bietet sich hier einer der schärfsten Blicke der südlichen Hemisphäre aufs Firmament. Seit 2005 steht das größte Teleskop südlich des Äquators in Sutherland (S. 239), noch tiefer in der Karoo.

Zudem kann man hier mit einer der renommiertesten Paläontologinnen und Archäologinnen des Landes, der mittlerweile pensionierten **Dr. Judy Maguire**, ✆ 023-541 1713, ✉ questar@icon.co.za, eine Felskunst-Besichtigungstour auf ihrer Farm am Beginn der Swartberg-Passstraße unternehmen. Das ist ein sehr empfehlenswerter Nachmittag, allerdings muss man sich vorher anmelden, um eine Zeit zu vereinbaren. Von den Besuchern wird erwartet, dass sie eine Spende ans Stadtmuseum entrichten.

Mountainbike- und Wandertouren bietet das **Dennehof Guest House**: Die Teilnehmer werden auf den Swartberg gefahren, um dann mit dem Zweirad 18 km zu Tal zu sausen (R250). Ein Mietrad fürs gemächliche Radeln durch den Ort kostet R75 pro Tag.

Fahr zur Hölle!

Prince Albert ist einer der besten Ausgangspunkte für einen Trip zu „Die Hel" (auch „Hell", „The Hell" oder „Gamkaskloof") einem Tal, das zum Swartberg Nature Reserve gehört. Obwohl es auf der Landkarte gar nicht so weit aussieht, sind per Auto für die spektakuläre, anstrengende Expedition in das Tal 2 1/2 Std. (einfache Strecke) einzuplanen. Trotz unbefestigter Straße ist ein Vierradantrieb nicht unbedingt erforderlich, allerdings sollte man einen Ausflug hierher in der brütenden Dezember- und Januarhitze in einem Fahrzeug ohne Klimaanlage unbedingt vermeiden. Vor dem Aufbruch empfiehlt sich ein Anruf bei **CapeNature**, ✆ 023-541 1736, 🖳 www.capenature.org, um aktuelle Informationen über die Straßenverhältnisse einzuholen.

Das Tal bezaubert vor allem durch seine Stille, seine Einsamkeit und seine Vogelwelt. Wer sich nicht auf eigene Faust aufmachen will, kann sich an Lisa vom Onse Rus B&B wenden, die **Touren** ab 2 Pers. für R850 p. P. organisiert. Sie kümmert sich um die Verpflegung für den Ganztagestrip und ggf. auch um die Abholung am gewünschten Ort, falls die Tourteilnehmer ein Teilstück der Straße (4–12 km) per pedes zurücklegen wollen.

Es gibt hier **Unterkünfte** in Form der blitzsauberen CapeNature-Cottages, ✆ 021-659 3500, ❷–❸. Das Tal hat keine Stromversorgung und keine Geschäfte oder sonstigen Einrichtungen. Besucher können aber bei **Annetje Joubert**, ✆ 023-541 1107, die schon in dritter Generation in der *kloof* lebt, Picknickkörbe und fertig zubereitetes Frühstück oder Abendessen bestellen.

Übernachtung

In Prince Albert finden sich zahlreiche stilvolle Unterkünfte, zumeist in historischen, weiß getünchten und reetgedeckten Karoo-Cottages, kapholländischen oder viktorianischen Wohnhäusern.

Cactus Blue Cottages, hinter dem National Centre gegenüber vom Swartberg Hotel, ✆ 072-464 1240, 🖳 www.cactusbluecottages.co.za. Zwei helle, moderne, eigenwillig möblierte Cottages voll fröhlicher Farben mit Blick auf einen kleinen Weingarten. Hier kann man nach Belieben auf gestreiften Ruheliegen lungern, sich durch die DVD-Sammlung arbeiten und, falls gewünscht, auf der Terrasse unterm Sternenhimmel nächtigen. ❸

Collins House, 63 Church St, ✆ 023-541 1786, 🖳 www.collinshouse.co.za. Top-Unterkunft der

Stadt, 3 klimatisierte Zimmer mit Du/WC in einem 2-stöckigen viktorianischen Haus mit Swimming Pool. ❺

Dennehof Guest House, Christina de Wit St, ✆ 023-541 1227, 💻 www.dennehof.co.za. 5 B&B-Zimmer in einem zum Nationaldenkmal ernannten Gehöft am Stadtrand. Zwei der Zimmer haben Sprudelbäder. ❹

Hoogenoeg Holiday Houses, ✆ 023-541 1455, billigste Unterkunft der Stadt, unter der Leitung von Tannie (Tante) Alta, die einige spärlich eingerichtete, aber durchaus brauchbare, wenn auch etwas schmuddelige alte Häuser vermietet. ❶

Karoo Lodge, 66 Church St, ✆ 023-541 1467 oder 082-692 7736, 💻 www.karoolodge.com. Geräumige Zimmer zu angemessenen Preisen in einem B&B mit netten Gastgebern. ❹

Onse Rus, 47 Church St, ✆ 023-541 1380, 💻 www.onserus.co.za. Kühle, strohgedeckte B&B-Zimmer, angeschlossen an ein restauriertes kapholländisches Haus. Die freundlichen und ortskundigen Inhaber begrüßen ihre Gäste mit Tee und Schokoladenkuchen, servieren großartiges Frühstück und organisieren auch Touren nach Gamkaskloof und ins Swartberg-Gebirge. Es stehen ein paar Miet-Mountainbikes zur Verfügung. ❹

Essen

Gallery Café, Church St, ✆ 082-749 2128. Entspannte Atmosphäre drinnen und Tische auf einer Veranda – erste Wahl für einen Abend in Prince Albert und am besten reservieren! Der passionierte Küchenchef Brent zaubert fantasievolle Gerichte auf den Tisch, und auch Vegetarier kommen nicht zu kurz. Köstliche Vorspeisen, Fleischgerichte wie Kudu, Springbock und Huhn und hausgemachte Eiscreme. Kein Alkoholausschank. ⏲ tgl. Abendessen und tagsüber Kaffee.

Koggelmander, 61 Church St, ✆ 023-541 1900. Moderne Karoo-Küche, u. a. mit Lamm und Straußenfleisch, doch Vegetarier müssen auch nicht darben. Ein hübsches Plätzchen für ein Bier auf der Terrasse oder zum Relaxen auf den Sofas drinnen, mit interessanten Gemälden an den Wänden. ⏲ Di–Do ab 18, Fr–So 10 Uhr bis spät.

Café Albert, 44 Church St. Quiches, Salate, Scones, Muffins und verschiedene Kaffees. ⏲ Di–So 8–16 Uhr.

Karoo Kombuis, 18 Droedrift St, ✆ 023-541 1110. Regionaltypische, fleischlastige Küche nach Hausmacherart. ⏲ Mo–Sa nur Abendessen.

Ladida Farmstall, am südlichen Ende der Hauptstraße, Snacks, getrocknete Früchte und Zwieback sowie einheimische Oliven. Frühstück, Tee und leichtes Mittagessen. ⏲ Mi–Mo.

Sonstiges

Informationen

Das **Tourist Office** in der Church St, ✆ 023-541 1366, wwww.patourism.co.za, hat Stadtpläne, auf denen Unterkünfte, Restaurants und Kunstgewerbeläden eingezeichnet sind, und informiert über Freizeitangebote in der Gegend. Am Wochenende werden die Anrufe zum Kunstgewerbeladen Prince of Africa auf der Veranda des Swartberg Hotels umgeleitet, der auch gern mit Infos weiterhilft. ⏲ Mo–Fr 9–17, Sa 9–13 Uhr.

Internet

Internetzugang gibt es bei **Lazy Lizard**, Church St, die auch leichte Mittagsgerichte zu annehmbaren Preisen servieren.

Transport

Die meisten Reisenden gelangen mit dem Auto durch die Berge nach Prince Albert.

Als Alternative kann man den **Zug** Kapstadt–Jo'burg nehmen, der an der Prince Albert Rd Station, 45 km vom Dorf, entfernt hält. Eine Abholung ist über das B&B Onse Rus möglich (auch wenn man nicht dort übernachtet). Die Züge haben oft Verspätung, und der Bahnhof von Prince Albert ist bar jeglicher Einrichtungen.

Die N1 von Worcester nach Beaufort West

Die N1 stellt die Hauptverbindung zwischen Kapstadt und Johannesburg dar. Die Strecke ist zwar lang und flach, führt aber durch die **Karoo**, die ausgedehnte Halbwüste im mittleren Westen von Südafrika. Die Städte unterwegs schmücken interessante historische Gebäude und ihr Straßenbild zeugt vom Flair der isolierten Karoo. Zu den sehenswertesten Zielen der Gegend zählen das viktorianische Dorf **Matjiesfontein** und der **Karoo National Park** unmittelbar hinter Beaufort West sowie das Dorf **Sutherland** auf der Hochebene der Karoo, das für seinen sternenklaren Nachthimmel und seine eisigen Winter bekannt und seit 2005 Standort des **South African Large Telescope** ist.

Matjiesfontein

Das kleine, kuriose viktorianische Dorf Matjiesfontein (Aussprache „maikies-fontein") ist ein Überbleibsel aus der Kolonialzeit und liegt 250 km östlich von Kapstadt. Die Ortschaft bietet kaum mehr als zwei staubige Straßen hinter einem Bahngleis und erinnert eher an eine Filmkulisse als an ein Karoo-*dorp:* Sämtliche Gebäude, auch der großartige Bahnhof, stammen aus alten Zeiten und sind mit Weißblechdächern, pastellfarbenen Wänden, gepflegten Gärten und viktorianischem Beiwerk versehen. Der Glanzpunkt befindet sich am östlichen Ende der Hauptstraße: das Hotel Lord Milner mit Türmchen, Balkonen und Springbrunnen am Eingang. Entlang der Hauptstraße reihen sich ein Tea Room, ein Souvenirladen und eine Post in attraktiven viktorianischen Gebäuden aneinander.

Die Ursprünge dieses seltsamen Ortes liegen in der Tatkraft des jungen schottischen Unternehmers **Jimmy Logan** begründet. Dieser kam nach Kapstadt, um bei der Bahn zu arbeiten. Er errichtete den Kurort Matjiesfontein wegen der besonders sauberen Karoo-Luft, und das Dorf entwickelte sich um die Wende des 19. zum 20. Jh. zu einem Treffpunkt für Wohlhabende und Einflussreiche. Heute treibt Matjesfontein als ehrwürdiges Relikt regen Handel.

Noch immer kann man den Ort in klassischer Manier mit dem **Zug** zwischen Kapstadt und Jo'burg/Pretoria erreichen und im Lord Milner, ✆ 023-551 3011, 💻 www.matjiesfontein.com, absteigen ❸–❹. Die Gärten und der große Swimming Pool laden zum Entspannen ein. Im Hotel finden sich riesige Porträts an den Wänden, polierte Messinggegenstände, aber ein eher mürrisches Personal, in Schwarz und Weiß gekleidet und mit Spitzenhäubchen auf dem Kopf. Essen und Trinken werden im schwach beleuchteten Essraum und an der alten Bar serviert. An der Hauptstraße befinden sich ein Café, ein Souvenirgeschäft sowie ein Postamt, alle in hübschen viktorianischen Gemäuern untergebracht.

Sutherland

Von der N1 zweigt bei Matjiesfontein die R354 ab, die zum rund 100 km weiter nördlich gelegenen Sutherland führt. Der Ort genießt den grimmigen Ruf, der kälteste Punkt des Landes zu sein. Am berühmtesten ist er aber für seinen klaren Himmel. Er gehört zu einer Handvoll Orte auf der Welt, von denen die Wissenschaftler in die Tiefen des Weltraums starren. Bei einer Besichtigungstour sieht man eine ganze Hügelkuppe voller Teleskope, unter deren gewaltigen silbernen Kuppeln Experten aus aller Welt eiskalte Nächte damit zubringen, die Grenzen des menschlichen Wissens weiter auszudehnen.

Das **Tourist Office** in der Hauptstraße, ✆ 023-571 1265, 💻 www.karoohoogland.co.za, ist an dem ausrangierten Teleskop draußen zu erkennen; 🕒 Mo–Fr 8–17, Sa 9–13 Uhr. Es werden Besuche beim **Observatorium** angeboten (✆ 023-571 2436, So–Fr 10.30 und 14.30, Sa 11.30 Uhr, R10, und Mo, Mi, Fr und Sa Abend, R40). Selbst für Besucher, die mit Astronomie nicht so viel am Hut haben, ist es interessant, sich beim Visitors' Centre zu einer Führung anzumelden, um SALT (das South African Large Telescope) zu sehen. Das Teleskop mit seinen 91 sechseckigen Spiegelsegmenten ist das größte auf der Südhalbkugel und so leistungsstark, dass es eine auf dem Mond brennende Kerze orten könnte. Besucher bekommen allerdings keine Gelegenheit, selbst durch das Teleskop zu blicken. Nur bei den Abendtouren erhalten die Teilnehmer Teleskope zum Durchschauen sowie einen Vortrag über die Sterne.

Wer unbedingt durch ein Teleskop schauen will, kann dies auch beim **Kambrokind B&B**, 19 Piet Retief St, ✆ 023-571 1405, 💻 www.sutherlandinfo.co.za, dessen Inhaber und Amateurastronom Jurg Wagener für seine Gäste Teleskope im Garten aufstellt und jeden Abend eine kleine Einführung ins Sternegucken bietet. ❸

Beaufort West

Es ist ein beeindruckender Anblick, wenn die **Nieuwveld Mountains** direkt hinter Beaufort West inmitten einer ansonsten fernen, unscharfen Landschaft auftauchen. Davon abgesehen präsentiert sich Beaufort West als eher unansehnliche Siedlung, durch die der rege Verkehr über die N1 rollt (auf Geschwindigkeitskontrollen achten und an den Ampeln anhalten). Die größte Aufmerksamkeit gilt hier der Versorgung müder Reisender, und der einzige Grund für einen Halt wäre eine Rast auf der langen Fahrt zwischen Kapstadt und Johannesburg. Wer eine Übernachtung einlegen will, tut dies besser im schönen Karoo National Park, gleich außerhalb der Stadt.

Übernachtung

Es gibt eine Menge Unterkünfte in Beaufort West, die meisten allerdings an der verkehrsreichen Hauptstraße. Für eine Campingübernachtung bietet sich der Karoo National Park wenige Kilometer außerhalb der Stadt an. Die Unterkünfte im Park sind hübsch und ruhig, müssen allerdings lange im Voraus gebucht werden.

Donkin Country House, 14 Donkin St, ✆ 023-414 4287, 💻 www.donkinhouse.co.za. Einfaches Gästehaus, Zimmer mit Du/WC, AC, TV und Kühlschränken, Swimming Pool und Gemeinschaftsräume. ❷

Matoppo Inn, Bird, Ecke Meintjies St, ✆ 023-415 1055, 💻 www.matoppoinn.co.za. Elegante Unterkunft mit standardmäßigen und luxuriösen Zimmern in der alten *drostdy* der Stadt. Herrlicher Garten, Pool, gute Verpflegung und entspannte Atmosphäre. ❸

Wagon Wheel Country Lodge, abseits der N1 am Nordrand der Stadt, ✆ 023-414 2145, 💻 www.info-beaufortwest.co.za/wagonwheels/index.html. Saubere Motelzimmer mit Du/WC. Außerdem Zeltplatz mit Kinderplanschbecken. Verpflegung extra. ❷

Essen

Matoppo Inn, serviert von 7–9 Uhr das beste Frühstück der Stadt (auch für Nichtgäste). Außerdem 4-gängiges Abendmenü im Karoo-Stil nach vorheriger Reservierung am gleichen Tag.

Saddles Steakhouse, Donkin St, gegenüber vom Formula 1. Gewöhnliches, aber zuverlässiges Angebot.

Informationen

Tourist Office, 63 Donkin St, ✆ 023-415 1488, einen Block vom Museum entfernt, ⌚ Mo–Fr 8–16.45 Uhr.

Transport

Die Intercity-Busse halten vor dem Engen-Parkplatz in der Donkin St.

Karoo National Park

Der Karoo National Park, ✆ 023-415 2828, hat sich in den letzten Jahren als Naturschutzgebiet hervorgetan, das weit mehr bietet, als es auf den ersten Blick vermuten lässt. Obwohl der erste Eindruck nicht unbedingt *karoo*-typisch ist (dafür gibt es hier zu viele Berge), beginnt der Park mit Halbwüstencharakter und nach einer Nacht unter einem überwältigenden Himmel oder einem Tag mit Erläuterungen zur vielfältigen Pflanzenwelt, langsam seinen besonderen Reiz zu entfalten.

Die größten Vorzüge sind die Landschaft und die erholsame Atmosphäre. Trotz der Einführung von **Spitzmaulnashörnern** bleibt der Großwildbestand beschränkt. Allerdings leben hier einige eindrucksvolle Greifvögel, z. B. der **Schwarzadler**. Die markierten Fahrstrecken durch einen begrenzten Teil des 600 km² großen Parks sind nicht besonders aufregend, jedoch gibt es auch eine weiter reichende Piste für Fahrzeuge mit Vierradantrieb.

In der Nähe des Hauptcamps gibt es ein **Besucherzentrum** und drei Wege: eine 11 km lange Tagesroute, einen kurzen, aber informativen Baumweg und einen fantasievollen Fossilienweg (auch für Rollstuhlfahrer geeignet, mit Tafeln in Blindenschrift), der die faszinierende 250 Millionen Jahre alte Geologie der Gegend dokumentiert und mit Fossilien ungewöhnlicher Tiere aufwartet. Informationen hierzu sind an der Rezeption des Camps erhältlich. ⌚ Tor tgl. 5–22, Rezeption tgl. 7–19 Uhr, Eintritt R80.

Das Eingangstor zum Park steht direkt an der N1, 2 km südlich von Beaufort West. Die **Rezep-**

tion und das **Camp** befinden sich 10 km weiter im Parkinneren – versteckt zwischen den reizvollen Tafelbergen, sodass die Zivilisation meilenweit entfernt scheint. An der Rezeption gibt es einen **Laden** mit den wichtigsten Nahrungsmitteln sowie ein **Restaurant**, 🕓 tgl. Frühstück und Abendessen, und unweit davon einen **Pool**.

Als Übernachtungsmöglichkeiten empfehlen sich die voll ausgestatteten **Chalets und Cottages** zu beiden Seiten des Hauptkomplexes (mind. 2 Pers.) ❸, Frühstück im Restaurant inkl. Der **Campingplatz** liegt hinter einem Hügel.

Das Overberg-Hinterland und die Whale Coast

Östlich des Weinlands erstreckt sich die vage eingegrenzte Region Overberg („über dem Berg" in Afrikaans). Im 17. Jh., als Stellenbosch, Franschhoek und Paarl noch abgelegene Außenposten waren, betrachteten die holländischen Siedler alles dahinter als verschwommenes Hinterland, das sich bis in die trockenen Sandbänke der Karoo hineinzog. Heute reicht das Gebiet bis zu einer unbestimmten Grenze zwischen Arniston und Mossel Bay an der Küste und bis irgendwo östlich von Swellendam im Landesinneren.

Von den beiden Hauptrouten durch den Overberg führt die **N2** durch das weniger interessante Hinterland – vier bis fünf Fahrtstunden durch sanft gewellte Schafweiden und Weizenfelder. Nördlich der N2 liegt **Greyton**, ein hübsches Dorf, das von Kapstädtern als Wochenendziel genutzt wird und gleichzeitig Anfangspunkt der **Boesmanskloof Traverse** ist: ein sagenhafter zweitägiger Wanderweg über die Berge bis in die Karoo. Die historische Moravian (Mährische) Missionsstation **Genadental**, zehn Minuten von Greyton die Straße hinunter, ist von einem seltsam afrogermanischen Ambiente geprägt. Hier kann man schön ein paar Stunden spazieren gehen.

An der N2 selbst lohnen sich nur zwei Zwischenstopps: zum einen **Caledon** mit seinen Thermalquellen, zum anderen **Swellendam** mit seinen schön erhaltenen Straßenzügen sowie einem der besten Landesmuseen in Südafrika.

Der Anziehungspunkt der Gegend ist die **Whale Coast**, die nahe genug für einen Ausflug von Kapstadt und doch überraschend unberührt ist. Eine Ausnahme bildet die gut besuchte Ortschaft **Hermanus**, die „Walbeobachtungs-Hauptstadt" von Südafrika. In der Tat eignet sich die gesamte Südküste des Kaps hervorragend zur Walbeobachtung vom Land aus.

An diesem Küstenabschnitt befindet sich auch **Cape Agulhas**, der südlichste Punkt des Kontinents, dessen zerrissene Felsspitze sich unspektakulär im Meer verliert. In der Nähe liegt das lohnenswertere **Arniston**, eines der am besten erhaltenen Fischerdörfer des Landes, und etwas weiter östlich das **De Hoop Nature Reserve**, eine aufregende Wildnis mit gebleichten Dünen, Felsküsten und noch mehr Walen.

Caledon

Der erste Eindruck von Caledon, 111 km östlich von Kapstadt an der N2, wird von den großen, kirchenähnlichen Getreidesilos bestimmt, die selbst die Kirchtürme in den Schatten stellen. Die nicht besonders aufregende Farmerstadt verdankte ihren früheren Wohlstand dem Weizen-, Gerste- und Malzhandel. Heute verdient sie ihren Reichtum spielend: Ein Kasino und ein Unterhaltungszentrum für Familien säumen die einzige natürliche Attraktion der Stadt – die Thermalquellen.

Als die Holländer im 18. Jh. eintrafen, badeten die Khoi bereits in den dampfenden Löchern, die man in den Boden gegraben hatte – eine Praxis, die von den Siedlern übernommen wurde. Im 19. Jh. errichteten die Viktorianer eine schmiedeeiserne Struktur um den mit dampfendem braunem Wasser gefüllten größten rechteckigen Pool, die 2001 durch eine hölzerne, originalgetreue ersetzt wurde.

Heute bietet das **Caledon Spa**, ☏ 028-214 5100, eine reiche Palette wunderbar entspannender und verjüngender körperlicher Wohltaten. Das sogenannte Khoisan-Spa besteht aus einem künstlichen Wasserfall, der sich einen Berghang hinunter in eine Reihe von Felsbecken ergießt. Der heißeste davon erreicht 40 °C, mit abnehmender Höhe wird es immer kühler. Es gibt auch eine Trocken- und eine Dampfsauna; Hand-

In Caledon haben Getreidesilos die Kirche als Blickfang abgelöst.

tücher werden gestellt. ⌚ tgl. 10–19 Uhr, Eintritt R100, Kinder R50.

Caledon hat aber noch einige andere Attraktionen zu bieten: Das **House Museum**, 11 Constitution St, ist in einem sorgfältig restaurierten Gebäude in „viktorianisch-kaledonischem Stil" (1837–1901) untergebracht und beherbergt größtenteils häusliche Exponate. ⌚ Mo–Fr 10–13 und 14–16.30 Uhr.

Zu Caledons Freiluftattraktionen zählt das **Wildflower Garden and Nature Reserve**, wo man durch Fynbos, Aloen und Sukkulenten an einer felsigen, bewaldeten *kloof* entlang in die Berge hineinwandern kann. ⌚ 10–19 Uhr, R25.

Übernachtung und Essen

Kelkiewyn, 22 Prince Alfred St, ✆ 028-214 1884. Empfehlenswerte Adresse mit erschwinglichen Zimmern in viktorianischem B&B an der Hauptstraße und ein paar neu angebauten Wohneinheiten für Selbstversorger rückseitig. ❷

Little Lotta, 7 Disa St, ✆ 028-212 3305 oder 083-779 0175, vermietet gute Unterkünfte für Selbstversorger in der Nähe der N2. ❷

Venster Restaurant, im Wildflower Garden, 1 km östlich des Zentrums, in der Nähe der N2, Snacks und traditionelle Afrikaander-Speisen, z. B. *bobotie* und *bredie*, in gigantischen Portionen. ⌚ tgl. 9–22, So bis 16 Uhr.

Informationen

Tourist Office, 22a Plein St, ✆ 028-214 3370, im alten Rathaus bietet Infos zu Unterkünften (auch wenn man nicht in Caledon übernachten möchte). ⌚ Mo–Fr 9–16, Sa 9–13 Uhr.

Transport

Selbstfahrer

Caledon ist direkt von der N2 erreichbar: Wer zum Spa möchte, folgt dem Schild mit Hotel- und Spa-Symbol. Es befindet sich von Kapstadt aus gesehen ein Stück hinter dem Wegweiser zum Stadtzentrum.

Busse

Intercity-Busse halten am Spar-Supermarkt am Market Square (Plein St, Ecke Prince Alfred Rd) im Zentrum.

Greyton und die Boesmanskloof Traverse

Greyton ist ein kleines, von georgianischen und viktorianischen Gebäuden geprägtes Dorf, 46 km nördlich von Caledon und 145 km von Kapstadt entfernt und ein beliebtes Wochenendziel der Kapstädter. Es lockt mit guten Gästehäusern, Cafés, Restaurants und Wanderwegen, ganz besonders mit der wunderbaren **Boesmanskloof Traverse**, die über die Berge zu einem 14 km von McGregor entfernten End- bzw. Anfangspunkt führt.

Südafrikas älteste Missionsstation, **Genadendal**, 6 km westlich von Greyton, ist ebenfalls eine Wanderung wert. Greyton ist ein hervorragendes Plätzchen, um sich auszuruhen, durch die Straßen zu spazieren und in den Antiquitäten- und Teeläden herumzustöbern.

Übernachtung

Die Winter können in diesem bergigen Gebiet sehr kalt werden, daher lohnt es sich, nach einer Unterkunft mit Kamin zu suchen. Im Sommer ist dagegen ein Quartier mit Pool angenehm. Bei den meisten Unterkünften kommen Einzelübernachtungen verhältnismäßig teuer, da Greyton hauptsächlich ein Ziel für Wochenendausflügler und kein Zwischenstopp auf dem Weg irgendwohin ist. Es gibt auch kaum Nachtquartiere der unteren Preiskategorie.

Auberge Greyton, Ecke Oak St und Main Rd, ✆ 028-254 9192. Schlichte, minimalistische Zimmer im ländlichen Stil – wer vor allem wandern möchte und nur ein Bett für 1–2 Nächte braucht, ist hier gut aufgehoben. ❶

High Hopes, 89 Main Rd, ✆ 028-254 9898, 💻 www.highhopes.co.za, eines der besten B&Bs in einem schönen Landhaus. Abgesehen von vier Zimmern auch eine separate Einheit mit Küche (wahlweise Selbstverpflegung oder auf B&B-Basis). Großer Garten mit Swimmingpool. Im Angebot sind auch verschiedene Wellness-Behandlungen wie Massage. ❻–❼

Essen

Samstags bietet an der Main Road, Ecke Market Street, ein kurzer (10–12 Uhr) Markt Biogemüse, fabelhaften und sehr preiswerten Käse, geradezu dekadenten Kuchen, Brote, Kekse und Konfitüren an. Ansonsten gibt es eine kleine Auswahl an Lebensmitteln im kleinen Deli des Oak and Vigne Café und in Via's Deli, wo auch Biogemüse erhältlich ist. Die netteste Adresse für einen Drink und Tapas auf der Veranda

Die Boesmanskloof Traverse

Die 14 km lange Wanderung über die Boesmanskloof Traverse führt von den mit Eichen bestandenen Straßen von Greyton über die Riviersonderendberge bis zum Karoo-Buschland um das Dorf McGregor (S. 226). Die beiden Städte sind nicht direkt durch Straßen miteinander verbunden. Die klassische Route über die Traverse beschreibt eine Wanderung von Greyton zu **Die Galg** (14 km von McGregor entfernt), wo die meisten die Nacht verbringen, um dann am folgenden Tag nach Greyton zurückzukehren. Auf der Strecke sind viele anstrengende Anstiege zu bewältigen; wer die gesamte Länge des Weges scheut, kann ab Greyton 9 km zu den **Oak Falls** marschieren, dem Glanzpunkt des Weges. Vor einem Ensemble mit mehreren Wasserfällen breitet sich ein eindrucksvoller, großer dunkler Pool aus. Hier kann man sich ausruhen oder schwimmen.

Praktische Informationen

Für die ersten 5 km des Wegs und zurück gibt es keinerlei Auflagen. Wer allerdings zu den Oak Falls gehen oder die gesamte Strecke von Greyton zu Die Galg zurücklegen möchte, braucht eine **Erlaubnis** (R25 p. P. und Tag). An Wochenenden ist der Weg extrem überlaufen und die Genehmigungen müssen im Voraus beim Greyton Tourism Bureau erworben werden. Mit der Erlaubnis erhält man auch eine **Karte**, obwohl man angesichts der guten Beschilderung der Traverse auch ohne auskommt. Die Wanderung ist streckenweise recht anstrengend, eine gute Kondition und feste Schuhe sind unbedingt erforderlich. Die Winter hier sind regnerisch, die Sommer dagegen heiß und trocken. Eine **Übernachtungsmöglichkeit** besteht bei Onverwacht, ✆ 023-625 1667, am Beginn des Weges in einfachen Cottages; Bettwäsche muss selbst mitgebracht werden.

Romantischer Luxus zum günstigen Preis

Acorns On Oak, 2 Oak St, ✆ 028-254 9567, 💻 www.acorns-on-oak.co.za. Das Haus am Flussufer vermietet 5 Luxuszimmer, alle mit Fußbodenheizung, Espressomaschine, Loftlounge und Terrasse zum Garten. Gutes Quartier für ein romantisches Wochenende; Kinder sind allerdings nicht zugelassen. Mit 12 m langem, beheiztem Pool und Liegestühlen im hübschen Garten. ❺

sowie Sportübertragungen auf Großbildschirm ist Barnard's Boutique Hotel an der Main Rd. Die meisten Restaurants servieren recht raffinierte und kreative Nouvelle Cuisine.

254, 8 Ds Botha St, ✆ 028-254 9373. Eine Tischreservierung auf der kerzenbeleuchteten Veranda ist Voraussetzung für ein hervorragendes Essen in netter, einladender Atmosphäre. Auch für Vegetarier ist immer etwas Leckeres dabei. 🕒 Fr und Sa Abendessen.

Abbey Rose, Main Rd, ✆ 028-254 9470. Salate oder Tee mit Scones in einem netten Garten. 🕒 tgl. 9–16.30 Uhr, Fr und Sa auch zum Abendessen.

Barnard's Boutique Hotel, 16 Main Rd, ✆ 028-254 9394. Nettes Plätzchen für einen Sundowner mit Wein und Tapas an Straßentischen oder drinnen am Kamin.

Tipis am Fluss

Blue Hippo Tipi Village, 4 km von Greyton an der Straße nach Riviersonderend, ✆ 028-254 9595, 💻 www.bluehippo.co.za. Schattiger großer Campingplatz an einem Fluss inmitten von Obstgärten. Wer nicht sein Zelt aufbauen möchte, kann sein Haupt in einem großen Tipi für bis zu 5 Pers. auf Futons betten. Voll ausgestattete Gemeinschaftsküche, Seile und Schaukeln in den Bäumen und mehrere Feuerstellen. Bei einem Damm kann man picknicken und baden, außerdem stehen Pferde für Ausritte bereit. Yoga und Massagen können vorausgebucht werden. ❹

Der Großbildschirm der Kneipe ist ein Magnet für Sportfans.

Peccadillo's, 23 Main Rd, ✆ 028-254 9066. Sehr gutes Essen in schnörkellosem Bistro mit saisonalem, mediterran beeinflusstem Angebot zu vernünftigen Preisen. Auch gut mit Kindern. Empfehlenswert sind die Forellengerichte. 🕒 Do–Mo Mittag- und Abendessen.

Oak and Vigne Café, Ds Botha St, ✆ 028-254 9037, sehr beliebt, in einem alten Cottage mit von Eichen beschatteter Terrasse, 🕒 tgl. erschwingliches mediterranes Landfrühstück, Tee und Gourmet-Mittagessen.

Via's Deli, 31 Main Rd, ✆ 028-254 9190. Vegetarisches Mittagsbuffet (wird nach Gewicht berechnet), Feinkost und Biogemüse. 🕒 tgl. außer Mo 9–16 Uhr.

Informationen

Greyton Tourism Bureau, 29 Main St, ✆ 028-254 9414, 💻 www.greyton.net, Infos und Unterkunftsvermittlung, 🕒 Mo–Fr 9–17, Sa 9–14 Uhr.

Transport

Greyton wird nicht von öffentlichen Verkehrsmitteln angefahren. Zu erreichen ist der Ort mit dem Auto, am besten über die geteerte R406 direkt westlich von Caledon. Die ungeteerte Route von Riviersonderend erweist sich als echte Strapaze für die Federung.

Genadendal

Die Ortschaft Genadendal („Tal der Gnade") existiert seit 1737 und ist Südafrikas älteste Missionsstation. Gegründet wurde sie von Moraviern, und Teile der ocker- und erdrosafarbenen Architektur zeugen von mitteleuropäischem Einfluss. Sie liegt nur 6 km von Greyton entfernt und ist den Abstecher unbedingt wert. Den Mittelpunkt von Genadendal bildet der **Church Square**, der von einem germanischen Kirchenbau aus dem Jahre 1891 beherrscht wird. Die alte Glocke stammt aus dem 18. Jh. und stand damals im Zentrum heftiger Auseinandersetzungen zwischen den örtlichen Farmern und der Missionsstation.

Als der Missionar Georg Schmidt mit den verarmten Khoi, die unmittelbar vom Niedergang bedroht waren, eine kleine christliche Gemeinde gründete und den schlecht behandelten Arbeitern der hiesigen Farmen Zuflucht bot, eskalierte der Konflikt. Die Farmer waren erbost, zumal Schmidt den Afrikanern, die sie als unzivilisiert betrachteten, das Lesen und Schreiben beibrachte, während sie selbst als weiße Christen Analphabeten blieben. Die Niederländische Reformierte Kirche unter der Kontrolle der Niederländischen Ostindischen Kompanie griff ein, als Schmidt sich anschickte, die neuen Anhänger der Religion zu taufen: Sie untersagte der Mission das Läuten der Glocke, das die Gläubigen zum Gebet rief.

Im Jahre 1838 errichtetet man hier das erste Ausbildungsinstitut des Landes für Lehrer, welches 1926 von der Regierung wieder geschlossen wurde – mit der Begründung, dass Coloureds keinen tertiären Bildungsbereich bräuchten und stattdessen als Arbeiter auf den örtlichen Farmen beschäftigt werden sollten. Diese Politik führte die Gemeinde geradewegs in die Armut. Im Jahre 1995 taufte Nelson Mandela seinen offiziellen Sitz in Kapstadt als Anerkennung für die Bedeutung der Mission in „Genadendal" um.

Heute zählt diese in erster Linie farbige Stadt ca. 4000 Einwohner, die verschiedenen christlichen Sekten angehören und nicht mehr nur dem Moravianismus. Das **Mission Museum** am Church Square ist von bescheidenem Interesse, ⌚ Mo–Do 9–13, 14–17, Fr 9–15.30, Sa 9–12 Uhr. Vom Museum bietet sich ein Spaziergang durch die Stadt an, z. B. zum ländlichen Friedhof mit Grabsteinen aus dem frühen 19. Jh.

Swellendam und Umgebung

Swellendam, 97 km östlich von Caledon und 220 km von Kapstadt an der N2, präsentiert sich als attraktive historische Stadt am Fuß des Langeberg. Mit einem der besten Landmuseen von Südafrika eignet sich der Ort gut für einen Zwischenstopp entlang der N2 auf halber Strecke zwischen Kapstadt und der Garden Route. Angesichts der reichen Auswahl an Unterkünften und der schönen Lage – zwischen dem De Hoop Nature Reserve und dem Langeberg – stellt er einen guten Ausgangspunkt für ein oder zwei Erkundungstage in dieser Ecke der Overberg-Region dar, z. B. mit Abstecher in den nicht weit südlich hiervon gelegenen Bontebok National Park.

Swellendam, Südafrikas **drittälteste weiße Siedlung**, wurde 1745 von Baron Gustav van Imhoff gegründet. Als hoher Vertreter der Niederländischen Ostindischen Kompanie zeigte er sich nach seinem Besuch zutiefst besorgt über die „moralische Degeneration" der *burgher*, die immer weiter von Kapstadt weg und somit aus dem Kontrollbereich der Kompanie zogen. Des Weiteren beunruhigte ihn der Verlust der Einkünfte durch diese „Vagabunden", die keine Steuerabgaben an die Kompanie für ihren Landbesitz zahlten.

Die Stadt wuchs zu einem blühenden ländlichen Zentrum heran und war bekannt als Wagenbaustandort sowie als letzter „zivilisierter Hafen" für die Trekburen auf ihrem Weg ins Landesinnere. Mit den erzielten Gewinnen errichteten die Bewohner zahlreiche erhabene Häuser, die jedoch größtenteils dem Feuer von 1865 zum Opfer fielen. Nichtsdestotrotz hat sich Swellendam ausreichend Charme bewahrt, um Reisende von der Nationalstraße anzulocken.

Die Stadt erstreckt sich zu beiden Seiten einer sehr langen Hauptstraße ohne jede Verkehrsampel. Am attraktivsten sind ihre beiden Enden, während in der Mitte eine nichtssagende Shoppingmeile liegt. Am Ostende der Straße dominiert ein Museumskomplex; es liegt zugleich günstig zum Gebirgsreservat, in dem man gut wandern oder reiten kann. Hier befindet sich auch die Backpacker-Lodge.

Das einzige Gebäude im Zentrum, das die Feuersbrunst von 1865 überdauert hat, ist das kapholländische **Oefeningshuis**, 36 Voortrek St. Heute ist hier das Tourist Information Bureau untergebracht. Erbaut wurde es 1838 und fungierte zunächst als religiöse Wirkungsstätte, später als Schule für befreite Sklaven. Bemerkenswert sind seine surreal wirkenden Uhren.

Schräg gegenüber, etwas weiter östlich, befindet sich die **Niederländische Reformierte Kirche**, Hausnr. 11, aus dem Jahre 1910 mit gotischen Fenstern, einer barocken Turmspitze, Portikus-Elementen im Renaissance-Stil und kapholländischen Giebeln, die sonntags eine große Gemeinde anzieht.

Auf der Ostseite der Stadt, unweit des Zentrums, liegt das ausgezeichnete **Drostdy Museum**, 18 Swellegrebel St. Es besteht aus einer Ansammlung historischer Gebäude, die um ein ausgedehntes Gelände angeordnet sind, und einem Kap-Garten aus dem 19. Jh. Kernstück ist die Drostdy selbst, die 1747 als Sitz des Landdrost (eine Art Landvogt) erbaut wurde. Dieser war von der Niederländischen Ostindischen Kompanie entsandt worden, um das Gebiet zu kontrollieren. Das Gebäude entspricht dem getünchten, strohgedeckten und mit Läden versehenen kapholländischen Stil des 18. Jhs., die Einrichtung dagegen stammt aus dem 19. Jh. ◷ Mo–Fr 9–16.45, Sa und So 10–15.45 Uhr, Eintritt R15.

Das **Old Gaol** (Gefängnis) mit Strohdach und massiven, weiß getünchten Mauern ist heute eins das beste Mittagslokale des Orts. Nebenan wird in der **Utamaduni Gallery** schönes Kunsthandwerk verkauft.

Übernachtung

Liebhaber von atmosphärischen, historischen Häusern haben in Swellendam eine große Auswahl: Es gibt zahllose kapholländische und georgianische Häuser, die zudem noch erschwinglich sind.

Augusta de Mist, 3 Human St, ✆ 028-514 2425, 💻 www.augustademist.co.za. Ein 200 Jahre altes Anwesen mit 3 liebevoll renovierten Cottages, 2 Gartensuiten und einer Wohneinheit für Familien, die meisten davon mit Kamin. Weitläufiger Garten und Pool. ❺–❻

Cypress Cottage, 3 Voortrek St, ✆ 028-514 3296, 💻 www.cypresscottage.info. 7 reizende, mit antiken Möbeln eingerichtete Zimmer in einem der ältesten Häuser der Stadt und 2 zusätzliche Zimmer im Haupthaus. Preiswert. ❹

Eenuurkop Huisie, ✆ 028-514 1447, 8 km von der Stadt entfernt an der Straße nach Ashton, 2 Cottages zur Selbstverpflegung à 1 bzw. 3 Schlafzimmern in atemberaubender Umgebung mit Zugang zu Bergwanderwegen. ❷–❸

Herberg Roosje Van De Kaap, 5 Drostdy St, ✆ 028-514 3001, 💻 www.roosjevandekaap.com. Beliebtes B&B in einem sehr schönen Haus neben dem Museum, mit Pool, erstklassigem, freundlichem Service und beliebtem Candlelight-Dinner. Einige Zimmer sind allerdings ziemlich eng. ❹

Hermitage Huisies, an der R60 nach Ashton, ✆ 028-514 2308, 💻 www.eenuurkop.co.za, 3 km von der Stadt entfernt. Zwei wundervolle Cottages zur Selbstverpflegung für 4 bzw. 5 Pers. auf einem landwirtschaftlichen Kleinbetrieb mit Ententeich und Schafweiden. ❸

Klippe Rivier Homestead, vom westlichen Ende der Stadt ausgeschildert, ✆ 028-514 3341, 💻 www.klipperivier.com. Vornehmste und luxuriöseste Unterkunft des Ortes in einem schönen kapholländischen Gutshaus von 1825 mit 6 äußerst komfortablen Zimmern im Landhausstil, alle mit eigener Terrasse oder Veranda, sowie einem abgeschiedenen Cottage, Salzwasser-Pool, herrlicher Gartenanlage und sagenhaftem Frühstück. Keine Kinder unter 10 Jahren. ❽

Lulu's B&B, 10 Voortrek St, ✆ 028-514 2202 oder 082-343 4648. Gut geführtes B&B in zentraler Lage. Zwei Zimmer mit Bad sowie ein Apartment für Selbstversorger mit 8 Betten. ❷

Swellendam Backpackers, 5 Lichtenstein St, ✆ 028-514 2648, 💻 www.swellendambackpackers.co.za. Swellendams einziges Hostel ist eine freundliche Herberge in günstiger Lage zum Marloth Nature Reserve und zum Museum. Großer Campingplatz, Dorm-Betten und anständige DZ. Das Personal organisiert auch Aktivitäten wie Ausritte und Mountainbiketouren. Kinder sind willkommen; es gibt reichlich Platz zum Austoben. Hier geht zwar nicht dauernd die Party ab, aber eine Bar ist immerhin vorhanden. ❶–❷

Swellendam Country Lodge, 237 Voortrek St, ✆ 028-514 3629, 💻 www.swellendamlodge.com. Sechs Zimmer mit separaten Eingängen, Reetdächern und schlicht-eleganter Einrichtung in gedämpften Farben. ❹

Essen

Möglichkeiten zum Essengehen bieten sich in Swellendam ausreichend. Die Palette reicht von Snackbars bis hin zu formellen Restaurants mit romantischen Candlelight-Dinnern. Viele davon sind in hübschen Gebäuden untergebracht. Die meisten Lokale finden sich an den beiden Enden der langen Hauptstraße.

The Old Gaol Coffee Shop, Drostdy Museum, 26 Swellengrebel St, ✆ 028-514 3847. Kein langweiliges Museumscafé ist dieses urige Lokal mit Sitzplätzen drinnen und draußen, fantastischem Kaffee und Kuchen, Milchtorte aus der Kupferform und *roosterkoek* – traditionell auf offenem Feuer zubereitetem Brot mit leckeren Füllungen. ◷ Di–Sa 8.30–17 Uhr.

The Old Mill, 241–243 Voortrek St (am Westende), ✆ 028-514 2790. Nettes Lokal mit Tischen im Garten für tagsüber und gutem, attraktiv angerichtetem Dinner, von Vorspeisen wie in Sesamkruste frittiertem Camembert bis zu Fisch-, Pasta- und Wildgerichten. Im Winter hält ein Kamin die Gäste warm. ◷ ganztägig.

Roosje Van de Kaap, 5 Drostdy St, ✆ 028-514 3001. Sehr angesehenes Restaurant mit traditionellem Kap-Essen und großartiger Weinliste, romantische Candlelight-Dinner. Reservierung erforderlich. ◷ Di–So 19–22 Uhr.

Woodpecker Deli, Voortrek St (am Westende), ✆ 028-514 2924. Die Pizzeria und Cafeteria bietet auch Picknickteller mit schmackhaftem Käse und italienischer Feinkost an. Gute Adresse für Vegetarier. ◷ 9.30–21 Uhr, So abends geschl.

Sonstiges

Informationen

Tourist Office, 36 Voortrek St, ✆ 028-514 2770, ✉ infoswd@swellenmun.co.za, sehr hilfreich, erteilt Infos zu örtlichen Attraktionen und tätigt Zimmerreservierungen. ◷ Mo–Fr 9–17, Sa und So 9–13 Uhr.

Touren

Die verlockendsten Tourangebote in Swellendam sind Ausritte in die Wälder und Berge am Ostrand der Stadt – im sicheren und komfortablen Westernsattel.

Two Feathers Horse Trails, ✆ 082-494 8279 oder 082-485 4379, 🖳 www.twofeathers.co.za, bietet Reitmöglichkeiten im Stundentakt oder als Tagesausflug inkl. Picknick-Lunch.

Transport

Die zwischen Kapstadt und Port Elizabeth pendelnden Intercity-Busse von **Greyhound**, **Intercape** und **Translux** halten schräg gegenüber vom Swellengrebel Hotel, 91 Voortrek St, im Stadtzentrum, während der **Baz Bus** die Fahrgäste an den zentralen Unterkünften absetzt.

Bontebok National Park

Nur 6 km südlich von Swellendam am Breede River zwischen Kapstadt und der Garden Route lädt der Bontebok National Park, ✆ 028-514 2735, ein kompaktes 28 km² großes Naturschutzgebiet am Fuße der Langebergkette, zu einer erholsamen Pause mit Übernachtung ein. Den Park errichtete man 1931, um den schwindenden Bestand der Buntböcke (eine Antilopenart mit braun-weißen Markierungen auf der Stirn und dem Hinterteil) zu schützen. Im Jahre 1930 hatte sich die Zahl der Tiere durch die Jagd auf 30 verringert. Ihr Fortbestand wurde inzwischen gesichert und heute leben 300 Buntböcke im Park und noch mehr in weiteren Wild- und Naturparks der Provinz.

Große Katzen kommen hier nicht vor, dafür trifft man unter Umständen auf andere **Säuger**, wie das seltene Kap-Bergzebra, die rote Kuhantilope und die Rehantilope, sowie auf mehr als 120 **Vogelarten**. Auch die **Fynbosvegetation** zeigt sich mit nahezu 500 Arten vielfältig, darunter Erika, Gladiolen und Proteen. Neben der **Wildbeobachtung** kann man im Park noch anderen Aktivitäten nachgehen: **Schwimmen** im Breede River, **Wandern** auf einigen kurzen Naturwegen und **Fischen**. Für Tagesbesucher stehen **Picknickplätze** mit Grillgelegenheit und sanitären Anlagen bereit. ◷ Okt–April 7–19; Mai–Sep 7–18 Uhr, Tagesbesucher R20; Übernachtungsgäste frei.

Übernachtungsmöglichkeit mit Selbstverpflegung bieten zehn komplett ausgestattete **Chalets** ❸. Alternativ kann man sein eigenes Zelt am Flussufer aufschlagen. In einem **Geschäft** am Parkeingang sind Getränke und Süßwaren erhältlich; alles andere muss man selbst mitbringen.

Die Küste bis Hermanus

Die meisten Besucher befahren die Küstenstraße am Ostufer der False Bay in erster Linie, um nach Hermanus zu gelangen. Doch die Strecke hat auch landschaftlich viel zu bieten, insbesondere hinter den Pendlersiedlungen am Rande von Kapstadt. Verlässt man die N2 hinter Kapstadt bei Somerset West, trifft man zunächst auf den Küstenort **Strand**, ein enormes Industriezentrum. Der schöne Strand hier ist nicht unbedingt ein Grund, um einen Zwischenstopp einzulegen.

Die R44 führt weiter zur Pendlergemeinde **Gordon's Bay** – für einige Zeit die letzte vernünftige Möglichkeit, im Meer zu baden. Dahinter fallen die Berge zum Meer ab und die Straße schlängelt sich durch das Faltgebirge. Unterhalb krachen die Wellen gegen die Felsen. Kein einziger Baum ist in dieser kargen, dramatischen Landschaft zu entdecken. Seinen Namen verdankt **Cape Hangklip**, die Spitze von False Bay, der Tatsache, dass viele portugiesische Seefahrer glaubten, sie würden das Kap der Guten Hoffnung umsegeln.

Zum Ort **Hangklip** führt eine unbefestigte Straße, wo sich seit über 20 000 Jahren die verschiedensten Bewohner ansiedeln. Im 19. Jh. lebten Gesetzlose in den abgelegenen Höhlen von Hangklip, allerdings wurden sie 1852 aufgespürt und die Gegend blieb danach den Pavianen überlassen.

Betty's Bay und Umgebung

Grob gesagt kennzeichnet Cape Hangklip die Stelle, an der die Pendler zu Urlaubern werden. Nur ein kurzes Stück weiter östlich liegt das kleine Pringle Bay als erste einer Reihe ziemlich unattraktiver, immer weiter wuchernder Bungalowsiedlungen, die die kahlen Berghänge über der Küste verschandeln. Doch die Küste selbst ist bezaubernd und die Fahrt von Kapstadt spektakulär.

Betty's Bay, einige Kilometer weiter an der R44, präsentiert sich als eher langweilige Ansammlung von privaten Ferienhäusern mit einer Kolonie von **Brillenpinguinen** (auf Englisch *African* oder *Jackass Penguins* genannt). Die Pinguine lassen sich am besten vom Holzsteg der gut ausgeschilderten Stony Point Penguin Colony beobachten. 🕓 tgl. von Sonnenauf- bis Sonnenuntergang, Eintritt R10. In Betty's Bay gibt es ein elegantes Café, das Espresso Leopard, 3003 Clarence Drive, ✆ 028-272 9817, 🕓 tgl. außer Di 9–21 Uhr. Außerdem kann man (ganzjährig) im Harold Porter National Botanical Garden essen.

Die beste Essadresse der ganzen Gegend und eine Attraktion für sich ist das von einem Ehepaar in seinem Wohnhaus geführte **Hook, Line and Sinker** in Pringle Bay, ✆ 028-273 8688. Auf der Speisekarte steht nur Fisch der Saison, den Stephan, der auf viele Jahre als Tiefseetaucher an der Westküste zurückblickt, auf offenem Feuer zubereitet. Die Preise sind moderat, und besseren Fisch bekommt man nirgends im Land zu essen. Wer will, kann auch fangfrischen Fisch kaufen, um ihn daheim zuzubereiten. Ein köstliches Dessert ist die Crème brûlée, die am Tisch mit einem Bunsenbrenner karamellisiert wird. Telefonische Reservierung ist ein Muss. 🕓 Di–So Mittag- und Abendessen.

Das romantische Gästehaus **Moonstruck on Pringle Bay**, 264 Hangklip Rd, ✆ 028-273 8162, 🖳 www.moonstruck.co.za, ist ein geradezu fürstliches, modernes Anwesen mit 4 großen Zimmern, deren Balkone aufs Meer blicken. Vom Gästehaus ist es nur ein kurzer Spaziergang zu einer Bucht mit guten Bademöglichkeiten. ❻

Harold Porter National Botanical Garden

Direkt oberhalb von Betty's Bay erstreckt sich am Berg der Harold Porter National Botanical Garden, 🕓 Mo–Fr 8–16, Sa und So 8–17 Uhr; R15, ein Wildschutzgebiet mit Küsten- und Bergfynbos, das sich gut als Zwischenstopp entlang der R44 eignet – und sei es nur, um zu picknicken oder das Café zu besuchen.

Verlockend sind die landschaftlichen Reize und Blicke aufs Meer auf dem Weg die *kloof* hinauf. Der relativ kompakte botanische Garten dehnt sich von den Bergen durch Sumpfland hinunter zu den Dünen an der Küste über 2 km² aus. Je höher man kommt, desto häufiger sieht man das Meer sowie landeinwärts die zerklüftete Bergwelt.

Sehen kann man **Antilopen**, **Paviane** und **Leoparden**, Letztere allerdings nur selten. Lohnenswerter ist es, nach Vögeln und Blüten Ausschau zu halten. Vier Wege zwischen einer und drei Stunden führen durch den Garten. Ebenso empfehlenswert ist ein improvisierter Spaziergang an den rotgefärbten Gewässern (verursacht durch Phenol und Tannin aus dem Fynbos) der Disa Kloof entlang.

4 HIGHLIGHT

Hermanus und die Whale Coast

Am Nordzipfel der sich nach Süden hin zum Landzipfel von Danger Point erstreckenden Walker Bay, 112 km östlich von Kapstadt, liegt **Hermanus**. Hinter dem Städtchen ragt eine eindrucksvolle Bergkulisse empor, und in den wärmeren Gewässern vor der schroffen Felsenküste der geschützten Bucht tummeln sich in den Wintermonaten (ungefähr ab Juli) **Südliche Glattwale** (auch Südkaper genannt) (s. Kasten S. 252/253), die dort ihre Jungen zur Welt bringen. Daher bezeichnet sich Hermanus stolz als die **Wal-Metropole** Südafrikas und hat zum Beweis dafür den wohl einzigen offiziellen Wal-Ausrufer angestellt, der mit einem Handy und einem Muschelhorn durch den Ort zieht und die Stellen ausruft, an denen gerade Wale gesichtet werden.

Abgesehen von den Walen hat Hermanus auch ein paar Weingüter zu bieten, und weiter östlich an der Walker Bay befindet sich der Weiler **Stanford**, der sich seinen alten Dorfkern bewahrt hat. Er liegt nahe genug bei Hermanus, um als Ausweichquartier zu dienen. Die Kleinstadt **De Kelders**, südöstlich von Hermanus und ebenfalls direkt am Wasser, ist noch besser zum Walebeobachten geeignet, hat jedoch vergleichsweise so gut wie keine Annehmlichkeiten zu bieten.

Landeinwärts erstreckt sich das gepflegte **Grootbos Private Nature Reserve**, wo man auch hervorragend essen kann. Weiter unten in der Bucht liegt der Fischerort **Gansbaai** (Gänsebucht), heute mehr für seine Hai-Käfig-Tauchgelegenheiten als für das namengebende Federvieh bekannt. Danger Point an der Spitze der Landzunge ist der Südzipfel der Walker Bay – hier erlitt die HMS Birkenhead (s. S. 257) 1852 Schiffbruch.

An der R316, nicht weit von Hermanus entfernt, liegt **Bredasdorp**, von wo Straßen nach **Cape Agulhas**, dem südlichsten Zipfel Afrikas, zum Missionsstädtchen **Elim** und zum noch relativ unberührten Fischerdorf **Arniston** abzweigen.

Hermanus

In der Umgebung der alten Hafenmole ist noch ein Hauch des ehemaligen friedlichen Fischerdorfes zu verspüren, ansonsten besteht Hermanus aus modernen Einkaufszentren, Supermärkten und Souvenirgeschäften. Der Ort hat aber auch gute Strände zum Schwimmen und Spazierengehen sowie Freizeitsportmöglichkeiten anzubieten und stellt einen guten Ausgangspunkt für die Erkundung des restlichen Overberg dar.

Die **Main Road**, die Verlängerung der R43, windet sich durch Hermanus, heißt dort ein Weilchen Seventh St und geht anschließend wieder in die R43 über. Als Ortszentrum gilt der **Market Square**, der gleich oberhalb des alten Hafens südlich der Main St liegt und die dichteste Konzentration von Restaurants, Souvenirgeschäften und Flohmärkten aufzuweisen hat.

Ein fast 5 km langer Pfad führt durch Küstenfynbos am Felsufer entlang vom alten Hafen bis zum Grotto Beach am Ostrand der Stadt. Ein kurzes Stück führt der Weg von der Küste weg und folgt der Main St, biegt dann aber wieder Richtung Meeresufer ab. Östlich des Old Harbour, gleich unterhalb des Marine Hotels, wurde ein geräumiges **Meeresschwimmbecken** angelegt.

Wer einen **Badestrand** sucht, muss sich zu den östlichen Vororten begeben. Am nächsten zur Stadt liegt die geschützte **Langbaai**, eine kleine Bucht unter Felsüberhängen am unteren Ende der Sixth Ave. Dort gibt es einen schmalen Strandstreifen und ausgezeichnete Möglichkeiten zum Schwimmen. **Voelklip**, am Fuß der Eighth Ave, verfügt über Grasflächen, Toiletten und ein Café. Die angrenzende **Kammabaai** bietet die besten Surfbedingungen rund um Hermanus. Nur 1 km weiter östlich liegt **Grotto Beach** – hier beginnt ein 12 km langer, blendend weißer Sandstreifen, der sich in einem sanften Bogen bis nach De Kelders erstreckt.

Ebenfalls am Ostrand der Stadt liegt das **Fernkloof Nature Reserve**, ein 15 km^2 großes hügeliges Gelände mit großartigem Ausblick auf die Walker Bay. Das Naturschutzgebiet besitzt ein rund 40 km umfassendes Netz an markierten **Wanderwegen**, darunter einen insgesamt 4,5 km langen Naturlehrpfad. Bei einem Spaziergang kann man aus nächster Nähe die Artenvielfalt des Fynbos (im Reservat: rund 1000 Spezies)

Westkap

bewundern, und die zahlreichen Blütenpflanzen ziehen Scharen bunter Vögel an. ◷ Sonnenaufgang bis Sonnenuntergang, Eintritt frei.

Der von steilen Felshängen eingerahmte **New Harbour**, ein paar Kilometer westlich der Stadt an der Westcliff Rd gelegen, ist ein betriebsamer Fischereihafen. Manchmal schwimmen die Wale ins Hafenbecken hinein, und dann gibt es keine angenehmere Aussichtsstelle als das Harbour Rock (s. S. 252).

Am Ostrand von Hermanus geht der **Rotary Way** ab, ein herrliches, 10 km langes Straßenstück, das über den Bergrücken durch Fynbosgelände führt und weite Ausblicke über die Stadt, das Hemel-en-Aarde Valley („Himmel-und Erde-Tal") sowie die Walker Bay von Kleinmond bis nach Danger Point zulässt. Von der Stadt her kommend biegt man gleich hinter dem Sportplatz nach rechts ab und folgt dem Pfad, der mit zwei weißen Schranken versehen ist, auf denen „Rotary Way" steht. Die Straße ist anfangs asphaltiert, geht dann in eine Karrenspur über und endet schließlich im Nichts, d. h. Wanderer müssen auf dem gleichen Weg wieder zurückkehren.

Hemel-en Aarde Valley: die Weingüter der Walker Bay

Aus dem angrenzenden Hemel-en-Aarde Valley, rund 15 Autominuten westlich von Hermanus, stammen ein paar südafrikanische Spitzenweine. Mehrere kleine Weingüter mit gemütlichen Probierstuben liegen nahe beieinander an der R320 Richtung Caledon, die 2 km westlich von Hermanus von der Hauptstraße nach Kapstadt abgeht.

Das älteste Weingut der Walker Bay ist **Hamilton Russell**, ✆ 028-312 3595, 💻 www.hamiltonrussellvineyards.com, dessen Erzeugnisse zu den kostspieligsten Weinen Südafrikas zählen. ◷ Mo–Fr 9–17, Sa 9–13 Uhr.

Neben Hamilton Russell, Richtung Caledon, liegt **Bouchard Finlayson**, 💻 www.bouchardfinlayson.co.za, das ebenfalls einen ausgezeichneten Ruf genießt und ein größeres Weinsortiment anzubieten hat als sein Nachbar. ◷ Mo–Fr 9–17, Sa 10.30–12.30 Uhr.

Die am weitesten von der Stadt entfernte Winzerei ist **Newton Johnson**, ✆ 028-312 3864, 💻 www.newtonjohnson.com, 8 km von der Abzweigung nach Hemel-en-Aarde entfernt. ◷ Mo–Fr 9–16, So 9–12 Uhr. Haven, das Restaurant des Weinguts, hat eine gute, auf einer Schiefertafel verzeichnete Auswahl an Gerichten und dazu tolle Ausblicke, ◷ Di–So 12–15 Uhr.

Wine Village, Hemel-en-Aarde Village, R43, Ecke R320, ✆ 028-316 3988, 💻 www.winevillage.co.za, ist vielleicht die beste Weinhandlung von ganz Südafrika. Das Angebot umfasst Produkte fast sämtlicher Preisklassen aus allen Weinanbaugebieten des Landes. Die Weine werden auch ins Ausland verschickt. ◷ Mo–Sa 9–18, So 10–15 Uhr.

Übernachtung

Als hinter Kapstadt beliebtestes Reiseziel an der Küste quillt Hermanus von Unterkünften nur so über. Zwei Buchungsdienste sind 💻 www.hermanusaccom.co.za (ganze Häuser und Apartments) und 💻 www.hermanusaccommodation.co.za (von Backpackerhostels bis zu vornehmen B&Bs). Auch 💻 www.hermanus.co.za ist sehr benutzerfreundlich.

Auberge Burgundy, 16 Harbour Rd, ✆ 028-313 1201, 💻 www.auberge.co.za. Zentrale Unterkunft im provenzalischen Landhausstil. ❻

Eastbury Cottages, 36 Luyt St, ✆ 028-312 1258, 💻 www.eastburycottage.co.za. 3 sehr preiswerte, voll ausgestattete Cottages in der Nähe des Marine Hotels. Preise R200–R300 p. P., je nach Personenzahl. Frühstück R50 extra.

Forty Five Marine Drive, 45 Marine Drive, ✆ 028-312 3610, 💻 www.hermanusesplanade.com. Verschieden große Apartments mit traumhafter Aussicht über die Bucht, neben dem Windsor Hotel. Wenn ausgebucht, werden Gäste bisweilen ins weitaus weniger einladende Esplanade verfrachtet. R300–600 pro Apartment. Kinderfreundlich.

House on Westcliff, 96 Westcliff Rd, außerhalb des Zentrums beim neuen Hafen, ✆ 028-313 2388, 💻 www.westcliffhouse.co.za. Sechs B&B-Zimmer in einem strohgedeckten Haus im klassischen Kap-Baustil mit ruhigem Garten, solarbeheiztem Pool und Whirlpool. Alle Zimmer mit Bad und eigenem Eingang vom gesicherten Garten. ❹

Moby's Traveller's Lodge, 9 Mitchell St, ✆ 028-313 2361, 💻 www.mobys.co.za. Zentral gelegenes Hostel mit DZ, Schlafsälen und einer

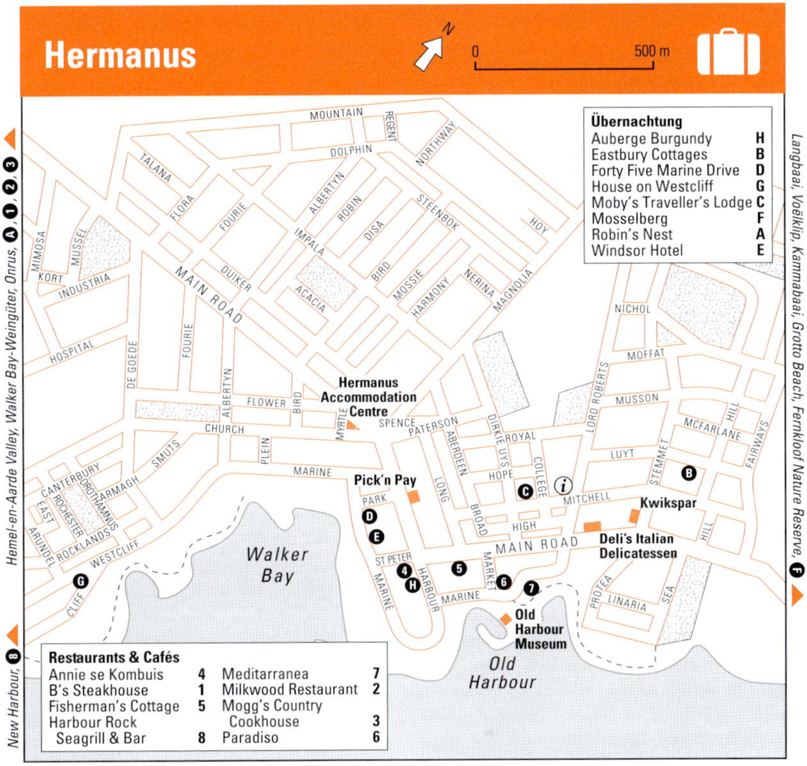

Familiensuite, geselligem Pub und einladendem Außenbereich samt kleinem Pool. Es gibt Frühstück und kostenlosen Tee oder Kaffee, auf Wunsch auch Abendessen nach Vorbestellung oder Selbstverpflegung. Die Betreiber organisieren alle möglichen Touren und Ausflüge sowie den Transport von und zur Baz Bus-Haltestelle in Bot River. Dorms ❶, Zimmer ❷

Mosselberg, 10th Ave, Voelklip, ✆ 0861-111 9000, 💻 www.mosselberg.co.za. Empfehlenswertes 5-Zimmer-Guesthouse direkt am Strand. Heiterer Atmosphäre und toller Ausstattung. ❼

Robin's Nest, 10 Meadow Ave, ✆ 028-316 1597. Drei voll ausgestattete Ferienstudios für jeweils 2 Pers. auf dem grünen Gelände der ehemaligen Rheezicht Farm, 4 km westlich der Innenstadt. Zu erreichen auf dem Weg durch das Hemel-en-Aarde Shopping Village. ❷–❸

Windsor Hotel, 49 Marine Drive, ✆ 028-312 3727, 💻 www.windsorhotel.co.za. Ideal gelegenes Hotel im Zentrum von Hermanus, direkt an den Klippen. Der Speisesaal, die Lounges und fast die Hälfte der Gästezimmer haben Meerblick. ❻

Essen

Restaurants und Cafés

Annie se Kombuis, Warrington Pl, Harbour Rd, ✆ 028-313 1350. Kleines, einfaches Lokal, serviert traditionelle südafrikanische Gerichte wie *bobotie* und *koeksisters* zu redlichen Preisen. 🕓 Di–Sa Mittag- und Abendessen, So Mittagessen.

B's Steakhouse, ✆ 028-316 3625, Hemel-en-Aarde Village. Ein echtes Steakhouse mit hervorragendem Rindfleisch (keine Burger)

Walbeobachtung

In kaum einer anderen Gegend der Welt lassen sich Wale so gut beobachten wie am Südkap, wozu auch Kapstadt zählt. In der richtigen Saison sind die Wale mit bloßem Auge oder noch besser mit dem Fernglas vom Land aus zu sehen. An den Küsten Südafrikas ziehen alle neun Walarten der südlichen Hemisphäre vorbei. Am häufigsten rings um Kapstadt trifft man auf die Southern Right Whales. Die Südkaper aus der Antarktis sind schwarz und an ihren hellen, bräunlichen Verhornungen gut zu erkennen. Das Muster dieser Flecken an Kopf und Maul ist bei jedem Tier anders, dies hilft Walforschern, den Werdegang einzelner Wale zu verfolgen.

Die Weibchen suchen geschützte Meeresbuchten auf, wo sie ihre Jungen zur Welt bringen, die sie dort bis zu drei Monate lang säugen und alleine aufziehen. Die beste Zeit zum Walebeobachten ist von **August bis Oktober**, doch die ersten kommen schon im Juni und manche bleiben bis Anfang Dezember. Wenn die Kälber groß genug sind, ziehen die Wale wieder nach Süden, in die kälteren, stürmischeren Gewässer, wo sie Unmengen Plankton vertilgen, denn während der Säugezeit nehmen die Weibchen keinerlei Nahrung zu sich. Seltener bekommt man hingegen die Männchen zu Gesicht, doch zu Beginn der Saison sieht man manchmal einen, der mit viel Getöse um die Weibchen herum planscht. Männliche Wale gehen keine längerfristige Bindung zu einem Weibchen ein. Wale „verraten" ihre Anwesenheit durch die hohe Wasserfontäne, die sie beim Ausatmen kurz vor dem Auftauchen ausstoßen. Wer Glück hat, kann sogar Wale springen sehen.

Die besten Walbeobachtungsstellen der Whale Coast

Die besten Aussichtspunkte in Hermanus befinden sich auf den Klippen, die die Küste von New Harbour bis Grotto Beach säumen. An den drei begehrtesten Beobachtungsstellen (Gearing's Point, Die Gang und Bientang's Cave) sind Informationstafeln aufgestellt. Wenn es ganz hoch her geht, stehen die Betrachter in Zweier- oder Dreierreihen, doch es herrscht meist eine fast feierliche Stille.

Hermanus ist zwar der berühmteste und am besten auf die Bedürfnisse von Touristen eingestellte Ort zum Walebeobachten, gleichzeitig aber auch der mit dem höchsten Massenandrang. Doch es gibt überall entlang der Walker Bay weitere, genauso gute – wenn nicht bessere – Aussichtspunkte. Manche Kenner der Szene schwören auf **De Kelders** (S. 255), 39 km östlich von Hermanus, andere dagegen auf das **De Hoop Nature Reserve** (S. 260) östlich von Arniston.

Ab Hermanus bieten mehrere Veranstalter Bootstouren, die alle ähnlich sind. Hermanus

und einer sagenhaften Weinkarte. Kinderfreundlich. ◷ Di–So Abendessen, So auch Mittagessen (nur mit Reservierung).

Fisherman's Cottage, in unmittelbarer Nähe des Market Square, ✆ 028-312 3642. Rustikales altes Cottage mit Veranda. Auf der wechselnden Speisekarte stehen häufig Wildgerichte und Seafood-Curry. Spezialität des Hauses ist der Seafood-*potjie* von Küchenchef Garry. Alle Gerichte kommen in großzügigen Portionen zu zivilen Preisen auf den Tisch und sind absolut köstlich. ◷ Mo–Fr Abendessen, Sa Mittag- und Abendessen, So geschl.

Harbour Rock Seagrill & Bar, New Harbour, ✆ 028-312 2920. Ausgezeichnetes, sehr gut besuchtes unprätentiöses Lokal, serviert Fish 'n' Chips sowie andere Seafoodgerichte und Sushi. Wer mag, kann aber auch auf der Holzveranda mit sagenhafter Aussicht einfach nur etwas trinken. ◷ tgl. Mittag- und Abendessen, Sa und So auch Frühstück.

Mediterranea, 83 Marine Drive, ✆ 028-313 1685. Eines der besten Restaurants der Stadt mit gutem Ausblick auf die Walker Bay. Teures mediterran geprägtes Essen, das aber das Geld wert ist. In der Hochsaison wegen der tollen Lage Buchung erforderlich. ◷ Di–So abends, So auch mittags.

Milkwood Restaurant, Atlantic Drive, Onrus, ✆ 028-316 1516. Nettes Familienrestaurant im

Whale Cruises, ✆ 028-313 2722, 💻 www.hermanus-whale-cruises.co.za, wird als Gemeinschaftsprojekt einer farbigen Fischergemeinde betrieben. Touren 1. Juni–31. Dez 5x tgl. vom New Harbour, 2 Std., R300, Kinder R150.

Im Sommer starten ab Kleinbaai in **Gansbaai** Bootstouren zur Beobachtung von Vögeln, Robben und vielleicht Delphinen plus des gelegentlichen Wals; im Winter verdoppeln sich die Preise – dann kann man Wale aus 50 m Entfernung bestaunen. Marine Dynamics, ✆ 028-384 0406, 💻 www.whalewatchsa.com, ist ein zuverlässiger Anbieter, der auch Käfigtauchen mit Haien im Programm hat. Walbeobachtungstouren tgl. um 9.15, 11.45 und 14.15 Uhr ab Klainbaai, 2 1/2 Std., im Sommer R450 p. P., im Winter R900. Boote dürfen sich Wale nur bis auf 50 m nähern, aber wenn sich ein Wal einem Boot nähert, darf dieses bis zu 20 Min. in der Nähe des Wals verharren.

Freien, 15 Fahrmin. westlich von Hermanus in herrlicher Lage am Wasser. Serviert erschwingliche Steaks und ausgezeichneten Fisch. 🕒 tgl. Frühstück und Mittag- und Abendessen.

Mogg's Country Cookhouse, Hemel-en-Aarde Valley, 12 km von Hermanus an der R320 Richtung Caledon, ✆ 028-312 4321. In einem Farmcottage im Hinterland mit wunderbarem Blick übers Tal. Gemütlich, nicht allzu teuer und immer voll. Das köstliche Angebot richtet sich danach, was den Köchinnen Jenny Mogg und Tochter Julia gerade in den Sinn kommt. 🕒 Mi–So Mittagessen, Fr und Sa auch Abendessen (Reservierung erforderlich).

Paradiso, 83 Marine Drive, ✆ 028-313 1153. Das italienische Restaurant hinter dem Dorfplatz bietet neben Pizza und Pasta auch Kalbs-, Huhn- und Garnelengerichte. 🕒 tgl. Mittag- und Abendessen.

Essen zum Mitnehmen

Bei gutem Wetter gibt es eigentlich nichts Schöneres, als ein Picknick auf den Klippen oder der alten Hafenmauer. Zahlreiche Lebensmittelgeschäfte verkaufen fertige Speisen von der Imbisstheke, und jeden Samstagmorgen werden auf dem Market Square Käse, hausgemachte Pasta, Pesto, Gebäck und andere Leckerbissen angeboten.

Deli's Italian Delicatessen, 181 Main Rd, italienischer Delikatessenladen, verkauft Pasta, Dips, Käse, Fleisch und guten italienischen Kaffee.
Hermanus Fish Shoppe, Main Rd zwischen Pick 'n Pay und ABSA-Bank. Ausgezeichnete, preiswerte Fish 'n' Chips zum Mitnehmen, Seafood-Salate und rohes Seafood.
Zentral gelegene Supermärkte sind u. a. **Kwikspar**, 247 Main Rd, ⌚ tgl. 7–19 Uhr, und **Pick n Pay**, 81 Main St, ⌚ Mo–Sa 8–18, So 9–16 Uhr.

Informationen

Die **Touristeninformation** im alten Bahnhofsgebäude an der Mitchell St, ✆ 028-312 2629, vergibt Landkarten und nützliche Broschüren. Außerdem **Internetcafé**, kostenlose Zimmernachweise und Buchung von Walbeobachtungstouren zu Wasser und aus der Luft sowie für Haifischkäfig-Tauchtrips. ⌚ Mo–Sa 8–18, So 10–14 Uhr.
Beim alljährlichen **Whale Festival** in der letzten Septemberwoche dreht sich in Hermanus – wie der Name schon verrät – alles um Wale. Veranstaltungshinweise unter 💻 www.whalefestival.co.za.

Transport

Selbstfahrer

Die meisten Besucher kommen mit dem Auto. Die Fahrt von Kapstadt dauert auf der N2 ca. 1 1/2 Std. und via Gordon's Bay ca. 2 Std.

Busse

Nur wenige öffentliche Verkehrsmittel bedienen Hermanus; eine Ausnahme bildet der **Splash Bus**, ✆ 028-658 5375, ✉ splash@hermanus.co.za, der mind. 1x tgl. zwischen Hermanus und dem Hauptbahnhof sowie dem internationalen Flughafen von KAPSTADT verkehrt.
Der **Baz Bus** hält in Bot River, 28 km nördlich von Hermanus an der N2. Besucher können sich nach vorheriger Anmeldung dort mit dem Shuttle von Moby's Travel Lodge (auch wenn sie nicht dort absteigen) abholen lassen – notfalls lässt sich das auch über das Handy des Baz von unterwegs arrangieren.
Bernardus Shuttleservice, ✆ 028-316 1093 oder 083-658 7848, unterhält Taxis und einen Bus, die zwischen Hermanus und Kapstadt verkehren (R250 p. P., einfache Fahrt). Es gibt keinen Fahrplan, Fahrten je nach Buchung.

Stanford

Östlich von Hermanus führt die R43 um die schöne Klein River Lagoon herum landeinwärts, vorbei an dem malerischen, am Flussufer gelegenen Stanford. Das alte Dorf aus dem Jahre 1857 ist zur beliebten Zufluchtsstätte Ruhe suchender Künstler geworden. Um trotz der abgeschiedenen Lage Kundschaft anzuziehen, wurde die **Arts and Crafts Route** ins Leben gerufen, für die sich mehr als ein Dutzend Künstlerwerkstätten zusammengeschlossen haben. Den eigentlichen Reiz von Stanford macht jedoch die schlichte viktorianische Architektur des Ortes aus: Entlang der Dorfstraßen reihen sich strohgedeckte, weiß getünchte Häuser und aus Sandstein erbaute Cottages sowie die anglikanische Kirche.

Die nördliche Begrenzung der Stadt bildet der hübsche **Klein River**, an dem außerhalb der Stadt einige tolle Unterkünfte liegen. Außerdem werden auf dem Fluss Bootstouren angeboten, die besonders für Vogelfreunde interessant sind: Platanna River Cruises, ✆ 084-583 5389, R90, Zeiten nach Vereinbarung. Im raschelnden Schilf am Flussufer tummeln sich zahlreiche Vögel, darunter der farbenfrohe Malachitfischer. Kanus und Kajaks vermietet Ernie, ✆ 083-310 0952, der auch nach Bedarf zwei- bis dreistündige Bootstouren anbietet.

Die **Birkenhead Brewery** (⌚ kostenlose Führungen mit Verkostung Mi–So 11–15 Uhr), jenseits der R43 gegenüber dem Dorf, bezeichnet sich zwar als „craft brewery", ist jedoch ein blitzsauberer, moderner Betrieb. Hier kann man ein zünftiges Kneipenessen (Mi–So 10–16 Uhr) verspeisen oder verschiedene hervorragende Biersorten kaufen, die denen der SAB (der größten Brauerei Südafrikas) keineswegs nachstehen.

Zwei Kilometer hinter der Brauerei, 7 km von Stanford, liegt die **Klein River Cheese Farm**, ⌚ Mo–Fr 9–17, Sa 9–13 Uhr, die Kostproben ihrer renommierten Käsesorten Gruyère, Leiden, Colby und Dando anbietet. Am besten kauft man einen der hier erhältlichen Proviantkörbe, ⏲ 15. Sep–15. Mai tgl. 11–15 Uhr, für ein Picknick unter den Bäumen am Fluss. Wie überall eröffnen auch hier immer mehr Weingüter. Den besten Wein in Stanford gibt's bei **Raka**, 17 km von der Stadt an der R326, ⏲ Mo–Fr 9–16.30, Sa 10–14.30 Uhr.

Übernachtung

B's Cottage, 17 Morton St, ✆ 028-341 0430, 💻 www.stanford-accommodation.co.za. Übernachtungsmöglichkeit für Selbstversorger, ein Häuschen mit Reetdach und 2 Betten in einer gepflegten Rasenanlage. Sehr beliebt, lange vorausbuchen! ❷

Klein River Cheese Farm Cottage, an der R326, 7 km von Stanford, ✆ 028-341 0693. Charmantes viktorianisches Cottage am Fluss mit 3 Zimmern und 2 Bädern und im Winter Kaminfeuer. Mindestaufenthalt 2 Nächte. ❸

Mosaic Farm, 10 km vom Zentrum, Abzweig von Queen Victoria St, ✆ 028-313 2814, 💻 www.mosaicfarm.com. Cottages am Fluss, 4 km Lagunenufer, Kanufahren und Farm-Spaziergänge. Selbstversorgung ❹, B&B in der Luxuslodge ❼. Picknickkörbe und Abendessen extra.

Essen

Paprika, Shortmarket St, ✆ 028-341 0662. Frischer Fisch aus Gansbaai und andere Zutaten aus der Umgebung, die mit modernem, internationalem Touch zubereitet werden. Auch vegetarische Gerichte und selbstgebackenes Brot. ⏲ Mi–So abends, So auch mittags.

Ländliche Küche vom Feinsten

Marianne's Bistro and Home Deli, Du Toit St, ✆ 028-341 0272. Die liebevoll präsentierten Spezialitäten des Hauses und die hervorragenden Mittagsmenüs ziehen sogar Feinschmecker aus Kapstadt an. Ländliche Speisen und Weine aus der Umgebung zu vernünftigen Preisen, das Gemüse stammt zum großen Teil aus dem eigenen Garten. Etwa zwei Monate im Voraus buchen – es lohnt sich. Keine Kinder unter 10 Jahren. ⏲ Do–So 12–16 Uhr.

Moderne Cottages am Fluss

Stanford River Lodge, 4 km vom Zentrum, Abzweig von Queen Victoria St, ✆ 028-341 0444 oder 082-378 1935, 💻 www.stanfordriverlodge.co.za. Sonnige und geräumige moderne Cottages für Selbstversorger mit Fluss- und Bergblick. Im Sommer ideal zum Baden und Kanufahren. Auf Wunsch Frühstück. ❹

Peregrine Farm Stall, Queen Victoria St, ✆ 028-341 0386. Geschäft mit Café, wo Frühstück und Mittagessen serviert werden. ⏲ tgl. 8.30–17 Uhr.

Stanford Gallery Art Café, Queen Victoria St. Gute Adresse, um tagsüber Kaffee und Kuchen zu genießen, umgeben von Werken örtlicher Künstler.

Informationen

Die tolle **Touristeninformation** neben der Bücherei, gegenüber dem Spar-Minisupermarkt mitten im Ort, ✆ 028-341 0340, 💻 www.stanfordinfo.co.za, hat Informationsmaterial zu Stanford (z. B. eine Broschüre über einen historischen Dorfspaziergang) und hilft bei der Zimmersuche. ⏲ Mo–Fr 8–16, Sa 9–17, So 9–13 Uhr.

De Kelders und Grootbos

De Kelders, ein Vorort von Gansbaai 39 km von Hermanus, ist eine baumlose Ansiedlung von Ferienhäusern auf nackten Felshängen über der Walker Bay mit Blick nach Hermanus. Die Felsküste ist jedoch ein fantastischer Ort für Walbeobachtungen, und man hat Zugang zu einem langen Sandstrand („Die Plat") in der Walker Bay Nature Reserve, wo man über die Felsen kraxeln und kilometerweit laufen kann. Baden ist allerdings gefährlich, also nie mehr als knietief ins Wasser gehen!

Der Zugang zur Walker Bay Nature Reserve (R25) befindet sich am Ende der Cliff Road. Vom Parkplatz führt ein Pfad hinunter zu den **Klipgat Strandloper Caves**. Diese Höhlen wurden Anfang der 1990er-Jahre freigelegt, wobei sich herausstellte, dass sie schon vor 80 000 Jahren

Dyer Island, Shark Alley und das persönliche Hai-Erlebnis

Was genau einen Afroamerikaner zu Beginn des 19. Jhs. auf eine Insel vor Südafrika verschlug, bleibt ein Geheimnis. Jedenfalls wohnte Samson Dyer ab 1806 als Guanosammler auf der Insel, die inzwischen seinen Namen trägt. Heute leben auf Dyer Island große Kolonien von Brillenpinguinen und Robben – beide begehrte Leckerbissen für Weiße Haie. Die Wasserstraße zwischen der Insel und dem Festland wimmelt dermaßen von Haien, dass sie Shark Alley genannt wird, und ist daher ein ideales Revier für Veranstalter von Haibeobachtungstouren.

Anbieter von Walbeobachtungstouren und Hai-Safaris mit Käfigtauchen:

African Wings, ✆ 028-312 2701, 💻 www.africanwings.co.za. Veranstaltet beliebte Walbeobachtungsflüge durch die Bucht.

Great White Adventure Centre, ✆ 028-384 3846, 💻 www.adventure-centre.co.za. Seekajaktouren, Walbeobachtung vom Boot aus und Käfigtauchen mit Haien.

Marine Dynamics and Dyer Island Cruises, Geelbek St, Kleinbaai, ✆ 028-384 0406, 💻 www.whalewatchsa.com. Walbeobachtung per Boot und Käfigtauchen mit Haien.

Westkap

als menschliche Behausungen dienten. Dann standen sie ein paar tausend Jahre leer, bis vor 20 000 Jahren Angehörige des Volkes der Khoisan sie bewohnten. Einige der ausgegrabenen Muscheln, Werkzeuge und Knochen sind im South African Museum in Kapstadt (S. 130) ausgestellt. Von den Klipgat-Höhlen führt der 7 km lange, ausgeschilderte **Duiwelsgats Hiking Trail** durch eine wunderbare Küstenlandschaft nach Osten bis Gansbaai.

Die **Grootbos Private Nature Reserve**, 6 km vor De Kelders in den Bergen, ✆ 028-384 8000, 💻 www.grootbos.co.za, bietet Unterkünfte in luxuriösen Ökolodges für den internationalen Safari-Jetset sowie Walbeobachtungstouren und Einführungen ins Florenreich des Westkaps – sicher die beste Unterkunft an der Whale Coast. Vollpension mit allen Aktivitäten ❾, Mindestaufenthalt zwei Tage.

Moderner Palazzo mit Meerblick

Crayfish Lodge, Killarney St, ✆ 028-384 1898, 💻 www.crayfishlodge.com. Riesiges Gästehaus mit fünf Zimmern mit Meerblick und jeweils eigener Terrasse. Besonders toll sind die Suiten oben mit Whirlpool. Ein Pfad führt runter zu einem felsigen Strand mit einem Kanal zum Baden. Außerdem gibt's einen beheizten Swimming Pool. ❽

Wer nicht dort nächtigen möchte, kann das Reservat trotzdem besuchen und absolut fantastische Gourmetgerichte zu überraschend gesitteten Preisen im schönen Ambiente der Forst Lodge genießen, und zwar auf einer Terrasse mit Blick auf einen langen, geschwungenen Strand (mit Reservierung!).

Übernachtung

De Kelders hat keine nennenswerte touristische Infrastruktur, aber inzwischen ein paar ausgezeichnete Unterkünfte zu bieten und schüttelt seinen Ruf als Provinzkaff der Whale Coast allmählich ab.

Ama-Krokka, 28 Vyfer St, ✆ 028-384 2776, 💻 www.ama-krokka.co.za. Drei heimelige B&B-Zimmer; Gäste können sich ihr eigenes *braai* zubereiten. ❺

Cliff Lodge, 6 Cliff St, ✆ 028-384 0983, 💻 www.clifflodge.co.za. Stilvolles Gästehaus auf der Steilküste von De Kelders mit atemberaubender Aussicht von allen 4 Luxuszimmern und der weitläufigen Penthouse-Suite. Von der Terrasse lassen sich Wale beobachten, und im Pool darf geplanscht werden. ❻–❼

Essen

Coffee on the Rocks, Cliff Street, ✆ 028-384 2017. Kleines Bistro mit ausgezeichnetem Kaffee, Kuchen, leichten Gerichten und Terrasse in idealer Lage zum Walegucken.

Sonntags traditioneller Braten. Unbedingt reservieren, da der Laden extrem beliebt ist. ⌚ tgl. 10–17 Uhr.

Ansonsten bleiben nur Fish 'n' Chips am Hafen von Gansbaai ein paar Kilometer entfernt; dort verkauft **Dyer Island Fisheries** außerdem frischen und gefrorenen Fisch. In Gansbaai ist noch **Thyme at Rosemary's** an der Hauptstraße, ☎ 028-384 2076, erwähnenswert, aber das kulinarische Highlight der Gegend ist zweifellos der Gourmettempel der **Grootbos Nature Reserve**, ☎ 028-384 8000.

Gansbaai und Danger Point

Gansbaai ist ein Ort, der überwiegend von Fischereiwirtschaft und der Seafood-Konservenfabrik am Hafen lebt. Besucher kommen eigentlich nur hierher, um an einer Hai-Safari teilzunehmen. Die Boote fahren von Gansbaai nach Dyer Island (s. Kasten), östlich des Danger Point, Heimat einer Pelzrobbenkolonie, von denen sich die weißen Haie besonders gern ernähren. Bei den lehrreichen Bootsrundfahrten begegnet man vielleicht Südlichen Glattwalen (Südkaper), Südafrikanischen Seebären, Weißen Haien, Buckelwalen, Brillenpinguinen und anderen Vögeln.

Der Winter ist die eigentliche Saison für die Walbeobachtung – dann kosten die Touren etwa R950 p. P., im Sommer nur die Hälfte, aber auch dann gibt's noch jede Menge zu sehen. Im Winter zeigen sich auch mehr Haie; Haitouren schlagen mit R1400 p. P. zu Buche. Die Touren können in vielen Backpackerlodges in Kapstadt gebucht werden; Hin- und Rückfahrt dauern zusammen etwa zwei Stunden. Wer schnell seekrank wird, sollte sich entsprechend auf den oft recht starken Wellengang vorbereiten. Die Bootstouren starten allerdings nur, wenn die Wetterlage es erlaubt.

Genauere Informationen bietet das **Tourist Office** von Gansbaai, ☎ 028-384 1439, 💻 www.gansbaaiinfo.com, ⌚ Mo–Fr 9–13 und 14–17 und Sa 10–14 Uhr.

Am **Danger Point**, dem Südzipfel der Walker Bay, wurde britische Schiffsgeschichte geschrieben. Seinem Namen getreu lockte er am 26. Februar 1852 die HMS Birkenhead auf seine verborgenen Felsblöcke. Der Kapitän gab die Order: „Rette sich, wer kann!" Mit wahrhaft britischer Disziplin stellten sich die Soldaten stocksteif an Deck auf, wohl wissend, dass, wenn auch nur ein Mann ausscheren würde, es kein Halten mehr gäbe und die Rettungsboote, die die Frauen und Kinder in Sicherheit bringen sollten, gestürmt werden würden. Damit war die Losung „Frauen und Kinder zuerst", der spätere **Birkenhead Drill**, geboren. Die Katastrophe forderte 445 Menschenleben.

Elim

Ein lohnender Grund, sich auf einer der zahlreichen Schotterstraßen im Hinterland der **Whale Coast** durchschütteln zu lassen, ist die Besichtigung von Elim, einer moravischen Missionsstation, 40 km nordwestlich von Agulhas, die 1824 gegründet wurde. Das gesamte Dorf mit seinen strohgedeckten, weiß angestrichenen Häusern und Feigenbäumen steht unter **Denkmalschutz**.

Der Ort ist kein Touristenziel im herkömmlichen Sinn – hier gibt es noch nicht einmal einen Spirituosenladen. Nähere Auskünfte und Info-Broschüren hält die **Touristeninformation** in Elim bereit, Church St, ☎ 028-482 1806, ⌚ Mo–Sa 8–16 Uhr.

Besichtigungstouren (R30, nach Voranmeldung) beginnen beim Tourist Office und umfassen das älteste Gebäude der Siedlung, die Kirche, die restaurierte Wassermühle, wo immer noch Weizen gemahlen wird, und die Töpferei. Im Ort steht sogar ein Denkmal zur Erinnerung an die Abschaffung der Sklaverei im Jahre 1834, das Einzige seiner Art in ganz Südafrika; ein greifbares Andenken daran, dass zahlreiche befreite Sklaven Zuflucht in Missionsstationen wie Elim fanden.

Die einzige **Unterkunft** bietet das im Besitz der Gemeinde befindliche und sehr preiswerte Elim Guesthouse, ☎ 028-482 1715 – nach Christina fragen – ❷, wo auf Anfrage auch Abendessen erhältlich ist. Es handelt sich um ein renoviertes Wohnhaus Baujahr 1901. Ein warmes oder kaltes Getränk sowie einen kleinen Imbiss erhalten Besucher im Old Mill Tea Room.

Bredasdorp

Bredasdorp, das Wirtschaftszentrum des Overberg-Farmlands, liegt 193 km von Kapstadt entfernt am Schnittpunkt der Hauptrouten nach Cape Agulhas und Arniston und zum De Hoop Nature Reserve. Das für die gesamte Region zuständige **Tourism Bureau**, Long St, ✆ 028-435 7185, 🖳 www.tourismcapeagulhas.co.za, gibt eine ausgezeichnete Broschüre mit allen benötigten Informationen und Karten heraus.

Der Ort lohnt nicht gerade eine Übernachtung, aber das **Shipwreck Museum**, 6 Independent St, schräg gegenüber der Kirche, füllt mit einer interessanten Sammlung geborgener Fundstücke von den zahlreichen Schiffen, die vor der gefährlichen Küste Schiffbruch erlitten, eine halbe Stunde. ⌚ Mo–Fr 9–16.45, Sa und So 11–15.45 Uhr, Eintritt R10.

In dem urigen, in Orange und Lila gehaltenen **Julian's**, 22 All Saints St (R319 nach De Hoop), ✆ 028-425 1201, gibt es interessante leichte Mittagsgerichte in einem sonnigen Gebäude, das zugleich als Kunstgalerie dient. ⌚ Café Mo–Sa 9–17 und 18.30–20 Uhr.

Cape Agulhas und Umgebung

Die felsigen Untiefen entlang der Ostflanke des Danger Point mit ihrer schweren Brandung und den tückischen Unterströmungen zählen zu den gefährlichsten Küsten Südafrikas – hier versanken mehr als 250 Schiffe und rund 2500 Menschen wurden vom Meer verschlungen. Das felsenreiche Gelände ist auch der Grund dafür, dass es von Gansbaai und Danger Point keine Küstenstraße nach **Cape Agulhas**, der Südspitze Afrikas, gibt.

Nach L'Agulhas, einer windzerzausten Ansammlung von Ferienhäusern und Läden in der Nähe des Kaps, gelangt man nur mit einem eigenen Fahrzeug auf der R316 landeinwärts bis nach Bredasdorp. Dort gabelt sich die Straße und bringt Reisende auf der westlichen Abzweigung (der R319) nach Agulhas (43 km); die andere Abzweigung führt nach Arniston.

Die Hochebene rund um den Südzipfel wurde zum **Agulhas National Park** erklärt, eine Schutzzone für schätzungsweise 2000 Arten einheimischer Pflanzen, die maritime Fauna und Flora sowie das kulturelle Erbe, zu dem Schiffwracks und archäologische Fundstellen zählen.

Die einzigen Einrichtungen für Besucher sind der **Teashop** und das **Restaurant** im **Agulhas Lighthouse**, dem Leuchtturm, der 1849 in Betrieb genommen wurde. Seine Spitze, die über mehrere Leitern zu erreichen ist, lockt mit schwindelerregender Aussicht und ein paar interessanten Exponaten zu Leuchttürmen in Südafrika und der übrigen Welt. ⌚ tgl. 9–17 Uhr, Eintritt R15. Im dazugehörigen **Lighthouse Restaurant**, ✆ 028-435 7580, diniert es sich nett unter dem kreisenden Lichtstrahl des Leuchtturms. ⌚ 8–22 Uhr, Sonntagabend geschlossen.

Die eigentliche Südspitze des Kontinents ist durch einen Fels mit Hinweistafel etwa 1 km vom Leuchtturm Richtung Suiderstrand markiert. Die unbefestigte Straße nach Suiderstrand führt zu mehreren schönen, naturbelassenen Stränden mit Felstümpeln – entschieden das Beste, was Agulhas zu bieten hat. **Struisbaai**, rund 6 östlich von Agulhas, hat einen hübschen Hafen und lange Sandstrände, ist aber im Sommer unangenehm überfüllt.

Übernachtung und Essen

Agulhas Country Lodge, Main Rd, L'Agulhas, ✆ 028-435 7650, 🖳 www.agulhascountrylodge.com. Luxuriöseste Unterkunft vor Ort in einem relativ eleganten Haus auf halber Höhe des Hanges. Alle Zimmer mit eigenem Balkon und Meeresblick. Seafood-Dinner. ❼

Cape Agulhas Backpackers, in Struisbaai, ✆ 082-372 3354, 🖳 www.capeagulhasbackpackers.com. Die beste Unterkunft im nahen Struisbaai mit Campingplatz, Dorm-Betten, DZ, Selbstversorger-Cottages, Pool, Garten und anständigem Bettzeug. Das Inhaberpaar unterstützt die Gäste tatkräftig bei Outdooraktivitäten und organisiert Boots-, Kiteboarding- oder Reittouren sowie andere Unternehmungen in der Umgebung von Struisbaai. Auf Wunsch sorgen sie auch für Abholung von Botrivier oder Swellendam. ❶–❷

The Southermost, Van Breda, Ecke Lighthouse St, ✆ 028-435 6565, 🖳 www.southermost.co.za.

Ruhige Zuflucht in schöner Natur

Pebble Beach, in Suiderstrand (den Wegweisern zum Southern Tip of Africa und dann noch 4 km weiter nach Pebble Beach folgen), ✆ 028-435 7270 oder 082-774 5008, 💻 www.pebble-beach.co.za. In einzigartiger Lage am Rand des Agulhas National Park mit kilometerlangen, unverbauten Stränden Richtung Westen. 2 Zimmer mit Bad, weißen Betten, Holzböden und Meerblick in einem modernen, strohgedeckten Haus, durch dessen Fenster der Duft des Fynbos aus den Dünen hereinweht. Die Inhaber vermieten auch ein strohgedecktes Cottage für 6 Pers. gleich am Strand. ❹

Beliebtes, wenn auch etwas abgetakeltes historisches Strandcottage am Gezeitentümpel mit einem Garten voll heimischer Vegetation. 🕓 im Winter geschl. ❸

Arniston

Nach dem kalten Blau des Atlantiks im Westen stellt das türkisgrüne Wasser des Indischen Ozeans bei Arniston eine echte Überraschung dar – zusammen mit den weißen Sanddünen ein spektakulärer Anblick. Die Kleinstadt, erreichbar auf der R316, 24 km südöstlich von Bredasdorp und 220 km von Kapstadt gelegen, ist eine der angenehmsten im Umkreis des Overberg für Besucher, die in erster Linie auf Strandleben aus sind. Doch trotz der tropischen Farben ist hier, wie überall entlang der Kapküste, häufig mit heulenden Winden zu rechnen. Bei solcher Wetterlage hat der Ort nicht viel zu bieten.

Die Einheimischen kennen das Städtchen eher unter seiner afrikaansen Bezeichnung „Waenhuiskrans" (Planwagen-Klippe), die auf eine große Höhle 1,5 km südlich des Ortes zurückgeht, die nach Ansicht der Voortrekker geräumig genug war, um einen Ochsenwagen samt Gespann aufzunehmen. Der englische Name stammt von dem britischen Schiff Arniston, das 1815 hier auf den Felsen strandete.

Die seichten Gewässer um Arniston, die sich für Schiffe als so tückisch erweisen, bieten gleichzeitig die ungefährlichsten Schwimmgelegenheiten entlang der gesamten Whale Coast. **Baden** kann man etwa am Bootsslip oder am Roman Beach, dem wichtigsten Badestrand der Küste, vom Hafen Richtung Süden.

Die größte Sehenswürdigkeit von Arniston ist **Kassiesbaai**, eine Reihe wunderschöner, inzwischen unter Denkmalschutz stehender weiß gekalkter Dorfhäuser. In ihnen leben hier seit Generationen „farbige" Fischerfamilien, die viel zu oft als unfreiwillige Fotomotive herhalten müssen. Die Unterkünfte für Touristen befinden sich zum Glück für die Fischerfamilien im angrenzenden neuen Teil der Stadt mit einer Reihe exklusiver Ferienhäuser im typischen Cottage-Stil der Gegend: weiß getüncht und strohgedeckt.

Bei Ebbe kann man durch Kassiesbaai nach Norden 5 km weit an einem unbebauten Strand entlang bis zu einem Zaun laufen, hinter dem eine militärische Sperrzone, ein Langstreckenwaffen-Testgelände, beginnt. Wer vom Hafen aus nach Süden wandert, gelangt nach 1,5 km zu der **Höhle**, nach der die Stadt benannt ist. Der Spaziergang lohnt sich schon wegen der mit Fynbos bewachsenen Dünen, die den Weg säumen. Vom Parkplatz nahe der Höhle führt ein kurzer, markierter Weg zu den Dünen und der Höhle, die nur bei Ebbe zugänglich ist. Die Felsen sind manchmal schlüpfrig und stellenweise scharfkantig, daher ist es wichtig, feste Schuhe zu tragen.

Übernachtung

Die Übernachtungsmöglichkeiten beschränken sich auf ein paar Cottages für Selbstversorger und B&Bs. Die Ortschaft ist klein, und nicht jedes Haus ist mit einer Hausnummer versehen, daher ist es ratsam, sich bei Reservierung eines Ferienhauses den Anfahrtsweg genau beschreiben zu lassen.

Arniston Hotel, ✆ 028-445 9000, 💻 www.arnistonhotel.com. Luxuriöses, gut geführtes Hotel am Meer mit allem nötigen Komfort für einen traumhaften Aufenthalt, einschließlich Spa mit Massagen und Schönheitsbehandlungen. Die besten Zimmer haben einen Kamin oder Balkon. Besucher mit knapperem Budget kommen besser während der Woche oder im Winter; dann sind die Preise deutlich niedriger. ❼

Arniston Lodge, 23 Main Rd, ✆ 028-445 9175, 💻 www.arnistonlodge.co.za. Vier Zimmer in zweistöckigem Haus mit Reetdach und Pool im Wohngebiet hinter dem Hotel. ❹
Arniston Seaside Cottages, entsprechende Wegweiser an der Nationalstraße, ✆ 028-445 9772, 💻 www.arniston-online.co.za, an der Straße hinter dem Hotel. Die Feriencottages werden außerhalb der Saison p. P. bezahlt, in der Saison (Dez–Jan, Ostern, Schulferien) pro Cottage. ❸
Etna, ✆ 028-445 9657, 💻 www.arniston-etnas.co.za, vermietet eine Reihe von Cottages in der Gegend.
Kassiesbaai Cottage, Kassiesbaai, ✆ 028-445 9760 oder 073-590 2027. Lilian Newman vermietet ihre schlichte, traditionell eingerichtete Fischerhütte mit 3 DZ für Selbstversorger. ❷
Arniston Resort, an der Hauptzufahrtsstraße nach Arniston, 300 m vom Zentrum, ✆ 028-445 9620. Besucher können entweder ein eigenes Zelt aufstellen oder in kleinen Bungalows mit Bad und 4 oder 6 Betten unterkommen. Die billigeren, älteren werden ohne Bettwäsche vermietet. Die etwas teureren haben dagegen allen modernen Komfort, inkl. TV. Am Wochenende und in der Hochsaison kann der Platz voll und sehr laut werden. ❷

Essen

Das gastronomische Angebot ist begrenzt.
Das **Arniston Hotel** hat Sitzplätze im Freien mit Blick aufs Meer und serviert fabelhaftes, Frühstück und zum Abendessen frischen Fisch. Außerdem betreibt es die einzige Bar des Orts.
Die Frauen der Fischer von Arniston betreiben ein kleines **Lokal** im Kassiesbaai Craft Shop (Reservierung erforderlich unter ✆ 028-445 9760; nach Lilian Newman fragen), wo sie ein 3-gängiges, traditionelles Fischermahl aus dem Tagesfang zubereiten.
Selbstversorger können sich im Super Spar an der Church Street in Bredasdorp mit Lebensmitteln eindecken.

Transport

Arniston ist nur mit einem eigenen Fahrzeug zu erreichen.

5 HIGHLIGHT

De Hoop Nature Reserve

De Hoop ist das absolute Natur-Highlight des Westkaps. Es lässt sich von Hermanus aus theoretisch als Tagesausflug absolvieren, doch wer wirklich etwas von dem Besuch haben möchte, sollte mindestens eine Übernachtung einplanen. Der fünftägige Whale Trail (mit Trägern) gehört zu Südafrikas schönsten Wandertouren und den eindrucksvollsten Naturerfahrungen der Welt, ist allerdings weit im Voraus ausgebucht.

Die atemberaubende Küstenlinie säumen bis zu 90 m hohe Sanddünen und Felsformationen, die an einer Stelle ein mächtiges Tor zum Ozean hinaus bilden. Auch die Flora und Fauna dieses herrlichen Landstriches ist beeindruckend. Es werden 86 Säugetierarten gezählt, 260 verschiedene Vögel, 1500 Pflanzenarten und obendrein gilt er als der beste Ort in ganz Südafrika, um **Südkaper** zu beobachten. Optimal für Walbeobachtungen ist die Zeit von Juli bis Oktober, aber auch im Juni und November stehen die Chancen nicht schlecht. Auf der Ebene in der Nähe der reservatseigenen Unterkünfte grasen die nur noch selten vorkommenden Bergzebras, Bontebok und andere **Antilopen**. 🕓 Reservat tgl. 7–18 Uhr, Eintritt R25.

Der mittelschwere **Whale Trail**, ✆ 021-659 3500, 💻 www.capenature.org.za, ist eine umwerfend schöne, fünftägige Wanderroute (mit vier Übernachtungen), die von den Potberg Mountains 55 km an der einsamen Küste entlang nach Koppie Alleen führt. Wer den Trail in der Walsaison begehen will, muss allerdings ein Jahr im Voraus buchen und jeden angebotenen Termin akzeptieren. Buchungen werden nur für Gruppen von mindestens sechs und maximal zwölf Personen angenommen. Je nach Gruppengröße ca. R1000 p. P. plus kleine Zusatzgebühr für die Träger und den Transport vom Wegende; Kinder unter 8 Jahren sind nicht zugelassen.

Übernachtung und Essen

Die Unterkünfte im Reservat sind inzwischen privatisiert worden und jetzt teurer als unter der Verwaltung von CapeNature, das aber immer

noch den Park und den Whale Trail verwaltet, ✆ 0861-334 667, 🖳 www.dehoopcollection.co.za. Zur Wahl stehen ein von Milkwood-Bäumen beschatteter **Campingplatz** (R275) und **Ferienbungalows** mit 2 Zimmern (R1060). Teurer, aber auch viel geräumiger sind die 3 luxuriösen, strohgedeckten **Cottages** für je 6 Pers. am Rand des Geländes (R2200). Sie liegen 20 Autominuten von der Küste entfernt. Budget-Unterkünfte sind in 2-Pers.-**Rundhütten** am Rande der Flussmündung erhältlich (R500). Es ist ratsam, Lebensmittel mitzubringen, denn es gibt in De Hoop nur ein kleines Geschäft für das Allernötigste. Das **Fig Tree Restaurant** in der Nähe der Parkrezeption hat tgl. Frühstück sowie Mittag- und Abendessen.
Wenn alle Unterkünfte in De Hoop ausgebucht sind, gibt es einige Alternativen außerhalb des Reservats:
Buchu Bushcamp, ✆ 028-542 1602, 🖳 www.buchu-bushcamp.com. Das elegante „Safari-Camp" im Fynbos ganz in der Nähe des Eingangs zum Reservat bietet Unterkunft mit Verpflegung in 5 strohgedeckten hölzernen Chalets mit je einem großen Innenraum und hochwertiger Ausstattung, 3 davon mit Platz für 4 Pers. Ein Holzsteg verbindet die Chalets mit einem zentralen Speiseraum samt Lounge und Bar. Bis zur Küste sind es etwa 15 km. ❻
Verfheuwel Farm, östlich von Buchu und 4 km vom Dörfchen Ouplaas Richtung Potberg, ✆ 028-542 1038 oder 082-767 0148, ✉ verfheuwel@whalemail.co.za. Das Cottage neben dem Haupthaus einer Farm wird an Selbstversorger oder als B&B vermietet, beides zu sehr zivilen Preisen. Die gastfreundliche Afrikaander-Bauernfamilie liefert auf Vorbestellung auch Abendessen.

Einsame Hütten mit direktem Walblick

Als schönste Übernachtungsmöglichkeit für eine Gruppe bietet sich eine Handvoll renovierter, strohgedeckter Hütten in himmlischer Einsamkeit bei Koppie Alleen an. Die Lage könnte nicht großartiger sein – mit Blick auf eine Bucht, die von Walen und Rockpools nur so wimmelt. R4500 pro Nacht für 6 Pers.

Schlafzimmer für 2 Pers., mit Betten für Kinder im Wohnbereich. Schöner Garten mit Pool. Wenn das Cottage besetzt ist, kann Inhaber Matti andere Farmunterkünfte bei Freunden und Verwandten in der Gegend vermitteln. ❸

Transport

De Hoop ist nur mit einem eigenen fahrbaren Untersatz über eine ausgeschilderte, unbefestigte Straße erreichbar, die 50 km östlich von Bredasdorp von der R319 abzweigt.

Die Garden Route

Die Garden Route, ein schmaler, flacher Küstenstreifen zwischen Mossel Bay und Storms River Mouth, gilt als das Paradies von Südafrika – davon zeugen Ortsnamen wie **Garden of Eden** und **Wilderness**. Mehrere Flüsse, deren Ursprung in den nördlich gelegenen Bergen liegt, durchschneiden diesen grünen, bewaldeten und rund 200 km langen Landstrich, der nach Süden hin zur Felsküste und zu Sandstränden abfällt.

Das Hirtenvolk der **Khoi**, das diese Gegend früher besiedelte, nannte sie „Outeniqua" (mit Honig beladener Mensch). Doch ihr gesegnetes Land, wo Milch und Honig flossen, wurde rasch verwüstet, als im 18. Jh. die holländischen **Holzfäller** Einzug hielten, um nach der Abholzung der Wälder um Kapstadt Outeniqua seines Baumbestandes zu berauben und gleichzeitig die Khoi und San, die ihnen dabei im Wege waren, zu töten oder zu vertreiben. Das Gelände wurde wieder aufgeforstet, doch die meisten der einheimischen Bäume wurden durch Hölzer aus anderen Teilen der Erde, z. B. Kiefern, ersetzt.

Naturschutzmaßnahmen wurden eingeleitet, um die Zerstörung des Urwalds aufzuhalten, doch inzwischen drohen der zunehmende Tourismus und die steigende Zahl von Zuwanderern in die relativ gewaltfreien Städte der Garden Route der Gegend so langsam ihre Beschaulichkeit zu nehmen.

Das Meer hat sich an drei Stellen der Garden Route einen Weg ins Landesinnere gebahnt – in Form der Mossel Bay, Knysna Lagoon und Plettenberg Bay, an deren Ende jeweils eine Stadt errichtet wurde. Die älteste und Kapstadt am nächsten gelegene ist **Mossel Bay**, gefolgt von **Knysna**, das zwar auf keine ganz so alte Geschichte zurückblicken darf, und **Plettenberg Bay**.

Zwischen den Küstenstädten liegen ein paar nicht besonders einladende moderne Feriensiedlungen, aber auch der eine oder andere unerschlossene weiße Sandstrand sowie kleine Höhlenbuchten wie **Victoria Bay**, **Buffels Bay** und **Nature's Valley**. Das Schönste jedoch ist der **Tsitsikamma National Park**, der alles hat – urafrikanischen Küstenwald, traumhafte Meereskulissen, die aufregende **Mündung des Storms River** und den begehrtesten Wanderweg Südafrikas, den **Otter Trail**.

Transport

Busse

Der benutzerfreundlichste öffentliche Bus ist der **Baz Bus**, ✆ 021-439 2323, Skype Bazbus Reservations, 💻 www.bazbus.co.za. Er verkehrt zwischen Kapstadt und Port Elizabeth und holt Passagiere tgl. 7.15–8.30 Uhr in Kapstadt bzw. 6.45–7.30 Uhr in Port Elizabeth bei ihren Unterkünften samt schwererem Gepäck wie Surfbrettern oder Mountainbikes ab, ebenso unterwegs im Zentrum der Städte entlang der gesamten Strecke. Besonders zu empfehlen für Reisende, die entlang der Garden Route nach Lust und Laune aus- und zusteigen. Sofern Platz ist, können auch unangemeldete Fahrgäste mitfahren, doch eine Reservierung ist ratsam. Die Intercity-Busse von **Intercape**, **Greyhound** und **Translux**, die in Kapstadt und Port Elizabeth abfahren, eignen sich besser für direktere Fahrten, denn sie halten nur in Mossel Bay, George, Wilderness, Sedgefield, Knysna und der Ortschaft Storms River (nicht an der Flussmündung Storms River Mouth). Allerdings fahren diese Busse nicht immer bis ins Stadtzentrum, sondern laden die Passagiere oft an Tankstellen in der Nähe der Hauptstraße (relativ weit entfernt von der Innenstadt) ab.

Busse nach:
DURBAN (1x tgl.; 18 Std.);
JO'BURG (1–2x tgl.; 15 Std.);
KAPSTADT (6–7x tgl.; 6 Std.);
KNYSNA (6–7x tgl.; 1 Std.);
MOSSEL BAY (6–7x tgl.; 3/4 Std.);
OUDTSHOORN (3–4x tgl.; 1 1/2 Std.);
PLETTENBERG BAY (6–7x tgl.; 1 1/2 Std.);
PORT ELIZABETH (6–7x tgl.; 4 1/2 Std.);
PRETORIA (1–2x tgl.; 16 Std.).

Eisenbahn

Der **Outeniqua Choo-Tjoe**, ein Güterzug mit ein paar Passagierwagen, fährt 2x tgl. die rund 30 km zwischen George und Mossel Bay und zurück. Mo–Sa: im Sommer 1x tgl., ansonsten seltener; (2 Std.; R110 einfach, R140 hin und zurück). Tickets müssen einen Tag im Voraus bestellt werden unter ✆ 044-382 1361 oder 801 8202.

Flüge

George, am Westende der Garden Route, hat regelmäßige Flugverbindungen von/nach DURBAN, JO'BURG, KAPSTADT und PORT ELIZABETH.

Mossel Bay

Unter vielen Südafrikanern gilt **Mossel Bay**, 397 km östlich von Kapstadt, als wenig attraktives Reiseziel, was vor allem an der Industriefassade liegt, die sich am Rande der N2 präsentiert. Besucher sollten sich davon jedoch nicht abschrecken lassen – die Stadt besitzt einen noch gut erhaltenen historischen Kern und einen der besten Strände zum **Schwimmen** an der südlichen Kapküste sowie ein interessantes Museum. Mossel Bay hat gute Übernachtungsmöglichkeiten, mehr als eine Nacht werden die meisten Reisenden hier aber kaum verbringen wollen.

Von Mossel Bay führt die R328 landeinwärts zum 85 km entfernten Oudtshoorn (S. 231). Kurz hinter Mossel Bay erreicht die Straße den Robinson Pass, wo sich das Eight Bells Inn als hervorragendes Urlaubsquartier für Familien anbietet und das Botlierskop Private Game Reserve zu Tierbeobachtungstouren einlädt.

Geschichte

In Mossel Bay ereignete sich der erste blutige Zusammenstoß zwischen den einheimischen Khoi-Viehhirten und den Europäern. Portugiesische Seeleute waren im August 1487 unter Kapi-

Garden Route: die schönsten Abenteuer-Aktivitäten

Die Garden Route gilt längst nicht mehr nur als das Ziel von Leuten, die faul in der Sonne liegen oder sich im Gleichklang mit der Natur befinden möchten. Inzwischen sind Adrenalinstöße und Abenteueraktivitäten angesagt, und viele kommen in der Absicht, von Brücken zu springen, tief in den Rachen eines weißen Haies zu schauen und auf zwei Rädern haarsträubende Passstraßen hinabzusausen. Das Angebot an Aktivitäten ist breit gefächert und umfasst u. a.:

Abseiling An einem Felsen im privaten Featherbed Nature Reserve (s. Kasten S. 278), dem Zugang zur Knysna-Lagune oder an den Felshängen der Kaaimans River-Schlucht in Wilderness (S. 271).

Bungeejumping Der höchste kommerziell angebotene Sprung der Welt ist der von der Bloukrans Bridge bei The Crags (S. 286). Eine Alternative ist Bungeeswinging von der Gouritz River Bridge nahe Mossel Bay (s. Kasten S. 266).

Bootfahren Eine gemächliche Fährfahrt durch das herrliche Vogelschutzgebiet Keurbooms (S. 287).

Canopytouren und Ziplining Affengleich 30 m über dem Erdboden von einem Baumwipfel zum anderen schwingen oder am Seil über Wasserfälle und eine Flussschlucht sausen (s. Kasten S. 294).

Mountainbiking In rasender Fahrt den Swartberg-Pass hinabfahren, Start ist in Oudtshoorn (S. 231), weniger nervenzerreißend ist der Homtini Trail im Knysna Forest (S. 280).

Reiten Im komfortablen Westernsattel von der Southern Comfort Western Horse Ranch zwischen Knysna und Plettenberg Bay (S. 276) oder im englischen Sattel auf Fynbos- und Waldwegen durch die urafrikanische Landschaft bei Plettenberg Bay.

Rundfahrten durch herrliche Landschaft Die Dampfeisenbahn Outeniqua Choo-Tjoe schnauft durch schöne Szenerie zwischen George und Mossel Bay (S. 262). Wer über ein Fahrzeug verfügt, sollte die alte Straße gleich östlich von The Crags nehmen, die sich durch die traumhafte Landschaft zum Nature's Valley (S. 292) hinabschlängelt.

Wale, Delphine und Haie beobachten Eine informative, ökologisch orientierte Bootstour von Plettenberg Bay (S. 287) bietet die Chance, verschiedenen Walen und Delphinen zu begegnen; mehr Nervenkitzel verspricht ein Tauchgang im Haikäfig bei Mossel Bay (S. 266).

Wandern Eine sagenhafte Tagesrundwanderung am Rande der Robberg Peninsula (S. 283) unternehmen und dabei Wale, Delphine und Robben beobachten. Es gibt aber auch noch längere und anstrengendere Wanderwege (s. Kasten S. 290/291).

Wildlife Familientaugliche Vergnügungen sind Monkeyland (S. 290) mit Affen aus aller Welt, die Vogelwelt des benachbarten Birds of Eden oder eine Begegnung mit dem größten Landsäugetier der Welt im Knysna Elephant Sanctuary (S. 290) und Knysna Elephant Park (S. 282).

tän **Bartholomäus Dias** auf der Suche nach einem Wasserweg nach Indien von Portugal aus in See gestochen und umrundeten Monate später das Kap der Guten Hoffnung. Im Februar 1488 setzten sie als die ersten Europäer den Fuß auf südafrikanischen Boden, um ihre Trinkwasservorräte aufzufüllen. Die kleine Bucht, in der sie ankerten, nannten sie Aguado de São Bras (Wasserstelle des Hl. Blasius), das spätere Mossel Bay.

Die **Khoikhoi** waren in verschiedenen Gruppen organisiert, jede mit ihrem Oberhaupt und klar abgegrenzten Weide- und Wasserrechten. Die Portugiesen, die gegen geltendes Gesetz verstießen, waren empört über die „schlechten Manieren" der Khoikhoi, die sie vom Brunnen vertreiben wollten. Die Portugiesen setzten sich mit Armbrüsten zur Wehr und töteten einen Hirten.

Die Stadt

Mossel Bays größte innerstädtische Attraktion bildet der in historischen Gebäuden untergebrachte **Bartholomeu Dias Museum Complex** unweit der Touristeninformation. Das Highlight ist das **Maritime Museum**, eine spiralförmig angelegte Ausstellung zu europäischer, vorwiegend portugiesischer Seefahrtsgeschichte,

DIE GARDEN ROUTE

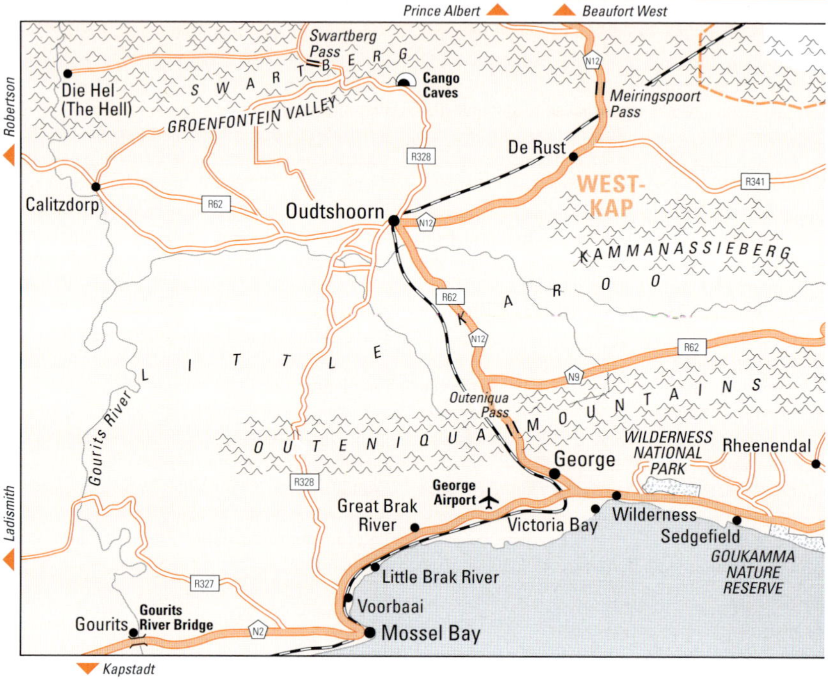

rings um eine lebensgroße Replik der Karavelle, mit der Dias nach Südafrika kam. Das Schiff wurde in Portugal gebaut und segelte anlässlich des 500. Jahrestages der historischen Seereise im Jahr 1987 von Lissabon nach Mossel Bay. ⏲ Mo–Fr 9–16.45, Sa und So 9–15.45 Uhr, Eintritt R6, für die Dias-Karavelle R10 extra.

Beim **Post Office Tree** vor dem Maritime Museum soll es sich um den Milkwood-Baum handeln, unter dem im 16. Jh. Matrosen in einem alten Stiefel Nachrichten für andere vorbeikommende Schiffe zu hinterlassen pflegten. Besucher können ihre Post in einen großen, schiffsförmigen Briefkasten werfen und mit einem Sonderstempel versehen lassen. Ansonsten lohnt noch das **Shell Museum and Aquarium** neben dem Post Office Tree einen Besuch. Dort gibt es faszinierende Muscheln aus aller Welt zu sehen.

Ein kurzer Spaziergang vom Maritime Museum nach Norden den Hang hinabführt zum **Santos Beach**, dem Hauptstrand der Stadt, der nach Norden hin liegt, was für Südafrika sehr ungewöhnlich ist und weswegen die Nachmittagssonne hier länger scheint als anderswo. Der Strand neben dem kleinen Bootshafen bietet mit seiner ungewöhnlich sanften Brandung und einer idealen Wassertiefe eine der besten Schwimmgelegenheiten entlang der Garden Route.

Östlich des Hafens beschreibt die Küste eine sanfte Kurve nach Süden zum **Point**, wo sich mehrere Restaurants und ein populäres Bar/Restaurant (s. u., Essen) mit zum Meer hin gelegener Veranda befinden, von der aus man evtl. Delphine sehen kann.

Ein paar hundert Meter weiter südlich steht auf einem Felsvorsprung das 1864 erbaute und

noch betriebene **St Blaize Lighthouse**. Zu Füßen des Leuchtturms liegt **Cape St Blaize Cave**, ein toller Aussichtspunkt und gleichzeitig eine wichtige archäologische Ausgrabungsstätte. Vorbei an drei Informationstafeln zur Geschichte der Höhle führt ein Plankenweg durch die Höhle hindurch. 1888 wurden bei Ausgrabungen Werkzeuge gefunden, die belegten, dass die Höhle vor rund 100 000 Jahren bewohnt war. Der Pfad hinauf zur Höhle mündet in den Cape St Blaize Trail (S. 266).

Übernachtung

Mossel Bay hat Unterkünfte in fast jeder Preisklasse, darunter einige B&Bs, die im Tourismusbüro gebucht werden können, sofern die hier genannten Häuser belegt sind.

Edward Charles, 1 Sixth Ave, ✆ 044-691 2152, 💻 www.edwardcharles.co.za. Gehobenes Gästehaus mit Swimming Pool in zentraler Lage mit Blick auf Santos Beach. ❹

Highview Lodge, 76 Rodger St, ✆ 044-691 9038, 💻 www.highviewlodge.co.za. Komfortable Zimmer für Selbstversorger oder als B&B mit herrlichem Ausblick auf die Bucht und die Berge. Selbstverpflegung ❹, B&B ❺.

Huisj Te Marquette, 1 Marsh St, ✆ 044-691 3182, 💻 www.marquette.co.za. 12 Zimmer in einem sehr gut geführten Haus in der Nähe des Point. Das benachbarte Backpacker-Hostel hat Dorm-Betten und DZ. ❹

Mossel Bay Backpackers, 1 Marsh St, ✆ 044-691 3182, 💻 www.gardenrouteadventures.com. Gut geführte Lodge mit Dorms und DZ mit und ohne Bad. Gehört zum Huijs Te Marquette. ❷

Protea Hotel Mossel Bay, Bartholomeu Dias Museum Complex, Market St, ✆ 044-691 3738,

💻 www.proteahotels.com/mosselbay. Gediegene Herberge in einem alten kapholländischen Herrenhaus gegenüber dem Tourismusbüro. Das Frühstück wird im Café Gannet serviert, Mossel Bays nettestem Restaurant. ❺

Camping

De Bakke, George Rd, ✆ 044-691 2915, 💻 www.mosselbaymun.co.za. Preiswerter öffentlicher Campingplatz in Strandnähe mit Aussicht aufs Meer. Auch gute Ferienhütten mit einem (R372) und zwei Schlafzimmern (R500). Selbstversorger.
Point Caravan Park, Point Rd, ✆ 044-690 3501. Am felsigen Point gelegen, nicht ganz so gut wie der Hauptstrand zum Baden geeignet, aber nahe beim Ausgangspunkt des St Blaize-Wanderweges. ❶

Essen

Mussel Bay wartet mit einigen annehmbaren Esslokalen auf, darunter ein paar mit schönem Meeresblick. In dem kleinen Einkaufszentrum Point Village am Nordende gibt es zwei familienfreundliche Restaurants (untere bzw. mittlere Preislage), 🕓 morgens bis ca. 23 Uhr.
Café Gannet, Market St, ✆ 044-691 1885. Nahe des Bartholomew Dias Museum Complex. Mittags und abends liebevoll zubereitetes Seafood zu moderaten Preisen in einem stilvollen Garten mit Blick über den Hafen; ein gutes Plätzchen zum Sundowner. 🕓 tgl. 7–23 Uhr.
Delfino's Espresso Bar and Pizzeria, Point Village, ✆ 044-690 5247. Italienische Küche und schöne Aussicht. 🕓 tgl. 7–23 Uhr.
King Fisher, Point Village, ✆ 044-690 6390, gemütliches Lokal oberhalb von Delfino's. Köstliches Seafood und herrlicher Ausblick. 🕓 tgl. 10.30–17 und 18–23.30 Uhr.
Santos Express, Santos Beach. Das Restaurant des ausrangierten Eisenbahnwagens am Strand, mit benachbartem Pub, ist ein quirliger Laden mit leckeren Calamari und Burgern zu sehr günstigen Preisen.

Aktivitäten

Es gibt gute Tauchgebiete und entsprechende Einrichtungen in der Umgebung von Mossel Bay: **Electro Dive**, ✆/📠 044-698 1976 oder ✆ 082-561 1259, bietet Tauchkurse mit Zertifikat an (um R1900), verleiht Ausrüstungen und führt Tauchgänge an der Küste sowie vom Boot aus durch (R290/380 inkl. Ausrüstung). Das Unternehmen hat auch Parasailing und Jetskiing im Programm. Warm ist das Wasser nicht, doch aufgrund einer Sichtweite von ungefähr 4–10 m bestehen gute Chancen, Tintenfische, Seesterne, Korallen und Korallenfische zu sehen.
Wer einem Weißen Hai begegnen möchte, hat einige **Haikäfig**-Tauchanbieter zur Auswahl. Die besten Monate dafür sind von März–Nov, die schlechtesten von Jan–Feb. Eine Garantie, einen Hai zu Gesicht zu bekommen, gibt es natürlich nicht. Einer der bewährtesten Anbieter ist **Shark Africa**, Church, Ecke Market St, ✆ 044-691 3796, 💻 www.sharkafrica.co.za. Beobachtung entweder vom Boot oder Käfig aus (R1200, keine Trips im Dez). Lässt sich kein Hai blicken, gibt es die Hälfte des Geldes zurück. Wer beim ersten Mal kein Glück hatte und es an einem anderen Tag nochmal probieren möchte, zahlt nur den halben Preis. Außerdem hat Shark Africa ganzjährig vierstündige Bootstouren (R450) zur Beobachtung von Delphinen, Haien und anderen Meeresbewohnern im Programm.
Bootsfahrten rund um Seal Island zum Betrachten der Brillenpinguine und Robben sind mit der **Romonza**, ✆/📠 044-690 3101, möglich, einer mittelgroßen Jacht, die stdl. zwischen 11 und 15 Uhr (in der Hochsaison 10–17 Uhr) am Jachthafen ablegt (R100).
Der landschaftlich sehr reizvolle **St Blaize Hiking Trail** auf dem Festland ist ein leicht zu begehender, 15 km langer Wanderweg (ca. 4 Std. pro Strecke) entlang der Südküste der Mossel Bay. Er beginnt am Cape St Blaize Cave, direkt unterhalb des Leuchtturms am Point, und führt nach Westen bis zur Dana Bay. Eine Wanderkarte ist bei der Touristeninformation erhältlich.
Wer **Bungeejumping** machen möchte, kann dies von der alten Gouritz River Bridge, rund 40 km westlich von Mossel Bay an der N2, tun. Dies ist mit R220 erheblich billiger als von der Bloukrans River Bridge (s. S. 286) bei Nature's Valley. Interessenten melden sich einfach bei **Face Adrenalin** an der Brücke, ✆ 044-697 7001,

oder machen vorher einen Termin aus, um zur gewünschten Uhrzeit springen zu können. Außerdem wird an der Gouritz River Bridge auch ein Bungeeswing angeboten (ebenfalls von Face Adrenalin, solo R150, Tandem R100), bei dem das Seil am hinteren Brückengeländer befestigt ist, sodass man beim Sprung unter der Brücke hindurch schwingt.

Informationen

Tourist Office, Church, Ecke Market St, ✆ 044-691 2202, 💻 www.visitmosselbay.co.za, mitten im Zentrum, vergibt stapelweise Broschüren über Mossel Bay und die restliche Garden Route sowie einen Stadtplan. 🕓 Mo–Fr 8–18, Sa und So 9–16 Uhr.

Nahverkehr

Innerhalb der Stadt lässt sich alles zu Fuß erreichen, doch wer ein Transportmittel braucht, kann den Taxidienst **Jordaan**, ✆ 044-691 1191, anrufen.

Transport

Die N2 macht einen Bogen um Mossel Bay, und der einzige Bus, der die Innenstadt anfährt und Passagiere an jeder gewünschten Adresse aussteigen lässt, ist der **Baz Bus**. Die großen Intercity-Busse halten an der Shell Voorbaai Service Station, 7 km vom Stadtzentrum, an der Kreuzung der Nationalstraße und der Zufahrtsstraße in die Stadt.

Intercity-Busse nach:
DURBAN (1x tgl.; 18 1/2 Std.);
GEORGE (6–7x tgl.; 3/4 Std.);
JO'BURG (1–2x tgl.; 14 Std.);
KAPSTADT (6–7x tgl.; 5 1/2 Std.);
KNYSNA (6–7x tgl.: 1 1/4 Std.);
OUDTSHOORN (1–2x tgl.; 1 1/4 Std.);
PLETTENBERG BAY (6–7x tgl.; 2 1/4 Std.);
PORT ELIZABETH (6–7x tgl.; 4 1/2 Std.);
PRETORIA (1–2x tgl.; 15 Std.).

Rund um Mossel Bay: Über den Robinson Pass nach Oudtshoorn

Von Mossel Bay führt die R328 Richtung Oudtshoorn über die bewaldeten Küstenberge und den Robinson Pass in die ausgedörrte Kleine Karoo. 35 km von Mossel Bay liegt kurz vor dem Pass das **Eight Bells Mountain Inn**, ✆ 044-631 0000, 💻 www.eightbells.co.za, ein guter Stopp für eine Stärkungspause und ein Lieblingsziel wohlsituierter Familien, die sich einen Urlaub mit Rundumverpflegung, vielfältiger Beschäftigung für die Kinder und Entspannung für die Eltern wünschen.

Das sehr kompetent geführte Hotel überzeugt mit freundlicher Atmosphäre, speziellen Essensangeboten und -zeiten für kleinere Kinder und Möglichkeiten zum Reiten, Schwimmen, Tennisspielen und Wandern. Außerhalb der Schulferien eignet es sich mit seiner reizenden Gartenanlage als erholsame Zwischenstation. Ab R420 p. P.

Das nahe **Botlierskop Private Game Reserve**, ✆ 044-696 6055, 💻 www.botlierskop.co.za, organisiert für Tagesbesucher Tierbeobachtungstouren um 9 und 15 Uhr (R395, Kinder R198), Elefantenritte um 10, 11, 15 und 16 Uhr (R550, Kinder R275) und Pferdereiten um 10 und 15 Uhr (R180 pro Std.). Eine Übernachtung im Luxuszelt mit Mahlzeiten und Tierbeobachtungstouren kostet R3200 p. P.

Die Anlage ist zwar kein Ersatz für eine Safari im Krüger-Nationalpark und auch nicht gerade eine Wildniserfahrung, aber immerhin gibt es meistens (nicht immer) Löwen im großen Gehege zu sehen und oft auch Nashörner, Giraffen und Antilopen. Im Angebot ist außerdem ein „Picknick mit Elefanten". Alle Aktivitäten und eine etwaige Übernachtung müssen rechtzeitig reserviert werden, da die Teilnehmerzahl begrenzt ist.

George

Die einzigen guten Gründe für einen Besuch von George, 66 km nordöstlich von Mossel Bay, sind seine städtische Infrastruktur – mit Flughafen, Krankenhaus und Geschäften – und seine praktische Lage auf halbem Wege zwischen Kapstadt und Port Elizabeth. Der Dampfzug Outeniqua Choo-Tjoe, ehemals Georges Hauptattraktion, verkehrt nach schweren Überschwemmungen leider nicht mehr auf der spektakulären Strecke nach Knysna, sondern nur noch zum weniger attraktiven Mossel Bay.

Die große, von Bergen eingerahmte Industriestadt liegt 5 km abseits der N2 und ist 9 km von der Küste entfernt.

Das bemerkenswerteste der historischen Gemäuer der Stadt ist die in den frühen 40er-Jahren des 18. Jhs. fertig gestellte **Dutch Reformed Church** in der Davidson St, am oberen Ende der Meade St. George war der Parlamentssitz des ehemaligen Staatspräsidenten **P.W. Botha** (s. Kasten), des letzten überzeugten Vertreters der Apartheidpolitik und Vorgängers von F.W. De Klerk, der den Übergang von der Minderheits- zur Mehrheitsregierung aushandelte.

Übernachtung

10 Caledon St, ✆ 044-873 4983, 💻 www.10caledon.co.za, in einer ruhigen Straße gleich um die Ecke vom Museum. Bestes der Mittelklasse-B&Bs, makellose Zimmer mit Balkon, Garten. ❹

Die Waenhuis, 11 Caledon St, ✆ 044-874 0034, 💻 www.diewaenhuis.co.za. Haus von der Mitte des 19. Jhs., das sich sein altmodisches Flair bewahrt hat. Im sonnendurchfluteten Speisesaal wird warmes englisches Frühstück kredenzt. ❹

George Tourist Resort, York St, ✆ 044-874 5205, 💻 www.george-tourist-resort.co.za. Campingmöglichkeiten und Bungalows mit Bad für bis zu 4 bzw. 8 Pers. (R580/950) und Rondavels (R430; 4 Betten) in gepflegter Anlage. Pool, Minisupermarkt, Münzwaschmaschinen und Kinderspielplatz.

Oak Tree, 30 Caledon St, ✆ 082-563 9952 oder 044-874 5931, 💻 www.oaktreebnb.co.za. Viktorianisches Wohnhaus mit 2 komfortablen Zimmern; jedes mit Bad und eigenem Eingang. ❻

Outeniqua Backpackers, 115 Merriman St, ✆ 082-316 7720, 💻 www.outeniqua-backpackers.com. Das freundliche Hostel bietet kostenlose Abholung vom Flughafen und einen Shuttleservice nach Victoria Bay (R30 je Strecke). Dorms und DZ ❷

Essen

Fong Ling Taiwanese, York, Ecke Fichat St, ✆ 044-884 0088. Authentische chinesische Gerichte unter Verwendung frischer, lokaler und importierter Zutaten. Schnelle Bedienung, mittlere Preislage. 🕓 Mo–Sa 11.30–15 und 17.30–21.30 Uhr.

La Capannina, 122 York St, ✆ 044-874 5313. Italiener mit ausgezeichneter Pizza, eines der beliebtesten Lokale der Stadt. 🕓 Mo–Fr 11–14 und 18–22, So 18–22 Uhr.

The Old Town House, York, Ecke Market St, ✆ 044-874 3663. Sorgfältig zubereitete Speisen im ansprechenden Interieur eines alten Stadthauses. 🕓 Mo–Fr 12–15 plus Mo–Sa 18–22 Uhr.

Sunsutra, 28 Montagu St, ✆ 044-870 7613. Oft wechselnde Karte mit starkem asiatischem Einschlag. Empfehlenswert. 🕓 Di–Sa 18–22 Uhr.

Travel Bugs, 111 York St. Guter Kaffee, Frühstück und leichte Mittagsgerichte in einem schattigen Hof. 🕓 Mo–Fr 8–16.30, Sa 9–12 Uhr.

Zanzibar Sports Pub, in 2 ausrangierten Eisenbahnwagen neben dem Museum. Hier konsumiert ein vorwiegend jüngeres Publikum Bier und Sport vor dem Großbildschirm. 🕓 Mo–Sa 11 Uhr bis spät.

Informationen

Touristeninformation, 124 York St, ✆ 044-801 9295, 💻 www.visitgeorge.co.za, bietet Stadtpläne und Hilfe bei der Zimmerreservierung. 🕓 Mo–Fr 8–17, Sa 9–13 Uhr.

Transport

Busse

Intercape, **Translux** und **Greyhound** halten am Bahnhof von George, neben dem Railway Museum. Der **Baz Bus** hält bei Outeniqua Backpackers in der Merriman Street.

Busse nach:
KAPSTADT 6–7x tgl. (6 Std.),
DURBAN 1x tgl. (18 Std.),
JOHANNESBURG 1–2x tgl. (15 Std.),
KNYSNA 6–7x tgl. (1 Std.),
MOSSEL BAY 6–7x tgl. (45 Min.),
OUDTSHOORN 3–4x tgl. (1 1/2 Std.),
PLETTENBERG BAY 6–7x tgl. (1 1/2 Std.),
PORT ELIZABETH 6–7x tgl. (4 1/2 Std.),
PRETORIA 1–2x tgl. (16 Std.).

Eisenbahn

Der **Outeniqua Choo-Tjoe**, ✆ 044-801 8288, hält am Outeniqua Railway Museum, 2 Mission Rd, unweit der Knysna Rd.

Flüge

Flugzeuge landen auf dem kleinen **George Airport**, 10 km westlich an der N2. Die meisten Touristen nehmen gleich am Flugplatz einen Mietwagen, um die Garden Route zu befahren.

Flüge nach:
DURBAN (tgl.; 2 1/4 Std.);
JO'BURG (2x tgl.; 1 1/2 Std.);
KAPSTADT (2–4x tgl.; 1 Std.);
PORT ELIZABETH (3x wöchentl.; 1 Std.).

Victoria Bay

Rund 9 km südlich von George und 3 km abseits der N2 liegt Victoria Bay, einer der schönsten Orte der Garden Route. In der Bucht gibt es einen kleinen, unter einem Felsvorsprung und von Felsblöcken eingerahmten Sandstrand mit einem grasbewachsenen Abschnitt, der sich hervorragend zum Sonnenbaden eignet, und darüber hinaus eine ungefährliche Schwimmgelegenheit in einem abgegrenzten Meerwasserpool bietet. In den Weihnachtsferien und am Wochenende wimmelt es hier von Tagesausflüglern, und außerdem ist dies eine der begehrtesten Anlaufstellen von **Surfern** in ganz Südafrika.

Präsident Botha: Steuermann der Apartheid

Pieter Willem Botha gilt als Erfinder der autokratischen „Imperial-Präsidentschaft" in Südafrika. Doch rückblickend gesehen war er der erste Steuermann der Apartheid, der glaubte, die hereinbrechende Demokratie-Woge durch Einschüchterung der Demokraten stoppen zu können.

Botha wurde 1948, bei Machtantritt der ersten Apartheidsregierung, zum Parlamentsmitglied gewählt. Er wurde **Verteidigungsminister** und nutzte diese Position, um eine Palastrevolte gegen seinen Kollegen, Premierminister John Vorster, anzuzetteln und sich auf dessen Stuhl zu setzen. Dann machte sich Botha unverzüglich daran, die Apartheid „auf Vordermann zu bringen". Er wandelte das Amt eines Premierministers nach britischen Vorbild, der dem Parlament Rechenschaft schuldet, in das eines eigenmächtigen Präsidenten um, der unter Ausschluss der Öffentlichkeit weitreichende Beschlüsse innerhalb eines Präsidentschaftsrates traf, dem überwiegend hohe Armeefunktionäre angehörten.

Botha entwickelte einen **Generalplan**, der darin bestand, Randaspekte der Apartheid zu reformieren und riesige Summen aufzuwenden, damit die Nachbarländer dem ANC ihre Unterstützung entzogen. Den Sicherheitskräften innerhalb Südafrikas ließ er freie Hand, **Apartheidsgegner** zu ermorden, zu verfolgen und zu foltern. Das ganze Ausmaß ihrer Gräueltaten kam erst zwischen 1996 und 1998 im Zuge der Untersuchungen der Wahrheits- und Versöhnungskommission zutage. Aus Angst, weiße Rechtsextremisten zu verprellen, brachte Botha Südafrika nicht schnell und weit genug auf einen Weg der Reform, was zu einer Kapitalflucht aus Südafrika und einer Verstärkung der Boykottmaßnahmen führte. Den größten Schlag für das Apartheidregime bedeutete 1985 vielleicht der Beschluss der Chase Manhattan Bank, den Kreditvertrag mit Südafrika nicht zu verlängern – das Land geriet in eine schwere Finanzkrise. Botha änderte seinen Kurs nicht, sondern steuerte das Staatsschiff stur auf den Abgrund zu. Selbst seine engsten Parteigenossen erkannten, dass diese Politik nicht mehr haltbar war, und als Botha 1989 einen Schlaganfall erlitt, setzten sie unverzüglich **F.W. De Klerk** an seine Stelle. De Klerk leitete sofort die von der Weltgemeinschaft geforderten Reformen in die Wege.

Botha verbrachte seinen Ruhestand in der Nähe von George. Er blieb unbelehrbar und verweigerte jede Entschuldigung für die brutalen Maßnahmen seiner Regierung zur Aufrechterhaltung der Apartheid. Seltsamerweise wurde er nach seinem Tod 2006 völlig kritiklos in einem hochoffiziellen Staatsbegräbnis samt Übertragung im staatlichen Fernsehen beigesetzt, an dem auch Mitglieder der amtierenden Regierung teilnahmen, u. a. Präsident Thabo Mbeki.

Beliebt bei Sonnenanbetern und Surfern: Victoria Bay an der Garden Route

Aufgrund der bis dicht ans Wasser reichenden Felshänge steht am Strand nur eine einzige Reihe von Gebäuden; darunter befinden sich einige Guesthouses in Spitzenlage (mit Spitzenpreisen).

Übernachtung und Essen

Die einzigen Verpflegungsmöglichkeiten sind ein kleiner Kiosk am Strand, der Erfrischungsgetränke und ein paar Snacks verkauft, und ein zwangloses Restaurant, das man ruhig mit Flipflops und Shorts aufsuchen kann. Die B&Bs jedoch werden von dem Lieferservice Mr Delivery bedient, der fertige Speisen aus rund 10 verschiedenen Fastfood-Lokalen in George abholt. Auf Wunsch werden auch frische Lebensmittel und sogar Videos gebracht.

Lands End Guest House, Beach Rd, ✆ 044-889 0123, 💻 www.vicbay.com. Zimmer mit Bad im „am dichtesten am Meer gelegenen B&B Afrikas" sowie Unterkünfte für Selbstversorger im Bay House (bis 4 Pers.) und im Sea Cottage (bis 5 Pers.) ein paar Häuser weiter. ❺

Pier Plesier, Beach Rd, ✆ 044-889 0051, ✉ ianwesson@mjvn.co.za. Gepflegtes modernes Ziegelsteingebäude, Apartments mit Bad und Meerblick, nur 6 m vom Meer. Die Apartments bestehen aus einem oder zwei Zimmern und bieten Platz für 4 Pers. Die billigste Wohnung ist ohne Meerblick. Selbstverpflegung ab R650 pro Wohneinheit, B&B ab ❸.

Sea Breeze Cabanas, an der Hauptstraße zur Siedlung, ✆ 044-889 0098, 💻 www.seabreezecabanas.co.za. Verschiedene preiswerte Ferienwohnungen, darunter auch moderne 2-stöckige Ferien- und Holzhäuser mit Platz für 4 bis 8 Personen. Nicht alle mit Aussicht aufs Meer, aber in Spaziernähe zum Strand. R690–1100 pro Wohneinheit.

Victoria Bay Caravan Park, linker Hand der Strandzufahrt, ✆ 044-889 0081. Wunderbar auf den Küstenfelsen über dem Strand gelegener **Campingplatz**.

The Waves, Beach Rd, ✆ 044-889 0166, 💻 www.gardenroute.co.za/vbay/waves. Drei komfortable Suiten mit Seeblick in einem viktorianischen Haus. ❼

Transport

Victoria Bay ist mit öffentlichen Transportmitteln nicht zu erreichen, doch viele Leute legen die wenigen Kilometer von der N2 per Autostopp zurück. Wer mit dem eigenen Pkw kommt, stößt unten an der Straße auf eine Metallschranke und muss den Wagen auf dem Parkplatz abstellen, der vor allem im Sommer oft voll ist. Wer in einem der B&Bs nächtigt, erhält dort einen Schlüssel zu der Schranke, mit der die private Strandstraße abgesperrt ist.

Wilderness

Der Strand von Wilderness, östlich von Victoria Bay jenseits des Kaaimans River, liegt so nah bei der N2, dass man fast im Vorbeifahren ein schnelles Bad nehmen könnte. Afrikanische Wildnis sucht man hier zwischen den zahllosen Rentnerwohnsitzen, Ferienhäusern und Tausenden von Gästezimmern aber vergebens. Der lange Sandstrand wird von hohen, durch zahlreiche Ferienhäuser verschandelten Dünen gesäumt. Badende sollten in Ufernähe bleiben, denn dieser Küstenabschnitt ist für seine tückischen Strömungen bekannt.

Die größte Attraktion der Gegend ist der Wilderness National Park, der zu Paddeltouren auf dem Fluss und zur Beobachtung seiner Vogelwelt einlädt.

Übernachtung

The Albatross, Sixth Ave, Ausfahrt South St von der N2, ✆ 044-877 1716. Guesthouse mit 2 B&B-Zimmern und einem Familienapartment für Selbstversorger in Spaziernähe zum Strand; große Balkone und hervorragende Möglichkeiten Delphine zu sichten. B&B ❹, Apartment ❻

Fairy Knowe Backpackers, ✆ 044-877 1285, 💻 www.wildernessbackpackers.com. Ein Hostel mit Schlafsaalbetten und DZ im Wald unweit des Touws River, aber ein gutes Stück vom Meer entfernt. Es ist das älteste Wohnhaus der Gegend (Baujahr 1897) mit einem Balkon rundherum, 6 km vom Dorf entfernt; Autofahrer folgen den Wegweisern an der N2 östlich von Wilderness. Der Baz Bus hält hier. Unterkünfte im Haus selbst und in reetgedeckten Chalets. Dorms und Zimmer ❷, Zimmer mit Bad ❸

Island Lake Holiday Resort, Lakes Rd, 2 km von der Abzweigung Hoekwil/Island Lake an der N2, ✆ 044-877 1194, 💻 www.islandlake.co.za. Campingplatz und Rondavels mit 4 oder 5 Betten (R325/375); eine der schönsten und ruhigsten Unterkünfte an den Seen.

Mes-Amis Homestead, Buxton Close, entsprechender Wegweiser an der Küstenseite der N2, direkt gegenüber der Nationalpark-abfahrt, ✆ 044-877 1928, 💻 www.mesamis.co.za. 9 DZ mit eigener Terrasse und wunderbarer Aussicht. ❻

The Tops, Hunts Lane, rund 500 m von der Touristeninformation an einem Hang, ✆ 044-877 0187 oder 083-631 2339, 💻 www.thetops.co.za. 4 geräumige B&B-Zimmer mit Bad und 4 voll ausgestattete Studios, jedes mit 1 Doppelbett und 2 Einzelbetten. Fast alle Zimmer mit Meerblick und Glastüren, die auf eine Sonnenterrasse führen. ❹

Wilderness Bush Camp, Heights Rd (auf der Waterside Rd nach Westen 1600 m den Berg hoch), ✆ 044-877 1168, 💻 www.boskamp.co.za. Sechs Selbstversorger-Ferienhütten aus Holz (die meisten für 2 Pers.) mit Schlafzimmern im Obergeschoss, Strohdach und Meerblick. Das Camp ist Teil eines Naturschutzgeländes. ❷

Essen

Palms, im Palms Wilderness Guest House, Owen Grant Rd, 3 km außerhalb des Orts, ✆ 044-877 1420. Wechselnde Karte mit den Schwerpunkten Fisch und Wild zu moderaten Preisen. 🕓 Mo–Sa 19–21 Uhr.

Pomodoro. Zu den besten Lokalen in der Milkwood Village Mall gehört dieser Italiener mit angenehmem Ambiente. 🕓 tgl. 8–22 Uhr.

The Girls, George Rd, im Ortszentrum, ✆ 044-877 1648. Eine gute Adresse für tolles Seafood und exotischere Gerichte wie Straußensteak auf marokkanische Art. 🕓 Di–So Abendessen.

Wilderness Grill, George Rd. Gemütliches Lokal mit Kamin, serviert z. B. Omelette mit Räucherlachs, Pizza und Steaks. Auch Tische im Freien. 🕓 tgl. 8–23 Uhr.

Sonstiges

Informationen

Im winzigen Dorfzentrum an der Nordseite der N2 gibt es außer einer Tankstelle, ein paar Geschäften und Restaurants auch eine Touristeninformation in der Milkwood Village Mall, Beacon Road, Abzweigung von der N2 gegenüber der Caltex Garage, ✆ 044-877 0045, 🖳 www.tourismwilderness.co.za. 🕓 Mai–Sep Mo–Fr 8–17, Sa 9–13, Okt–April Mo–Fr 8–18, Sa 8–13 Uhr.

Aktivitäten

Eden Adventures, ✆ 044-877 0179 oder 083-628 8547, veranstaltet halbtägige **Kanu- und Fahrradtouren** auf dem nahe gelegenen Kaaiman's River bzw. in dessen Schlucht (R345) sowie Kloofingabenteuertrips. Verleiht auch Zweier-Kanus für Paddeltouren auf eigene Faust (R60/Std.).

Black Horse Trails, ✆ 044-850 1008 oder 082-494 5642, bietet **Ausritte** in die Berge und Wälder (R225 für 1 1/2, R400 für 3 Std.). Wer das Ganze aus der Luft sehen möchte, kann beim empfehlenswerten Veranstalter **Cloudbase Paragliding Adventures**, ✆ 044-877 1414, einenTandem-**Paragliding**-Flug für R450 buchen. Der Flug dauert mindestens 15 Min., findet allerdings nur bei absolut sicheren Wetterbedingungen statt.

Wilderness National Park

Östlich von Wilderness erstreckt sich der Wilderness National Park, ✆ 044-877 1197. Bettenreservierung über South African National Parks, Pretoria, ✆ 012-343 1991, 🖳 www.parks-sa.co.za. Zum Park gehört zwar auch ein Stück Strand, doch lohnend sind in erster Linie die **Wälder** sowie die insgesamt 16 km langen Wasserwege.

Die vielfältigen Habitate umfassen Küsten- und Bergfynbos sowie Feuchtgebiete, die 250 **Vogelarten** anziehen. Bei der Rezeption befinden sich **Münzwaschmaschinen** und ein **Kinderspielplatz**. Rezeption 🕓 rund um die Uhr, Eintritt R72.

Übernachtung und Essen

Im Park gibt es zwei Rest Camps, beide im westlichen Teil und durch Wegweiser an der N2 deutlich gekennzeichnet. Bei der Rezeption befindet sich ein kleiner Laden, der Grundnahrungsmittel, Milch und Brot verkauft.

Ebb and Flow North, direkt am Fluss, billig, altmodisch und etwas abseits vom Getümmel. Zeltplätze, voll ausgestattete 2-Personen-Bungalows mit eigener Dusche (R280) sowie billigere Hütten mit gemeinschaftlichen Sanitäranlagen (R240).

Ebb and Flow South, ganz in der Nähe, ausgeschildert. Campingmöglichkeiten und moderne, geräumige, komplett ausgestattete Blockhäuser auf Stelzen oder Ziegelbungalows (ab R860 für bis 4 Pers.). Zudem gibt es Hütten im Wald (R460) mit 2 Betten, Bad und Gemeinschaftsküche. Von Mai bis Ende November wird ein 20-prozentiger **Preisnachlass** gewährt.

Aktivitäten

An der Rezeption werden Kanus und Tretboote ausgeliehen. Außerdem sind Wanderkarten für mehrere markierte, 1–4-stündige Wanderwege erhältlich. Sowohl zu Wasser als auch Fuß kann man dem Trubel entlang der N2 entkommen und in die lokale Fauna eintauchen. Der **Giant Kingfisher Trail** ist ein leicht begehbarer, 7 km langer Pfad, der am Ebb and Flow North Camp seinen Ausgang nimmt und durch den Wald am Ostufer des Touw River zu einigen Tümpeln mit zahllosen kleinen Wassertieren führt. Der gesamte Spaziergang dauert ca. 3 Std. Ebenfalls rund 3 Std. sind für den 6 km langen **Cape Dune Molerat Trail** zu veranschlagen, einen Rundwanderweg entlang der Dünen, der den Rondevlei vom Swartvlei Lake trennt. Unterwegs kann man viele Vögel beobachten. Im Winter und Frühling blühen überall bunte Blumen. Zu dem Trail gelangt man auf der N2, 16 km weit nach Osten Richtung Sedgefield, über die Abzweigung nach Swartvlei und weiter auf der unbefestigten Straße, bis zu einem Weg, der nach 2,8 km rechts abzweigt, von hier aus sind es noch rund 1 km bis zur Conservation Station und dem Ausgangspunkt des Wanderweges.

Knysna

Knysna („Naissna" ausgesprochen), 102 km östlich von Mossel Bay, wird von zahlreichen Besuchern, die die Garden Route befahren, frequentiert. Seinen Mangel an Ozeanstränden kompensiert er durch seine attraktive Hügellage rund um die **Knysna Lagoon**, seine schönen Wälder, gute Bedingungen für Abenteuersportarten, die ansprechende Uferpromenade – und geschicktes Marketing. Zum Meer hin hat die Lagune einen landschaftlich äußerst reizvollen, schmalen Durchgang, die so genannten **The Heads**, deren Westseite von einem privaten Naturschutzgebiet und deren Ostseite von einem exklusiven Wohngebiet (verwirrenderweise ebenfalls The Heads genannt) begrenzt wird.

Das besondere Flair von Knysna ist seinem historischen Ortskern mit den georgianischen und viktorianischen Gebäuden zu verdanken, durch die sich die Stadt von den meisten anderen Ansiedlungen entlang der Garden Route abhebt. Zusätzlichen Reiz verleihen die gemütlichen Coffeeshops, Kunstgalerien und bunten Straßenstände. Und da es sogar so etwas wie ein Nachtleben gibt, bleibt mancher Besucher länger als nur einen Tag, trotz der vielen Sightseeing-Busse und des Verkehrschaos (v.a. im Dez und Jan) auf der Main St.

Geschichte

Zu Beginn des 19. Jhs. bestanden die einzigen „weißen" Siedlungen außerhalb von Kapstadt in einer Handvoll ärmlicher Dörfer. Knysna, eine wahrhaft hinterwäldlerische Siedlung, bildete da keine Ausnahme. Der Name stammt aus der Sprache der Khoi und bedeutet „schwer zu erreichen", und genau das blieb Knysna noch bis weit ins 20. Jh. hinein.

Eine Person ließ sich davon jedoch nicht abschrecken – **George Rex**, ein Kolonialbeamter, der sich über die moralischen Regeln der Kolonialgesellschaft hinwegsetzte und sich zu seiner farbigen Geliebten bekannte. Das brachte ihn ins gesellschaftliche Abseits, und um die Wende zum 19. Jh. brach er nach Knysna auf, um sein Glück mit der Verschiffung von Bauhölzern aus der Knysna Lagoon zu versuchen. Als Rex 1839 starb, war aus Knysna ein wichtiges **Holzfällerzentrum** geworden, das viele weiße Arbeiter anzog, die sich mit primitiven Geräten für einen Hungerlohn daran machten, den Wald abzuholzen.

Zu Beginn des 20. Jhs. lag Knysna immer noch weitab vom Schuss, und tief in den Wäldern lebten die verarmten Nachkommen der Holzfäller in weltabgeschiedenen, von Inzucht geprägten kleinen Gemeinschaften. Noch bis 1914 musste jeder, der von Knysna nach George reiste, auf der 75 km langen Piste 58 Gatter öffnen und wieder schließen.

Die Stadt und die Strände

Knysna liegt an einer Meereslagune und die ältesten Stadtteile, die den Ortskern bilden, befinden sich am Nordufer. Zu den exklusiven Wohnvierteln zählen **Leisure Isle**, das über einen schmalen Dammweg mit dem Festland verbunden ist, und The Heads, dessen verschlungenes Straßennetz sich über die Hänge mit Blick auf den Indischen Ozean erstreckt.

Die Main Street, lange das unbestrittene Zentrum des Orts, hat durch die Aufwertung der Waterfront am Hafen einiges von ihrem Status verloren. Doch inzwischen wurde auch sie durch umfangreiche Sanierungsmaßnahmen aufgehübscht und prunkt mit trendigen Cafés, Restaurants und Geschäften.

Rund 500 m südlich des Büros von Knysna Tourism, am Ende der Grey St, liegen die **Knysna Quays**, die „Waterfront" von Knysna mit dem Jachthafen. Die elegante, Ende der 1990er-Jahre erbaute zweistöckige Stahlkonstruktion mit Holzstegen ist eine Miniversion der Kapstädter V&A Waterfront. Hier befinden sich das luxuriöse Protea Hotel, ein paar Bekleidungs- und Souvenirgeschäfte sowie zwei gute Esslokale, darunter das hervorragende Deli/Bistro 34° South mit Veranda und Blick auf die vorbeiziehenden Jachten. Auch **Thesen's Island**, das über einen Damm vom Südende der Long Street zu erreichen ist, schwimmt auf der Erfolgswelle der Quays mit und lockt mit ein paar schicken Läden und Lokalen wie dem der Knysna Oyster Company direkt am Ufer der Lagune, einem der besten Muschelrestaurants weit und breit.

Ein Stückchen vom Zentrum entfernt, im Industriegebiet, befindet sich die **Mitchell's**

Brewery, Arend Rd, abseits des George Rex Drive, erreichbar über die Vigilance Rd und Sandpiper Rd, wo Besucher im Rahmen einer halbstündigen Führung (Mo–Fr 10.30 und 15 Uhr) gegen ein eher symbolisches Entgelt die Brauereierzeugnisse kosten können, darunter Foresters Draught, ein Pilsner, und Bosun's Bitter, ein Starkbier. Verkostung Mo–Fr 8.30–16.30, Sa 9.30–12.30 Uhr. Die Brauerei liegt an der Arend Road, abseits des George Rex Drive via Vigilance und Sandpiper Road, 20 Min. Fußweg vom Zentrum.

Der Hauptgrund für einen Abstecher nach **Leisure Isle** sind die hervorragenden Schwimmgelegenheiten in der Lagune und die Aussicht aufs Meer, die sich zwischen The Heads eröffnet. Die besten Badestellen finden sich am Südufer der Insel, insbesondere im westlichen Abschnitt entlang des Bayswater Drive. Richtig gut schwimmen kann man aber nur bei Flut und das auch nur im Sommer.

Auf dem George Rex Drive Richtung Süden geht es zu den Vororten The Heads und Coney Glen, deren Straßengewirr sich bis zum Gipfel des **Eastern Head** hinaufwindet. In der Umgebung des Restaurants Paquitas (s. u., Essen) bieten sich fantastische Ausblicke aufs Meer. Fast noch schöner ist die Aussicht von dem Ausguck am Ende des kurzen Fußweges, der beim Restaurant beginnt und am Felsenrand entlang führt.

Die Strände

Für einen reinen Strandurlaub bietet sich Knysna nicht an: Der nächste, allerdings sehr schöne Sandstrand befindet sich 20 km westlich bei der winzigen Siedlung **Brenton-on-Sea** an der Buffels Bay. Östlich von Knysna sieht es auch nicht besser aus: Das nächste Fleckchen Sand findet sich bei **Noetzie**, einem Ort, der vor allem für seine exzentrischen Ferienhäuser bekannt ist.

Übernachtung

Knysna hat Hunderte von Unterkünften, doch die Preise sind in den letzten Jahren in die Höhe geschossen. Die besten Übernachtungsmöglichkeiten sind die abseits der Hauptstraße, mit Blick auf The Heads oder die Lagune. Außerhalb der Stadt gibt es ein paar ausgezeichnete Gästehäuser und B&Bs sowie recht preiswerte Selbstverpfleger-Cottages im Wald, weit abseits des städtischen Trubels. Wer ein etwas ruhigeres Plätzchen an der Lagune sucht, begibt sich ans Westufer bei Brenton-on-Sea. Man kann hier oder ein paar Kilometer weiter im Binnenland im schicken Ort Belvidere absteigen, der für den Durchgangsverkehr gesperrt ist. Wer etwas Ausgefalleneres sucht, kann bei **Lightleys Holiday Houseboats** an der Abzweigung von der N2 nach Belvidere, ✆ 044-386 0007, 💻 www.houseboats.co.za, ein **Hausboot** mieten. Ein Leisure Liner mit 4 Kojenbetten kostet R1325 für 2 Pers. oder R1650 für 4 Pers., ein Aqua Chalet mit 6 Betten R1975. Mit den voll ausgestatteten Hausbooten lassen sich die 20 km schiffbaren Gewässers der Lagune erkunden. Eine andere Option ist die Unterkunft in einem **Township Homestay** (B&B ab R250 p. P. im Mehrbettzimmer), zu arrangieren über die Zimmervermittlung von Knysna Tourism, ✆ 044-382 6960, ✉ bookings@knysna-info.co.za.

Innenstadt und Knysna Quays

Knysna Backpackers, 42 Queen St, ✆ 044-382 2554, 💻 www.knysnabackpackers.co.za. Blitzblankes, gut organisiertes Hostel in einem denkmalgeschützten viktorianischen Haus in zentraler Lage. Die ruhige Unterkunft hat 5 DZ (in denen aber auch bis zu 4 Pers. unterkommen können) und einen Schlafsaal mit 8 Betten. DZ (mit und ohne Bad) ❷, Dorm ❶

Protea Hotel–Knysna Quays, Waterfront Drive, ✆ 044-382 5005, 💻 www.proteahotels.com/protea-hotel-knysna-quays.html. Luxuriöses 122-Zimmer-Hotel mit Marinedekor in herrlicher Uferlage und Spaziernähe zur Innenstadt. Die Zimmer haben entweder Blick auf die Lagune oder auf den Bahnhof. ❼

Wayside Inn, Pledge Square, ✆ 044-382 6011, 💻 www.waysideinn.co.za. Schickes Nachtquartier mitten im Zentrum mit Korbmöbeln und schmiedeeisernen Bettgestellen. Das kontinentale Frühstück wird im Zimmer oder draußen auf der Terrasse serviert. ❹

Östliche Vororte, Leisure Isle und The Heads

Cunningham's Island Guest House, 3 Kingsway, Leisure Isle, ✆ 044-384 1319, 💻 www.islandhouse.co.za. Modernes,

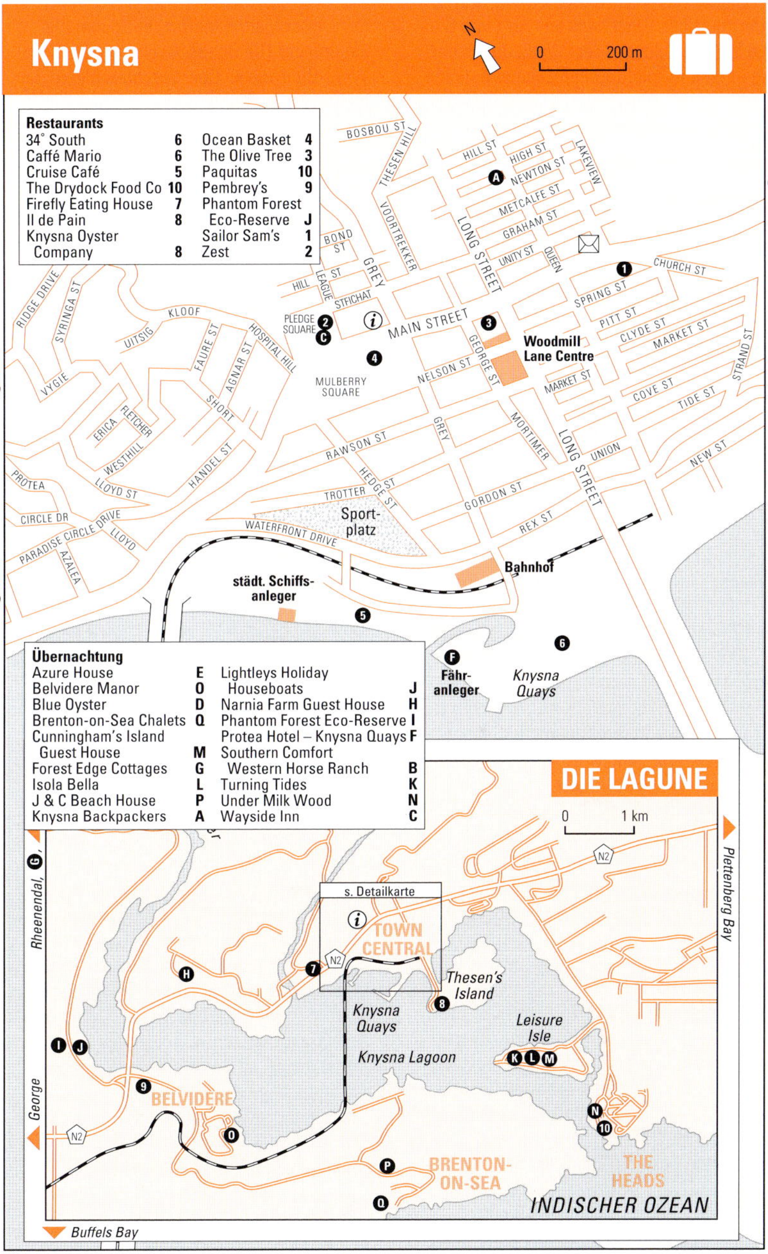
Knysna
N
0 200 m
Restaurants
34° South 6
Caffé Mario 6
Cruise Café 5
The Drydock Food Co 10
Firefly Eating House 7
Il de Pain 8
Knysna Oyster Company 8
Ocean Basket 4
The Olive Tree 3
Paquitas 10
Pembrey's 9
Phantom Forest Eco-Reserve J
Sailor Sam's 1
Zest 2
Übernachtung
Azure House E
Belvidere Manor O
Blue Oyster D
Brenton-on-Sea Chalets Q
Cunningham's Island Guest House M
Forest Edge Cottages G
Isola Bella L
J & C Beach House P
Knysna Backpackers A
Lightleys Holiday Houseboats J
Narnia Farm Guest House H
Phantom Forest Eco-Reserve I
Protea Hotel – Knysna Quays F
Southern Comfort Western Horse Ranch B
Turning Tides K
Under Milk Wood N
Wayside Inn C
BOSBOU ST
THESEN HILL
HILL ST
HIGH ST
NEWTON ST
LAKEVIEW
METCALFE ST
GRAHAM ST
UNITY ST
QUEEN
VOORTREKKER
LONG STREET
CHURCH ST
SPRING ST
PITT ST
CLYDE ST
MARKET ST
STRAND ST
BOND ST
HILL ST
LEAGUE
GREY
STFICHAT
PLEDGE SQUARE
MAIN STREET
Woodmill Lane Centre
GEORGE ST
NELSON ST
MARKET ST
COVE ST
TIDE ST
MULBERRY SQUARE
RIDGE DRIVE
SYRINGA ST
KLOOF
UITSIG
FAURE ST
AGNAR ST
HOSPITAL HILL
VYGIE
SHORT
ERICA
FLETCHER
WESTHILL
HANDEL ST
GREY
MORTIMER
LONG STREET
UNION
NEW ST
RAWSON ST
HEDGE ST
PROTEA
LLOYD ST
TROTTER
GORDON ST
REX ST
CIRCLE DR
PARADISE CIRCLE DRIVE
LLOYD
AZALEA
Sport-platz
WATERFRONT DRIVE
Bahnhof
städt. Schiffs-anleger
Fähr-anleger
Knysna Quays
DIE LAGUNE
0 1 km
N2
Plettenberg Bay
Rheenendal, G
George
s. Detailkarte
TOWN CENTRAL
Thesen's Island
Knysna Quays
Leisure Isle
Knysna Lagoon
BELVIDERE
BRENTON-ON-SEA
THE HEADS
INDISCHER OZEAN
Buffels Bay

2-geschossiges Gästehaus aus Holz und Glas mit 8 Suiten in blendendem Weiß. Jedes der eleganten und komfortablen Zimmer hat eine eigene Tür zum Garten mit Pool unter riesigen Strelitzien; bloß an der Aussicht mangelt es. Ab ❺

Isola Bella, 21 Hart Lane, Leisure Isle, ✆ 044-384 0049, 💻 www.isolabella.co.za. Die riesigen Fenster des imposanten Gästehauses am Ufer der Lagune bieten einen wahrhaft atemberaubenden Blick auf The Heads. Die etwas theatralische Ausstattung der überaus luxuriösen Zimmer mit pseudoantikem Mobiliar, Ölgemälde und Blumenmustern ist Geschmacksache. Das Frühstück wird auf einem spektakulären Balkon am Wasser eingenommen. ❼

Turning Tides, 19 Woodbourne Drive, Leisure Isle, ✆ 044-384 0302, ✉ huskissn@mweb.co.za. Das komfortable, schlicht eingerichtete, 2-geschossige B&B wird von einem pensionierten Arzt und einer Ernährungswissenschaftlerin betrieben (die auch auf spezielle Diätbedürfnisse eingehen). Jedes der 3 Zimmer in dem kinderfreundlichen Haus hat seinen eigenen Balkon mit Lagunenblick. ❹

Under Milk Wood, George Rex Drive, The Heads, ✆ 044-384 0745, 💻 www.milkwood.co.za. Luxuriöse Unterbringung für Selbstversorger an der Lagune unterhalb The Heads, mit Privatstrand (gefahrloses Schwimmen) und sagenhaftem Blick. Ferienwohnungen mit 2 Zimmern und eigener Sonnenterrasse. Der Preis richtet sich danach, ob die Unterkunft an der Lagune, am Hang oder dazwischen liegt. Auch 2 B&B-Zimmer. Selbstversorgung ❻, B&B ❹

Westlich der Stadt

Azure House, 65 Circular Dr, ✆ 044-382 1221, 💻 www.azurehouse.com. Gepflegte Zimmer mit Bad, Sitzecke und Balkon; Selbstversorgung oder B&B. Das Frühstück (falls gewünscht) wird im Zimmer oder auf dem Balkon mit Blick auf die Lagune serviert. ❹

Blue Oyster, Ecke Rio und Stent St, ✆ 044-382 2265, 💻 www.blueoyster.co.za. Einladendes 3-geschossiges B&B mit griechischem Flair am Berghang hinter Knysna, mit großartigem Panoramablick über die Lagune auf The Heads. 4 komfortable DZ in Weiß-Blau; die im Obergeschoss haben den besten Blick. ❹–❻

Phantom Forest Eco-Reserve, Phantom Pass Rd, westlich der Stadt, von der N2 zurückversetzt, ✆ 044-386 0046, 💻 www.phantomforest.com. Atemberaubende Luxusunterkunft in Bungalows mitten im Wald mit traumhaftem Blick. In den Hauptgebäuden befinden sich Speisesaal, Whirlpool (unter freiem Himmel), Massageräume und Jacuzzi. Außerdem ein von üppiger Vegetation umgebener Pool am Hang. B&B ❽

Im Wald

Forest Edge Cottages, Rheenendal-Abzweigung, 16 km westlich von Knysna an der N2, ✆ 082-456 1338, 💻 wwwforestedge.co.za. In Waldnähe, Unterbringung in traditionellen Cottages mit 2 Schlafzimmern und Veranda oder in komplett ausgestatteten Bungalows für Selbstversorger mit 4 Betten. Ausgangspunkt zahlreicher Wander- und Radwege, Mountainbike-Verleih. ❸

Southern Comfort Western Horse Ranch, 17 km östlich von Knysna Richtung Plettenberg Bay, nach 3 km entlang der Fisanthoek Rd erreichbar, ✆ 044-532 7885, 💻 www.schranch.

Märchenhafte Bleibe mit Lagunenblick

Narnia Farm Guest House, abseits der Welbedacht Lane (ausgeschildert), 3 km von Knysna, ✆ 044-382 1334, 💻 www.narnia.co.za. Schönes Bauernhaus inmitten eines bezaubernden Gartens am Hang mit Blick auf die Lagune. 2 B&B-Zimmer im Obergeschoss mit Bad und Balkon sowie liebevoller Einrichtung, ebenso wie die Ferienwohnung im Erdgeschoss, zu der 2 Schlafzimmer, 1 Wohnzimmer, Kamin und Küchenzeile gehören. Außerdem gibt es noch das Pool House mit Schlafzimmer und geräumigem Wohnzimmer samt Billardtisch gleich neben dem Pool mit Sonnenterrasse, und The Shed (R1450) mit 2 Schlafzimmern in einiger Entfernung vom Haupthaus. Verschiedene Spazierwege auf dem Gelände, z. B. zu einem kleinen See hinunter. Selbstversorger und B&B ❻

co.za. Verschiedenste Budget-Unterkünfte in DZ, Dorms und einem Baumhaus auf einer Farm in unmittelbarer Nähe des Ostabschnittes des Knysna Forest. Verpflegung auf Wunsch. Nach Voranmeldung Abholung von der N2. Reitausflüge möglich, 1 Std. R160, 2 Tage mit Übernachtung in einem Tipi im Wald, Abendessen und Frühstück R650. Auch Massagen. Selbstverpflegung oder VP (kostet extra). Dorms ❶, Zimmer ❷

Belvidere und Brenton-on-Sea

Belvidere Manor, Duthie Drive, Belvidere Estate, ✆ 044-387 1055, 🖳 www.belvidere.co.za. Eine Ansammlung pseudo-viktorianischer Cottages in hübscher Lage am Rand der Lagune. Sie sind zwar geräumig, haben jedoch ihre beste Zeit längst hinter sich. Allerdings stellen sie die einzige Unterbringung auf dem wunderschönen Gelände dar. ❻

Brenton-on-Sea Chalets, C.R. Swart Drive, Brenton Beachfront, ✆ 044-381 0081, 🖳 www.brentononsea.co.za. 15 Automin. von Knysna und mit Blick auf den langen, geschwungenen Brenton Beach, der sich bis zur Buffels Bay erstreckt. Die Selbstversorger-Chalets mit 3 Schlafzimmern sind gut und gemütlich ausgestattet und kosten R980 pro Nacht.

J&C Beach House, 116 Watsonia Ave, Brenton, ✆ 044-381 0107, 🖳 www.jcbeachhouse.co.za. Schlichte, elegante Zimmer, jedes mit Meerblick vom Balkon. Gäste können ein Sonnenbad am Pool oder am nahe gelegenen Brenton Beach nehmen. ❺

Essen

Nicht zuletzt wegen der hiesigen Knysna Oyster Company, einer der größten Austernfarmen der Welt, führt eigentlich kein Weg um ein Austernmahl herum, aber zahlreiche gute Restaurants bedienen auch andere Geschmäcker. Angesichts der vielen Wälder, Wasserwege und Strände bietet sich auch Picknicken an. Zutaten sind in den hervorragenden Delikatessengeschäften der Stadt erhältlich. Knysna besitzt eine lebhaftere Atmosphäre als man von einer Stadt an der Garden Route vielleicht erwartet. Der angesagte Ort für abendliche Unterhaltung ist **Zanzibar**, St George's, Ecke Main Rd.

34° South, Knysna Quays. Herausragender Delikatessenladen und Speiselokal mit Blick aufs Wasser. 🕓 tgl. 9–22 Uhr.

Caffè Mario, Knysna Quays, ✆ 044-382 7250. Gemütlicher Italiener am Wasser mit Tischen im Freien. Auf der Karte stehen außer Snacks wie *paninoteca* und *tramezzini* auch hervorragende Pizza und Pasta. Sehr preiswert. 🕓 tgl. 7.30–22 Uhr.

Cruise Café, Featherbed Ferry Terminal, in der Nähe des Waterfront Drive. Das zwanglose Lokal kombiniert afrikanische und asiatische Inspirationen zu Vorspeisen wie *bobotie*-Frühlingsrollen. Hauptgerichte sind z. B. Karoo-Lamm mit Cranberry-Minz-Sauce oder gegrilltes Calamari-Steak mit geräucherten Austern und getrockneten Tomaten. Die Uferterrasse ist ideal für einen Drink zum Sonnenuntergang. 🕓 tgl. 11–15 plus Mo–Sa 17–23 Uhr.

The Drydock Food Co, Knysna Quays, ✆ 044-382 7310. Für viele die beste Essadresse der Stadt. Tolle Seafood-Auswahl von Austern und Lachsforelle aus der Region bis zu Garnelen und Seezunge von der Ostküste, aber auch Fleischgerichte. 🕓 tgl. 11.30–22 Uhr.

Firefly Eating House, 152a Old Cape Rd, ✆ 044-382 1490. Legeres kleines Lokal, dessen feuerrotes Dekor mit Glitzerlämpchen gut zu den scharf gewürzten Speisen mit malaysischen, thailändischen, ost- und südafrikanischen Anklängen passt. 🕓 Di–So 18.30–22 Uhr.

Il de Pain, Thesen Island. Trendiges Restaurant in einer Bäckerei; die Tagesangebote, darunter Salate, Baguettes, Austern und Pasta, sind auf einer Kreidetafel angeschrieben. Zum Frühstück gibt es Knusperbrot aus dem Holzofen mit Marmelade, zum Kaffee köstliches Gebäck. 🕓 Di–Sa 8–15, So 9–13.30 Uhr.

Knysna Oyster Company, Thesen Island. Das Restaurant der seit 1949 operierenden Knysna Oyster Company serviert nicht nur Austern, sondern auch Steaks, Hühnchen und fangfrischen Fisch. 🕓 tgl. 9–17 Uhr, in der Hochsaison bis 21 Uhr.

Ocean Basket, Knysna Mall, Ecke Main Rd und Grey St. Ableger der verlässlichen, familienfreundlichen Seafood-Restaurantkette mit umfangreicher Speisekarte und erschwinglichen Preisen. ⌚ Mo–Do 12–22, Fr–So 12–23 Uhr.

The Olive Tree, 12 Wood Mill Lane, Main Rd. Lieblingslokal der Einheimischen mit tollem Lunch-Buffet. Das wechselnde Angebot ist von den Einfällen des Küchenchefs und den verfügbaren Zutaten abhängig und reicht von würzigen Kichererbsen über Chicken Wings bis zu frischen Salaten. Außerdem gibt es Toast-Sandwiches und Kaffee. ⌚ Mo–Fr 8–16 Uhr.

Paquitas, Knysna Heads, ✆ 044-384 0408. Restaurant in wunderbarer Lage auf den Felsen unter The Heads. Standardgerichte wie Burger, Rippchen und Pizza. ⌚ tgl. 12–22 Uhr.

Pembrey's, Brenton Rd, Belvidere, ✆ 044-386 0005. Kleines und bescheidenes, aber sehr gutes Restaurant mit einer Kombination aus ländlicher Küche und Haute Cuisine. Hirsch, Enten-Confit und Garnelen gehören ebenso zum Angebot wie Innereien. Reservierung ist ein Muss. ⌚ Mi–So 18.30–21 Uhr.

Phantom Forest Eco-Reserve, Phantom Pass Rd, ✆ 044-386 0046. Liegt an einem der bezauberndsten Flecken Südafrikas: Lokal im Wald mit sagenhaftem Ausblick über das Gelände. Bietet kostspielige panafrikanische Gerichte, darunter in Orangen und Ingwer marinierte Straußenmedaillons oder Waldpilze mit Knoblauch und Knysna-Käse. ⌚ tgl. 19–20.30 Uhr.

Sailor Sam's, Main Road, gegenüber vom Postamt. Sympathische, altmodische Frittenbude mit prima Fish 'n' Chips zum Spottpreis und den billigsten Austern der Stadt (die allerdings nicht aus der Gegend, sondern von der Westküste stammen). ⌚ Mo–Sa 11–20.30, So 11–15 Uhr.

Zest, Pledge Square, Main Rd. Schickes, aber nicht förmliches, Lokal mit Fusionsküche nach asiatischem Vorbild. Aus regionalen Saisonprodukten wird hier von marokkanischem Hühnchen bis zu Meeresfrüchten nach Thai-Art alles Mögliche gezaubert. Außerdem gibt es Hirsch, Straußenfleisch und wechselnde Tagesgerichte. ⌚ Mo–Sa 11 Uhr bis spät.

Bootstouren in Knysna

Bootstouren Eine Bootsfahrt durch die Lagune zu The Heads gehört zum touristischen Pflichtprogramm. Die Knysna Featherbed Company, ✆ 044-382 1693, bietet mehrmals tgl. unterschiedliche Rundfahrten von den Knysna Quays zu The Heads; die kürzeste dauert 1 1/4 Std. und kostet R100. An Ausflügen über The Heads hinaus werden ein Segeltörn (1 1/2 Std.; R300) und eine Sunset Cruise (2 1/2 Std.; R590) mit köstlicher Bewirtung und Wein angeboten.

Die einzige Möglichkeit eines Besuchs in dem privaten **Featherbed Nature Reserve** am Westufer der Lagune stellt die 4-stündige Featherbed Nature Tour dar (R450). Sie umfasst die Bootsfahrt, den Transport per Jeep auf den Gipfel des Western Head und ein Buffet. Es gibt auch eine etwas kürzere und preiswertere Version ohne Mahlzeit (3 1/2 Std.). Eine Reservierung ist erforderlich und kann beim Kiosk an der Nordseite der Knysna Quays erledigt werden. Abfahrtstellen sind die Waterfront Jetty und städtische Schiffsanlegestelle an der Remembrance Avenue, 400 m westlich der Kais und des Bahnhofs.

Sonstiges

Apotheken

Marine Pharmacy, Main, Ecke Grey St, ✆ 044-382 5614, ⌚ Mo–Fr 8–20, Sa 8–13 und 17–20, So 9.30–13 und 17–20 Uhr.

Mietwagen

Avis, Ecke Long St und Main Rd, ✆ 044-382 2222; **Tempest**, Caltex-Tankstelle, 21 Waterfront Drive, ✆ 044-382 0354.

Informationen

Knysna Tourism, 40 Main St, ✆ 044-382 5510, 💻 www.tourismknysna.co.za, Landkarten und Informationsmaterial, ⌚ Mo–Fr 8–17, Sa 8.30–13 Uhr. Bucht auch **Aktivitäten** in der Umgebung von Knysna, z. B. Bootstouren nach und Abseiling von The Heads oder Bungeesprünge von der Bloukrans River Bridge.

Medizinische Hilfe

Knysna Private Hospital, Hunters Drive, ✆ 044-384 1083, zuverlässige ärztliche Versorgung, mit Notaufnahme.

Notfall

Polizei, ✆ 044-302 6600.

Nahverkehr

Taxis

Benwill Shuttle, ✆ 083-728 5181, außerhalb der Geschäftszeiten ✆ 044-384 0103, befördert Passagiere innerhalb der Stadt. Vor dem Einsteigen sollte man sich aber über den Fahrpreis einigen.

Transport

Busse

Die Intercity-Busse von **Greyhound**, **Intercape** und **Translux** halten am Bahnhof, Remembrance Ave, gegenüber Knysna Quays. Der **Baz Bus** bringt Passagiere zu jeder gewünschten Unterkunft der Stadt.

Intercity-Busse nach:
DURBAN (1x tgl.; 17 Std.);
GEORGE (6–7x tgl.; 1 Std.);
JO'BURG (1–2x tgl.; 16 Std.);
KAPSTADT (6–7x tgl; 7 Std.);
MOSSEL BAY (6–7x tgl.; 1 1/4 Std.);
OUDTSHOORN (1–2x tgl.; 2 Std.);
PLETTENBERG BAY (6–7x tgl.; 1 1/2 Std.);
PORT ELIZABETH (6–7x tgl.; 4 1/2 Std.);
PRETORIA (1–2x tgl.; 17 Std.).

Die Wälder von Knysna

Der eigentliche Grund für einen Besuch von Knysna sind seine **Waldgebiete**, auch wenn von den rauschenden Wäldern – einst Heimat der **Khoi** und einer Vielzahl „wilder" Tiere, darunter gewaltige Elefantenherden – nur noch kärgliche Überreste blieben. Jene Wälder waren Ziel früher europäischer Entdecker und Naturforscher, und ihnen folgten Holzfäller, Geschäftsleute wie George Rex und Goldgräber, alle auf der Suche nach dem großen Geld.

Einer der ersten **Europäer**, der die hiesigen Wälder betrat, war der französische Abenteuerreisende Francois Le Vaillant, der im 18. Jh. in Begleitung von Khoi-Trappern durch das Gelände streifte. Als seine einheimischen Führer einen Elefanten erlegten und verzehrten, kam der Franzose zu dem Schluss, er habe nie etwas Köstlicheres gegessen als Elefantenfüße. 200 Jahre später waren die Elefanten vom Aussterben bedroht und von dem Volk der Khoi nur noch ein paar Ortsnamen übrig geblieben.

In letzter Minute erfolgten **Schutzmaßnahmen**, sodass immerhin einige Waldbestände erhalten bleiben konnten. Naturliebhaber können sie inzwischen auf zahlreichen Wanderpfaden in Augenschein nehmen. Für die Anreise ist ein eigenes Fahrzeug erforderlich.

Knysna Forest Tours and Mountain Biking Africa, Tony ✆ 082-783 8392 oder Rolf ✆ 073-191 5420, 💻 www.mountainbikingafrica.co.za, 💻 www.knysnaforesttours.co.za, veranstalten außer geführten Wanderungen, Moutainbike- und Kanutouren durch die Wälder und an der Küste auch Ausflüge zur Vogelbeobachtung und zum Fliegenfischen. Es lassen sich auch zwei Aktivitäten zu einer Tagestour kombinieren. Halbtägige Wanderungen und Radtouren ab R350 p. P. inkl. Verpflegung.

Goudveld State Forest

Der herrliche Goudveld State Forest, knapp 30 km nordwestlich von Knysna, besteht aus einem Mischwald mit importierten und heimischen Bäumen. Sein Name stammt aus der Zeit des Goldrausches, der in den 80er-Jahren des 19. Jhs. Hunderte von Goldsuchern in das Minenstädtchen **Millwood** zog. Den 600 Glücksrittern, die im Jahr 1886 hier ihre kleinen Claims abgesteckt hatten, in den Bergen nach Gold schürften und im Jubilee Creek Gold wuschen, folgten rasch die größeren Gesellschaften. Schnell entstand eine blühende Stadt mit sechs Hotels, drei Tageszeitungen und einer Music-Hall.

Dies war jedoch nicht von Dauer. 1890 hatten die meisten Minenbetreiber bereits aufgegeben und die Goldsucher machten sich auf den Weg in die gerade entdeckten Goldminen bei Johannesburg. Aus Millwood wurde eine **Geisterstadt**. Im Laufe der Zeit wurden die Häuser zerstört oder abgetragen, und das einzige noch erhaltene Gebäude ist ein ehemaliger Krämerladen na-

Die Elefanten von Knysna

Warnschilder entlang der N2 zwischen Knysna und Plettenberg Bay kündigen Elefanten an, die die Straße überqueren, doch das entspringt wohl mehr einem Wunschdenken als der Realität. Es sind hier nur noch ganz wenige frei lebende Dickhäuter zu verzeichnen, und aufgrund der Größe des Waldes ist es eher unwahrscheinlich, einen zu Gesicht zu bekommen. Doch um die Knysna-Elefanten ranken sich viele Mythen und die Einheimischen äußern sich nicht klar dazu. Um 1860 betrug ihre Anzahl noch 500, und um 1920 (zwölf Jahre, nachdem sie von Staats wegen unter Schutz gestellt worden waren) war sie auf 20 geschrumpft. Heute leben hier vermutlich nur noch drei Elefanten. Der Hauptgrund für ihren zahlenmäßigen Rückgang scheint aber eher im Verlust ihres Lebensraumes und der daraus resultierenden Nahrungsknappheit gelegen zu haben, und weniger darin, dass sie von Menschen gejagt wurden. Die einzigen Elefanten, die man garantiert zu sehen bekommt, sind die im Knysna Elephant Park (S. 282) oder im Elephant Sanctuary (S. 290), beide in der Nähe von Plettenberg Bay.

mens Materolli. Die Stadt ist völlig überwuchert, nur ein paar alte Straßenschilder stehen noch. Im **Jubilee Creek**, einem hübschen, schattigen Wandergelände am Ufer eines plätschernden Baches, sind die in den Hang gegrabenen oder gesprengten Löcher noch gut zu sehen. Einige der alten Minenanlagen wurden restauriert und können besichtigt werden.

Der Wald mit seinen hohen Bäumen und dem hübschen Tal ist ein reizvolles Ausflugsgelände, das über zahlreiche Bade- und Picknickstellen verfügt. 🕓 tgl. Sonnenaufgang bis Sonnenuntergang, R4. Wenn kein Wärter anwesend ist, kommt man kostenlos hinein. **Anfahrt** von Knysna über die N2 nach Westen Richtung George, gleich hinter dem Knysna River nach rechts auf die Rheenendal Rd abbiegen und auf ihr rund 25 km weiterfahren, immer den Bibby's Koep-Wegweisern nach bis zum Goudveld-Schild.

Wandern im Goudveld

Zahlreiche gut gekennzeichnete Wanderwege führen durch das Goudveld. Am schönsten (und einfachsten) ist eine Wanderung entlang des **Jubilee Creek**, der 3,5 km weit am Bachufer durch den Wald zu einem tiefen Felsenteich führt, wo man sich mit einem erfrischenden Bad belohnen kann. Hier besteht auch eine gute Chance, einen Knysna Lourie zu Gesicht zu bekommen: Ausschau nach ihren karmesinroten Schwingen halten, die im Baumgeäst aufblitzen, wenn die Vögel dort nach Beeren picken! Mit etwas Übung lassen sich ihre schrilleren Rufe aus den melodischeren Stimmen der übrigen Vogelwelt heraushören.

Eine **Karte** mit einer Wegbeschreibung zum Creek ist am Eingangstor zum Reservat erhältlich. Der markierte Pfad endet an der Badestelle, d. h., man muss auf dem gleichen Weg wieder zurück. Am Flussufer, kurz nach Beginn des Wanderweges, liegt eine einladende **Picknickstelle**.

Der Rundwanderweg **Woodcutter Walk** ist anstrengend, es stehen auch eine 3 km oder 9 km lange Version zur Wahl. Ausgangspunkt ist **Krisjan se Nek**, eine Picknickstelle unweit des Goudveld-Einganges. Dann windet sich der Pfad durch dichten Wald hinunter und wieder hoch zum Anfangspunkt. An der Picknickstelle beginnt auch die 19 km lange **Homtini Cycle Route** durch Wald und Fynbos mit wunderbaren Ausblicken. Aber Vorsicht: Die Tour ist harte Arbeit, und auf einem Wegstück beträgt die Steigung innerhalb von nur 3 km über 300 m. Die Touristeninformation in Knysna hat Landkarten der Gegend.

Diepwalle Forest

Die einzigen Elefanten, die sich im Diepwalle Forest, rund 20 km nordöstlich von Knysna blicken lassen, sind auf die Wegweiser gemalt. Sie kennzeichnen die drei wichtigsten Wanderwege durch das Waldgebiet, dem letzten Rückzugsort der fast ausgestorbenen Elefantenpopulation Knysnas. Sich still verhaltende, aufmerksame Wanderer können jedoch vielleicht Meerkatzen, Buschböcke und Kronenducker sehen. Alle Wanderwege beginnen an der Forest Station, wo eine Karte erhältlich ist, auf der die Wege eingezeichnet sind.

DIE WÄLDER VON KNYSNA

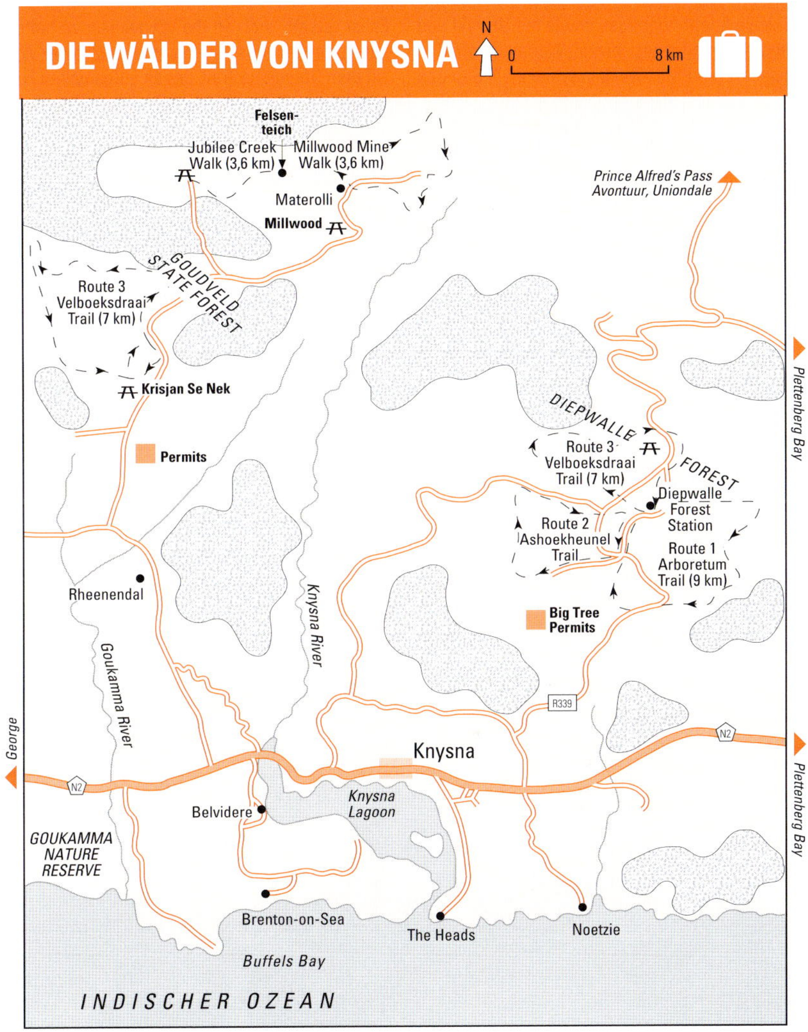

Diepwalle ist einer der schönsten Flecken in der gesamten Knysna-Gegend, bekannt für seine zahlreichen Baumriesen und insbesondere für seine **Yellowwood-Bäume**. Früher lieferte der Yellowwood-Baum das Billigholz Südafrikas, das dem Holz importierter Kiefern als weit unterlegen galt. Es wurde in Tausenden oft recht bescheidenen Gebäuden des 19. Jhs. am West- und Ostkap in Fußböden, Fensterrahmen und Türen verbaut. Heutzutage ist das sattgoldene Holz so begehrt, dass es bei den jährlichen Verkaufsauktionen regelmäßig Höchstpreise erzielt.

Die **drei Hauptwanderwege** sind zwischen 7 und 9 km lang und führen über ein flaches, teilweise leicht hügeliges sowie mit Urwald und Fynbos bewachsenes Terrain. Wer einigermaßen fit ist, darf pro Pfad zwei bis zweieinhalb Stunden veranschlagen. Ausgangspunkt ist jeweils die Forest Station, wo auch entsprechende Wanderkarten erhältlich sind. Anfahrt von Knysna auf der N2 nach Osten Richtung Plettenberg Bay, nach 7 km links auf die R339 und auf ihr rund 16 km weiter in Richtung Avontuur und Uniondale. Wo die Teerstraße in Schotter übergeht, sind es noch 10,5 km bis zur Forest Station.

Der 9 km lange **Arboretum Trail**, mit schwarzen Elefanten gekennzeichnet, beginnt ein kurzes Stück weiter hinten an der Zufahrtstraße und führt zu einem von Riesenfarnen bestandenen Wasserlauf. Am jenseitigen Ufer steht der **Big Tree**, ein 600 Jahre alter Baumriese. Der leichte, 9 km lange und mit weißen Elefanten markierte **Ashoekheuwel Trail** überquert den Gouna River, wo sich ein großer Teich befindet, der angeblich als Elefantenbadestelle dient.

Der anstrengendste der drei Wege ist der lohnenswerte, 7 km lange **Veldboeksdraai Trail**, zu erkennen an den roten Elefanten. Er verläuft entlang der hügeligen Ausläufer der Outeniquas. Es ist ratsam, sich an die Wegweiser zu halten, denn streckenweise überschneidet sich der Weg mit dem Outeniqua Trail, der an aufgemalten Fußstapfen zu erkennen ist und für dessen Begehung man eine Genehmigung braucht. Kurz vor der Picknickstelle Veldboeksdraai steht ein weiterer mächtiger Yellowwood-Baum – angeblich der schönste Baum im ganzen Wald. ⌚ tgl. 6–18 Uhr, in den Schulferien R12, sonst Eintritt frei.

Knysna Elephant Park

Wer der N2 von Knysna ostwärts folgt, erreicht 9 km vor Plettenberg Bay den **Knysna Elephant Park**, ✆ 044-532 7732, 💻 www.knysnaelephantpark.co.za. Er wurde 1994 als Zuflucht für verlassene, verwaiste und misshandelte Jungelefanten eingerichtet und 2003 der Öffentlichkeit zugänglich gemacht. Die kleinsten Schützlinge werden von den Tierpflegern aufgezogen, die ihnen täglich 40 l Babynahrung einflößen und nachts neben ihnen schlafen. Der Park bietet Übernachtungsmöglichkeiten in feudalen Zimmern für Selbstversorger (ab R530 p. P.). Sie befinden sich im Obergeschoss der Elefanten-*boma*, „sodass man morgens die Geräusche der

Die Schützlinge im Knysna Elephant Park lassen sich gern von Besuchern füttern.

Elefanten und der Stallreinigung hört", wie das Management mitteilt.

Als beliebteste Aktivitäten starten alle halbe Stunde etwa einstündige Touren, auf denen die Besucher Gelegenheit erhalten, einen Dickhäuter zu berühren und zu füttern (tgl. 8.30–16.30 Uhr, R145, Kinder R75, ein Eimer Futter R25). Darüber hinaus werden zweistündige Elefantenritte und geführte Naturwanderungen in Begleitung von Elefanten angeboten (R620, Kinder R300, Reservierung erforderlich). ◷ Elefantenpark tgl. 8.30–17 Uhr.

Plettenberg Bay und Umgebung

In den Weihnachtsferien erstürmen Zehntausende wohlhabendere Johannesburger Plettenberg Bay (meistens „Plett" genannt), 33 km östlich von Knysna gelegen und der angesagteste Badeort der Garden Route. Dann verdoppeln sich die Preise und sämtliche Betten sind belegt. In dieser Zeit sollte man einen Bogen um den Ort machen, doch außerhalb der Saison tröstet das überwältigende Panorama der Bucht über die wuchernde Bebauung der umliegenden Berghänge hinweg.

Von allen Teilen der Stadt aus sichtbar fallen die dunkelblauen **Tsitsikamma Mountains** schroff zur sanft gebogenen, von einem mehrere Kilometer langen, weißen Sandstrand gesäumten Bucht hinab. Zwischen dem Meeresufer und den Bergen erstreckt sich ein dichter Waldstreifen. Dank der günstigen Lage ist das Klima gemäßigt, und regelmäßige Regenfälle sorgen dafür, dass die Landschaft das ganze Jahr über grün bleibt.

Jeden Winter tummeln sich **Südkaper** vor der Küste, und zu jeder Zeit des Jahres sind spielende oder nach Nahrung schnappende **Delphine** zu sehen, oft in beträchtlicher Anzahl. Das Meer eignet sich zum gefahrlosen **Schwimmen**. Die Wassertemperaturen erreichen natürlich nie tropische Temperaturen, aber zwischen November und April sind sie durchaus angenehm. Einer der schönsten, kurzen **Wanderwege** der Garden Route beschreibt einen Zirkel rund um die herrliche Robberg Peninsula am Westrand der Bucht.

An der Ostseite der Bucht liegt der Küstenort **Keurboomstrand** und noch weiter östlich **The Crags** (beide quasi Vororte von Plett) mit seinen drei Tierparks **Monkeyland**, **Birds of Eden** und dem **Elephant Sanctuary**, die alle einen Besuch wert sind, besonders wenn man mit Kindern unterwegs ist.

Die Stadt und ihre Strände

Die Innenstadt von Plett liegt auf einem Hügel und besteht vor allem aus Supermärkten, Badebekleidungsgeschäften und Touristenrestaurants. Die meisten Besucher kommen der Strände wegen nach Plett – und die Auswahl ist gut. Südöstlich der Innenstadt, auf einem Felsausläufer, liegt **Beacon Island** mit einem hässlichen, in den 1970ern erbauten Hotel. Vor dem Beacon Island Beach bzw. **Main Beach** ankern kleine Fischerboote. Dank der sanften Wellen ist dieser Strand gut für Familien mit Kindern geeignet.

Im Osten liegt **Lookout Rocks**, der vor allem bei Surfern beliebt ist. Östlich davon befindet sich der **Lookout Beach**, einer der hübschesten Sandstreifen, der überdies ein wunderbar gelegenes Restaurant (s. S. 289) aufzuweisen hat, von dem aus oft **Delphine** zu sehen sind. Vom Lookout Beach kann man mehrere Kilometer weit Richtung Keurbooms (S. 289) und **Keurbooms Lagoon** wandern.

Das Robberg Marine and Nature Reserve

Eine der schönsten Wanderungen, die man an der Garden Route unternehmen kann, ist die 4-stündige, 9 km lange Rundwanderung um die felsige **Halbinsel Robberg** herum, die 8 km südöstlich der Innenstadt von Plett liegt. Der unberührte Küstenstreifen bietet ein herrliches Rückzugsgebiet vom städtischen Trubel. Ein Großteil des Wanderweges führt an schroffen Felsen vorbei, von denen aus man oft Robben und Delphine, im Winter auch Wale beobachten kann.

Wer nicht genügend Zeit für den ganzen **Rundwanderweg** mitbringt, kann auch nur einen zwei- oder halbstündigen Spaziergang unternehmen. Eine Wanderkarte ist am Eingangstor zum Reservat erhältlich. Wichtig sind feste Wanderschuhe, denn das Gelände ist steinig und stellenweise sehr abschüssig, und der westliche Abschnitt des Wanderweges erfordert ein paar nicht zu unterschätzende Felsvorsprünge. Unbedingt auch einen Sonnenhut und eine große Flasche Wasser mitbringen. ⌚ tgl. Feb–Nov 7–17, Dez und Jan 7–20 Uhr, Eintritt R25.

Mit öffentlichen Transportmitteln ist das Schutzgebiet nicht erreichbar. Autofahrer nehmen die Strand St Richtung Beacon Isle, biegen nach rechts auf die Piesangs Valley Rd ab und 200 m weiter nach links auf die Robberg Rd. Dann 3,5 km weit immer den Wegweisern zum Flughafen folgen, bis links die Straße nach Robberg abzweigt.

Wal- und Delphinbeobachtung

Plettenberg Bay ist ein ausgezeichneter Ort, um in der Zeit zwischen Juni und Oktober die **Südkaper** zu beobachten, die in den Küstengewässern ihre Jungen zu Welt bringen. Eine besonders empfehlenswerte Aussichtsstelle ist das Gelände zwischen dem Wrack der Athene am Südende des Lookout Beach und dem Keurbooms River. Auch die **Robberg Peninsula** mit ihrem weiten Blick über die Bucht bietet hervorragende Beobachtungsmöglichkeiten.

Weitere gute **Aussichtspunkte** innerhalb der Stadtgrenzen sind die Beachy Head Rd bei Robberg Beach; Signal Hill in der San Gonzales St, hinter der Post und der Polizeiwache; das Beacon Island Hotel auf Beacon Island sowie die Terrasse des Restaurants Lookout am Lookout Beach. Ebenso gut ist der Kranshoek Viewpoint außerhalb von Plett, und auch vom Kranshoek-Wanderweg aus bestehen hervorragende Beobachtungsgelegenheiten.

Autofahrer gelangen dorthin, indem sie auf der Straße nach Knysna die Abfahrt Harkerville nehmen, Kranshoek ist nach 7 km erreicht. Manchmal kann man auch eine Walkuh und ein Walkalb in Nature's Valley, 29 km von Plett an der R102, und am Storms River Mouth beobachten. Nähere Informationen zu Walen s. Kasten S. 286/287.

Exklusives Nachtlager an der Steilküste

Plettenberg Park, kurz vor dem Ende der Robberg Rd, in der Nähe des Flughafens, ✆ 044-533 9067, 💻 www.plettenbergpark.co.za. Das Boutique-Hotel in einem privaten Naturreservat liegt wildromantisch am Rand der Steilküste über dem Indischen Ozean. 7 Suiten mit Meerblick und 3 mit Blick auf einen schönen kleinen See. Die extrem luxuriösen Zimmer sind in Weiß- und Grautönen gehalten; Tierfelle auf dem Boden setzen afrikanische Akzente. Ein Zimmer hat eine rundum verglaste Dusche mit 2 Glaswänden zum Ozean. Eine gewundene Holztreppe führt von der tollen Poolterrasse zu einem einsamen kleinen Privatstrand mit hübschem Felstümpel hinab. ❾

Übernachtung

Aufgrund des hügeligen Geländes bieten viele Unterkünfte Blick auf das Meer und die Berge, aber auch auf Feriensiedlungen. Da die Unterbringung in der Stadt teuer geworden ist, kann man erwägen, sich etwas in der unmittelbaren Umgebung zu suchen.

In Plettenberg

An Ocean Watch, 21 Plettenberg St, ✆ 044-533 1700, 💻 www.anoceanwatchguesthouse.co.za. Hübsche Herberge mit heller Einrichtung im Strandhausstil. 4 der 6 Zimmer und der beheizte Pool bieten Meerblick. Zimmer mit Blick auf die Berge ❻, mit Meerblick ❼.

Anlin Beach House, 33 Roche Bonne Ave, ✆ 044-533 3694, 💻 www.anlinbeachhouse.co.za. Zwei stilvoll und komfortabel ausgestattete Gartenstudios mit Küchenzeile sowie ein Familienapartment mit 3 Schlafzimmern und Küche in einer gepflegten Grünanlage nahe Robberg Beach. Tgl. Raumpflege. ❻

Bayside Lodge, 5 Sanganer Ave, ✆ 044-533 0601, 💻 www.baysidelodge.co.za. Modernes, 2-geschossiges Backsteinhaus 500 m vom Strand in einem ruhigen Vorort. 4 Zimmer mit Bad und ein Cottage für Selbstversorger. ❺

Bright Water, 15 Jackson St, ✆ 044-533 0437, 💻 www.brightwater.co.za. 3 DZ mit Bad, einzeln oder komplett zu mieten, mit Küchenbenutzung in zentral gelegenem, gemütlichem Wohnhaus. ❺

Cornerway House B&B, 61 Longships Drive, ✆ 044-533 3190, 💻 www.cornerwayhouse.co.za. Fünf Zimmer mit Bad in einem komfortablen, auf englischen Cottagestil getrimmten Bungalow. Netter Garten mit Pool. ❺

Plettenberg Bay

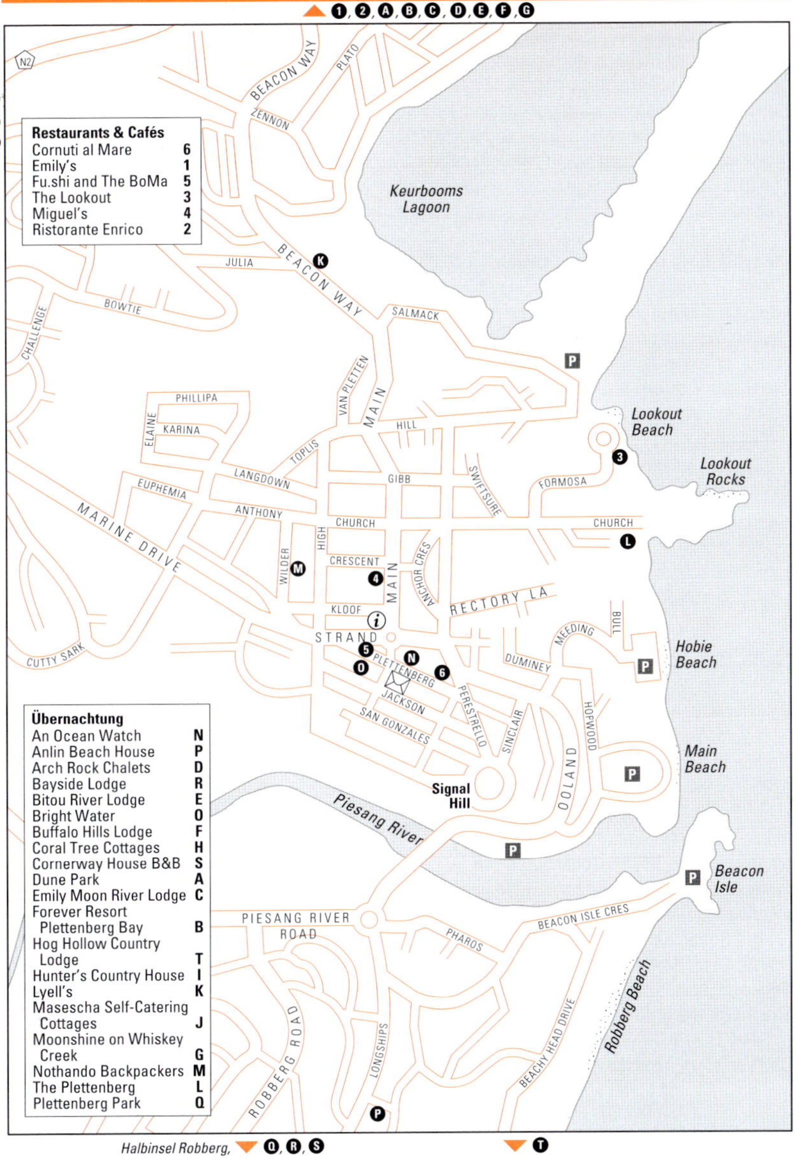

Whale-watching und andere Aktivitäten

Mehrere Anbieter organisieren Bootstouren, die die Chance bieten, verschiedene Wal- und Delphinarten aus nächster Nähe zu sehen. Nur lizensierte Veranstalter dürfen sich den Walen bis auf 50 m nähern; alle anderen müssen eine Distanz von mindestens 300 m einhalten. Es gibt sogar Pläne, diesen Mindestabstand auf 500 m heraufzusetzen. In Plett haben nur Ocean Safaris und Ocean Blue (s. u.) diese Lizenz. Beobachtungsflüge bieten zusätzlich einen spektakulären Blick auf Buchten und Flussmündungen.

Dolphin Adventures Central Beach, ✆ 083 590 3405, 💻 www.dolphinadventures.co.za. Eine Seekajakfahrt gehört zu den besten Möglichkeiten, Wale zu beobachten. Dieser Veranstalter bietet unvergessliche Touren mit erfahrenen und kundigen Führern in Zweierkajaks (2 1/2 Std., R300 inkl. aller Ausrüstung). Auch außerhalb der Walsaison lohnt sich die Tour, um Delphine und Robben zu sehen.

Ocean Blue Central Beach, ✆ 044-533 4897 oder 083-701 3583, 💻 www.oceanblue.co.za. Der lizenzierte Veranstalter bietet außer Seakajaktouren (R300) und Schiffstouren zur Walbeobachtung (R650) auch Township-Touren an (s. u.).

Ocean Safaris, Shop 3, Hopwood St, ✆ 044-533 4963, 💻 www.oceansafaris.co.za. Lizenzierter Whale-watching-Veranstalter mit maßgeschneiderten Bootstouren. Außer Südkapern gibt es dabei auch Gemeine Delphine, Tümmler, Buckeldelphine, Brydewale, Buckelwale und vereinzelt sogar Zwergwale und Schwertwale (Orcas) zu sehen. Bei der Close Encounter with Whales für R650 p. P. sind von Juli–Nov Walsichtungen praktisch garantiert. Die Discovery Cruise für R400 ist in erster Linie eine Delphinbeobachtungstour.

Andere Aktivitäten

Bungeespringen Wer sich gern am Seil in die Tiefe stürzt, steuert am besten das **Tsitsikamma Forest Village** an; es liegt an der N2, ca. 20 km östlich der Abzweigung nach The Crags und Monkeyland. Hier residiert das Registrierungsbüro für den höchsten kommerziell angebotenen Bungeesprung der Welt – von der 216 m hohen **Bloukrans River Bridge**, 2 km hinter dem Dorf auf einer ausgeschilderten Straße, die auch zu einem Aussichtspunkt führt. Eine Vorabreservierung ist für den ganze sieben Sekunden dauern-

Lyell's, 59 Beacon Way, ✆ 044-533 5692. Drei makellos weiße B&B-Zimmer mit Bad und eine Selbstversorgerunterkunft zum Sparpreis. Meerblick vom Wohnbereich im Obergeschoss. ❸

Nothando Backpackers, 5 Wilder St, ✆ 044-533 0220, 💻 www.nothando.com. Hervorragendes, kinderfreundliches Hostel, das von einem ehemaligen Lehrer geführt wird. Das eingeschossige Haus 5 Gehminuten von Plettenbergs Hauptstraße hat 7 DZ (davon 5 mit eigenem Bad) und 3 Gemeinschaftsschlafräume (2 mit 4 Betten und einer mit 8 Betten). Frühstück (Müsli, Käse, Brot, Muffins, Joghurt, Ei mit Schinken) kostet R35 extra. Dorms und DZ ❷

The Plettenberg, 40 Church St, Lookout Rocks, ✆ 044-533 2030, 💻 www.plettenberg.com. Das Vorzeige-Etablissement der Stadt ist groß und luxuriös und bietet eine unschlagbare Aussicht auf den Ozean (aber nicht von allen Zimmern). ❾

Robberg Beach und westlich von Plettenberg

Coral Tree Cottages, abseits der N2, 11 km westlich von Plettenberg Bay, ✆ 044-532 7822, 💻 www.coraltree.net. Hervorragende, geräumige Cottages für bis zu 4 Personen, leider in Hörweite der N2. ❹

Hunter's Country House, 10 km westlich von Plettenberg etwas abseits der N2 Richtung Knysna, ✆ 044-532 7888, 💻 www.hunterhotels.com. In einem Waldstück liegt diese feudale Herberge mit ländlichem Charme, eine der besten Unterkünfte an der Garden Route. Garden Suites in strohgedeckten Cottages in einer lauschigen Gartenanlage, jedes mit Kamin, eigener Terrasse, Fußbodenheizung und Klimaanlage; die größeren und luxuriöseren Forest Suites haben sogar einen eigenen Pool. Garden Suite ❽, Forest Suite ❾

Masescha Self-Catering Cottages, 1 km nördlich der N2, 12 km westlich von Plettenberg Bay

den Spaß (R620 inkl. Video) nicht erforderlich. Nicht ganz so Mutige können die Absprungstelle auch auf einem Fußsteg aus Maschendraht (R90) oder mit einem 160 m langen **Flying Fox** überqueren – einer Seilrutsche mit Geschirr (R170 oder R120 p. P. für eine Rutschfahrt im Tandem). Nähere Infos bei Bloukrans Bungy (alias Face Adrenalin) an der Brücke, ✆ 042-281 1458, 💻 www.faceadrenalin.com.

Elefanten begegnen Der **Knysna Elephant Park** (S. 282) und das **Elephant Sanctuary** (S. 290) bieten Gelegenheit, die grauen Riesen aus nächster Nähe zu erleben.

Fähr- und Motorboottouren Keurbooms River Ferries, östlich der Keurbooms River Bridge ausgeschildert, ✆ 083-254 3551, 💻 www.ferry.co.za, veranstaltet Bootsfahrten den Fluss hinauf (R120) mit fachkundigen Führern, die auf seltene Vögel hinweisen, und vermietet Motorboote (R95/Std., mind. 2 Std.). Zu allen Bootsfahrten sollte man Proviant mitnehmen, um an einem der kleinen Strände, die den Fluss säumen, eine Picknickpause mit Flussbad und Spaziergang einzulegen. Der Urwald reicht bis ans Flussufer, und die Fahrt wird immer schöner, je weiter flussaufwärts man kommt. Wo sich die Schlucht verengt, bleiben die Ausflugsschiffe und die Wasserskiläufer zurück.

Fallschirmspringen Einen ganz besonderen Adrenalinkick verspricht ein Tandem-Fallschirmsprung (auch für völlige Anfänger) mit Skydive Plettenberg Bay, ✆ 082-905 7440, 💻 www.skydiveplett.com. Der Anbieter nimmt R1500 pro Sprung; gegen Aufschlag gibt es dazu auch eine DVD oder ein Video von dem Erlebnis.

Kanu fahren Wer sich eine Weile vom Strand losreißen kann, gewinnt bei einer Kanufahrt auf dem Keurbooms River mal ganz andere Eindrücke von der Gegend. CapeNature, an der N2 östlich der Keurbooms River Bridge, ✆ 044-533 2125, vermietet schlichte Kanus (R75/Tag für einen Zweisitzer).

Township-Touren Ocean Blue, Central Beach, ✆ 044-533 5083 oder 083-701 3583, 💻 www.oceanadventures.co.za, organisiert entspannte Touren in Plettenbergs Township mit einem Führer, der von dort stammt. Die R150 Teilnahmegebühr fließen in einen Entwicklungsfond, aus dem u. a. Lehrergehälter und eine Kinderkrippe finanziert werden.

ausgeschildert, ✆ 044-532 7647, 💻 www.mascha.co.za. Drei preisgünstige, schlichte Cottages für Selbstversorger auf einer Farm, umgeben von Wald, Sitzgelegenheiten im Freien. Gut geeignet für Familien oder Paare. Pool und Gewächshaus. Frühstück gegen Aufpreis. ❸

Keurboomstrand und östlich von Plettenberg

Arch Rock Chalets and Caravan Park, Arch Rock, ✆ 044-535 9409, 💻 www.archrock.co.za. Der bei Familien beliebte Caravan Park und Campingplatz nebst einer Reihe von Selbstversorger-Hütten platzt im Sommer aus allen Nähten. Hütten ab ❸

Bitou River Lodge, Bitou Valley Rd (R340), ca. 4 km von der N2, ✆ 044-535 9577, 💻 www.bitou.co.za. Idyllische Lage am Bitou River und tolles Preis-Leistungs-Verhältnis. Die 5 ansprechenden, komfortablen Zimmer der gemütlichen Unterkunft blicken auf einen hübschen Garten mit Seerosenteich. Kanubenutzung inkl. ❻

Buffalo Hills Lodges & Safaris, Rietvlei Rd, Wittedrif Village, ✆ 044-535 9739, 💻 www.buffalohills.co.za. Die zur Safari-Lodge umgebaute Farm am Ufer des Bitou River, 15 Autominuten von Plett, ist kein vollwertiger Ersatz für eine Begegnung mit den „Großen Fünf" in einem der großen Wildreservate, aber doch ein nettes Erlebnis. Das DB&B-Pauschalpaket umfasst eine Tierbeobachtungstour und einen geführten Rundgang mit der Chance, Nashörner, Büffel, Giraffen, Zebras, Bontebok und weitere Antilopen zu sehen. 4 DZ in der Hauptlodge, einem alten afrikanischen Farmhaus mit Tierfellen auf dem Zementboden. Außerdem gibt es ein steinernes Cottage für 4 Pers. und 9 Luxuszelte mit Spa-Badewannen. Beim Frühstück auf dem Rasen vor der Lodge kann man den Tieren beim Grasen zusehen. B&B ❽

Dune Park, Keurboomstrand Rd (zweigt von der N2 ab und verläuft an der Küste entlang nach Keurbooms), ✆ 044-535 9606, 💻 www.dunepark.co.za. Luxushotel und Cottages für Selbstversorger einen Steinwurf vom Meer. Zimmer ❹, Cottages für Selbstversorger R1200.

Emily Moon River Lodge, Rietvlei Rd (bei Penny Pinchers von der N2 abbiegen), ✆ 044-533 2982, 💻 www.emilymoon.co.za. Dass der Inhaber dieser fantasievoll und luxuriös ausgestatteten Lodge auf einer Anhöhe über den Bitou Wetlands mit exotischer Kunst handelt, ist nicht zu übersehen. Die Lodge strotzt nicht nur vor Batonga-Skulpturen und Swasi-Kunst, selbst die Architektur besteht teils aus Kunstwerken, wie dem filigranen Rajasthani-Bogengang, der den Eingang zum wunderbaren Restaurant bildet. Die Chalets thronen am Hang und bieten von ihren eigenen Terrassen Aussicht auf den gewundenen Bitou, an dem sich manchmal Kleinwild blicken lässt. Alle Chalets mit Bad, offenem Kamin und TV. In einer Familiensuite für 4 Pers. kommen Kinder zum stark ermäßigten Preis unter. ❾

Forever Resort Plettenberg Bay, 6 km östlich von Plett, von der N2 in der Nähe von Keurboomstrand ausgeschildert, ✆ 044-535 9309, 💻 www.foreverplettenberg.co.za. Großes Familienresort in einiger Entfernung vom Meer mit Campingplätzen am schattigen Ufer des Keurbooms River und einer Reihe von Blockhütten für Selbstversorger, teilweise mit Flussblick. Kanu- und Motorbootverleih, Swimming Pool. Hütte mit 1 Schlafzimmer R930.

Hog Hollow Country Lodge, Askop Rd, 18 km östlich von Plettenberg Bay (am Wegweiser von der N2 nach Süden abbiegen), ✆ 044-534 8879, 💻 www.hog-hollow.com. Privatreservat mit Luxusflair. In Erdfarben eingerichtete Chalets mit afrikanischen Details, jedes mit Badewanne oder Dusche und eigener Holzterrasse mit Blick über den Wald auf die Tsitsikamma Mountains. Auch die gastronomische Versorgung ist 1a. Von hier kann man in etwa 2 Std. durch den Wald zum Keurbooms Beach wandern; mit dem Auto sind es nur 15 Min. ❽

Moonshine on Whiskey Creek, 14 km östlich von Plettenberg Bay über die N2, Wegweiser

Walfang in Südafrika

Auf Beacon Island gab es früher eine Walverarbeitungsfabrik, die 1806 ihren Betrieb aufnahm. Sie war nur eine von rund einem halben Dutzend solcher Fabriken, die in jenem Jahr entlang der Westkap-Küste errichtet wurden. Auf Walfang ging man in Plettenberg Bay bis 1916. Man machte hauptsächlich Jagd auf die Southern Right Whales, die Südkaper, da sie am meisten Tran und Fischbein lieferten – Letzteres ein wichtiger Bestandteil viktorianischer Korsetts. Im 19. Jh. brachte ein Südkaper ungefähr dreimal so viel ein wie ein Buckelwal, weshalb ihre Bestände schon Mitte des Jahrhunderts stark dezimiert waren.

Im Zuge der industriellen Revolution veränderten sich die Walfangtechniken grundlegend. 1852 wurde eine Art Sprengstoffharpune *(explosive harpoon)* eingeführt, und fünf Jahre später gab es das Dampfschiff. Der norwegische Kapitän Sven Foyn baute 1863 den ersten modernen Walfangdampfer und setzte ab 1868 eine von ihm erfundene und von einer Kanone abgeschossene Harpune ein. 1913 gab es neben Plettenberg Bay noch 17 weitere Küstenfabriken sowie rund ein Dutzend schwimmende Fabriken, die zwischen Westafrika und Mosambik operierten und in jenem Jahr insgesamt rund 10 000 Wale verarbeiteten.

So ging unweigerlich auch der Bestand der Buckelwale rapide zurück und 1918 mussten bis auf vier alle Küstenfabriken schließen. Die verbliebenen Walfänger richteten ihre Aufmerksamkeit fortan auf Finn- und Blauwale, und nachdem Mitte der 1960er-Jahre die südafrikanische Finnwalpopulation auf 20 % zusammengeschrumpft war, machten sie Jagd auf Pottwale.

Als auch dieses Geschäft sich nicht mehr lohnte, verlegten sich die Walfänger auf Zwerg- oder Minkwale, die jedoch mit durchschnittlich 9 m Länge keinen lohnenden Fang darstellten. Zu Beginn der 1970er-Jahre war die südafrikanische Walfangindustrie völlig am Ende; 1979 verbot die Regierung den Walfang endlich komplett.

nördlich der N2, ✆ 044 534 8515 oder 072-200 6656, 💻 www.whiskeycreek.co.za. Voll ausgestattete Bungalows, 3 Ferienhäuschen aus Holz und eine fantasievoll restaurierte Arbeiterhütte inmitten ursprünglichen Waldes, dazu ein Kinderspielplatz. Das große Plus ist der Zugang zu einem verschwiegenen Gebirgsteich und einem Wasserfall am Fuß der nahe gelegenen Schlucht. ❸

Essen

Die Restaurants kommen und gehen in Plett fast im Rhythmus der Gezeiten, aber das eine oder andere alteingesessene Lokal hat sich doch über Wasser halten können. Besonders zu empfehlen ist fangfrischer Fisch aus der Region. Und da der Ort auf Hügeln erbaut ist, darf man fast überall großartige Aussicht erwarten.

Cornuti al Mare, Seaview Properties, Perestrella St, ✆ 044-533 1277. Hat die beste Pizza entlang der Garden Route, aber auch leckere Pasta. Moderate Preise und gigantisches Seepanorama. 🕒 tgl. 12–22 Uhr.

Emily's, Rietvlei Rd (bei Penny Pinchers von der N2 abbiegen), ✆ 044-533 2982. Das schicke Restaurant der Emily Moon Lodge gilt weithin als beste Essadresse der Gegend. Das Speisenangebot hängt ganz davon ab, welche regionalen Zutaten gerade frisch verfügbar sind, aber es gibt immer eine Auswahl von 5–6 Vorspeisen und Hauptgerichten und ein paar verschiedene Desserts. Reservierung muss sein. 🕒 Di–So 12–15 und tgl. 18.30–22 Uhr.

Fu.shi und The BoMa, The Upper Deck, 3 Strand St. Zwei Lokale unter einem Dach direkt im Zentrum, mit Panoramafenstern rundum, um die erhöhte Position voll auszukosten. Wie der Name erahnen lässt, serviert Fu.shi asiatische Fusionsküche, neben Sushi auch diverse Gerichte mit neckischen Bezeichnungen wie Nuggets of Pleasure (Wasabi-Garnelen mit Cashew-Salat) oder Concubine's Whisper (Chili-Schokoladen-Fondant mit Pistazien-Krokant). Das BoMa ist eine Cocktail-, Frühstücks- und Snackbar. 🕒 Mo–Sa 12–17 und 18–21.30, So 10.30–14 Uhr.

The Lookout, Lookout Beach. Unprätentiöses Restaurant/Kneipe direkt am Strand mit großartiger Aussicht. Serviert frischen Fisch und Meeresfrüchte. Wer Glück hat, kann Wale und Delphine beobachten. 🕒 tgl. 9–23 Uhr.

Miguel's, Melville's Corner, Main, Ecke Marine St, ✆ 044-533 5056. Gehobene portugiesische Küche in umwerfender Lage mitten im Ort mit Blick auf den Ozean und das allgemeine Treiben. Spezialität des Hauses sind *espetadas* – Grillspieße mit Rindfleisch, Huhn oder Seafood und Jalapeño-Schoten. 🕒 tgl. 8 Uhr bis spät.

Ristorante Enrico, Main Beach, Keurboomstrand. Tolle italienische Klassiker wie Pizza, Pasta und Kalb draußen am Strand oder drinnen im stilvollen Speisesaal. 🕒 tgl. 11.30–22.30 Uhr.

Informationen

Tourist Office, Shop 35, Mellville, Ecke Main St, ✆ 044-533 4065, 💻 www.plettenbergbay.co.za. Etwas lahmer Verein, der fotokopierte Stadtpläne austeilt und eventuell bei der Zimmerreservierung helfen kann. 🕒 Mo–Fr 8.30–17, Sa 9–13 Uhr.

Transport

Busse

Die Intercity-Busse von **Intercape** und **Greyhound** halten an der Shell Ultra City-Tankstelle, unweit der N2 in Marine Way, 2 km außerhalb der Innenstadt. Hier sollte man sich von seinen Gastgebern abholen lassen. Der **Baz Bus** bringt Passagiere direkt zur Unterkunft.

Busse nach:
DURBAN (1x tgl.; 16 Std.);
GEORGE (6–7x tgl.; 1 1/2 Std.);
KAPSTADT (6–7x tgl.; 7 1/2 Std.);
KNYSNA (6–7x tgl.; 1 1/2 Std.);
MOSSEL BAY (6–7x tgl.; 2 1/4 Std.);
PORT ELIZABETH (6–7x tgl.; 2 1/2 Std.).

Keurboomstrand und The Crags

Rund 14 km östlich von Plettenberg Bay, jenseits des Keurbooms River, liegt an derselben Bucht der Badeort **Keurboomstrand** (kurz Keurbooms). Er hat ebenfalls herrliche Strände, die allerdings für Schwimmer gefährlich sind. Die sicherste Stelle zum Schwimmen ist bei **Arch Rock**, vor dem Caravanpark, aber auch der

Wanderwege an der Garden Route

Die Garden Route bietet ausgezeichnete Wandermöglichkeiten, und wer die Wälder und die Küstenstriche in ihrer ganzen Schönheit erfahren möchte, sollte dies zu Fuß in Angriff nehmen. Die nachstehend aufgelisteten Wanderungen dauern 2–5 Tage. Sämtliche Lebensmittel, ein Schlafsack für die Wanderhütten (Matratzen stehen zur Verfügung), Campingkocher und -geschirr sowie Regenschutz müssen mitgebracht werden. Sehr wichtig sind gut eingelaufene, robuste Wanderschuhe. Für alle, die auf Schlepperei keine Lust haben und Fertigkost ablehnen, bietet sich der herrliche **Dolphin Trail** mit Trägern und warmen Mahlzeiten an.

Plettenberg Bay

Harkerville Coast Hiking Trail
Ausgangs- und Endpunkt: Harkerville Forestry Station, 12 km westlich von Plettenberg Bay, an der N2 ausgeschildert.
Länge: 26,5 km, Dauer: 2 Tage
Permit und Reservierung: ✆ 044-302 5606
Kosten: R100 p. P.
Atemberaubende Küste, Urwald und Fynbos. Viel Klettern über Felsen und einige schmale Felsgrate über dem Meer. Nichts für Ungeübte oder Leute mit Höhenangst. Viele Affen und Fischadler, eventuell Wal- oder Delphinbeobachtung. Dieser Rundwanderweg steht auf der Hitliste gleich hinter dem Otter Trail (s. u.).

Outeniqua Hiking Trail
Ausgangspunkt: Beervlei (an der alten Forest Station), 8 Übernachtungshütten, deren Adressen bei der Buchung mitgeteilt werden.
Endpunkt: Harkerville Forestry Station, 12 km westlich von Plettenberg Bay.
Länge: 108 km, Dauer: 7 Tage (kürzere Versionen möglich).
Permit: ✆ 044-302 5606
Kosten: R50 p. P. pro Tag.
Urwald mit gigantischen Yellowwood-Bäumen, Kiefernplantagen und Überreste einer Goldmine bei Millwood im Goudveld State Forest.

Tsitsikamma National Park

Dolphin Trail
Ausgangspunkt: Sandrif River Mouth
Endpunkt: Storms River Mouth
Länge: 20 km, Dauer: 2 1/2 Tage

Picnic Rock Beach ist ganz gut. Keurbooms, ein nettes, stilles Plätzchen, hat nur wenige Einrichtungen, und wer hier übernachten möchte (s. S. 287, Übernachten), sollte sich vorher in Plettenberg Bay mit Proviant eindecken. Zu Keurbooms' besonderen Attraktionen gehören Kanufahrten auf dem Keurbooms River; wer dafür nicht genug Energie aufbringt, kann aber auch eine Fähre oder ein Motorboot nehmen (s. Kasten S. 287).

The Crags, 2 km östlich von Keurbooms, besteht nur aus einer Reihe von Kleinbauernhöfen an der N2, einem Spirituosenladen und ein paar weiteren Geschäften am Waldrand. Die eigentlichen Besucherattraktionen hier sind das **Elephant Sanctuary, Monkeyland** und **Birds of Eden**. Um dorthin zu kommen, muss man an der BP-Tankstelle Richtung Monkeyland/Kurland abbiegen und dann 2 km weit den Wegweisern zum Elephant Sanctuary/Monkeyland folgen.

Elephant Sanctuary

Das **Elephant Sanctuary**, ✆ 044-534 8145, 💻 www.elephantsanctuary.co.za, bietet hautnahe Begegnungen mit einem halben Dutzend Dickhäutern, die in Botsuana und im Krüger-Nationalpark vor dem Abschuss gerettet wurden. Beim beliebten einstündigen **Trunk-in-Hand**-Programm, ⏲ Mo–So stdl. 8–12 und 13.30–15.30 Uhr, Eintritt R295, Kinder R150, können Besucher mit einem Elefanten „Rüsselspitze in Hand" spazieren gehen und ihn darüber hinaus auch tätscheln und füttern. Dazu gibt es einen informativen Vortrag über elefantisches Verhalten. Zum sonstigen Angebot gehören u. a. 15-minütige Elefantenritte (R595). ⏲ tgl. 8–17 Uhr.

Monkeyland

Monkeyland, 400 m hinter dem Elephant Sanctuary, 💻 www.monkeyland.co.za, beherbergt Primaten von mehreren Kontinenten, die al-

Reservierung: ✆ 042-281 1607 (nach extension 219 fragen)
Kosten: R4200 p. P. inkl. Verpflegung, Unterkunft und Permits.
Der Dolphin Trail ist der „Luxuswanderweg" der Garden Route. Die Rucksäcke der Teilnehmer werden zu den komfortablen Unterkünften transportiert und warten dort auf ihre Besitzer, ebenso eine warme Mahlzeit. Die Landschaft entlang des Wegs durch den Tsitsikamma National Park ist wahrhaft atemberaubend. Im Preis der Tour sind ein Guide, eine Bootsfahrt durch die Storms River Gorge und außerdem eine Jeepfahrt über den Storms River Pass eingeschlossen.

Otter Trail
Ausgangspunkt: Storms River Mouth
Endpunkt: Nature's Valley
Länge: 42 km, Dauer: 5 Tage
Reservierung: South African National Parks, ✆ 012-426 5111, Reservierungen werden bis zu 12 Monate im Voraus entgegengenommen, max. 12 Pers.
Kosten: R685 p. P.
Südafrikas ältester Wanderpfad führt an der Küste entlang über Flüsse und Gezeitenpools sowie durch Urwald. Dank relativ kurzer Abschnitte zwischen den Hütten bleibt Zeit für gemächliches Wandern. Streckenweise ist der Pfad steil – gute Kondition erforderlich. Der Bloukrans River muss durchwatet oder durchschwommen werden: Bei Ebbe in Angriff nehmen und den Rucksack wasserdicht einpacken.

Tsitsikamma Trail
Ausgangspunkt: Nature's Valley
Endpunkt: Storm's River Bridge
Entfernung: 60 km, Dauer: 2–6 Tage
Permit: MTO Ecotourism, ✆ 0042-281 1712
Kosten: R80 p. P. pro Übernachtung;
Träger buchbar für R480 pro Gruppe und pro Tag.
Dieser Weg führt durch Binnenlandwälder, ausgedehnte Fynbosgebiete und über den Bergrücken der Tsitsikamma Mountains. 5 Hütten mit 30 Schlafplätzen. Nicht besonders anstrengend, pro Tag nicht mehr als etwa 17 km. Nach heftigen Regenfällen lassen sich die Flüsse allerdings manchmal schlecht überqueren.

lesamt entweder als Waisen aufgelesen oder vor einem jämmerlichen Leben als Haustiere bewahrt wurden. Es handelt sich um eine Auffangstation, d. h., die hier lebenden Tiere wurden nicht in der Wildnis gefangen – und die meisten von ihnen könnten in freier Natur auch gar nicht überleben. Hier wird ihnen das Leben möglichst angenehm gemacht; sie können sich auf dem Gelände ungehindert bewegen, nach Futter suchen und relativ artgemäß leben.

Um die Sicherheit von Menschen und Affen zu gewährleisten, dürfen Besucher nicht allein auf dem Gelände umherwandern. Sie haben aber die Möglichkeit, zu Fuß an „**Safaris**" durch den heimischen Urwald in Begleitung gut informierter Führer teilzunehmen und dabei Geschöpfen wie etwa den madagassischen Kattas zu begegnen. Eines der Highlights ist die Überquerung der **Hängebrücke** über eine Schlucht, vorbei an den Baumkronen. Zum Hauptgebäude gehört ein Restaurant mit Terrasse. 🕓 8–17 Uhr, Eintritt zur Aussichtsterrasse frei, Waldsafaris R120, Kombiticket mit Birds of Eden R192.

Birds of Eden

Gleich neben dem Monkeyland befindet sich das dazugehörige **Birds of Eden**, ein weitläufiges Vogelgehege. Die Einrichtung dauerte vier Jahre, u. a. weil mit äußerster Sorgfalt Netze möglichst schonend über eine große Urwaldfläche gelegt wurden. Das Ergebnis ist die angeblich größte Voliere der Welt. Wie bei Monkeyland gilt auch für Birds of Eden, dass die meisten Schützlinge schon in Käfigen lebten, bevor sie hierherkamen. Hier können sie nun im riesigen Gehege frei herumfliegen (es ist so groß, dass man in gemächlichem Tempo leicht eine Stunde über seine gewundenen, rollstuhltauglichen Holzstege wandern kann). Die meisten Vögel sind Exoten, darunter ein paar unglaublich farbenprächtige

Exemplare; dazwischen sind aber auch einige heimische Spezies wie der Federhelmturako (alias *Knysna lourie*) und Südafrikas Nationalvogel, der Paradieskranich, zu sehen. Ein Restaurant an einem der Seen serviert leichte Gerichte und Getränke. ⏱ tgl. 8–17 Uhr, Eintritt R120, Kombiticket mit Monkeyland R192.

Tsitsikamma National Park, Nature's Valley, Storms River

Der Tsitsikamma National Park, ungefähr auf halbem Weg zwischen Plettenberg Bay und Port Elizabeth, ist das absolute Highlight der Garden Route. Der Nationalpark beginnt gleich westlich hinter Keurboomstrand und reicht 68 km weit ins Ostkap hinein. Er erstreckt sich über einen schmalen Küstenstreifen mit einer atemberaubenden Felsküste, tiefen Schluchten und Urwaldbäumen, die sich an grüne Felswände klammern. Keinesfalls verpassen darf man seine Hauptattraktion, den Storms River Mouth, die spektakulärste Flussmündung an diesem wildromantischen Küstenabschnitt. Der 1964 eingerichtete Tsitsikamma ist auch das älteste Marinereservat Südafrikas. Das 5,5 km lange Meeresschutzgebiet umfasst einen **Unterwasserpfad**, den ausgebildete Taucher benutzen dürfen.

Der Tsitsikamma besteht aus zwei Abschnitten: **Nature's Valley** im Westen und **Storms River Mouth** im Osten. Die beiden Teile sind jeweils nur auf einer kurvenreichen Teerstraße, abgehend von der N2, zu erreichen (es besteht keine Verbindungsstraße innerhalb des Parks). Im Nature's Valley liegt der einzige Ort im Park; hier gibt es einen tollen, 3 km langen Sandstrand. Der ultimative Wanderweg Südafrikas, der 5-tägige **Otter Trail**, verbindet die beiden Abschnitte des Parks (S. 291).

Die dem Storms River Mouth nächstgelegene Siedlung, rund 14 km nördlich am oberen Ende einer steilen, kurvigen Straße, ist das irreführend benannte **Storms River Village**, das außerhalb der Parkgrenzen und in einiger Entfernung vom Fluss liegt. Storms River Village ist zwar eine praktische Ausgangsbasis für Abenteueraktivitäten in der Umgebung und Tagesausflüge nach Storms River Mouth, aber seine Unterkünfte sind natürlich nicht so malerisch gelegen wie die an der Küste.

Nature's Valley

Der Parkabschnitt Nature's Valley, am Westende des Tsitsikamma, erstreckt sich über ein zerklüftetes, hügeliges Binnenland, durchzogen von schmalen Tälern und einer Reihe von Wanderwegen. Hier liegt auch die gleichnamige freundliche, alte Siedlung an der Groot River Lagoon. Die Lagune wird von insgesamt 20 km Strand gesäumt. Da die N2 einen Bogen um diese Gegend macht und daher auch die Intercity- und Tourbusse hier nicht einlaufen, eignet sich Nature's Valley, 29 km östlich von Plettenberg Bay, gut für ein paar ruhige Tage. Zu erreichen ist der Ort über die schöne, gewundene Groot-River-Passstraße, an der oft Paviane zu sehen sind.

Viele der guten **Wanderwege** in Nature's Valley beginnen am 1 km nördlich des Dorfes gelegenen Campingplatz des Nationalparks, wo Wanderkarten und Informationsbroschüren zu Flora und Fauna erhältlich sind. Eines der schönsten Wanderziele ist **Salt River Mouth**, 3 km westlich vom Dorf Nature's Valley. Dort gibt es Bade- und Picknickstellen – allerdings lässt sich der Fluss nur bei Ebbe durchwaten. Die Wanderung beginnt und endet beim Café in Nature's Valley.

Ebenfalls zu empfehlen ist der 6 km lange Rundwanderweg **Kalanderkloof Trail**, der am Campingplatz seinen Anfang nimmt, zu einem Ausguck hochführt und dann einen Bogen zurück durch eine schmale Schlucht an einem Wasserlauf, vorbei an riesigen Outeniqua Yellowwood-Bäumen, schlägt.

Selbstversorger tun gut daran, sich vor dem Abstecher ins Nature's Valley mit Vorräten einzudecken. Die einzige Verpflegungsmöglichkeit bietet das **Restaurant** an der Ecke Forest und St Michael St, wo Seafood, Steaks, Burger und Sandwiches zubereitet werden.

Übernachtung und Essen

Das Übernachtungsangebot in Nature's Valley selbst ist ziemlich begrenzt, was zum Charme des verschlafenen Dorfs beiträgt. Dafür liegen an der Straße, die von der N2 zum Dorf abzweigt, unmittelbar vor Beginn der Serpentinen ein paar gute Quartiere. Von den hier aufgeführten Adressen abgesehen, können weitere Unterkünfte für Selbstversorger über **Meyer van Rooyen**, ✆ 082-772 2972, gebucht werden, der einige Häuser in und um Nature's Valley (R450–800 pro Haus) vermittelt, die meisten davon mit Platz für 6–8 Pers.

Four Fields Farm. Nature's Valley Rd, 3 km von der N2 an der R102, 6 km von Nature's Valley, ✆ 044-534 8708, 💻 http://cyberperk.co.za/fourfields. Eine einladende und wunderbar bescheidene ehemalige Milchfarm, keine 10 Autominuten vom Meer. 5 schlichte Zimmer mit Bad, schönen alten Möbeln und Fenstertüren zu eigenen Terrassen, die an den Garten inmitten von Feldern grenzen. Außerdem ein Selbstversorger-Cottage für 4 Pers. (R600). ❹

Froggy Pond, 2. Haus rechts am Ortseingang von Nature's Valley, ✆ 044-531 6835, 💻 www.naturesvalley.co.za. 2-stöckiges Ferienhaus; im Erdgeschoss 1 Ferienwohnung (R450) mit Platz für 2 Erwachsene und 2 Kinder, im Obergeschoss 2 DZ mit Du/WC. ❷

Lily Pond Lodge, 102 Nature's Valley Rd, 3 km von der N2 an der R102, 6 km von Nature's Valley, ✆ 044-534 8767, 💻 www.lilypond.co.za. Die wohl schönste Unterkunft in der Umgebung von Nature's Valley beeindruckt durch Stilsicherheit und puren Luxus. Die 4 Zimmer mit Bad haben Fenstertüren zur eigenen Terrasse, Soundsystem, TV und WLAN, die beiden geräumigen Luxussuiten außerdem noch Wohnzimmer, Fußbodenheizung und überbreite Betten. 3 noch luxuriösere Gartensuiten und eine Honeymoon-Suite mit privatem Garten runden das Angebot ab. ❻

Nature's Valley Restcamp, 1 km nördlich des Dorfes. Reservierung über South African National Parks, s. S. 55, oder beim Camp Supervisor im Nature's Valley, ✆ 044-531 6700. Zeltstellplätze zwischen alten afrikanischen Bäumen und einfache Waldhütten mit Gemeinschaftstoilette für 2 Pers. ❷

Nature's Valley Guest House, 411 St Patrick's Ave, ✆ 044-531 6805, 💻 www.naturesvalleyguesthouse.co.za. Günstig gelegenes und äußerst preiswertes B&B mit 6 DZ (3 davon mit eigenem Bad), Billardtisch, TV-Lounge, Kanu- und Surfboardverleih. Vom Guesthouse führen 2- bis 6-stündige Wanderwege am Strand entlang oder durch die Wälder. Zimmer ohne Bad ❺, mit Bad ❻

Tranquility Lodge, 130 Saint Michael's St (neben dem Dorfladen), ✆ 044-531 6663, 💻 www.tranquilitylodge.co.za. Sofern Nature's Valley überhaupt ein Zentrum hat, liegt diese komfortable Lodge neben dem einzigen Geschäft des Orts mittendrin. Der 2-geschossige Holz- und-Ziegel-Bau in einem Garten, der praktisch nahtlos in den Wald übergeht, steht nur 50 m vom Strand entfernt. Frühstück wird auf einer Veranda im Obergeschoss zwischen den Baumwipfeln serviert. Standardzimmer mit Dusche, Superior-Zimmer zusätzlich mit Badewanne und Satelliten-TV, außerdem eine große Honeymoon-Suite mit Luxusbad, offenem Kamin und eigener Terrasse. ❻

Informationen

Das Dorfzentrum besteht eigentlich nur aus einem Gebäude, das als Restaurant, Pub und Miniladen dient, und als inoffizielles, aber ausgezeichnetes Informationsbüro, ✆ 044-531 6835, 💻 www.naturesvalley.co.za, das bei der Suche nach einer Unterkunft behilflich ist.

Transport

Das einzige öffentliche Verkehrsmittel, das Nature's Valley anfährt, ist der **Baz Bus**, der Fahrgäste an ihren Unterkünften absetzt.

6 HIGHLIGHT

Storms River Mouth

Im Gegensatz zum sanften Nature's Valley zeigt sich die Garden Route bei **Storms River Mouth**, 55 km von Plettenberg Bay, ✆ 042-281 1607, 🕓 tgl. 7–19 Uhr, Eintritt R88 p. P., von ihrer wilden Seite. Das **Storms River Mouth Restcamp**, inmitten gepflegter Rasenflächen, wird auf der einen Seite von schroffen schwarzen Felsen, über die Gischt sprüht, und auf der anderen von

Aktivitäten in Storms River

Storms River Village ist eine gute Ausgangsbasis für zahlreiche Arten von Abenteuersport und andere Aktivitäten, die in der näheren und weiteren Umgebung angeboten werden.

Wer kein eigenes Fahrzeug dabeihat, kann zu recht annehmbaren Preisen den Shuttleservice nutzen, den **Dijembe Backpackers**, Ecke Formosa und Assegai St, Storms River Village, ✆ 042-281 1842, 🖳 www.dijembebackpackers.com, für seine Gäste betreibt.

Dijembe Backpackers betreibt auch **Mild2Wild Adventures**, ✆ 042-281 1054, eine zentrale Buchungsagentur für die meisten Aktivitäten in dieser Gegend, darunter auch die im Folgenden aufgeführten.

Bootstouren SANParks, ✆ 042-281 1607, bietet Touren etwa 1 km den Storms River hinauf an. Sie starten in der Nähe des Tauchladens, gleich unterhalb des Hauptgebäudes. ⏲ 9.30–14.45 Uhr alle 45 Min., R60.

Canopy Tour s. u., Ziplining.

Dolphin Trail s. Kasten S. 290.

Flusstubing Buchung von etwa 3 1/2-stündigen Trips (R395) auf dem Storms River über Mild2Wild.

Mountainbiking Dijembe Backpackers vermietet Mountainbikes (R120/Tag).

Quadbiking Tsitsikamma Adventure Park, ✆ 082-578 1090, 🖳 www.tsitsikammaadventure.co.za, vermietet Quads für R300/Std.

Reiten Dijembe Backpackers veranstaltet für 2 Pers. geführte Waldritte von 2 1/2 Std. Dauer. R300 inkl. Mittagessen.

Woodcutters' Journey Storms River Adventures, neben dem Postamt in Storms River Village, ✆ 042-281 1836, 🖳 www.stormsriver.com, organisiert diesen entspannten Ausflug in einem Spezialanhänger, der von einem Traktor gezogen wird. Er führt durch den Wald über den alten Storms River Pass zum Fluss. Ausflug mit Teepicknick R120, Ausflug mit Mittagspicknick R175.

Ziplining Storms River Adventures (s. o., Woodcutters' Journey) bietet u. a. eine Canopy Tour (R395) an, bei der man an Drahtseilen in 30 m Höhe durch den Wald gleitet und die Vogelperspektive genießt. Die Seile wurden ohne einen einzigen Nagel an den höchsten Bäumen befestigt. Eine rasantere und höhere Alternative für Adrenalinsüchtige ist die Seilrutsche über den Kruis River im Tsitsikamma Adventure Park, ✆ 082-578 1090, 🖳 www.tsitsikammaadventure.co.za, R300, die streckenweise 50 m über dem Boden verläuft. Sie überquert eine imposante Schlucht und 3 Wasserfälle, wobei die längste Seilstrecke 211 m misst.

bewaldeten Steilhängen eingerahmt – zweifellos die spektakulärste Ecke der gesamten südlichen Kapküste. Es ist nicht mit Storms River Village an der N2 zu verwechseln, das ziemlich weit vom Meer entfernt liegt.

Beim Visitors Office im Restcamp sind **Wanderkarten** erhältlich, auf denen die hier beginnenden kurzen, markierten Küstenpfade eingezeichnet sind. Einige davon führen steil zu den bewaldeten Klippen hoch, wo 800 Jahre alte Yellowwood-Bäume stehen und sich sagenhafte Ausblicke auf den Ozean eröffnen. Am schönsten ist der 3 km lange Weg westlich vom Restcamp, der auf dem ersten Abschnitt des Otter Trail zu einem herrlichen **Wasserbecken** führt, das von einem 50 m hohen Wasserfall gespeist wird und zum Schwimmen einlädt.

Weniger anstrengend ist der Spaziergang auf dem 1 km langen **Plankenweg** vom Restaurant zur Flussmündung. Der Weg führt an der **Strandloper-Höhle** vorbei, einer der Höhlen, in der vor 5000–2000 Jahren Jäger und Sammler lebten, die sich u. a. von Meerestieren ernährten.

Wer unbedingt den am Storms River beginnenden **Otter Trail** (s. S. 291, Kasten) wandern wollte, aber keine Erlaubnis bekam, sollte es hier noch einmal probieren. Es besteht für Einzelpersonen oder Paare durchaus die Möglichkeit, den Platz von Wanderern einzunehmen, die in letzter Minute stornieren. Dafür lohnt es sich sogar, einen oder zwei Tage lang zu bleiben und mehrmals nachzufragen.

Einzige **Bademöglichkeit** an der Mündung bietet eine sichere kleine Sandbucht unterhalb des Restaurants, wo das Wasser aber selbst im Sommer eisig kalt sein kann, wenn Ostwind weht und kaltes Wasser aus den Tiefen vor dem Kontinentalsockel aufwallt. Wanderungen und andere Aktivitäten in der freien Natur können bei einem der hiesigen Veranstalter (s. Kasten) gebucht werden.

Übernachtung und Essen

Storms River Mouth liegt 18 km südlich der Storms River Bridge. Die meisten Autofahrer halten an der Brücke auf der N2 an, um in die tiefe Flussschlucht zu schauen und an der traumhaft gelegenen Tankstelle aufzutanken. Selbst wer aus Zeitgründen nicht in Storms River Mouth übernachten kann, sollte wenigstens zum Mittagessen, für einen kurzen Spaziergang oder einen Sprung ins Nass den Umweg dorthin machen (ohne fahrbaren Untersatz nicht erreichbar).

Das **Storms River Mouth Restcamp**, ✆ 042-281 1607, bietet unterschiedliche Unterkünfte ❷–❹, alle mit Meerblick. Wunderschön gelegene Zeltplätze direkt am Wasser, unglaublich billige Ferienhütten ohne Kochgelegenheit mit 2 Betten, Bettwäsche, Handtüchern und Gemeinschaftswaschräumen; hübsche Blockhütten mit Schlafzimmer und Küchenzeile inkl. Frühstück; Mini-Apartments in Meeresnähe, ebenfalls Frühstück inkl. und Ferienwohnungen oder Cottages mit mindestens 4 Betten. Während der Saison sind sie durchweg sehr begehrt, daher ist eine Reservierung über South African National Parks, s. S. 55, unbedingt erforderlich.

Essen gibt es nur im Restaurant des Restcamps, das unspektakuläres Frühstück und Standardgerichte serviert.

Storms River Village

Storms River Village liegt rund 1 km südlich der N2. In dem stillen Dörfchen mit rund 40 Häusern finden sich mehrere Unterkünfte, darunter mehrere Backpackerlodges, zwei Gemischtwarenläden, ein Spirituosengeschäft sowie ein Adventure Centre, das u. a. Zipline-Touren an Seilrutschen durch den Wald anbietet (s. Kasten). Der Ort eignet sich ausgezeichnet als Ausgangsbasis für solche Abenteuertouren, liegt aber ein ganzes Stück außerhalb des Nationalparks.

Wer in Küstennähe nächtigen möchte, ist in Storm River Mouth oder Nature's Valley besser aufgehoben. Die einzigen Esslokale sind das Restaurant des Village Inn und das Rafters-Restaurant von The Armagh (s. u.).

Übernachtung und Essen

The Armagh, Fynbos Ave, ✆ 042-281 1512, 💻 www.thearmagh.com. Sehr freundliches Guesthouse in einem schönen Garten, der in den Fynbos übergeht. Umfasst eine etwas mitgenommene Honeymoon-Suite und 4 Standardzimmer, die alle auf den Garten hinausgehen. Dazu gehört ein anständiges Restaurant. ❻

At the Woods Guest House, 49 Formosa St, an der Hauptstraße in den Ort, ✆ 042-281 1446, 💻 www.atthewoods.co.za. Das freundliche, moderne Gästehaus ist die netteste Unterkunft des Orts. Große Komfortzimmer mit überbreiten Betten und Fenstertüren zu Gartenveranden oder, im Obergeschoss, Balkons mit Blick auf die Berge. Auf Wunsch wird ein 3-gängiges Abendessen zubereitet. ❻

Dijembe Backpackers, Ecke Formosa und Assegai St, ✆ 042-281 1842, 💻 www.dijembe backpackers.com. Das relaxte Hostel hat eine Menge zu bieten, u. a. Fahrradverleih, Reitausflüge, Shuttleservice zu allen Attraktionen der Gegend und sehr preisgünstige Nachtquartiere. Dorms ❷, DZ und Familienzimmer mit Bad ❸–❹

Tsitsikamma Lodge, 2 km östlich vom Dorf an der N2, 8 km östlich der Storms River Bridge, ✆ 042-280 3802, 💻 www.riverhotels.co.za/tsitsikamma. 30 gemütliche A-frame-Hütten mit eigener Terrasse, die meisten mit Jacuzzi, verbunden durch Holzstege, die durch eine gepflegte Grünanlage führen. Die Lodge liegt am Schnittpunkt mehrerer Wanderwege, darunter der berühmte Nudistenpfad am Flussufer entlang. Das hauseigene Restaurant bietet südafrikanische Küche. ❻

Tsitsikamma Village Inn, von der Straße ins Dorf bei der T-förmigen Kreuzung nach links abbiegen, ✆ 042-281 1711, 🖳 www.village-inn.co.za. Das reizend altmodische Hotel, das zur Protea-Kette gehört, vermietet 49 Zimmer in 11 unterschiedlich eingerichteten Cottages rings um eine gepflegte Grünanlage. ❻

Tube 'n Axe, Darnell, Ecke Saffron St, ✆ 042-281 1757, 🖳 www.tubenaxe.co.za. Ziemlich verrückte Backpackerherberge, die sich große Mühe gibt, mit dem breiten Unterhaltungsangebot von Knysna und Plett zu konkurrieren, u. a. mit Trommelabenden, Billardtisch und jeder Menge Gaudi. Dorms, Zelte auf Plattform und DZ ❷

Die Westküste

Die weltabgeschiedene, stürmische Westküste Südafrikas am kalten Atlantik verdient besondere Zuwendung. Viele Jahre lang war sie das Stiefkind des Westkap-Tourismus. Diese Region mit sandiger Erde und Dünen, auf denen die einzigartige **Küstenfynbosvegetation** gedeiht und an deren schroffer Küste es so gut wie keine sicheren Schiffshäfen gibt, hat in erster Linie die Natur geformt.

Im Sommer fegen stärkste Südostwinde über das Gelände hinweg, im Winter ist es von Nebelwolken eingehüllt, aber im Frühling schießen überall im *veld* die märchenhaften **wilden Frühlingsblumen** in all ihrer Farbenpracht empor. Die südlichen 200 Kilometer der Westküstenregion haben viel mit dem weiter nördlich gelegenen Namaqualand gemeinsam – nicht zuletzt wegen der Blumen.

Auch außerhalb der Blumenmonate August und September hat die Westküste einiges zu bieten, vor allem im Sommer, wenn eine frische Meeresbrise weht. Eine ganze Reihe von **Aktivitäten** bieten sich an, die mit Abstand beliebtesten sind Wandertouren und Vogelbeobachtungen.

Ein absolutes Highlight der Westküste ist das knackfrische **Seafood**, das ganz zwanglos im Stil eines Strand-*braai* unter freiem Himmel serviert wird: Man isst mit den Fingern, hört die Wellen an den Strand schlagen und spürt die salzige Meeresbrise. Das Angebot umfasst typischerweise verschiedene Sorten Fisch und Meeresfrüchte, die auf unterschiedliche Arten zubereitet werden, wie *bokkoms* (Trockenfisch), Muscheln, Hummer und Paella; dazu gibt es frisch gebackenes Brot mit verschiedenen Mar-

Vogelbeobachtungen an der Westküste

Die Westküste ist ein Traum für Vogelbeobachter, die hier zahlreiche Feuchtgebietsspezies von ihrer Liste abhaken können. Die lohnendste Zeit für einen Besuch ist gleich nach der Blütensaison im Frühsommer. Dann treffen rund 750 000 Zugvögel auf ihrer jährlichen Wanderung von der Nordhalbkugel ein; viele kommen sogar aus der Polarkreisregion. Sie mästen sich hier etwa acht Monate an den Leckerbissen der Wattlandschaft, bevor sie sich auf den strapaziösen Rückflug zu ihren Brutgebieten machen.

Langebaan im West Coast National Park ist das beste Ziel des Landes für solche Beobachtungen und gilt als fünft wichtigstes Feuchtgebiet der Welt. Hier tummeln sich über 250 Vogelarten, mehr als ein Viertel der Spezies, die Südafrika insgesamt zu bieten hat. Auch das Mündungsgebiet des Berg River und die Salinen von Velddrif sind wichtige Futterplätze für Wattvögel.

Der Küstensee **Verlorenvlei** (der „verlorene Sumpf") gehört ebenfalls zu den bedeutendsten Feuchtgebieten Südafrikas; er erstreckt sich 13,5 km weit von seiner Mündung bei Elands Bay (25 km südlich von Lambert's Bay) bis zu seinem Quellfluss in der Nähe von Redelinghuys. Hier gibt es u. a. das farbenprächtige, scheue Purpurhuhn und die Froschweihe, einen möglicherweise bestandsgefährdeten Greifvogel, zu sehen. In diesem Gebiet mischen sich auch einige trockenheitsliebendere Arten unter die Watvögel; zu den überraschenderen Sichtungen gehörten z. B. ein Glockenreiher und ein Palmgeier.

Auf **Bird Island**, Lambert's Bay, können Besucher von einem versenkten Beobachtungsposten dem Treiben der Kaptölpel-Brutkolonie zuschauen.

meladen. Eine solche Mahlzeit kostet – ohne Getränke – normalerweise um R175 pro Person. Reservierung ist unbedingt ratsam.

Unmittelbar landeinwärts liegt die ungewöhnlich fruchtbare Region **Swartland**; nördlich von Swartland erheben sich die eindrucksvollen Cederberge, eine Gegend von ungewöhnlichem Reiz, die während der Fahrt auf der N7, der Hauptverkehrsverbindung zwischen Kapstadt und Namibia, den Horizont bestimmt.

Clanwilliam heißt die attraktive Stadt am Nordende der Cederberge; von dort führt die N7 weiter nach Norden, nach **Vanrhynsdorp**, das noch im Westkap liegt, aus praktischen Gründen jedoch zusammen mit der Blumenroute im Kapitel Nordkap (Namaqualand, S. 339), behandelt wird.

Swartland

Die N7 von Kapstadt nach Norden führt schnell in die fruchtbare Swartland-Landschaft. *Swartland* bedeutet „schwarzes Land", was wahrscheinlich darauf zurückzuführen ist, dass das Gelände früher dicht mit einem anthrazitfarbenen Busch namens *renosterbos* (Rhinozerosbusch) bewachsen war.

Swartland, im Westen durch das weniger fruchtbare *strandveld* und im Osten von dem hohen Gebirgszug begrenzt, der sich von Wellington zum Cederberg erstreckt, dient in erster Linie als Weizenanbaugebiet. Doch es gibt auch Milchbauernhöfe, Pferdefarmen, Tabakplantagen und Weingärten.

Auf ihrem Weg nach Norden passiert die N7 verschiedene Kleinstädte, darunter auch die größte Stadt der Region, **Malmesbury**. Wer aus der entgegengesetzten Richtung kommt, kann den Tafelberg aus einer ungewohnten Perspektive erblicken. Bisweilen überqueren auch Schildkröten die Straße – also Vorsicht.

Darling und Umgebung

Die Kleinstadt Darling ist von Kapstadt in einem Tagesauflug über die R27 leicht zu erreichen. Sie ist bekannt für ihre Molkereiprodukte, Weingüter und Frühlingsblumen, besitzt ein paar sehenswerte alte Gebäude und machte sich in jüngster Zeit einen Namen als **Künstlerkolonie**.

Pieter Dirk-Uys, einer der beliebtesten Komiker Südafrikas, lässt seine berühmteste fiktive Gestalt **Evita Bezuidenhout** (eine Dame mit bissigem Humor) als „Gastgeberin" einer Wochenend-Kabarettvorstellung in Evita se Perron auftreten, dem winzigen **alten Bahnhof** mitten in der Stadt. Zeiten, Eintrittskarten- und Tischreservierung unter ✆ 022-492 3930, 💻 www.evita.co.za.

Im hübschen **Darling Museum**, Pastorie, Ecke Hill St, sind die Arbeiten hiesiger Maler ausgestellt, ⏲ Mo–Fr 9–13 und 14–16, Sa und So 10–15 Uhr, geringe Eintrittsgebühr. Kunstinteressierte können sich die Adressen von ortsansässigen Künstlern geben lassen.

Westküstenblumen

Im August und September blühen überall in der Westküstenregion Wildblumen – ein Schauspiel, das schon weit im Süden bei der Stadt Darling beginnt, nur 80 km nördlich von Kapstadt und abseits der Küstenhauptstraße R27. Ein Blumenteppich bedeckt oft auch den West Coast National Park und die Küstenlandschaften rings um **Cape Columbine** und **Lambert's Bay**. Blühende Landschaften finden sich auch im Binnenland im Umkreis von **Clanwilliam**. Sage und schreibe 4000 verschiedene Blumenarten bringt die Region hervor, die meisten davon aus der Familie der Margeriten und Mittags- oder Faserblumen. Aktuelle Informationen und praktische Ratschläge bieten die Touristeninformationsbüros in Darling, Saldanha und Clanwilliam (S. 308). Weitere Tipps zur Blumenschau, s. Kasten S. 340/341.

Übernachtung und Essen

Trinity Guest Lodge, 19 Long St, ✆ 022-492 3430, 💻 www.trinitylodge.co.za, ist ein reizendes viktorianisches Gästehaus auf einem schönen, ausgedehnten Gelände. ❸–❹

Darling Lodge, 💻 www.darlinglodge.co.za, ✆ 022-492 3062. Ein Haus im kapholländischen Stil mit Garten, 6 DZ mit Bad. ❹

Westkap

Bistro Seven, 7 Main Rd, ✆ 022-492 3626, beständig gutes Abendessen. ◷ Di geschl.
Cloof Winery, 20 Autominuten Richtung Malmesbury, ✆ 022-492 2839, bietet jeden 2. Sonntag ein Gourmet-Barbecue an sowie Mo–Sa leichte Mittagsgerichte.
Hilda's Kitchen, Groote Post Wine Estate, auf Darling Hills, ✆ 022-492 2825. Sehr empfehlenswerte moderne Landküche in einem schönen Haus aus dem 18. Jh. mit passenden Weinen vom eigenen Gut. Kinder können sich derweil auf dem weitläufigen Gelände austoben. Buchung erforderlich. ◷ Mi–So.
Marmelade Cat, Main Rd, ist der beste Tipp für leichte Mittagsgerichte und zum Kaffee.
Zu den besseren Lokalen des Orts gehört, abgesehen von Evita se Perron (s. o.), auch das Restaurant der **Trinitiy Guest Lodge**, das auf Vorbestellung ländliche Gourmet-Küche bietet (Reservierung erforderlich).
Darling Olives, ✆ 022-492 3171, 5 Min. westlich von Darling an der R315, tolle Olivenöl-verkostung.

Kultur der San

20 km westlich von Darling, 70 km von Kapstadt, liegt an der R27 das **!Khwa Ttu San Culture and Education Centre**, ✆ 022-492 2998, 💻 www.khwattu.org. Wer sich für die Kultur der „Buschmänner" oder San interessiert, kann hier seinen Wissensdurst stillen. Das Center wird zusammen mit einer Schweizer nichtstaatlichen Organisation von Nachfahren von Nordkap-San geleitetet; die Einnahmen kommen den San zugute. Es gibt eine hervorragende Fotoausstellung, authentisches Kunsthandwerk und ein Restaurant, alles schön auf einem Hügel gelegen. Wer etwas Zeit hat, kann sich einer der Touren zum Nachbau eines San-Dorfes anschließen (10 und 14 Uhr, R175), bei denen auch Techniken im Jagen und Spurenlesen demonstriert werden. Die beiden recht preisgünstigen Cottages und das Zeltcamp (ab R400 pro Wohneinheit) auf der Farm bilden eine gute Basis für die Erkundung von Darling und des West Coast National Park. ◷ Di–So 9–17 Uhr.

Informationen

Die Touristeninformation ist in dem Museum untergebracht, ✆ 022-492 3361, 💻 www.darlingtourism.co.za, ◷ Mo–Fr 9–13 und 14–16, Sa und So 10–15 Uhr.

Groot Winterhoek

Nur etwa zwei Autostunden nördlich von Kapstadt liegt inmitten der oft nebelverhangenen trutzigen Bergkette am Ostausläufer des Swartland das 300 km² große **Groot Winterhoek Wilderness Area** – ein herrlich wildes und einsames Wander- und Campingrevier mit Flusstümpeln und Wasserfällen sowie Fynbosvegetation. Gleich außerhalb des Reservats gibt es ausgezeichnete Campingplätze und Unterkünfte für Selbstversorger.

Zu den beliebtesten Wanderungen gehört die nach De Hel (mit Übernachtung). Für diese Tour ist eine Voranmeldung bei **CapeNature**, Kapstadt, ✆ 021-659 3500, erforderlich; Kostenpunkt R90. Wer nur eine Tageswanderung plant, kann beim Büro am Eingang des Reservats ein Permit (R35) erwerben.

Der nächste Ort ist das 30 km entfernte Porterville im landwirtschaftlich genutzten Tal unterhalb der Berge. Von Porterville führt der sehr steile, ungeteerte Dasklip Pass in die Wilderness Area.

Übernachtung

Es gibt zwei gute Unterkünfte oben in den Bergen; bei beiden sollte ein Mindestaufenthalt von zwei Nächten eingeplant werden.
Beaverlac, ✆ 022-931 3732, in einem tiefen Tal gelegen und über eine Holperpiste zu erreichen, bietet Camping, winzige Hütten und schöne natürliche Badebecken im Fluss. Kein Strom. ❷
Pampoenfontein Farm, einige Kilometer näher am Wildnisgebiet, ✆ 022-931 3442 oder 082-564 5500, 💻 www.pampoenfontein.co.za. Verfügt über drei geschmackvoll eingerichtete und gut ausgestattete Cottages unterschiedlicher Größe. ❷

Langebaan und Umgebung

Etwa 100 km nördlich von Kapstadt liegt **Saldanha Bay**, ein Hochseehafen und Industriezentrum. Die gleichnamige Bucht ist mit der Langebaan Lagoon verbunden, dem Herzstück des kleinen, aber bezaubernden **West Coast National Park**.

Während der Ferienort **Langebaan**, gleich nördlich des Parks, sich seine Sommerfrische-Atmosphäre erhalten hat, ist im Nordteil der Bucht die Industrie auf dem Vormarsch und hat den ehemaligen Fischerort **Saldanha** so gut wie vereinnahmt. Mit ihrem Eisenerz-Verschiffungsbahnhof und ihren Stahl- und Betonwerken ist die Stadt für Reisende eher abschreckend.

Langebaan

Langebaan war früher einmal die größte Walfangstation der südlichen Hemisphäre und eine Weile der entlegene Passagierflughafen Kapstadts – im Zweiten Weltkrieg landeten auf der Lagune die Wasserflugzeuge aus Europa. Heute ist es in gewisser Hinsicht das Tor zum nahe gelegenen West Coast National Park. Allerdings ist der Ort inzwischen touristisch völlig überentwickelt. Wer darauf keinen Wert legt, fährt besser gleich zum kleineren und sympathischeren Paternoster weiter. Der einzige Grund, in Langebaan zu nächtigen, wäre ein längerer Aufenthalt im West Coast National Park, der selbst so gut wie keine Übernachtungsmöglichkeiten besitzt.

Allerdings bietet Langebaan auch hervorragende Bedingungen für verschiedene, vom Wind abhängige sportliche Betätigungen, wie Windsurfing, Kitesurfing oder Segeln. Das Wasser direkt vor dem Strand ist seicht, die Brise frisch bis stürmisch und der Wasserspaß normalerweise ziemlich gefahrlos, sofern man nicht gerade einen starken Tidenstrom in den Atlantik hinaus erwischt.

Übernachtung

Die zahlreichen Unterkünfte sind im Winter wesentlich billiger als im Sommer.

Friday Island, am Strand neben Cape Sport, ✆ 022-772 2506, 💻 www.fridayisland.co.za. Etwas gehobenere Bleibe für Wassersportfreunde. Helle, gut belüftete Ferienwohnungen mit Küchenzeile, Holzveranda und kleinem Hof (wo man Sachen trocknen kann) mit Tür zum Bad. Die Zimmer zum Meer raus sind teurer. Restaurant und Pub. ❹

Langebaan Beach House, am Rande der Lagune, ✆ 022-482 1101. Ein Guesthouse mit geräumigen, luftigen Zimmern. Unweit der Restaurants und Geschäfte. B&B ❸–❹

Olifantskop, gegenüber der Abzweigung zum Club Mykonos an der Küstenstraße, auf halber Strecke zwischen Langebaan und Saldanha, ✆ 022-772 2326, 💻 www.oliphantskop.co.za. Guesthouse mit Zimmern und Ferienbungalows, Restaurant, Bar, Pool, Gärtnerei, Teegarten, Reitstall und Ausrittmöglichkeiten am Strand oder in den Bergen. ❸

Puza Moya, North, Ecke Suffern St, Langebaan, ✆ 022-772 1114. Freundliche Zimmer mit Bad, Gemeinschaftsküche und Grill im Hof. Eine gute Wahl für Besucher, die nach einem mit Aktivitäten angefüllten Tag einfach nur noch ausspannen und Gleichgesinnte am Grill treffen möchten. Selbstverpflegung ❸

Essen

Die Strandloper, ✆ 022-772 2490 oder 083-227 7195. Das Strandlokal gleich hinter dem Cape Sport Centre an der Straße nach Saldanha ist ein gutes Beispiel für die typische Openair-Seafood-Gastronomie der Westküste. Unbedingt reservieren.

Pearly's und **Driftwood**, am Hauptstrand im Ort, sind dank ihrer günstigen Lage gut besuchte Lokale, wo man essen, trinken und das Treiben beobachten kann.

Froggy's, 29 Main Road, ✆ 022-772 1869, serviert köstliche, innovative Seafood- und Curry-Gerichte, Letztere auch für Vegetarier. 🕒 Di–Sa Abendessen, Mi–So Mittagessen, nur mit Reservierung.

Sonstiges

Aktivitäten

Das **Cape Sport Centre**, am Strand am nördlichen Stadtrand, ✆ 022-772 1114, 💻 www.capesport.co.za, bietet Wind- und Kitesurf- sowie Hobiecatsegel-Unterricht und vermittelt Unterkünfte. 🕒 tgl. 9–17 Uhr.

Ocean Sailing Academy, ✆ 021-425 7837, 💻 www.oceansailingacademy.co.za, gibt Segelkurse.

Informationen

Touristeninformation im Rathaus an der Bree Street, ✆ 022-772 1515, 💻 www.langebaaninfo.com. ⏲ Mo–Fr 8.30–16.30, Sa 9–14 Uhr, So geschl.

West Coast National Park

Der West Coast National Park, ✆ 022-772 2144, ist einer der besten Orte, um den schlichten, unverfälschten Charme der Westküste auf sich wirken zu lassen, der anderswo zunehmend durch Bauorgien bedroht wird. Der Park schützt über 40 % des noch verbliebenen südafrikanischen *strandveld* und 35 % der Salzsümpfe des Landes. Innerhalb seiner Grenzen liegt sowohl ein Großteil der Langebaan Lagoon als auch das Gelände beiderseits und unterhalb der Lagune.

Den Reiz des Parks machen vor allem die herrlichen Ausblicke über die stille Lagune, die erfrischende, salzige Luft, die kreischenden Möwen und die sich im grellen Sonnenlicht auflösenden Nebelschwaden aus. „Wilde" Tiere gibt es hier nicht – nur im Postberg-Abschnitt des Parks, der ausschließlich zur Blumenblüte geöffnet ist, kommen einige größere Antilopenarten vor –, dafür aber unzählige **Watvögel**, außerdem Strauße und Schildkröten. Eine Reihe von Naturlehrpfaden führt durch die Dünen zur Küste und bietet Besuchern die Gelegenheit, sich ausführlich über den Fynbos zu informieren.

An der Südspitze der Lagune befindet sich das Parkzentrum, ein großes altes Bauernhaus auf dem Anwesen **Geelbek**. In der Nähe gibt es auch einige Vogelbeobachtungshütten sowie das Informationszentrum, ein Buchungsbüro und ein Restaurant, ✆ 022-772 2134, ⏲ tgl. 9–17 Uhr.

Wer von Geelbek die Halbinsel westlich der Lagune hochmarschiert, gelangt nach **Churchhaven**, einem Dörfchen ohne elektrischen Strom, das allerdings für Tagesbesucher nicht zugänglich ist, und zu zwei ausgeschilderten Stränden mit den Picknickplätzen Priekstool und Kraalbaai. Etwas weiter liegt die **Postberg Area**, die nur während der Frühjahrsblüte (s. Kasten S. 297) zugänglich ist. Ein Abstecher ist unbedingt empfehlenswert, und man kann in den Blumenfeldern **Zebras**, **Spießböcke** und **Gnus** sehen.

Der Park besitzt zwei **Eingänge**: einen an der R27, rund 10 km nördlich der Abzweigung nach Yzerfontein, und einen südlich von Langebaan. Der Park ist nicht groß – Motorisierte können sämtliche Straßen innerhalb von zwei Stunden abfahren.

Die beste **Besuchszeit** ist im Frühling, wenn die Sonne scheint und die Blumen blühen. Dann ist natürlich der Andrang am größten. Im Winter ist es im Park – wie fast überall an der Westküste – kühl und feucht, im Sommer dagegen heiß und windig. ⏲ April–Aug tgl. 7–18, Sep–März tgl. 7–19 Uhr, Eintritt R36.

Übernachtung

Duinepos, 1 km von Geelbek, ✆ 022-707 9900, 💻 www.duinepos.co.za, hat 11 Chalets für Selbstversorger und einen Swimming Pool. Die Chalets liegen zwar in der Nähe der Lagune, doch der Zugang zum Wasser ist zum Schutz der Vogelbrutplätze gesperrt. Die nächsten Möglichkeiten zum Schwimmen in der Lagune bestehen in Priekstool und Kraalbaai, 12 bzw. 15 km entfernt. ❸

Der Nationalpark, ✆ 022-772 2798, vermietet zwei heiß begehrte Cottages. ❸

Vredenburg und West Coast Fossil Park

Nördlich und landeinwärts von Saldanha liegt Vredenburg, ein Agrarzentrum. In den hiesigen Supermärkten können sich Selbstversorger mit Proviant eindecken und sollten bei der Gelegenheit auch gleich das Auto volltanken, denn viele der nahe gelegenen Ortschaften besitzen keine Tankstelle.

Etwa 10 km südöstlich von Vredenburg befindet sich an der R45 der **West Coast Fossil Park**, der 1998 am Standort einer stillgelegten Phosphatmine eingerichtet wurde. Die Arbeiten sind noch nicht ganz abgeschlossen, aber ein Besuch lohnt sich trotzdem. Es gibt interessante Ausstellungsstücke zu sehen, darunter Tausende von Fossilien und Tierknochen aus der Neuzeit sowie Informationstafeln zu Tieren, die schon seit rund 5 Millionen Jahren ausgestorben sind und deren versteinerte Knochen hier gefunden wurden. Darunter befinden sich Fossilien von Säbelzahnkatzen, zwei Arten von ausgestorbenen Elefanten und Sivatherien (urzeitliche, wiederkäuende Kurzhalsgiraffen mit langen Hörnern).

Der spektakulärste Fund ist wahrscheinlich der eines ausgestorbenen Riesenbären, des sogenannten *Agriotherium africanum*, der ungefähr 750 kg wog (ein großer Löwe bringt es auf 150 kg). Er war somit das gewaltigste Raubtier und die einzige bekannte Bärenart, die in den letzten 65 Millionen Jahren den afrikanischen Kontinent südlich der Sahara durchstreifte. 🕒 Mo–Fr 8–17, Sa 10–14 Uhr, Eintritt R35, Kinder R15. Diashow mit anschließender Führung über die Ausgrabungsstätte tgl. 11.30 Uhr.

Übernachtung

Neben dem West Coast Fossil Park liegt das **Windstone Backpackers**, ✆ 022-766 1645 oder 083-477 1756, 💻 www.windstone.co.za, gleich hinter der großen Kreuzung der R45 von Vredenburg mit der R27 von Kapstadt. Es besteht aus Schlafsälen mit 4 bzw. 6 Betten sowie einem für Familien geeigneten Zimmer und einigen DZ. ❶–❷
Das Windstone ist ein angenehmes Basislager für Ausflüge in die Umgebung und hat auch einen **Reitstall**, geleitet von den Besitzern Andy und Brenda Winder. Brenda ist ausgebildete Reitlehrerin und veranstaltet Ausritte in den benachbarten Fossilienpark mit Naturreservat (R200) sowie in den Schulferien Reitcamps.
Die Herberge liegt an der Strecke des **Elwierda Busses**, ✆ 021-418 4673, der tgl. zwischen Kapstadt und Saldanha verkehrt.

Informationen

West Coast Peninsula Tourism Bureau, Atrium Building, Main Rd, Vredenburg, ✆ 022-715 1142, 💻 www.capewestcoast peninsula.co.za. 🕒 Mo–Fr 9–17 Uhr.

Paternoster

Das schönste Küstenstück befindet sich 20 km nordwestlich von Vredenburg und 145 km von Kapstadt in der Umgebung des Dorfes Paternoster. Der Name rührt von der Begebenheit her, dass portugiesische Matrosen Stoßgebete ausstießen, nachdem sie sich nach einem Schiffbruch in der benachbarten Bucht an Land geschleppt hatten. Das Dorf lebt in erster Linie vom Fischfang, und die meisten Fischer wohnen in den Katen des Farbigenviertels westlich vom Hotel.

Leider hat die allgemeine Bauwut neuerdings auch auf das idyllische Paternoster übergegriffen, wo immer mehr neue Häuser aus dem Boden schießen. Die schöne Küste selbst bleibt aber durch das **Cape Columbine Nature Reserve** 3 km weiter westlich vor Zersiedelung geschützt; hier branden wilde Brecher an gewaltige Granitfelsen, die so blank gescheuert sind wie Walbuckel.

Informationen

Touristeninformation, am Ortseingang, ✆ 022-752 2323, 🕒 Fr und Sa 10–18 Uhr.

Übernachtung

Wer möchte, kann in Paternoster direkt am Strand nächtigen. Die schönsten Unterkünfte liegen in einer kleinen Bucht an der Sonkwas Road, bevor man das Reservat erreicht – alle nach Westen gekehrt, um die Nachmittagssonne und den Sonnenuntergang voll auszukosten. Paternoster hat eine **Unterkunftsvermittlung**, ✆ 022-752 2227.
Baywatch Villa, 8 Ambyl Rd, ✆ 022-752 2039, 💻 www.baywatchvilla.co.za. Fünf strohgedeckte Luxus-Cottages im Fischerhüttenstil

Strandromantik pur

The Paternoster Dunes, 18 Sonkwas St, ✆ 083-560 5600, 💻 www.paternosterdunes.co.za. Ein rundum bezauberndes Gästehaus. Die Zimmer im modernen Strandhausstil haben direkten Strandzugang. Der Pool liegt windgeschützt im Innenhof. Unbedingt nach einem Zimmer mit Meerblick fragen; einige Zimmer gehen nämlich auf den Hof. ❻

2 Fußminuten vom Long Beach, im ruhigen Wohngebiet nördlich vom Zentrum. ❹

Beach Camp, im Cape Columbine Reserve, von Paternoster ausgeschildert, ✆ 082-926 2267, 🖳 www.ratrace.co.za. Das Strandcamp in einer eigenen Bucht hat Zelte mit Stehhöhe und kleine A-frame-Hütten, in denen teils auch Kinder unterkommen können. Von hier kann man zu Seekajaktouren aufbrechen, wenn der Wellengang nicht zu stark ist. Abholung vom Elwierda Bus in Vredenburg, ✆ 021-418 4673, der tgl. um 17 Uhr von Kapstadt abfährt. Bar mit Frühstücksterrasse und Fisch-*braais* auf Vorbestellung. Ansonsten müssen Gäste ihre Verpflegung selbst mitbringen. A-frame-Hütten ❷

Blue Dolphin, 12 Warrelklip St, direkt am Strand, ✆ 022-752 2001, 🖳 www.bluedolphin.co.za. Vier Zimmer mit Bad in einem modernen Gebäude. George, der mitteilsame Besitzer, bereitet ein hervorragendes Frühstück. ❺

Die Opstal, Sonkwasweg, ✆ 083-988 4645. Drei Apartments für Selbstversorger und ein Studio, alle mit eigenem Eingang. Das Gebäude steht eine Häuserreihe hinter dem Strand. ❸

Mosselbank, Trappiesklip, Ecke Mosselbank St, ✆ 022-752 2632, wwww.weskus.com. Freundliches B&B in einem Wohngebiet nördlich vom Zentrum, in der Nähe des Long Beach, 4 Zimmer mit Bad und Meer-blick. ❹

Oystercatchers' Haven, 48 Sonkwasweg, ✆ 022-752 2193, 🖳 www.oystercatchershaven.com. Wunderschönes Guesthouse mit 3 romantischen Zimmern und Pool samt Liegestühlen am Strand, direkt am Rande des Columbine Reserve. Traumhafte Aussicht. ❻

Essen und Unterhaltung

Essen ist in Paternoster eigentlich gleichbedeutend mit Seafood.

Noisy Oyster, an der Hauptstraße, ✆ 022-752 2196. Das zwanglose Lokal hat neben Austern und Langusten auch immer etwas für Vegetarier im Angebot und macht den Mangel an toller Aussicht durch nettes Ambiente und gutes Essen wett. 🕓 Mi–Sa Mittag- und Abendessen, So nur Mittagessen.

Panties Bar, Paternoster Hotel, St Augustine's Rd. Die beste Adresse, um ein bisschen vom örtlichen Leben mitzukriegen, ist diese

In der Umgebung von Paternoster zeigt sich die Westküste von ihrer schönsten Seite.

mit Slips und vereinzelten BHs geschmückte Kneipe.

Paternoster Lodge. Das familientaugliche Lokal neben dem Paternoster Hotel ist gut für einen Kaffee oder Snack auf der riedüberdachten Terrasse im Obergeschoss mit schöner Aussicht. Hier werden auch Filme gezeigt – das Programm hängt draußen aus.

Voorstrand, gemütlicher Wellblechbau in spektakulärer Strandlage am unteren Ende der Malgas Rd, ✆ 022-752 2038. Seafood-Platten, fangfrischer Fisch und eine große Auswahl an Grillgerichten; das Angebot an Salat- und Gemüsegerichten lässt allerdings zu wünschen übrig. ⌚ tgl. 11–21 Uhr.

Aktivitäten

Ein Abenteuerhighlight von Paternoster ist eine Seekajakfahrt vom **Beach Camp** im Columbine Nature Reserve, ✆ 082-824 8917, 💻 www.ratrace.co.za. Bei den einstündigen Kajaktouren (ab 16 Jahren) für R150 erfährt man viel Wissenswertes über die Vögel, Wale, Delphine und Robben, die es hier zu beobachten gibt.

Columbine Nature Reserve

Wer bis Paternoster vorgedrungen ist, sollte den Abstecher über eine ungeteerte Straße ins Columbine Nature Reserve, 3 km weiter westlich, nicht versäumen. ⌚ tgl. Sonnenaufgang bis Sonnenuntergang, Eintritt R10. Dieses kleine Schutzgebiet für *sandveld*-Fynbos stellt einen erstaunlichen Kontrast zu den ansonsten entlang der Westküste typischen Ödflächen dar. Hohe, von Vegetation bedeckte Dünen ziehen sich zum Meer hinab, wo sich zwischen rosa Felsen kleine Buchten erstrecken. Die Sandstrände hier sind blau getönt – die Farbe stammt von zermahlenen, angeschwemmten Muschelschalen.

Besucher können an der Tieties Bay parken, die auch Zeltstellplätze direkt am Ozean zwischen den Granitfelsen bietet. Von hier einfach den markierten Wegen über die Felsen und an den Dünen entlang folgen, um die Gegend zu erkunden. Ansonsten führen ein paar ausgezeichnete **Küstenwanderwege** durch das Naturschutzgebiet, darunter zwei für lange Tagestouren (Näheres bei der Touristeninformation in Vredenburg).

An der Straße zwischen Paternoster und dem Reservat steht das 1936 auf dem Castle Rock erbaute **Cape Columbine Lighthouse** (Führungen Mo–Fr; R10). Der Leuchtturm, der alle 15 Sekunden einen weißen Lichtstrahl in den Himmel schießt, ist normalerweise der erste, der die Schiffe begrüßt, die aus Europa kommend das Kap umschifft haben.

Unterbringung für Selbstversorger, ✆ 021-449 2400; bieten zwei ehemalige Leuchtturmwärterhäuschen sowie eine mit allen modernen Einrichtungen versehene Ferienwohnung. Ab R550 pro Cottage. ❷–❹

Velddrif

An Nordende der R27 von Kapstadt, dort wo der Great Berg River ans Meer stößt, liegt der Fischerort Velddrif. An der hiesigen Hafensiedlung Port Owen endet alljährlich der Berg River **Kanumarathon**, der in der Nähe von Ceres, 49 km nördlich von Worcester seinen Anfang nimmt. In den letzten Jahren werden in der Ortschaft am Berg River zunehmend Pendler-Eigenheime hochgezogen, doch der Hartnäckigkeit einiger Einheimischer ist es zu verdanken, dass zumindest ein Teil des historischen Charakters von Velddrif erhalten blieb.

In der Nähe der Velddrif-Brücke sind noch immer Fischer zu sehen, die von kleinen Booten aus Meeräschen oder Stachelmakrelen fangen. Aus den getrockneten, gesalzenen Fischen wird **bokkoms** hergestellt, das als Gaumenschmaus gilt, im Grunde jedoch ein billiges, proteinreiches Grundnahrungsmittel armer Fischer und Fabrikarbeiter an der Westküste ist. Wer hinter der Brücke rechts abbiegt, gelangt zum **Pelican Harbour**, wo in einer renovierten Fischfabrik Cafés und Kunsthandwerksläden untergebracht sind.

Informationen

Touristeninformation, Voortrekker Rd, ✆ 022-783 1821. Hat Infos zu Unterkünften. ⌚ Mo–Fr 8.30–13 und 14–17, Sa 9–13 Uhr.

Übernachtung

Riviera Hotel, ✆ 022-783 1137, 💻 www.eigevis.com. 10 gut ausgestattete Selbstversorger-Chalets unweit der Brücke. Vom Balkon kann man Flamingos und viele andere Wasservögel beobachten. ❸

Kuifkopvisvanger, nur 5 km außerhalb der Stadt am gegenüberliegenden Flussufer, ✆ 022-783 0818. Fünf reizende, rustikale Fischerhütten mit Ausblick auf den Fluss und die Marschen. ❷

Westkap

Essen

In Velddrif gibt es zahlreiche Restaurants am Meeresufer, darunter das **Vishuis**, rund 3 km westlich an der landschaftlich reizvollen, ungeteerten Straße von der Velddrif-Brücke, ✆ 022-783 1183. Das in einer restaurierten ehemaligen Fischfabrik untergebrachte Lokal hat Tische im Freien mit Blick über die Marschen und serviert preiswertes englisches Frühstück und mittags ausgezeichnete Fish 'n' Chips. Zum Abendessen ist Tischreservierung ratsam. 🕓 Di–Sa 11–15 und 18–21, So 9–15 Uhr.

Das **Laaiplek Hotel** ist ein hübscher Ort für ein erfrischendes Getränk in der Nähe der großen Schiffe, Fischfabriken und Kräne.

Dipaolas Ocean Deli, Church St, verkauft alle erdenklichen Arten von gefrorenem Seafood (z. B. Hummer) und gute frische Fish 'n' Chips. Merkwürdigerweise betrachteten die Fischer früher die Hummer, die sich in den Netzen verfangen hatten, als Plage; im 19. Jh. verkauften sie sie wagenweise an Farmer, die sie zermahlten und als Dünger benutzten.

Historische Farm mit wilden Pferden

Kersefontein Guest Farm, 25 km südlich von Velddrif am Berg River, ✆ 022-783 0850; 💻 www.kersefontein.co.za, ist die beste Unterkunft der Gegend. Die noch in Betrieb befindliche Farm, deren Ursprung ins 18. Jh. zurückgeht, ist mit ihren Wildpferden ein echtes Highlight der Westküste. Auf dem Anwesen stehen mehrere hübsche kapholländische Gebäude voller Originalmöbel, von denen einige in komfortable Unterkünfte umgewandelt wurden. Der Besitzer Julian Melck unterhält Gäste mit Geschichten über die Abenteuer auf einem südafrikanischen Bauernhof. ❺

Aktivitäten

Empfehlenswert ist ein **Bootsausflug** in die Feuchtgebiete am Ufer des Berg River, durchgeführt von dem Vogelkenner **Dan Ahlers**, ✆ 082-951 0447. Zu den zahlreichen dort nistenden Vögeln zählen auch Pelikane und Flamingos. Eine 90-minütige Fahrt kostet R80 p. P. Dan bietet außerdem Rundfahrten durch die Bucht an, bei denen die Möglichkeit besteht, Meeressäugetiere zu Gesicht zu bekommen.

Elands Bay

Eine 70 km lange, äußerst verkehrsarme und erst vor Kurzem geteerte Straße verbindet Velddrif mit **Elands Bay**. Bis zum Bau dieser Straße kamen vor allem Wellenreiter über die Schotterpiste nach Elands Bay geholpert, angelockt von den besten Wellen der Westküste. Elands (wie der Ort meist genannt wird) liegt nur zweieinhalb Autostunden von Kapstadt und hat sich inzwischen zum beliebten Wochenendziel gemausert. Es bietet einige Gästehäuser und Restaurants, ein paar interessante San-Felsbilder an den Küstenfelsen im Süden und außerordentlich gute Bedingungen für Vogelbeobachter in der Umgebung.

Wahrscheinlich sollte man den Ort rechtzeitig besuchen, bevor er touristisch ausgebaut wird. Allerdings ist das Meeresufer hier, wie auf weiten Strecken der Westküste, karg, windgepeitscht und unwirtlich. Die Flut spuckt Berge von Tang, Muscheln und gebleichten Robbenknochen auf menschenleere Strände und das Wasser ist, wie überall an der Westküste, schauderhaft kalt.

Die Verlorenvlei („verlorener Sumpf") teilt Elands Bay in eine Nord- und eine Südhälfte. Das Feuchtgebiet beherbergt über 200 Vogelarten. Die hübschere Seite ist die im Süden, wo sich auch die Wellenreiter herumtreiben. Dahinter ragt der Bobbejaanberg ins Meer. Dort, wo die Straße unterhalb der Küstenfelsen endet, liegt der Hafen. Von hier führt ein Weg hinauf zu einer großen Höhle mit Felskunst, darunter einige große Elenantilopen und Hunderte von Handabdrücken, die mit Initiationsriten in Verbindung gebracht werden – möglicherweise hinterließen Jugendliche diese Handabdrücke, wenn sie durch die Höhle gingen. Auch die Frühlingsblüte in der Gegend ist phänomenal.

Übernachtung und Essen

Elands Bay Guest House, 184 Kreef Rd, auf der Südseite von Elands Bay, ✆ 022-972 1229, 💻 www.elandsbayguesthouse.co.za. Anständige Unterkunft für Selbstversorger. ❷

Vensterklip, an der Vlei, 5 km von Elands Bay, ✆ 022-972 1340, 💻 www.vensterklip.co.za. Auf der Farm gibt es restaurierte historische Selbstversorger-Cottages und Zelte zum Campen auf dem Gelände. Das angeschlossene **Tin Kitchen Country Restaurant**, ⏲ Fr–So Mittag- und Abendessen, sonst nach Vereinbarung, bietet Mahlzeiten mit Zutaten aus biologischem Anbau. Zur Erkundung der Vlei kann man Kajaks leihen (für Gäste kostenlos). ❹

Elands Bay Hotel, ✆ 022-972 1640, 💻 www.elandsbayhotel.co.za. Ziemlich abgetakelte, aber freundliche Herberge mit zivilen Preisen. Auch Zimmer für Backpacker und Zeltstellplätze; an allen Tagen der Woche werden Seafood-Gerichte gekocht. ❸

Wem es nach einer Seafood-Orgie am Strand gelüstet, sollte 20 Min. Richtung Lambert's Bay zum Muisboskerm (S. 306) fahren.

Lambert's Bay

Die einzige erwähnenswerte Ansiedlung zwischen Velddrif und Port Nolloth, schon fast an der Grenze zu Namibia, ist Lambert's Bay, 27 km nördlich von Elands Bay und 70 km westlich von Clanwilliam. Der Ort ist ein bedeutender **Fischereihafen**, doch das geschäftige Treiben der Fischer wird von der **Tölpelkolonie** auf Bird Island (R20), mitten in der Bucht, weit in den Schatten gestellt.

Wer möchte, kann auf dem Deichweg zur Insel hinaus spazieren, die ein Visitors' Centre und einen Vogelbeobachtungsposten hat, und sich die dicht aneinander gedrängten Tölpel aus der Nähe ansehen, die unter den missbilligenden Blicken einiger Pinguine und Kormorane ein ohrenbetäubendes Spektakel vollführen. Außerhalb der Brutsaison (April–Sep) sind aber nicht immer Tölpel zu sehen.

Lambert's Bay selbst hat wenig zu bieten, doch seine Abgeschiedenheit bewahrte unberührte Küstenstriche und viel Natur. Zwischen Juli und Januar halten sich in der Bucht einige **Buckelwale** auf, angeblich sind es immer dieselben Walmütter.

Die Gewässer bilden auch das südlichste Verbreitungsgebiet der **Heaviside-Delphine** – freundliche kleine Meeressäuger mit keilförmigen Schnäbeln und schwarz-weißer Zeichnung, die derjenigen von Schwertwalen ähnelt. Mit Glück können Besucher die Tiere bei einer Bootsfahrt vom Fischerhafen aus genauer in Augenschein nehmen.

Übernachtung und Essen

Am Ortseingang und -ausgang befindet sich jeweils ein Caravanpark. Außerdem gibt es zahlreiche Ferienapartments, die allerdings nicht besonders reizvoll sind.

Donkieskraal, zwischen Lambert's Bay und Clanwilliam, ✆ 083-235 4717, 💻 www.donkieskraal.co.za. Das bei Weitem netteste Quartier ist diese Kartoffel- und Wildfarm mit strohgedeckten Chalets, einigen Safarizelten und Campingplatz. Die Unterkünfte werden an Selbstversorger vermietet, aber die Inhaberin Tilla Laubscher bereitet auf Wunsch auch Mahlzeiten zu. ❸

Lamberts Bay Hotel, an der Voortrekker St im Zentrum, ✆ 027-432 1126, 💻 www.lambertsbayhotel.co.za. Hat komfortable Hotelzimmer mit Frühstück. ❹

Sir Lambert's Guest House, 9 Donkin St, ✆ 027-432 1117. Genießt einen guten Ruf und ist etwas billiger als das Lamberts Bay Hotel. ❺

Bosduifklip, Graafwater Rd, 6 km landeinwärts über die R364, ✆ 027-432 2735. Ein recht gutes Freiluftrestaurant zwischen großen Felsformationen.

Isabella's Coffee Shop, umfangreiche Speisekarte mit einem umwerfenden „West Coast Breakfast".

Kreefhuis, am Hafeneingang an der Strand St, ✆ 027-432 2235, ist ein konventionelles Seafood-Restaurant. ⌚ Mo–Sa Mittag- und Abendessen, So nur Mittagessen.
Muisboskerm, 5 km südlich der Stadt in Richtung Elands Bay, ✆ 027-432 1017, ebenfalls ein Lokal unter freiem Himmel, erfreut sich einer wunderbaren Lage direkt am Ozean.
Spill the Beans. Der beste Tipp ist dieses Lokal an der Straße zum Hafen mit Schwerpunkt auf frischem Obst und Gemüse und selbst gezogenen Kräutern. Köstliche französische Zwiebelsuppe mit geschmolzenem Mozzarella, und schon allein der Schokoladen-Käsekuchen wäre einen Abstecher nach Lambert's Bay wert.

Informationen

Die **Touristeninformation** befindet sich an der Main Road, ✆ 027-432 1000, 💻 www.lambertsbay.co.za. ⌚ Mo–Fr 9–17, Sa 9–12.30 Uhr.

Die Cederberge

Die Gebirgskette der Cederberge zählt zu den atemberaubendsten Landschaften des Westkaps. Sie beginnt am Ostrand des Olifants River Valley, rund 200 km nördlich von Kapstadt, und die hohen Sandsteinberge und langgestreckten, trockenen Täler bieten Betätigungsfelder für Wanderer, Campingfreunde, Naturliebhaber und Bergsteiger.

Die **Cederberg Wilderness Area**, am Rande der N7 zwischen Citrusdal und Clanwilliam, wurde zum Schutz des sauberen Wassers der Cederberge eingerichtet, ist aber gleichzeitig auch ein Erholungsgebiet mit Wanderwegen, deren Länge insgesamt über 250 km beträgt.

An zahlreichen Stellen hat Erosion den roten Sandstein zu grotesken Formen geschliffen. Im gesamten Berggelände finden sich auch **Felsmalereien der San**, zahlreiche Vertreter der Kap-Gebirgsfauna, wie Paviane, kleine Antilopen, Karakal und Erdwolf, sowie Fynbosflora, z. B. die knorrige, widerstandsfähige Clanwilliam-Zeder und die seltene Schnee-Protea.

Die Cederberge sind von Kapstadt aus auf der N7 gut zu erreichen. Unweit der Schnellstraße, am Süd- bzw. Nordrand des Gebirgszuges, liegen die Städte **Citrusdal** und **Clanwilliam**, beides gute Ausgangspunkte für Abstecher in die Berge, insbesondere während der Blumenblüte im Frühling. Allerdings gibt es auch in den Bergen selbst ein paar schlichte Unterkünfte. Von Clanwilliam führt eine landschaftlich reizvolle Strecke nach Lambert's Bay an der Küste (s. o.) und über einen dramatischen Bergpass zur Missionsstation **Wuppertal**.

Citrusdal

An der N7 nördlich von Piketberg erstreckt sich eine weite Ebene zu den Ausläufern des Gebirgszuges der Olifantsrivierberge hin. Autofahrer überqueren die Berge auf dem 1857 in die Felsen gesprengten **Piekenierskloof Pass**.

Nördlich des Passes kommt Citrusdal in Sicht, eine Ortschaft 170 km von Kapstadt inmitten des Olifants River Valley, jenseits derer sich die dramatische Kulisse der Cederberge erhebt. Heutzutage ist es kaum noch vorstellbar, doch die ersten holländischen Siedler begegneten hier tatsächlich riesigen Elefantenherden, als sie nach Norden in Richtung Namaqualand vorstießen. Aus dieser Zeit stammt auch der Name des Ortes – *olifant* ist das niederländische Wort für „Elefant".

Übernachtung und Essen

Campsite, auf der N7 kommend gleich links hinter der Brücke, ✆ 022-921 3145, gepflegter Campingplatz mit Pool.
Citrusdal Country Lodge, Voortrekker St, ✆ 022-921 2221, 💻 www.citrusdallodge.co.za. Einigermaßen preiswerte Zimmer mit Bad. Auf der Terrasse wird bäuerliche Kost nach Afrikaander-Art serviert. ❸
Uitspan Coffee Shop, Voortrekker St, neben der Touristeninformation. Hier gibt es einfache Gerichte in großzügigen Portionen.
An der N7 zwischen Citrusdal und Clanwilliam stehen mehrere **Farmverkaufsbuden**, die frisches und getrocknetes Obst, Säfte und andere Stärkungen anbieten.

Informationen

Das moderne **Tourist Office**, 39 Voortrekker St, ✆ 022-921 3210, 💻 www.citrusdaltourism.co.za, bietet Landkarten und Broschüren sowie Infos über Ferienwohnungen und Guesthouses in der Umgebung. 🕒 Mo–Fr 8.30–17, Sa 9–12 Uhr.

Transport

Von Citrusdal gibt es keine direkte Straßenverbindung in die nahe gelegene Cederberg Wilderness Area, allerdings führen mehrere, auch für Mountainbiker geeignete Pfade zu den Gebirgsausläufern.

Citrusdal Hot Springs

Citrusdal ist von landwirtschaftlich genutztem Gelände umgeben, darunter natürlich auch zahlreiche Zitrusplantagen. Eine der Hauptattraktionen ist das südlich des Ortes befindliche The Baths, ✆ 022-921 8026 – ein herrlich altmodisches **Kurhotel**, 💻 www.thebaths.co.za, ❸ inmitten eines schönen Waldgebiets mit Campingplätzen, Ferienbungalows und ein paar großen, alten Häusern mit Ferienwohnungen.

Hier stehen ein großes warmes Schwimmbecken (43 °C), ein Kaltwasserpool und mehrere Indoor-Becken zur Verfügung. Für R50 ist die Anlage auch Tagesbesuchern zugänglich. Außerdem gibt es hier ein annehmbares Restaurant; die meisten Gäste verpflegen sich allerdings selbst.

Einsame Cottages mit eigenem Pool

Petersfield Mountain Cottages, auf einer Rooibos- und Zitrusplantage 4 km von Citrusdal, ✆ 022-921 3316, 💻 www.petersfieldfarm.co.za. Schönere Cottages für Selbstversorger wird man kaum irgendwo finden. Jedes der völlig abgeschiedenen Häuschen hat seinen eigenen Pool, und die Gäste können nach Lust und Laune herumwandern. Die Wochenenden sind allerdings schon ein Jahr im Voraus ausgebucht. ❸

Übernachtung und Essen

Es gibt mehrere Unterkünfte in der Umgebung von Citrusdal, die man als Stützpunkt zum Besuch der Quellen oder für die eine oder andere Tageswanderung in die nahe Wildnisregion nutzen kann.
Hebron Guest House, direkt am Piekenierskloof Pass noch vor Citrusdal, ✆ 022-921 2595, 💻 www.hebron.co.za, nette B&B-Zimmer. ❹

Transport

Die Anfahrt erfolgt von der N7 her, indem man die nach Citrusdal führende Straße nimmt und dann nach rechts (Richtung Süden) auf eine gute, asphaltierte Nebenstraße abbiegt.
Nach 16 km sind die warmen Quellen erreicht.

Cederberg Wilderness Area

Die Hauptroute in die Cederberg-Region und zur Algeria Forest Station, die als ihr Zentrum fungiert, zweigt 28 km nördlich von Citrusdal von der N7 nach Osten ab. Sie ist zwar ungeteert und holperig, aber durchaus mit normalen Fahrzeugen befahrbar. Die 710 km² große Cederberg Wilderness Area hat viele markierte **Wanderwege**, u. a. zu den beiden höchsten Gipfeln, dem **Sneeuberg** (2027 m) und dem **Tafelberg** (1969 m), und zu imposanten Felsformationen wie dem gewaltigen **Wolfberg Arch** im Südosten des Reservats, und einem 30 m hohen, frei stehenden Felspfeiler namens **Maltese Cross**, weiter südlich.

Die für Wanderungen erforderlichen preiswerten **Permits** können bei CapeNature in Algeria, 18 km von der N7, ✆ 021-659 3500, 💻 www.capenature.org.za, oder bei der jeweiligen Unterkunft erworben werden. In der Nähe der Abzweigung zum Maltese Cross gibt es ein kleines **Observatorium**, Informationen und Öffnungszeiten unter ✆ 021-531 5250. Hier kann man samstagnachts mit anderen Sternguckern durch leistungsstarke Teleskope schauen – allerdings nicht bei Vollmond, wenn das Mondlicht die Sterne überstrahlt. Spenden sind willkommen.

Das **Klima** in den Cederbergen ist extrem: Im Winter gibt es gelegentlich Eis und Schnee, im Sommer herrscht glühende Hitze.

Übernachtung und Essen

Algeria hat einen Campingplatz in hübscher Lage am Flussufer; dort stehen auch 7 schlichte, aber voll ausgestattete Ferienbungalows mit 4 Schlafgelegenheiten, am besten sind die aus Stein erbauten. In Algeria kann es allerdings an Wochenenden und in den Ferien ziemlich laut und voll werden. R450–550 pro Bungalow. Billigere Hütten gibt es 4 km weiter am Fuß des Uitkyk Pass, hier müssen Bettzeug und Kochutensilien mitgebracht werden. Alle diese Unterkünfte sind bei CapeNature online unter 💻 www.capenature.org.za oder telefonisch unter ✆ 021-659 3500 zu buchen.

Jamaka Organic Farm Cottages and Campsite, die Abzweigung ist kurz vor Algeria ausgeschildert, ✆ 027-482 2801, 💻 www.jamaka.co.za. Der Campingplatz in bezaubernder Lage auf einer Zitrus- und Mangoplantage hat im Gegensatz zu Algeria strikte Regeln, was laute Musik und Partys angeht. Wer lieber ein Dach überm Kopf hat, wählt von den preisgünstigen Cottages am besten das Steinhäuschen direkt am Fluss. ❷

Weiter südlich bieten mehrere **Privatleute** auf Bauernhöfen im Reservat südlich von Algeria Gästebetten an. Die Farmen sind auf der einzigen Hauptstraße zu erreichen, die durch diesen Teil der Cederberge führt.

Kromrivier, rund 50 km südlich von Algeria, ✆ 027-482 2807, ✉ namapip@netactive.co.za. 13 voll ausgestattete Ferienhäuser für 4-Pers. mit/ohne Bad, gegen geringe Gebühr Bettwäscheverleih. ❷

Cederberg Oasis, 12 km weiter südlich, ab Kapstadt auch über Ceres und die R303 zu erreichen, ✆ 027-482 2819, 💻 www.cederbergoasis.co.za, ist das einzige lizenzierte B&B und Restaurant im Umkreis und serviert schier gigantische Mahlzeiten. Die schlichten Zimmer sind vorwiegend für Rucksackreisende gedacht, daneben gibt es auch Campingmöglichkeiten. In der Gegend locken die Sandsteinformationen und die Felskunst von Tanjieskraal und den Stadsaal Caves. Gastgeber Gerrit zeichnet seinen Gästen eigenhändig Karten für die Tagesausflüge und verkauft Permits. ❷

Mount Ceder, 💻 www.mountceder.co.za, ✆ 023-317 0113, weiter südlich an der Straße (Anfahrt ab Kapstadt auch über Ceres und die R303 möglich), gehört zur Grootrivier Farm. Luxuriöseste Unterkunft des Reservats, Unterbringung in B&B-Zimmern in der Lodge oder 6 Selbstversorger-Cottages. An einem zeitweilig ausgetrockneten Flussbett gelegen; in der Nähe gibt es tolle Reitwege. ❸–❹

Sanddrif, 26 km südlich von Algeria, ✆ 027-482 2825, 💻 www.cederbergwine.com. Chalets mit 1–3 Zimmern (Bettzeug mitbringen) auf einer Farm mit Badestellen am Fluss und guten Wandermöglichkeiten sowie Möglichkeiten zum Zelten. Sanddrif verkauft auch Permits für die Wanderrouten auf seinem Gelände: die Wege zum Maltese Cross und zum Wolfberg Arch and Cracks. ❷

Clanwilliam und Umgebung

Ebenfalls an der N7 liegt am Nordsaum der Cederberge, rund 240 km von Kapstadt, die hübsche und selbstbewusste Stadt Clanwilliam. Sie wird mühelos ihren verschiedenen Rollen gerecht: als Ausgangsbasis für die Cederberg Wilderness Area, Zentrum der Blumenblüte im Frühling, Versorgungszentrum für die Farmen der Umgebung und Anlaufstelle für Besucher, die interessante Felskunst in nicht zu großer Entfernung von Kapstadt suchen. Clanwilliam wurde Ende des 18. Jhs. gegründet und ist eine der älteren Siedlungen nördlich von Kapstadt. Sie beherbergt mehrere historische Gebäude, darunter ein **Museum**, das im alten Gefängnis am Ende der Main Road untergebracht ist. 🕓 Mo–Sa 8–13 Uhr, Eintritt R5.

Die Stadt hat einige lohnende Sehenswürdigkeiten zu bieten, darunter das **Kunshuis**, eine gute Kunstgalerie an der Main St, eine traditionelle **Schuhmanufaktur** am Ou Kaapseweg und gleich daneben der bedeutendste südafrikanische **Verarbeitungsbetrieb für Rooibostee**. Die Arbeit ist durch ein Fenster von der Straße zu beobachten; außerdem werden auch Videos vom Verarbeitungsprozess gezeigt. 🕓 Videos Mo–Fr 10, 11.30, 14 und 15.30 Uhr.

Unmittelbar südlich der Stadt liegt **Ramskop**, ein Schutzgebiet für Frühlingsblumen an einem Hang hinter dem Eingang zum Clanwilliam Dam

Resort – einem der besten Wasserskireviere des Landes, auf dem es im Sommer und an den Wochenenden oft von Motorbootrüpeln wimmelt. Zur Blütezeit ist Ramskop zauberhaft und auf jeden Fall einen Besuch wert.

In den Cederbergen gibt es rund 2500 bekannte Felskunststätten. Einige davon liegen am **Sevilla Bushman Painting Trail**, 36 km nördlich von Clanwilliam, und sind auf Touren des ausgezeichneten **Living Landscape Project**, 18 Park St, Clanwilliam, ✆ 027-482 1911, 💻 www.cllp.uct.ac.za, zu besichtigen. Der geistige Vater der Initiative ist John Parkington von der Universität Kapstadt. Seine Bücher über Felskunst in den Cederbergen *(The Mantis, the Eland and the Hunter* und *Cederberg Rock Paintings)* sind beim Projekt erhältlich und liefern die besten Interpretationen der rätselhaften und faszinierenden Bilder, die an Felsen und Überhängen zu sehen sind.

Täglich werden Touren für unter R100 pro Person nach Sevilla und zu anderen Felskunststätten angeboten. Für diese Wanderungen mit fachkundigen einheimischen Führern ist jeweils ein halber Tag einzuplanen.

Übernachtung

In Clanwilliam gibt es eine Reihe von B&Bs. Eine gute Alternative sind Unterkünfte auf Farmen und in den Tälern der Umgebung, z. B. in der nur 10 km entfernten Boskloof.

Clancourt B&B, 2 Arnold St, ✆ 027-482 1143, 💻 www.clancourt.co.za. Vier Zimmer mit Bad rings um einen großen Swimming Pool. ❹

Living Landscape, 18 Park St, ✆ 027-482 1911. Die annehmbare Backpacker-Unterkunft im Zentrum von Clanwilliam bietet Dorm-Betten und DZ in einem Haus neben dem gemeinnützigen Projekt. ❶–❷

Ndedema Lodge, am Ende der Park St, ✆ 027-482 1314, 💻 www.clanwilliam.info/ndedema. Romantisches viktorianisches B&B mit altem Mobiliar und hübschem Garten samt Pool. ❹

Essen

Nancy's, an der Hauptstraße, ist das beliebteste Esslokal der Stadt.

Das **Café** in der Gärtnerei gegenüber der Touristeninformation ist eine gute zwanglose Sättigungsadresse für tagsüber.

Rooibostee

Für die einen ein regelrechter Kult, für die anderen eher ein Witz – Rooibos- oder Rotbuschtee ist in Südafrika ein wichtiges Thema. Der Rooibos, der auf vielen Plantagen immer noch von Hand gesät und geerntet wird, ist eine Fynbospflanze, die nur in der Gebirgsregion um Clanwilliam und Nieuwoudtville gedeiht. Der koffeinfreie Gesundheitsaufguss aus seinen Blättern ist in Südafrika als Getränk verbreitet, seitdem Sklaven aus Asien vor zwei Jahrhunderten darauf verfielen, ihn als Tee-Ersatz zu nutzen. Inzwischen ist Roiboos in südafrikanischen Haushalten und Tearooms neben Tee und Kaffee längst fest etabliert und kann jetzt sogar als Espresso genossen werden; der Red Espresso ist in Supermärkten in Pulverform erhältlich und wird auch in immer mehr Cafés angeboten.

Wer sehen möchte, wie Roiboos angebaut und verarbeitet wird, kann für R60 eine Besichtigungstour mit **Elandsberg Eco Tours**, ✆ 027-482 2022, unternehmen (Reservierung erforderlich). Die Touren starten von der Niederlassung 20 km westlich von Clanwilliam an der Straße nach Lambert's Bay. Der Veranstalter bietet zudem Unterbringung in zwei schlichten, rollstuhlgerechten Chalets für Selbstversorger in einem herrlich abgelegenen Tal; auf Wunsch werden auch Mahlzeiten zubereitet. ❷–❸

Clanwilliam Lodge, bei der Einfahrt in die Stadt nicht zu übersehen. Die protzige Lodge bietet ideale Möglichkeiten, sich zum entspannten Drink hinzufläzen – im Winter drinnen am Kamin, im Sommer draußen am Pool. Die Sportfans sitzen dagegen lieber halbwegs aufrecht vor dem Großbildschirm im dazugehörigen Pub.

Informationen

Das **Tourist Office** residiert zusammen mit dem Museum im alten Gefängnisgebäude am Ende der Main Rd, ✆ 027-482 2024, 💻 www.clanwilliam.info, 🕓 Mo–Fr 8.30–17, Sa 8.30–12.30, Mitte Aug–Mitte Sep tgl. 8–17 Uhr.

Westkap

Transport

Busse

Nach KAPSTADT 6x wöchentl., 3 3/4 Std.,
CITRUSDAL 6x wöchentl., 25 Min.,
WINDHOEK (Namibia) 6x wöchentl., 16 1/4 Std.

Boskloof

Ca. 1 km östlich der Stadt an der Pakhuis Pass Rd, einer guten Schotterstraße, die nach Süden in die Boskloof hinabführt, befindet sich die Schlucht, die der Jan Dissels River gegraben hat. Das Tal liegt zwar weniger als 10 km von der Stadt (und 290 km von Kapstadt) entfernt, doch hat man das Gefühl, weit von aller Welt entfernt zu sein. Das stille Gelände eignet sich zu geruhsamer Naturbetrachtung am Flussufer, einem Bad in einem der Teiche oder einem Fußmarsch entlang der ungeteerten Straße, die sich durch die Berge windet.

Vom Tal kann man auf dem **Krakadouw Hiking Trail** in die Cederberge hinaufwandern. Er beginnt bei den Krakadouw Cottages, wo auch die Permits verkauft werden. Hier bieten sich Möglichkeiten für bis zu einwöchige Wanderungen, aber auch für Tages- oder Halbtageswanderungen auf kürzeren Wegabschnitten.

Übernachtung und Essen

Am Rande der ruhigen Straße, die im Tal endet, befinden sich gute Unterkünfte.

Zum Sundowner in die Badewanne

Karukareb, am Ende der Straße, 13 km von Clanwilliam, ✆ 027-482 1675, 🖳 www.karukareb.co.za. Ausgesprochen luxuriöses Buschcamp mit Gästelodge in einem der schönsten und wildesten Täler des Westkaps. Am besten lässt sich die Wildnis statt in der Lodge selbst in einem der 5 Luxus-Safarizelte am Flussufer genießen. Jedes Zelt hat seine eigene Badestelle im Fluss und eine Holzterrasse zum Ausspannen. Selbst aus der Badewanne kann man mit dem Weinglas in der Hand durchs Fenster auf den Sonnenuntergang über den Bergen schauen. VP und Aktivitäten ❽

Boskloof Swemgat, ✆ 027-482 2522, 🖳 www.boskloofswemgat.co.za. Acht modernisierte Cottages in schöner Flussuferlage mit Schwimmgelegenheit. ❷

Klein Boschkloof Chalets, 9 km von Clanwilliam, ✆ 027-482 2441, 🖳 www.kleinboschkloof.co.za. Besteht aus einer Reihe preiswerter, 250 Jahre alter kapholländischer Bauernhäuser, die in Ferienwohnungen verwandelt wurden.
Die einladenden, strohgedeckten Chalets inmitten von Zitrushainen verfügen über Kochgeschirr, Bettzeug und Handtücher. Auf Wunsch Frühstück und Abendessen. ❸

Die nördlichen Cederberge und der Pakhuis Pass

Nordöstlich von Clanwilliam schlängelt sich die ungeteerte **R364** über den **Pakhuis Pass**, eine Fahrt durch wildromantische Gebirgslandschaft mit spektakulären Ausblicken. Diese Gegend gilt als eins der weltweit besten Reviere fürs Bouldering (Felsklettern ohne Hilfsmittel), weshalb hier vor allem in den milderen Wintermonaten jede Menge Kletterer auf dem Weg zu und von den Routen unterschiedlicher Schwierigkeitsgrade unterwegs sind.

Eine preiswerte **Unterkunft** ist Traveller's Rest, auf einer Farm 36 km nördlich von Clanwilliam an der R364, ✆ 027482 1824, 🖳 www.travellersrest.co.za. Unterbringung in verschiedenen Feriencottages. Für Gruppen können Mahlzeiten arrangiert werden. ❷–❸

Die Hauptattraktion hier ist der 4 km lange **Bushman Painting Trail**, der direkt neben dem Traveller's Rest beginnt. Der Pfad führt an neun verschiedenen Felsmalereien vorbei – eine ausgezeichnete Möglichkeit, die Malereien zu studieren. Reisende mit wenig Zeit können die Besichtigung auf die interessantesten ersten sechs beschränken. **Permits** für den Wanderweg sind im Farmhaus oder Restaurant erhältlich (R30), dort gibt es auch eine Broschüre mit einer genauen Wegbeschreibung. Auch Erkundungen zu Pferd sind möglich.

Rund 1 km hinter Traveller's Rest befindet sich das um mehrere Klassen bessere **Bushman's Kloof**, ✆ 027-482 2627, Reservierung:

Ein kleines Paradies am Ende der Welt

Oudrif, Reservierung erforderlich unter ✆ 027-482 2397, 💻 www.oudrif.co.za, VP ❻, ist eine außergewöhnliche Ferienanlage im Hinterland der Cederberge, 48 km von Clanwilliam entfernt, und ist über teils geteerte, teils ungeteerte Straßen erreichbar. Sie liegt in stimmungsvoller Landschaft in den Übergangszonen zwischen den Gebirgsausläufern und der trockenen Karoo, einer Gegend mit roten Sandsteinschluchten und dem breiten Tal des Doring River. Gäste der Ferienanlage können herrliche begleitete Spaziergänge durch Fynbos zu den **San-Felsmalereien** unternehmen oder unter der unaufdringlichen Regie von Mitinhaber und Manager Bill Mitchell und seiner Frau Janine einfach nur die Seele baumeln lassen. Multitalent Mitchell ist u. a. ein ausgezeichneter Koch und bereitet sämtliche Mahlzeiten zu. Einige Strände am Fluss laden zum Sonnenbaden und zu einem kühlen Bad ein. Als ehemaliger River-rafting-Guide unternimmt Mitchell auf Wunsch auch Bootsfahrten mit den Gästen.

Zur **Unterbringung** stehen fünf aus Stroh und Zement erbaute, stilvoll eingerichtete Häuser am Rande der Schlucht des Doring River. Die cremefarbenen Chalets passen wunderbar in die mit Felsblöcken übersäte Hanglandschaft, jedes verfügt über ein Doppelbett und eine Schlafliege. Die Stromversorgung erfolgt mittels Solarenergie und das Duschwasser ist warm.

Der Ausgangspunkt für die besten **Wildwasserfahrten** im Westkap (Mitte Juli–Mitte Sep auf dem Doring River) befindet sich ein kurzes Stück zu Fuß vom Oudrif flussabwärts. Wochenendausflüge mit River Rafters, 💻 www.riverrafters.co.za, ✆ 027-712 5094, kosten R950 p. P.

✆ 021-685 2598, 💻 www.bushmanskloof.co.za, eine fantastische Luxusherberge inmitten einer Wildnisregion mit Tierbeobachtungstouren und mehr als 125 bekannten Stellen mit San-Felsmalereien. Die Wildhüter kennen sich sowohl in Bezug auf die Fauna als auch die San-Kunst aus. Im Übernachtungspreis sind VP, Safaris und Führungen zu den Felszeichnungen enthalten. Die Übernachtungspreise liegen bei R2000–3500 p. P. ❾

Für Normalsterbliche gibt es zwei sehr nette und bei Felskletterern beliebte Selbstversorger-Unterkünfte auf Farmen 26 km nördlich von Clanwilliam, von der R364 zu erreichen. Die **Alpha Excelsior Guest Farm and Winery**, ✆ 027-482 2700, 💻 www.alphaexcelsior.co.za, vermietet 3 Cottages für je 2–4 Pers. Am hübschesten ist das Weavers Cottage in direkter Flussnähe. Außerdem gibt es in einem Haus einen Dachboden mit zusätzlichen Dorm-Betten. Die freundlichen Inhaber der Farm verkaufen auch die Erzeugnisse ihrer kleinen Weinkellerei. ❸

Das Nachbaranwesen **De Pakhuys**, ✆ 027-482 1468, 💻 www.depakhuys.co.za, vermietet drei unterschiedlich große Cottages auf einer Rooibosfarm mit Bademöglichkeiten und markierten Wanderwegen, die in der Nähe des abgeschiedenen Campingplatzes starten. Die Krugers sind ausgesprochen entgegenkommende Gastgeber, und die Gäste können ihren Swimming Pool und *braai*-Bereich nutzen. ❷

Wuppertal und das Biedouw Valley

Eine der landschaftlich schönsten Strecken des ganzen Westkaps ist die ungeteerte Gebirgsstraße R364, die sich durch entlegene Täler bis zum historischen Wuppertal schlängelt. Die tief im Tra-tra Valley gelegene mährische Missionsstation mit ihren strohgedeckten Katen im kleinen Zentrum und am Fluss entlang zählt zu den ältesten des Westkaps und ist eine der am besten erhaltenen in Südafrika – auch wenn heutzutage Satellitenschüsseln auf den Strohdächern thronen.

Die von den Kirchenältesten verwaltete Mission mit ausschließlich farbigen Mitgliedern ist vor allem als Herstellungsort von *velskoene* bekannt. Diese kurz *vellies* genannten Wildlederschuhe sind Teil der Afrikaander-Nationaltracht. Besucher können bei der Fertigung zusehen und die Schuhe beim kleinen Laden im Zentrum an der Kirche erwerben. Hier werden außerdem verschiedene Rooibosprodukte angeboten, u. a. Seife.

Von der Schuhfertigung abgesehen, leben die Menschen hier von Eigenbedarfslandwirtschaft und vom Rooibostee-Anbau. Für Touristen wird nicht viel geboten, doch immerhin beherbergt der bescheidene **Lekkerbekkie Tearoom**, ✆ 027-492 3410, ⌚ Mo–Sa 9–15 Uhr, in einem der ältesten Gebäude des Dorfs ein kleines Museum und eine noch winzigere **Touristeninformation**, ✆ 027-492 3410, 💻 www.capewestcoast.org. Ansonsten kann man eigentlich nur herumwandern und Fotos von dem ausgesprochen pittoresken Ort schießen.

Die Straße hierher ist ziemlich haarsträubend und stellenweise sehr steil; Besucher brauchen zwar nicht zwingend Vierradantrieb, sollten es aber langsam angehen lassen. Die meisten Besucher belassen es bei einer Stippvisite, aber es gibt auch ein paar bescheidene **Cottages** für Selbstversorger, ✆ 027-492 3410, ❶, und bei Lekkerbekkie werden auf Vorbestellung Mahlzeiten zubereitet.

Auf dem Weg nach Wuppertal kann man einen Abstecher ins **Biedouw Valley** unternehmen, das normalerweise nur im Frühjahr Besucher zu sehen bekommt, wenn ein prächtiger Blumenteppich den Talboden überzieht. Der beste Grund für einen Besuch ist aber **Enjolife**, ein 200 Jahre altes Farmhaus in weltentrückter Lage 60 km von Clanwilliam, ✆ 027-482 2869, 💻 www.soulcountry.info. Hier bietet ein junges Paar aus Deutschland reizende Cottages für Selbstversorger zum Sparpreis sowie Zeltstellplätze.

Hauptattraktion ist die schöne Natur rundum; im Sommer können sich die Gäste im Teich der Farm abkühlen. Da sie so weitab von allem liegt, lohnt sich die Fahrt eher für einen mehrtägigen Aufenthalt als für eine bloße Übernachtung. Abendessen ist auf Vorbestellung erhältlich. Außerdem können Rundflüge arrangiert werden – der Betreiber ist ehemaliger Lufthansa-Pilot. ❷

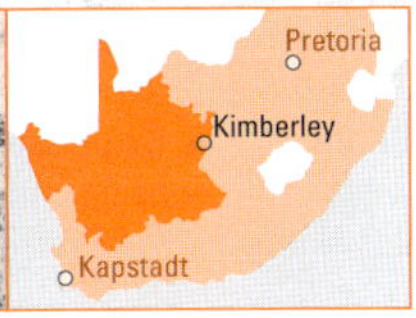

Nordkap

Stefan Loose Traveltipps

The Big Hole Das gähnende Loch mitten in Kimberley ist ein eindrucksvolles Vermächtnis der ersten Diamantenschürfer. S. 315

7 **Kgalagadi Transfrontier Park** Löwen, Spießböcke und Erdmännchen inmitten der versengten, rötlich gefärbten Sanddünen der Kalahari beobachten. S. 332

Augrabies Falls Afrikas zweitgrößter Wasserfall, wo der Oranje-Fluss mit lautem Echo in eine Schlucht donnert. S. 337

Missionsstation Pella Einen unerwarteten Anblick bietet die stattliche „Kathedrale" dieses staubigen Missionsdorfs im entlegenen Niemandsland. S. 339

8 **Blumen in Namaqualand** Im August und September schmückt sich das *veld* mit einem fantastischen Blumenmeer. S. 340

N7 Die landschaftlich schönste Route der Provinz führt von Springbok südwärts durch schroffe Berge und verschlafene *dorps*. S. 343

9 **Richtersveld Transfrontier Park** Die einzige Bergwüste Südafrikas: eine heiße, ausgedörrte und abweisende Gegend, die nur im Geländewagen oder auf einer Paddeltour auf dem Oranje-Fluss erkundet werden kann. S. 349

Das Nordkap, die größte und ausgedehnteste Provinz von Südafrika, macht es Besuchern nicht gerade leicht. Es erstreckt sich über ein Drittel der Landmasse Südafrikas – von der einsamen Atlantikküste bis zur Provinzhauptstadt **Kimberley** an der östlichen Grenze zum Freistaat. Die Region ist geprägt von Hitze und Trockenheit, endlosen Weiten und riesigen Entfernungen. Diese Charakteristika haben eine beinahe surreale Anziehungskraft, doch die meisten kommen hierher, um die Wunder der Wüste zu sehen: unglaublich farbenfrohe Blumenteppiche, aus der bloßen Erde gegrabene Diamanten und in den Dünen umherstreifende Wildtiere.

Der **Oranje River**, der vom Hochland Lesothos zum Atlantik fließt und dabei Südafrikas Grenze zu Namibia markiert, ist die eigentliche Besonderheit. Der Fluss trennt die **Kalahari** von der **Großen Karoo**. Beide sind dünn besiedelte Halbwüsten-Ökosysteme und bilden das Binnenland des Nordkaps. Am Oranje liegt auch das abgelegene Zentrum des Nordens, **Upington**, die größte Stadt der Kalahari-Region und das Tor zum wunderbaren **Kgalagadi Transfrontier Park** sowie zum kleineren **Augrabies Falls National Park**.

In **Namaqualand**, im Westen der Provinz, haben die kurzen Regenfälle im Winter eine der prächtigsten Verwandlungen der Natur zur Folge: Im August und September sind weite Teile des Landes mit einem wahren Teppich aus herrlichsten **Wildblumen** überzogen. Ein ähnliches Blütenmeer aus Sukkulenten ist im **Richtersveld Transfrontier Park** zu bewundern, einer Bergwüste an einer Schleife des Oranje River, beiderseits der namibischen Grenze, die nur von wenigen Touristen aufgesucht wird.

Trotz dieses eindrucksvollen Naturschauspiels ist die verkehrsreichste Gegend des Nordkaps seine südöstliche Ecke, denn hier verlaufen die beiden Hauptverkehrsadern, **N1** und **N12**, von Johannesburg nach Kapstadt. Da dieses Gebiet aber touristisch nicht viel zu bieten hat, haben wir den Südosten der Provinz nicht ins Buch aufgenommen.

Eine weniger befahrene Reiseroute führt von Johannesburg über die **N14** nach Upington, wobei man unterwegs die urige Missionsstation Kuruman passiert, und dann weiter nach Springbok und über die landschaftlich schöne **N7** bis Kapstadt. Diese Route ist rund 400 km länger als die N1 oder N12. Die N14 verläuft zwar auf langen Strecken durch leere, einsame Landschaft, passiert aber unterwegs interessantere Sehenswürdigkeiten.

Diese Gegend mit **öffentlichen Verkehrsmitteln** zu bereisen, ist kein reines Vergnügen. Die größeren Städte Kimberley, Springbok und Upington liegen zwar an den Intercape-Busstrecken (mit Anschluss nach Windhoek in Namibia), doch viele Busse fahren nachts, sodass man nichts von der Landschaft sieht. Minibustaxis fahren die meisten Ziele an Werktagen mehrmals täglich an, verkehren aber am Wochenende nur sporadisch oder gar nicht. Zu den Nationalparks verkehren keine Taxis (hier kann man stattdessen eine organisierte Tour buchen). Wie überall nimmt man am besten die Frühbusse (6–7 Uhr). Einzelheiten zu den nützlichsten Routen finden sich im weiteren Text.

Geschichte

Die Geschichte des Nordkaps ist mit den **San**, dem ersten südafrikanischen Volk, eng verknüpft. Sie waren Jäger und Sammler und haben sich in bemerkenswerter Weise an das Leben in der Wüste angepasst. Obwohl die Angehörigen des San-Volkes heute kaum noch auf diese Art leben – nur winzige Inseln in den Wüstenregionen der Kalahari von Namibia und Botsuana existieren noch –, ist ihr Erbe auf zahllosen **Felsmalereien** quer durch die Provinz deutlich sichtbar, wohingegen die uralten San-Legenden und -Ortsnamen heute nicht mehr ganz so verbreitet sind. Die Wanderungen der Afrikaner aus dem Norden und Osten sowie der Europäer aus dem Südwesten führten zur Vertreibung der San aus ihren Jagdgründen und schließlich zu ihrem Untergang. Beide Gruppen von Neuankömmlingen sahen in der Halbwüste der Karoo und der Kalahari zunächst nicht viel mehr als unwirtliche Landstriche.

Doch die Europäer begannen bald, die unterirdischen Reichtümer dieser staubigen Landschaft ungehemmt auszubeuten. Schon 1685, kurz nachdem die Niederländer ihre erste Siedlung am Kap gegründet hatten, führte Governor Simon van der Stel eine Erkundungsexpedition nach Namaqualand, um dort nach Kupfer zu schürfen. Andere Europäer, die ihre Spuren früh in der Provinz hinterließen, waren zum einen die **Trekburen** – niederländische Bürger, die ihre Beschäftigung in der Dutch East India Company am Kap aufgaben und weit weg von den autoritären Zwängen der Company nach neuem Farmland suchten –, und zum anderen die **Missionare**, die ein Siedlungs- und Kommunikationssystem schufen, das von all den später Kommenden genutzt werden konnte.

Innerhalb nur weniger Jahre nach den ersten **Diamantfunden** in dieser Gegend nahm die Besiedlung des Umlands von Kimberley bis dahin ungekannte Ausmaße an. Und so war die Stadt in puncto Fortschritt in der südlichen Hemisphäre ganz schnell vorn mit dabei: Es gab hier bereits Büchereien, Elektrizitätsversorgung und Straßenbahnen sowie Südafrikas erste städtische „Siedlung" für Afrikaner und Farbige.

Die britischen Behörden am Kap trachteten schnell nach der Annexion der neuen Diamantfelder – sie machten sich damit weder beim Oranje-Freistaat noch beim vorwiegend farbigen Volk der **Griqua** beliebt, die beide dieses sehr ungenau definierte Land für sich beanspruchten. Es war also nicht verwunderlich, dass bei Ausbruch des **Burenkriegs** im Jahre 1899 das reiche und strategisch günstig gelegene Kimberley zu den ersten Städten gehörte, die von den Burenarmeen belagert wurden. Noch heute sind in dem Gebiet viele Mahnmale an den Krieg zu sehen.

Kimberley

Die **N12**, die von Johannesburg nach Kimberley und dann weiter südwärts bis zur N1, der Verbindung nach Kapstadt, führt, ist der Hauptgrund dafür, dass viele Besucher in die Stadt kommen. Obwohl Kimberley Provinzhauptstadt und historisches Zentrum der Gewinnung eines der wertvollsten Rohstoffe der Welt ist, kann man die Stadt weder groß noch glanzvoll nennen. Zur Zeit des „Diamantenrauschs" wuchs sie rasanter als jede andere Stadt auf der Südhalbkugel, und **Cecil Rhodes** gebot von hier nicht nur über die märchenhaft reiche Diamantindustrie, sondern auch über die britische Kolonialpolitik im südlichen Afrika.

Doch seither hat Kimberley stetig an Status und Glanz verloren. Selbst die allmächtige **De Beers Group** (die den Spitznamen „Großvater" von Kimberley erhielt, weil sie so vielen Menschen direkt und indirekt Arbeit gab) machte ihre Kimberley-Minen 2005 im Rahmen einer Neustrukturierung des Konzerns dicht. Heute lebt die Stadt in banger Erwartung des Tags, an dem der Diamantensegen endgültig versiegt.

Trotzdem besitzt Kimberley dank dieser Vergangenheit eine historische Ausstrahlung wie nur wenige andere Städte in Südafrika. Man kann durchaus ein paar interessante Stunden mit der Besichtigung seiner vielen alten Gebäude zubringen, und natürlich sollte man einen Blick in die Tiefen des Big Hole werfen, dieses erstaunlichen, in Handarbeit gegrabenen Abgrunds, der es an Größe fast mit dem Hauptgeschäftsviertel aufnehmen kann.

Orientierung

Viele von Kimberleys Hauptsehenswürdigkeiten liegen an oder nahe der **Du Toitspan Road**, die quer durchs Stadtzentrum verläuft und im Südosten als eine der Hauptverbindungsadern aus der Stadt herausführt. Die größte Attraktion, das **Big Hole**, liegt gleich westlich des Zentrums. Das Hauptgeschäftsviertel (CBD) erstreckt sich südlich der Lennox Road. Dass das Big Hole unter Bodenniveau liegt, erschwert die Orientierung etwas. Eine nützliche Orientierungshilfe ist der nüchterne Wolkenkratzer **Harry Oppenheimer House** (oft zu HOH abgekürzt) in der Nähe des Diamantveld Visitor Centre (Tourist Office).

The Big Hole: Das Kimberley Mine Museum

Obwohl das **Big Hole** gleich westlich des Stadtzentrums mit seinen 463 m Durchmesser weder das einzige noch das größte Loch in Kimberley ist, bleibt es die berühmteste Sehenswürdigkeit der Stadt. 1871, als bereits bekannt war, dass es in der Gegend Diamanten gab, buddelte eine Gruppe von Diamantensuchern, die sogenannte Red Cap Party, am Fuß von **Colesberg Koppie**,

NORDKAP

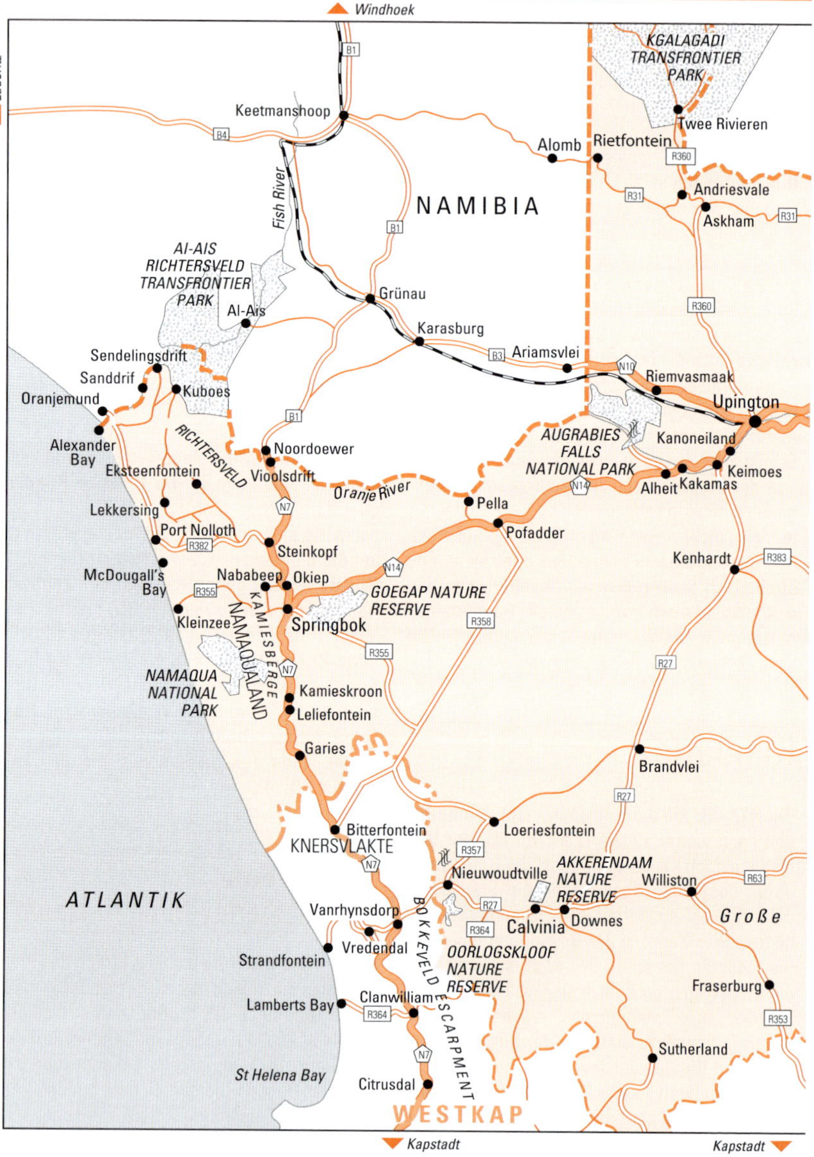

Windhoek
Lüderitz
Kapstadt
Kapstadt
KGALAGADI TRANSFRONTIER PARK
Twee Rivieren
Keetmanshoop
B1
B4
Alomb
Rietfontein
R360
Andriesvale
Askham
R31
NAMIBIA
Fish River
AI-AIS RICHTERSVELD TRANSFRONTIER PARK
Al-Ais
Grünau
R360
Karasburg
B3
Ariamsvlei
N10
Riemvasmaak
Upington
Sendelingsdrift
Sanddrif
Kuboes
Oranjemund
Alexander Bay
RICHTERSVELD
Noordoewer
Vioolsdrift
AUGRABIES FALLS NATIONAL PARK
Kanoneiland
Keimoes
Kakamas
Alheit
Eksteenfontein
Oranje River
N14
Pella
Pofadder
Lekkersing
N7
Port Nolloth
R382
Steinkopf
Kenhardt
R383
McDougall's Bay
Nababeep
Okiep
N14
GOEGAP NATURE RESERVE
R355
KAMIESBERGE
Kleinzee
NAMAQUALAND
Springbok
R358
R355
R27
NAMAQUA NATIONAL PARK
Kamieskroon
Leliefontein
Garies
Brandvlei
R27
Bitterfontein
Loeriesfontein
KNERSVLAKTE
R357
N7
AKKERENDAM NATURE RESERVE
Nieuwoudtville
Williston
R63
ATLANTIK
Vanrhynsdorp
R27
Calvinia
Downes
Große
R364
Vredendal
BOKKEVELD ESCARPMENT
Strandfontein
OORLOGSKLOOF NATURE RESERVE
Fraserburg
Lamberts Bay
Clanwilliam
R364
R353
Sutherland
N7
St Helena Bay
Citrusdal
WESTKAP

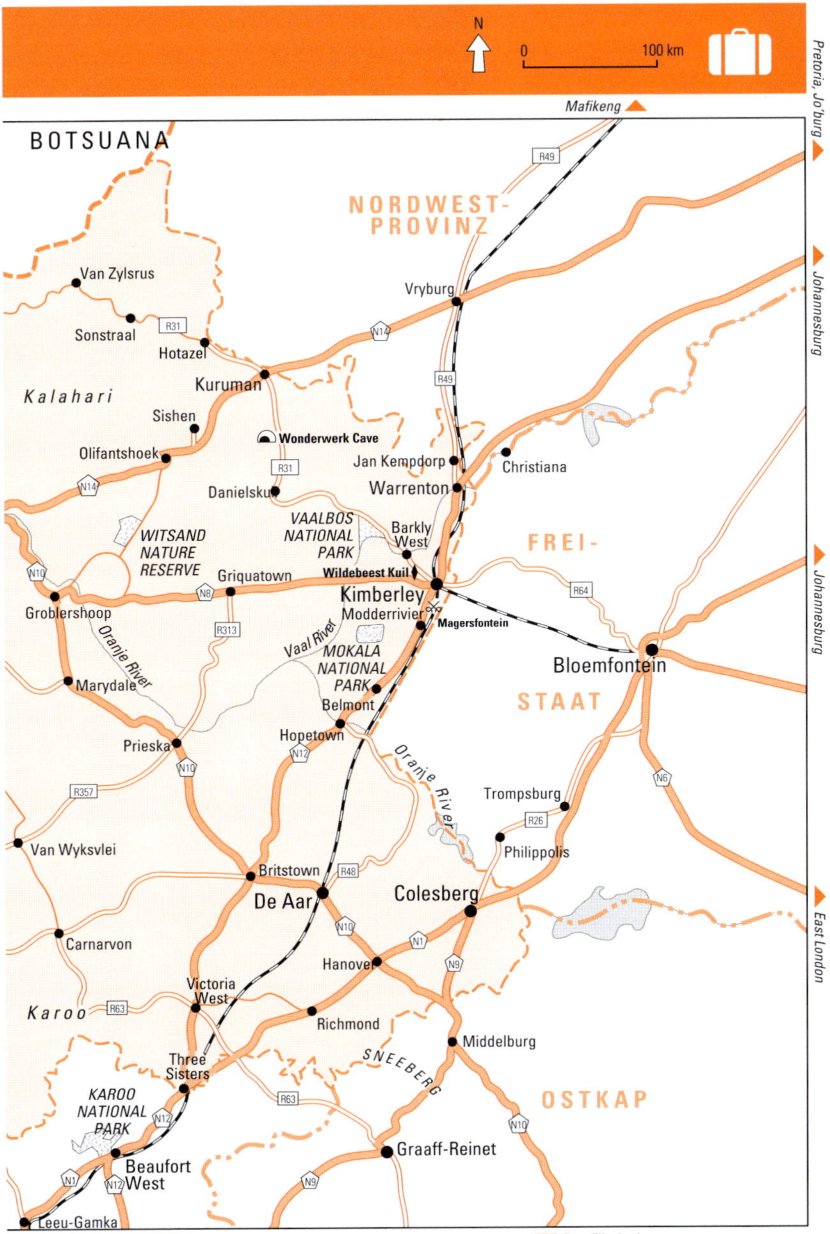
N
0
100 km
Pretoria, Jo'burg
Mafikeng
BOTSUANA
R49
NORDWEST-
PROVINZ
Van Zylsrus
Vryburg
Johannesburg
Nordkap
Sonstraal
R31
N14
Hotazel
Kuruman
Kalahari
R49
Sishen
Wonderwerk Cave
Olifantshoek
Jan Kempdorp
Christiana
R31
N14
Danielskuil
Warrenton
VAALBOS
NATIONAL
PARK
Barkly
West
WITSAND
NATURE
RESERVE
FREI-
Wildebeest Kuil
N10
Griquatown
Kimberley
Johannesburg
N8
R64
Groblershoop
Modderrivier
Magersfontein
R313
Oranje River
Vaal River
MOKALA
NATIONAL
PARK
Bloemfontein
Marydale
Belmont
STAAT
Prieska
Hopetown
N12
Oranje River
N10
N6
R357
Trompsburg
R26
Van Wyksvlei
Philippolis
Britstown
R48
De Aar
Colesberg
East London
N10
Carnarvon
N1
Hanover
N9
Victoria
West
Karoo
R63
Richmond
Middelburg
SNEEBERG
Three
Sisters
OSTKAP
KAROO
NATIONAL
PARK
R63
N12
N10
Graaff-Reinet
Beaufort
West
N1
N12
N9
Leeu-Gamka
Port Elizabeth

Das Kimberley Mine Museum begibt sich auf die Spur der Diamantenschürfer.

einem kleinen Hügel auf der Farm der Gebrüder De Beers. Es heißt, sie hätten einen betrunkenen Koch zur Strafe auf die Hügelkuppe geschickt und ihm aufgetragen, erst wieder herunterzukommen, wenn er einen Diamanten gefunden hätte. Er brachte das Gewünschte tatsächlich vom Hügel herunter, und innerhalb von zwei Jahren wurde die Gegend von mehr als 50 000 Menschen überschwemmt, die den Colesberg Koppie durchwühlten.

In der Boom-Phase wuselten hier Zehntausende von Diamantensuchern gleichzeitig auf ihren je 10 m^2 großen Claims herum. Ein Netz von Seilen und Rohren zog sich kreuz und quer über die Oberfläche, und Tag für Tag gewannen oder verschleuderten Menschen hier ein Vermögen oder verloren gar ihr Leben. Als ein weiterer Abbau im Tagebau unmöglich wurde, trieb man einen Schacht in den Boden, um die Ausbeutung bis in über 800 m Tiefe zu ermöglichen. Doch bis zur unglaublichen Tiefe von 240 m wurde das Loch ausschließlich mit Spitzhacken und Schaufeln ausgeschachtet. Es ist bis heute eine der größten in Handarbeit ausgehobenen Gruben der Welt. Bis De Beers die Mine 1914 stilllegte, wurden hier rund 22,6 Mill. Tonnen Erde an die Oberfläche befördert, die über 13,6 Mill. Karat (2722 kg) an Diamanten enthielten.

Offiziell kann man das Big Hole nur vom Gelände des **Kimberley Mine Museum**, ⌚ tgl. 8–18 Uhr, 💻 www.thebighole.co.za, Eintritt R55, aus betrachten, das sich entlang der Westseite des Holes an der West Circular Road erstreckt. Dorthin fährt eine historische, an den Seiten offene Tram von der City Hall aus (stdl. 9.15–16.15 Uhr, Rückfahrt jeweils zur vollen Std., einfache Fahrt R7).

Das Museum informiert umfassend über die Quelle von Kimberleys Ruhm. Über dem Big Hole schwebt eine Aussichtsplattform, von der man in die gähnende Tiefe starrt. Ein Film liefert interessante Hintergrundinformationen, ebenso wie andere Exponate – vom Nachbau eines Minenschachts aus dem 19. Jh. bis zu einem Tresor voll echter Diamanten. Außerhalb des Museums befindet sich die **Old Town** (die auch ohne Bezahlung des Eintritts von R55 zugänglich ist), eine Ansammlung historischer Gebäude, die zum großen Teil noch aus der Zeit von Rhodes und Barnato stammen. Sie wurden aus dem Stadtzentrum hierher versetzt, um sie vor dem Abriss zu retten.

Touren in und um Kimberley

Mit den spannenden Touren in aktive unterirdische Diamantenminen ist es seit Stilllegung der De-Beers-Minen leider vorbei, aber Kimberley hat immer noch verschiedene informative und unterhaltsame Touren zu bieten. Das Diamantveld Visitor Centre hält eine Liste offiziell zugelassener Führer bereit. Empfehlenswerte Tourveranstalter sind z. B. **Diamond Tours Unlimited**, ✆ 053-861 4983 oder 083-265 4795, 💻 www.diamondtours.co.za, und **In-Roads Tours**, ✆ 083-398 8176.

Gespenstertouren

Wer mutig genug ist, sich die Schauergeschichten von ruhelosen Geistern anzuhören, oder sich bloß gern mal nach Feierabend in einigen von Kimberleys interessanteren Bauten umsehen möchte, kann an einer **Ghost Tour** (R80) teilnehmen, die zu Schauplätzen unheimlicher Begegnungen führt, z. B. zur Africana Library, den Regimental Headquarters und der Spukvilla Rudd House in Belgravia. Die Touren starten unmittelbar vor Sonnenuntergang am Honoured Dead Memorial und dauern 3–4 Std.

Township-Touren

Kimberley richtete als erste Ansiedlung in Südafrika spezielle Quartiere am Stadtrand ein, um die schwarzen und farbigen Minenarbeiter unterzubringen. Eine Führung durch **Galeshewe** (nach einem aufständischen Stammeshäuptling des 19. Jhs. benannt) gibt Einblick in das Leben einer typischen modernen südafrikanischen Township mit ihrem Mix aus Wellblechhütten, einfachen Sozialwohnungshäusern und den schickeren Behausungen einiger zu Wohlstand gelangter Anwohner. Dabei werden auch ein paar alternative historische Sehenswürdigkeiten angesteuert – u. a. das Grab von Sol Plaatje (S. 603) und das Haus, in dem Robert Sobukwe (S. 385), der Gründer des Pan Africanist Congress, nach seiner Entlassung von Robben Island 1969 unter Hausarrest lebte. Die meisten Touren besuchen zum Abschluss das Gebäude der **Northern Cape Provincial Legislature** aus der Post-Apartheids-Ära – ein außergewöhnliches Bauwerk, das Elemente der traditionellen afrikanischen Baukunst mit geometrischen, silbrigen Baukörpern kombiniert.

Hier gibt es alte Läden, Kirchen, eine Kneipe, Banken und diverse andere Institutionen jener Zeit – eine ziemlich vollständige Ortschaft also. Ausstattungs-, Einrichtungs- und Dekorationsgegenstände sind größtenteils echt antik. Zu den beliebtesten Angeboten gehört der Bereich, wo man einen Eimer Flusssediment (R20) kaufen und auf alten Sortiertischen durchsieben kann, um im Kies versteckte Diamantenimitate zu finden.

Market Square und Umgebung

Mitten im Herzen des Zentrums liegt der Market Square, der von der weißen **City Hall** dominiert wird. In der Frühzeit der Diamantenförderung war der Marktplatz das Zentrum des Diamantenhandels. Die geschäftige Atmosphäre des Platzes setzt sich rundherum in einem großen Taxistand und einer Ansammlung verlotterter, aber farbenfroher Verkaufsstände und Händler fort.

Folgt man den Straßenbahnschienen vom Marktplatz einen Block nach Westen, kommt man zur Zentrale von **De Beers**, 36 Stockdale St, einem würdevollen, aber nicht weiter auffälligen Altbau, der nicht öffentlich zugänglich ist.

Das Hauptgeschäftsviertel (CBD)

An der Kreuzung der Du Toitspan Rd mit der Lennox St steht eine Statue von **Cecil Rhodes** hoch zu Ross. Das Hauptgeschäftsviertel beginnt südlich der Lennox Street, wo die **Oppenheimer Memorial Gardens** mit einer Büste des Bergbaumagnaten Sir Ernest Oppenheimer und der **Diggers' Fountain** aufwarten. Der Brunnen zeigt fünf Bergleute, die ein riesiges Sieb in die Höhe halten, und wird nach Einbruch der Dunkelheit eindrucksvoll illuminiert. Über die Gärten wacht das hoch aufragende **Harry Oppenheimer House** (HOH), das Bürogebäude der De Beers'

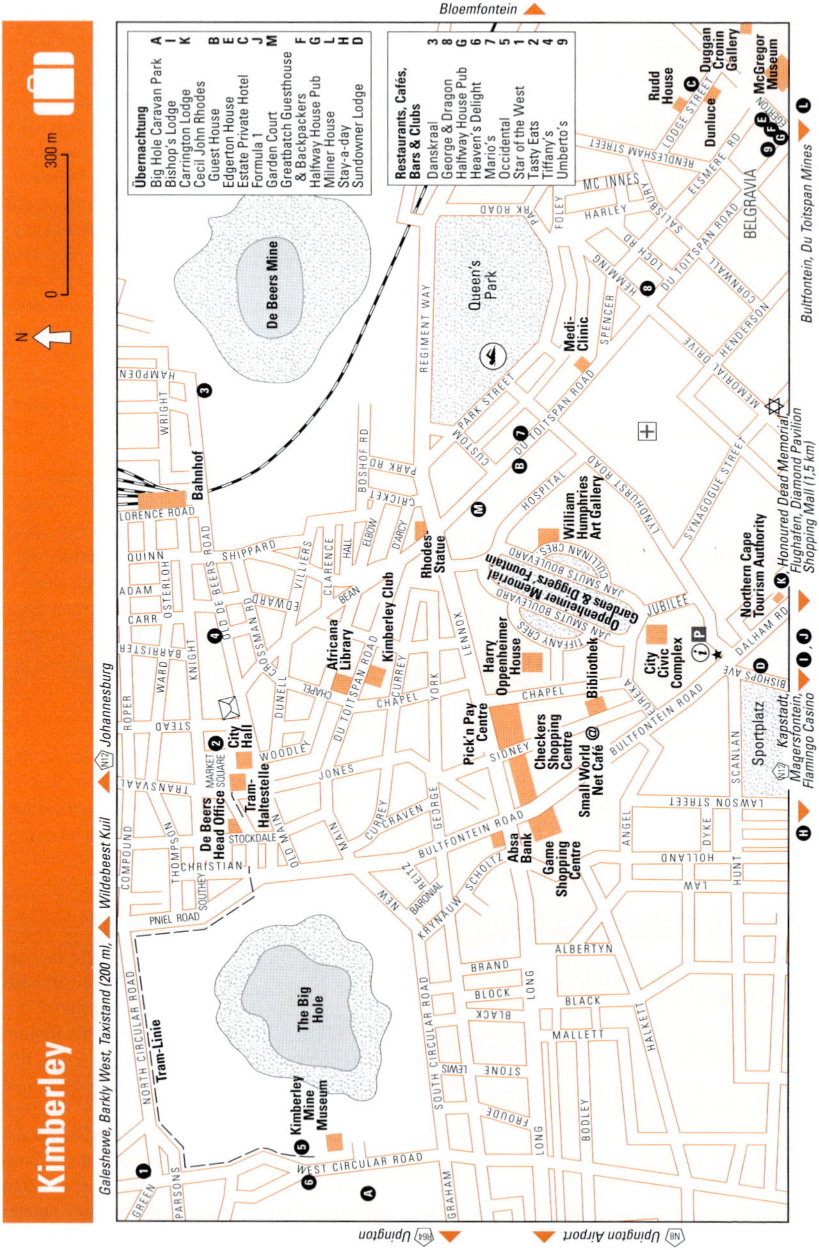
Kimberley
0
300 m
N
Übernachtung
Big Hole Caravan Park A
Bishop's Lodge I
Carrington Lodge K
Cecil John Rhodes Guest House B
Edgerton House E
Estate Private Hotel C
Formula 1 J
Garden Court M
Greatbatch Guesthouse & Backpackers F
Halfway House Pub G
Milner House L
Stay-a-day H
Sundowner Lodge D
Restaurants, Cafés, Bars & Clubs
Danskraal 3
George & Dragon 8
Halfway House Pub G
Heaven's Delight 6
Mario's 7
Occidental 5
Star of the West 1
Tasty Eats 2
Tiffany's 4
Umberto's 9
Bloemfontein
Galeshewe, Barkly West, Taxistand (200 m), Wildebeest Kuil
N12 Johannesburg
R64 Upington
N8 Upington Airport
Bultfontein, Du Toitspan Mines
N12 Kapstadt, Magersfontein, Flamingo Casino
Honoured Dead Memorial, Flughafen, Diamond Pavilion Shopping Mall (1,5 km)
De Beers Mine
The Big Hole
Kimberley Mine Museum
Tram-Linie
Bahnhof
Queen's Park
Medi-Clinic
City Hall
Tram-Haltestelle
De Beers Head Office
Africana Library
Kimberley Club
Rhodes-Statue
William Humphries Art Gallery
Oppenheimer Memorial Gardens & Diggers' Fountain
Harry Oppenheimer House
Bibliothek
City Civic Complex
Pick'n Pay Centre
Checkers Shopping Centre
Small World Net Café
Absa Bank
Game Shopping Centre
Northern Cape Tourism Authority
Sportplatz
Rudd House
Dunluce
Duggan Cronin Gallery
McGregor Museum
BELGRAVIA
WEST CIRCULAR ROAD
NORTH CIRCULAR ROAD
SOUTH CIRCULAR ROAD
BULTFONTEIN ROAD
DU TOITSPAN ROAD
REGIMENT WAY
LORENCE ROAD
PNIEL ROAD
OLD DE BEERS ROAD
LODGE STREET
ELSMERE RD
SYNAGOGUE STREET
MEMORIAL DRIVE
LYNDHURST ROAD
JAN SMUTS BOULEVARD
CHAPEL
MARKET SQUARE
STOCKDALE
JONES
WOODLEY
SIDNEY
LAWSON STREET
DALHAM RD
BISHOPS AVE

DTC (Diamond Trading Company; für Besucher nicht zugänglich).

In seinen oberen Stockwerken werden alle in Südafrika geschürften Diamanten des Unternehmens auf Karatgewicht, Farbe, Klarheit und Form begutachtet. Um dafür genügend Tageslicht einfallen zu lassen, wurde das Gebäude nach Süden gebaut, mit speziellen Blendschutz-Fenstern. Die übrigen Fassaden haben keine Fenster, mit Ausnahme kleiner Fensteröffnungen im Treppenhaus.

Belgravia

Über die Du Toitspan Rd gelangt man zum etwa 1 km südöstlich vom Hauptgeschäftsviertel gelegenen **Belgravia.** In diesem vornehmen **Wohngebiet** residierte die Mehrzahl der wohlhabenderen Familien von Kimberley. Das Zentrum des Viertels liegt um die Kreuzung von Du Toitspan und Egerton Road, wo sich auch das historische **Halfway House Pub** befindet. Ihren Namen verdankt die Kneipe der Tatsache, dass sie auf halbem Weg zwischen den Minen von De Beers und Bultfontein lag. Zu Berühmtheit gelangte sie als Drive-in-Kneipe. Diese Tradition, die als „Ride-in-Pub" begann, geht angeblich auf Cecil Rhodes zurück, der sich gern ein Gläschen im Sattel genehmigte. Heutzutage betätigt man die Hupe, um den Barkeeper auf sich aufmerksam zu machen.

Auf der anderen Straßenseite steht das famose **McGregor Museum**, ✆ 053-839 2700, 💻 www.museumsnc.co.za, das nach einem frühen Bürgermeister von Kimberley getauft wurde und in einem prachtvollen viktorianischen Herrenhaus untergebracht ist. Sein Highlight ist die weitgespannte und kreativ gemachte Ausstellung „Ancestors Display". Sie zeichnet anhand archäologischer Funde ein faszinierendes und – in Südafrika immer noch ungewöhnlich – ausgewogenes Bild von den vielfältigen Wurzeln der heutigen Bewohner des Nordkaps, bis hin zu den Spuren der frühesten Hominiden vor Millionen von Jahren. Es gibt auch eine eindrucksvolle Abteilung über die Belagerung von Kimberley. ⏱ Mo–Sa 9–17, So 14–17, Feiertage 10–17 Uhr, Eintritt R12.

Außerdem ist in Belgravia ein Trio restaurierter Altbauten an der Lodge Road zu besuchen: **Rudd House**, Hausnr. 5, war die Villa des Bergbaumagnaten und Rhodes-Geschäftspartners Charles Dunnell Rudd. Hausnummer 7, ein **Anwesen** aus der edwardianischen Ära, war das Geburtshaus von Harry Oppenheimer und die letzte Residenz der Familie in Kimberley, bevor sie 1915 nach Johannesburg umzog. **Dunluce**, Hausnummer 10, ist ein eleganter spätviktorianischer Bau.

Übernachtung

Die Mehrzahl der Hotels, Gästehäuser und B&Bs befindet sich in den südlichen Vororten, meist 1 oder 2 km von der Innenstadt entfernt. Die reizendsten – in historischen Häusern – liegen im und um den teuren Vorort Belgravia. Viele senken ihre Übernachtungspreise am Wochenende um 10–40 %. Die meisten Hotels haben gesicherte Parkplätze.

Hotels und Gästehäuser

Bishop's Lodge, 9 Bishops Ave, ✆ 053-831 7876, 💻 www.bishopslodge.co.za. Ruhiges, modernes Haus mit makellosen DZ, preiswerten Apartments und einer rollstuhlgerechten Suite unweit des Tourist Office. Pool, aber kein Restaurant. ❷

Cecil John Rhodes Guest House, 138 Du Toitspan Rd, 💻 www.ceciljohnrhodes.co.za, ✆ 053-830 2500. Das zentralste der historischen Gästehäuser, Baujahr 1895, mit 7 luftigen, stilvoll eingerichteten Zimmern und allen Annehmlichkeiten sowie einem schattigen Gartenlokal zur Straße (wo auf Wunsch Abendessen gereicht wird). ❹

Edgerton House, 5 Egerton Rd, ✆ 053-831 1150, 💻 www.edgertonhouse.co.za. Prunkvolles, denkmalgeschütztes Gästehaus im historischen Vorort Belgravia. 13 Gästezimmer, Pool und Teeraum, auf Wunsch auch Abendessen zu stolzen Preisen. ❹

Estate Private Hotel, 7 Lodge Rd, ✆ 053-832 2668, 💻 www.theestate.co.za. 7 rollstuhlgerechte Zimmer mit allem modernen Komfort in der einstigen Behausung der Familie Oppenheimer in Belgravia, die tagsüber zur Besichtigung geöffnet ist. Zum Anwesen gehören ein Pool, ein Teegarten und ein Restaurant. ❹

Garden Court, 120 Du Toitspan Rd, ✆ 053-833 1751, 💻 www.southernsun.com. Das größte Hotel der Stadt vermietet 6 Etagen voll heller, gut ausgestatteter Zimmer, eins davon rollstuhlgerecht. Am Wochenende winken erhebliche Preisnachlässe. ❹

Formula 1, Memorial Drive (N12), 1500 m südlich des Tourist Office, ✆ 053-831 2552, 💻 www.hotelformula1.co.za. Geboten werden die üblichen standardisierten Wohnzellen der Hotelkette, jede mit Doppelbett plus Etagenbett und TV. Preise nicht pro Gast, sondern pro Zimmer (also für 2er- und 3er-Gruppen besonders günstig). Frühstück kostet extra. Wer nachts mit dem Bus ankommt, findet hier eine sichere Anlaufstelle. Nebenan gibt es ein Choctaw Spur Steakhouse. ❸

Halfway House Pub, Du Toitspan Rd., Ecke Egerton Rd., ✆ 053-831 6324. Große und luftige, wenn auch schlichte Zimmer mit Bad um den gepflasterten Biergarten hinter der historischen Kneipe – ideal, um nach einem abendlichen Umtrunk direkt ins Bett zu fallen. ❷

Milner House, 31 Milner St, ✆ 053-831 6405, 💻 www.milnerhouse.co.za. Ebenfalls ein Guest House in Belgravia, etwas nüchterner als die anderen, mit 6 komfortablen Zimmern und Pool. ❸

Sundowner Lodge, 1 Bishops Ave, ✆ 053-831 1145, ✉ sundowner@telkomsa.net. Der freundliche Familienbetrieb in Rufweite des Tourist Office verströmt dezentes Kolonialflair (vielleicht durch die glotzäugigen Jagdtrophäen an den Wänden) und vermietet 14 große Zimmer in Reihenchalets. ❸

Gediegenes Gästehaus, zivile Preise

Carrington Lodge, 60 Carrington, Ecke Oliver Rd, ✆ 053-831 6448, 💻 www.carringtonlodge.co.za. Freundliches und beliebtes Gästehaus am Rand von Belgravia mit 8 Zimmern, 2 Pools und gepflegtem Garten samt Grillplatz. Stilvolle Einrichtung im gediegenen Afrikaander-Stil, AC und Telefon. Rollstuhlgerechter Zugang über Rampen. In der Woche unbedingt rechtzeitig reservieren. Preiswert. ❸

Camping und Budget-Unterkünfte

Big Hole Caravan Park, West Circular Rd, ✆ 053-830 6322. Der einzige zentrumsnahe Campingplatz liegt inmitten der alten Abraumhalden gegenüber vom Big Hole. Grün, gepflegt und relativ ruhig, inklusive Pool; allerdings bieten die Bäume nur begrenzten Schatten. Die Rezeption ist tgl. von 6–16 Uhr geöffnet. ❶

Greatbatch Guesthouse & Backpackers, 3 Egerton Rd, ✆ 053-832 1113, 💻 www.greatbatchguesthouse.co.za. Die einzige Backpacker-Unterkunft in Laufentfernung zum Zentrum residiert im ehemaligen Wohnhaus des Architekten von Dunluce und anderen bedeutenden Bauten Kimberleys. Der Gemeinschaftsschlafraum ist etwas beengt; dafür entschädigen ein Pool und eine Gemeinschaftsküche. Dorm ❶, Zimmer ❷

Stay-a-day, 72 Lawson St, ✆ 053-832 7239, ✉ stayaday@lantic.net. Die geplante Renovierung dürfte die derzeit arg schmucklosen Zimmer der freundlichen Herberge etwas aufwerten – einige davon mit eigenem Bad und rollstuhltauglich. Außerdem werden ein paar Apartments für Selbstversorger vermietet. Die Unterkunft, die zur Finanzierung eines Waisenheims der Niederländisch-Reformierten Kirche betrieben wird, liegt 1 km südlich des Tourist Office im Wohnviertel New Park. ❷

Essen und Unterhaltung

Neben den Filialen der bekannten Steakhouse-Ketten an der Du Toitspan Road bietet Kimberley eine gute Auswahl an mittelteuren Restaurants. Was das Nachtleben angeht, so muss man sich mit ein paar historischen Pubs begnügen, die teils mit fideler Atmosphäre und Klientele locken (nachts sollte man ein Taxi nehmen). Wer Livemusik hören möchte, erkundigt sich am besten beim Tourist Office nach **Destiny**, einem Township-Nachtclub, in dem Jazzbands der alten Schule auftreten.

Restaurants, Cafés, Bars und Clubs

Danskraal, Old De Beers Rd. Dieser Tanzsaal erfreut sich seit fast einem Jahrhundert ungebrochener Beliebtheit, vor allem freitagabends. Samstags fallen hier die Sportfans ein, um Satelliten-TV zu sehen;

Cecil John Rhodes

Cecil Rhodes kam als kränklicher 18-Jähriger auf die Diamantfelder von Kimberley, nachdem seine Familie ihn aus Gesundheitsgründen aus England zu seinem Bruder nach Südafrika geschickt hatte. Schon bald machte er Geld, indem er Claims aufkaufte. Dann ging er nach England zurück, um an der Universität Oxford zu studieren, doch dort verschlechterte sich sein Gesundheitszustand so, dass man ihm nur noch sechs Monate zu leben gab. Er kehrte nach Südafrika zurück, wo es ihm gelang, sowohl seine Gesundheit als auch seine geschäftliche Position zu stabilisieren. Schließlich erwarb er 1881 doch noch seinen Abschluss in Oxford. Zu dieser Zeit hatte er bereits die **De Beers Mining Company** gegründet und war Abgeordneter des Parlaments der Kapkolonie geworden.

Innerhalb eines Jahrzehnts brachte Rhodes 90 % der weltweiten Diamantenförderung unter seine Kontrolle und brannte darauf, seine Bergbauaktivitäten und in ihrem Gefolge auch das Britische Reich nordwärts ins übrige Afrika auszudehnen. Im Umgang mit der britischen Obrigkeit und afrikanischen Stammeshäuptlingen setzte er auf Überredungskünste, Einschüchterung, Politpoker und Verschleierungstaktiken, um die Regionen nördlich des Limpopo in den Besitz seiner British South African Company (BSAC) zu bringen. 1895 wurde dieses Gebiet – heute Simbabwe und Sambia – auf den Namen Rhodesien getauft. Im selben Jahr scheiterte eine von Rhodes unterstützte Invasion der Republik Transvaal kläglich. Nach diesem sogenannten Jameson Raid musste Rhodes als Premierminister der Kapkolonie zurücktreten. Das Amt hatte er 1890 im Alter von 37 Jahren angetreten, während die Buren und die Briten allmählich auf den Krieg zuschlitterten. Den ersten Teil des Burenkriegs verbrachte er im belagerten Kimberley, wo er versuchte, die Verteidigung zu organisieren, und sich öffentlich mit dem britischen Kommandanten herumzankte. Ein Jahr nach Kriegsende starb Rhodes, nach wie vor unverheiratet, im Alter von nur 49 Jahren in Muizenberg bei Kapstadt. Er wurde in den Matopo-Bergen in der Nähe von Bulawayo (Simbabwe) beigesetzt.

mittwochs gibt's manchmal spezielle Getränkeangebote.

George & Dragon, Du Toitspan Rd. Populäres Pub und Sportsbar. Die Qualität des Essens – von Schinkensteak bis *bobotie* – ist schwankend, aber die Portionen sind großzügig und die Preise zivil. Große Auswahl an Fassbieren.

Halfway House Pub, Ecke Du Toitspan und Egerton Rd. Cecil Rhodes' ehemaliger Stärkungsstopp, liebevoll „the Half" genannt, ist mit seiner zwanglosen Atmosphäre immer noch sehr beliebt. Mit Biergarten, Billardtischen und traditioneller englischer Kneipenkost zu fairen Preisen. ⌚ So geschlossen.

Heaven's Delight, Victoria Guest Lodge, 16 West Circular Rd, gegenüber dem Big Hole. Das günstig gelegene Café bietet leckere Snacks, ein riesiges, passend benanntes „Big Hole Breakfast" (R40) und köstliche hausgemachte Desserts wie Zimtkuchen. Alkohollizenz. So geschlossen.

Occidental, am Big Hole. Dieses Museumsgebäude der Old Town ist ein vollgültiges Bar-Restaurant mit guter, wenn auch kurzer Speisekarte (ausgezeichnete Karoo-Lammkoteletts; Hauptgerichte um R60) und gelegentlichem Livejazz. ⌚ tgl. 9–22 Uhr.

Star of the West, West Circular Rd, Ecke North Circular Rd. Das älteste Pub von Kimberley

Lieblingsitaliener

Mario's, 159 Du Toitspan Rd. Dieses helle und lockere italienische Restaurant ist zu Recht eins der beliebtesten Lokale der Stadt, mit freundlichem Personal, umfangreicher Speisekarte von leichten Mittagsgerichten und Pizza bis zu opulenteren Kreationen (Hauptgerichte R40–70) und gut sortierter, nicht ganz billiger Weinkarte. ⌚ Mo–Fr Mittag- und Abendessen; Sa nur Mittagessen.

hält sich hartnäckig als Stammlokal der Einheimischen; ein paar lokale Originale klammern sich hier immer an die Theke. Daneben macht der Laden aber auch ein gutes Geschäft mit Touristen, die auf ein Bier oder ein anständiges, billiges Kneipenessen im Biergarten vorbeischauen. Am Fr und Sa Abend meistens Livemusik. ⏲ tgl. ab 9 Uhr bis in die frühen Morgenstunden.

Tiffany's, im Savoy Hotel, 19 De Beers Rd. Das ehemals förmlichste Restaurant von Kimberley hat an Glanz eingebüßt, doch das Essen – vorwiegend Steaks und Rippchen und einige vegetarische Gerichte mit chinesischem Touch – ist immer noch gut, wenn auch nicht gerade billig (Hauptgerichte R80–100). ⏲ tgl. Mittag- und Abendessen.

Umberto's, Du Toitspan Rd, neben dem Halfway House Pub. Ein klassischer Italiener mit anständiger Pizza und Pasta – seine Hauptattraktion ist die hübsche Dachterrasse. ⏲ So geschl.

Sonstiges

Apotheke

Piet Muller Pharmacy, 52 Market Square, ✆ 053-831 1787, tgl. bis 20.30 Uhr.

Autovermietungen

Alle Autovermietungen der Stadt sind am Flughafen vertreten:

Avis, ✆ 053-851 1082 oder 1083
Hertz, ✆ 053-830 2200 oder 0861-600 136
Budget, ✆ 053-851 1183
Imperial, ✆ 053-851 1132
National, ✆ 053-861 2508
Tempest, ✆ 053-851 1516.

Geld

Geldwechseln geht am schnellsten beim Wechselschalter von **Absa**, Bultfontein Rd, Ecke Long St. **Standard** hat Filialen gegenüber von Absa in der Bultfontein Rd sowie in der Chapel St und Old Main Rd.

Informationen

Kimberleys hilfreiches Tourist Office, das **Diamantveld Visitor Centre**, befindet sich in der 121 Bultfontein Rd, ✆ 053-832 7298, ✉ tourism@solplaatje.org.za. Hier gibt es Stadtpläne, Listen mit Unterkünften, detaillierte Routenbeschreibungen für Fahrten durch die Provinz, Informationen über Touren in Kimberley und Umgebung (S. 319) und Broschüren für Stadtrundgänge in Eigenregie. ⏲ Mo–Fr 8–17, Sa 8–12 Uhr.

Weitergehende Informationen über die Provinz, vor allem ihre Wildparks und -reservate, bekommt man bei der **Northern Cape Tourism Authority**, Dalham Road, einige Hundert Meter östlich des Tourist Office, ✆ 053-832 2656, 💻 www.northerncape.org.za. ⏲ Mo–Fr 7.30–16 Uhr.

Internet

Small World Net Café, 42 Sidney St, in der Nähe des Visitor Centre, gegenüber der Bibliothek, ⏲ Mo–Fr 8–18, Sa 9–14 Uhr. Weitere Internetcafés gibt es im Game Centre und im Pick 'n Pay Centre.

Medizinische Hilfe

Das beste Krankenhaus für Besucher ist die rund um die Uhr geöffnete **Medi-Clinic**, 177 Du Toitspan Rd, ✆ 053-838 1111.

Gute Ärzte praktizieren im **Medicross**, ✆ 053-833 2731, Long St, Ecke Stone St.

Notruf

Krankenwagen ✆ 053-831 1954.

Das Visitor Centre betreibt eine rund um die Uhr besetzte **Hotline für Notfälle**, ✆ 053-861 1483.

Post

Das **Postamt** befindet sich ein Stückchen östlich des Market Square. **DHL** hat eine Agentur in 41 De Beers St, in der Nähe der Quinn St, ✆ 011-921 3666.

Taxis

Zuverlässige Gesellschaften, deren Wagen über einen Gebührenzähler verfügen, sind **AA Taxis**, ✆ 053-861 4015, und **Rikkis**, ✆ 053-842 1764.

Zur besseren Orientierung in der Stadt: Oft stehen die Straßennamen nicht auf Schildern in Augenhöhe, sondern auf den Bordsteinen.

Transport

Busse

Die Intercity-Busse halten vor dem **Visitor Centre**. Das ist praktisch, wenn man morgens mit Greyhound- oder Translux-Nachtbussen aus Kapstadt ankommt, aber nicht so sehr, wenn man tagsüber von Kapstadt oder Johannesburg losfährt und nachts hier eintrifft, wenn die Gegend menschenleer ist. Am besten vereinbart man vorher mit dem Hotel einen Abholservice oder lässt sich vom Bus an einem der Hotels an der N12 (Bishops Avenue) gleich südlich des Stadtzentrums absetzen. Alternativ kann man an der Ultra City-Tankstelle 6 km nördlich der Stadt aussteigen – das ist ein viel sichererer Platz, um sich ein Taxi zu bestellen.

Infos und **Tickets** für die drei wichtigsten Intercity-Busunternehmen (Intercape, Greyhound und Translux) gibt es beim „Tickets for Africa"-Schalter im Diamantveld Visitor Centre, ✆ 053-832 6040, ⌚ Mo–Fr 6–20, Sa 8–13 Uhr.

Die meisten Busse fahren vor dem Visitor Centre oder von der Shell-Tankstelle schräg gegenüber ab.

Die **Intercape**-Busse fahren nach UPINGTON (Fr und So 11.40 Uhr; 5 Std.) und BLOEMFONTEIN (Do und Sa 12.45 Uhr; 2 1/2 Std.). **Greyhound** bietet tgl. Verbindungen nach PRETORIA und JOHANNESBURG (7 Uhr; 6 1/2–7 1/2 Std.); **Translux** ebenso (6 Uhr). **Big Sky**, ✆ 053-832 2007, betreibt eine wöchentliche Busverbindung nach BLOEMFONTEIN (So 18.30 Uhr) und eine nach UPINGTON (Fr 16.15 Uhr). **SA Roadlink**, ✆ 051-430 9061, fährt tgl. nach JOHANNESBURG (1 Uhr).

Weitere Busse:

BLOEMHOF (3x tgl.; 2 Std.),
CHRISTIANA (3x tgl.; 1 1/2 Std.),
GEORGE (4x wöchentl.; 9 1/2–10 Std.),
KAPSTADT (3–4x tgl.; 11–12 Std.),
KLERKSDORP (3 tgl.; 3 3/4 Std.),
MOSSEL BAY (4x wöchentl.; 9–9 1/2 Std.),
OUDTSHOORN (4x wöchentl.; 7 1/2 Std.),
POTCHEFSTROOM (3x tgl.; 4 1/2 Std.).

Minibustaxis

Die Minibustaxis starten von der **Pniel Road** (der nördlichen Verlängerung der Bultfontein Rd), 1,5 km vom Tourist Office. Wer seine Reise bei Tageslicht absolvieren will, sollte um 6.30 Uhr (im Winter um 7 Uhr) dort sein.

Zu den meisten Zielen gibt es auch Abfahrten am frühen Nachmittag, doch dann muss man damit rechnen, erst nachts anzukommen.

Außer bei Fahrten nach Barkly West ist der Fahrpreis beim Büro in der Pniel Road neben dem Taxistand für Fernfahrten zu bezahlen.

BARKLY WEST (stdl.; 30 Min.),
KURUMAN (1–2x tgl.; 2 1/2 Std.),
UPINGTON (3–4x tgl.; 5 Std.).

Eisenbahn

Der **Bahnhof**, ✆ 053-838 2734, liegt unweit der Quinn Street am Nordostrand der Stadt.

Tgl. fahren Züge nach KAPSTADT (21.15 Uhr; 17–18 Std.) und MAFIKENG (7.30 Uhr; 9 Std.). Der Zug nach JOHANNESBURG (tgl. 3.50 Uhr; Fr und So gibt es eine zusätzliche Verbindung um 21.15 Uhr; 8–9 Std.) fährt über KLERKSDORP (4 1/2 Std.) und POTCHEFSTROOM (5 1/2 Std.). Außerdem verkehrt wöchentl. ein Zug nach DURBAN (Di 12 Uhr; 19 1/4 Std.) über BLOEMFONTEIN (ca. 3 Std.) und 4x wöchentl. ein Zug nach BLOEMFONTEIN (Mo, Do und Sa 4.45, Di 12 Uhr).

Weitere Züge:

BEAUFORT WEST (4x wöchentl.; 8 Std.),
BLOEMHOF (1–2x tgl.; 2 1/2 Std.),
CHRISTIANA (1–2x tgl.; 1 1/2 Std.),
DE AAR (1x tgl., 4 Std.),
KRUGERSDORP (1–2x tgl.; 7 1/2–8 Std.),
LADYSMITH (Di und Do; 13 Std.),
LAINGSBURG (1–2x tgl.; 11 3/4 Std.),
PIETERMARITZBURG (Di und Do; 17 Std.),
WORCESTER (1–2x tgl.; 14 1/2 Std.).

Flüge

Der **Flughafen** von Kimberley, ✆ 053-861 4015, liegt 7 km südlich des Zentrums an der N8 nach Upington. Da es keine öffentliche Verkehrsverbindung in die Stadt gibt, muss ein Taxi gerufen werden.

South African Express und **South African Airlink**, beide mit Büros im Flughafen und mit den gemeinsamen Reservierungsnummern ✆ 053-838 2120 oder 053-838 3337, bieten Flüge nach JOHANNESBURG (5–6 tgl.; 1 1/4 Std.) und KAPSTADT (1–2 tgl.; 1 1/2 Std.).

Die Kalahari

Das Nordkap kann sich über einen Mangel an trockenen, endlosen Weiten wahrlich nicht beklagen, doch die größten Emotionen löst mit Abstand die Kalahari aus. Schon der Name beschwört unwirtliche, sonnengebleichte Landschaft und das riesige, unbekannte Innere Afrikas herauf, abweisend und doch magisch anziehend. Der Name stammt von dem Wort *kgalagadi* (durstiges Land) ab und bezeichnet die Halbwüste, die sich vom Oranje-Fluss nördlich bis zum Okavango Delta im Norden Botsuanas, in westlicher Richtung bis nach Namibia und ostwärts bis zum Beginn des *bushvelds* erstreckt, das in den Einzugsgebieten der Flüsse Vaal und Limpopo dominiert.

Im Nordkap ist die Kalahari von erstaunlich hohen, spärlich bewachsenen roten oder orangefarbenen Sanddünen geprägt, durchzogen von ausgetrockneten Flussbetten und riesigen, schimmernden Salzpfannen. Obwohl es sich genau genommen nur um eine Halbwüste handelt, sind die Sommertage glühend heiß und die Winternächte eisig kalt. Nördlich des Oranje, Südafrikas größtem Fluss, wird das Land sowohl von zähen, hart arbeitenden Farmern als auch von Gemeinschaften, die größtenteils von den einheimischen Jägern und Sammlern der San und den nomadischen Khoi-Schafhirten abstammen, bewohnt. Vielen Landnutzern hier wird mehr und mehr klar, dass **Öko-Tourismus** wahrscheinlich die einzige Alternative in weiten Gebieten ist, wo Viehzucht und Jagd kaum noch das Überleben sichern.

Upington, die größte Stadt der Gegend, liegt am Nordufer des Oranje im Herzen eines bewässerten Landstreifens, in dem intensiver Weizen-, Baumwoll- und vor allem Weintraubenanbau betrieben wird. Am äußersten Rand des Farmgürtels, etwa eine Stunde weiter östlich, nimmt der Oranje an Geschwindigkeit zu und stürzt bei den **Augrabies Falls** schäumend in eine riesige Granitschlucht – ein kraftvolles Spektakel, das der Mittelpunkt eines größer werdenden Nationalparks ist.

Der **Kgalagadi-Gemsbok Transfrontier Park** ist das absolute Highlight in dieser Region. Er ist ein ausgedehntes Wüsten-Schutzgebiet, das mit seinem Reichtum an Wild und einer fantastischen Landschaft mit roten Dünen und robuster Vegetation die weite Anfahrt auf jeden Fall lohnt. Wer von Gauteng über die N14 kommt, kann entweder bei **Kuruman**, dem Standort der berühmten, von Robert und Mary Moffat im 19. Jh. gegründeten **Missionsstation**, auf die R31 abbiegen (eine lange, öde Schotterstrecke, die man nur mit einem robusten Fahrzeug in Angriff nehmen sollte) oder bis Upington weiterfahren, von wo aus die Strecke bis auf die letzten 45 km geteert ist.

Upington

Als unvermeidbare Durchgangsstation auf Fahrten in den Kgalagadi und Augrabies sowie von und nach Namaqualand und Namibia stellt **Upington**, gut 400 km westlich von Kimberley, einen günstigen Zwischenstopp dar, um die Vorräte aufzufüllen, eine Tour durch die Parks zu organisieren und die nächste Unterkunft zu buchen.

Am Ufer des Oranje gelegen, ist es ein freundlicher Ort mit viel Grün als Kontrast zur ausgedörrten Landschaft ringsum – ein Resultat der Bewässerung der umliegenden Weingärten –, obwohl die hohen Sommertemperaturen nicht gerade zum längeren Verweilen einladen. Das Zentrum von Upington ist kompakt und man findet sich leicht zurecht – das meiste spielt sich auf den drei parallel zum Fluss verlaufenden Hauptstraßen ab.

Sehenswertes

Upingtons größtes Highlight ist der **Oranje River**, doch nur wer in einem der Gästehäuser am Fluss absteigt, kann ihn von der Unterkunft aus sehen. Einen hübschen Blick auf den Oranje mit seinen Schwänen erlauben die Uferterrassen hinter O'Hagan's (s. Essen) und der Kalahari Dried Fruit & Coffee Shop (neben dem städtischen Tourist Office). Noch empfehlenswerter ist es, eine **Flussfahrt** mit Sakkie se Arkie auf einer Barkasse mit zwei Sitzreihen zu unternehmen: tgl. Sep–Apr, nach Absprache auch im Winter, falls der Wasserstand hoch genug ist; ✆ 082-564 5447 oder 082-575 7285; Teilnahme R40. Der Veranstalter operiert vom Ufer am Ostende der Park

Touren in die Kalahari

Um die riesigen Entfernungen der Kalahari-Region nicht selbst zurücklegen zu müssen – und um vom Spezialwissen über die heimische Flora, Fauna, die Landschaften und das Klima zu profitieren –, ist die Teilnahme an einer geführten Tour eine Überlegung wert. Die meisten Touren besuchen u. a. die Augrabies Falls und den Kgalagadi Transfrontier Park; bei manchen lässt sich die Route auch individuell vereinbaren. Die Preise beginnen bei R800 p. P. und Tag bei zwei Teilnehmern, können bei luxuriöseren Touren aber auch das Doppelte betragen, wobei Eintrittsgelder, nächtliche Tierbeobachtungen und geführte Wanderungen inklusive sind. Besonders Sparsame versuchen am besten, sich einer vorausgebuchten Safari-Pauschaltour anzuschließen. Wer die Kalahari aus der Vogelperspektive erleben will, kann von Kuruman zu einem Paraglider-Flug starten (S. 330) oder von Upington mit einem Ultraleichtflieger abheben. Hier eine Liste zuverlässiger, kundiger und gut organisierter Tourveranstalter, die eine Auswahl verschiedener Kalahari-Touren anbieten:

Diamond Tours Unlimited,
71 Jacobson Ave, Kimberley,
✆ 053-861 4983,
💻 www.diamondtours.co.za.
Kalahari Adventure Centre,
Augrabies Falls Backpackers, Upington,
✆ 054-431 1961,
💻 www.kalahari.co.za.
Kalahari Safaris,
3 Orange St, Upington,
✆ 054-332 5653 oder 082-435 0007,
💻 www.kalaharisafaris.co.za.
Kalahari Tours and Travel,
✆ 054-338 0375 oder 082-493 5041,
💻 www.kalahari-tours.co.za.

Street aus, holt Kunden aber auch am Affinity Guest House oder Die Eiland ab.

Upingtons Weingüter produzieren 10 % der Trauben des gesamten Landes – vorwiegend Tafeltrauben und Trockenobst, doch auch Wein. Weinverkostung ist in den **Oranjerivier Wine Cellars**, 💻 www.owk.co.za, 3 km westlich des Zentrums, unweit der Dakota Road, möglich. Ihre Weine werden jedoch auch im Restaurant Le Must oder im **Kalahari Dried Fruit & Coffee Shop**, 🕓 Mo–Fr 8–17, Sa 7.30–13, So 8–12 Uhr, ausgeschenkt und verkauft. Letzterer vertreibt auch andere Produkte aus der Region, u. a. Rosinen (das wichtigste Exportgut), Konserven und eingelegtes Gemüse.

Vom ersten Donnerstag bis Samstag im Oktober richtet die Ferienanlage Die Eiland das **Kalahari Kuierfees** aus, eine Kombination von Floh- und Kunsthandwerkermarkt mit Triathlon, Kunstdarbietungen, Livemusik und Tanz.

Übernachtung

Upington hat Unterkünfte für jeden Geschmack und Geldbeutel, darunter auch eine ruhige Backpackerlodge in Laufentfernung zur Innenstadt. Die geschäftigsten Monate sind August und September, wenn viele Touristen auf dem Weg nach Namaqualand in Upington Halt machen; während dieser Zeit ist eine Reservierung ratsam. Besonders empfehlenswert – sofern man sich an Wachhunden und der mitunter etwas steifen neokolonialen Atmosphäre nicht stört – sind die Gästehäuser am Flussufer in der Budler Street und Murray Avenue. Eine Reservierung ist sinnvoll, um sich ein Zimmer zu sichern und sicherzugehen, dass jemand da ist, wenn man ankommt. Weitere Adressen sind der Broschüre *Upington Accommodation Collection* zu entnehmen, die man beim Tourist Office bekommt.
Alle hier aufgeführten Hotels haben eigene Parkplätze.

Affinity Guest House, 4 Budler St, ✆ 054-331 2101, 💻 www.affinityguesthouse.co.za. Das größte Gästehaus am Fluss bietet ordentliche Zimmer mit Bad in einem nüchternen zweistöckigen Gebäude. Alle Zimmer mit TV, AC und Kühlschrank. Kleiner Pool und Grillstelle; die Angestellten arrangieren auf Wunsch Touren und Safaris. ❸

Sympathisches Hostel für Sparsame

Yebo Backpackers & Guest House, 21 Morant St, ✆ 054-331 2496, ✉ yebo@lantic.net. Dieses von einem freundlichen Paar geführte Hostel liegt auf einem ruhigen Gelände, hat einen 8-Betten-Dorm, eine Küche, eine *braai*-Stelle und Internet-Zugang. Camping ist erlaubt und die Atmosphäre ist freundlich und entspannt. ❶

Classic Court, 26 Josling St, ✆ 054-332 6142, ✉ classiccourt@absamail.co.za. Das bewährte Gästehaus bietet preiswerte Zimmer mit Bad, teils auch mit Holzböden und Mikrowelle. Kein Flussblick, dafür aber ein kleiner Pool. ❷

Die Eiland, auf einer Insel im Fluss direkt gegenüber vom Stadtzentrum, ✆ 054-334 0286-8. Diese riesige, gut besuchte Ferienanlage verfügt über einen angenehmen Campingplatz und Chalets, Hütten und Rondavels für Selbstversorger, von denen die besten direkt am Fluss liegen und 4 Personen Platz bieten. Keine Kreditkarten. ❶–❸

Le Must Guest Manor, 12 Murray Ave, ✆ 054-332 3971, 💻 www.lemustupington.co.za. Zum Manor gehören 2 kapholländische Häuser am Flussufer mit eleganten und komfortablen Zimmern in minimalistischem Design und mit großen Gärten. Luxus und Kultiviertheit, wie man sie im Nordkap nur selten findet. ❹

River Lodge B&B, 4 Murray Ave, ✆ 054-332 6327 oder 082-399 2705, 📠 054-332 4283. Eine der attraktivsten Unterkünfte am Fluss, in einem alten kapholländischen Haus, das von laut bellenden Hunden bewacht wird. Nur 3 Betten in 2 hellen Zimmern; Pool, *braai*, Kanus und Angelgeräte. ❷

Essen und Unterhaltung

Da Upington das einzige große Zentrum auf Hunderten von Kilometern ist, erscheint es im Vergleich zu den Städten am Weg dorthin wie ein kulinarisches Paradies. Die Gastronomie besteht allerdings hauptsächlich aus Filialen diverser Steakhaus-Ketten, die im Zentrum um Kundschaft konkurrieren.

Le Must Restaurant, 11a Schröder St, Reservierung unter ✆ 054-332 6700 dringend ratsam. Eine Alternative für anspruchsvollere Esser ist dieses Restaurant, das nach wie vor als Upingtons Top-Essadresse gelten kann. Es serviert Köstlichkeiten wie Kalahari-Lammkoteletts und Rumpsteak mit Feta.

Fantasy, keinen Kilometer südwestlich des Zentrums im Lemoen Drie-Viertel, ganz in der Nähe der Lemoen Road. Der beliebteste Nachtclub der Stadt ist eine gute Adresse, um aktueller Musik zu lauschen. Am besten sucht man ihn in Begleitung eines Einheimischen auf. **Eljay's Sports Bar** in der Mark Street ist ein aussichtsreicher Ort, um Freiwillige für einen solchen Ausflug aufzutreiben.

Informationen

Upington hat zwei Touristeninformationen. Das **Tourist Office** in der Schröder St, ✆ 054-332 6064, 💻 www.kharahais.gov.za, informiert nur über die Stadt und deren nähere Umgebung und hat außer Broschüren auch ein Bettenverzeichnis sowie Details zu Touren. 🕓 Mo–Fr 8–17,Sa 9–12 Uhr.

Ausführlichere Informationen über die Region, u. a. über Augrabies und Kgalagadi, gibt es beim **Green Kalahari Tourist Office** am Anfang der Swartmodder Rd, ✆ 054-337 2804, 💻 www.greenkalahari.co.za. Es hält jede Menge Broschüren bereit, u. a. mit exakten Routenbeschreibungen für Autofahrer. 🕓 Mo–Fr 7.30–16.30, Sa 9–11 Uhr.

Transport

Alle Busse halten am **Intercape-Büro** an der Lutz Street in der Innenstadt. Die **Minibustaxis** nutzen einen Platz an der Mark Street, zwischen Le Roux und Park Street. Der **Bahnhof** liegt 1 km nördlich der Innenstadt und der **Flughafen**, ✆ 054-337 7900, der nicht von öffentlichen Verkehrsmitteln bedient wird, 7 km nördlich an der Diedericks Road. Wer voraussichtlich nachts ankommt, reserviert am besten vorher ein Zimmer und vereinbart mit der Unterkunft seine Abholung bei Ankunft (das kostet normalerweise R20). Allerdings sind zumeist auch ein paar geschäftstüchtige Fahrer zur Hand, um Touristen vom Bahnhof oder der Bushaltestelle weiterzubefördern, oder man versucht es mit einem Anruf bei Shawn Scott, ✆ 082-750 1286.

Upington

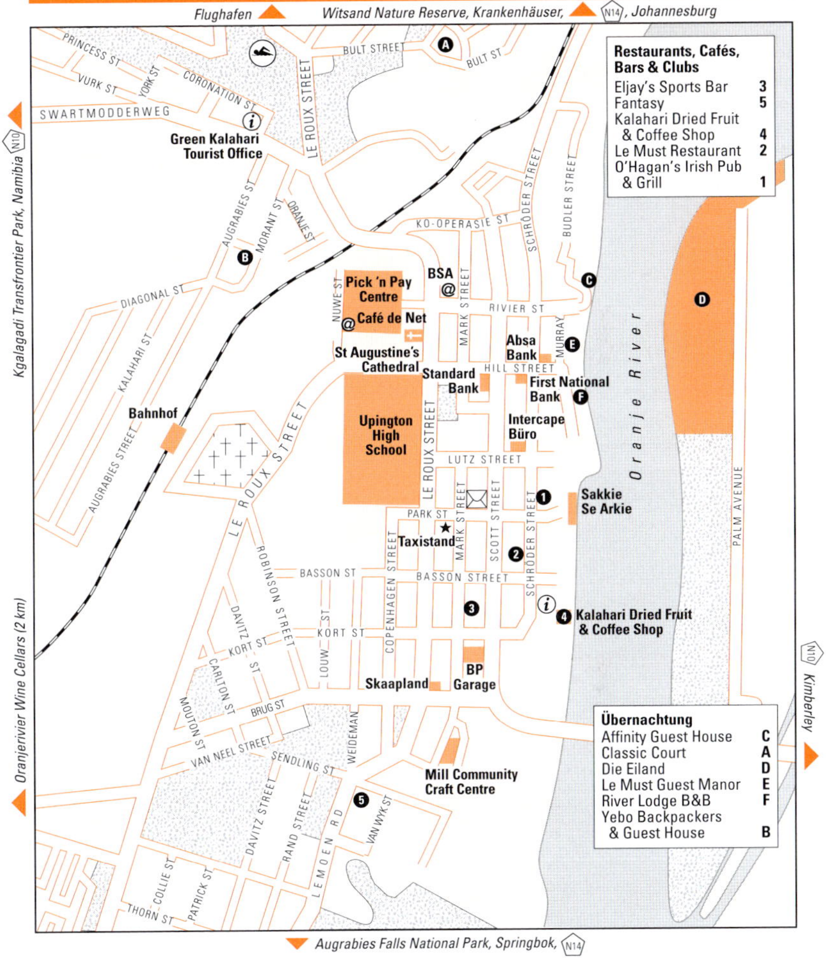

Busse

Die einzige größere Busgesellschaft mit Sitz in Upington ist **Intercape** in der Lutz Street, ✆ 054-332 6091, ◷ Mo–Fr 6.30–19, Sa 6.30–13,17.45–19, So 6.45–7.45, 17–19 Uhr. Die Busse fahren nach JOHANNESBURG (tgl. 7.30 Uhr; 10 1/4 Uhr) und PRETORIA (tgl. 7.30 Uhr; 11 1/4 Uhr) über KURUMAN (2 3/4 Std.), VRYBURG (4 3/4 Std.) und KLERKSDORP (7 1/4 Std.); nach KAPSTADT (tgl. 19 Uhr; 12 3/4 Std.) über SPRINGBOK (5 1/4 Std.); nach BLOEMFONTEIN (Do und Sa 7.30 Uhr; 7 Std.) über KIMBERLEY (5 Std.) und nach WINDHOEK (Di, Do, Fr und Sa 18.30 Uhr;

11 1/2 Std.). **Big Sky** verkehrt ebenfalls nach Kimberley und Bloemfontein (So 13 Uhr), Abfahrt am Intercape-Büro, Reservierung unter ✆ 054-832 2006.

Minibustaxis

Minibustaxis verkehren regelmäßig (So seltener) nach KIMBERLEY (5 Std.), aber nur 1x tgl. nach SPRINGBOK (5 Std.) und 3x wöchentl. nach KAPSTADT (10 Std.) über CALVINIA (5 Std.). Die Haltebuchten für die Nahziele sind beschriftet. Für Fernziele beim Reservierungsbüro nachfragen, wo man auch die Tickets erwirbt.

Nordkap

Eisenbahn

Passagierzüge von **TransNamib**, 💻 www.transnamib.com.na, fahren 2x wöchentl. nach WINDHOEK (25 1/2 Std.; in Keetmanshoop umsteigen).

Flüge

Transport übers Hotel arrangieren.
South African Airlink, Büro am Flughafen, ✆ 054-332 2161 und ✆ 337 7900, fliegt nach KAPSTADT (1x tgl.; 1 3/4 Std.) und JOHANNESBURG (1–2x tgl.; 1 3/4 Std.).

Kuruman und Umgebung

Das historische Städtchen Kuruman liegt rund 265 km östlich von Upington, in der Nähe der Grenze zwischen Nordkap und Nordwest-Provinz, und ist eine wichtige Station an der N14, der Hauptverbindungsstraße nach Gauteng. Die Ansiedlung entstand rund um **The Eye**, eine Quelle, die seit Menschengedenken konstant 20 Mill. Liter kristallklares Wasser pro Tag liefert – gleich ob bei Dürre oder Überschwemmung. Sie war der zentrale Bezugspunkt für die ziemlich unstete Tswana-Sippe der **Batlhaping**, deren Häuptling Mothibi im frühen 19. Jh. als Erster Missionare einlud, unter seinem Volk zu leben. Diese Entscheidung führte zum Bau der berühmten **Missionsstation** durch Robert Moffat und zur Begründung von Kuruman als „Tor ins Innere" des dunkelsten Afrikas.

Inzwischen ist Kuruman auch in weltlicheren Kreisen als Mekka für **Paraglider** bekannt. Die beste Jahreszeit für Paraglider ist der Winter. Mehr Infos hierzu gibt es auf der Website der **South African Hang Gliding and Paragliding Association**, 💻 www.sahpa.co.za.

Auf halbem Weg zwischen Kuruman und Upington kann man bei Olifantshoek von der N14 südwärts zum **Witsand Nature Reserve**, ✆ 053-313 1061–2, 💻 www.witsandkalahari.co.za, abbiegen. Es ist berühmt für seine weißen **„brüllenden" Dünen** (auch „Brulsand" genannt): Im Sommer entsteht ein seltsames Grollgeräusch, wenn man auf den Sand der 9 km breiten Dünen tritt. Das Reservat wimmelt nicht gerade von Tieren, beherbergt aber zahlreiche Wüstenvogelarten. Mit Geduld bekommt man auch den einen oder anderen Springbock, Ducker oder ein paar Borstenhörnchen zu Gesicht. Eintritt R20, Picknickplatz R30.

Als Unterkünfte stehen einige hervorragende klimatisierte **Chalets** für Selbstversorger (❸) und ein Campingplatz (R50) zur Verfügung. Touren hierher organisiert der Anbieter Kalahari Safaris in Upington (s. Kasten S. 327).

Die Stadt

In Kurumans ziemlich heruntergekommenem Zentrum dominieren Filialen von Billigketten, anonyme Supermärkte und die müllübersäten Stände der Minibustaxis. Die einzige Sehenswürdigkeit im Ort ist **The Eye** („Die Oog" auf Afrikaans) neben dem Tourist Office. Allerdings gibt die Quelle fürs Auge nicht viel her: eine bemooste Felsplatte, über die das Wasser sickert, und ein Seerosenteich mit einem hohen grünen Zaun rundherum. 🕓 tgl. 8–20 Uhr, Eintritt R5.

Etwa 4 km nördlich des Orts liegt an der Tsening Road (R31) das Feuchtgebiet des **Billy Duvenhage Nature Reserve and Bird Sanctuary**, eine märchenhaft ruhige Zuflucht vor der Hitze. In diesem Reservat wurden bislang rund 115 Vogelarten gezählt. 🕓 Sommer Sa und So 15–19 Uhr, Winter Sa und So 14–18 Uhr.

Gegenüber befindet sich die Moffat Lane mit Kurumans Hauptattraktion, der **Moffat Mission Station**. Hier errichteten der ruppige, aber höchst energische Schotte Robert Moffat und seine stille, aber ebenso entschlossene Frau **Mary** eine Missionsstation, die sie 50 Jahre lang bewohnten. In dieser Zeit brachten sie die erste Bibel auf Tswana heraus und verheirateten ihre älteste Tochter, die ebenfalls Mary hieß, mit dem Missionar und Forschungsreisenden **David Livingstone**. Zum alten Dorf, das heute malerisch von schattigen Akazien und Kameldornbäumen überwuchert ist, gehören das Wohnhaus der Moffats mit Mobiliar und anderen Exponaten. Vor dem Wohnhaus ist die Rinne zu besichtigen, die Wasser von The Eye heranführte. ⌚ tgl. 8–17 Uhr, Eintritt R10.

Sehenswertes in der Umgebung

Das Zentrum des exklusiven **Tswalu Kalahari Reserve**, ✆ 053-781 9311, Reservierungen ✆ 011-274 2299, 💻 www.tswalu.com, ❾, bildet eine überaus stilvolle Lodge in der Nähe der winzigen Ortschaft Sonstraal, an der R31 rund 100 km nordwestlich von Kuruman gelegen. Das Gelände unterhalb der 1500 m hohen Korannaberge ist das größte private Wildreservat in Südafrika. Es wurde von einem englischen Geschäftsmann, dem inzwischen verstorbenen Steven Boler, eingerichtet.

Er investierte R50 Mill., um über 9000 Tiere in dieser Wüstenlandschaft anzusiedeln, darunter einige der stark gefährdeten **Wüsten-Spitzmaulnashörner**, Rappen- und Pferdeantilopen sowie Geparden. Das Reservat, heute im Besitz der Familie Oppenheimer, ist teils Reiche-Leute-Hobby, teils engagiertes Tierschutzprojekt und teils mondänes Safarierlebnis. Außer dem weiten Wüstenpanorama, allem erdenklichen Luxus und opulenten Mahlzeiten werden hier auch Tierbeobachtungstouren zu Fuß oder hoch zu Ross angeboten.

Wer der R31 nach Süden, Richtung Kimberley, folgt, kommt nach 43 km zur faszinierenden **Wonderwerk Cave**. In der Höhle wurden bedeutende Spuren menschlicher Bewohner aus mehreren Epochen gefunden, die bis 800 000 Jahre in die Vergangenheit zurückreichen, u. a. Fossilien, Tierzähne, San-Felsbilder und Steine mit Ritzmustern.

Zur Höhle gehören ein kleines Visitor Centre, ⌚ tgl. 8.30–13 und 14–17 Uhr, sowie ein **Campingplatz** und drei **Selbstversorger-Chalets** für je vier Personen, ✆ 082-832 7226, ❷.

Manchmal arbeiten Archäologen in der Höhle. Wenn gerade niemand vor Ort ist, können Besucher bei der Farm nachfragen, damit das Tor aufgeschlossen wird. Eintritt R7.

Übernachtung und Essen

Das billigste Nachtlager bieten die Dorm-Betten der **Moffat Mission**, ✆ 053-712 1352, im Konferenzzentrum gleich hinter dem alten Moffat-Wohnhaus. Hier gibt es keine Einrichtungen für Selbstversorger, aber Mahlzeiten nach Vorbestellung. ❶

Janke Gasthaus, 16 Chapman St, ✆ 053-712 0949. Näher am Ort liegt dieses unübersehbar bunte Haus an der Straße zur Mission. ❸

Riverfield Guest House, 12 Seodin Rd, ✆ 053-712 0003, 💻 www.riverfield.co.za, 2 km nordöstlich des Zentrums: Vom Tourist Office auf der Main St zuerst nach Osten gehen und dann nach links in die Livingstone St abbiegen. Diese Herberge bietet nicht so viel Charakter, dafür aber einen tollen Swimmingpool, eine schattige Gartenanlage und ein Restaurant. ❸

Red Sands Country Lodge, in den Kuruman Hills, 15 km von Kuruman an der N14 Richtung Upington, ✆ 053-712 0033 oder 082-801 4414 oder 4415, 💻 www.redsands.co.za. Außer an Wochenenden und in den Schulferien (dann wird es hier sehr voll) eine nette Unterkunft. Neben Camping-Stellplätzen bieten sie niedliche steinerne Rondavels mit Strohdach und gemütliche Selbstversorger-Chalets für 4 Pers. Zur Anlage gehört ein gutes deutsch-südafrikanisches Restaurant. Camping ❶, Rondavels & Chalets ❸.

Fast alle **Restaurants** von Kuruman drängen sich an der Main Street. Besonders zu empfehlen ist **22 On Main**, 500 m östlich des Tourist Office im Palm Gate Shopping Centre. Hier gibt es Lammkeule, Schweinekoteletts und dergleichen für R50–60 sowie eine Terrasse. Das Café gegenüber vom Eingang zu The Eye ist ein nettes Plätzchen zum Frühstück oder Nachmittagstee.

Sonstiges

Geld

Geld wechselt z. B. die **Absa-Bank** an der Ecke Main und Livingstone St; andere Banken haben ebenfalls Filialen im Zentrum.

Informationen

Das **Tourist Office**, ✆ 053-712 1001, 💻 www.kurumankalahari.co.za, residiert im alten *drostdy* (Landratsamt) an der Ecke Main und Voortrekker St. Hier findet sich eine gute Auswahl an Broschüren, und das Personal telefoniert auch nötigenfalls nach einer Unterkunft herum, wenn man nett fragt. ⏲ Mo–Fr 8–13 und 14–16.30 Uhr.

Medizinische Hilfe

Das **Krankenhaus**, ✆ 053-712 8100 oder 8101, befindet sich an der Main St, 1 km östlich des Tourist Office.

Post

Das **Postamt** ist in der Church St, zwei Straßenecken nördlich und eine Ecke westlich des Tourist Office.

Transport

Die Main Street in Ost-West-Richtung ist die N14 Upington–Vryburg. Sie wird in Nord-Süd-Richtung von der R31 Kimberley–Kgalagadi Park gekreuzt. Südlich der Main Street heißt diese Voortrekker Street, nördlich verwandelt sie sich in die Tsening Road.

Am einfachsten erreicht man Kuruman von Upington oder aus der Nordwest-Provinz mit den tgl. verkehrenden **Intercape-Bussen,** ✆ 053-712 3678, von und nach JOHANNESBURG (1x tgl., 7 1/4 Std.) und PRETORIA (8 1/4 Std.) über VRYBURG, KLERKSDORP und POTCHEFSTROOM. Die Busse halten bei Leach Toyota auf der Main Street, 1,5 km westlich des Tourist Office. Tickets gibt es gleich nebenan bei DJ's Beads. Der Intercape-Bus nach UPINGTON (3 1/2 Std.) hält um 14.45 Uhr in Kuruman, der nach JOHANNESBURG um 11.15 Uhr.

Nach KIMBERLEY kommt man nur per **Minibustaxi**; sie halten in Kuruman am Taxistand auf der Voortrekker Street, gleich südlich der Main Street.

7 HIGHLIGHT

Kgalagadi Transfrontier Park

Nachdem der südafrikanische Kalahari-Gemsbok National Park und der benachbarte botsuanische Gemsbok National Park faktisch schon lange unter gemeinsamer Verwaltung standen, wurden sie 1999 endlich zu Afrikas erstem offiziellen grenzüberschreitenden Nationalpark zusammengefasst und nach der alten San-Bezeichnung der Kalahari auf den Namen Kgalagadi Transfrontier Park getauft (ausgesprochen „cha-la-chadi", mit ch wie in „Loch"). Der Park wird als ein zusammenhängendes Ökosystem verwaltet; die Eintrittsgelder werden aufgeteilt. Die touristischen Einrichtungen der beiden Gebiete werden allerdings immer noch unabhängig voneinander betrieben. Die meisten Besucher machen aber nur mit dem südafrikanischen Abschnitt Bekanntschaft, in dem alle etablierten Touristeneinrichtungen liegen.

Außerdem hat der Park im Rahmen des südafrikanischen Entschädigungs- und Rückgabeprogramms für Bevölkerungsgruppen, die während der Apartheids-Ära ihr Land verloren haben, eine Vereinbarung mit den örtlichen **Mier** und **San** abgeschlossen. Die Mier und San haben ihrerseits zugestimmt, ihr Land in Zusammenarbeit mit South African National Parks zu verwalten, sodass es Teil des Wildreservats bleibt. Die Vereinbarung sieht auch vor, dass die Einheimischen vom Tourismus profitieren sollen. Außer den üblichen Jobs im Park und dem Verkauf von einheimischem Kunsthandwerk heißt das, dass sie auch als Fährtensucher bei einem Programm zur Überwachung der Löwenpopulation sowie als Arbeitskräfte bei der Dünensanierung und zur Ausrottung ortsfremder Pflanzen eingesetzt werden.

Der Park ist mit über 37 000 km² fast doppelt so groß wie der Krüger-Nationalpark. Obwohl der zu Südafrika gehörige Teil der wesentlich kleinere ist, umfasst er immerhin stolze 9500 km², die im Westen an Namibia grenzen und im Süden durch einen parallel zum trockenen Auob River verlaufenden Landstreifen begrenzt werden. Die Landesgrenze zu Botsuana markiert das ausgetrocknete Flussbett des Nossob, an dem eine der wenigen Straßen des Parks entlangführt. Da es keinen Grenzzaun gibt, können die Tiere ungehindert auf ihren uralten **Wanderrouten** umherstreifen, was für ihr Überleben in der Wüste von entscheidender Bedeutung ist.

Am besten besucht man den Park zwischen **März** und **Mai**, wenn vom Sommerregen noch etwas Grün geblieben ist und die Sonne nicht mehr so intensiv wie im Sommer ist.

Praktisches

Die längere **Anfahrt** führt über die R31, die nur zwischen Kuruman und Hotazel asphaltiert ist – dann folgt eine lange, öde Schotterstrecke, die man nur mit einem robusten Fahrzeug angehen sollte. Die R360 dagegen ist von Upington bis Andriesvale vollständig geteert, das sind ungefähr 200 km. Danach wird sie von einem Sandweg abgelöst, der bis zum 45 km entfernten Parkeingang bei Twee Rivieren führt. Egal auf welcher Strecke – die Fahrt ist auf jeden Fall lang, heiß und beschwerlich. Man bekommt jede Menge der typischen **roten Dünen** der Kalahari zu sehen und hier und da eine imposante graue Salzpfanne, aber Vegetation gibt es hier kaum noch, sondern bloß triste Anblicke wie kaputte Windräder und vor sich hinrostende Autokarosserien, die allmählich im Wüstensand versinken.

Auch die **Parkstraßen** sind Sandstraßen. Sie lassen sich zwar mit einem normalen Pkw befahren, doch je mehr Bodenfreiheit, desto besser – ein mit vier Erwachsenen beladenes Auto kann Probleme bekommen. Es ist auch sinnvoll, vor dem Aufbruch den Reifendruck um etwa ein halbes Bar zu vermindern und der Lenkung Spiel zu lassen, um die Bodenhaftung nicht zu verlieren. Oft ist es einfacher, den Spuren anderer Fahrzeuge zu beiden Seiten der „Straße" zu folgen. Wer mit dem Mietwagen unterwegs ist, sollte das Kleingedruckte gut studieren, das manchmal die Versicherungsleistung für Schäden an Rädern, Fahrwerk und Lack ausschließt.

Im Falle einer **Panne** bleibt einem nichts übrig, als zu warten, bis jemand vorbeikommt; auf den meisten Straßen fährt ein Parkfahrzeug täglich Patrouille. **Benzin** ist in den Restcamps bei Twee Rivieren, Mata-Mata und Nossob erhältlich. Die **botsuanische** Seite des Kgalagadi darf

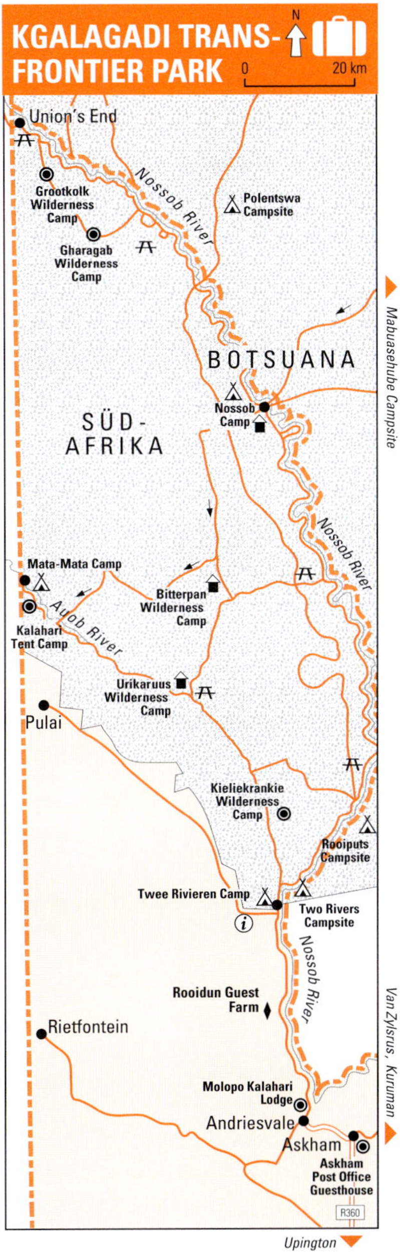

nur mit Allradantrieb befahren werden. Besucher müssen den Park durch dasselbe Tor wieder verlassen, durch das sie hineingefahren sind, wenn sie nicht ihren Pass vorlegen und die kompletten Einreiseformalitäten über sich ergehen lassen wollen. Durch den botsuanischen Teil des Parks führt ein 974 km langes Schotterstraßennetz, zu dem zwei Zufahrtsstraßen, zwei Allradpisten für Rundfahrten auf eigene Faust und eine Tierbeobachtungsroute gehören.

Die Alternativen zur langen Anfahrt sind eine **Pauschaltour** (S. 327) oder ein **Flug** mit einer privaten Chartermaschine nach Twee Rivieren. Infos bei Walkers Flying Safaris in Upington, ✆ 054-337 5200, wo man nach vorheriger Absprache mit Avis (bei der Filiale in Upington nachfragen) ein Auto mieten kann.

Die Öffnungszeiten verschieben sich je nach Tageslicht von Monat zu Monat. Der **Eintritt** beträgt R132 pro Tag; wer länger bleibt als geplant (was nicht sehr wahrscheinlich ist, da die Unterkünfte oft ausgebucht sind), zahlt bei der Abreise nach. Das **Besucherzentrum** in Twee Rivieren, ✆ 054-561 2000, ℻ 561 2005, zeigt interessante Ausstellungen und Dia-Shows. Aus Sicherheitsgründen bekommt man bei der Ankunft ein **Permit** und muss sich in den Restcamps bei Ankunft und Abreise jeweils an- und abmelden.

Der Park

Nach der beschwerlichen Anreise nach Twee Rivieren geht das Fahren im Park gleich weiter: Der kürzeste Rundweg ist mehr als 100 km lang, das entspricht schon fast der Entfernung bis zum Restcamp Mata-Mata. Die Hauptstraßen folgen den **Flussläufen**, und dort ist das Wild samt seiner natürlichen Feinde am ehesten anzutreffen. Die beiden Flussbetten führen nur selten Wasser, doch sind zahlreiche **Löcher** gebohrt worden, um die Tiere mit dem kühlen Nass zu versorgen. Die größeren **Bäume** wie Kameldorn- und Witgatbäume (Schäferbäume) spenden etwas Schatten und Nahrung, und die der Wüste angepassten Pflanzen wie verschiedene Melonen- und Gurkenarten dienen den Tieren als Flüssigkeitsquellen.

Der Park wird von **roten Sanddünen** beherrscht, die – aus der Luft betrachtet – lang, wellenförmig, aneinander gereiht daliegen. Aus dem Auto ist die Perspektive natürlich anders,

Machen ihrem Namen alle Ehre: Spießböcke

da man sich in der Vertiefung des Flussbettes befindet, aber dennoch bietet dieser Weg mit die schönsten **Eindrücke** von ganz Südafrika – nicht nur der Tiere, sondern auch der weiten Landschaft wegen, die sich im klaren Morgenlicht unter einem schier endlosen blauen Himmel erstreckt. Die klare Sicht und das wunderbare Licht sind ideal zum **Fotografieren**, wie es u. a. die Fotoausstellung im Visitor Centre des Twee Rivieren Camp und zahllose Hochglanz-Bildbände über die Tierwelt der Kalahari belegen.

Die meisten Besucher des Kgalagadi Transfrontier Park unternehmen **Tierbeobachtungs-Rundfahrten** ohne Führer. Das Angebot an organisierten **Aktivitäten** beschränkt sich auf die strapaziöse dreitägige Nossob-Allrad-Tour über das *duneveld* (die im Voraus gebucht werden muss) sowie nächtliche Tierbeobachtungstouren und Tageswanderungen, die erst nach Ankunft in Nossob oder Twee Rivieren gebucht werden können. Die entsprechenden Veranstaltungskalender hängen in den Büros der Restcamps aus. Von diesen Aktivitäten abgesehen stehen keine Führer zur Verfügung.

Tiere beobachten

Die Highlights im Kgalagadi Transfrontier Park sind zweifellos die Raubtiere, angeführt vom **Kalahari-Löwen**, und – ebenso selten wie die Big Five – der **Gemsbok** (Spießbock), eine große Antilope mit geraden, V-förmigen Hörnern. Der Park hat weder Büffel noch Elefanten oder Nashörner zu bieten, aber die übrige Tierwelt entschädigt dafür reichlich. Von den Big Five gibt es noch die **Leoparden** – ihre Zahl ist relativ hoch, doch sie halten sich meistens gut versteckt. Die Kalahari-Löwen haben im Allgemeinen viel dunklere Mähnen als ihre Artgenossen im *bushveld*. Untersuchungen haben ergeben, dass ihr Verhalten und ihre Nahrungsgewohnheiten perfekt an die Bedingungen der Halbwüste angepasst sind.

Des Weiteren trifft man hier auf verschiedene **Antilopenarten**, **Hyänen**, **Schakale**, **Löffelhunde** und **Geparden** sowie eine Vielzahl von **Vogelarten** wie Geier, Adler, Gaukler (eine Schlangenadlerart mit geradezu akrobatischen Flugkünsten), Trappen und Strauße. Außerdem bestehen gute Chancen, ganze Sippen von **Erdmännchen**, Verwandten der Mungos, zu sehen. Sie stehen oft auf den Hinterbeinen Wache und blicken sich nervös nach Anzeichen von Gefahr um.

Die beste Zeit für die Beobachtungstouren ist der **frühe Morgen**, wenn sich die Tiere noch am ehesten im offenen Gelände aufhalten. Die Fahrten dauern im Allgemeinen mindestens 4–5 Std., sodass man nur durch einen sehr zeitigen Start vermeiden kann, die Wüstensonne im Zenit ertragen zu müssen. Die letzten Stunden des Tageslichts am frühen Abend sind ebenfalls zur Tierbeobachtung sowie zum Fotografieren geeignet, aber es ist viel entspannender, um diese Zeit nur einen kurzen Streifzug vom Übernachtungsort aus zu unternehmen, statt zum nächsten Camp unterwegs zu sein, wo man erst mit Einbruch der Dunkelheit ankommt. Um die Mittagszeit sind hier – vor allem im Sommer – Tiere und Menschen zur Untätigkeit verdammt, weshalb man sich kein zu voll gepacktes Tagesprogramm vornehmen sollte.

Übernachtung

Außerhalb des Parks

An der Zufahrtsstraße zum Kgalagadi gibt es mehrere Unterkünfte. Da der Morgen die beste Zeit für Tierbeobachtungen ist, sind diese für Besucher mit knappem Zeitbudget aber eher ungeeignet.

Rooidun Guest Farm, 30 km südlich von Twee Rivieren, ✆ 082-589 6659. Die nächstgelegene Unterkunft zum Parkeingang ist ein Gemeindebetrieb und bietet gute Möglichkeiten zum Sandsurfing – ein bisschen wie Schlittenfahren auf Plastik – am Hang einer nahe gelegenen roten Sanddüne. Camping-Stellplatz R40.

Molopo Kalahari Lodge, etwas weiter südlich, 55 km von Twee Rivieren, Andriesvale, ✆ 054-511 0008, 💻 www.molopolodge.co.za. Die schmucke, gut geführte Anlage besteht aus über 30 komfortablen Chalets mit Bad rund um einen Pool sowie luxuriösen Safarizelten, einer Bar und einem anständigen Restaurant. In Andriesvale gibt es auch eine Tankstelle und einen kleinen Laden. ❸

Askham Post Office Guesthouse, in der nahen Ortschaft Askham, ✆ 054-511 0040. B&B in 3 geräumigen, sauberen Zimmern mit Bad am Standort des alten Postamts (frühzeitig reservieren). ❸

Im Park

Die Buchung einer Unterkunft auf südafrikanischer Seite sollte so früh wie möglich über South Africa National Parks (S. 55) erfolgen. Im Park besteht die Auswahl zwischen Cottages und Camping in zwei unterschiedlichen Arten von Camps: **eingezäunte Restcamps** in Twee Rivieren, Mata-Mata und Nossob, die über Elektrizität (auch an den Stellplätzen), Küchen, Ventilator oder AC, Grillstellen und Geschäfte verfügen, sowie vier weitaus einfachere, abgeschiedene und **nicht umzäunte Wildernesscamps**, in die man alles Notwendige selbst mitbringen muss. Es lohnt sich, mindestens eine Nacht in einem Park-Restcamp außerhalb von Twee Rivieren zu verbringen, um authentische Wüstenatmosphäre zu erleben.

Bei Zeitknappheit ist das nähere Mata-Mata Camp empfehlenswert, doch Nossob bietet mehr Atmosphäre und bessere Möglichkeiten zur Tierbeobachtung; hier hört man nachts die Löwen brüllen und dürfte die besten Chancen haben, sie auch zu Gesicht zu bekommen. Die Straßen nach Nossob und Mata-Mata verlaufen an den Flussbetten entlang, wo sich besonders viele Tiere herumtreiben.

Die Übernachtungsmöglichkeiten auf der **botsuanischen Seite** beschränken sich auf die Campingplätze Mabuasehube, Two Rivers, Rooiputs und Polentswa. Hier müssen Besucher alles Benötigte selbst mitbringen. Für Reservierungen ist das botsuanische **Parks and Reserves Reservation Office** in Gaborone zuständig (von Südafrika ✆ 09-267-318 0774, ✉ dwnp@gov.bw).

Bitterpan Wilderness Camp, ungefähr im Zentrum des Parks an einem Geländewagenpfad zwischen Nossob und Mata-Mata (nur mit Allradantrieb zu erreichen), mit 4 nicht eingezäunten Strohhütten und Blick auf eine Salzpfanne. ❹

Gharagab Wilderness Camp, 4 Holzhütten im Nordzipfel des südafrikanischen Parkabschnitts (nur mit Allradantrieb) mit erhöhtem Blick auf Dünen und *thornveld*. ❹

Grootkolk Wilderness Camp, nahe Union's End am äußersten Nordzipfel des südafrikanischen Teils. Das nicht eingezäunte Camp liegt mitten im Raubtiergelände, ist klein, voll ausgestattet und exklusiv – und normalerweise auf Monate hin ausgebucht. ❹

Kalahari Tent Camp, das von einem bewaffneten Wächter geschützte, nicht umzäunte Camp hat voll ausgestattete Selbstverpfleger-Zelte, errichtet aus Planen und Sandsäcken, mit Aussicht auf den Auob River. Swimming Pool vorhanden. ❹

Kieliekrankie Wilderness Camp, in der Nähe von Twee Rivieren (41 km). 4 in eine Düne eingelassene Hütten; mit normalen Fahrzeugen zu erreichen. ❹

Mata-Mata Camp, umzäuntes Restcamp 120 km nordwestlich von Twee Rivieren an der (geschlossenen) Grenze zu Namibia, am Ende der Straße, die dem Lauf des Auob River folgt. Unterbringung in voll ausgestatteten Familien-Cottages (6. Pers.), einladenden Bungalows (2 Pers.) und auf einem Zeltplatz. Weitere Einrichtungen sind eine nachts angestrahlte Wasserstelle, ein Laden und eine Tankstelle. ❷–❸

Nossob Camp, an der Grenze zu Botsuana, 160 km auf der Straße entlang des Nossob River. Dies ist das abgeschiedenste der drei umzäunten Restcamps. Es besitzt 15 einfache Ferienhütten und größere, die für eine 4-köpfige Familie geeignet sind; außerdem ein Cottage und einen Zeltplatz. Gemischtwarenladen, Zapfsäule und Raubtier-Infocenter (das Camp ist für nächtliche Löwenbesuche bekannt). ❷–❸

Twee Rivieren Camp, das älteste und am besten ausgestattete der drei eingezäunten Restcamps, liegt gleich am Eingang und bietet mehr als 30 angenehme Chalets für Selbstversorger mit strohgedeckten Dächern und schönen Terrassen. Auch ein ziemlich großer Campingplatz (mit/ohne Strom) steht zur Verfügung. Außerdem gibt es Treibstoff, einen Pool, ein mittelmäßiges Restaurant und ein einfaches Souvenir- und Lebensmittelgeschäft. ❷–❸

Urikaruus Wilderness Camp, etwa auf halbem Weg zwischen Twee Rivieren und Mata-Mata in schöner Lage zwischen Kameldornbäumen am Auob River. ❹

Augrabies Falls National Park

Eines der unbestrittenen Highlights jedes Abstechers zum Nordkap ist der Augrabies Falls National Park, 120 km westlich von Upington. Der Wasserfall, der inmitten der öden Halbwüste mächtige Gischtwolken vor dem dunklen Horizont aufsteigen lässt, stellt den dramatischsten Abschnitt im Verlauf des 2000 km langen Oranje River dar. Eine weitere Attraktion ist eine Raftingtour durch die 18 km lange Felsschlucht. Der ausgesprochen unwirtliche Nordabschnitt des Parks ist Lebensraum von Reptilien, Klippspringern und Springböcken.

Die **beste Zeit** für einen Besuch des Augrabies ist von März bis Mai, wenn die Temperaturen etwas niedriger sind und der Fluss nach den sommerlichen Regenfällen in seinem Einzugsgebiet in Lesotho am meisten Wasser führt, auch wenn der Wasserstand seit Umleitung eines Teils des Wassers in den Vaal deutlich gesunken ist. Mit einem eigenen Fahrzeug ist der Wasserfall von Upington aus problemlos an einem Tag zu besuchen. Es sind aber auch im Park und in seiner Nähe zahlreiche, ordentliche Übernachtungsmöglichkeiten vorhanden. Der nächste mit öffentlichen Verkehrsmitteln zu erreichende Ort ist **Alheit** an der Abzweigung zum Park von der N14, 28 km vor dem Parkeingang. Im Übrigen beinhalten auch die meisten Kalahari-**Touren** (S. 327) von Upington oder anderen Orten des Nordkap aus einen Besuch des Wasserfalls.

Der Anfahrtsweg zum Park

Von Upington führt die Anfahrt westwärts über die N14 am Oranje entlang, der hier von üppigen Weingärten, Obstplantagen und Luzernefeldern gesäumt wird. 80 km südwestlich von Upington liegt **Kakamas**, der letzte Ort vor dem Park und ein guter Stützpunkt für einen Besuch des Augrabies, sofern man einen fahrbaren Untersatz hat. Die Ansiedlung wurde 1897 von der niederländisch-reformierten Kirche als Kolonie für die Viehfarmer gegründet, die durch eine anhaltende Dürre vor dem Ruin standen. Jeder Farmer steuerte Arbeitskraft zum Bau eines Netzes von Bewässerungskanälen und -tunneln bei und erhielt zum Lohn ein Stück bewässertes Land.

Ihr Werk mag primitiv erscheinen, versorgt das Land aber heute noch mit Wasser. Der Einfallsreichtum der Anwohner äußerte sich auch im Bau des ersten südafrikanischen Wasserkraftwerks, das 1914 im Stil eines ägyptischen Tempels erbaut wurde und heute ein kleines Museum beherbergt. Es steht am oberen Ende der Voortrekker Street, wenn man auf der N14 in den Ort kommt.

Empfehlenswerte **Unterkünfte** in Kakamas sind das große Kalahari Gateway Hotel, 19 Voortrekker St, ✆ 054-431 0838, 💻 www.kalahari-gateway.co.za, ❸, mit Swimmingpool, zwei Bars und einem Restaurant und das – noch bessere –

Aktivitäten im Augrabies Falls Park

Im Park werden verschiedene Abenteueraktivitäten angeboten, die allerdings keinen vergleichbaren Adrenalinkick wie die Fälle selbst versprechen. Der halbtägige **3-in-1 Gariep Trail** (R140) kombiniert eine kurze Kanufahrt in der Schlucht mit einer Wanderung und einer 11-km-Mountainbiketour zurück zum Restcamp. Der **Dassie Nature Trail** ist eine halbtägige Wanderung vom Hauptcamp aus. Der beliebte dreitägige **Klipspringer Trail** (nur April–Sep; R130) umfasst zwei Übernachtungen in einfachen Hütten und muss auf jeden Fall vorab reserviert werden. Außerdem gibt es **nächtliche Tierbeobachtungstouren** (R80) und eine 56 km lange, auf eigene Faust befahrbare **Touristenroute** (nur mit Allradantrieb) in die Nordwestecke des Parks, um Savannenfauna zu sehen. Die Anmeldung zu allen Aktivitäten muss spätestens bis 16 Uhr am Vortag erfolgen. Spannender ist vielleicht der **„Augrabies Rush“**, eine halbtägige Tour mit kleinen Schlauchbooten über einen 8 km langen, zunehmend wilder schäumenden Flussabschnitt unmittelbar oberhalb der Fälle, die das Kalahari Adventure Centre veranstaltet (S. 327; R325 p. P. für Gruppen ab 4 Pers.). Das Adventure Centre organisiert auch viertägige Schlauchboottouren tief in die leere, einsame Landschaft unterhalb der Wasserfälle (R2495) und eine Zweitagestour durch die aufregenden Stromschnellen der Onseepkans Gorge in der Nähe von Pella (R1995).

Vergelegen Guesthouse & Restaurant, ✆ 054-431 0976, 🖳 www.augrabiesfalls.co.za, ❸, auf einer Farm an der Hauptstraße etwa 3 km östlich von Kakamas. Es hat 16 adrette Zimmer (eins davon für Selbstversorger), einen Pool, ein Restaurant, ein Café und ein Informationszentrum, bei dem man Touren und Safaris buchen kann.

Das Augrabies Falls Backpackers im Dorf **Augrabies**, ✆ 072-127 5400, 🖳 www.kalahari.co.za, ❶–❷, 11 km vor dem Parktor, wechselte zur Zeit der Recherche gerade den Besitzer. Allem Anschein nach dürfte es aber auch in Zukunft angenehme Unterkunft in Dorms und Doppelzimmern bieten und als Standort des Kalahari Adventure Centre (S. 327) fungieren. Wenige Kilometer vor dem Haupteingang des Parks befindet sich das Falls Guesthouse, ✆ 082-928 7938, ❸, ein renoviertes Farmhaus mit großen, kühlen Zimmern, netter Einrichtung und einer Veranda mit Blick auf einen Weingarten.

Der Park

Die **Parkzentrale**, ✆ 054-452 9200, liegt ein Stückchen hinter dem Eingang, ⏲ tgl. 7–18 Uhr, Eintritt R60. Hier gibt es einen Laden, eine Snackbar und ein **Restaurant** mit Blick zur Schlucht. Für Selbstversorger stehen Cottages und Bungalows (beide ❸) nahe dem Eingang und dem Wasserfall zur Verfügung (zwei davon mit Rollstuhlrampen), außerdem gibt es einen großen, schattigen Campingplatz für Zelte und Wohnmobile. Beide Einrichtungen besitzen einen Pool.

Der mächtige Wasserfall ist immer noch unter seinem Khoikhoi-Namen *Aukoerebis* („Ort des großen Lärms") bekannt. Bei maximalem Wasserstand können die Wassermengen, die hier durch einen schmalen Einschnitt am oberen Ende einer tiefen Granitschlucht stürzen, durchaus mit den zahmeren Perioden der Viktoria- oder Niagarafälle konkurrieren, auch wenn der Augrabies an Höhe und Großartigkeit nicht mit seinen größeren Rivalen mithalten kann. Er blieb von der heftigen Kommerzialisierung verschont und bereitet inmitten der unheimlichen Wüste unter einem tiefblauen Abendhimmel ein bewegendes und unvergessliches Erlebnis.

Die schüsselförmig gewölbten Seiten der Schlucht sind glatt gewaschen, und es kursieren viele Geschichten von Besuchern, die in ihrem Eifer, den Fall aus nächster Nähe zu sehen, in

Kirche unter Palmen: Die einstige Missionsstation Pella ist ein unerwarteter Anblick in der Wüste.

die brodelnden Wassermassen abgerutscht sind. Es gab ein paar wundersame Rettungen – am berühmtesten wurde ein Skandinavier, den der Wassersog splitterfasernackt auszog, bevor er ans Ufer gezerrt wurde –, doch seit Einrichtung des Nationalparks 1966 kamen hier schon mehrere Dutzend Menschen ums Leben.

Heute hindert ein großer Zaun die Besucher daran, sich zu weit vorzuwagen. Ein Holzsteg mit Geländer erlaubt auch Rollstuhlfahrern den Zugang zur Aussichtsstelle. Ein besserer Blick über die Schlucht eröffnet sich, wenn man den kurzen Weg vom Rest Camp nach **Arrow Point** zurückläuft oder die Verbindungsstraßen nach Ararat oder Echo Corner befährt. Am schönsten ist die Atmosphäre bei **Sonnenuntergang**, wenn die Westseite der Schlucht in ein weiches Licht getaucht wird.

Der übrige Teil des Parks erstreckt sich über eine Fläche von 184 km² zu beiden Seiten des Flusses. Das Land ist öde und trocken mit nur spärlichem Pflanzenbewuchs, wie *kokerboom* (Köcherbaum), Kameldorn und Namaqua-Feige. Es gibt auch mehrere beachtliche Felsformationen: die besonders auffälligen, so genannten **Potholes**, die vom Fluss ausgewaschen wurden, als er noch einem anderen Lauf folgte, und den **Moon Rock**, eine riesige Kuppe aus glattem, bröckelndem Granit, die sich mitten aus in der Ebene erhebt.

Wer auf den (ungeteerten) Parkstraßen unterwegs ist, dürfte einige Vertreter der heimischen Tierwelt wie Elenantilopen, Klippspringer oder andere kleine Antilopen zu Gesicht bekommen. Beim Bummel um die Fälle und durchs Camp sieht man meistens kleinere Tiere wie Klippschliefer, Mangusten und Eidechsen.

Auf der N14 nach Westen: Pella

Westlich des Augrabies Falls National Park verläuft die N14 immer geradliniger durch weitgehend platte, eintönige Halbwüste. Da Bäume hier Mangelware sind, wurden zahlreiche Telegrafenmasten entlang der Straße von **Siedelwebern** für den Bau ihrer großen braunen Nester zweckentfremdet, die in diesen trockenen nördlichen Regionen ein häufiger Anblick sind. Etwa auf halbem Wege zwischen Upington und Springbok und ungefähr 15 km westlich der winzigen, heißen und gottverlassenen Ortschaft **Pofadder** (Afrikaans für die extrem giftige, landesweit verbreitete Puffotter) liegt die Abzweigung zu einer erstaunlichen Ansiedlung rund um eine Missionsstation, die 1814 von der London Missionary Society gegründet, 1872 aufgegeben und 1878 von der römisch-katholischen Kirche übernommen wurde.

Drei Kilometer nach der Abzweigung von der N14 kommt eine Gabelung, an der man rechts fahren muss. Auf dieser ungeteerten Straße fährt man dann weitere 10 km auf die Bergkette zu, die sich am Oranje entlangzieht.

Pella ist eine schlichte Ansammlung von Hütten, sandigen Straßen und ein paar steinernen Gebäuden rund um eine imposante gelbe **„Kathedrale"** auf einem offenen, staubig weißen Platz, den stattliche Dattelpalmen säumen. Sie wurde in den 1880er-Jahren innerhalb von sieben Jahren von zwei französischen Missionaren erbaut. Da sie keinen erfahrenen Kirchenbaumeister zur Hand hatten, benutzten sie stattdessen die *Encyclopédie des Arts et Métiers* als Bauanleitung. Die attraktiven Missionsgebäude rundherum beherbergen heute noch eine Nonnengemeinschaft, und auch die Kathedrale selbst wird rege genutzt. Zwischen den Missionsgebäuden stehen zwei einigermaßen interessante kleine Museen. Falls sie verschlossen sind, können Besucher beim Missionsbüro nachfragen, ✆ 054-971 0190.

In Pella selbst gibt es keine touristische Infrastruktur, aber in 24 km Entfernung bietet das ausgezeichnete **Klein Pella Guest House**, ✆ 054-972 9712, 🖳 www.karsten.co.za, ❸, Chalets und Camping auf einer Farm am Ufer des Oranje.

Namaqualand

Eine weitere Region des Nordkaps, deren Name eine Mischung aus Trostlosigkeit und Zauber heraufbeschwört, ist das Namaqualand. Ein häufig zitiertes Sprichwort besagt, in Namaqualand müsse man zweimal weinen: einmal, wenn man ankommt, und einmal, wenn man es wieder ver-

8 HIGHLIGHT

Blumenschau in Namaqualand

Die Samen der bunten Margeriten, Mittagsblumengewächse (*vygies*), Aloen, Gladiolen und Lilien – der wunderschönen Blumen des Namaqualands – ruhen während der gnadenlosen Dürreperioden des Sommers in der Erde und warten auf den Regen, der unter Umständen jahrelang ausbleiben kann. Da die verschiedenen Arten – es gibt hier etwa 4000 – auf die jeweiligen Bedingungen unterschiedlich reagieren, können die Blumen von Jahr zu Jahr zu verschiedenen Zeiten auftauchen. Vorhersagen zu den jeweils schönsten Gegenden sind daher schwierig und ungewiss. Mit ziemlicher Sicherheit bietet aber der Skilpad-Teil des **Namaqua National Park** (S. 344) einen Blumenteppich. Der Richtersveld Transfrontier Park (S. 349) mit seinen Kakteen ist ein weiteres verlässliches Ziel für Blumentouristen.

Ein Anhaltspunkt sind die **Winterregenfälle**, die in Halbwüsten ungewöhnlich sind, weshalb die Blumen nur im August und September sprießen. Sie folgen dem Regen, sind also Anfang der Saison an der Küste zu finden und bewegen sich dann stetig weiter ins Landesinnere. Der andere Faktor ist die **Temperatur** – Blüten öffnen sich selten vor 10 Uhr morgens und bei kühlem oder bewölktem Wetter sind die Farben etwas gedämpft. Bei Temperaturen unter 15 °C bleiben sie automatisch geschlossen, damit ihre Pollen nicht vom Wind zum Atlantik hin fortgeblasen werden können.

Praktische Tipps

Ein Ausflug zur Blumenschau in Namaqualand, egal in welcher Ecke, bedeutet, dass man viel Zeit in einem **Fahrzeug** verbringt, da die Entfernungen in dieser Region riesig sind und es keine Garantie dafür gibt, wo die Blumen nun gerade den Kopf aus der Erde stecken – oft muss man einige Zeit investieren, um sie aufzuspüren. **Radtouren** sind eine denkbare Alternative, können aber zur frustrierenden Erfahrung werden, wenn die schönsten Blütenteppiche just in 20 km Entfernung vom eigenen Stützpunkt auftauchen. **Unterkünfte** müssen in jedem Fall rechtzeitig reserviert werden. Man kann sich entscheiden, ob man lieber auf einer Farm unterkommen möchte (besonders sinnvoll, wenn man kein eigenes Fahrzeug dabei hat, da man hier geführte Wanderungen über die farmeigenen Blumenfelder unternehmen kann) oder in einem der Zentren wie Springbok, von wo aus mehr Routen zur Wahl

lassen muss. Dies ist das Land eines Khoikhoi-Hirtenvolks namens **Nama**: Die Kleinen Nama lebten südlich des Oranje, die Großen Nama nördlich des Flusses im heutigen Namibia. Das Gebiet ist dünn besiedelt und erstreckt sich südlich des Oranje bis zu den leeren **Knersvlakte**-Ebenen um Vanrhynsdorp, sowie von der **Atlantikküste** nach Osten bis zum Rande der Großen Karoo.

Namaqualand – das ist aber vor allem das Synonym für das sagenhaft schöne, farbenprächtige **Wildblumenmeer**, das jedes Jahr im August und September das Land überzieht und zu Südafrikas verlockendsten Naturwundern gehört. Auch außerhalb der Hauptblumensaison erblühen stellenweise Teppiche aus orangefarbenen, lila und weißen Korbblütenpflanzen, und die trockene, leere Landschaft aus Bergwüste, mineralhaltigen Granitfelsen und der Dürre trotzenden Sukkulenten besitzt eine ganz eigene karge Schönheit.

Die **N7** von Namibia nach Kapstadt, die quer durchs Namaqualand führt, ist eine der landschaftlich eindrucksvollsten Strecken des Landes. An ihrem Nordende liegt an der Abzweigung der staubigen **N14** Richtung Upington und Kalahari die Regionalhauptstadt **Springbok**. Sie ist der beste Ausgangspunkt zur Blumenschau – im Gegensatz zu anderen Gebieten garantiert der nahe gelegene **Namaqua National Park** selbst in regenarmen Jahren ein prachtvolles Blütenschauspiel – und zum Besuch des entlegenen Nordwestzipfels der Provinz: Hier erstreckt sich

stehen. Die Tourismusbüros der Region stehen mit Rat und Tat zur Seite und helfen auch bei der Zimmerreservierung; zudem gibt es eine **Flower Hotline** (geschaltet Ende Juli bis Anfang Oktober; ✆ 083-910 1028) mit aktuellen Infos zu den besten Blumengebieten sowie einer Wettervorhersage. Hier noch ein paar **taktische Ratschläge**:

- Am besten plant man die jeweilige Tagesroute morgens vor dem Aufbruch. Die Gastgeber haben oft Insider-Informationen über die aussichtsreichsten Ziele an einem bestimmten Tag. Aber Achtung: Manchmal kommt es zu einem „Blumenfieber"-Effekt, durch den bestimmte Gebiete von ganzen Besucherhorden überschwemmt werden.
- Da sich die Blüten gegen 10 Uhr öffnen und zwischen 15 und 16 Uhr wieder schließen, bleibt reichlich Zeit für ein gutes Frühstück und die Anfahrt zum Tagesziel. Die Blüten richten sich zur Sonne aus, weshalb man morgens am besten Richtung Westen, nachmittags Richtung Osten und generell von Norden nach Süden fährt.
- Unbedingt aus dem Auto aussteigen – echte Blumenfans erkennt man an ihren verschlammten Knien.
- Hoffentlich eine absolute Selbstverständlichkeit: Die Blumen auf keinen Fall pflücken! Stattdessen kann man Fotos machen oder sich mit Büchern wie *Namaqualand: Garden of the Gods* von Freeman Patterson oder *Namaqualand: A Succulent Desert* von Richard Cowling und Shirley Pierce eindecken.
- Warme Sachen einpacken; abends kann es kalt werden.

Tourveranstalter

Kapstadt

Cape Rainbow Tours, Waterfront, ✆ 021-551 5465, 💻 www.caperainbow.com.

Landscape Tours, 140 Main St, ✆ 021-851 7706, 💻 www.landscapetours.co.za.

Nordkap

Diamond Tours Unlimited, 71 Jacobson Ave, El Toro Park, Kimberley, ✆ 053-861 4983 oder 083-265 4765, 💻 www.diamondtours.co.za.

Koperberg Tours & Safaris, Springbok, ✆ 083-873 3390, 💻 www.namaqualand.net.

Virosatours, Springbok, ✆ 027-712 3650, 💻 www.virosatours.com.

die **Diamond Coast** von **Port Nolloth** bis zur namibischen Grenze, und im Hinterland lockt der schroffe, aber spektakuläre **Richtersveld Transfrontier Park**, durch dessen Mitte der Oranje fließt. Raftingtouren auf dem Grenzfluss gehören zu den Hauptattraktionen der Region.

Springbok und Umgebung

Im Halbwüstenausläufer des nördlichen Namaqualand geht die Karoo in die Kalahari über, und beide grenzen an den Ozean. Ohne die Entdeckung von **Kupfervorkommen** im 17. Jh. und in jüngerer Zeit von **Diamanten**, die der Oranje River aus der Gegend um Kimberley anschwemmt, wäre in dieser Region wahrscheinlich überhaupt keine Stadt entstanden. Süßwasser ist hier eine Rarität, und nur sein Vorhandensein hat Springbok, der Hauptstadt der Gegend, das Überleben gesichert, nachdem die Kupferminen erschöpft waren.

Das attraktiv von Bergen eingerahmte Springbok ist das größte Handels- und Verwaltungszentrum in Namaqualand und dazu eine wichtige Durchgangsstation an der N7. Es liegt ungefähr 400 km südwestlich von Upington, gut 100 km südlich der Grenze zu Namibia. Die Stadt bildet im August und September eine angenehme Ausgangsbasis zu den Blumenfeldern des nördlichen Namaqualands, für Touren in den Richtersveld Transfrontier Park (S. 349) und für Abstecher zur Küste.

Goegap Nature Reserve

Die R355 führt von Springbok Richtung Osten zum etwa 15 km entfernten Eingang des Goegap Nature Reserve, laut Eigenwerbung ein „Namaqualand en miniature". Mit seinen fast 600 heimischen Blütenpflanzenarten ist das Reservat in der Blumensaison ein beliebtes Touristenziel. Wer es besuchen will, braucht entweder ein eigenes Fahrzeug oder kann sich einer Tagestour ab Springbok mit Virosatours (S. 341) anschließen. ◷ tgl. 8–18 Uhr, Eintritt R15.

Nordkap

Übernachtung

An Gästezimmern mangelt es in Springbok nicht, aber während der Blumenblüte ist eine Reservierung ratsam. Auf der Infotafel mit Landkarte außen am Tourist Office stehen Details (inkl. Preisangaben) zu den meisten Unterkünften in und um die Stadt. Der am nächsten gelegene Campingplatz ist der schattenlose **Springbok Caravan Park**, ✆/✆ 027-718 1584, 2 km südöstlich der Stadt an der R355 Richtung Goegap, mit Rondavels, DZ, Wohnwagen und einem Swimming Pool. ❶

In der Stadt

Cat Nap Accommodation, Voortrekker St, gegenüber dem Tourist Office, ✆ 027-718 1905, ✉ richtersveld.challen@kingsley.co.za. Bietet hübsche Zimmer, 2 davon mit Bad, und 12 schlichte Klappbetten in der Garage mit Küchenzeile – wo man das Auto gleich neben dem Bett parken kann. Schlafsaalbetten ❶, Zimmer ❷.

Zauberhafte Oase der Gemütlichkeit

Annie's Cottage, 4 King St, ausgeschildert von Klipkoppie, 🖳 www.springbokinfo.com, ✆ 027-712 1451. Extrem geschmackvolle, angenehme Zimmer (eins sogar rollstuhlgerecht) in einem restaurierten Kolonialgebäude. Als Dreingaben gibt es hier jede Menge einheimische Kunst, einen lauschigen Pool unter Jacarandabäumen sowie Wander- und Radwege in der Umgebung. Die entgegenkommende Inhaberin liefert gute Tipps für die besten Orte zur Blumenschau. ❹

Elkoweru, 1 Bree St, ✆ 027-718 1202, 🖳 www.elkoweru.co.za. Modernes, 2-stöckiges Gästehaus mit mediterranem Flair. Die Zimmer sind relativ klein und schlicht, aber gut für den Preis (besonders für Alleinreisende); verfügt auch über Apartments. ❶

Mountain View Guest House, 2 Overberg Ave, von der Abzweigung 100 m südlich des Tourist Office geht es noch 1 km die Overberg Ave hinunter, ✆ 027-712 1438, 🖳 www.mountview.co.za. 10 geschmackvoll eingerichtete Zimmer mit afrikanischem Flair (2 davon für Selbstversorger) in einem überdurchschnittlichen Guesthouse in hübscher Stadtrandlage. Ein kurzer Wanderweg vom Haus eröffnet schöne Panoramablicke auf Springbok und Umgebung. ❹

Springbok Lodge, 37 Voortrekker St, Eingang an der Kerk St, ✆ 927-712 1321, 🖳 www.springboklodge.com. Umfasst 20 verschiedene Häuser in der Nähe, weiß oder gelb gestrichen, mit schlichten, aber ordentlichen Zimmern; auch einige Selbstversorger-Apartments. ❷

Außerhalb

Mùrewag Guest Farm, 12 km nordwestlich der Stadt – von der Kleinzee Road nach 8 km Richtung Nababeep abbiegen, ✆ 084-408 0135. Nette Farm mit üppiger Blumen- und Sukkulentenblüte in der Saison und einigem Kleinwild. 3 komplett ausgestattete Gästezimmer und ein gemütlich-altmodisches Cottage. Die Gäste können persönliche Bekanntschaft mit den Tieren der Farm schließen und die Rad- und Wanderwege der Umgebung erkunden. Die Inhaber holen einen gern in Springbok ab. Frühstück inkl. ❷

Naries Namaqua Retreat, 27 km westlich der Stadt an der Kleinzee Road, ✆ 027-712 2462, 🖳 www.naries.co.za. Komfortable, anheimelnde Unterkunft mit 5 schlicht, aber stilvoll eingerichteten Zimmern in einem kapholländischen Farmhaus und einem Cottage für Selbstversorger mit 1 Doppel- und 2 Einzelbetten. Im Farmhaus werden keine Kinder unter 11 Jahren beherbergt. Ein besonderes Bonbon sind die Candle-Light-Dinners. Auf Wunsch können Wandertouren und Ausritte organisiert werden. HP ❺

Essen

Die beiden besseren Restaurants öffnen nur zum Abendessen und servieren Hauptgerichte ab etwa R60:
Tauren Steakranch, Hospital St, gleich nördlich vom Taxistand. Die üblichen Steakgerichte in attraktivem, afrikanisch gestyltem Ambiente.
El Dago, Voortrekker St, gleich südlich vom Taxistand. Gutes Angebot an Seafood und ein sonniger Balkon zur Straße.
Melkboschkuil, Voortrekker St, auf halbem Weg zwischen Taxistand und Tourist Office. Dies war mal eins der besten Restaurants der Provinz, doch heute beschränkt sich das Angebot auf Hamburger, Pizza und Sandwiches. Brauchbarer ist das dazugehörige Café mit guten Milchshakes und Käsekuchen, die man auf einer netten Terrasse mit Blick auf die umgebenden Hügel genießen kann.
Die beste Adresse für einen Drink ist **Titbits**, gegenüber vom El Dago, mit einer eindrucksvollen Cocktailkarte.

Sonstiges

Autovermietungen

Richtersveld Challenge, gegenüber dem Tourist Office, ✆ 027-718 1905, ✉ richtersveld.challen@kingsley.co.za, vermietet komplett ausgestattete Geländewagen und Campingausrüstungen.
Tempest und **Imperial**, beide ✆ 072-718 3081, vermieten ebenfalls Geländewagen.

Geld

Geldwechsel bei der **Absa Bank** in der Namakwa Street, gegenüber der Taxi-Haltestelle.

Informationen

Das hilfreiche **Tourist Office**, ✆ 027-712 2011, 💻 www.namaqualand.com, ist in der kleinen anglikanischen Kirche neben dem Postamt auf der Namakwa St untergebracht und dient gleichzeitig als Zentrale des Namaqua Region Tourism Board. 🕒 in der Blumensaison Mo–Fr 7.30–17, Sa und So 9–12 Uhr, ansonsten Mo–Fr 8.30–16.15 Uhr.
Weitere ortskundige Ratschläge (gewürzt mit bissigem Humor) gibt es in der **Springbok Lodge** an der Voortrekker, Ecke Kerk St. Dieser beliebte Treffpunkt für Besucher und Einheimische führt auch ein ausgezeichnetes Büchersortiment, u. a. viele Titel über das Namaqualand und seine Blumen, die Geschichte des Kupferbergbaus, die Nama, das Richtersveld und die Felsbilder.

Internet

Something Online, Voortrekker St, neben dem Restaurant Melkboschkuil. 🕒 Mo–Do 8–16.30, Fr 8–15.30 Uhr.

Transport

Die meisten Busse und Minibusse starten vom Taxistand Klipkoppie, holen Fahrgäste aber auch am Hotel ab, wenn sie vorher anrufen (was auf jeden Fall zu empfehlen ist).
Intercape-Busse nach UPINGTON (1x tgl., 5 Std.), KAPSTADT (1x tgl., 6 1/2 Std.) und WINDHOEK (4x wöchentl., 12 Std.) fahren von der Engen-Tankstelle auf der Voortrekker St ab, 700 m östlich des Taxistands (Tickets gibt es bei Shoprite, 200 m zurück Richtung Stadt).
Bewährte **Taxiunternehmen** für Fahrten nach KAPSTADT sind z. B. Titus, ✆ 027-712 1381, Van Wyk's, ✆ 027-713 8559, und Carsten's, ✆ 027-712 1847 – alle drei verkehren tgl. außer Sa. VIP Taxis, ✆ 027-851 8780, bietet um 15 Uhr eine Verbindung nach PORT NOLLOTH (4 Std.) und ALEXANDER BAY (Mo–Sa, 1 1/4 Std.). Bailey's Reo Liner, ✆ +264 61 262 522, fährt, aus Kapstadt kommend, alle 2 Tage vom KFC neben der Springbok Lodge nach WINDHOEK. Auf derselben Route verkehrt 3x wöchentl. das namibische Busunternehmen Econolux, ✆ +264 64 205 935).

Zentral-Namaqualand

Die **Fahrt auf der N7** von Springbok nach Süden ist eine außergewöhnliche Erfahrung, dank der spektakulären, oben abgeflachten, pinkfarbenen Berge der **Matzikama Range** und der **Kamiesberge**, die in zunehmendem Maße den südlichen Horizont dominieren. Hier bietet sich das Dorf **Kamieskroon** zur Blumensaison als gute Ausgangsbasis an, um den Skilpad-Abschnitt des **Namaqua**

National Park zu besuchen, dessen Blumenpracht zu den zuverlässigsten und großartigsten Blütenspektakeln in Namaqualand gehört.

Kamieskroon

Etwa 70 km süddlich von Springbok liegt das Dorf Kamieskroon inmitten der Kamiesberge unter dem felsigen Gipfel *(kroon)*, von dem es seinen Namen hat. Mit dem Dorf hat es nicht viel auf sich, außer dass es wirklich sehr schön gelegen ist, von frischer, kühler Bergluft umweht wird und während der Blumensaison das Gefühl vermittelt, dass man sich mitten im Garten der Götter befindet.

Östlich von Kamieskroon liegen tiefer in den Bergen Orte wie **Nourivier** und die alte mährische Missionsstation **Leliefontein**. Das Land hier wird von den einheimischen Nama als Gemeinschaftsbesitz bewirtschaftet. Stellenweise sieht man Familien in traditionellen *matjieshuise* (Strohmatten-Häusern) wohnen. Diese Siedlungen, von denen sich viele heute noch um eine Mission als Mittelpunkt scharen, sind durch unbefestigte Straßen verbunden, die gute Routen zur Blumenschau abgeben.

Kommt man von der N7, so liegt Kamieskroon linker Hand. Auf der rechten Seite befindet sich das **Hotel Kamieskroon**, ✆ 027-672 1614, 💻 www.kamieskroonhotel.com, ❸. Es steht scheinbar etwas unglücklich am Wegesrand, ist aber in Wirklichkeit ein lebendiger und kreativer Ort. Das Hotel ist für seine Foto-Workshops während der Blumensaison bekannt geworden und fungiert als Zentrum für eine wachsende Zahl von Aktivitäten in der umgebenden Kamiesberg-Gemeinde. Brauchbare, wenn auch nicht besonders aufregende Alternativen sind das **Gousblom B&B**, 95 De Waal St, ✆ 027-672 1004 oder 082-962 3213, und das **Kamieskroon B&B**, Charlotte S, ✆ 027-672 1652 oder 082-898 2759, beide ❷. Der **Campingplatz** (R65) des Kamieskroon Hotel an der Kordon Street, ✆ 027-672 1666, ist erheblich besser als der Verbe Caravan Park.

Falls in der Blumensaison ganz Kamieskroon ausgebucht sein sollte, kann man vielleicht nach **Garies**, 45 km weiter südlich an der N7, ausweichen. Hier gibt es in der Main Street zwei annehmbare Unterkünfte: Garies Hotel, ✆ 027-652 1042 oder 072-396 1752, 📠 027-652 1141, mit Pool, und Sophie's Guesthouse, 33 Main St, ✆ 027-652 1069, mit Kochnischen in den Zimmern, beide ❷.

Namaqua National Park

Während der Blumensaison lohnt sich selbst auf der Durchfahrt ein Abstecher zur **Skilpad-Sektion** des Namaqua National Park, 17 km nordwestlich von Kamieskroon an einer ausgeschilderten Schotterstraße, ✆ 027-672 1948. Die Wahrscheinlichkeit der Blumenblüte ist hier größer als anderswo, selbst in Jahren mit spärlichem Niederschlag. Durch das Reservat führt ein 5 km langer Rundfahrweg, außerdem gibt es zwei kurze Spazierwege und eine hübsche Picknickstelle, doch die Besuchereinrichtungen beschränken sich auf Toiletten und einen Stand, wo kleine Gerichte angeboten werden. 🕓 tgl. 8–18 Uhr, Eintritt R30.

Südliches Namaqualand und Bokkeveld

Auf dem Weg von Kamieskroon nach Süden weichen die Berge allmählich der eintönigeren Landschaft der kiesigen Halbwüste **Knersvlakte** – der „knirschenden Ebene", nach dem Geräusch, das die metallbeschlagenen Wagenräder auf der Fahrt über dieses schroffe Terrain verursachten. Etwa 190 km von Kamieskroon liegt die ländliche Kleinstadt **Vanrhynsdorp**, die südlichste Ortschaft von Namaqualand. Obwohl sie offiziell zur Provinz Westkap gehört, fungiert sie für Besucher, die aus Kapstadt kommen, als Tor zur Region. Sie liegt an der Kreuzung von N7 (der Hauptstraße zwischen Kapstadt und Namibia) und R27, der Verkehrsverbindung durch das herrliche Bokkeveld Escarpment nach Calvinia und schließlich Upington am Nordrand der Großen Karoo. Jenseits des Escarpment liegt das malerische *dorp* **Nieuwoudtville**, ein ausgezeichnetes Sprungbrett für Abstecher in die fruchtbare Region und deren Naturreservate.

Vanrhynsdorp

Das am Fuß des tafelförmigen Maskam Mountain gelegene Vanrhynsdorp ist außerhalb der Blumensaison ziemlich ausgestorben. Höchste

Erhebung des Städtchens ist der unübersehbare Kirchturm, 500 m östlich der N7 am Ende der Van Riebeeck Street. Unmittelbar vor der Kirche befindet sich das **Museum** der Stadt, das alte Gebrauchsgegenstände und Objekte aus dem Militärbereich zeigt. ⌚ Mo–Fr 8–13 und 14–17 Uhr, Eintritt frei.

Vier Blocks östlich der Kirche, an der Voortrekker Street, liegt die **Kokerboom Kwekery**, ✆ 027-219 1062, eine Baumschule, die sich auf Sukkulenten spezialisiert hat, die in dieser Gegend im Überfluss wachsen. Etwa ein Drittel aller Sukkulentenarten der Welt kommen in dieser Region vor, viele von ihnen sogar ausschließlich in diesem Gebiet. ⌚ Mo–Fr 8–13 und 14–17 Uhr.

In der Gärtnerei kann man eine Genehmigung für den 3 km langen **Succulent Hiking Trail** erhalten, der sich 25 km nördlich der Stadt unweit der N7 befindet und einen lohnenden Abstecher darstellt.

Übernachtung und Essen

Van Rhyn Guest House, Van Riebeeck St, ✆ 027-219 1429, 💻 www.vanrhyngh.co.za. Die beste Herberge am Ort ist ruhig, einladend und schwulenfreundlich. Während der Blumensaison Vollpension ❺, ansonsten B&B ❸. Die 10 Zimmer mit hohen Decken bleiben selbst in der Sommerhitze schön kühl; auf Wunsch hervorragende warme Mahlzeiten.
Matzikamma Backpackers, Troe Troe St, 400 m südlich der Kirche, ✆ 082-325 6564 oder 082-254 0222. Freundliche Unterkunft in ruhiger ländlicher Lage mit sauberen Dorms und Zimmern sowie Pool. ❶
Vanrhynsdorp Caravan Park, Gifberg Rd, ca. 1 km südlich des Orts, ✆ 027-219 1287. Außerhalb der Saison ist es hier einigermaßen ruhig. Die Anlage besteht aus einem preiswerten **Campingplatz** und schlichten Chalets mit Bad, 3 davon mit Kochnische. ❷
Wer länger als eine Nacht in der Gegend bleiben will, sucht sich am besten eine **Farmunterkunft** in den nahen Bergen, wofür allerdings ein eigenes Fahrzeug benötigt wird.
Suttridge Guest Farm, ca. 20 km östlich der Stadt an der Straße nach Nieuwoudtville, ✆ 027-219 1889 oder 082-455 4137, 💻 www.vanrhynsdorp.co.za. Zu der ungewöhnlichen Farm gehören 2 ruhige Cottages für Selbstversorger und ein Observatorium zur Sternhimmelbeobachtung. Auf Wunsch werden Geländefahrzeugtouren oder Kutschfahrten durch die Umgebung organisiert. ❷
Die Shell- und Engen-Tankstellen haben brauchbare Restaurants, die hauptsächlich durchreisende Autofahrer bewirten.
ZAR, im Caravan Park. Das beste Restaurant der Stadt serviert ordentlich zubereitete Steaks mit Schnecken, Muscheln und anderen interessanten Beilagen (Hauptgerichte um R50).
Phucifino, neben Shell. Die bestbesuchte Bar der Stadt.

Sonstiges

Informationen

Im Museum gibt es ein einfaches, aber extrem freundliches **Tourist Office**, ✆ 027-219 1552, 💻 www.tourismvanrhynsdorp.co.za, ⌚ Mo–Fr 8–13 und 14–17 Uhr.

Geld

Geld wechselt die Standard Bank in der Voortrekker Street, unweit der Kirche.

Post

Das Postamt befindet sich in der Kerk Street.

Internet

Internet-Zugang bietet der Supermarkt am oberen Ende der Van Riebeeck Street, gegenüber der Kirche.

Transport

Die meisten Busse und Taxis von und nach Kapstadt, Springbok oder Upington halten entweder an der Shell-Tankstelle oder an der Engen-Tankstelle am Anfang der Van Riebeck Street gleich nach der Abzweigung von der Schnellstraße.
Die Fahrt nach Kapstadt ist am einfachsten per Taxi, am besten morgens um 9 Uhr, wenn die frühesten von Springbok her den Ort passieren; es ist ratsam, sich vorher telefonisch einen Platz zu sichern (S. 343). Für die Weiterfahrt nach Springbok ist der Nachmittag die bessere Zeit, wenn die Taxis aus Kapstadt zurückkommen. Samstags verkehren keine Taxis.

Intercape-Busse (Tickets in der Shell-Tankstelle) fahren tgl. nach KAPSTADT (5 Std.) und UPINGTON (7 Std.), via SPRINGBOK (4 1/2 Std.) oder CALVINIA (2 Std.), je nach Reisetag.

Nieuwoudtville

Wer die R27 von Vanrhynsdorp in östlicher Richtung nach Calvinia befährt, erkennt sehr gut, wie sich das Land plötzlich von den Ebenen zum Steilabbruch des Bokkeveld erhebt, den die Straße am **Van Rhyn's Pass** mit ein paar haarsträubend engen Haarnadelkurven in der Nähe des Gipfels überquert. Kurz nach Erreichen des Plateaus weist ein Schild zu einem fantastischen Aussichtspunkt mit Blick über die Ebene. Besonders auffällig ist, dass die Vegetation oben auf dem Plateau plötzlich viel saftiger wird.

8 km nach dem höchstgelegenen Abschnitt des Van Rhyn's Pass, knapp über 50 km von Vanrhynsdorp, verläuft die R27 entlang des nördlichen Teils von Nieuwoudtville mit seinen reizvollen honigfarbenen, blechgedeckten Sandsteinhäusern und den traurigen **Ruinen** der ersten Siedlerhäuser am Stadtrand. Die vor über einem Jahrhundert gegründete Stadt ist mit Abstand die hübscheste der Region und lädt zum Bleiben ein. Auf den hiesigen Böden gedeiht die größte Dichte von Zwiebelpflanzen weltweit, und in der Umgebung locken mehrere attraktive Naturschutzgebiete. Die meisten Pflanzen blühen im August und September, einer Zeit umwerfender Farbenpracht, doch auch sonst blüht hier zwischen März und Oktober eigentlich immer irgendetwas.

Besonders schön sind die Wildblumen im **Hantam National Botanic Garden**, ✆ 027-218 1200. Auf dieser ehemaligen Farm war schon zweimal Sir David Attenborough mit einem Filmteam zu Gast, um für seine Dokumentarfilmreihe *Das geheime Leben der Pflanzen* Aufnahmen von der außergewöhnlichen Flora des Gartens zu machen. ⏲ in der Blütezeit, gewöhnlich Aug–Okt, tgl. 7.30–16.30 Uhr, Eintritt R10, sonst Mo–Fr 7.30–16.30 Uhr, Eintritt frei.

Übernachtung und Essen

Auf der Suche nach einer stimmungsvollen Unterkunft in Nieuwoudtville selbst kann man sich nach den Gästehäusern **Van Zijl** (❷) im **Smidswinkel Restaurant & Information Centre**, ✆ 027-218 1535, 💻 www.nieuwoundtville.co.za, erkundigen. Die Zimmer in den liebevoll restaurierten Sandsteinhäusern in Spaziernähe der Restaurants sind mit schönen alten Möbeln eingerichtet.

Außerdem gibt es das **Green Door** (nur Juli–Sep, Vollpension ❹), ein gemütliches Loft über dem Restaurant.

Gut 1 km außerhalb der Stadt liegt ein angenehmer **Campingplatz**, zu buchen beim Municipality Office, ✆ 027-218 8700.

Einige Farmen in der Umgebung von Nieuwoudtville bieten Unterkunft in klassischen alten Karoo-Häuschen mit Strohdach. Besonders empfehlenswert als Ausgangsbasis für einen Besuch des Oorlogskloof Nature Reserve (S. 347) sind die 3 Selbstversorger-Cottages der Familie Van Wyk auf der **Papkuilsfontein Farm**, 23 km südlich der Stadt an einer Abzweigung der ungeteerten Straße nach Clanwilliam, ✆ 027-218 1246. Von dort sind es nur etwa 2 Fußstunden bis zum Canyon. Die Gäste können hier wandern und Mountainbike fahren, Vögel beobachten (u. a. Kaffern- und Kampfadler) und Ausflüge ins Reservat unternehmen. ❸

Essen kann man im ausgezeichneten **Smidswinkel Restaurant**, dessen weithin berühmte Lammkeule mit einem Wein aus der Region besonders gut schmeckt. Weniger oft nachgefragte Afrikaander-Spezialitäten wie gebackene Schafsköpfe oder gefülltes Herz sollte man einen Tag im Voraus bestellen.

Informationen

In einem Haus auf dem romantisch verwilderten Kirchengelände an der Voortrekker Road – der einzigen Teerstraße des Orts – ist ein **Information Centre**, ✆ 027-218 1336, untergebracht; ⏲ in der Blumensaison tgl. 9–17, ansonsten Mo, Mi und Fr 9–17 Uhr.

Zuverlässige Infos über die Gegend bekommt man auch im **Smidswinkel Restaurant & Information Centre**, Neethling St, ✆ 027-218 1535, 💻 www.nieuwoundtville.co.za, dessen Personal Tipps zu den verschiedenen Wanderwegen und Felskunststätten in der Region geben kann.

Transport

Öffentliche Verkehrsmittel nach Nieuwoudtville sind extrem rar. Die Busse aus Upington und Vanrhynsdorp kommen alle spät nachts an; Minibustaxis fahren nur in sehr unregelmäßigen Abständen.

Die Umgebung von Nieuwoudtville

Dank ihrer Lage an der Großen Randstufe bekommt die Region ungewöhnlich viel Niederschlag ab und kann daher mit über 300 verschiedenen Arten von Blütenpflanzen aufwarten. Die Blütezeit beginnt nach den ersten Regenfällen im April oder Mai und erreicht ihren Höhepunkt im August und September. Die meisten Blumen bekommt man im **Nieuwoudtville Wildflower Reserve**, rund 3 km östlich des Orts an der R27, zu sehen. Hier gedeiht eine unvergleichliche Vielfalt von Zwiebelpflanzen; besonders augenfällig sind die orange blühenden Bulbinellas.

Das **Bokkeveld Nature Reserve** liegt 7 km nördlich der Stadt, in Richtung der Ortschaft **Loeriesfontein**. Zwischen April und Oktober, wenn der Doring River reichlich Wasser führt, stürzt hier ein imposanter Wasserfall 30 m tief in eine Schlucht, über deren steilen Felswänden manchmal große Raubvögel kreisen. Einige Kilometer weiter zweigt von der R357 eine ungeteerte Straße nach Gannabos ab, die zu einem weiteren botanischen Unikum der Region führt: einem ausgedehnten **Köcherbaumwald** mit einigen der höchsten Exemplare von *Aloe dichotoma* (dem *kokerboom*), die in ganz Südafrika zu finden sind. Sie blühen im Juni und Juli.

Als Abstecher für Reisende mit etwas mehr Zeit lohnt sich, vor allem außerhalb der Blütesaison, das **Oorlogskloof Nature Reserve** mit einer Abfolge tiefer Schluchten und natürlicher Badebecken, die der Oorlogskloof River in den Fels gegraben hat. Von der hohen Warte der Randstufe genießt man einen atemberaubenden Blick auf die Knersvlakte-Ebene im Nordwesten, die umliegenden Bergketten und den Fluss. Das Reservat beherbergt seltene Zwergadler-Brutkolonien und ist ein Paradies für Wanderer und Mountainbiker. Die 10 km lange geschotterte Zufahrtsstraße zweigt 6 km westlich der Stadt, nahe dem Van Rhyn's Pass, von der R27 ab. Besucher müssen sich vor dem Aufbruch beim Department of Nature Conservation, Goedehoop St, Nieuwoudtville, ✆ 027-218 1159, melden, das ihnen ein Permit ausstellt und die Schlüssel zum Tor aushändigt. ⌚ Mo–Fr 8–16 Uhr.

Calvinia und weiter in die Große Karoo

Ungeachtet seines strengen Namens, den der Ort von einem frühen Pastor erhielt, liegt Calvinia, 70 km östlich von Nieuwoudtville, recht idyllisch zu Füßen der Hantam Mountains. Das Städtchen dient als Versorgungszentrum für den Westteil der Großen Karoo, doch man möchte hier nicht unbedingt mehr Zeit als nötig verbringen, es sei denn, man kommt wegen der Blumen in der Umgebung (*hantam* bedeutet auf Khoi: „wo die roten Zwiebelblumen wachsen").

Das **Tourist Office**, Church St, ✆ 027-341 8100, gibt Auskunft über die Blumenrouten im Hantam-Distrikt, verschiedene Geländewagenpfade in derselben Gegend sowie zwei Wanderwege im herrlichen Akkerendam Nature Reserve, unmittelbar nördlich der Stadt am Fuß der Berge. ⌚ Mo–Fr 8–13 und 14–17, Sa 8–12 Uhr.

Eine gute Unterkunft ist **Hantam Huis**, 42-44 Hoop St, ✆ 027-341 1606, 💻 www.calvinia.co.za, ❸, eine malerische Ansammlung restaurierter alter Stadthäuser. Hier wird auch traditionelle Afrikaander-Kost zum Mittag- und Abendessen serviert; außerdem gibt es frisch gebackenes Brot, Kuchen, Tee und Kaffee.

Die Westküste und das Richtersveld

Nördlich von St Helena Bay, der gekrümmten Landspitze 100 km nördlich von Kapstadt, erstreckt sich die lange einsame Westküste von Südafrika – kalter, grauer Atlantischer Ozean und die vorherrschende robuste Sandveld-Vegetation auf dem unfruchtbaren Boden. Viel mehr gibt es zu der Region nicht zu sagen.

Zwischen der Mündung des Olifants River nahe Vanrhynsdorp und des Oranje, gut 400 km nördlich, gibt es eine Teerstraße, die von der N7 zur Küste führt – zur einzig nennenswerten Siedlung **Port Nolloth**.

1925 wurden die ersten **Diamanten** in Namaqualand entdeckt. Die Funde belegten, dass Diamanten den ganzen Oranje hinuntergetragen und dann in den Ozean hinausgespült wurden, wo sie sich durch Strömungen und Sedimenttransport entlang der Küste verteilten. Anfänglich konzentrierte sich die Diamantensuche auf den Lauf des Oranje und die Küstendünen, doch seitdem hat sich das Interesse auf die Diamanten verlagert, die vor der Küste auf dem Meeresboden liegen. Sie werden vorwiegend von Schiffen gefördert, die gewaltige Unterwasser-„Staubsauger" einsetzen, und von Tauchern, die oft unter gefährlichen Bedingungen arbeiten. Während ein Großteil der Küstenregion von Namaqualand aufgrund der Diamantvorkommen *off-limits* ist, darf die **„Diamond Coast"** von Port Nolloth bis Alexander Bay, der Mündung des Oranje River, besucht werden. Springbok ist ein guter Ausgangspunkt für einen Ausflug hierher.

Die ersten Niederschläge der Blütezeit fallen im Küstengebiet. Die Blütenpracht beginnt oft ab etwa 20 km landeinwärts, weshalb die wenigen Straßen von der N7 zur Küste den einen oder anderen Abstecher wert sind. Die Schotterstraße R355 über den **Spektakel Pass** zwischen Springbok und Kleinzee gehört zu den beeindruckendsten Straßen von Namaqualand, und auch der **Anenous Pass** auf der geteerten R382 zwischen Steinkopf an der N7 und Port Nolloth ist unvergesslich.

An dieser Straße sieht man die Ziegenherden des hier heimischen Hirtenvolks der Nama und die Berge und Täler des **Richtersveld Transfrontier Park**, der die unmittelbar südlich des Oranje liegende Bergwüste einnimmt. In der Region rund um den Park werden gerade mehrere touristische Gemeindeinitiativen aufgebaut, die interessante Einblicke in das Leben der Nama gewähren.

Das einzige öffentliche Verkehrsmittel nach Port Nolloth und Alexander Bay ist der **Minibus** von VIP Taxis, ✆ 027-851 8780, der wochentags zwischen Sanddrif an der namibischen Grenze und Springbok verkehrt. Er ist um 7.45 Uhr in Alexander Bay, um 9 Uhr in Port Nolloth und fährt um 15 Uhr von Springbok wieder zurück. Der Grenzübergang nach Oranjemund an der namibischen Küste ist allerdings geschlossen; eine Grenzüberquerung ist nur beim Grenzposten in Vioolsdrift möglich.

Port Nolloth

Port Nolloth, 156 km nordwestlich von Springbok, ist ein seltsamer und doch reizvoller Ort. Hier herrscht häufig diesiges Wetter, sodass die Horizonte nie wirklich deutlich zu erkennen sind. Die Morgennebel hüllen die Stadt in eine fast unheimliche Ruhe. Die Einwohner der Stadt sind eine bunte Mischung aus verschiedenen Rassen und Berufsständen, darunter Fischer, Diamantbootbesitzer, Profitaucher auf der Suche nach dem großen Fang, Mädchen auf der Suche nach Tauchern und eine recht beachtliche portugiesische und nigerianische Gemeinschaft.

Port Nolloth ist geheimnisvoll und aufregend, und viele Geschichten ranken sich um den illegalen Diamanthandel – IDB („Illegal Diamond Buying"). Wer dieses Thema anspricht, sollte Vorsicht walten lassen – Paranoia im Verein mit illegalen Feuerwaffen ergeben eine explosive Mischung. Sehenswertes ist rar und der Atlantik für ein Bad zu kalt, doch ein Spaziergang zum **Hafen** lohnt sich immer.

Ein kleines **Museum**, Ecke Main und Beach Rd, präsentiert eine zusammengewürfelte Sammlung von Strandgut, Fotos und Zeitungsartikeln über Port Nolloth sowie einige Informationen über die heimische Pflanzenwelt und Meeresfauna. 🕓 Mo–Fr 9–17 Uhr. Touren auf Diamantbooten werden nicht angeboten, aber die Gästehäuser von **McDougall's Bay**, etwa 5 km weiter südlich, halten Kanus und kleine Boote bereit.

Übernachtung und Essen

Bedrock Lodge, gleich neben dem Museum, ✆ 027-851 8865, 💻 www.bedrocklodge.co.za. Eine tolle Unterkunft in einem stilvollen alten Strandhaus mit Holzfußboden, alten Möbeln und sehr freundlichem Personal. ❷

Schlichtere Zimmer bieten mehrere Herbergen am Strand von McDougall's Bay (wer mit seinem Gepäck dorthin wandern will, fragt besser vorher vor Ort nach, da es in der Vergangenheit einige Raubüberfälle gab):

McDougall's Bay Beach House Accommodation, Haarder Street, ✆ 027-851 8856, ✉ beachaccom@telkomsa.net. ❷

Port Indigo, Kamp Street, ✆ 027-851 8012, 💻 www.portindigo.co.za. ❸

Anita's Tavern, gemütlich, serviert Fisch-, Fleisch- und Pastagerichte.
Diamond Hunters Pub an der Hauptstraße ist die beliebteste Kneipe.

Informationen

Das **Tourist Office**, ✆ 027-851 1111, 💻 www.portnolloth.org.za, befindet sich im Museum, 🕓 Mo–Fr 8–13 und 13.45–16.30 Uhr. Eine gute Infoquelle ist auch die **Bedrock Lodge** gleich nebenan (s. oben, Übernachtung).

Nahverkehr

Ein Minibus von VIP Taxis, ✆ 027-851 8780, verkehrt zwischen Port Nolloth und Springbok.

Alexander Bay

Der westlichste Punkt von Südafrika ist Alexander Bay an der Mündung des Oranje, nur einen Steinwurf von Namibia entfernt. Hier dreht sich alles um **Diamanten**: Die Entdeckung der Edelsteine im Jahr 1927 führte zur Gründung einer staatlichen Gesellschaft, die bis heute das Gelände managt. Der größte hier gefundene Stein war der 1944 entdeckte Merensky-Diamant, der stolze 211,5 Karat auf die Waage brachte. In jüngerer Zeit fanden Taucher einen 111-Karat-Stein. Sie waren im Auftrag der staatlichen Bergbaugesellschaft **Alexkor** tätig, welche nach wie vor die meisten geschäftlichen Aktivitäten in der Stadt und ihrer Umgebung unter ihrer Fuchtel hat.

9 HIGHLIGHT

Das Richtersveld

Das Gebiet des nordwestlichen Namaqualand wird **Richtersveld** genannt und im Norden vom Oranje begrenzt, im Osten von der N7, im Süden von der R382 nach Port Nolloth und im Westen vom Atlantischen Ozean. Hier entstand 2003 durch die Zusammenlegung des südafrikanischen Richtersveld National Park mit dem namibischen Ai-Ais Hot Springs Game Park der traumhaft schöne **Ai-Ais Richtersveld Transfrontier Park** – so der volle Name.

Dorftourismus im Richtersveld

In der Richtersveld-Region gibt es einige von Gemeinden initiierte Tourismusprojekte. Diese Art von sanftem Tourismus umfasst einfache Unterbringung (❶) – teilweise in traditionellen *matjies*-Hütten der Nama –, Begegnungen mit Einheimischen, traditionelle Küche und Wanderungen in den Bergen. Für die **Anreise** ist meist ist ein eigenes Transportmittel erforderlich. Interessierte sollten mindestens eine Woche im Voraus anrufen, um sicherzugehen, dass es freie Plätze gibt und Lebensmittel und Wasser vorrätig sind. Nähere Infos und aktuelle Details (das Angebot wechselt häufig) sind beim Tourist Office in Springbok (S. 343) zu bekommen.
Eksteenfontein (Xhobes), ✆ 027-851 7108. Das älteste und weitreichendste der Projekte; sein Anfang geht auf die Initiative einiger Frauen zurück, deren Männer weit weg in den Minen arbeiteten. Hier gibt es das bequeme Eksteenfontein Guesthouse, mit Küche und Bad, *matjies*-Hütten zum Übernachten, eine Coffeebar, Geländewagenpfade und Verpflegung.
Lekkersing, ✆ 027-851 8580. Jenseits des Berges, westlich von Eksteenfontein; beherbergt das moderne *Lekkersing Guesthouse* für Selbstversorger. Die Angebote umfassen Wanderungen, Ausritte, Fahrten mit Eselkarren und sogar Höhlentouren. Die Kooperative managt auch einen Campingplatz bei Koerdap.
Rooiberg, ✆ 027-851 7108. 15 km von Eksteenfontein am Fuß eines Berges; bietet ultimative Buscherfahrung (Trinkwasser aus Eksteenfontein mitbringen). Gästehaus, Campingplatz und Wanderwege, für die man einen Guide benötigt.
Sanddrif, ✆ 027-831 1457 oder 072-352 8137. Am Oranje abseits der Straße von Alexander Bay nach Sendelingsdrift gelegen. Sanddrif ist der Ausgangspunkt des wöchentlich verkehrenden VIP-Minibustaxis nach Springbok und daher leicht erreichbar.

Der Park liegt an einer Schleife des Oranje River, und die Landschaft ist wild und zerklüftet. Namen wie Hellskloof, Skeleton Gorge, Devil's Tooth und Gorgon's Head zeugen von der Rauheit der unwirtlichen Berglandschaft, die nur durch die Vielfalt an robusten Sukkulenten, die mächtigen Felsformationen, das wunderschöne Abend- und Morgenlicht und den glitzernden Sternenhimmel bei Nacht aufgeheitert wird. In manchen Teilen des Parks liegt die jährliche Regenmenge nur bei 50 mm, womit dies die einzige wirkliche Wüste in Südafrika ist – und dazu noch eine Bergwüste. Im Sommer kann die Hitze unerträglich werden, es wurden schon über 50 °C gemessen. Dagegen können die Wintertemperaturen bei Nacht unter den Gefrierpunkt fallen.

Die **beste Zeit** für einen Besuch sind die Monate August und September, wenn die Kakteen blühen. Außer Eidechsen und Klippspringern gibt es im Park kaum Tiere, abgesehen von äußerst scheuen Leoparden. Am Ufer des Oranje lässt sich eine erstaunliche Vogelvielfalt beobachten, am besten auf einer ganz entspannten **Kanutour** – im nördlichen Namaqualand ist der Fluss längst breit und behäbig, mit nur noch wenigen, harmlosen Stromschnellen.

Das Tourangebot reicht von halbtägigen Kurztrips bis zu ausgewachsenen sechstägigen Expeditionen mit Übernachtungen im Zeltlager am Flussufer. Eine Tagestour mit Mittagessen ist ab etwa R260 zu haben; mit Übernachtung und Komplettverpflegung kostet der Spaß rund R500. Ein empfehlenswerter Rafting-Veranstalter ist Bushwhacked Outdoor Adventure, ✆ 027-761 8953, 💻 www.bushwhacked.co.za, mit Sitz beim Campingplatz Fiddler's Creek (R45), am südlichen Flussufer 10 km von Vioolsdrif, dem Grenzübergang nach Namibia.

Praktisches

Die touristischen **Einrichtungen** im Richtersveld sind äußerst dünn gesät, und es fahren auch keine öffentlichen Verkehrsmittel dorthin. Normale Pkw sind im Park nicht erlaubt. Für eine Erkundungstour braucht man ein Fahrzeug mit Allradantrieb oder einen Pick-up mit genügend Bodenfreiheit, um die sandigen Flussbetten und holprigen Bergpässen zwischen den ausgewiesenen Campingplätzen bewältigen zu können.

Besondere Vorsicht ist auf der Piste zwischen den Campingplätzen Richtersberg und De Hoop geboten, unter deren dicker Sanddecke sich gefährlich scharfe Steinzacken verbergen. Wer kein geländeerprobter Autofahrer ist, sollte das Richtersveld besser im Rahmen einer **Tour** besuchen. Der erfahrenste Veranstalter ist Richtersveld Challenge (S. 343); er bietet Expeditionen von unterschiedlicher Dauer in den Park sowie nach Kgalagadi, Namibia und Botsuana an. Ebenfalls empfehlenswert ist Virosatours (S. 341). Beide Anbieter integrieren auf Wunsch Wanderungen, Abseiling oder Raftingtrips auf dem Oranje in das Tourprogramm.

Besucher mit eigenem Fahrzeug sollten im Konvoi mit mindestens einem anderen Wagen fahren. Nachts herrscht Fahrverbot, und Benzin gibt es nur bei der Parkverwaltung in **Sendelingsdrift**, 94 km von Alexander Bay entfernt, ✆ 027-831 1506, 🕓 tgl. 7.30–17.30 Uhr, Eintritt R80. **Karten und Informationsliteratur** werden am Eingang und bei der Springbok Lodge (S. 342) in Springbok verkauft.

Früher konnte man bei Sendelingsdrift in den Park hinein- und am südlichen Helskloof Gate wieder herausfahren, doch das Helskloof Gate wurde inzwischen des schlechten Straßenzustands wegen geschlossen, sodass die Besucher nun bei Sendelingsdrift ein- und ausfahren müssen. Der namibische Teil des Parks ist auf der Pontonbrücke (🕓 tgl. 8–16.15 Uhr) über den Oranje bei Sendelingsdrift zu erreichen; der Fluss bildet hier die Grenze zwischen Südafrika und Namibia.

Unterkunft im Park – über South Africa National Parks zu buchen (S. 55) – bieten die drei ordentlichen **Selbstversorger-Chalets** (❷) des von der Parkverwaltung betriebenen Gästehauses am Eingang in Sendelingsdrift oder sehr schlichte **Campingplätze** (R55) in Kokerboomkloof, Potjiespram, Richtersberg und De Hoop innerhalb des Parks; alle haben sanitäre Einrichtungen.

Zwischen April und September kann man hier auf ausgewiesenen Pfaden in Begleitung eines Guide **wandern**. Außerdem besteht die Möglichkeit, zu Fuß von Kuboes in den Park zu marschieren; Näheres beim dortigen Gemeinde-Tourismusprojekt. Diese Wege können allerdings gesperrt werden, wenn nicht genügend qualifizierte Führer zur Verfügung stehen.

Ostkap

Stefan Loose Traveltipps

Township-Tour in Port Elizabeth
Erfahrene Guides führen Besucher durch die afrikanischen Bezirke. S. 361

10 Addo Elephant National Park
Elefanten, aber auch die übrigen vier der Big Five, bevölkern das beste Tierschutzgebiet in der malaria-freien Südhälfte des Landes. S. 363

Grahamstown Festival Afrikas größtes Kunstfestival belebt für zwei Wochen im Jahr die reizende Universitätsstadt. S. 374

Kwandwe Private Game Reserve
Das private Big Five-Topreservat am Ostkap – wenn Geld keine Rolle spielt. S. 381

The Tuishuise Unterbringung in einer Straße voller wunderschön restaurierter viktorianischer Häuser in der geschichtsträchtigen Grenzstadt Cradock. S. 382

Übernachten auf Farmen in der Karoo
Glasklares Licht und weite Panoramablicke prägen die Karoo-Halbwüste im Landesinneren Südafrikas. S. 386

11 Die Wild Coast Dieser Teil des Ostkaps bietet Frieden und Abgeschiedenheit an einer einsamen und spektakulären subtropischen Küste. S. 400

OSTKAP

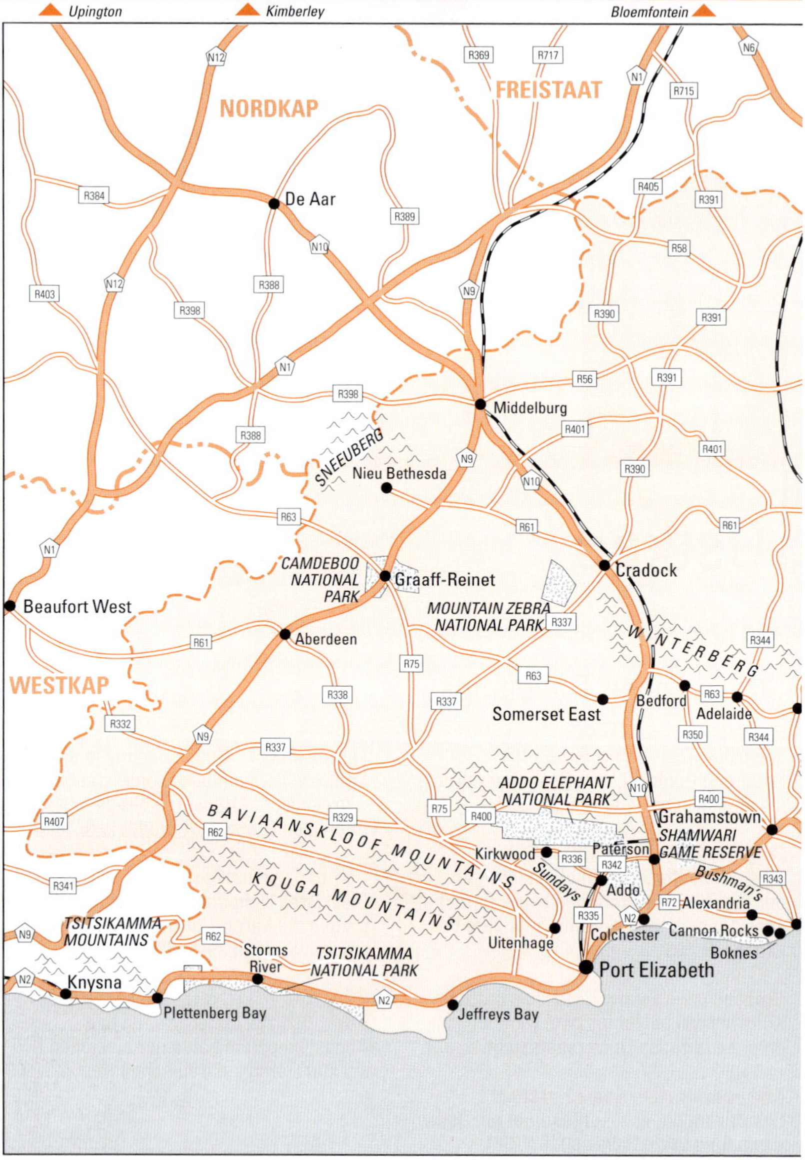
Upington
Kimberley
Bloemfontein
NORDKAP
FREISTAAT
WESTKAP
Kapstadt
Kapstadt
De Aar
Middelburg
Nieu Bethesda
SNEEUBERG
Graaff-Reinet
CAMDEBOO NATIONAL PARK
Beaufort West
Aberdeen
Cradock
MOUNTAIN ZEBRA NATIONAL PARK
WINTERBERG
Somerset East
Bedford
Adelaide
ADDO ELEPHANT NATIONAL PARK
Grahamstown
SHAMWARI GAME RESERVE
BAVIAANSKLOOF MOUNTAINS
KOUGA MOUNTAINS
Kirkwood
Paterson
Sundays
Addo
Bushman's
Alexandria
Uitenhage
Colchester
Cannon Rocks
Boknes
Port Elizabeth
TSITSIKAMMA MOUNTAINS
Knysna
Plettenberg Bay
Storms River
TSITSIKAMMA NATIONAL PARK
Jeffreys Bay
N1
N2
N6
N9
N10
N12
R56
R58
R61
R62
R63
R72
R75
R329
R332
R335
R336
R337
R338
R341
R342
R343
R344
R350
R369
R384
R388
R389
R390
R391
R398
R400
R401
R403
R405
R407
R715
R717

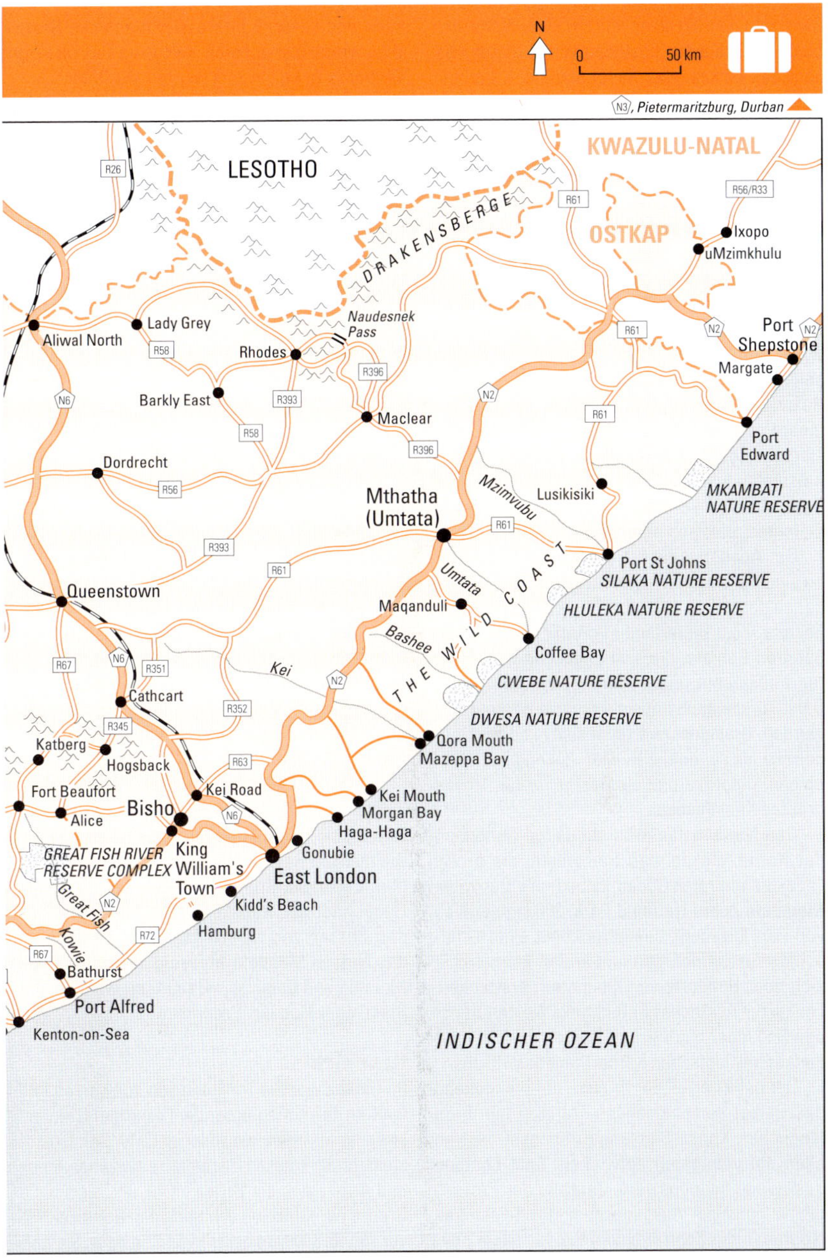
N
0
50 km
N3, Pietermaritzburg, Durban
LESOTHO
KWAZULU-NATAL
OSTKAP
DRAKENSBERGE
R26
R61
R56/R33
Ixopo
uMzimkhulu
Naudesnek
Pass
Aliwal North
Lady Grey
R58
Rhodes
R61
N2
Port
Shepstone
N2
Margate
R396
Barkly East
N6
R393
Maclear
N2
R61
Port
Edward
R58
R396
Dordrecht
R56
Mzimvubu
Lusikisiki
MKAMBATI
NATURE RESERVE
Mthatha
(Umtata)
R61
R393
R61
Port St Johns
SILAKA NATURE RESERVE
Umtata
Queenstown
THE WILD COAST
Maqanduli
HLULEKA NATURE RESERVE
Bashee
Coffee Bay
N6
R67
R351
Kei
CWEBE NATURE RESERVE
N2
Cathcart
R352
DWESA NATURE RESERVE
R345
Qora Mouth
Katberg
Mazeppa Bay
Hogsback
R63
Fort Beaufort
Kei Road
Kei Mouth
Bisho
N6
Morgan Bay
Alice
Haga-Haga
GREAT FISH RIVER
RESERVE COMPLEX
King
William's
Town
Gonubie
East London
Kidd's Beach
Great Fish
N2
R72
Hamburg
Kowie
R67
Bathurst
Port Alfred
Kenton-on-Sea
INDISCHER OZEAN

Zwischen dem Westkap und KwaZulu-Natal, den beiden beliebtesten Küstenprovinzen Südafrikas, liegt das Ostkap. Hier findet man noch traditionelle afrikanische Dörfer, und allein schon die 1000 km unerschlossene **Küstenlinie**, die sich in enormen Wogen bewachsener Dünenfelder landeinwärts bewegt, rechtfertigt einen Besuch. Für all jene, die lieber abseits der Touristenpfade unterwegs sind, gehört die Provinz zu den reizvollsten Gegenden Südafrikas.

Port Elizabeth ist das Handels- und Verkehrszentrum, das in erster Linie als Start oder Ziel für die Reisen entlang der Garden Route genutzt wird. **Jeffrey's Bay**, 75 km westlich, hat wegen seiner Wellen unter Surfern einen legendären Ruf. Nach etwa einer Stunde Fahrt ins Landesinnere gelangt man in einige der namhaftesten Tierschutzgebiete der Provinz. Zu ihnen gehört beispielsweise der **Addo Elephant National Park**, ein Big Five-Reservat, wo der Anblick von Elefanten praktisch garantiert ist.

Der Addo und die Privatreservate in der Nähe sind die einzigen Tierreservate Südafrikas, in denen das ganze Jahr über keine Malariagefahr besteht. Zum Hinterland in nördlicher Richtung gehören Gebiete, die sich englische Immigranten aneigneten, die in den 1820er-Jahren per Schiff für die neue britische Kolonie hergebracht wurden. **Grahamstown** sonnt sich in seiner Doppelrolle als spirituelle Heimat des englischsprachigen Südafrika und als Gastgeber für Afrikas größtes Kunstfestival.

Den Nordwesten prägt die karge Schönheit der **Karoo**, die dornige Halbwüste, die große Teile des zentralen Südafrika bedeckt. Der wilde **Mountain Zebra National Park**, 200 km nördlich von Port Elizabeth, beeindruckt mit einer Landschaft aus Tafelbergen und ariden Ebenen, die sich über Hunderte von Kilometern erstrecken. Ein kurzer Abstecher in Richtung Westen bringt den Besucher nach **Graaff-Reinet**, den Inbegriff der kapholländischen Karoo-Stadt des 18. Jhs.

Der östliche Teil der Provinz, der weitgehend das Gebiet der ehemaligen Transkei mit ihren ländlichen Xhosa-Siedlungen umfasst, ist von allen am wenigsten entwickelt. **East London**, das zweite nennenswerte Zentrum der Provinz, gilt als günstiger Ausgangspunkt für Reisen gen Norden in die Zentralregion, die vor allem politisch und kulturell Interessierte anlockt. **Steve Biko** wurde hier geboren, sein Grab kann in **King William's Town** besucht werden. Westlich davon liegt **Alice** mit ihrer berühmten Universität **Fort Hare**, in der viele führende Persönlichkeiten des heutigen Afrika studierten.

Die einzigen etablierten Ferienorte dieser Gegend liegen in den **Amatola Mountains**, deren heimische Wälder und moosbedeckte Kühle eine erfreuliche Abwechslung zum trockenen Buschland in den Ebenen darstellen. In der nordöstlichsten Ecke der Provinz verläuft die Gebirgskette der **Drakensberge**, welche eigentlich eher mit KwaZulu-Natal in Verbindung gebracht werden. Dort kann man Forellen fischen, im Winter Ski fahren und uralte San-Felskunst entdecken. Im Mittelpunkt dieser Gegend steht das abgeschiedene, reizende Dörfchen **Rhodes**.

Die weiter östlich gelegene **Wild Coast-Region** gehört nach wie vor zu den zurückgebliebensten und gleichzeitig aufregendsten Gegenden des Landes. Zudem ist dies der ärmste Teil der ärmsten Provinz. Dessen ungeachtet ist die Region mit einer unsagbar schönen subtropischen Küste gesegnet. Von hier bis zur Grenze von KwaZulu-Natal führen Dutzende unbefestigter Straßen von der N2 hinunter zur Küste mit ihren abgelegenen und trägen Erholungsorten an den Hängen, von denen **Port St Johns** der größte und bekannteste ist.

Im rauen Binnenland mit seinen grasenden Ziegen leben die Angehörigen der Xhosa in ihren Hütten, sie hüten Vieh und bauen Getreide an. Die meisten Besucher fahren so schnell es geht durch **Mthatha** (früher: Umtata), die ehemalige Hauptstadt der Transkei – folgt man allerdings den Spuren von Nelson Mandela, so gehören das **Nelson Mandela Museum** im Zentrum von Mthatha und **Qunu**, sein Geburtsort westlich der Stadt, ganz klar zum Programm.

Geschichte

Im Ostkap war die Trennung von schwarzen und weißen Territorien unter dem Apartheidsregime strenger als irgendwo sonst im Land. Den Grundstein für die krassen Gegensätze zwischen Reich und Arm legten die **Briten** im 19. Jh., als sie die Grenze der Kapkolonie entlang des Great Fish River zogen, 1000 km östlich von Kapstadt. Sie hatten mehr als ein halbes Dutzend Schlachten zu schlagen (die so genannten Grenzkriege), um die **Xhosa** auf Dauer auf dem Ostufer des Flusses zu halten. In den 1820er-Jahren dann schifften die Briten Tausende von Siedlern ein, um den Bevölkerungsanteil der Weißen in die Höhe zu treiben und die Grenze zu verstärken.

Selbst in einem Land, das ohnehin von politischer Brisanz erfüllt ist, sticht das Ostkap durch seine extrem von der Politik geprägte Identität hervor. Hier sind die schwarzen Gewerkschaften Südafrikas tief verwurzelt, und von hier stammen viele Anführer der Anti-Apartheid-Bewegung, darunter auch der frühere Präsident **Nelson Mandela**, sein Nachfolger **Thabo Mbeki** und der Anführer der Black Consciousness-Bewegung, **Steve Biko**.

Die Transkei bzw. Wild Coast, die zwischen dem Kei River und KwaZulu-Natal eingezwängt liegt, war eine Art „Versuchsgelände" für die groß angelegte Apartheidpolitik, als sie 1963 Prototyp des Bantustan-Systems der Rassentrennung wurde. Im Jahre 1976 wurde ihr von der südafrikanischen Regierung die symbolische „Unabhängigkeit" zugesprochen. Somit hoffte man, dass die mehreren Millionen Xhosa-sprachigen Südafrikaner, die in der Industrie nicht gebraucht wurden, in dieses Gebiet verbannt werden könnten.

Bei ihrer Wiedereingliederung in Südafrika im Jahre 1994 wurde die Transkei zu einem Teil der neuen Provinz Ostkap, die noch heute unter der Last des Erbes der Apartheid-Ära und unter der zusätzlichen Belastung durch die weit verbreitete Korruption um ihr wirtschaftliches Überleben kämpft.

Port Elizabeth und die westliche Region

Port Elizabeth ist das industrielle **Zentrum des Ostkaps**, in dem die afrikanischen Bewohner der Elendsquartiere in den staubigen Randgebieten der gepflegten Mittelklasse-Vororte ums Überleben kämpfen. Im Jahr 1820 kamen hier 4000 britische Siedler an, die die englischsprachige Bevölkerung von Südafrika schlagartig verdoppelten. Heute fallen ihre Nachkommen jedes Jahr zu Weihnachten von Gauteng in die „Freundliche Stadt" ein, um an den Stränden mit ihren Burger-Bars und Delphinshows Urlaub zu machen.

Doch der Hauptgrund, aus dem die meisten Besucher sich hier einfinden, ist die günstige Lage der Stadt als Ausgangs- oder Endpunkt für eine Reise entlang der **Garden Route** oder auf dem Wege in den **Addo Elephant National Park** (S. 363), dem aufregendsten Tierschutzgebiet in der Südhälfte des Landes. Außerdem liegen in erreichbarer Nähe auch mehrere kleinere und äußerst luxuriöse private Reservate.

Östlich von Port Elizabeth gibt es ein paar Erholungsorte an der **Küstenstraße R72** Richtung East London, wo die tosenden Wellen auf enorm breite Sandstrände treffen. Die durch das Landesinnere führende Straße nach East London entfernt sich von der Küste und passiert **Grahamstown**, eine attraktive Universitätsstadt, in der man mindestens eine Nacht verbringen sollte. Ganz in der Nähe liegen die schmucken Siedlerdörfer, anhand derer sich die Verbreitung der Siedler von 1820 ins Binnenland verfolgen lässt.

Ein paar Hundert Kilometer nördlich von Port Elizabeth eröffnet sich ein Gebiet mit Tafelbergen und baumlosen Ebenen: die halbtrockene **Karoo**. Die älteste und bekannteste dieser Siedlungen ist die Postkartenstadt **Graaff-Reinet**, ein fester Bestandteil aller Bustouren. Nur wenige Kilometer weiter liegen das atemberaubende **Valley of Desolation** und das Dorf **Nieu Bethesda**, das sich durch sein ausgefallenes Owl House Museum einen Namen gemacht hat. Fast so bezaubernd wie Graaff-Reinet ist die östlich davon gelegene Stadt **Cradock**; zudem lockt sie mit Attraktionen wie dem wilden **Mountain Zebra National Park**.

Port Elizabeth

Am westlichen Ende der Algoa (alias Nelson Mandela) Bay liegt Port Elizabeth, weithin nur PE genannt. Sie ist nicht unbedingt etwas für Freunde kosmopolitischer Stadtkultur oder schöner

Der Apple Express

Unmittelbar südöstlich des Hafens liegt an der Humewood Rd die Humewood Road Station; hier startet der Apple Express, 🖳 www.appleexpresstrain.co.za – die restaurierte Schmalspur-Dampfeisenbahn fährt zwischen Januar und Oktober an zwei Samstagen im Monat und im November und Dezember jeden Mittwoch und Samstag (Abfahrt 8.45 Uhr, Rückkehr gegen 17 Uhr) die Bahnhöfe Loerie oder Thornhill an. In Loerie kann Mittagessen arrangiert werden, oder man bringt Proviant mit. Tickets (Rückfahrkarte R140, Kinder R70) sind über Travel Route 62, The Boardwalk, Summerstrand, ✆ 041-583 4480, erhältlich.

Bauwerke. Die Schornsteine an der N2 sind der Beweis für die Tatsache, dass das größte Zentrum des Ostkaps sich auf Schwerindustrie und afrikanische Billigarbeitskräfte gründet, was wiederum sein tief verwurzeltes Gewerkschaftswesen und seinen traditionell starken, afrikanischen Nationalismus erklärt.

So mag es denn verwundern, dass dieser Ort lange Zeit ein beliebtes Ferienziel für weiße Familien aus Gauteng war. Doch die Beachfront der Stadt, die sich kilometerweit entlang der Humewood Road hinzieht, lockt mit einigen der landesweit schönsten, sichersten und gepflegtesten **Stadtstrände**, wo es an Wasserrutschen, Delfin- und Schlangenshows zur Unterhaltung der Kinder nicht mangelt.

Als Stadt ist PE recht zweckmäßig. Man kann sich hier durchaus ein paar Tage aufhalten, denn es gibt fantastische Unterkünfte und ganz gute Restaurants. Obwohl die Stadt durch Industrialisierung und gedankenlose Modernisierung ziemlich verunstaltet worden ist, heben sich doch ein oder zwei Gebäude aus dem sonst eher unspektakulären **Stadtzentrum** ab. Auch im Bezirk **Central** haben ein paar schöne traditionelle viktorianische Reihenhäuser überlebt.

Urlauber zieht es zu den Strandorten **Humewood** und **Summerstrand**, wo es jede Menge Unterkünfte, Bars, Restaurants und Clubs gibt. Darüber hinaus werden ausgezeichnete Touren in die Umgebung von PE und seine Townships angeboten.

Zentrum

Das Stadtzentrum wird von einem Netz von Autobahnen durchzogen. Es schlägt eine Schneise durch den Süden und trennt die Stadt vom Hafen. Die weiße Bevölkerung hat sich schon vor einiger Zeit in die Vororte zurückgezogen und überließ das Zentrum den afrikanischen Händlern und Kunden aus den Townships, die die Geschäfte langsam wieder beleben. Die Vororte von PE haben den Stränden wenig entgegenzusetzen, aber ein Stück weiter draußen, in **New Brighton**, steht das sehenswerteste Museum von Port Elizabeth, das Red Location Museum of the People's Struggle. Es ist in einem mehrfach preisgekrönten Gebäude untergebracht.

Central

Das symbolische Herz der Stadt ist die City Hall, die neben Bahnhof und Busbahnhof mitten auf dem **Market Square** steht und weiträumig von viktorianischen Bauten umgeben ist. Folgt man der hügeligen **Donkin Street** in Richtung Westen, so erreicht man schließlich eine Steinpyramide zur Erinnerung an **Elizabeth Donkin**, nach der die Stadt benannt wurde. Sie war die junge Ehefrau des 1820 amtierenden Kapgouverneurs Sir Rufane Donkin gewesen und 1818 in Indien an Malaria gestorben.

Wer die Donkin Street entlangspaziert, hat das Gefühl, sich in einem ganz anderen Land und bestimmt nicht in Afrika zu befinden – die 19 zweistöckigen **Donkin Houses**, Reihenhäuser, die heute National Monuments sind, spiegeln das Verlangen der englischen Siedler wider, sich in diesem wildfremden Land etwas Heimeliges, Vertrautes zu schaffen.

Beachfront und Umgebung

Die wunderschönen Strände sind die Hauptattraktion von PE. Dank der Bewachung kann man hier sicher baden, und die Sauberkeit lässt Strandgutsammeln zum Vergnügen werden.

Der Strandabschnitt ist durch eine große Mauer vom Hafen getrennt und beginnt etwa 2 km südlich des Stadtzentrums. Der erste der Strände ist der schöne, breite **King's Beach**, allerdings etwas beeinträchtigt durch die dahinter befindlichen Kohlehaufen und Öltanks.

Südöstlich davon liegt der **Humewood Beach**. Auf der gegenüberliegenden Straßenseite beherbergt ein Gebäudekomplex das **Bayworld Museum, Oceanarium und Snake Park**; im Oceanarium sind dressierte Robben und Delphine zu sehen, die v. a. in den Dezemberferien den Massen aufgekratzter Kinder viel Spaß bereiten. ◷ tgl. 9–16.30 Uhr, Delphinshows 11 und 15 Uhr, Eintritt R45, Kinder die Hälfte.

Nebenan liegen die Komplexe **Brookes Pavilion** und **Dolphin's Leap** mit Restaurants, Kneipen und Clubs, alle mit tollem Ausblick. Dahinter, in südlicher Richtung, erstrecken sich **Hobie Beach** und **Summerstrand**, wo man wunderbar wandern und sonnenbaden kann. An Letzterem gibt es einen Tauchveranstalter. Der **Boardwalk Casino Complex** von Summerstrand lockt mit Geschäften, einem Kunstgewerbemarkt, Kinos und ein paar Esslokalen.

Der Marine Drive zieht sich 15 km weit die eindrucksvolle Küstenlinie entlang bis zum Dorf **Schoenmakerskop** (bei den Anwohnern „Schoenies" genannt), vorbei an Felsufern und Sandstränden. Dies ist ein günstiger Ausgangspunkt für den 8 km langen **Sacramento Trail**, ein Küstenpfad zur **Sardinia Bay**, die mit ihren imposanten Dünen als wildester Küstenabschnitt der Gegend gilt. Mit dem Fahrzeug gelangt man dorthin, indem man an der Schoenmakerskop-Kreuzung nach rechts abbiegt und dann der Straße folgt, bis die Sardinia Bay nach links ausgeschildert ist.

Red Location Museum of the People's Struggle

Im Vorort New Brighton, 7 km nördlich der Innenstadt von Port Elizabeth, befindet sich das Red Location Museum of the People's Struggle, Olof Palme Street, Ecke Singaphi Street, ◷ Di–Sa 9–16 Uhr, Eintritt R12. Es widmet sich dem Leben der Bewohner von Red Location, Port Elizabeths ältester afrikanischer Township, die 1902 gegründet wurde. Die Siedlung erhielt ihren Namen nach den verrosteten Wellblechbaracken – um die herum New Brighton entstand –, in denen bis zum Ende des Burenkriegs Soldaten untergebracht gewesen waren.

New Brighton spielte eine wichtige Rolle in der Anti-Apartheidbewegung. Hier hielten sich zahlreiche bedeutende Südafrikaner auf, darunter Govan Mbeki, seines Zeichens ANC-Veteran und Vater des südafrikanischen Ex-Präsidenten,

Beim Anblick der Donkin Houses fühlt man sich nach Europa versetzt.

Port Elizabeth Beachfront und Vororte

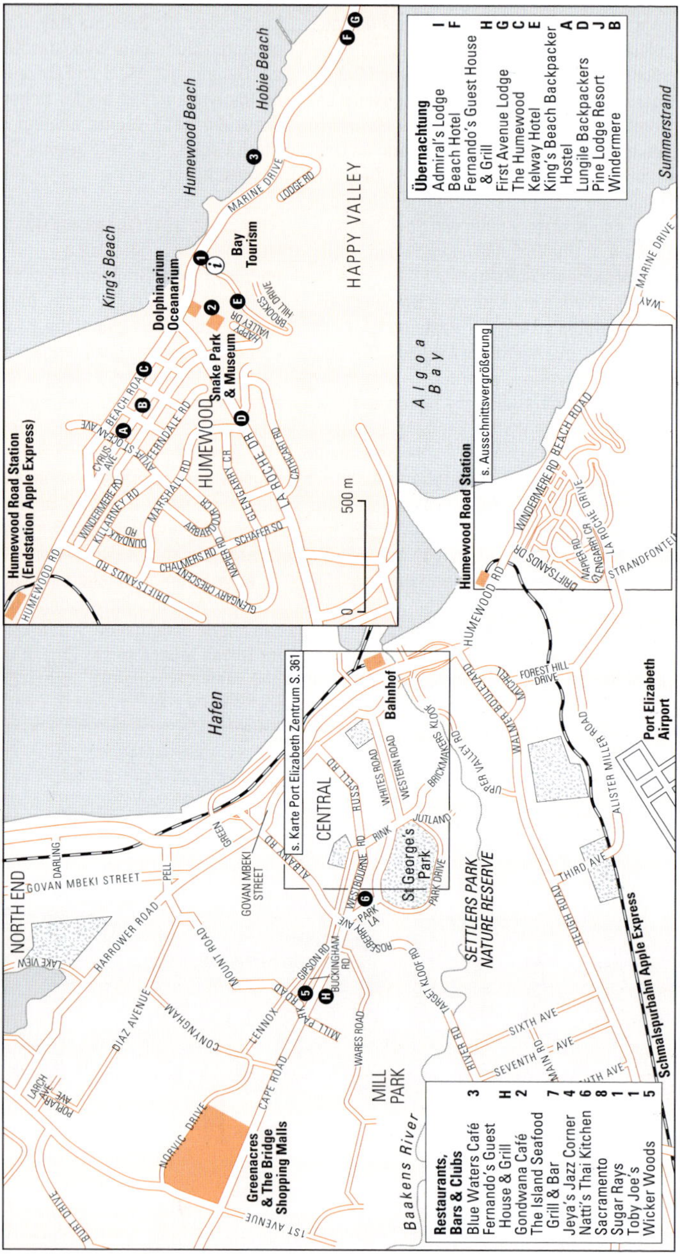

der Künstler George Pemba und der international gefeierte Schauspieler John Kani. Die Red Location war der erste Ort in Südafrika, der zum Schauplatz einer Kampagne passiven Widerstands gegen Passgesetze (S. 102) wurde. Und hier bildete sich auch die erste Zelle des MK (des bewaffneten Flügels des ANC).

Das Museum ist in einem wunderschönen Gebäude untergebracht, das 2006 den Lubetkin-Preis des Royal Institute of British Architects für das außergewöhnlichste architektonische Werk außerhalb der Europäischen Union erhielt. Das Bauwerk, von den Juroren als eine „tour de force" beschrieben, krönt ein Scheddach im Industriedesign, das die starke Verbundenheit des Viertels mit der Gewerkschaftsbewegung unterstreicht. Drinnen erzählen vier Dauerausstellungen hundert Jahre Geschichte der Red Location, angefangen im Jahr 1900.

Übernachtung

Auf der Suche nach einer Übernachtungsmöglichkeit kommt einem zunächst die Beachfront in den Sinn, wo es zahlreiche Hotels, Ferienapartments und Hunderte B&Bs gibt. Während der Hochsaison im Dezember und Januar verlagert sich der Mittelpunkt des Stadtlebens an die Beachfront, während es hier im Februar, März und April bedeutend ruhiger ist, obwohl noch das perfekte Badewetter herrscht. Doch bedenke man, dass PE manchmal starken Winden ausgesetzt ist, besonders zwischen September und Dezember, und dann ist es am Strand recht ungemütlich.

Admiral's Lodge, 47 Admiralty Way, Summerstrand, ✆ 041-583 1894, 083-455 2072, 💻 www.admiralslodge.co.za. Geräumige und elegante Zimmer in einem guten B&B am äußersten Ende von Summerstrand, rund 7 km von der Innenstadt. Es werden Transfers zum Flughafen angeboten. ❹

Beach Hotel, Marine Drive, Humewood, ✆ 041-583 2161, 💻 www.beachhotel.co.za. Gegenüber vom beliebten Hobie Beach und im Zentrum des Strandlebens. Wochenend-Specials erfragen. ❻

Fernando's Guest House & Grill, 102 Cape Rd, Mill Park, ✆ 041-373 2823. Angeblich das älteste Guesthouse Südafrikas. Es besteht aus drei antik möblierten, separaten viktorianischen Häusern. Gemütlich; gutes Preis-Leistungs-Verhältnis. ❸

First Avenue Lodge, 3 First Ave, Summerstrand, ✆ 041-583 5173. 16 Zimmer mit Bad in der Nähe des Strandes mit separaten Eingängen, als B&B oder für Selbstversorger. ❹

The Humewood, 33 Beach Rd, Humewood, ✆ 041-585 8961, 💻 www.humewoodhotel.co.za/humewood. Großes, altmodisches Hotel, nette geräumige Zimmer, wirklich guter Service (u. a. Wäscherei und Babysitter). Flughafentransfer. Mit Meerblick ❺, ohne Meerblick ❹

Jikeleza Lodge, 44 Cuyler St, ✆ 041-586 3721, 💻 www.highwinds.co.za. Freundliche Backpacker-Lodge mit Schlafsälen, DZ und einem Familienzimmer. Das hauseigene **Adventure centre** hilft bei Tour- und Reisebuchungen. Dorms und DZ. ❶

Kelway Hotel, Brookes Hill Drive, Humewood, ✆ 041-584 0638, 💻 www.thekelway.co.za. Stilvolles Hotel mit Holzvertäfelung und handgeschnitzten Holztischen. Frühstück inkl. ❻

King's Beach Backpacker Hostel, 41 Windermere Rd, Humewood, ✆ 041-585 8113, 📠 585 1693, ✉ kingsb@agnet.co.za. Makelloses, etabliertes Hostel, einen Block entfernt vom Strand, mit Außenbar und Grillstelle. Es gibt auch einen Reiseschalter, der Touren in Townships, Wildparks etc. bucht. Camping, Dorms ❶ und DZ ❷

Lungile Backpackers, 12 La Roche Drive, Summerstrand, ✆ 041-582 2042, 💻 www.lungilebackpackers.co.za. Großes und beliebtes Hostel in Strandnähe, wo man entweder im Haus Partys feiern kann oder einen Schritt vor die Tür macht und sich sogleich im Herzen des Nachtlebens am Strand befindet. Auf einem Hügel, große Rasenfläche zum Relaxen, Seeblick, Billardtisch, Bar und Swimming Pool. Nur für Selbstversorger. Auch Zeltstellplätze. Dorms und DZ mit und ohne Bad. ❷

Pine Lodge Resort, abseits vom Marine Drive, Humewood, ✆ 041-583 4004, 💻 www.pinelodge.co.za. Direkt am Strand neben Cape Recife Nature Reserve, in der Nähe des historischen Leuchtturms. Blockhütten, darunter einige mit komplett ausgestatteter Küche für bis zu 8 Pers., und Backpacker-Schlafsäle mit schöner Küche. Eulen, Mungos und Antilopen sind hier anzutreffen. Eine Hütte kostet für 4 Pers. ca. R750.

Windermere, 35 Humewood Rd, Humewood, ✆ 041-582 2245, 💻 www.thewindermere.co.za. Elegantes Hotel mit nur 8 Suiten und aufgrund der Farbgebung mit Zen-Flair. ❽

Essen und Unterhaltung

Port Elizabeth hat einige ganz ordentliche Esslokale, insbesondere an der Beachfront. Abgesehen von den Hotelbars gibt es noch ein paar passable Kneipen sowie einige Nachtclubs. Das Zentrum der Pub- und Clubszene ist der Brookes Pavilion am Humewood Beach.

Im **Uptown**, Rink St, Ecke Park Drive, ist eine annehmbare Auswahl von Kunst- und Mainstreamfilmen zu sehen. Neue Kinohits zeigen das **Nu Metro** im Walmer Park Shopping Centre, Walmer, das **Ster Kinekor** im Einkaufszentrum The Bridge und das **Cinema Starz** im Boardwalk Casino Complex.

Im täglich erscheinenden *Herald* sind das Kinoprogramm und die hin und wieder im Opernhaus neben dem Donkin Memorial stattfindenden **Konzerte** aufgelistet.

Restaurants

Blue Waters Café, The Boardwalk, Marine Drive, Summerstrand, ✆ 041-583 4110. Toller Meeresblick, gute Pastagerichte und leichte Snacks. 🕒 tgl. 8–21 Uhr.

Fernando's Guest House & Grill, 102 Cape Rd, Mill Park, ✆ 041-373 2823. Hier werden die besten Steaks der ganzen Stadt aufgetischt, außerdem Lamm- und Schweinefilet, Lammkeule sowie Calamari. 🕒 Mo–Sa 12–14 und 17.30–22 Uhr.

The Island Seafood Grill & Bar, Pine Lodge Resort, Marine Drive, ✆ 041-583 3789. Patiobar mit Indoor-Restaurant, serviert eine Reihe Snacks und Hauptmahlzeiten. 🕒 Mo–Sa 11–21, So 11–20 Uhr.

Natti's Thai Kitchen, 5 Park Lane, ✆ 041-373 2763. Exzellentes Restaurant mit authentischer Thai-Küche. Entspannte Atmosphäre. 🕒 Mo–Sa 18.30 Uhr bis spät.

Sacramento, Marine Drive. Mehr für seine wunderbare Aussicht auf einen traumhaften Küstenabschnitt als seine Gaumenfreuden bekannt; im Angebot sind mittelmäßige Pasta, Steaks und getoastete Sandwiches. Schließt um 17 Uhr.

Wicker Woods, 50 6th Ave, Walmer, ✆ 041-581 1107, 💻 www.dining-out.co.za/member_details-MemberID-2418.html. Eines der besten Esslokale der Stadt, in einem schönen alten Haus und mit einer Errungenschaft, die in der „Friendly City" sonst oft fehlt: freundliche Bedienung. Auch das Essen ist hervorragend, egal ob Lamm, Lachs oder Aal. Reservierung erforderlich. 🕒 Di–Sa 19 Uhr bis spät.

Bars und Clubs

52 Parliament, 52 Parliament St, Central. Bis spät geöffnete Bar in einem viktorianischen Gebäude. DJs legen House und andere Sounds auf, manchmal auch Livemusik. Speisen erhältlich. Der Eintrittspreis von R30–40 schreckt Teenager normalerweise ab. 🕒 Mi, Fr und Sa.

Gondwana Café, 2 Dolphin's Leap, Main Rd, Humewood. Relaxtes, gemischtrassiges Esslokal (tagsüber) und Club (nachts). 🕒 Di–So 9 Uhr bis spät.

Jeya's Jazz Corner, Sheya Kulati Circle, Ferguson St, Ecke Avenue A, New Brighton, ✆ 041-454 7567. Die touristenfreundliche Musik- und Tanzkneipe bietet die Gelegenheit, das Nachtleben in einer Township zu erleben. Eine Buchung ist erforderlich.

Sugar Rays und **Toby Joe's**, Brookes Pavilion, Marine Drive. Brookes ist ein mehrstöckiger Komplex, wo man essen, trinken und tanzen kann; hier findet das nächtliche jugendliche Strand-Clubbing statt. Auf den Tanzflächen kann es eng werden, dann flüchtet man auf die Holzveranden mit Meerblick.

Port Elizabeth Zentrum

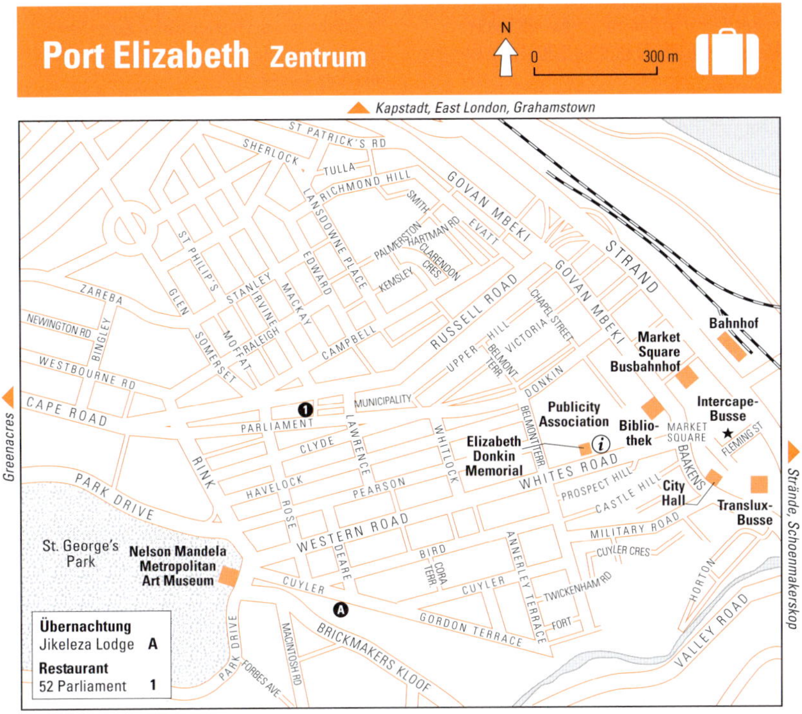

Touren

Am besten schaut man sich Port Elizabeth auf einer der ausgezeichneten Bustouren an, die über die Kultur und Geschichte der Stadt informieren.

Calabash Tour, ✆ 041-585 6162 oder ✆ 084-552 4414, 💻 www.calabashtours.co.za, veranstaltet tagsüber eine „Real City Tour" und abends *shebeen*-Touren.

Tanaqua Indigenous Tours, ✆ 041-582 4304, 083-270 9924, 💻 www.tanaquatours.co.za, hat dasselbe Angebot plus Whale-watching. Beide Veranstalter führen auch Tagesausflüge in den Addo durch.

Sonstiges

Apotheken

Mount Road Pharmacy, 559 Govan Mbeki Ave, ✆ 041-484 3838. ⏲ tgl. bis 23 Uhr.

Autovermietungen

Alle am Flughafen: **Avis**, ✆ 041-501 7200, **Budget**, ✆ 041-581 4242, **Hertz**, ✆ 041-581 6550, **Imperial**, ✆ 041-581 1268, **Tempest**, ✆ 041-581 1256.

Diplomatische Vertretungen

Deutsches Honorarkonsulat, Ecke William Moffat und Circular Drive, Walmer, ✆ 041-397 4721, 📠 397 4730.

Informationen

Nelson Mandela Bay Tourism, Hauptbüro Mitchell St, Ecke Walmer Blvd, South End, ✆ 041-582 2575, 💻 www.nmbt.co.za, ⏲ Mo–Fr 8–16.30 Uhr, unterhält Filialen am **Flughafen**, ✆ 041-581 0456, ⏲ tgl. 7–19 Uhr, im Shop 48 am **Boardwalk**, Marine Drive, Summerstrand, ✆ 041-583 2030, ⏲ tgl. 8–19 Uhr, und im **Donkin Reserve Lighthouse Building**,

Belmont Terrace, Central, ✆ 041-585 8884, ⏱ Mo–Fr 8–16.30, Sa und So 9.30–15.30 Uhr.

Medizinische Hilfe

St George's (Privatklinik), 40 Park Drive, Central, ✆ 041-392 6111;
Provincial (staatliche Klinik), Buckingham Rd, Mount Croix, ✆ 041-392 3911.

Post

Brookes Pavilion, Humewood.
⏱ Mo–Fr 9–15.30, Sa 8.30–11 Uhr.

Nahverkehr

Selbstfahrer

Für ausgedehnte Stadterkundungen sowie den Weg zum Strand ist ein Mietwagen hilfreich, denn der öffentliche Nahverkehr ist sehr eingeschränkt.

Stadtbusse

Die Busse der **Algoa Bus Company**, ✆ 041-404 1200, 🖳 www.algoabus.co.za, verkehren nur selten vom Busbahnhof am Market Square in die Vororte, zu den Stränden und zum Einkaufszentrum **Greenacres**.

Minibus-Taxis

Die Minibus-Taxis verkehren regelmäßig zwischen Stadt und Strand, sind aber weniger zu empfehlen.

Taxis

Taxis mit Taxameter muss man telefonisch bestellen, und bei Fahrten zum Flughafen, Busbahnhof oder Bahnhof sollte man im Voraus buchen.
Hurters Taxis, ✆ 041-585 5500;
Sisa, ✆ 076-426 0145.

Transport

Busse

Busse fahren direkt gegenüber vom Bahnhof ab.
Die Fernbusse von **Translux**, **Greyhound** und **Intercape** halten am Einkaufszentrum **Greenacres** im Vorort Newton Park, 3 km vom Zentrum. Ebenso die der Regionalbusgesellschaft **Minilux**, ✆ 043-741 3107, die 4x wöchentl. via Grahamstown zwischen East London und PE verkehrt (einfach R150).
Intercity-Busse nach:
BLOEMFONTEIN (1–2x tgl., 10 Std.);
DURBAN (2x tgl., 13 1/2 Std.);
EAST LONDON (3x tgl., 4 Std.);
GEORGE (6–7x tgl., 4 1/2 Std.);
GRAAFF-REINET (5x wöchentl., 3 1/2 Std.);
GRAHAMSTOWN (2x tgl., 1 1/2 Std.);
JEFFREY'S BAY (2x tgl., 3/4 Std.);
JO'BURG (3–4x tgl., 16 Std.);
KAPSTADT (6–7x tgl., 11 Std.);
KENTON-ON-SEA (5x wöchentl., 1 1/2 Std.);
KNYSNA (6–7x tgl., 3 1/2 Std.);
MOSSEL BAY (6–7x tgl., 4 1/2 Std.);
MTHATHA (2x tgl., 7 1/2 Std.);
PAARL (4x wöchentl., 10 Std.);
PLETTENBERG BAY (6–7x tgl., 3 Std.);
PORT ALFRED (5x wöchentl., 1 3/4 Std.);
PORT SHEPSTONE (2x tgl., 12 Std.);
PRETORIA (1–2x tgl., 17 Std.);
STELLENBOSCH (6x wöchentl., 10 Std.);
STORMS RIVER (6–7x tgl., 2 Std.).

Backpacker-Busse

Der **Baz Bus** lässt seine Fahrgäste überall im Zentrum aussteigen:
DURBAN (4x wöchentl., 15 1/2 Std.);
EAST LONDON (5x wöchentl., 2 1/2 Std.);
GEORGE (tgl., 7 3/4 Std.);
JEFFREY'S BAY (tgl., 1 3/4 Std.);
KAPSTADT (tgl.);
KNYSNA (tgl., 6 1/2 Std.);
MOSSEL BAY (tgl., 10 1/4 Std.);
MTHATHA (5x wöchentl., 8 1/2 Std.);
NATURE'S VALLEY (tgl., 4 1/2 Std.);
OUDTSHOORN (tgl., 9 Std.);
PLETTENBERG BAY (tgl., 5 1/2 Std.);
PORT ALFRED (5x wöchentl., 2 1/4 Std.);
PORT SHEPSTONE (5x wöchentl., 14 Std.).

Eisenbahn

Der **Bahnhof**, ✆ 041-507 2662, liegt mitten in der Stadt.
Züge nach:
BLOEMFONTEIN (tgl., 11 1/2 Std.);
CRADOCK (tgl., 4 1/2 Std.);
JO'BURG (tgl., 18 Std.);
PRETORIA (tgl., 19 1/2 Std.).

Flüge

Der **Flughafen**, ✆ 041-581 2984, liegt am Rande des Vororts Walmer, 4 km südlich des CBD.

Von dort fährt ein **Minibus-Shuttle**, ✆ 041-582 3720, ins Zentrum mit Halt an allen großen Hotels und nach Bedarf. Die vor dem Flughafen wartenden Taxis verlangen für eine Fahrt in die Innenstadt rund R50.

Flüge nach:
BLOEMFONTEIN (1x tgl. Mo–Fr und So, 1 1/4 Std.);
DURBAN (4x tgl., 1 1/4 Std.);
EAST LONDON (1–4x tgl., 3/4 Std.);
GEORGE (1x wöchentl., 1 Std.);
JO'BURG (6x tgl., 1 1/2 Std.);
KAPSTADT (3–4x tgl., 1 1/4 Std.).

In Port Elizabeth vertretene **Fluggesellschaften**:
1time, ✆ 0861-345 345;
kulula.com, ✆ 0861-585 852;
SAA, ✆ 041-507 1111.

10 HIGHLIGHT

Addo Elephant National Park

Der Addo Elephant National Park ist ein Big Five-Reservat, nur 73 km nördlich von Port Elizabeth, und sollte die erste Wahl für einen Abstecher von Port Elizabeth sein – für einen Tagesausflug oder auch für mehrere Tage. Man kann auch in einem der nahe gelegenen **privaten Reservate** absteigen – v. a. wenn man sich in erster Linie verwöhnen lassen möchte. Allein an der N2 zwischen PE und Grahamstown gibt es drei davon: **Shamwari**, **Amakhala** und **Lalibela**.

Das **Schotia**, 1 km abseits der Kreuzung N10/ N2 dagegen bietet aufregende nächtliche Tierbeobachtungsfahrten. Ein ganz großes Plus des Addo und der Privatreservate ist, dass sie im Unterschied zu den anderen großen Tierparks im **malariafreien** Ostkap liegen.

Der **Addo Elephant National Park**, 🖳 www.addoelephantpark.com, 🕒 tgl. 7–19 Uhr; Eintritt R130, wird derzeit einem Expansionsprogramm unterzogen, das ihn zu einem der drei größten Wildreservate Südafrikas machen wird, überdies ist es das einzige direkt am Meer gelegene. Es wird inzwischen als ein „Big Seven"-Reservat angepriesen, denn zu den Bewohnern des künftigen Küstenabschnittes (angrenzend an den Alexandra State Forest-/Woody Cape-Teil des Parks, S. 369) zählen auch Wale und Weiße Haie.

Elefanten bilden immer noch die größte Attraktion des Addo, doch nachdem auch erneut einige **Löwen** im Park angesiedelt wurden, zusätzlich zu den restlichen Big Five – **Büffel**, **Nashörner** und **Leoparden** – entwickelte es sich zu einem echten Safaripark. Im Zuge des Wiederbelebungsprogramms wurden auch **Tüpfelhyänen** ausgesetzt, damit das Ökosystem in seiner Ursprünglichkeit, einschließlich Raubtieren, wiederhergestellt werden konnte. Zu den anderen Tieren, nach denen man Ausschau halten kann, gehören **Elenantilopen**, **Kudus**, **Büffel**, **Rote Kuhantilopen**, **Schimpansen**, **Spitzmaulnashörner**, **Warzenschweine** und **Strauße**.

Der Addo-Busch ist dicht, trocken und dornig und macht es zuweilen nicht leicht, ein paar der ungefähr 450 Elefanten und andere Tiere zu erspähen; sieht man aber doch welche, dann häufig in greifbarer Nähe. Am besten fragt man an der Rezeption des Parks, wo die Dickhäuter und die anderen vier der Big Five zuletzt gesichtet wurden, und steuert die Wasserstelle vor dem Restaurant an, von wo man in aller Ruhe den Busch nach den gemächlich dahinziehenden grauen Riesen absuchen kann.

Empfehlenswert sind Nachtfahrten zur Tierbeobachtung in offenen Jeeps, begleitet von gut unterrichteten Rangers. Tagesfahrten kosten R190 p. P., Fahrten bei Sonnenuntergang R270 (inkl. Snacks und Getränke) und Nachtfahrten R210; Anmeldung am Main Camp. Außerdem können Besucher exklusiv die Dienste eines Guides in Anspruch nehmen, der zu ihnen ins Auto steigt und sie zwei Stunden lang begleitet (R110, etwas teurer bei Minibussen).

Ebenfalls im Angebot sind Aktivitäten in freier Natur. zweistündige Ausritte für Sattelungeübte (8 Uhr, R190) und dreistündige für Fortgeschrittene (14 Uhr, R250) beginnen direkt vor dem Eingangstor und führen entlang der Parkgrenzen (Reservierung im Main Camp). Elefantensafari-

Ausritte veranstaltet eine Farm an der Nordgrenze des Addo, ✆ 042-235 1400, 💻 www.addoelephantbacksafaris.co.za, 90 km außerhalb von Port Elizabeth, abseits der R335. Die Ausflüge dauern ca. 3 Std. und kosten R875 p. P.; Transfers von Port Elizabeth oder Privatunterkünften in der Nähe möglich.

Übernachtung und Essen

Innerhalb des Parks

Die beiden **wichtigsten** Restcamps im Addo, Main und Matyholweni, stellen komfortable Nationalpark-Unterkünfte bereit, darunter strohgedeckte, voll ausgestattete Cottages für Selbstversorger. Das Narina Bushcamp dagegen verfügt über 4 Safarizelte. In der Hochsaison sind Reservierungen über SANParks unbedingt erforderlich oder, weniger als 72 Std. im Voraus, direkt beim Addo, ✆ 042-233 8600. Zusätzlich zu den Unterkünften in den Nationalparks gibt es einige luxuröse Privatlodges innerhalb des Parks – das empfehlenswerteste ist das **Gorah Elephant Camp**.

Gorah Elephant Camp, 9 km westlich entlang der Straße nach Addo Heights, die von der N10 zum Dorf Addo, ✆ 044-532 7818, 💻 www.hunterhotels.com/gorahelephantcam, führt. Ultra-luxuriöse Unterkünfte rund um ein viktorianisches Gästehaus, gestaltet im kolonialen Safaristil (Antilopenfelle über dem Kamin, etc.). Behagliche Suiten, Dinner unterm Sternenhimmel und ein wunderbar gestalteter Swimming Pool. Im Preis sind auch exklusiv gestaltete Ausflüge zum Tiere beobachten enthalten. ❾

Main Camp, ältestes und größtes der Nationalparkcamps. Bietet abgesehen von Campingmöglichkeiten auch Waldhütten mit Gemeinschafts-Sanitäranlagen sowie -küche; außerdem luxuriösere Chalets mit Küchenzeile. Einige davon mit Platz für bis zu 4 Pers. Auch geräumige Safarizelte mit Veranden für bis zu 6 Pers., sehr schön im Sommer (R375 pro Zelt); außerdem größere Wohneinheiten für bis zu 6 Pers. Zwei Chalets sind behindertengerecht eingerichtet. ❸–❺

Matyholweni Camp, Nationalpark-Unterkunft mit voll ausgestatteten Selbstversorger-Chalets mit Dusche und 2 Betten. Die in einem abgeschiedenen Tal, umgeben von Dickicht (Lebensraum zahlreicher Vögel) gelegenen Ferienhäuschen besitzen Veranden mit Blick auf eine Wasserstelle. Kein Restaurant, aber in Colchester, 15 Autominuten entfernt, gibt es Geschäfte und einfache Lokale. ❹

Narina Camp, kleines Nationalpark-Buschcamp im hügeligen Zuurberg-Abschnitt des Addo. 4 Safarizelte mit Platz für 4 Pers. (R780), Gemeinschaftswaschraum und -küche; Verpflegung muss mitgebracht werden. Reitpferde.

Außerhalb des Parks

Außerhalb des Parks, aber in leicht erreichbarer Nähe, gibt es zahlreiche private B&Bs und Gästehäuser, vor allem zwischen den Zitrusfruchtplantagen des Sunday's River Valley. Viele bieten Tagesausflüge und Nachtfahrten in den Park.

Avoca River Cabins, 13 km nordwestlich vom Dorf Addo an der R336, ✆ 042-234 0421, 082-677 9920, 💻 www.avocariver.co.za. Preiswerte B&B- und Selbstversorger-Unterkünfte (teilweise am Wasser) auf einer Farm im Sundays River Valley. Kanuverleih. B&B ❸, Zimmer ohne Bad für Selbstversorger ❷, Chalets ❸

Chrislin Africa Lodge, 12 km südlich des Addo-Haupteingangs, abseits der R336, ✆ 042-233 0022, 082-783 3553, 💻 www.africanhuts-addo.co.za. Quirliges B&B mit strohgedeckten, im traditionellen

Eine Wohlfühloase

The Elephant House, 5 km nördlich des Dorfes Addo an der R335, ✆ 042-233 2462 oder 083-799 5671, 💻 www.elephanthouse.co.za. Eine der Top-Unterkünfte des Ostkaps: eine strohgedeckte Lodge, nur ein paar Minuten vom Addo entfernt. Perserteppiche und antike Möbel; eine perfekte Kombination aus Luxus und entspannter Atmosphäre. Dinner bei Kerzenlicht möglich, ebenso Massagen und Touren in den Addo sowie die Tierschutzgebiete der Umgebung. ❻

Xhosastil erbauten Hütten; deftiges Landfrühstück und Abendessen auf Wunsch. ❹

Geelhoutboom, 26 Market St, Kirkwood, ✆ 042-230 1837, 💻 www.geelhoutboom.co.za. Gemütliches B&B unter schattigen Bäumen, Zimmer mit AC, 20 Autominuten vom Haupteingang des Addo. Preisgünstig. ❸

Hopefield Country House, 20 km südwestlich vom Haupttor des Addo, ✆ 042-234 0333, 💻 www.hopefield.co.za. Farmhaus aus den 1930ern mit dem gewissen Etwas, auf einer Zitrusplantage inmitten von gepflegten Rasenflächen und Blumenrabatten. Die 5 Gästezimmer sind fantasievoll mit antiken Möbeln eingerichtet. Den Stil bezeichnen die Besitzer als „farmhouse eclectic". ❻

Kronenhoff, an der R336 am Eingang von Kirkwood, ✆ 042-230 1448, 💻 www.kronenhoff.co.za. In einem kleinen Bauerndorf gelegenes, freundliches kapholländisches Gästehaus mit geräumigen Suiten und einem netten Pub. ❺

Orange Elephant, an der R335, 8 km vom Nationalpark-Tor, ✆ 042-233 0023, 💻 www.addobackpackers.com. Budgetunterbringung in einem gut ausgestatteten Hostel. Die Mitarbeiter helfen beim Organisieren von Ausflügen in die umliegenden Tierreservate. Dorms, Zimmer mit Bad und in 2-Zimmer-Cottages. ❷

Woodall Country House, rund 1 km westlich vom Addo-Haupteingang, ✆ 042-233 0128, 💻 www.woodall-addo.co.za. Hervorragendes Gästehaus auf einer Zitrusplantage mit 11 Apartments für Selbstversorger sowie Zimmern. Swimming Pool, Fitnessraum, Spa und Sauna. Hübsche Terrasse (vor allem bei Sonnenuntergang) mit Blick auf einen kleinen See. In dem Restaurant, das für seine hervorragende rustikale Küche bekannt ist, sind 3- bis 6-Gängemenüs zu haben. ❽

Transport

Der schnellste Weg in den Addo führt über das Südeingangstor, erreichbar über eine Abzweigung von der N2 im Dorf Colchester, 43 km nordöstlich von Port Elizabeth. Der Eingang liegt rund 5 km vom Matyholweni Camp entfernt.

Zur Zeit der Recherche befand sich im Südteil des Parks kein Großwild, jedoch sollten im Verlauf des Jahres 2010 Elefanten, Büffel und andere Pflanzenfresser hierher umgesiedelt werden. Dieser Parkabschnitt ist derzeit vom nördlichen durch einen an einer öffentlichen Straße entlang verlaufenden Zaun abgetrennt, damit die Tiere nicht zwischen den beiden Parkteilen hin und her wandern können. Es gibt aber einen Grenzdurchgang für Fahrzeuge. Bis 2011 soll der Zaun abgebaut werden.

Wer zum Main Camp möchte, der älteren und etablierteren Niederlassung im Addo, das sich nördlich von Matyholweni befindet, kann entweder eine langsame Fahrt durch den Park unternehmen, die mindestens eine Stunde dauert und Gelegenheit bietet, die Landschaft zu betrachten, oder die R335 nehmen, die am Westrand des Parks entlangführt – auf der N2 von Port Elizabeth nach Osten 5 km weit Richtung Grahamstown, und dann am Wegweiser Addo/Motherwell/Markman auf die durch das Dorf Addo führende R335 abbiegen.

Das Narina-Bushcamp liegt 22 km nördlich des Main Camp an einer Schotterstraße. Die Straßen im Parkabschnitt zwischen Main Camp und Matyholweni sind ungeteert, aber in gutem Zustand.

Landkarten, auf denen Grill- und Picknickstellen eingezeichnet sind, gibt es an der Rezeption.

In dem Restaurant im Main Camp ist Frühstück, Mittag- und Abendessen zu haben, 🕓 tgl. 6–20 Uhr. Außerdem gibt es einen Laden mit einem ordentlichen Sortiment an Lebensmitteln und Getränken. Ehe der Park nicht völlig erschlossen ist (derzeit noch nicht absehbar), ist der Küstenabschnitt, zu dem auch der Alexandria State Forest gehört, vom Parkinneren her nicht zugänglich.

Private Tierreservate

Mit etwas Glück kann man bei einer Fahrt durch den Addo eine ganze Menge Tiere sehen, aber nichts geht darüber, die Wildnis mit einem ausgebildeten Guide in einem offenen Fahrzeug zu erkunden – und das ist die Spezialität der privaten Reservate. Eine gute Option für Besucher mit wenig Geld oder Zeit ist eine Ganz- oder Halbtagssafari im **Schotia** oder **Amakhala**, die ab R600 p. P. angeboten werden. Wer das Komplettpaket will – Tierbeobachtungstouren, köstliches Essen, absoluter Luxus und erstklassige Unterbringung – bekommt es im **Shamwari** zu einem Unkostenbeitrag von mehr als R5000 p. P. und Tag. Wer in dieser Preisliga spielt, sollte das **Kwandwe Game Reserve** (S. 381) nahe Grahamstown in Erwägung ziehen, eine weitere herausragende Safaridestination am Ostkap.

Shamwari Game Reserve

Das größte und bekannteste private Big Five-Reservat am Ostkap und vielleicht das beste des ganzen Landes, das **Shamwari**, ✆ 042-203 1111, 💻 www.shamwari.com, liegt 65 km nördlich von Port Elizabeth an der N2 und kultiviert sein Image als Reiseziel für den Jetset. Das Shamwari genießt einen ausgezeichneten Ruf und gewann 2008 bei den World Travel Awards (den Oscars im Tourismuswesen) zum elften Mal in Folge den World's Leading Safari and Game Reserve Award. Das Reservat hat unterschiedliche Landschaftsformen und eine ordentliche Anzahl wilder Tiere aufzuweisen. Der Standard der angebotenen Expeditionen ins Tierreich ist hoch, und das Reservat hat seinen erstklassigen Ruf zu Recht.

Übernachten kann man in der familienfreundlichen Kolonialvilla Long Lee Manor oder fünf anderen attraktiven, über das Reservat verteilten und mit jedem erdenklichen Luxus eingerichteten Lodges (keine Unterbringung von Kindern). Die Preise beginnen bei R3500 p. P. (Mai–Sep) oder R5515 (Okt–April).

Amakhala Game Reserve

Etwa 2 km nördlich des Abzweigs von der N2 nach Shamwari liegt das **Amakhala Game Reserve**, ✆ 046-636 2750, 💻 www.amakhala.co.za, eine weitaus erschwinglichere Anlaufstelle. Außerdem ist es familienfreundlich; in einigen der Lodges wird ein Kinderprogramm durchgeführt Hier sind sowohl die Big Five als auch Giraffen, Zebras, Gnus und verschiedene Antilopenarten zu entdecken. Der Bushman's River schlängelt sich durch das Reservat, und Besucher können in Begleitung eines Rangers Kanusafaris und Bootsfahrten bei Sonnenuntergang unternehmen.

Die **Unterbringung** erfolgt im Reservat in sechs Lodges unterschiedlicher Besitzer sowie in einem Camp, das über Betten in restaurierten Ochsenwagen mit eigenem Bad verfügt – alle mit herrlicher Aussicht. Die Preise beginnen bei R1300 p. P. (Mai–Aug) bzw. R1780 (Sep–April). Die Tagessafaris (tgl. 12–18 Uhr; Reservierung erforderlich) umfassen zwei Tierbeobachtungstouren, eine Bootsfahrt auf dem Fluss und ein Mittagessen. Kostenpunkt R720 p. P.

Lalibela Game Reserve

Günstiger als das Shamwari ist das **Lalibela Game Reserve**, 90 km nordöstlich von Port Elizabeth an der N2 Richtung Grahamstown, ✆ 041-581 8170, 💻 www.lalibela.co.za, ❾. Es beherbergt die Big Five sowie einen wahren Schatz an Flora und Fauna: Letztere lässt sich bei Tages- oder Abendexkursionen besichtigen, die im All-inclusive-Preis von R3300 p. P. inbegriffen sind. Auf dem Gelände gibt es drei ausgezeichnete **Lodges** mit privaten Aussichtsveranden, Swimming Pools und *bomas* zum Übernachten. Auf Wunsch ausgezeichnete, landestypische Verpflegung.

Schotia Private Game Reserve

Das Schotia Private Game Reserve, ✆ 042-235 1436, 💻 www.schotia.com, am Ostrand des Addo ist das kleinste der Privatreservate, mit seinem ausgezeichneten Preis-Leistungs-Verhältnis aber wahrscheinlich das am besten besuchte. Schotia ist kein Big Five-Reservat, bietet aber trotzdem ein Big Five-Erlebnis in Form von Pauschalpaketen, darunter Ausflüge zum Addo Elephant National Park. Ganztagssafaris (R1200 p. P.) bestehen aus einer Tierbeobachtungstour durch den Addo, gefolgt von Lunch und einer abendlichen Tierbeobachtungsfahrt plus Abendessen im Schotia. Anschließend werden die Teilnehmer zu ihren Unterkünften gebracht. Im Übernachtungspreis (R1800 p. P. oder R1200 ohne Ausflug zum Addo) ist all das inbegriffen, plus die Unterbringung im Schotia in einem von drei Chalets oder einem von acht DZ.

Wer zeitlich oder finanziell knapp dran ist, kann eine nachmittägliche Tierbeobachtungsfahrt (R600 p. P.) durch den Schotia unternehmen. Abfahrt um 15 Uhr, Ende um 21 Uhr. Im Schotia leben u. a. sechs Löwen, Giraffen, Nashörner, Zebras und ungefähr ein Dutzend verschiedene Antilopenarten. Es gibt einen Abholservice von Port Elizabeth oder jedem Punkt in der Nachbarschaft des Addo; Selbstfahrer werden an einem sicheren Parkplatz, 2 km auf der N2 hinter der Kreuzung N2 und N10, abgeholt. ❽

Zwischen Port Elizabeth und Storms River

Zu den wenigen Gründen, zwischen Port Elizabeth und Storms River (186 km westlich) von der N2 abzufahren, gehören die Ferienorte **Jeffrey's Bay** und **St Francis Bay**. Ersterer ist bekannter, zumindest unter Surfern, denn hier hat man sich besonders auf das Geschäft mit der Welle spezialisiert. Obgleich auch St Francis Bay gut geeignete Surfreviere besitzt, ist es aufgrund seiner Schönheit und Atmosphäre vor allem bei Südafrikanern aus dem Binnenland beliebt.

Jeffrey's Bay

Etwa 75 km westlich von Port Elizabeth, abseits der N2, liegt J Bay, wie man es hier nennt – für manche eines der drei besten Surfreviere der Welt. Architektonisch betrachtet ist die Stadt das Produkt mehrerer Bau-Booms in der jüngeren Vergangenheit und somit eher unschön. In der Hochsaison stapeln sich die Urlauber am Strand und bevölkern in Massen die Surfläden und Fastfood-Restaurants.

Echten **Surfern** jedoch ist das alles egal, denn sie sind einfach nur auf der Suche nach der perfekten Welle. Wer surfen möchte, ist östlich des großen Badestrandes bei **Super Tubes** bestens aufgehoben, denn hier gibt es eine eindrucksvolle und regelmäßig wirbelnde Wasserröhre. Weitere Stellen sind Kitchen Windows, Magna Tubes, Point und Albatross. Surfausrüstung kann in den zahlreichen Surfgeschäften an der Da Gama Road ausgeliehen werden.

Nicht nur **Delphine** ziehen hier regelmäßig ihre Runden, sondern zwischen Juni und Oktober gibt es manchmal auch **Wale** zu bestaunen. Die großen **Badegebiete** sind Main Beach (in der Stadt) und Kabeljous-on-Sea (einige Kilometer nördlich), wunderschöne Muscheln findet man zwischen Main und Surfer's Point.

Übernachtung

Mit jeder Menge Hostels zählt J Bay eindeutig zum Backpacker-Gebiet – doch es stehen auch viele gute und preiswerte B&Bs und ein paar Selbstversorger-Unterkünfte bereit. Campen gleich in Strandnähe ist in den städtischen Caravanparks **Kabbeljous**, ✆/📠 042-293 3330, und **Jeffrey's Bay**, ✆ 042-200 2214, in der Da Gama Rd möglich, doch unterscheiden sich die Preise kaum von denen im Backpacker-Schlafsaal.

Wer im Dezember, Januar oder über Ostern hier unterkommen möchte, muss unbedingt vorbuchen. Außerhalb der Saison ist es ruhiger, abgesehen von der Billabong Weltmeisterschaft im Surfen, die normalerweise im Juli ausgetragen wird – dann muss wieder vorgebucht werden.

A1 Knyaston, 23 & 27 Chestnut Ave, ✆ 042-296 1845, 💻 www.a1knyaston.co.za. Freundliche Zimmer in 2 Häusern und ein Selbstversorger-Apartment mit herrlicher Aussicht und Mega-Frühstück. ❷–❸

Island Vibe, 10 Dageraad St, ✆ 042-293 1625, 💻 www.islandvibe.co.za. Backpacker-Lodge auf einer Düne mit Holzsteg zum Strand. Camping, Schlafsäle, DZ, sämtlich mit toller Aussicht, Lounge, Bar, Billardtisch und Selbstversorgereinrichtungen. Frühstück erhältlich. Dorms ❶, DZ ❷

Jeffrey's Bay Backpackers, 12 Jeffrey St, ✆ 042-293 1379, 💻 www.jeffreysbay backpackers.co.za. Hostel 2 Blocks vom Strand, zweckmäßige Einrichtung, Bar, Lounge und Swimming Pool, Verleih von Brettern. Dorms, 2-Bett-Zimmer und DZ mit Bad ❶

Lazee Bay, 25 Mimosa St, ✆ 042-296 2090, 💻 www.lazeebay.co.za. Luftiges, preiswertes B&B mit Panoramablick. Große Gemeinschafts-Lounge, Küche, landestypische Einrichtung, Swimming Pool, Sonnenterrasse. ❷

Super Tubes Guest House, 12 Pepper St, 💻 www.supertubesguesthouse.co.za, 📞 042-293 2957. Bescheidene Villa; Zimmer mit Bad, schönen alten Holzbetten und Zugang zu einem Patio oder Garten. Der Super Tubes Beach liegt praktisch vor der Tür. Standard ❹, luxuriös ❻

Essen

Jeffrey's Bay bietet die übliche Palette von Pizza, Burgern und Steakhäusern. Das Spitzenrestaurant des Ortes heißt **The Walskipper** und liegt am Strand in Marina Martinique Harbour. Hier wird man in luftigem Ambiente mit luxuriösen und teuren Meeresfrüchte-Gerichten verwöhnt. Während das Essen auf dem offenen Feuer draußen brutzelt, gibt es vorweg selbst gebackenes Brot, Pâtés und Marmelade.

Informationen

Tourist Office, Da Gama, Ecke Dromedaris Rd, 📞 042-293 2588, 💻 www.jeffreysbaytourism.org, hat ein umfangreiches Bettenverzeichnis. 🕒 Mo–Fr 8.30–17, Sa 9–12 Uhr.

Transport

Der **Baz Bus** hält in J Bay auf seiner täglichen Fahrt zwischen Kapstadt und Port Elizabeth.

St Francis Bay

St Francis Bay, ein kleines Stückchen südlich von Jeffrey's Bay, ist freundlicher als sein Nachbar. Ein Teil der Stadt liegt in einem künstlich angelegten **Netz von Kanälen**, die zum Fluss führen. Umringt wird die Stadt von einer Reihe kleiner Naturschutzgebiete, in denen man hervorragend wandern kann, z. T. durch Fynbos-Gebiete. Während der Hochsaison fallen die Südafrikaner aus dem Binnenland, denen die Ferienhäuser gehören, in Scharen hier ein, doch sonst herrscht Ruhe und Frieden. Der eindrucksvolle **Leuchtturm**, heute Nationaldenkmal, ist einst als der einsamste von ganz Afrika bezeichnet worden.

Übernachtung und Essen

The Cottage, 📞 042-294 0328 oder 📞 082 465 2288, ✉ thecottage@isat.co.za. Nettes, zweckmäßiges B&B mit 5 Zimmern. ❸

Auf der Suche nach der perfekten Welle: Surfer in Jeffrey's Bay

The Sands, ✆ 042-294 1888, 💻 www.pehotels.co.za/the_sands. Superluxuriöses Strandhaus; alles Suites mit Jacuzzi und Veranda. Leichte Mahlzeiten auf Anfrage. ❽

Thatchwoods, 63 Lyme Rd, abseits des St Francis Drive, ✆ 042-294 0082, 💻 www.thatchwood.com. Ungemein gemütliches B&B, jedes Zimmer mit eigenem Garten oder Sonnenterrasse. Am Rand eines Golfplatzes gelegen, den Gäste auf Wunsch benutzen können. Preisgünstig. ❺

Waterways, 37 Shore Rd, ✆ 042-294 0282, 💻 www.saholidays/waterways.htm. Besonders freundliches B&B, tolle Lage am Zusammenfluss von Kanälen und Fluss, in Strandnähe. 2 Schlafzimmer mit Bad, eigenem Außenbereich und spektakulärer Aussicht. ❸

Essen gibt es in den zahlreichen Kneipen, Coffee Shops und Restaurants. Am besten bestellt man Calamari. Empfehlenswert ist die **Big Time Taverna**, 10 Mayotte Circle.

Informationen

Das **Tourist Office**, ✆ 042-294 0076, 💻 www.stfrancistourism.com, am Village Centre an der Hauptdurchgangsstraße St Francis Drive, ist bei der Quartiersuche behilflich. 🕓 Mo–Fr 8.30–16.30, Sa 9–12.30 Uhr.

Transport

St Francis Bay erreicht man mit dem **Auto** über die N2; bei Humansdorp biegt man nach Süden ab und fährt weitere 15 km in Richtung Küste.

Zwischen Port Elizabeth und Port Alfred

Einer der am wenigsten entwickelten **Küstenabschnitte** von Südafrika erstreckt sich mit seinen menschenleeren Stränden und seiner rauschenden Brandung östlich von Port Elizabeth auf sandigen 150 km bis nach Port Alfred. Die Wassertemperatur liegt hier immer ein paar Grad über der von Kapstadt, und die Strände sind ein kleines Paradies. Das einzige Problem stellen, besonders nachmittags, die **Sommerwinde** dar – also ist frühes Aufstehen angesagt. Am ruhigsten ist das Wetter von April bis September, wenn es zum Sonnenbaden noch zu kalt ist, die Picknick- und Wanderbedingungen jedoch perfekt sind.

Der Urlaubsort **Kenton-on-Sea** gehört zu den herrlichsten Stellen dieser Küste: Seine beiden Flüsse sind mit Booten gesprenkelt, es gibt Felsbuchten und fantastische Strände zum Baden und Spazierengehen. Und außerdem zahlreiche **Unterkünfte** – gute, erschwingliche B&Bs in herrlicher Lage.

Der einsamste Abschnitt der Küste, der früher nur mit Mühe zu erreichen war, steht inzwischen unter der Verwaltung des Addo Elephant National Park (S. 363) und umfasst einige riesige Sanddünen. Allerdings leben in diesem Küstenabschnitt des Parks keine wilden Tiere. Die Gegend lässt sich gut von Kenton-on-Sea oder Alexandria aus erkunden.

Alexandria State Forest

Ein 50 km langer Küstenabschnitt des Ostkaps steht im Schutze des Alexandria State Forest. Er ist Teil des **Woody Cape**-Abschnitts des Addo Elephant National Park und kann auf der zweitägigen Rundwanderung **Alexandria Hiking Trail** durchstreift werden. Dieser gehört landesweit zu den schönsten **Küstenwanderwegen** und windet sich durch einheimische Waldgebiete und eine Wüstenlandschaft monströser Sanddünen bis hin zum Ozean.

Besucher müssen Unterkünfte entlang des Wanderweges **reservieren**, und zwar über den Addo Elephant National Park, ✆ 041-468 0916, ✉ matyholweni@sanparks.org; (R70 p. P. und Tag), insbesondere fürs Wochenende, wenn der Wanderweg oft ausgebucht ist.

Die 35 km lange Wanderroute beginnt am Woody Cape Office, 8 km von der R72 entfernt (und nicht mit öffentlichen Verkehrsmitteln erreichbar), wo das Permit abgeholt werden muss. Wenn man nach Osten fährt, geht der ausgeschilderte Abzweig kurz vor Alexandria rechts ab, 86 km vor Port Elizabeth. Die Hütte am

Woody Cape Office kann zu Beginn oder nach Abschluss der Wanderung als Unterkunft ❶ genutzt werden. Eine weitere befindet sich an der Küste, in beiden gibt es Trinkwasser und Matratzen, jedoch keine Kochgelegenheiten. Der **Wald** kann auch auf dem 7 km langen Tree Dassie Trail von den Woody Cape-Büros aus durchwandert werden (R20).

Kenton-on-Sea

Etwa 26 km westlich von Alexandria und 56 km von Grahamstown, liegt an zwei Flusstälern der **Urlaubsort** Kenton-on-Sea, der sich für einen kurzen Strandurlaub perfekt eignet. Mit seiner Ansammlung von Ferienhäusern, wenigen Geschäften und Lokalen ist Kenton eine gute Wahl, wenn man etwas nicht allzu Anspruchsvolles und doch sehr Schönes sucht. Viel mehr als sich der Brandung, der Sandstrände und Dünen zu erfreuen, in seichten Gezeitenpools zu liegen oder in den Flüssen zu baden, gibt es hier nicht zu tun, doch sollte man sich wegen der oft starken **Rückströmung** nicht zu nah an die Mündung begeben. Es sind schon mehrere Menschen dort ertrunken.

Wenn man auf dem Bushman's River herumschippern möchte, liegen bei Kenton Marina, ✆ 046-648 1223, Kanus zum Verleih (R100 pro Tag). Von der R72 ab (gut ausgeschildert) geht es 300 m die R343 entlang in Richtung Grahamstown. Mit den Kanus kann man in zwei bis fünf Stunden die 15 km lange Strecke flussaufwärts paddeln, die als **Bushman's River Trail** bezeichnet wird. Er führt an Landschaften mit Zykaden und Wolfsmilch vorbei, die von einer schnatternden Vogelvielfalt bevölkert sind.

Der beste Kunstgewerbeladen und ein ausgezeichneter Farmstall plus Café befinden sich in einer kleinen neuen Ladenzeile an der R72 zwischen Bushman's und Kenton: **Juju Art and Artefacts**, ✆ 046-648 3575, 082-711 6866; 💻 www.gallery@jujuart.co.za.

Übernachtung

Übernachten kann man in erschwinglichen Cottages für Selbstversorger und in B&Bs. Die schönsten davon liegen am Fluss. Für Naturliebhaber ist die ideale Unterkunft die im Oribi Haven in Kasouga.

Burke's Nest, 38 Van der Stel Rd, ✆ 046-648 1894 oder 082-577 2142. Gartenhaus und kleine Wohnung am Wohnhaus einer Familie, Strandnähe, unweit des Kariega River. B&B oder Selbstverpflegung. ❸

Dunwerkin, 5 Park Rd, ✆ 046-648 1173, ✉ kariegavet@imaginet.co.za. In schöner Lage, 2 Min. zu Fuß vom Strand. Die eleganteste Selbstversorgerunterkunft von Kenton hat Platz für 1–2 Familien in einem nagelneuen Haus mit 4 Schlafzimmern. ❸–❹

Oribi Haven, Kasouga Farm, 9 km von Kenton, an einer Schotterstraße, die von der R72 abgeht (am ersten Viehgitter nach rechts abbiegen), ✆ 046-648 2043, 💻 www.oribihaven.co.za. 10 Autominuten östlich von Kenton bis zur Abfahrt Richtung Kasouga. Die Kasouga Farm liegt an einem Berghang mit Blick auf die besten und unberührtesten Strände des Landes. Die Farm, die aufgrund der zahlreichen, auf dem Gelände heimischen Oribi-Antilopen unter Naturschutz steht, bietet 2 gut ausgestattete Ferienhäuser mit 2 Betten; wahlweise B&B oder Selbstverpflegung. Zu den Angeboten für Gäste gehören Tierbeobachtungstouren auf dem Farmgelände, Sundowners am Strand, Sandboards für die Dünen und ein Kanu für den Fluss. ❷–❸

Sebumo Tude, auf einer Farm im Binnenland zwischen Kenton und Port Alfred, abseits der R72 und 15 km von der Küste entfernt, ✆ 072-141 2375, 💻 www.sebumotude.co.za. Der afrikanische Traum eines deutschen Paares, das die Abgeschiedenheit und Schönheit des Ostkap-Buschs liebt. Strohgedeckte, vor neugierigen Blicken abgeschirmte Chalets mit Veranda und Blick auf die Baumwipfel; schlicht, aber edel eingerichtet mit traumhaftem Badezimmer sowie Dusche im Freien für ein bisschen Romantik unterm Sternenhimmel. Zur Anlage gehört ein Buschrestaurant, in dem gute Mahlzeiten gekocht werden. Der Preis gilt für Übernachtung mit Frühstück. ❻

Woodlands Country House und Tea Garden, 2 km vom Zentrum an der R343 nach Grahamstown, ✆ 046-648 2867,

✉ woodlands@compuscan.co.za. 12 Morgen Garten und Busch bis hin zum Bushman's River, kleine Cottages an den Wegen durch die Vegetation. ❷

Essen

Das am schönsten gelegene Lokal von Kenton ist das **Homewoods**, 1 Eastbourne Rd, ✆ 046-648 2700 ein Restaurant und Pub an der Mündung des Kariega River mit herrlicher Aussicht und eher durchschnittlichem Speisenangebot, ⏲ So abends und Mo ganztägig geschlossen. Im Zentrum des Ortes liegt **The Local**, Pub, Pizzeria und Grillrestaurant, in dem man immer Abendessen bekommt (außer So abends). Die leckersten Steaks werden im **La Vinia Steakhouse** gebrutzelt, ✆ 046-648 2662, an der Kenton Road, wo es auch eine Weinbar gibt. Tagsüber werden im **The Garden** an der Hauptstraße Frühstück, Nachmittagstee und kleine Gerichte serviert.
Am Stadtrand, 2 km die R67 oder Grahamstown Rd entlang, ist der gemütliche **Woodlands Tea Garden** die erste Wahl zum Tee mit leichtem Mittagessen wie Käse- oder Apfelkuchen und Quiche.

Sonstiges

Einkaufen

Kenton ist ein kleiner Ort, und doch findet man Mini-Supermärkte, eine Bank, einen Geldautomaten, eine Post und eine Tankstelle – allesamt an der Hauptstraße Kenton Rd. Viele Leute ziehen es allerdings vor, in dem 15 Min. entfernten Port Alfred einzukaufen.

Informationen

Das **Tourist Office**, an der Hauptstraße ausgeschildert, wird von der sehr kompetenten Erica McNulty, ✆ 046-648 2418, 💻 www.kenton.co.za, geführt, die auch die Kenton Township Tours organisiert. Außerdem koordiniert sie verschiedene interessante Gemeindeprojekte, die von Xhosa-Frauen geleitet werden. ⏲ Jan–Nov Mo–Fr 9.30–13 und 12–16, Sa 9.30–13 Uhr, Dez tgl. 9–17 Uhr.

Port Alfred

Port Alfred ist der einzige Ort zwischen Port Elizabeth und East London, der auch außerhalb der Urlaubssaison ein gewisses Stadtleben aufzuweisen hat. Doch nur ein paar Wochen im Jahr platzt das kleine Stadtzentrum aus allen Nähten. Genau wie viele andere Orte entlang der Küste wird auch Port Alfred allmählich weiter ausgebaut. An den ehemals einsamen Stränden sprießen neue Wohn- und Mietshäuser aus dem Boden. Außer zu Strandspaziergängen und Badespaß lädt die Gegend auch zu **Kanutouren** zum **Tauchen**, Wasserskifahren, Abseiling, Hochseefischen und Reiten ein. Port Alfred (Spitzname „Kowie" wegen des Flusses) bekam seinen Namen zu Ehren des zweiten Sohnes von Königin Victoria, der allerdings nie hier war.

Der **Kowie River** teilt Port Alfred in Ost- und Westufer; die Stadt und die beliebtesten Badestrände liegen im Westteil, der weniger entwickelte Küstenbereich im Ostteil. Der Fluss wird von zwei Brücken überspannt: einer Bogenbrücke aus Beton (das Wahrzeichen von Port Alfred) und einer älteren, die direkt in die **Main Road** führt. An der Main Road gibt es Banken, kleine Geschäfte sowie die unübersehbare Heritage Mall und den Supermarkt Pick 'n Pay.

Nach Port Alfred fährt man wegen der Strände und des Kowie River. Ansonsten hat die Stadt wenig zu bieten. Das ziemlich teure, unübersehbare Halyards Hotel und das Restaurant Spur stellen das künstliche Hafenviertel der Stadt dar. Viel authentischer ist das Ufer an der **Wharf Street** neben der alten Brücke wieder hergerichtet worden, ebenso wie die viktorianische Häuserreihe. Die **Harbour Master and Brewery** produziert ihr eigenes Gebräu.

Ein prima Ausgangspunkt für die Erkundung von Port Alfred ist **West Beach**, wo der Fluss ins Meer mündet und die Wellen hereinbrechen. Vom Café und vom Steinpier aus kann man die Surfer beobachten und auch die Fischerboote, wie sie von der offenen See auf spektakuläre Weise in den Fluss einfahren. 15 Gehminuten westlich liegt der mit Abstand begehrteste Strandabschnitt **Kelly's Beach**, wo eine sanfte Bucht für ungetrübte Badefreuden sorgt.

Aktivitäten in der Umgebung von Port Alfred

In Port Alfred werden zahlreiche Aktivitäten angeboten, insbesondere Kanufahren, Reiten, Tauchen und Sandboarding. Taucher sollten kein kristallklares Wasser und schillernd bunte Fische erwarten, doch das leicht trübe Wasser birgt farbenfrohe Meeresbewohner. In Port Alfred ist die renommierte **Keryn's Dive School** angesiedelt, ✆ 046-624 4432, ✉ keryn@keryndiveschool.com. Sie liegt neben dem Children's Beach, Beach Road, an der West Bank im **Maximum Exposure Adventure Centre**.

Maximum Exposure nimmt auch Reservierungen für den **Kowie Canoe Trail** an, eine 21 km lange Paddeltour auf dem Kowie River. Sie ist nicht nur ein heiß begehrter Freizeitspaß, sondern auch eine der wenigen Kanu- und Wandertouren Südafrikas, die man auf eigene Faust unternehmen kann. Ihre Faszination liegt in der bunten Vogelwelt und der herrlichen Landschaft – mit dichtem, trockenem Busch bewachsene Hügel bis hinab zum Fluss. Am Wochenende ist der Trip fast immer ausgebucht, aber außerhalb der Schulferien lässt sich unter der Woche leicht ein Platz finden. Mit R125 p. P. und Nacht fällt der Ausflug extrem kostengünstig aus. Übernachtet wird in einer Hütte im Horseshoe Bend Nature Reserve, von der aus sich Waldspaziergänge und Klettertouren auf den Steilabbruch empfehlen, wo sich ein atemberaubender Blick über das „Hufeisen" eröffnet.

Port Alfred hat zwei Reitställe. Ausritte sind bei Maximum Exposure oder direkt beim Veranstalter buchbar. **Glenhope Riding**, abseits der Bathurst Rd, ✆ 046-625 0866, liegt auf einer Ananasfarm und hat erstklassige Pferde sowie einen tollen Blick aufs Meer. Der andere Anbieter ist **Three Sisters Horse Trail** (Reservierung erforderlich, ✆ 046-675 1269, 082-645 6345), 14 km östlich von Port Alfred, von der R72 ab in Richtung East London (ausgeschildert). Der Reitweg führt an einem der schönsten Küstenstreifen der Region entlang und ist besonders gut für Anfänger und Kinder geeignet. Die Ausritte dauern 30–90 Minuten, je nach Kondition der Teilnehmer.

Einen der besten Reitausflüge Südafrikas veranstaltet **Fish River Horse Safaris**, ✆ 046-675 1271, 082-433 5662, 💻 www.fishriverhorsesafaris.co.za. Der Anbieter verfügt über hervorragende Pferde und Ausrüstung, darunter Sättel im Westernstil. Erfahrene Reiter begleiten die Teilnehmer über die **Tierfarm Fort D'Acre** (wo Antilopen, Büffel, Giraffen, Nashörner und Zebras erspäht werden können) und zu verlassenen Stränden und Dünen an der Mündung des Fish River, 24 km östlich von Port Alfred. Die Ausflüge dauern 2–3 Stunden und eignen sich auch für Anfänger, nicht aber für Kinder. Fortgeschrittene haben die Möglichkeit, einen Zahn draufzulegen. Von Fort D'Acre aus, 20 km weiter südlich an der Küste, lassen sich auch Ganztagesausritte unternehmen.

Port Alfreds große Sanddünen bieten sich zum Sandboarding an – Bretter verleiht Maximum Exposure. Der Veranstalter hat auch noch ein paar andere Aktivitäten in petto, insbesondere für Kinder. Darunter Kids' Scuba, Drachen steigen lassen und paddeln.

Über die Straße neben dem Halyards Hotel erreicht man **East Beach** (ausgeschildert), wo man vor dem Hintergrund sich auftürmender Dünen – beliebt bei Sandboardern – bis zum Horizont wandern kann. Kleine Kinder sind am **Children's Beach** in der Nähe des Zentrums am besten aufgehoben, einem sanften Flussabschnitt, der über die Beach Rd, einige Hundert Meter von der Bogenbrücke entfernt, erreichbar ist.

Übernachtung

Nur in den Schulferien sind Unterkünfte Mangelware. Das **Tourist Office** gibt eine Liste von B&Bs und Cottages für Selbstversorger heraus. Möchte man billiger und abgeschiedener wohnen, empfiehlt sich ein Cottage für Selbstversorger in Salt Vlei.

Coral Guest Cottage, Jack's Close, ✆ 046-624 2849, 💻 www.coralcottages.co.za. Preiswertes B&B an einem Hügel der

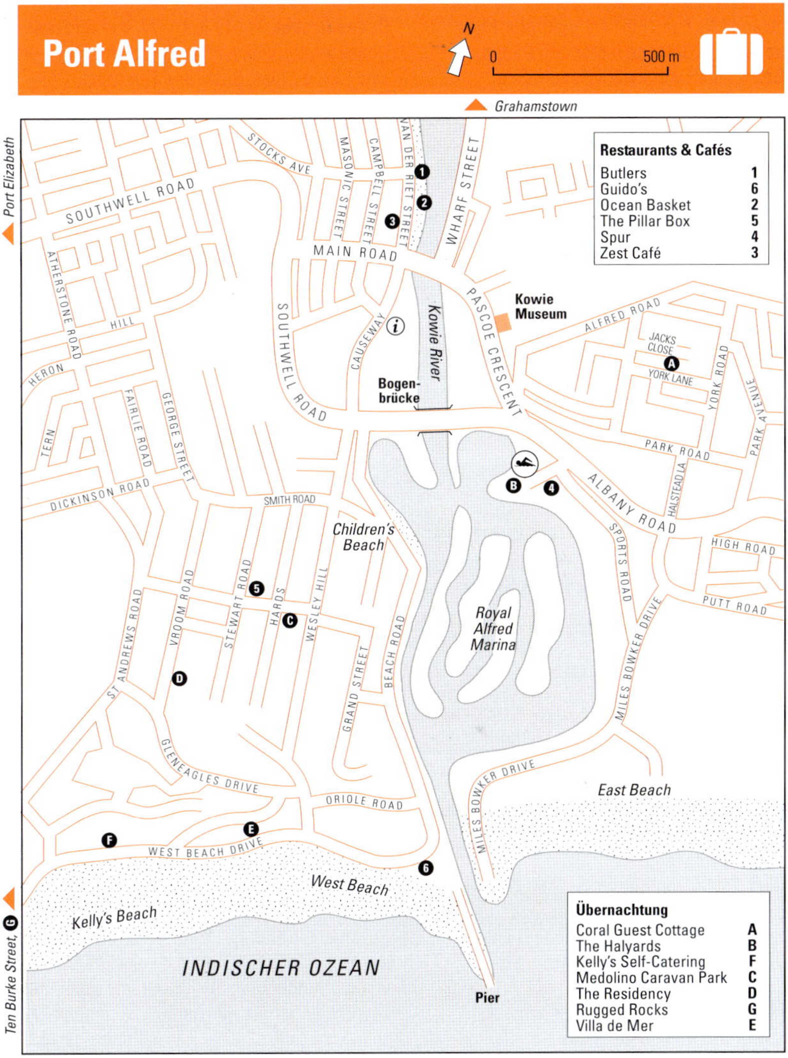

East Bank, 20 Gehminuten von East Beach. Komfortable Zimmer mit Bad in einer restaurierten Hütte der früheren Siedler. ❸

Kelly's Self-Catering, West Beach Drive, gegenüber von Kelly's Beach, ✆ 082-657 0345, 💻 www.kellys.co.za. In unmittelbarer Nähe des Hauptbadestrands. Die ordentlichen und sauberen Selbstversorger-Apartments in einem großen Haus mit Backsteinfassade sind ausgesprochen preiswert. ❸

Medolino Caravan Park, Prince's Ave, Kowie West, ✆ 046-624 1651, 💻 www.medolino.

caravanparks.com. Effizient geführter Platz im schattigen Gelände hinter den Dünen. 10 Gehminuten von Kelly's Beach. Gute Ausstattung, tolle Holzchalets für Selbstversorger und Swimming Pool. ❷

The Residency, 11 Vroom Rd, 046-624 5382, www.theresidency.co.za. Geräumiges, hübsch restauriertes, holzverkleidetes Siedlerhaus. Komfortable Betten, Frühstück auf der Veranda. ❸

Rugged Rocks, Salt Vlei, 046-624 3112, 082-781 4682, www.ruggedrocksbeachcottages.co.za. Großes Grundstück in Strandnähe, 4 km vom Stadtzentrum. Komplett ausgestattete Cottages für Selbstversorger. Die älteren sind billiger und liegen im Busch versteckt, die teureren stehen auf Dünen, von denen sich ein traumhafter Ausblick bietet. ❷–❹

Villa de Mer, 22 West Beach Drive, 046-624 2315, www.villademer.co.za. Fröhlich-kitschiges, postmodernes Guesthouse in bester Ortslage, nur durch die Straße vom Strand getrennt. Bella Crabtree, die freundliche Eigentümerin, kann ihre Gäste über alle Vorzüge der Stadt ins Bild setzen. ❹

Essen

Zest Café, The Courtyard, 48 Van der Riet St, 046-624 5783. Die köstlichen, modernen und fantasievollen Mittagsgerichte sowie Kaffee werden im Freien serviert. Produziert werden sie in einer Küche in einem Holzkiosk, der früher einmal am Bahnhof von Grahamstown stand

Butlers, 25 Van der Riet St, 046-624 3464. Das eleganteste Restaurant der Stadt hat eine schöne Flusslage und gute Fischgerichte. Di–Sa Mittag- und Abendessen, So Mittagessen.

Guido's, das einzige Lokal direkt am Strand, serviert Pizza und Pasta. Seine Anziehungskraft geht aber eher von den Sundownern aus, die auf der Terrasse geschlürft werden. tgl.

The Pillar Box, 046-624 3042, Stewart Road, Ecke Princess Avenue. Eine edle Anlaufstelle für den Nachmittagskaffee. Silberbesteck und Stoffservietten, ausgezeichnete Kuchen, Kaminfeuer im Winter und Gartentische im Sommer.

Ocean Basket, 046-624 1727, im Port Frances House an der Van der Riet Street. Im Angebot sind Fish & Chips, Sushi und Flussblick. Das Essen ist perfekt und die Bedienung schnell.

Informationen

Das hilfreiche **Tourist Office**, am Fluss an der Main Street-Brücke, 046-624 1235, www.portalfred.co.za, informiert über Abenteueraktivitäten und hier nicht aufgeführte Übernachtungsmöglichkeiten. Hier befinden sich auch die Reservierungsschalter von Avis und Budget. Mo–Fr 8.30–16.30, Sa 8.30–12 Uhr.

Transport

Der preisgünstige Minibus von **SA Connection**, 043-722 0284, www.saconnection.co.za, hält hier auf der Strecke zwischen Port Elizabeth und East London (tgl. außer Do) sowie zwischen Kapstadt und East London (Di und Fr).

Der **Minilux-Busservice**, 043-741 3107, der Port Elizabeth mit East London über Grahamstown verbindet, hält Di und Do am Halyards Hotel, abseits der großen Küstenstraße östlich des Kowie River.

Wayne's Transport, 046-624 1866, 084-644 6060, bietet einen Shuttleservice vom und zum Flughafen Port Elizabeth.

Grahamstown

Gut 50 km landeinwärts von Port Alfred liegt Grahamstown. Es präsentiert sich als kultur- und geschichtsträchtige Stadt – durch und durch englisch, protestantisch und kultiviert. Dominiert von der Kathedrale, der Universität und den Privatschulen ist sie ein rundum angenehmer Ort zum Schlendern, mit gut erhaltenen georgianischen und viktorianischen **Kolonialbauten** und gepflegten Vorortgärten.

Alljährlich im Juli richtet die Stadt ein elftägiges **Kunstfestival** aus – das größte dieser Art in Südafrika und angeblich das zweitgrößte der Welt (nach Edinburgh). Dann verdoppelt sich die Bevölkerung auf 200 000 Menschen. Mittelpunkt des Grahamstown Festival ist das Settlers Mo-

nument, zum Programm gehören Aufführungen und Ausstellungen verschiedenster Kunstrichtungen.

Wie überall im Land sind auch hier die Spuren von Eroberung und Enteignung nicht zu übersehen. Vom Gipfel des Gunfire Hill, wo das festungsähnliche Settlers Monument die Siedler von 1820 und die Errungenschaften der englischsprachigen Einwanderer Südafrikas feiert, kann man Makanaskop sehen, den Hügel, auf dem die Xhosa ihre letzte Stellung gegen die britischen Eindringlinge bezogen hatten. Ihre Nachkommen leben in den Ghettos in bitterster Armut, in einer Stadt fast ohne Industrie.

Doch trotz des allgegenwärtigen Elends eignet sich Grahamstown als Zwischenstopp und Ausgangspunkt für Exkursionen: Historische Dörfer liegen in greifbarer Nähe, Wildparks laden zum Tages- oder Wochenendausflug ein und kilometerlange Küstenstreifen sind nur 45 Autominuten entfernt. In dem von Hügeln umringten Tal liegt die Stadt sehr kompakt, und ein Auto ist nur nötig, um herauszukommen.

Geschichte

Die beschauliche Schönheit täuscht über den Ursprung von Grahamstown als **militärischer Außenposten** (1811) hinweg. **Colonel Graham** machte sich hier einen Namen (den er auch dem Ort gab), indem er die Xhosa aus dem Zuurveld – einem Gebiet zwischen Bushman's und Fish River – vertrieb. Letzterer (60 km östlich der Stadt) fungierte dann als Grenzlinie in dem Grenzland, dessen Hauptstadt Grahamstown war. Die gnadenlose Vertreibung der Xhosa löste im 19. Jh. eine Reihe von **Grenzkriegen** aus.

Die Briten entschlossen sich, zur Sicherung der Grenze eine „menschliche" Pufferzone einzurichten. Mit Versprechungen von kostenlosem Land lockten sie die Besitzlosen aus dem Not leidenden Großbritannien in die Gebiete westlich des Fish River. In der Migrationsmythologie der englischsprachigen Weißen sind diese viel gerühmten **Siedler von 1820** zu einem übermenschlichen Ansehen gekommen – als jene Vorfahren, von denen viele der heutigen Bewohner abstammen. Die schlecht ausgerüsteten Siedler fanden sich jedoch anstatt im erhofften Paradies in einem absoluten Albtraum wieder. Denn die Grundstücke im rauen Ostkap wurden von Dürre, Überschwemmungen und Krankheiten heimgesucht, und ständig bestand die Gefahr von Xhosa-Angriffen.

Da überrascht es kaum, dass viele Siedler zu Beginn der 20er-Jahre des 19. Jhs. ihr Land wieder verließen und nach Grahamstown gingen. So kamen Wohlstand und Wachstum in die Stadt, die 20 Jahre später einen Boom erlebte und zum Handelszentrum des Grenzlandes wurde.

Orientierung

Im **Zentrum** von Grahamstown trifft man überall auf die Zeugnisse der kolonialen Vergangenheit, und das nicht nur in der Architektur. Die High Street, die größten Geschäftsstraße von Grahamstown, säumen die Terrassen von Gebäuden aus dem 19. Jh. die einen eleganten Anblick bieten. Vom Bahnhof an ihrem etwas heruntergekommenen östlichen Ende verläuft sie vorbei an der Kathedrale an der Kreuzung mit der Hill Street bis zum 150 Jahre alten Drostdy Arch, dem weiß getünchten Eingangstor zur Rhodes University.

Die **Universität** trägt selbstverständlich den Namen von Cecil John Rhodes.

Händler bieten am Straßenrand Obst und Gemüse an. In der Mitte der Straße steht die **Cathedral of St Michael and St George**, die 1830 eröffnet wurde. Obwohl auf der **High Street** alle wichtigen Geschäfte vertreten sind, wurden viele in das Einkaufszentrum **Pepper Grove** umgesiedelt. Es liegt 5 Gehminuten nördlich der High Street und hat Eingänge zur African und Allen Street.

Zu den lohnenswerten **Kurzwanderungen** von Grahamstown gehört die vom Old Provost in der Lucas Avenue (am Botanischen Garten und der Universität) durch die Gärten hoch zum 1820 Settlers Monument. Der weiße Provost aus Stein, im 19. Jh. als Gefängnis erbaut, ist heute ein Kunsthandwerksgeschäft. Der Spaziergang führt durch die Gärten zu dem auf dem Gunfire Hill aufragenden 1820 Settlers Monument, einem unansehnlichen, festungsähnlichen Bau, der wie ein Schiff aussehen soll; er ist 1974 zum Gedenken an die britischen Siedler errichtet worden.

Wer sich hier herauf bemüht, kann eine herrliche Aussicht genießen oder eine Vorstellung am Monument Theatre (S. 379) besuchen. Allein sollte man, besonders abends, nicht herumspazieren, denn es gab schon einige Raubüberfälle.

Rhodes University und die Museen

Entlang der Somerset Street, die im rechten Winkel vom oberen (westlichen) Ende der High Street abgeht, befinden sich Rhodes University und eine Reihe Museen – alle mit einem Mehrfachticket zu besichtigen und gut geeignet für einen angenehmen Vormittag.

Reicht die Zeit nur für ein Museum, wählt man am besten das **Natural Science Museum**, unmittelbar südlich der Universität, mit dem Eingang auf derselben Straßenseite. Hier ist eine Ausstellung der Flora und Fauna des Ostkaps von vor 250 Millionen Jahren zu sehen, mit Pflanzenfossilien und Knochen von Dinosauriern, die einst hier lebten. ⌚ Di–Fr 9.30–13 und 14–17, Sa 9.30–13 Uhr, Eintritt R8.

Im **History Museum** nebenan lassen sich verstaubte Memorabilien der Siedler von 1820, Gemälde aus dem 19. Jh., alte Feuerwaffen und Xhosa-Perlenarbeiten sowie traditionelle Kleidungsstücke bestaunen.

Hinter dem Drostdy Arch liegt zwischen Gebäuden an der Somerset, Ecke Prince Alfred

Street, die **International Library of African Music** (ILAM) verborgen, 💻 www.ilam.ru.ac.za, eine wahre Fundgrube für traditionelle Musik aus dem südlichen Afrika sowie aus Zaire, Ruanda, Uganda und Tansania. 🕓 Mo–Fr 8.30–12.45 und 14.15–16.45 Uhr, Eintritt frei.

Bei **African Musical Instruments**, Cloncourt, Ecke Jarvis St, 📞 046-622 6252, 083-404 4567, 💻 www.kalimba.co.za, kann man aus hochwertigem Holz handgefertigte Kalimbas sowie viele andere Instrumente erwerben. Es handelt sich um *den* Ort in Südafrika, wo zu erschwinglichen Preisen ein authentisches Instrument zu erstehen ist.

Auf derselben Straßenseite wie die ILAM liegt das **SA Institute of Aquatic Biodiversity**, früher benannt nach dem Wissenschaftler JLB Smith von der Rhodes University, der 1939 schlagartig Ruhm erlangte, nachdem er den **Quastenflosser** *(Coelacanth)* identifiziert hatte, den Urfisch, der das „fehlende Glied" in der Evolutionskette darstellte. Der Fisch war vor der Küste von East London gefangen worden und galt seit 50 Millionen Jahren als ausgestorben. Im Foyer sind zwei riesige Exemplare ausgestellt mit Flossen, die wie angehende Arme und Beine aussehen. 🕓 Mo–Fr 8.30–13 und 14–17 Uhr, Eintritt frei.

Die High Street zurück, rechts in die Bathurst Street hinein, gelangt man zum **Observatory Museum**, einer skurrilen Ausstellung im restaurierten, einstigen Wohn- und Geschäftshaus eines Uhrmachers und Juweliers aus der Mitte des 19. Jhs. Ebenfalls sehenswert ist die viktorianische **Camera Obscura** auf dem Dach, die vergrößerte Bilder von der Straße unterhalb an eine Wand projiziert – am besten bei gutem Wetter hingehen, wenn die Bilder klar und deutlich zu sehen sind. 🕓 Mo–Fr 9–13 und 14–17; Sa 9.30–13 Uhr, Eintritt R8.

Xhosa Grahamstown

Das Grahamstown der Xhosa beginnt um den **Market Square**, abseits der Beaufort Street. Hier sieht man dutzende Straßenhändler und einen geschäftigen Minibus-Taxistand. **Beaufort Street** ist die Hauptdurchgangsstraße und führt den Hügel hinauf bis zu den Townships im Ostteil der Stadt. Oben bahnt sich die Straße ihren Weg durch einen Berg aus weißem Ton, von dem sich die Xhosa die Farbe für ihre Gesichtsbemalungen holen.

Wer eine **Townshiptour** unternehmen möchte und ein eigenes Fahrzeug hat, sollte sich an den Guide Mbuleli Mpokela, ✆ 082-979 5906, wenden. Er fährt auf Wunsch im Auto der Besucher mit, das kommt billiger als die Fahrt mit seinem Fahrzeug. Eine Tour dauert normalerweise drei Stunden. Dazu gehört ein Xhosa-Essen im Selbsthilfeprojekt Umthathi, wo den Anwohnern verschiedene Fertigkeiten beigebracht werden, z. B. wie man Gemüse anbaut.

Übernachtung

Kommt man gerade von der Garden Route oder einer anderen Touristengegend Südafrikas, werden einem die Preise in Grahamstown sehr gemäßigt vorkommen. Die Stadt ist ideal für einen Aufenthalt in einer Township (B&B ❷), ohne dass man weit fahren muss – die Townships liegen nur knapp 10 Minuten Fahrt vom Zentrum entfernt. Das Tourism Office hat eine Liste mit 15 entsprechenden Adressen und kann die Gäste bei einer Xhosa-Familie in Grahamstown East unterbringen. Thabisa Xonxa, ✆ 082-932 1304, bietet ähnliche Dienste an. Übernachtet wird in zumeist mit Bad versehenen Zimmern in Steinhäusern mit sicheren Parkplätzen, die abseits der Straße liegen. Während des Kunstfestivals im Juli können die Zimmer knapp werden; für diese Zeit sollte möglichst schon im März ein Zimmer reserviert werden. Mehrere Agenturen haben sich darauf spezialisiert, Unterkünfte für diesen Zeitpunkt ausfindig zu machen (wer B&B sucht, ruft beim **Grahamstown Accommodation Office**, ✆ 046-622 5777, an).

137 High Street, 137 High St, ✆ 046-622 3242, 💻 www.137highstreet.co.za. Erschwingliche Zimmer über und hinter einem Speisesaal in einem Haus von 1820. ❸

7 Worcester Street, 7 Worcester St, ✆ 046-622 2843, 💻 www.worcesterstreet.co.za. 10 riesige, äußerst komfortable, extravagant möblierte Zimmer in einem Klinkerbau von 1888. Gutes Abendessen auf Wunsch, aber nur für Hausgäste. ❻

The Cock House, 10 Market St, ✆ 046-636 1295, 💻 www.cockhouse.co.za. Exklusive Zimmer in einem schönen viktorianischen Haus. Berühmt für seine Küche, allerdings nicht in bester Lage. ❺

High Corner, 122 High St, ✆ 046-622 8284, 💻 www.highcorner.co.za. Entzückendes altehrwürdiges Wohnhaus in schöner Lage gegenüber der Universität. Die 6 Gästezimmer sind mit Kap-Antiquitäten und echten Kunstwerken eingerichtet. ❹

Hotel Victoria Mews, 8 New St, ✆ 046-622 7261, 💻 www.hotelvictoria.co.za. Ordentliches, zentral gelegenes Hotel. B&B oder Mahlzeiten im hauseigenen Restaurant. ❸

Lantern Hill, 2 Thompson St, ✆ 046-622 8782, 💻 www.lanternhill.co.za. 5 Zimmer mit Bad in 2 viktorianischen Häusern in zentraler Lage an der High Street. Schlichte Einrichtung, hübscher Garten, Rollstuhlrampen. Effizienter Service. ❸

Old Gaol Backpackers, Somerset St, ✆ 046-636 1001, 083-982 5966, 💻 www.daba.co.za. Backpacker-Lodge in einem historischen Gefängnis von 1824. Die ehemaligen Zellen wurden zu Schlafsälen und DZ umfunktioniert – eine wahrhaft ungewöhnliche Atmosphäre. Inzwischen hat es eine Schwester bekommen: In der George St, 20 Fußminuten entfernt, steht das geräumige Haus, in dem Zimmer vermietet werden. Organisiert Touren zum Addo Elephant National Park und dem Fish River, außerdem *shebeen*-Besuche und Townshiptouren. ❶–❷

Essen

In Grahamstown gibt es ein Top-Restaurant und 2 nette Cafés. Wer ein bisschen Uni-Luft schnuppern möchte, setzt sich auf einen Kaffee und einen Snack während des Semesters ins **Drama Café**, außerhalb vom Drama Department der Universität an der Ecke Somerset und Prince Alfred Street.

137 High Street, 137 High St, nahe Drosty Arch. Erste Wahl, was Kaffee und Käsekuchen angeht. 🕒 Mo–Fr 7.30–21.30, Sa 8–12 und 17–21.30, So 8–14 Uhr.

The Cock House, Market, Ecke George St, ✆ 046-636 1295. Das beste Restaurant der Stadt, provenzalische ländliche Küche, Spezialität: Lammkeule. 🕒 tgl. Frühstück, Mittag- und Abendessen, Mo mittags geschl.

Die Tap Huijs, Cawood St, ✆ 046-636 1356. Pub mit Großbildschirm, im Winter Kaminfeuer. Im Angebot sind leckeres Wildbret und überraschenderweise auch veganische Gerichte. ⌚ tgl. Abendessen, Mi–Sa auch Mittagessen.
Gino's Italian Restaurant and Takeaway, Hill St, Ecke New St, gehört zum Hotel Victoria Mews. Es ist eines der Lieblingslokale der Grahamstowner und verwöhnt seine Gäste mit Pizza, Steaks und Pasta sowie ein paar vegetarischen Kreationen. ⌚ tgl. 12–23 Uhr.
La Galleria Ristorante Italiano, St Aidan's Complex, Constitution St, ✆ 046-622 2345. Das italienische Restaurant mit einer Riesenauswahl an verlockenden Antipasti und Desserts zählt zu den Spitzenlokalen der Stadt. ⌚ Mo–Sa 19–24 Uhr.
Reddits Books and Coffee, 29 New St, ✆ 046-622 6524. Leichte Gerichte, Salate, Bagels und selbstgebackene Kuchen, außerdem gebrauchte und neue Bücher. ⌚ nur tagsüber, außer Fr zum Curry-/Biriyani-Abend (BYO – eigenen Wein mitbringen).
Redwood Spur, 97 High St, nahe der Kathedrale. Essen nach amerikanischer Art, Burger und Beef, große Salate und abends endlos Kaffee. ⌚ tgl. bis spät abends.

Unterhaltung und Kultur

Zwar richtet Grahamstown das wichtigste Kunstfestival des Landes aus und wird von der Rhodes University beherrscht, doch sind Nachtleben, Kultur und Unterhaltung fader, als man annehmen könnte. Außerhalb der zwei hektischen Festivalwochen im Juli läuft in dem Kino in der **Pepper Grove Mall** die einzige regelmäßige Abendunterhaltung. Die beiden Orte für Live-Veranstaltungen sind das Monument Theatre und das Rhodes University Theatre, wo das Schauspiel-Institut von Zeit zu Zeit eigene Produktionen aufführt.
In jeden Fall lohnenswert ist ein Auftritt des international anerkannten Solo-Künstlers Andrew Buckland.
Was gerade los ist, erfährt der Besucher auf den Plakaten an der High Street und im Lokalblättchen **Grocott's Mail**, das Di und Fr nachmittags erscheint.

Informationen

Das **Makana Tourism Office**, High St, neben der City Hall, ✆ 046-622 3241, 💻 www.grahamstown.co.za, hilft bei der Quartiersuche und nimmt Reservierungen für Intercitybusse entgegen. ⌚ Mo–Do 8.30–17, Fr 8.30–16, Sa 9–13 Uhr. Informationen zum berühmten 10-tägigen Grahamstown Festival, das alljährlich im Juli stattfindet, gibt's bei der **Grahamstown Foundation**, PO Box 304, Grahamstown 6140, ✆ 046-622 7115, 💻 www.sbfest.co.za. Es ist auch für Buchungen zuständig.

Transport

Busse

Grahamstown liegt an der N2, 127 km landeinwärts von Port Elizabeth, etwa 12 Std. Busfahrt von Kapstadt, Jo'burg oder Durban entfernt. Die Busse von **Translux**, **Intercape** und **Greyhound** halten vor dem **Frontier Country Hotel** an der Bathurst, Ecke High St.
Die **Minilux-Minibusse**, die Grahamstown tgl. mit dem Flughafen von Port Elizabeth verbinden und Di und Do weiter nach Port Alfred und East London fahren, halten bei **Settler City Motors** in der Beaufort St.

Taxis

Recht zuverlässig ist **Beeline**, ✆ 082-651 6646, die einzige lizenzierte Gesellschaft der Stadt.

Die Umgebung von Grahamstown

Unweit von Grahamstown liegt die Küste: Port Alfred und Kenton-on-Sea sind in weniger als einer Stunde zu erreichen, und an den Straßen dorthin liegt je ein historisches Siedlerdorf – **Bathurst** und **Salem**. In einiger Entfernung von ihnen führen verschiedene unbefestigte Straßen zu alten Siedlerkirchen, Gräbern und Schlachtfeldern aus dem Frontier War. Am besten wendet man sich an den Grahamstowner Alan Weyers, ✆ 046-622 7896, 💻 www.spiritsofthepast.co.za. Der lebhafte Historiker und umwerfende Geschichtenerzähler begleitet Besucher zu diesen Stellen, die auf eigene Faust fast unmöglich zu finden sind. Unterwegs werden noch einige Plätze mit San-Felsmalereien angesteuert.

Ganz in der Nähe liegen auch ein paar schöne **Tierschutzgebiete**, in denen der Besucher das für diese Gegend typische Buschland und die Tiere erleben kann, die vor gut 100 Jahren hier noch frei lebten. In den luxuriösen und privaten Reservaten zwischen Grahamstown und Port Elizabeth (S. 365) oder im Addo Elephant National Park (S. 363) und im tollen Kwandwe Private Reserve (S. 381) hingegen bekommt man mit Sicherheit einen oder mehrere der Big Five zu Gesicht.

Bathurst

Im 19. Jh. war Bathurst, 45 km südlich von Grahamstown, ein bedeutendes Zentrum. Heute ist es nur noch eine hübsche Ansammlung von Häusern, Gärten und Kuriositätenläden. Bei der Einfahrt in die Stadt, an der Ecke zur Grahamstown Road, befindet sich das Pig and Whistle Hotel, das 1821 als Schmiede erbaut wurde und der man einige Jahre später eine Pension hinzufügte. Hier gibt es Karten und Tipps für den Besuch historischer Stätten.

Die Einrichtungen der **Summerhill Farm** sollten Kinder eine Weile beschäftigen: Dort gibt es ein Museum in einer Riesen-Ananas inmitten einer echten Ananasplantage (R10), außerdem Pool, Spielplatz und Minifarm.

Übernachtung

Fast alles was Bathurst zu bieten hat, liegt an der Hauptstraße zwischen Grahamstown und Port Alfred (R67).

Palamino Cottage, 387 Prince Phillip Rd, ✆ 072-297 3060, 💻 www.palamino.co.za. Neu, freundlich und blickdicht: ein hübsch möbliertes Cottage auf einem Kleinbauerngrundstück. ❷

Pig and Whistle, an der R67, ✆ 046-625 0673, 💻 www.pigandwhistle.co.za. Historischer viktorianischer Dorfgasthof; am besten sind die alten, mit Stilmöbeln eingerichteten Zimmer im Obergeschoss. ❸

Protea Hotel Bathurst, auf der Summerhill Farm, ✆ 046-625 0833, 💻 www.protea-hotels.co.za. Hat B&B-Einheiten mit Doppelbetten und Stockbetten für Kinder. Den Gästen steht ein Spielplatz, ein Pool und ein Restaurant zur Verfügung. ❸

Auf der Veranda des Pubs **Pig and Whistle** trifft man sich zum Biertrinken. Das beste Mittagessen gibt es im **Sanibonani**, wo Wildbret und leicht verdauliche Gerichte aufgetischt werden.

Abends lockt das **Ruan Thai**, ✆ 046-625 0224; hier gibt's Thai-Kost (auch zum Mitnehmen) und Buffets.

Landeinwärts bis zum Rande der Karoo

Zwischen Grahamstown und den meistbesuchten Karoo-Städten Cradock und Graaff-Reinet liegt das Land der **Schafzucht**, in dem hin und wieder ein *dorp* am Horizont erscheint. Hier kommt noch heute das Gefühl auf, in einen der ersten Außenposten des Ostkaps geraten zu sein. Die Straßen durch diese unendliche Leere sind verlassen und werden nur von den in regelmäßigen Abständen montierten Telefonmasten gesäumt. Graubraune Schafe, Angoraziegen und hier und da ein Springbock grasen auf den braunen Stoppelfeldern, und nicht selten tauchen Gruppen schwarzgrauer Strauße im *veld* auf.

Der Aufenthalt auf einer Farm in diesem Gebiet ist ein echtes Highlight; eine der besten **Farmunterkünfte** ist das Cavers Country Guest House, ✆ 046-685 0619, 💻 www.cavers.co.za, ein stattliches, restauriertes zweistöckiges Steingebäude mit schönem Garten auf einem Bauerngehöft vor Bergkulisse. Es befindet sich eine Autostunde nördlich von Grahamstown etwas außerhalb des winzigen Bedford.

Cradock

240 km nördlich von Port Elizabeth liegt – mitten in der Karoo – Cradock, das sich als Zwischenstopp auf dem Weg von Port Elizabeth nach Johannesburg förmlich anbietet, nicht zuletzt

Kwandwe Private Game Reserve

An den Great Fish River Complex grenzt die Top-Destination des Ostkaps für Tierbeobachtung, das sehr exklusive Kwandwe Private Game Reserve, ✆ 011-809 4300, 🖳 www.kwandwereserve.com.

Eine Übernachtung kostet in der ersten Woche im Jan sowie im Feb, März und Okt–Dez R5740 p. P., in den letzten drei Wochen im Jan und im April–Sep R2605. Hier sind die Big Five anzutreffen, und durch das Reservat führt auf einer Länge von 30 km der Fish River.

Zur Auswahl stehen vier Lodges.

Zwei davon sind ausschließlich Einzelgruppen vorbehalten, um deren Wohl sich mehrere Butler, Köche und Wildranger bemühen: **Uplands Homestead**, ein wunderbar restauriertes viktorianisches Wohnhaus mit Platz für sechs Erwachsene, und **Melton Manor**, eine moderne Villa mit vier Schlafzimmern, 100 m von einem Fluss entfernt.

Dann gibt es noch die sagenhafte **Kwandwe Great Fish River Lodge** nah am Wasser. Sie ist der Inbegriff einer herkömmlichen Luxus-Safarilodge mit neun Suiten und Reetdächern, Holzplankenwegen und bodentiefen Fenstern, die einen Panoramablick auf die Landschaft ringsum eröffnen.

Die ultra-luxuriöse und kinderfreundliche **Kwandwe Ecca Lodge** hat sechs Chalets. Sie sind so clever mit Glaswänden gestaltet, dass man im Bett liegen und gleichzeitig das Gefühl haben kann, allein mitten in der Wildnis zu sein. Zu jeder Einheit gehört ein eigener in die Holzveranda eingelassener kleiner Pool.

Der Service im Kwandwe ist vorzüglich. Abgesehen von den 2x tgl. stattfindenden Game drives zählen zu den Safari-Aktivitäten im Reservat auch begleitete Wanderungen am Fluss entlang, Paddeltouren auf dem Great Fish und **rhino tracking** zu Fuß. Überdies werden kulturelle Führungen unter Leitung eines Geschichtswissenschaftlers veranstaltet.

In der Ecca Lodge gibt es spezielle Programme für Kinder.

Das Tierreservat, 160 km von Port Elizabeth entfernt, lässt sich leicht über die R67 erreichen, die zwischen Grahamstown und Fort Beaufort verläuft. Vom Flughafen in Port Elizabeth bestehen Transportmöglichkeiten auf dem Land- oder Luftweg.

wegen der klasse Unterkünfte und dem schönen **Mountain Zebra National Park**. Die silbrig schimmernden **Windmühlen** auf den Schaffarmen der Umgebung sind zum inoffiziellen Wahrzeichen von Cradock geworden. Auf der Hauptstraße am Stadtrand stehen Xhosa-Händler, die kompliziert gearbeitete Modellwindmühlen aus Draht verkaufen.

Die Grenzkriege des 19. Jhs. und die Unterjochung der Xhosa haben zu deren allgegenwärtiger Armut geführt, die die Stadt überschattet. Doch vor dem Hintergrund der Geschichte von Eroberung entstand hier auch ein fruchtbarer Boden für den Widerstand: In der Stadt und im Umland wirkten einige **ANC-Mitglieder**, die es in den 30er-Jahren fast ganz allein schafften, die Organisation am Leben zu halten. 1985 machte Cradock grausige Schlagzeilen, als die vier Anti-Apartheid-Aktivisten **Matthew Goniwe**, **Fort Calata**, **Sparrow Mkhonto** und **Sicelo Mhlauli** ermordet wurden. Erst 1997, bei den Anhörungen der Truth und Reconciliation Commission, kamen die Namen von fünf dafür verantwortlichen Wachpolizisten aus Port Elizabeth ans Licht.

Politische Kontroverse spielt auch bei der Hauptattraktion von Cradock, dem **Schreiner House**, 9 Cross Street, eine Rolle, 🕓 Mo–Fr 8–12.45 und 14–16.30 Uhr, Spenden erbeten. Gewidmet ist das Haus dem Leben der Schriftstellerin und Autorin des wegweisenden Romans *The Story of an African Farm* (1883; wurde 2004 verfilmt), **Olive Schreiner**. Nicht genug, dass im konservativen Ostkap des 19. Jhs. eine Frau ein Buch schrieb – sie setzte sich zudem für Ideen ein, die selbst 100 Jahre später noch als gefährlich radikal galten. Ihr Leben lang kämpfte sie für Gleichberechtigung, insbesondere für gleiches Wahlrecht für Alle, ungeachtet des Geschlechts und der Rasse. Nach ihrem Tode 1921 wurde sie auf dem Buffelskop in der Nähe von Cradock

Tierreservate am Ostkap

Das Ostkap wird immer mehr als Safari-Region erschlossen. Zusätzlich zum Addo Elephant National Park (S. 363) und den privaten Tierreservaten bei Port Elizabeth sowie dem supernoblen Kwandwe Private Game Reserve (S. 381) öffnen laufend neue *game farms* ihre Pforten, viele davon in der Nähe von Grahamstown oder zwischen dort und der Küste. Nachfolgend nur eine kleine Auswahl.

Das **Sibuya Game Reserve**, ✆ 046-648 1040, 💻 www.sibuya.co.za, gehört zu den billigeren Reservaten, weil es hier keine Löwen gibt. Immerhin besteht bei den empfehlenswerten Touren die Chance, Zebras, Giraffen, Büffel und Nashörner zu sichten. Die Teilnehmer werden per Boot von Kenton-on-Sea abgeholt. Zur Fahrt auf dem Kariega River gehören ein Ausflug zur Tierbeobachtung und ein Picknick oder *braai* (R580). Wer über Nacht bleibt, zahlt sehr angemessene R1500 für Vollpension, Aktivitäten und Unterkunft.

Pumba Private Game Reserve, 22 km westlich von Grahamstown an der N2, ✆ 046-603 2000, 💻 www.pumbagamereserve.co.za. Eine gute Wahl, wenn man auch Löwen sehen möchte. Zur Tierbeobachtungstour um 7 Uhr gehört das Frühstück im Camp, zur Fahrt um 16 Uhr das Abendessen. Beide Touren kosten R720 p. P. Die Safarifahrzeuge sind zehnsitzige Land Rover, Kinder unter sieben Jahren dürfen nicht mitfahren. Das volle Safarierlebnis inkl. luxuriöser Unterbringung, Mahlzeiten, Getränken und Tierbeobachtungstouren ist für R4065 p. P. zu haben.

Etwas für Abenteuerlustige mit eigenem Auto ist der 34 km nördlich von Grahamstown **Great Fish River Reserve Complex**, ✆ 043-742 4450, 💻 www.ecparksboard.co.za; ein Zusammenschluss von drei Reservaten an den Ufern von Fish und Kat River auf 430 km². 🕓 Büro tgl. 8–17 Uhr, Eintritt R20 pro Fahrzeug plus R6 p. P. Der Haken an der Sache ist, dass es zwar viele wilde Tiere gibt, sie aber nur schwer ausfindig zu machen sind. Wer also unbedingt die Big Five gesehen haben muss, ist hier am falschen Ort. In dem Grahamstown am nächsten gelegenen Südwestabschnitt, Mvubu, stehen Gästechalets mit Platz für bis zu vier Personen bereit (R640 pro Nacht). Reservierung beim Eastern Cape Parks Board, ✆ 043-742 4450, 💻 www.ecparksboard.co.za.

beigesetzt, ihr Grab ist eine Art Wallfahrtsort geworden. Wegbeschreibung und Informationen gibt es im Schreiner House.

Zu den weiteren Sehenswürdigkeiten von Cradock gehören die **Niederländisch-Reformierte Kirche** am oberen Ende der Church Street, die 1868 nach dem Vorbild der Londoner Kirche St Martin-in-the-Fields erbaut wurde, sowie ein von einer 23 °C warmen **Schwefelquelle** gespeister Swimming Pool am Cradock Spa an der Marlow Rd, 4 km vor der Stadt. 🕓 tgl. 7–18 Uhr, Eintritt R13.

Übernachtung

Cradock Spa, 4,5 km nördlich der Stadt an der Straße zum ausgeschilderten Mountain Zebra National Park, ✆ 048-881 2709. Beste Budget-Unterkunft für Selbstversorger, voll ausgestattete Chalets für 2–4 Pers. ❷

Heritage House, 45 Bree St, ✆ 048-881 5251. Großes viktorianisches Gästehaus mit einem Pool, der in die Felsbrocken im Garten eingelassen wurde, und einer ganzen Menagerie. Der Besitzer ist der Kurator des Olive Schreiner Museum und stellt Gästen ein Picknick für einen frühmorgendlichen Ausflug zum Grab bereit. ❷

Tuishuise, Market St, ✆ 048-881 1322, 💻 www.tuishuise.co.za. Besonders zu empfehlen, wenn man etwas ländliches Karoo-Flair schnuppern möchte. Komfortable und elegante viktorianische Häuser mit 1–4 Schlafzimmern. Angesichts der Tatsache, dass man praktisch in einem privaten Minimuseum mit antiken Einrichtungsgegenständen wohnt, sind die Preise äußerst moderat. ❸

Victoria Manor, 36 Market St, ✆ 048-881 1650, 💻 www.tuishuise.co.za. Charmantes,

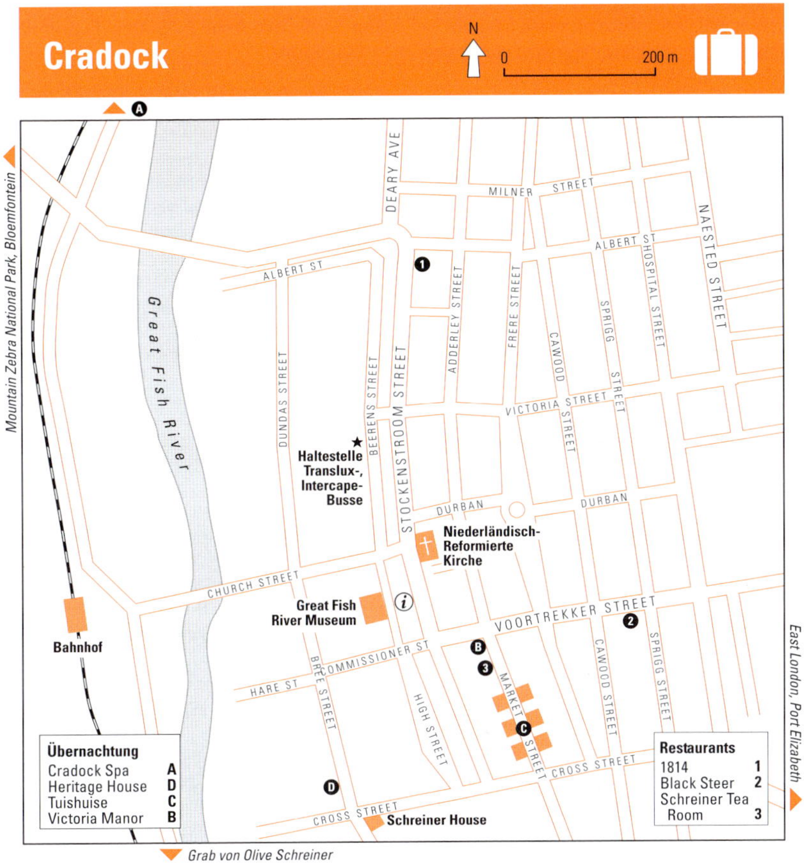

altmodisches Hotel mit hervorragendem Service, jeder Menge Charakter und antiken Möbeln. Alle Zimmer mit Bad. Zum Dinner wird mit Tafelsilber gedeckt, und das Frühstück zählt zum besten im ganzen Land. ❸–❹

Essen

Der **Schreiner Tea Room** neben dem **Victoria Manor** auf der Market St ist das netteste Lokal für Tee, Sandwiches oder ein warmes Mittagessen. ⏲ Mo–Sa 8.30–17 Uhr.

Das **Victoria Manor** selbst bietet köstliche Mittag- und Abendessen an, inkl. Karoo-typisches Lamm und Malva-Pudding; ist So zum Tee geöffnet.

Das **1814**, Main Rd, ✆ 048-881 5390, ist ein Guesthouse, serviert aber auch leckeres Frühstück und Mittagessen nach Afrikaander-Art.

Der **Black Steer** im **Total**-Tankstellenkomplex an der Voortrekker St ist bei ortsansässigen Familien sehr beliebt. ⏲ tgl. Mittag- und Abendessen.

Informationen

Das sehr hilfreiche, aber unterbesetzte **Tourist Office** in der Stockenstroom St, ✆ 048-881 2383, 💻 www.cradock.co.za, hat

Karten und Unterkunftslisten sowie Infos zu Farmstays und Sehenswürdigkeiten der Region. ◷ Mo–Fr 8.30–12.30 und 14–16.30 Uhr.

Transport

Cradock ist klein und kann leicht zu Fuß erkundet werden. Ein Abstecher zur Schwefelquelle oder zum Mountain Zebra National Park ist aber nur mit einem eigenen Fahrzeug machbar.

Busse

Busse von **Translux** und **Intercape** halten tgl. am **Shoprite Checkers** in der Voortrekker St, wo es Fahrkarten gibt und man Informationen zur Weiterreise einholen kann.

Eisenbahn

Täglich halten Züge der Strecke Port Elizabeth–Jo'burg am **Bahnhof** am Westufer des Great Fish River.

Mountain Zebra National Park

Als der 26 km westlich von Cradock gelegene Mountain Zebra National Park 1937 eingerichtet wurde, gab es auf dem 65 km² großen Gelände nur noch fünf **Kap-Bergzebras** – und vier davon waren auch noch männliche Tiere! Doch wie durch ein Wunder gelang es Umweltschützern, aus den wenigen überlebenden Exemplaren von den umliegenden Farmen eine kleine Zuchtherde zusammenzustellen. Heute gibt es im Park mehrere Hundert.

Für die **Tierbeobachtung** sind zwei große Schleifen (teils Teer-, teils Kiespisten) angelegt worden, die in etwa die Form einer Acht bilden. Neben Zebras weiden hier auch **Spring-** und **Blessböcke** sowie **Weißschwanzgnus**. Die Einführung von **Büffeln** im Jahre 1998 und die Pläne zur Ansiedlung von **Geparden** und **Nashörnern** lassen den Park zwar spannender werden, haben aber auch dem ehemals möglichen Erlebnis des Umherwanderns im Gelände ein Ende gesetzt, denn die Büffel sind für ihr extrem aggressives Verhalten bekannt.

In der Nähe des Camps gibt es jedoch zwei ausgewiesene **Wanderwege**. ◷ tgl. Mai–Sep 7–18, Okt–April 7–19 Uhr, Eintritt R60, ✆ 048-881 2427.

Übernachtung und Essen

Im Park übernachtet man in 20 komfortablen Cottages mit je zwei Schlafzimmern, die allesamt über umwerfende Aussichten auf die Berge, eigene Küche und Bad verfügen. ❷ Im Preis enthalten ist das Frühstück im Restaurant des Camps.

Ein guter **Campingplatz** ist ebenfalls vorhanden, doch das unbestrittene Highlight in puncto Quartier ist das **Doornhoek Guest House** (R700 für 4 Pers.) für Selbstversorger in einem schön restaurierten Farmhaus in wunderbarer Abgeschiedenheit mit Blick in die Karoo, über einen kleinen See hinweg auf eine Hügelkette. Extrem komfortabel, 3 antik möblierte DZ mit Bad.

In dem kleinen **Laden** an der Rezeption werden Waren des täglichen Bedarfs, Souvenirs und Alkohol verkauft, bei mehreren Tagen Aufenthalt sollte man sich in Cradock mit Verpflegung eindecken. Passables **Restaurant**, Post, **Tankstelle** und netter Swimming Pool.

Transport

Mit dem Auto verlässt man Cradock in nördlicher Richtung auf der N10 und biegt nach ca. 6 km nach rechts auf die Straße nach Graaff-Reinet ab. Nach weiteren 5 km biegt man nach links (Hinweisschild) auf eine gute Schotterstraße ab und erreicht nach weiteren 16 km den Park.

Graaff-Reinet und Umgebung

Es ist kein Wunder, dass so viele Reisebusse in Graaff-Reinet Halt machen, denn dies ist nicht nur ein wunderschönes Städtchen, sondern auch einer der wenigen Orte des Ostkaps, in denen man Tag und Nacht umherschlendern möchte. Hier und da ein kleines Museum, historische Gebäude, ein Essen oder ein Drink, und schließlich zurück zur Unterkunft. In Graaff-Reinet gibt es viele Afrikaans-sprechende Farbige, von denen die meisten am südlichen Stadtrand leben. Zum Teil stammen sie von Sklaven ab und zum

Teil von einheimischen Khoi und San, die früher zur Arbeit auf den Farmen des Grenzlandes gezwungen wurden.

Die kargen Berge in der Umgebung der Stadt gehören zum **Camdeboo National Park**, dessen Hauptattraktion das **Valley of Desolation** ist. Den Abstecher zu der felsigen Schlucht, in der das Echo der Vogelschreie widerhallt, und von der sich ein weiter Blick ins Tal eröffnet, sollte man sich nicht entgehen lassen.

Geschichte

Gegen Ende des 18. Jhs. hatten die holländischen Bürger das Grenzland des Kaps bis hoch in die Sneeuberge ausgedehnt, die ursprünglich zum Land der Khoi-Hirten und der Jäger und Sammler der San gehörten. Wie Banditen stahlen die Siedler den Khoi das Vieh, überfielen San-Gruppen, töteten die Männer und entführten die Frauen und Kinder, die dann auf den Farmen und in den Häusern zur Arbeit gezwungen wurden. Die Lage eskalierte, als die Khoi und San 1786 zurückschlugen, sodass die Kapbehörden einen *landdrost* (eine Art Richter) schickten, um Graaff-Reinet zu gründen, das Gebiet zu verwalten und für Ruhe und Frieden im Grenzland zu sorgen.

Die koloniale Kontrolle über den Distrikt konnte langsam gefestigt werden. Weite Teile des Landes wurden Schafweidegebiet und der **Woll-Boom** der 1850er-Jahre brachte der Stadt Wohlstand und schuf ein System aus Landwirtschaft und Grundbesitz, das bis heute Gültigkeit hat.

Die Stadt und das Reservat

Aus der Mitte von Graaff-Reinet erhebt sich die imposante **Niederländisch-Reformierte Kirche** von 1886 mit ihrem spitzen Turm und ihren Verzierungen. Von beiden Seiten der Church Street, der Hauptverkehrsstraße, gehen kleine Seitenstraßen ab, die von weiß getünchten kapholländischen, georgianischen und viktorianischen Häusern gesäumt sind.

Einen Block südlich der Kirche befindet sich das **Old Library Museum**, das einzig wegen seiner erstklassigen Sammlung **fossiler Schädel** und Skelette von Reptilien interessant ist, die die prähistorische Karoo vor etwa 230 Millionen Jahren bevölkerten. 🕓 Mo–Fr 8–12.30 und 14–17, Sa 9–15, So 9–13 und 14–16 Uhr, Eintritt R10.

Nebenan, in der restaurierten Missionskirche von 1821, ist das **Hester Rupert Art Museum** untergebracht, mit einer repräsentativen Auswahl von Werken (vorwiegend weißer) südafrikanischer Künstler aus den 60er-Jahren. 🕓 Mo–Fr 9–12.30 und 14–17, Sa 9–15, So 9–12 Uhr, Eintritt R10. Gegenüber dem Kunstmuseum steht das weiße **Drostdy Hotel**, der einstige Wohnsitz des *landdrost*.

Von der Vordertreppe der Drostei eröffnet sich der Blick in die Pastorie Street mit ihren kapholländischen Häusern bis zum **Reinet House**, dem lohnendsten Museum der Stadt. Das ehemalige Pfarrhaus wurde 1812 erbaut und ist mit seinem wertvollen Mobiliar und den interes-

Robert Sobukwe

Einer der brillantesten und doch immer wieder in Vergessenheit geratenen Söhne von Graaff-Reinet ist Robert Managaliso Sobukwe, Gründer des **Pan Africanist Congress** (PAC). 1923 geboren, besuchte er das Internat Healdtown und später die Fort Hare University, wo er der African National Congress Youth League beitrat. Nach seinem Abschluss 1947 wurde er zunächst Lehrer und dann Dozent an der University of the Witwatersrand. Das charismatische Mitglied des Afrikanistenflügels des ANC stellte die eigenen Strategien der Zusammenarbeit mit den Weißen in Frage und gründete 1959 den PAC. Ein Jahr darauf initiierte er die landesweiten **Anti-Pass-Proteste**, die mit dem Blutbad von Sharpeville und seiner Inhaftierung auf Robben Island für neun Jahre endeten. 1969 wurde er mit der Auflage entlassen, sich nicht aus Kimberley zu entfernen, wo er 1978 starb. 5000 Menschen kamen zu seiner Beisetzung nach Graaff-Reinet. Der Wohnsitz und das Grab des Aktivisten können auf einer **Township-Tour** mit Xolile Speelman, 📞 082-844 2897, besichtigt werden, darüber hinaus wird auch Begleitung zu traditionellen Veranstaltungen angeboten, wo die Besucher neben der Musik auch Menschen aus der afrikanischen Gemeinschaft von Graaff-Reinet kennen lernen können.

santen Haushaltsgegenständen im Grunde ein Heimatmuseum. ⌚ Mo–Fr 8–12.30 und 14–17, Sa 9–15, So 9–16 Uhr, Eintritt R10.

Camdeboo National Park

Der Camdeboo National Park umgibt die Stadt auf allen Seiten. Sein Eingang befindet sich 5 km nördlich des Zentrums, abseits der Murraysburg Road. Das unbestrittene Highlight ist das tief eingeschnittene Valley of Desolation („Tal der Trostlosigkeit"). Mit dem Auto folgt man der schmalen Teerstraße vom Eingang aus, die an den mit Buschwerk bewachsenen Hängen aufsteigt und, vorbei an mehreren Aussichtspunkten, zu den Klippen führt, die das Tal überblicken.

Der Blick vom Rand des Canyons in die Ebenen von Camdeboo ist schlicht überwältigend und bekommt noch mehr Zauber, wenn schwarze Adler kreischend über den Dolomitentürmen kreisen. Es gibt eine 45-minütige **Rundwanderung** am Rande der Klippen entlang, die mit einem Eidechsensymbol gekennzeichnet ist. ⌚ tgl. Sonnenauf- bis Sonnenuntergang, Eintritt R40.

Übernachtung

In der Stadt und Umgebung gibt es zahlreiche Unterkünfte, doch wer im Dezember hier unterkommen möchte, sollte unbedingt ein Zimmer reservieren.

In der Stadt

Andries Stockenstrom Guest House, 100 Cradock St, ein paar Straßen hinter dem **Drostdy Hotel**. ✆ 049-892 4575, 💻 www.stockenstrom.co.za. Schönes Haus unter Denkmalschutz. Eine Übernachtung lohnt sich schon wegen des Abendessens (nur für Gäste) – französische Karoo-Küche mit fantasievollen Wild- und Hammelfleischgerichten sowie leckeren Desserts. ❻

Cypress Cottage, 80 Donkin St, ✆ 049-892 3965 oder 083-456 1795, 💻 www.cypresscottage.co.za. Restauriertes Karoo-Haus mit 6 DZ mit Bad, Lounge und Speisezimmer. Familienfreundlich; der Garten ist toll für Kids. ❹

Drostdy Hotel, 30 Church St, ✆ 049-892 2161, 💻 www.info@drostdy co.za. Elegantes kapholländisches Gebäude in bester Lage mit Garten und Brunnen. Speisezimmer mit eleganten Kronleuchtern. Zimmer in terrassenartig angelegten Handwerker-Cottages hinter dem Hotel. Sie sind komfortabel, aber klein, die größeren Zimmer fallen teurer aus. ❹–❺

Karoopark Holiday Cottages, 81 Caledon St, ✆ 049-892 2557, 💻 www.karoopark.co.za. Komplex von Selbstversorger-Cottages in einem Garten mit Pool, auch kleine B&B-Einheiten, die für eine Übernachtung ausreichen. ❷

The Red Geranium, 52 Stockenstrom St, ✆ 049-892 2332. Drei ordentliche, für Selbstversorger eingerichtete Cottages; auf Wunsch aber auch Frühstück. ❶–❷

Urquhart Caravan Park, am Stadtrand, Verlängerung der Stockenstroom St, neben dem Karoo Nature Reserve, ✆ 049-892 2136. Große gepflegte Anlage mit Campingplätzen und preiswerten Rondavels, Chalets und Bungalows. Bettzeug wird gestellt, Handtücher nicht. ❶

Übernachtung auf Farmen

Bloemhof B&B, 27 km nördlich von Graaff-Reinet an der N9 und 5 km entlang einer Schotterstraße, ✆ 049-840 0203, ✉ murraybloemhof@yebo.co.za. Großes Bauernhaus auf einer Schaf- und Wildfarm. Zum Abendessen gibt es Karoo-Lammgerichte. Kinder willkommen. ❸

Ganora Farm, abseits der N9, 7 km östlich von Nieu Bethesda, ✆ 049-841 1302 oder 082-698 0029, 💻 www.ganora.co.za. Die Besitzer dieser Schaffarm organisieren Touren auf den Compassberg und zu San-Felsbehausungen. Zur Auswahl stehen Halbpension, B&B oder Selbstverpflegung in verschiedenen Apartments. Außerdem können Gäste die kleine Fossiliensammlung betrachten. ❷–❸

Trymore Cottage, Wellwood Farm, abseits der N9, an der Straße nach Nieu Bethesda, 31 km nördlich von Graaff-Reinet, ✆ 049-840 0302, ✉ wellwood@wam.co.za. Cottage mit 4 Schlafzimmern auf einer Farm, die für ihre Sammlung von Reptilienfossilien aus der Karoo berühmt ist (Gäste dürfen sie sich anschauen). Es gibt *braai*-Pakete oder Abendessen mit Karoo-Lamm oder Rehfleisch. HP ❸, Selbstversorger ❷

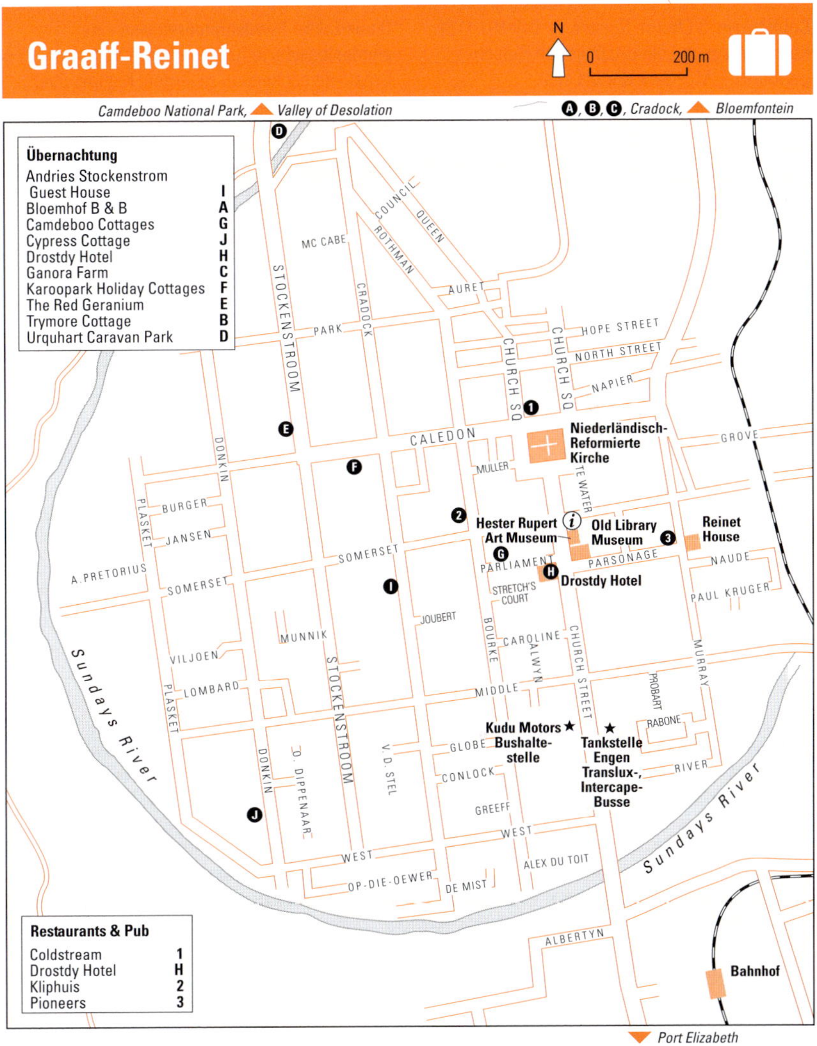

Essen

Für die vielen Besucher von Graaff-Reinet gibt es nur wenige zentral gelegene Restaurants und Tea Shops, und sonntags erscheint der Ort wie ausgestorben. Das Speisenangebot besteht überwiegend aus Lamm und Rind von den umliegenden Farmen sowie Wild der Region. Das kulinarische Highlight von Graaff-Reinet ist zweifellos das **Andries Stockenstrom Guest House** (s. Übernachtung), das Gourmets aus dem ganzen Land anlockt, aber nur für Übernachtungsgäste kocht.

Coldstream, 3 Church Square, ✆ 049-891 1181. Karoo-Lamm und die ortsüblichen Fleischgerichte. ⌚ Mo–Sa 9 Uhr bis spät.
Drostdy Hotel, 30 Church St. Schönste Gartenplätze zum Tee oder für einen Drink. Etwas förmliches Abendessen im großen Speisezimmer, teure englische Gerichte. Buffet-Lunch und Frühstück preiswerter. Beherbergt auch ein stilvolles Pub. ⌚ tgl.
Kliphuis, 46 Bourke St, ✆ 049-892 2346. Tagsüber Tee und Sandwiches oder leichtes Mittagessen an den Tischen auf dem Gehweg. Abends gibt's fleischlastige Gerichte und dazwischen ein einziges vegetarisches. ⌚ Di–So 8 Uhr bis spät.
Pioneers, 3 Parsonage St, ✆ 049-892 6059. Pub mit leckerer Wildbretpastete, Karoo-Lamm und -Koteletts, Hühnchen, Hasenbraten und einer vegetarischen Platte. ⌚ tgl. ab 17.30 Uhr, außer im Dez und Jan Di geschl.

Informationen

Im **Tourist Office**, 13 Church St, ✆ 049-892 4248, 💻 www.graaffreinet.co.za, bekommt man Karten und ein Bettenverzeichnis. ⌚ Mo–Fr 8–17, Sa und So 9–12 Uhr.

Umasizakhe Townshiptouren sind eine empfehlenswerte Art, die andere Seite von Graaff-Reinet kennen zu lernen; Kontakt über Xolile Speelman (S. 385, Kasten „Robert Sobukwe").

Transport

Translux-Busse zwischen Johannesburg und Port Elizabeth sowie **Intercape**-Busse zwischen Johannesburg und den Städten der Garden Route halten täglich bei der Tankstelle **Engen** in der Church Street. Tickets und Fahrpläne gibt es im **Tourist Office**.

Nieu Bethesda

In den Bergen nördlich von Graaff-Reinet liegt Nieu Bethesda – trockener und staubiger vielleicht als gewünscht, vor allem in der gnadenlos Hitze der grellen Hochsommersonne. Es gibt keine Straßenlaternen, und in Winternächten hingegen, wenn der Himmel mit zahllosen eisigen Sternen übersät ist, können die Temperaturen bis auf den Gefrierpunkt fallen.

Die meisten Besucher kommen hierher, um das **Owl House**, 💻 www.owlhouse.co.za, an

Skurril: die Fantasiefiguren im Garten des Owl House

der River Street zu besuchen (bzw. das Schaudern zu kriegen). Es war einst der Wohnsitz von Helen Martins, einer einsiedlerisch lebenden Künstlerin, deren eigenwillige und faszinierende innere Welt in ihren Werken Ausdruck fand. Haus und Garten sind durchweg nach ihren Visionen eingerichtet, die Innenwände glitzern von Glassplittern. Hinter dem Haus stehen hunderte Skulpturen aus Glas und Zement: Kamele, Lämmer, Sphingen und Menschengestalten. Von der Veranda mit dem Blechdach glotzen Eulen mit großen Augen herab. ⏲ April–Sep 9–17, Okt–März 8–18 Uhr, Eintritt R16.

Abgesehen vom Owl House strahlt das weiße Dorf sehr viel Charme aus. Einst ein archetypisches konservatives Karoo-*dorp*, hat es sich als kleine Künstlerkolonie neu erfunden und zieht immer mehr Besucher an.

Übernachtung

Es gibt eine ausgezeichnete Auswahl an billigen Unterkünften, überwiegend in Selbstverpfleger-Cottages, die jeweils nur von einer Reisegruppe belegt werden und ca. R150 p. P. kosten; weitere Angebote s. 💻 www.nieubethesda.co.za.

Huis Nommer Een, Murray St, Buchung bei Suzette Pienaar, ✆ 049-841 1700, hat 3 geräumige Zimmer mit südafrikanischem Flair, Küche im Farm-Stil und eine schmucke Veranda. ❷

Owl House, Martin St, ✆ 049-841 1642, 💻 www.owlhouse.info, die einzige Backpacker-Lodge. Freundlich, ruhig und gut organisiert; B&B-Zimmer, Schlafsaalbetten, 2 Ferienhütten und das Restaurant **Outsiders**. Gäste, die mit öffentlichen Verkehrsmitteln anreisen, werden in Graaff-Reinet abgeholt. ❷

Doornberg Farm, ✆ 049-841 1401, 💻 www.nieubethesda.co.za. Farmhaus mit Pub und Abendessen, auch Selbstversorger, Trampolin, Pool, Wandern und Reiten. ❷ Das hübscheste Plätzchen zum Übernachten auf der Farm ist Die Vleihuisie, ein kleines Cottage in 4 km Entfernung vom Haupthaus.

Essen

So klein Nieu Bethesda auch ist, es hat dennoch mehrere Esslokale.

The Waenhuis Pub 'n Grub, an der 4-Straßen-Kreuzung an der Hauptstraße, serviert ein preiswertes Buffet. Auf die Öffnungszeiten ist allerdings kein Verlass.

Village Inn, unweit des Owl House, New St, serviert tagsüber Essen.

The Brewery, gegenüber dem ausgetrockneten Gats River abseits der New Street, ist eine super Anlaufstelle für ein gemächliches Mittagessen. Hier gibt es Bier und Käse aus eigener Herstellung, Brot, Oliven und Salami.

Einkaufen

Nieu Bethesda liegt 23 km abseits der N9 zwischen Graaff-Reinet und Middelburg. Auf der Hauptstraße gibt es einen Dorfladen und einen Fleischer, Selbstversorger sollten sich allerdings ihre Verpflegung anderswo besorgen, besonders wenn sie Wert auf frisches Obst und Gemüse legen, was in der Karoo knapp ist. Benzin ist in Nieu Bethesda nicht erhältlich, also in Graaff-Reinet tanken. Auch gibt es weder Geldautomaten noch eine Touristeninformation.

East London und die Zentralregion

Zwischen Port Alfred und East London liegt einer der unerschlossensten Küstenabschnitte des Ostkaps. Doch seitdem immer mehr Leute den Reiz der Region entdecken, wird hier zunehmend gebaut. East London, die größte Stadt der Zentralregion der Provinz und zwischen zwei ehemaligen Bantustan eingeklemmt, lockt mit fantastischen Stränden zum Surfen und Baden und mit guten Verkehrsverbindungen nach Johannesburg und zu den Küstenorten. Im Hinterland, in der Nähe der Stadt Alice, liegt die **Fort Hare University**, in der führende Persönlichkeiten des ganzen Subkontinents, darunter Nelson Mandela, ihre Ausbildung genossen haben und die die landesweit beste Sammlung zeitgenössischer, schwarz-südafrikanischer Kunst ihr Eigen nennt. Aus dem Tal von Fort Hare gehen die sanften bewaldeten **Amatola Mountains** in die spektakuläre Landschaft der **Ostkap-Drakensberge** über, in denen man fantastisch wandern, reiten und sogar Ski fahren kann. Bevor die weißen

Siedler (und auch die Xhosa) hier einwanderten, waren die Berge von Jägern und Sammlern der San bewohnt, die die Felswände mit Tausenden ritueller Bilder bemalten, von denen einige noch erstaunlich lebendig wirken.

East London

Als zweitgrößte Stadt des Ostkaps ist East London der ideale Ausgangspunkt für Erkundungen der Transkei und der westlich von Port Elizabeth gelegenen Küste. Bei schlechtem Wetter wirkt die Stadt allerdings sehr trist, denn das Leben spielt sich hier eindeutig an der Beachfront ab, die vor Unterkünften und Lokalen nur so strotzt. Surfer sind am Nahoon Beach am besten aufgehoben. Langsam entwickelt sich der Ort auch zum Ferienziel für schwarze Urlauber – ein Phänomen der Post-Apartheid-Ära. Die Stadt ist klein und einfach mit dem Auto zu durchqueren, es gibt erstklassige Restaurants und gute Unterkünfte.

Vor den Briten und den Xhosa lebte hier das Volk der **Khoikhoi**, die das Gebiet „Land der Büffel" nannten. Einst wimmelte es am Buffalo River nur so von Wild, das jedoch nach der Ankunft der britischen Jäger nach und nach abgeschlachtet wurde. Während der **Grenzkriege** des 19. Jhs. war East London eine dauerhafte britische Siedlung, in deren Hafen der militärische Nachschub ankam. Aufgrund dieses strategischen Potenzials nannte der britische Gouverneur Sir Harry Smith den Ort 1848 optimistischerweise London. Später hieß es East London, weil sich der Hafen am Ostufer des Buffalo River befand.

Abseits des Urlauberviertels wird East London von seiner Industrie geprägt, in der viele Bewohner von **Mdantsane** beschäftigt sind, einer riesigen afrikanischen Township, die 20 km von der Stadt entfernt in Richtung King William's Town liegt.

Das Zentrum

Das triste Stadtzentrum von East London erstreckt sich rund um die **Oxford Street**, die einstige Einkaufsmeile, die parallel zur Station Street und zum Bahnhof verläuft. Tagsüber ist sie eine der großen Durchfahrtsstraßen, abends sollte man hier nicht allein herumlaufen, denn dann ist sie wie ausgestorben. Das **Vincent Park Centre** an der Devreux Avenue ist ein beliebtes Einkaufszentrum mit Kinos und Restaurants. Es liegt 5 km nördlich des Zentrums (die Oxford Street stadtauswärts fahren und gleich hinter dem Museum rechts abbiegen), zwischen den vornehmen Vororten Vincent und Stirling.

Vom viktorianischen Herzen der Stadt sind nur wenige ansehnliche Gebäude übrig geblieben. Auf dem Weg vom Bahnhof hoch zur Cambridge Street gelangt man zu ihrem größten Wahrzeichen, der **City Hall**, die 1899 errichtet wurde. Auf der anderen Straßenseite befindet sich eine Statue des Anführers der Black-Consciousness-Bewegung, **Steve Biko** (s. Kasten S. 395). Östlich des Bahnhofs der Stadt liegt **Quigney**, ein Viertel mit kleinen Häusern im Kolonialstil. Quigney zieht sich den Hang hinab zur **Esplanade** und zum **Orient Beach**, wo man am sichersten baden kann (erreichbar über die Currie Street, von der Fleet Street ab).

Ein paar Kilometer nördlich des Zentrums zeigt das **East London Museum** in der Upper Oxford Street eine fantastische Sammlung von Perlenarbeiten der South Nguni und zeitgenössische Drahtskulpturen. Der ganze Stolz des Museums ist sein ausgestopfter Coelacanth, der in den 50er-Jahren vor der Küste gefangen wurde. 🕓 Mo–Fr 9–16.30, Sa 10–13, So 10–15 Uhr, Eintritt R5.

Die Strände

Die **Esplanade** ist 30 Minuten zu Fuß vom Zentrum entfernt und von einem Ende zum anderen gut zu Fuß abzulaufen (Busse verkehren nur sporadisch). Neben dem Orient Pier mit seinen Kränen in den Docks liegt **Orient Beach** – etwas industriell anmutend, aber toll zum Baden, und es gibt Umkleidekabinen und Kinderbecken. Bis 17 Uhr geringer Eintrittspreis, danach umsonst.

Vom Orient Beach verläuft die Esplanade in nordöstlicher Richtung an Sand und schwarzen Felsen entlang zum **Eastern Beach** mit seinen hohen, mit Busch bewachsenen Sanddünen. Er ist sehr viel attraktiver, aber es ist dort schon zu Überfällen gekommen. Bei Surfern ist er jedoch nach wie vor beliebt.

Nordostwärts hinter Bat's Cave – einem riesigen Fels, der aufs Meer hinaus ragt – liegt der beliebte **Nahoon Beach**, eine wunderschöne Umgebung, bestens zum Baden und Surfen geeignet, hervorragende Wellen, aber dürftige öffentliche Verkehrsmittel, vom Zentrum 5 km entfernt – bei guter Ausdauer auch zu Fuß zu schaffen. Direkt auf dem Sand gibt es ein Café, das The Beach Break.

Östlich des Nahoon River und 10 km vom Zentrum liegt **Bonza Bay** mit kilometerlangen Strandwandermöglichkeiten und einer lauen Lagune an der Mündung des Quinera River. Noch etwas weiter entfernt befindet sich, 25 km nordöstlich des Zentrums am Gonubie River Mouth, **Gonubie Beach**: Er kann gerade noch zu East London gezählt werden, bietet gute Unterkünfte, einen schönen Strand und nette Wanderwege.

Übernachtung

Die Beachfront von East London wird nach und nach ausgebaut und verschönert, aber immer noch stehen hier hässliche Ferienapartmenthäuser und funktionale Hotels. In den billigen Hotels logieren viele Langzeitbesucher, und oft sind es finstere Kaschemmen – lieber meiden. Wem das Ambiente der großen Strandpromenade nicht gefällt, kann auf die Vororte Nahoon Mouth am Ende der Beach Road Beacon Bay, Bonza Bay oder Gonubie ausweichen, die nah am Fluss und am Meer liegen. Neben altmodischen Hotels gibt es hier gute B&Bs in Privathäusern. Um die Anfahrt muss man sich selbst kümmern, außer man arrangiert vorher eine Abholung oder nimmt ein Taxi. Die Campingplätze liegen ebenfalls hier, in Wassernähe. Auch im Vorort Selborne, 3 km nördlich der Innenstadt abseits der Oxford St, unweit des **Vincent Park Centre**, stehen Unterkünfte zur Verfügung.

Beachfront und nördliche Vororte

Dolphin View Lodge, 6 Seaview Terrace, ✆ 043-702 8600, ✉ dolphin.view@mweb.co.za. Komfortables Guesthouse am Rande der Klippen oberhalb des Strandes. ❸–❺

Meander Inn, 8 Claredon Rd, Selborne, ✆ 043-726 2310, ✉ meanderinn@telkomsa.net. 5 geräumige, geschmackvoll eingerichtete Zimmer mit Deckenventilator in einem leger-eleganten 2-stöckigen Gebäude. Swimming Pool, Patio und Bar, kostenloser Flughafentransfer ❸

Quarry Lake Inn, Quartzite Drive, abseits Pearce St, The Quarry, ✆ 043-707 5400, 💻 www.quarrylakeinn.co.za. Große, hübsch geschnittene Zimmer am Rande eines gefluteten Steinbruchs mit bunter Pflanzen- und Vogelwelt. ❹

Sugar Shack, Eastern Beach, ✆ 043-722 8240, 💻 www.sugarshack.co.za. Hostel in spektakulärer Lage direkt am Strand mit toller Aussicht. Transportmöglichkeit zum Bergresort Hogsback (S. 396). Dorms ❶, DZ ❷

Windsor Cabanas & Courtyard, George Walker Parade, 💻 www.windsorcabanas.co.za, ✆ 043-743 2225. Block im spanischen Stil nahe Orient Beach mit herrlichem Ausblick. Cabanas beherbergt behagliche Selbstversorger-Apartments mit 1, 2 oder 3 Schlafzimmern ❹; Frühstück gegen Aufpreis. Das angrenzende **Courtyard** bietet B&B ❸.

Östliche Vororte und Ferienanlagen

Blue Lagoon Hotel, Blue Bend Place, Beacon Bay, ✆ 043-748 4821, ✉ blhotel@iafrica.com. Sehr angenehme Unterkunft inmitten von Palmen in Strandnähe. Ruhige und geräumige Zimmer mit Balkon und Blick auf den Fluss. ❹

Gonubie Resort & Caravan Park, 19 km östlich der Stadt, von der N2 ab, ✆ 043-705 9748. Der beste Campingplatz in East London, gut gemanagt, in der Nähe des Strandes und des Mündungsbereiches. Auch voll ausgestattete, allerdings etwas abgenutzte Holz-Chalets für Selbstversorger. ❷

Habitat, 2 Cane St, Gonubie, einen Block vom Gonubie Beach, ✆ 043-740 3703. 2 schlichte Selbstversorger-Einheiten mit separaten Eingängen, eine im Garten, eine im Erdgeschoss des Haupthauses. Keine Kinder. ❷

The Loerie Hide B&B, 2B Sheerness Rd, abseits der Beach Rd, Nahoon, ✆ 043-735 3206, 💻 www.loeriehide.co.za. 4 recht preiswerte Zimmer mit Bad in der Nähe des Nahoon Beach; Garten, der langsam dem heimischen Busch Platz macht. ❸

Essen und Unterhaltung

East London verfügt über erstaunlich gute Restaurants und recht ordentliche Fischlokale mit Sitzbereich im Freien. Beim Trinken ist die Auswahl groß – von schäbigen Kneipen in billigen Absteigen über lebhafte Surfertreffs bis hin zu schicken Bars mit Meeresblick. In einigen Pubs läuft Livemusik, häufig wird auch etwas zu essen geboten.

Al Mare, Esplanade, ✆ 043-722 0287. Mittelmeerküche; gute Steaks, Fisch, Pizza und Pasta, Blick auf das Meer. 🕓 Sa mittags und So ganztags geschlossen.

Buccaneer's Pub, Eastern Beach, neben **Sugar Shack**. Gut besuchte Bar bis in die frühen Morgenstunden, manchmal Live-Musik (Mi, Fr und Sa). Tagsüber kann man die Surfer beobachten. Gutes Kneipenessen mit Fish & Chips und, wärmstens empfohlen, Hähnchenschnitzel. 🕓 tgl. Mittag- und Abendessen.

Ciao Bella, 11 Chamberlain Rd, Berea, ✆ 043-726 0554. Kleiner Coffeeshop mit Tischen im Freien. Hervorragender italienischer Kaffee sowie hausgemachte Bagels und Muffins. 🕓 Mo–Sa 7–17 Uhr.

Grazia, Upper Esplanade, ✆ 043-722 2009. Helles, luftiges Restaurant mit Tischen im Freien und wunderbarem Meerblick. Das Speisenangebot ist italienisch ausgerichtet. 🕓 tgl. Mittag- und Abendessen.

Le Petit, 54 Beach Road, **Shopping Centre**, Nahoon, ✆ 043-735 3685. Renommiertes Lokal mit köstlichen mediterranen/französischen Gerichten mit Schwerpunkt auf Wild, Meeresfrüchten und Kalbsfleisch. 🕓 Mo–Fr Mittag- und Abendessen, Sa nur abends ab 18 Uhr.

Quarterdeck, Orient Beach, ✆ 043-743 5312. Eines der besten Uferlokale für einen ruhigen

Drink, Tagesgerichte zu vernünftigen Preisen. So ganztags und Sa mittags geschlossen.
Salad Dayz, Balfour Rd, Vincent, ✆ 043-726 6912. In dem pinkfarbenen Gebäude aus schönem Holz und Eisen gibt's reichlich bemessene Salatteller, frisch gepresste Säfte, selbstgebackenes Brot und Kuchen sowie herzhaftere Gerichte. ◷ Mo–Fr 8.30–16 Uhr, Sa nur vormittags.
Smokey Swallows, Devereux Ave, vor dem Vincent Park Shopping Centre, ✆ 043-727 1349. Das einzige Restaurant am Ostkap, das es auf die Liste der 100 Top-Restaurants in Südafrika geschafft hat. Hier wird überwiegend modern asiatisch gekocht. ◷ tgl. 11–24 Uhr.

Sonstiges

Einkaufen

Der beste Laden für afrikanische Handwerkskunst ist der **Umzi Wethu Curio Shop** in der Moore St 110, am Hang hinter dem **Holiday Inn**.

Informationen

Karten und umfangreiche Listen von B&Bs erhält der Besucher im **Tourist Office** an der Esplanade (Hafenpromenade), ◷ Mo–Fr 8–16.30, Sa 9–14 Uhr; ✆ 043-722 6015, 💻 www.visitbuffalocity.co.za. Im gleichen Gebäude befindet sich die Zentrale des **Eastern Cape Tourism Board**, 💻 www.ectourism.co.za, mit Infos über die restliche Provinz.

Touren

Imonti Tours, ✆ 043-743 0472, 💻 www.imontitours.co.za, arrangiert Touren durch das Stadtzentrum und die Townships, inkl. eines Besuchs im 30 km östlich der Stadt gelegenen Khaya La Bantu Cultural Village, mit einem Geschichtenerzähler, Xhosa-Tänzen und traditionellem Essen.

Nahverkehr

Wie viele andere südafrikanische Städte ist auch das Zentrum von East London nach einem gitterförmigen Straßennetz aufgebaut, mit relativ leeren Straßen und vielen Parkplätzen ist es mehr auf Autofahrer als auf Fußgänger ausgerichtet. Zwischen der Innenstadt und der Beachfront verkehren Busse, und Minibus-Taxis verbinden die afrikanischen Townships mit dem Zentrum.

Taxis

Border Taxis, ✆ 043-722 3946.

Transport

East London verfügt über gute Verbindungen per Flugzeug, Bahn und Bus zum Rest des Landes.

Busse

Alle drei Intercity-Busse, **Translux**, ✆ 0861-589 282, **Intercape**, ✆ 0861-287 287, und **Greyhound**, ✆ 083-915 9000, unterhalten zahlreiche, preiswerte Verbindungen zu allen wichtigen Destinationen der Küstenprovinzen Nord-, West- und Ostkap sowie nach KwaZulu-Natal, Johannesburg und Pretoria. Sie halten am **Busbahnhof** am Windmill Park in der Moore Street, wo das berühmte Windmill Roadhouse liegt.
Intercity-Busse nach:
BLOEMFONTEIN (tgl., 7 1/2 Std.);
DURBAN (2x tgl., 9 Std.);
GRAHAMSTOWN (2x tgl., 2 Std.);
JO'BURG (tgl., 13 Std.);
KAPSTADT (1–2x tgl., 14 Std.);
KENTON-ON-SEA (5x wöchentl., 3 Std.);
KING WILLIAM'S TOWN (2–3x tgl., 3/4 Std.);
KNYSNA (1–2x tgl., 7 1/2 Std.);
MOSSEL BAY (1–2x tgl., 9 Std.);
PAARL (5x wöchentl., 14 1/2 Std.);
PLETTENBERG BAY (1–2x tgl., 7 Std.);
PORT ALFRED (3x tgl., 2 1/2 Std.);
PORT ELIZABETH (3x tgl., 4 Std.);
PORT SHEPSTONE (2x tgl., 8 Std.);
PRETORIA (tgl., 14 Std.);
STORMS RIVER (1–2x tgl., 6 Std.);
SWELLENDAM (1–2x tgl., 11 Std.);
MTHATHA (2x tgl., 3 1/2 Std.).

Eisenbahn

Der **Bahnhof**, ✆ 086-000 8888, liegt am östlichen Rand des kleinen Geschäftsbezirks von East London. Es gibt nicht viele Busse, aber vor dem Bahnhof stehen Taxis.

Züge nach:
BLOEMFONTEIN (tgl., 13 Std.);
JO'BURG (tgl., 20 Std.);
PRETORIA (tgl., 21 1/2 Std.);
QUEENSTOWN (tgl., 4 1/2 Std.).

Flüge

Der kleine **Flughafen** von East London, ✆ 043-706 0306, einige Kilometer westlich des Zentrums an der R72, verbindet die Stadt mit allen großen Städten Südafrikas. Der Airportshuttle **Little Red Bus**, ✆ 082-663 3087, bedient sämtliche Flüge und hält am **Holiday Inn** in der Nähe der Strandpromenade. Die Fahrt kostet je nach Zielort rund R100.

Flüge nach:
DURBAN (2–4x tgl., 1 Std.);
JO'BURG (7x tgl., 1 1/4 Std.);
KAPSTADT (2–3x tgl., 2 Std.);
PORT ELIZABETH (2–4x tgl., 3/4 Std.).

Khaya La Buntu

Khaya La Bantu liegt in der Nähe von Mooiplaas, 30 km östlich von East London, an der N2 ausgeschildert. ✆ 043-851 1011, 💻 www.khayalabantu, Besuch nur nach Absprache, R150 inkl. Mittagessen. Es handelt sich um ein echtes **Xhosa-Dorf**, in das jährlich nur 20–30 Touren unternommen werden. Somit gehört es nicht zu den für Touristen aufpolierten Orten. Am besten kommt man zu einem traditionellen Lunch hierher. Dann trägt eine Gruppe Tänze vor und Geschichten werden erzählt.

Amatola Mountains

Die meisten Besucher sehen zu, dass sie möglichst schnell durch das struppig trockene und verarmte Gebiet zwischen East London und den Amatola Mountains fahren, um endlich die kühlen Wälder und Ferienanlagen von **Hogsback** zu erreichen. Ein Abstecher lohnt sich jedoch, schon um die schöne Sammlung afrikanischer Kunst in der **Fort Hare** University, in der Nähe des Städtchens Alice, zu besuchen. Außerdem gibt es in King William's Town einige sehenswerte verblassende, aber noch intakte koloniale Straßenzüge.

King William's Town

King William's Town, meist nur King genannt, liegt 56 km nordöstlich von East London. Anfangs war hier nur ein militärischer und missionarischer Außenposten des Grenzlandes, heute hat die Bevölkerung deutlich zugenommen, vor allem durch Zuzug aus der ehemaligen Ciskei. Für mindestens einen halben Tag gibt es hier genügend historisch Interessantes zu sehen.

Die **Alexandra Road** ist die Hauptstraße der Stadt, mit einer rund um die Uhr geöffneten **Tankstelle** und ein paar Takeaway-Restaurants. Ein Gespür für die Geschichte der Xhosa bekommt man im unbedingt sehenswerten **Amatola Museum** an der Alexandra Road. Die dortige Xhosa Gallery zeigt ungewöhnlich gute Exponate. 🕒 Mo–Fr 9–16.30, Sa 9–13 Uhr, Eintritt R5.

Steve Bikos Grab auf dem Ginsberg Cemetery ist ein bewegender Ort. Der bescheidene Grabstein steht auf halbem Weg über den Friedhof in dem großen Bereich der Armengräber. Der Weg dorthin führt stadtauswärts auf der Cathcart Street in südlicher Richtung (nach Grahamstown), dann links in eine Straße mit Hinweisschild zum Friedhof, hinter der Brücke (unmittelbar vor dem Abzweig nach rechts in Richtung Alice).

Rob Speirs vom Speirs Tours, ✆ 043-642 2571, 💻 www.speirstours.co.za, veranstaltet erschwingliche **Schlachtfeld-Touren** in der Umgebung von King William's Town zu Forts und Schlachtfeldern aus den Grenzkriegen.

Übernachtung und Essen

Die Unterkünfte sind vorwiegend auf Geschäftsreisende ausgerichtet. An Wochenenden gibt's oft Rabatt.

Dreamers Guest House, 29 Gordon St, ✆ 043-642 3012, 💻 www.dreamersguesthouse.com. Angenehmes B&B in zentral gelegenem viktorianischen Haus mit schönem Garten, Pool und Holzfeuer im Winter. ❸

Grosvenor Lodge, Taylor St, ✆ 043-604 7200, 💻 www.grosvenor.co.za. Bestes Hotel der Stadt, alle Extras eines Geschäftshotels, darunter Kabel-TV. ❹

Das **Castle** auf der Queens Rd hat gute Steaks und Salate. Günstig gelegene Fastfood-Lokale

Steve Biko und die Black-Consciousness-Bewegung

Die brutalen Verhöre von Steve Biko und sein Tod in Polizeigewahrsam lösten internationale Empörung aus und ließen den Druck auf das Apartheid-Regime wachsen. Steven Bantu Biko wurde 1946 in **King William's Town** geboren. Durch seine Redegewandtheit, sein Charisma und die klaren Visionen nahm seine politische Karriere einen raschen Aufstieg. Gegen Ende der 60er-Jahre, als er noch Medizinstudent an der Natal University war, wurde er zum Präsidenten der ausschließlich schwarzen South African Students' Organization (SASO) gewählt und veröffentlichte Artikel, die den weißen Liberalismus, den die SASO als Bevormundung und als konterrevolutionär betrachtete, scharf angriffen. In einer Zeit der Unterdrückung setzte sich Bikos Idee von Black Consciousness rasch durch. Er rief die Schwarzen dazu auf, ihr Schicksal in die eigenen Hände zu nehmen, sich zusammenzuschließen und sich von den „Ketten, die sie an ewige Knechtschaft fesseln" zu befreien. Ab 1973 bekämpfte der Staat Biko mit Verboten, Inhaftierungen und anderen Schikanen. 1974 verteidigte sich Biko auf brillante Art und Weise selbst vor Gericht, wodurch sein internationales Ansehen erheblich stieg.

In der Zeit, als es ihm verboten war, King William's Town zu verlassen, arbeitete und schrieb Biko weiter; oft gelang es ihm sogar, aus dem Arrest zu fliehen. Im Jahr 1977 wurde er festgenommen, nach Port Elizabeth gebracht, verhört und gefoltert. Einen Monat später starb er an einer Hirnblutung, nachdem er von der Sicherheitspolizei verprügelt worden war. Niemand wurde dafür zur Verantwortung gezogen. Er ist in King William's Town beerdigt.

auf der Alexandra Road sind z. B. **Nando's**, wo es pikante Grillhähnchen gibt, **Steers** und **Spur** mit guten Steaks und Burgers sowie **Debonairs**, das Pizza serviert.

Einkaufen

Der beste Ort zum Shopping ist die neue Stone Crescent Mall an der Alexandra Rd. Zu dem Einkaufszentrum gehört auch ein gut sortierter Pick 'n Pay-Supermarkt.

Transport

Der Minibus-Taxistand befindet sich in der Cathcart St. Von hier bestehen Verbindungen nach East London und zu anderen Regionen des Ostkaps.

Fort Hare University und Alice

Trotz jahrzehntelanger Vernachlässigung der so genannten „Stammesuniversität" unter dem Apartheidregime hat Fort Hare, 64 km westlich von King William's Town, 💻 www.ufh.ac.za, einen festen Platz in der Geschichte Südafrikas eingenommen. Es wurde 1916 von Missionaren als gemischtrassiges College gegründet und war somit die erste Institution des Landes, an der Schwarze einen höheren Abschluss machen konnten. Viele prominente afrikanische Führungspersönlichkeiten wie Simbabwes Präsident Robert Mugabe und Tansanias früherer Präsident Julius Nyerere haben hier studiert. Der berühmteste ehemalige Student war **Nelson Mandela** (s. Kasten S. 410).

Die **De Beers Art Gallery** von Fort Hare birgt einen wahren Schatz an zeitgenössischer **schwarzer Kunst** aus dem südlichen Afrika – eine der bedeutendsten Sammlungen weltweit, leider wenig bekannt. In der Galerie ist auch die **ethnografische Sammlung** von Fort Hare untergebracht, mit traditioneller Handwerkskunst und Artefakten. Viele der Stücke sind selten und äußerst wertvoll. 🕓 Mo–Fr 8–16.30 Uhr, Eintritt frei.

Führungen durch die Uni, die Kunstgalerie und die ANC-Archive sollten im Voraus beim Kurator, ☎ 040-602 2250 oder 2239, vereinbart werden. 🕓 Mo–Do 8–16.30, Fr 8–15.30 Uhr, Teilnahme kostenlos.

Alice

Auch wenn dieser Ort der Universität am nächsten liegt – von einer Universitätsstadt kann keinesfalls die Rede sein. Die im Verfall begriffenen

Kolonialbauten mit ihren Wellblechdächern und begrünten Balkonen sind zwar immer noch fotogen, sie stellen aber gleichzeitig die einzige Attraktion von Alice dar. Der Verfall der Stadt ist auch ein Zeichen für den nachgeordneten Status der Uni unter der Regierung der Afrikaander-Nationalisten. Die beiden Hotels sind kaum mehr als heruntergekommene Spelunken, das Amatola ist bei Studenten und Dozenten als Kneipe recht beliebt.

Transport

Die Universität liegt 2 km östlich von Alice an der R63; von King William's Town fahren Minibus-Taxis nach Alice, die an den Toren der Universität halten. Da es in Alice praktisch keine Übernachtungsmöglichkeiten gibt, steigt man besser in Grahamstown, East London oder Hogsback ab und unternimmt einen Tagesausflug hierher.

Hogsback

Das Städtchen Hogsback in den Amatola Mountains, 32 km nördlich von Alice und 145 km von East London entfernt, bietet angenehme Abwechslung nach dem dornigen und überweideten Land. Es erinnert an eine Landschaft in England – eine Traumwelt im Nebel mit Pinienplantagen und „exotischen" Bäumen wie Eichen, Walnussbäumen und Azaleen sowie garantiertem Schneefall im Winter. Die eigentliche Attraktion des Ortes ist der **Afrikanische Bergnebelwald** mit seinen Vogelrufen und Wasserfällen. Er wird von vereinzelten Gruppen von **Weißkehlmeerkatzen** bewohnt, die an den steilen Hängen oberhalb der Pinienplantagen leben. Auf dem kurvenreichen Weg in die Berge aus Richtung Alice eröffnen sich fantastische Blicke auf Yellowwood- und Stinkwoodbäume sowie Kapkastanien.

In Hogsback kann man schön ein paar Tage entspannen, es gibt verschiedenste Wanderwege und die Luft zwischen all den Blumen, Wiesen und Wäldern ist herrlich, zudem mangelt es nicht an Unterbringungsmöglichkeiten. Der Name „Hogsback" bezeichnet sowohl die Gegend als auch das Dorf und leitet sich von dem hohen felsigen Gebirgskamm dreier Berge ab, der dem Rücken eines Buschschweins ähnelt. Hogsback kann nass und kalt sein, auch im Sommer, also empfehlen sich warme Pullover, festes Schuhwerk und Regenkleidung.

Der Ort selbst liegt an einer 3 km langen Schotterstraße, von der auf beiden Seiten Wege zu den Hotels und Cottages abgehen. Wenn man überhaupt von einem Zentrum sprechen kann, so ist das wohl der kleine Platz mit dem Gemischtwarenladen, der Post, der Tankstelle und den paar Handwerksläden drum herum. In Hogsback gibt es eine **heimische Handwerkskunst**, die einzigartig im Land ist. Der Besucher sei darauf vorbereitet, von Xhosa-Kindern umstellt zu werden, die die charakteristischen, nicht gebrannten Pferde und Schweinchen aus Lehm mit weißer Bemalung an den Mann bringen wollen.

Hogsback ist in erster Linie ein **Wandergebiet** mit kurzen, relativ einfachen Routen, die durch Schweinchen-Symbole an den Bäumen gekennzeichnet sind. Wer echte Urwaldluft schnuppern möchte, sollte sich für die einfache, einstündige Wanderung „Contour Path", oberhalb des Campingplatzes, entscheiden. Von dieser Route führt ein steiler Weg den **Tor Doone** hinauf, ein leicht zu besteigender Berg mit Blick über den Ort.

Sehr lohnenswert ist auch die einstündige, steil abwärts führende Tour zu dem bezaubernden **Wasserfall Madonna und Child**. Weitere Wanderrouten verschiedenster Längen, inkl. Amatola Trail und Zingcuka Loop (s. Kasten), sind in den preiswerten **Wanderführern** verzeichnet, die in den Dorfläden erhältlich sind.

Übernachtung

Unterkünfte sind reichlich vorhanden, an Wochenenden und in den Schulferien empfiehlt sich aber eine Reservierung. Auf der nützlichen Website 💻 www.hogsbackinfo.co.za sind die Cottages aufgelistet.

Arminel, an der Hauptstraße ausgeschildert, ✆ 045-962 1005, 💻 www.katleisure.co.za. Das beste Hotel am Ort genießt auch dank seiner Küche einen guten Ruf. Alle Zimmer (manche mit eigener Holzterrasse) haben direkten Zugang zum gepflegten Hotelgarten. Halbpension ❹

Away With The Fairies, Hydrangea Lane, bei der Einfahrt nach Hogsback die erste Abzweigung rechts und dann den Schildern folgen, ✆ 045-962 1031, 💻 www.awaywiththefairies.co.za. Eindeutig auf Backpacker eingestellt, großes umgebautes Haus auf einem weitläufigen Gelände mit unglaublichem Blick ins Tyumi Valley. Kleine Schlafsäle für 5–8 Pers. sowie mehrere DZ und 2-Bett-Zimmer, manche mit Bad, 1 DZ mit Kamin. Die Besitzer arrangieren Reitausflüge und bieten kostenlose geführte Wanderungen in die Wälder und Berge an. Zu den netten Besonderheiten des Hostels zählt eine Aussichtsplattform in einem Baum. ❶

The Edge, ein paar Kilometer abseits der Hauptstraße, ✆ 045-962 1159, 💻 www.theedge-hogsback.co.za. Beste Selbstversorger-Unterkunft mit 9 Cottages für 2–4 Pers. (R375–850; Buchung notwendig). Großartiger Blick über Wald und Täler. ❷

Granny Mouse Country House, Nutwood Drive, ✆ 045-962 1259, 💻 www.grannymousehouse.co.za. Altes Wohnhaus mit Landhausmöbeln und einem zauberhaften Garten. Selbstversorgung oder B&B. ❷–❸

Lowestoffe Country Lodge, ✆ 045-843 1716, 💻 www.lowestoffecountrylodge.co.za. 3 ziemlich moderne Cottages auf einer Farm, wo die Gäste ausreiten oder Forellen angeln können. Die Farm liegt 24 km außerhalb an der ungeteerten Straße nach Cathcart. Ihr Reiz besteht in der wildromantischen Berglandschaft. Hier gibt es Dämme und Teiche, in denen man schwimmen kann. Cottages mit Platz für eine Familie kosten ca. R500 pro Nacht

Essen

Den besten Nachmittagstee gibt's im **Tea Thyme** im **Edge** (s. Übernachtung). Da es ein Stück abseits der Hauptstraße liegt, verbindet man den Besuch am besten mit einer kleinen Wanderung am Rand der Abbruchskante oder einem Spaziergang durch das wunderschöne Labyrinth, das hier angelegt wurde.

Woodlands, ✆ 072-055 6462, an der Hauptstraße, hat Frühstück sowie leichte Mittags- und Abendgerichte. Das Abendessen muss allerdings vorbestellt werden. Für ein preiswertes Kneipenessen bietet sich das **King's Lodge Hotel** an. Das Hotel mit dem besten Ruf für ausgezeichnete Küche ist aber das etwas kostspieligere **Arminel**. In beiden Hotels können sich die Gäste im Garten sowie im Winter am Kaminfeuer niederlassen. Pizza, Pasta und Snacks gibt's bei **Nina's** an der Hauptstraße; wenn es kalt ist, prasseln auch dort Holzscheite im Kamin.

Amatola Trail und Zingcuka Loop

Als einer von Südafrikas besten Bergwanderungen durch Waldgebiet gilt der Amatola Trail – eine anstrengende, aber sagenhaft schöne Tour mit fünf Übernachtungen. Er startet am Maiden Dam im Pirie Forest, etwa 21 km nördlich von King William's Town, und führt auf einer insgesamt 105 km langen Strecke bis nach Hogsback. Für die Übernachtungen stehen unterwegs Hütten mit Matratzen und Grillstellen bereit, zum Teil auch Duschen.

Was diese Wanderung so besonders macht, sind der dichte, hoch gewachsene **Wald**, und die zahlreichen **Wasserfälle**, Flüsse und natürlichen Bade-Pools. Einige verkürzte Versionen der Tour können nur außerhalb der Schulferien unternommen werden, oder kurzfristig, wenn noch Plätze frei sind.

Buchungen beim **Department of Forestry**, ✆ 043-642 2571, 💻 www.amatola.co.za. Der gesamte Trail kostet R750 bzw. R135 pro Tag und Abschnitt). Erforderlich sind gut eingelaufene Wanderschuhe und warme, wasserdichte Kleidung.

Sonstiges

Aktivitäten

Lowestoffe, ✆ 045-843 1716, bietet Reittouren für Anfänger und Fortgeschrittene.

Informationen

Solange es kein echtes Tourist Office gibt, bekommt man Karten und Pläne bei **Nina's**, ✆ 045-962 1326, einem Deli plus Pizzabäcker unweit der Hauptstraße.

Transport

Nach Hogsback fahren keine öffentlichen Verkehrsmittel. Also braucht man ein Auto oder nutzt den billigen **Shuttle**, ✆ 043-722 8240, zwischen **Sugar Shack** in East London und Cintsa, 5x wöchentl.
Das Hostel **Away With The Fairies** in Hogsback arrangiert die Fahrt – auch wenn man nicht dort übernachten will.

Ostkap-Drakensberge

Ostkap

Die Ostkap-Drakensberge sind der südlichste Teil dieser höchsten und ausgedehntesten Gebirgskette Südafrikas, die sich nach Osten durch Lesotho und an der Westseite von KwaZulu-Natal bis nach Mpumalanga erstreckt. Das offensichtlichste Ziel in dieser Gebirgswelt mit San-Felsmalereien, Sandstein-Höhlen und zerklüfteten Schaffarmen ist **Rhodes**, das zu den am besten erhaltenen und schönsten viktorianischen Dörfern des Landes gehört. Da die Ostkap-Drakensberge nicht zum Nationalpark erklärt worden sind, organisieren Privatfarmen die Aktivitäten. Das sehr abgeschiedene Rhodes ist von Barkly East aus erreichbar, das seinerseits 130 km von Aliwal North entfernt an der N6 liegt.

Die 60 km lange Schotterstraße nach Rhodes, für die man gut anderthalb Stunden braucht, ist kurvenreich und holprig mit steilem Gefälle und ohne Begrenzung.

Rhodes und Umgebung

Rhodes ist fast zu schön, um wahr zu sein – ein abgeschiedenes und entzückendes Dorf in den Ostkap-Drakensbergen. Hier leben nur noch wenige Menschen: Wie auch andere Dörfer der Region erlebte Rhodes eine starke Abwanderung, weil es die Einwohner in die Städte zog, wo sie ihren Lebensunterhalt besser verdienen konnten. Zurück ließen sie eine viktorianische Blechdacharchitektur, die einen Eindruck von früheren Zeiten erahnen lässt. Heute zieht der Ferienort Besucher an, die seine Abgeschiedenheit, seine Holzöfen und restaurierten Häuschen schätzen. Obwohl die Elektrizität das Dorf vor einigen Jahren erreicht hat, wird sie kaum genutzt, sodass Öllampen und Kerzen weiterhin die Regel sind.

Obwohl es von Rhodes aus nicht wirklich irgendwohin geht (auf einigen Karten ist es gar nicht eingetragen), ist es ein Ort, der zum längeren Aufenthalt einlädt. Da die Nächte schon im Sommer recht kühl, im Winter sogar klirrend kalt werden und keine Zentralheizungen vorhanden sind, gehört warme Kleidung unbedingt ins Reisegepäck. Das Dorf besteht im Grunde aus ein paar sich kreuzenden, von Pinien gesäumten Schotterstraßen.

Die meisten Besucher zählt Rhodes im Winter, wenn die **Skifahrer** zu den Tiffendell-Hängen pendeln – auf einer einstündigen Fahrt im Geländewagen zu den höchsten Gipfeln der Ostkap-Drakensberge. Von Dezember bis Mai dauert die **Bade-** und **Wandersaison**. Dave Walker von Walkerbouts leitet **Highlands Information**, 💻 www.highlandsinfo.co.za, eine Agentur, über die alle möglichen Urlaubsarrangements für die Region gebucht werden können.

Übernachtung

Gateshead Lodges, ✆ 045-974 9216. Mehrere Bauernhäuser und hübsche Cottages auf einem riesigen Besitz in traumhaft abgeschiedenem und zerklüftetem Gelände in der Nähe von Rhodes. Sie sind alle in einer Broschüre aufgeführt, die unter der Adresse PO Box 267, Barkly East 5580 angefordert werden kann. ❷

Rhodes Hotel inkl. Vollpension, Main Rd, ✆ 045-947 9305. Das einzige Hotel im Ort mit schmucken Äußeren und bezaubernder viktorianischer Einrichtung. VP ❹

Rubicon Flats, PO Box 5, Rhodes, ✆ 045-974 9268, 💻 www.rubiconflats.co.za. Beste Wahl und die wärmste Unterkunft der Stadt. Hübsches ehemaliges Schulhaus mit Zimmern für Selbstversorger, jeweils mit Steinkohleofen, auch einfache Schlafsäle. ❷

Walkerbouts Inn, an der Hauptstraße ausgeschildert, 💻 www.walkerbouts.co.za, ✆ 045-974 9290. Entspannte Atmosphäre, 6 Gästezimmer mit Bad; Selbstverpflegung,

Felsmalereien

Von Rhodes aus lassen sich die jahrtausendealten Felsmalereien der San erkunden, von denen die meisten auf den Privatfarmen der Umgebung zu finden sind und mit Erlaubnis der jeweiligen Besitzer besichtigt werden können. Die Bewohner von Rhodes weisen Besuchern den Weg zu nahe gelegenen Farmen wie Buttermead und Hillbury, wo es Felsmalereien gibt. Sue Tonkin in Maclear, ✆ 082-686 4468, bietet geführte Felskunst-Touren an.

16 km von Rhodes entfernt liegt die **Martin's Hoek Farm**, die nicht nur wegen der gut erhaltenen Malereien einen Besuch lohnt, sondern auch wegen des zauberhaften, einsamen Tals, das auf dem Weg dorthin zu durchfahren ist. Nach Absprache mit Russie oder Lookie Schmidt, ✆ 045-974 9201, steht sie Besuchern offen. Der Abzweig mit dem Schild „Martin's Hoek" liegt 8 km vor Rhodes an der Straße nach Barkly East. Von dort sind es noch 8 km zu der Stätte, wo es Parkplätze und ein paar Picknicktische gibt. Eine weitere Stätte liegt auf der **Denorben Farm**, 32 km von Barkly East entfernt, mit der längsten Serie von San-Malereien im ganzen Land. Von der Hauptstraße zu der Farm ist es nur 1 km; der lange, bemalte Streifen befindet sich gleich hinter dem Haus, am unteren Ende des Gartens. Ein geringer Eintrittspreis wird verlangt. Weitere Informationen zur Felskunst s. S. 464/465.

B&B oder HP. Der nette Besitzer Dave Walker kennt sich gut in der Gegend aus und kann fast alle Aktivitäten organisieren. HP ❹

Essen

Das beste Essen bekommt man im **Walkerbouts**, das Pizza aus dem Holzofen serviert. Auch im Restaurant des Hotels **Rubicon Flats** sind Mahlzeiten zu haben. Für einen guten Drink sei die stimmungsvolle Hotelbar vorgeschlagen.

Sonstiges

Im Herzen des Dorfes befinden sich ein Laden und eine Tankstelle, außerdem eine Post und ein Münztelefon. Banken und öffentliche Transportmittel sucht man vergeblich.

Naude's Nek

Die hinreißendste Strecke aus Rhodes hinaus führt auf der R396 entlang Naude's Nek, der **höchsten Passstraße Südafrikas**, die Rhodes mit **Maclear** im Süden verbindet. Viele Besucher machen auch nur einen Halbtagesausflug zum Gipfel des Passes und zurück. Auf dem Pass kann man einen Anruf von Südafrikas höchst gelegenem Telefon (mit Kurbel) tätigen, es steht in einer Wellblechtelefonzelle mitten in einem Schaf-Pferch.

Es sind zwar nur 30 km von Rhodes bis Naude's Nek, doch die Reise dauert schon ein paar Stunden, da die vielen schönen Aussichten einen immer wie der zum Halten einladen. Ein Geländewagen ist nicht zwingend nötig, doch die Straße ist schwierig und nach Schneefall absolut unpassierbar.

11 HIGHLIGHT

Die Wild Coast

Die Wild Coast macht ihrem Namen alle Ehre: Sie ist eine der unberührtesten Gegenden Südafrikas – ein riesiges Gebiet mit sanft geschwungenen Hügeln, üppig grünen Wäldern und endlosen Stränden am Indischen Ozean. Die unerschlossenen Sandstrände ziehen sich meilenweit dahin, werden hier und da von Flüssen unterbrochen, und die erschwinglichen Hotels sind für einen Familienurlaub am Meer bestens geeignet.

Doch der wilde Charakter bezieht sich nicht nur auf die Landschaft – dies ist das ehemalige „Homeland" **Transkei**, eine arme Region, die in den Jahren der Apartheid vollkommen entrechtet war und in der die Afrikaner lebten, die zu jung oder zu alt waren, um in der südafrikanischen Industrie zu arbeiten.

Im Gebiet der Wild Coast leben vorwiegend **Xhosa**, auf dem Lande zumeist in traditionellen Rondavels, mit denen die Landschaft übersät ist. Die **N2** führt mitten durch die Region und die ehemalige Hauptstadt der Transkei, **Mthatha**. Südlich der N2 erstreckt sich die **Küstenregion** von East London bis zur Mündung des Mtamvuna River. Ein schöner Strand folgt auf den nächsten, es gibt versteckte Riffs, subtropische Wälder, ländliche Xhosa-Siedlungen und die zauberhaften Städtchen **Coffee Bay** und **Port St Johns**. Die Unterkünfte des Eastern Cape Parks Board in dem herrlichen Naturschutzgebiet ermöglichen einen Zugang zu wunderbaren Stränden, Lagunen und wilden Tieren.

Praktische Tipps

Im Gegensatz zur Western Cape Garden Route lässt sich die Wild Coast nicht leicht mit dem **Auto** befahren. Es gibt weder eine Küstenstraße noch direkte Verbindungen zwischen den Badeorten. Doch gerade in dieser Abgeschiedenheit liegt der Zauber dieser Region. Die einsamen Erholungsorte sind über lange und kurvenreiche **Schotterstraßen** zu erreichen, die von der N2 abgehen. Außer in Port St Johns sind in den Küstenorten weder **Banken** noch ATM zu finden, also sollte man aus East London oder Mthatha ausreichend Geld mitbringen.

Obwohl manche Straßen der Wild Coast-Region im Zuge eines Erschließungsprogrammes asphaltiert werden, sind noch viele ungeteert. Zwar sind sie generell mit einem normalen Pkw passierbar, doch sollte man langsam fahren und unbedingt einen Werkzeugkasten und ein, zwei Ersatzreifen dabei haben. Vorsicht vor Tieren ist auf allen Straßen der Wild Coast, auch auf der N2, geboten. Bei Regen und bei Nacht sollte die Fahrt unterbrochen werden. Nächtlicher **Autodiebstahl** oder die Entfernung von Reifen ist, selbst in den abgelegensten Gegenden, das größte Problem in der Transkei. Sämtliche **Hotels** sind daher eingezäunt und schließen nachts ihre Tore.

Zu den **öffentlichen Verkehrsmitteln** zählen Minibus-Verbindungen zwischen den Dörfern der Region – am einfachsten von Mthatha nach Port St Johns und Coffee Bay. Der **Baz Bus** hält in Cintsa West, Mthatha und Port St Johns, nach Absprache mit den Hostels in Port St Johns und Coffee Bay wird man von dort abgeholt (ebenso von Butterworth, wenn man nach Mazeppa möchte). Wer nach East London fliegt und ein bestimmtes Ferienhotel ansteuert, kann den praktischen Shuttleservice in Anspruch nehmen, den Ken Black, ✆ 043-740 3060, von East London aus betreibt.

Die Hotels hier sind vom altmodischen Kolonialstil geprägt und servieren Tee und Mahlzeiten zu festen Zeiten. Die meisten bieten VP – außerhalb von Port St Johns und Mthatha gibt es

Wandern und Reiten an der Wild Coast

In Ermangelung einer Küstenstraße lassen sich bestimmte Abschnitte der Wild Coast nur zu Fuß oder im Pferdesattel erkunden. Es ist keine schlechte Idee, eine Pauschaltour zu buchen, v.a. deshalb, weil der Veranstalter sich dann um den Transfer zum/vom Start-/Endpunkt kümmert.

Wild Coast-Wanderwege
Ein Pauschalpaket umfasst den Transport zwischen East London und der Wild Coast, Unterbringung, VP und Guides. Bei vier Teilnehmern ist mit ca. R600 p. P. zu rechnen. Zu den Hotels entlang der Küste, in denen wahrscheinlich übernachtet wird, zählen das **Kob Inn**, **Mazeppa Bay**, **Wavecrest**, **Trennery's**, **Seagulls** und **Morgan Bay Hotel**. Die Wanderer müssen nur ihren Tagesrucksack tragen, alles andere Gepäck wird von Trägern oder Fahrzeugen ins jeweils für die Nacht vorgesehene Hotel gebracht. **Buchung** über **Wild Coast Holiday Reservations**, 💻 www.wildcoastholidays.co.za, ✆ 043-743 6181.
Wild Coast Hotel Meander Der Weg von Qora Mouth nach Morgan Bay ist eine 55 km lange Küstenwanderung (gemächliches Tempo, sechs Tage, fünf Nächte).
Wild Coast Amble Beginnt nördlich des Kei River und führt nach Süden bis Cintsa; mittlerer Schweregrad, 56 km in fünf Tagen (vier Übernachtungen).
Wild Coast Pondo Walk Fünf Nächte in der **Mboyti River Lodge** (als Basislager) bei Lusikisiki. Der Transfer ist nicht inbegriffen, doch Autofahrer erhalten Straßenkarten und eine Wegbeschreibung. Der Trek umfasst zwei Küstenwanderungen und zwei Binnenlandwege. Pro Tag müssen zwischen 13 und 26 km zurückgelegt werden.
Hole in the Wall Walk Vier Tage langer Wanderweg von Presleys Bay, gleich nördlich von Coffee Bay, zum Hole in the Wall. Der Weg führt durch spektakuläre Küstenlandschaft.
Strandloper Hiking and Canoe Trails, ✆ 043-841 1046, 💻 www.strandlopertrails.org.za. Fünf Tage und vier Nächte langer Wanderweg zwischen Kei Mouth und Gonubie. Abwechslungsreiches Gelände, kleine Küstendörfer und freundliche Pubs entlang der Strecke machen diese Route zu einer sehr beliebten Wanderung. Auf dem zweitägigen Kanutrail wird der Great Kei River erkundet. Beide Trails eignen sich für Familien. Wer die Do-it-yourself-Option wählt, kann in gemütlichen Selbstversorgerhütten mit zwölf Stockbetten übernachten.

Amadiba Horse Trail
Dieses Wild Coast-Highlight ist eine 50 km lange, vier- bis sechstägige Tour, die ausschließlich von einheimischen Pondo geführt wird. Hier bietet sich wohl die beste Gelegenheit, mit Xhosa sprechenden Menschen zusammen in unberührten Gegenden unterwegs zu sein. Gut geschulte Pferde und die einfache Route sorgen auch bei Anfängern für ungetrübten Spaß – die Entfernungen zwischen den Zeltcamps an den Ufern der Flüsse Kwanyana und Mtentu sind nicht allzu groß.
Der Trail führt vom Casino und Hotel **Wild Coast Sun** (wird von einem über das Hotel buchbaren Shuttle aus Durban bedient) bis zum Mkhambathi Nature Reserve. Reservierung über **Amadiba Adventures**, ✆ 039-305 6455, 💻 www.amadiba adventures.co.za. Pauschaltouren kosten R2320 p. P. für vier Tage und R3340 für sechs Tage. Maximal zwölf, mindestens zwei Teilnehmer.

Fish River Horse Safaris
Ein unvergesslicher Viertages-Trail an einem der unberührtesten Küstenstreifen der Welt entlang, vom Haven Hotel zur Bulungula Backpackers Lodge, mit ausgezeichneten Pferden und professioneller Begleitung. Bei sechs Stunden pro Tag auf dem Pferderücken ist das nur etwas für Sattelfeste. Die Kosten betragen R1500–2000 p. P. und Tag (Fish River Horse Safaris, ✆ 046 675 1271 oder 082 433 5662).

keine Restaurants, abgesehen von jenen in den Unterkünften (**Selbstverpfleger** müssen Lebensmittel in einem großen Einkaufscenter an der N2 kaufen). Viele bieten auch Kinderbetreuung an, die man ganztags oder stundenweise in Anspruch nehmen kann. Entlang der Küste liegen einige **Backpacker-Lodges** und Campingplätze. **Wildes Camping** ist nicht ratsam.

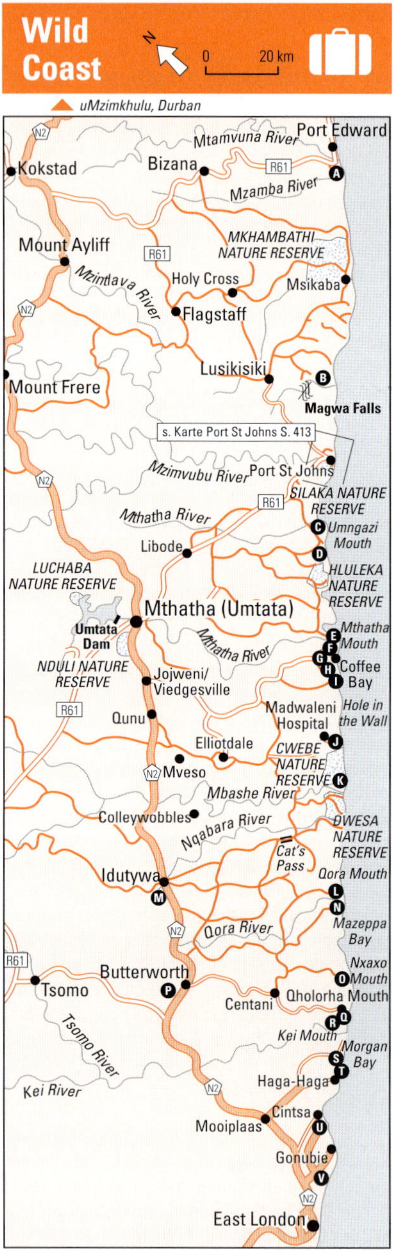

Eine **Vorausbuchung** der Unterkunft wird dringend empfohlen: Wild Coast Reservations (S. 411) in Mthatha hilft bei der Planung von Touren durch mehrere Orte. Noch besser ist das Wild Coast Holiday Reservations, ✆ 043-743 6181, 💻 www.wildcoastholidays.co.za, in East London, das darüber hinaus in der Organisation von **Aktivitäten** unschlagbar ist. Auch die Hotels selbst haben verschiedenste Aktivitäten, von Kanufahrten bis zu Reitausflügen, im Angebot.

Ein Besuch der hiesigen **Naturreservate** erfordert ebenfalls eine Vorausbuchung beim Eastern Cape Parks Board, ✆ 043-742 4450, 💻 www.ecparks.co.za. Die Unterkunftsmöglichkeiten reichen von luxuriösen Lodges und kapholländischen Farm-Homesteads bis zu Holzhütten, Wanderhütten und Campingplätzen. Alle sind für Selbstversorger eingerichtet. Aber man darf nicht vergessen, dass es in der Nähe keine Geschäfte gibt und deshalb alles Notwendige mitgebracht werden muss.

Cintsa und Haga-Haga

Cintsa besteht eigentlich aus zwei Orten, die durch einen Fluss getrennt sind: Cintsa East und Cintsa West. **Cintsa East** ist ein schicker Ferienort mit rund 200 Häusern. Nach Cintsa East fährt man von East London 30 km auf der N2 und dann über eine 15 km lange Teerstraße (N2-Abfahrt East Coast Resorts Road), nach 8 km biegt man an dem Schild nach Cefane Mouth und Michaelas Restaurant nach links ab; nach weiteren 7 km ist das Dorf erreicht. Jenseits des Flusses liegt, an der Route des Baz Bus, **Cintsa West**. Hier gibt es unverbaute Strän-

Übernachtung

Anchorage	**E**	The Kraal	**D**
Bomvu Paradise	**F**	Mazeppa Bay	**N**
Buccaneer's	**U**	Mbotyi River Lodge	**B**
Bulungula Backpackers Lodge	**J**	Morgan Bay Hotel	**S**
Coffee Bay Hotel & Coffee Shack	**G**	Ocean View	**H**
Crawford's Lodge & Cabins	**V**	Seagulls	**R**
Haga Haga Resort	**T**	Trennery's	**Q**
Haven Hotel	**K**	Umngazi River Bungalows	**C**
Hole in the Wall	**I**	Wavecrest	**O**
Kob Inn	**L**	Wayside	**P**
		Wild Coast Sun	**A**

de und im Buccaneer's (s. u.) werden eine Fülle von Aktivitäten angeboten. Auch Ausflüge zu einer afrikanischen Schule und einer Township werden veranstaltet.

Unmittelbar nordöstlich von Cintsa liegt **Haga-Haga**, 72 km von East London entfernt, 27 km davon eine Schotterstraße entlang, die von der N2 abgeht. Der Ort wird von dem kastenförmigen, aber perfekt gelegenen Haga-Haga Resort, ✆ 043-841 1670, 082-659 8881, 💻 www.hagahagahotel.co.za, dominiert. Zum Angebot gehören 15 Zimmer mit HP ❹ und 14 Wohnungen für Selbstversorger für 2–4 Personen ❸–❹. In die felsige Küstenlinie vor dem Hotel ist ein Gezeitenpool gehauen worden. Zum Sandstrand gelangt man auf dem 2 km langen Pfad in Richtung Pullens Bay. Rund 4 km weit ist der Weg zum Bead Beach, wo Einheimische **Perlen** aus Carneol sowie Keramiksachen verkaufen.

Übernachtung und Essen

Cintsa East

Crawford's Lodge & Cabins, ✆ 043-738 5000, 💻 www.crawfordscabins.co.za. Nur ein paar Minuten zu Fuß vom Strand. Guesthouse-Unterbringung mit B&B oder Selbstverpflegung. ❹

The Gables, ✆ 043-738 5353, 083-676 0213, ist eine luxuriöse Country-Lodge mit 5 Zimmern mit Bad; auch Abendessen. ❹

Eins der wenigen Lokale ist **Michaelas Restaurant**, ✆ 043-738 5139, oben auf einer Düne. Serviert Seafood und Salate, 🕒 tgl. außer Di, 10.30 Uhr bis spätabends. Etwas bescheidener geht es im beliebten **Sea Breeze** am Cintsa Drive zu, 🕒 tgl. Mittag- und Abendessen.

Cintsa West

Das **Buccaneer's**, ✆ 043-734 3012, 💻 www.cintsa.com, ist eines der beliebtesten Hostels Südafrikas. Seinen Ruf hat es seiner exzellenten Backpacker-Unterkunft in 10 Cottages verschiedener Größen zu verdanken, von denen sich fantastische Blicke auf das Meer und die Lagune eröffnen. Die Gäste können sich selbst versorgen oder das preiswerte Frühstück und Abendessen im Café und im Pub einnehmen. Dorms ❶, Zimmer ❷

Von Morgan Bay nach Qora Mouth

Morgans Bay, 90 km von East London entfernt, liegt eindrucksvoll in einem **Mündungsgebiet**, in dem zwei Flüsse aufeinander treffen. Das Morgan Bay Hotel, ✆ 043-841 1062, 💻 www.morganbay.co.za, HP ❹, ist ein freundliches und gut geführtes Hotel mit Blick auf einen herrlichen Strand. Es gehört zu den besten Hotels an der Wild Coast, lädt vor allem zum Familienurlaub ein und hat gutes Essen. Die Zimmer sind gut belüftet und hell möbliert, außerdem gibt es einen Campingplatz. Eine Wanderung vom Hotel führt über grasbewachsene Anhöhen zu den Morbay Cliffs, einem Punkt, von dem aus man **Delphine** und, zur richtigen Jahreszeit, auch Wale beobachten kann. In der Bucht brechen sich gewaltige Wellen, doch im Mündungsgebiet ist es ruhig und sicher genug für Kleinkinder zum Herumplanschen.

Kei Mouth und Qolora Mouth

Von Morgan Bay ist es eine kurze und holprige Fahrt zum Dörfchen **Kei Mouth** (nicht ausgeschildert, also im Morgan Bay Hotel erkundigen). Kei Mouth hat ein Postamt, kleine Geschäften und einige Selbstversorger-Unterkünfte, doch ein längerer Aufenthalt kommt hier kaum in Betracht. Sechs Stunden Fußmarsch am Strand oder eine Stunde Fahrt (inkl. Fähre) sind es von Kei Mouth bis zum bezaubernden Qolora Mouth (etwa „kalocha" ausgesprochen).

Als Ausflug sei Besuchern **Trevor's Trail** ans Herz gelegt, der täglich um 9 Uhr von dem Ortsansässigen Trevor Wigley, ✆ 047-498 0006, oder an den Hotel-Rezeptionen buchbar; R50) unternommen wird. Die dreistündige Wander- und Bootstour zu „The Gates" – einem kurzen Korridor von Felswänden, die sich über dem Qholorha River erheben – führt mitten durch den Busch. Trevor bietet noch andere Ausflüge an, u. a. einen Besuch bei einem traditionellen Heiler.

Übernachtung und Essen

Das Familienhotel **Trennery's**, ✆ 047-498 0095, 082-908 3134, 💻 www.trennerys.co.za, befindet sich in einem Gebäude von 1928. Sein Herz gehört noch immer den 1950er- und 60er-Jahren. Die Chalets mit Bad wirken etwas abgenutzt. Nannys stehen für die Betreuung der Kinder auf dem Spielplatz und im Kinderspeisesaal bereit. Die Mahlzeiten nach englischer Art sind gut zubereitet. Die Veranda vor dem Hotel überblickt den Swimming Pool und die Sonnenliegen, und der fantastische Strand ist auf einem abschüssigen Weg durch üppige Vegetation zu erreichen. Kanus und Ruderboote können gemietet werden. VP ❹

Transport

Am einfachsten gelangt man nach Qolora Mouth über den Kei River auf einem kleinen Ponton (Autofähre), die im Sommer von 6–18 und im Winter von 7–17.30 Uhr fahren. Nach der Überfahrt führt der Weg weitere 17 km bis zum **Trennery's** (ausgeschildert).

Nxaxo Mouth und Wavecrest Hotel

Nxaxo Mouth, unmittelbar nördlich von Qolora (von dort aber nicht auf dem Landweg zu erreichen), ist ein ruhiger Ort mit **Mangrovensümpfen**, die von Tieren nur so wimmeln – ideal zum Wandern, Angeln und Entspannen, aber auch für **Aktivitäten** wie Paddeln, Wasserski und Hochseefischen. Arrangiert werden sie von der einzigen Unterkunft des Ortes, dem Wavecrest, ✆ 047-498 0022, 💻 www.wavecrest.co.za, VP ❺, eine Ansammlung hübscher Bungalows und Familienzimmer – eines der besonders schön gelegenen Hotels der Wild Coast.

Nach Nxaxo Mouth gelangt man auf der 34 km langen, bei Butterworth von der N2 abgehenden Teerstraße nach Centani. In Centani nimmt man die ausgeschilderte Straße (links) nach Nxaxo, fährt 8 km, bevor man in die Schotterstraße zum Wavecrest (rechts) abbiegt und weitere 24 km fährt.

Mazeppa Bay und Qora Mouth

Nordöstlich von Nxaxo liegen zwei Orte zum **Angeln** und **Erholen**: Mazeppa Bay und Qora Mouth. Mazeppa Bay, ein von Dünen und Küstenwald umgebener, entzückender Ort, ist über die ausgeschilderte Straße von Centani (ab Butterworth 34 km Teer- und ca. 45 km Schotterstraße) erreichbar. Da es zwei Routen gibt, sollte man sich in einem der **Hotels** nach

Das große Rinderschlachten

Die 1850er-Jahre markierten einen Tiefpunkt für das Volk der Xhosa: Ein Großteil ihres Landes war von den Briten erobert worden, die Dürre ließ ihre Ernte vertrocknen und eine Rinderkrankheit hatte ihre wertvollen Viehbestände erheblich reduziert. 1856 behauptete die junge Frau Nongqawuse, dass die Geister der Ahnen ihr am Gxara River gesagt hätten, dass die Xhosa all ihr Vieh und Getreide zerstören sollten. Sodann würden nicht nur neues Vieh und Getreide kommen, sondern auch neue Menschen, die die Weißen ins Meer jagen würden.

Nicht alle Xhosa glaubten dieser **Prophezeiung**. Doch als das Oberhaupt der Gcaleka, Sarili, seinen Untertanen befahl, ihr zu folgen, begann das große Schlachten. Die „neuen Menschen" erschienen allerdings nicht wie erwartet, also gab man die Schuld denen, die sich widersetzt hatten, und setzte einen neuen „Termin" an. Als sie im Februar 1857 abermals ausblieben, waren über 200 000 Rinder getötet worden, und für viele Xhosa gab es keine Überlebenschance mehr. Bis Juli desselben Jahres hatte die verheerende Hungerkatastrophe 30 000 der etwa 90 000 Xhosa das Leben gekostet.

Die Briten nutzten diese Hungersnot und zwangen die Xhosa zur Arbeit auf ihren Farmen. Der Kapgouverneur Sir George Grey schloss gar die Versorgungseinrichtungen der Missionsstationen, gab den Xhosa-Häuptlingen die Schuld und ließ viele von ihnen auf Robben Island inhaftieren.

den aktuellen Bedingungen erkundigen. Das Hotel Mazeppa Bay, ✆ 047-498 0033, 💻 www.mazeppabay.co.za, bietet Unterkunft mit VP in komfortablen Cabanas oder Familienzimmern im Hotel, vom Strand 39 Stufen aufwärts, ❹–❺. Zusätzlichen Reiz bekommt es durch seine eigene Insel (über eine Brücke erreichbar), auf der sich ein noch nicht freigelegter vorgeschichtlicher Abfallberg der Khoisan befindet. In der Bucht ist das Baden sicher und auch Surfer finden gute Bedingungen vor.

Unmittelbar nordöstlich von Mazeppa liegt Qora Mouth, wo sich an einem felsigen Ufer, etwas abseits des Strandes und unweit des Mbashe River, das Kob Inn, ✆ 047-499 0011/16, 💻 www.kobinn.co.za, befindet. Das Hotel ❺ verfügt über gepflegte, strohgedeckte Bungalows, eine gute Bar mit Meeresblick und einen atemberaubenden Swimming Pool, der in die wellenumspülten Felsen gebaut wurde. Das Personal kann die Ausrüstung für Boots- und Angeltouren sowie zum Kanu fahren, Wasserski fahren und Boardsailing organisieren. Eine kleine Fähre setzt über die Mündung und bringt die Besucher zu herrlichen **Küstenwanderwegen** durch Grasland und Wälder. Nach Qora Mouth nimmt man die ausgeschilderte Schotterstraße von Idutywa in östlicher Richtung (34 km).

Dwesa Nature Reserve

Das Dwesa Nature Reserve, zwischen Qora Mouth und Coffee Bay gelegen, ist wenig erschlossen und abgeschieden, aber dennoch sicher und einen Besuch wert. Mit seinen hübsch gelegenen Selbstverpfleger-Holzhütten (mit gasbetriebenem Kühlschrank und Heizgerät) für bis zu vier Personen (R300) und einem Campingplatz (R145) mit Buschduschen ist Dwesa einer der angenehmsten Aufenthaltsorte an der Küste: Hier findet man **seltene Tiere** wie Baumschliefer und Weißkehlmeerkatzen, aber auch Kuhantilopen, Blessböcke und Büffel, sowie Urwald, Grassteppe und Küste.

Wer in Dwesa übernachten möchte, muss eigentlich beim Eastern Cape Parks Board, ✆ 043-742 4450, 💻 www.ecparks.co.za, buchen. Man kann aber auch einfach hinfahren, denn unter der Woche kommen nur wenige Besucher. 🕓 tgl. 6–18 Uhr.

Transport

Die Straße zum Reservat geht bei Idutywa von der N2 ab nach Osten in Richtung Küste, bevor sie sich nach etwa 73 km gabelt und rechts zum **Kob Inn** und links nach Dwesa führt.

Cwebe Nature Reserve und Haven Hotel

Nördlich des Mbashe River beeindruckt das Cwebe Nature Reserve mit seinem dichten sub-tropischen Wald voller Pflanzen und Tiere. Stinkwood-Bäume und Weißkehlmeerkatzen, die in den meisten Teilen der südafrikanischen Ostküste fast verschwunden sind, sind hier an dem rauen Wegenetz anzutreffen. Zum Glück ist der Pfad zum wunderschönen **Mbanyana Wasserfall** in gutem Zustand und bei Trockenheit unschwer vom Haven (s. u.) zu Fuß zurückzulegen. Der übrige Teil des Reservates besteht aus hügeligem Grasland und einer langen, herrlichen Küste mit Dünen. 🕓 tgl. 6–18 Uhr.

Zum Cwebe nimmt man den Coffee Bay-Abzweig bei Jojweni (die Stadt ist nicht ausgeschildert, doch ein Wegweiser zeigt Richtung Coffee Bay) von der N2 ab, nach 27 km biegt man am **Gogoswayo Trading Store** rechts ab und folgt weitere 17 km lang der Teerstraße bis zum Weiler Elliotdale, dem Verwaltungszentrum der in Gemeinschaftsbesitz befindlichen Ländereien des Bomvana-Volkes. Nicht die Strecke nehmen, die südlich von Quno von der N2 nach Elliotdale abzweigt, denn sie ist nur mit Geländewagen zu bewältigen.

Von Elliotdale sind es noch 47 km auf einer recht guten Schotterstraße bis zum privat geführten **Haven Hotel**, ✆ 083-996 5343, 💻 www.havenhotel.co.za, Vollpension ❸–❺, ein traditionelles Familienresort im Cwebe Forest. Seine Bungalows liegen am Rande eines kleinen Golfplatzes, auf dem regelmäßig Gnus und Zebras grasen und der hinter einem Milkwood-Wäldchen am Meer angelegt wurde.

Coffee Bay und Umgebung

Die dicht besiedelten, sanften Hügel von Coffee Bay, bei den Xhosa nach einem dichten Holz aus der Gegend *Tshontini* genannt, stellt die traditionelle Grenze zwischen den Clans der Bomvana und der Pondo dar. Coffee Bay lockt mit seiner gelassenen Atmosphäre immer mehr Besucher an – und konnte sich trotzdem ein idyllisches Flair bewahren. Die Landschaft um Coffee Bay schafft einen Kontrast zum Grasland und zu den bewaldeten Sanddünen und Lagunen weiter südlich: Hier fallen spektakulär hohe Klippen auf Sandstrände herab, die von schwarzem Kiesel durchsetzt sind.

Den größten Reiz stellen die **Küstenwanderungen** dar, besonders die zum **Hole in the Wall**. Zunächst nimmt man den Weg von Coffee Bay in südlicher Richtung und biegt dann an einem kleinen Hinweisschild gleich hinter dem Telkom Tower nach links ab, von wo der Weg weitere 5 km die Küste entlang führt. Die Hütten hier sind einzigartig. Viele sind strohgedeckt und mit einem Abschluss aus Reifen, Buntglas oder einer Aloen-Pflanze versehen. Sie sollen die Eulen, die als schlechtes Omen gelten, davon abhalten, auf den Dächern Rast zu machen.

Eine vortreffliche, kommunal betriebene **Dorf-Führung** kann bei der Veteranin der ANC Women's League, Betty Madlalisa, ✆ 047-575

Xhosa-Traditionen

Die Wild Coast ist weitgehend von auf dem Lande lebenden Xhosa bevölkert, die ihren Traditionen und Bräuchen anders als in den Städten noch heute treu sind. So glauben viele, das Meer sei von Wesen bewohnt, die nicht alle Besucher willkommen heißen. Das erklärt, dass sie relativ selten am Wasser anzutreffen sind und für Küstenbewohner typische Tätigkeiten wie Fischen oder Tauchen kaum ausführen.

Der **Initiationsritus** ist bei Jungen noch immer an der Tagesordnung. Die jungen Männer verlassen ihr Zuhause, um eine Zeit lang in den „Beschneidungshütten" zu leben, sie schmücken sich mit weißer Farbe und Kostümen und erlernen die Bräuche ihres Clans. Bei der Beschneidungszeremonie erwartet man von ihnen keinen Laut des Schmerzes, während die Vorhaut (ohne Betäubung) abgetrennt wird. Nach der Zeremonie waschen sie die Farbe ab, hüllen sich in neue Tücher, und all ihre Habe wird in eine Hütte gebracht und angezündet – dann müssen sie sich abwenden und dürfen nicht zurückschauen. Es folgt ein Festmahl und der Beginn einer einjährigen Übergangsphase, während der sie ockerfarbenen Ton im Gesicht tragen. Danach werden sie als Männer betrachtet.

Wie andere afrikanische Völker glauben viele Xhosa, dass ihre **Vorfahren** ihr Leben aktiv beeinflussen. Für die Entschlüsselung der Botschaften wird die Hilfe von Spezialisten (**amagqira**) gebraucht. Xhosa glauben nur an den einen großen Gott uThixo bzw. uNhkulukhulu. Die Xhosa sind traditionell patriarchalisch, der untergeordnete Status der Frauen wird durch **lobola** symbolisiert, die **Mitgift** aus Vieh und Geld, die ein zukünftiger Ehemann den Eltern der Braut zahlen muss. Ist diese keine Jungfrau mehr, zahlen die Männer weniger. Verheiratete Xhosa-Frauen haben ebenso wie die Männer das Recht, Tabak in **Pfeifen** zu rauchen, was sie auch oft tun, allerdings mit langem Pfeifenstiel, damit die Asche beim Stillen nicht auf die Babys fällt. Die Pfeifen werden zwar untereinander geteilt, aber jeder muss seinen eigenen Stiel haben, und zwar nicht nur aus hygienischen Gründen, sondern auch um Hexerei zu vermeiden: Denn Teile des Körpers (Haare, Haut, Speichel usw.) stellen das effektivste Gift gegen Menschen dar. Bevor die Europäer kamen, trugen die Xhosa keine Kleidung. Was man heute als traditionellen **Xhosa-Stoff** ansieht, wird meist von Frauen getragen, oft in Form von Röcken mit schwarzen Querstreifen. Die Brüste unverheirateter Frauen waren traditionell unbedeckt, die der verheirateten wurden mit Perlen passender Farben geschmückt. Heute tragen die meisten Frauen T-Shirts und auf den Köpfen Tücher, die über der Stirn zu zwei komplizierten Knoten gebunden werden.

9034 oder 083-339 0454; R50, gebucht werden. Da werden Wohnhäuser besucht und das **Masizame Women's Project** vorgestellt, das in einem farbenfrohen Gebäude gegenüber vom Bayview Store, 5 km vor Coffee Bay an der Straße nach Mthatha, untergebracht ist, 🕓 tgl. 8–17 Uhr.

Das Projekt ist eine der sehr wenigen Verkaufsstellen in Südafrika, in denen traditionelles Xhosa-Handwerk angeboten wird, darunter perlenbesetzte Taschen und Gürtel, traditionelle Kleidung, Körbe, Matten und Decken. Auf Anfrage werden auch **Xhosa-Speisen** zubereitet, die mit einem traditionellen Bier heruntergespült werden.

Übernachtung

Die angenehmste Unterkunft ist das Hotel **Ocean View**, direkt an der Sandbucht, ☎ 047-575 2005, 💻 www.oceanview.co.za. Es ist überaus freundlich und gut geführt, hat helle Zimmer, Terrassengärten, einen Poolbereich sowie einen Spielplatz direkt am Strand. Das Essen im Restaurant mit Bar ist gut. VP ❹–❺

Unterkunft bietet auch das **Coffee Bay Hotel**, unter neuem und anscheinend verbessertem Management, ☎ 047-575 2051, 💻 www.coffeebayhotel, in der 11 Main St, nur 3 Fußminuten vom Strand. Für die Gäste gibt es einen Pool und alle möglichen Aktivitäten. Halbpension ❹

Die begehrteste Backpacker-Lodge ist **Coffee Shack**, schön gelegen am Bomvu River, ☎ 047-575 2048, 💻 www.coffeeshack.co.za. Schlafsaalbetten, 1 DZ und Zeltplatz. Der hauseigene Shuttle-Bus verkehrt zwischen Mthatha und Coffee Bay und fährt bei Bedarf auch zur Haltestelle des **Baz Bus**. ❶

Ebenfalls beliebt und am Fluss gelegen ist das **Bomvu Paradise**, ☎ 047-575 2073, 083-460 4155, 💻 www.bomvubackpackers.com. Hier kann man Yogaunterricht nehmen, sich eine Trommel bauen und abends am Lagerfeuer an *drumming sessions* teilnehmen. Die Unterbringung erfolgt in Dorms und EZ ❶, DZ ❷ oder auf dem Campingplatz; die Ubuntu Kitchen liefert leckeres Essen.

Das **White Clay**, ☎ 047-575 0008, in der Bucht westlich von Coffee Bay, thront in spektakulärer Lage hoch oben auf einer Klippe. DZ für Selbstversorger mit Gemeinschaftsbädern, es gibt auch einen Campingplatz. Selbstverpflegung ❷–❸, HP möglich. Die Bucht gehört den Gästen des White Clay ganz allein. Hier lassen sich zwischen Aug und Nov manchmal Delphine und Wale beobachten.

Sonstiges

Coffee Bay hat weder Banken noch Geldautomaten. Benzin gibt es im Ocean View und Grundnahrungsmittel im teuren **Bayview Trading Store**, 5 km vor Coffee Bay in Richtung Port St Johns.

Transport

Von der N2 ist Coffee Bay über eine geteerte Straße erreichbar, die 14 südlich der Shell Ultra City in Mthatha abgeht.

Hole In The Wall

Das Dorf Hole in the Wall („Loch in der Wand") liegt in der Nähe der riesigen, aus dem Meer ragenden **Klippe** unweit der des Mpako River Mouth, von der es seinen Namen hat. Durch die Klippe führt ein Tunnel, durch den bei rauer See die Wellen donnern. Hier lässt es sich gut angeln, sicher baden und schnorcheln und faszinierende Wanderungen unternehmen, darunter eine **Küstenwanderung** Richtung Nordosten nach Coffee Bay. Eine 9 km lange Schotterstraße – eine landschaftlich attraktive Fahrt durch traditionelle Dörfer und an Klippen entlang mit Meeresblick – verbindet Coffee Bay mit Hole in the Wall. Vom Dorf ist es ein angenehmer, 1 km langer Spaziergang zum Hole.

Übernachtung

Das Hotel **Hole in the Wall**, ☎ 047-575 0009, 💻 www.holeinthewall.co.za, ❷–❹, das die winzige Siedlung beherrscht, liegt an einer kleinen Sandbucht und besteht aus strohgedeckten Rondavels auf Rasen, mit Pool, Bar und Spielplatz. Es hat zwar nicht den besten Ruf, was Essen, Unterkunft und Organisation angeht, bietet aber die Möglichkeit zur Selbstversorgung – was bei Hotels an der Wild Coast selten ist. Die Verpflegung kann man am besten in Mthatha besorgen. Die gut ausgestatteten Selbstversorger-Einheiten bieten 2–8 Pers. Platz, die einfacheren EZ sind billiger. Das ruhige Hostel **Hole in the Wall Backpackers**, ✆ 083-317 8786, gehört zum Hotel und gestattet es den Gästen, die Hotelanlagen zu nutzen. Es hat Schlafsäle und DZ ❷ und es gibt preiswerte Tagesausflüge zu schwer zugänglichen und spektakulären Orten an der Küste.

Mthatha River Mouth

Der Mthatha River fließt 6 km nördlich von Coffee Bay in eine weitere ruhige **Lagune**. Hier befindet sich das Hotel Anchorage, ✆ 047-575 9884, 💻 www.anchoragehotel.co.za, Selbstverpflegung ❷, HP ❸, 70 km von der N2 entfernt. Es bietet Unterkünfte in altmodischen Bungalows sowie Camping. Im Anchorage gibt es einen Gemischtwarenladen mit Spirituosenabteilung. Obwohl das Anchorage als Ferienanlage nicht die erste Wahl ist, empfiehlt es sich dennoch wegen der tollen Lage. Von zwei Flüssen eingerahmt, liegt das Hotel 3 km Fußmarsch am Strand entlang von der Mündung des Mthatha River und weitere 3 km von der des Mdumbi River entfernt. Beide bieten gute Angelbedingungen. Zur Erkundung der sanften Hügel und Küstenwälder arrangiert das Hotel Reittouren.

Transport

Der beste Weg zum **Anchorage** ist die Teerstraße nach Coffee Bay: rund 6 km vor Coffee Bay biegt man am Hinweisschild zum **Anchorage** nach links ab und fährt weitere 14 km auf einer stellenweise unbefestigten Straße.

Hluleka Nature Reserve

Zu den bezauberndsten Naturschutzgebieten der Wild Coast zählt das Hluleka Nature Reserve, das aus Küstenwäldern, Grasland und Sandstränden mit teils außergewöhnlichen, vom Wind geformten Felsformationen besteht. Die **Korallenbäume** stehen im Juli und August in voller scharlachroter Blüte. In dem Streifen Grasland sind Gnus, Zebras und Blessböcke unterwegs. 🕓 tgl. 6–18 Uhr, Eintritt R5.

Übernachtung

Die Unterkunft muss über das Eastern Cape Parks Board, ✆ 043-742 4450, 💻 www.ecparks.co.za, gebucht werden. Es stehen zwei Arten von Chalets (R320) für bis zu 6 Pers. zur Verfügung, eine auf Pfählen errichtete mit Meeresblick, die andere im Wald oben auf dem Hügel (R220). Alle sind geräumig und komplett für Selbstversorger ausgestattet.

Transport

Hluleka ist über die schwer befahrbare Küstenstraße von Coffee Bay aus erreichbar. Von Coffee Bay fährt man zunächst ein kurzes Stück in Richtung der N2, nimmt dann den rechten Abzweig nach Mdumbi und fährt weitere 30 km, bis die Schilder nach Hluleka auftauchen. Die einfacher befahrbare Alternativstrecke verläuft 30 km entlang der R61 von Mthatha nach Port St Johns von dort weitere 57 km bis zur Küste.

Mthatha und Umgebung

Zu beiden Seiten des Mthatha River und der N2 liegt, 235 km von East London entfernt, Mthatha (das ehemalige Umtata) – die vormalige Hauptstadt der Transkei und die größte Stadt der Wild Coast-Region. Leider ist sie mit ihren Straßen voller Müll, den unscheinbaren 70er-Jahre-Bauten und den vielen Menschen ziemlich unansehnlich. Doch hier kann der Reisende sich mit allem Nötigen versorgen und Geld ziehen. Ein Besuch des Zentrums lohnt sich bestenfalls wegen des Nelson Mandela Museums.

Zum Zentrum von Mthatha gehört ein kleines Netz belebter Straßen mit Bürogebäuden und vereinzelten architektonischen Schmuckstücken. An der Owen Street, Ecke Nelson Mandela Drive, 💻 www.mandelamuseum.org.za, ist das **Nelson Mandela Museum** im alten Parlament

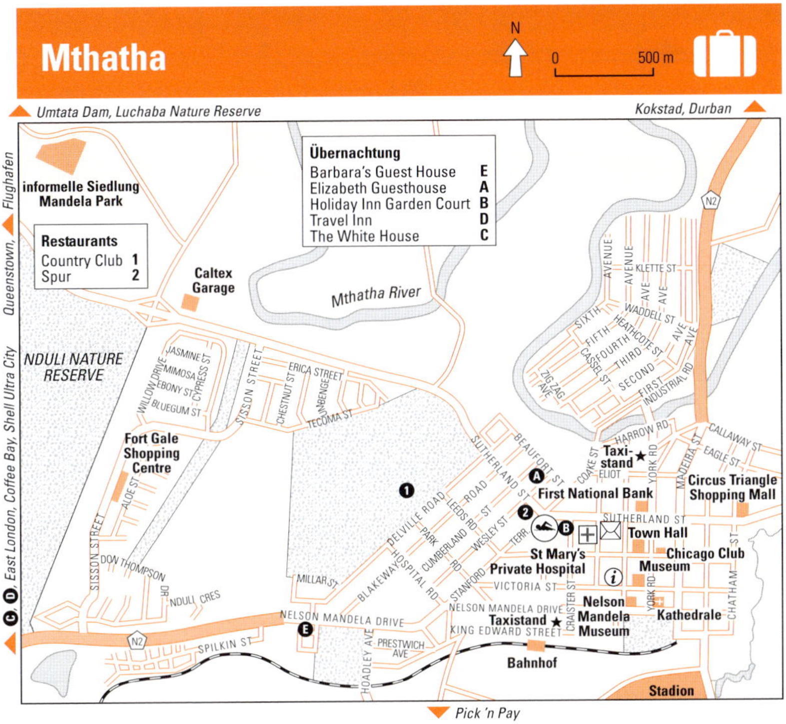

(bungha) untergebracht, das im Jahr 1927 erbaut wurde. Die interessanteste Abteilung des Museums ist dem Leben des großen Mannes gewidmet. Das Museum veranstaltet auch kostenlose Führungen nach **Qunu** und **Mveso**, Mandelas Geburtsort. Wer sich dafür interessiert, wendet sich an das Museum oder die Tour-Koordinatorin Miss Tetani, ✆ 082-483 4643. ⌚ Mo–Fr 9–16, Sa 9–12.30 Uhr, Eintritt frei.

Wegen der vielen Menschen, des Verkehrs und der Angst vor Verbrechen orientieren sich die meisten Autofahrer und Backpacker auf **Shell Ultra City**, 6 km vom Zentrum entfernt, an der N2 in Richtung East London. Hier kann man bequem halten, tanken, im Whistle Stop Restaurant essen und sich im Select Shop mit Lebensmitteln eindecken. Außerdem gibt es einen Geldautomaten, und auf dem Parkplatz steht ein kleiner Caravan des Eastern Cape Tourism Board.

Übernachtung

Mthatha ist für einen Aufenthalt nicht gerade die erste Wahl, doch es gibt ein paar ordentliche Unterkünfte. In erster Linie auf Geschäftsleute ausgerichtet, liegen sie vorwiegend am ruhigeren Stadtrand; an Wochenenden sind sie preiswerter, montags dagegen oft völlig ausgebucht.

Barbara's Guest House, 55 Nelson Mandela Drive, Zentrumsnähe, ✆ 047-531 1751, ✉ barbp@cybertrade. Vertrauenswürdige Pension in Garten, 30 Zimmer, meist mit Bad. Leckeres Kneipenessen. Die Straße ist allerdings schrecklich laut, deshalb sollte man sich möglichst ein Zimmer nach hinten hinaus geben lassen. HP ❺, B&B ❹

Elizabeth Guesthouse, 19 Cumberland St, ✆ 047-531 5031, 083-755 5425. Gut geführte, freundliche Unterkunft in einem Familienwohnhaus in einer ruhigen Ecke der Stadt. ❸

Nelson Mandela

Nelson Rolihlahla Mandela wurde am 18. Juli 1918 in der Nähe des Dorfes Qunu in dem noch winzigeren Dörfchen Mveso geboren. Sein Vater war ein Angehöriger des Königshauses der Xhosa und das Oberhaupt von Mveso, bis er sich mit dem weißen Friedensrichter wegen eines geringfügigen Streites überwarf. Nach seiner „Entlassung" zog die Familie in einen kleinen Kraal in Qunu, der, wie Mandela sich erinnerte, aus mehreren hundert armen Haushalten bestand.

Mandela wird oft **Madiba** genannt – das ist der Name seines den Thembu untergeordneten Familienclans. Der Name Nelson wurde ihm von einem Schullehrer gegeben, Rolihlahla bedeutet so viel wie „Unruhestifter". Mandela durfte zu Hause nie Fragen stellen, sondern sollte alles durch Beobachtung lernen. Später beobachtete er entsetzt, wenn er bei Weißen zu Gast war, wie deren Kinder ihre Eltern mit Fragen bombardierten und auch noch Antworten erwarteten. Kurz nach dem Tod seines Vaters wurde Mandela aus Qunu zum Königspalast in Mqhakeweni gerufen, wo er Auseinandersetzungen vor Gericht beobachtete. Mit 16 schrieb er sich im Clarkebury ein, einem College der Thembu-Elite, dann im Healdtown in Fort Beaufort und schließlich im berühmten **Fort Hare** in Alice (S. 395). Nachdem er dort mit der Obrigkeit aneinander geraten war, ging er zurück nach Mqhakeweni. Im Jahre 1941 floh er vor einer arrangierten Hochzeit nach Jo'burg, wo seine politische Karriere begann.

Im Jahr 1990 (mit 72 Jahren und nach fast drei Jahrzehnten Gefängnishaft) kehrte er erstmals nach Qunu zurück. Der Ort erschien ihm ärmlicher als in seiner Erinnerung, jedoch war er froh darüber, dass der alte Geist die Gemeinde nicht verlassen hatte. Er veranlasste den Bau eines Palastes. Dort macht Mandela nun Ferien und veranstaltet Familientreffen. Das Gebäude ist nach demselben Plan erbaut worden wie das Victor Verster-Gefängnis, wo Mandela die letzten Jahre in Gefangenschaft verbracht hatte – das erste geräumige und komfortable Haus, das er je bewohnt hatte und in dem er sich auskannte.

Holiday Inn Garden Court, an der N2 in der Innenstadt, 💻 www.southernsun.com, ✆ 047-537 0181. Großes 70er-Jahre-Gebäude, stilvoller Pool, Spielautomaten, schicke Cocktail-Bar und Restaurant. Die Zimmer sind schlicht, alle EZ haben Blick auf den Parkplatz. ❼

The White House, 5 Mhlobo St, South Ridge Park, ✆ 047-537 0580, 083-458 9810, ✉ whitehouse@intekom.co.za. 17 Zimmer, 8 davon mit Bad in 2 nebeneinander liegenden Vorstadtvillen. Ruhige Gegend abseits der N2, gegenüber Shell Ultra City. Abendessen auf Vorbestellung. ❸–❹

Essen und Unterhaltung

Außer den Hotelrestaurants gibt es wenige Esslokale in Mthatha. **Spur**, Sutherland St, reicht Salate, Burger und Steaks. Das **Country Club Restaurant**, Delville Rd, ✆ 047-531 0795, steht Nicht-Mitgliedern offen und serviert Speisen und Getränke auf einer strohgedeckten Terrasse mit Blick auf den Golfplatz. So geschl. Mthatha hat ein reges Nachtleben, es gibt Bars und **shebeens**, doch ohne ortskundigen Begleiter sollte man dort nicht hingehen.
Selbstversorger können Lebensmittel im **Spar Centre**, ⌚ tgl. 7–21 Uhr, 2,5 km entfernt Richtung Stadt an der N2 (neben **Wimpy**), oder **Pick 'n Pay**, ⌚ Mo–Fr 8.30–19, Sa und So 9–16 Uhr, im Southernwood Shopping Centre an der Errol Spring Avenue einkaufen. Die Auswahl in diesen Supermärkten ist wesentlich größer als im Laden der Shell Ultra City, außerdem verfügen sie über Geldautomaten.

Informationen

Auf dem Parkplatz der Shell Ultra City steht ein kleiner Caravan von **Eastern Cape Tourism Board**, wo Karten und begrenzte Auskünfte erhältlich sind.
Das **Tourist Office** im Zentrum, 64 Owen St, ✆ 047-531 5290, hält nützliche Karten bereit. ⌚ Mo–Fr 8–16.30 Uhr.
Im **Environment Office**, 4. Stock des Economic Affairs Department, York Rd, Ecke Victoria St, ✆ 047-531 1191, gibt es Karten für verschiedene Gebiete und eine nützliche Broschüre zum gesamten Küstenstreifen. ⌚ Mo–Fr 8–16.30 Uhr.
Wild Coast Reservations, 3 Beaufort St, ✆ 047-532 5344, kann Unterkünfte in den Ferienanlagen und Hotels der Region vermitteln. ⌚ tgl. 8–18 Uhr.

Transport

Busse

Der **Baz Bus** hält bei Shell Ultra City, 6 km außerhalb des Zentrums, an der N2 in Richtung East London, ebenso die Busse von **Greyhound** und **Translux**.
Intercity-Busse nach:
DURBAN (3x tgl.; 5 3/4 Std.);
EAST LONDON (1–2x tgl.; 3 Std.);
JO'BURG (2x tgl.; 12 3/4 Std.);
KAPSTADT (1–3x tgl.; 17 1/2 Std.);
PORT ELIZABETH (tgl.; 5 3/4 Std.);
PRETORIA (tgl.; 13 3/4 Std.).

Flüge

Der kleine **Mthatha Airport**, ✆ 047-536 0121, liegt 10 km westlich der Stadt an der Straße nach Queenstown, hier starten 2x tgl. Flugzeuge nach JO'BURG (1 1/2 Std.).
Zum Flughafen fahren keine öffentlichen Transportmittel, doch kann man Autos mieten (s. o. Autovermietungen).

Qunu

30 km südlich von Mthatha gelangt man zu den weit verstreuten Behausungen von Qunu, wo **Nelson Mandela** aufgewachsen ist. Die N2 donnert durch den Ort, doch die große und schlicht gehaltene Villa ist am Straßenrand leicht zu erkennen. Das Gebäude, das man zwar fotografieren, aber nicht betreten darf, liegt 28 km von Shell Ultra City in Mthatha (in Richtung Süden fahrend auf der linken Seite).

Auch die Überreste von Mandelas Grundschule sind hier noch zu sehen, ebenso der Felsen, von dem er mit seinen Freunden heruntergerutscht ist, und der Friedhof, auf dem seine Eltern, sein Sohn und seine Tochter liegen. Qunu ist ein Dorf, wo die Frauen noch traditionelle Kleidung tragen und kleine Jungen die Kühe der Familie hüten. Den besten Eindruck davon vermittelt eine Führung durch das Mandela Museum in Mthatha (S. 408).

Übernachtung

7 km nördlich von Mandelas Haus bietet das **Jonopo Cultural Village**, ✆ 083-768 9904, Unterkünfte in B&B-Rondavels ❷ mit Waschbecken in jedem Zimmer und Gemeinschaftstoilette draußen an. Auf Vorbestellung wird den Gästen eine Xhosa-Mahlzeit gekocht. Außerdem gibt es Ausstellungen zum Leben auf dem Lande und Kunsthandwerk zu erwerben, ⌚ tgl. 8–17 Uhr, Eintritt R10.

Port St Johns und Umgebung

Die 90 km lange Fahrt auf der R61 von Mthatha nach Port St Johns gehört zu den schönsten Strecken der Wild Coast. Sobald das winzige Dorf Libode hinter einem liegt, beginnt die spektakuläre Abfahrt vorbei an Felsenschluchten zur Küste, mit abenteuerlichen Blicken über die Wälder und das mit Rondavels gespickte Grasland. Die letzten Kilometer führen dann am Mzimvubu River entlang, bevor man den Stadtplatz und den Taxistand erreicht. Wer aus den kargen Hügeln von Mthatha kommt, kann kaum fassen, wie üppig grün und feuchtwarm es hier ist.

Port St Johns ist vor allem bei **Rucksackreisenden** ein beliebtes Reiseziel, nicht nur wegen seiner sensationellen Lage an der Mündung des Mzimvubu River zwischen dem Mount Thesiger am Westufer und dem Mount Sullivan im Osten. Einige Besucher werden sicherlich auch von dem in dieser Gegend angebauten Cannabis angezogen, und die berühmte entspannte Atmosphäre des Ortes veranlasst so manchen, länger als geplant hier zu verweilen. Port St Johns kann mit guten Angelplätzen und Badestränden locken, einer größeren Auswahl an Unterkünften als anderswo an der Wild Coast und nicht zuletzt einer Teerstraße, die bis in die Stadt hineinführt.

Die Stadt

Zunächst wirkt die Stadt etwas verwirrend – sie teilt sich in drei verschiedene Gegenden, die kilometerweit voneinander entfernt sind. Am **First Beach**, vom Postamt die Hauptstraße entlang, mündet der Fluss ins Meer. Es gibt gute Angelbedingungen, Baden ist aber etwas unsicher. Ganz in der Nähe liegt das ziemlich heruntergekommene Stadtzentrum, wo es Geschäfte und Minibus-Taxis gibt.

Am **Second Beach**, auf dem rechten Abzweig hinter dem Postamt ca. 5 km entlang der Teerstraße nach Westen, lässt es sich fabelhaft schwimmen, dort ist auch eine Lagune. Nicht weit von hier findet der Besucher nette Unterkünfte. Weitere Übernachtungsmöglichkeiten, besonders für Angelfreunde, gibt es am Fluss in der Nähe der **Pondoland Bridge**.

In Port St Johns gibt es zwar nicht viel Spannendes zu sehen, doch es ist ein hübsches Plätzchen für einen frühmorgendlichen Spaziergang, wenn zahlreiche Anwohner dasselbe tun. Die wenigsten Leute entfernen sich weiter von der Stadt als bis zu den First und Second Beaches und der Pondoland Bridge, obwohl die felsige Küstenlinie bis in das Silaka Nature Reserve hinein und weiter bis zum **Umngazi River Mouth** wunderschöne Wanderwege bietet, ebenso wie die endlosen unberührten Strände östlich des Mzimvubu River.

Beide Berge der **Gates of St John** lohnen den steilen Aufstieg zum Gipfel, von wo sich Blicke über die üppig grüne Umgebung eröffnen. Mit dem Auto kommt man bis zu dem Flugzeuglandeplatz oben auf Mount Thesiger. Hier kann man nach Raubvögeln Ausschau halten, die sich die Aufwärtsströmungen zunutze machen.

Auf der Suche nach **Kunsthandwerk** sei Besuchern das Pondo People Crafts am Ostufer des Mzimvubu River, jenseits der Pondoland Bridge, ans Herz gelegt – ganz klar der beste Laden an der Wild Coast.

Silaka Nature Reserve

Unmittelbar südlich der Stadt liegt das Silaka Nature Reserve, ein kleines Schutzgebiet mit einer spektakulären Küstenlinie. Dazu gehören der idyllische Third Beach, dichte und sagenhaft schöne tropische Waldgebiete mit riesigen Bäumen – durch die es sich wunderbar **wandern** lässt – und Tiere, z. B. Zebras und Gnus. Übernachten kann man in geräumigen strohgedeckten Familienbungalows für bis zu vier Selbstversorger (R640) mit voll ausgestatteten Küchen.

Zu buchen beim Eastern Cape Parks Board, ✆ 043-742 4450, 💻 www.ecparks.co.za. Zum Reservat gelangt man, indem man die Second Beach Road von Port St Johns und dann die tückisch steile Schotterstraße zur Reservatsverwaltung entlangfährt. Einige der Backpacker-Lodges bringen die Besucher ins Reservat, zurück wandert man dann die Küste entlang. 🕓 tgl. 6–18 Uhr, Eintritt R10.

Übernachtung

Port St Johns hat die größte Unterkunftsauswahl der Wild Coast. Ein Hostel mit Strand und ländlichem Ambiente ist **Mpande**, ein Stück außerhalb der Stadt.

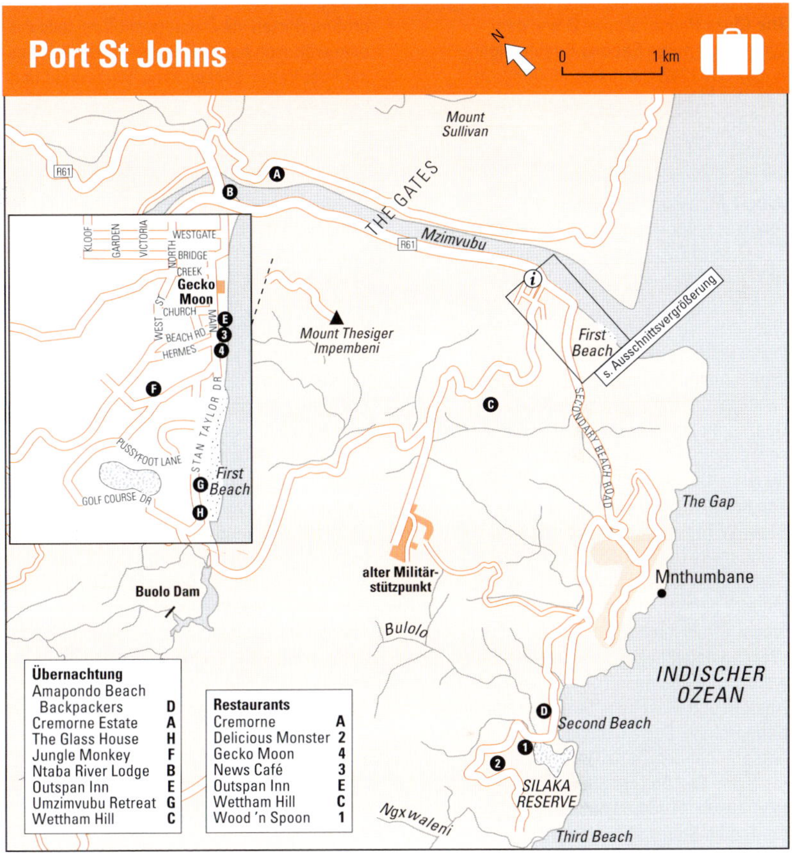

Amapondo Beach Backpackers, Second Beach, ✆ 047-564 1344, 💻 www.amapondo.co.za. Lebhaftes Hostel auf einem Hügel mit Meeresblick, aber in einiger Entfernung zum Second Beach. Jeden Morgen kostenloser Shuttle zum 5 km entfernten Zentrum. Tägliche Verbindung mit dem **Baz Bus**, um Gäste abzuholen. Internet-Zugang für Hausgäste, Abendessen auf Anfrage, Schlafsäle, DZ und feste Zelte auf Holzboden. Arrangiert Kanufahrten, Wanderungen und Ausflüge ins Silaka Nature Reserve oder Übernachtungen in einem Dorf inkl. Besuch eines Heilers. ❶–❷

Cremorne Estate, 5 km vom Zentrum am Mzimvubu River, an der Pondoland Bridge ausgeschildert, ✆ 047-564 1110 oder 1113, 💻 www.cremorne.co.za. Eine der wenigen edleren Unterkünfte der Stadt, elegante Holz-Cottages auf Stelzen für Selbstversorger, die Rasenflächen fallen zum Mzimvubu River hin ab, Blick auf die Klippen des Mount Thesiger. Die Cottages haben je 2 Schlafzimmer mit Bad für 3–4 Pers. Billiger sind die kleinen B&B-DZ mit derselben Aussicht. Noch preiswerter sind die winzigen Hütten mit Doppelliegen. Sehr gutes Restaurant, Bar und Pool-Bereich. ❶–❹

The Glass House, Marine Drive; den Wegweisern zum Second Beach folgen, ✆ 047-564 1242. Die mitten im Busch in Spaziernähe des First Beach gelegenen, angenehmen Holzbungalows bieten einen guten Ausblick auf den Ozean. Jeder hat zwei Zimmer mit separatem Eingang. ❸

Jungle Monkey, Berea Rd, zweite Abfahrt rechts von der Hauptstraße hinter der Post, ✆ 047-564 1517, 💻 www.junglemonkey.co.za. Hostel in einem umgebauten Haus in Zentrumsnähe mit Camping, Dorms und DZ in wunderbaren festen Zelten und Blockhütten im Wald. Selbstverpflegung oder B&B; Bar, am Wochenende Livemusik. Die Besitzer arrangieren Führungen in die Dörfer und Übernachtungen bei einem traditionellen Heiler sowie den Transport zum Silaka Nature Reserve. Der Baz Bus hält hier. ❶–❷

The Kraal, Mpandi, ✆ 082-871 4964, 💻 www.Thekraalbackpackers.co.za. Vier traditionelle Hütten für je 4 Pers. auf Gemeindeland, weit abgeschieden. Effizient geführt, herrliche Lage am Strand, weder Strom noch Spültoiletten, Dusche und Waschgelegenheiten in Strohhütten. Mahlzeiten werden angeboten, oft gibt es Langusten, Austern und Muscheln. Strandwanderungen, Schnorcheln, Surfen, Delphine beobachten (zur entsprechenden Zeit auch Wale). Hostel-Bus fährt zum **Baz Bus** am Shell Ultra City in Mthatha telefonisch im Voraus buchen). Mit dem Auto bei **Tombo Stores** abbiegen (70 km von Mthatha an der Straße nach Port St John) und weitere 30 Min. bis zum Dorf Mpandi fahren. ❶–❷

Ntaba River Lodge, am Ufer des Mzimvubu River, ✆ 047-564 1707, 032-941 5320, 💻 www.intabariverlodge.co.za. Eine Reihe Chalets, ein Restaurant und jede Menge Aktivitäten im Angebot. Der freundliche Service ist makellos und Gäste dürfen sich auf *idombolo* (hausgemachtes Brot) und traditionelle Tänze freuen. An der R61 von Mthatha her ausgeschildert, direkt am Stadtrand von Port St Johns. VP ❺–❻

Outspan Inn, im Zentrum, hinter der Town Hall an der Straße zum First Beach, ✆ 047-564 1057, 💻 www.outspaninn.co.za. Zweistöckiges, ockerfarbenes B&B in einem bezaubernden großen Garten mit Zimmern mit Bad, teils mit ungewöhnlich hohen Betten, von denen man auf First Beach blicken kann. Restaurant und Pub, Pool. ❸

Umngazi River Bungalows, an der Mündung des Umngazi River, westlich von Port St Johns, ✆ 047-564 1115, 💻 www.umngazi.co.za. Als Urlaubsort an der Wild Coast unschlagbar, wohl landesweit der beste Anbieter für Familien-Strand-Urlaub. Oft ausgebucht, gerade während der Schulferien, also rechtzeitig buchen. Ausgeschildert an der R61, ca. 10 km vor Port St Johns, von Mthatha kommend; vom Schild sind es noch 11 km auf einer mit Schlaglöchern übersäten Straße. Gäste können auch mit einem Privatflugzeug nach Port St Johns gebracht oder abgeholt werden. VP ❻–❼

Umzimvubu Retreat. Der Straße zum First Beach folgen; der Eingang ist am Ende der Teerstraße deutlich ausgewiesen, ✆ 047-564 1741, 💻 www.geocities.com/umzimvuburetreat. Heimeliges Gästehaus in einem großen naturbelassenen Garten mit herrlicher Aussicht. Alle Zimmer haben Bad; R300 Schlüsselpfand. Das Abendessen im Restaurant muss vorgebucht werden. B&B ❹, Selbstversorgung ❸

Wettham Hill, 2 Mountain Drive, beim Tourismusbüro ausgeschildert, ✆ 082-453 3944, 💻 www.wetthamhill.co.za. Das hübscheste Mittelklassegästehaus von Port St Johns mit Panoramablick auf die Stadt und einem kleinen Restaurant. Komfortable, nett eingerichtete Zimmer. ❹

Essen

Cremorne, Mzimvubu River, den Schildern an der Pondoland Bridge folgen, ✆ 047-564 1110 oder 1113. Vornehmstes Lokal der Stadt. Fisch, Steak und Desserts sind durchweg sehr gut, außerdem Pizza-Ofen und Pub. 🕓 tgl. Mittag- und Abendessen.

Delicious Monster, nahe Second Beach, ✆ 083 997 9856. Einige Tische im Garten des Besitzers, abseits des Second Beach. Frühstück, Mittag- und Abendessen mit gartenfrischen Kräutern, selbst gemachte Leckereien zum Tee.

The Island, am First Beach ausgeschildert, ✆ 047-564 1958. Flippiger, witziger Ort, wo man nach japanischem Vorbild auf dem Boden sitzt und von getoasteten Sandwiches bis zu Thai-Gemüse-Gerichten alles bekommt. Guter Preis, gute Küche, gute Präsentation. Takeaways und Lieferservice. ⌚ tgl. außer Di 12–24 Uhr.

News Cafe, an der Straße zum First Beach neben dem **Outspan Inn**, ✆ 073-359 4281. Ein Pub und Seafood-Restaurant, wo es auch Tee, Kuchen und *koeksisters* gibt. ⌚ tgl. 9 Uhr bis spät.

Outspan Inn, s. Übernachtung. Das Restaurant im gleichnamigen B&B bietet opulentes Frühstück und gutes, preiswertes Mittag- und Abendessen. So abends geschlossen.

Wettham Hill, s. S. 414. Für hiesige Verhältnisse edles Restaurant mit herrlichem Ausblick vom Balkon. Tgl. wechselnde Speisekarte, z. B. *balsamic chicken* oder nach Mittelmeerart gebratenes Gemüse.

Sonstiges

Einkaufen

Im Zentrum befinden sich eine Post, eine Bank mit Geldautomat und ein **Shoprite-**Supermarkt.

Selbstverpfleger können sich an Straßenständen mit köstlichem Obst der Region eindecken. Manchmal gibt es auch frischen Fisch zu kaufen. Der **Boxer Supermarket** in der Innenstadt führt eine Menge Lebensmittel; Gemüse kauft man am besten bei **Green Foods**.

Informationen

Das **Tourist Office**, ✆ 047-564 1187, ist der auffällige Bau an dem Kreisverkehr auf dem Weg stadteinwärts. Dort werden Karten und Informationen über die Unterbringung bei örtlichen Xhosa-Familien bereitgestellt. ⌚ tgl. 8–16.30 Uhr.

Jimmy Gila vom **Tourist Office**, ✆ 082-507 2256, bietet **Touren** in der Region an.

Transport

Selbstfahrer

Von Durban nimmt man am besten die Küstenstraße R61 über Port Shepstone und Port Edward, anstatt landeinwärts zur N2 zu fahren.

Busse

Der **Baz Bus** hält in Port St Johns. Kommt man aus KwaZulu-Natal mit öffentlichen Transportmitteln nach Port St Johns, führt eine Alternativroute über das Wild Coast Sun (s. u., Nördliche Wild Coast), Bizana und Lusikisiki an der R61.

Am besten kommt man mit dem **Grimboys-Bus** aus Durban hierher, der tgl. direkt nach Port St Johns fährt.

Minibus-Taxis

Port St Johns ist auch per Minibus-Taxi von Mthatha leicht erreichbar: Viele fahren vom Restaurant **Steer's** an der **Circus Triangle Mall** ab.

Nördliche Wild Coast bis nach KwaZulu-Natal

Die Straße von Port St Johns über **Lusikisiki** und Bizana nach KwaZulu-Natal stellt für Reisende vom Ostkap nach KwaZulu-Natal eine interessante Alternative zur N2 dar und führt zum Highlight dieser Gegend, dem **Mkhambathi Nature Reserve**.

Mkhambathi Nature Reserve

Hinter Lusikisiki scheinen sich die Hügel von Pondoland meilenweit auszudehnen, nur unterbrochen vom Dörfchen **Flagstaff**, 50 km weiter, wo man nach Osten zum größten Reservat der Wild Coast abbiegen kann, dem 80 km^2 umfassenden Mkhambathi Nature Reserve, ⌚ tgl. 6–18 Uhr, R20). Der Park besteht fast ausschließlich aus Grassteppe und wird von den bewaldeten Schluchten der Flüsse Msikaba und einer hinreißenden **Küstenlinie** mit Felsbuchten und einsamen Stränden begrenzt.

Im Park leben sehr **viele Tiere**: Mit etwas Glück bekommt der Besucher Elenantilopen, Gnus, Kuhantilopen und Blessböcke sowie Fahlgeier zu Gesicht. Das Glanzlicht ist der Mkhambathi River selbst, der sich seinen Weg durch das Reservat in einer Reihe faszinierender Wasserfälle bahnt, von denen die meeresnahen **Horseshoe Falls** den Höhepunkt bilden. **Reiten** und **Wandern** gehören zum Angebot.

Der Amadiba Horse Trail (S. 401) endet am Reservat.

Das **Baden** gestaltet sich hier herrlich idyllisch: Eine warme, geschützte Lagune wird von steilen Dünen flankiert, von denen man ins Wasser rutschen kann. Dazu gibt es schattige Bäume an dem breiten, klaren Fluss. Es sind keinerlei Anlagen vorhanden – für Proviant, inkl. Trinkwasser, ist selbst zu sorgen. 🕓 tgl. 6–18 Uhr.

Um nach Mkhambathi zu kommen, biegt man am Mkhambathi-Schild bei Flagstaff von der geteerten R61 ab in Richtung Küste. Von Flagstaff sind es 70 km Schotterstraße, deren Beschaffenheit sich laufend ändert. Nach starkem Regen ist ein Geländewagen nötig. Von Port St Johns sind etwa 2–3 Std. einzuplanen. Die Straße zum Rest Camp ist recht gut, doch braucht man für die anderen Wege im Gelände (außer dem zum Strand) ein **Fahrzeug** mit großer Bodenfreiheit. Die Route zum Strand lässt auch zu wünschen übrig, doch bei Trockenheit und umsichtiger Fahrweise kann man sie mit einem Pkw bewältigen. Gut, dass der Fußweg zum Strand durch den tropischen Wald nicht so lang ist.

Die Unterkunft (zu buchen übers Eastern Cape Parks Board – ✆ 043-742 4450, 💻 www.ecparks.co.za) ist komplett für Selbstversorger ausgestattet, aber sämtliche Verpflegung muss mitgebracht werden, denn es gibt keine Geschäfte. Das beste Quartier ist **The Main Lodge**, unweit der Rezeption. Als das Rest Camp noch ein Sanatorium war, wohnte in diesem aus Stein gebauten Haus der Arzt. Es steht auf einem Hügel und hat eine Veranda mit Blick aufs Meer und einen eigenen Swimming Pool. Mit fünf Schlafzimmern mit Bad ist es ideal für eine Gruppe und kostet R1950 pro Übernachtung. Um die Rezeption herum stehen fünf Stein- oder Fertigbauhütten mit Platz für jeweils sechs Personen (Minimum vier Personen) und ein Cottage für zwei Personen ❶.

In der **Gwe Gwe River Lodge** mit Blick auf den Misikaba und in der Nähe von Angelplätzen können 20 Gäste (R2400) unterkommen, ideal für eine Gruppe von Angelfreunden. Weitere sechs Rondavels in der Nähe haben jeweils zwei Betten ❷.

Alle Unterkünfte haben Stromanschluss. Am Strand, abermals in traumhafter Lage, kann man in einem strohgedeckten Haus mit vier Schlafgelegenheiten ❶ unterkommen: **The Point** – weit und breit das einzige Gebäude am Strand. Es gibt dort keinen Strom, nur Solarenergie und Gaslampen.

KwaZulu-Natal

Stefan Loose Traveltipps

12 Durban In den indischen Restaurants im Zentrum die pikanten Speisen der zweitgrößten ethnischen Gruppe KwaZulu-Natals probieren. S. 420

13 Ukhahlamba Drakensberge Das Gebirge mit seinen hoch aufragenden Gipfeln und uralten Felsmalereien der San wurde von der Unesco zum Welterbe ernannt. S. 458

14 Hluhluwe-Imfolozi Park Das Wildschutzgebiet ist einer der besten Orte der Welt, um Nashörner zu beobachten. S. 473

iSimangaliso Wetland Park Das Naturreservat wurde 1999 zum Welterbe erklärt und umfasst fünf Ökosysteme mit Meeresbewohnern und Landtieren. S. 477

Authentische Zulu-Kultur in Eshowe An einer traditionellen Zulu-Hochzeit oder einem Initiationsritus teilnehmen und einige der schönsten Flechtarbeiten Südafrikas im Vukani Zulu Cultural Museum betrachten. S. 496

Battlefield-Touren Das Drama der Kriege zwischen Engländern, Buren und Zulu wird durch wortgewandte Tourguides wieder lebendig. S. 502

KwaZulu-Natal ist die afrikanischste Provinz Südafrikas und hat alles zu bieten, was man gemeinhin mit diesem exotischen Kontinent verbindet: Strände, wilde Tiere, Berge und eine aufgeschlossene, multikulturelle Bevölkerung. Die Südafrikaner selbst wissen sehr gut, welche Attraktionen KwaZulu-Natal zu bieten hat. Nur die ausländischen Besucher scheinen noch nicht so recht gemerkt zu haben, was für ein unglaubliches Potenzial in dieser überschaubaren und landschaftlich schönen Region steckt.

Die Stadt **Durban** ist das wirtschaftliche Zentrum der Provinz und wichtigster Hafen des Landes. Die Ursprünge der Metropole sind britisch, doch das einzigartige kulturelle Flair wird ihr von einer Mischbevölkerung aus Zulu, Indern und Weißen verliehen. Palmen wiegen sich neben viktorianischen Gebäuden, illegale Einwanderer hausen unter Schnellstraßenbrücken, indische Tempel und Restaurants behaupten sich im Schatten der Bürohochhäuser und Stadtstrände trotzen der wuchernden Bebauung.

Nördlich und südlich von Durban liegen die touristisch am besten erschlossenen Strände Südafrikas, die sogenannte **Nord-** und **Südküste**: Von der Ostkap-Grenze im Süden bis zum Tugela River im Norden säumen an einem 250 km langen Küstenstreifen Hotels und Ferienwohnungen die beliebtesten Strände des Landes. Jedoch liegt gar nicht weit von hier, nördlich des Tugela River, einer der unberührtesten Küstenabschnitte Südafrikas: die **Elephant Coast**.

Diese Region bildet ein Mosaik aus Feuchtgebieten, Süßwasserseen, Wildnisgebieten und Zulu-Dörfern, es findet seine Nahtstelle zum Meer in einem praktisch durchgehenden Sandstrand, der sich von der St.-Lucia-Mündung bis nach **Kosi Bay** und über die Grenze hinaus nach Mosambik hinzieht. Abgesehen vom touristisch einigermaßen erschlossenen, südlichen Abschnitt des **Lake St. Lucia** zählt die Elephant Coast zu den isoliertesten Regionen des Landes, doch die Korallenriffe der **Sodwana Bay** bilden das beste Schnorchel- und Tauchrevier Südafrikas.

Die beeindruckende Unterwasserwelt KwaZulu-Natals findet ihr Pendant an Land in den **Wildschutzgebieten**, von denen einige allenfalls durch den Krüger-Nationalpark übertroffen werden. In so manchem Aspekt stellen sie ihren großen Bruder sogar in den Schatten: Zum Beobachten von Spitz- und Breitmaulnashörnern sind die Wildparks in KwaZulu-Natal die besten der Welt. Die Tierschutzgebiete konzentrieren sich im Norden der Provinz, sie bieten Unterkünfte, die zu den stilvollsten Südafrikas zählen. Das berühmteste und größte Reservat ist der **Hluhluwe-Imfolozi Park**. Hier ist eine beachtliche Vielfalt an wilden Tieren anzutreffen, darunter auch die Big Five, d. h. die Großwildarten Löwe, Leopard, Elefant, Nashorn und Büffel.

Seit dem 19. Jh., als die Region erstmals von christlichen Missionaren ins Visier genommen wurde, haben die **Zulu** die Fantasie der westlichen Welt angeregt, sie zählen auch heute noch zu den wichtigsten touristischen Magneten der Provinz – ungeachtet der Tatsache, dass es wahrscheinlicher ist, einem mit Jeans bekleideten Zulu in Johannesburg zu begegnen als einem in traditioneller Kluft in KwaZulu-Natal. Überall in der Provinz finden sich Erinnerungen an das Zulu-Königreich und seinen Gründer Shaka, darunter eine Rekonstruktion des aus Bienenkorbhütten bestehenden Zuludorfes **Ondini** und das eher touristisch ausgerichtete **Shakaland** in der Nähe von **Eshowe**.

Im Landesinneren liegen nördlich des Tugela River die **KwaZulu-Natal Battlefields**, das Kernland des Zulu-Königreiches im 19. Jh. und Schauplatz schauriger Schlachten zwischen Buren und Zulu, Engländern und Zulu sowie Buren und Engländern. Heute erwecken Fremdenführer die historischen Kampfschauplätze wieder zum Leben – eine beeindruckende Erfahrung mit einem der turbulentesten Kapitel der südafrikanischen Geschichte.

Die Region südlich des Tugela River erhielt Mitte des 19. Jhs. die Bezeichnung „Land des weißen Mannes" und konsolidierte sich als solches ein Jahrhundert später unter dem Apartheidsystem. Keiner Gegend in Südafrika haben die Engländer deutlicher ihren Stempel aufgedrückt als den **Midlands**, einer reizvollen Region mit einigen fabelhaften ländlichen Hotels. Die hügelige und grüne Landschaft mit ihren Zuckerrohrplantagen, Polo-Clubs und den etwas gekünstelten, auf den Fremdenverkehr ausgerichteten Kunsthandwerksrouten nimmt sich aber angesichts der zahlreichen spektaku-

lären Sehenswürdigkeiten der übrigen Provinz vergleichsweise blass aus.

Von den Midlands aus erheben sich Richtung Westen die höchsten Gipfel Südafrikas. Diese erreichen ihren Höhepunkt in den **Ukhahlamba Drakensbergen**, einem gewaltigen Gebirgsmassiv. Die Bergwelt wird durch eine Reihe von KZN-Tierreservaten geschützt. Die Restcamps der Gegend eignen sich ideal als Ausgangspunkt für Wanderungen in die Berge oder eine anspruchsvolle Kletterpartie in die Hochgebirgswelt. Mit relativ wenig Anstrengung lässt sich erleben, wie kristallklare Flüsse in marmorartige Felsbecken stürzen oder wie das Volk der San seine uralten Zeichnungen auf Steinen und Felswänden verewigte.

Das **Klima** KwaZulu-Natals ist erheblichen Schwankungen unterworfen. Im Winter kann es

KwaZulu-Natal Wildlife

Die meisten der in diesem Kapitel erwähnten öffentlichen Wildparks und Naturschutzgebiete stehen unter der Verwaltung von Ezemvelo KwaZulu-Natal Wildlife, kurz: KZN Wildlife, PO Box 13069, Cascades 3202, ✆ 033-485 1000, 💻 www.kznwildlife.com. Falls nicht ausdrücklich anders angegeben, sollte die Unterkunft in diesen Gebieten im Voraus reserviert werden. Ein günstiges Büro für persönliche Reservierung ist die Tourist Junction in Durban, ✆ 031-274 1150, S. 442.

Der iSimangaliso Wetland Park wird jetzt zwar von der iSimangaliso Wetland Park Authority, ✆ 035-590 1633, 💻 www.isimangaliso.com, verwaltet, doch fast alle Unterkünfte im Park unterstehen noch KZN Wildlife. Daher sollten Reservierungen nach wie vor über KZN erfolgen.

in den Ukhahlamba Drakensbergen gelegentlich zu Schneestürmen kommen, während an der nur 200 km entfernten subtropischen Küste mildes und sonniges Wetter mit angenehmen Badetemperaturen herrscht. Die Region ist daher vor allem im Winter, wenn am Kap eisige Regengüsse niedergehen können, ein beliebtes Ferienziel, während der Hochsommer in den tiefer gelegenen Gebieten einschließlich Durban, im Küstengürtel und in den Wildreservaten eine unangenehm hohe Luftfeuchtigkeit mit sich bringen kann.

Geschichte

Obwohl sie im 19. Jh. in Kämpfen gegen die Buren und Briten unterlagen, spielen die Zulu auch heute noch eine wichtige Rolle in der südafrikanischen Politik, besonders in KwaZulu-Natal. Die Inkatha Freedom Party (IFP), die 1975 vom ehemaligen ANC Youth League-Mitglied Mangosuthu Buthelezi gegründet wurde, ist derzeit die viertgrößte Partei Südafrikas. Sie galt lange als Symbol für Zulu-Nationalismus und wird überwiegend von Zulu-Sprachigen gewählt. Anfangs waren die IFP und der ANC Verbündete im Antiapartheidkampf. Aber bald stellte sich heraus, dass der leidenschaftliche Nationalismus der IFP einen erheblichen Nachteil für den ANC darstellte. Es kam zu Übergriffen von ANC-Anhängern auf IFP-Mitglieder. Darauf folgte ein erbitterter, blutiger Konflikt zwischen den beiden Parteien in den 1980er- und 1990er-Jahren, der schätzungsweise rund 20 000 Menschenleben forderte.

Inzwischen kommt es nur noch zu vereinzelten – und zunehmend selteneren – Zusammenstößen, aber auf politischer Ebene setzt sich die Rivalität fort. In KwaZulu-Natal hat allerdings der ANC die Oberhand gewonnen und zurzeit beherrscht er die Provinzverwaltung. Hinsichtlich der Landespolitik setzen die Zulu ihre Hoffnungen auf **Jacob Zuma**, der seit Mai 2009 Staatspräsident Südafrikas ist. Zuma stammt aus KwaZulu-Natal und hat sich sehr für ein Ende der Gewalt zwischen dem ANC und der IFP eingesetzt. Er hält oft Ansprachen auf Zulu und genießt trotz einer umstrittenen politischen Karriere (s. S. 108, „Nach Mandela") großen Rückhalt in seinem Volk.

12 HIGHLIGHT

Durban

Bis in die 1970er-Jahre galt Durban – drittgrößte Stadt Südafrikas und größter Hafen des Kontinents – als Inbegriff eines exklusiven Meerbades für die weiße Bevölkerung Südafrikas. Die tropischen Farben, die üppige Vegetation, die Surfer und die zahlreichen Urlauberfamilien aus Johannesburg unterstrichen dieses Bild. Aber in den 80er-Jahren kam es zu tiefgreifenden Veränderungen: Die „Bevölkerungsbewegungskontrollen" aus der Apartheidzeit wurden abgeschafft, und viele Schwarzafrikaner strömten aus den ländlichen Gebieten KwaZulu-Natals nach Durban. Sie eroberten sich das Stadtzentrum und errichteten Shantytowns und Hütten aus Pappkarton. Damit kehrte hier die schwarzafrikanische Realität ein. Die zweitgrößte ethnische Gruppe der Stadt sind inzwischen die **Inder**. Ihre Tempel, Basare und Moscheen bilden einen starken Kontrast zu den viktorianischen Gebäuden des von der Kolonialzeit geprägten Zentrums.

Zwar ziehen die **Strände** der Stadt alljährlich Tausende von Jo'burgern nach „Durbs", das Interessanteste an Durban ist jedoch seine quirlige Betriebsamkeit. Die Stadt scheint unermüdlich damit beschäftigt, die indische, afrikanische und englische Kultur miteinander in Einklang zu bringen. Man kann ohne Weiteres mehrere Tage damit zubringen, das indische Viertel in der Umgebung der Grey Street – inzwischen in Dr Yusuf Dadoo Street umbenannt – und einige ausgezeichnete Restaurants sowie das Nachtleben in Durbans schicken nördlichen Vororten und das malerische Hafengebiet zu erkunden.

Die meisten Touristen kommen allerdings in erster Linie nach Durban, weil sich die Stadt als Sprungbrett für die Weiterreise in andere Regionen KwaZulu-Natals anbietet: die KwaZulu-Natal-Wildparks, die Drakensberge und die Battlefields. Durban verfügt über eine sehr gute Verkehrsanbindung innerhalb Südafrikas, und seit der Eröffnung des neuen Flughafens der Stadt wird Durban auch von mehr Städten im Ausland direkt angeflogen.

Geschichte

Vor weniger als 200 Jahren war Durban den Europäern noch als **Port Natal** bekannt und eine mangrovenüberwucherte Lagune, in der weiße Abenteurer profitable Geschäfte mit Elfenbein und Fellen witterten. 1824 überredete eine britische Abordnung unter Führung von **Francis Farewell** den Zulu-König **Shaka** zur Herausgabe eines Stück Landes. Die Engländer nannten ihre neue Siedlung Durban, nach dem Gouverneur der Kapkolonie, Sir Benjamin D'Urban. Sie waren der Ansicht, dass sie dessen Unterstützung irgendwann einmal gut gebrauchen könnten.

1839 sah sich Großbritanniens zerbrechlicher kolonialer Außenposten einer ernsten Bedrohung ausgesetzt, als die **Buren** mit ihren Ochsenkarren über die Ukhahlamba Drakensberge gezockelt kamen, um in bedrohlicher Nähe ihre neue Republik Natalia auszurufen. Im darauf folgenden Jahr machten einige inzwischen feindlich gesinnte Zulu die junge englische Siedlung dem Erdboden gleich und zwangen die britischen Kolonialisten, auf ihrem Segelschiff *Comet* das Weite zu suchen. Aus der plötzlichen Abwesenheit der Engländer wusste eine Gruppe von Buren Kapital zu schlagen, indem sie Durban annektierte. Später belagerten die Buren ein inzwischen eingetroffenes Kontingent der Engländer – eine Episode, die den Stoff zu einem der großen viktorianischen Melodramen lieferte: Der junge **Dick King** legte damals heldenhaft die 1000 km von Durban nach Grahamstown zu Pferde in nur zehn Tagen zurück, um die dortige Garnison zu alarmieren, die prompt ein Kommando zur Befreiung Durbans auf den Weg schickte.

Während Kapstadt sich bereits in den 1840er-Jahren zu einem kosmopolitischen Zentrum entwickelt hatte, teilten sich die knapp 1000 Einwohner Durbans ihre bescheidene Existenz mit Löwen, Leoparden und Hyänen. Das änderte sich, als Großbritannien 1843 die **Kolonie Natal** offiziell annektierte. Die zweite Hälfte des 19. Jhs. war geprägt von einer beträchtlichen industriellen Entwicklung der Stadt und dem Zustrom von Angehörigen anderer ethnischer Gruppen. Zwangsverpflichtete **indische Arbeitskräfte** trafen ein, um auf den Zuckerrohrplantagen KwaZulu-Natals zu schuften. Sie legten damit den Grundstein für Südafrikas profitable **Zuckerindustrie** und die inzwischen beträchtlich angewachsene indische Gemeinde der Stadt.

Nachdem sie 1879 von den Briten geschlagen worden waren, zogen viele Zulu nach Süden, in den expandierenden Wirtschaftsraum Durban. 1895 wurde die Eisenbahnlinie zwischen Johannesburg und Durban fertig gestellt und von da an trafen noch mehr Wanderarbeiter ein. Die neue Verkehrsverbindung in das industrielle Herz des Landes und die Öffnung des Hafens von Durban für große Schiffe im Jahre 1904 sicherten der Stadt schließlich ihre Vormachtstellung als bedeutendster Hafen Südafrikas.

Angesichts der stetig wachsenden indischen und afrikanischen Bevölkerung erließ der unter englischer Kontrolle stehende Stadtrat von Durban 1922 ein **neues Gesetz**, nach dem Grundstücke in der Stadt fortan nur noch an Weiße verkauft werden durften. Er griff damit der später unter Federführung der Afrikaander eingeführten Apartheid um 26 Jahre vor.

Die strikte Durchsetzung der **Apartheidgesetze** in den 50er-Jahren führte in Durban zu einem Jahrzehnt der **Proteste**. Nachdem der ANC 1960 verboten worden war und sich ein bewaffneter

Flügel der Organisation herausgebildet hatte, wurde eine landesweite **Serie von Bombenanschlägen** geplant, die am 15. Dezember 1961 mit einer Explosion in Durban eröffnet wurde. 1973 übernahm Durban erneut eine Vorreiterrolle, als die Arbeiter der Stadt, trotz des Verbots arbeitsrechtlicher Aktivitäten für Schwarze, wilde Streiks initiierten. Es war das Signal zur Wiedergeburt von Südafrikas **Gewerkschaften** und hauchte der Anti-Apartheid-Bewegung neues Leben ein. Die Ereignisse markierten den Beginn der letzten Etappe des Landes auf dem Weg zur Demokratie.

Orientierung

Durbans **Stadtzentrum** wird im Süden von der Bay of Natal und im Osten von den Stränden des Indischen Ozeans begrenzt. Es entwickelte sich um die Niederlassung der ersten weißen Siedler herum. Das historische Herz der Stadt konzentriert sich um den **Francis Farewell Square**, fünf Gehminuten nördlich der Bucht. Im zentralen Geschäftsbezirk, der von Hochhäusern gesäumt wird, herrscht reger Autoverkehr; der Ozean ist von dort aus nicht zu sehen.

Westlich des Stadtzentrums liegt in der Umgebung von Dr Yusuf Dadoo (früher Grey) Street und Victoria Street der faszinierendste Teil Durbans: das **indische Viertel**. Es ist ein pulsierendes Labyrinth aus Basaren, engen Gassen und Moscheen. Ein Stückchen weiter westlich brodelt inmitten von Taxiständen und Bushaltestellen das schwarzafrikanisch dominierte **Warwick Triangle**.

Durbans Beachfront am östlichen Rand des Stadtzentrums besitzt jede Menge Restaurants und Vergnügungsangebote – aber auch eine hohe Kriminalitätsrate (die allerdings im Sinken begriffen ist). Den Südteil der Strandpromenade nimmt die Halbinsel **The Point** ein. Einen Teil dieser ziemlich trostlosen Halbinsel macht die Nordseite des **Hafens** aus, der das wirtschaftlichen Zentrum der Stadt bildet.

Oberhalb des Stadtzentrums und des Hafens liegt in kühlerer Höhenlage der attraktive Wohnbezirk **Berea**, der üppige und von Vogelgezwitscher erfüllte Gärten aufweist und mit schicken Restaurants und Bars lockt. Sehr viel weiter außerhalb liegen die Apartheid-Ghettos KwaMashu und Inanda. Es sind Schlafstädte der schwarzen Pendler, die täglich zu ihrem Arbeitsplatz und zurück fahren. **Cato Manor**, die der Stadt am nächsten gelegene Township, ist ein anschauliches Beispiel für die urbanen Widersprüche Südafrikas.

Durbans neue Straßennamen

Viele Hauptverkehrsstraßen von Durban werden derzeit umbenannt, um das Gleichgewicht der Kulturen im neuen Südafrika zu reflektieren. Bekannte Straßen der Stadt wie die Point Road und die West Street tragen jetzt die Namen bekannter und weniger bekannter Personen, die auf die eine oder andere Weise zur Demokratisierung des Landes beigetragen haben. Dies war jedoch ein umstrittener Prozess. Einige Bewohner der Stadt konnten keinen Sinn darin erkennen, Straßen nach Ausländern wie Che Guevara und Samora Machel zu benennen, und verschiedentlich wurde vor Gericht um die Umbenennungen gestritten. Trotzdem tauchten zur Zeit der Recherche auf Straßenschildern schon die neuen Bezeichnungen auf, und es scheint, als würden die Behörden grünes Licht für das ganze Projekt geben. Auf den im Buch abgedruckten Stadtplänen haben wir die neuen Namen eingetragen und dahinter die alten in Klammern. Die meisten Stadtbewohner benutzen aber noch die alten Namen. Eine Auflistung der betroffenen Straßen mit ihren neuen Namen ist in der Tourist Junction (S. 442) erhältlich.

Das Zentrum

Der **Francis Farewell Square**, begrenzt von den beiden Hauptdurchgangsstraßen des Zentrums, Dr Pixley Kaseme Street (früher West Street) und Anton Lembede Street (früher Smith Street), bildet das Herz des kolonialen Durban. Im Mittelpunkt des palmengesäumten Platzes zieht im Schatten einiger schöner alter Gebäude das Gelb und Blau des Kenotaphs, eines wunderschönen Art-déco-Denkmals zu Ehren der Gefallenen des Ersten Weltkriegs, die Blicke auf

Durban

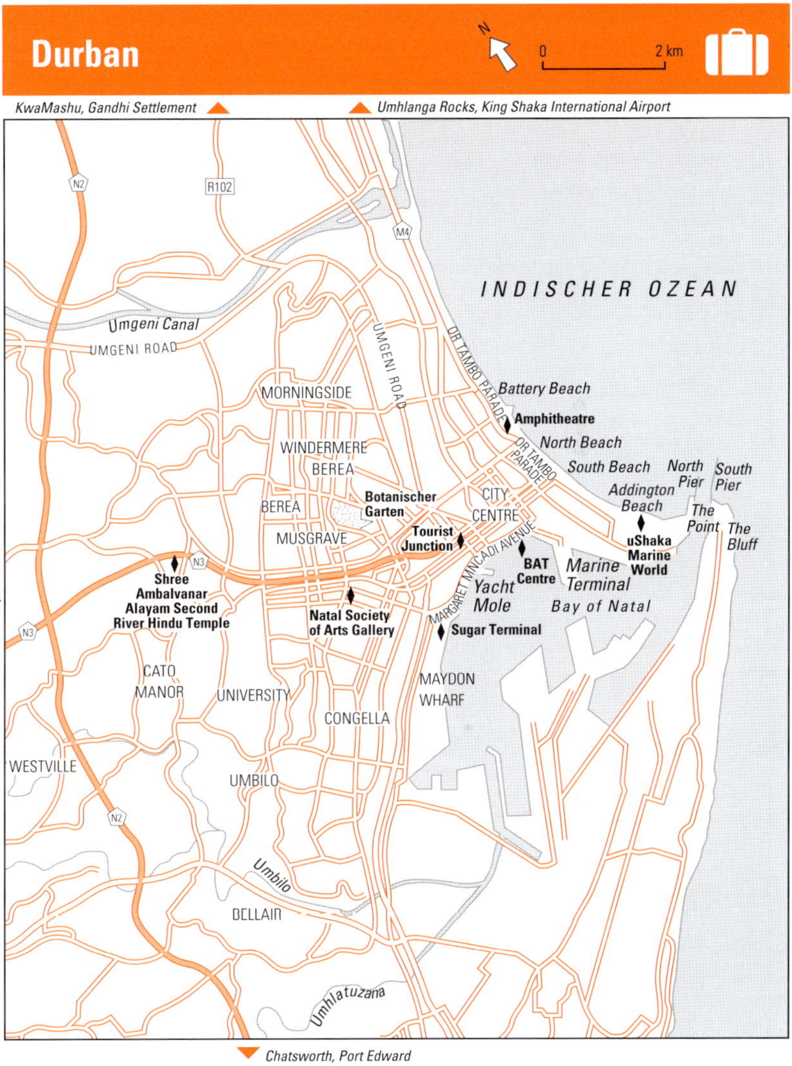

sich. Dies war der Ort, wo einst die englischen Abenteurer Francis Farewell und Henry Fynn das erste weiße Camp aufbauten, um Elfenbeinhandel mit den Zulu zu treiben.

Nördlich des Farewell Square befinden sich in der 160 Monty Naicker Road die traurigen Überreste des 1894 erbauten Bahnhofs **Natal Great Railway Station**. Hundert Jahre später wurde er mit dem Einzug von Geschäften und des Tourist Junction Information Centre zu neuem Leben erweckt. Auf der gegenüberliegenden Straßenseite, an der Dr A B Xuma, Ecke Samora

Durban Stadtzentrum und Beachfront

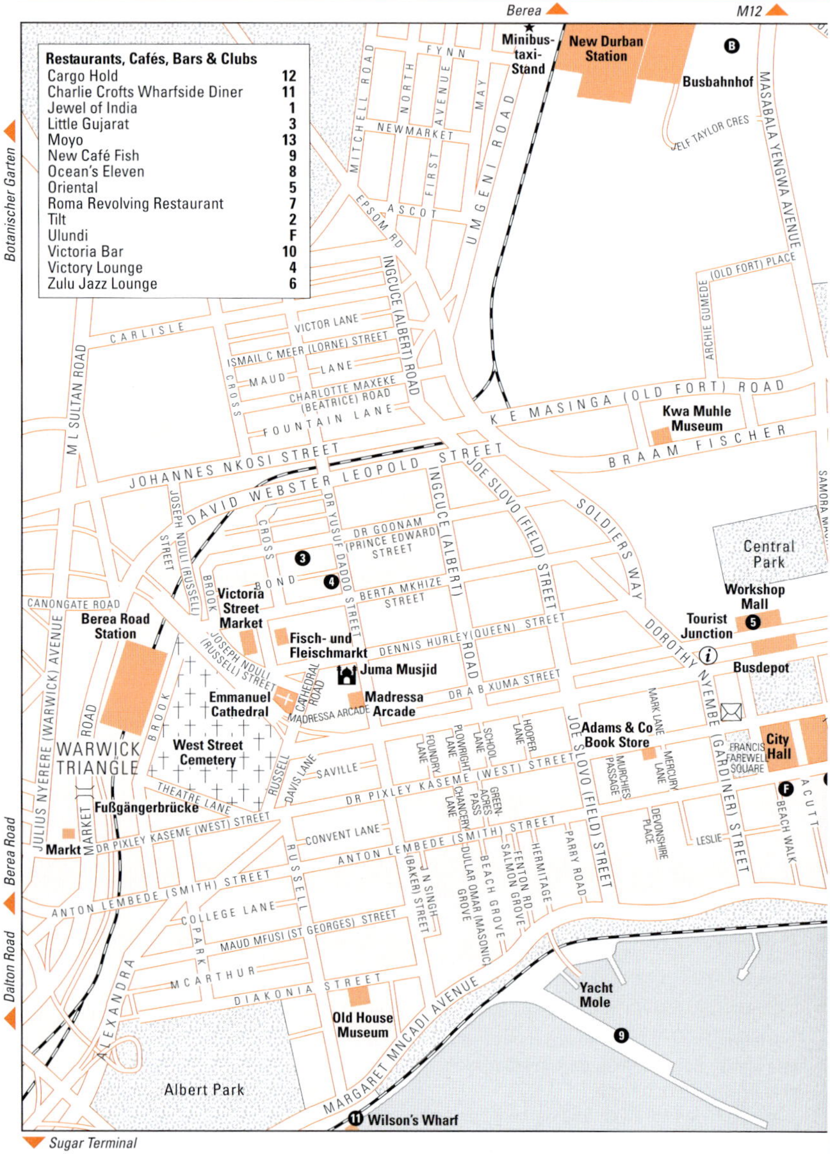

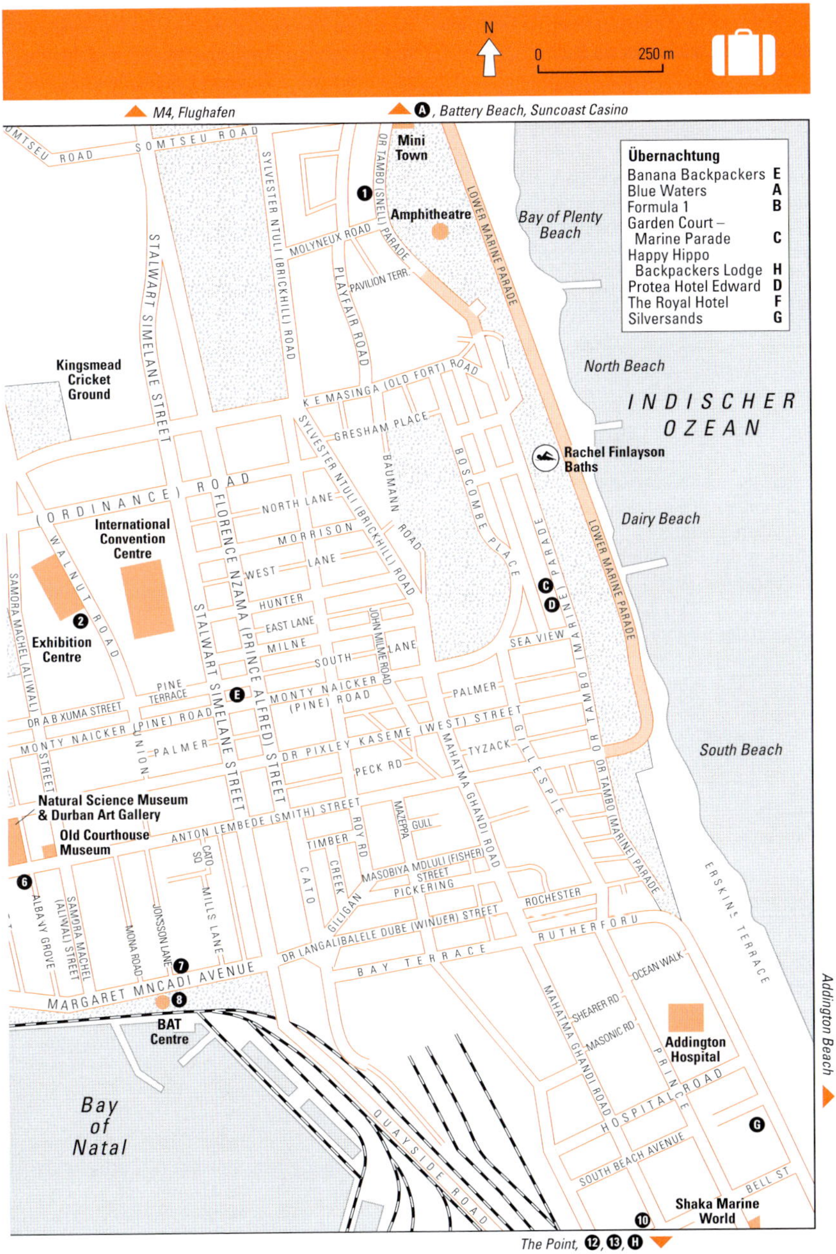
N
0 250 m
M4, Flughafen
A, Battery Beach, Suncoast Casino
Übernachtung
Banana Backpackers E
Blue Waters A
Formula 1 B
Garden Court – Marine Parade C
Happy Hippo Backpackers Lodge H
Protea Hotel Edward D
The Royal Hotel F
Silversands G
Mini Town
Amphitheatre
Bay of Plenty Beach
North Beach
INDISCHER OZEAN
Rachel Finlayson Baths
Dairy Beach
South Beach
Kingsmead Cricket Ground
International Convention Centre
Exhibition Centre
Natural Science Museum & Durban Art Gallery
Old Courthouse Museum
BAT Centre
Bay of Natal
Addington Hospital
Shaka Marine World
Addington Beach
The Point, 12, 13, H
SOMTSEU ROAD
SYLVESTER NTULI (BRICKHILL) ROAD
OR TAMBO (SNELL) PARADE
MOLYNEUX ROAD
PAVILION TERR.
PLAYFAIR ROAD
LOWER MARINE PARADE
STALWART SIMELANE STREET
K E MASINGA (OLD FORT) ROAD
GRESHAM PLACE
BAUMANN ROAD
BOSCOMBE PLACE
(ORDINANCE) ROAD
NORTH LANE
MORRISON LANE
WEST
HUNTER
EAST LANE
MILNE
SOUTH
FLORENCE NZAMA (PRINCE ALFRED) STREET
JOHN MILME ROAD
LANE
SEA VIEW
OR TAMBO (MARINE) PARADE
WALNUT ROAD
SAMORA MACHEL (ALIWAL)
PINE TERRACE
MONTY NAICKER (PINE) ROAD
PALMER
DR A B XUMA STREET
UNION STREET
DR PIXLEY KASEME (WEST) STREET
TYZACK
GILLESPIE
PECK RD
MAHATMA GHANDI ROAD
ANTON LEMBEDE (SMITH) STREET
CATO SQ
TIMBER
ROY RD
MAZEPPA
GULL
CATO
CREEK
MASOBIYA MDLULI (FISHER) STREET
PICKERING
ROCHESTER
GILIGAN
DR LANGALIBALELE DUBE (WINDER) STREET
RUTHERFORD
BAY TERRACE
ERSKINE TERRACE
ALBANY GROVE
SAMORA MACHEL (ALIWAL) STREET
MONA ROAD
JONSSON LANE
MILLS LANE
MARGARET MNCADI AVENUE
OCEAN WALK
SHEARER RD
MASONIC RD
PRINCE
HOSPITAL ROAD
SOUTH BEACH AVENUE
BELL ST
QUAYSIDE ROAD

Machel Street, liegt das wichtigste Einkaufszentrum der Stadt, die Workshop Mall.

City Hall und Old Courthouse Museum

Östlich des Mahnmals bildet die 1910 im neubarocken Stil erbaute City Hall das monumentale Herzstück des Stadtzentrums. Heute ist im Erdgeschoss des ehemaligen Rathauses das naturwissenschaftliche **Natural Science Museum**, ✆ 031-311 2256, untergebracht. Es zeigt die üblichen ausgestopften Tiere und lohnt nur einen kurzen Blick. ⌚ Mo–Sa 8.30–16, So 11–16 Uhr, Eintritt frei.

Ein besserer Grund, die Schwelle der City Hall zu überschreiten, ist ein Besuch der **Durban Art Gallery**, ✆ 031-311 2262, im oberen Stockwerk. In den Hauptsälen werden wechselnde Ausstellungen gezeigt; im zentralen Flur ist eine Dauerausstellung mit afrikanischer Malerei, Drucken und Schnitz- und Flechtarbeiten untergebracht. ⌚ wie oben, Eintritt frei.

Östlich der City Hall befindet sich das **Old Courthouse Museum**, ✆ 031-311 2229. Der Eingang zu Durbans erstem zweistöckigen Gebäude liegt in der Samora Machel Street. Es wurde 1866 im kolonialen Natal-Veranda-Stil erbaut und weist den charakteristischen, breiten Dachvorsprung zum Schutz vor den heftigen subtropischen Wolkenbrüchen auf. Hier befindet sich eine Rekonstruktion von Durbans erstem europäischen Bauwerk, der Stangenholzhütte von Henry Francis Fynn aus Flechtwerk und grobem Verputz. ⌚ Mo–Sa 8.30–16, So 11–16 Uhr, Eintritt frei.

Kwa Muhle Museum

Den Nordteil der Innenstadt beherrscht die ausgedehnte Grünanlage **Central Park**, in deren Mitte ein bezaubernder Mosaikbrunnen plätschert. Im Nordteil der Parks befindet sich das Kwa Muhle Museum, 130 Braam Fischer Rd, ✆ 031-311 2237, auch als **„Apartheid-Museum“** bekannt. Es ist ein absolutes Muss für alle, die auch nur einen Funken Interesse daran haben, das moderne Südafrika zu verstehen. Zu den ständigen Ausstellungen gehört eine über das „Durban System“. Sie erklärt, wie der Stadtrat die Verwaltung der schwarzafrikanischen Bevölkerung finanzieren konnte, ohne einen einzigen Rand des weißen Steuerzahlers dafür aufzuwenden: Man räumte den Weißen ein Monopol auf das Brauen von Sorghum-Bier ein und schenkte es in riesigen städtischen Bierhallen aus, die Schwarzen vorbehalten waren. Mit dem Erlös wurde sichergestellt, dass die Schwarzen ein „ordentliches“ Leben führten.

Die Ausstellung beschäftigt sich auch mit dem verhassten Pass-System, das einen der schlimmsten Aspekte der Apartheid darstellte und eine ständige Überwachung der Schwarzafrikaner ermöglichte. Ebenfalls aufschlussreich sind die Fotos vom Alltag in den Arbeiterherbergen. Diese Unterkünfte waren nach Geschlechtern und Stammeszugehörigkeit getrennt. So schuf die weiße Regierung künstliche Trennungslinien und säte damit Zwietracht zwischen den verschiedenen Stämmen, noch immer einer der Gründe für die gegenwärtige Gewalt in Südafrika. ⌚ Mo–Sa 8.30–16, So 11–16 Uhr; Eintritt frei.

Dr Yusuf Dadoo Street und Umgebung

Westlich vom Kwa Muhle Museum, wo die Dr Yusuf Dadoo Street in Nord-Süd-Richtung die Stadt durchschneidet, nimmt das Tempo merklich zu. Das offizielle Stadtzentrum geht in ein dicht bevölkertes Labyrinth aus Läden und Wohnquartieren über. Hier beginnt das zentrale **indische Viertel** Durbans. Die Gebäude im Architekturstil der Union (nach 1910) sind hier gut erhalten und verleihen dem Viertel im Verbund mit Minaretten und Kirchtürmen eine abwechslungsreiche Silhouette.

Auf den Straßen herrscht ein buntes Durcheinander. Am Straßenrand vor den indischen Gemischtwarenläden und Gewürzhändlern bieten schwarzafrikanische Händler Kräuter, Obst und Schmuck an. Wem angesichts der Menschenmengen in diesem Viertel nicht ganz wohl ist – und hier besteht immer das Risiko eines Überfalls auf offener Straße –, kann die Gegend auch im Rahmen einer der preiswerten **geführten Spaziergänge** besichtigen, die täglich von der Tourist Junction (s. Kasten S. 441) aus angeboten werden.

An der Dr Yusuf Dadoo Street, Ecke Dennis Hurley Street erhebt sich die 1927 erbaute **Juma-Musjid** mit ihren Minaretten und vergoldeten Kuppeln, die größte Moschee der südlichen Erdhalbkugel. Sie ist Mittelpunkt des Viertels, wenngleich die Muslime unter der vorwiegend hinduistischen indischen Bevölkerung Durbans lediglich eine Minderheit bilden. Die Moschee ist öffentlich zugänglich, man sollte aber bitte nicht vergessen, vor der Tür die Schuhe auszuziehen. Die äußeren Säulengänge gehen in die **Madressa Arcade** über, wo indische Händler Kerosinlampen, maßgeschneiderte Kleidung und Perlenketten feilbieten. Die Gasse mündet in die Cathedral Street, die von der 1902 im gotischen Stil erbauten **Emmanuel Cathedral** beherrscht wird.

Nördlich davon, jenseits der Dennis Hurley Street, ist in einem hellrosa Gebäude der **Victoria Street Market** untergebracht (s. „Einkaufen", S. 440), der bei Touristen auf Schnäppchenjagd beliebt ist. Auf dem hektischen Fisch- und Fleischmarkt gegenüber spielen sich teilweise sehr unterhaltsame Szenen ab, vor allem sonntags, wenn sich die Händler gegenseitig zu überbieten versuchen, um vor Geschäftsschluss noch die letzte Ware abzustoßen.

Weiter westlich haben sich in der **Joseph Nduli Street** (früher Russell Street) afrikanische Straßenhändler zusammengefunden, deren *umuthi* (traditionelle Heilkräuter) reißenden Absatz finden.

Eingezwängt zwischen Joseph Nduli Street, den westlich davon verlaufenden Bahngleisen und der in die Stadt führenden N3 im Norden liegt der **West Street Cemetery**. Hier ruhen, nach Religionszugehörigkeit getrennt, zahlreiche Persönlichkeiten aus der Kolonialzeit, darunter auch George Cato, Durbans erster Bürgermeister, und Thomas Baines, seines Zeichens Forscher und naturwissenschaftlicher Illustrator zu Zeiten Königin Victorias. Die Grabsteine im muslimischen Abschnitt tragen die Aufschriften „Hagee" (eine Person, die in Mekka war) oder „Hafez" (eine Person, die den gesamten Koran auswendig kannte).

Warwick Triangle

Westlich der Dr Yusuf Dadoo Street schlägt das wirkliche urbane Herz Durbans. Schnellstraßen auf Betonpfeilern überziehen ein chaotisches Gewirr aus Straßen, Minibus-Halteplätzen, Verkaufsständen, Bruchbuden und *shebeens*. Wer dieses zwischen **King Dinizulu Road**, **Brook Street** und **Cannongate Road** gelegene und als Warwick Triangle bezeichnete Viertel auf eigene Faust erkunden will, muss schon eine Portion Unerschrockenheit mitbringen. Aber wer selbstsicher auftritt und nichts bei sich hat, was leicht

Auf dem Victoria Street Market gibt es alle erdenklichen Gewürze, bei Bedarf auch „Schwiegermutter-Auslöscher".

weggeschnappt werden kann, dürfte eigentlich keine Probleme bekommen.

Der Weg ins Warwick-Dreieck führt über die Brook Street (bis 1988 als Slaughterhouse Road bekannt, weil in dieser Straße Viehschlachtungen vorgenommen wurden), weiter durch die chaotische, geräuschvolle Halle des Berea-Bahnhofs und auf der Fußgängerbrücke über die Market Road zu Durbans **größtem Markt** (s. „Einkaufen", S. 440) zwischen Julius Nyerere Avenue und Market Road.

Das Hafengelände

Die Margaret Mncadi Avenue (früher Victoria Embankment), auch „Esplanade" genannt, verläuft am betriebsamen Hafen entlang, Durbans ökonomischer Lebensader. In der Westecke des Hafens, wo die Margaret Mncadi Avenue auf die Maydon Wharf Road trifft, steht ein fotogener Komplex funktionaler Industriearchitektur. Die bemerkenswertesten Bauten sind die drei Zuckersilos am Sugar Terminal, 51 Maydon Wharf Rd. Der Terminal, dessen Design patentiert wurde, hat sich zu einer Touristenattraktion entwickelt. Bei einer Führung (Mo–Do 8.30, 10, 11.30 und 14 Uhr; R13) erfährt man eine Stunde lang alles über die Geschichte des Zuckers und sieht eine halbe Million Tonnen davon. Reservierung beim SA Sugar Association Tour Centre, ✆ 031-365 8153.

Die Margaret Mncadi Avenue und ihre angrenzenden Straßen waren während der frühen Stadtentwicklung im 19. Jh. die begehrteste Wohngegend Durbans. Einen Block nördlich der Margaret Mncadi Avenue befindet sich in der 31 Diakonia Street ein Überbleibsel aus der Kolonialzeit, das **Old House Museum**, ✆ 031-311 2261. Dies ist das ehemalige Wohnhaus von Sir John Robinson, der 1893 erster Premierminister Natals war. ⏲ Mo–Sa 8.30–16, So 11–16 Uhr, Eintritt frei.

Ein Stückchen weiter auf der Margaret Mncadi Avenue nach Osten gelangt man zur **Yacht Mole**, einem schmalen, in die Bucht hineinragenden Wellenbrecher und Liegeplatz für unglaublich viele Boote der Jacht-Clubs Point und Royal Natal. Hier befindet sich auch der Zugang zum Dreh- und Angelpunkt der Kunstszene, dem **BAT (Bartle Arts Trust) Centre**. Das Kunstförderungs- und Gemeindezentrum im industriellen Chic umfasst eine Konzerthalle, mehrere Galerien, Workshops für darstellende Künste und Unterrichtsräume. Das Ocean's Eleven Restaurant (S. 437) im Obergeschoss bietet eine schöne Aussicht auf die Hafenszenerie.

Zurück auf der Margaret Mncadi Avenue erreicht man weiter östlich an der Kreuzung mit der Stalwart Simelane Street die Hafeneinfahrt Port Entrance No. 3. Sie führt zum **Ocean Terminal Building**, einem Gebäude aus der guten alten Zeit der Seefahrt und eines der architektonischen Glanzstücke Durbans. Es ist nicht öffentlich zugänglich, doch bei Dunkelheit ist der Anblick des Bauwerks mit der Stadt im Hintergrund absolut spektakulär.

Die Beachfront

Durbans **Beachfront**, eine quirlige Urlaubermeile unmittelbar östlich vom Stadtzentrum, ist der am dichtesten bebaute Strandabschnitt Südafrikas und eigentlich keinen Abstecher wert, sofern man nicht auf ausgesprochenen Kitsch und schrille Vergnügungsparks steht. Der 6 km lange Strandbereich vom Umgeni River im Norden bis zum Point im Süden hieß traditionellerweise **Golden Mile** („Goldene Meile"), aber die weit verbreitete Kriminalität brachte ihm den Spitznamen „Mugger's Mile" („Straßenräubermeile") ein.

Jedoch wurden vor der Fußball-WM große Anstrengungen unternommen, die Beachfront sicherer zu machen: Die Polizeipräsenz ist deutlich erhöht worden, Überwachungskameras wurden installiert und der Zugang zu den Stränden ist nur noch über spezielle Kontrollpunkte möglich. Besucher sollten aber während des Tages trotzdem weiterhin Umsicht walten lassen – z. B. keine Wertsachen am Strand liegen lassen – und die Beachfront abends und nachts gänzlich meiden.

Addington Beach ist der südlichste Badestrand der Beachfront und wegen seiner kleineren Wellen ein beliebtes Übungsrevier für Surfneulinge. Der breite Sandstrand mit den angrenzenden Rasenflächen lockt vorzugsweise Durbaner Familien zum Sonnenbaden an.

Die große Attraktion hier – und die einzige wirklich lohnende an der Beachfront – ist die **uShaka Marine World**, ✆ 031-328 8000, 💻 www.

ushakamarineworld.co.za. Das eindrucksvolle Wasserabenteuer-Wunderland ist ein tropischer afrikanischer Themenpark mit Palmen, künstlichen Felsen und strohgedeckten *bomas*. ⌚ tgl. 9–17 Uhr, Eintritt R152. Der schönste Bereich ist **uShaka Sea World**, angelegt in und um die ausgezeichnete Nachbildung eines gesunkenen Handelsschiffes aus den 1920ern (Eintritt nur Sea World: R98). Der Haupteingang führt in den abgedunkelten Schiffsrumpf mit zersplittertem Holz, dem halb in Trümmern liegenden Maschinenraum und abschüssigen Bodenplanken. Die Wände dienen als Fenster auf den „Ozean" (in Wirklichkeit mehrere Aquarien), wo sich Wasserschildkröten, Haie, Tintenfische und anderes Meeresgetier tummeln.

Zum Komplex gehören auch ein Delphin- und ein Robbenbecken, wo drei- bis viermal täglich (je nach Saison) Delphin- und Robbenshows veranstaltet werden. Die Benutzung des uShaka Wet 'n Wild, einer Reihe von Pools und Wasserrutschen (darunter die Drop Zone, die höchste Wasserrutsche Afrikas), kostet R79. Der **uShaka Village Walk** und der **uShaka Beach** (der Südabschnitt des Addington Beach) sind ab 9 Uhr bis spät abends zugänglich. Am Village Walk gibt es zahlreiche Restaurants, deshalb kann man hier abends angenehm (und sicher) herumschlendern.

Gleich nördlich von uShaka Marine World erstreckt sich **South Beach**, der vielleicht belebteste Strand Südafrikas, an dem eine schier endlose Reihe von Souvenirständen beginnt. Im weiteren Verlauf der Marine Parade warten Paddelteiche, Springbrunnen, Brücken, eine Seilbahn und Rummelplatzbuden auf Besucher.

Dairy Beach, der folgende Strandabschnitt, ist nach der Molkerei benannt, die hier früher einmal stand. Er gilt als einer der besten Surfstrände der Welt und beherbergt auch das Salzwasserbad **Rachel Finlayson Baths**, wo man wunderbar in bewachten Bereichen schwimmen und auf dem Rasen sonnenbaden kann. ⌚ Okt–April Mo–Fr 5.30–20.30, Sa und So 6–17 Uhr, Mai–Sep tgl. 6–17 Uhr; Eintritt R5. An den Dairy Beach schließt sich **North Beach** mit der benachbarten **Bay of Plenty** an. Beide Strände sind jedes Jahr im Juli Austragungsort internationaler Meisterschaften von Profi-Surfern.

Zwischen OR Tambo Parade und der Fußgängerpromenade an der Bay of Plenty befindet sich das schön gestaltete **Amphitheater**, wo sonntags ein Flohmarkt stattfindet (s. „Einkaufen", S. 440). Direkt nördlich von hier liegt an der OR Tambo Parade, Ecke KE Masinga Road, die **Mini Town**, eine maßstabsgetreue Nachbildung der Wahrzeichen Durbans. Auf Stegen geht es an Hotels, Stränden und dem Flughafen vorbei; vor allem Kindern wird das gefallen. ⌚ tgl. 9.30–16.30 Uhr, Dez, Jan, Juli und Sep bis 17 Uhr; Eintritt R15, Kinder von 2 bis 13 Jahren R10.

Einen Kilometer weiter nördlich, hinter dem **Battery Beach** (gut zum Schwimmen), steht der auf Art déco getrimmte Vergnügungskomplex des **Suncoast Casino** mit Restaurants, Spieltischen, acht Kinos und einem Privatstrand (R10).

Berea

Hoch oben auf einem in Nord-Süd-Richtung verlaufenden Höhenzug mit Blick über die Stadt liegt der Stadtteil Berea, Durbans ältester und begehrtester Wohnbezirk, dessen Villen und Apartmentblocks aus luftiger Höhe schöne Blicke auf Hafen und Ozean genießen. Die Übernachtungsmöglichkeiten, Restaurants und Unterhaltungsangebote des Viertels bieten eine Alternative zu denen im Stadtzentrum und an der Beachfront. Mit dem Namen „Berea" wird sowohl die Vorstadt bezeichnet, die sich direkt nördlich und westlich an das Zentrum von Durban anschließt, als auch ein separates Viertel innerhalb dieses Gebiets, zu dem auch Morningside und Musgrave gehören.

Die kurvenreiche **Peter Mokaba Road** (früher Ridge Road) zieht sich vom Umgeni River bis zur University of KwaZulu-Natal über 6 km in Nord-Süd-Richtung durch Berea. Südlich der N3, die Berea von Osten nach Westen Richtung City durchzieht, und östlich der Peter Mokaba Road befindet sich in der Bulwer Road neben dem Bulwer Park die **KwaZulu Natal Society of Arts Gallery** (KZNSA), ✆ 031-202 3686, mit alle drei Wochen wechselnden Ausstellungen einheimischer Künstler und einem Café, das länger geöffnet hat als die Galerie. Der geräumige Komplex aus den 90er-Jahren besteht aus miteinander verbunde-

Restaurants, Cafés, Bars & Clubs
9th Avenue Bistro 11
Bean Bag Bohemia 12
Billy The Bums 1
Blue Zoo Garden Restaurant 4
Burn 10
Delfi Taverna 2
Eden of Essenwood 13
Europa Florida 7
The Lounge 8
Palki 14
Skyybar 9
Spice 3
Spiga d'Oro 6
Vida e Caffé 5
Asherville Sports Field
Jameson Park & Rose Garden
Mucklenuk & Killie Campbell Museum
ESSENWOOD
Berea Park
St Thomas Cemetery
MUSGRAVE
Musgrave Centre
Botanischer Garten
ALPINE ROAD
EARL HAIG ROAD
FELIX DLAMINI (BRICKFIELD) ROAD
PETER MOKABA (NORTH RIDGE) ROAD
FERNDALE RD
NIMMO RD
MOUNTAIN VIEW RD
HOPECRAIG AVE
BEMERSYDE RD
MONTPELIER ROAD
FLORIDA RD
MONTPELIER CRES
WOODLEY
SPRINGFIELD ROAD
EAST STREET
PETER MOKABA (RIDGE) ROAD
SOUTH ROAD
MCCORD ROAD
PALM GROVE
HIGH ROAD
JESMOND GR
JULIA ROAD
KENILWORTH ROAD
VAUSE ROAD
OVERPORT DRIVE
STEVEN DLAMINI (ESSENWOOD) ROAD
MUSGRAVE ROAD
GLADYS MAZBUKO (MARIOTT GARDENS) ROAD
NORFOLK ROAD
RORVIK ROAD
CURRIE ROAD
HADEN
PROBLEM MKHIZE (COWEY) ROAD
ESSELMONT AVE
AVONDALE ROAD
JOHN ZIKHALI
LAWRENCE DR
CALDWELL ROAD
CLIVE ROAD
NAPIER ROAD
MILNER ROAD
MADRAS ROAD
(SYDENHAM) ROAD
PROBLEM MKHIZE (EDITH BENSON) ROAD
EVERED POOLE PL
BEREA PARK ROAD
ST THOMAS ROAD
WINDMILL ROAD
SILVERTON ROAD
ST THOMAS AVENUE
CLYDE AVE
HURST GR
CLIFTON PL
GRANTS GR
BELLEVUE ROAD
ST THOMAS RD
Mazisi Kunene Road
KwaZulu-Natal Society of Arts Gallery

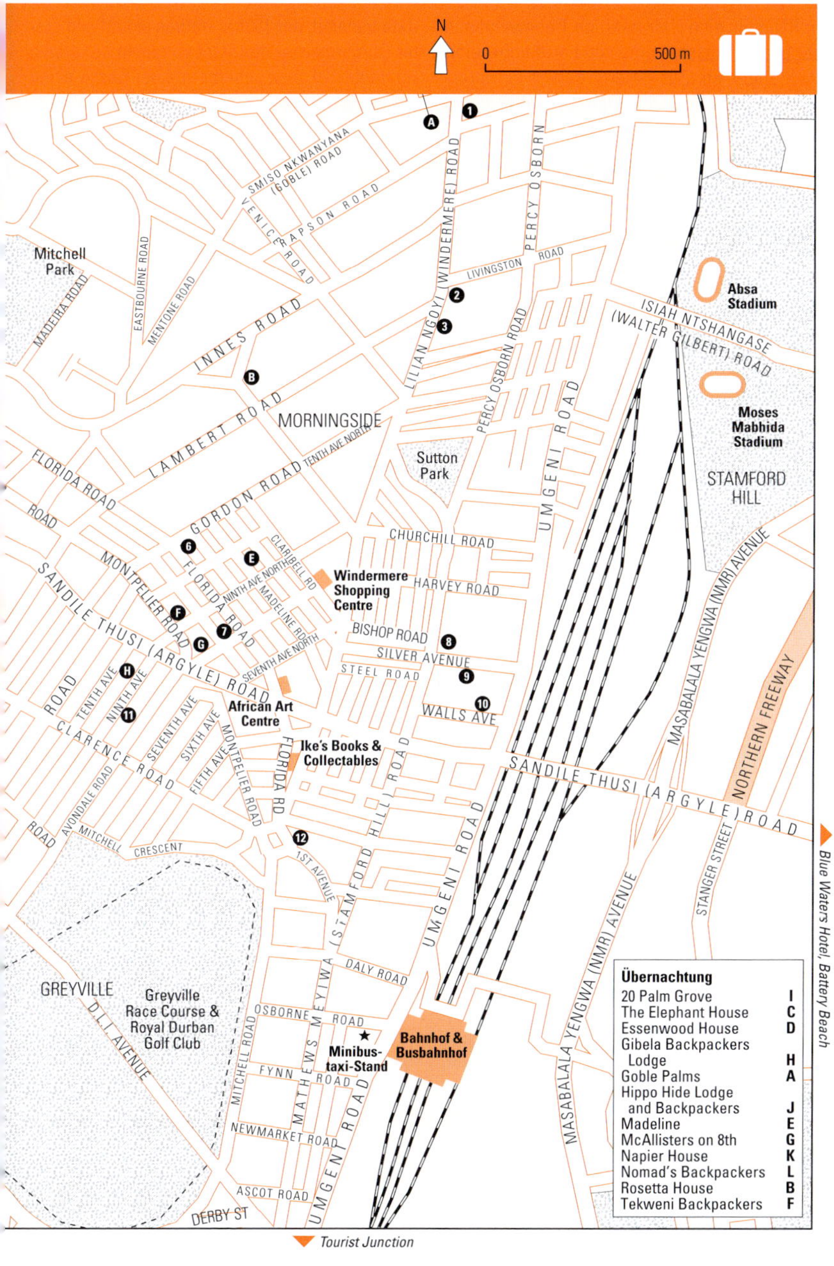
N
0
500 m
Mitchell Park
MADEIRA ROAD
EASTBOURNE ROAD
MENTONE ROAD
SMISO NKWANYANA (GOBLE) ROAD
VENICE ROAD
RAPSON ROAD
LILIAN NGOYI (WINDERMERE) ROAD
PERCY OSBORN ROAD
LIVINGSTON ROAD
INNES ROAD
LAMBERT ROAD
MORNINGSIDE
FLORIDA ROAD
GORDON ROAD
TENTH AVE NORTH
Sutton Park
CHURCHILL ROAD
HARVEY ROAD
BISHOP ROAD
SILVER AVENUE
STEEL ROAD
WALLS AVE
UMGENI ROAD
ISIAH NTSHANGASE (WALTER GILBERT) ROAD
Absa Stadium
Moses Mabhida Stadium
STAMFORD HILL
MONTPELIER ROAD
SANDILE THUSI (ARGYLE) ROAD
CLAIRBELL RD
NINTH AVE NORTH
MADELINE RD
SEVENTH AVE NORTH
Windermere Shopping Centre
African Art Centre
Ike's Books & Collectables
TENTH AVE
NINTH AVE
SEVENTH AVE
SIXTH AVE
FIFTH AVE
CLARENCE ROAD
AVONDALE ROAD
MITCHELL CRESCENT
FLORIDA RD
1ST AVENUE
STAMFORD HILL ROAD
MASABALALA YENGWA (NMR) AVENUE
NORTHERN FREEWAY
STANGER STREET
GREYVILLE
Greyville Race Course & Royal Durban Golf Club
D.L.I. AVENUE
DALY ROAD
OSBORNE ROAD
MATHEWS MEYIWA (STAMFORD HILL) ROAD
MITCHELL ROAD
Minibus-taxi-Stand
Bahnhof & Busbahnhof
FYNN ROAD
NEWMARKET ROAD
ASCOT ROAD
DERBY ST
UMGENI ROAD
Blue Waters Hotel, Battery Beach
Tourist Junction
Übernachtung
20 Palm Grove I
The Elephant House C
Essenwood House D
Gibela Backpackers Lodge H
Goble Palms A
Hippo Hide Lodge and Backpackers J
Madeline E
McAllisters on 8th G
Napier House K
Nomad's Backpackers L
Rosetta House B
Tekweni Backpackers F

nen Räumen; eine jalousieartige Trennwand aus Holz grenzt Ausstellungs- und Außenbereich voneinander ab. Zur Galerie gehört ein interessanter Kunstgewerbeladen (s. „Einkaufen", S. 440) und ein gemütlicher Coffeeshop (gleiche Öffnungszeiten wie die Galerie). ⌚ Di–Fr 9–17, Sa 9–16, So 10–15 Uhr, Eintritt frei.

Etwas nordwestlich des Zentrums und östlich von Musgrave liegt der **Botanische Garten**, Haupteingang Thomas Rd, ✆ 031-309 1170. Die 1849 angelegten Gärten sind berühmt für ihre Zykadeen (Palmfarne), darunter auch *Encephalartos woodii*, eine der seltensten Arten der Welt. ⌚ tgl. 7.30–17.15 Uhr.

Ein paar Straßen nördlich von hier, wenn man auf der Gladys Mazibuko Road nach Westen bis zur Kreuzung mit der Steven Dlamini Road geht, liegt das Anwesen **Muckleneuk**. Die zur Jahrhundertwende im kapholländischen Stil errichtete ehemalige Residenz des Zuckerbarons Sir Marshal Campbell beherbergt eine der schönsten privaten Sammlungen zur Kulturgeschichte Afrikas in ganz Südafrika, darunter Stücke zur Kultur von KwaZulu-Natal. Die **Campbell-Sammlungen**, ✆ 031-260 1722, 💻 http://campbell.ukzn.ac.za, umfassen Kunstwerke und kapholländische Möbel; ⌚ Mo–Fr 8.30–16.30, Sa 9–12 Uhr, Führungen nach Vereinbarung, R20.

Die benachbarte **Killie Campbell Africana Library and Museum**, ⌚ wie oben, ist bekannt für ihre umfangreiche Sammlung von Büchern, Manuskripten und Fotografien. Das ebenfalls hier befindliche **Mashu Museum of Ethnology**, ⌚ wie oben, besteht aus einer hervorragenden Sammlung von Zulu-Gegenständen, darunter Werkzeuge, Waffen, Perlenarbeiten und Töpferwaren.

Cato Manor

Nach kurzer Fahrt vom Stadtzentrum Richtung Westen gelangt man in den Vorort Cato Manor. Er bietet einen anschaulichen Querschnitt durch Durbans Geschichte im 20. Jh. Inmitten unbezähmbarer Vegetation mischen sich hier afrikanische Squatter Camps und Hindu-Tempel unter den zentralen Vorort der weißen Mittelschicht. Cato Manor nimmt eine große Fläche in einem Tal unterhalb Bereas ein und wurde nach **George Cato** benannt, der 1839 in Durban eintraf und erster Bürgermeister der Stadt wurde. In der ersten Hälfte des 20. Jhs. beherbergte der Bezirk einen Großteil der indischen Gemeinde Durbans, die auf den Hügeln ihre Tempel errichtete. Später gesellten sich auch Afrikaner hinzu. 1949 kam es zu einem Zwischenfall, als ein indischer Händler einen Zulu angriff. Der Vorfall eskalierte und entwickelte sich zu den schlimmsten **Ausschreitungen**, die Durban je erlebte. Tausende Afrikaner plünderten indische Geschäfte und Wohnhäuser, und am Ende waren 142 Menschenleben zu beklagen.

Da Cato Manor inmitten der weißen Vorstädte lag, begann die Apartheid-Regierung in den 60er-Jahren mit der Durchsetzung des Gesetzes über getrennte Wohngebiete („Group Areas Act"), indem sie die Afrikaner nach KwaMashu im Norden und die Inder nach Chatsworth im Süden umsiedelte. Zurück blieb heruntergekommenes Ödland mit einer Hand voll Hindu-Tempeln. Erst Ende der 80er-Jahre wurde das Vakuum wieder gefüllt, zahlreiche Schwarzafrikaner strömten nach Durban und errichteten in der Umgebung der **Vusi Mzimela Road** (früher Bellair Road) im Tal von Cato Manor ihre dicht an dicht stehenden Wellblechhütten.

Im Verlauf einer interessanten, aber nicht ganz risikolosen Besichtigungstour (hier treiben sich gern Autodiebe herum) lohnt ein Zwischenstopp am **Shree Ambalvanar Alayam Second River Hindu Temple**, einem Nationaldenkmal in der Vusi Mzimela Road. Der Tempel, der sich im Übrigen auch gefahrlos innerhalb einer Stadtrundfahrt besichtigen lässt, hat keine Hausnummer. Vom Stadtzentrum aus nimmt man die M13, dort die Ausfahrt Felix Dlamini Road (früher Brickfield Road) und biegt dann nach links in die M10 ein. Die Vusi Mzimela Road ist die Verlängerung der M10. Von der Stadt aus gesehen steht der Tempel kurz vor dem Solomon Mahlangu Drive (früher Edwin Swales Freeway) auf der rechten Seite.

Das Bauwerk aus dem Jahr 1947 ist eine Rekonstruktion des ersten afrikanischen Hindu-Tempels, der 1875 am Ufer des Umbilo River errichtet und in der Folge durch Hochwasser zerstört wurde. Die Fassade ist mit einem Pantheon aus farbenfrohen Hindu-Gottheiten verziert, die mit Schnitzarbeiten versehenen Eingangstüren sind noch original und wurden vor der Flut gerettet. Jedes Jahr um Ostern findet in dem Tempel ein **Firewalking Festival** statt, bei dem barfüßige Gläubige den Gang durch ein Bett aus glühenden Kohlen unbeschadet überstehen. Tausende von Tempelgängern erscheinen hier, um der Göttin Draudpadi ihre Ehrerbietung zu erweisen. Besucher sind willkommen.

KwaMashu, Shembe und Inanda

Obwohl mit einem eigenen Fahrzeug leicht erreichbar, werden einige für Durban typische Orte so gut wie nie in den gängigen Reisebroschüren erwähnt. Im Rahmen einer Autofahrt lassen sich jedoch interessante Ziele abseits des Massentourismus erleben, z. B. die KwaMashu Township, die abenteuerlichen religiösen Zeremonien der christlichen Zulu-Sekte Shembe, die friedlichen Mauern von Inanda, einer Schule für Zulu-Mädchen aus dem 19. Jh. oder der Ort, wo Gandhi seine Idee vom passiven Widerstand ersann.

Vor der Abfahrt sei aber noch eine **Warnung** ausgesprochen: Wer auf eigene Faust durch die in diesem Abschnitt behandelten Gegenden fährt, setzt sich einem gewissen Risiko aus. Es ist daher auf jeden Fall besser, sich jemandem anzuschließen, der mit den Gepflogenheiten vertraut ist, oder an einer Tour teilzunehmen (s. Kasten S. 441).

Die Fahrt führt zunächst aus der Stadt Richtung Nordküste auf der R102 bis zur Ausfahrt Inanda Phoenix, von dort weiter auf der M25. An der Abfahrt von der R102 liegt links der Vorort Duff's Road. Oben am Hang steht Dookie Ramdaaris **Aeroplane House**, ein paar Meter weiter das **Ship House**, das seinem Sohn gehört. Der wohlhabende Inder Ramdaari ist seines Zeichens Buskonstrukteur mit einem Faible fürs Ausgefallene. Er war besessen vom Reisen – eine Leidenschaft, die sich in seinen Häusern widerspiegelt. Das Ship House „segelt" Richtung Osten, und das Aeroplane House scheint startbereit zum Take-off dazustehen: mit Flügeln, Fahrgestell, einem Fernsehzimmer mit Sitzreihen im Heck und einer Lounge im Cockpit.

KwaMashu und Gandhi Settlement

Im weiteren Verlauf Richtung Inanda liegt linker Hand die afrikanische Township **KwaMashu**. Die Township wurde Ende der 50er-Jahre gegründet, um die zwangsumgesiedelten Bewohner von Cato Manor aufzunehmen. KwaMashu zeichnet sich durch sämtliche Merkmale fantasieloser Planung aus, die für derartige Siedlungsbauvorhaben unter der Prämisse möglichst großer Einsparungen typisch sind. Die sanften Hügel und die gleichermaßen vegetationsreiche wie farbenfrohe Umgebung verführen manchen Betrachter dazu, die Armut dieses tropischen Landstrichs zu romantisch zu sehen.

Ein deutlich ausgeschilderter Abzweig von der M25 nach rechts führt zum **Gandhi Settlement** am östlichen Rand des riesigen Squatter Camps Inanda. Es ist der Standort eines Selbsthilfeprogramms, das der junge Gandhi bereits kurz nach seiner Ankunft in Durban im Jahr 1903 ins Leben rief. Von hier aus begann er, seine Philosophie des passiven Widerstands zu verbreiten.

Aber die Ironie des Schicksals wollte, dass ausgerechnet diese Siedlung 1985 gewaltsam zerstört wurde, als Landbesetzer aus dem benachbarten Camp hier einfielen. Mit Hilfe der indischen Regierung wurde die Siedlung rechtzeitig zur Hundertjahrfeier wieder aufgebaut. Eine Bronzestatue von Gandhi ziert jetzt den Eingang zu seinem Haus **Sarvodaya** („Ort der geistigen Erbauung"). Darin ist ein **Museum** untergebracht, das Ghandis Zeit in Südafrika und den indischen Widerstand gegen die Rassentrennung dokumentiert. 🕓 tgl. 8.30–17 Uhr, Spende erwünscht.

Shembe

Die M25 führt weiter nach **Ekupakumeni** („Ort der Hochstimmung"), wo zwei Sterne im Stein die Stellen in der Landschaft markieren, an denen 1906 zwei Meteoriten des Kometen Halley auf die Erde prallten. Weiter geht die Fahrt bis zur Polizeistation von Inanda ganz oben auf dem Berg und anschließend links ab in das Tal hinunter und über die den Umhlanga River überspannende Brücke. An der nächsten Kreuzung biegt man erneut links ab auf die unbefestigte Straße, die am Sportplatz vorbeiführt.

Danach biegt man wieder links ab, bis die Siedlung **Shembe Settlement** im Dorf **Ebuhleni** ins Blickfeld rückt. Sie wurde von der Holy Church of Nazareth als Zufluchtsort für Afrikaner gegründet, die durch das Landgesetz von 1913 enteignet worden waren. Gemäß der Gründungsgeschichte der Kirche wurde ihr Prophet Isaya Shembe 1910 auf den Gipfel eines Berges vor den Toren von Durban „gerufen", wo er vor Gott schwor, den Zulu das Evangelium zu verkünden.

Die Kirche rekrutierte ihre mittlerweile mehrere Zehntausend Personen umfassende Anhängerschaft aus der ländlichen Bevölkerung, deren Lebensgrundlage durch die Kolonisation zerstört worden war. Sie waren einerseits willig, den christlichen Glauben anzunehmen, wollten aber auf der anderen Seite ihre traditionellen Bräuche nicht aufgeben.

Shembe schuf eine religiöse Synthese, nach deren Regeln Alkoholkonsum, Rauchen und kultische Handlungen verboten waren. Im Gegenzug förderte er die Arbeitsmoral, die sich auf verschiedene Formen des Kunsthandwerks konzentrierte.

Jedes Jahr versammeln sich im Juli die Anhänger der Holy Church of Nazareth zu einem Monat der Gottesverehrung in Ebuhleni. Während der Festtage wohnen Männer und Frauen in verschiedenen Teilen des Dorfes, unverheiratete Mädchen werden in einem separaten Gebäude untergebracht. An den Eingangstoren zur Siedlung Ebuhleni stehen in mehreren Reihen Tische mit Gegenständen, die zunächst wie Souvenir-Schnickschnack anmuten, von den konvertierten Shembe aber als sakrale Gegenstände verehrt werden. Dazu zählen Hologramme von Isaya Shembe und in Acrylglas eingefasste, religiöse Symbole als Schlüsselanhänger.

Wer beim Verlassen von Ebuhleni den Abzweig auf die unbefestigte Straße links liegen lässt, gelangt zum Stausee Inanda Dam. In der tiefen Schlucht zur Linken befinden sich die **Inanda Falls**. Hier halten die Shembe ihre Taufzeremonien ab, bei denen auch Besucher willkommen sind.

Inanda Seminary

Von Ebuhleni geht es wieder zurück auf die M25 und weiter auf einer gut ausgeschilderten Strecke zum **Inanda Seminary**. Es ist sehr zu empfehlen, die historischen Stätten von Inanda in Begleitung eines Fremdenführers zu besichtigen. Die Bildungseinrichtung wurde 1869 von Daniel Lindley gegründet, einem amerikanischen Missionar und Pastor der Voortrekker. Sie ist die älteste höhere Schule für afrikanische Mädchen in Südafrika und spielte eine Vorreiterrolle bei der Befreiung der Zulu-Frauen. Da sich der Lehrkörper traditionell aus allen ethnischen Gruppen zusammensetzte, erfuhr die Schule nach 1957 keinerlei finanzielle Unterstützung mehr durch das Bildungsministerium der Apartheid-Regierung. Die Geschichte Inandas zwischen 1869 und 1969 erzählt die Schriftstellerin Agnes Wood in ihrem Buch *Shine Where You Are*. Zurück nach Durban geht es in östlicher Richtung über die M25.

Übernachtung

Die Unterkünfte Durbans konzentrieren sich entlang der Beachfront und in der Innenstadt, beide in günstiger Lage mitten im Geschehen. Abends und nachts sollte man sich aber unbedingt von einem Taxi bis direkt vor die Tür bringen lassen. Als Alternative zu Stadtzentrum und Beachfront bietet sich das Wohngebiet Berea westlich und nördlich des Zentrums an. Dort befinden sich die besten Backpackerhostels der Stadt, und die Guesthouses und B&Bs sind oft in liebevoll renovierten alten Wohnhäusern untergebracht. Außerdem gibt es zahlreiche Restaurants und Bars, inbesondere in der Florida Road in Morningside.

Durban besitzt eine Reihe von Township-Unterkünften, in denen Zulu-Gastlichkeit geboten wird. Durban Africa in der Tourist Junction arrangiert Unterkunft und Transport in die Townships. Wer nur eine kurze Autofahrt entfernt in Stadtnähe unterkommen möchte, sollte sich ins hübsche Umhlanga Rocks begeben. Die Unterkünfte an der Beachfront und im Stadtzentrum sind auf der Karte S. 424/425 eingezeichnet; die in Berea auf der Karte S. 430/431.

Zentrum

Banana Backpackers, 61 Monty Naicker Rd, 1st Floor, Ambassador House, ✆ 031-368 4062, www.bananabackpackers.co.za. Schlichte, saubere Schlafsäle und DZ in einem luftigen alten Gebäude mit ansprechendem Innenhof; in unmittelbarer Nähe liegen Strand, Tourist Junction und Busbahnhof. Dorms ❶, Zimmer ❷

Formula 1, direkt gegenüber vom Busbahnhof in der Nähe der Kreuzung von Masabalala Yengwa Ave und Jeff Taylor Crescent, 031-301 1551, www.hotelformula1.co.za. Schlichtes Kettenhotel in äußerst praktischer Lage für Reisende, die spät abends per Bahn oder Bus ankommen. Zimmer für bis zu 3 Pers. ❷

The Royal Hotel, 267 Anton Lembede St, 031-333 6000, www.theroyal.co.za. War früher das beste Hotel Durbans, zeigt inzwischen aber Abnutzungserscheinungen. In dem mitten im Zentrum gelegenen Hotel verkehren hauptsächlich Geschäftsleute. Wer Lust auf livrierten Service hat, sollte hier mal vorbeischauen und fragen, ob es gerade ein Sonderangebot gibt. ❻

Beachfront

Blue Waters, 175 OR Tambo Parade, 031-327 7000, www.bluewatershotel.co.za. Entzückendes Durbaner Urgestein aus den 50er-Jahren nahe Battery Beach mit großartigem Ausblick auf den Ozean (jedes Zimmer verfügt über einen Balkon). ❺

Garden Court – Marine Parade, 167 OR Tambo Parade, 031-337 3341, www.southernsun.com. Hotelhochhaus mit erfrischendem Durchzug. Zwar haben alle Zimmer Blick aufs Meer, doch die in den oberen Etagen sind die besten. Der Ausblick vom Swimming Pool im 30. Stock ist einfach überwältigend. Ein Hintereingang gegenüber vom Victoria Park führt auf schnellem Weg ins Stadtzentrum. ❻

Happy Hippo Backpackers Lodge, 222 Mahatma Ghandi Rd, 031-368 7181, www.happy-hippo.info. Äußerst geräumiges Hostel einen Katzensprung von der uShaka Marine World und vom Strand entfernt. Tolle Dachbar für jüngeres Publikum in Partylaune. Dorms ❶, Zimmer ❷

Protea Hotel Edward, OR Tambo Parade, Ecke Seaview Rd, 031-337 3681, www.proteahotels.com. Kristallkronleuchter, Kolonialstil-Ambiente, Balkone mit Meerblick, Ladies' Bar und kühle Veranda machen diese Art-déco-Villa zur Grande Dame an der Beachfront. Frühstück wird extra berechnet. ❻

Silversands, 16 Erskine Terrace, South Beach, 031-332 1140, www.goodersonvacations.com/silversands.html. Die sauberen, geräumigen gut ausgestatteten Selbstversorger-Apartments für 4–8 Pers. gehören zu den preiswertesten Unterkünften am Strand. Ein sicherer Parkplatz ist für R48 pro Tag zu haben. ❹

Berea

Morningside

Goble Palms, 120 Smiso Nkwanyana Rd, 031-312 2598, www.goblepalms.co.za. Wohnhaus von 1900 mit Pool und sonniger Terrasse mit Meerblick. Im Haus gibt es einen gemütlichen Pub. ❹

McAllisters on 8th, 11 Eighth Ave, 031-303 4991, wwww.8thave.co.za. Stilvolle, um einen Pool im Hof angeordnete Zimmer, in weißem Leinen gehalten und mit Flachbildschirm-TV, DVD-Player und Mikrowelle. Das **McAllisters on Madeline**, 92 Madeline Rd, gleiche Telefonnummer, www.madeline.macallisters.co.za, hat ähnlichen Standard und Preise. ❹

Rosetta House, 126 Rosetta Rd, 031-303 6180, www.rosettahouse.co.za. Nur 4 stilvoll eingerichtete Zimmer, ruhiger Garten. Die Gastgeber sorgen dafür, dass alles tiptop ist. ❹

Tekweni Backpackers, 169 9th Ave, 031-303 1433, www.tekweniecotours.co.

Tolles Hostel

Gibela Backpackers Lodge, 119 Ninth Ave, Morningside, 031-303 6291, www.gibelabackpackers.co.za. Makellos geführtes Hostel mit entspannter Atmosphäre, geschmackvoll eingerichteten Zimmern und nach Geschlechtern getrennten Schlafsälen. Der Betreiber kennt sich in Durban und der gesamten Provinz bestens aus. Striktes Rauchverbot, kein Einchecken nach 21 Uhr. Gutes Frühstück im Preis inbegriffen. Dorms und Zimmer ❷

za. Großes, auf 3 Gebäude verteiltes Hostel in der Nähe der Florida Road mit jeder Menge Gemeinschaftsbereichen, Pool und Bar. *Braais* und andere gesellige Zusammenkünfte für ein junges, energiegeladenes Publikum. Auch längerfristiger Aufenthalt möglich. Dorms ❶, Zimmer ❷

Andere Gegenden von Berea

20 Palm Grove, 367 Peter Mokaba Rd, www.20palmgrove.co.za, 031-240 9140. Ansprechende Apartments für Selbstversorger und B&B-Zimmer, die meisten mit eigenem Eingang. Schöner Garten mit 2 Pools, in der Nähe öffentlicher Verkehrsmittel und Restaurants. ❹

Essenwood House, 630 Steven Dlamini Rd, 031-207 4547, www.essenwoodhouse.co.za. Stattliches Haus mit üppigem Garten und 7 großen, komfortablen Zimmern (die oben gelegenen mit Meerblick). Schöner Pool und gutmütiger, leicht exzentrischer Gastgeber. ❺

Hippo Hide Lodge and Backpackers, 2 Jesmond Rd, 031-207 4366, www.hippohide.co.za. Fantasievoll eingerichtete, gemütliche Lodge mit Guesthouse-Atmosphäre, sauber und ruhig, in einem wunderschönen Garten mit heimischen Pflanzen und Fels-Pool. Günstige Lage an der Buslinie ins Zentrum (10 Min.). Ein DZ mit eigenem Bad, außerdem Holzbungalows verfügbar. Frühstück auf Wunsch. Dorms ❶, Zimmer ❷

Gastfreundschaft pur

The Elephant House, 745 Peter Mokaba Rd, Berea, 031-208 9580, 082-4522 574, www.elephanthousesa.com. Eines der besten B&Bs von Südafrika ist in Durbans ältestem Haus (1850 als Jagdhütte erbaut) in einer ruhigeren Ecke des Viertels untergebracht. Die ausgesprochen gastfreundlichen Hausherren freuen sich, wenn sie ihren Gästen die Gegend zeigen dürfen. Wärmstens zu empfehlen für Reisende, die sich wie zu Besuch in einem Privathaus fühlen möchten. Sehr gutes Preis-Leistungs-Verhältnis. ❸

Napier House, 31 Napier Rd, 031-207 6779, www.napierhouse.co.za. Ansprechende, saubere Zimmer mit Flachbildschirm-TV, Pool. Nur einen Katzensprung vom Botanischen Garten entfernt. ❹

Nomad's Backpackers, 70 Steven Dlamini Rd, Berea, 031-202 9709, 082-920 5882, www.nomadsbp.com. Nur einen kurzen Fußweg vom Musgrave Centre entferntes lockeres Hostel mit Bar und Pool. Mahlzeiten erhältlich. Dorms ❶, und Zimmer ❷

Essen

In Durban gibt es zwar alle möglichen nationalen wie internationalen Spezialitäten, wirklich herausragend ist jedoch die indische Küche, was nicht unbedingt überrascht. Schließlich ist hier eine der größten indischen Gemeinden außerhalb Asiens zu Hause. Die indischen Imbisse im Zentrum verkaufen *bunny chow* – Durbans bedeutendster Beitrag zur südafrikanischen Fastfoodszene – und die nicht unähnlichen, mit Currys gefüllten *rotis* (indisches Brot). Wenn's ein wenig ausgefallener sein soll: In Berea haben sich die besten und unterschiedlichsten Restaurants der Stadt niedergelassen – die meisten schließen früh, d. h. gegen 22.30 Uhr.

An Ständen auf den afrikanischen Märkten und in der Umgebung von Taxihalteplätzen wird *shisanyama* angeboten: über dem offenen Feuer gebratene Fleischstücke.

Restaurants

Zentrum

In diesem Teil der Stadt gibt es jede Menge preiswerter indischer Schnellrestaurants; sie öffnen früh und schließen gegen 17 Uhr. **Little Gujarat**, 107 Dr Goonam Street, und **Victory Lounge**, Dr Yusuf Dadoo, Ecke Bertha Mkhize St, sind für vegetarisches Essen bzw. köstliches Naschzeug berühmt.

Eine große Auswahl an Essen zum Mitnehmen bietet das Takeaway **Oriental** in der Workshop Mall, darunter tolle indische *shawarmas*, *bunny chows* und Currys. Bei Appetit auf etwas wesentlich Edleres mitten in der Stadt empfiehlt sich das **Restaurant Ulundi** im The Royal Hotel

Spezialitäten aus ganz Afrika

Moyo, uShaka Marine World, 031-332 0606. Im großen Speisesaal mit Meerblick kommen verschiedenste afrikanische Spezialitäten auf den Tisch, von marokkanischen *tajines* und senegalesischem Huhn-*yassa* bis zu Krokodilkebab und Wild-*potjie* (Hauptgerichte zumeist R75–120). Am Ende des Piers gegenüber vom Restaurant sind leichte Gerichte und Getränke erhältlich – toll zum Sonnenuntergang.

(S. 435). Im geschmackvoll eingerichteten Speisesaal werden leichte Thali-Currygerichte (Mittag- und Abendessen jeweils rund R20–30; mindestens drei bestellen) aufgetischt.

Beachfront

Cargo Hold, uShaka Marine World, 031-328 8065. Bietet international angehauchte, eher fade Küche, zumeist Fischgerichte (R70–100). Das Beste an diesem Lokal ist seine Location neben dem Haifischbecken.

Jewel of India, Southern Sun Elangeni, 63 OR Tambo Parade, 031-362 1324. Schickes Restaurant mit indischem Ambiente und zwei Arten Essen: nordindisch (auch vegetarisch) und chinesisch mit indischem Touch, d. h. schärfer. Die meisten Gerichte kosten R55–85.

Hafengegend

Charlie Crofts Wharfside Diner, 18 Boatsman Rd, Wilson's Wharf, westlich der Yacht Mole, 031-307 2935. In hervorragender Lage an der Strandpromenade; serviert köstliches Seafood und Fleischgerichte (Hauptgerichte zumeist R70–100). Erstklassig sind die pikanten Calamari vom Grill, das Eisbein ist ebenfalls ausgezeichnet. Empfiehlt sich auch für Speisen zum Mitnehmen.

Fisch mit Aussicht

New Café Fish, Yacht Mole, Margaret Mncadi Ave, 031-305 5062. Ein wunderschönes Fischrestaurant in perfekter Lage an der Hafeneinfahrt – die beste Aussicht genießt man von der Bar im Obergeschoss. Hauptgerichte um R70–90.

Ocean's Eleven, TransAfrica Express BAT Arts Centre, Small Craft Market, Margaret Mncadi Ave, 083-656 0974. Gut besuchtes Lokal, tischt moderne panafrikanische Kreationen wie cremiges, würziges *samp* (grobkörniges Maismehl) mit Bohnen oder Brot nach Zulu-Art auf. Alle Gerichte kosten R45–55. Manchmal Livemusik, außerdem eine herrliche Terrasse mit Blick auf den Hafen. Ein toller Ort, um Einheimische kennen zu lernen. Mo geschl.

Roma Revolving Restaurant, John Ross House, Margaret Mncadi Ave, 031-337 6707. Den Blick aus dem sich hoch über Durban drehenden Roma sollte man sich keinesfalls entgehen lassen. Die internationale Speisekarte bietet u. a. ausgezeichnete Miesmuscheln als Vorspeise und italienische Spezialitäten wie Gnocchi und Kalbfleischgerichte, dazu hervorragende Desserts. Der Ausblick hat natürlich seinen Preis, der sich auf der Speisekarte niederschlägt. Für ein Fleischgericht ist mit rund R80–100 zu rechnen. So geschl.

Berea

9th Avenue Bistro, Shop 2, Avonmore Centre, Ninth Ave, Morningside, 031-312 9134. Eines der renommiertesten Restaurants in Durban mit raffinierter französischer Küche. Hauptgerichte R100–120. Mo und Sa mittags sowie So geschl.

Bean Bag Bohemia, 18 Lilian Ngoyi Rd, Morningside, 031-309 6019. Angesagtes, gay-freundliches Lokal in einem 2-stöckigen Haus mit gemütlicher Bistro-Bar unten (Pizza, Pasta u. Ä. R40–70) und etwas vornehmerem Restaurant mit Kunst an den Wänden oben (ca. R120). Das Essen ist okay, aber der eigentliche Magnet sind die Bar und die Gelegenheit zum Leutegucken.

Delfi Taverna, 386 Lilian Ngoyi Rd, Morningside, 031-312 7032. Ein gemütliches Restaurant mit hervorragender, authentischer griechischer

Schlemmeradresse

Blue Zoo Garden Restaurant, 6 Nimmo Rd, Morningside. Abwechslungsreiche und fantasievolle Speisekarte mit köstlichem Hühnchen auf marokkanische Art, Lammkeule in Portweinsauce, Steaks, Fisch und Salate mit Mango- oder Chili-Dressing. Herrliche Lage im Mitchell Park, Hauptgerichte R60–90. ⌚ So und Mo abends geschl.

Küche (Hauptgerichte um R40–50). Die freundlichen Angestellten und zahlreichen Stammgäste – immer ein gutes Zeichen – verbreiten Wohlfühlatmosphäre. ⌚ Di geschl.

Palki, 225 Musgrave Rd, Musgrave, ✆ 031-201 0019. Südafrikanische Niederlassung einer im asiatischen Raum beheimateten Restaurantkette, serviert ebenso authentische wie köstliche Gerichte aus Südindien wie *pooris* und *dosas*. Auch Vegetarier kommen nicht zu kurz. Currys kosten zumeist R50–65.

Spice, 200 Florida Rd, Morningside, ✆ 031-303 6375. Noch relativ neu, hat sich aber schnell als eines der besten Restaurants der Stadt etabliert. Das erstklassige Essen ist eine Kombi aus würzigen Currys (eher aromatisch als teuflisch scharf) und innovativen Kreationen wie gebackene Ente mit Amarula. Hauptgerichte überwiegend R90–110. ⌚ So abends und Mo geschl.

Spiga d'Oro, 200 Florida Rd, Morningside, ✆ 031-303 9511. Aus gutem Grund beliebtes italienisches Restaurant mit den klassischen Pastagerichten und Pizzas (R40–50) und Tischen draußen an der Florida Road. Freundlicher, effizienter Service. ⌚ So und Mo abends geschl.

Cafés

Eden of Essenwood, Steven Dlamini Rd, Ecke Thomas Rd, ✆ 031-201 9176. Angesagtes Lokal in einem ehemaligen Elektrizitätswerk. Einige Tische im Freien; gut für Kaffee und Steinofenpizza (R40–65) mit interessantem Belag wie gebratenem Lamm oder Rindercarpaccio.

Europa Florida, 167 Florida Rd, Morningside, ✆ 031-312 1099. Quirliges Café mit lauem Service, aber guter Lage an der Florida Road; Tische draußen für Raucher und Leutegucker. WLAN-Hotspot.

Vida e Caffè, 446 Innes Rd, Morningside, ✆ 031-312 4606. Kleines, modernes Café in netter Lage vor dem Mitchell Park.

Unterhaltung und Kultur

Durbans reges Nachtleben spiegelt sich in der stattlichen Anzahl von Bars, Clubs und Veranstaltungsorten wider. Was aktuelle Tipps angeht, ist *Mercury* die bessere der beiden englischsprachigen Tageszeitungen der Stadt. Einen nützlichen Veranstaltungskalender bietet die *Sunday Tribune* in ihrer Wochenbeilage *SM*. Von *Durban Africa* gibt es eine monatlich erscheinende Event-Broschüre, erhältlich bei den Tourismusbüros.

Durban besitzt eine recht ansehnliche **Gay-Scene**, die sich aber nicht mit der in Kapstadt messen kann. Es gibt eine ganze Reihe schwuler oder schwulenfreundlicher Nightspots; beliebte Treffpunkte sind z. B. das Bar-Restaurant Bean Bag Bohemia (S. 437) und The Lounge, 226 Mathews Meyiwa Rd, Morningside, ✆ 031-303 9022.

Bars und Clubs

Billy The Bums, 504 Lilian Ngoyi Rd, Morningside, ✆ 031-303 1988. Akrobatisch talentierte Barkeeper jonglieren mit Flaschen und mixen dabei Cocktails in dieser beliebten Singles-Kneipe. Es gibt auch Essen (Hamburger u. Ä. R50–70). ⌚ So geschl.

Skyybar, 25 Silver Ave, Morningside, ✆ 031-312 0947. Der trendige Club im 4. Stock hat eine märchenhafte Terrasse mit Aussicht auf die Stadt. Meist wird House Music gespielt; das Publikum stammt überwiegend aus der schwarzen Mittelschicht. ⌚ Fr und Sa 20–4 Uhr; Eintritt R50.

Tilt, 11 Walnut Rd, gegenüber vom Hilton, City Centre, ✆ 031-306 9356. In dem zentral gelegenen Nachtlokal vergnügen sich modebewusste Nachtschwärmer bei Hip-Hop (unten) und House (oben) in gehobener, aber

nicht abgehobener Atmosphäre. ⏲ Fr und Sa 21–7 Uhr; Eintritt R40.
Victoria Bar, Mahatma Gandhi Rd, The Point, ☎ 031-337 4645. Eine bodenständige Nachbarschaftskneipe, ideal für einen Drink plus Sport vorm TV-Schirm. „Catembe" (Cola und Wein) ist eine Spezialität des Hauses, bei den Speisen ragen Garnelen-Curry und Peri-Peri-Hühnchen (R55–80) heraus. ⏲ So geschl.

Kinos

Die besten und am günstigsten gelegenen Kinos sind die großen Kinokomplexe im Musgrave Centre in der Musgrave Rd, in der Workshop Mall im Stadtzentrum und im Suncoast Casino an der Beachfront. Das einzige Kino, das künstlerisch anspruchsvollere Filme zeigt, befindet sich 15 km nördlich der Stadt in der Gateway Mall (S. 450).

Livemusik

Durban bietet ein reichhaltiges Angebot an Live-Konzerten aus dem Bereich **Independent Music**, meist an europäischen oder nordamerikanischen Trends orientiert. Im **Burn**, 2nd Floor, Fidelity House, 16 Walls Ave, Morningside, ☎ 082-876 8521, findet sich mittwoch-, freitag- und samstagabends ein alternatives Publikum aus Gruftis, Punks und Rockern zusammen. Interessanter, aber schwerer zugänglich, sind die **Zulu-Musikrichtungen** wie *isicathamiya* und *maskanda*. Beim **Jazz** besteht das originellste Angebot in einer würzigen Mischung aus amerikanischem Stil und den Interpretationen der Zulu aus den Townships.
BAT Centre, neben dem Hafen, 42 Maritime Place, ☎ 031-332 0451, 💻 www.batcentre.co.za, ist die beste Anlaufstelle für Livekonzerte. Das Restaurant Ocean's Eleven im BAT Centre bietet freitag- und sonntagabends Jazz. Im **Restaurant Moyo** in der uShaka Marine World tritt am Freitag- und Samstagabend eine Jazzband auf. Im altbewährten Restaurant **The Rainbow**, 23 Stanfield Lane in Pinetown, nordwestlich von Durban, ☎ 031-702 9161, wird einmal im Monat sonntags um die Mittagszeit Livemusik geboten, von Afro-Fusion bis Jazz. Samstags gehört die Bühne aufstrebenden Nachwuchsbands.

Die **Zulu Jazz Lounge**, 231 Anton Lembede St, City Centre, ☎ 031-304 2373, wartet gewöhnlich Do–Sa mit Jazzkonzerten auf.
Die beste Gelegenheit, um Klassik-Konzerte des **Natal Philharmonic Orchestra**, ☎ 031-369 9438, 💻 www.kznpo.co.za, zu hören, sind die Abendkonzerte im Botanischen Garten. Termine sind der Website des Orchesters zu entnehmen.

Theater

Playhouse Drama Theatre, 231 Anton Lembede St, ☎ 031-369 9555. Eins von zwei großen Theatern in Durban. Gebäude im Pseudo-Tudor-Stil, in dem meistens Durchschnittsproduktionen aufgeführt werden, aber auch Vorstellungen der hier heimischen, progressiven Playhouse Dance Company zu sehen sind.
Elizabeth Sneddon Theatre, in der University of KwaZulu-Natal, Mazisi Kunene Rd, ☎ 031-260 2296. Moderne Bühne für Produktionen des studentischen Ensembles und von Gastgruppen. Montags Musikaufführungen, darunter traditionelle *maskanda* der Zulu und Klavierkonzerte.

Einkaufen

Bücher und Musik

Adams & Co, Shop 223, Musgrave Centre, Musgrave, ☎ 031-201 5123. Durbans älteste Buchhandlung hat eine tolle Auswahl an Büchern zur Geschichte der Stadt und über KwaZulu-Natal. Eine Filiale befindet sich in der Innenstadt, 341 Dr Pixley Kaseme St.
Jet Music, First Floor, Victoria Street Market, City Centre, ☎ 031-304 8713. Gute Adresse für CDs nicht so bekannter einheimischer Musiker.
Look and Listen, Lower Level, Pavilion Shopping Centre, Westville, ☎ 031-265 1600. Das

Faszinierendes Antiquariat

Ike's Books und Collectables, 48a Florida Rd, Morningside, ☎ 031-303 9214. Faszinierendes Buchantiquariat mit Titeln zur Geschichte KwaZulu-Natals. Zu den Besonderheiten zählen afrikanische Themen, der Burenkrieg, Reise- und Forschungsbücher sowie Bücher über südafrikanische Politik. ⏲ So geschl.

bestsortierte Plattengeschäft Durbans hat eine umfangreiche Auswahl an Musik aus ganz Afrika, darunter auch die nationalen Favoriten wie Ladysmith Black Mambazo und Hugh Masekela.

Kunsthandwerk und Souvenirs

African Art Centre, Tourist Junction, 160 Pine St, ✆ 031-312 3804, 💻 www.afriart.org.za. Galerie und Shop warten mit traditionellen und modernen Arbeiten der Zulu und Xhosa auf, die es sich anzuschauen lohnt, darunter Perlenarbeiten, Puppen, Drahtskulpturen, Holzplastiken und Wandteppiche. ◷ So geschl.

BAT Centre, abseits der Margaret Mncadi Ave, City Centre, ✆ 031-332 0451. Verschiedene Geschäfte verkaufen Zulu- und anderes Kunsthandwerk, darunter auch Kleidung und Schmuck.

KZNSA Gallery Shop, KZNSA Gallery, Bulwer Rd, ✆ 031-202 3686. Ein Sammelsurium handgefertigter Waren, darunter Radierungen, Gemälde und Zinnbesteck. Zum Komplex gehört ein Café mit Terrasse im Freien. ◷ Mo geschl.

Märkte

Amphitheatre Fleamarket, OR Tambo Parade, Beachfront. Kunsthandwerk und Perlenarbeiten. ◷ So 8–17 Uhr.

City Market, zwischen Julius Nyerere Ave und Market Rd, Warwick Triangle. Das billigste Obst und Gemüse der Stadt; Betelnüsse sorgen für rote Lippen und ein 2-Minuten-High.

Essenwood Fleamarket, Berea Park, Steven Dlamini Rd, Musgrave. Exklusive Stände in einem wunderschönen Park im Viertel Berea. ◷ Sa 9–14 Uhr.

Victoria Street Market, Dennis Hurley St, Ecke Joseph Nduli St, City Centre. Hier wird alles Mögliche verkauft, von Souvenirs und Schmuck bis zu Gewürzen mit dem schönen Namen „Schwiegermutter-Auslöscher". Touristisch, aber trotzdem witzig.

Aktivitäten

Surfen

Da Durban direkt am Meer liegt, ist Wassersport sehr populär, ganz besonders das Surfen. Die Surfwettbewerbe unter Flutlicht erfreuen sich enormer Beliebtheit bei Zuschauern, ebenso der Mr Price Pro (ehemals Gunston 500), nach dem Rip Curl Pro im australischen Bells Beach der älteste Wettbewerb der Welt für Profi-Surfer. Er wird jedes Jahr im Juli in Durban ausgetragen. Der beliebteste Surfstrand von Durban ist der North Beach.

Safari Surf Shop, 43 Sylvester Ntuli Rd, ✆ 031-337 2176. In diesem Laden für Surfzubehör fertigt Südafrikas führender Surfbrettschleifer, Spider Murphy, maßgeschneiderte Weltklassebretter an, die in jedem Fall billiger sind als alles, was man in Europa bekommt.

Beach & Bush Adventures, uShaka Marine World, ✆ 031-337 0862, 💻 www.beachandbush.co.za. Bietet eintägigen Surfunterricht bei erfahrenen Lehrern (R150 pro Std. plus R50 Brettmiete).

Tauchen

In den subtropischen Gewässern KwaZulu-Natals ist Tauchen natürlich eine nahe liegende Aktivität, der man in Durban nur mit Einschränkungen nachgehen kann. Die besten Tauchreviere in Stadtnähe sind Vetches Pier an der Südspitze der Beachfront und Blood Reef an der Spitze der Landzuge The Bluff (gegenüber von The Point.

Underwater World, 251 Mahatma Gandhi Rd, ✆ 031-332 5820, 💻 www.underwaterworld.co.za. Ein vollständiger, 6-tägiger international anerkannter NAUI- oder PADI-Kurs kostet R1850 einschließlich Basisausrüstung.

Kitesurfen

Kitesurfen erfreut sich wachsender Beliebtheit in Durban; Unterricht veranstaltet **Kitesports**, ✆ 031-561 7125, 💻 www.kitesports.co.za, auf den ruhigen Gewässern der La Mercy Lagoon; halbtägiger Einführungskurs R450.

Vogelbeobachtung

Im Rahmen des Projekts „Durban Metropolitan Open Space System" (DMOSS) wurden alle Stadtparks durch schmale Grünstreifen miteinander verbunden, in denen viele Vögel nisten. Zu den lohnenswerten Revieren für Vogelliebhaber zählen die Gegend um

Manor Gardens, der Botanische Garten, Berea, Burman Bush (im Norden der Stadt), Pigeon Valley (unterhalb der University of Natal), die Mündung des Umgeni River, Virginia Bush (an der Straße nach Umhlanga Rocks) und das Waldgebiet Hawaan Forest in Umhlanga, wo sich ab und zu die Singdrossel *Zoothera guttata guttata* und der Erzkuckuck sehen lassen.

Umgeni River Bird Park, 490 Riverside Rd, Durban North, ✆ 031-579 4600, 💻 www.umgeniriverbirdpark.co.za. Ein lohnenswertes Ausflugsziel, denn 2x tgl. (um 11 und 14 Uhr) wird eine fantastische Freiflug-Vogelshow mit außergewöhnlichen Arten geboten. Außerdem sind unzählige Vögel aus Südafrika und anderswo zu sehen, darunter Flamingos, Finken, Elstern und Aras. Zur Anlage gehört ein nettes Gartencafé. 🕓 tgl. 9–17 Uhr, Eintritt R25.

Golf

In Durban kann man wunderbar Golf spielen. Das Besondere am **Royal Durban Golf Club**, ✆ 031-309 1373; Greenfee R350 für 18 Löcher, auf dem Gelände des Greyville Race Course, Avondal Road, Greyville, ist seine ungewöhnliche Lage. Und den **Durban Country Club** in der Isiah Ntshangase Road, ✆ 031-313 1777; Greenfee R560 für 18 Löcher, halten manche für den schönsten Golfplatz von ganz Südafrika.

Sonstiges

Apotheken

Sparkport, Anton Lembede St, Ecke Broad St, ✆ 031-304 9767, bietet verschiedene Spezialbehandlungen und die komplette Ausstattung für die Reiseapotheke. 🕓 Mo–Sa 7.30–21.30, So 9–21 Uhr. Gleich daneben befindet sich eine Arztpraxis.

Autovermietungen

Avis, ✆ 0861-021 111
Budget, ✆ 0861-016 622
Europcar/Imperial, ✆ 0861-131 000
Hertz, ✆ 0861-600 136
Tempest, ✆ 0861-836 7378
Windermere, ✆ 031-312 0339

Stadt- und Hafenrundfahrten

So ziemlich die sicherste und einfachste Art, die verschiedenen Ethnien Durbans näher kennen zu lernen, ist die Teilnahme an einer Tour: 3-stündige Standardtouren sind für rund R250 pro Person oder R400 für einen ganzen Tag zu haben. Nachstehend haben wir einige Veranstalter gelistet. Wer die indischen Viertel von Durban erkunden möchte, ist bei der täglichen **Walkabout Tour** gut aufgehoben. Organisiert wird sie vom Tourist Office (Reservierung in der Tourist Junction; R100, mind. zwei Teilnehmer). Man kann auch eine **Hafenrundfahrt** mit Isle of Capri Cruises, Wilson's Wharf, ✆ 031-305 3099, unternehmen (tgl. zur vollen Stunde von 10–16 Uhr; R50).

Tekweni Eco Tours, ✆ 031-332 0575, 💻 www.tekweniecotours.co.za. Stadttouren in Durban sowie Ausflüge zu Zulu-Dörfern im Valley of a Thousand Hills inkl. Zulu-Mahlzeit und Bier, traditionellem Tanz und Begegnung mit einem traditionellen Heiler.

Strelitzia Tours, ✆ 031-573 2252, 💻 www.strelitiatours.com. Täglich Minibus-Rundfahrten durchs Stadtzentrum und Berea.

Thuthuka Tours, ✆ 031-337 2442 oder 082-264 2556. Auf der Township-Tour erfährt man Genaueres über die Ursprünge des Widerstands gegen die Apartheid. Geführt wird sie von Langa Dube, dessen verstorbener Großvater der erste Präsident des ANC war. Langa nimmt Interessierte auch auf einen 2-tägigen Abstecher zum Haus seiner Familie in einer entlegenen Ecke Zentral-Zululands mit.

Tours of Remembrance, ✆ 031-337 7879, 083-560 9999. Dieser Veranstalter bringt Besucher in die Townships, zur Gandhi-Siedlung und zu Hindu-Tempeln.

Diplomatische Vertretungen

Deutschland: Honorarkonsulat, 9 Adelaide Tambo Drive, Broadway, ✆ 031-266 3920, ✆ 031-305 5677;
Österreich: Honorarkonsulat, 10A Princess Anne Place, Glenwood, ✆ 031-261 6233, 📠 261 6324;
Schweiz: Konsulat, 216 Cozumel, 33 Northbeach Rd, Umdloti Beach, ✆/📠 568 2457.

Fotoläden

Camera Clinic, Shop 4, Standard Bank Centre, 135 Musgrave Rd, Musgrave, ✆ 031-202 5396. Reparatur aller Arten von Foto- und Videokameras.

Geld

Am internationalen Terminal des **Flughafens** gibt es eine Bank, ⌚ 7–20 Uhr, und einen Geldautomaten.
Das Geldwechselbüro der **First National Bank**, 306 Dr Pixley Kaseme St, City centre, tauscht kostenlos Visa-Reiseschecks. **American Express**, 151 Musgrave Rd, Musgrave, ✆ 031-202 8736, ersetzt verlorene Schecks und wechselt Bargeld. ⌚ Mo–Fr 8.30–16.30, Sa 8.30–12 Uhr.

Gepäckaufbewahrung

Im ersten Stock des Bahnhofs **Durban Station** gibt es eine preiswerte Gepäckaufbewahrungsstelle. ⌚ Mi–Mo 7–11 und 14–17.30 Uhr.

Informationen

Tourist Junction, Old Station Building, 160 Pine St, ✆ 031-304 4934, 💻 www.durbanexperience.co.za, ⌚ Mo–Fr 8–16.30, Sa 9–14 Uhr. Der zentral gelegene Komplex ist die beste Anlaufstelle für Informationssuchende und beherbergt Durban Africa (die Touristeninformation für die Stadt selbst), **Tourism KwaZulu-Natal** (für die ganze Provinz), 💻 www.kzn.org.za, sowie die Reservierungsbüros von **KZN Wildlife** und **South African National Parks**.
Ein weiteres gut ausgestattetes **Tourist Office**, ✆ 031-337 8099, befindet sich in der uShaka Marine World an der Beachfront. ⌚ tgl. 9–21 Uhr.

Internet

Wer in Berea abgestiegen ist, kann sowohl im Musgrave Centre als auch im Windermere Centre schnell ins Internet gehen, denn in beiden gibt es Internetcafés.
In den zahlreichen Internetcafés in der Innenstadt kommt man allerdings viel billiger weg.

Medizinische Hilfe

Addington Hospital, Erskine Terrace, South Beach, ✆ 031-327 2000. Das größte allgemeine Krankenhaus ist zentral gelegen und hat eine Notaufnahme mit Bereitschaft rund um die Uhr.
Entabeni Private Hospital, 148 Mazisi Kunene Rd, Berea, ✆ 031-204 1300. Eine bessere Alternative mit Notaufnahme und Behandlungsmöglichkeiten für kleinere Beschwerden. Bei der Aufnahme muss eine Anzahlung geleistet werden, der Restbetrag wird vor dem Verlassen der Stadt fällig.
South Beach Medical Centre, Rutherford St, ✆ 031-332 3101. Günstige Option mit 24 Std.-Bereitschaft, Apotheke, Ärzten, Optiker, Zahnarzt, Physiotherapeut sowie Aromatherapie, Reflexzonenmassage und Homöopathie.
Travel Doctor, 45 Braam Fischer Rd, International Convention Centre, City Centre, ✆ 031-360 1122, 💻 www.traveldoctor.co.za. Die Angestellten dieser Klinik informieren und beraten in Gesundheitsfragen (z. B. bzgl. Malaria oder Impfungen).

Notruf

Krankenwagen, ✆ 10177.
Bereitschaftsdienst der Polizei, ✆ 10111.
AA (Automobile Association), ✆ 083-84322.

Parkplätze

Die zentralsten Parkplätze befinden sich an der Pine Arcade (am westlichen Ende der Monty Naicker Rd) und im Einkaufszentrum Workshop Mall.

Post

Hauptpost, Dorothy Nyembe St, Ecke Dr Pixley Kaseme St, mit Aufbewahrungsstelle für postlagernde Sendungen und Infoschalter. ⌚ Mo–Fr 8–17, Sa 8–13 Uhr.

Schwimmen

King's Park Olympic Swimming Pool, Masabalala Yengwa Ave, zwischen Sandile Thusi Rd und Battery Beach Rd, Stamford Hill, ✆ 031-312 0404. Durbans größtes Schwimmbad lädt zu ein paar Bahnen im beheizten Wasser ein.

Rachel Finlayson Baths, OR Tambo Parade, ✆ 031-337 2721. Das Meerwasserbecken bietet sich für diejenigen an, die in der Nähe der Beachfront untergebracht sind.
Sutton Park Baths, Mathews Meyiwa Rd, ✆ 031-303 1823. Von Berea aus günstig gelegen.

Taxis

Taxis Eagle, ✆ 031-337 8333;
Mozzies, ✆ 086-066 9943;
Zippy, ✆ 031-202 7067.

Wäschereien

Musgrave Laundromat, 2nd Level, Musgrave Centre, ✆ 031-201 1936, liegt günstig für Reisende, die in Berea absteigen.
South Beach Wash-Tub, 428 Mahatma Gandhi Rd, ✆ 031-332 0269, an der Strandpromenade.

Nahverkehr

Radfahren ist an der Beachfront relativ gefahrlos möglich, auf größeren und verkehrsreichen Straßen ist es gefährlich und nicht zu empfehlen.

Stadtbusse

Das nützlichste öffentliche Transportmittel Durbans sind die billigen und regelmäßig verkehrenden Busse der Gesellschaften **Mynah** und **Aqualine**. Sie decken die zentralen Bezirke inkl. Innenstadt, Beachfront und Berea sowie die Florida Road ab.
Wer in die Vorstädte möchte, nimmt die ebenso verlässlichen Stadtbusse von **Durban Transport Municipal Buses**, ✆ 031-309 4126, muss sich aber auf etwas altersschwache Busse und seltenere Verbindungen einstellen.
Informationen zu Abfahrtszeiten und Strecken unter ✆ 031-309 5942 oder im Busdepot in der Monty Naicker Road neben der Workshop Mall, gleichzeitig Abfahrtsort der meisten Regionalbusse. Busfahrpläne liegen auch in der Tourist Junction aus.
Nützliche Verbindungen bieten z. B. die Mynah-Busse, Musgrave, Ecke Mitchell Park Circle, die über die Florida Road (Mitchell Park Circle) bzw. die Musgrave Road (Musgrave) verkehren, sowie die Aqualine-Buslinie 86/87, die über die Bulwer Road zur KwaZulu-Natal Society of Arts Gallery fährt.
Für Fahrten innerhalb des Zentrums unterhält **Durban People Mover**, ✆ 031-309 5942, moderne Busse, die auf drei Strecken zwischen der Beachfront (vom Suncoast Casino bis zur uShaka Marine World) und dem Zentrum bis hinüber zum Victoria Street Market verkehren.

Minibustaxis

Minibustaxis verkehren in der gesamten Stadt, häufiger als normale Busse. Im Zentrum kann man Minibustaxis zur Florida Road an der Field Street zwischen Anton Lembele Street und Dr Pixley Kaseme Street bekommen.
Im Innenstadtgebiet von Durban gibt es mehrere zuverlässige Taxigesellschaften, Näheres unter „Sonstiges".

Transport

Busse

Intercape, ✆ 031-307 1971, **Greyhound**, ✆ 031-334 9702, **Translux**, ✆ 031-361 7670, und andere Intercitybusse nutzen den zum Bahnhofskomplex New Durban Station gehörenden **Busbahnhof**. **Margate Mini Coach**, ✆ 039-312 1406, bietet Fahrten an die Südküste an und hält ebenfalls hier sowie vor dem Abflugterminal für Inlandsflüge am Flughafen Durban Airport. Der Shuttlebus **Umhlanga Express**, ✆ 031-561 2860, hält aus **Umhlanga Rocks** kommend an verschiedenen Punkten in Durban, darunter am Flughafen und gegenüber der Touristeninformation Tourist Junction in der Innenstadt. Der **Baz Bus**, ✆ 021-439 2323, 💻 www.bazbus.com, hält an den meisten Backpackerhostels von Durban.

Busse nach:
BALLITO (1x tgl., 3/4 Std.);
BLOEMFONTEIN (3x tgl., 7 Std.);
EAST LONDON (4x tgl., 9 Std.);
EMPANGENI (1x tgl., 2–3 Std.);
GRAHAMSTOWN (5x tgl., 12 Std.);
HARRISMITH (8x tgl., 4 1/2 Std.);
JO'BURG (14x tgl., 12 1/2 Std.);
KAPSTADT (6x tgl., 22 Std.);
KNYSNA (5x tgl., 17 1/2 Std.);
KWADUKUZA (1x tgl., 1 Std.);
LADYSMITH (1x tgl., 3 1/2 Std.);
MARGATE (2–3x tgl., 2 Std.);
MELMOTH (1x tgl., 4 Std.);

PIETERMARITZBURG (14x tgl., 2 1/4 Std.);
PLETTENBERG BAY (5x tgl., 15 1/2 Std.);
PORT ELIZABETH (3x tgl., 13 1/2 Std.);
PORT SHEPSTONE (4x tgl., 1 1/2 Std.);
PRETORIA (14x tgl., 13 1/2 Std.);
RICHARDS BAY (1x tgl., 2 1/2 Std.);
SEDGEFIELD (5x tgl., 18 Std.);
UMHLANGA ROCKS (1x tgl., 1/4 Std.);
UMTATA (5x tgl., 6 Std.);
VRYHEID (1x tgl., 6 Std.).

Baz Bus nach:
AMPHITHEATRE (3x wöchentl.; 5 Std.);
BALLITO (3x wöchentl.; 45 Min.);
BUSHLANDS (3x wöchentl.; 6 Std.);
CINTSA (5x wöchentl.; 6 1/2 Std.);
COFFEE BAY (5x wöchentl.; 8 Std.);
EAST LONDON (5x wöchentl.; 9 3/4 Std.);
ESHOWE (3x wöchentl.; 2 Std.);
JOHANNESBURG (3x wöchentl. via Drakensberge; 10 Std.);
KOKSTAD (5 wöchentl.; 4 Std.);
MALKERNS (Swaziland; 3x wöchentl; 10 Std.);
MARGATE; MTUBATUBA (3x wöchentl.; 6 1/4 Std.);
PIETERMARITZBURG (3x wöchentl.; 2 Std.);
PORT ALFRED (5x wöchentl.; 11 3/4 Std.);
PORT ELIZABETH (5x wöchentl.; 13 1/2 Std.);
PORT SHEPSTONE (5x wöchentl.; 2 1/4 Std.);
PRETORIA (3x wöchentl; 11 Std.);
ST. LUCIA (3x wöchentl; 5 Std.);
UMTATA (5x wöchentl.; 5 3/4 Std.);
UMKOMAAS (5x wöchentl.; 30 Min.);
UMTENTWENI (5x wöchentl.; 2 Std.);
UMZUMBE (5x wöchentl.; 1 3/4 Std.).

Minibustaxis
Die Langstrecken-Minibustaxis aus Gauteng halten auf der Umgeni Road gegenüber vom Bahnhofseingang. Die von der South Coast und aus der Transkei haben ihre Endhaltestelle in der King Dinizulu Road in der Gegend von Warwick Triangle westlich der Innenstadt. An beiden Orten wimmelt es von Menschen. Wer hier aussteigt, muss gut auf sein Gepäck aufpassen. Von beiden Haltestellen fahren Minibusse tagsüber zur Florida Road; ansonsten liegen die Innenstadt- und Beachfront-Unterkünfte 15 bzw. 30 Min. zu Fuß entfernt.

Eisenbahn
Trans-Natal bietet Zugverbindung von Jo'burg, **Trans-Oranje** von Kapstadt über den Freistaat. Beide Züge halten am trostlosen Bahnhof **New Durban Station**, ✆ 031-361 7609, abseits der Masabalala Yengwa Avenue und nur wenig nördlich der Haupteinkaufsgegend. Für die Fahrt ins Zentrum ist eins der offiziellen Taxis mit Taxameter zu empfehlen, die vor dem Busterminal, der das Erdgeschoss der Bahnhofsanlage in Beschlag nimmt, auf Fahrgäste warten. Eine Fahrt zur Beachfront oder zur Florida Road kostet rund R50.
Züge nach:
JO'BURG (1x tgl. außer Di, 15 Std.);
PIETERMARITZBURG (1x tgl. außer Di, 2 1/4 Std.);
KAPSTADT (2x wöchentl., 36 Std.);
BLOEMFONTEIN (2x wöchentl., 17 Std.).

Flüge
Rechtzeitig zum Beginn der Fußball-Weltmeisterschaft 2010 war Durbans nagelneuer King Shaka International Airport in La Mercy, 30 km nördlich von Durban (s. S. 451), betriebsbereit. laut Website http://lamercy.info/ ab Mai 2010 Bis dahin liegt der **Durban International Airport**, ✆ 031-451 6666, noch 14 km südlich des Stadtzentrums am Southern Freeway. Nationaler und internationaler Terminal befinden sich im gleichen Gebäude; Ankunftsbereich im südlichen Teil, Abflugbereich im nördlichen. Busse, ✆ 031-465 1660, bringen Fahrgäste einmal pro Stunde jeweils zur vollen halben Stunde zu ihren Unterkünften im **Zentrum**; Mo–Fr 6.30–22, Sa und So 7–20 Uhr, R50.
Die Fahrt in die Stadt mit einem Taxi, das über einen Gebührenzähler verfügt, kostet ca. R150. **Julnic Tours**, ✆ 031-205 9119, betreibt Pendelbusse zwischen dem Flughafen und den Unterkünften der Stadt; R275 einfache Fahrt für 1 oder 2 Pers.
In der Ankunftshalle befinden sich ein ausgezeichneter **Touristeninformationsschalter**, ✆ 031-408 1000, ⏲ tgl. 7–21 Uhr, außerdem mehrere Schalter von **Mietwagengesellschaften**, darunter Hertz und Avis. Windermere Car Hire (S. 441) holt

Ankömmlinge, die einen Wagen bei diesem Anbieter gebucht haben, während der Geschäftszeiten (Mo–Fr 8–17, Sa 8–12 Uhr) kostenlos vom Flughafen ab. Der Schalter der **Absa Bank** in der Ankunftshalle hat tgl. 7–20 Uhr geöffnet, und gleich daneben gibt es einen rund um die Uhr zugänglichen Geldautomaten.

In Durban vertretene Fluggesellschaften sind u. a.: **1time**, ✆ 0861-345 345, **British Airways**, ✆ 031-450 7000; **Kulula.com**, ✆ 0861-585 852, **Mango**, ✆ 086-116 2646; **SA Airlink** und **South African Airways**, ✆ 0861-606 606.

Flüge nach:
BLOEMFONTEIN (1–2x tgl.; 1 Std. 05 Min.);
GEORGE (1x tgl.; 1 Std. 50 Min.;
JOHANNESBURG (mind. 32x tgl.; 1 Std. 10 Min.);
KAPSTADT (14x tgl.; 2 1/4 Std.);
NELSPRUIT (2x tgl.; 1 Std. 20 Min.);
PORT ELIZABETH (6x tgl.; 1 Std. 20 Min.).

Die Umgebung von Durban

Auf der Suche nach ruhigeren Stränden außerhalb der Stadt bieten sich sowohl die **Nordküste** als auch die **Südküste** in der Umgebung von Durban für einen bequemen Tages- oder Wochenendausflug an. Die Küste bei Durban wurde in erster Linie als Ferienziel für weiße südafrikanische Familien ausgebaut. In einem Land mit derart vielen spektakulären Landschaften nimmt sich die Küste bei Durban allerdings vergleichsweise farblos aus. Auf der anderen Seite bietet sie aber gleichbleibend warmes Wasser, kilometerlange, nicht überlaufene Sandstrände, gute Verbindungen nach Johannesburg und die Möglichkeit, Delphine zu erspähen, besonders während der jährlichen **Sardinenwanderung**, wenn Millionen von Sardinen die südafrikanische Küste entlang Richtung Norden ziehen.

Die Südküste lockt massenhaft Tauchbegeisterte nach **Aliwal Shoal**, das in der Nähe von Umkomaas liegt und zu den besten Tauchrevieren Südafrikas zählt. Bemerkenswert an diesem Küstenabschnitt sind auch zwei Naturschutzgebiete: Die etwas landeinwärts von Port Shepstone gelegene Schlucht Oribi Gorge lädt zu Abenteuersport ein; im Umtamvuna lassen sich am gleichnamigen Fluss schöne Tageswanderungen unternehmen. An der Nordküste gibt es in **Umhlanga Rocks**, einem hübschen Ferienort eine knappe halbe Stunde Autofahrt nördlich von Durban, neben einem tollen Strand auch Bars und Restaurants mit Meerblick.

Nordwestlich von Durban liegt die Provinzhauptstadt **Pietermaritzburg**, die neben einer ausgezeichneten Kunstgalerie und viktorianischen Backsteingebäuden eine lebendige Mischung aus Zulu- und indischer Kultur zu bieten hat. Ein Besuch in Pietermaritzburg kann mit dem inzwischen schon klassischen Tagesausflug von Durban aus zum **Valley of a Thousand Hills** kombiniert werden. Jenseits von Pietermaritzburg empfehlen sich die **Midlands** von Kwazulu-Natal eher für ein ganzes Wochenende als für einen Tagesausflug. Das wahrhaft lohnenswerte Reiseziel dieser Gegend aber ist die märchenhafte Gebirgslandschaft der Ukhahlamba Drakensberge.

Die Südküste

Die Südküste umfasst den 160 km langen Küstenabschnitt von Durban bis Port Edward an der Grenze zum Ostkap. Es handelt sich um einen Streifen aneinander gereihter Urlaubsorte am Meer (fast auf ganzer Länge durch die parallel verlaufenden Straßen **N2** und **R102** verbunden). In den Wintermonaten ist die Südküste ohnehin konkurrenzlos, denn dann ist es dort wärmer und sonniger als an irgendeinem anderen Küstenabschnitt zwischen Durban und Kapstadt.

Viele dieser Strände fallen direkt mit der mächtigen Brandung sehr steil ab. Deshalb sollte man sich nur dort ins Wasser wagen, wo Schilder darauf hinweisen, dass das Schwimmen sicher ist. Landeinwärts wird die hügelige und grüne Landschaft von Zuckerrohrfeldern, Bananenplantagen und Pekannussbäumen beherrscht.

Die 133 km südlich von Durban gelegene Stadt **Margate** ist das Verkehrs- und Urlaubs-

zentrum der Region mit weiteren Ferienorten in der Umgebung. Das Highlight der Gegend ist das nicht weit landeinwärts gelegene Naturschutzgebiet **Oribi Gorge Nature Reserve**, das mit Buschwanderungen, atemberaubenden Ausblicken und qualitativ guten, dabei preisgünstigen Unterkünften aufwartet.

Ein Bus von **Margate Mini Coach**, Gird Mowat Building, Marine Drive, Margate, ✆ 039-312 1406, fährt 2–3x täglich vom Busbahnhof in Durban (Greyhound-Busterminal) via Durbans Royal Hotel, Durban Airport (Domestic arrivals), Amanzimtoti (nur nach Voranmeldung), Scottburgh (nur nach Voranmeldung), Hibberdene (Super Tube), Port Shepstone (Bedford Centre), Margate (Dennisons Centre an der Marine Parade), Sam Lameer (nur nach Voranmeldung) und Wild Coast Sun Casino (nur nach Voranmeldung) an die South Coast.

Der zwischen Port Elizabeth und Durban verkehrende **Baz Bus** hält 5x wöchentlich in Umkomaas, Umzumbe, Umtentweni und Port Shepstone. **Selbstfahrer** steuern die N2 an, die von Durban Richtung Süden bis Port Shepstone führt. Dort biegt man landeinwärts nach Kokstad ab. Noch schneller geht es auf der weniger befahrenen South Coast Toll Road von Port Shepstone nach Southbroom.

Aliwal Shoal

Die Badeorte, die sich auf 50 km Küstenlinie südlich von Durban aneinanderreihen, wie etwa **Amanzimtoti**, 27 km südlich von Durban, gleichen eher Strandvororten als eigenständigen Städten. Für Tauchfans ist das farblose Städtchen **Umkomaas**, 20 km hinter Amanzimtoti, der perfekte Ausgangspunkt zum Aliwal Shoal. Dieses Riff in Küstennähe ist eine der traumhaftesten Tauchstellen Südafrikas. Erfahrene Taucher können hier Sand- und Tigerhaien begegnen. Außerdem gibt es drei wunderbare Stellen zum Wracktauchen. Die ideale Jahreszeit zum Tauchen ist zwischen Juni und Oktober, dann ist die Sicht am besten.

Verschiedene Tauchzentren veranstalten Trips zum Aliwal Shoal (ca. R250, Ausrüstung R220) sowie viertägige Open-Water-Tauchkurse für etwa R2500 (inkl. Komplettausrüstung) mit PADI-Zertifikat. Anbieter sind z. B. das **Meridian Dive Centre**, ✆ 039-973 2813, 💻 www.scubadivesouthafrica.co.za, und **Amatikulu Tours**, ✆ 039-973 2534, 💻 www.aliwalshoal.com. B&B-Unterkunft findet man im **Agulhas House** mitten im Ort, ✆ 039-973 1640, 💻 www.agulhashouse.com, in Zimmern mit Bad, Kühlschrank und eigenem Eingang ❹.

Oribi Gorge Nature Reserve

Auf der Fahrt nach Süden entlang der Küste folgt ein Resort auf das andere, bis man schließlich **Port Shepstone** erreicht, das triste Industrie- und Verwaltungszentrum der Südküste. Von hier sind es nur 21 km landeinwärts zum Naturschutzgebiet Oribi Gorge Nature Reserve, ✆ 039-679 1644, das an der N2 ausgeschildert ist. Durch das landschaftlich äußerst reizvolle Gebiet mit seinen Felsspalten, steil aufragenden Klippen und Wäldern fließen der Umzimkulu und Umzimkulwana. Vom Baden in diesen Flüssen ist jedoch dringend abzuraten, da sie Bilharziose-Parasiten enthalten.

An ihren Ufern gibt es aber zahlreiche idyllische Picknickplätze und markierte **Wanderwege**, vom halbstündigen Spaziergang bis zu ganztägigen Wanderungen, durch dichten Busch und zu Schwindel erregenden Aussichtspunkten. Ein schöner, einstündiger Spaziergang beginnt am Park- und Picknickplatz Umzimkulu und führt nach Überquerung des Flusses über mehrere Stufen in die hügelige Waldlandschaft. Der Fluss rückt dann erst wieder ins Blickfeld, wenn der spektakuläre Wasserfall **Samango Falls** mit seinem perfekten, von Felsen gesäumten Sandstrand erreicht ist.

Natürlich sind in dem Naturschutzgebiet auch **wilde Tiere** beheimatet, darunter Schirrantilopen, Riedböcke, Blau- und Kronenducker – allerdings keine Oribis, denn die Bleichböckchen haben dem Ort inzwischen zugunsten der saftigeren Triebe auf den umliegenden Zuckerrohrplantagen den Rücken gekehrt. Schwieriger zu Gesicht zu bekommen sind die Leoparden und auch die Weißkehlmeerkatzen, weil sich die scheuen Affen unter dem hohen Baldachin des Waldes verbergen. ⏲ tgl. 6.30–19.30 Uhr, Eintritt R10.

Das Reservat bietet Waghalsigen verschiedene **Abenteueraktivitäten**, alle organisiert von Wild 5, ✆ 039-687 0253 oder 082-566 7424, 💻 www.oribigorge.co.za, einem Veranstalter mit Sitz im Oribi Gorge Hotel (s. u.). Zur Auswahl stehen Abseilen mit einem anschließenden, schweißtreibenden halbstündigen Fußmarsch aus der Schlucht (R250), ein Gorge swing, bei dem man an einem Seil vom Rand der Lehrs Falls springt (R350) und eine Fahrt am Drahtseil, 160 m über dem Boden der Schlucht (R200). Raftingtrips auf dem Umzimkulu River (R450) sind weitere Möglichkeiten, aktiv zu werden.

Übernachtung

KZN Wildlife Restcamp. Die netteste Übernachtungsmöglichkeit im Naturschutzgebiet befindet sich am oberen Ende der Schlucht Umzimkulwana Gorge, mit Blick in den gähnenden Abgrund der Oribi-Schlucht. Geschirr, Besteck und Bettzeug wird gestellt, es gibt auch einen Swimming Pool. ❶

Oribi Gorge Hotel, ✆ 039-687 0253, 💻 www.oribigorge.co.za. Altmodisches Hotel im Kolonialstil, rund 16 km vom Restcamp entfernt an der Oribi Flats Road. Spektakuläre Ausblicke, u. a. auf den berühmten überhängenden Felsen. Weitere Pluspunkte: geräumige Zimmer, günstige Mahlzeiten und eine Terrasse. ❻

Hibiscus Coast

Wegen seiner üppig blühenden Gärten trägt der 44 km lange Küstenabschnitt zwischen Port Shepstone und Port Edward den Namen „Hibiskusküste". Der von begüterten Wohnsiedlungen, intensiver Strandbebauung und Caravan Parks geprägte Landstrich ist auch unter Namen „Golf Coast" bekannt, denn allein an diesem kurzen Küstenstreifen gibt es neun erstklassige Golfplätze. Die Hibiscus Coast mit der Stadt Margate im Zentrum ist dicht bebaut. Weiter im Süden nimmt die Bebauung dann ab.

Margate und Ramsgate

Rund 14 km südlich von Port Shepstone liegt der Ferienort Margate. Hier gibt es keine versteckten Buchten oder einsamen Strände mehr zu entdecken, dafür aber jede Menge Hochhaus-Apartments, Fastfood-Restaurants und Eisdielen. Der Pluspunkt von Margate (sowie vom nahe gelegenen Ramsgate) ist das umfangreiche Angebot an Unterkünften aller Preisklassen (s. S. 448). Außerdem ist Margate der munterste Ort an der Südküste mit dem besten Nachtleben.

Richtung Süden schließt sich an Margate das ruhigere und etwas kultiviertere **Ramsgate** an.

Kultur gibt´s z. B. in der Gaze Gallery, ✆ 039-312 2322, aus Richtung Margate kommend direkt hinter der Lagune. Hier sind Arbeiten einheimischer Künstler ausgestellt. ⏲ 9–17 Uhr, Eintritt frei. Eine Tür weiter lockt das Waffle House Restaurant (s. „Essen").

Southbroom und Port Edward

Rund 7 km südlich von Margate liegt **Southbroom**, auch spöttisch „Houghton-by-Sea" genannt – in Anspielung auf den Johannesburger Nobelvorort, dessen Bewohner sich jedes Jahr im Dezember angeblich massenweise hier einfinden. Im Grunde ist die Stadt eine Aneinanderreihung luxuriöser Ferienhäuser um den hübschen **Southbroom Golf Course**, ✆ 039-316 6051, herum; Greenfees R250 für 18 Löcher. Riesige, von üppiger Vegetation bedeckte Dünen senken sich zum Meer ab, an dem Strandspaziergänge locken. Der beste Ort zum Schwimmen ist **Marina Beach**, 3 km südlich von Southbroom Beach.

Die Hauptattraktion des etwa 10 km weiter südlich an der Grenze zum Ostkap gelegenen **Port Edward** ist seine Nähe zum Naturschutzgebiet Umtamvuna Nature Reserve (s. u.). Abgesehen davon zeichnet sich der Ort durch ein paar schöne Sandstrände aus.

Übernachtung

Beachcomber Bay, 75 Marine Drive, Ramsgate, ✆ 039-317 4473, 💻 www.beachcomberbay.co.za. Komfortables Guesthouse mit 6 Zimmern, Meerblick, Sauna, Jacuzzi und Privatzugang zum Strand. ❸

Selbstversorger-Unterkünfte und B&Bs

BillsBest vermietet verschiedene Unterkünfte in Ramsgate und Southbroom, ✆ 039-314 4837, 💻 www.billsbest.co.za. Es gibt eine Reihe gepflegter Hütten und Unterkünfte für Selbstversorger für 2 bis 6 Pers., alle in Strandnähe und gut bewacht. Außerdem gibt's B&Bs sowie die schöne Rock Inn Lodge, die an große Gruppen von bis zu 26 Pers. vermietet wird und idyllisch in einem Wald 300 m vom Strand von Ramsgate entfernt liegt.

Ku-boboyi River Lodge, Old Main Rd, Leisure Bay, Port Edward, ✆ 039-319 1371, 💻 www.kuboboyi.co.za. Schönes Backpackerhostel auf einem Hügel mit weitem Meerblick, entspannter Atmosphäre und Pool. Auf Wunsch Mahlzeiten. Dorms ❶, Zimmer ❷

Southbroom Travellers Lodge, 11 Cliff Rd, Southbroom, ✆ 039-316 8448, 💻 www.southbroomtravellerslodge.co.za. Budgetunterkunft mit Dorms und Zimmern sowie Pool. Golfschläger können gratis benutzt werden, außerdem Abholung von der Baz-Bus-Haltestelle in Port Shepstone. Frühstück inkl. Dorms und Zimmer. ❷

Sunbirds, 643 Outlook Rd, Southbroom, ✆ 039-316 8202, 💻 www.sunbirds.co.za. Edles B&B mit makellosen, modern eingerichteten Zimmern, Flachbildschirm-TVs, DVD-Playern und iPod-Dockstationen. Die aufmerksamen Gastgeber bereiten ein tolles Frühstück nach den Wünschen der Gäste zu. Hübscher Pool. ❻

Essen und Unterhaltung

Flavours, The Bistro Village, 1303 Marine Drive, Ramsgate, ✆ 039-314 4370. Eines der besten Restaurants der Gegend mit guten Garnelengerichten, Paella und marokkanischem Lamm. Hauptgerichte zumeist R80–100. ⏲ So abends und Mo geschl.

Pistols Saloon, Old Main Rd, Ramsgate, ✆ 031-361 8463. Leicht surreale Bar mit Cowboymotto am Südrand von Ramsgate mit hauseigenen Eseln und freitagabends Livemusik, überwiegend aus den 60er- bis 80er-Jahren.

Riptide, am Southbroom Beach, Southbroom, ✆ 039-316 6151. Annehmbares Seafood (R60–90), aber am besten ist der Ausblick.

Trattoria La Terrazza, Outlook Rd, Southbroom, ✆ 087-805 9400. Solide italienische Küche in hübscher Lage an einer Lagune; zum Sonnenuntergang kehren hierher Tausende Schwalben in ihre Nester zurück. Hauptgerichte zumeist R70–100.

Waffle House, Marine Drive, Ramsgate, ✆ 039-314 9424. Die besten Waffeln in der Provinz (R30–50) mit ausgeklügelten Belägen wie Ratatouille oder Huhn und Pilzen.

Informationen

Das zentrale **Tourist Office** für die gesamte Hibiscus Coast befindet sich an der Beachfront in Margate, ✆ 039-312 2322, 💻 www.hibiscuscoast.kzn.org.za. Es hat Bettenverzeichnisse und allgemeine Informationen zur gesamten South Coast. 🕓 Mo–Fr 8–17, Sa 8–13 Uhr.

Transport

Wer mit öffentlichen Verkehrsmitteln von Port Edward Richtung Ostkap weiterreisen möchte, ist auf eines der zahlreichen Minibustaxis angewiesen, die am Stadtrand an der R61 warten. Viele Touristen überqueren die ehemalige Grenze zur Transkei, um im Casino Wild Coast Sun (S. 446) ihr Glück zu versuchen.

Busse von Margate nach:
DURBAN (2—3x tgl.; 2 Std.).

Umtamvuna Nature Reserve

Rund 8 km nördlich von Port Edward, an der R61 nach Izingolweni ausgeschildert, liegen im Umtamvuna Nature Reserve, ✆ 039-311 2383, einige der besten Naturwanderwege der gesamten Provinz KwaZulu-Natal. Das Naturschutzgebiet erstreckt sich über 19 km flussaufwärts des tropischen Umtamvuna River mit seinen bewaldeten Klippen. Es ist für seine Frühlingsblumen bekannt, aus denen die Nektar- und Zuckervögel ihren Blütenhonig saugen. In diesem Gebiet leben 300 Vogelarten, darunter auch eine Kolonie der seltenen **Kapgeier**. Deren Nistplätze bekommt allerdings nur zu Gesicht, wer bereit ist, eine ganze Tageswanderung in Angriff zu nehmen. Im Schutzgebiet sind zahlreiche Wanderwege ausgewiesen. 🕓 April–Aug tgl. 6.30–17.30, Sep–März tgl. 6–18 Uhr, Eintritt R10.

Übernachtung

Umtamvuna River Lodge, Holiday Rd, ✆ 039-313 1261, 💻 www.boardalign.co.za. 8 B&B-Zimmer in friedlicher, bewaldeter Umgebung am Flussufer. Möglichkeiten zum Wakeboarden. ❺

Vuna Valley Ventures, 9/10 Michelle Rd, ✆ 039-311 3602, 💻 www.vunavalleyventures.co.za. Die freundliche Backpacker-Lodge liegt fußläufig zum Reservatseingang. Die Gäste können unter einladenden Dorms und DZ wählen Dorms ❶, Zimmer ❷

Die Nordküste

Die Nordküste von KwaZulu-Natal, d. h. der 80 km lange Küstenabschnitt nördlich von Durban, der sich von Umhlanga Rocks bis zur Mündung des Tugela River ausdehnt, wird auch als „**Delphinküste**" bezeichnet. Dieser schmale Kontinentalschelf bietet in Verbindung mit den warmen und seichten Küstengewässern ideale Bedingungen für den Großen Tümmler, der sich hier das ganze Jahr über zur Nahrungsaufnahme einfindet und für die Namensgebung verantwortlich ist. Auch die Aussichten, einen Wal zu erspähen, sind an dieser Küste gut. Aber das ist längst nicht der einzige Grund, einen Abstecher in die Gegend zu machen.

Die im Vergleich zur Südküste reizvollere und weniger bebaute Nordküste lockt im Allgemeinen besser betuchte Urlauber an, was besonders für den Hauptferienort der Region gilt, **Umhlanga Rocks**, das von Durban aus leicht zu erreichen ist. Während sich die Dolphin Coast noch immer überwiegend in weißer Hand befindet, besteht ein Großteil der Bevölkerung der etwas abseits der Küste gelegenen, auf der alten R102 miteinander verbundenen Städte **Tongaat** und **KwaDukuza** aus Zulu und Indern. In Tongaat gibt es indische Tempel, in KwaDukuza das Shaka-Denkmal. Ebenfalls an der R102 liegt in **Groutville** das Grab eines der meistverehrten ANC-Führers: die Grabstätte von Albert Luthuli.

Umhlanga Rocks

Das rund 20 km von Downtown Durban entfernte Umhlanga Rocks ist eine immer enger mit dem Vorort Durban-Nord zusammenwachsende Stadt mit immerhin bereits 100 000 Einwohnern. Sie lädt zu einem schönen Tagesausflug ein, bietet sich aber auch als Alternative zum Übernachten an. Umhlanga Rocks ist in erster Linie ein Ferienort. Die Einkaufszone am Chartwell Drive wartet mit mehreren schicken und gut sortierten Einkaufszentren auf. Diese verblassen allerdings angesichts der übermächtigen Konkurrenz des gigantischen **Gateway Theater of Shopping** mit 400 Geschäften, einem Wellenschwimmbad, einem Indoor-Kletterfelsen und 18 Kinos. Von Durban aus ist die Gateway Mall über die N2 zu erreichen (Ausfahrt Umhlanga/Mt Edgecombe, der Beschilderung folgen).

Ganz in der Nähe, ebenfalls nur ein paar Kilometer nördlich des Zentrums von Umhlanga, liegt – von der N2 aus ausgeschildert – das Haifisch-Institut **Natal Sharks Board**, 1a Herrwood Drive, ✆ 031-566 0400, 💻 www.shark.co.za. Neben einer Audioshow zum Thema Haie auf mehreren Bildschirmen wird hier auch regelmäßig ein frisch gefangener Hai seziert, 🕓 Di, Mi und Do 9 und 14, So 14 Uhr, Eintritt R25. Dabei wird mit sämtlichen Vorurteilen über Haie aufgeräumt und über die Arbeit des Instituts bei der Instandhaltung der Haifischnetze informiert. Die zum Schutz von Schwimmern überall vor der Küste angebrachten Netze sind sehr umstritten, weil auch gefährdete Meeresschildkröten und Delphine in ihnen verenden und das natürliche Gleichgewicht des Ökosystems in Küstennähe ins Wanken gerät. Das Institut beschäftigt sich derzeit mit den Möglichkeiten einer elektronischen Haifischbarriere. Wer kein eigenes Fahrzeug hat, kommt am besten mit den 50 m westlich vom Informationsbüro abfahrenden Minibustaxis oder Shuttles zum Sharks Board.

Wer an einem **Bootsausflug** mit einem der Boote des Sharks Board teilnimmt, bekommt mit etwas Glück außer Haien auch Delphine oder Wale zu sehen. Reservierungen für den zweistündigen Ausflug, der um 6.30 Uhr an der Wilson's Wharf in Durban beginnt, unter ✆ 082-403 9206. Die Fahrt kostet R250 p. P.; an Wochentagen werden dabei auch die Hainetze geprüft.

Übernachtung

Anchor's Rest, 14 Stanley Grace Crescent, ✆ 031-561 7380, 💻 www.anchorsrest.co.za. Zentral gelegenes, elegantes Guesthouse im Mittelmeerstil mit geräumigen, hübsch eingerichteten Ferienapartments. ❺

Beverly Hills Hotel, Lighthouse Rd, ✆ 031-561 2211, 💻 www.southernsun.com. Die schickste Übernachtungsmöglichkeit in Umhlanga in vorzüglicher Strandlage. Alle Zimmer mit Meerblick. ❽

Honeypot, 11 Hilken Drive, nördlich der M4, ✆ 031-561 3795, 💻 www.honeypotguesthouse.co.za. Schönes, rustikal eingerichtetes B&B mit Pool. ❺

Jessica's B&B, 35 Portland Drive, ✆ 031-561 3369, 💻 www.jessicaskzn.co.za. 2 Garten-Apartments mit Küchenzeile, Mikrowelle und Heizung. Gutes Preis-Leistungs-Verhältnis, ideal für Familien. ❸

Essen

Cotton Fields, 2 Lagoon Drive, ✆ 031-561 2744, bei Einheimischen beliebte Bistro-Bar mit *potjiekos* auf der Speisekarte und freitagabends Livemusik.

Ile Maurice, 9 McCausland Crescent, ✆ 031-561 7609. In dem Restaurant mit französisch/mauritischer Küche trifft in Rotwein gekochtes Kaninchen auf Tintenfischcurry. Hauptgerichte um R100. 🕓 Mo geschl.

Olive & Oil, 19 Chartwell Centre, im 1. Stock des Gebäudes gegenüber vom Tourist Office, ✆ 031-561 2618. Die Spezialität sind Fisch und Seafood; Hauptgerichte kosten R50–80.

Informationen und Transport

Umhlanga Rocks Tourist Office, 14 Chartwell Drive, ✆ 031-561 4257, 💻 www.umhlanga-rocks.com. Landkarten und Informationen zu Sehenswürdigkeiten in der Küstenregion. 🕓 Mo–Fr 8.30–17, Sa 9–13 Uhr. In der Nähe halten die Shuttlebusse von Umhlanga Express, ✆ 031-561 2860, die je nach Bedarf Fahrten zum Musgrave Centre in Berea und ins Zentrum von Durban anbieten.

Großartiger Ausblick

Razzmatazz, im Cabana Beach Lifestyle Resort, 10 Lagoon Drive, ✆ 031-561 5847. Das Restaurant hat eine großartige Terrasse mit Blick auf den Ozean. Hier gibt's z. B. Springbock-Filet oder Tamarinden-Fischcurry. Das 3-gängige Tagesmenü (R100) ist seinen Preis mehr als wert.

La Mercy, Tongaat und Ballito

Nördlich von Umhlanga wird die urbane Bebauung unvermittelt von einer hügeligen Landschaft aus Zuckerrohrplantagen und subtropischer Küstenvegetation abgelöst.

Durbans neuer Flughafen, der **King Shaka International Airport**, liegt in La Mercy, 30 km außerhalb von Durban. Er wurde rechtzeitig zur Weltmeisterschaft 2010 fertig.

Nur wenige Kilometer vom Strand entfernt liegt die Stadt **Tongaat** abseits der Fernstraße N2, die das Feriengebiet an der Küste von den Fabrikanlagen der Zuckerindustrie im Landesinneren trennt. Die Stadt, deren vernachlässigte Häuschen im imitierten kapholländischen Stil nicht den frischesten Eindruck machen, blickt auf eine traditionelle Verbundenheit mit der indischen Gemeinde Südafrikas zurück und besitzt eine Hand voll reich verzierter Tempel.

Der auffälligste ist der kleine, weiß getünchte denkmalgeschützte **Shri Jugganath Puri Temple** in der Catherine St, Ecke Plane St. Er ist dem Hindugott Vishnu gewidmet und wurde zur Jahrhundertwende von dem Sanskrit-Schüler Pandit Shrikishan Maharaj gebaut. Die Anfahrt zum Tempel führt über die R102 Richtung Durban, dann an der ersten Ampel hinter der Polizeistation rechts in die Ganie St, anschließend nach links in die Plane Street und wieder links in die Catherine St.

Nicht besonders afrikanisch kommt Ballito daher, ein 10 km nördlich von Tongaat an der Küste gelegener Ferienort, der mit seiner Flut von Ferienwohnungen, Apartmentburgen und Einkaufszentren in Strandnähe Erinnerungen an die Mittelmeerküste weckt. Dennoch ist Ballito alles in allem ein recht angenehmes Plätzchen, auch der Strand eignet sich gut zum Baden und wird von professionellen Rettungsschwimmern überwacht.

Übernachtung und Essen

Dolphin Holiday Resort, Compensation Beach Rd, Ecke Hillary Drive, ✆ 032-946 2187, 💻 www.dolphinholidayresort.co.za. Schattiger Campingplatz und mehrere Ferienbungalows für Selbstversorger. Nur 5 Min. Fußweg vom Strand entfernt. ❷

Zimbali Lodge, 1 km südlich von Ballito, ✆ 032-538 1007, 💻 www.fairmont.com. Die exquisiteste Unterkunft der Umgebung liegt in einem üppigen subtropischen Küstenwald im Herzen einer weiten Landschaft aus Feuchtgebieten. Wer sich die Unterkunft in der Nobelherberge nicht leisten kann, sollte wenigstens zum Essen einkehren, oder besser noch auf einen Drink bei Sonnenuntergang. Die Bar mit Aussicht auf den Indischen Ozean ist auf Pfählen errichtet und überblickt das Fairway am 14. Loch des Golfplatzes. ❽

KwaDukuza, Groutville und Blythedale

Wer von Ballito auf der R102 landeinwärts Richtung Norden fährt, gelangt nach rund 30 km in die Stadt **KwaDukuza**. Sie wird auch heute noch häufig als „Stanger" bezeichnet, obwohl sie diesen Namen seit den Wahlen von 1994 offiziell nicht mehr trägt.

Im Kosmos nationalistisch gesinnter Zulu kommt KwaDukuza eine besondere Bedeutung zu, denn die Stadt war Standort des letzten Kraals von König Shaka. Hier wurde er 1828 heimtückisch von seinem Halbbruder Dingane ermordet, der sein Nachfolger auf dem Zulu-Thron wurde. Der Kriegerkönig wurde angeblich aufrecht in einer Kammer begraben. Shaka zu Ehren wurde in der King Shaka Street ein kleiner Park mit einem Denkmal errichtet, das aus einem großen Stein mit einer Rille besteht, in der Shaka der Überlieferung nach seine Speere schärfte.

Am Rand des Parks befindet sich das **KwaDukuza Interpretative Centre** mit einer kleinen Ausstellung zu König Shaka und einer 15-minütigen, sehr guten audiovisuellen Präsentation. 🕓 Mo–Fr 8–17, Sa und So 9–16 Uhr, Eintritt frei. Im Park wird außerdem jedes Jahr am 24. September der King Shaka Day gefeiert (s. Kasten S. 497) – der 24. 9. ist gleichzeitig ein Nationalfeiertag, der Heritage Day.

Etwa 8 km südwestlich von KwaDukuza liegt an der R102 direkt hinter einer rostigen Brücke über den Mvoti River der kleine Ort **Groutville**. Bemerkenswert ist das Dorf vor allem als letzte Ruhestätte von **Albert Luthuli**, einem der größten politischen Führer Südafrikas. Er arbeitete zunächst als Lehrer, wurde dann Häuptling der Zulu in Groutville und 1952 Präsident des ANC. Für seine führende Rolle im gewaltlosen Kampf gegen die Apartheid erhielt Luthuli 1960 den Friedensnobelpreis, für den er in seinem Heimatland allerdings mit Hausarrest „belohnt" und in die Gegend von KwaDukuza verbannt wurde.

Luthuli starb 1967 unter mysteriösen Umständen in KwaDukuza. Sein Grab befindet sich neben einer weiß getünchten, im 19. Jh. errichteten Missionskirche aus Wellblech. Über sein Leben berichtet Luthuli in seiner bewegenden Autobiografie *Let My People Go* (deutsche Übersetzung *Mein Land, mein Leben*).

Der beste Übernachtungsort in der Umgebung ist das rund 8 km entfernte **Blythedale**. Hier befindet sich der KwaDukuza am nächsten gelegene Sandstrand, und weil dort keine Hochhäuser gebaut werden dürfen, macht er einen verlassenen Eindruck. Die **Palm Dune Beach Lodge**, 9 Umvoti Drive, ✆ 032-552 1588, 💻 www.palmdune.co.za, ❻, ist eine noble Urlauberanlage. Gäste haben die Wahl unter klassischen Chalets mit einem, zwei oder drei Schlafzimmern. Und selbstverständlich wird auch etwas geboten: von Jetskiing bis Beachvolleyball.

Ebenfalls am Umvoti Drive liegt das billigere **Mini Villas**, ✆ 032-551 1277, 💻 www.minivillas.co.za. Es hat gut ausgestattete Selbstversorger-Bungalows für vier bis sechs Personen. ❷

Harold Johnson Nature Reserve

Der Tugela River begrenzt das von KZN Wildlife verwaltete Naturschutzgebiet Harold Johnson Nature Reserve, ✆ 032-486 1574, das 24 km nördlich von Dukuza an der N2 ausgeschildert ist (Ausfahrt Zinkwazi und in Darnall links abbiegen). Mit seinem ursprünglichen Busch, den Klippen und Schluchten lädt der Park zu einem Tagesausflug oder einer Übernachtung im Zelt ein ❶. Da weder Geschäfte noch Verpflegungsmöglichkeiten vorhanden sind, sollte man sich mit ausreichend Proviant eindecken.

Mehrere Wanderwege führen zu den verschiedenen historischen Stätten im Naturschutzgebiet, von denen die meisten mit dem Krieg zwischen Engländern und Zulu von 1879 in Verbindung stehen. Eine dieser Stätten ist der „Ultimatum Tree", ein wilder Feigenbaum. Hier hatten die Briten dem Zulu-König Cetshwayo 1878 ein unerfüllbares Ultimatum gestellt, in dem u. a. von den Zulu verlangt wurde, ihr stehendes Heer aufzulösen. 🕓 tgl. von Sonnenaufgang bis Einbruch der Dunkelheit, Eintritt R10.

Valley of a Thousand Hills

Das „Tal der Tausend Hügel", 💻 www.1000hills.kzn.org.za, erstreckt sich 45 km nordwestlich von Durban an der Strecke nach Pietermaritzburg und lädt zu einer malerischen Autofahrt entlang der dicht geschlossenen Hügelkette ein, wo die Zulu noch in ihren traditionellen Behausungen leben. Die Fahrt hierher lohnt sich allerdings nur, wenn man ansonsten nicht vorhat, ins Landesinnere KwaZulu-Natals vorzudringen. Dort eröffnet sich nämlich hinter jeder Straßenbiege eine derartige Szenerie.

Ein Ausflug ins Tal und zurück lässt sich von Durban aus in einem halben Tag unternehmen. Doch die Gegend hat ausreichend Sehenswürdigkeiten für einen kompletten Tagesausflug. Am einfachsten erkundet man das Tal mit dem eigenen Fahrzeug. Alternativ dazu bietet Tekweni Eco Tours (s. Kasten S. 441) täglich **Touren** von Durban aus an, in deren Rahmen die Hauptattraktionen angefahren werden. Wer sich am ersten oder letzten Sonntag eines Monats in Durban aufhält, kann eine Fahrt in der **historischen Eisenbahn** mit Umgeni Steam Railways, ✆ 031-303 3003, 💻 www.umgenisteamrailway.co.za, unternehmen. Abfahrt um 8.30 und 12.30 Uhr von der Kloof Station, Stockers Arms, Old Main Rd, Fahrkarte R130. Das Unternehmen besitzt eine der größten Sammlungen historischer Lokomotiven und Waggons auf der Südhalbkugel.

Selbstfahrer nehmen von Durban aus zunächst die N3 Richtung Westen ins Landesinnere und folgen der Beschilderung nach Pinetown. An der Ausfahrt Hillcrest/Old Main Road biegt man rechts in die Old Main Road (R103) ein und folgt der Beschilderung „Thousand Hills Experience Route". Nach 1 km kommt man am lebendigen **Heritage Market** vorbei, der im viktorianischen Stil gehalten ist und vor allem aus Kunsthandwerksläden, Restaurants und Schmuckgeschäften besteht. Weiter geht die Fahrt vorbei am kleinen **Einkaufszentrum** Fainting Goat, dann biegt man nach links ab zum Pot & Kettle, einer Kombination aus Restaurant und Galerie mit einem atemberaubenden Ausblick auf die Thousand Hills.

Ein Stück weiter, hinter der Straßenbiegung, erstreckt sich der **Phezulu Safari Park**, ✆ 031-777 1000, 💻 www.phezulusafaripark.co.za, ⏱ tgl. 8.30–16.30 Uhr, Eintritt R80. Die Giftschlangen in ihren etwas beengten Glaskästen können dem Besucher glücklicherweise nichts anhaben. Außerdem gibt es Krokodile und andere Reptilien zu sehen. Wer möchte, kann auch ein rekonstruiertes, vorkoloniales Zulu-Dorf besichtigen, wo vor der spektakulären Kulisse des Tals temperamentvolle **Zulu-Tänze** vorgeführt werden; tgl. 10, 11.30, 14 und 15.30 Uhr.

Pietermaritzburg

Pietermaritzburg (oft einfach „Maritzburg" genannt), die Hauptstadt der Provinz KwaZulu-Natal, vermarktet sich gern als die am besten erhaltene **viktorianische Stadt** Südafrikas und ist stolz auf seine enge Verbindung zu Großbritannien. In Wirklichkeit ist von dem kolonialen Erbe heute nicht mehr viel zu sehen. Vielmehr präsentiert sich Pietermaritzburg als typische südafrikanische Stadt: Die Zulu bilden die größte ethnische Gruppe, gefolgt von Einwohnern indischer Abstammung. Der Bevölkerungsteil britischer Herkunft bildet lediglich eine – allerdings sehr einflussreiche – Minderheit. Aufgrund dieser multikulturellen Mischung und einer beträchtlichen Zahl von Studenten ist Pietermaritzburg eine recht lebendige Stadt, die auch relativ sicher ist und sich gut zu Fuß erkunden lässt.

Pietermaritzburg liegt nur 80 km westlich von Durban und ist über die Schnellstraße N3 zu erreichen, sodass ein Tagesausflug von der Küstenstadt aus ohne weiteres machbar ist und sogar noch das Valley of a Thousand Hills (S. 452) auf der Old Main Rd (R103) mit einschließen kann. Außerdem bildet Maritzburg eine günstige Zwischenstation auf dem Weg in die Ukhahlamba Drakensberge (S. 458) oder zu den Battlefields in der Umgebung von Ladysmith (S. 505)

Bereits der Name Pietermaritzburg spiegelt den burischen Ursprung der Stadt wider. Nachdem die Voortrekker in der Schlacht am Blood River 3000 Zulu niedergemetzelt hatten, gründeten sie 1839 die neue Republik Natalia, deren Hauptstadt sie nach den Burenführern Piet Retief und Gerrit Maritz benannten. Die Unabhängigkeit der Republik war jedoch nur von kurzer Dauer: Bereits vier Jahre später wurde sie von Großbritannien annektiert.

Im letzten Jahrzehnt des 19. Jhs. bildete Maritzburg mit einer Einwohnerzahl von 10 000 (mehr als Durban zur damaligen Zeit) das bedeutendste Zentrum der Kolonie Natal. Zu Beginn des 20. Jhs. kamen zahlreiche Inder in die Gegend, die meisten als Vertragsarbeiter, einige auch als Händler. Unter ihnen befand sich ein junger Rechtsanwalt namens Mohandas Gandhi, der später eine der größten Persönlichkeiten der Geschichte Indiens werden sollte. Rückblickend verfolgte Gandhi die Keimzelle seiner Philosophie des passiven Widerstands auf einen Zwischenfall im Jahre 1893 zurück, als er am Bahnhof von Pietermaritzburg wegen seiner Hautfarbe aus dem 1.-Klasse-Abteil eines Zuges geworfen wurde.

Die Stadt

Die meisten Sehenswürdigkeiten in Pietermaritzburg sind bequem zu Fuß vom Stadtzentrum aus zu erreichen. Das Herz bildet die Kreuzung von Chief Albert Luthuli Street und Langalibalele Street. Gegenüber vom **Rathaus** (City Hall), einem spätviktorianischen Backsteinbau mit einem beeindruckenden Uhrturm, steht die **Tatham Art Gallery**, Chief Albert Luthuli St, Ecke Langalibalele St, ✆ 033-392 2801, 💻 www.tatham.org.za. Der schöne Backsteinbau ist das Highlight unter den touristischen Sehenswürdigkeiten Pietermaritzburgs.

Das ehemalige Gebäude des obersten Gerichtshofs der Kolonie Natal beherbergt eine der landesweit besten Sammlungen internationaler und nationaler Kunst. Hier sind neben Werken von Pablo Picasso, Graham Sutherland, Edgar Degas und Henri Matisse Arbeiten schwarzer südafrikanischer Künstler wie Zwelethu Mthethwa und Sam Nhlengethwa ausgestellt. Jeden Mittwochnachmittag findet in der Galerie ein kostenloses Klassikkonzert statt – eine ausgezeichnete Gelegenheit, sich dem doppelten Kunstgenuss hinzugeben. 🕓 Di–So 10–18 Uhr, Eintritt frei.

Wer von der Tatham Art Gallery aus der Langalibalele Street bis zur Peter Kerchhoff Street folgt, passiert eine Reihe historischer Gebäude. Darunter das **Old Natal Parliament Building**, ein typisches Beispiel für die Architektur des British Empire, und die **First National Bank** aus dem Jahre 1903. Sie ist mit einer Fassade versehen, die aus einem edwardianischen Katalog ausgewählt und aus England hierher verschifft wurde.

Gegenüber der First National Bank liegt auch das engmaschige, als **The Lanes** bekannte Labyrinth aus schmalen Gassen, das zum größten Teil als Fußgängerzone ausgewiesen ist. Von 1888 bis 1931 stand diese Gegend mit vier eigenständigen Börsen im Zentrum der Finanzwelt Natals. Tagsüber macht es Spaß, durch die engen Gassen zu schlendern, doch als berüchtigtes Revier für Taschendiebe ist das Viertel nach Einbruch der Dunkelheit möglichst zu meiden.

Es gibt noch einige andere, nicht ganz so spektakuläre Museen in der Stadt. Das beste davon ist das **Nsunduzi Museum** an der Boshoff Street, zwei Blocks nördlich der City Hall, ✆ 033-394 6834, 💻 www.voortrekkermuseum.co.za. Es konzentriert sich um die original erhaltene Church of the Vow – 1838 von den Buren errichtet anlässlich ihres Sieges über die Zulu drei Jahre zuvor in der Schlacht am Blood River. Die Kirche war, der Legende nach, Teil des Paktes, den die Buren mit Gott geschlossen hatten (S. 504).

Das Museum widmet sich den Wurzeln der Voortrekker von Pietermaritzburg und lohnt einen kurzen Abstecher, um sich ein Bild vom Leben der Planwagensiedler zu verschaffen. Die interessantesten Gegenstände sind die selbst gemachten Kinderspielzeuge und die mit wunderschönen Stickereien verzierten *kappies* (Hüte), mit denen sich die Frauen vor der Sonne schützten. In den Grünanlagen des Innenhofes befindet sich der Nachbau des ursprünglich 1846 gebauten, strohgedeckten Hauses von **Andries Pretorius**, Anführer der Voortrekker bei Blood River und treibende Kraft bei der Gründung der Buren-Republik Natalia. 🕓 Mo–Fr 9–16, Sa 9–13 Uhr, Eintritt R8.

Übernachtung

Pietermaritzburg besitzt eine gute Auswahl an erschwinglichen Übernachtungsmöglichkeiten. Auskünfte zu B&Bs erteilt das **Pietermaritzburg B&B Network**, ✆ 073-154 4444, 💻 www.pmbnetwork.co.za. Allerdings liegen die meisten davon ein paar Kilometer außerhalb der Innenstadt.

Brevisbrook, 28 Waverleydale Rd, Boughton, 5 km vom Zentrum, ✆ 033-344 1402, 💻 www.brevisbrook.co.za. Alle Zimmer haben eine Badewanne und einen separaten Eingang. Außerdem gibt's eine herrlich schattige Grillecke und einen Pool. Mit oder ohne Frühstück. ❸

Briar Ghyll Lodge, George MacFarlane Lane, Höhe Howick Rd, Town Hill, 5 km vom Zentrum, ✆ 033-342 2664, 💻 www.bglodge.co.za. Herrliches viktorianisches Anwesen mit großen Rasenflächen, Tennisplatz und Pool. Wahlweise geräumige Suiten im Hauptgebäude oder 2 Bungalows für Selbstversorger. Abholung vom Flughafen oder Busbahnhof. ❹

City Royal Hotel, 301 Burger St, Stadtzentrum, ✆ 033-394 7072, 💻 www.cityroyalhotel.co.za. Modernisiertes Gebäude aus den 1930ern und hauptsächlich auf afrikanische Geschäftsreisende eingestellt. Weniger unpersönlich, als man erwarten könnte, und in guter, zentraler Lage. Am Wochenende geben die Preise nach. ❹

Eine besondere Backpacker-Herberge

Prince Alfred St Backpackers, 312 Prince Alfred St, City centre, ✆ 033-345 7045, 💻 www.chauncey.co.za. Eine Klasse besser als die durchschnittliche Backpacker-Lodge. Hier gibt es keine Schlafsäle, sondern nur 5 attraktive Zimmer (einige mit Bad), die für 2 Personen genauso viel kosten wie für eine. Ruhig, sauber, gay-freundlich und wärmstens zu empfehlen. Auf Wunsch gutes Frühstück und Abendessen. ❷

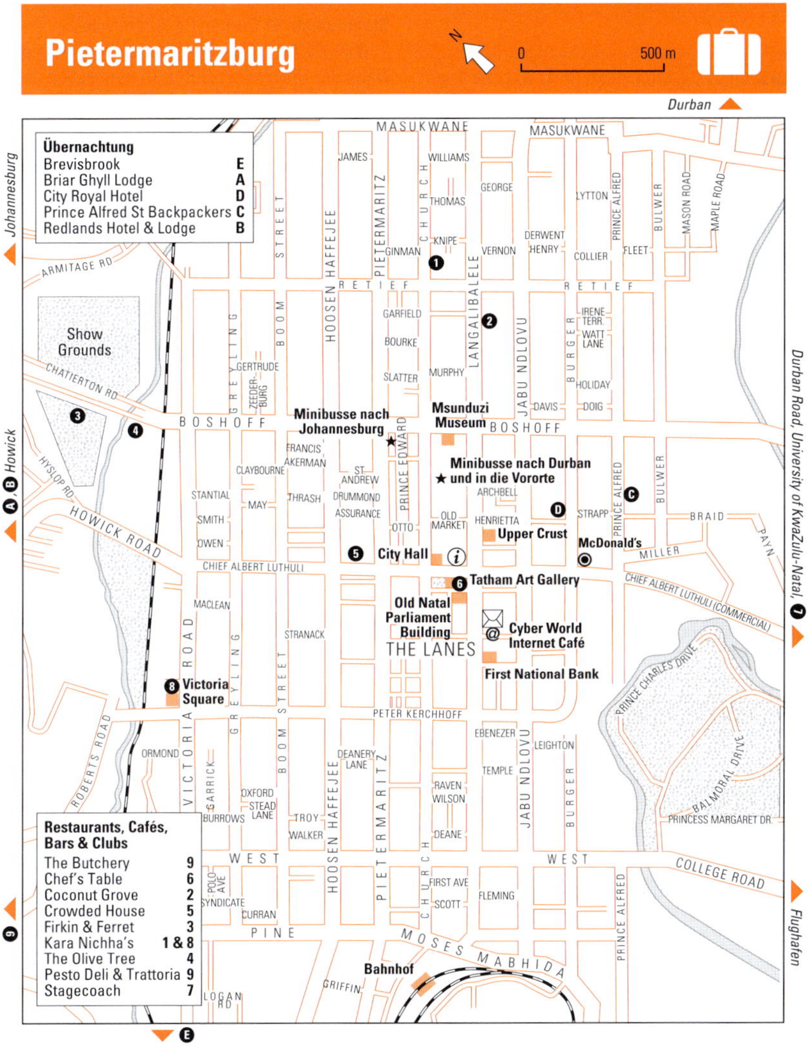

Redlands Hotel & Lodge, 1 George MacFarlane Lane, Wembley, 3 km vom Zentrum entfernt, ✆ 033-394 3333, 💻 www.redlandshotel.co.za. Elegantes Boutiquehotel mit Pool und Tennisplatz. Zimmer und Selbstversorger-Apartments mit 1 oder 2 Betten. ❺

Essen und Unterhaltung

Pietermaritzburg hat eine ziemlich gute Auswahl an Restaurants und auch eine Handvoll ordentlicher Nachtclubs und Pubs. Um die Boshoff Street herum, im Herzen des indischen Viertels, gibt es in zahlreichen Fastfood-Läden preiswerte, scharfe Snacks wie *rotis* und *bunny*

Indisch, köstlich, preiswert

Kara Nichha's, 470 Church St, ✆ 033-394 4195. Ausgezeichnete, sehr billige vegetarische indische Speisen zum Mitnehmen (Currys für unter R5). Besonders empfehlenswert sind die gefüllten *rotis* und die indischen Süßigkeiten. Filiale in der 151 Victoria Rd.

chows. Selbstverpfleger können sich bei **Upper Crust**, einem Feinkostgeschäft in der Langalibalele Street in der Nähe des Tourist Office, mit frisch gebackenem Brot und anderen Backwaren eindecken, ⏲ tgl. 7.30–20.30 Uhr.

Restaurants und Cafés

The Butchery, 101 Roberts Rd, Wembley, ✆ 033-345 5239. Hat nicht nur leckere Steaks, Rippchen und Hühnchen (Hauptgerichte meist R60–100), sondern auch Salate und vegetarische Gerichte. Unter der gleichen Adresse gibt es auch einen preiswerten Italiener, das **Pesto Deli & Trattoria** (R50–80).
Chef's Table, Tatham Art Gallery, Chief Albert Luthuli St, ✆ 033-342 8327. Das beste Plätzchen der Stadt zum Kaffeetrinken oder für ein leichtes Mittagessen. So und Mo geschlossen.
Coconut Grove, 426 Langalibalele St, ✆ 033-394 3337. Hat billige Currys (unter R40) und eine große Auswahl an Burgern. ⏲ So geschl.
The Olive Tree, McDonald's Garden Centre, Chatterton Rd, ✆ 033-394 7033. Angenehmes Café in ruhiger, schattiger Lage am Fluss mit gutem Frühstück, abwechslungsreichen Salaten und gesunden Mittagsangeboten (R60–70). ⏲ nur tagsüber.

Bars und Clubs

Crowded House, Chief Albert Luthuli St, ✆ 033-345 5972. Zentral gelegener Nachtclub mit überwiegend jungem, schwarzem Publikum. ⏲ Do und Sa, Eintritt R40.
Firkin & Ferret, Show Grounds, Chatterton Rd, ✆ 033-342 9634. Restaurant und Pub, schenkt verschiedene Biere vom Fass aus, die man auf einer großen Veranda genießen kann. Wird vor allem von Büroangestellten besucht.
Stagecoach, 44 Durban Rd, Scottsville, ✆ 033-394 7727. Beliebtes Studentenlokal in der Nähe der Universität. Gutes Kneipenessen und Live-Bands, die überwiegend Rock spielen.

Sonstiges

Apotheke

Medpharm, Victoria Mall, 157 Victoria Rd, ✆ 033-342 3390, ⏲ 24 Std.

Informationen

Tourist Office, Publicity House, Langalibalele St, Ecke Chief Albert Luthuli St, ✆ 033-345 1348, 💻 www.pmbtourism.co.za. Das Büro hält eine ausgezeichnete Auswahl an Büchern bereit. Außerdem hat es Infos zu den Drakensbergen und anderen Attraktionen der Umgebung. ⏲ Mo–Fr 8–17, Sa 8–13 Uhr.

Internet

Cyber World Internet Café, Victoria Inn Arcade, Langalibalele St, ⏲ tgl. 7–19 Uhr.

Medizinische Hilfe

Pietermaritzburg Medi-Clinic, 90 Payn St, ✆ 033-845 3911.

Notruf

AA (Automobile Association), ✆ 083-84322. Siehe auch S. 61.

Taxis

Taxis mit Taxameter sollten vorbestellt werden und haben kaum den finanziellen Ruin zur Folge. Eines der größten Taxiunternehmen ist **Yellow Cabs**, ✆ 033-397 1910; ansonsten kann man es auch beim **Junior Taxi Service**, ✆ 033-394 5454, versuchen.

Wäschereien

Wash Tub, Shop 2, Park Lane Centre, 12 Chief Albert Luthuli St, ✆ 033-345 7458, ⏲ Mo–Fr 7–18, Sa 8–16, So 8–15 Uhr.

Transport

Busse

Alle Intercitybusse halten beim McDonald's an der Burger St, Ecke Chief Albert Luthuli St. Translux, ✆ 0861-589 282, **Intercape**,

📞 033-342 3287, und **SA Roadlink**, 📞 033-345 6890, haben hier ein Büro. Fahrkarten für **Greyhound** verkauft African Link Travel in der Burger Street gegenüber von McDonalds's, 📞 033-345 3175. Der **Baz Bus** hält bei den Backpackerhostels.

Busse nach:
BLOEMFONTEIN (2x tgl., 8 1/2 Std.);
DURBAN (14x tgl., 2 1/4 Std.);
JO'BURG (13x tgl., 7 Std.);
KAPSTADT (1x tgl., 21 Std.);
LADYSMITH (1x tgl., 2 Std.);
PRETORIA (13x tgl., 8 Std.).

Baz Busse nach:
AMPHITHEATRE (3x wöchentl.; 3 Std.);
DURBAN (3x wöchentl.; 2 Std.);
JOHANNESBURG (3x wöchentl.; 8 Std.);
PRETORIA (3x wöchentl.; 9 Std.).

Minibustaxis

Minibusse nach DURBAN und JOHANNESBURG fahren von den Haltestellen beim Msunduzi Museum im Zentrum.

Eisenbahn

Der **Bahnhof**, 📞 033-897 2201, liegt am zwielichtigen Südwestende der Langalibalele Street, einer der Hauptdurchgangsstraßen der Stadt. Man sollte daher bereits im Voraus eine Abholung arrangieren. Das gilt insbesondere für die Ankunft nach Einbruch der Dunkelheit.

Flüge

Der **Oribi Airport**, 📞 033-386 9577, liegt ca. 6 km südlich des Stadtzentrums, das von hier aus nur per Taxi zu erreichen ist.
Flüge nach:
JO'BURG (3–5x tgl., 1 1/2 Std.).

Die Midlands

Die meisten Reisenden erleben das grüne Weideland der Midlands als Bilderbuchlandschaft, die während der zweistündigen Fahrt von Durban oder Pietermaritzburg in die Ukhahlamba Drakensberge an ihrem Fenster vorbeirauscht. Es besteht im Grunde auch nicht viel Anlass, hier länger zu verweilen – es sei denn, man fühlt sich von den urigen Landgasthäusern und Teestuben im englischen Stil oder den Kunsthandwerksläden der Region angezogen. Mehrere davon liegen am sogenannten Midlands Meander. Das ist eine Strecke, die sich auf Nebenstraßen im Um-

Fast wie in London – einige Fassaden in Pietermaritzburg wurden direkt aus England hierher verschifft.

kreis der N3 zwischen Pietermaritzburg und dem Mooi River 60 km Richtung Nordwesten windet.

Wer von Pietermaritzburg aus über die N3 durch die Midlands fährt, befindet sich in etwa auf der Route von **Nelson Mandelas** letzter Reise als freier Mann, bevor er 1962 verhaftet wurde. 18 km nordwestlich von Pietermaritzburg liegt Howick, das als der Ort in die Geschichte einging, an dem Mandela festgenommen wurde. Die genaue Stelle befindet sich an der R103, 2 km nördlich einer Nebenstraße, die zur Kreuzung nach Tweedie führt. Selbst auf der Flucht vor der Polizei hatte Mandela seine politischen Aktivitäten fortgesetzt, wobei er sich verschiedener Tarnungen bediente. Am Tag seiner Verhaftung war er als Chauffeur eines weißen Freundes verkleidet. Der Wagen wurde auf der alten Landstraße nach Howick angehalten – die Polizei hatte vermutlich einen anonymen Hinweis erhalten. Ein 1996 von Mandela eigenhändig enthülltes Denkmal markiert die ansonsten unauffällige Stelle inmitten von Weideland zwischen Eisenbahngleisen und der Landstraße.

Wer die Midlands in Verbindung mit etwas Nervenkitzel erleben möchte, hat zwei Funsport-Angebote zur Auswahl. **Over The Top Adventures**, ✆ 082-736 3651, 🖳 www.overthetop.co.za, organisiert in Howick eine Abseil-Tour, die am Rand der Howick Falls 107 m in die Tiefe führt; R300 p. P., Mindestgebühr R900 pro Gruppe.

Im Karkloof Nature Reserve nördlich von Howick lockt **Karkloof Canopy Tours**, ✆ 033-330 3415, 🖳 www.karkloofcanopytour.co.za, mit einer *canopy tour*. Fest verzurrt in Seilgurten gleiten die Teilnehmer dabei an Stahlkabeln hoch über dem Waldboden zwischen den Baumwipfeln von einer Plattform zur nächsten. R395 inkl. Mittagessen. In fast jedem Tourismusbüro ist eine kostenlose Gebietskarte des Midlands Meander erhältlich, auf der die Attraktionen dieser touristischen Rundreiseroute verzeichnet sind.

Übernachtung und Essen

An Unterkünften, darunter einige vornehme Landhotels, fehlt es in den Midlands nicht.
Eine Liste mit Optionen für Selbstversorger kann von KZN Wildlife oder der Midlands Meander Association, ✆ 033-330 7260, 🖳 www.midlandsmeander.co.za, angefordert werden. Letztere erledigt auf Wunsch auch Buchungen.

Granny Mouse Country House, Old Main Rd, Balgowan, an der R103, 28 km nordwestlich von Howick. ✆ 033-234 4071, 🖳 www.grannymouse.co.za. Stilvolle Zimmer in strohgedeckten Cottages. Restaurant, Spa und viele gemütliche Sitzecken. Unter der Woche Preisnachlass. ❻

Loxley House, in Nottingham Road, südlich der Lonteni/Sani Pass Rd, 30 km nordwestlich von Howick an der R103, ✆ 033-266 6362, 🖳 www.loxleyhouse.com. Hübsche Zimmer in kleinem B&B mit Restaurant. Heizdecken auf Anfrage. ❹

Rawdon's, Old Main Rd, Nottingham Road, ✆ 033-266 6044, 🖳 www.rawdons.co.za. Hübsches Landgut mit Forellenteich, gemütlichem Pub und hauseigener Brauerei. An kühlen Tagen prasselt ein wohliges Feuer im Kamin; im Sommer lässt es sich auf den Veranden gut aushalten. ❺

13 HIGHLIGHT

Die Ukhahlamba Drakensberge

Dieses Bergmassiv erstreckt sich entlang der Grenze zu Lesotho und wird zum großen Teil in einem riesigen Nationalpark geschützt, der die Bezeichnung **Ukhahlamba-Drakensberg Park** trägt. Die „Drachenberge" (in der Zulu-Sprache „Barriere aus aufgestellten Speeren„) bilden die höchste Bergkette im südlichen Afrika und erreichen ihre höchste Erhebung an der Grenze zu Lesotho. Der Höhenzug ist im Grunde eine Randstufe, die den Übergang von der Hochebene des Landesinneren zu den flachen Küstenregionen KwaZulu-Natals bildet. Hier entspringen zahlreiche große und kleine Flüsse, die in den Indischen und Atlantischen Ozean münden.

Es handelt sich um die Fortsetzung der Schichtstufe, die auch das Mpumalanga-Highveld von dem wildtierreichen Lowveld des Krüger-Nationalparks trennt und sich auf der ande-

UKHAHLAMBA DRAKENSBERGE

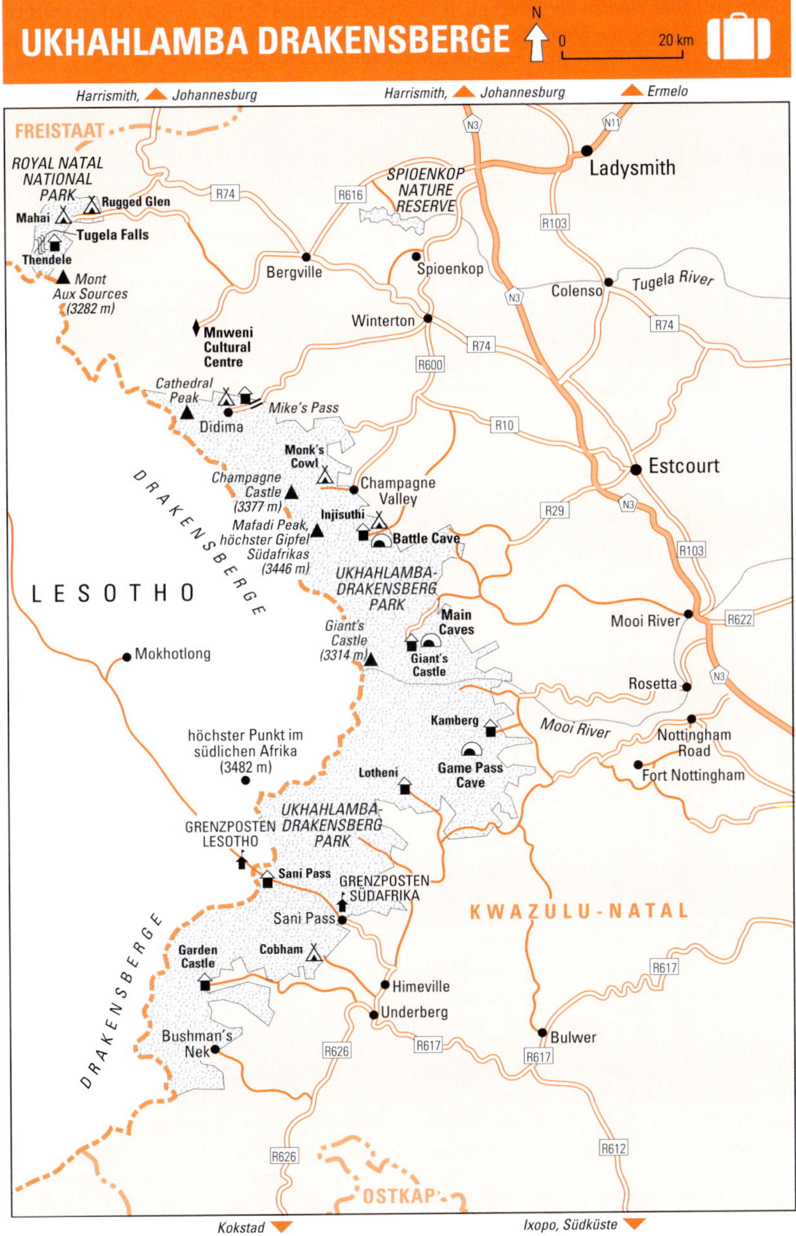

KwaZulu-Natal

ren Seite bis in den Norden der Provinz Ostkap erstreckt. Doch wenn die Menschen hier vom „Berg" sprechen, meinen sie immer den Teil der Bergkette, der in KwaZulu-Natal liegt.

Die Ukhahlamba Drakensberge bilden eine einzigartige Szenerie aus massiven Felstürmen und bizarren Steinsäulen, ausgedehntem Grasland, Wasserfällen, Flüssen, natürlichen Wasserbecken und mit Farnteppichen bedeckten Wäldern. Die wilde und unbewohnte Landschaft ist ein Paradies zum **Wandern**.

An Übernachtungsmöglichkeiten stehen in den Ukhahlamba Drakensbergen die Selbstversorger- und Campingunterkünfte von KNZ Wildlife zur Auswahl, außerhalb des Parks gibt es Hotels und Backpacker-Lodges – ohne eigenes Transportmittel sind Letztere die praktischere Option. Die dichteste Konzentration von Hotels und Ferienanlagen findet sich in den zentralen Drakensbergen, auf halbem Wege zwischen Johannesburg und Durban. In den Ukhahlamba Drakensbergen sind die **Sommer** warm und feucht, mit gelegentlichen heftigen Gewittern und nebelverhangenen Tagen. Die **Winter** sind im Allgemeinen trocken, sonnig und kühl, mit nächtlichen Temperaturen unter dem Gefrierpunkt und gelegentlichem Schneefall in großer Höhe. Die besten Jahreszeiten zum Wandern sind Frühling und Herbst.

Anreise

Die südlichen Drakensberge lassen sich entweder über die **R626** oder **R612/R617** erreichen. Beide führen in die unmittelbare Nähe des Sani Passes. Die meisten Zufahrtstraßen in die zentralen und nördlichen Drakensberge zweigen in westlicher Richtung von der N3 zwischen Pietermaritzburg und der Gegend um Ladysmith ab. Sie führen zu verschiedenen, von KZN Wildlife verwalteten Camps. Da keine durchgängige Straße durch die Ukhahlamba Drakensberge verläuft, ist es nicht möglich, von einem Ende bis zum anderen zu fahren. Die Zahl der öffentlichen Verkehrsmittel ist begrenzt.

Viele Hotels in der Region bieten ihren Gästen den Transfer von den Greyhound- oder Translux-Busbahnhöfen in Estcourt, einem Versorgungszentrum 88 km nördlich von Pietermaritzburg an der N3, oder Ladysmith an. Der Shuttleservice von Underberg Express (S. 461) verkehrt täglich zwischen Durban und dem Sani-Pass. Der **Baz Bus** hält auf der Strecke Durban–Jo'burg in Winterton (für die Weiterreise in die zentralen Drakensberge) oder bei Amphitheatre Backpackers, S. 469 (für die Weiterfahrt Richtung nördliche Drakensberge).

Südliche Drakensberge

Von Pietermaritzburg und der N3 aus führt die Hauptzufahrt zum Southern Berg über die R617 – die Abfahrt Bulwer/Underberg nehmen, die von der N3 nach Westen abzweigt. Das Haupttor zu den südlichen Drakensbergen ist **Underberg**, 150 km westlich von Pietermaritzburg an der R617. Hier gibt es einen guten Supermarkt, wo man Proviant einkaufen kann.

Rund 4 km nördlich von Underberg liegt **Himeville**, der letzte Ort vor dem Aufstieg zum Sani-Pass. In der Ortsmitte befindet sich Southern Berg Escape, ✆ 033-701 1471, 💻 www.sanisaunter.com, die beste Adresse für **Informationen** über diese Region; ⏲ Mo–Fr 8–16 Uhr. Gegenüber der Touristeninformation liegt das ordentliche **Landgasthaus** Himeville Arms, ✆ 033-702 1305, 💻 www.himevillehotel.co.za, das sich als Station vor dem endgültigen Aufstieg in die Berge empfiehlt, ❹. Zu den angebotenen Freizeitaktivitäten zählen Jeep-Touren, Ausritte, Angeln und Golf. Außerdem hat es einen Schlafsaal (R150) für Backpacker.

An der Landstraße gibt es eine ganze Reihe B&Bs. Eines der schönsten ist das Yellowwood Cottage, ✆ 033-702 1065, inmitten einer herrlichen Grünanlage mit Aussicht auf die Berge. Die Unterkunft besteht aus drei DZ mit Bad und komplett eingerichteter Kochnische. ❸

Der Sani-Pass

Der Sani-Pass stellt die einzige Möglichkeit in den KwaZulu-Natal Ukhahlamba Drakensbergen dar, tatsächlich mit einem Fahrzeug in die Berge hinaufzufahren – und zwar auf der einzigen Straße von KwaZulu-Natal nach Lesotho, die zur winzigen Gebirgsgrenzstation **Mokhotlong** führt. Die eigentliche Attraktion jedoch ist der Pass selbst, eine sich im Zickzack immer weiter in die

Giant's Cup Hiking Trail

Der 60 km lange, insgesamt fünf Tage beanspruchende Giant's Cup Hiking Trail führt zum Teil durch eine große Senke (daher der Name) und ist der einzige angelegte Wanderweg in den Ukhahlamba Drakensbergen. Er beginnt an der Sani Pass Road und führt durch die niedrigeren Ausläufer der südlichen Drakensberge mit erodierten Sandsteinformationen, Felsüberhängen mit San-Malereien, grasbewachsenen Ebenen und schönen Tälern mit Flussbecken zum Schwimmen. Keine der einzelnen Tagesetappen ist länger als 14 km, und vom Schwierigkeitsgrad her ist der Trail trotz einiger steiler Passagen nicht über die Maßen anspruchsvoll. Die Benutzung des Trails kostet R60 p. P. und Nacht und schließt das einmalige Eintrittsgeld zum Reservat ein.

Die **Berghütten** an den fünf Übernachtungsplätzen verfügen über fließend Wasser, Toiletten, Tische, Bänke und Schlafkojen mit Matratzen. Unbedingt mitzubringen sind Campingkocher, Lebensmittel und ein Schlafsack. Die Wanderung lässt sich auch verkürzen, indem man den ersten Tag weglässt und erst an der Pholela Hut beginnt, einem ehemaligen, zur Unterkunft für Wanderer umfunktionierten Farmhaus. Wer diese Variante wählt, kann dort die erste Nacht verbringen und beendet die Route einen Tag früher an der Swiman Hut in der Nähe des Büros von KZN Wildlife in Garden Castle. Für Unermüdliche lässt sich die Wanderung auch verlängern, und zwar in Form einer zusätzlichen Übernachtung in der Bushmen's Nek Hut, in deren Umgebung sich zahlreiche Höhlen und Stätten mit Felsmalereien befinden.

Der Wanderweg ist auf 30 Personen pro Tag beschränkt und während der Ferienzeit häufig ausgebucht. Die **Reservierung** muss über KZN Wildlife erfolgen, wo neben einer Gebietskarte auch eine Routenbeschreibung erhältlich ist.

Höhe windende Hochgebirgsstraße, die zunehmend Besucher in die Region High Berg lockt.

Trotz seiner Abgeschiedenheit ist der Sani Pass leicht zu erreichen. Underberg Express, ✆ 082-408 9503, 💻 www.underbergexpress.co.za, betreibt einen Shuttleservice zwischen Durban/Flughafen, Durban/Zentrum, Pietermaritzburg, Howick, Bulwer, Himeville und dem Sani-Pass (der Bus hält bei der Sani Lodge – s. „Übernachtung"). Die Fahrt vom Flughafen in Durban zum Sani-Pass kostet R220 und dauert etwa vier Stunden.

Wer auf eigene Faust den Sani Pass hochfahren möchte, sollte nach Möglichkeit ein geländegängiges Fahrzeug mit Allradantrieb wählen und den Reisepass nicht vergessen. Die Grenzübergänge auf südafrikanischer Seite sowie in Lesotho sind tgl. 8–16 Uhr geöffnet. Thaba Tours, Underberg, ✆ 033-701 2888, 💻 www.thabatours co.za, veranstaltet täglich eine **organisierte Tour** mit dem Geländewagen nach Lesotho. Die Fahrt schließt die Überquerung des höchsten Punktes der Straße zwischen Sani und Mokhotlong sowie einen Besuch bei Schäfern der Region ein. Außerdem im Angebot: längere Ausritte und Wanderungen zu Stätten mit Felsmalereien.

Strelitzia Tours (S. 441) bietet von Durban aus einen lohnenden, wenn auch langen Tagesausflug über den Sani-Pass an. Die Tour umfasst den Besuch eines Dorfes in Lesotho.

Übernachtung

Die meisten Unterkünfte befinden sich am Fuß der Berge. Die dem Pass am nächsten gelegene Übernachtungsmöglichkeit sind die Mkomazana Mountain Cottages, die am höchsten gelegene Sani Top Chalets.

Mkomazana Mountain Cottages, 25 km nordwestlich von Underberg an der Sani Pass Rd, ✆ 082-521 6343. Selbstverpflegung in 5 Cottages für 2–6 Pers. In der Nähe liegt der Ausgangspunkt des Giant's Cup Hiking Trail, und wer die Route in Angriff nehmen möchte, kann das Fahrzeug hier ruhigen Gewissens parken. Vom Anwesen selbst, zu dem auch ein Fluss mit Wasserfall und ein privater Forellenstausee gehören, führen kürzere und weniger anspruchsvolle Wanderwege in die Berge. ❸

Sani Lodge, 19 km nordwestlich von Underberg an der Sani Pass Rd, ✆ 033-702 0330, 💻 www.sanilodge.co.za. Schlafsäle und DZ in einer Backpacker-Lodge mit Terrassen und von Rasen umgeben. Es wird auch Essen serviert. Gute Ausgangsbasis für Wanderungen zu Wasserfällen und Felsmalereien, Lunchpakete für unterwegs sind erhältlich. Außerdem Gelegenheit zu Ausritten, Touren und Ausflügen über den Sani-Pass nach Lesotho. Dorms ❶, Zimmer ❷

Sani Pass Hotel, ein Stück hinter dem Sani Lodge Backpackers, ✆ 033-702 1320, 💻 www.sanipasshotel.co.za. Komfortables Hotel, auf Wunsch mit Vollpension und vielen zusätzlichen Angeboten, u. a. Ausritte und kostenlose Benutzung des hoteleigenen 9-Loch-Golfplatzes. ❻

Sani Top Chalets, ✆ 033-702 1158, 💻 www.sanitopchalet.co.za. DZ und Unterkunft für Rucksackreisende oben auf dem Sani-Pass, direkt hinter der Grenze zu Lesotho. Besonders für passionierte Wanderer zu empfehlen. Entspannte Atmosphäre, spektakuläre Ausblicke und die am höchsten gelegene Kneipe Afrikas. Im Preis der Rondavels mit Bad und Chalets mit Gemeinschaftstoiletten ist Vollpension inbegriffen. Es gibt aber auch Schlafsaalbetten für Rucksackreisende. Dorms ❷, Zimmer ❺

Lotheni und Kamberg

Fernab ausgetretener Touristenpfade liegen an unbefestigten Straßen die beiden nur selten von ausländischen Besuchern beachteten **KZN Wildlife Camps** in Lotheni, ✆ 033-702 0540, und Kamberg, ✆ 033-267 7251. Der Abstecher in diese weltabgeschiedene Wildnis wird mit guten Möglichkeiten zum Forellenangeln und (in Kamberg) Felszeichnungen der San belohnt. 🕒 beide April–Sep tgl. 6–18, Okt–März 5–19 Uhr, Eintritt R20.

In einem Tal in den unteren Ausläufern der Berge liegt, von Wasserfällen und Grasland umgeben, das wunderschöne, ruhige **Lotheni**. Die Anfahrt nach Lotheni führt entweder über Nottingham Road von Nordosten oder Himeville von Südosten. Durch das Schutzgebiet fließt der gleichnamige Fluss, ein Paradies für Forellenangler. Lotheni hat einen kleinen Campingplatz und 12 komfortable Selbstversorger-Chalets mit jeweils drei Betten sowie gut ausgestatteter Küche und Bad. ❷

Die beste Unterkunft hier ist das Simes Cottage, ❺, ein steinernes Farmhaus mit majestätischem Ausblick, eigenem Forellensee und häufigem Besuch von Schirr- und Elenantilopen. Das Cottage kann bis zu 10 Pers. aufnehmen (Mindestbezahlung für 6 Pers.). Vorräte sind mitzubringen, können aber in einem Laden 10 km vor dem Restcamp gekauft werden.

Neben den hervorragenden Bedingungen für Angler ist es vor allem die Felskunst, die den Weg ins 42 km westlich von Rosetta gelegene **Kamberg** lohnt. Die **Game Pass Cave** – eine von drei in den Ukhahlamba Drakensbergen öffentlich zugänglichen Höhlen, auch unter der Bezeichnung Shelter Cave bekannt – birgt Abbildungen stilisierter Figuren im Trance-Zustand und großer, mehrfarbiger Elenantilopen, die über die Wände tanzen. Die Zeichnungen können nur in Begleitung eines Fremdenführers besichtigt werden. Wer eine solche Begleitung nicht schon im Vorfeld arrangiert hat, kann sich auch für R50 einer Führung anschließen, die täglich um 9 Uhr am Restcamp beginnt. Die insgesamt rund 3 Std. dauernde Wanderung folgt einem kurvenreichen und hügeligen Pfad.

In der Nähe des Wasserfalls sind weitere Malereien kostenlos zu besichtigen. Das im Restcamp angesiedelte **Felskunstzentrum** *(rock art centre)* ist ebenfalls einen Besuch wert. Die von Kamberg ausgehenden **Wanderungen** stellen keine übermäßigen Anforderungen an die Fitness und sind landschaftlich sehr reizvoll. Es gibt auch einen 4 km langen Wanderweg mit Handgeländer für Rollstuhlfahrer und Sehbehinderte.

Kambergs Restcamp, ❷–❸, umfasst Chalets und eine rustikale Ferienhütte mit Gemeinschaftsküche, aber keinen Zeltplatz. Der nächste größere Versorgungspunkt ist Rosetta, deshalb müssen Nahrungsmittel und Getränke mitgebracht werden. Aber immerhin gibt es kurz vor dem Naturschutzgebiet einen **Laden** mit dem Allernotwendigsten.

Zentrale Drakensberge

Den mittleren Teil des Drakensberg-Massivs in KwaZulu-Natal bilden vier separate Regionen, die jeweils von der N3 ausgeschildert sind. **Giant's Castle** versammelt bedeutende Fels-Malereien der San und umfasst ein herrliches

Wildreservat, in dem u. a. der Bartgeier (auch Lämmergeier genannt) zu Hause ist. Weitere Beispiele der San-Kunst gibt es im nördlich gelegenen **Injisuthi** zu entdecken, das insbesondere bei Wanderern als Ausgangspunkt für Exkursionen in die absolute Wildnis beliebt ist.

Wesentlich bequemer zugänglich, aber auch von weitaus mehr Touristen besucht, ist das **Champagne Valley**, das eine ganze Reihe von Hotels mit einem vielfältigen Sportangebot vorweisen kann. Das nördlich vom Champagne Valley einsam auf weiter Flur stehende Hotel am **Cathedral Peak** ist der beste Ausgangspunkt für anspruchsvolle Wanderungen.

Auf dem Weg in die zentralen Drakensberge lädt nicht viel zum Bleiben ein. Aber im Weiler **Winterton**, rund 90 km nördlich von Pietermaritzburg an der R74, dort wo sie von der N3 nach Westen abzweigt, befinden sich ein paar hübsche **Unterkünfte**: z. B. die Lilac Lodge, 8 Springfield Rd, ✆ 036-488 1025, ❸. Die Springfield Rd ist die Hauptverkehrsstraße in den Ort hinein. Die Lilac Lodge besteht aus kleinen Ferienhütten und einem kombinierten Coffee- und Kunstgewerbeshop.

Ebenfalls zu empfehlen ist die Rolling M Ranch, ✆ 083-489 7834, 💻 www.rollingmranch.co.za, ❷, ein Bauernhof außerhalb vom Dorf am Ufer des Tugela River. Man fährt von Winterton aus 2 km auf der R600 nach Norden und biegt an der ausgeschilderten Straße nach Skietdrift rechts ab. Das Gästegelände befindet sich rund 15 km weiter an dieser Straße und besteht aus Cabins und Cottages für Selbstversorger sowie einem Bushcamp. Da die Farm an der Battlefields-Route liegt, führen von hier aus Wege zu den Gedenkstätten Spioenkop und Buller's Cross.

Four Rivers Rafting and Adventures, ✆ 036-468 1693, 💻 www.fourriversadventures.co.za, unternehmen von Winterton aus Wildwasserfahrten auf dem Tugela River östlich der Drakensberge. Die Schlauchboottrips in die Schlucht des Tugela hinein dauern von einem bis zu drei Tagen und kosten ab R460–2500.

Giant's Castle Game Reserve

Das Tierschutzgebiet Giant's Castle Game Reserve (✆ 036-353 3718, 🕓 April–Sep 6–18 Uhr, Okt–März 5–19 Uhr, Eintritt R20) wurde ursprünglich zum **Schutz der Elenantilope** eingerichtet, die vor der Ankunft der Kolonialisten noch in großer Zahl in den Drakensbergen beheimatet war. Das Wildreservat bietet auch anderen Antilopen der kühleren Hochlandregionen ein Zuhause, darunter Bleichböckchen, Rehantilope, Berg-Riedbock und Schirrantilope. Trotz seiner rund vier Dutzend Säugetier- und ca. 160 Vogelarten handelt es sich nicht um einen traditionellen Wildpark, denn hier beobachtet man die Tiere nicht vom Fahrzeug aus, sondern bei Spaziergängen und Wanderungen durch das Gelände. Innerhalb des Schutzgebietes gibt es keine Straßen, abgesehen von den Zufahrtsstraßen, die an den beiden von KZN Wildlife verwalteten Hauptübernachtungsplätzen Giant's Castle und Injisuthi enden. Drei der vier höchsten Gipfel Südafrikas bilden die majestätische Kulisse im Westen des Reservats: der Mafadi (3410 m), der Popple Peak (3325 m) und der namensgebende Giant's Castle (3314 m).

Zu den größten Attraktionen von Giant's Castle zählt das **Lammergeyer Hide**, wo sich Vogelarten wie Bartgeier, Kapgeier, Schwarzadler, Schakalbussard und Lannerfalke versammeln. Im Winter bringen Wildhüter Tierkadaver hierher, und das lockt diese Vögel an. Der Bartgeier, ein riesiger, schwarz-goldener Vogel mit gigantischer Spannweite und rautenförmigem Schwanz, ist nur in den Ausläufern des Himalaja und in Südafrika lediglich in den Ukhahlamba Drakensbergen und im Maloti-Gebirge Lesothos anzutreffen. Er ist ein Aasfresser und das evolutionäre Bindeglied zwischen Adlern und Geiern. Ein Besuch des Lammergeyer Hide muss ein ganzes Jahr im Voraus bei KZN Wildlife reserviert werden und kostet R170 p. P. bei einer Mindestzahl von drei Personen.

In Giant's Castle befindet sich eine der drei großen, öffentlich zugänglichen **Felskunststätten** der Ukhahlamba Drakensberge: Die mehr als 500 Malereien der **Main Caves** sind nach einem halbstündigen Spaziergang durch das Bushman's River Valley erreicht. Der Eintritt für die eingezäunten Höhlen beträgt R25. Die Tore werden zwischen 9 und 15 Uhr jeweils zur vollen Stunde geöffnet. Material für einen Rundgang in eigener Regie gibt es vor Ort.

Die Felsmalereien der San

Die San, auch als Buschmänner bezeichnet, waren die ersten Bewohner des südlichen Afrika und sind die direkten Nachfahren der späten Steinzeitmenschen. Sie lebten Tausende von Jahren in Höhlen und an geschützten Orten der Ukhahlamba Drakensberge, bevor das Volk der Nguni und später die weißen Siedler in diese Gegend kamen. Noch immer herrscht Uneinigkeit darüber, wie man dieses frühe Volk von Jägern und Sammlern nennen soll. Zahlreiche Wissenschaftler verwenden den Begriff „Buschmänner" in einem keinesfalls abwertenden Sinn – auch wenn das Wort ursprünglich einen zutiefst beleidigenden Charakter besaß. Andere Historiker und Anthropologen haben sich für den Begriff „San" entschieden, doch bezieht sich dieser im Grunde auf eine Sprachgruppe (nicht auf eine Kultur) und ist somit auch nicht ganz korrekt. Da es keinen verbindlich festgelegten Begriff gibt, werden in diesem Buch beide Bezeichnungen – frei jeglicher Wertung – verwendet.

Die San lebten lange Zeit als Jäger und Sammler auf dem Subkontinent – in Namibia entdeckte Malereien datieren stolze 25 000 Jahre zurück. In den letzten 2000 Jahren wurden den San durch die sich nach Süden ausbreitenden Bauern der Bantu-Sprachfamilie einige Veränderungen aufgezwungen, doch gibt es Anhaltspunkte dafür, dass beide Gruppen eine einigermaßen friedliche Koexistenz führten. Ernsthafte Spannungen ergaben sich erst, als weiße Siedler begannen, Gebiete zum Jagen und zur landwirtschaftlichen Nutzung für sich in Anspruch zu nehmen. Als sich die San dann am Vieh der Farmer vergriffen, nahmen die Weißen dies zum Anlass, die San als ein Art Ungeziefer zu betrachten. Die Weißen fühlten sich berechtigt, die Buschleute in wahren Völkermordkampagnen – zunächst in der Kapregion, später auch in anderen Gebieten, z. B. in den Drakensbergen – so unerbittlich zu jagen, bis sie schließlich von der südafrikanischen Landkarte ausradiert waren.

Die **Künstler** der San waren gleichzeitig **Schamanen**, ihre Bilder waren vom Trance-Zustand inspiriert. Von daher sind die in den Malereien festgehaltenen Jagd-, Tanz- und Tierszenen nicht als realistische Darstellungen des alltäglichen Lebens in den Ukhahlamba Drakensbergen zu interpretieren. Eine exakte Datierung der Malereien in den Drakensbergen ist schwierig, die ältesten dürften jedoch mindestens **800 Jahre alt** sein (auch wenn die Buschmänner schon mehrere Tausend Jahre davor in dem Gebiet lebten). Die jüngsten Zeichnungen entstanden Schätzungen zufolge nach Ankunft der Weißen gegen Ende des 19. Jhs. Nachstehend einige der wichtigsten Elemente der San-Zeichnungen:

Das KZN Wildlife-Camp Giant's Castle hat bequeme Zwei-, Vier- und Sechs-Bett-Chalets mit gemütlichen Kaminecken, ❸–❼. Einige haben große Fenster und einen herrlichen Blick auf die Gipfel. Im netten Restaurant Izimbali gibt's Essen vom Buffet und im Laden bei der Rezeption Tiefkühlfleisch für *braais* und ein paar Konservendosen. Es ist aber empfehlenswerter, sich schon vorher mit Proviant einzudecken. Die einzige Tankstelle des Reservats befindet sich am Haupteingang. Vom Camp aus lassen sich fantastische Wanderungen unternehmen, auf denen man in einfachen, aber traumhaft gelegenen Berghütten übernachten kann: in der Meander Hut, der Giant's Hut und der Bannerman's Hut (alle ❶).

Sollte die Unterkunft von KZN Wildlife ausgebucht sein, gibt es als einzige Alternative ein **Hotel** im Einzugsbereich des Schutzgebietes, die White Mountain Lodge, ✆ 036-353 3437, 💻 www.whitemountain.co.za, ❷, an der Landstraße zum Camp von Giant's Castle, 34 km über eine geteerte Landstraße von Estcourt und 32 km vom Schutzgebiet entfernt. Die Lodge bietet Unterkunft mit Vollpension und Bungalows für Selbstversorger. Sie liegt, von Farmland umgeben, in den niedrigeren Ausläufern der Drakensberge und in der Nähe einiger Zulu-Dörfer.

Die Gegend ist zwar hübsch, aber weder besonders spektakulär noch besonders abschieden.

Der **Medizin**- oder **Trance-Tanz** – eine Reise in die spirituelle Welt mit dem Ziel, Heilkräfte nutzbar zu machen – war das wichtigste religiöse Ritual der Buschmänner und findet sich in vielen ihrer Malereien wieder. Interessant sind die verschiedenen Körperhaltungen der Schamanen während des Tanzes, z. B. die hinter dem Körper ausgestreckten Arme, die nach vorn gebeugte Haltung, die kniende Position oder das Zeigen mit den Fingern. Punkte entlang der Wirbelsäule beziehen sich oft auf eine langsam nach oben steigende Energie, Linien auf den Gesichtern oder aus der Nase stellen Nasenbluten dar, einen häufig auftretenden Nebeneffekt des Trance-Zustandes. Weitere im entrückten Zustand empfundene Gefühlswahrnehmungen – z. B. verändertes Zeitgefühl, Leichtigkeit oder das Gefühl zu fliegen – finden in Form von Federn oder Zierbändern visuellen Ausdruck.
Die besonders in den südlichen Drakensbergen anzutreffenden Abbildungen von Pferden, Vieh und weißen Siedlern bezeugen das Ende der traditionellen Lebensweise der Drakensberg-Buschmänner. Möglicherweise benutzten die Schamanen das Zeichnen der Siedler als übernatürliche Methode zur Abwehr der allzu realen Gewehrkugeln der Weißen.
Zum Eintritt in die spirituelle Welt bedienten sich die Schamanen häufig der geistigen Kraft bestimmter **Tiere**. In allen Höhlen ist die **Elenantilope** mit ihren Spiralhörnern abgebildet – jedoch nicht etwa, weil das Huftier in den Drakensbergen so weit verbreitet gewesen wäre, sondern weil es von den San als das mächtigste aller Tiere angesehen wurde. Bisweilen sind die Abbildungen der Elenantilopen schichtweise angelegt, um ihre spirituelle Potenz noch deutlicher hervorzuheben. In den öffentlich zugänglichen Höhlen sind Abbildungen menschenähnlicher Figuren zu sehen, die sich gerade in ihr Machttier verwandeln. Neben den Antilopen werden auch andere Tiere mit dem Trance-Zustand in Verbindung gebracht, darunter Bienen, Katzen, Schlangen, manchmal auch Elefanten und Nashörner.
Die Malereien verwittern und verblassen nicht nur, sondern viele wurden auch mutwillig oder aus reiner Dummheit zerstört. Sie verschwinden, weil Besucher sie berühren oder mit Wasser besprühen, damit die Farben besser herauskommen. Also Hände weg von den Kunstwerken!
Zu den besten und aktuellsten Einführungen in das Thema gehört *Rock Paintings of the Natal Ukhahlamba Drakensberg* von David Lewis-Williams, herausgegeben von der University of KwaZulu-Natal Press und in jeder ordentlichen Buchhandlung des Landes erhältlich.

Injisuthi

In der Nordhälfte des Giant's Castle Game Reserve, rund 50 km sowohl von Winterton als auch von Estcourt entfernt, liegt Injisuthi, ✆ 036-431 7848, ⏲ April–Sep 6–18, Okt–März 5–19 Uhr, Eintritt R20. Der wunderschöne Ort ist der Traum eines jeden Wanderers, denn von hier aus man kann direkt in die Berge aufbrechen (es stehen zehn verschiedene Tageswanderungen zwischen einer und zehn Stunden zur Auswahl), in den Flüssen schwimmen oder Felskunst bewundern. Eine der besten Tageswanderungen führt den Van Heyningen's Pass hoch zu einem Aussichtspunkt – die freundlichen Mitarbeiter am Hauptcamp weisen gern den Weg. Zum Camp gelangt man auf dem ausgeschilderten Abzweig von der R615, einer 30 km langen Schotterstraße, die durch **Zulu-Dörfer** mit traditionellen Bienenkorbhütten führt und bisweilen von einer Herde Nguni-Vieh blockiert wird.
Wer sich für Felskunst interessiert, und sei es nur ein klein wenig, sollte sich die Malereien in der **Battle Cave** nicht entgehen lassen. Die Höhle heißt so, weil eine Reihe von Abbildungen allem Anschein nach Kampfszenen aus einem bewaffneten Konflikt zwischen zwei San-Gruppen darstellen. David Lewis-Williams, eine Autorität auf dem Gebiet der San-Felskunst, behauptet, dass diese Felszeichnungen wohl kaum einen Territorialkampf abbilden, da keinerlei Überlieferungen darauf hindeuten, dass es in einer nur sehr lose organisierten Gesellschaft, in der

Gebietsansprüche unbekannt waren, jemals zu Bodenstreitigkeiten kam. Seiner Überzeugung nach handelt es sich um Darstellungen spiritueller Erfahrungen bzw. Trancebilder von Schamanen, wobei die Kämpfe in der geistigen Welt zwischen bösen Schamanen, die „Krankheits"-Pfeile abschießen, und guten Schamanen, die diese Pfeile abwehren, ausgetragen werden.

Insgesamt enthält die riesige Höhle über 750 Darstellungen von Menschen und Tieren, viele davon sind allerdings bereits verblasst. Die Felsen sind umzäunt und können nur in Begleitung eines Fremdenführers von KZN Wildlife besichtigt werden. Die fünfstündigen Wanderungen kosten R50 p. P. (mindestens 4 Pers.) und beginnen in der Regel um 8.30 Uhr; Reservierungen einen Tag im Voraus. Die **KZN Wildlife-Unterkunft** in Injisuthi besteht aus gut ausgestatteten Selbstversorger-Chalets und Safarizelten, ❷–❹, sowie Zeltplätzen. Die meisten Leute, die hierherkommen, wollen in die Berge und in einer der dafür ausgewiesenen Höhlen kampieren. Dort gibt es keinerlei Einrichtungen. Wer das vorhat, muss sich an der KNZ-Rezeption melden.

Champagne Castle und Champagne Valley

Der Champagne Castle ist der **zweithöchste Berg** Südafrikas und liefert die berühmteste Ansicht der Ukhahlamba Drakensberge. Zahlreiche Ferienanlagen im Tal versuchen aus seiner majestätischen Kulisse Kapital zu schlagen. Der Name geht der Legende nach auf einen Zwischenfall im Jahre 1861 zurück, als ein gewisser Major Grantham den Gipfel offiziell als Erster bestieg; begleitet wurde er dabei von seinem Offiziersburschen, der versehentlich die obligatorische Flasche Schampus fallen ließ und den Berg damit unfreiwillig taufte.

Heutzutage fließt der Champagner eher in den Hotels des Champagne Valley am Fuße des Berges, wo verwöhnte Städter keine Ambitionen haben, in Major Granthams Fußstapfen zu treten, und ihr Tröpfchen lieber in komfortabler Umgebung genießen. Der Ort liegt nur 32 km von Winterton entfernt und besitzt Geschäfte, Restaurants und Einrichtungen, die man in anderen Teilen der Ukhahlamba Drakensberge vergebens sucht, alle entlang der Strecke ausgeschildert.

Die touristisch umfassend erschlossene, aber auch extrem schöne Gegend liegt außerhalb des von KZN Wildlife verwalteten Schutzgebietes und ist nicht zu empfehlen, wenn man direkt von der eigenen Türschwelle aus loswandern möchte. Dazu muss man zunächst nach Westen über die Landstraße R600 durch das Tal nach **Monk's Cowl** (✆ 036-468 1103, Eintritt R25, mit einer Übernachtung R30) fahren, von wo aus zahlreiche Wanderwege in die Berge führen. ⌚ April–Sep 6–18, Okt–März 6–19 Uhr.

Zu den Hauptattraktionen des Tals zählt das 20 km von Winterton abseits der R600 zwischen Nest Hotel und Drakensberg Sun ausgeschilderte **Ardmore Ceramic Art Studio**, ✆ 033-234 4869, 💻 www.ardmoreceramics.co.za. Die Keramikwerkstatt wurde in den 80er-Jahren von der Kunsthochschulabsolventin Fée Halsted-Berning ins Leben gerufen. Als Auszubildende brachte sie Bonnie Ntshalintshali mit, ein junges Zulu-Mädchen, das an Kinderlähmung erkrankt war. Bereits 1990 hatten sie für ihre eigenwilligen Töpferarbeiten zahlreiche Preise eingeheimst, und heute arbeiten in der Werkstatt rund 40 Künstler. Sie stellen wunderschöne Skulpturen und Geschirr mit kunterbunten, oftmals fantastisch irrationalen Motiven her. Bonnie ist an AIDS gestorben, ihr einzigartiger Stil lebt jedoch durch die anderen Künstler des Projekts weiter. Auf dem Gelände gibt es auch einen **Souvenirladen**, wo nicht ganz so teure Arbeiten anderer einheimischer Künstler angeboten werden. ⌚ tgl. 9–16.30 Uhr.

Übernachtung

Im Champagne Valley lässt sich ohne Probleme eine Unterkunft finden. Zahlreiche Hotels, B&Bs und Ferienanlagen für Familien sind an der R600 ausgeschildert. Chalets unter Verwaltung von KZN Wildlife sucht man hier allerdings vergebens, und es gibt nur einen einzigen Campingplatz, nämlich **Monk's Cowl**.

Ardmore Guest Farm, auf halbem Weg zwischen Winterton und Monk's Cowl, von der R600 ausgeschildert, ✆ 036-468 1314, 💻 www.ardmore.co.za. Sehr gastliche Unterkunft auf einer Farm, Unterbringung wahlweise in Rondavels mit eigenem Bad oder in

Cottages, beide mit Kamin ausgestattet. Die Gäste essen von dem handgearbeiteten Geschirr, das auf der Farm hergestellt wird. Auf Wunsch Ausritte durch die Battlefields zum Wildschutzgebiet Spioenkop Game Reserve. VP ❹

Champagne Castle, an der R600, ✆ 036-468 1222, 💻 www.champagnecastle.co.za. Antiquiert wirkendes Hotel, den Wanderwegen ab Monk's Cowl am nächsten gelegen. Komfortable Zimmer mit Bad sowie Selbstversorger-Chalets für bis zu 6 Pers., umgeben von Grünanlagen mit Pool. Vollpension. ❻

Graceland Cottage, von der R600 ausgeschildert, ✆ 036-468 1011, 💻 www.gracelandsa.com. 4-Bett-Cottage für Selbstversorger mit TV und Kamin, daneben ein größeres Cottage direkt am Fuß des Bergs. ❺–❻

Inkosana Lodge and Trekking, an der R600 auf halber Strecke zwischen Winterton und Monk's Cowl, ✆ 036-468 1202, 💻 www.inkosana.co.za. Schlichte, afrikanisch eingerichtete Backpackerunterkunft, umgeben von einem herrlichen Garten mit einheimischen Pflanzen und mit der Atmosphäre eines Meditationszentrums. Frühstück und Abendessen erhältlich. Dorms und Zimmer. ❷

Cathedral Peak

Nördlich von Monk's Cowl und den Ferienanlagen des Champagne Valley verläuft das Mlambonja River Valley und erhebt sich der Cathedral Peak, eine frei stehende, aus dem 5 km langen Basalthöhenzug Cathedral Ridge herausragende Bergspitze. Der Gipfel ähnelt nicht einmal annähernd einer Kathedrale, sein Zulu-Name *(Mponjwane)* bedeutet „Horn einer Färse". Das einzige **Hotel** dieser Gegend, das exzellente Cathedral Peak Hotel, ✆ 036-488 1888, 💻 www.cathedralpeak.co.za, mit Vollpension, ❻, liegt innerhalb des von KZN Wildlife verwalteten Schutzgebietes und damit näher an den Ukhahlamba Drakensbergen als alle anderen Hotels. Der Ausblick lässt keine Wünsche offen, und die Zimmer in den strohgedeckten, zweistöckigen Seitenflügeln sind bequem in rustikal-floralem Landhausstil eingerichtet. Das Hotel ist gut ausgeschildert, nach Winterton und Bergville sind es je 44 km.

Wanderwege beginnen direkt am Hotel, in dem es auch Landkarten und Bücher über die Region zu kaufen gibt. Zu den beliebtesten Tageswanderungen zählt ein Ausflug zur **Rainbow Gorge**. Der 11 km lange Rundwanderweg nimmt 4–5 Std. in Anspruch und folgt dem Ndumeni River an Flussbecken, Stromschnellen und Wasserfällen vorbei. Da es bei der Wanderung feucht werden kann, sind entsprechende Wanderschuhe zu empfehlen. Vom Hotel aus werden auch geführte Touren auf den **Gipfel** des Cathedral Peak veranstaltet. Für den 10 km langen Rundwanderweg sollten rund 9 Std. eingeplant werden, damit auf dem Gipfel genügend Zeit bleibt, um die Umgebung und den Ausblick zu genießen. Es ist allerdings um eine sehr steile Kletterpartie, deren letzter Abschnitt jenseits der Orange Peel Gap nur von erfahrenen Bergwanderern in Angriff genommen werden sollte – die meisten dürften an jenem Punkt ohnehin schon von der Aussicht hinlänglich begeistert sein.

Die einzigen weiteren Übernachtungsmöglichkeiten bieten der kleine, unter Verwaltung von KZN Wildlife stehende **Campingplatz**, ✆ 036-488 1880, gegenüber der Wachstation am Mike's Pass, ca. 4 km vor dem Hotel, und das **Didima**, ✆ 036-488 8000, eines der neueren KZN Wildlife-Camps. Es verfügt über Selbstversorger-Chalets mit Satellitenfernsehen und Kamin, ❹. Vor Ort befindet sich auch das Didima San Art Centre (R40), wo San-Felskunst ausgestellt ist und ein kurzer Film gezeigt wird.

In der Wachstation gibt es die erforderlichen Genehmigungen für die Fahrt über den **Mike's Pass** (R25 p. P., R50 pro Fahrzeug), eine 10 km lange, kurvenreiche Forstwirtschaftsstraße. Sie führt zu einem Parkplatz, von dem sich an klaren Tagen ein grandioses Panorama über die gesamte Region eröffnet; ein maßstabgetreues Modell der Region hilft bei der Identifizierung der einzelnen Berge. Bei gutem Wetter und trockener Fahrbahn kann die Strecke mit einem normalen Fahrzeug bewältigt werden, bei Nässe ist dagegen ein Geländewagen mit Allradantrieb erforderlich.

Nördliche Drakensberge

Der spektakuläre nördliche Teil des Drakensberg-Massivs besteht zum Großteil aus dem Royal Natal National Park, in dessen näherer Umgebung mehrere Ferienanlagen liegen. Der Tugela River und seine mit Felsbrocken übersäte Schlucht sorgen für eine der atemberaubendsten Landschaften der Region, deren auffälligstes geografisches Merkmal das sogenannte „Amphitheatre" ist, eine eindrucksvolle, 5 km lange sichelförmige Felswand, über die sich der Tugela in die Tiefe stürzt. Die nördlichen Drakensberge bieten Unterkünfte für jeglichen Geldbeutel und Geschmack und sind nicht zuletzt auch deshalb ein lohnendes Ziel. Den besten Eindruck von dieser unberührten Gebirgslandschaft bekommt man in **Tendele**, dem Hauptcamp von KZN Wildlife. Es verfügt über Chalets, aber leider keinen Campingplatz.

Die letzte Einkaufsmöglichkeit auf dem Weg zum Royal KwaZulu-Natal National Park besteht im kleinen, nicht besonders hübschen Dorf **Bergville**, 23 km nördlich von Winterton. Abgesehen von der hilfsbereiten Drakensberg Tourism Association, ✆ 036-448 1557, 💻 www.drakensberg.org.za, in der Sunbird Nursery an der Winterton Road, 🕓 Mo–Fr 8–16.30, Sa 8–12 Uhr, gibt es kaum einen Grund, hier länger zu verweilen. Interessanter ist das **Mnweni Cultural Centre** im Mnweni Valley, 30 km westlich von Bergville an der Straße Richtung Woodstock Dam und Rookdale, ✆ 086-528 5841, Eintritt R25, Parken R5.

Dieses atemberaubend schöne Tal gehört den AmaNgwane- und AmaZzizi-Gemeinden, die es für den Tourismus geöffnet haben. Das Centre bietet Unterkunft in fünf einfachen, strohgedeckten Rondavels ❷ mit Gemeinschaftsküche und -sanitärbereich. Wanderungen in die Berge (R35 pro Übernachtung), zum Kauf angebotenes Kunsthandwerk, Reittouren und einige San-Felszeichnungen sorgen für genügend Abwechslung, um einen mehrtägigen Aufenthalt einzuplanen.

Royal Natal National Park

Die berühmteste Ansicht im 46 km westlich von Bergville gelegenen Royal Natal National Park, ✆ 036-438 6310, ist das **Amphitheatre**, eine halbmondförmige Felskante und Teil der den Nationalpark praktisch umschließenden Schichtstufe. Es gibt kaum ein anderes Motiv aus den Ukhahlamba Drakensbergen, das so oft auf Postkarten und in Büchern abgebildet ist wie das Amphitheatre. Fast alle Besucher nehmen von Tendele aus den Trail zur **Tugela Gorge**. Auf diesem sechsstündigen Rundwanderweg kann man das Amphitheatre und die **Tugela Falls**, wo der Fluss über eine 947 m hohe Felskante in die Tiefe stürzt, aus nächster Nähe bewundern.

Im Mnweni Valley ist deutlich zu sehen, woher die Drakensberge ihren Namen haben.

Der Nationalpark selbst liegt am nördlichen Ende der Ukhalamba Drakensberge zwischen Lesotho im Westen und der Provinz Freistaat im Norden. Die drei höchsten Gipfel sind der Sentinel (3165 m), Eastern Buttress (3048 m) und Mont Aux Sources (3282 m). An Letzterem entspringen fünf Flüsse, die für die Namensgebung des Berges durch französische Missionare im Jahre 1878 verantwortlich sind. Der Nationalpark wurde 1916 eingerichtet, erhielt seinen königlichen Namenszusatz allerdings erst 1947, als ihm die britische Königsfamilie einen Besuch abstattete. 🕔 tgl. 6–22 Uhr, Eintritt R30.

Die Zufahrtsstraßen zum Park sind auf ganzer Länge asphaltiert. Von Süden über die N3 kommend, nimmt man die Abfahrt Winterton/Berg Resorts und folgt der deutlich ausgeschilderten Strecke bis Bergville. Von dort aus sind es noch rund 46 km bis zum Park. Einige Ferienanlagen bieten nach vorheriger Absprache den Transport von Bergville oder von der N3 aus an, allerdings ist dieser Service in der Regel recht teuer.

Übernachtung und Essen

Die **KZN Wildlife**-Unterkünfte umfassen 2 Campingplätze und das Thendele Hutted Camp (s. Kasten). Der riesige **Mahai Campsite**, direkte Buchung unter ☎ 036-438 6303, 📠 036-438 6231, am Fluss entlang der Grenze zum Nationalpark, ist für bis zu 400 Camper angelegt. In den Schulferien und am Wochenende wimmelt es auf dem Platz von Menschen. Von hier aus kann man schnurstracks zu einigen der traumhaftesten Wanderungen aufbrechen, die die Drakensberge zu bieten haben. Kleiner, ruhiger – und oft nur zu betriebsamen Zeiten wie den Schulferien geöffnet – ist der **Rugged Glen Campsite**, ☎ 036-438 6303, 📠 036-438 6231. Er ist 4 km hinter Mahai ausgeschildert. Die Ausblicke und Wanderungen hier sind nicht ganz so toll, aber dafür lässt sich nach einem kurzen Spaziergang das Orion Mont-Aux-Sources Hotel erreichen, wo man eine herzhafte Mahlzeit bekommt. Die Chalets von KZN Wildlife können über ihr Reservierungssystem (s. Kasten S. 470) gebucht werden, die Campingunterkünfte reserviert man dagegen am besten telefonisch bei den jeweiligen Plätzen direkt.

Begehrtes Camp in den Bergen

Thendele Hutted Camp, ☎ 033-845 1000, 📠 845 1001. Das am Ende der Straße zum Royal Natal Nationalpark in den Bergen gelegene Camp zählt zu den begehrtesten Unterkünften in ganz Südafrika. Von hier aus hat man herrliche Ausblicke auf das Amphitheatre, ausgezeichnete Wanderwege beginnen direkt vor der Tür. Unterbringung in 29 komfortablen 2- oder 4-Bett-Bungalows mit eigenem Bad, die preisgünstigsten sind mit Kochplatten, Kühlschrank und Küchenutensilien ausgestattet. Wer sich für die luxuriöseren Bungalows oder das Hauptgebäude entscheidet, kann sich auch bekochen lassen, solange er die Lebensmittel selbst mitbringt. Auf dem Gelände gibt es einen guten Laden. ❸–❽

Außerhalb des Nationalparks, von Bergville kommend kurz vor dem Zufahrtstor, zweigt eine gut ausgeschilderte, unbefestigte Straße nach Norden ab, an der sich mehrere Ferienhotels befinden, darunter alle nachstehend aufgeführten Unterkünfte, mit Ausnahme der Backpacker-Lodge Amphitheatre und des Hotels The Cavern.

Amphitheatre Backpackers. An der R74, 21 km westlich von Bergville, ☎ 036-438 6675, 💻 www.amphibackpackers.co.za. Die Herberge liegt an der Baz Bus-Route und ist daher gut für Besucher ohne eigenes Transportmittel geeignet, die in den nördlichen Drakensbergen wandern möchten. Zur Verfügung stehen Dorms mit Bad sowie eine Reihe privater Zimmer. Es gibt eine Bar und ein Restaurant. Wer möchte, kann sich einer geführten Wanderung anschließen. Es stehen aber auch noch andere Aktivitäten zur Wahl, z. B. Reiten oder Mountainbiking. Dorms und Zimmer. ❶

The Cavern, ☎ 036-438 6270, 💻 www.cavern.co.za. Abseits der R74 auf dem Weg in den Nationalpark, ca. 20 km vor dem Zufahrtstor. Der Familienbetrieb ist das abgelegenste Hotel in der Region und verströmt ein altmodisches Flair. Die Zimmer bieten ausreichend Komfort und locken an Wochenenden zahlreiche Südafrikaner an, die am

Wandern und andere Aktivitäten

Ob gemächlicher Spaziergang oder drei- bis viertägige Wanderung durchs Gebirge – das Wandern in den Ukhahlamba Drakensbergen zählt zu den Top-Wildniserlebnissen Südafrikas. Der besondere Reiz einer Erkundung des Bergmassivs per Pedes liegt auch darin, dass man in dieser Landschaft von wahrhaft erhabener Schönheit nur ganz selten andere Menschen, geschweige denn Dörfer oder Autos zu Gesicht bekommt. Je nach Höhenlage sind die Ukhahlamba Drakensberge in High Berg und Little Berg unterteilt. In den von Felssäulen und bizarren Steinformationen geprägten Hochlagen des **High Berg** bestehen die einzigen Übernachtungsmöglichkeiten aus Höhlen oder, in bestimmten Gegenden, auch Hütten. Hier ist man völlig auf sich gestellt und sollte die für diese Wildnis geltenden Verhaltensregeln beachten: Man muss eine Schöpfkelle und Toilettenpapier mitnehmen und darf das Wasser nicht verunreinigen, d. h. sich nicht in den Bächen waschen, sondern nur das Wasser aus den Bächen holen, um sich abseits damit zu waschen. Sowohl die Bergsteigerhütten als auch die Höhlen zum Übernachten müssen im jeweiligen Büro von KZN Wildlife am Ausgangsort reserviert werden. Die geplante Wanderstrecke wird in ein Register eingetragen. Wer die Pässe bis zu den Gipfeln erklimmen möchte, muss körperlich absolut fit sein, Wandererfahrung mitbringen und sollte möglichst einen ortskundigen Begleiter oder Fremdenführer mitnehmen.

Das Gebiet des **Little Berg** ist mit seinen Gipfeln, Flüssen, Felszeichnungen, Tälern und Wäldern nicht weniger abgeschieden und ebenfalls wunderschön. Außerdem präsentiert sich dieser Teil der Drakensberge weniger gefährlich und ist auch bei durchschnittlicher Fitness noch recht einfach zu bewältigen. Wer weder einen Rucksack schleppen noch in Höhlen oder Hütten übernachten möchte, kann sich auch in einem der **KZN Wildlife Camps** einquartieren und zu Tageswanderungen aufbrechen, bei denen eine schier endlose Auswahl besteht. Es gibt auch ein Camp, von dem aus eine zweitägige Wanderung mit Übernachtung in einer Höhle möglich ist. Zwei hervorragende Ausgangsbasen für Wanderungen sind die Camps **Injisuthi** im Giant's Castle Game Reserve (S. 463) und **Tendele** im Royal Natal National Park (S. 468). Die südlichen Drakensberge mit ihren ausgedehnten Graslandschaften bilden die Kulisse für den absolut empfehlenswerte **Giant's Cup Hiking Trail** (S. 461), der eine atemberaubende Einführung in diese einzigartige Bergwelt bietet.

In den Büros von KZN Wildlife werden Wanderbroschüren für die Ukhahlamba Drakensberge sowie **Gebietskarten** von Slingsby im Maßstab 1:150 000 verkauft, allerdings ist zu beachten, dass einige der ausgewiesenen Pfade nicht mehr existieren. Wer allein unterwegs ist, oder das Gebiet lieber nicht auf eigene Faust bewandern möchte, kann sich an Stef Steyn wenden, ✆ 033-330 4293, 💻 www.kzntours.co.za. Er ist Spezialist für **geführte Wanderungen** in den Ukhahlamba Drakensbergen sowie Sightseeingtouren zu Zielen in der gesamten Provinz. Das **Angeln** in den Gebieten von Cobham und Giant's Castle kostet R35 pro Tag und erfordert zwingend einen Erlaubnisschein von KZN Wildlife. In Lotheni und Kamberg kostet die Angelerlaubnis R35–65; je nach Angelplatz dürfen hier 2–10 Forellen geangelt werden.

Swimming Pool, bei Ausritten oder den samstäglichen Tanzabenden Entspannung suchen. VP. ❻

Hlalanathi Berg Resort, ✆ 036-438 6308, 💻 www.halanathi.za.net. Etwa 10 km außerhalb des Royal Natal Nationalparks bietet diese auf Familien ausgerichtete Ferienanlage Zeltplätze und strohgedeckte Chalets für Selbstversorger (2–6 Pers.). Pool und Trampolin. Im Restaurant gibt es günstige Burger und Sandwiches, aber auch richtige Mahlzeiten, auf Wunsch zum Mitnehmen. ❸

Orion Mont-Aux-Sources Hotel, ✆ 036-438 8000, 💻 www.orion-group.co.za. Gepflegtes, aber unpersönliches Hotel, rund 4 km außerhalb des Royal Natal Nationalparks mit Blick auf das Amphitheatre hinter hutzeligen Dörfern und als Viehweiden genutzten Hügeln. ❼

Elephant Coast und Zululand-Wildreservate

In starkem Kontrast zur stark zersiedelten 250 km langen Küstenlinie, die nördlich und südlich von Durban verläuft, verliert sich das Meeresufer nördlich der Dolphin Coast in einer der ursprünglichsten und atemberaubendsten Küstenregionen Südafrikas: der **Elephant Coast**. Wer die Garden Route bereist und sich dabei gefragt hat, wo sich denn nun eigentlich das typische Afrika versteckt, findet die Antwort genau hier, in den Nordausläufern der Elephant Coast – allgemein **Maputaland** genannt – mit seinem eng verwobenen Mosaik aus Wildnis und **traditionellen afrikanischen Stammesgebieten**.

In diesem von Swasiland und Mosambik umklammerten Gebiet gibt es mehr *nyangas* („Zauberheiler") als irgendwo sonst in Südafrika. Auf 550 Bewohner kommt hier ein Heiler, während die Statistik gerade einmal einen (in westlicher Schulmedizin) ausgebildeten Arzt auf 18 000 Einwohner ausweist. Es gibt lediglich eine asphaltierte Straße, die von der N2 an diesen 200 km langen, praktisch ununterbrochen von Strand gesäumten Küstenstreifen der Elephant Coast führt. Der Strand ist bislang größtenteils nur per Geländewagen erreichbar.

Südlich davon und knapp drei Stunden mit dem Auto über die N2 von Durban Richtung Norden entfernt liegt die faszinierende Großwildregion von **Hluhluwe-Imfolozi**, die es an Schönheit und Wildheit sogar mit dem Krüger-Nationalpark aufnehmen kann. Noch einmal etwa die gleiche Fahrzeit, diesmal an der Kreuzung von Mtubatuba rechts ab nach Osten, und man erreicht den südlichsten Punkt von Südafrikas schönster „tropischer" Küste. Bis hinauf nach Mosambik ist dieser Abschnitt im drittgrößten Naturschutzgebiet des Landes, dem **iSimangaliso Wetland Park**, geschützt; dazu gehören: Lake St. Lucia, Cape Vidal, Charter's Creek, False Bay Park, Mkhuze Game Reserve, Sodwana Bay, Lake Sibaya und Kosi Bay. Das 2750 km^2 große Gebiet umfasst Feuchtland- und Meeresreservate und ein Unesco-Welterbe und bietet in der Sodwana Bay hervorragende Bedingungen zum Tauchen und Angeln.

Je weiter man nach Norden vorstößt, desto abgeschiedener und bezaubernder präsentiert sich die Küstenlandschaft. Unweit der Grenze zu Mosambik liegen in **Rocktail Bay** und **Kosi Bay** zwei der besten und vornehmsten Strandhotels Südafrikas. Der **Baz Bus** auf der Strecke Durban–Swasiland hält in Mtubatuba, St. Lucia und am Isinkwe Backpackers Bushcamp unmittelbar südlich von Hluhluwe. Bitte beachten: Die gesamte nördliche Küstenregion KwaZulu-Natals ist **Malariagebiet**.

Die Strecke zum Hluhluwe-Imfolozi Park

Die größte Stadt an der N2 nördlich von Durban ist **Richards Bay**. Der große Industriehafen, 185 km von Durban entfernt, fällt ganz schön aus dem Rahmen im Vergleich zu den abgelegenen und unberührten Küstenabschnitten weiter nördlich. Unterwegs kommt man durch einige überwiegend afrikanische Dörfer – gute Ausgangspunkte für einen Abstecher in den Hluhluwe-Imfolozi Park.

Rund 50 km nördlich von Richards Bay liegt **Mtubatuba** (häufig zu „Mtuba" verkürzt), ein Zentrum der lokalen Zuckerrohrindustrie, die sich hier aus großen kommerziellen Farmen und kleinen afrikanischen Pflanzern zusammensetzt. Mtuba ist die Heimat zahlreicher Kräuterkundiger sowie traditioneller Heiler. Das Dorf liegt an der Kreuzung von R618 und N2, nur 20 Minuten Autofahrt vom Südabschnitt des Hluhluwe-Imfolozi Parks oder dem St. Lucia entfernt. Hier gibt es Banken, Drogerien, Supermärkte und Tankstellen. Erwähnung verdient auch der hiesige Zulu-Markt.

Übernachtung

Wendy's Country Lodge, 3 Riverview Drive, ✆ 035-550 0407, 083-628 1601, 💻 www.wendybnb.co.za. 8 luxuriöse Zimmer in einem Haus auf einem großen Grundstück mit tropischem Garten und Swimming Pool. ❸

Rund 40 km nördlich von Mtubatuba hält der Baz Bus beim **Isinkwe Backpackers Bushcamp**, ✆ 035-562 2258, 💻 www.isinkwe.co.za. Das gut gemanagte Hostel hat Zeltstellplätze, Holzhütten

für 4 Pers., einen Schlafsaal in einer traditionellen Zulu-Bienenkorbhütte und komfortablere DZ in der Lodge. Die Gäste können zu annehmbaren Preisen im hauseigenen Restaurant essen (oder sich selbst verpflegen) und an Ausflügen in den Hluhluwe-Imfolozi Park und St. Lucia teilnehmen. Wer mit dem eigenen Auto unterwegs ist, nimmt an der Ostseite der N2 die Ausfahrt Bushlands, biegt dort links und dann gleich wieder rechts ab (über die Autobahnbrücke). Weiter geht's bis zu einer Schotterstraße und dann 2 km immer den Wegweisern nach. Dorms und Zimmer. ❷

Transport

Busse

Busse nach:

DURBAN (1x tgl.; 2 1/2 Std.);

JOHANNESBURG (1x tgl.; 2 1/2 Std.);
PRETORIA (1x tgl.; 10 Std.).

Flüge

Flüge nach:
JOHANNESBURG (2–5x tgl.; 1 Std. 20 Min.).

Hluhluwe

Weitere 20 km nördlich liegt an der N2 der lang gezogene Ort Hluhluwe („schlaschluwie" ausgesprochen). Von hier aus kommt man sehr gut in den Nordteil des Hluhluwe-Imfolozi Parks. Leider ist Hluhluwe das am wenigsten attraktive Dorf an der Strecke zum Park, aber immerhin gibt es hier ein paar Geschäfte. Ein lohnender Zwischenstopp ist das fünf Autominuten nördlich von Hluhluwe angesiedelte **Ilala Weavers and The Fig Tree Restaurant**, ein Komplex aus verschiedenen Gemeindeprojekten, wo in freundlicher Atmosphäre traditionelles Kunsthandwerk zu attraktiven Preisen verkauft wird. Das Restaurant serviert anständiges Frühstück, Mittag- und Abendessen sowie kaltes Bier.

Übernachtung

Mbonise Cultural Concepts und Safaris, ✆ 035-562 1329 oder 082-953 5601, 🖳 www.mbonise.com. Diese Organisation vermittelt die interessanteste Unterkunft am Ort: ein Zulu-Homestay bei der Familie Mdaka, die ihre Gäste auch zu einem Besuch der an den Hluhluwe-Imfolozi Park angrenzenden Nompondo Community mitnimmt. Im Preis inkl. sind sämtliche Mahlzeiten und Ausflüge zu Fuß in Begleitung eines Zulu-Fremdenführers. ❹

Hluhluwe Guesthouse, in einer Wohngegend hinter der Engen-Tankstelle, ✆ 035-562 0838. Komfortables B&B mit Swimming Pool und kleiner Bar. Auf Wunsch gibt es Verpflegung, und die Betreiber arrangieren Touren zum Hluhluwe-Imfolozi Park. ❸

Informationen

Elephant Coast Tourism Association, an der Engen-Tankstelle in der Main St, ✆ 035-562 0353, 🖳 www.elephantcoast.kzn.org.za. Die freundlichen Mitarbeiter bieten Informationen zu zahlreichen Lodges und Wildfarmen in der näheren Umgebung.
🕓 Mo–Fr 8.30–17, Sa und So 9–13 Uhr.

14 HIGHLIGHT

Hluhluwe-Imfolozi Park

Hluhluwe-Imfolozi, ✆ 035-562 0848, ist das überragende Wildreservat KwaZulu-Natals, und nicht wenige halten es sogar für besser als den Krüger-Nationalpark. Mit gerade einmal einem Zwanzigstel der Größe kann es Hluhluwe-Imfolozi von seinen Ausmaßen her natürlich nicht mit dem großen Bruder aufnehmen, und auch die Zahl der hier heimischen Wildtiere ist wesentlich geringer. Auf der anderen Seite ist es mit seinen 960 km² aber relativ kompakt und präsentiert sich um einiges wilder. Das hat nicht zuletzt damit zu tun, dass mit Ausnahme des Hilltop, eines eleganten, hotelartigen Restcamps im nördlichen Parkabschnitt, keines der anderen Restcamps eingezäunt ist, sodass sich die **wilden Tiere** hier frei bewegen können. Die üppige Vegetation aus subtropischem Dschungel trägt ein Übriges zu der Urwaldstimmung bei. Außerdem hat der Park die besten **Wanderwege** im ganzen Land zu bieten. Früher war der Park in zwei getrennte Abschnitte unterteilt, worauf auch sein zungenbrecherischer Doppelname (Aussprache etwa „Schlaschluwi-Umfalousi") zurückzuführen ist. Die beiden Teilgebiete haben ihren eigenen Charakter aber bewahrt, wobei die Trennung durch eine Straße erkennbar ist. Der Name des südlichen Abschnitts **Imfolozi** entspringt dem Zulu-Wort *mfulawozi*, das sich auf die an den Flüssen wachsenden, faserigen Büsche bezieht. Die Topografie in diesem Teil des Parks wird durch breite, zwischen 60 und 650 m tiefe Täler geprägt, die von den Flüssen Black Imfolozi und White Imfolozi in die Landschaft geschnitten wurden. In den trockeneren Abschnitten wird die üppige Flussvegetation von einer vielfältigen Landschaft aus Busch, Savanne, Dickicht und flachem Grasland abgelöst.

Das bemerkenswerteste geografische Merkmal des nördlichen Parkabschnitts **Hluhluwe** ist der gleichnamige Fluss, dessen Name auf die Lianen zurückgeht, die aus dem Blätterdach des ufernahen Waldes herabbaumeln. Der schmale, gewundene und von lang gestreckten Flussbecken gesäumte Hluhluwe River entspringt in den Bergen nördlich des Parks und passiert in seinem Verlauf die Sandbänke, Felsbetten und Klippen des Wildreservats, bevor er weiter im Osten in den Lake St. Lucia mündet. Die höheren Lagen dieses Parkabschnitts sind von Grasland und dichtem Unterholz geprägt, während in den ausreichend mit Wasser versorgten Abschnitten auch Farne, Flechten und Orchideen wachsen. ⌚ März–Okt tgl. 6–18 Uhr, Nov–Feb tgl. 5–19 Uhr, Eintritt R90 p. P. und Tag.

Geschichte

Die Zukunft des ältesten offiziellen Nationalparks in Afrika (1895 gegründet) als Zufluchtsort für wilde Tiere hing in den letzten 200 Jahren gleich mehrfach am seidenen Faden. Im 19. Jh. war Imfolozi das private Jagdrevier des **Zulu**-Königs Shaka. Während Shakas Herrschaft von 1818–28 erlebte die Region die intensivste Jagdaktivität der Zulu-Geschichte. Aber das war gar nichts im Vergleich zum dem, was weiße Farmer anrichteten. Zwischen 1929 und 1950 wurde gleich zweimal ein Blutbad unter den wilden Tieren veranstaltet, um die Krankheit **Nagana** auszurotten. Dabei wurden 100 000 Exemplare 16 verschiedener Arten abgeschlachtet; nur die Nashörner blieben verschont. Erst 1952, als der Park der neu gegründeten Organisation **KZN Wildlife** überantwortet wurde, kam ein langwieriger Prozess der Regeneration des stark angeschlagenen Wildreservats in Gang. Das Gefühl von unberührter Wildnis, das Besucher des Hluhluwe-Imfolozi umfängt, ist das Ergebnis einer sehr verantwortungsbewussten Parkverwaltung. Ihr ist es denn auch in einer grandiosen Leistung gelungen, den Bestand des **Breitmaulnashorns** im Park von gerade einmal 20 Tieren zu Beginn des 20. Jhs. auf heute fast 2500 Exemplare ansteigen zu lassen. 1994 wurde das Breitmaulnashorn als erste Spezies von der Liste gefährdeter Arten der World Conservation Union gestrichen. Sein Überleben ist in erster Linie den Tierschützern des Hluhluwe-Imfolozi zu verdanken, die im Park den Grundstein für den Fortbestand dieser Art gelegt haben.

Tierbeobachtung und andere Aktivitäten

Trotz seiner geringen Größe bietet der Hluhluwe-Imfolozi 84 Säugetierarten und fast 350 verschiedenen Vogelarten einen Lebensraum. Alle Big Five sind vertreten, und man kann ohne Übertreibung sagen, dass es auf der ganzen Welt keinen besseren Ort zum Beobachten von **Spitz- und Breitmaulnashörnern** gibt. **Löwen** galten im Imfolozi bis 1958 als ausgestorben, wurden aber wieder angesiedelt, und heute leben rund 70 Löwen im Schutzgebiet. Sie sind allerdings sehr scheu und ihre Zukunft ist ungewiss.

Andere hier heimische **Raubtiere** sind Gepard, Tüpfelhyäne und Hyänenhund. Unter den **Pflanzenfressern** tummeln sich Streifengnu, Büffel, Giraffe, Flusspferd, Schwarzfersenantilope, Kudu, Nyala und Zebra im Park. **Vögel** sind mit über einem Dutzend Arten von **Adlern** und weiteren **Raubvögeln** vertreten, darunter Habicht, Hühnerhabicht und Wespenbussard. Hinzu kommen Großvögel wie Kaffernhornrabe, Geier, Eule und Reiher. **Reptilien** sind mit rund 60 Spezies vertreten, darunter Krokodile und verschiedene Giftschlangen, die man aber kaum zu Gesicht bekommt. Am Hluhluwe River lohnt es sich, nach dem harmlosen Waran Ausschau zu halten.

Hinsichtlich der angebotenen Aktivitäten ist der Hluhluwe-Imfolozi sogar dem Krüger-Nationalpark überlegen. Man kann den Park nicht nur als **Selbstfahrer** erkunden, sondern bei einigen Restcamps auch zu **Spaziergängen auf eigene Faust** aufbrechen. Daneben werden **geführte Wanderungen** in Begleitung eines bewaffneten Parkaufsehers, eine **Bootsfahrt** auf dem Hluhluwe-Damm und geführte **Nachtfahrten** angeboten. Der erste **Wildniswanderweg** Südafrikas wurde im Imfolozi aus der Taufe gehoben. Alle geführten Wanderungen finden von Mitte März bis Mitte Dezember statt.

Auf dem **Base Camp Trail** (R3080 p. P.) wandert man tagsüber in der Wilderness Area und verbringt drei Nächte im Camp von Mndindini Trails, nicht weit von Mpila entfernt. Der ebenfalls drei Übernachtungen umfassende **Primitive Trail** (R1900 p. P.) beginnt in Mpila. Hier muss die Ausrüstung selbst getragen werden, und genächtigt wird unterm Sternenhimmel, wo immer der Wildhüter es beschließt. Aufbruch zum **Short**

HLUHLUWE-IMFOLOZI PARK

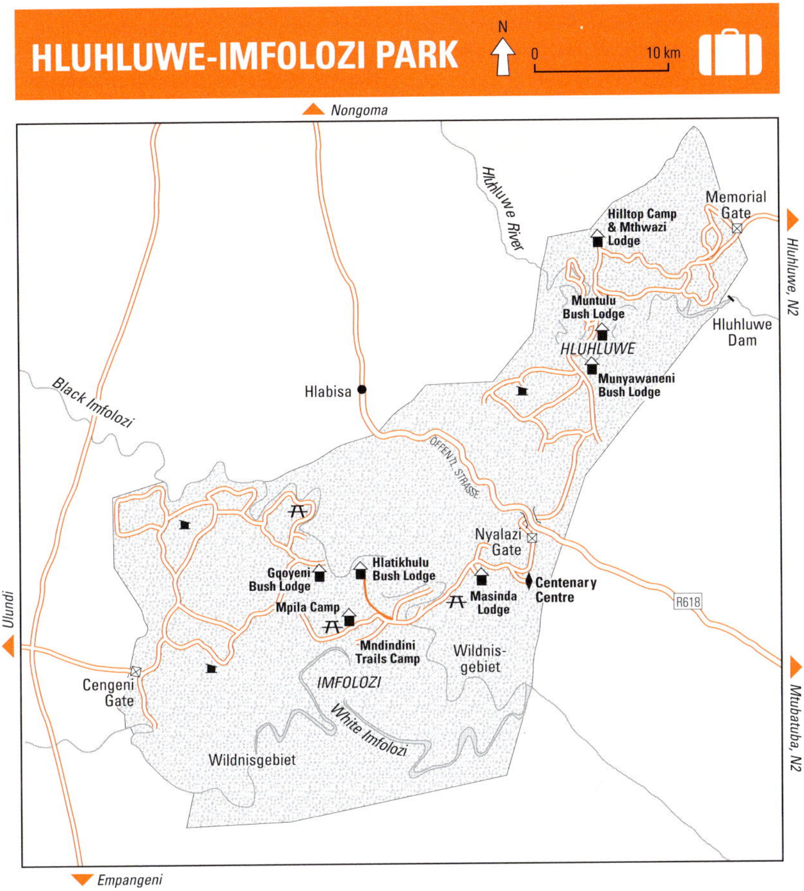

Wilderness Trail (R1870 p. P.) ist in Mpila freitags um 12 Uhr; er endet am Sonntag, ebenfalls in Mpila. Die Wanderungen müssen bei KZN Wildlife gebucht werden. Ein bewaffneter Wildhüter begleitet die Wanderer. Die ganze Ausrüstung – einschließlich Bettwäsche und Verpflegung – ist im Preis enthalten.

Übernachtung und Essen

In beiden Abschnitten, Imfolozi und Hluhluwe, gibt es Unterkünfte. Imfolozi ist der weniger erschlossene Teil des Parks. Zu Hluhluwes Hilltop Camp gehört neben dem **Restaurant Mpunyane** und der **Barlounge Uzavolo** ein kleiner Laden mit einem sehr beschränkten Angebot – am besten deckt man sich vor der Ankunft im Park mit allem Nötigen ein. In manchen der Lodges bereitet ein Koch die Mahlzeiten zu. Die Zutaten müssen die Gäste aber selber mitbringen. In den Ortschaften Hluhluwe und Mtubatuba gibt es gut sortierte Supermärkte. Im Abschnitt Imfolozi befindet sich das **Centenary Centre**, ⏲ tgl. 8–16 Uhr, mit einem kleinen Schnellrestaurant, einem Kunstgewerbeladen und *bomas*, in denen Tiere aus anderen Parks untergebracht sind, die hier angesiedelt werden sollen. Reservierungen für Unterkünfte über KZN Wildlife, Camping kann dagegen vor Ort arrangiert werden.

Parkabschnitt Hluhluwe

Das wahrscheinlich beste staatliche Safari-Camp Südafrikas, das **Hilltop Camp**, liegt hoch oben am Rand eines Hangs mit Panoramablick über die Hügel und Täler des Parks. Zur Auswahl stehen verschiedene moderne und komfortable Unterkünfte, darunter preiswerte 2-Bett-Rondavels mit gemeinschaftlich genutzten sanitären Einrichtungen und Küchen, außerdem Selbstversorger-Chalets mit Bad und zum Teil mit Küchenzeile. Hilltop ist von einem Elektrozaun umgeben, der die meisten Tiere fernhält. Trotzdem sind gelegentlich Nyala-Antilopen, Zebras und andere Pflanzenfresser beim Grasen in der Umgebung der Chalets anzutreffen. Aber man darf nicht vergessen, dass von allen wilden Tieren eine potenzielle Gefahr ausgeht und das hier die Wildnis, kein Streichelzoo ist. ❸–❻

Mtwazi Lodge, in der Nähe des Hilltop. Das wunderschön gelegene Wildhüterhaus hat 4 luxuriöse Zimmer mit Bad in einer abgeschiedenen privaten Grünanlage unweit des Hilltop. Auf Wunsch bereitet ein Koch Mahlzeiten für die Gäste zu. Preisberechnung für mind. 5 Pers. ❽

Muntulu und **Munyawaneni**, je 4 Schlafzimmer mit separaten Terrassen in 2 noblen Busch-Lodges mit Blick auf den Hluhluwe River. Ein Koch sorgt vor Ort für das leibliche Wohl, ein Wildhüter begleitet die Gäste auf Wanderungen. Preisberechnung für mind. 6 Pers. ❽

Abschnitt Imfolozi

Die Camps im Abschnitt Imfolozi sind nicht eingezäunt, bei Spaziergängen ist daher besondere Vorsicht geboten, insbesondere bei Dunkelheit.

Gqoyeni und **Hlatiku Bush Lodges**. Jede der beiden Lodges hat vier 2-Bett-Bungalows, die auf Pfählen über dem Black Imfolozi River errichtet und durch Holzstege mit dem Aufenthaltsbereich verbunden sind. Auf Wunsch führt der hiesige Wildhüter auf einem Spaziergang durch das Gelände, und ein Koch bereitet Mahlzeiten zu. Mindestberechnung für 6 Pers. ❽

Masinda Lodge. Renovierte, luxuriöse Lodge in der Nähe des Nyalazi Gate. Die 3 Zimmer mit Bad sind mit Zulu-Kunstwerken verziert; fürs leibliche Wohl sorgt ein Koch. Mindestbezahlung für 4 Pers. ❽

Mpila. Dieses Camp im Herzen von Imfolozi hat 12 Einraumhütten mit je 4 Betten, herrlicher Aussicht auf die umliegende Wildnis und gemeinschaftlich genutzten sanitären Einrichtungen. Außerdem 2 Bungalows für 7 Pers. (Preisberechnung für mind. 4 Pers.), 6 Selbstversorger-Chalets für 5 Pers. (Preis für mind. 3 Pers.) sowie ein Safari-Camp mit 13 Zelten à 2 Betten und 2 Zelten à 4 Betten. ❷–❻

Informationen

Kartenmaterial und Informationen, darunter auch detaillierte Beschreibungen geführter Wanderungen, gibt es im Empfangsbereich der Camps **Hilltop** und **Mpila**.

Transport

Außer mit einem eigenen Fahrzeug ist der Hluhluwe-Imfolozi Park nur im Rahmen eines Tagesausflugs zu erreichen, die von den Unterkünften im Umkreis des Parks angeboten werden, oder mit einer organisierten Tour von Durban aus (s. Kasten S. 441). Der Park hat 3 Tore: Das **Nyalazi Gate**, die Zufahrt in den südlichen Parkabschnitt, erreicht man über die R618 Richtung Hlabisa und Nongoma, 21 km nördlich von Mtubatuba. Weiter nördlich führt von der N2 nahe der Abzweigung Richtung Hluhluwe eine nicht nummerierte, aber ausgeschilderte und ebenfalls asphaltierte Straße zum **Memorial Gate** an der Nordostspitze des Parks. Das **Cengeni Gate** im Westen ist über eine 30 km lange Teerstraße von Ulundi her zu erreichen.

Lake St. Lucia

Das eindrucksvollste geografische Merkmal des iSimangaliso Wetland Park ist der 360 km² große **Lake St. Lucia**. Das größte Binnengewässer

Südafrikas entstand vor etwa 25 000 Jahren, als die Ozeane allmählich zurückwichen. Der See wird von majestätischen, mit Wald und Gras bewachsenen **Dünen** flankiert, die an ihren höchsten Punkten stattliche 200 m aufragen und einen schmalen Schutzwall zwischen dem See und dem Indischen Ozean bilden. Der Park schützt aber nicht nur die Ökosysteme des Sees und der Dünen, sondern auch eine aus tropisch-warmen Gewässern, Korallenriffen und endlosen Sandstränden bestehende **Meereszone**. Außerdem den sich nördlich an den See anschließenden **Papyrus- und Schilfrohrsumpf** Mkuze Swamps sowie die trockene **Savanne** und **Dornensteppe** am Westufer. Jedes dieser Ökosysteme würde schon für sich allein genommen ein Naturschutzgebiet rechtfertigen, doch ihr Zusammentreffen am Lake St. Lucia macht aus dieser Region eine Wildnislandschaft allererster Güte.

St. Lucia

St. Lucia im äußersten Süden des Parks an der St.-Lucia-Mündung war früher nicht viel mehr als ein weltabgeschiedener Anglertreff. Heute versucht sich der 32 km östlich von Mtubatuba am Ende der R618 gelegene Ort als gut organisiertes Ökoreiseziel neu zu erfinden. Im Hochsommer kann es während der Schulferien, wenn hordenweise Angler einfallen, recht hektisch zugehen. Hauptattraktion der Gegend jedoch ist das innerhalb des Feuchtgebiets gelegene Cape Vidal. Unterkünfte sind dort aber Mangelware. Eventuell wird man sich mit einem Tagesausflug von St. Lucia aus begnügen müssen.

Das Schönste an St. Lucia ist das **Delta**, das portugiesische Seefahrer 1576 entdeckten und auf den Namen Santa Lucia tauften. In der zweiten Hälfte des 18. Jhs. versuchten die vom Meer abgeschlossenen Buren mehrmals, an der Flussmündung einen Hafen anzulegen. Doch die Engländer kamen ihnen zuvor. 1884 schickten sie die *HMS Goshawk* aus, um das Gebiet zu annektieren, wo sich mit der Zeit ein Urlaubsort für Hobbyfischer etablierte. Die Mündung liegt hinter den Gebäuden entlang der Hauptstraße und ist bei der Durchfahrt leicht zu übersehen.

In St. Lucia ist nicht viel los, aber es ist eine ausgezeichnete Ausgangsbasis für zahlreiche Freizeitaktivitäten (S. 478, Kasten) und verfügt über eine gute Auswahl an Unterkünften. Die Hauptattraktion ist das St. Lucia Crocodile Centre, ✆ 035-590 1386, das rund 2 km nördlich der Stadt an der Straße nach Cape Vidal an der Zufahrt zum Park liegt. Es handelt sich hier nicht um eine Freakshow wilder Tiere, sondern um ein interessantes Nebenprodukt des von KZN Wildlife aufgelegten Programms zum Schutz der Krokodile. Bis Ende der 60er-Jahre wurden die „wandelnden Handtaschen" noch wie Ungeziefer behandelt und erbarmungslos gejagt.

Gerade noch rechtzeitig vor ihrem Aussterben erkannte man, dass den Krokodilen im ökologischen Kreislauf eine wichtige Rolle zukommt, und KZN Wildlife initiierte ein erfolgreiches **Aufzuchtprogramm**. Sobald sie in der Wildnis überlebensfähig sind, werden die Reptilien ausgesiedelt. Das Crocodile Centre hat sich zur Aufgabe gemacht, das Image von diesen zu Unrecht als bösartig verunglimpften Kreaturen zurechtzurücken. Die Besucher erfahren an Hand von Exponaten viel Wissenswertes über die vielen unterschiedlichen Krokodilarten, die die umzäunten Becken bevölkern (in Südafrika selbst ist aber nur das Nilkrokodil heimisch). Daneben gibt es noch jede Menge Schlangen zu bestaunen.

Das Centre verfügt über das **Café Crocodile Bites** sowie einen sehr guten **Buchladen**, der auf naturgeschichtliche Themen und die Ökologie der einheimischen Küsten- und Feuchtgebiete spezialisiert ist. 🕓 St. Lucia Crocodile Centre Mo–Fr 8–16.30, Sa 8.30–17, So 9–16 Uhr, Krokodilfütterung Sa 15 und So 11.30 Uhr, Eintritt Mo–Fr R30, Sa und So R35.

Im schwarzafrikanischen Dorf **Khula**, 7 km westlich von St. Lucia an der Straße nach Mtuba, gibt es ein ausgezeichnetes Tourist Office, das auf nachhaltigen Ökotourismus an der Elephant Coast spezialisiert ist. In St. Lucia findet man z. B. Tankstellen, einen Supermarkt, Waschsalons, Geldautomaten und Banken

Übernachtung

Außerhalb der Saison ist es nicht schwierig, in St. Lucia eine preiswerte Unterkunft zu finden. KZN Wildlife betreibt 2 ausgezeichnete **Campingplätze**: **Eden Park**, am Ufer der St.-Lucia-Mündung, gegenüber dem Büro von

KZN Wildlife; und **Sugarloaf**, ein großer Platz, ebenfalls an der Mündung, einige Hundert Meter nördlich des Eden Park an der gleichen Straße gelegen.

Gelegenheit, die herzliche Zulu-Gastlichkeit während eines **Homestay**-Aufenthalts zu erleben, erhält man im Dorf Khula:

Igugulamandlouv B&B, ✆ 073-234 9394, ❷.

Bib's International Backpackers, 310 McKenzie St, ✆ 035-590 1056, 💻 www.bibs.co.za. Beliebte Backpacker-Unterkunft mit Stellplätzen für Zelte sowie Schlafsälen, DZ und EZ mit Bad für Selbstversorger. Ausgestattet mit Waschküche und Billardtischen. Angeboten wird außerdem eine ganze Palette von Touren und Tagesausflügen, darunter Bootsfahrten, Exkursionen mit kulturellem Schwerpunkt sowie Nachtwanderungen und nächtliche Ausfugsfahrten in die Wildnis. Dorms und Zimmer. ❷

iGwalagwala Guesthouse, 91 Pelican St, ✆ 035-590 1069, 💻 www.igwala.co.za. Geräumige Zimmer mit Bad in einem Haus mit großem Garten und Pool in einem ruhigen Stadtviertel. ❸

Jo-a-Lize, McKenzie St, ✆ 035-590 1224, ✉ joalizelodge@futurenet.co.za. Eine der billigeren Unterkünfte; vermietet Apartments für Selbstversorger und winzige B&B-Einheiten mit Bad. ❷

Elephant Lake Hotel, 3 Mullet St, ✆ 035-590 1001, 💻 www.elephantlakehotel.co.za. St. Lucias einziges Hotel bietet einen Pool, eine fantastische Terrasse für einen Drink am Abend und eine herrliche Aussicht auf die Flussmündung. Frühstück inkl. ❻

Aktivitäten in der Umgebung von St. Lucia

St. Lucia ist zwar klein, aber der größte Ort in der Umgebung des iSimangaliso Wetland Parks und der beste, um Aktivitäten zu organisieren. Es gibt mehrere hervorragende Wandermöglichkeiten im Park, aber zur Zeit der Recherche waren die Wege wegen des Mangels an ausreichend ausgebildeten Guides alle geschlossen. Aktuelle Infos dazu gibt es bei der iSimangaliso Wetland Park Authority, ✆ 035-590 1633.

Wer St. Lucia als Ausgangsbasis für einen Besuch des Hluhluwe-Imfolozi Park nimmt, kann sich an den in St. Lucia ansässigen Veranstalter **Extreme Nature Tours**, ✆ 035-590 1624, 076-485 5366, 💻 www.extremenaturetours.co.za, wenden. Er führt informative halb- und ganztägige Game drives (R565–675) durch und organisiert auch andere Touren in und um St. Lucia.

Angeltouren

Hochseefischen für Anfänger und Fortgeschrittene, einschließlich Angelzeug, begleitet von einem Skipper, einem Guide und einem erfahrenen Fischer. Die gefangenen Fische erhalten eine Markierung und werden wieder freigelassen oder aber mitgenommen, um in die Pfanne zu wandern. Der 6-stündige Ausflug wird von St. Lucia Tours & Charters, ✆ 035-590 1259, angeboten und kostet ab R660. Proviant muss mitgebracht werden.

Besuche in einem schwarzafrikanischen Dorf

Veyane Cultural Tours, ✆ 072-588 8290, 💻 www.veyane.co.za, veranstaltet von St. Lucia aus Touren ins nahe gelegene Dorf **Khula**, wo die Dorfkirche, eine *shebeen* und ein *sangoma* besucht und ein Zulu-Tanz vorgeführt werden. Teilnahme ca. R120 p. P.; man kann aber auch auf eigene Faust hinfahren.

Kajaktouren

Die Erkundung der Ökosysteme des Sees mit dem Kajak ist ein unvergessliches Erlebnis. **St. Lucia Kayak Safaris**, ✆ 035-590 1233, 💻 www.kayaksafaris.co.za, veranstaltet halb- und ganztägige Ausflüge für R250–425 inkl. Ausrüstung, Transfer zum Ausgangspunkt, Mittagessen und Getränke.

Bootsfahrten auf dem See

Auch wer sich nur kurz in St. Lucia aufhält, sollte sich nach Möglichkeit der 2-stündigen Bootsfahrt von **St. Lucia Safaris**, ✆ 035-590 1363, anschließen, Abfahrt vom östlichen Seeufer an der Anlegestelle neben dem Restaurant Für

Seasands Lodge, 135 Hornbill St, ✆ 035-590 1082, 💻 www.seasands.co.za. Hübsche Ferienwohnungen im Grünen mit Terrassen und Balkonen, jede mit voll ausgestatteter Küche. Es gibt aber auch ein kleines Restaurant. ❺

Sunset Lodge, 154 McKenzie St, ✆ 035-590 1197, 💻 www.sunsetstlucia.co.za. Blockhütten für Selbstversorger mit 2, 4 oder 5 Betten und Balkon. Manchmal grasen Flusspferde vor der Pool-Terrasse. Gutes Preis-Leistungs-Verhältnis. ❷

Essen

Die McKenzie Street ist von zahlreichen **Restaurants** gesäumt. Zwei der verlässlichsten befinden sich im Georgiou Centre: **Ocean Basket**, ✆ 035-590 1241, für Seafood, und **Braza**, ✆ 035-590 1242, für Huhn und Steak nach portugiesischer Art.

Fishy Pete's, 61 McKenzie St, ✆ 035-590 1257, ebenfalls gut für frisches Seafood. In dem freundlichen, mit allem möglichen Anglerzeug geschmückten Lokal kann man aber auch prima einfach nur was trinken.

Für Elize, nahe dem Bootshafen, ✆ 035-590 2166, bietet einen netten Außenbereich und eine gute Karte (Hauptgerichte zumeist R70–90), jedoch sind viele Gerichte oft nicht erhältlich, und das Essen kann enttäuschend sein.

Alfredo's, ebenfalls an der McKenzie Street, empfiehlt sich mit leckerer Pasta und Lasagne.

Restaurant beim Wasserskiclub am Ende der Pelican St. Schöner Blick auf die Mündung, annehmbares Essen (R50–60).

Elize, R150. Es bestehen gute Chancen, Krokodile, Flusspferde, Pelikane, Seeadler, Eisvögel und Störche zu sehen.

Ökotouren

Eine ganze Reihe ausgezeichneter Exkursionen in das Feuchtgebiet werden von dem Zoologen und Meeresbiologen Kian Barker geführt, darunter die ganztägige „St. Lucia World Heritage Tour" (R475) und der ungewöhnliche „Chameleon Night Drive" (R295) auf den Spuren der 16 Chamäleonarten der Region St. Lucia (sage und schreibe 14 davon sind endemisch). Ebenfalls lohnend ist die 2-tägige Turtle Tour (Nov–Feb; R2100), bei der die Schildkröten beim Eierablegen in Kosi Bay beobachtet werden. Tourbuchungen nimmt Shaka Barker Tours (s. „Radtouren") entgegen.

Radtouren

„Birders on Bikes" ist die preiswerteste und gleichzeitig eine der interessantesten Radtouren. Während der 2- bis 3-stündigen, gemütlichen Fahrt geht es durch das südliche Mündungsgebiet, den Strand entlang und ins Schutzgebiet Cape Vidal. Zulu-Guides erklären die Flora und Fauna und erläutern die Verwendung von Pflanzen in der Kultur und Medizin der Zulu. Buchung über **Shaka Barker Tours**, 43 Hornbill St, 💻 www.shakabarker.co.za, ✆ 035-590 1162; R125 inkl. Radverleih, mindestens zwei Teilnehmer.

Reiten

Bhangzi Horse Safaris, ✆ 035-560 4898, 💻 www.horsesafari.co.za, veranstaltet Ausritte durch Buschland, Wälder und zu Seen mit Gelegenheit zu Tierbeobachtungen. Der Halbtagesausflug kostet R450.

Walbeobachtung

Vor der Küste tummeln sich während der Saison (Juni–Nov) Buckelwale und Südkaper, die im Rahmen einer 2-stündigen Bootsfahrt (R770) aus der Nähe beobachtet werden können. Reservierung über **Advantage Tours & Charters**, ✆ 035-590 1180, 💻 www.advantagetours.co.za. Sollten keine Wale gesichtet werden, gibt's 40 % des gezahlten Betrags zurück. Ausgangspunkt der Tour ist das Büro des Veranstalters in der McKenzie St. Unten am Strand gibt es keine Anlegestelle, und schon allein das Boot zu Wasser zu lassen, ist ein Abenteuer für sich; bei stärkerem Seegang muss man damit rechnen, patschnass zu werden.

Super Service

St. Lucia Wetlands Guest House, 20 Kingfisher St, ✆ 035-590 1098, 💻 www.stluciawetlands.com. 6 große Zimmer mit Bad und eleganten Holzmöbeln. Hervorragender Service, freundliche Gastgeber und Extras wie Pool und Bar und die Möglichkeit, das Auto waschen zu lassen, machen dieses Haus zu einer der besten Unterkünfte in St. Lucia. ❹

Die beliebteste Bar der Stadt und wahrscheinlich die einzige Lokalität, die noch geöffnet hat, wenn überall sonst schon die Stühle hochgestellt wurden, ist die **Monkey Lounge** in der McKenzie Street in der Nähe von Bib's International Backpackers.

Sonstiges

Die Hauptstraße ist die parallel zur Mündung verlaufende MacKenzie Street. Hier gibt es Tankstellen, 2 gut sortierte Supermärkte, einen Geldautomaten, 2 Banken (🕒 Mo, Mi und Fr 9–15.30 Uhr) sowie mehrere Restaurants.

Informationen

Die besten Informationsquelle ist **St. Lucia Tours & Charters**, ✆ 035-590 1259, 035-590 1180, im Dolphin Centre an der McKenzie St, Ecke R618 am Ortseingang, 🕒 Mo–Fr 7.15–16, Sa 7.15–14, So 7.15–13 Uhr. Hier befindet sich auch die Haltestelle der Taxis nach Mtubatuba.

KZN Wildlife, ✆ 035-590 1340, hat ein Büro am südlichen Ende der Pelican St, die zwei Straßen östlich der McKenzie St und parallel dazu verläuft. 🕒 tgl. 8–12.30 und 14–16 Uhr.

Internet

Bib's International Backpackers hat ein Internetcafé

Transport

Der **Baz Bus** kommt 3x pro Woche nach St. Lucia und setzt seine Passagiere im Bib's International Backpackers (S. 478) ab.

Cape Vidal

Ein weiteres bei Anglern sehr beliebtes Ziel ist Cape Vidal, ✆ 035-590 9012. Der einzig mögliche Anfahrtsweg ist eine 32 km lange Teerstraße (die Verlängerung der McKenzie St) von St. Lucia nach Norden. Die Fahrt führt über eine schmale Landbrücke zwischen dem See und dem Indischen Ozean durch Grasland und Feuchtgebiete, bevölkert von Kleinwild, Nashörnern, Vögeln und dem einen oder anderen Leoparden.

Auch wenn man kein passionierter Angler ist, hat die märchenhafte Wildnis von Cape Vidal genug für einen mehrtägigen Aufenthalt zu bieten. Das Meer ist nur wenige Minuten von der Unterkunft (Verwaltung durch KZN Wildlife) entfernt, ein vorgelagertes Riff schützt die Küste vor der hohen Brandung und erlaubt gefahrloses **Schwimmen**.

Wer Spaß am **Schnorcheln** hat, findet unter Wasser einen fantastischen Reichtum an harten und weichen Korallen und jede Menge farbenprächtige Fische. In den kleinen Gezeitentümpeln lässt sich eine bunte Wasserwelt aus Seegräsern, Schnecken, Krebsen, Seegurken, Anemonen und Seeigeln bestaunen.

Das offene Meer jenseits des Riffs ist der Lebensraum großer Meeressäuger und Fische. Cape Vidal ist ein ausgezeichneter Ort, um von Land aus nach vorbeiziehenden **Buckelwalen** Ausschau zu halten, die sich im Winter vor der Küste Mosambiks, nicht weit nördlich von hier, zur Paarung und zum Kalben einfinden. Im Oktober lassen sie sich mit dem warmen Agulhas-Strom mit ihren Kälbern nach Süden treiben. Mit etwas Glück sind diese und andere Wale von den Aussichtpunkten auf den Dünen zu sehen, ohne Fernglas bleiben sie allerdings nur kleine Tupfer am Horizont.

Ein Aussichtsturm für die Walbeobachtung, zu erreichen nach einem Spaziergang durch den Dünenwald südlich des Restcamps, bietet einen noch höher gelegenen Aussichtspunkt. Vor diesem Küstenabschnitt wurden bereits 18 m lange, Plankton fressende Walhaie – die größten und sanftmütigsten aller Haie – in Schulen von bis zu 70 Exemplaren gesichtet; Mantas und Delphine sind in diesen Gewässern ebenfalls häufig anzutreffen. 🕒 April–Okt tgl. 6–18, Nov–März tgl. 5–19 Uhr, Eintritt R30 pro Fahrzeug, R25 p. P.

Ein Paradies für Angler:
Cape Vidal

Übernachtung und Essen

Eine Übernachtung in Cape Vidal ist wärmstens zu empfehlen, die Unterkunft sollte aber vorab gebucht werden. Zur Verfügung stehen 18 Chalets mit je 5 Betten (R230 p. P., Berechnung für mind. 3 Pers.) und elf 8-Bett-Blockhütten, alle mit Bad, Bettzeug und Kochutensilien, ❹–❻. Im Bhangazi-Komplex gibt es Cabins mit 8–20 Betten in Schlafsälen, die an Reisegruppen vergeben werden, ❸–❻. Und im Dünenwald unweit des Strandes liegt ein **Zeltplatz** mit 50 Stellplätzen und sanitären Einrichtungen.

Reservierungen für Bungalows und Chalets sollten bei KZN Wildlife vorgenommen werden. Ein Stellplatz auf dem Campingplatz muss v. a. während der Schulferien und an langen Wochenenden unbedingt gebucht werden. Das ist maximal ein Jahr im Voraus möglich. Ein kleiner Laden verkauft Grundnahrungsmittel und am Strand gibt es eine Tankstelle. St. Lucia liegt nahe genug, um dort alles andere einzukaufen.

Transport

Cape Vidal ist mit öffentlichen Verkehrsmitteln nicht zu erreichen; ein eigenes Fahrzeug ist hier unerlässlich.

Das Westufer des Lake St. Lucia

Das Westufer des Sees ist nur mit dem eigenen Fahrzeug zu erreichen und markiert den Küstenverlauf, wie er sich vor Urzeiten präsentierte, als der Meeresspiegel noch 2 m höher lag als heute. Der nährstoffreiche Boden schuf einst paradiesische Verhältnisse für eine sehr vielfältige Tierwelt. Die fünf Großwildarten sind zwar schon vor langer Zeit den Gewehrkugeln zum Opfer gefallen, aber es gibt noch immer sehr viele Vögel und über 100 Arten von **Schmetterlingen**. Zu den **Pflanzenfressern** zählen Nyala, Rotducker und das Moschusböckchen, die kleinste Antilope Afrikas.

Da es hier abgesehen von **Krokodilen** (Vorsicht in der Nähe des Seeufers!) keine gefährlichen Raubtiere gibt, kann man im Bushveld und in den Wäldern etwas abseits des Sees auch ohne Guide gefahrlos spazieren gehen. Wegen der Dürre in den letzten Jahren ist in bestimmten Gegenden am Westufer nur eine begrenzte Zahl von Besuchern zugelassen – und wenn es in der Zukunft keine außergewöhnlichen Regenfälle gibt, könnte der See in den nächsten 15 oder 20 Jahren ganz verschwinden. Zurzeit sind am Charter's Creek an der Südspitze des Sees nur

Tagesgäste erlaubt, während Fanies Island, 20 km Luftlinie nördlich von Charter's Creek, für Besucher komplett gesperrt ist.

False Bay Park

Rund 20 km nördlich von Fanies Island liegt der False Bay Park, ✆ 035-562 0425, am Westufer eines kleinen, rautenförmigen Gewässers, das durch einen schmalen, steilwandigen Kanal mit dem anschaulichen Namen „Hell's Gates" („Höllentore") mit dem Lake St. Lucia verbunden ist. Wegen des niedrigen Wasserpegels kann man in diesem Teil des Sees derzeit keine Bootsfahrten unternehmen. Immerhin bleibt die Möglichkeit einer Buschwanderung auf dem 8 km langen **Dugandlovu Trail** oder dem 10 km langen Rundwanderweg **Mpophomeni Trail**.

Beide Wege sind deutlich markiert, führen durch abwechslungsreiches Gelände und bieten Gelegenheit zum Beobachten von Vögeln und zahlreichen Antilopen sowie anderen kleinen Säugetieren, darunter Schakale, Mungos und Warzenschweine. Der nur 6 km lange **Ingwe Trail** führt am Ufer des Sees entlang. ⌚ April–Okt tgl. 6–20, Nov–März 5–19 Uhr, Eintritt R25. Die Anfahrt in den Park erfolgt **via Hluhluwe** (S. 473); dort fährt man Richtung Osten durchs Dorf bis zu einer T-Kreuzung und folgt den Wegweisern zum 15 km entfernten Zufahrtstor False Bay Gate.

In Lister's Point, ungefähr auf halber Höhe des Westufers von False Bay, gibt es einen **Campingplatz** mit sanitären Einrichtungen, aber ohne Einkaufsmöglichkeit. Rund 8 km südlich von hier bietet das Camp Dugandlovu vier einfache 4-Bett-Hütten mit Kaltwasserduschen, Toiletten, Gaskochern und Paraffinlampen, ❷. Wer sich mit warmem Wasser waschen will, bittet um einen Topf, der mit Wasser gefüllt, auf dem offenen Feuer erhitzt und dann in die Dusche geschleppt werden kann. Sämtliche Verpflegung und Ausrüstung muss mitgebracht werden, auch Bettlaken und Schlafsäcke. **Reservierungen** unter ✆ 035-562 0425.

Nur wenig außerhalb des False Bay Park befinden sich zwei von Hluhluwe her ausgeschilderte **Unterkünfte**. Die Sand Forest Lodge, ✆ 035-562 2509, 🖳 www.sandforest co.za, ❷, hat Zeltplätze sowie Cottages für Selbstversorger. Die Lodge liegt in einem kleinen Reservat mit Antilopen, Zebras und Gnus; auf Anfrage sind auch Mahlzeiten erhältlich. Einen Hauch von Luxus bietet der Falaza Game Park, ✆ 035-562 2319, 🖳 www.falaza.co.za, ❼, in Form von noblen Zeltunterkünften in einem anderen kleinen Reservat. Zur Anlage gehören auch ein erschwinglicher Wellnessbereich sowie ein Pool, an dem ab und zu ein Nashorn weidet. Auf Nachfrage werden geführte Wanderungen und Bootsfahrten sowie Safaris in den Hluhluwe-Imfolozi Park und andere Aktivitäten arrangiert.

Mkhuze Game Reserve und Phinda Game Reserve

Das über die Lebombo Mountains zu erreichende **Mkhuze Game Reserve**, 28 km östlich vom an der N2 gelegenen Dorf **Mkuze**, beeindruckt durch seine wunderschöne Landschaft und Vogelwelt. Das Reservat nimmt einen der Hauptabschnitte des iSimangaliso Wetland Park ein. Es ist mit der Küstenebene über einen schmalen Korridor verbunden, durch den der Mkuze River fließt, bevor er in den Lake St. Lucia mündet. Am Südende des Mkhuze liegt das nur für Übernachtungsgäste geöffnete **Phinda Private Game Reserve**. Es ist zwar nicht das aufregendste Wildreservat des Landes, verwöhnt seine finanzkräftigen Gäste jedoch nach Strich und Faden.

Mkhuze Game Reserve

Das **Mkhuze Game Reserve**, ✆ 035-573 9004, wird im Westen von den Lebombo Mountains begrenzt. Es markiert den letzten Ausläufer der Küstenebene, die sich von Kenia aus über den gesamten Ostrand des afrikanischen Kontinents nach Süden zieht. Seine landschaftliche Vielfalt reicht von den **Muzi Pans** – flachen, jahreszeitlich überfluteten Überschwemmungsgebieten mit Wasserlilien, Schilfbetten und Sümpfen – bis zu Savanne. Im Park wachsen Akazien (Dornenbäume) und im Süden, jenseits des Mkuzi River, steht ein Feigenbaumwald, der vom Kreischen des Trompeterhornvogels widerhallt.

Selbstfahrer erreichen das Reservat am bequemsten vom Dorf **Mkuze** an der N2, wo eine unbefestigte, aber problemlos befahrbare Straße zum **Emshopi Gate** abbiegt. Eine Alternativstre-

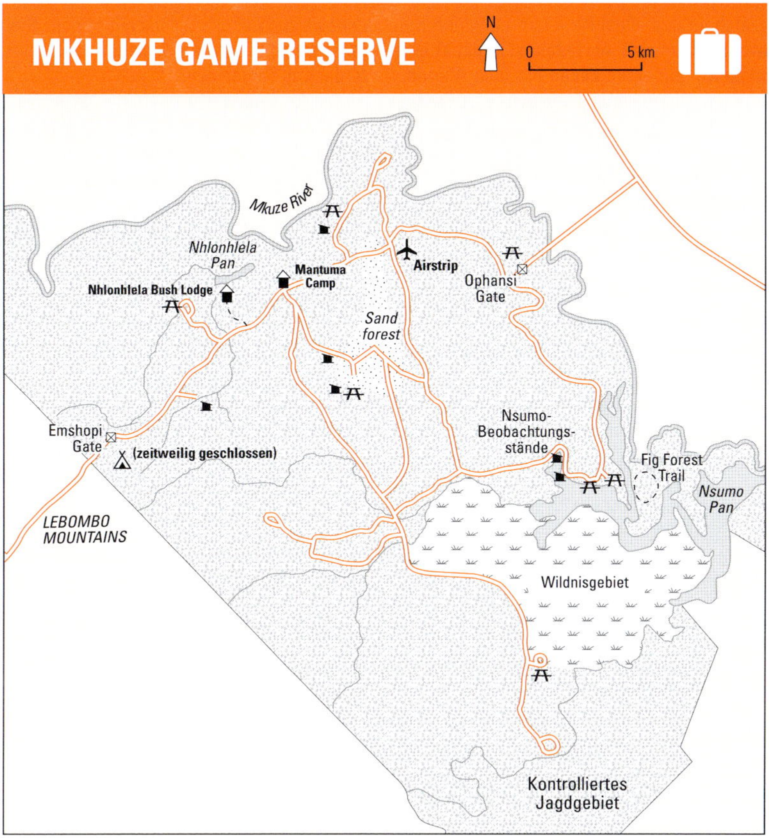

cke zweigt bereits 35 km nördlich von Hluhluwe von der N2 ab, hat aber lange Schotterabschnitte und ist auch nicht wesentlich kürzer. Eine andere, schnelle Zufahrt von Sodwana Bay her führt über die neue **Ophansi Bridge**, die an der Ostseite des Reservats den Mkuze River überspannt. Man fährt von Sodwana Bay auf der R22 nach Süden und biegt auf die D820 ab, zu der die Brücke gehört. Die Fahrzeit von Sodwana Bay zum Reservat beträgt ungefähr 40 Min.

Mit öffentlichen Verkehrsmitteln ist das Mkhuze-Wildreservat nicht zu erreichen. Wer kein eigenes Fahrzeug zur Verfügung hat, muss sich einer organisierten Tour vom Ort Mkuze aus anschließen. Neben einigen Geschäfte und einer Tankstelle mit Werkstatt findet man im Ort das ausgezeichnete **Ghost Mountain Inn**, ✆ 035-573 1025, 💻 www.ghostmountaininn.co.za, ❻. Es ist von der N2 ausgeschildert und empfiehlt sich auch für Nicht-Gäste für einen Drink, eine Mahlzeit oder eine erfrischende Abkühlung im Pool. Die Hotelbetreiber veranstalten vierstündige **Pirschfahrten** zum Mkhuze Game Reserve (ab R300 p. P., mind. 4 Teilnehmer) sowie geführte Wanderungen auf den bei Mkuze aufragenden **Ghost Mountain** (3–4 Std., R110 p. P., mind. 2 Pers.).

Zur Orientierung innerhalb des Parks hält das **Besucherbüro** eine übersichtliche **Karte** bereit, auf der sämtliche Wege und Entfernungen verzeichnet und allgemeine Informationen zum Park aufgeführt sind. Am Zufahrtstor gibt es eine **Tankstelle** und einen **Laden** mit dem Allernotwendigsten. Man deckt sich aber besser schon vorher im Ort Mkuze mit Proviant ein.

Das größte öffentliche Restcamp, **Mantuma**, liegt 9 km hinter der Einfahrt im nördlichen Parkabschnitt und bietet unterschiedliche Unterkünfte. Am günstigsten sind die 2-Bett-Bungalows mit gemeinschaftlich genutzten sanitären Einrichtungen und einer Küche, ❷. Daneben gibt es größere Chalets für zwei, vier und sechs Personen, ❸–❻. Am schönsten übernachtet man in den traditionellen Safarizelten für zwei oder vier Personen mit Bad, ❸–❺.

Die **Nhlonhlela Bush Lodge** mit Blick auf die Nhlonhlela Pan zwischen dem Mantuma und Emshopi Gate hat vier Zwei-Bett-Zimmer, ❼; Mindestberechnung für sechs Personen. Von den Zimmern geht es über Holzplanken zu einer Gemeinschaftsküche und einem Gästeaufenthaltsgelände. Im Preis sind die Dienste eines Kochs (Lebensmittel müssen mitgebracht werden) und eines Rangers inbegriffen. **Reservierung** über KZN Wildlife (S. 420). Der **Campingplatz** am Emshopi Gate war zur Zeit der Recherche wegen der Dürre geschlossen.

Tierbeobachtung und Aktivitäten

Das Tierschutzgebiet Mkhuze durchzieht ein insgesamt 84 km langes Straßennetz. Wer aber wilde Tiere zu Gesicht bekommen möchte, bleibt an besten an einer Stelle und verhält sich ruhig – die Tiere zeigen sich dann von ganz alleine. An künstlichen Wasserlöchern und am Rand von Senken wurden zu diesem Zweck mehrere getarnte **Beobachtungsstände** errichtet. Besonders in den trockeneren Monaten suchen zahlreiche Tiere die Wasserlöcher auf.

Der Renner des Mkhuze sind die hier beheimateten Spitz- und Breitmaulnashörner. An Raubwild sind im Park Gepard und Leopard vertreten, die sich allerdings nur selten blicken lassen; Löwen gibt es keine. Eher zeigen sich Schakale. Häufig sehen wird man verschiedene Antilopen wie die Schwarzfersenantilope, die Elenantilope und den Kudu. Paviane und Grüne Meerkatzen rascheln in den Bäumen oder tollen auf dem Boden herum. Nachts ist bisweilen der unheimliche Ruf des Galago mit seinem charakteristischen buschigen Schwanz aus dem Blätterdach zu vernehmen.

Mit 430 verzeichneten Arten ist Mkhuze eines der südafrikanischen Paradiese für **Hobby-Ornithologen**. Zu den Stars zählen die Bindenfischeule und Rudds Feinsänger, ein kleiner und extrem seltener, Insekten fressender Vogel. Selbst wer gar nichts von den gefiederten Freunden versteht, wird sich mit Sicherheit an der Gabelracke erfreuen, einem der farbenprächtigsten Vögel Afrikas.

Die beiden Verstecke an der Senke **Nsumo Pan** im südlichen Parkabschnitt überblicken nicht nur eine schöne, natürliche Wasserstelle, sondern eignen sich auch hervorragend zum Beobachten von Wasservögeln. Zwischen Juli und September halten sich bei günstigen Bedingungen bis zu 500 Vögel gleichzeitig am Wasser auf. Dann finden sich Schwärme von Pelikanen und Flamingos ein, daneben Eisvögel, Schreiseeadler und zahllose weitere Arten. **Zululand Birding Route**, ✆ 035-753 5644, 💻 www.zbr.co.za, bietet die Begleitung eines ortsansässigen Vogelexperten für solche Exkursionen an; Halbtagestour R250, Tagestour R350. Der einladende Picknickplatz Nsumo ist eine der wenigen Stellen im Park, wo man das Auto abstellen kann.

KZN Wildlife organisiert eine Reihe von Aktivitäten, darunter auch die sehr zu empfehlenden **Nachtpirschfahrten** von Mantuma aus (R180). Tagsüber lässt sich Mkhuze im Rahmen eines zweistündigen **geführten Spaziergangs** mit Schwerpunkt auf Vögeln oder Wildtieren (R90) in Begleitung eines Wildhüters erkunden. Gut zum Beobachten von Vögeln ist auch der 3 km lange **Mkhuze Fig Forest Trail** (R100), der zu den Hauptattraktionen des Reservats zählt. Der **Sykomoren-Feigenwald** ist einer der seltensten Wälder Südafrikas. Seine gigantischen Bäume verleihen ihm einen sanftgrünen Schimmer.

Hier lohnt es sich, nach den leuchtend roten Flugfedern der Glanzhaubenturakos oder nach den Grüntauben Ausschau zu halten und dem rhythmischen Klopfen der Goldschwanzspechte in den Bäumen zu lauschen. Ab und zu lassen sich Paviane und andere **Affen** blicken. Sie sind ungefährlich, auch wenn sie Spaziergängern manchmal die Lebensmittel stibitzen. Mit Vorsicht sollte man dagegen den gelegentlich auftauchenden **Spitzmaulnashörnern** oder **Flusspferden** begegnen. Park ⏲ April–Okt tgl. 6–18, Nov–März 5–19 Uhr, R35 pro Fahrzeug, R30 p. P.

Phinda Private Game Reserve

Das private Wildreservat Phinda ist eine 150 km² große Ranch. Während der Pirschfahrten im Reservat bieten sich gute Chancen, **Löwen**, **Geparden** und beiden Arten von **Nashörnern** zu erspähen, doch irgendwie wird man das Gefühl nicht los, alles sei ein wenig zu gut durchorganisiert. Derzeit ist das Gelände noch zu klein, um einen sich selbst regulierenden Wildtierbestand zu tragen. Dies könnte sich schon bald ändern, wenn, wie manche hoffen, das Reservat nach dem Vorbild der Umgebung des Krüger-Nationalparks in die umliegenden Parks integriert wird.

Als **Unterkunft** stehen fünf Lodges zur Auwahl; alle ❾ inkl. Vollpension und Exkursionen: Die Mountain Lodge wartet mit einem schönen Ausblick auf die Lebombo-Berge und die Küstenebene von St. Lucia auf. Die Rock Lodge bietet mit sechs in den Fels integrierten Stein-Chalets eine etwas intimere Atmosphäre. Die Forest Lodge besteht aus diskret zwischen Busch und Bäumen versteckten, wunderschönen Pfahlhäusern aus Holz in afrojapanischem Stil. Die Vlei Lodge mit ihren auf Hochglanz polierten strohgedeckten Chalets liegt in einem Wald mit Sandboden am Rande mehrerer Senken. Die Zuka Lodge im Westteil des Reservats wird an Gruppen vermietet und verfügt über einen Ranger, Butler, Koch und einen Safari-Jeep.

Sämtliche Pirschfahrten und Spaziergänge finden in Begleitung von Experten statt, die zu den besten Fremdenführern Südafrikas zählen. **Reservierungen** über & Beyond Africa, ✆ 011-809 4300 oder 021-532 5800, 💻 www.andbeyondafrica.com, oder bei einem der spezialisierten Reisebüros. Eine detaillierte Beschreibung der Anfahrt gibt's bei der Reservierung.

Die nördliche Elephant Coast

Das nordöstliche Ende der Elephant Coast, auch **Maputaland** genannt, ist die abgelegenste Gegend Südafrikas. Sie wird fast ausschließlich von unbefestigten Pisten erschlossen, die sich in umständlichen Windungen ihren Weg an die Küste bahnen. Am schnellsten erreicht man diese Ecke vom Dorf Hluhluwe aus. Dort beginnt eine asphaltierte Straße, die R22. Sie führt rund 150 km nach Norden, an Sodwana Bay vorbei, und endet in der Nähe von Kosi Bay und der Grenze zu Mosambik.

Rund 11 km nördlich von **Mkuze** schlängelt sich eine weitere Straße zunächst nach Norden und anschließend 133 km Richtung Osten. Ungefähr 40 km südlich von Kosi Bay trifft sie schließlich auf die R22. Diese führt zum Grenzdorf **Ingwavuma**, wo es ein faszinierendes Kunstgewerbe-Frauenprojekt und ein farbenfrohes Zulu-Festival gibt. Außerdem kann man von hier aus wunderschöne Wanderungen unternehmen. Auch das **Ndumo Game Reserve** und der **Tembe Elephant Park**, die sich beide nach Norden bis an die mosambikanische Grenze erstrecken, sind von hier aus zugänglich.

Ein Großteil der Region lässt sich nur mit einem allradgetriebenen Fahrzeug befahren. Am besten ist es, mit zwei Fahrzeugen zu reisen, denn Autowerkstätten gibt es hier nicht, und auch sonst sind Einrichtungen aller Art rar. Unbedingt mitführen: Ersatzreifen, Wagenheber, Radmutternschlüssel und Wasservorräte. Vorsicht vor Kindern oder Tieren, die plötzlich auf die Straße laufen. Man sollte sich nicht dazu hinreißen lassen, auf unbefestigten Pisten zu rasen, um Zeit zu sparen. Und auf allen Straßen in Maputaland ist mit Schlaglöchern zu rechnen.

Sodwana Bay

Rund 80 km nordöstlich vom Dorf Hluhluwe zeigt sich eine kleine Einbuchtung an der Küste von Zululand: **Sodwana Bay**, der einzige Einschnitt in einer ansonsten geradlinigen Küste, die sich über 170 km von St. Lucia bis Kosi Bay erstreckt. Die günstige Kombination aus einer Bucht, in der man ohne Schwierigkeiten Boote zu Wasser lassen kann, und den südlichsten Korallenriffen der Welt hat dafür gesorgt, dass sich Sodwana zum begehrtesten **Tauchrevier** Südafrikas und zum beliebtesten Ferienort von KZN Wildlife entwickelt hat. Da der Kontinentalschelf hier sehr nahe der Küste verläuft – nahezu vertikal abfallende Stufen sind weniger als 1 km entfernt

–, ist das Wasser sehr tief. Deshalb zieht es jede Menge **Hochsee-Sportfischer** in das Gebiet. Die Fische werden allerdings in der Regel nur markiert und danach wieder freigelassen.

In touristenfreien Zeiten ist Sodwana Bay ein Paradies mit angenehm temperiertem Wasser, herrlichen Sandstränden, reichlich Gelegenheit zum Tauchen oder Schnorcheln und Unterkünften in Hülle und Fülle. An den Wochenenden und in den Schulferien allerdings fallen scharenweise Geländewagen aus Jo'burg hier ein. Und dann frönen Angler aus Gauteng, Freistaat und Mpumalanga dem Alkohol teilweise bis zum Umfallen. Zum Glück dürfen inzwischen nicht mehr unbeschränkt Geländewagen auf dem Strand geparkt werden.

Eine sanftmütigere Besucherschar gibt sich jedes Jahr von Mitte November bis Februar die Ehre. Dann kommen wie schon seit 60 000 Jahren (s. Kasten S. 490) **Lederschildkröten** und **Unechte Karettschildkröten** zur Eiablage an die Strände von Sodwana. ⌚ 24 Std., Eintritt R20.

Übernachtung und Essen

Die meisten Unterkünfte in Sodwana liegen an den Stränden der Bucht innerhalb des von KZN Wildlife verwalteten Schutzgebietes. Aufgrund fehlender Konkurrenz sind die Preise in der Gegend ziemlich hoch.

Wer im Park bei Coral Divers oder Mseni übernachtet, muss eine tgl. Camping-Gebühr von R50 an KZN Wildlife entrichten. Bei Mseni ist sie im Preis enthalten; die für Coral Divers muss im Büro von KZN Wildlife bezahlt werden.

Coral Divers, ✆ 035-571 0290, 💻 www.coraldivers.co.za. Sodwana Bays größter Tauchausrüster betreibt eine schlichte, ziemlich altersschwache Taucherunterkunft mit verschiedenen 2-Bett-Safarizelten und 2-Bett-Bungalows mit und ohne Bad; auf Wunsch mit Halbpension, ansonsten für Selbstversorger. Tagsüber gibt es kleine Speisen zum Mitnehmen. Der kostenlose Transport zum Strand und zurück wird auf die Tauch- und Essenszeiten abgestimmt. ❷–❹

KZN Wildlife Campsites, ✆ 035-571 0051, 📠 571 0115. Zur Verfügung stehen unglaubliche 350 Stellplätze. Diesen angeblich größten Campingplatz der südlichen Hemisphäre hat Sodwana Bay der zu Spitzenzeiten stattfindenden Bevölkerungsexplosion zu verdanken.

KZN Wildlife Chalets, ✆ 033-845 1000. 20 komplett ausgestattete Blockhütten mit 5 oder 8 Betten; bezahlt werden muss für mind. 3 bzw. 4 Pers. ❺ bzw. ❻

Mseni Lodge, 💻 www.mseni.co.za, ✆ 035-571 0284. Die einzige Unterkunft mit direktem Strandzugang. Komfortable Lodge, deren B&B-Holzbungalows mit Bad und Selbstversorger-Einheiten für 5 oder 8 Pers. im dichten Küstenwald verstreut liegen. Restaurant, Bar, Satelliten-TV und Swimming Pool. ❻

Sodwana Bay Lodge, im Ort, ✆ 035-571 6000, 💻 www.sodwanabaylodge.co.za. Einfache, aber gemütliche, strohgedeckte 2-Bett-B&B-Chalets (ein renoviertes verlangen) mit Bad und 6- oder 8-Bett-Bungalows für Selbstversorger. Die Poolbar im Untergeschoss zieht mit Billardtischen, Musik und Sonnenterrasse auch Einheimische an. HP. ❻

Visagie Lodge, 500 m hinter der Sodwana Bay Lodge Richtung Bucht, ✆ 035-571 0089, 💻 www.visagiecharters.co.za. Schlichte Unterkunft in Bungalows für 4–6 Pers.; zur Anlage gehören auch ein Restaurant und eine Bar. ❸

Das **Leatherback's Seafood and Grill** in der Sodwana Bay Lodge produziert ordentliches Essen zu vernünftigen Preisen, u. a. die beste Pizza weit und breit. Abends gibt es meistens auch Braten.

Jabu Takeaways, in einem alten Wohnwagen neben dem Souvenirmarkt, ist ein beliebter Tauchertreff. Hier gibt es billige, sättigende halbe Weißbrotleibe, gefüllt mit Pommes, Spiegelei oder Curry.

Aktivitäten

Tauchen und Schnorcheln

Neben passionierten Anglern kommen hauptsächlich Tauchbegeisterte nach Sodwana Bay. Normalerweise sind derartige Korallenriffe nur weiter nördlich zu finden, doch hier sorgt der warme Agulhas-Strom für günstige Bedingungen. Das glasklare Wasser bietet perfekte Bedingungen zum Beobachten der Fische. Insgesamt tummeln sich 1200 verschiedene

Arten in den Gewässern vor der Küste des nördlichen KwaZulu-Natal – ein Artenreichtum, der ansonsten nur noch vom australischen Great Barrier Reef übertroffen wird.
Der Küste am nächsten liegt das daher am stärksten frequentierte **Two Mile Reef**, ein 2 km langes und 900 m breites Riff mit ausgezeichneten Bedingungen zum Tauchen. Weitere Riffe sind das **Five Mile Reef**, weiter nördlich gelegen und für seine winzigen Geweihkorallen bekannt. Dahinter befindet sich das **Seven Mile Reef** mit zahlreichen Seeanemonen. Hier halten sich gern Schildkröten und Rochen auf.
In Jesser Point, einer kleinen Landspitze am südlichen Ende der Bucht, findet man exzellente Bedingungen zum Schnorcheln. In unmittelbarer Nähe zur Küste liegt dort das **Quarter Mile Reef**, das eine beeindruckende Vielzahl von Fischen anlockt, darunter Muränen und Rochen. Am besten schnorcheln kann man bei Ebbe – auf einem Schild am Strand stehen die Uhrzeiten der Gezeitenwechsel. Schnorchel und Taucherbrillen gibt es zu angemessenen Preisen im Tauchgeschäft der Sodwana Bay Lodge zu kaufen (oder für R25 pro Tag auszuleihen). Ein anderer Tauchershop veranstaltet unterschiedliche Tauchkurse und Taucherausflüge und verleiht Taucherausrüstungen. Weitere Läden mit ähnlichem Angebot findet man im Coral Divers und in der Mseni Lodge.

Wandern

Der Ausgangspunkt für den 5 km langen Rundwanderweg **Mgobolezeni Trail** befindet sich direkt gegenüber der Parkrezeption. Der Trail windet sich durch unterschiedliche Biosphären, darunter auch bewaldetes Gebiet, bis zu einem See an der Küste, von dem der Wanderweg seinen Namen hat. Die Laufrichtung ist durch Pfeile und Schilder gekennzeichnet, man sollte aber trotzdem aufpassen, dass man nicht aus Versehen einen der zahlreichen, kreuz und quer verlaufenden Wildtierpfade erwischt und so vom Weg abkommt. Auf der rund 3 Std. dauernden Wanderung gibt es kein Trinkwasser, also genug Wasser mitnehmen.

Im See leben neben **Krokodilen** auch **Flusspferde**, die das Wasser normalerweise bei Einbruch der Dunkelheit zum Grasen verlassen. Wer einem Hippo an Land begegnet, sollte ihm mit äußerstem Respekt begegnen, denn das Flusspferd ist von allen afrikanischen Säugetieren für die meisten Todesfälle verantwortlich. Auf keinen Fall sollte man zwischen ein Flusspferd und seine Rückzugslinie geraten: in der Regel der direkte Weg zum Wasser. Wer versehentlich einem der Dickhäuter in die Quere kommt, sollte einen Baum suchen, um sich dahinter zu verstecken oder – noch besser – hinaufzuklettern.
Außer Flusspferden bekommt man im Verlauf der Wanderung mit etwas Glück auch harmlosere Bewohner des Dünenwaldes und seiner Umgebung zu Gesicht, z. B. Schirrantilopen, Rot- und Kronenducker, Riedböcke und Tonga-Hörnchen. An der Parkrezeption ist eine **Broschüre** erhältlich, die über interessante Punkte entlang der Strecke informiert.

Andere Aktivitäten

In Sodwana Bay kann man wesentlich mehr unternehmen als nur tauchen: **Exodus Adventures**, Büro gegenüber der Parkrezeption, ✆ 083-349 8578, 🖳 www.exodussodwana.co.za, veranstaltet verschiedene **Ausritte** zu Pferde durch den Wald (1 Std.) und am Strand entlang (1 Std.) für ca. R250 aufwärts.
Quadbiketouren organisiert gleich in der Nähe ein Anbieter namens Off-Road Fun, ✆ 082-785 7704, für R190 pro Std.; damit kann man in der Bucht herumbrausen oder eine 3-stündige Tour zum Lake Sibaya (R380) unternehmen.
Im Dezember und Januar kommen Unechte Karettschildkröten und Lederschildkröten (S. 490, Kasten) in die Bucht, um am Strand Nester zu graben und ihre Eier abzulegen. Wer sich dafür interessiert, kann sich einer der geführten **Schildkrötentouren** von Sodwana Bay aus anschließen. Da jedes Jahr nur eine begrenzte Anzahl von Lizenzen für derartige Touren vergeben wird und die Veranstalter von Jahr zu Jahr wechseln, müssen die genauen Bedingungen vor Ort erfragt werden.

Sonstiges

Der Nationalpark schließt die eigentliche Bucht mit ein. Die verstreuten Geschäfte sowie die vornehme Lodge, die zusammen den Ort Sodwana bilden, befinden sich 8 km weiter westlich an der Mbazwana Road. Das Büro von KZN Wildlife, das Zufahrtstor zum Park, die Zeltplätze, die Bungalows, 2 Tauch-Lodges und ein kleiner Laden, wo Lebensmittel und anderes fürs Zelten verkauft wird, sowie ein **Geldautomat** sind den Hügel hinauf hinter dem Ort zu finden. Die Tankstelle an der Parkzufahrt ist von 7–17 Uhr geöffnet.

Transport

Das einzige öffentliche Verkehrsmittel, das Sodwana Bay anfährt, ist der **Baz Bus**, der auf Anfrage die Weiterfahrt zum Coral Divers (S. 486) mit einem Shuttleservice organisieren kann. Abfahrt an der Baz Bus-Haltestelle in Bushlands an der N2 Ansonsten kann man bis Mbazwana ein **Minibustaxi** nehmen und von dort den Rest bis Sodwana Bay trampen. Aber wer es geschafft hat, **per Anhalter** nach Sodwana zu kommen, ist auf dem großen Gelände ohne eigenes Fahrzeug dann doch ziemlich aufgeschmissen.

Lake Sibaya und Mabbi

Der Lake Sibaya, der größte natürliche Süßwassersee Südafrikas, bedeckt eine Fläche von 77 km². Ringsum liegen weiße Sandstrände, die in dichte Waldlandschaft übergehen. An einem windstillen Tag präsentiert sich der 10 km Luftlinie nördlich von Sodwana Bay gelegene See azurblau und spiegelglatt. Das Wasser ist so klar, dass die Wildhüter von KZN Wildlife, wenn sie die Flusspferde zählen wollen, einfach im Flugzeug über den See fliegen und die dunklen, deutlich zu erkennenden Tupfer zählen. An den Rändern in Ufernähe tauchen an der Wasseroberfläche die Köpfe scheuer Krokodile auf, die sich scheinbar nicht entscheiden können, ob sie nun lieber in der wärmenden Sonne faulenzen oder im schützenden Wasser Zuflucht suchen sollen.

Die Umgebung des Lake Sibaya ist keine unbewohnte Wildnis; am Rand des Sees liegen traditionelle schwarzafrikanische Ländereien und Dörfer. Ein ausgesprochen bequem zu bewältigender, 3 km langer **Rundwanderweg** beginnt an der Aussichtsplattform hinter dem inzwischen geschlossenen Baya Camp. In der Nähe gibt es zwei versteckte Unterstände, die zur **Vogelbeobachtung** einladen, angesichts fast 300 hier vorkommender Arten ein echtes Vergnügen. Dass Baden im See angesichts der Krokodile und Flusspferde keine gute Idee ist, muss sicher nicht extra betont werden. Der Zugang zum See ist kostenlos.

Der rund 10 km weiter die Küste hoch gelegene **Campingplatz** Mabibi ist wahrscheinlich der abgelegenste und idyllischste in ganz Südafrika. Der Sanddünenwald schützt das Camp vor dem Wind, und ein Holzsteg führt in einem rund zehnminütigen Spaziergang die Dünen hinunter zum Strand. Außerhalb der Schulferien stehen die Chancen nicht schlecht, einen tropischen Bilderbuchstrand ganz für sich allein zu haben. Hier stören keine Außenbordmotoren oder Geländewagen wie in Sodwana und anderen Orten weiter südlich. Innerhalb des Schutzgebietes Maputaland Coastal Forest Reserve, zu dem Mabibi gehört, sind sie nämlich verboten.

Das Meer bietet gute Bedingungen zum **Brandungsangeln**. Auch **schnorcheln** lässt es sich ebenso gut wie in Sodwana, denn unmittelbar vor der Küste wimmelt es in den Korallenbänken von tropischen Meeresbewohnern. Im Wald leben mehrere **Säugetierarten**, von denen die meisten allerdings nachtaktiv (Galagos, Großfleck-Ginsterkatzen und Stachelschweine) und die übrigen eher scheu sind (Moschusböckchen und Weißkehlmeerkatzen). Die Grünen Meerkatzen sind im Gegensatz dazu recht unverfroren und zeigen sich meist in der Gruppe, wenn man etwas länger an einem Ort verweilt. ◷ tgl. 6–18 Uhr, Eintritt R20 p. P., R15 pro Fahrzeug.

Übernachtung

Der in üppigem subtropischem Busch gelegene **Campingplatz** hat 10 Zeltstellplätze (❶) auf einem Plateau hoch oben auf den majestätischen, zum Meer hin steil abfallenden Dünen. Reservierung über **Isibindi Africa**, ✆ 035-474 1473, 🖳 www.isibindiafrica.co.za. Das Unternehmen betreibt auch die luxuriöse, im

Robinson Crusoe-Stil angelegte **Thonga Beach Lodge**, mit Vollpension (❾). Sie besteht aus strohgedeckten Ferienhütten inmitten von Stranddünen und Küstenwald. Die Lodge verfügt über ein Wellnesscentre und einen Taucherladen und veranstaltet Ausflüge zu den Schildkröten sowie Sundowners am Lake Sibaya. Lodge-Gäste werden am Ende der Teerstraße, hinter der Manzengwenya-Kreuzung, abgeholt.

Transport

Das Camp ist über die geteerte Landstraße zu erreichen, die ca. 11 km nördlich von Mkuze von der N2 nach Kwangwanase (Manguzi) abzweigt. An der Kreuzung bei Manzengwenya biegt man rechts ab und folgt der (dürftigen) Beschilderung nach Mabibi. Da dieses letzte, 45 km lange Teilstück über eine Schotterpiste mit sehr sandigen Passagen führt, sind gute Fahrkünste sowie ein Geländewagen unbedingt erforderlich, oder zumindest ein Fahrzeug mit ausreichend hoher Bodenfreiheit, z. B. ein sogenannter „Bakkie" (Pick-up). Alternativ dazu ist Mabibi über die Küstenstraße (auch Coastal Cashews Road genannt) von Mbazwana her zu erreichen; an der Manzengwenya Rd biegt man rechts ab und folgt der Beschilderung.

Rocktail Bay

Das Nonplusultra aller **Strandurlaubsziele** Südafrikas ist das rund 20 km nördlich von Mabibi an der Küste gelegene Rocktail Bay. Dieser Küstenabschnitt ist denjenigen Gästen vorbehalten, die bereit sind, für das Privileg eines Aufenthalts in der edlen Rocktail Bay Lodge oder im Rocktail Beach Camp den entsprechenden Preis zu zahlen. Nur ganz wenige Küstenabschnitte Südafrikas präsentieren sich so unberührt wie die Strände von Rocktail Bay.

Hier gibt es kein Großwild, das Otto Normalverbraucher anlocken würde, dafür aber ausgezeichnete Bedingungen zum **Tauchen** vor der Küste – eines der Highlights ist das Tauchen mit Tigerhaien, wenn sie zwischen Ende September und Mai die Küste von KwaZulu-Natal entlang nach Norden ziehen – und ein Tauchzentrum mit einem qualifizierten PADI-Ausbilder, Boot und Skipper. Die **Vogelwelt** zeigt sich ebenfalls von einer prächtigen Seite, mit zahlreichen seltenen Arten, darunter Erzkuckuck, Grauastrild und Natal-Rotkehlchen. Einer der am schwierigsten zu entdeckenden Vögel ist der Palmgeier.

In Rocktail Bay kann man wunderbar ausspannen und einfach gar nichts machen. Oder man schnorchelt, begibt sich auf einen **Spaziergang** durch den Küstenwald, schließt sich einem **Ausflug** zur versteinerten Düne Black Rock an oder beobachtet im Sommer die Schildkröten bei der Eiablage. Beim **Brandungsangeln** bestehen Aussichten auf einen reichen Fang in Gestalt von Königsfischen, Barrakudas und Brassen. Für Gäste der Rocktail Bay Lodge sind diese Aktivitäten kostenlos, Gäste des Rocktail Bush Camp müssen für einige extra bezahlen.

Übernachtung

Rocktail Bay Lodge, Buchung über Safari & Adventure Co, ✆ 011-257 5111,
💻 www.safariadventurecompany.com. Für Renovierungsarbeiten geschlossen, soll aber noch 2010 wieder eröffnet werden.
Unterbringung in 11 strohgedeckten Chalets auf Pfählen hoch im Blätterdach des Waldes, jedes davon mit eigener Holzterrasse. Rocktail Bay ist der ideale Ort zum Abschalten: Es gibt kein Telefon, nur begrenzt Solarstrom, und die letzten Kilometer sind so unwegsam, dass man sein Fahrzeug am Büro des Coastal Forest Reserve an der Schotterstraße von Mabibi kommend stehen lassen und mit dem Geländewagen zur Lodge gebracht werden muss (im Preis enthalten). Vollpension ❾

Rocktail Beach Camp, Buchung wie oben. Einfacher, aber trotzdem komfortabel. 12 Zimmer mit Bad in einem Wald in Strandnähe. VP. ❽

Ingwavuma

Im hoch oben in den Lebombo Mountains an der Grenze zu Swaziland gelegenen Dörfchen Ingwavuma ist das **Ingwavuma Women's Centre** beheimatet, ein seit 2001 bestehendes Selbsthilfeprojekt zur Linderung der Armut; der Besuch kann über Beni Williams, ✆ 035-591 0135, arrangiert werden. Das Projekt beschäftigt knapp

300 Frauen, die Körbe flechten, sticken, Perlen- und Drahtarbeiten herstellen und Besucher in diese traditionellen Zulukünste einweihen. Am faszinierendsten ist die Herstellung von Sisalkörben, denn die Flechterin muss genau wissen, welche Halme dafür geeignet sind. Das Centre hält für Besucher drei schlichte B&B-Zimmer mit Bad bereit. Reservierung erforderlich unter ✆ 035-591 0133 oder 082-296 0942, ✉ stembenivw@xsinet.co.za, ❷.

Die Gegend bietet eine reiche Mischung aus Zulu- und Swazi-Kultur und die Möglichkeit, typische Gerichte und Tänze beider Völker kennen zu lernen. Der Zulu-König unterhält einen Palast in Ingwavuma. Dort findet in der letzten Septemberwoche immer eine Vorstellung des Reed Dance (S. 497) statt Guides begleiten die Gäste auf **Naturwanderungen** in die Berge und zu 500 m hoch gelegenen **Höhlen** mit grandioser Aussicht auf Swasiland. ◷ tgl. 9–16 Uhr, Eintritt frei.

Ndumo Game Reserve

Das Wildreservat Ndumo, ✆ 035-591 0058, zählt zu den schönsten Tierschutzgebieten KwaZulu-Natals. Nördlich des Reservats erstreckt sich das flache Überschwemmungsgebiet an der mosambikanischen Grenze, südlich erhebt sich der Höhenzug der Lebombo Mountains. Im Norden reicht der Park bis an den **Usutu River** heran, der in Swasiland entspringt und die Grenze zwischen Südafrika und Mosambik markiert. Die Abfahrt zum Schutzgebiet liegt 56 km nördlich von Jozini, die letzten 15 km geht es über eine holprige Schotterpiste.

Schildkröten in Maputaland

Die gesamte Küste von Maputaland ist ein hervorragendes Revier zum Beobachten von Unechten Karettschildkröten und Lederschildkröten, die jedes Jahr zwischen Oktober und Februar zum Brüten an die Küste kommen. An den Stränden der nördlichen Elephant Coast kommen Schildkröten von so entfernt gelegenen Orten wie Malindi in Kenia (3500 km nördlich) und Cape Agulhas (2000 km westlich an der südafrikanischen Küste) zusammen, um ihre Eier abzulegen. Die Meeresschildkröten haben sich in den letzten 100 Mio. Jahren kaum verändert. Die Lederschildkröte kommt vermutlich bereits seit 60 000 Jahren zur Eiablage an die Strände von Maputaland.

Wahrscheinlich werden die Schildkröten von einem Hormonstoff an die Küste gelockt, einem Duft, den der Sand verströmt und dessen Geruch sie folgen. Wissenschaftler glauben, dass dieser Duft bereits in das Unterbewusstsein der Schildkröten einprogrammiert wird, wenn diese noch gar nicht geschlüpft sind. Die kurzsichtige Schildkröte, deren Augen an das Sehen unter Wasser angepasst sind, kriecht im Dunkeln an den Strand und arbeitet sich so lange vor, bis sie auf ein Hindernis trifft, z. B. eine Sandverwerfung oder einen Baumstamm. Dort gräbt sie mit ihren kräftigen, paddelartigen Vorderbeinen eine Mulde, bis sie ein Nest ausgehoben hat, in das sie mit ihrem ganzen Körper hineinpasst. Anschließend gräbt sie ein flaschenförmiges, ca. 50 cm tiefes Loch und legt ihre Eier darin ab – ein Vorgang, der ungefähr zehn Minuten dauert.

Nach verrichteter Arbeit füllt das Schildkrötenweibchen das Loch mit den Eiern unter Zuhilfenahme ihrer Vorderbeine zur Tarnung mit Sand auf und kehrt ins Wasser zurück. Etwa zwei Monate später schlüpfen die Jungen, und sobald die Temperatur unter 28 °C fällt, macht sich die gesamte Brut gleichzeitig und so schnell sie kann auf den Weg ins rettende Wasser. Nur eins von 500 Jungen überlebt dieses Rennen. Die, die es bis ins Wasser schaffen, schwimmen gleich ins offene Meer hinaus, wo sie vom Agulhas-Strom entweder in den Atlantik oder die Küste des Indischen Ozeans hinaufgetrieben werden.

Die nördliche Elephant Coast ist eine tolle Gegend, um Unechte Karettschildkröten und Lederschildkröten zu sehen. Der ideale Ort ist vielleicht Rocktail Bay. Da die Schildkröten möglichst wenig gestört werden sollen, haben nur einige wenige Veranstalter die Lizenz, Besuchergruppen bei Nacht zum Beobachten der Schildkröten an die Strände zu begleiten.

Das Wildreservat zeichnet sich nicht durch eine besonders große Zahl von Tieren aus – zu den 62 vertretenen Arten zählen z. B. Nyalas, Flusspferde und beide Nashornarten –, und sie sind schwieriger zu erspähen als andernorts. Was dagegen die Vogelwelt angeht, spielt Ndumo in der ersten Liga der besten Plätze zum **Beobachten von Vögeln** in ganz Südafrika. Unglaubliche 430 Arten wurden gezählt, darunter Kap-Breitrachen, Bindenfischeule und Graubrust-Schlangenadler.

In Ndumo sind einige Abschnitte für Selbstfahrer freigegeben. Zu den Höhepunkten zählt eine Fahrt nach **Redcliffs**, wo es einen Picknickplatz mit einem hoch gelegenen Aussichtspunkt gibt, der einen Panoramablick über den Usutu River nach Swasiland und Mosambik eröffnet. KZN Wildlife veranstaltet vormittags und abends Geländewagenfahrten zur **Inyamiti-Senke**, einem Wasserloch, in dem Flusspferde und Krokodile auf der faulen Haut liegen und das zahlreiche Wasservögel zum Trinken anlockt. Außerdem werden **geführte Wanderungen** durch den Wildpark angeboten. 🕓 tgl. April–Sep 6–18, Okt–März 5–19 Uhr; R40 p. P., R35 pro Fahrzeug.

Übernachtung

Das kleine KZN Wildlife-**Restcamp** liegt auf einem Hügel und bietet neben einigen Stellplätzen für Zelte auch sieben 2-Bett-Bungalows, ❸, jeweils mit Kühlschrank sowie gemeinschaftlich genutzten sanitären Einrichtungen. Ein Laden in der Nähe des Zufahrtstors führt einige nützliche Basisartikel, doch sollte man sich auf jeden Fall vor der Anreise in Mkuze mit allem Nötigen versorgen.

Ndumu River Lodge, gleich außerhalb des Parks, ✆ 035-591 0011, 💻 www.ndumu.com. Die einladende Unterkunft vermietet B&B-Zimmer mit Bad oder Chalets für Selbstverpfleger; Wegbeschreibung bei Reservierung. ❹

Tembe Elephant Park

Fünfzehn Kilometer östlich des Abzweigs nach Ndumo liegt abgeschieden der Tembe Elephant Park, ✆ 031-267 0144, 💻 www.tembe.co.za. Ein Teil des Parks gehört dem in der Gegend ansässigen Stamm der Tembe. Zum Parkeingang kann man mit einem normalen Fahrzeug gelangen, im Park selbst ist aber ein Allradfahrzeug notwendig – Pkws können am Eingang abgestellt werden, wo man in die Jeeps des Parks umsteigt. Außer 220 Elefanten gibt es im Park die Big Five sowie anderes Wild wie Impalas und Moschusböckchen. Die **Unterbringung** erfolgt in Luxus-Safarizelten auf Holzplattformen (mit Bad); im Preis inbegriffen sind alle Mahlzeiten und Pirschfahrten mit kundigen Guides aus der Gegend. ❽

Kosi Bay

Das inmitten von Wasserwegen und Waldlandschaft gelegene Kosi Bay, ✆ 035-592 0234, ist der nördlichste Ort an der Küste KwaZulu-Natals. Der Name ist etwas irreführend, denn es handelt sich nicht um eine Bucht, sondern um ein Gebiet aus vier Seen. Die Gewässer sind durch schmale Schilfkanäle miteinander verbunden, die schließlich bei Kosi Mouth ins Meer münden. 🕓 tgl. 6–18 Uhr, Eintritt R20 p. P., R15 pro Fahrzeug.

Einer der faszinierendsten Eindrücke von Kosi Bay sind die labyrinthartigen Schilfzäune in der Mündung und in anderen Teilen des Seengebiets. Diese **Fischkraals** sind die von den einheimischen Tonga nach einer jahrhundertealten Tradition errichteten Fischfallen. Da die Anzahl dieser Fallen strengen Kontrollen unterliegt, hat sich aus dieser Praxis eine effektive Fangmethode entwickelt, die von Generation zu Generation weitergegeben wird und so ausgelegt ist, dass nur ein kleiner Teil der die Barriere passierenden Fische tatsächlich gefangen wird.

Wer die Fischkraals – und den Strand – sehen möchte, muss die beschwerliche 45-Minuten-Fahrt nach Kosi Mouth auf sich nehmen, die nur mit einem Allradfahrzeug zu bewältigen ist. Für Kosi Mouth ist eine Besuchserlaubnis erforderlich, die vor der Abfahrt beim KZN-Restcamp besorgt werden muss.

Übernachtung und Essen

Das **KZN Wildlife Restcamp** liegt im Reservat am Westufer des größten Sees, des Nhlange. Es umfasst Cabins mit 2, 5 (Mindestbezahlung für

Märchenhafte Lodge im Wald

Kosi Forest Lodge, innerhalb des Schutzgebietes, ✆ 035-474 1473, 💻 www.isibindiafrica.co.za. Für viele die märchenhafteste Unterkunft in KwaZulu-Natal. 8 reetgedeckte Suiten ohne Strom inmitten einer Landschaft aus Palmen, Sand, Wald und Stränden. Die Gäste werden an der Total-Tankstelle in Kwa Ngwanase abgeholt und über Sandpisten zur Lodge gebracht. Die Angebote vor Ort reichen von Kanutouren über Schnorchelausflüge im Riff und Waldspaziergänge bis zur Beobachtung von Flusspferden, Krokodilen und Meeresschildkröten. Preis inkl. aller Mahlzeiten und Aktivitäten. ❽

3 Pers.) und 6 (Mindestbezahlung für 4 Pers.) Betten und einen kleinen Zeltplatz in der Nähe. ❸–❺

In den letzten Jahren haben verschiedene Restcamps unter einheimischer Leitung ihre Pforten geöffnet, und die Besitzer sind durchweg enthusiastische Gastgeber und kundige Fremdenführer. Eine genaue Wegbeschreibung erhält man bei der Buchung, gegen Aufpreis kann der Transport per Geländewagen von und nach Kwa-Ngwanase arrangiert werden.

Hlalanathi Forest Camp, ✆ 072-345 6260. Zeltstellplätze und Ferienhütten; Gemeinschaftsküche (Lebensmittel mitbringen) und Essecke. Wunderschöne Lage im Sandwald bei Bhanga Nek. ❷

Victor's Camp, ✆ 073-150 9350. Umfasst 6 gut in Schuss gehaltene Chalets mit jeweils 2 Betten, Gemeinschaftsbad und -küche sowie schöne Ausblicke. Auch ein Campingplatz ist vorhanden. ❷

Ithala Game Reserve

Westlich von Maputaland liegt unweit der Grenze nach Swasiland das kleine Schutzgebiet des Ithala Game Reserve, ✆ 034-983 2540. Das Wildreservat ist relativ unbekannt, obwohl es zu den landschaftlich schönsten Orten zum Beobachten wilder Tiere in ganz Südafrika zählt. Das überwiegend gebirgige Gebiet ist sehr abwechslungsreich. Wie die übrigen Tierschutzgebiete KwaZulu-Natals bietet auch Ithala ausgezeichnete Bedingungen zum Beobachten von **Breitmaulnashörnern** und zahlreichen **Savannentieren**, darunter Zebras und Giraffen. Manchmal zeigen sich auch Schabrackenhyänen, Geparden oder **Leoparden**.

Wer unbedingt die „Großen Fünf" sehen will, ist in Ithala fehl am Platze. Löwen lassen sich hier nicht blicken, und die anderen vier statten dem Reservat nur gelegentliche Stippvisiten ab. Aber warum nicht einfach die Säugetier-Checkliste vergessen und stattdessen während einer gemächlichen Rundfahrt die Bergwelt, die Täler und Wasserwege des Parks genießen? Eine der lohneswertesten **Rundfahrten** führt auf dem Ngubhu Loop mit einem Schlenker zum gleichnamigen Picknickplatz.

Einige **Wanderwege** erschließen die bewaldete Berglandschaft oberhalb des Ntshondwe Camp und bieten die Möglichkeit, nach einer langen vormittäglichen Autofahrt endlich wieder die Beine zu bewegen. **Tag- und Nachtpirschfahrten** im offenen Fahrzeug können an der Restcamp-Rezeption gebucht werden und kosten R170 p. P. ◷ März–Okt tgl. 6–18, Nov–Feb 5–19 Uhr, Eintritt R40 p. P., R30 pro Fahrzeug.

Übernachtung und Essen

Alle Unterkünfte in Ithala werden von KZN Wildlife betrieben.

Mbizo Bush Camp. Wenn es um ein extrem spartanisches Buscherlebnis geht, ist dieser wunderbare Mini-Campingplatz (max. 8 Pers.)

Eines des besten Restcamps Südafrikas

Das **Ntshondwe Camp** ist eines der besten Restcamps in den Wildreservaten Südafrikas. Es hat sehr komfortable 2-, 4- und 6-Bett-Chalets für Selbstversorger mit komplett ausgestatteter Küche, Aufenthaltsbereich, Pool und Terrasse sowie Chalets mit 2 Betten und ohne Selbstverpflegung. Jedes Häuschen ist von Busch umgeben. Zwischen den Bäumen winden sich geteerte Fußwege an Felsbrocken vorbei zum Rezeptionsgebäude. ❷–❻

kaum zu schlagen. Er liegt im Schatten von Dornenbäumen und Ilala-Palmen am Ufer des Mbizo River und bietet ein eher asketisches Vergnügen mit kalten Duschen hinter Schilfvorhängen und Kochen über dem Lagerfeuer. Das einzige Zugeständnis an die Zivilisation ist das WC. Mindestbezahlung für 4 Pers. ❻

Mhlangeni und Thalu Bush Camps. Eine prima Wahl für Reisende, die es etwas wilder mögen. Die beiden Buschcamps in herrlich abgeschiedener Lage haben 4 (Thalu; Mindestbezahlung für 2 Pers.) oder 10 (Mhlangeni; Mindestbezahlung für 5 Pers.) Betten. Für die Ordnung im Camp ist jeweils ein Aufseher zuständig, und ein Parkhüter begleitet Gäste auf gern auf Wanderungen in die Umgebung. ❹–❼

Ntshondwe Lodge, neben dem Ntshondwe Restcamp, aber komplett abgeschieden. Eine luxuriöse Lodge mit 3 hübsch eingerichteten Zimmern, einem Restaurant sowie kleinem Pool mit Blick über das Reservat. Ein Koch bereitet das von den Gästen mitgebrachte Essen zu. Mindestbezahlung für 3 Pers. ❼

In Ntshondwe gibt es einen kleinen Laden und eine **Bar** mit Sonnenterrasse, von der sich ein schöner Blick auf eine Wasserstelle und über die umliegenden Täler eröffnet. Man kann im **Restaurant** von Ntshondwe einkehren, dessen überraschend abwechslungsreiche Speisekarte u. a. mit Schnecken und Steaks aufwartet, fleischlose Kost ist allerdings nicht immer erhältlich. Wer sich selbst verpflegen möchte, sollte Proviant mitbringen, denn im **Laden** des Camps gibt es keine große Auswahl an frischen Lebensmitteln, dafür aber reichlich Tiefkühlfleisch und Bier.In **Louwsburg**, entlang der Teerstraße am Südrand des Reservats, steht ein winziger Gemischtwarenladen mit einem etwas besserem Sortiment. Selbstversorger sollten die Vorräte aber besser bereits in Vryheid, Pongola oder Mkuze einkaufen.

Transport

Das Ithala-Wildreservat ist nicht mit öffentlichen Verkehrsmitteln zu erreichen. Man braucht also ein eigenes Fahrzeug. Das **Restcamp Ntshondwe** liegt 7 km jenseits der Parkzufahrt perfekt getarnt am Fuße massiver Klippen, die zu einer Hochebene aufsteigen. An der Rezeption sind **Informationen** und Gebietskarten erhältlich.

Zentral-Zululand und die Battlefields

Etwa 30 km westlich des Wildreservats Hluhluwe-Imfolozi liegt die reizlose, moderne Stadt **Ulundi**, die den geografischen Mittelpunkt des traditionellen Siedlungsgebietes der Zulu bildet. Auf dem Höhepunkt seiner Macht unter König Shaka in den 1820er- und 30er-Jahren erstreckte sich der Zulu-Staat in seinem Kern vom **Black Imfolozi River** im Norden bis nach Süden zum **Tugela River**, der rund 100 km nördlich von Durban in den Indischen Ozean mündet.

Die ehemaligen Kampfschauplätze konzentrieren sich in einem relativ kleinen Gebiet westlich von Zululand. Die **Battlefields** sind Zeugnisse der kriegerischen Auseinandersetzungen des 19. Jhs., in deren Verlauf zunächst Zulus gegen Buren, dann Zulus gegen Briten und schließlich Buren gegen Briten zu Felde zogen. Es ist nicht empfehlenswert, diese Stätten auf eigene Faust zu besuchen, denn dann beschränkt sich das Erlebnis auf die Besichtigung freier Felder mit ein paar Gedenksteinen. Weitaus lohnender ist es, sich einer Führung anzuschließen, die die spektakuläre Geschichte der Region für ihre Besucher wieder lebendig werden lässt.

Das Zulu-Kerngebiet

Zulu in Stammeskleidung sind in nur noch in Zulu-Themenparks wie Shakaland nahe Eshowe anzutreffen. Die traditionelle Kleidung und der Lebensstil der Zulu gehören größtenteils dem 19. Jh an. Vor rund 100 Jahren machten die Engländer damit kurzen Prozess, indem sie eine Kopfsteuer einführten, die in Bargeld bezahlt werden musste. Damit zerschlugen sie die Autarkie der Zulu und forcierten deren Verstädterung und Englie-

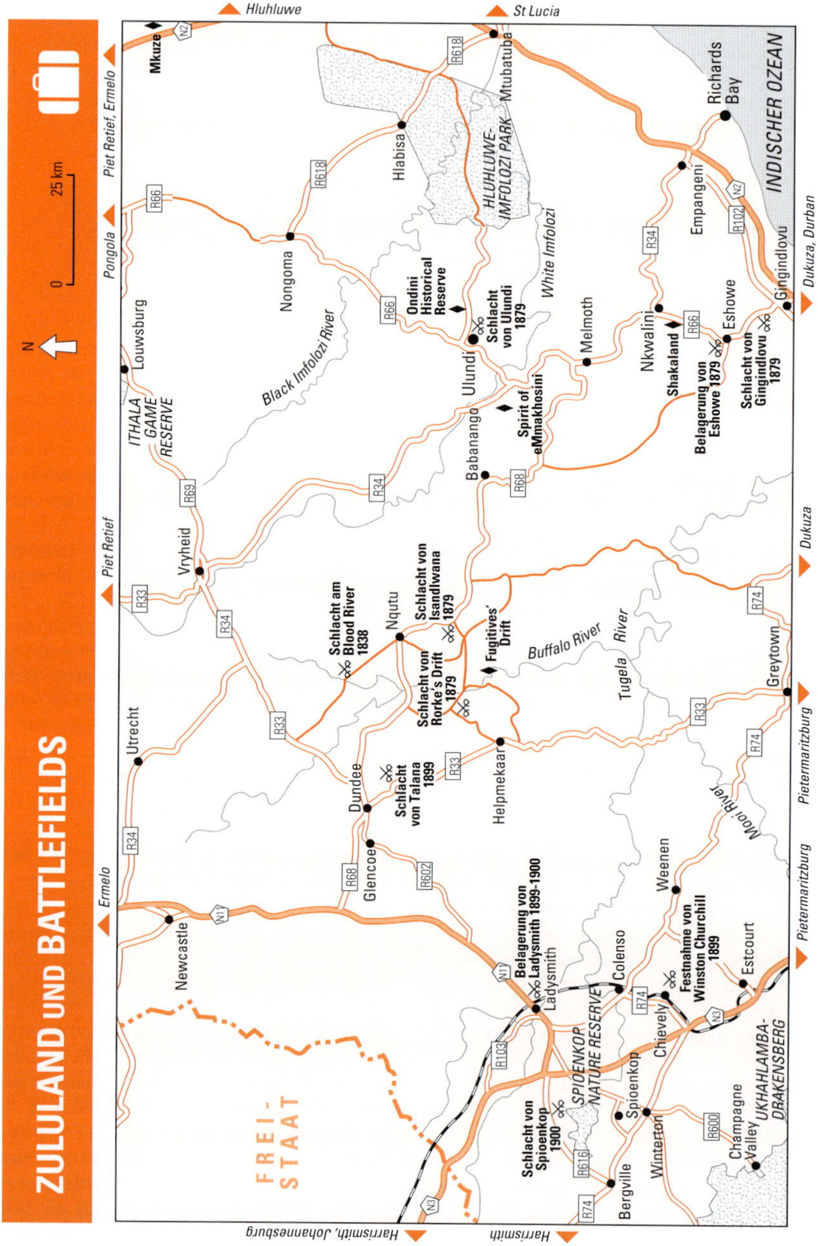
ZULULAND UND BATTLEFIELDS
25 km
Hluhluwe
St Lucia
Piet Retief, Ermelo
Pongola
Piet Retief
Ermelo
Dukuza, Durban
Dukuza
Pietermaritzburg
Harrismith, Johannesburg
Harrismith
INDISCHER OZEAN
Richards Bay
Mkuze
Mtubatuba
Hlabisa
HLUHLUWE-IMFOLOZI PARK
White Imfolozi
Black Imfolozi River
Nongoma
Louwsburg
ITHALA GAME RESERVE
Vryheid
Utrecht
Newcastle
Ondini Historical Reserve
Schlacht von Ulundi 1879
Ulundi
Melmoth
Spirit of eMmakhosini
Babanango
Empangeni
Gingindlovu
Eshowe
Nkwalini
Shakaland
Belagerung von Eshowe 1879
Schlacht von Gingindlovu 1879
Nqutu
Schlacht am Blood River 1838
Schlacht von Isandlwana 1879
Fugitives' Drift
Buffalo River
Tugela River
Schlacht von Rorke's Drift 1879
Greytown
Helpmekaar
Dundee
Schlacht von Talana 1899
Glencoe
Mooi River
Weenen
Belagerung von Ladysmith 1899-1900
Ladysmith
Colenso
Festnahme von Winston Churchill 1899
Estcourt
Chievely
SPIOENKOP NATURE RESERVE
Spioenkop
Schlacht von Spioenkop 1900
Winterton
Bergville
Champagne Valley
UKHAHLAMBA-DRAKENSBERG
FREI-STAAT
N2
N3
N11
R33
R34
R66
R68
R69
R74
R102
R103
R600
R602
R616
R618

derung in die moderne Industriegesellschaft, wo billige Arbeitskräfte gebraucht wurden.

In der Landesregion findet man wunderschön gearbeitetes Kunsthandwerk. Die erlesensten Stücke sind in wenig bekannten, aber exzellenten Museen wie dem Vukani Zulu Cultural Museum in Eshowe ausgestellt. Von den Museen abgesehen lohnt sich auch ein Besuch des rekonstruierten königlichen Kraals von Cetshwayo, dem letzten König des unabhängigen Zulu-Reiches. Er befindet sich in Ondini in der Nähe von Ulundi.

Geschichte

Die Wahrheit hinter der Geschichte der Zulu lässt sich nur schwer von dem Mythos trennen, der sowohl von ihnen selbst als auch von den weißen Siedlern genährt wurde. Die Darstellungen des Zulu-Königreichs in den 1820er-Jahren stützen sich im Wesentlichen auf die Tagebücher der beiden britischen Abenteurer **Henry Fynn** und **Nathaniel Isaacs**. Sie porträtierten König Shaka als launischen und blutrünstigen Tyrannen, der nur so zum Spaß seine Untertanen hinrichten ließ. In den 1940er-Jahren wurde ein Brief von Isaacs an Fynn entdeckt; darin ermutigte er seinen Freund, die Zulu folgendermaßen zu beschreiben: „... so blutrünstig wie du nur kannst. Und schildere sinnlose Verbrechen, die Menschen das Leben kosten. Das wertet die Arbeit auf und weckt das Interesse der Leser."

Heutzutage scheiden sich die Geister der Historiker an der Frage, welchen Einfluss das **Zulu-Reich** im 19. Jh. tatsächlich hatte. Unstrittig ist, dass Shaka in den 1820er-Jahren einen Staat zusammenschweißte, der zu den einflussreichsten politischen Kräften des Subkontinents zählte, und dass die internen Auseinandersetzungen über seine Herrschaft 1828 eskalierten, als Shaka von seinen Halbbrüdern **Dingane** und **Mhlangana** ermordet wurde. In den 1830er-Jahren verschärften sich die inneren Spannungen im Zulu-Staat unter dem Druck der Weißen und erreichten ihren vorläufigen Höhepunkt, als ein relativ kleines Buren-Kommando Dinganes Streitmacht am **Blood River** eine empfindliche Niederlage beibrachte. Diese führte zu einer Teilung des Zulu-Staates, wobei sich eine Hälfte **König Mpande** anschloss.

Der völlige Zusammenbruch drohte, als Mpandes Söhne Mbuyazi und Cetshwayo ihre jeweiligen Gefolgstruppen in eine offene Schlacht um die Nachfolge auf den Thron führten. **Cetshwayo** ging aus dem Gefecht als Sieger hervor und machte sich mit Erfolg an den Wiederaufbau des Staates – zu spät, denn Großbritannien hatte bereits beschlossen, dass die eigenen Interessen am besten gewahrt werden könnten, indem man ein vereintes Südafrika unter britischer Kontrolle schuf. Und dem durfte ein mächtiger Zulu-Staat auf keinen Fall im Wege stehen. Am Ufer des Tugela River stellte Sir Bartle Frere, der britische Gouverneur der Kapprovinz, König Cetshwayo ein unannehmbares **Ultimatum**: sofortiger Verzicht auf einen eigenen Zulu-Staat oder Einmarsch der Engländer.

Im Januar 1879 überquerten britische Truppen den Tugela – und mussten bei **Isandlwana** eine der demütigendsten Niederlagen einstecken, die einer britischen Streitmacht jemals von „Eingeborenen"-Truppen beigebracht worden war. Das Schicksal wendete sich allerdings gegen die Zulu, als am selben Abend kaum mehr als 100 englische Soldaten bei Rorke's Drift eine Streitmacht von 3000–4000 Zulu zurückschlugen. Ende Juli war es dann endgültig vorbei mit der Unabhängigkeit, als die Briten die zögerlichen Zulu (deren Widerstand im Grunde schon gebrochen war und die eigentlich nur noch Frieden wollten) bei Ulundi in eine Schlacht verwickelten. Die Engländer legten Cetshwayos Hauptstadt Ondini in Schutt und Asche – das Feuer wütete vier Tage lang –, nahmen den Zulu-König gefangen und sperrten ihn in der Burg von Kapstadt ein.

Gingindlovu

Allzu viel zu sehen gibt es in dem 50 km nördlich von KwaDukuza an der R102 gelegenen Ort Gingindlovu nicht. Allerdings spielte er eine wichtige Rolle im Anglo-Zulu-Krieg. Hier griffen am 2. April 1879 die Zulu bei Gingindlovu (von den Weißen zu „Ging" verkürzt) eine britische Entsatzkolonne an, die auf die Stadt Eshowe zumarschierte, um die Belagerung zu beenden. In einer der entscheidenden Schlachten des

Krieges zwischen Engländern und Zulu brachten die Briten ihren Widersachern eine vernichtende Niederlage bei, hatten ihrerseits aber nur 13 Gefallene zu beklagen. Am nächsten Tag setzte die britische Kolonne ihren Vormarsch fort und befreite schließlich das belagerte Eshowe.

Eshowe

Die meisten Touristen lassen Eshowe links liegen und fahren direkt nach Ondini oder zu den Battlefields. Dabei verdient die Stadt durchaus einen längeren Aufenthalt: Sie bietet nämlich einen Einblick ins Leben im **traditionellen Siedlungsgebiet der Zulu**. Abgesehen von der reizvollen Lage inmitten des **Dlinza Forest** besitzt das 22 km landeinwärts von Gingindlovu gelegene Eshowe eine der schönsten Sammlungen von Zulu-Kunsthandwerk. Außerdem gibt es hier einen Tourveranstalter, der hervorragende Exkursionen durchführt. Dabei kann man authentische Zulu-Kultur erfahren sowie andere Aspekte des Lebens in Zulu-Land kennen lernen, die normalerweise für Fremde unzugänglich sind. Der Zulu-Name „Eshowe" ist übrigens eine lautmalerische Umsetzung des Geräusches, das der durch die Bäume rauschende Wind hervorruft.

Die Stadt

Das brillante **Vukani Zulu Cultural Museum** beherbergt über 3000 Objekte traditioneller Zulu-Kunst und Kunsthandwerksgegenstände und befindet sich auf dem Gelände der ehemaligen Festung Fort Nongqayi, Nongqayi Road, ✆ 035-474 5274, 💻 www.eshowemuseums.org.za, 🕓 Mo–Fr 8–16, Sa 9–16, So 10–16 Uhr; R25. Der Eintritt berechtigt zur Besichtigung des gesamten Fort Nongqayi-Komplexes. Das Fort liegt nur wenige Minuten Fußweg vom Stadtzentrum entfernt und ist ausgeschildert. Am besten lässt sich das Vukani-Museum im Rahmen einer im Eintrittspreis enthaltenen Führung erleben. Gezeigt wird eine riesige Sammlung von **Körben**.

Die Korbflechtkunst ist einer der herausragenden Zweige der Zulu-Kultur. Die schönsten stammen von Reuben Ndwandwe, dem wahrscheinlich herausragendsten aller Zulu-Korbflechter. Zu den weiteren Exponaten des Museums zählen Schnitzereien, Kleidungsstücke, Perlenarbeiten, Wandteppiche und Töpferwaren, darunter auch Arbeiten von **Nesta Nala**, einer der führenden zeitgenössischen Repräsentantinnen dieser Kunst. Sowohl Ndwandwe als auch Nala starben vor einigen Jahren an Aids. Wer die Arbeiten des Museums gesehen hat, kann die Qualität jener Korbwaren und Kunsthandwerksgegenstände besser beurteilen, die auf der weiteren Reise durch das Zululand angeboten werden. Im Museum werden Körbe und Töpferwaren einheimischer Künstler verkauft, die viel besser sind, als das was im Kunstgewerbeladen auf dem Gelände angeboten wird.

Ebenfalls auf dem Gelände von Fort Nongqayi befindet sich das **Zululand Historical Museum**, 🕓 Mo–Fr 7.30–16, Sa und So 9–16 Uhr. Die dortige Sammlung ist teils exzentrisch, teils informativ, aber niemals langweilig. Unter den Exponaten befinden sich auch die ehemaligen Möbel von **John Dunn**, dem einzigen weißen Mann, der es jemals zum Zulu-Häuptling brachte. Er brachte es im Übrigen auch zu 49 Ehefrauen und wurde so zum Vorfahren der zahlreichen Mischlinge *(Coloureds)* Eshowes, von denen noch viele seinen Nachnamen tragen. Das Museum beherbergt daneben typische Haushaltsgegenstände und Ausstellungsstücke zur Zulu-Geschichte. Ein Ausstellungsbereich ist der **Bambatha-Rebellion** (S. 100) gewidmet, bei der auch Fort Nongqayi ein Schauplatz war.

Ebenfalls im Fort Nongqayi-Komplex befindet sich das in einer Nachbildung der Kapelle des Forts untergebrachte **Zululand Missionary Museum**. Ein Teil der Ausstellung befasst sich mit den norwegischen Missionaren, die im 19. Jh. in diese Ecke Südafrikas kamen. Zum Museum gehört auch eine funktionierende Papiermühle, wo aus Zuckerrohrfasern oder sogar Elefantendung hergestellte Kartons, Notizblöcke usw. zu sehen sind. Und dann gibt es noch die ergreifende Phoenix Gallery (gleiche Öffnungszeiten wie das Vukani Zulu Cultural Museum). Sie zeigt Zeichnungen und Gemälde, die von den männlichen (ausschließlich schwarzen) Insassen des Eshowe-Gefängnisses angefertigt wurden. Es sind ausdrucksstarke und teilweise schockierende Zeugnisse, in denen sie ihrer Verzweiflung und Wut Ausdruck verleihen.

Dlinza Forest und Aerial Boardwalk

Das Waldgebiet Dlinza Forest ist nicht nur ein Muss für Vogelfreunde, sondern lädt auch zu einem gemütlichen Picknick ein oder zu einem Spaziergang in luftiger Höhe auf dem herrlichen **Dlinza Forest Aerial Boardwalk**, ✆ 035-474 4029. Der Zugang befindet sich abseits der Kangela Street am südwestlichen Ortsrand von Eshowe und ist vom Museumskomplex im Fort Nongqayi aus zu erreichen. Der in 10 m Höhe angelegte, 125 m lange holzbeplankte Fußgängerweg verläuft unter dem Blätterdach des Waldes und bietet die Möglichkeit, den Wald aus einer Höhe zu betrachten, die normalerweise nur gefiederten Lebewesen vorbehalten ist.

Der auch für Rollstuhlfahrer zugängliche „Boardwalk" führt zu einem 20 m hohen, stählernen **Aussichtsturm**, der ein atemberaubendes Panorama über die Baumkronen hinweg auf den Indischen Ozean bietet. Das **Besucherzentrum**

Feste der Zulu

Im September und Oktober finden in KwaZulu-Natal drei wichtige Zulu-Feste statt, die bis vor Kurzem nur von Einheimischen besucht werden konnten. Mittlerweile haben aber auch Besucher im Rahmen einer Tour von **Zululand Eco-Adventures** (S. 498) die Möglichkeit, daran teilzunehmen. Für Leute, die nicht im September oder Oktober in der Gegend sein können, arrangiert Zululand Eco-Adventures die Teilnahme an verschiedenen kleineren Zulu-Zeremonien, die einen authentischen, untouristischen Einblick in alle möglichen Aspekte des Zulu-Alltags vermitteln. Die Bandbreite reicht von Sangoma-Heilzeremonien (Mi und So) über Zulu-Hochzeiten (Sa und So) und Initiationsrituale (Sa und So) bis zum Besuch einer Zulu-Gospelkirche (So). Alle Zeremonien finden in einem Umkreis von rund 20 km von Eshowe statt, und bei jeder sind die Teilnehmer der Eco-Adventuretour wahrscheinlich die einzigen anwesenden Weißen.

Royal Reed Dance

In der zweiten Septemberwoche hält der Zulu-König in seiner Residenz in **Nongoma** viertägige Feierlichkeiten ab. Es handelt sich um ein rituelles Fest für die Zulu-Mädchen, das ihren Übergang zu erwachsenen Frauen markiert und ihnen gleichzeitig Gelegenheit bietet, ihr Talent im Singen und Tanzen unter Beweis zu stellen. Das Fest heißt auf Zulu **Umkhosi woMhlanga**, und so heißen auch die am Flussufer wachsenden Schilfrohre, die im Leben der Zulu eine wichtige Rolle spielen. Die jungen Frauen tragen diese Rohre – Symbol für die Kraft der Natur – zum König. Laut Zulu-Mythologie sollten nur Jungfrauen an der Zeremonie teilnehmen, denn wenn das Mädchen keine Jungfrau mehr ist, wird das Rohr abbrechen und sie vor aller Welt bloßstellen. Ein anderer Reed Dance findet in der letzten Septemberwoche in der zweiten Residenz des Königs in Ingwavuma (S. 489) statt.

King Shaka Day

Eine Zeremonie zu Ehren von König Shaka wird jedes Jahr am 24. September in **KwaDukuza** (S. 451) abgehalten, dem ursprünglichen Wohnsitz Shakas und der Ort, wo er 1828 von seinen Brüdern Dingane und Mhlangana ermordet wurde. Shaka hatte kleinere Stämme vereint und sie zur erfolgreichsten Streitmacht des südlichen Afrika zusammengeschweißt. Heutzutage nimmt alles, was in der Zulu-Gesellschaft Rang und Namen hat, an dieser Feierlichkeit teil. Es werden Reden gehalten (z. B. vom Anführer der Inkatha Freedom Party, Chief Mangosuthu Buthelezi) und Kriegstänze aufgeführt, und die Männer präsentieren sich in vollem Zeremonialornat und mit traditionellen Waffen.

Shembe Festival

Das gegen Mitte/Ende Oktober in Judea, nahe Eshowe, begangene Shembe Festival bildet den Höhepunkt wochenlanger Rituale, Tänze und Gebete, die in ganz KwaZulu-Natal abgehalten werden. Rund 30 000 Mitglieder der Kirche von Shembe (S. 433) kehren alljährlich hierher zurück, um ihr religiöses Oberhaupt zu sehen und mit Tänzen und Trommelklängen ihrer Religion zu huldigen.

am Beginn des Spazierwegs informiert ausführlich über den Lebensraum Dlinza Forest. Neben den hier beheimateten Vogelarten, darunter Habicht, Kronenadler und Nataldrossel, wurden auch 80 verschiedene Schmetterlingsarten gezählt. ◷ Sep–April tgl. 6–18, Mai–Aug 7–17 Uhr, Eintritt R25.

Übernachtung

Amble Inn, 116 Main St, ✆ 035-474 1300, ✉ ambleinn@corpdial.co.za. Unterkunft in einfachen Zimmern, die Hälfte davon mit Bad. Großer Pool, auf Wunsch auch Verpflegung. ❸
Chennells Guesthouse, 36 Pearson Ave, ✆ 035-479 4919, 🖳 www.eshowe.com. Unterkunft in einem schönen, vor über 100 Jahren erbauten Wohnhaus im Kolonialstil mit einem großen Garten und sehr gemütlichen Zimmern. Im Preis inbegriffen ist eine Zululand-Kulturtour. ❻
George Hotel, 36 Main St, ✆ 035-474 4919, 🖳 www.eshowe.com. Gut frequentiertes Hotel (mit Reisebüro) in einem Gebäude von 1906 im Zentrum des Orts. Renovierte Zimmer mit Bad, viele mit Original-Fußböden. ❸
Zululand Backpackers Lodge, 36 Main St, ✆ 035-474 4919, 🖳 www.eshowe.com. Die preiswerteste Unterkunft der Stadt, hinter dem George Hotel gelegen, bietet Camping, Schlafsäle sowie DZ. Außerdem Möglichkeiten zum Wäschewaschen und schöne Terrasse mit Blick auf den Dlinza Forest. Dorms ❶, Zimmer ❷

Essen

Das begehrteste Esslokal von Eshowe ist das Restaurant im **George Hotel**, wo man eine herzhafte südafrikanische Mahlzeit für R50–70 erhält, ◷ tgl. Frühstück und Abendessen. Im **Café Zulu**, ebenfalls im George Hotel, ✆ 035-474 2952, gibt es köstliche Pasteten und Quiches (R15–20) sowie italienischen Kaffee und Zululand-Tee; ◷ Frühstück und Mittagessen, So und Mo geschl.
Davon abgesehen gibt's die beste Küche im **Adams' Outpost** auf dem Museumsgelände von Fort Nongqayi, ✆ 035-474 1787, ◷ tgl. Frühstück und Mittagessen, Sa geschl. Hier werden gesunde Suppen, selbst gebackenes Brot und gute Currys (R50–80) aufgetischt, und sonntags lockt ein preiswertes Mittagsbuffet (R70, nur mit Reservierung). Wer nur etwas trinken will, geht am besten in die Bar im **George Hotel**. Mit etwas Glück zapft einem der Kellner in diesem recht stilvollen Etablissement ein Bier aus der hauseigenen Zululand Brewery.

Ferien auf dem Bauernhof

Chase Guest House, rund 1 km auf dem John Ross Highway vom KFC an der Main Street entfernt, ✆ 035-474 5491 oder 083-265 9629, 🖳 www.thechase.co.za. Auf der bezaubernden, ruhigen Farm gibt es 2 große Gästezimmer mit Bad und Aussicht auf Zuckerrohrfelder. Außerdem stehen ein günstiges Ferienhäuschen mit 5 Betten und zwei schicke separate Wohneinheiten für 2 Pers. zur Verfügung, wahlweise als B&B oder als Unterkunft für Selbstversorger. Pool, Tennisplatz, Internetzugang und sehr reizende Gastgeber. ❸

Internet

Kils-Tec, in der Main Street gegenüber der Shell-Tankstelle, hat Internetzugang.

Touren

Zululand Eco-Adventures, ✆ 035-474 4919, 🖳 www.eshowe.com, im George Hotel, organisiert interkulturelle Begegnungen, bei denen die Besucher aufs Land fahren und verschiedene Zulu-Zeremonien (s. Kasten S. 497) erleben. Auch Märkte und *shebeens* werden besucht, ohne dass die Tourteilnehmer das Gefühl beschleicht, in einem Themenpark gelandet zu sein.
Der Anbieter engagiert sich sehr in der lokalen Gemeinde. Wer Eshowe besucht, sollte sich unbedingt morgens von Zululand Eco-Adventures zu einer Schule oder einem Waisenhaus bringen lassen. Dort verbringt man einen ganz normalen, stressfreien Tag mit den Kindern und wird nachmittags wieder abgeholt – eine lohnende Erfahrung sowohl für die Gäste als auch für die Kinder. Und eine, die für ganz wenig Geld zu haben ist; nur der Transport muss bezahlt werden. Manchmal

werden Freiwillige für unterschiedliche Entwicklungsprogramme in der Gegend von Eshowe gesucht. Nähere Auskünfte gibt es bei Zululand Eco-Adventures.

Transport

Der **Baz Bus** hält auf der Strecke Durban–Swaziland in Eshowe. Aus- und Zustiegsort ist das Zululand Backpackers beim George Hotel.

Shakaland und Simunye

Nördlich von Eshowe lässt die kurvenreiche R66 den Dlinza Forest und die sanfte Landschaft aus Zitrushainen und grünen Zuckerrohrfeldern hinter sich, um jenseits davon Ausblicke auf die ausgedehnten Täler zu eröffnen, die in der Schöpfungsmythologie der Zulu eine bedeutende Rolle spielen. Ehe man sich's versieht, befindet man sich in einer dornigen Landschaft aus Akazien, felsigen Hügelkuppen und Aloe-Pflanzen. Es ist das Land der **Themenparks** mit Anlagen, die als Zulu-Dörfer aufgemacht sind und Unterkunft bieten. Das am bequemsten zu erreichende dieser Hotel-Dörfer ist **Shakaland**, 14 km nördlich von Eshowe an der R68 auf der Norman Hurst Farm, Nkwalini, ✆ 035-460 0912, 💻 www.shakaland.com.

Shakaland ist die Rekonstruktion eines Zulu-Kraals aus dem 19. Jh. und daher alles andere als repräsentativ für das Leben der Zulu in der Gegenwart. Trotzdem wird die Zulu-Kultur auf gerade noch akzeptable Art vermarktet, und in Shakaland können Besucher auf jeden Fall traditionelle **Zulu-Speisen** probieren. **Führungen** für Tagesausflügler (tgl. 11 und 12.30 Uhr, R265) umfassen eine Audioshow über die Herkunft der Zulu, einen geführten Spaziergang durch die Hütten, Erläuterungen zu den traditionellen sozialen Strukturen, einen feierlichen Bierumtrunk und ein Mittagsbuffet mit traditionellen Speisen (auch für Vegetarier).

Den Höhepunkt jedoch bildet eine **Tanzvorführung**, die wahrscheinlich zu den choreografisch besten des Landes zählt, und es lohnt, all die anderen Sachen über sich ergehen zu lassen, nur um sie mitzuerleben. Oder man zahlt R100 für die Tanzvorführung allein. Die **Unterbringung** erfolgt in komfortablen, traditionellen Bienenkorbhütten ❽ mit weniger traditionellen Annehmlichkeiten wie Stromanschluss und eigenem Bad.

Einen anderen Ansatz als Shakaland verfolgt die 6 km vor Melmoth an der D256 (einer Neben-

Soll die Kultur der Zulu vermitteln: Darbietung in Shakaland

straße der R34) gelegene **Simunye Zulu Lodge**. Sie vermittelt ein wesentlich authentischeres Erlebnis der Zulu-Kultur, denn die Gäste werden sowohl mit dem modernen Lebensstil der Zulu als auch mit traditionellen Sitten und Gebräuchen vertraut gemacht. Die Besucher werden per Pferd, Ochsenkarren oder Geländewagen zum Camp transportiert und bekommen im Laufe ihres Aufenthalts Stammestänze geboten, besichtigen einen bewohnten Kraal und haben die Mögleichkeit einer Begegnung mit den hier heimischen Zulu.

Die Unterkünfte der Lodge, ✆ 035-450 3111, 💻 www.simunyelodge.co.za, ❽ inkl. aller Mahlzeiten, umfassen strohgedeckte Steinbungalows mit Blick auf den Mfule River. Alternativ dazu gibt es eine Bienenkorbhütte und mehrere Rondavels in einem Kraal; alle haben Stromanschluss.

Ulundi und Ondini

Rund 83 km nördlich von Eshowe befindet sich an der R66 **Ulundi**, die ehemalige Hauptstadt des Bantustan KwaZulu. Sie liegt im Herzen des **eMmakhosini Valley** („Tal der Könige"), dem von nationalistisch gesinnten Zulu eine quasi religiöse Bedeutung beigemessen wird, weil es als Geburtsort der Zulu-Nation gilt. Viele der bedeutendsten Persönlichkeiten des Zulu-Volkes lebten in diesem Tal und wurden dort begraben.

Ihnen zu Ehren wurde 2003 ein Denkmal namens **Spirit of eMmakhosini** errichtet, das auf einem Hügel, 3 km entlang der R34 hinter der Kreuzung mit der R66 Richtung Ulundi, steht. Das kreisförmige Denkmal umgeben sieben große Aluminiumhörner, die stellvertretend für jene Könige stehen, die Shaka vorangingen, während in der Mitte ein mächtiger, 600 l fassender traditioneller Bierkessel thront. Ein einheimischer Guide erläutert die Bedeutung der Stätte. ✆ 035-870 2051, 🕓 tgl. 8–16 Uhr, Spende erwünscht.

Die Gedenkstätte **Battle of Ulundi Memorial** liegt nur wenig außerhalb der Stadt an der asphaltierten Landstraße, die zum Cengeni Gate des Wildreservats Hluhluwe-Imfolozi führt. Sie markiert den Ort, an dem die Zulu ihre endgültige Niederlage erlitten. In einem kleinen Steingebäude mit Silberkuppel stehen Tafeln, auf denen alle Regimenter beider Seiten aufgeführt sind, die beim letzten Aufbäumen der Zulu am 4. Juli 1879 an den Kämpfen beteiligt waren. Der rechteckige Park, der sich um die Gedenkstätte erstreckt, spiegelt die überlegene Aufstellung der britischen Infanterie wider, die sich hier formierte und unterstützt von den 7- und 9-Pfünder-Kanonen den Zulu die verheerende Niederlage beibrachte.

Die mit Abstand interessanteste Sehenswürdigkeit dieser Region liegt einige Kilometer weiter an derselben Landstraße: Das **Ondini Historical Reserve**, ✆ 035-870 2050, beherbergt neben einer Rekonstruktion der ehemaligen Residenz von **König Cetshwayo** auch zwei Museen, von denen eins dem königlichen Anwesen und das andere der Kultur der Zulu gewidmet ist. 🕓 Mo–Fr 8–17, Sa und So 9–16 Uhr, Eintritt R20.

Nach der entscheidenden Schlacht von Ulundi machten die Engländer die königliche Residenz in Ondini dem Erdboden gleich und verhafteten Cetshwayo. Noch unter dem Eindruck der Ereignisse schrieb der erschütterte Cetshwayo 1881 aus seinem Gefängnis in der Burg von Kapstadt an den britischen Gouverneur: „Da ich Ihnen nichts getan habe, müssen Sie mit dem Einmarsch in mein Land wohl ein anderes Ziel im Auge haben." Der als *isigodlo* bezeichnete **königliche Kraal** wurde mit traditionellen Zulu-Bienenkorbhütten teilweise rekonstruiert und kann besichtigt werden. Das der Kraal gewidmete Museum zeigt ein Modell der ursprünglichen Anlage. Unter den Exponaten des **Cultural Museum** befindet sich eine bedeutende Perlensammlung.

Auf dem ausgedehnten Gelände gibt es einen **Picknickplatz**, und **Unterkunft** bietet das gut geführte uMuzi Bushcamp in traditionellen Zulu-Behausungen. Die Auswahl reicht dabei von Bienenkorbhütten bis zu reet- und strohgedeckten Rondavels und moderneren Ferienhütten aus Stein, einige davon mit Bad, ❷–❸. Alle Unterkünfte befinden sich innerhalb eines traditionellen **Umuzi**, in dessen Mitte ein Lagerfeuer brennt, an dem man sich nach Einbruch der Dunkelheit versammelt. Das Camp veranstaltet Touren ins Emakhosini Valley, zu den Battlefields der Umgebung und in den Wildpark Hluhluwe-Imfolozi, Reservierung über Tinta Safaris, ✆ 035-870 2500, 💻 www.tintasafaris.co.za.

Die Battlefields

Die meisten ehemaligen Kriegsschauplätze KwaZulu-Natals liegen im Nordwesten der Provinz. Dort drangen 1838 zunächst die Buren aus den Bergen im Nordosten auf das Territorium der Zulu vor und brachten diesen in der Schlacht am **Blood River**, 13 km südöstlich der Kleinstadt Utrecht, eine schwere Niederlage bei. Rund vier Jahrzehnte später suchten die Engländer die kriegerische Auseinandersetzung und zogen nach Norden, um sich mehrere Schlachten mit den Zulu zu liefern. Die denkwürdigsten wurden südöstlich von Dundee bei **Isandlwana** und **Rorke's Drift** ausgefochten. Wer nur einen der beiden Kampfschauplätze besichtigen möchte, sollte sich für Isandlwana entscheiden. Es empfiehlt sich aber, auch Rorke's Drift anzuschauen, um einen umfassenden Eindruck zu bekommen. Ende des 19. Jhs. provozierte Großbritannien erneut einen Krieg, diesmal allerdings gegen die **Buren** und deren unabhängige Republiken ZAR (Zuid-Afrikaansche Republiek) sowie den Oranje-Freistaat im Norden und Westen. Zu Beginn dieses zweiten Burenkriegs konnte die zahlenmäßig enorm starke, aber auch sehr schwerfällige britische Kriegsmaschinerie gegen die mobilen Buren nichts ausrichten.

Bei **Ladysmith** mussten die Engländer eine monatelange Belagerung über sich ergehen lassen, während im benachbarten **Spioenkop** ein britischer Sieg zum Greifen nah war, im letzten Moment aber durch einen Fehler der militärischen Führung verspielt wurde. Das Empire schlug zwar erfolgreich zurück, benötigte aber insgesamt drei Jahre, um die ZAR und den Oranje-Freistaat, die zu den kleinsten Staaten der Welt zählten, in die Knie zu zwingen. Um das zu erreichen, musste eine halbe Million Soldaten ins Feld geschickt werden – die teuerste militärische Operation seit den Napoleonischen Kriegen knapp ein Jahrhundert zuvor.

Isandlwana und Rorke's Drift

Am 22. Januar 1879 mussten die Engländer die demütigendste Niederlage ihrer Kolonialgeschichte einstecken, als praktisch ihre gesamte, aus 1200 Soldaten bestehende Streitmacht in Isandlwana von mit Speeren bewaffneten Zulu-Kriegern vernichtend geschlagen wurde. Das von einem unheimlich wirkenden Hügel beherrschte **Isandlwana Battlefield** liegt 130 km nordwestlich von Eshowe und 70 km südöstlich von Dundee. Es ist bis heute beinahe unverändert, wenn man von ein paar kleinen Farmen und den Gräbern der Gefallenen absieht. Ein kleines **Besucherzentrum**, ✆ 034-271 8165, zeigt Artefakte und Erinnerungsstücke. 🕓 Mo–Fr 8–16, Sa und So 9–16 Uhr, Eintritt R20.

Das Versagen der britischen Streitkräfte schlug daheim in London hohe Wellen. Nach Ablauf des Ultimatums, das Großbritannien den Zulu gestellt hatte, wurden drei Kolonialtruppen zum Einmarsch nach Zululand entsandt. König Cetshwayo stellte jeder der Truppen eine eigene Streitmacht entgegen. Am 21. Januar 1879 schlugen Zulu-Krieger ihr Lager 6 km vom Isandlwana Hill entfernt auf, wo sich eine britische Militärabteilung niedergelassen hatte. Der britische Kommandeur, der nicht ahnte, dass ihnen die Zulu bereits im Nacken saßen, sandte ein großes Sonderkommando zur Unterstützung einer anderen Abteilung aus und ließ die Männer in Isandlwana allein und schutzlos zurück. In der Zwischenzeit musste ein Spähtrupp der Engländer von der Kuppe eines Hügels aus feststellen, dass im Tal etwa 25 000 mucksmäuschenstille Zulu-Krieger saßen. Sie warteten auf einen Wechsel der Mondphase, d. h. auf einen günstigeren Moment für den Angriff. Aber als sie sich entdeckt sahen, erhoben sie sich, stürmten in der klassischen Zulu-Formation „Hörner des Stiers" das britische Lager und überrannten die perplexen Engländer. In der britischen Presse wurden die Zulu damals wie Ungeheuer dargestellt, weil sie den Toten die Eingeweide herausnahmen. In Wirklichkeit hatte dieses Vorgehen bei den Zulu eine religiöse Bedeutung, denn sie glaubten, dadurch den Geist der Toten zu befreien. Daneben hatte der Brauch aber auch eine weniger spirituelle Komponente: Ein Zulu-Krieger musste „seinen Speer waschen" (d. h. einen Feind töten), bevor er heiraten durfte.

Rorke's Drift

Noch am Abend der Schlacht von Isandlwana konnte die verlorene Ehre der Engländer aber

Battlefield-Guides

Wer die Battlefields als echtes Erlebnis in Erinnerung behalten möchte, sollte sie in Begleitung eines qualifizierten Fremdenführers besichtigen. Die nachfolgend genannten Guides sind auf unterschiedliche Kampfschauplätze jeweils in der Nähe ihres Standortes spezialisiert. Die meisten halten es mit ihren Preisen recht locker, doch mit rund R700–1000 für einen Tagesausflug sollte man rechnen und ein eigenes Fahrzeug mitbringen.

Elisabeth Durham, ✆ 034-212 1014, 💻 www.cheznousbb.com. Informative englischsprachige Touren nach Rorke's Drift, Isandlwana und entlang der Route des bei Nqutu gefallenen Prinzen Louis Napoleon, dem letzten Vertreter der Dynastie Bonaparte. Die Touren kosten zwischen R600 und R1000.

Ron Gold, KwaZulu-Natal Tours, ✆ 033-263 1908, 083-556 4068, 💻 www.kwazulu-natal-tours.com. Ron Gold ist Spezialist für die Schlachten von Spioenkop, Willow Grange und Colenso und die Stätte, wo Churchill gefangen genommen wurde. Er bietet Halbtags- und Ganztagstouren an (R700–1000).

Fugitives' Drift Lodge, ✆ 034-642 1843, 💻 www.fugitives-drift-lodge.com. In dieser Lodge (S. 503) nahe Rorke's Drift lebte der charismatische, unvergessliche Battlefield-Guide David Rattray, der bei einem bewaffneten Raubüberfall ermordet wurde. Seine Nachfolge haben Rob Caskie, Joseph Ndima und George Irwin angetreten, die ebenfalls ausgezeichnete Geschichtenerzähler sind. Die halbtägigen Touren nach Isandlwana (Beginn 7.30 Uhr) und Rorke's Drift (im Winter Beginn 14.45 Uhr, im Sommer 15.15 Uhr) kosten R410 p. P.

Evan Jones, ✆ 034-212 4040, 💻 www.battleguide.co.za. Ausgedehnte Ganztagestouren zu den Battlefields (ab R1000) unter Führung eines Experten mit einem riesigen Wissensschatz, der die Schlachten und ihre Schauplätze wieder lebendig werden lässt.

Pat Rundgren, ✆ 034-212 4560, 082-690 7812, ✉ gunners@trustnet.co.za. Pat, ein großer, stämmiger Typ skandinavisch-irischer Abstammung, lässt die Schlachten in der Umgebung von Dundee aus seiner ganz persönlichen Sicht Revue passieren. Die Touren kosten R1200 pro Tag für bis zu 4 Pers.

Foy Vermaak, ✆ 034-642 1925, 💻 www.pennyf.co.za. Mr. Vermaak ist in der Nähe der Battlefields Isandlwana und Rorke's Drift zu Hause, auf die er sich spezialisiert hat; außerdem im Angebot: Helpmekaar und Fugitive's Drift. Die Touren kosten R700 pro Tag für bis zu 4 Pers.

Selbstgeführte Touren: Wer keinen Fremdenführer in Anspruch nehmen möchte, sollte sich als zweitbeste Möglichkeit an der Rezeption des Talana-Museums (S. 503) eine **Audiokassette** kaufen und diese bei der Rundfahrt im Wagen anhören. David Rattrays ausgezeichnete Kassetten- und CD-Reihe *The Day of the Dead Moon* zu den Themen Rorke's Drift und Isandlwana ist über Exclusive Books oder direkt von Rattray zu beziehen (s. o.). Eines der kompetentesten **Bücher** über den Krieg zwischen Engländern und Buren ist das fesselnde *Boer War* von Thomas Pakenham.

einigermaßen wiederhergestellt werden. Eine Gruppe aus Veteranen schaffte es, das Feldlazarett bei Rorke's Drift erfolgreich gegen vier vorrückende Zulu-Regimenter zu verteidigen. Das Lazarett lag am anderen Ufer des Buffalo River, direkt gegenüber der Stelle, wo die Briten zuvor eine Niederlage hatten einstecken müssen.

Obwohl Cetshwayo einen Angriff auf Rorke's Drift ausdrücklich verboten hatte, fühlten sich 3000–4000 heißspornige junge Männer, Teil einer Reservetruppe, durch den Sieg bei Isandlwana dermaßen angeheizt, dass sie es nicht mehr abwarten konnten, endlich auch in die Schlacht zu ziehen und „ihre Speere zu waschen". Sie griffen an, doch innerhalb der folgenden zwölf Stunden am 22./23. Januar 1879 wehrten knapp über 100 britische Soldaten wiederholte Attacken von Zulu-Kriegern ab. So verdienten sie sich insgesamt elf Viktoriakreuze, die größte Zahl britischer Tapferkeitsauszeichnungen, die je für eine einzige Schlacht verliehen wurde.

Rorke's Drift ist von allen Battlefields das lohnendste, nicht zuletzt weil ein ausgezeichnetes **Museum** und Besucherzentrum, ✆ 034-642 1687, über die historischen Hintergründe informiert. Die D30 verbindet Rorke's Drift mit dem 15 km östlich gelegenen Isandlwana. ⏲ Mo–Fr 8–16, Sa und So 9–16 Uhr, Eintritt R20.

Wer schon einmal in der Gegend ist, sollte sich auch das Kunsthandwerkszentrum **Rorke's Drift ELC Craft Centre** anschauen, das für seine handbedruckten Stoffe und Wandteppiche bekannt ist, ⏲ wie oben.

Übernachtung

Babanango

Wer übernachten möchte, sollte den kleinen, 92 km nordwestlich von Eshowe gelegenen Ort Babanango in Betracht ziehen, wo es auch ein paar Geschäfte gibt.

Babanango Valley Lodge, ✆ 035-835 0062, 💻 www.babanangovalley.co.za, 4 km westlich von Babanango (an der R68 ausgeschildert) auf einer Natural Heritage Site tief unten in einem schönen Tal. Auf geführten Wanderungen kann die Umgebung aus Grasland, Felsen und einem Fluss erkundet werden. Zimmer mit Bad; Swimming Pool. HP. ❽

Rockpools Bush Camp. 9 komfortable, an einem Fluss gelegene Zelte, alle mit eigener Terrasse und Felspool. Der Besitzer und Tierverhaltensforscher Dr. John Turner kombiniert Touren in den Hluhluwe-Imfolozi Park mit ökologischen Unterweisungen, darunter Vogelbeobachtung und Baumkunde, und Besichtigungen von historischen Zulu-Stätten und der Anglo-Zulu Battlefields. ❺

Helpmekaar

Helpmekaar ist eine winzige Siedlung in der Nähe der Battlefields. Der Ort liegt an der R33 südlich von Rorke's Drift und rund 30 km südlich von Dundee.

Penny Farthing, ✆ 034-642 1925, 💻 www.pennyf.co.za. Historische, mit vielen antiken Gegenständen und Jagdtrophäen aus mehreren Generationen ausgestattete Pionierfarm in einer von offenem Grasland und Hügeln beherrschten Gegend, die auf zahlreichen Wanderwegen erkundet werden kann. Gastgeber Foy Vermaak betätigt sich auch als Fremdenführer zu den Battlefields (s. Kasten „Battlefield-Guides"), unterhält sich gern am offenen Feuer über das Thema und besitzt eine Sammlung mit Erinnerungsstücken. ❺

Rorke's Drift

Fugitives' Drift Lodge, ✆ 034-642 1843, 💻 www.fugitives-drift-lodge.com, 9 km nördlich von Rorke's Drift an der Schotterstraße R31. Dies ist die ultimative Unterkunft für Besucher der Battlefields. Die Luxuslodge steht auf einer riesigen Wildfarm mit Blick auf die Furt im Buffalo River, wo die wenigen britischen Überlebenden auf der Flucht von Isandlwana den Fluss durchwateten. Die Unterbringung erfolgt in separaten, im Kolonialstil eingerichteten Bungalows, die von Rasenflächen und gepflegten Gartenanlagen umgeben sind; gegessen wird in einem zentralen Speisesaal inmitten einer der umfangreichsten Sammlungen von Gegenständen aus den Zulu-Schlachten. Vollpension, ❾. Falls ein Aufenthalt in der Lodge das Reisebudget sprengt, kann man in Dundee Quartier beziehen und dort eine der berühmten Battlefield-Touren der Lodge buchen.

Dundee und das Talana Museum

Genau 32 km westlich des Abzweigs nach Rorke's Drift liegt an der R68 die Stadt **Dundee**. Abgesehen von einigen Geschäften, Supermärkten und Apotheken hat sie kaum etwas zu bieten. Immerhin ist Dundee eine gute Ausgangsbasis für Exkursionen in die Umgebung und besitzt mit dem exzellenten Talana Museum, 2 km außerhalb der Stadt an der R33 Richtung Vryheid, ✆ 034-212 2654, 💻 www.talana.co.za, eine interessante Sehenswürdigkeit. Der Museumskomplex umfasst zehn historische, weiß getünchte Gebäude aus der Zeit der Battle of Talana Hill, der ersten Schlacht der Burenkriege, die 1899 ausgetragen wurde.

Das interessanteste Gebäude ist das **Talana House**, das in einer Ausstellung die bewaffneten

Konflikte im Norden KwaZulu-Natals erläutert. Zu den Exponaten zählen Waffen und Uniformen, den größten Eindruck hinterlassen jedoch die alten Fotografien, die den Kriegen erst wirklich ein Gesicht verleihen. Auf ihnen sind auf faszinierende Weise Einzelschicksale festgehalten, z. B. Buren, die in Kriegsgefangenenlagern in weit entlegenen Gebieten des Empire wie St. Helena oder in Asien interniert wurden. Auch meist weniger beachtete Aspekte der Burenkriege finden Eingang, etwa die Rolle der Schwarzafrikaner und der Inder.

Auf einem Foto sind z. B. indische Bahrenträger zu sehen, unter ihnen der junge Mohandas Gandhi, wie er mit seinen Landsleuten verwundete britische Soldaten von den Schlachtfeldern Spioenkop und Colenso fortschafft. Mit dem Museumskurator können Führungen durchs Museum und über die Battlefields der Umgebung vereinbart werden. Auf dem Museumsgelände befindet sich der Miners Rest Tea Shop. Museum ⏲ Mo–Fr 8–16.30, Sa und So 10–16.30 Uhr, Eintritt R20.

Übernachtung und Essen

Battlefields Backpackers International, 90 Victoria St, ✆ 034-212 4040, 💻 www.bbibackpackers.co.za. Kleines Hostel, geführt von Evan Jones (S. 502, Kasten). 2 DZ, 2 Dorms und Camping. Dorms ❶, Zimmer ❷

Chez Nous, 39 Tatham St, ✆ 034-212 1014, 💻 www.cheznousbb.com. Cottages (B&B oder Selbstverpflegung), geleitet von der bezaubernden Battlefields-Fremdenführerin Elisabeth Durham (S. 502, Kasten). ❸

Lennox Cottage, 3 km östlich der Stadt an der R68, ✆ 034-218 2201, 💻 www.lennox.co.za. Unprätentiöses, gemütliches B&B unter der Leitung des früheren südafrikanischen Rugby-Nationalspielers Dirk Froneman und seiner Frau Salome, die gutes Abendessen zaubert. Zimmerreservierung unbedingt erforderlich. ❹

Ncome Blood River

48 km nordöstlich von Dundee auf der Strecke nach Vryheid zweigt eine Straße von der R33 zum **Blood River Battlefield** ab, ✆ 034-632 1695, ⏲ tgl. 8–16.30 Uhr, Eintritt R20. Die dortige Gedenkstätte übertrifft definitiv alle anderen „Heiligtümer" der Afrikaander in Südafrika. Eine nachgebaute, aus 64 Bronze-Planwagen in Originalgröße bestehende **Wagenburg** steht heute an der Stelle, wo die Buren am 16. Dezember 1838 eine Zulu-Armee besiegten. Während der Apartheid war dieses Datum bei den Afrikaandern als **Tag des Gelübdes** ein Feiertag zu Ehren eines Paktes, den sie angeblich mit Gott persönlich geschlossen hatten: Falls er ihnen den Sieg schenken würde, würden sie ihm diesen Tag widmen. Auch heute noch besuchen viele Afrikaander am 16. Dezember die Gedenkstätte, allerdings heißt der offizielle Feiertag unter der neuen Regierung jetzt **Tag der Versöhnung**, und auch der Blood River trägt mittlerweile wieder seinen Zulu-Namen: Ncome.

Am östlichen Flussufer befindet sich der **Ncome Monument and Museum Complex**, ✆ 034-271 8121, dessen Ausstellung sich mit der Kriegskunst der Zulu befasst. Außerdem gibt es einen Schilfgarten mit Erläuterungen dazu, welch tief gehende Bedeutung das an Flussufern

Die vergessenen Soldaten

Afrikaner finden nur selten Erwähnung, wenn es um den Krieg zwischen Engländern und Buren geht. Dabei spielte sich der Konflikt in einer Region ab, deren Bevölkerung zu 80 % aus Schwarzen bestand. Zwar stritten beide Seiten ab, dass Afrikaner in ihren Truppen dienten, doch die Briten hatten rund 100 000 Schwarze als Arbeiter und unter Waffen rekrutiert, während auf Seiten der Buren mindestens 10 000 Schwarze kämpften, die häufig unter Gewaltandrohung in den Militärdienst gezwungen worden waren. Nach Beendigung des Krieges verweigerten die Engländer den Afrikanern, die unter ihnen gedient hatten, die Anerkennung. Das ging sogar so weit, dass Sir George Leuchars, Minister für Angelegenheiten der Urbevölkerung in Natal, den Schwarzen ihre Verdienstmedaillen nicht aushändigte, weil dies „Irritationen" unter den Buren hätte hervorrufen können, denen sich die Briten inzwischen wieder anzunähern versuchten.

gedeihende Röhricht im Leben der Zulu besitzt. ⌚ tgl. 8–16.30 Uhr, Eintritt frei.

Ladysmith und Umgebung

Rund 60 km südlich von Dundee an der N11 liegt Ladysmith, das seinen bescheidenen Bekanntheitsgrad zwei Tatsachen verdankt: zum ersten einer der schlimmsten Belagerungen der britischen Militärgeschichte vor etwas über einem Jahrhundert – darüber informiert das Ladysmith Siege Museum –, zum zweiten der einheimischen Band **Ladysmith Black Mambazo**, die dem amerikanischen Songwriter Paul Simon Mitte der 1980er-Jahre zu einem fulminanten Comeback verhalf.

„Der Name [Ladysmith] ist in allen Winkeln der Erde bekannt. Als Schauplatz großer Taten steht er im Zentrum der Aufmerksamkeit der Weltöffentlichkeit", schrieb Winston Churchill als junger und eifriger Korrespondent, der für die *London Morning Post* über den Burenkrieg berichtete. Rund 40 km südlich von Ladysmith, in der Nähe von **Chieveley**, befindet sich der Ort, an dem ein gepanzerter Zug mit dem jungen **Winston Churchill** als Fahrgast von den Buren aufgehalten und Churchill gefangen genommen wurde.

Das kompakte Zentrum von Ladysmith lässt sich gut zu Fuß erkunden. An der Hauptdurchgangsstraße **Murchison Street** befinden sich Banken, die Post und Geschäfte. Neben dem Rathaus (Town Hall) steht in der Queen Street, Ecke Murchison Street das **Ladysmith Siege Museum**, ✆ 036-637 2992, das sich als Ausgangspunkt für eine Besichtigung der Kampfschauplätze aus dem Burenkrieg anbietet.

Die Belagerung begann am 2. November 1899 und dauerte geschlagene 118 Tage. So lange mussten 12 000 britische Soldaten die Schande ertragen, von undisziplinierten Bauern festgehalten zu werden. Das spannende kleine Museum erzählt die Geschichte des Krieges anhand von Texten und Fotografien. Es ist eine Fundgrube für gute Bücher über den Krieg, sowohl aus Sichtweise der Engländer als auch der Buren. ⌚ Mo–Fr 9–16, Sa 9–13 Uhr, Eintritt R11.

Übernachtung

In Ladysmith gibt es zahlreiche Unterkünfte, manche davon nahe der Battlefields.

Budleigh House, 12 Berea Rd, ✆ 036-635 7700, ✉ slabb12@telkomsa.net. Guesthouse mit Ausblick über die Stadt, Swimming Pool und Sonnenterrasse. Hübsch eingerichtete Zimmer mit Holzfußboden und afrikanischem Flair. ❸

Bullers Rest Lodge, 59/61 Cove Crescent, ✆ 036-637 6154, 💻 www.bullersrestlodge.co.za. Schicke, reetgedeckte Unterkunft auf einer Anhöhe mit Blick über die Stadt. Im hauseigenen Pub wimmelt es von Gegenständen, die auf den Battlefields aufgelesen wurden. ❸

Hunters' Lodge, 6 Hunter St, ✆ 036-637 2359, ✉ jem@futurenet.co.za. Reizendes altes Wohnhaus in einem ruhigen Viertel mit 15 Zimmern, alle mit Bad. Drumherum ein gepflegter Garten. ❹

Royal Hotel, 140 Murchison St, ✆ 036-637 2176, 💻 www.royalhotel.co.za. Das Hotel im Herzen der Stadt, in dem sich während der Belagerung die Oberen Zehntausend aufhielten und regelmäßig von den Buren unter Beschuss genommen wurden. Heute besteht die Klientel des Mittelklassehotels hauptsächlich aus Geschäftsreisenden. Da es auch während der Woche meist ausgebucht ist, empfiehlt sich zu jeder Jahreszeit eine Reservierung. Kann aufgrund von Verkehrslärm laut sein. ❹

Essen

Robin Hood Steakhouse, Alfred St, ungezwungenes und wegen seiner Spareribs bekanntes Restaurant.

Royal Hotel, 140 Murchison St. Das Restaurant im Royal ist nach wie vor die beste Adresse für gepflegtes Speisen in der Stadt. Ein Abendessen kostet rund R80.

Spur, Oval Shopping Centre, Murchison St, neben dem Ladysmith Siege Museum. Große Auswahl an Burgern, Steaks und Hühnchen, dazu ein Salatbuffet.

Touren

Liz Spiret, ✆ 036-637 7702, 072-248 8929, ✉ lizs@telkomsa.net. Touren zu den Battlefields kosten R850 für Gruppen bis max. 4 Pers. (eigenes Fahrzeug wird vorausgesetzt).

Informationen

Tourist Office, im Rathaus, ✆ 036-637 2992, hat eine gute Auswahl an Literatur über die Battlefields. ⌚ Mo–Fr 9–16, Sa 9–13 Uhr.

Transport

Busse

Greyhound, ✆ 083-915 9000. Die Überlandbusse halten auf der Strecke von Jo'burg nach Durban an der Guineafowl Service Station in der Murchison Street.

Busse nach:
DURBAN (1x tgl.; 3 1/2 Std.);
JOHANNESBURG (1x tgl.; 6 1/2 Std.);
PRETORIA (1x tgl.; 8 Std.).

Eisenbahn

Der Bahnhof liegt 500 m östlich der Town Hall, ✆ 036-637 7273. Tgl. nach Jo'burg und Durban, doch wegen der ungünstigen nächtlichen Ankunfts- und Abfahrtszeiten ist der Zug nur eine Option, wenn gar nichts anderes mehr geht.

Spioenkop

Das **Spioenkop Battlefield** (✆ 036-637 2992, ⌚ tgl. 9–15 Uhr, Eintritt R20) liegt 35 km westlich von Ladysmith im **Spioenkop Nature Reserve** (✆ 036-488 1578, ⌚ April–Sep tgl. 6–18, Okt–März 6–19 Uhr, Eintritt R20). Auf dem Schauplatz der blutigsten aller Schlachten des Burenkriegs ließen mehr englische Soldaten ihr Leben als in allen anderen. Danach musste sich die britische Militärführung eingestehen, dass ein Krieg nicht mehr allein mit präzise geplanten und ausgeführten Schlachten gewonnen werden konnte. Später verlegte man sich zunehmend auf moderne Guerilla-Taktiken.

Zunächst hatten rund 1700 britische Soldaten im Nebel den Hügel Spioenkop eingenommen, ohne einen einzigen Schuss abzufeuern. Aber dann konnten sie keine ausreichend tiefen Schützengräben ausheben, weil der Boden zu hart war. Als sich der Nebel auflöste, bemerkten sie, dass sie den Scheitelpunkt des Hügels falsch eingeschätzt hatten. Entscheidend für das folgende Desaster waren jedoch mangelhafte militärische Führung und reine Dummheit. Hätten die Engländer das Gelände nämlich anständig ausgekundschaftet, hätten sie merken müssen, dass ihnen nur ein ungeordneter Haufen von weniger als 500 Buren mit lediglich sieben Artilleriegeschützen gegenüberstand, und sie hätten ihre Reserve von 1600 Mann zur Verstärkung hinzuziehen können.

Obwohl sich die Buren auf tiefer gelegenem Terrain befanden, vermochten sie die bei brütender Hitze mit acht Soldaten pro Meter Schützengraben eingepferchten Engländer einen ganzen Hochsommertag lang in Schach zu halten. Etwa 600 britische Soldaten starben und wurden an Ort und Stelle begraben. Inzwischen hatten sich die Buren angesichts der feindlichen Verstärkungstruppe, die am Fuße des Hügels aufmarschierte, nach und nach zurückgezogen, sodass schließlich nur noch 350 Burensoldaten die Stellung hielten. Aber das wussten die Briten nicht, und am Abend zogen sie sich zurück und überließen den Hügel dem Feind.

Übernachtung

Das KZN Wildlife-Buschcamp Ipika am Hang des Spioenkop Mountain hat 2-Bett-Safarizelte ❸ und Campingmöglichkeiten.
Touren zu den Battlefields sowie andere Aktivitäten, darunter Safaris, bietet die stilvoll-koloniale **Three Tree Hill Lodge**, ✆ 036-448 1171, 💻 www.threetreehill.co.za, am Rand des Reservats. VP. ❽

Freistaat

Stefan Loose Traveltipps

Highlands Route Diese reizvolle Fahrt führt an gewaltigen Felsformationen, Kirschbaumplantagen und Farmerstädtchen vorbei. S. 514

Basotho Cultural Village Die großartig verzierten Häuser der Basotho betrachten, die für den östlichen Freistaat und Lesotho typisch sind. S. 515

Drakensberg Escarpment Über eine Kettenleiter auf den höchsten Punkt des Escarpment klettern und eines der spektakulärsten Bergpanoramen Südafrikas auf sich wirken lassen. S. 515

Golden Gate Highlands National Park Beim Besuch im Nationalpark die beeindruckende, von den majestätischen Maluti Mountains und deren roten Sandsteinfelsen dominierte Landschaft genießen. S. 517

Street Café Restaurant Im hübschen Städtchen Clarens sage und schreibe 107 verschiedene Biersorten probieren. S. 521

Die Highlands Route ist eine der schönsten Straßen des Landes und erstreckt sich entlang der bergigen Ostflanke des Freistaats – der traditionellen Hochburg konservativen Burentums im Herzen Südafrikas. Bei einer Fahrt von Johannesburg nach Port Elizabeth oder Kapstadt lohnt der Umweg über die eher eintönige N6 durch die **Eastern Highlands**, die zu den höchsten Gipfeln des Subkontinents in den Drakensbergen von Lesotho ansteigen. Ein Besuch der Hauptstadt **Bloemfontein** bietet sich nur an, wenn man die N6 für die Fahrt in die westliche bzw. östliche Kapprovinz wählt. Diese Tour wird durch exzellente Unterkünfte, Restaurants und Museen versüßt. Größte Attraktion der Eastern Highlands ist der **Golden Gate National Park**, der wegen der faszinierenden Maluti Mountains mit ihren roten Sandsteinfelsen den Status eines Nationalparks erhalten hat.

Südöstlich des Golden Gate Park erreicht man nach einer Fahrt durch das interessante **Basotho Cultural Village** und **Phuthadijhaba** den Parkplatz am **Sentinel** – Ausgangspunkt für Wanderungen auf die höchsten Plateaus der **Drakensberge**. Westlich des Golden Gate Park liegt **Clarens**, der mit Abstand bezauberndste der zahlreichen Orte entlang der Grenze zu Lesotho.

Die übrige Provinz wird von flachem Grasland bestimmt, das sich kilometerweit in strahlenden Sonnenblumen- sowie malven- und pinkfarbenen Kosmeen-Feldern ausdehnt. Dazwischen leuchten Mais- und Weizenfelder unter einem endlosen blauen Himmel.

Geschichte

Was klangvoll „Freistaat" heißt, war einst eine Bastion der Erzkonservativen. Die einzigen wirklich freien Menschen im Freistaat waren über einen Zeitraum von fast 150 Jahren die **weißen Siedler**, denen Großbritannien 1854 die Unabhängigkeit für ein zwischen Oranje und Vaal gelegenes Territorium zugestand. Hier gründeten sie eine eigene Burenrepublik namens **Oranje-Freistaat**. Das „Oranje" im Namen stammt vom holländischen Königshaus von Oranien.

Das an die Verfassung der USA angelehnte Regierungssystem war ausgesprochen demokratisch – sofern man weiß und männlich war. Frauen hatten kein Wahlrecht und Afrikaner überhaupt keine Rechte, sie durften noch nicht einmal Land besitzen. 1912 wurde in der Township Mangaung der ANC gegründet und in Bloemfontein die Nationalist Party. 1914 wurde der Oranje-Freistaat eine Bastion der Apartheid. Es war die einzige Provinz, innerhalb deren Grenzen sich Menschen asiatischer Herkunft nicht länger als 24 Stunden aufhalten durften.

1970 wurde schließlich die winzige und karge, zwischen Lesotho, KwaZulu-Natal und dem Freistaat gelegene Enklave **QwaQwa** als „Homeland" für die Süd-Sotho geschaffen – durch Zwangsumsiedlungen aus Gegenden, die nur noch Weißen vorbehalten sein sollten. Inzwischen sind die ehemaligen Bantustans wieder ganz normale südafrikanische Landstriche; und seit dem haushohen Sieg des ANC bei den Regionalwahlen 1994 ist das „Oranje" und damit die holländisch-calvinistische Konnotation aus dem Namen der Provinz verschwunden.

Bloemfontein und Umgebung

In Bloemfontein kreuzen sich viele südafrikanische Straßen. Deshalb legen viele Besucher auf ihrem Weg durch Südafrika hier einen Zwischenstopp ein. In der Stadt kann man prima ein, zwei Tage verbringen: zum Beispiel in der sehenswerten, von Rasen und Blumenbeeten eingerahmten Oliewenhuis Art Gallery und beim Bummeln auf der mit hübschen Sandsteinbauten gesäumten President Brand Street.

Als beliebter Übernachtungsort verfügt die Stadt über gute Unterkünfte mit fairen Preisen, moderne Einkaufszentren und ein paar Nachtclubs. Bloem (wie die Stadt gern kurz genannt wird) ist die größte Stadt im Freistaat und damit Sitz des Provinzparlaments und des südafrikanischen Appellationsgerichts.

Wer im September in der Gegend ist, sollte sich das zehntägige **Manguang African Cultural Festival** nicht entgehen lassen. Aus diesem Anlass füllt sich die Stadt mit Geschichtenerzählern, Künstlern, Malern und Tänzern und

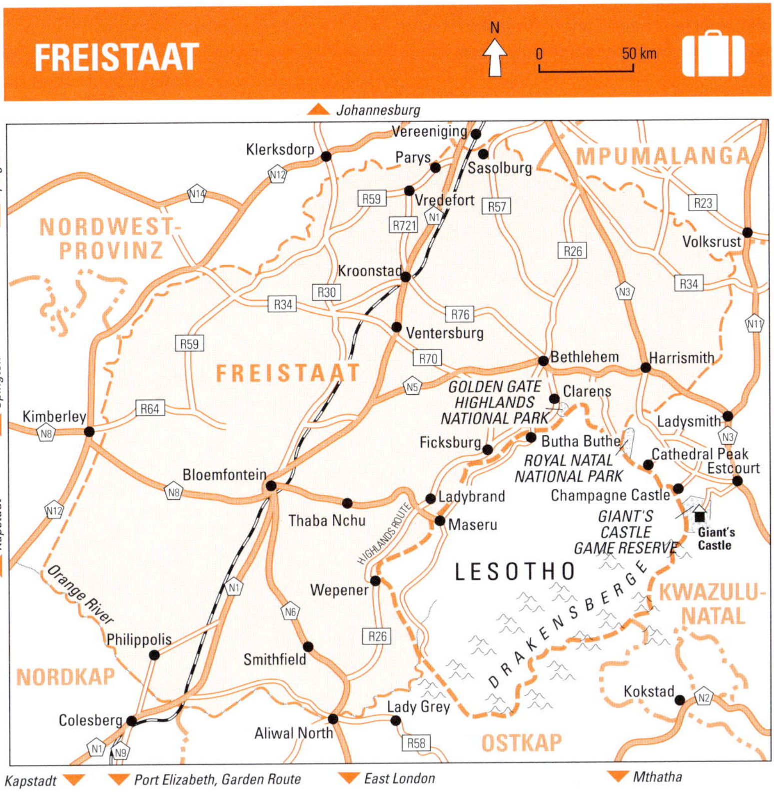

aus ganz Südafrika strömen Besucher hierher, 💻 www.macufe.co.za. Jedes Jahr am 28. April findet außerdem das beliebte **Granaat Music Festival** statt.

Die Stadt

Für eine Stadt, die landesweit den Ruf genießt, Südafrikas Hauptstadt der Hinterwäldler zu sein, nimmt sich Bloemfontein recht angenehm aus. Dass die Stadt etwas unrealistisch anmutet, geht auf die vielen öffentlichen Gebäude vom Ende des 19. und Anfang des 20. Jhs. zurück: eine bunte Mischung aus mediterranen, britischen, klassizistischen sowie der Renaissance entlehnten Bauelementen. Man kann die Stadt problemlos zu Fuß erkunden; ein Spaziergang durchs Zentrum dauert nicht länger als zehn Minuten.

Wie in anderen südafrikanischen Städten hat auch hier die weiße Einwohnerschaft dem Stadtzentrum den Rücken gekehrt. Der Ort, wo man einkauft und sich trifft, ist jetzt das Viertel Westdene, unmittelbar nördlich der Innenstadt. Die große, vierstöckige **Mimosa Mall** in der Kellner Street hat alles, was das Herz begehrt, von Coffeeshops und Kettenrestaurants über Banken bis zu Buchläden.

In der Second Avenue von Westdene wimmelt es von Restaurants und Kneipen. Die Gegend ist auch abends sicher, ebenso wie die Waterfront am Loch Logan, drei Blocks westlich der City Hall – beides in günstiger Nähe zu den meisten Unterkünften. Ihrer Architektur wegen lohnt die Innenstadt trotz allem einen Besuch.

City Hall und Umgebung

Als Ausgangspunkt für einen Spaziergang durchs Zentrum entlang der **President Brand Street** empfiehlt sich die City Hall an deren nördlichem Ende, Ecke Charles Street. Das Gebäude wurde 1934 von Gordon Leith, einem ehemaligen Mitarbeiter von Sir Herbert Baker, im „new traditional style" erbaut.

Hinter dem **Hertzog Square** auf der Ostseite der President Brand Street befindet sich das **National Museum**, 36 Aliwal St, 💻 www.nasmus.co.za, mit einer sehenswerten Sammlung an Dinosaurierfossilien und einer beachtenswerten Rekonstruktion einer Straße Bloemfonteins aus der Zeit der Wende zum 20. Jh. Zum Museum gehört auch ein Café. 🕓 Mo–Sa 10–17, So 12–17.30 Uhr, Eintritt R10.

Auf der President Brand Street erreicht man südlich der City Hall den 1929 in klassizistischem Stil erbauten **Supreme Court of Appeal of South Africa**. Ihm gegenüber steht der **Fourth Raadsaal**: Es ist das letzte Parlamentsgebäude der unabhängigen Republik des Oranje-Freistaats und inzwischen Sitz des Provinzparlaments. Bis heute gilt das imposante Sand- und Ziegelsteingebäude von 1890 als architektonisches Juwel der Provinz.

Waterfront, WM-Stadion und Zoo

Die Waterfront von Bloemfontein am Loch Logan im King's Park liegt wenige Straßen westlich des Appeal Court. Hier befinden sich Geschäfte, Kinos, Kneipen und Restaurants sowie ein nagelneues Hotel. Im King's Park ist außerdem der Bloemfontein Zoo angesiedelt, wo zahlreiche wilde afrikanische Tiere zu sehen sind. Sein ungewöhnlichster Bewohner ist der Liger, eine Kreuzung zwischen Löwe und Tiger. 🕓 Im Sommer tgl. 8–18, sonst bis 17 Uhr.

Etwas südlich vom Loch Logan erhebt sich in der Nähe der Horak Avenue die größte Sportstätte von Bloemfontein. Sie wird von den Rugbyfans der Stadt Vodacom Park genannt, wurde für die WM 2010 aber umgebaut und in Mangaung Stadium umgetauft.

The Supreme Court und Old Presidency

Geht man auf der President Brand Street nach Süden bis zur Kreuzung mit der Selborne Street, sieht man gegenüber dem Feuerwehrhaus das 1906 fertig gestellte Gebäude des Supreme Court. Direkt gegenüber steht die **Old Presidency**. Das Gebäude wurde 1861 auf dem Grund des ehemaligen Wohnhauses von Bürgermeister Henry Warden, dem Gründer von Bloemfontein, im schottischen „baronial style" errichtet. Es diente als Amtssitz des Oberhauptes der Republik.

National Women's Monument and War Museum

Knapp 2 km südlich vom Zentrum, auf der anderen Seite der Bahnschienen in einem hässlichen Industrieviertel, ragt an der Monument Street eine Sandsteinnadel in den Himmel. Es ist das Wahrzeichen des National Women's Monument and War Museum. Das Mahnmal wurde zum Gedenken an die 26 370 Burenfrauen und -kinder errichtet, die im Zweiten Burenkrieg in britischen Konzentrationslagern ums Leben kamen.

Das angegliederte Museum ist ein gutes Beispiel für Apartheidspropaganda. Die geschilderten Leidensgeschichten stimmen, sind aber doch ziemlich dick aufgetragen. Die zwei Schautafeln über die Konzentrationslager für Afrikaner kamen erst nach dem Ende der Apartheid hinzu. So erfährt die Öffentlichkeit wenigstens ein bisschen über die mehr als 14 000 schwarzen Südafrikaner, die in den Lagern starben. 🕓 Mo–Fr 8–16.30, Sa 10–17, So 14–17 Uhr, Eintritt R5.

Oliewenhuis Art Gallery und Freshford House Museum

Das interessanteste Museum Bloemfonteins ist die rund 2 km nördlich des Zentrums gelegene Oliewenhuis Art Gallery in der Harry Smith Street, unweit der Aliwal Street. Die Sammlung umfasst u. a. eine erstaunlich gute Auswahl südafrikanischer Bildhauer- und Malereikunst. Sie ist in der ehemaligen Residenz südafrikanischer Präsidenten untergebracht, einem bezaubernden Herrenhaus im kapholländischen Stil inmitten

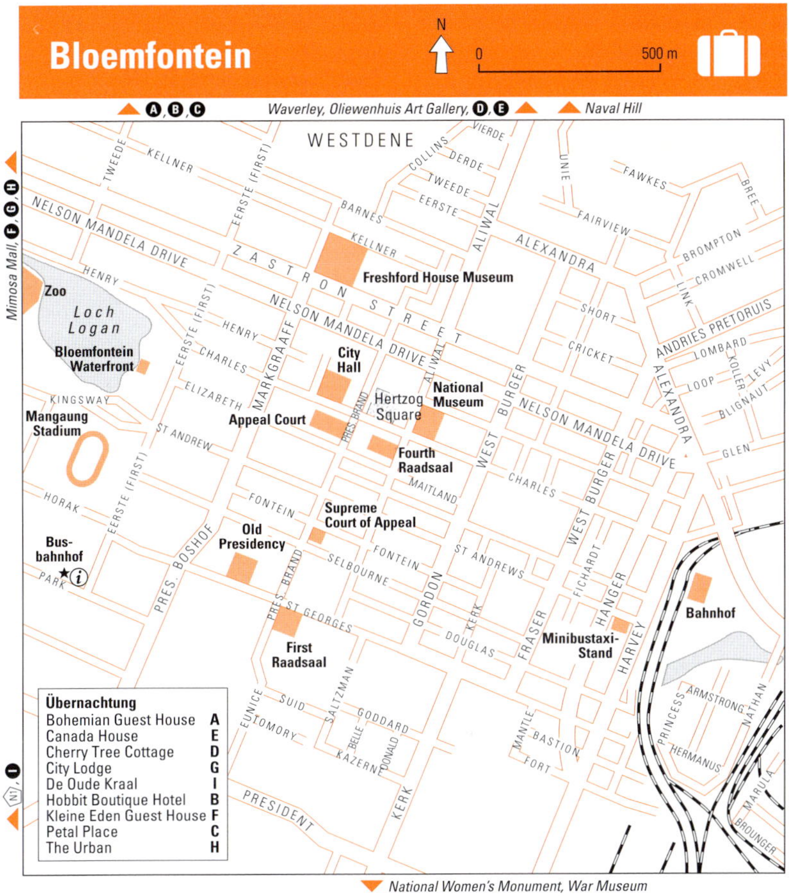

eines großen, hübschen Gartens, umgeben von Buschland. Wer sich aus Kunst nichts macht, kann in idyllischer Umgebung eine Tasse Tee im Gartencafé trinken. ⌚ Mo–Fr 8–17, Sa 10–17, So 13–17 Uhr, Eintritt frei.

Ebenfalls nördlich der Innenstadt, gleich hinter dem Nelson Mandela Drive, liegt das Freshford House Museum, 31 Kellner St. Vor allem Freunde der Innenarchitektur sollten ihm einen Besuch abstatten, denn es wurde originalgetreu im viktorianischen und edwardianischen Stil eingerichtet. ⌚ Mo–Fr 10–13, Sa und So 14–17 Uhr, Eintritt R5.

Übernachtung

In Bloemfontein gibt es preiswertere Unterkünfte als in Kapstadt oder Johannesburg, und sie haben einen hohen Standard. Gut zum Übernachten eignen sich die zentraleren Viertel Westdene und Waverley gleich nördlich des Zentrums. Die meisten Unterkünfte bieten auf Wunsch Frühstück, da viele Reisende früh morgens zu ihrer langen Fahrt über die N1 aufbrechen. Auch wer nur auf der Durchreise ein Bett für eine Nacht braucht, sollte vorher anrufen statt einfach aufzutauchen.

Bohemian Guest House, 16 Connor St, Westdene, ✆ 051-448 0820, 💻 www.bohemianguesthouse.co.za. Kleines, freundliches Guesthouse mit großen, komfortablen Zimmern in einem ungewöhnlichen Haus aus den 1930er-Jahren. ❸

Canada House, 19 Waverley Rd, Waverley, ✆ 051-433 4592, 082-486 8376, 💻 www.wheretostay.co.za/canadahouse. Eine Selbstversorger-Unterkunft mit angemessenen Preisen. Ordentliche Zimmer mit Bad, guten Betten und Bettzeug in 4 Units mit separaten Eingängen. Gay-freundlich. Frühstück auf Anfrage. ❸

Cherry Tree Cottage, 12A Peter Crescent, Waverley, ✆ 051-436 4334 oder 072-291 0336. Idyllisches B&B mit AC in einem wunderschönen Garten am Rand eines Schutzgebiets, in dem auch Giraffen leben. 4 Schlafzimmer unter Strohdach und ein Cottage mit separaten Eingängen. Außerdem Kosmetikbehandlungen mit natürlichen Ölen. ❸

City Lodge, Nelson Mandela Dr, Ecke Parfitt Ave, Westdene, ✆ 051-444 2974, 💻 www.citylodge.co.za. Komplett renoviertes, preiswertes Kettenhotel in günstiger Lage zur belebten Second St. Günstigere Preise bei Buchung übers Internet. ❺

Hobbit Boutique Hotel, 19 President Steyn Ave, Westdene, ✆ 051-447 0663, 💻 www.hobbit.co.za. Schönste Unterkunft der Stadt, luxuriös, mit Antiquitäten eingerichtet. Frühzeitig buchen. Für Gäste gibt es abends nach Anmeldung ausgezeichnete 3-Gänge-Menüs. ❺–❻

Kleine Eden Guest House, 2 Moffett St, Fichardt Park, ✆ 051-525 2633, 💻 www.kleine-eden.co.za. Gepflegtes Guesthouse, wahlweise B&B oder Selbstversorgung, auch Familienunterkünfte. Alle Zimmer haben einen eigenen Eingang und Garten. ❸

De Oude Kraal Country Lodge, 35 km südlich von Bloemfontein an der N1, Ausfahrt Riversford, ✆ 051-564 0636, 💻 www. deoudekraal.com. Wieder hergerichtetes altes Farmhaus, dessen exquisite burisch-französische Mahlzeiten weithin gerühmt werden. Wellnessbereich; Zimmer mit Bad und Kamin. ❻

Petal Place, Newmarket St, 5 Min. von Westdene, ✆ 051-451 1541 oder 082-950 4606, 💻 www.petalplace.co.za. Zwei Gartencottages für Selbstversorger mit separaten Eingängen, Küchenzeilen und *braai*-Stellen, außerdem Poolbenutzung und freundliche Gastgeber. ❸

The Urban, Parfitt St, Ecke Henry St, ✆ 051-444 3142, 💻 www.urbanhotel.co.za. Schickes, sauberes, modernes Hotel in zentraler Lage. ❹

Essen

Obgleich Bloemfontein nicht gerade als kulinarische Hochburg gilt und keine regionalen Spezialitäten aufweist, kann man in der Stadt gut und preiswert essen. Die besten Lokale konzentrieren sich in der Umgebung der Second Avenue. Im Stadtkern und in den Einkaufszentren finden sich Filialen der bekannten Restaurantketten.

De Oude Kraal, 35 km südlich der Stadt an der N1, ✆ 051-564 0733, 💻 www.deoudekraal.com. Auf dieser alten Farm in bezaubernder Umgebung wird abends ein umwerfendes, reichhaltiges und typisch afrikaanses 5-Gänge-Menü mit französischem Touch aufgetischt. Frische Zutaten dienen als Ausgleich für Sahne und Butter. Auch Frühstück und Mittagessen, aber ohne Reservierung geht nichts.

Meel, 87a Kellner St, ✆ 051-448 8836. Wie der Name schon andeutet, dreht sich hier alles um Weizenmehlbrot, entweder zum Mitnehmen oder belegt mit Käse, Wurst, Oliven oder Marmelade zum Verzehr vor Ort. Toller Kaffee und Kuchen sowie Mittagsbuffet. Außerdem Tische draußen an einer netten Straße. ⏱ Mo–So Frühstück und Mittagessen.

Margarita's, 59 Milner Rd, Bayswater, ✆ 051-436 3729. Gutes typisches Steakhaus in einem Einkaufszentrum, aber es gibt auch Huhn, Fisch und ein vegetarisches Gericht. ⏱ Di–So, aber Sa nur abends und So nur mittags.

Mystic Boer, 84 Kellner St, Westdene. Eine gemütliche Kneipe, in der auch erschwingliches Essen wie Pizza und vegetarische Gerichte zu haben ist.

Unterhaltung und Kultur

Da es in Bloemfontein keine englischsprachige Zeitung gibt, ist es für ausländische Besucher nicht ganz einfach herauszufinden, wie es um das aktuelle Veranstaltungsprogramm steht (auch wenn sich dank der Nähe des Afrikaans zum Deutschen so Manches erahnen lässt). In der Second Avenue finden sich ein paar ganz nette Bars und Clubs, besonders das Mystic Boer. Das **Barbas Café**, 16 Second Ave, ist für seine bis in die frühen Morgenstunden andauernden Partys an Samstagen bekannt. Im ausgezeichneten, edleren **Moods and Flavours**, ✆ 051-432 4399, in Heidedal – dem Farbigenviertel – ist Livejazz aus dem ganzen Land zu hören, allerdings nur an zwei bis vier Abenden pro Monat. Das Publikum wirft sich zu diesem Anlass regelmäßig in Schale.
Eines der fünf, sechs Theater von Bloemfontein ist das **Observatory**. Es ist in einem Planetarium nördlich der Innenstadt auf dem Naval Hill untergebracht. Das Gebäude steht im städtischen Naturschutzgebiet, wo ein paar Giraffen und Antilopen leben.
Die renommierteste Bühne ist das **Sand du Plessis** an der Kreuzung von Markgraaff St und St Andrew St. Im gleichen Komplex ist auch das kleinere **André Huguenot Theatre** beheimatet. In Bloemfontein gibt es mehrere **Kinos**. Die meisten gehören zu den Einkaufszentren der Vororte; zu den größten Shoppingzentren zählen die Mimosa Mall in Westdene und die Waterfront. Das Programm beschränkt sich in allen auf Mainstream-Streifen.

Sonstiges

Apotheken

Medirex Pharmacy, Southern Life Building, Maitland St, ✆ 051-447 5822, ⌚ tgl. 8–21 Uhr.

Autovermietungen

Am Flughafen sind vertreten:
Avis, ✆ 051-433 2331; **Budget**, ✆ 051-433 1178; **Imperial**, ✆ 051-433 3511.

Informationen

Tourist Office, am Busbahnhof am östlichen Ende der Park Ave, ✆ 051-405 8489, 💻 www.mangaung.co.za. Hält u. a. Stadtpläne bereit. ⌚ Mo–Fr 8–16.15, Sa 8–12 Uhr.

Medizinische Hilfe

Krankenhäuser: **Universitas**, größtes Krankenhaus der Provinz mit einer kostenlosen 24-Std.-Notaufnahme. Allerdings muss man mitunter sehr lange warten, zudem schwankt die Qualität der Versorgung. Weit besser, aber nur gegen Bezahlung oder für diejenigen, die eine Reiseversicherung abgeschlossen haben, sind

Freistaat

Von Gauteng nach Bloemfontein: Tipps für Autofahrer

Die schnellste Straßenverbindung zwischen Johannesburg und Bloemfontein ist die N1 – und vieles spricht dafür, die Reise so schnell wie möglich hinter sich zu bringen. Es ist keine malerische Route, schon gar nicht der Abschnitt durch Gauteng und den nördlichen Freistaat, wo sich eine öde Kleinstadt an die andere reiht. Auf der N1 tauchen in regelmäßigen Abständen Mautstellen auf, aber die Gebühren sind erschwinglich und einen Umweg auf einer kostenfreien Straße kaum wert. Kroonstad, 207 km südlich von Johannesburg, ist die größte Stadt an der N1 vor Bloemfontein.
Der **Kroon Park**, ein ausgedehntes, gut besuchtes Resort am Ufer eines Flusses, hat einen Swimming Pool und eignet sich gut als Raststätte zum Auftanken, Abkühlen und den Magen füllen.
Die Alternativstrecke führt direkt südlich der Provinzgrenze via Parys nach Kroonstad. Zuerst nimmt man die R59 und biegt dann in Vredefort, 13 km südlich von Parys, auf die R721 ab. Parys ist zwar recht grün und hübsch, aber wahrscheinlich muss man den Rest des Weges hinter Lastwagen und Treckern herkriechen. Die N1 dagegen ist in dieser Gegend immer noch eine schöne, breite Autobahn. Nach Süden hin wird der Freistaat immer flacher. Ein besonders langer, trister Abschnitt ohne Tankstellen liegt zwischen Ventersburg und Bloemfontein.

die privaten Krankenhäuser: **Mediclinic**, Kellner St, ✆ 051-404 6666, und **Rosepark**, Fichmed Centre, Gustav Crescent, ✆ 051-505 5111.

Notfälle

Feuerwehr, ✆ 10178; s. auch S. 61.

Post

Hauptpost, East Burger St, Ecke Maitland St, ⌚ Mo, Di, Do und Fr 8–16.30, Mi 8.30–16.30, Sa 8–12 Uhr.

Taxis

GG Taxis, ✆ 051-522 6969; **Bloem Taxis**, ✆ 051-433 3776.

Transport

Die Gegend rund um den Bahnhof und die Minibustaxi-Haltestellen gilt als die gefährlichste Ecke der Innenstadt, obwohl in Wirklichkeit nur selten etwas passiert. Aber Vorsicht ist immer gut, und nachts sollte man die Gegend meiden. Zum Glück warten normalerweise Taxis mit Gebührenzähler vor dem Bahnhof und Busbahnhof. Wenn nicht, kann man telefonisch eins bestellen (s. „Sonstiges").

Busse

Gemeinsamer Busbahnhof von **Intercape**, **S A Roadlink** und **Greyhound** im Touristenzentrum in der Park Ave neben dem Schwimmbad.
Busse nach:
DURBAN (2–3x tgl., 9 Std.);
EAST LONDON (tgl., 7 1/4 Std.);
GRAAFF-REINET (5x wöchentl., 7 Std.);
GRAHAMSTOWN (tgl., 7 1/2 Std.);
JOHANNESBURG (4–5x tgl., 6 Std.);
KAPSTADT (4x tgl., 11 Std.);
KNYSNA (5x wöchentl., 11 Std.);
MOSSEL BAY (5x wöchentl., 9 1/2 Std.);
OUDTSHOORN (5x wöchentl., 8 Std.);
PIETERMARITZBURG (2–3x tgl., 8 Std.);
PORT ELIZABETH (1–2x tgl., 9 Std.);
PRETORIA (4–5x tgl., 7 Std.).

Minibustaxis

Zentraler Zielort der Minibustaxis ist der Standplatz in der Hanger St, eine Straße westlich des Bahnhofs.

Eisenbahn

Die **Bloemfontein Station** befindet sich in der Harvey Rd, am östlichen Ende der Maitland St, ✆ 051-408 4861.
Zugauskunft: **Spoornet**, ✆ 086-000 8888.
Züge nach:
DURBAN (Mo, 16 Std.);
EAST LONDON (tgl. außer Mi u. Sa, 14 1/4 Std.);
JOHANNESBURG (Mi, Fr u. So, 13 Std.);
KAPSTADT (Mi, 20 3/4 Std.);
PORT ELIZABETH (tgl. außer Di und Sa, 12 1/4 Std.);
PRETORIA (tgl., 15 3/4 Std.).

Flüge

Viele Reisende nutzen den 10 km außerhalb an der N8 gelegenen kleinen **Flughafen**, ✆ 051-407 2240. Die SAA-Linienflüge zwischen Bloem und allen größeren südafrikanischen Städten sind sehr kostspielig; es gibt aber auch eine Billigfluglinie: Mango, 💻 www.flymango.com, die allerdings nur Kapstadt anfliegt.
Vom Flughafen verkehren keine Shuttlebusse in die Stadt, sodass man telefonisch ein Minibustaxi, ✆ 072-630 6210, bestellen oder einen Mietwagen nehmen muss.
Fluggesellschaften: South African Airways, St Andrewís St, ✆ 0861-606 606, Mango, 💻 www.flymango.com.
Flüge nach:
DURBAN (2x tgl., 1 1/4 Std.);
JOHANNESBURG (Mo–Fr 6x, Sa und So 2x tgl., 1 1/4 Std.);
KAPSTADT (2x tgl., 1 1/4 Std.);
PORT ELIZABETH (1x tgl., 1 1/4 Std.).

Die Highlands Route

Die Highlands Route verläuft als eine der landschaftlich reizvollsten Straßen des Landes auf einer Länge von 280 km von **Phuthadijhaba** (Witsieshoek) im Norden über Ladybrand bis nach Wepener im Süden. An der Strecke liegen gewaltige, rot und ockerfarben gestreifte Felsformationen, Kirschbaumplantagen und Bauernstädtchen.

Eine Wanderung auf das Drakensberg Escarpment

Die spektakulärsten Gebirgspanoramen Südafrikas eröffnen sich vom Drakensberg Escarpment aus, dem weiten Gelände ganz oben auf den mächtigsten Gipfeln, und von der Spitze des Amphitheatre, der majestätischen Bergkette, die den Royal Natal National Park beherrscht. Beide erfordern bei der Besteigung einen hohen Fitnessgrad, sofern man sie von KwaZulu-Natal (S. 470) aus in Angriff nimmt. Sie können aber auch vergleichsweise „einfach" vom Sentinel-Parkplatz im Freistaat erreicht werden. Nach einer kräftezehrenden, zehnstündigen Klettertour vom Mahai im Royal Natal National Park (S. 468) oder einer 2 1/2-stündigen, 3 km langen Wanderung vom Sentinel-Parkplatz aus gelangt man zu einer 30 m langen Kettenleiter. Sie führt an einer fast senkrechten Felswand hoch; oben angekommen ist es nicht mehr weit bis zum Gipfel des **Mont aux Sources**, dem höchsten Punkt des Escarpment (3278 m). Das Unschöne an dieser Abkürzung ist der Müll rings um die Leiter, obwohl pro Tag maximal 100 Personen zugelassen sind (Reservierung über das Basotho Cultural Village). Von der scheinbar mühelosen Eroberung darf man sich aber nicht täuschen lassen: Das letzte Wort hat immer der Berg. Die Leiter darf nur mit genügend Essen, Wasser, Kleidung und einem Zelt bestiegen werden, in dem man etwas Schutz bei einem der brutalen Stürme findet, die über den Berg hinwegfegen. Und auf jeden Fall muss man in aller Frühe aufbrechen, um wirklich den ganzen Tag für den Ausflug zu haben.

Wen das Bergfieber gepackt hat, der kann verschiedene herausfordernde Klettertouren unternehmen, darunter eine zweiwöchige Tour auf dem Escarpmentplateau zum **Sani Pass** in den südlichen Drakensbergen. Die atemberaubendsten Abschnitte des Bergs lassen sich auch während einer fünftägigen, 62 km langen Escarpment-Überquerung mit Übernachtung in Höhlen erleben. Die Route führt vom Sentinel-Parkplatz zum **Cathedral Peak** im Natal Drakensberg Park, rund 40 km weiter südwestlich. Auf jeder dieser Wanderungen braucht man unbedingt eine Landkarte und die hervorragende Broschüre *Drakensberg Walks* von David Bristow, erhältlich in den meisten Buchläden vor Ort.

Eingekeilt zwischen Lesotho und dem nördlichen KwaZulu-Natal liegt Phuthadijhaba – das Tor zum **Sentinel**, der einfachsten Route zum Dach Südafrikas, dem **Drakensberg Escarpment**. Ein Stückchen weiter westlich befindet sich die größte Attraktion der Region, der **Golden Gate Highlands National Park**, ein weites, offenes Bergland. Von Johannesburg ist der Park leicht in drei bis vier Stunden Fahrt zu erreichen. Wenn Johannesburg Ankunfts- oder Abflugsort ist und man nicht dort übernachten möchte, bietet sich ein Besuch mit Übernachtung in diesem Nationalpark als erste oder letzte Station der Reise an. Das nahe **Basotho Cultural Village** erlaubt interessante Einblicke in die Traditionen der Basotho.

Die nächstgelegene Ortschaft zum Golden Gate Park ist **Clarens**, ein Zentrum für Kunst und Kunsthandwerk und das hübscheste Dorf an der Highlands Route. Westlich des Parks liegt Südafrikas New-Age-Hochburg **Rustlerís Valley**. Das Bergdorf lockt vor allem über Neujahr mit Trance-, Tanz- und Trommelfestivals

Basotho Cultural Village

Rund 20 km östlich vom Golden Gate National Park liegt im QwaQwa-Nationalpark das Basotho Cultural Village, ✆ 058-721 0300, ✉ basotho@sac.fs.gov.za. Es gewährt perfekt arrangierte Einblicke in die traditionelle Lebensweise der **Basotho**, die seit Jahrhunderten in dieser Region leben und eng mit den Menschen jenseits der Grenze in Lesotho verbunden sind.

Zentrales Schaustück des Dorfs ist ein Ensemble prachtvoller **Basotho-Hütten**, deren Formen von runden Konstruktionen aus natürlichen Materialien, wie sie im 16. Jh. üblich waren, bis hin zu eckigen Hütten mit Wellblechdach

HIGHLANDS ROUTE

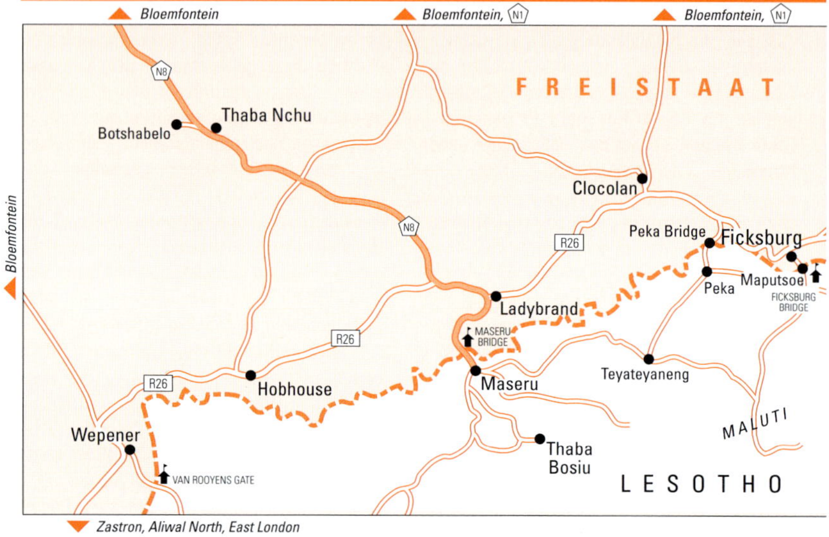

und kunstvoller Innenbemalung reichen. Im Hof halten sich Leute in traditioneller Kleidung auf. Besucher dürfen den Chief begrüßen, einen Schluck traditionelles Bier kosten, Musikern zuhören und einen traditionellen Heiler sehen.

Die Aussicht über den QwaQwa Nature Park ist atemberaubend. Und überhaupt ist das ein wunderschönes Fleckchen Erde, wo man unendlich viele Spaziergänge unternehmen kann. In einem Laden wird einheimisches **Kunsthandwerk** von guter Qualität verkauft. Ausschau halten sollte man nach Raffiamatten und -körben sowie den kegelförmigen Hüten, die es nur in dieser Gegend gibt.

Im **Tea Garden** im Freien werden Tee und traditionelle Speisen serviert. Der Anfahrtsweg ins Cultural Village ist von der Hauptstraße ausgeschildert. ⏲ Mo–Fr 8–16, Sa und So 8.30–16.30 Uhr, Eintritt inkl. Führung R20. Wer möchte, kann hier in traditionellen Basotho-Hütten mit schönem Ausblick übernachten. Die Buchung erfolgt über Glen Reenen im Golden Gate National Park, ✆ 058-255 0000. ❸

Phuthadijhaba und Umgebung

Einziger Grund durch das 2 km abseits der R712 und östlich des Golden Gate National Park gelegene Phuthadijhaba (auch Witsieshoek genannt) zu fahren, ist wahrscheinlich die Anfahrt zum Witsieshoek Mountain Resort und zum Parkplatz unterhalb des Sentinel. Hier finden Wanderer den leichtesten Zugang zur Randstufe der Drakensberge. Phuthadijhaba selbst wirkt vergleichsweise trostlos und funktional. Das Erscheinungsbild wird von Leichtindustrie und kleinen, schachtelartigen Backsteinhäusern bestimmt.

Anders als in der menschenleeren Landschaft um den Golden Gate Park brausen hier Minibustaxis durch die Gegend und bevölkern Menschen und Tiere die Straßen zwischen den Hütten, deren Blechdächer mit Steinen gegen den Wind beschwert sind. Phuthadijhaba war einst die künstlich geschaffene Hauptstadt des ehemaligen Bantustans **QwaQwa**, und noch heute erinnern die hiesigen Straßenschilder an jene traurige Zeit.

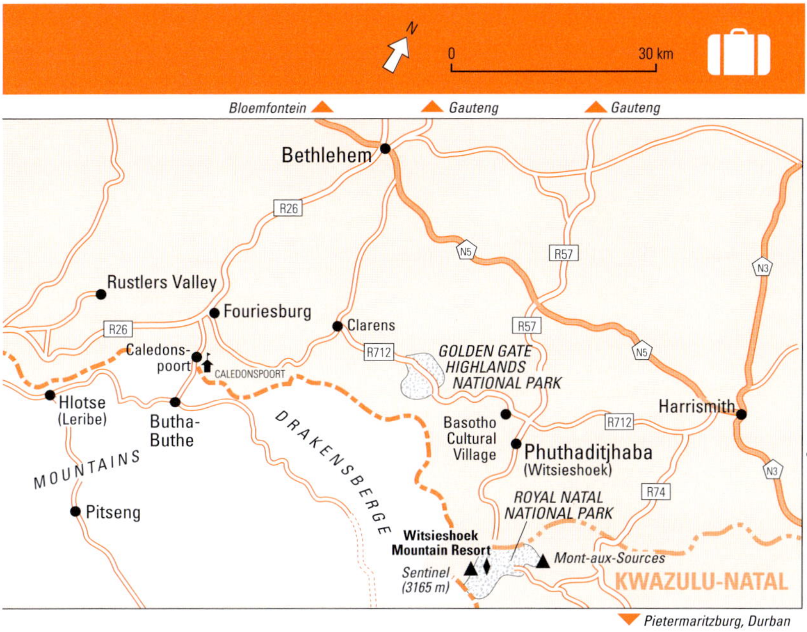

Der von Phuthadijhaba ausgeschilderte Weg zum **Witsieshoek Mountain Resort** an der R720 gabelt sich nach ca. 15 km – die eine Route führt von dort weiter zum Resort, die andere zum Parkplatz am **Sentinel**.

Mit Ausnahme der letzten Kilometer ist die Strecke geteert. Zwar grenzen der Royal Natal National Park und das Witsieshoek Mountain Resort aneinander, allerdings ist dies nur für Wanderer von Interesse, die auf steilen Gebirgspfaden von einem Gebiet ins andere gelangen können.

Mit dem Auto sind es vom Royal Natal National Park zum Parkplatz unterhalb des Sentinel runde 100 km – auf einer Strecke, die zunächst nach KwaZulu-Natal hinein- und dann um die hohen Gipfel herumführt.

Übernachtung und Essen

Das **Witsieshoek Mountain Resort**, ✆ 058-713 6361 oder 6362, ist eine der größten architektonischen Sünden Südafrikas. Kein anderes Berghotel im ganzen Land erfreut sich einer dermaßen atemberaubenden Lage, aber wahrscheinlich wurde auch keines nach einem dermaßen unsinnigen Bauplan angelegt. Die Zimmer liegen direkt unterhalb des Felsvorsprungs, sodass den Gästen einer der besten Ausblicke in den gesamten Drakensbergen verwehrt wird. Sie können natürlich hinausgehen und von dort die Aussicht genießen ... Die Funktionalität der Zimmer wird durch den freundlichen Service wettgemacht. Von den teureren Zimmern bieten sich schöne Ausblicke auf den Sentinel. ❸

Auf dem Hotelgelände gibt es auch ein **Hostel** für Wanderer (Schlafsack mitbringen) mit Strom, Warmwasser und Platz für 12 Personen. ❶

Golden Gate Highlands National Park

Ungefähr 300 km nordöstlich von Bloemfontein erreicht man über die R712 den Golden Gate Highlands National Park, den einzigen Nationalpark im Freistaat. Er erhielt diesen Status nicht

Die Landschaft des Golden Gate Highlands National Park ist noch Teil der Drakensberge.

wegen seiner Tiere (darunter **Elenantilopen**, **Zebras**, **Bergriedböcke** und **Weißschwanzgnus**), sondern vielmehr wegen seiner außerordentlichen landschaftlichen Reize: offene Weiten, erodierte Sandsteinfelsen und darüber der nahtlos blaue Himmel. Die Felsen, Grasplateaus und eingeschnittenen Täler gehören noch zu den Drakensbergen, die hier spektakuläre gelbe und rote Felsen und Klippen aufweisen. ⌚ tgl., Eintritt R80 p. P. und Tag, ✆ 058-255 0012, 💻 www.sanparks.org/parks/goldengate. Der Park ist rund um die Uhr geöffnet und hat keine Tore.

An einer Orientierungstafel in der Nähe der Fußgängerbrücke am Campingplatz Glen Reenen beginnen verschiedene einstündige **Pfade** in die Sandsteinschluchten. Die Auswahl an Wanderungen mittlerer Länge beschränkt sich auf eine halbtägige, körperlich anspruchsvolle Tour zum **Wodehouse Kop**, die mit einer herrlichen Aussicht belohnt wird. Am kräftezehrendsten ist die 2-tägige Rundwanderung auf dem Rhebok Trail, der den höchsten wie auch den niedrigsten Punkt passiert. Angesichts der hohen Anforderungen ist nach der Übernachtung auf dem Campingplatz Glen Reenen, wo die Route beginnt, ein frühzeitiger Aufbruch ratsam. Entlang der Strecke gibt es eine einfache Hütte zum Übernachten.

Buchungen für die Route sowie die Hütte müssen über South African National Parks in Pretoria, ✆ 012-343 1991, ✉ reservations@parks-sa.co.za, erfolgen. Es werden auch **Ausritte zu Pferde** angeboten. Diese und alle anderen Aktivitäten können über den Campingplatz, ✆ 058-255 0012, gebucht werden. Im Sommer lädt neben einem Swimming Pool auch das Becken eines Wasserfalls nahe dem Campingplatz zu einem Bad ein. Weitere Angebote für die Besucher des Golden Gate sind zum Beispiel Fossiltouren, „Scenic drives" und verschiedene Wanderungen.

Übernachtung und Essen

Wer eine Unterkunft noch am gleichen Tag sucht, ruft ✆ 058-255 0075 an. Vorausbuchungen dagegen nimmt South African National Parks in Pretoria an, ✆ 012-428 9111, 💻 www.sanparks.org.

Farmstays und Reitställe in der Umgebung von Clarens

Reiten ist ein beliebter Zeitvertreib in den Eastern Highlands. Von zwei Bauernhöfen in der Nähe von Clarens – beide ausgezeichnete Anlaufstellen für Familien – lassen sich herrliche Ausritte aufs Drakensberg Escarpment unternehmen, wo sich Ausblicke nach Lesotho und auf die höchsten Gipfel des südlichen Afrika eröffnen.

Das freundliche und sehr afrikaanse **Bokpoort**, ✆ 058-256 1181, 💻 www.bokpoort.co.za, ❷–❹ hat unterschiedliche Gästezimmer, von eleganten Chalets mit Bad, Kamin und Küchenzeile bis zu „Berghütten" mit Bad und Dorms in einer alten Sandsteinscheune (Bettzeug muss mitgebracht werden). Für Camper gibt es eine gute gemeinschaftliche Koch- und Essecke. In der Farmhausküche wird auf Anfrage Essen zu fairen Preisen gekocht, auch Abendessen. Und in einem kleinen Laden ist das Allernotwendigste zu haben. Das Tolle an Bokpoort ist, dass die trittsicheren Pferde tiefe, bequeme Western-Cowboysattel tragen. Kurze Ausritte (R250 für 2 Std.) führen zu Felszeichnungen der San und zu Flussbadestellen. Beim Schwimmen kann man die Elenantilopen, Zebras und Springböcke der benachbarten Gamefarm beobachten. Ein Tagesritt in die Berge an der Grenze zu Lesotho kostet R550 pro Person (inkl. Picknickkorb), ein zwei- oder dreitägiger R1000 bzw. R1800 (inkl. Verpflegung und Übernachtung). Essen und Bettzeug (die Teilnehmer schlafen in einer abgeschiedenen Berghütte auf Matratzen) wird in einem Geländewagen transportiert. Pro Tag sitzt man ungefähr sechs Stunden im Sattel.

Erstklassige Pferde gibt's auch im **Schaaplaats Cottage & Ashgar Connemara Stud**, ✆ 058-256 1176, 083-630 3713, 💻 www.ashgarhorses.co.za, in den Bergen 6 km südlich von Clarens abseits der R711 nach Fouriesburg. Diese Farm aus der Zeit der Jahrhundertwende fühlt sich irgendwie „englischer" an. Gästen stehen vier Sandstein-Cottages mit Schlafgelegenheiten für zwei bis acht Personen zu Verfügung. ❷–❸ Von hier aus kann man fantastische Bergwanderungen unternehmen, Gräber aus dem Burenkrieg und San-Zeichnungen besuchen und natürlich auch Reitausflüge (R150 p. P. für 2 Std.) unternehmen. Bei Bedarf werden auch Reitstunden gegeben, denn der Besitzer ist ausgebildeter Reitlehrer. Die wilden Tiere (Zebras und Antilopen) auf dem Farmgelände machen die Ausritte ganz besonders faszinierend.

Was man in Clarens und Umgebung sonst noch erleben kann: Vögel beobachten, Fliegenfischen, Abseilen, Wildwasserrafting, schwimmen und Tennis spielen. Näheres beim Adventure Info Service im Clarence Inn, ✆ 058-256 1358.

Das **Glen Reenen Restcamp** hat einen Swimming Pool, einen Gemischtwarenladen mit allem, was man so braucht, inkl. tiefgekühlten *braai*-Paketen, Feuerholz und Alkohol, außerdem Picknickplätze und eine Tankstelle. Die Preise für die Glen Reenen Chalets variieren je nach gebotenem Komfort ❸. Die nobelste Unterkunft ist **The Brandwag Hotel**, ✆ 058-255 1000, 012-428 9111, 💻 www.sanparks.org. Es hat gut ausgestattete Chalets für Selbstversorger ❸ und komfortable B&B-Zimmer ❹; Frühstück und Abendessen auf Wunsch. Das abgeschiedene **Highlands Mountain Retreat** in herrlicher Lage bietet luxuriöse Blockhütten für Familien und DZ ❹. Weitere Unterkünfte für den Fall, dass im Golden Gate alles ausgebucht ist, findet man im nahe gelegenen Clarens (S. 520). Über Glen Reenen können auch billigere (und gute) Unterkünfte im schön gelegenen Basuto Cultural Village (S. 515) gebucht werden.

Der einzige Ort hier draußen, wo es etwas zu essen und trinken gibt, ist das **Brandwag Hotel**. Es verfügt über eine Bar, einen Coffee Shop und ein Restaurant – ansonsten bleibt auch in diesem Fall nur die Fahrt nach Clarens.

Transport

Der Golden Gate Highlands National Park liegt annähernd gleich weit von Bloemfontein und Johannesburg (320 km nördlich auf guten, geteerten Straßen) entfernt.

Clarens

Ungefähr 20 km westlich des Golden Gate Highlands National Park liegt das von Bäumen umsäumte, einladende Dorf Clarens, der wohl schönste Ort an der Highlands Route. Hervorstechendstes Merkmal der 1912 gegründeten Siedlung sind die herausgeputzten Steinbauten, welche sich vor den **Rooibergen** („Rote Berge") und den südöstlich aufragenden **Malutis** abheben.

Am schönsten ist ein Abstecher in dieses Dorf im Frühling, wenn die Obstbäume blühen, oder im Herbst, wenn sich die Pappelblätter rotgolden färben. Aber zu jeder Jahreszeit ist die entspannte Atmosphäre von Clarens eine Rarität im Freistaat – ein *dorp*, das so richtig zum Herumbummeln einlädt. Oder zu einem Lagerbier in einem Straßencafé oder einfach bloß zum Ausspannen. Das ganze Jahr über, vor allem im goldenen Herbst, kommen Maler und Fotografen hierher.

Clarens ist ein Zentrum für **Kunst und Kunsthandwerk** und besitzt eine Reihe von Ateliers und Läden. Besuchern, die am Wochenende um die Mittagszeit in den Ort kommen, wird mitunter in einem der Straßencafés am zentralen **President Square** einheimische Livemusik geboten.

Wer ein Mitbringsel oder Souvenir sucht, kann in den zahlreichen Galerien an der Main Street und in der Umgebung des President Square herumstöbern. Die Produkte unterscheiden sich aber nicht groß. Ein echtes Schatzkästchen ist der **Di Mezza & De Jager Trading Store**. Man folgt der Hauptstraße nach Nordwesten bis Bethlehem; der Laden liegt vor der Abzweigung zur Maluti Lodge. Es ist einer der ganz wenigen altmodischen Krämerladen Südafrikas, wie man sie eigentlich nur noch im Museum findet.

Übernachtung

Sowohl im Dorf als auch auf den Farmen der Umgebung stehen reichlich Unterkünfte zur Auswahl. Eine praktische Website, auf der man eine Unterkunft buchen kann und allgemeine Infos über die Stadt findet, hat **Clarens Destinations**, ✆ 058-256 1189 oder 1542, 082-921 8611, 💻 www.goclarens.co.za.

Clarens Inn, Van Reenen St, ✆ 058-256 1119, 082-377 3621, ✉ schwim@netactive.co.za. Preiswerteste Option; funktionaler Dorm, Camping, 2 Tipis und eine Reihe Selbstversorger-Einheiten für bis zu 6 Pers. ❶–❷

Cottage Pie, 89 Malherbe St, ✆ 058-256 1214, 082-853 5947, 💻 www.cottagep.co.za. Eines der besten B&Bs im Ort mit einem Gartenhaus und 2 Zimmern im Haupthaus. Beim Frühstück auf der Terrasse schweift der Blick über einen Fluss. ❸

Maluti Mountain Lodge, am Ortsrand, von der R712 ausgeschildert, ✆ 058-256 1422, 💻 www.malutilodge.co.za. Kostspieligstes Quartier mit hübschen Rondavels im Garten und Zimmern in der Lodge. Die besten Zimmer haben Bergblick. ❹–❺

Red Mountain House, ✆ 058-256 1456, 082-777 4755, 💻 www.wheretostay.co.za. Das zentral gelegene B&B hat Zimmer im Obergeschoss mit Balkon und Ausblick auf die Gärten am Market Square und die Maluti Mountains. Zur luxuriösen Einrichtung der Zimmer gehören Kamine ebenso wie persische Teppiche und viktorianische Antiquitäten. Daneben gibt es noch ein großes Ferienapartment für Familien, ein Restaurant und eine Bar. ❹

Essen

The Highland Brasserie, am zentralen Platz im Ort. Nimmt ähnliche Preise wie das Street Café Restaurant. Im Winter prasselt drinnen ein Feuer, bei schönem Wetter gibt es

Köstliches Essen und leckeres Bier

Clementines Restaurant, in einem rot-grünen Blechgebäude einen Block vom Hauptplatz, gegenüber vom Postamt, ✆ 058-256 1616. Hat ausgezeichnetes Essen, darunter Steaks, Ochsenschwanzsuppen, Salate, Fisch – z. B. Regenbogenforelle aus der Gegend mit Mandelbutter – und Pasta. Außerdem hervorragendes Bier aus der Clarens Micro Brewery und viel Platz zum Toben für die Kinder. 🕓 Di–So Mittag- und Abendessen.

Sitzplätze im Freien. Ideal fürs Frühstück oder für ein Stück Käsekuchen mit einer Tasse Kaffee. ⌚ Di–So tagsüber, Mi und Fr auch abends.

Red Mountain House, 325 Market Square, bietet Wildspezialitäten und traditionelle Gerichte von einer umfangreichen Speisekarte, außerdem eine gute Weinkarte.

Street Café Restaurant, Main St, ist das beliebteste Lokal im Ort. Serviert werden preiswerte Pizzas, Snacks, Steaks sowie Salate; es stehen (nach letzter Zählung) 107 verschiedene einheimische und importierte Biere zur Auswahl.

Fouriesburg und Umgebung

Die nette Kleinstadt Fouriesburg, 36 km südöstlich von Clarens an der R711, verdankt ihren Namen der hohen Dichte von Leuten namens Fourie, die diesen Flecken Erde bewirtschafteten. 1900 erlebte der Weiler einen kurzen Augenblick des Ruhms: Als Bloemfontein im Burenkrieg an die Briten fiel, wurde Fouriesburg zur Hauptstadt des Oranje-Freistaats ernannt. Seitdem ist anscheinend nichts von Bedeutung mehr passiert und über hundert Jahre später hat man es immer noch nicht geschafft, die Proklamation aufzuheben – theoretisch gesehen ist Fouriesburg also immer noch Provinzhauptstadt.

Das Städtchen im Schatten der Maluti Mountains und der Witteberge („weißen Berge") eignet sich prima zum Übernachten. Es gibt gute Unterkünfte; die einladendste ist das **Fouriesburg**, 17 Reitz St, ✆ 058-223 0207, 💻 www.fouriesburgcountryinn.co.za, ❸. Das kleine, bezaubernd altmodische Hotel hat ein grünes Wellblechdach und gut ausgestattete Zimmer, die von der Veranda mit Blick auf die Straße abgehen. Für Mittag- und Abendessen wird gesorgt (der Speiseraum steht auch Gästen offen, die nicht hier übernachten).

Knapp 2 km außerhalb von Fouriesburg, im Ortskern ausgeschildert, befindet sich das **Meiringskloof Nature Reserve**, ✆ 058-223 0067, 💻 www.meiringskloof.co.za ❷. Hier gibt es einen der wenigen einladenden Campingplätze an der Highlands Route und ein paar Selbstversorger-Chalets aus Stein. Das Schutzgebiet ist Ausgangspunkt mehrerer kurzer Wanderwege und liegt in einer Schlucht mit vielen Bäumen, einem Swimming Pool und einem kleinen Lebensmittelgeschäft. In den Ferien wird es sehr voll, dann macht man besser einen Bogen um das Meiringskloof

Ficksburg

Der Rustler's Valley nächstgelegene Ort, Ficksburg, liegt 48 km südlich von Fouriesburg und ist das südafrikanische Anbauzentrum von Kirschen und Spargel. Hübsch anzusehen sind die Sandsteinbauten des kleinen Städtchens, dessen angenehme Atmosphäre zu einem Zwischenstopp auf halber Strecke entlang der Highlands Route einlädt. Das **Cherry Festival** in der dritten Novemberwoche ist das Highlight im Festkalender der Ficksburgs. Es wird mit einem Marathonlauf, Jahrmarktständen, einer „Kirschkönigin"-Wahl und einem Bierfest gefeiert, bei dem der Hopfensaft in Strömen fließt.

Übernachtung und Essen

Bella Rosa, 21 Bloem St, ✆ 051-933 2623, höchst begehrt und günstig sind die beiden viktorianischen Sandsteingebäude, die 12 hübsch eingerichtete Zimmer umfassen (alle mit Bad, Telefon und TV). Auf Wunsch ist nach vorheriger Anmeldung Abendessen erhältlich. Das Restaurant im Haus besitzt eine Schanklizenz und bietet eine überdurchschnittlich gute englische Küche. ⌚ Mo–Fr bis 21 Uhr. ❹–❺

Green Acorn, 7 Fontein St, ✆ 051-933 2746, mit sauberen Zimmern und Bädern im Haus sowie im Garten. ❸

Thom Park, ✆ 051-933 2905 oder 083-592 1267, Caravanpark im Ortszentrum, Bloem St, Ecke Piet Retief St. Wer mit dem Zelt unterwegs ist, kann hier am preiswertesten übernachten. ❶

Bottling Co, Piet Retief St, Ecke Erwee St. Das Restaurant mit Schanklizenz bietet eine große Auswahl, die von Steaks über Nudeln und Hühnchen bis zu Fisch und guter Hummersuppe reicht. ⌚ So geschl.

Ladybrand

Ladybrand liegt an der Hauptroute nach Lesotho, rund 50 km südwestlich von Ficksburg. Es ist die einzige Stadt im Freistaat, die einen wirtschaftlichen Zuwachs zu verzeichnen hat. Den verdankt sie ihrer Nähe zur 12 km entfernten Grenze zu Lesotho. Die meisten, die in Projekten in Lesotho beschäftigt sind, quartieren sich lieber in Ladybrand als in Maseru ein, weil es hier schöner ist. Folglich sind Gästebetten Mangelware und nicht billig.

Übernachtung und Essen

Eine der besten und begehrtesten Unterkünfte ist **Cranberry Cottage**, 37 Beeton St, ✆ 051-924 2290, 082-921 1575, 🖳 www.cranberrycottage.co.za. Hier gibt's 25 komfortable B&B-Zimmer im Landhausstil (darunter 5 Selbstversorger-Units) und hervorragendes Abendessen, bei dem auch Vegetarier nicht zu kurz kommen. Den Gästen stehen ein Fitnessraum und Spa zur Verfügung. Die Besitzer fungieren als inoffizielle Touristeninformation und wissen alles über die Restaurants der Stadt und die Felskunst-Stätten der Gegend. ❹–❺

Die Region ist traumhaft zum Reiten. **Greenock Riding**, ✆ 051-924 2961, 🖳 www.africanhorses.com/greenock, in einem malerischen Tal nördlich der Stadt, veranstaltet unvergessliche Ausritte in die einsame Bergwelt. Übernachtet wird in Blockhütten für Selbstversorger, aber gegen einen wirklich sehr angemessenen Preis kann man auch einfache, leckere Mahlzeiten mit den freundlichen Besitzern (und ihren Haustieren) einnehmen. ❷

Spizzy Pizzas, ein kleines Café plus Bar in der Church Street, hat Pasta und Pizza, 🕒 So geschlossen. **Cuppa Java** in der gleichen Straße ist „the best daytime place in town". Außer Snacks, Tee und Kaffee serviert man hier köstliche Kuchen und Sandwiches aus Brot, das im Hof in Lehmöfen gebacken wird, 🕒 Mo–Sa 8–17 Uhr. Zum Abendessen geht man am besten ins **Greedy Goose**, 32 Erasmus St, ✆ 051-924 5124. Hier gibt's u. a. Steaks, Salate und Pasta. 🕒 tgl.

Gauteng

Stefan Loose Traveltipps

15 **Johannesburg** Die panafrikanische Innenstadt in der reichsten Stadt des Kontinents erkunden. S. 524

Melville Sich in einer der wenigen Ecken der Stadt, wo es jede Menge Bars, Cafés und elegante Restaurants gibt, unter die hippen Jo'burger mischen. S. 540

Apartheid-Museum in Johannesburg Auf eine spannende Reise durch den südafrikanischen Freiheitskampf gehen. S. 545

Touren durch Soweto Die Dynamik der historisch bedeutendsten Township Südafrikas hautnah erleben. S. 546

Livemusik Bei einem Ausflug ins Jo'burger Nachtleben in die beste Musikszene Südafrikas eintauchen. S. 556

Sportveranstaltungen in Johannesburg Ob Chiefs gegen Pirates oder Springboks gegen All Blacks – immer ein Erlebnis erster Güte. S. 560

Cradle of Humankind In den Höhlen am Rand von Jo'burg erstaunliche Fossilien unserer Vorfahren betrachten. S. 566

Voortrekker Monument und Freedom Park in Pretoria Zwei eindrucksvolle Monumente für das alte und das neue Südafrika. S. 575 und S. 576

Gauteng ist Südafrikas kleinste Provinz und umfasst weniger als 2 % der Landesfläche, steuert jedoch ungefähr 40 % zum Bruttoinlandsprodukt bei. Fast 10 Mio. Menschen leben in der nahezu vollständig urbanisierten Region. Zwar gehören auch ein Teil der Magaliesberge im Osten sowie der goldreiche Witwatersrand im Süden und Westen zu dem Gebiet, aber die wichtigste Rolle kommt dem riesigen Ballungsraum zu, der Johannesburg, Pretoria und die darum angesiedelten, düsteren Industriestandorte mit ihren Satellitenstädten und Townships umfasst.

Obwohl es hier keine spektakuläre Natur wie beispielsweise in der Kap-Provinz oder in Mpumalanga gibt, besitzt Gauteng einen gewissen landschaftlichen Reiz. Auf der dunkelroten Erde in den Vororten und am Rand der Städte stehen seltsam geformte Felsen. Diese sogenannten *koppies* sind oft reich an wertvollen Mineralien. Im Sommer grünt und blüht es in den älteren Bezirken von Johannesburg und Pretoria: Beide gehören im internationalen Vergleich zu den Städten mit den meisten Bäumen. Und die Bewohner von Johannesburg bezeichnen ihre Stadt stolz als „größten von Menschenhand angelegten Wald der Welt" (hier stehen 10 Mio. Bäume!). Wenn im Frühling die Jacarandabäume blühen, nehmen die Satellitenfotos von Gauteng einen purpurnen Schimmer an.

Die bestimmende Rolle in Gauteng spielt **Johannesburg**. Die Ursprünge dieser Weltstadt gehen auf den Goldbergbau zurück – Gauteng bedeutet auf Sotho „Stätte des Goldes". Johannesburg ist in kaum mehr als einem Jahrhundert zu einer der größten und wohlhabendsten Metropolen Afrikas herangewachsen; es präsentiert sich heute als hektische Stadt, in der die Extreme von Reichtum und Armut in ihren stärksten Ausprägungen zuhause sind.

Sowohl bei Besuchern als auch unter Südafrikanern hat sie den Ruf eines Ortes, der besser zu meiden ist. Hat man jedoch erst einmal Geschmack an Johannesburg gefunden – dafür reichen ein paar Tage völlig aus –, wird man ihrer Energie und Lebendigkeit nicht mehr widerstehen können. Als ausgeprägt kosmopolitische und auch afrikanischste Stadt des Landes besitzt Johannesburg die berühmtesten Townships Südafrikas, die dynamischste und abwechslungsreichste Kulturszene, einige der besten Restaurants und das progressivste Nachtleben.

Ungefähr 50 km nördlich von Johannesburg liegt **Pretoria**, die würdevolle Verwaltungshauptstadt des Landes. Einst eine Hochburg der Afrikaander, ist sie heute eine bunte Stadt mit zahllosen Staatsbediensteten und Studenten aus Südafrika und der ganzen Welt. Pretoria, kleiner und relaxter als Johannesburg, ist ein interessantes wie attraktives Ziel, mit sehenswerten Museen und historischen Gebäuden.

Vom Zentrum Johannesburgs erreicht man in weniger als einer Stunde Fahrt jenen Teil der **Magaliesberge**, der bis nach Gauteng reicht und den stressgeplagten Großstädtern als Oase der Erholung dient. Man kann zwar nicht gerade behaupten, hier gäbe es „unberührte" Natur, aber die Hügel bieten doch ausgiebig Gelegenheit für Spaziergänge und Wanderungen. Wie so vieles in Gauteng, liegt auch hier das eigentlich Bemerkenswerte unter der Erde: nämlich Höhlen, unterirdische Gänge und archäologische Fundstätten, die zusammen die als Welterbe geschützte **Cradle of Humankind** bilden. Den berühmtesten Teil umfassen die **Sterkfontein Caves**, wo einige der weltweit bedeutendsten Fossilien vormenschlicher Primaten entdeckt wurden.

15 HIGHLIGHT

Johannesburg

Als im Oktober 1886 plötzlich Gold gefunden wurde, war das heutige Johannesburg nichts weiter als ein Stück verschlafenes *veld*. Heute ist es die ökonomische Triebfeder Afrikas: die sich ständig weiter ausbreitende, hektische Heimat von 8 Mio. Menschen. Obgleich größte und reichste Stadt des Landes, ist Johannesburg nie Sitz der Regierung oder landespolitischer Macht gewesen. Während der Apartheid war Jo'burg die Stadt mit dem höchsten Grad an schwarzem Widerstand und schwarzer Stadtkultur. Die späteren Freiheitskämpfer Nelson Mandela und Walter Sisulu gründeten 1952 hier die erste schwarze Anwaltskanzlei.

GAUTENG

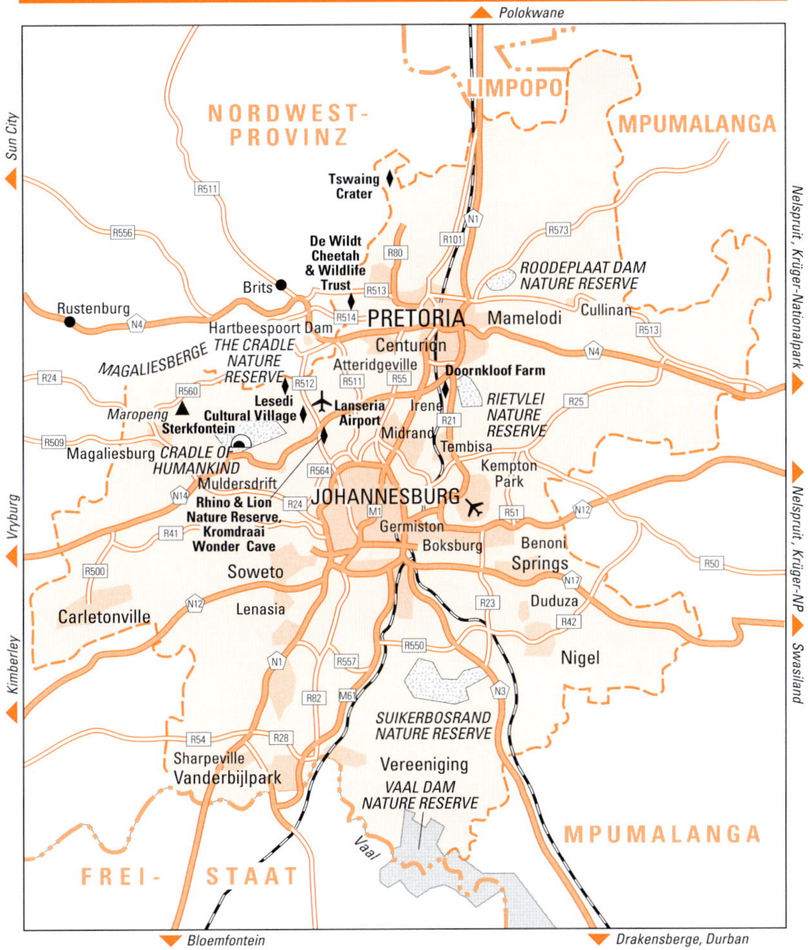

Im demokratischen Zeitalter ist Johannesburg zum Vorreiter der allmählichen Annäherung der Rassen geworden. Hier konzentriert sich die schnell wachsende schwarze Elite sowie Mittelschicht. Außerdem leben in der Stadt Angehörige zahlreicher Ethnien. Zulu und Sotho sprechende Schwarze sowie Afrikaans und Englisch sprechende Weiße bilden die Mehrheit. Bereichert wird sie von Zuwanderern aus ganz Afrika und umfangreichen indischen, farbigen, chinesischen, griechischen, jüdischen, portugiesischen und libanesischen Gemeinden. Jo'burg ist unkompliziert, laut und frech. Fremde werden schnell akzeptiert, und es herrscht eine gesellschaftliche Wärme, die viele Leute hier hält – und eben nicht nach Kapstadt zieht.

Die Unterschiede zwischen Arm und Reich sind jedoch immer noch frappierend: Während in üppig begrünten **Vororten** hinter hohen Mauern und Elektrozäunen Villen prunken, dehnen sich nur ein oder zwei Meilen entfernt davon Barackensiedlungen wie die von Hillbrow und Yeoville aus. Hier haben Hunderttausende Einwanderer, überwiegend aus Simbabwe, eine florierende, eigenständige Ghettowirtschaft auf die Beine gestellt, weil die meisten von ihnen auf dem offiziellen Arbeitsmarkt keine Chance haben.

Der innerstädtische Geschäftsbezirk, dem in den 1990er-Jahren die meisten Geschäftsleute wegen der dort herrschenden Kriminalität und Verwahrlosung den Rücken gekehrt hatten, erholt sich langsam wieder. Die Verbrechensrate geht zurück, und deshalb stellen sich auch die Investoren wieder ein. Während sich die Innenstadt berappelt, dehnt sich der Stadtrand aus. Jeden Tag wächst die Stadt ein Stück weiter Richtung Norden. Schon bald werden Johannesburg und das ursprünglich 50 km entfernte Pretoria durch einen bebauten Gürtel miteinander verbunden sein.

Die Weitläufigkeit Jo'burgs kann auf Besucher einschüchternd wirken. Mancher Reisende hat so viel Schlechtes gehört, dass er vor lauter Angst auf eine Entdeckungstour verzichtet. Er wagt sich höchstens in die sterilen, bewachten Einkaufszentren und Restaurants im Norden der Stadt und organisiert so schnell wie möglich die Weiterreise. Hat man sich aber entschieden, im eigenen Wagen oder in Begleitung eines Tourguides die Stadt zu erkunden, kann man sich der Faszination ihrer Geschichte, Vielschichtigkeit und mitreißenden Dynamik kaum entziehen.

Johannesburg besitzt faszinierende **Museen**, allen voran das Apartheid-Museum in Gold Reef City und das MuseuMAfricA in Newton, sowie ausgezeichnete Kunstgalerien. In einer Reihe von Vierteln wird eine lebendige **Café-Kultur** gepflegt, die am Abend von einer nicht minder betriebsamen Restaurantszene abgelöst wird. Die größte Leidenschaft der Johannesburger ist Shoppen. Es gibt zahllose Geschäfte für exquisite zeitgenössische afrikanische Kunst, Mode und Design. Und dann sind da noch die **Townships**, die sich am leichtesten im Rahmen einer Tour, zum Teil aber auch auf eigene Faust erkunden lassen.

Und außerdem ist Johannesburg eine Hochburg des **Sports**. Populär sind Fußball, Rugby und Cricket. Das Endspiel der Fußballweltmeisterschaft 2010 wurde in Johannesburg ausgetragen. Es fand im prächtig aufgemöbelten Soccer City Stadion in der Nähe von Soweto statt, das fast 94 000 Fans Platz bietet.

Geschichte

Die Ursprünge Johannesburgs reichen bis ins Jahr 1886 zurück. Damals entdeckte der australische Schürfer **George Harrison** die Hauptgoldader am Witwatersrand. Schon bald strömten aus allen Richtungen Goldsucher in diese ruhige Gegend Transvaals und errichteten eine Zeltstadt um den Fundort. Die Behörden in Pretoria konnten nicht umhin, in der Nähe Land zur Besiedlung auszuweisen. Man wählte hierfür ein wertloses Dreiecksgebiet, das als Randjeslaagte bekannt war und von einheimischen Bauern nicht genutzt wurde. **Johan Rissik**, der Landvermesser, gab diesem Land den Namen Johannesburg. Unklar ist, ob dies in Anlehnung an seinen eigenen Namen, den des Regierungsbeauftragten für den Bergbau, Christiaan Johannes Joubert, oder den des Präsidenten der Südafrikanischen Republik (ZAR), Paul Johannes Kruger, geschah.

Bergbaumagnaten wie Cecil Rhodes und Barney Barnato verfügten über das nötige Kapital, um die größten Goldvorkommen der Welt abzubauen. Die von ihnen 1889 gegründete **Chamber of Mines** – eine sich selbst regulierende Dachorganisation der Minenbesitzer – formulierte Regeln zur Einstellungspolitik, zu den Löhnen und Arbeitsbedingungen, um so Ordnung in das vorherrschende Chaos zu bringen. 1893 führte die Chamber zum Teil auf Druck weißer Arbeiter und mit Billigung der ZAR-Regierung eine **Rassenschranke** ein, nach der schwarze Arbeiter nur noch manuelle Tätigkeiten verrichten durften.

1895 zählte Johannesburg bereits mehr als 100 000 Einwohner. Viele davon waren keine Buren und interessierten sich nicht für die Unabhängigkeit der ZAR. Kruger und das burische Bürgertum betrachteten die *uitlanders* (Ausländer) jedoch als potenzielle Bedrohung ihrer po-

Großraum Johannesburg

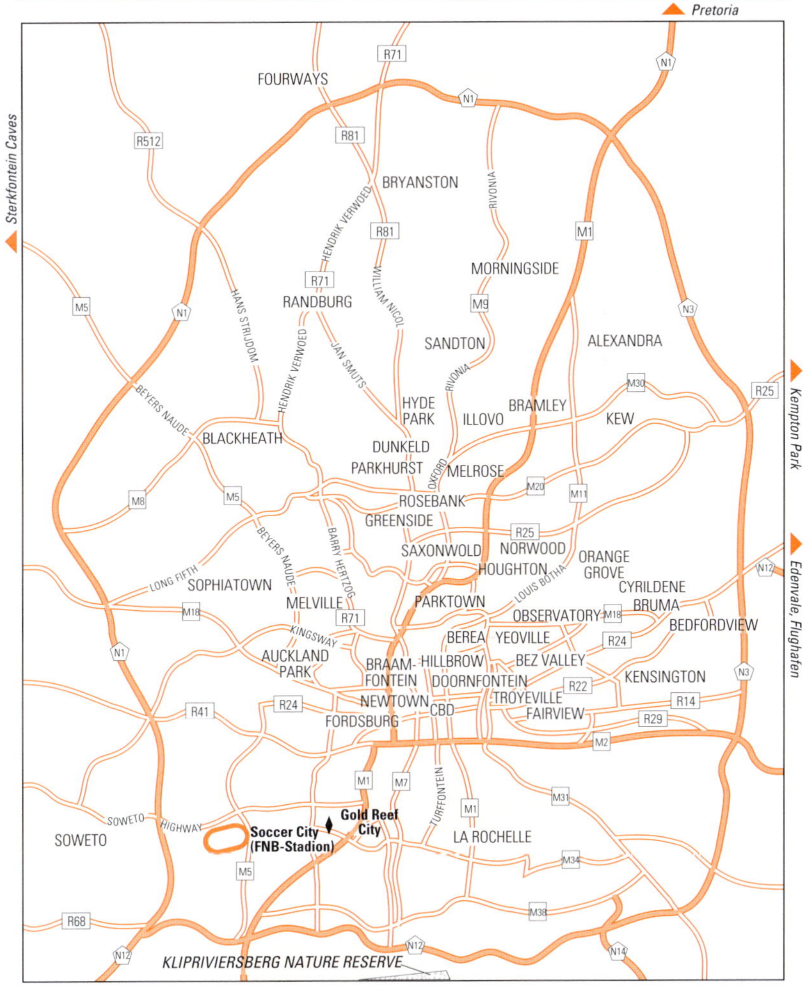

litischen Vorherrschaft und verweigerten ihnen trotz der Einnahmen, die sie der Staatskasse bescherten, das Wahlrecht. Darüber hinaus wurden Gesetze erlassen, die die Zuwanderung von Schwarzen nach Johannesburg reglementierten und die Inder zwangen, aus der Stadt in weiter westlich gelegene Gebiete zu ziehen. Schon bald entstanden am Rand von Johannesburg ausgedehnte, von zahllosen Schwarzen und Indern bevölkerte Barackensiedlungen.

Während des Zweiten Burenkriegs fiel Johannesburg 1900 an die Briten, die schon seit geraumer Zeit versucht hatten, das goldreiche Gebiet zu annektieren. Zur gleichen Zeit entstanden weitere Townships, darunter **Sophiatown** (1903) auf einem bis dahin als Klärgrube genutzten Gelände, und **Alexandra** (1905). In den nördlichen Randbezirken der Stadt brach 1904 die Beulenpest aus. Dadurch fühlten sich die Behörden legitimiert, mehrere indische und afrikanische Siedlungen niederzubrennen, darunter **Newtown**, nur wenig westlich des Zentrums.

Unterdessen organisierten sich die weißen Minenarbeiter in Gewerkschaften. In der Folge kam es häufig zu Auseinandersetzungen um Lohn und Arbeitszeit. Aber auch ihre unterbezahlten schwarzen Kollegen machten mobil und wehrten sich gegen die Vorschrift, nach der nur Weiße als Facharbeiter in Betracht kamen. Als die Chamber of Mines aus finanziellen Interessen schwarzen Arbeitern die Facharbeiterposten zugänglich machte, entluden sich die Spannungen in der **Rand-Revolte** von 1922. Die weißen Arbeiter waren außer sich. Es kam zu Straßenschlachten, die vier Tage lange andauerten. Regierungstruppen wurden zu Hilfe gerufen, um die Ordnung wieder herzustellen. Am Ende waren 200 Tote zu beklagen. Alarmiert vom geballten Protest der Weißen, verfügte Premierminister Jan Smuts die Beibehaltung der diskriminierenden Arbeitsplatzvergabe. Und in den 1920er-Jahren folgten Gesetze, mit denen die Bewegungsfreiheit der Schwarzen eingeschränkt wurde.

Während der 30er-Jahre entstand südwestlich der Stadt die Township **Orlando**, in der 80 000 Schwarze lebten. Sie bildete den Kern, um den herum sich **Soweto** entwickelte. 1945 waren 400 000 Schwarze in und um Johannesburg ansässig – eine Zunahme von 100 % in nur zehn Jahren. Im August 1946 traten 70 000 Mitglieder der schwarzen Bergarbeitergewerkschaft, der African Mineworkers Union, aus Protest gegen die Arbeitsbedingungen in den Streik. Die Regierung begegnete dem mit der Entsendung von Polizeikräften. Zwölf Bergarbeiter wurden getötet, mehr als 1000 verletzt.

1955 begann die **Zwangsumsiedlung** schwarzer Bewohner aus den innerstädtischen Gebieten Johannesburgs, insbesondere aus Sophiatown. Tausende wurden fernab des Zentrums in die neue Township Meadowlands in der Nachbarschaft Orlandos verfrachtet, und Sophiatown erhielt in einer zynischen Geste den neuen Namen „Triomf" (Triumph). In dieser Zeit etablierte sich der **ANC** (S. 100) als bedeutendste Protestorganisation der Schwarzen und verkündete im gleichen Jahr in Kliptown, Soweto, die **Freiheits-Charta**.

In den 50er-Jahren begann sich eine ausgeprägte Stadtkultur der Schwarzen von Johannesburg in den Townships zu entfalten, und in den illegal betriebenen Kneipen, den *shebeens*, wurde der neue Marabi-Jazz und sein Ableger, der muntere *kwela,* gespielt. Es war auch die Ära des *Drum Magazine*, das als Sprachrohr des gefeierten intellektuellen Township-Zeitgeistes fungierte und talentierte Journalisten wie Can Temba und Casey „Kid" Motsisi in der Stadt und in der Welt bekannt machte. Später entstand die Musikrichtung Mbaqanga, die sich durch kräftige Bässe und Melodien auszeichnet, in denen der bittersüße Charakter des Lebens in den Townships seinen Ausdruck findet.

Das mit der Bildung des **Black Consciousness Movement** (BCM) 1972 wieder erwachte schwarze Bewusstsein belebte den politischen Aktivismus neu, insbesondere unter den Schülern und Studenten Sowetos. Am 16. Juni 1976 brachen Unruhen in der Township aus, die sich über das ganze Land verbreiteten (S. 548). Der Krieg der Jugend gegen den Staat eskalierte in den 80er-Jahren. Er führte immer wieder zur Verhängung des **Ausnahmezustands.** In diesen Phasen hatte die Armee völlige Handlungsfreiheit, um die Revolte einzudämmen. Ende der 1980er-Jahre lockerte die Regierung die „kleine" Apartheid und verschloss ihre Augen bewusst vor wachsenden „Grauzonen" wie beispielsweise Hillbrow – ein weißes Viertel, in das nun Schwarze zogen.

Die drei Jahre nach der Freilassung **Nelson Mandelas** 1990 waren von politischen Gewaltakten gekennzeichnet, die bis zum Tag vor den Wahlen andauerten. Wie überall im Land verliefen die Wahlen vom 27. April 1994 jedoch ohne Zwischenfälle. Der ANC errang damals einen beachtlichen Sieg in Gauteng und konnte diesen Machtanspruch bei den Wahlen von 1999 und 2004 behaupten. Auch 2009 gewann der ANC die Provinz für sich, obwohl sich in weiten Teilen der Bevölkerung die Überzeugung breitgemacht hatte, dass die Partei ihre Versprechen nicht vollständig in die Tat umgesetzt hat.

Schwarzhäutige Menschen haben sich kontinuierlich in einflussreiche Positionen im Handel-, Finanz- und Industriesektor vorgearbeitet. Da aber immer mehr Bewohner der Townships in die Vororte umziehen, erweist sich die Infrastruktur der Stadt immer deutlicher als unzureichend. Der soziale Wohnungsbau hält mit der Nachfrage nicht Schritt, das Stromnetz ist überlastet und bricht ständig zusammen, und der Straßenverkehr ist oft höllisch, weil es kein ausreichendes öffentliches Verkehrsnetz gibt.

Orientierung

Johannesburg erstreckt sich über ein ausgedehntes, planerisch kaum durchdachtes Gebiet, das nur wenige Sehenswürdigkeiten, aber ungeheuer viele verschiedene Bezirke umfasst. Das Zentrum, der **Central Business District (CBD)**, ist das Manhattan Afrikas. Es ist ein Wald aus riesigen, hohen Bürotürmen, zwischen denen tagsüber unten auf der Straße ein geschäftiges Treiben herrscht. Der nahe **Newtown Cultural Precinct** ist *die* Adresse für die wenigen Restaurants im Zentrum mit wenigstens ein bisschen Flair und das sehr informative MuseuMAfricA.

Zuwanderer aus allen Teilen des Kontinents bevölkern die innerstädtischen Bezirke **Berea** und **Hillbrow** – normalerweise *no-go areas* für Besucher, besonders abends und nachts. Dasselbe gilt mit Einschränkungen auch für **Yeoville**, dem einst angesagtesten und integratorisch fortschrittlichsten Viertel der Stadt. Ein Plan der Innenstadt von Johannesburg befindet sich auf S. 530/531.

Die scheinbar endlosen **nördlichen Bezirke**, Hochburgen der wohlhabenden, überwiegend weißen Mittelschicht, warten mit hübschen Überraschungen auf, insbesondere **Parktown**, die ursprünglich reichste Gegend Johannesburgs, das grüne **Melville** mit schicken Straßencafés und netten Kneipen sowie **Rosebank**, eine beschauliche Gegend mit Galerien und Kunsthandwerksmärkten.

Den Archetypus unter den nördlichen Bezirken verkörpert noch weiter im Norden das wohlhabende **Sandton** mit seinen Bürogebäuden und prachtvollen Einkaufszentren. Kurioserweise trennt nur die Autobahn Sandton von einer der ärmsten Gegenden Johannesburgs – die Township **Alexandra** östlich davon. Südwestlich des Zentrums liegt die berühmteste Township der Stadt: **Soweto**. Soweto ist so riesig, dass es eigentlich eine eigene Stadt in der Stadt darstellt. Obwohl zunehmend wohlhabend und zukunftsorientiert, ist in dem Viertel immer noch die Erinnerung an den Kampf gegen die Apartheid lebendig.

Die Innenstadt

Mehr als ein Jahrzehnt kämpfte das Zentrum Johannesburgs gegen Verfall und Verbrechen. Heute wird wieder viel dafür getan, der Innenstadt neues Leben einzuhauchen. Mit der Aufgabe, die Straßen wieder sicher zu machen, ist die Central Johannesburg Partnership (CJP, 💻 www.cjp.co.za) betraut. Sie hat sogenannte City Improvement Districts eingerichtet, in denen Hausbesitzer für Dienstleistungen wie die City Ambassadors (S. 563) zahlen, um die Lebensqualität in diesen Bereichen des Zentrums zu verbessern. Darüber hinaus wird hier kräftig investiert: Straßen werden in Fußgängerzonen umgewandelt, Kunstwerke schmücken den öffentlichen Raum, der zentrale Busbahnhof Vanderbijl ist als Gandhi Square neu entstanden, und der Mary Fitzgerald Square in Newtown war Kernstück eines umfassenden Stadterneuerungsprogramms.

Mittlerweile kann man sich im Zentrum relativ sicher zu Fuß bewegen. Jüngere Meilensteine der Architektur – wie das Verfassungsgericht am Constitution Hill in Braamfontein in unmittelbarer Nachbarschaft des CBD sowie die spektakuläre Nelson Mandela Bridge von Braamfontein nach Newton – haben der Gegend etwas mehr Glanz verliehen. Es wird hoffentlich nicht mehr lange dauern, bis sich das Zentrum Johannesburgs zum Treffpunkt für Einheimische wie Besucher etabliert.

Der Parktown & Westcliff Heritage Trust, ✆ 011-482 3349, 💻 www.parktownheritage.co.za, organisiert an den meisten Samstagnachmit-

Johannesburg Zentrum

A (500 m), Zoo (1 km), St. George's Church, (50 m) ▲ Killarney, Houghton, Dolobran (200 m), ▲ Northwards

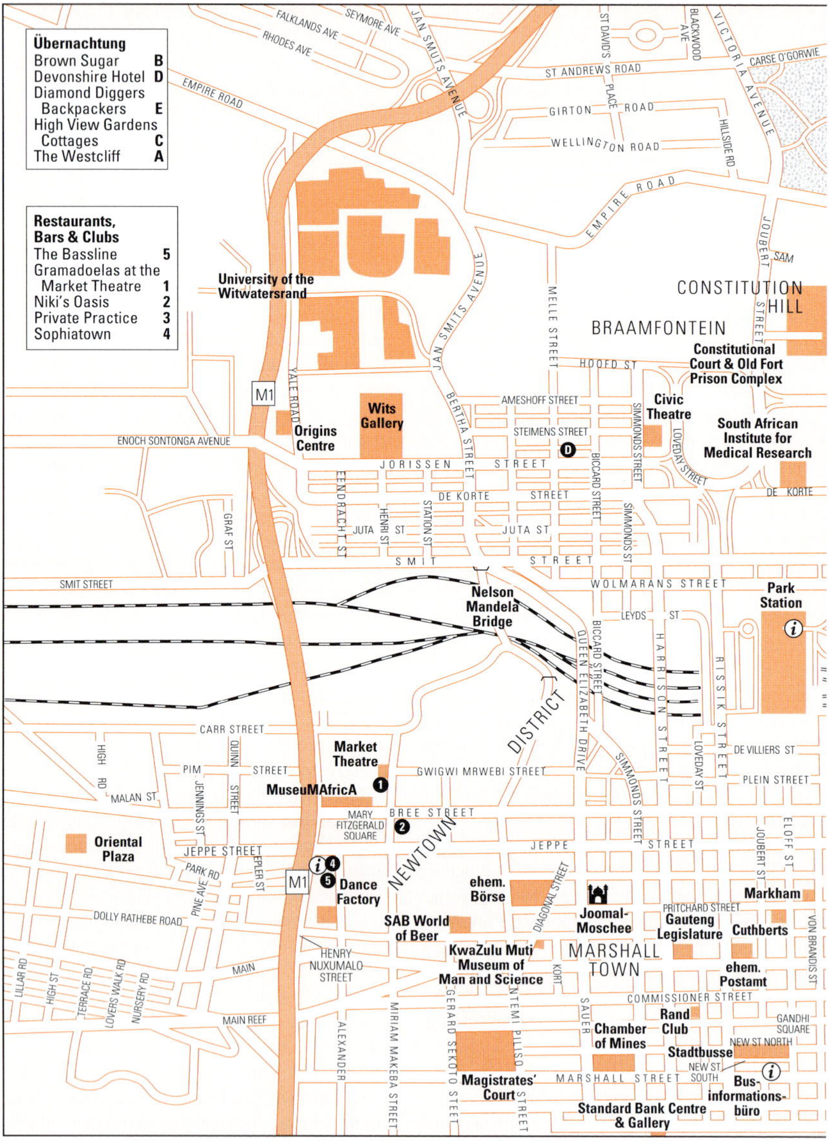

Gauteng

N
0
500 m
Mansion (400 m), Emoyeni (600 m)
The Wilds, Killarney, Houghton
Norwood, Orange Grove
B, C (1,2 km), Observatory, Cyrildene
Bezuidenhout Valley (1, 5 km)
E, Kensington
The View
Holiday Inn
Hazeldene Hall
BEREA
YEOVILLE
HILLBROW
HIGHLANDS
New Ponte
Windybrow Theatre
Johannesburg Stadium
Alhambra Theatre
JOUBERT PARK
DOORNFONTEIN
NEW DOORNFONTEIN
Johannesburg Art Gallery
St Mary's Cathedral
Park Central Taxi Terminus
Ellis Park (Coca-Cola Park Stadion)
High Court
Carlton Centre & Top of Africa
3
EMPIRE ROAD
CLARENDON PLACE
HARROW ROAD
LOUIS BOTHA AVENUE
RALEIGH ROAD
SARATOGA AVENUE
SMIT STREET
WOLMARANS STREET
MARKET STREET
COMMISSIONER STREET
FOX STREET
MAIN ST
ANDERSON STREET
FREDERICK STREET
BEZUIDENHOUT
JOHN PAGE DRIVE
SIEMERT ROAD
SIVEWRIGHT AVENUE
UPPER RAILWAY RD
LOWER RAILWAY RD

Gauteng

tagen **Stadtrundgänge** und **Bustouren** (R75–140) zu verschiedenen Zielen im Zentrum und in den Vororten. Diese behandeln verschiedene Themen (bei der Tour „City of Gold" z. B. die Bergbaugeschichte der Stadt) und sind eine gute Möglichkeit, sich mit den unterschiedlichen Bezirken dieser äußerst unübersichtlichen, aber faszinierenden Stadt vertraut zu machen. Die Touren können direkt beim Trust oder über Computicket (S. 556) gebucht werden. Das Programm ist auf der Website zu finden. 🕒 Büro Mo–Fr 9–13 Uhr.

Central Business District (CBD)

Der zentrale Geschäftsbezirk mit seinen schachbrettartig angelegten Straßen und dicht gedrängten Wolkenkratzern erstreckt sich nur wenig südlich des Höhenzugs Witwatersrand. Es ist der augenfälligste Teil der Stadt. Seit dem ersten Goldgräbercamp, das in der Umgebung der heutigen Commissioner Street errichtet wurde, schlug hier fast ein Jahrhundert lang das wirtschaftliche Herz Johannesburgs. In den 80er- und 90er-Jahren hielt dann die Kriminalität Einzug, und Geschäfte, Kunden, Restaurants und Touristen kehrten dem Zentrum den Rücken.

Als die Johannesburger Börse 1999 aus Sicherheitsgründen nach Sandton zog, galt das Zentrum praktisch als tot. Dank der langsamen Wiederbelebung der Innenstadt in den vergangenen Jahren entdeckt man bei einem Besuch des CBD Gebäude und Institutionen mit einer faszinierenden Geschichte und erlebt man den Alltag und das quirlige, laute Treiben einer echten afrikanischen Großstadt. Wer mit dem **Auto** ins Zentrum fährt, parkt am besten unter dem Gandhi Square oder im nahen Carlton Centre.

Carlton Centre und Umgebung

Als Ausgangspunkt für eine Erkundung bietet sich das etwa auf der Hälfte der Commissioner Street gelegene **Carlton Centre** an. Hier gibt es jede Menge Geschäfte und reichlich Gelegenheit, den kleinen Hunger mit einem Snack zu stillen. Hauptattraktion des 50-stöckigen Gebäudes ist die Aussichtsetage **Top of Africa**, 📞 011-308 2876, die einen atemberaubenden Panoramablick über das Zentrum Johannesburgs und darüber hinaus bietet. Das Nebeneinander von Minen und urbaner Bebauung ist unglaublich. 🕒 tgl. 9–19 Uhr, R8, Tickets gibt es auf der Ebene 100 (ein Stockwerk unter dem Erdgeschoss).

Geht man vom Carlton Centre die Commissioner Street oder die Fußgängern vorbehaltene

Gandhi in Johannesburg

Als Mahatma Gandhi 1893 nach Südafrika kam, ließ er sich in Durban nieder. Seine berühmt gewordene Philosophie stand zunächst und vor allem während seiner zehn Jahre in Jo'burg (1903–13) auf dem Prüfstand. Als Anwalt verteidigte er vor den inzwischen abgerissenen Transvaal Law Courts am heutigen Gandhi Square überwiegend südafrikanische Inder, denen Verstöße gegen die restriktiven und diskriminierenden Gesetze vorgeworfen wurden. Im Rahmen dieser Tätigkeit wandte Gandhi zum ersten Mal seine Vorstellung von **Satyagraha** (Hingabe an die Wahrheit oder gewaltloser Kampf) an und setzte dies als Mittel des Widerstands gegen die unmoralische Unterdrückung durch den Staat ein.

Gandhi selbst war zweimal zusammen mit anderen passiven Widerständlern im Fort in Braamfontein, dem heutigen Constitution Hill, inhaftiert. Einmal holte man ihn aus seiner Zelle und brachte ihn in das Büro von General Jan Smuts, um seine Freilassung auszuhandeln. Als er dann gehen durfte, musste er sich das Geld für die Bahnfahrkarte nach Hause von der Sekretärin des Generals borgen.

Gandhis Ideen fanden in den gewaltlosen Idealen der Gründer des **African National Congress** 1912 ihren Niederschlag. Vierzig Jahre später und nur wenige Jahre nach Gandhis erfolgreichem, gewaltlosem Kampf gegen die britische Vorherrschaft in Indien folgten auch die 1952 vom ANC eingeleiteten Widerstandsaktionen gegen die Passgesetze zum Großteil der Philosophie Gandhis. Im MuseuMAfricA (S. 534) gibt es Exponate über Gandhis Zeit in Jo'burg.

Fox Street ungefähr drei Straßen nach Westen und biegt dann nach Süden ab, erreicht man den **Gandhi Square**. Der Platz hieß einmal Vanderbijl Square; an düsteren Bushaltestellen hielten sich zahlreiche Kriminelle auf. Dieser Ort ist ein gutes Beispiel für die Erneuerung der Stadt. Der Hauptbusbahnhof der Stadtbusse befindet sich immer noch hier, aber heute kann man sich gefahrlos bewegen. Weil früher hier auch der Magistrate's Court stand, wo Gandhi arbeitete, lag es nahe, den Platz ihm zu Ehren umzubenennen.

Ein paar Häuserblocks nordwestlich befindet sich in der Loveday Street der grandiose **Rand Club**, ✆ 011-834 8311, der Besuchern nur nach vorheriger Anmeldung Einlass gewährt. Seit fast einem Jahrhundert treffen sich hier die Minenbosse zum Essen und Entspannen. Das heutige, 1904 fertig gestellte Gebäude ist bereits das vierte an dieser Stelle, denn es sollte jederzeit den zunehmenden Reichtum seiner Besitzer widerspiegeln. Besucher müssen die Kleiderordnung beachten: langärmeliges Hemd und schicke Hose für die Herren, keine Jeans für die Damen.

Vier Straßen weiter südlich ist in der Frederick Street die ausgezeichnete **Standard Bank Art Gallery**, ✆ 011-636 6886, in einem großen, imposanten Rundbau angesiedelt. Sie ist eine der besten Galerien für zeitgenössische südafrikanische Kunst, die dem Publikum in Wanderausstellungen präsentiert wird. ◷ Mo–Fr 8–16.30, Sa 9–13 Uhr, Eintritt frei.

Von der Haupthalle der gegenüber liegenden Zentrale der Standard Bank, 5 Simmonds St, können Besucher mit dem Aufzug hinunter zum **Ferreira Mine Stope** fahren, einem alten Bergwerksstollen, der beim Bau des Gebäudes 1986 entdeckt wurde. In der blanken Felswand sind noch Spuren von Spitzhacken zu erkennen. Eine sparsame, aber faszinierende Ausstellung beleuchtet die Entwicklung Johannesburgs. Beachtenswert sind auch die alten Sepia-Fotografien der Mine und des einstigen Johannesburgs. ◷ tgl. 8.30–17 Uhr, Eintritt frei.

Zwischen den Wolkenkratzern, gebieterischen Minenresidenzen und Bürogebäuden gibt es zahlreiche interessante Bauten, eigenwillige Fassaden und architektonische Besonderheiten zu entdecken. Dazu zählen die **Gauteng Legislature** (Parlament) in der früheren City Hall an der Market Street, Ecke Harrison Street, und das ehemalige **Postamt** eine Straße weiter östlich die Market Street entlang, Ecke Rissik Street. Es war bei seiner Fertigstellung 1897 das höchste Gebäude der Stadt und ist bis heute beeindruckend, obgleich längst andere Bauten aus späteren Jahren die Skyline beherrschen.

Den neobarocken Baustil ergänzen insbesondere im Giebelbereich skurril wirkende niederländische Elemente. Die vierte Etage sowie der Uhrenturm kamen später hinzu, sie wurden 1902 anlässlich der Thronbesteigung des britischen Königs Edwards VII. fertiggestellt. In der nahen Pritchard Street stehen **Cuthberts**, ein Kaufhaus, das 1904 als Schuhgeschäft eröffnete, und **Markham**, ein Warenhaus aus dem Jahr 1886. Zwei Blocks weiter östlich in der Pritchard Street befindet sich der **Johannesburg High Court**, einst ein verhasstes Symbol der Unterdrückung, als in diesem Gericht noch der Rand Supreme Court residierte.

Diagonal Street

Am westlichen Ende der Pritchard Street verläuft die Diagonal Street durch eine der interessantesten Gegenden des CBD. Im Schatten verschiedener Ungetüme aus Glas und Beton, darunter die ehemalige Johannesburger Börse, findet man hier Straßen mit alten zweigeschossigen Häusern, die zum Teil schon 1890 erbaut wurden. Die Straßenhändler und Geschäfte hier bieten alles Mögliche feil, z. B. *umuthi* (traditionelle Arzneien), Sotho-Decken, Paraffinstövchen und Mobiltelefone. Obgleich es zunächst nicht den Anschein haben mag, ist die Gegend relativ sicher. Das bunte Straßenbild aus tadellos gekleideten Geschäftsleuten und fliegenden Händlern verströmt ein sehr afrikanisches Großstadtflair.

Für Mutige ist das **KwaZulu Muti Museum of Man and Science**, 14 Diagonal St, ✆ 011-836 4470, eine gute Adresse. Hier werden traditionelle Arzneien verkauft, die nicht selten aus den von der Decke hängenden, getrockneten Tierhäuten hergestellt werden. Wer nicht aufpasst, kann in ein herabbaumelndes Paar Straußenfüße laufen oder sich den Kopf an ein paar Affenschädeln stoßen. ◷ Mo–Fr 7.15–17, Sa 7.15–13 Uhr.

Newtown

Am westlichen Rand des CBD erstreckt sich zwischen der Diagonal Street und der als Hochtrasse verlaufenden Autobahn M1 Newtown. Es ist ein Sanierungsgebiet, wo in Nachbarschaft zu verfallenen Fabriken und Ödland einige der interessantesten kulturellen Einrichtungen der Stadt zu finden sind. Mit der fantastischen, 2004 fertiggestellten Nelson Mandela Bridge hat der Bezirk jetzt eine schnelle Verbindung in die nördlichen Bezirke. Die Hauptattraktion von Newton ist der **Cultural Precinct**, ein Musik- und Theaterkomplex, in den viel Geld investiert wurde, um ihn für Besucher am Tag wie auch in der Nacht zu einem ungefährlichen kulturellen Treffpunkt zu machen.

Herzstück des Ganzen ist das ausgezeichnete **MuseuMAfricA**, Mary Fitzgerald Square, 121 Bree St, ✆ 011-833 5624, in der ehemaligen Obst- und Gemüsemarkthalle. Die Dauerausstellungen sowie die zahlreichen wechselnden Exponate sind unbedingt einen Besuch wert. Den größten Zulauf hat der Ausstellungsbereich **Sounds of the City**. Die lebensnahe Präsentation umfasst u. a. Nachbildungen von Hütten und *shebeens* in Sophiatown, Heimat berühmter Musiker wie Hugh Masekela und Miriam Makeba, und es werden die verschiedenen Musikstile vorgestellt, die in den 1950er-Jahren in dieser Township entstanden. In einem Nebenraum lohnt ein Rundgang durch die Ausstellung **Tried for Treason**, die den Hochverratsprozessen (1956–61) gewidmet ist. Damals wurden 156 Menschen, darunter auch Nelson Mandela und viele bekannte ANC-Aktivisten aller Rassen, der Konspiration gegen den Staat angeklagt. ◷ Di–So 9–17 Uhr, Eintritt frei.

Am östlichen Ende des Gebäudes befindet sich der Eingang zum berühmten **Market Theatre** (S. 558), das sich in den letzten rund 35 Jahren als oftmals wegweisende Theaterinstitution ausgezeichnet hat. In der Nähe liegen nette Geschäfte, und es gibt viele Möglichkeiten, Hunger und Durst zu stillen. Das Kulturangebot setzt sich südlich der Jeppe Street weiter fort mit Jo'burgs bester Konzertbühne, The Bassline (S. 557), und der Veranstaltungs- und Probenbühne **Dance Factory**, Schauplatz des alljährlichen Arts Alive Festival (S. 557, Kasten).

In der **South African Breweries (SAB) World of Beer**, President St, Ecke Gerard St, ✆ 011-836 4900, 💻 www.worldofbeer.co.za, kann man im Rahmen einer 90-minütigen Führung Einblick

Die neue Nelson Mandela Bridge verbindet Newtown mit den nördlichen Bezirken.

in 6000 Jahre Braugeschichte gewinnen und etwas über die allernorts ausgeschenkte, leichte und sprudelige Biersorte Castle Lager erfahren. Zu sehen sind rekonstruierte Kneipen aus der Goldgräberzeit und eine *shebeen* aus den 1960er-Jahren, außerdem ein Gewächshaus mit Gerste- und Hopfenpflanzungen sowie der Tap Room, eine Bar, von deren Balkon das Treiben auf der Straße beobachtet werden kann. ◷ Di–Sa 10–18 Uhr, Eintritt R25.

Weiter südwestlich gelangt man jenseits der President und Main Street zum ehemaligen **John Vorster Square**. Hier steht die berühmt-berüchtigte Hauptwache der Johannesburger Polizei, wo Anti-Apartheids-Aktivisten festgehalten und gefoltert wurden und einige durch einen „Sprung" aus dem 10. Stock den Tod fanden. Weiter westlich, dort wo die Jeppe Street unter der Hochtrasse der M1 hindurchführt, kann man die noch verbliebenen Reste des alten indischen Viertels erkunden.

Am Ende der geschäftigen Straße liegt die **Oriental Plaza**, ein sehr beliebter indischer Einkaufskomplex, wo es von Stoffen bis hin zu Gewürzen alles Mögliche zu kaufen gibt und das Feilschen Volkssport ist. Viel mehr ist von der einst blühenden indischen Gemeinde in Newtown nicht mehr übrig: 1904 wurde sie zum Großteil zwangsumgesiedelt, um Platz für Weiße zu schaffen.

Joubert Park

Das östlich der Park Station gelegene Viertel Joubert Park ist nach General Piet Joubert benannt, der bei den Wahlen der Südafrikanischen Republik 1883 Paul Kruger unterlag. Es ist eine Gegend, die den einzigen innerstädtischen Park beherbergt und als gefährlich gilt. Empfohlen sei hier nur die **Johannesburg Art Gallery**, ✆ 011-725 3130, ein elegantes, größtenteils aus dem 19. Jh. stammendes Gebäude (über die King George Street zugänglich), in dem eine der progressivsten Galerien des Landes untergebracht ist. Gezeigt werden u. a. die enormen, bis zur Decke aufragenden Holzskulpturen des fantasiegewaltigen Venda-Künstlers Jackson Hlungwani.

In anderen Museumsbereichen wird eine wilde Mischung afrikanischer Kunst und Artefakte präsentiert, deren Spannbreite von zeremoniellen Gegenständen bis zu rein dekorativen Objekten reicht. Außerdem gibt es eine Reihe europäischer Gemälde zu sehen, darunter von unbekannteren holländischen Meistern; auch die Sonderausstellungen sind in der Regel hervorragend. Details zum laufenden Programm stehen im *Mail & Guardian*. ◷ Di–So 10–17 Uhr, Eintritt frei.

Zentrale Bezirke

Um den Central Business District gruppieren sich verschiedene Bezirke, die sich aufgrund der hohen Fluktuation und des raschen Wandels der Bevölkerungsstruktur im kontinuierlichen Umbruch befinden. Einige dieser Gegenden, insbesondere **Hillbrow**, **Berea** und **Yeoville**, waren einst die „Grauzonen" Johannesburgs, in denen die Apartheid in den 1980er-Jahren zuerst zu bröckeln begann. Die Polizei ließ die Schwarzen gewähren, die damals zahlreich aus den Townships in diese eigentlich von Weißen bewohnten Gebiete zogen.

Die Weißen haben diese Stadtteile – mit Ausnahme des schattigen Wohnviertels Observatory östlich von Yeoville – inzwischen zumeist verlassen, und stattdessen haben sich Zuwanderer aus ganz Afrika hier niedergelassen. Der hektische Straßenalltag von Yeoville, Berea und Hillbrow kann sehr spannend sein, aber nach Einbruch der Dunkelheit sollten diese Gegenden gemieden werden, und Erkundungstouren am Tag unternimmt man am besten mit einem ortskundigen einheimischen Guide.

Braamfontein

Der Verkehrsknotenpunkt Park Station ist nicht der einzige Grund für einen Abstecher nach Braamfontein, das sich vom Hauptbahnhof nach Norden bis zur Empire Road erstreckt. In dem Viertel ist nämlich auch eine Touristenattraktion angesiedelt: **Constitution Hill** an der Ecke Joubert und Sam Hancock Street, ✆ 011-381 3100, 💻 www.constitutionhill.org.za, ◷ Mo–Fr und So 9–17, Sa 10–15 Uhr, Eintritt R22.

Seit 2003 ist hier der Constitutional Court ansässig, der oberste Gerichtshof von Südafrika. Wer sich für Jura oder Politikwissenschaft interessiert (und gut Englisch kann), sollte mal während einer Anhörung herkommen: Das Gericht hat die schwierige Aufgabe, den Balanceakt zwischen Gewohnheitsrechten und der schwierigen Realität eines Staates, der für ihre Einhaltung kämpft, zu meistern. Im Gerichtsgebäude sind mehr als 200 zumeist hervorragende ältere und neue südafrikanische Gemälde und Skulpturen ausgestellt. Sie allein lohnen schon einen Besuch.

Unweit vom Constitutional Court befindet sich das Gefängnis **Old Fort**. Das Fort wurde während des Zweiten Burenkriegs von Paul Kruger zum Schutz gegen die Engländer und zur Überwachung der Goldmine im Dorf errichtet und später in ein Gefängnis umgewandelt. Hier wurden während der Apartheid schwarze Männer eingesperrt und gefoltert, wenn sie gegen eines der rassistischen Gesetze verstoßen hatten oder für deren Abschaffung eingetreten waren. Im Gebäude **Number Four** sind sowohl Mahatma Gandhi als auch Robert Sobukwe, der Anführer des Pan-Africanist Congress, festgehalten worden. Besucher können die Zelle besichtigen, in der Mandela nach seiner Verhaftung 1962 kurzzeitig eingesperrt war.

In der Nähe befindet sich das **Frauengefängnis** (Women's Jail). In dem 1910 erbauten, eleganten edwardianischen Gebäude waren schwarze und weiße Gefangene in getrennten Abteilungen untergebracht. Die bekannte Giftmöderin Daisy de Melker erwartete hier ihre Todesstrafe, aber auch wichtige politische Persönlichkeiten wie Winnie Madikizela-Mandela, Albertina Sisulu, Helen Joseph und Ruth First lernten die Zellen von innen kennen. Ab den 1950er-Jahren handelte es sich bei den meisten Gefangenen um Frauen, die gegen die Passgesetze verstoßen hatten. Das änderte sich erst, als diese groteske Form der Repression (die systematische Bewegungseinschränkung der schwarzen Bevölkerung) 1986 aufgehoben wurde.

Im **Visitor Centre** vor Number Four in einem ehemaligen Stall für Polizeipferde (Zugang über eine kleine Straße bei der Kreuzung von Hoofd und Joubert Street), erhält man Informationen und kann Führungen durch den Hill und das Gerichtsgebäude buchen. Das symbolträchtige Gerichtsgebäude und der Gefängniskomplex zeugen von der noch längst nicht abgeschlossenen Wandlung des Landes. Besondere Betonung erfährt hier der Stolz der Südafrikaner auf ihre neue Verfassung und die darin verankerten demokratischen Rechte.

Andere interessante Sehenswürdigkeiten sind das **Civic Theatre**, zwischen Simmons Street und Loveday Street, das zu den besten Bühnen für Theater, Musical und Tanz in der Stadt gehört (S. 558), und die **University of the Witwatersrand**, auch kurz „Wits" genannt, in der nordwestlichen Ecke Braamfonteins. Der ausgedehnte, hübsche Campus umfasst beeindruckende neoklassizistische Gebäude und terrassenförmige Gartenanlagen.

Über den Eingang an der Yale Road gelangt man zum recht neuen **Origins Centre**, ✆ 011-717 4700, 💻 www.originscentre.co.za. Das Museum beleuchtet zunächst anhand von Filmen und Gegenständen die afrikanischen Ursprünge der Menschheit und konzentriert sich dann vor allem auf die Glaubensvorstellungen, Traditionen und Felskunst der San (s. Kasten S. 464). Besonders Reisenden, die später die Felskunststätten im Ukhahlamba Drakensberg in KwaZulu-Natal erkunden möchten, bietet das Museum einen guten Überblick. 🕓 Mo–Do 9–18, Fr 9–20, Sa und So 9–17 Uhr, Eintritt R45.

Interessant ist auch die **Wits Gallery** im Erdgeschoss des Senate House in der Jorissen St, ✆ 011-717 1365. Die Galerie beeindruckt mit einer umfangreichen Sammlung an Kunst aus West- und Zentralafrika. Besuche nur nach Vereinbarung, Eintritt frei. Für den Zugang zum Senate House ist ein Ausweis nötig.

Hillbrow, Berea und Yeoville

Nördlich vom Joubert Park verläuft die Smit Street. Sie bildet die Grenze zum berüchtigten Hillbrow, das bis auf den letzten Quadratzentimeter mit Apartmenthochhäusern bebaut ist. Neuankömmlinge in Jo'burg hat es immer zuerst nach Hillbrow gezogen. Direkt nach dem Zweiten Weltkrieg waren Engländer, Italiener und osteuropäische Juden die Haupteinwanderer, heute sind es Afrikaner aus allen Ecken des Kontinents, die in Scharen hierher ziehen.

Es herrscht eine überwältigend panafrikanische Atmosphäre, nicht zuletzt durch die Musik aus Lagos, Harare und Kinshasa, die aus den Bars und Clubs und von den Märkten an den Hauptstraßen dröhnt. Im Gegensatz zu den Hauptstraßen, die vor Leben geradezu sprühen, ist die Szenerie in den zahllosen Seitenstraßen ausgesprochen trostlos. Vor billigen Spelunken lungern oft Drogendealer herum. Für Touristen gilt das Viertel in weiten Teilen als *off limits.* Der Besuch ist nur in Begleitung eines ortskundigen Einheimischen ratsam. Eines der wenigen Gebäude, die einen Blick lohnen, ist das bezaubernde, im Tudor-Stil gehaltene **Windybrow Theatre** in der Nugget Street.

Wer im Viertel unterwegs ist, sollte im nahe gelegenen Berea Ausschau nach der berühmtesten Mietskaserne des Vororts halten: **New Ponte**, früher auch als Ponte City oder „Le petit Kinshasa" bekannt, ist ein 173 m hohes rundes, von weitem sichtbares Apartmenthochhaus, in dem viele kongolesische Einwanderer wohnten – ein steinerner Zeuge der Apartheid, ein Relikt der auf Gold gegründeten Wirtschaftswunderzeit in den frühen 1970er-Jahren. Heute ist das Gebäude eine bessere Wohnadresse mit Geschäften, Restaurants und Wellness-Center.

Yeoville, jenseits der Harrow Road und östlich von Berea, und vor allem seine Hauptstraße Rockey Street galt lange Zeit als Schmelztiegel, in dem sich die weiße Bohème mit progressiven Schwarzen vermischte. Genau wie in Hillbrow und Berea sind die meisten Weißen allerdings inzwischen fortgezogen.

Nördliche Bezirke

Sicherheit, Wohlstand sowie eine Fülle von Geschäften und Restaurants zeichnen den CBD und die nördlichen Bezirke aus. Darunter fällt praktisch das gesamte Gebiet, das in seiner schier endlosen Ausdehnung mehr als 30 km von Parktown über die N1-Ringautobahn hinweg bis nach Midrand reicht, das sich seinerseits immer weiter in Richtung der südlichen Peripherie von Pretoria erstreckt. Mit Ausnahme von Alexandra ist dies eine begüterte Region, in der edle Einkaufszentren und gepflegte Parks nicht selten die einzigen Treffpunkte darstellen und die Mehrzahl der Anwesen festungsartig durch hohe Mauern, Eisentore und Elektrozäune von der Außenwelt abgeschnitten liegen. Abgesehen von dem oftmals schier unglaublichen Reichtum sind auch die Zentren von Melville, Rosebank und Parkhurst interessant. Da die meisten Bezirke nahe großer Durchgangsstraßen liegen, lassen sie sich am besten mit dem Auto erkunden.

Parktown

Trotz der Nähe zu Hillbrow, das nur einen Steinwurf südöstlich der Empire Road liegt, hat diese älteste Nobelwohngegend Johannesburgs ihren exklusiven Status bis heute aufrechterhalten können. Als erste ließen sich Sir Lionel Philips, der Präsident der Bergwerkskammer, und seine Frau Florence hier nieder. Sie suchten ein Domizil, von dem aus sie die Magaliesberge – und nicht die Minen – sehen konnten. So ließen sie 1892 auf dem Grund der damaligen Braamfontein Farm ein Haus errichten. Das übrige Gelände wurde mit Eukalyptusbäumen bepflanzt und bildete den sogenannten Sachsenwald Forest, von dem ein Teil später an den Johannesburger Zoo überging. Das noch verbliebene Land wurde 1925 gerodet, um weitere Wohnhäuser entstehen zu lassen.

Der vorrangige Reiz Parktowns liegt in seiner unverwechselbaren **Architektur**, die zum großen Teil auf Sir Herbert Baker (S. 538) zurückgeht. Mit der Ankunft Bakers im Jahr 1902 hielt vor allem in diesem Bezirk ein Stil Einzug, von dem die opulenten Anwesen in den Straßen Parktowns bis heute zeugen. Der Parktown & Westcliff Heritage Trust (S. 529) bietet manchmal, vor allem samstagnachmittags, **Führungen** zu bedeutenden Gebäuden in Parktown an. Im Rahmen des ebenfalls vom Trust organisierten **Heritage Weekend** am 2. Wochenende im September finden weitere Führungen und Veranstaltungen statt, in deren Mittelpunkt die Anwesen in Parktown stehen. Beim Trust gibt es auch eine preiswerte Broschüre für einen Rundgang auf eigene Faust, allerdings ohne Zutritt zu den Häusern.

Sir Herbert Baker

Südafrikas berühmtester Architekt, Sir Herbert Baker, wurde 1862 in Kent, England, geboren. Mit 17 Jahren begann er eine Ausbildung bei einem Verwandten und besuchte dann die Royal Academy sowie die Architectural Association, wo er jene Kontakte knüpfte, die er in späteren Jahren geschickt zu seinem Vorteil nutzen sollte. Als Baker England 1892 Richtung Kap verließ, war er bereits ein Anhänger des neuen, sogenannten Free Style, der sich durch einen oftmals bizarren, im Wesentlichen jedoch historisierenden Eklektizismus auszeichnete. Die in Bakers Bauten wiederkehrenden Einflüsse waren vor allem jene der italienischen Renaissance und mittelalterlichen Architektur Kents.

Am Kap lernte Baker **Cecil Rhodes** kennen. Dank der intensiv gepflegten Bekanntschaft konnte sich Baker als architektonisches Schwergewicht im Land etablieren. 1899 brach der Zweite Burenkrieg aus, und Rhodes, der den Sieg der Briten als sicher erachtete, entsandte Baker zum Studium der klassischen Architektur nach Italien und Griechenland, um sodann ein Südafrika mit britisch-imperialen Bauwerken entstehen zu lassen. Baker kehrte tief beeindruckt nach Südafrika zurück und wurde von **Lord Alfred Milner**, dem Verwalter des besiegten Transvaal, mit der Umsetzung der Träume Rhodes' beauftragt. Baker nahm die Herausforderung begeistert an und machte sich zunächst an die Wohnhäuser der jungen, in der Mehrzahl in Oxford und Cambridge ausgebildeten Männer, die Milner ins Land geholt hatte, um die typisch britische Vorstellung des *good governance* ins besiegte Transvaal zu bringen. So entstanden die **Anwesen von Parktown**, prachtvolle Gebäude, die die Straßen von Jo'burgs wohlhabendstem Viertel säumten. Getreu seiner in England gewonnenen architektonischen Auffassung leitete Baker einheimische Handwerker an und benutzte für die Errichtung der Gebäude Material aus der Region. Er war der erste, der hiesiges *koppie*-Gestein verwendete und dadurch selbst unspektakulären Entwürfen eine ausdrucksstarke Erscheinung verlieh.

Zu Bakers bedeutendsten öffentlichen Bauten gehören die **St George's Cathedral** in Kapstadt, das **South African Institute for Medical Research** in Jo'burg sowie die **Union Buildings** in Pretoria, die mehr als jedes andere Bauwerk den imperialen britischen Traum verkörperten – erbaut an einem Standort, der aufgrund seiner Ähnlichkeit zu dem der Akropolis in Athen gewählt worden war. 1913 verließ Baker Südafrika, um im indischen Neu-Delhi die Secretariat Buildings zu bauen. Nach deren Fertigstellung kehrte er nach England zurück und arbeitete in London an der Errichtung des South Africa House am Trafalgar Square. Baker wurde 1923 zum Ritter geschlagen, starb 1946 und wurde in der Westminster Abbey beigesetzt.

Als Ausgangspunkt für eine Entdeckungstour empfiehlt sich die **Ridge Road**, nördlich des Randjeslaagte Beacon, dem nördlichsten Punkt des alten Johannesburg. Hier steht das Holiday Inn, ein massiver Komplex, der ab 1900 von Lord Alfred Milner als Gouverneursresidenz genutzt wurde. Die schönsten Häuser der Umgebung sind die 1902 erbaute **Hazeldene Hall** mit aus Glasgow importierten gusseisernen Geländern und **The View**, ein 1897 errichtetes Gebäude mit geschnitzten Holzveranden und einer eleganten Backsteinfassade.

Nördlich der Ridge Road folgt die York Road einer Linkskurve und wird zur Jubilee Road, an deren Nordseite weitere Bauten Aufmerksamkeit verdienen. Besonders beeindruckend ist hier das 1905 erbaute, dem Queen Anne Style nachempfundene **Emoyeni**, 15 Jubilee Road. Aus demselben Jahr stammt das **Dolobran**, Jubilee Road, Ecke Victoria Avenue, ein skurriles wie imposantes Gebäude mit einer traumhaften Veranda, wundervollen Ziegelschornsteinen, einem roten Ziegeldach sowie extravaganten bunten Glasfenstern.

Jenseits der verkehrsreichen M1 erreicht man die **Rock Ridge Road** mit dem 1904 von Sir Herbert Baker erbauten **Northwards Mansion**, Sitz des Parktown Trust. Zu Bakers eigenem Anwesen Haus Nr. 5 gibt es von der Straße leider keine Zugangsmöglichkeit. In der parallel verlau-

Johannesburg
Nördliche Bezirke

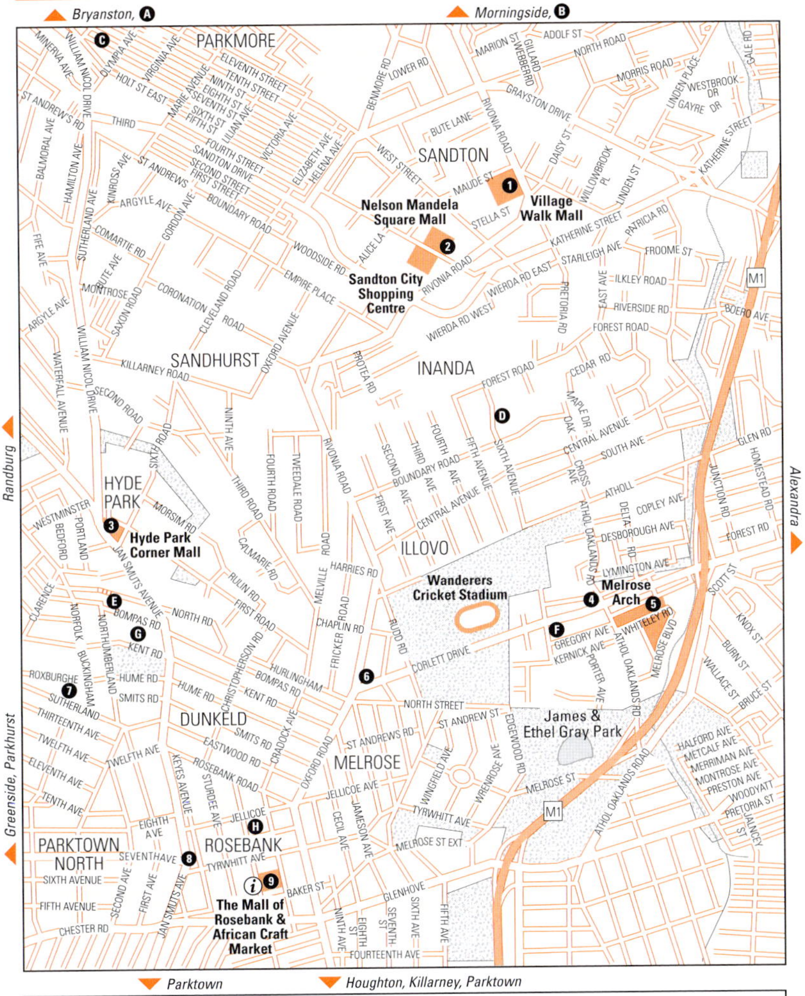

Übernachtung

Backpackers' Ritz	E	Sandton Lodge Bryanston	A
Claire's of Sandton	C	Sandton Lodge Inanda	D
The Grace in Rosebank	H	Sandton Lodge Rivonia	B
Premiere Classe Suite Hotel	F	Ten Bompas	G

Restaurants, Cafés, Bars & Clubs

2 Thai 4	4	Osteria Tre Nonni	7
The Blues Room	1	Parea	6
Moloko	8	The Red Chamber	3
Montego Bay	2	Tsunami	9
Moyo	5		

Gauteng

fenden Sherborne Road können jedoch Bakers **St George's Church** und das Pfarrhaus bewundert werden. Beide vereinen südenglische und italienische Elemente und wurden aus hiesigem Stein errichtet.

Johannesburg Zoo und Houghton

Ungefähr 2 km nördlich von Parktown ist abseits der Jan Smuts Avenue der **Johannesburg Zoo** angesiedelt, ✆ 011-646 2000, 💻 www.jhbzoo.org.za. Er beherbergt zahllose Tierarten, darunter Eisbären, Gorillas und Nashörner. Obwohl in letzter Zeit versucht wurde, ihn etwas attraktiver zu machen, umgibt ihn noch immer eine etwas traurige Atmosphäre. Vor Jahren geriet der Zoo in die Schlagzeilen, als sich ein flüchtender Krimineller dem Zugriff der Polizei durch einen Sprung über die Zoomauer zu entziehen versuchte. Er landete im Gehege von Max dem Gorilla. Die Begegnung brachte dem wütenden Affen eine Schussverletzung ein, der Übeltäter wurde mit tiefen Bisswunden ins Krankenhaus eingeliefert. ⏲ tgl. 8.30–17.30 Uhr, Eintritt R38.

Von größerem Interesse dürfte das benachbarte **National Museum of Military History**, ✆ 011-646 5513, 💻 www.militarymuseum.co.za, sein. Zwischen Panzern, Waffen und Uniformen wird auch dem bewaffneten Flügel des ANC, **Umkhonto we Sizwe (MK)**, Raum zugestanden, die anderen Befreiungsarmeen glänzen jedoch durch Abwesenheit. Das Hauptaugenmerk der Ausstellung richtet sich auf den MK-Führer Joe Modise, den ersten schwarzen Verteidigungsminister nach dem Ende der Apartheid. ⏲ tgl. 9–16.30 Uhr, Eintritt R22.

Gegenüber dem Zoo liegt westlich der Jan Smuts Avenue der künstlich angelegte Zoo Lake. Der dazugehörige Park ist ein beliebter und sicherer Ort für Spaziergänge oder ein Picknick und dient gelegentlich als Schauplatz verschiedener Veranstaltungen im Freien, darunter ein ganztägiges Musikspektakel im Rahmen des alljährlich im September stattfinden Arts Alive Festivals (S. 557, Kasten). Man kann ein Ruderboot mieten und über den See schippern. Ausgezeichnete afrikanische Küche gibt's im Restaurant **Moyo** am Ufer, das Tische drinnen und draußen, Live-Acappella-Sängerinnen und eine Menge ruhige, schattige Essecken hat.

Einige Kilometer östlich des Zoos gelangt man nach **Houghton**, eine der reichsten und grünsten Gegenden Johannesburgs. Nelson Mandela bewohnt hier eine große weiße Villa. Sie wurde nach seiner dritten Frau, Graça Machel, benannt und ist auch unter dem Namen Casa Graça bekannt. Bemerkenswert ist, dass Houghton der einzige Wahlkreis des Landes war, der zwischen 1961 und 1974 mit Helen Suzman eine Apartheidsgegnerin ins Parlament entsandte.

Melville, Emmarentia, Auckland Park und Richmond

Das westlich von Parktown zwischen den beiden großen Verkehrsadern Barry Hertzog Avenue und Beyers Naude Drive gelegene **Melville** ist der entspannteste und reizvollste der nördlichen Bezirke. Geschäfte und Cafés sind nicht wie andernorts häufig in seelenlosen Einkaufszentren versteckt, sondern säumen die Straßen und sorgen für erfrischende Lebendigkeit. Am interessantesten ist die Umgebung rund um die Kreuzung Seventh Street und Fourth Avenue, wo man einladende Cafés, schicke Restaurants, Antiquariate, Buchläden, Kunstgalerien und Antiquitätenhändler findet. Auch in der Seventh Street selbst, der Hauptstraße des Viertels, gibt es Geschäfte sowie Restaurants, Bars und Clubs für jeden Geschmack. Außerdem ist geplant, die Straße abends für den Verkehr zu sperren, sodass Geschäfte und Restaurants sich auch draußen ausbreiten können.

Im Norden von Melville erstreckt sich in Emmarentia die hügelige Landschaft des reizvollen **Melville Koppies Nature Reserve**, ✆ 011-482 4797, 💻 www.mk.org.za. Dort gibt es Hunderte einheimische Pflanzen- und Tierarten und Reste alter Siedlungen aus der Stein- und Eisenzeit. Diese Siedlungen liegen in **Melville Koppies Central** (Eingang in der Judith Road gegenüber vom Marks Park, ⏲ sonntagvormittags oder -nachmittags für drei Stunden, Zeiten auf der Website; Eintritt per empfohlener Spende von R20). Die anderen beiden Teile des Reservats

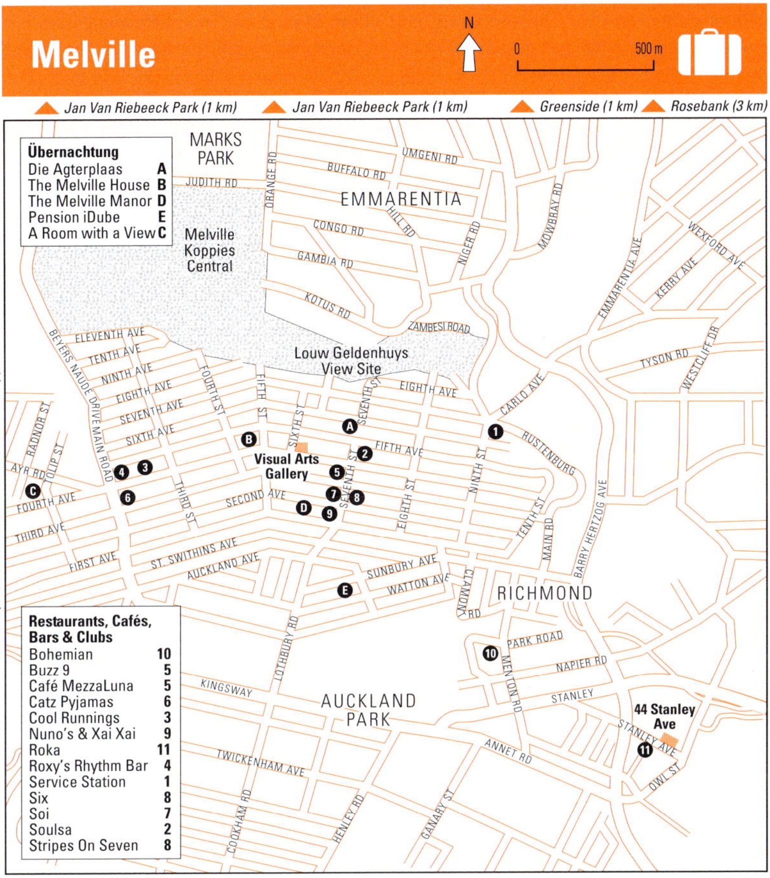

sind täglich von Sonnenauf- bis Sonnenuntergang geöffnet.

Hauptattraktion in **Melville Koppies East**, zu erreichen über die Zambesi Road, ist der **Louw Geldenhuys View Site** mit herrlicher Aussicht auf Johannesburg. Im Bereich **Melville Koppies West** befinden sich gute Wanderpfade. Hierher folgt man der Ayr Road (die von der Main Road in Melville abzweigt), die dann zur Korea und später Arundel Road wird, und dann geht's rechts in die Sackgasse Third Avenue.

Noch etwas weiter nördlich liegt der **Jan van Riebeeck Park**, ein lang gestrecktes, über mehrere Kilometer nach Norden und Westen reichendes Parkareal, in dessen nordöstlicher Ecke der **Johannesburg Botanic Garden**, ✆ 011-782 7064, beheimatet ist. Abgesehen vom Emmarentia Dam, einem beliebten Gewässer für Paddel- und Ruderausflüge sowie Picknicks, lockt der Botanische Garten mit seinen weiten offenen Flächen und sicheren Wegen vor allem Jogger und Spaziergänger an. Das Botanische am Garten spielt eher eine untergeordnete Rolle – immerhin gibt es in der Nordostecke ein paar hübsch angelegte Kräuter- und Rosengärten. Der winzige Shakespeare Garden wird häufig als Veranstaltungsort für Theaterstücke und Konzerte in kleinerem Rahmen genutzt, Informationen hierzu stehen in der lokalen Presse. ⌚ tgl. 8–17 Uhr, Eintritt frei.

Rund um Melville liegen andere Wohnviertel wie **Auckland Park** und **Richmond** (beide im Süden), die an sich nicht sonderlich interessant sind, wo es aber ein paar interessante Clubs mit Livemusik gibt.

Sophiatown

Westlich von Melville liegt das architektonisch zwar wenig ansprechende, aber für die Geschichte der Apartheid umso bedeutendere Gebiet von Sophiatown. Hier arbeitete in den 1950er-Jahren **Erzbischof Trevor Huddleston**, jener englische Geistliche, der die Anti-Apartheids-Bewegung begründete. Über viele Jahre war Sophiatown eine der wenigen Gegenden innerhalb der Stadt, in der Schwarze Grundstücke erwerben durften. Dadurch entwickelte sich das Viertel zu einem Zentrum von Kultur, Jazz, Literatur und Journalismus und radikalen politischen Ansichten.

In den 1960er-Jahren erklärte die Regierung das Gebiet zum Siedlungsgebiet für Weiße und rückte mit Bulldozern an. Die Einwohner wurden ungeachtet ihres Rechtsanspruchs auf das Land nach Soweto zwangsumgesiedelt. Sophiatown erhielt nicht ohne Ironie, wenn nicht gar in weiser Voraussicht, den Namen „Triomf", der bis heute auf vielen Karten und Schildern zu finden ist. Von dem ursprünglichen Bezirk sind nur noch ein Haus und die anglikanische Kirche **Christ the King** übrig, von der aus Trevor Huddleston sein Amt ausübte. Nach seinem Tod 1998 wurde seine Asche aus London nach Sophiatown überführt und hier verstreut.

Rosebank, Melrose, Hyde Park, Parkhurst, Geenside, Norwood und Orange Grove

Das kleine **Rosebank**, ein paar Kilometer nördlich des Zoos, beherbergt eines der ansprechendsten Einkaufszentren von Johannesburg, den **African Craft Market** und einige **Kunstgalerien** (siehe „Einkaufen" S. 559). Richtung Norden schließen sich die beiden schicken Vororte Melrose und Hyde Park mit weiteren Einkaufszentren an.

Etwas westlich von Rosebank und dem hübschen, aber verschlafenen alten Vorort Parktown North erreicht man **Parkhurst**, das zusammen mit Melville eine der wenigen Gegenden im Norden mit einem nennenswerten Straßenleben ist, vor allem in der Umgebung der Fourth Avenue. Hier gibt es Antiquitätengeschäfte und Designerläden sowie schicke Cafés und Restaurants.

Westlich von Parkhurst befindet sich **Greenside**, ebenfalls ein angesagtes Viertel, wo man gut essen kann. **Norwood**, östlich von Rosebank, ist ein schicker Vorort. Seine Hauptstraße Grant Avenue verwandelt sich am Wochenende in einen quirligen Restaurant- und Clubbingstrip. Im Süden von Norwood, am Ende der chaotischen Louis Botha Avenue, liegt **Orange Grove**. In diesem alten Wohnviertel gibt es spannende Secondhand-Möbelgeschäfte und ein paar nette, aber nicht ganz geheure Kneipen.

Sandton, Randburg, Bryanston, Morningside und Fourways

Ungefähr 20 km nördlich des Central Business District liegt **Sandton**. Hier spiegelt sich wie nirgendwo anders der geradezu erschütternde Reichtum der nördlichen Bezirke wider. Es gibt luxuriöse Einkaufszentren, und prachtvolle Wohnhäuser ziehen sich in endlosen Reihen die Straßen entlang. In den 1980er- und 90er-Jahren haben sich die aus dem Zentrum flüchtenden Banken und großen Firmen bevorzugt hier niedergelassen. Angesichts des zur Schau gestellten Wohlstands beschleicht manchen ein ungutes Gefühl. Aber wer einfach bloß Geld loswerden möchte, hat bestimmt Spaß beim Bummel durch die miteinander verbundenen Einkaufszentren **Sandton City** und **Nelson Mandela Square** samt der dazugehörigen pseudoitalienischen Piazza mit jeder Menge Restaurants und Cafés

An einem Ende des Nelson Mandela Square steht eine große Bronzestatue Mandelas. Leider handelt es sich um ein höchst mittelmäßiges Werk, das weder durch überzeugende Ähnlichkeit noch besonders originelle Ausführung besticht.

Nördlich von Sandton schließen sich auf einer Länge von mehr als 15 km weitere Viertel an, die gekennzeichnet sind durch große Anwesen, unterbrochen von Country Clubs und Einkaufszentren. Neuerdings entstehen hier kleine Enklaven mit schwerst gesicherten Häusern hinter imposanten Mauern.

Westlich von Sandton liegt **Randburg**. Die einzige Attraktion des großen Geländes ist The Brightwater Commons in der Republic Road, eine schon etwas mitgenommene Mall, die rund um einen künstlichen See angelegt ist. Nördlich von Randburg schließen sich die nobleren Viertel Bryanston und Morningside an, wo viele wohlhabende Jo'burger leben.

Noch weiter nördlich liegt **Fourways** mit dem gigantischen Einkaufs- und Unterhaltungskomplex Monte Casino, 💻 www.montecasino.co.za. Was von außen wie ein nachgemachter italienischer Palazzo wirkt, entpuppt sich im Innern als monströse Nachbildung eines toskanischen Dorfes samt kopfsteingepflasterter Straßen, gusseiserner Lampen und Häusern mit roten Ziegeldächern. Hier gibt es neben zahlreichen Geschäften und Restaurants auch ein Theater und ein Kasino.

Alexandra

Der Kontrast zwischen dem bitterarmen Alexandra, das sich unmittelbar östlich der M1 erstreckt, und den umliegenden Vierteln könnte größer kaum sein. Diese Township war eine der wenigen Gegenden, in der Schwarze Grundbesitzer sein durften. Das war einer der Gründe dafür, dass „Alex", wie das Gebiet auch genannt wird, dem Schicksal der Zwangsräumung entging. Anders als das auf Stadtplänen dargestellte, einfache Raster besteht die Township tatsächlich aus einem verwirrenden Labyrinth von Straßen, in denen die Menschen auf engstem Raum zusammenleben und es selbst an der grundlegenden Infrastruktur wie Kanalisation oder Trinkwasserversorgung mangelt.

500 000 Menschen sind es heute, die sich weniger als 8 km² teilen, und durch Einwanderer aus Mosambik, Malawi und Simbabwe gerät die Infrastruktur der Township noch weiter unter Druck. Als im Mai 2008 Immigranten angegriffen wurden, brachen in Alexandra Unruhen aus: Zwei Menschen kamen dabei ums Leben und weitere vierzig wurden verletzt. Auch in anderen Landesteilen kam es zu fremdenfeindlichen Übergriffen.

Als „aufregend und riskant" beschrieb Nelson Mandela die Township, in der er in den 1940er-Jahren lebte, nachdem er vom Ostkap geflohen war, um hier eine Stelle als Anwaltsanwärter in einer Kanzlei zu suchen. Zu jener Zeit war Alexandra berüchtigt für Gangster und zunehmende politische Militanz. Die hiesigen **Busboykotte** gegen eine Anhebung des Fahrpreises waren die ersten politisch wirksamen Massenaktionen von Schwarzen. Schon immer war Alex eine Hochburg des ANC – und hat dafür bis zum Zusammenbruch der Apartheid einen hohen Preis bezahlt. In den 1980er-Jahren lieferten sich Inkatha-Wächter und ANC-Anhänger erbitterte Gefechte, was einem Teil der Township den Beinamen „Beirut" einhandelte.

Während die belebten Straßen am Westufer des verdreckten Jukskei River bis heute relativ unverändert sind, entstanden auf der Ostseite **neue Häuser**, die teils von der Regierung finanziert, teils von Schwarzen errichtet wurden, die der Mittelschicht angehören, aber trotzdem weiter in der Township wohnen bleiben wollen. Hier befindet sich auch das Athletendorf „Tsutsumane" (Shangaan für „Läufer"), das anlässlich der 1999 in Johannesburg ausgetragenen All African Games gebaut und inzwischen in ein Wohngebiet umgewandelt wurde.

Nicht weit davon hat man ein **Kricketfeld** angelegt. Wenn gerade ein Spiel im Gange ist, bietet sich ein surreales Bild: Die typischste aller Kolonialsportarten wird vor der Kulisse von dicht an dicht stehenden Township-Behausungen ausgetragen, am Horizont die Wolkenkratzer des verschwenderisch reichen Sandton. Imbizo Tours, ☏ 011-838 2667, 💻 www.imbizo.co.za, in Soweto hat eine **Tour** zu den interessantesten Teilen von Soweto und Alexandra im Programm.

Östliche und südliche Bezirke

Zu den ältesten Bezirken der Stadt gehört der östliche Stadtteil **Bezuidenhout Valley**, besser bekannt als Bez Valley. Lange waren hier die jüdischen und portugiesischen Gemeinden Johannesburgs beheimatet, aber auch dieser Bezirk wurde in den letzten Jahren einem dramatischen Wandel unterzogen. Die weiße Einwohnerschaft hat viele der alten Häuser verlassen, um Zuzüglern aus den Townships und schwarzen Einwanderern das Gebiet zu überlassen.

Gänzlich anders geprägt ist **Cyrildene**, nordöstlich von Bez Valley, das sich zur neuen Chinatown Johannesburgs entwickelt hat. Entlang der Derrick Avenue, nahe der Kreuzung mit der Marcia Street, haben sich chinesische Supermärkte, Geschäfte und Restaurants angesiedelt, in denen faszinierende authentische Speisen serviert werden. Die meisten Besucher zieht es zum **Bruma Lake**, einem künstlichen Gewässer, das selbst leider nicht der geplante Renner wurde. Die Leute kommen vielmehr wegen des **Flohmarkts** (S. 559).

In der Nähe liegt eine der am besten zu erreichenden Grünflächen der Stadt: **Gillooly's Farm** ist ein um einen Staudamm angesiedelter, sicherer Park, der zum Spazierengehen, Joggen und Picknicken einlädt. Über dem Park thront ein spektakulärer *koppie,* den man in 20 Minuten besteigen kann. Östlich der Autobahn M2 erstrecken sich meilenweit gleichförmige Vororte: Edenvale, Kempton Park (mit dem OR Tambo International Airport), Germiston und Benoni (Geburtsort der Schauspielerin Charlize Theron).

Südlich des Zentrums

Direkt südlich des Zentrums lag traditionell das Wohngebiet weißer Arbeiter. Seit 1990 der Group Areas Act, das Gesetz über getrennte Wohngebiete, aufgehoben wurde, lassen sich jedoch auch vermehrt Schwarze hier nieder. Viele davon sind – ungewöhnlich für das heutige Südafrika – wohlhabender als die ursprünglichen Bewohner.

Einzige Attraktion südlich der Stadt ist neben der **Gold Reef City** und dem angrenzenden Apartheid-Museum das große Naturschutzgebiet **Klipriviersberg** in Winchester Hills, direkt hinter der N12. Die wenigsten Johannesburger kennen diese unerschlossene, unberührte Landschaft, die herrliche Ausblicke auf die Stadt gen Norden eröffnet. Anfahrt über die N1 Richtung Süden, von dieser nach links in die Columbine Avenue (M68), dann in die Ormonde Street nach rechts abbiegen und der Straße noch knapp 2 km folgen.

Gold Reef City

Disneyland grüßt Alt-Johannesburg in Gestalt der 15 km südlich der Stadt gelegenen Gold Reef City, ✆ 011-248 6800, 💻 www.goldreefcity.co.za. Der große, grelle Vergnügungspark ist um den alten Schacht Nr. 14 der Crown Mines entstanden. Zwischen Kitsch und allseitiger Beschallung durch Ragtime-Musik lässt sich auch Interessantes entdecken, etwa die ehemalige **Goldmine** selbst, in die man 200 m tief hinunterfahren kann, um einen Eindruck der Arbeit unter Tage zu bekommen. Sehenswert sind auch die Stammestänze, die dreimal täglich in einer ausgezeichneten, wenn auch wenig authentischen Show dargeboten werden.

Ein Bummel durch die Straßen führt an zahlreichen Nachbauten historischer Gebäude, Läden und Museen vorbei. Mit Ausnahme vom Olthaver House und Nourse House sind diese jedoch meist enttäuschend. Für Kurzweil sorgen ansonsten eine halsbrecherische Achterbahn und eine Wildwasserbahn sowie weitere Fahrbetriebe (alle im Eintrittspreis enthalten). Sollte man hier übernachten wollen, steht das viktorianisch eingerichtete **Gold Reef City Protea Hotel**, ✆ 011-248 5700, ❻ zur Verfügung, verschiedene Restaurants servieren anständiges, aber teures Essen. Im Mittelpunkt steht das riesige Casino mit hunderten von Spielautomaten und verschiedenen Spieltischen.

Anfahrt nach Gold Reef City über die M1 Richtung Süden bis zur Ausfahrt Xavier Street. Alternativ kann man an einer der Touren dorthin teilnehmen, für die praktisch in jeder Hotellobby geworben wird. 🕓 Di–So 9.30–17 Uhr, Eintritt R120, für Kinder unter 120 cm R70.

Apartheid-Museum

Gleich links vom Haupteingang der Gold Reef City befindet sich das hervorragende Apartheid-Museum, 💻 www.apartheidmuseum.org. Das Museum mit seinen getrennten Eingängen für „Weiße“ und „Nicht-Weiße“ (die Rassenzugehörigkeit wird per Zufallsgenerator ermittelt) hat Weltklasse. Die Geschichte der Apartheid wird mit viel Sachverstand in eindringlicher Art und Weise dargestellt, gleichzeitig aufwühlend und aufschlussreich. Für die permanente Fotoausstellung von Peter Magubane über den Soweto-Aufstand 1976 sollten sich Besucher viel Zeit nehmen. Außerdem darf man keineswegs den kurzen, aber aufschlussreichen Dokumentarfilm über den Ausnahmezustand Mitte der 1980er-Jahre auslassen. Damals erschütterte eine Welle von Massendemonstrationen und Aufständen das Regime in seinen Grundfesten – wenn sie auch erbarmungslos niedergeschlagen wurden.

Das Museum zeigt auf, welche tiefen sozialen Wunden die Apartheid und die ihr vorangegangene Kolonialpolitik geschlagen haben. Nach dem Besuch versteht man besser, weshalb es auch im neuen Südafrika noch Armut und rassistisch motivierte Spannungen gibt. Gleichzeitig erinnern uns die bewegenden Bilder von der Einführung der Demokratie daran, dass der gewaltlose Übergang ein Wunder war. 🕓 Di–So 10–17 Uhr, Eintritt R30.

Soweto

Südafrikas berühmteste Township Soweto, Abkürzung für South West Townships, ist ein Ort unglaublicher Gegensätze. So gibt es hier beispielsweise die einzige Straße der Welt, in der gleich zwei Nobelpreisträger lebten, aber auch die weltweit höchste Rate an Morden und Vergewaltigungen. Soweto ist einerseits die reichste Township in Südafrika (mit einer wachsenden Zahl von Millionären) und weist andererseits erdrückende Armut auf. Sie ist die politischste aller Townships, gleichzeitig leben hier viele Jugendliche, die alle Hoffnung in die Zukunft schon aufgegeben haben.

Das ausgedehnte, schätzungsweise von 3 bis 4 Mio. Menschen bewohnte Gebiet von Soweto südwestlich des Stadtzentrums reicht, so weit das Auge blickt. Wie jede Stadt dieser Größe gibt es auch hier unterschiedliche Viertel, darunter Mittelklasse- und Oberschichtbezirke. Was aus der Ferne wie eine endlose, in Rauchwolken gehüllte Aneinanderreihung von Häusern und Baracken wirkt, besitzt teilweise sogar dörflichen Charakter.

Abgesehen vom Hector Peterson Memorial and Museum sind die meisten **Touristenattraktionen** in Soweto optisch nicht besonders beeindruckend. Sie beziehen ihren Reiz aus ihrer historischen Bedeutung, denn die Geschichte der Bevölkerung von Soweto ist einfach fesselnd. Dieser Ort geriet in den 1980er-Jahren durch seine Auseinandersetzungen und Todesfälle weltweit in die Schlagzeilen, heute gewinnen hier europäische Besucher einen authentischen Einblick in eine fremde Lebensweise.

Ein Besuch Sowetos im Rahmen einer der vielen angebotenen **Touren** (s. Kasten S. 546) ist *die* Touristenattraktion Johannesburgs schlechthin. Galten solche Ausflüge früher noch als gewagt und abgefahren, bewegt man sich inzwischen auf ausgetretenen Touristenpfaden. Wer sich auch abseits der von Mini- und Reisebussen haufenweise angesteuerten konventionellen Attraktionen umsehen möchte, sollte einen Anbieter wählen, der beides (sowohl die bedeutenden als auch die weniger bekannten Sehenswürdigkeiten) in einer Tour vereint und nicht nur die üblichen Barackensiedlungen und *shebeens* ansteuert.

Die meisten Touranbieter preisen ihren Teilnehmern eifrig die Gelegenheit an, „die Menschen kennenzulernen“. Aber nicht selten verlaufen die Gespräche eher gezwungen, und man fühlt sich am Ende einer Unterhaltung irgendwie verpflichtet, eine Spende zu geben oder Kunsthandwerk zu kaufen. Obgleich dies auf direktem Weg Geld in die Townships bringt, fühlen sich Besucher dadurch oft unter Druck gesetzt. Tipps, wie mit einer solchen Situation sinnvoll umzugehen ist, holt man am besten beim Tourguide ein.

Im Gegensatz zu früher ist es heute gut möglich, die Hauptsehenswürdigkeiten in eigener Regie zu besichtigen. Die Bewohner Sowetos

Touren nach Soweto

Die beliebteste und praktischste Variante für einen Besuch Sowetos ist eine organisierte Tour. Der mit Abstand älteste, größte und beste Anbieter ist **Jimmy's Face to Face Tours**, ✆ 011-331 6109, 💻 www.facetoface.co.za. Jimmy war einer der ersten Veranstalter von Touren in die Township, und sein Unternehmen ist im Laufe der Jahre kontinuierlich gewachsen. Seine schärfste Konkurrentin ist die ungestüme Mandy Mankazana mit ihren **Imbizo Tours**, ✆ 011-838 2667 oder 083-700 9098, 💻 www.imbizotours.co.za. Besonders zu empfehlen sind die abendlichen, je nach Durchhaltevermögen bis zu fünf Stunden dauernden *shebeen*-Touren. Man muss Mandy nur wissen lassen, welche Gesellschaft man bevorzugt – z. B. Politiker oder Sportvereine –, und sie wird das passende Lokal aussuchen.

Eine weitere gute Art, Soweto zu erkunden, ist eine Radtour mit **Soweto Bicycle Tours**, ✆ 011-936 3444, 💻 www.sowetobicycletours.com. Neben den etablierten Veranstaltern gibt es auch kleinere, flexiblere Unternehmen, die ideenreiche und **alternative Touren** organisieren, darunter das Thema Jazz, Rundgänge durch Orlando West und Diepkloof, Stippvisiten bei Künstlern Sowetos, Kirchenbesichtigungen und Aufenthalte bei Einheimischen. Interessierte können sich beispielsweise an **Max Maximum**, ✆ 082-770 0247, **African Prime Tours**, ✆ 011-794 5708, 083-758 4288, oder **Stanford Hlatshwayo**, ✆ 011-872 1375, 084-857 4967, 💻 www.aerowaylink.co.za, wenden. Mitunter verfügen auch die Unterkünfte über Kontakte zu zuverlässigen Touranbietern.

sind Besuchern jeder Hautfarbe gegenüber aufgeschlossen und laden sie mitunter zu einem Plausch ein. Es gibt überraschend wenig kriminelle Übergriffe auf Touristen, wenngleich man auch hier stets ein wachsames Auge haben sollte. Spaziergänge durch weniger touristische Gegenden auf eigene Faust oder Ausflüge nach Einbruch der Dunkelheit sind aus Gründen der Sicherheit nicht zu empfehlen. Eine Erkundung Sowetos mit dem eigenen Fahrzeug erfordert gutes Navigationstalent, da es kaum augenfällige Orientierungspunkte in dem ausgedehnten Häusermeer gibt. Abstecher abseits der Hauptrouten sind zudem nicht ratsam.

Im **Minibustaxi** nach Soweto zu fahren, ist eher verwirrend als gefährlich, da nicht immer eindeutig erkennbar ist, in welchen Teil der Township die Reise geht. Zwei überkreuzte Finger sind das Zeichen, das Minibusfahrern anzeigt, dass man zur „Kreuzung" möchte, d. h. ins Zentrum von Soweto. Dort warten weitere Taxis, die Besucher zu den gewünschten Sehenswürdigkeiten fahren. Allerdings setzen sie ihre Fahrgäste manchmal an einer der Hauptstraßen ab, sodass mitunter noch ein Stück Fußweg zurückzulegen ist. Informationen über die Township erteilt das **Soweto Tourism Centre** am Walter Sisulu Square of Dedication in Kliptown, ✆ 011-342 4316, ⏲ Mo–Fr 8–17 Uhr. Weitere nützliche Infos zu Sehenswürdigkeiten sowie Sowetos touristischer Infrastruktur bietet die Website 💻 www.soweto.co.za, die von einem lokalen Tourveranstalter betrieben wird.

Wer etwas mehr Zeit hat und ein bisschen Zulu oder Sotho lernen möchte, sollte sich ein paar Tage oder Wochen bei einer Familie in Soweto einquartieren. Das ist die spannendste Möglichkeit, Soweto kennenzulernen. Solche Aufenthalte organisiert **TALK Tourism**, ✆ 011-487 1798, 💻 www.phaphama.org, das Projekt einer NGO namens Phaphama. Das Programm ist flexibel: Jedermann kann untergebracht werden, und Reservierungen werden auch kurzfristig entgegen genommen. Die Gastfamilien arbeiten eng mit Phaphama zusammen. Sie zeigen ihren Gästen Soweto, sorgen für Verpflegung und Freizeitbeschäftigung und bringen ihnen ihre Muttersprache bei. Einzelpersonen zahlen R2250 pro Nacht, für Gruppen wird es wesentlich billiger.

Orlando West und Dube

Die im Norden Sowetos gelegenen Viertel Orlando West und Dube zählen zu den wohlhabenderen Gegenden und besitzen neben einer Reihe von Sehenswürdigkeiten die dichteste Konzentration an Ess- und Trinklokalen. Auf der anderen Seite des Klipspruit Valley von Orlando West liegt Orlando East, der älteste, 1932 errichtete Teil Sowetos. Über den Soweto Highway (M70) lässt sich diese Gegend gut erreichen.

In der Plea Street im Herzen von Orlando West befindet sich das 2002 eröffnete **Hector Peterson Memorial and Museum**, ✆ 011-536 0611, benannt nach dem ersten Schüler, der während der Unruhen von 1976 (S. 548, Kasten) ums Leben kam. Das Peterson und anderen getöteten Mitschülern gewidmete Museum beschäftigt sich speziell mit den Ereignissen, die zum Aufstand von Soweto führten. Die bestürzende Brutalität bei der Niederschlagung der Revolte wird an Hand von Videos und Fotos dokumentiert, darunter auch Aufnahmen berühmter schwarzer Fotografen wie Peter Magubane und Sam Nzima. ◷ Mo–Fr 10–17, Sa und So 10–16 Uhr, Eintritt R15.

Ein paar hundert Meter südwestlich verläuft die **Vilakazi Street**, wo einst Nelson Mandela und Desmond Tutu lebten. Mandela bewohnte das Haus mit seiner Frau Winnie in den späten 1950er- und frühen 1960er-Jahren, bis er ins Gefängnis nach Robben Island musste und Winnie in den Freistaat verbannt wurde. Sie kehrte bekanntlich wieder zurück und bezog ein imposantes, von hohen Mauern umgebenes und durch Kameras geschütztes Backsteingebäude in derselben Straße. Bei seiner Freilassung bestand Nelson Mandela darauf, sein ehemaliges Wohnhaus wieder zu nutzen. Aber wegen der beschränkten Räumlichkeiten und fehlenden Sicherheitseinrichtungen zog er aus Soweto weg.

Das **Mandela House Museum**, ✆ 011-936 7754, 💻 www.mandelahouse.com, umfasst eine faszinierende Mischung aus nüchternen Erinnerungsstücken, darunter einige Originalmöbel, eine Sammlung von Fotos aus dem Besitz von Winnie und Nelson sowie audiovisuelle Infos über das Leben in Soweto zu der Zeit, als Mandela hier lebte. ◷ Mo–Fr 9–17, Sa und So 9–16 Uhr, Eintritt R60.

Ungefähr 1,5 km entfernt steht nahe der Kreuzung der Klipsruit Valley Road (M10) mit der Potchefstroom Road (M68) die **Regina Mundi Church**, Sowetos größte katholische Kirche. Während der bitteren Jahre war sie zentraler Ort für Zusammenkünfte. Sie hebt sich mehr

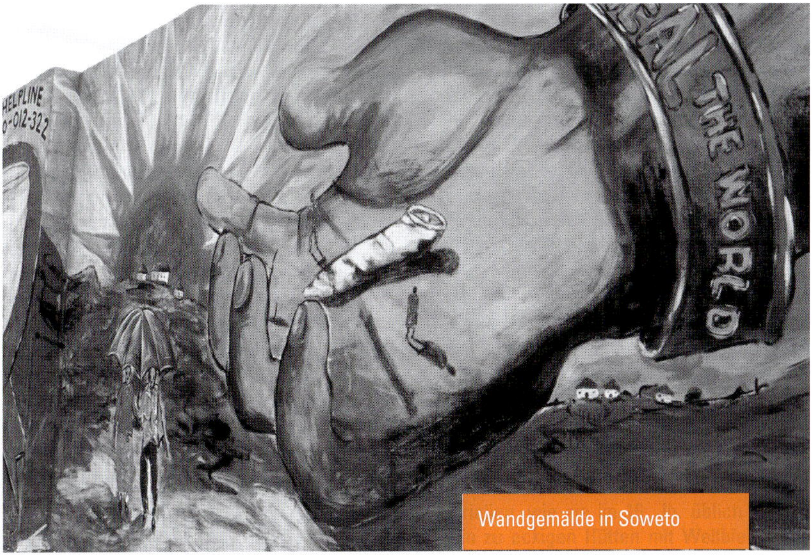

Wandgemälde in Soweto

durch ihre historische Bedeutung als durch ihre bauliche Besonderheit hervor, ist aber immerhin eines der wenigen größeren Gebäude in der Township. Im Innern gibt es eine **Kunstgalerie**, die Werke verschiedener Künstler aus Soweto ausstellt und verkauft.

Von der Kirche ein Stück Richtung Süden befindet sich in Kliptown der **Walter Sisulu Square of Dedication** (vormals Freedom Square), wo 1955 vor Tausenden von Zuhörern die Freiheits-Charta des ANC verlesen wurde. An dem Platz haben sich inzwischen ein Holiday Inn, das Tou-

Der Aufstand von Soweto 1976

Der Schüler- und Studentenaufstand, der im Juni 1976 in Soweto losbrach, markiert in der Geschichte Südafrikas einen Wendepunkt. Auslöser der Revolte war eine Regierungsverordnung, nach der Afrikaans in den Schulen der Schwarzen neben Englisch zur gleichberechtigten Unterrichtssprache erhoben werden sollte. Während die Durchsetzung in einigen ländlichen Gebieten problemlos vonstatten ging, war in den Townships nicht daran zu denken, da weder die Schüler noch die Lehrer die Sprache beherrschten. Am 16. Juni begannen die Schulsprecher jeder Schule Sowetos den lange geplanten Protestmarsch durch die Township, um anschließend im Fußballstadion von Orlando zu einer Massenkundgebung zusammenzukommen. Erstaunlicherweise blieben den allgegenwärtigen *impimpis* (Spitzel) Einzelheiten des Vorhabens verborgen. Aber schon bald nachdem der Marsch begonnen hatte, griff die Polizei ein, erst unter Einsatz von Tränengas, danach auch von Schusswaffen. Unter den Demonstranten brach Panik aus, Steine flogen in Richtung der Polizisten, die Polizei schoss erneut. Während des Tumults entstand das berühmte Foto des ersten getöteten Schülers: Man sieht den aus dem Mund blutenden Hector Peterson, wie er vor dem entsetzten Blick eines kleinen Mädchens von einem Freund weggetragen wird.

Die Polizei zog sich nach Orlando East zurück, während die Schüler die Verletzten und Toten bargen, Barrikaden errichteten und so viele von der Stadt verwaltete Einrichtungen zerstörten, wie sie nur konnten, darunter auch Bierhallen. Der angerichtete materielle Schaden verschärfte die Auseinandersetzungen zwischen den Jugendlichen und vielen älteren Bewohnern, die einen Schulboykott angesichts der ohnehin schlechten Berufsaussichten der Schüler für verantwortungslos hielten. Die Schüler ihrerseits beschuldigten die Alten, sich apathisch der Unterdrückung zu fügen und in den Alkohol zu flüchten. In einer Gesellschaft, die traditionellerweise den Respekt vor dem Alter als unantastbar betrachtete, stellte diese Konfrontation einen unerhörten und bis heute in den Townships Südafrikas nachwirkenden Affront dar.

In den Tagen nach dem 16. Juni wurden alle Schulen Sowetos für unbestimmte Zeit geschlossen, tausende Polizisten in die Township entsandt und die brutalen Polizeieinsätze mit unverminderter Härte fortgesetzt. Auf die daraufhin einsetzende weltweite Kritik antwortete die Regierung, indem sie die Gewalt kommunistischer Agitation zuschrieb. Als Beweis führte sie die zum Gruß geballte Faust der Studenten an – in Wirklichkeit eine Solidaritätsgeste für die von Steve Biko gegründete Black Consciousness Movement (S. 395, Kasten). Inzwischen brachen auch in anderen Townships Unruhen aus, insbesondere in Kapstadt. Die Schulen Sowetos blieben bis 1978 geschlossen, bis dahin hatten viele Schüler jede Hoffnung auf eine anständige Ausbildung verloren. Einige verließen das Land, um sich den militanten Flügeln des ANC und PAC anzuschließen, andere blieben und bildeten „Straßenkomitees", um die Gemeinden zu politisieren. Wieder andere drifteten in die Arbeitslosigkeit ab.

Heute, da der bewaffnete Kampf vorüber ist, sehen sich die einstigen Schüler von 1976 vielerlei Problemen gegenüber. Wie es ihre Eltern warnend vorhergesagt hatten, ist die mangelhafte Ausbildung heute ein Hindernis auf dem Arbeitsmarkt, selbst wenn der 16. Juni inzwischen als Feiertag begangen und die Rolle der Jugendlichen an diesem Tag bejubelt wird. Die Straßenkomitees gibt es zwar nicht mehr, die Waffen jedoch nach wie vor.

rist Office von Soweto und auf der Westseite das **Kliptown Open Air Museum**, ✆ 082-454 3354, angesiedelt. Das Museum erhellt die Hintergründe der Freiheits-Charta anhand von Fotos, Dokumenten und Zeitungsausschnitten und lohnt nach dem Besuch des Hector Peterson Museum und des Mandela House Museum durchaus eine Visite. ⌚ Mo–Fr 10–16 Uhr, Eintritt frei.

Übernachtung

In den zentrumsnahen Stadtvierteln, die direkt an den CBD grenzen, z. B. nördlich in Braamfontein und östlich in Observatory, gibt es einige wenige gute Übernachtungsmöglichkeiten. Kempton Park ganz in der Nähe des Flughafens sowie der unweit der Autobahn angesiedelte Vorort Bedfordview empfehlen sich nur dann, wenn man schnell zum Flughafen kommen will.

In den **nördlichen Bezirken**, die vom Zentrum auch mit öffentlichen Verkehrsmitteln leicht zu erreichen sind, stehen reichlich Unterkünfte zur Auswahl. **Melville** und das benachbarte Viertel Auckland Park liegen relativ nahe beim CBD und überraschen viele Besucher Jo'burgs mit ihren schicken Cafés, Restaurants und Bars, die von vielen Unterkünften gut zu Fuß zu erreichen sind. Im Herzen der nördlichen Bezirke liegt **Rosebank**, das eine beachtliche Auswahl an Restaurants und Geschäften beherbergt. **Sandton** verfügt neben einer großen Anzahl an kostspieligen Hotelketten, die primär Geschäftsreisende anlocken sollen, auch über bezaubernde private B&B-Unterkünfte mit großen Gärten. Preiswerteres findet man im etwas abseits gelegenen **Randburg**, westlich von Sandton.

Auch in den **Townships** haben inzwischen einige Guesthouses aufgemacht. Lohnenswert ist ein Aufenthalt bei Einheimischen, der von einem erfahrenen Touranbieter (S. 546, Kasten) arrangiert werden kann.

Einige der jeweils unter „Zentrale Viertel" aufgeführten Unterkünfte sind auf der Karte auf S. 530/531 markiert. Auf den Karten von Melville (S. 541) und der nördlichen Bezirke von Rosebank bis Sandton (S. 539) sind weitere der nachfolgend beschriebenen Unterkünfte eingezeichnet.

Backpackerhostels und andere Budget-Unterkünfte

Jo'burg besitzt weniger Übernachtungsmöglichkeiten für Rucksacktouristen als Kapstadt oder Durban. Die meisten unten aufgeführten Backpackerhostels haben einen kostenlosen Flughafenabholservice für ihre Gäste und liegen an den Routen der Baz-Busse. Die Hostels bieten neben Dorms in der Regel auch einfache EZ und DZ.

Zentrale Viertel

Brown Sugar, 75 Observatory Ave, Observatory, ✆ 011-648 7397, 💻 brownsugarbackpackers.com. Die berühmt-berüchtigte Unterkunft auf dem Observatory Ridge ist der ehemalige Wohnsitz eines Drogenbosses und bietet Betten in Dorms, Zimmern und Blockhütten. Empfiehlt sich mehr als kompakte Einführung ins schillernde Nachtleben der Stadt denn als komfortable Bleibe. ❶

Diamond Diggers Backpackers, 36 Doris St, Kensington, ✆ 011-624 1676, 💻 www.diamonddiggers.com. Diese billige, saubere und gut gemanagte Lodge mit fantastischer Aussicht auf die Skyline der Innenstadt liegt nicht allzu weit vom Flughafen und vom Zentrum entfernt. ❶

Nördliche Bezirke

Backpackers' Ritz, 1A North Rd (ab Jan Smuts Ave), Dunkeld West, ✆ 011-325 7125, 💻 www.backpackers-ritz.co.za. Bekannte, belebte und große Unterkunft auf halbem Weg zwischen Rosebank und Sandton. Pool, Garten, Reiseschalter. ❷

Die Mischung macht's

Hübsch eingerichtete DZ, Gemeinschaftsküche und Lounge in freundlicher, **Pension iDube**, 11 Walton Ave, Auckland Park, ✆ 011-482 4055, 082-682 3799, 💻 www.pensionidube.co.za. Tolle Mischung aus Hostel und Guesthouse. entspannter Atmosphäre, außerdem Swimming Pool. Die Cafés und Clubs von Melville liegen ganz in der Nähe. Frühstück inklusive. Rabatte für Leute, die länger bleiben. ❷

Gauteng

Östliche Bezirke

Airport En Route, 97 Boden Rd, Benoni Small Farms, Benoni, ✆ 011-963 1089, 💻 www.sa-venues.com/visit/airportenroute. Die 10 Min. vom OR Tambo Airport entfernte ordentliche und gastfreundliche Lodge liegt im berühmten, ruhigen Vorort Benoni, wo Filmstar Charlize Theron aufgewachsen ist. Backpackerunterkünfte in gemütlichen 3-Bett-Blockhütten. ❷

Gemini Backpackers Lodge, 1 Van Gelder Rd, Crystal Gardens, ✆ 011-882 6845, 💻 www.geminibackpackers.co.za. Großzügiges Anwesen nahe Kew im Nordosten der Stadt mit Dorms, DZ und allen möglichen Extras, u. a. ein Snooker-Tisch, kostenloses Internet und ein kleiner Fitnessbereich in verschiedenen Nebengebäuden. Liegt recht abgelegen, aber zu Geschäften und zum Busbahnhof (wie auch zum Flughafen) fährt ein kostenloser Shuttlebus. ❶

Purple Palms, 1 Boompeiper Ave, Birch Acres, Kempton Park, ✆ 011-393 4393, 💻 www.purplepalms.co.za. Einladende, gut organisierte und außergewöhnlich saubere Backpackerlodge nicht weit vom OR Tambo Airport mit Pool, Garten, kostenlosem Internet und Büchertausch sowie Pickup-Service für Safaris in den Krüger-Park und kostenlosem Transport zum North South Backpackers in Pretoria. Supermarkt in Gehnähe. Luxuriöser (und teurer) als normale Hostels. Dorm ❷, Zimmer ❸

Shoestrings Africa Airport Lodge, 85 Gladiator St, Rhodesfield, Kempton Park, ✆ 011-975 0474, 💻 www.shoestringsafrica.org. Backpacker-Lodge auf einem großen Gelände in Sichtweite des Flughafens, trotzdem überraschend ruhig. Ordentliche Dorm-Betten und Privatzimmer, großzügige Stellplätze für Zelte hinter dem Haus. Kostenlose Internetnutzung. ❷

Soweto

Lebo's Soweto Backpackers, 10823a Pooe St, Orlando West, ✆ 011-936 3444, 💻 www.sowetobackpackers.com. Eines der wenigen Hostels im Land, dessen Besitzer Schwarze sind. Dorms, EZ, DZ und Camping. Außerdem geführte Spaziergänge und Radtouren sowie Möglichkeiten, in Soweto Freiwilligenarbeit zu leisten. Dorms ❶, Zimmer ❷

Hotels, Guesthouses und B&Bs

Obwohl die meisten Hotels in Jo'burg auf Geschäftsreisende zugeschnitten sind, stehen eine ganze Reihe sehr ansprechender Guesthouses und B&Bs zur Auswahl, insbesondere in den nördlichen Bezirken. Neben einigen luxuriösen Hotels gibt es auch Ableger großer internationaler **Hotelketten**, darunter Southern Sun, ✆ 0861-447 744, 💻 www.southernsun.com, Protea Hotels, ✆ 0861-119 000, 💻 www.proteahotels.com, und die Billigkette Formula 1, ✆ 011-807 0750, 💻 www.formule1.co.za.

Für längere Aufenthalte gibt es auch **Apartments** für Selbstversorger: Premiere Classe Executive Apartments, ✆ 011-788 1967 oder 082-554 9638, 💻 www.premiereclasse.co.za, bietet mehrere sehr gepflegte Apartments mit 1 oder 2 Schlafzimmern und regelmäßiger Zimmerreinigung in Sandton und anderen Vororten in der Umgebung. Das Unternehmen betreibt außerdem das Premiere Class Suite Hotel (S. 551) für Selbstversorger, das sich gut für Aufenthalte von bis zu einem Monat eignet.

Zentrale Viertel

High View Gardens Cottages, 30 Gill St, Observatory, ✆ 011-487 2829, 💻 www.highviewgardens.co.za. Komfortable und hübsche strohgedeckte Hütten auf dem Observatory Ridge. In sicherer, entspannter und freundlicher Umgebung. Frühstück inkl., Abendessen auf Wunsch. Großer Pool, Pfade führen über das üppig begrünte, 1 ha große Anwesen und

Luxus pur

The Westcliff, 67 Jan Smuts Ave, Westcliff, ✆ 011-481 6000, 💻 www.westcliff.co.za. Die Grande Dame unter den Nobelhotels von Jo'burg wurde auf einer hohen, nach Osten blickenden Hügelkette erbaut und ist so groß wie ein kleines Dorf. Das Hotel hat elegante, in gedämpften Farbtönen gehaltene Zimmer und Suiten. Eine der Hauptattraktionen ist die köstlich affektierte Polo Lounge Bar mit Blick auf die grünen nördlichen Vororte – man kann sogar die Elefanten im benachbarten Zoo sehen. Die Cocktails sind fantastisch. ❽

bieten von der Hügelkuppe herrliche Ausblicke. ❹

Devonshire Hotel, 49 Jorissen St, Braamfontein, ✆ 011-339 5611, 💻 www.orion-hotels.co.za. Schickes Hotel für Geschäftsreisende mit der schönsten Aussicht der Gegend. Annehmbare Wahl, wenn man in Zentrumsnähe nächtigen möchte. Mehrere Bars und Restaurants im Haus. ❻

Nördliche Bezirke

Claire's of Sandton, 42 Eighth St, Parkmore, Sandton, ✆ 011-784 1639, 💻 www.claires ofsandton.co.za. Komfortable, mit Liebe zum Detail ausgestattete Zimmer, freundliche, hilfsbereite Gastgeber und ein großer Pool machen Claire's zu einem der besten Guesthouses in den nördlichen Vororten. Bei längeren Aufenthalten gibt's Rabatt. ❻

Coopers' Croft, 26 Cross St, Ferndale, Randburg, ✆ 011-787 2679. Heimeliges, schlichtes B&B mit freundlicher Atmosphäre in einer Wohnstraße in der Nähe der Restaurants an den Brightwater Commons. Pool und Tennisplätze. ❸

Die Agterplaas, 66 Sixth Ave, Melville, ✆ 011-726 8452, 082-410 4046, 💻 www.agter plaas. co.za. Hübsches und geschmackvolles Guesthouse mit 7 Zimmern und Blick über die umliegenden Hügel von den Balkonen. Nur einen kurzen Fußmarsch von Melvilles Café- und Restaurantszene entfernt. Weitere 6 Zimmer in einem anderen Haus gegenüber. Guter und freundlicher Service. ❹

Premiere Classe Suite Hotel, 62 Corlett Drive, Melrose North, ✆ 011-788 1967, 💻 www. premiereclasse.co.za. Ruhiges, freundliches Hotel mit komfortablen 1- und 2-Zimmer-Suiten mit voll ausgestatteten Küchen und kostenlosem Internetzugang. In der Nähe des Melrose-Arch-Komplexes und des Kricket-stadions Wanderers Stadium. Preisnachlass bei längerem Aufenthalt. Gutes Preis-Leistungs-Verhältnis. ❹

The Grace in Rosebank, 54 Bath Ave, Rosebank, ✆ 011-280 7200, 💻 www.thegrace.co.za. Eines der luxuriösesten, zentral gelegenen Hotels der Stadt, das überwiegend von Geschäfts-reisenden genutzt wird. Stilvolle Zimmer. ❽

The Melville House, 59 Fourth Ave, Melville, ✆ 011-726 3503, 💻 www.themelvillehouse.com. Eines der besten Guesthouses in Melville, nur einen Katzensprung von den Cafés und Restaurants entfernt. Die Betreiberin ist Schriftstellerin und schafft eine lebendige, gesellige Atmosphäre, von der sich viele andere Künstler angezogen fühlen. Geschmackvoll eingerichtete Zimmer, kostenlose Internet-nutzung und eigener Generator. ❼

The Melville Manor, 80 Second Ave, Melville, ✆ 011-726 8765, 💻 www.melvillemanor.co.za. Von diesem freundlichen, gut geführten Guesthouse in einem eleganten, restaurierten viktorianischen Gebäude mit Pool ist es nur eine Minute zu Fuß bis zum Restaurantstrip von Melville. ❹

A Room with a View, 1 Tolip St, Melville, ✆ 011-482 5435, 082-567 9328, 💻 www.aroom withaview.co.za. Elegante wie reizende italienische Villa mit 2 Stockwerken, 12 Zimmern und gutem Service. Viel Licht durch Balkone und große Fenster. ❺

Sandton Lodge Inanda, 66 Sixth Ave, Inanda, Sandton, ✆ 011-788 4169, 💻 www.sandton lodge.co.za. Schicke, moderne Zimmer mit Flachbildschirm-TVs und großen Betten in hübschem Haus mit Garten und Brunnen. Weitere Lodges in Bryanston und Rivonia. ❹

Ten Bompas, 10 Bompas Rd, Dunkeld West, ✆ 011-341 0282, 💻 www.tenbompas.co.za. Eines der elegantesten kleinen Hotels von Jo'burg; 10 individuell eingerichtete Suiten, alle mit Kamin und separatem Wohnbereich. Ruhig und intim. Wäscheservice und Internet im Preis enthalten. ❽

Östliche Bezirke

The Bedford View, 26 Douglas Rd, Bedfordview, ✆ 011-455 1055, 💻 thebedfordview.co.za. Recht typisches Vorstadt-Guesthouse mit 5 Zimmern, 3 davon für Selbstversorger. Hübscher Garten und Pool. Einkaufszentren und Flughafen in der Nähe. ❺

Dove's Nest; 78 Gladiator St, Kempton Park, nur 3 Minuten vom Flughafen entfernt, ✆ 011-975 1746, 💻 www.accommodation atortambo.co.za. Guesthouse mit einfachen, sauberen und komfortablen Zimmern. In der

Nähe befindet sich der Kasinokomplex des Caesar's mit zahlreichen Restaurants und Geschäften. Kostenloser Shuttle vom und zum Flughafen sowie Casino. ❸

Jo'burg–French Guest House, 16 Meintjies St, Rhodesfield, Kempton Park, ✆ 011-394 5245, 💻 www.joburg-frenchguesthouse.com. Französische Gastgeber, Pool, kostenloser Internet-Zugang und französische Mahlzeiten. Etwa 8 km vom Flughafen. ❸

Soweto

Botle's Guest House, 648 Monyane St, Dube Village, ✆ 082-838 1886. Der Backsteinbau macht von außen nicht viel her, aber das Haus ist sehr gut ausgestattet und sicher. Nach einer kurzen Fahrt erreicht man von hier aus die Vilakazi St sowie das Hector Peterson Memorial. ❸

Lolo's Guest House, 1320 Diepkloof Extension, Diepkloof, ✆ 011-985 9183. Hübsches, gut geführtes Guesthouse im historischen Viertel Diepkloof. Konferenzräume vorhanden. Auf Wunsch werden individuell zugeschnittene Touren organisiert. ❸

Vhavenda Hills BnB, 11749 Mampuru St, Orlando West Extension, ✆ 011-936 0411, 💻 www.sowetobnb.co.za. Die saubere, farbenfrohe Pension liegt in der Nähe des Tourismusbezirks von Soweto. Satelliten-TV, Wäscheservice und Widerstandsgeschichten im Preis inbegriffen. ❸

Zizwe Guesthouse, 8108 Ngakane St, Orlando West, ✆ 011-942 2685, ✉ zizwer@telkomsa.net. Unweit von Mandelas Elternhaus im Herzen Sowetos. Guesthouse in einem der schmucklosen Flachdachhäuser, die für diese Gegend typisch sind. Schlicht eingerichtete Zimmer mit Bad und Gemeinschaftsküche. ❷

Essen

Das quirlige und abwechslungsreiche kulturelle Leben der Stadt und ihr kosmopolitischer Charakter sorgen für eine Vielzahl unterschiedlichster Verpflegungsmöglichkeiten. So sind z. B. authentische französische, italienische, chinesische, griechische und portugiesische Restaurants zu finden.

Zur Auswahl stehen außerdem immer mehr afrikanische Speiselokale, die nicht nur südafrikanische Township-Küche, sondern auch kongolesische, marokkanische, äthiopische und kapmalaiische Gerichte anbieten. Obgleich die Preise generell etwas höher liegen als im übrigen Land – abgesehen von Kapstadt und vom Weinland – ist eine normale Mahlzeit durchaus günstig zu bekommen.

Alle Einkaufszentren Johannesburgs sind mit reichlich Restaurants bestückt, die häufig Ketten angehören; in manchen Malls findet man auch sehr gehobene Speiselokale.

Wer partout nicht vor die Tür gehen möchte, kann den Lieferservice von Mr Delivery in Anspruch nehmen und sich eine Mahlzeit von einem der günstigen Standardrestaurants bringen lassen: Kontakt im Internet über 💻 www.mrdelivery.com oder telefonisch unter ✆ 011-482 4748 (Melville), 442 4411 (Rosebank) oder 784 6000 (Sandton).

CBD

Die Auswahl an wirklich empfehlenswerten Restaurants im Zentrum Johannesburgs beschränkt sich auf einige wenige in Newtown, wo man abends recht sicher essen gehen kann. Hier gibt es einfallsreich abgewandelte traditionelle afrikanische Küche.

Die aufgeführten Restaurants sind auf der Karte S. 530/531 verzeichnet.

Township-Retrocharme

Sophiatown, 1 Central Place, Jeppe St, Ecke Henry Nxumalo St, Newtown, ✆ 011-836 5999. Das Township-Retrolokal mit ausgezeichneter Küche ist eines der Lieblingsrestaurants modebewusster schwarzer Jo'burger. Auf dem Speisezettel stehen z. B. Krokodil-, Kudu- und Straußenfleisch (alles R90–105, andere Hauptgerichte R60–90), und alles wird zum Soundtrack von altem und neuem Afrojazz und Afropop serviert. Das gepflegte, entspannte Lokal ist ein prima Ausgangspunkt für einen Zug durch die Gemeinde in einer lauen Sommernacht.

Gramadoelas at the Market Theatre, Miriam Makeba St, Newtown, ✆ 011-838 6960. Alteingesessenes Restaurant, bekannt für ausgezeichnete Gerichte vom Kap und aus anderen afrikanischen Regionen, u. a. *sosaties*, Mopani-Raupen und *umngqusho* (Rinderschmorbraten, Bohnen und Mais). Im Gästebuch haben sich viele prominente Besucher eingetragen. Hauptgerichte zumeist R70–90. ⌚ So und Mo mittags geschlossen.
Niki's Oasis, 138 Bree St, Newtown, ✆ 011-492 1134. Südafrikanische Klassiker wie Ochsenschwanz, Innereien, *potjiekos* und *pap* (die meisten ca. R70) und regelmäßig Live-Jazz. ⌚ So geschl.

Nördliche Bezirke

Die meisten Johannesburger Restaurants liegen in den nördlichen Vororten. Die besten Gegenden sind die Seventh Street in **Melville**, die Kreuzung Greenway und Gleneagles in **Greenside** (zwischen Jan van Riebeeck Park und Parktown North), die Grant Ave in **Norwood** (östlich von Houghton) und eingeschränkt auch die Fourth Avenue in **Parkhurst** (westlich von Parktown North). Gut zum Essengehen eignet sich außerdem der Komplex Melrose Arch in Melrose mit zahlreichen Restaurants und Cafés der gehobenen Kategorie.

Rosebank, Melrose, Hyde Park und Sandton

Die unten aufgeführten Restaurants sind auf der Karte S. 539 verzeichnet.
2 Thai 4, 59 Corlett Drive, beim Einkaufszentrum Melrose Arch, ✆ 011-440 3000. Gute thailändische Standardgerichte – besonders zu empfehlen sind die grünen Currys. Freundliches, entspanntes Ambiente. Hauptgerichte ca. R60.
Montego Bay, Nelson Mandela Square, Sandton, ✆ 011-883 6407. Ungemein leckeres Seafood (z. B. Austern und Sushi) und tadelloser Service. Hauptgerichte zumeist R100–130, es gibt aber auch sehr viel teurere.
Moyo, Melrose Arch, Melrose, ✆ 086-100 6696. Stilvolles Lokal in der exklusiven Mall. Hervorragende Auswahl an afrikanischen Gerichten (überwiegend R80–150) auf 5 Stockwerken, von Strauß mit äthiopischen Gewürzen bis zu vegetarischen Gerichten wie Linsen-*bobotie*, dazu Tanz- und Musikdarbietungen, häufig von namhaften lokalen oder internationalen Künstlern.
Osteria Tre Nonni, 9 Grafton Ave, ✆ 0861-222 538. Zählt zu den besten italienischen Restaurants der Stadt. Gereicht werden regionale Fleischgerichte (R80–100) und Pastagerichte (R50–70). Zur Abrundung empfiehlt sich ein Grappa. Reservierung ratsam. ⌚ So abends und Mo geschl.
Parea, 3 Corlett Dr, Melrose, ✆ 011-788 8777. Alteingesessenes, schlichtes Lokal, in dem vornehmlich hier lebende Griechen verkehren, die sich an den authentischen Vorspeisen (ca. R30) und den fleischlastigen Hauptgerichten (R60–90) erfreuen.
The Red Chamber, Upper Floor, Hyde Park Corner Mall, Hyde Park, ✆ 011-325 6048. Chinesische Klassiker sowie originellere Kreationen wie Strauß mit Frühlingszwiebeln in vergleichsweise vornehmer Atmosphäre für eine Chinatown. Hauptgerichte zumeist R60–80.
Tsunami, The Mall of Rosebank, Rosebank, ✆ 011-880 8409. Der Name verheißt nichts Gutes, aber in dem angesagten Lokal gibt's ganz ordentliches Sushi und Sashimi. Die Bedienung lässt manchmal auf sich warten – wenn man Zeit hat, lohnt es sich. Teller ab R68,95.

Greenside, Parkhurst und Norwood

Doppio Zero, Barry Herzog Rd, Ecke Mowbray Rd, Greenside, ✆ 011-646 8740. Unprätentiöses und sehr beliebtes italienisches Restaurant mit hervorragender Küche. Der Renner ist das Frühstück: Die Omelettes sind einsame Spitze. Pizzas und Pastagerichte zumeist R50–80.
FAFF, 44 The Avenue, Norwood, ✆ 011-728 2434. Ehemals The Singing Fig, leicht prätentiöses Restaurant mit gutem Ruf und Gourmet-Mittelmeerküche mit einem Touch Neue Welt. Die meisten Hauptgerichte für R80–100.
Karma, Gleneagles Rd, Ecke Greenfield Rd, Greenside, ✆ 011-646 8555. Tandooris sind die Spezialität des kleinen, schicken indischen Restaurants, es gibt aber auch einige andere gute Gerichte wie Hühnchencurry mit Avocado. Hauptgerichte um R65.

Ruby Grapefruit, 24 Fourth Ave, Parkhurst, ✆ 011-880 3673. Vergnügliche und abgefahrene kleine Sushi-Bar, in der es auch gesunde Snacks und Drinks gibt. Kombiteller ab R72.

Melville

Die aufgeführten Lokale sind auf der Karte S. 541 verzeichnet.

Café MezzaLuna, 9a Seventh St, ✆ 011-482 2477. Die klassischen Lamm-, Ochsenschwanz- und Lachsgerichte (R80–100) sind schon gut, aber vor allem zeichnet dieses Restaurant seine ruhige und etwas versteckte Lage aus.

Service Station, Ninth St, Ecke Rustenburg Rd, Melville, ✆ 011-726 1701. Schmuckes Café und Deli in einer ehemaligen Autowerkstatt. Gutes und gesundes Frühstück und Mittagessen (beides ca. R40) und hausgemachte Eiscreme. ◷ nur tagsüber.

Gauteng

Soi, Seventh St, Ecke Third Ave, Melville, ✆ 011-726 5775. Beliebtes thailändisch-vietnamesisches Restaurant mit edlem, unaufdringlichem Ambiente aus Bambus und dunklem Holz. Gutes Angebot für Vegetarier. Hauptgerichte R60–90.

Soulsa, 16 Seventh St, ✆ 011-482 5572. Trendiges, gay-freundliches Restaurant mit gemütlichen Sofas für Cocktails und einfallsreicher Karte, z. B. Straußen-Teriyaki und Rote-Beete-Carpaccio. Hauptgerichte R80–100.

Bryanston und Morningside

Bistro 277 On Main, Cramerview Centre, 277 Main Rd, Bryanston, ✆ 011-706 2837. Weit im Norden und abseits der schicken Einkaufszentren gibt es in diesem beliebten, geräumigen und seit langem etablierten Restaurant ausgezeichnete bodenständige französische Traditionsküche sowie südafrikanische Klassiker mit französischem Touch in hübscher Umgebung. Hauptgerichte zumeist R70–90. ◷ So abends geschl.

The Codfather, 1 First Ave, Ecke Rivonia Rd, Morningside, ✆ 011-803 2077. Die Gäste können hier den Fisch auswählen und nach Wunsch zubereiten lassen (Bezahlung nach Gewicht; Afrikanischer Umberfisch kostet z. B. R70 für 250 g). Mit Sushi-Bar.

Portugal und Mosambik

Nuno's, Seventh St, ✆ 011-482 6990. Das beliebte Restaurant bietet einige portugiesische Gerichte wie Hühnchen-*trinchado* sowie normale Nudelgerichte und Salate. Von den Tischen draußen auf der Straße kann man gut Leute beobachten, und es herrscht eine relaxte Bohème-Atmosphäre, die sich nach Einbruch der Dunkelheit auf die angeschlossene mosambikische Bar Xai Xai überträgt. Günstige Tagesgerichte, Hauptgerichte R40–70.

Essen für Gesundheitsbewusste

Fruits and Roots, Hobart Corner Shopping Centre, Grosvenor Rd, Bryanston, ✆ 011-463 2928. Eine der besten Adressen der Stadt für Bioprodukte. Ausgezeichnete Bar mit Café, vegetarische Gerichte von Rohkost mit Dips bis zu Wraps (R20–30). ◷ tagsüber.

Östliche Bezirke

Das Angebot im östlichen Stadtgebiet konzentriert sich primär auf **Cyrildene**, zwischen Observatory und Bruma, das sich zur neuen Chinatown Jo'burgs entwickelt hat.

The Fisherman's Plate, 18 Derrick Ave, Cyrildene, ✆ 011-622 0480. Das laute, ganz einfache Lokal mit Formica-Tischen und schlichter Beleuchtung hat Kultstatus, denn hier wird unglaublich leckeres chinesisches Essen aufgetragen. Hauptgerichte zumeist R50–65. Wer sich traut, sollte den Krebs probieren (R105).

Soweto

Die Touren durch **Soweto** schließen ausnahmslos ein Essen in einem Restaurant, einer Bar oder einer *shebeen* ein. Sofern man sich nicht in einer größeren Touristengruppe bewegt, ist das eine gute Gelegenheit, Einheimische kennenzulernen. Wer Soweto auf eigene Faust oder in Begleitung eines Anwohners besucht, wird in allen nachstehend genannten Lokalen herzlich willkommen sein. Als Hauptgericht werden normalerweise Fleisch und Maisbrei gereicht, als Alternative auch übliche Leibgerichte wie Kutteln oder Ochsenfüße.

Kwa-thabeng, 9138 Zone 6 Extension, Pimville, ✆ 011-938 3337. In dem freundlichen Restaurant werden typische südafrikanische Gerichte (R35) und Fr–So ein Buffet (R45) serviert. Netter Sitzbereich unter freiem Himmel.

Nambitha, 6877 Vilakazi St, Orlando West, ✆ 011-936 9128. Beliebter Treffpunkt in der Nähe des Mandela-Hauses für ein jüngeres Publikum mit eklektischem Geschmack. Hammelcurry und andere afrikanische Speisen plus Hamburger und warmes Frühstück. Hauptgerichte R50–80.

The Rock, 1987 Vundla Dr, Rockville. Beliebtes und nobles Lokal zum Essen, Trinken und Tanzen (abends meistens mit DJ oder Livejazz). Auf der Dachterrasse kann man wunderbar entspannen, über Soweto blicken und einen Drink zum Sonnenuntergang genießen.

Sakhumzi, 6980 Vilakazi St, Orlando West, ✆ 011-536 1379. Das Restaurant liegt neben dem alten Haus von Desmond Tutu und bietet typische Soweto-Speisen vom Buffet (R85).

Wandie's Place, 618 Makhalamele St, Dube, ✆ 011-982 2796. Früher der Inbegriff der touristenfreundlichen *shebeens* in Soweto, inzwischen das nobelste Speiselokal der Gegend, ist aber auch bei Einheimischen nach wie vor sehr beliebt. Buffet mit afrikanischen Speisen aus der Region R110.

Unterhaltung, Nachtleben und Kultur

Johannesburg ist seit jeher mit dem besten Unterhaltungsangebot und Nachtleben Südafrikas gesegnet. Namhafte Künstler aus der ganzen Welt gastieren hier und spielen vor dem ausgesprochen anspruchsvollen Publikum. Die Zeitungen enthalten zwar einige Veranstaltungshinweise, ideale Informationsquellen sind aber Radiosender (s. Kasten), Plakate und verschiedene Veranstaltungskalender. Ganz brauchbar sind die freitags im *Mail & Guardian* erscheinenden Programmtipps und Artikel über anstehende Events. Das aktuelle Kino- und Theaterprogramm ist in der Tageszeitung *Star* abgedruckt. Informationen über **Sportveranstaltungen** in Johannesburg

Lokale Radiosender

Weil viele Jo'burger unheimlich viel Zeit in ihren Autos verbringen, stehen Radiosender in Gauteng hoch im Kurs. Wer mehrere Tage in der Stadt verbringt, sollte mal verschiedene Lokalsender durchprobieren. Dabei bekommt man ein gutes Gefühl für die Stadt. Nicht alle strahlen in Englisch aus, aber davon sollte man sich nicht abschrecken lassen. Zu den derzeitigen Favoriten zählen:

Alex FM, 89,1 FM. Der in der Township Alexandra beheimatete Sender ist in den meisten nördlichen und einigen östlichen Bezirken zu empfangen und befasst sich vor allem mit Township-Themen. Er spielt daneben auch eine gute Auswahl an Soul, R&B, Reggae, *kwaito* und Gospel, was ihn zu einem der musikalisch besten Sender macht.

Highveld Stereo, 94,7 FM. Klassische Mainstream-Klänge, Soft-Rock und Celine Dion für die Bezirke im Norden.

JoziFM, 105,8 FM. Der Sender mit der unverblümten Sprache wird in Soweto und Umgebung ausgestrahlt.

Khaya, 95,9 FM. Wendet sich mit Mainstream-Afropop und Soft-Jazz an eine Zuhörerschaft, die zu alt für YFM ist, und dient als gute Informationsquelle für Veranstaltungen in der Stadt. Im gesamten Stadtgebiet zu empfangen.

Radio 702, 702 MW. Angesehener Sender, der für seine lebendigen Diskussionen, ausgezeichneten Moderatoren und Nachrichtenbeiträge bekannt ist.

SAf, 104–107 FM. Ein nationaler SABC-Nachrichtensender mit Hörerbeteiligung. Manche Beiträge sind sehr anspruchsvoll, und die politischen Debatten verfolgt man mit Spannung, denn sie bieten Aufschluss über die Stimmung im Land. Manche Anrufer lassen einfach nur Dampf ab.

YFM, 99,2 FM. Richtet sich an die unter 21-Jährigen und bietet ein durchweg aus Hip-Hop und *kwaito* bestrittenes Musikprogramm.

Klasse Location im CBD

Private Practice, 18th & 19th Floor, Lister Medical Building, 195 Jeppe St, CBD, ✆ 083-561 8536, 💻 www.intermission.co.za. Eine erfrischend relaxte Kunst- und Veranstaltungs-location für alles von Cocktailempfängen bis zu Modeshootings (Näheres auf der Website). Faszinierende Aussicht auf die Jo'burger Wolkenkratzer. Es gibt einen unterirdischen Parkplatz in der Bree Street, parallel (nördlich) zur Jeppe Street.

s. S. 560, Kasten. Eintrittskarten für die meisten Veranstaltungen gibt es bei **Computicket**, ✆ 011-340 8000, 083-915 8000, 💻 www.computicket.com.

Gauteng

Clubs und Bars

Das Jo'burger Nachtleben wird von allen Kulturen und Hautfarben geprägt. Das Problem ist, dass die besten Clubs weit auseinander liegen und es nur einen einzigen echten Nightlifestrip gibt: die Seventh Street in Melville. Sie eignet sich prima für einen Zug durch die Kneipen, kann sich aber nicht mit der Long Street in Kapstadt messen, wenn man tanzen möchte. In vielen Gegenden der Stadt, insbesondere in den **nördlichen Bezirken**, haben herkömmliche Kneipen und Bars kombinierten Café-Bar-Restaurants Platz gemacht, die lange geöffnet haben und häufig in Einkaufszentren angesiedelt sind. Von einem Besuch der als „Cigar Bars" bezeichneten Raucherclubs ist abzuraten. Sie sind in der Regel teuer und affektiert. Die Irish Pubs und Sportsbars sind oft gut besucht, aber nicht unbedingt umwerfend. *Shebeens* in Soweto, die tagsüber aufgesucht werden können, sind unter „Essen" aufgeführt, abends ist der Besuch der Township nur in Begleitung eines Ortskundigen ratsam.

Rosebank, Melrose, Sandton, Randburg

Moloko, 160 Jan Smuts Ave, Rosebank, ✆ 011-447 1820. Geräumiger, edler Soul- und Hip-Hop-Club; eines der Lieblingslokale junger schwarzer Hipsters.

The Red Room, Juice St, Ecke Beyers Naude St, Honeydew, ✆ 011-318 0416. Unheimlich beliebter Rock- und Indieclub, Treffpunkt von Gothics, Yuppies und Hipsters.

Melville, Auckland Park, Richmond

Bohemian, 5 Park Rd, Richmond, ✆ 011-482 1725. Eine nette, schlichte Billardhalle, Do–Sa Live-Rock. Bodenständige Alternative zu den trendigen Bars im nahen Melville.

Buzz 9, 9 Seventh St, Melville, ✆ 011-726 2019. Viel Platz gibt es in dieser beschwingten Bar nicht. Aber dafür erfinderische Cocktails, leichte Mahlzeiten (ca. R40) und freundliche Bedienung.

Catz Pyjamas, Main Rd, Melville, ✆ 011-726 8596. 24 Std. geöffnete Bar mit Essensangebot. Tagsüber nicht besonders; interessant wird es erst, wenn am frühen Morgen die Szenegänger aus den Clubs kommen.

Roka, 44 Stanley Ave, Auckland Park, ✆ 011-482 2038. Stilbewusste, lässige Bar mit hervorragenden House- und Hip-Hop-DJs und bunt gemischtem Publikum. Mittwochabends gibt's erstklassigen Livejazz.

Roxy's Rhythm Bar, 20 Main Rd, Melville, ✆ 011-726 6019. Großer, altbewährter Laden, wo einheimische Indie-Bands und ausländische DJs auftreten, und beliebter Treffpunkt ausgelassener Studenten. Im Sommer lässt es sich in der Bar auf dem Dach herrlich aushalten.

Six, Seventh St, Melville, ✆ 011-315 6938. Als eine der Bars mit den besten Vibes an der Jo'burger Vergnügungsmeile zieht Six ein aufgeschlossenes, politisch links gerichtetes Publikum an. Hier trifft man sich zum Trinken und Quatschen bis in die frühen Morgenstunden.

Stripes On Seven, 6 Seventh St, Melville, ✆ 011-482 8117. Der beste Tanzladen an der Seventh Street mit südafrikanischem House, überwiegend jungem schwarzem Publikum und angenehmer Atmosphäre.

Livemusik

Jo'burg ist in der südafrikanischen Musikszene tonangebend. Das Spektrum ist hier viel breiter

als in Kapstadt oder Durban. Freitags und samstags ist die Auswahl am größten.
Große Konzerte finden meist in The Dome in North Riding, www.coco-coladome.co.za, nordwestlich der Innenstadt, oder am Mary Fitzgerald Square in Newtown statt.
Für **Jazz** empfehlen sich der Newtown Cultural Precinct sowie einige Veranstaltungsorte in den nördlichen Bezirken. In Jo'burg werden ständig neue Jazztalente entdeckt. Zu den **etablierten Künstlern**, deren Auftritte man nicht verpassen sollte, gehören die begnadete Sängerin Simphiwe Dana, der fesselnde Liedermacher Vusi Mahlasela, die Afrofusionsband Freshlyground, der Pianist Andile Yenana, der Bassist Carlo Mombelli und der Trompeter Marcus Wyatt. Der aus Simbabwe stammende Altmeister **Oliver Mtukudzi** kommt ebenfalls oft in die Stadt.
Jo'burgs heiße Indierock-Szene konzentriert sich um ein junges Publikum in Melville, Norwood und den anderen nördlichen Vororten. Tolle Vorstellungen geben z. B. die ausgezeichnete mozambikanische Gruppe **Ska outfit 340ml**, die Indiepop-Hotshots **Desmond and the Tutus** und die Instrumental Noise-Rocker **Kid of Doom**.
Die ungemein populäre Township-Housemusik **Kwaito** kann man selten live hören, höchstens bei großen Konzerten. Besonders erlebenswert sind die Gruppen Hip-Hop Pantsula (HHP), Teargas, Skwatta Kamp oder Pitch Black Afro.
Das **Johannesburg Philarmonic Orchestra** gibt regelmäßig Klassikkonzerte im Linder Auditorium in Parktown, 011-789 2733, www.jpo.co.za.
Ein interessanter Online-Gig guide findet sich unter www.jhblive.co.za.

CBD

In einigen der Restaurants in Newtown wird zuweilen Livemusik geboten (s. „Essen" S. 552).
The Bassline, 10 Henry Nxumalo St, Newtown Music Centre, 011-838 9145. Mit Abstand die führende Livemusik-Bühne der Stadt. Hier geben sich die südafrikanischen Superstars sämtlicher Genres die Klinke in die Hand, auch Künstler von Weltrang aus West- und Zentralafrika treten hier auf.

Festivals in Johannesburg

Es gibt in Jo'burg kaum eine Kunstsparte, der kein regelmäßiges Festival gewidmet wäre. Dazu gehören unter anderen:
Arts Alive Festival, 011-838 9145, www.artsalive.co.za. Bedeutendstes Festival der Stadt für die darstellenden Künste. Drei Wochen lang finden jedes Jahr im September an verschiedenen Orten, v. a. im Newtown Cultural Precinct, aber auch in einigen Townships, Veranstaltungen statt. Den Schwerpunkt bildet Livemusik, aber auch Tanz, Cabaret und Theater werden gezeigt. „Jazz on the Lake", am Zoo Lake, ist einer der Höhepunkte und präsentiert renommierte südafrikanische Künstler vor großem Publikum.
FNB Dance Umbrella, Wits Theatre, Braamfontein, 011-482 4140, www.at.artslink.co.za/~arts. Afrikas größtes Tanz- und Choreografiefestival erstreckt sich über einen Zeitraum von zehn Tagen im Februar und März und hat internationale Ensembles zu Gast, fungiert aber auch als wichtige nationale Plattform für die Produktionen südafrikanischer Talente wie Robyn Orlin und Boyzie Cekwana.
Joy of Jazz Festival, Newtown Cultural Precinct, 011-326 0141, www.joyofjazz.co.za. Findet an einem Wochenende Ende August/ Anfang September statt und lockt die Crème de la Crème der südafrikanischen Jazzszene wie Pops Mohamed und Hugh Masekela sowie internationale Gaststars an.

Nördliche und östliche Bezirke

The Blues Room, Village Walk, Rivonia St, Ecke Maude St, Sandton, 011-784 5527. Recht schick (wie man es in Sandton erwartet), aber gleichzeitig erfrischend bunt gemischt und lebhaft. Breites Angebot an Livemusik mit z. B. Jazz, Rock und afrikanischer Musik.
The Radium, 282 Louis Botha Ave, Orange Grove, 011-728 3866. Ein bezaubernd schäbiger viktorianischer Pub mit Livemusik an 4 Abenden in der Woche. Am 1. Sonntag im Monat spielt eine absolut hörenswerte 18-köpfige Band mitreißenden Jazz und Swing.

The 88 Lounge, 114 William Rd, Norwood, ☏ 011-728 8417. Heiß begehrter Liveveranstaltungsort mit einem riesigen Deck unter freiem Himmel, auf dem in Sommernächten der Bär rockt. Hier gibt's hervorragende Rockmusik und Off-centre-dance-DJs.

Theater, Oper, Tanz und Film

Barnyard Theatre, Broadacres Shopping Centre, Fourways, ☏ 011-467 6983. Auf dieser ungeheuer beliebten Volksbühne werden Musicals und Cabaret aufgeführt. Die „ernsthafte" Theatergemeinde, die längst nicht so viele Sitzplätze füllt, straft sie dafür mit Verachtung.
Civic Theatre, Loveday St, Braamfontein, ☏ 011-877 6800, 💻 www.showbusiness.co.za. Beeindruckender Komplex mit 4 Bühnen und einer guten Mischung aus gängigen und gewagteren Produktionen.
The Dance Factory, 10 Henry Nxumalo St, Newtown Cultural Precinct, ☏ 011-833 1347. Interessanter, aber nicht kontinuierlich bespielter Veranstaltungsort. Das aktuelle Programm bitte der Lokalpresse entnehmen.
Market Theatre, Newtown Cultural Precinct, ☏ 011-832 1641, 💻 www.markettheatre.co.za. Der Veranstaltungsort schlechthin für exquisites Theater in Jo'burg und Gastkonzerte namhafter Musiker. Gefeiert wegen seines sozialkritischen Engagements und den gelegentlich aufgeführten epischen Werken.
Old Mutual Theatre on the Square, Nelson Mandela Square, Sandton, ☏ 011-883 8606. Eines der wenigen Theater in den nördlichen Vororten. Gezeigt werden eher leichte Theaterkost und ein bisschen politisches Theater, außerdem gibt es Mainstream-Musik und andere Kulturveranstaltungen.
Pieter Toerien Theatre, Montecasino, Fourways, ☏ 011-511 1818. Comedy, Musicals und Gastspiele, mitunter auch ernste und getragene Stücke.

Kinos

Der Markt wird von den **Multiplexkinos** Nu-Metro und Ster-Kinekor beherrscht, die man im ganzen Stadtgebiet findet, insbesondere in den Einkaufszentren. Das komplette Programm ist in der Zeitung *Mail & Guardian* enthalten.
Cinema Nouveau, The Mall of Rosebank, Rosebank, ☏ 011-880 2866. Das beste Arthouse-Kino der Stadt.
Private Practice, Kulturveranstaltungsort oben in einem Wolkenkratzer im CBD (S. 532). Am letzten Sonntag des Monats werden Filme gezeigt.

Einkaufen

Jo'burg ist ein Magnet für Konsumhungrige vom gesamten Subkontinent. Besuchern empfiehlt sich Jo'burg als bester Ort in Südafrika für den Kauf von z. T. hochwertigem **Kunsthandwerk**, das auf ausgezeichneten Märkten und in zahlreichen Galerien zu finden ist. Als Königin der Konsumtempelkultur besitzt die Stadt außerdem mehr als 20 große **Einkaufszentren**, 🕓 in der Regel tgl. 8–18 Uhr. Sie sind in der Mehrzahl deprimierend anonym. Die wenigen, nachstehend genannten Malls zeichnen sich durch so viel Glamour und Größe aus, dass sie einen Besuch wert sein könnten.

Einkaufszentren

Brightwater Commons, Republic Rd, Randburg. Um einen künstlichen See arrangiertes, gut besuchtes, wenngleich etwas weniger anspruchsvolles Einkaufszentrum mit Restaurants, einem Flohmarkt und einem Kino zwischen Kleidershops und den üblichen Läden.
Eastgate Shopping Centre, Bradford Rd, Bedfordview. Eine von Menschen wimmelnde Monstermall mit 250 Geschäften. Es gibt fast keinen Konsumartikel, der hier nicht zu haben wäre, und wenn, dann gibt's ihn sicher auf der anderen Seite der Straße im Park Meadows Shopping Centre.
Hyde Park Corner Mall, Jan Smuts Ave, Hyde Park. Edler Komplex mit todschicken Cafés und Haute-Couture-Läden. Die ausgezeichnete Buchhandelskette Exclusive Books ist mit einer großen Filiale vertreten. Es soll die beste Buchhandlung Südafrikas sein.
Maponya Mall, Old Potchefstroom Rd, Kliptown, Soweto. Die ultraschicke, 2007 eröffnete Mall ist für die schnell wachsende Mittelschicht von Soweto gedacht. Sie umfasst Hunderte

Geschäfte und Restaurants, und ihre hypermoderne Architektur ist ein großer Fortschritt im Vergleich zum rücksichtslosen oder pseudotoskanischen Baustil anderer Jo'burger Einkaufszentren.

The Mall of Rosebank, Baker St, Ecke Cradock Ave, Rosebank. Eines der coolsten und freundlichsten Einkaufsparadiese der Stadt, das exklusive Boutiquen, Kunsthandwerksläden und – was sonst eher unüblich ist – Cafés und Restaurants im Freien bietet. Gleich daneben liegt das Shoppingcentre **The Zone** mit einigen der besten Einzelhandels-Bekleidungsgeschäften der Stadt.

Sandton City Shopping Centre, Sandton Drive, Ecke Rivonia Rd, Sandton. Riesiger, mit der Nelson Mandela Square Mall verbundener Komplex mit einer unglaublichen Fülle von Geschäften (darunter auch einige gute Buchhandlungen), Kinos und afrikanischen Kunstgalerien.

Kunsthandwerk, Märkte und Kunstgalerien

44 Stanley Avenue, Auckland Park. Ein super eleganter Design- und Kunstkomplex mit Cafés, Restaurants, Galerien und Antiquitätengeschäften. Toll für einen Sonntagseinkaufsbummel.

African Craft Market of Rosebank, The Mall of Rosebank, 50 Bath Ave, Rosebank. Reizvoller Markt mit einer beeindruckenden Auswahl an Kunsthandwerk und Kleidung aus Heimarbeit. Auf einer Etage des angrenzenden Parkhauses findet jeden Sonntag von 9 bis 17 Uhr ein Flohmarkt statt.

Art Africa, 62 Tyrone Ave, Parkview, westlich des Zoos, ✆ 011-486 2052. Gute Auswahl an ausgefallenen und konventionelleren kunsthandwerklichen Arbeiten, viele davon unter fantasievoller Verwendung recycelter Materialen.

Bruma Lake Market World, Bruma Lake, östlich des Zentrums. Großer Dauermarkt mit überwiegend afrikanischem Kunsthandwerk und Souvenirangebot – auf den Massengeschmack ausgerichtet und recht preiswert.

Everard Read Gallery, 6 Jellicoe Ave, Rosebank, ✆ 011-788 4805, 💻 www.everard-read.co.za. Viele Stücke in der nicht besonders innovativen Galerie sind eher geschmacklose Kaufhausware. Ein Besuch lohnt trotzdem, weil hier auch regelmäßig talentierte zeitgenössische Künstler ihre Werke ausstellen.

Goodman Art Gallery, 163 Jan Smuts Ave, Rosebank, ✆ 011-788 1113, 💻 www.goodman-gallery.com. Die führende Galerie für zeitgenössische Kunst zeigt Ausstellungen von international renommierten südafrikanischen Künstlern wie William Kentridge, David Goldblatt und Moshekwa Langa.

Kim Sacks Art Gallery, 153 Jan Smuts Ave, Rosebank, ✆ 011-447 5804. Eine Schatztruhe voll mit erlesenem Kunstgewerbe und traditionellen Kunstwerken aus ganz Afrika. Die Preise sind teilweise gesalzen, aber die Qualität ist durchweg ausgezeichnet.

M2 Highway, CBD. Markt mit Improvisationscharakter unterhalb der großen Verkehrsstraße, ein paar Häuserblocks südlich der Anderson St. Die meisten Stände sind auf *umuthi*-Medizin spezialisiert, es wird jedoch auch jede Menge einheimisches Kunsthandwerk angeboten.

Market Africa, Newtown. Jo'burgs lebendigster Flohmarkt, in Nachbarschaft des Market Theatre, lädt zum Stöbern zwischen farbenprächtigen Decken aus Mali, Masken und Statuen aus dem Kongo und vielem anderen ein. 🕓 Sa 9–16 Uhr.

Michael Mount Organic Market, Culross Rd, ab Main Rd, Bryanston, ✆ 011-706 3671. Ansammlung von Ständen, an denen es Bio-Lebensmittel, ungewöhnliches Kunsthandwerk und handgearbeitete Kleidung gibt. Ein Projekt der Michael Mount Waldorf School. 🕓 Do und Sa morgens.

Bücher

Books Galore, Shop 2B, Main Rd, Melville, ✆ 011-726 6502, Filiale 66 Tyrone Ave, Parkview ✆ 011-486 4198. Freundlich, gute Auswahl an gebrauchten Büchern.

Exclusive Books, ist Südafrikas größte und beste Buchhandelskette mit stets aktuellem Sortiment und Filialen in vielen Einkaufszentren. Die besten davon: Hyde Park Mall, Jan Smuts Ave, ✆ 011-325 4298; Nelson Mandela Square,

✆ 011-748 5416; Killarney Mall, Houghton, ✆ 011-646 0931, und The Mall of Rosebank, ✆ 011-447 3028.

Out of Print, 78 Fourth Ave, Melville, ✆ 011-482 6516. Hervorragendes kleines Antiquariat und Secondhand-Buchhandlung. ◷ Fr und Sa bis 21 Uhr.

Musik

Die in den meisten Einkaufszentren vertretene Ladenkette **Musica** ist auf CD-Importe aus dem Soul- und Rock-Bereich spezialisiert, führt aber auch einheimische Musik. Im CBD finden sich zahllose kleine Läden, in denen Kassetten mit südafrikanischen und amerikanischen Klängen verkauft werden.

Kohinoor, 54 Market St, CBD, ✆ 011-834 1361. Ausgezeichnete Vinyl-Auswahl, daneben ein stattliches Angebot an Kassetten und CDs. Der Schwerpunkt liegt auf Jazz, es gibt aber von Gospel bis hin zu *maskanda* und *mbaqanga* auch jede Menge Südafrikanisches. Die Musikabteilung des Geschäfts ist unten.

Plum CD, The Mall of Rosebank, Rosebank, ✆ 011-788 5588. Auf Jazz und Worldmusic spezialisierter Laden. Ein bisschen teuer, aber hier gibt's Aufnahmen, die man anderswo nicht findet.

Sonstiges

Autovermietungen

Es lohnt sich auf jeden Fall, auch mal in der Unterkunft nach einem Mietwagen-Sonderangebot zu fragen. An großen Verleihfirmen mit Standardkonditionen sind u. a. vertreten:

Sport in Johannesburg

Sport wird in ganz Südafrika groß geschrieben, aber in Jo'burg ist er eine Obsession. Der mit Abstand beliebteste Sport in der Stadt ist **Fußball**, und zwischen den beiden wichtigsten Teams von Jo'burg herrscht eine erbitterte Rivalität. Diese Lokalfehden, angereichert durch Skandale, Intrigen und Anfeindungen, halten ganze Heerscharen von Sportreportern in Lohn und Brot. In Jo'burg (und insbesondere Soweto) ist man entweder Fan der Kaizer Chiefs oder der Orlando Pirates. Jahrzehntelang haben die Lokalderbys bis zu 70 000 Zuschauer angezogen. Die Pirates tragen ihre Heimspiele im Ellis Park (s. u.) aus, wo sich 2001 bei einem Spiel zwischen den Chiefs und Pirates ein tragischer Unfall ereignete, bei dem mehr als 50 Fans ums Leben kamen.

Die Kaizer Chiefs zogen 2010 in ihr eigenes Stadion um, das Amakhosi Stadium, 40 km westlich von Jo'burg. Man sollte versuchen, Karten für ein Heimspiel einer der beiden Mannschaften zu bekommen, besonders wenn gegen die Mamelodi Sundowns aus Pretoria gespielt wird. Die Eintrittspreise sind niedrig, die Spiele sind meistens spannend – vielleicht ein bisschen chaotisch –, und die Stimmung ist normalerweise gut. Es kommt nur sehr selten zu Ausschreitungen, sichere Parkplätze sind vorhanden. In zwei Jo'burger Stadien fanden während der **Fußball-WM 2010** Spiele statt: im Ellis Park und dem umgebauten Stadion Soccer City (auch FNB Stadium genannt), an der NASREC-Straße am Rand von Soweto. In dem 94 000 Zuschauer fassenden Sporttempel wurde auch das Finale ausgetragen.

Die Sportarena Ellis Park (oder Coca-Cola Park) im Zentrum Jo'burgs, ✆ 011-402 8644, ist ein südafrikanischer **Rugby**-Schrein, insbesondere nach dem Triumph, den die Springboks während des World Cups 1995 hier feiern durften. Neben ihrer Funktion als Austragungsort von Länderspielen dient sie außerdem dem Regionalteam der Gauteng Lions als Heimstadion. Für die Anfahrt empfiehlt sich die Nutzung des Park-and-Ride-Angebots, das bei großen Wettkämpfen eingerichtet wird und Zubringerbusse von und zu den Parkplätzen außerhalb des Zentrums einsetzt.

Austragungsort der wichtigsten **Kricketspiele**, darunter die fünftägigen internationalen Matches, ist das Wanderers Stadium, abseits vom Corlett Drive in Illovo, ✆ 011-788 1008. Mitunter finden Spiele unter internationaler Beteiligung auch in Soweto und Alexandra statt.

Avis, ✆ 0861-021 111;
Budget, ✆ 0861-016 622;
EuropCar/Imperial, ✆ 0861-131 000;
Tempest, ✆ 0861-836 7378.
Preiswertere lokale Anbieter sind z. B.:
Apex, ✆ 011-402 5150, und **Comet**, ✆ 011-974 9618.

Geld

In der Ankunftshalle des Flughafens gibt es Wechselstuben (24 Std. geöffnet) und Geldautomaten, in allen großen Einkaufszentren zudem **Banken**, in denen man Geld wechseln kann.
American Express, Einkaufszentrum The Zone, 177 Oxford Rd, Rosebank, ✆ 011-880 8382, und im Sandton City Shopping Centre, Sandton Drive, ✆ 011-883 9026.

Internet

In Jo'burg online zu gehen, ist kein Problem – in den meisten Malls gibt es mindestens ein Internet-Café.

Informationen

Gauteng Tourism, Hauptbüro im Newtown Cultural Precinct, 1 Central Place, Henry Nxumalo St, ✆ 011-639 1600, 💻 www.gauteng.net, ⌚ tgl. 8–17 Uhr. Eine nützliche Zweigstelle ist in einem **Kiosk** beim African Craft Market in Rosebank untergebracht, ✆ 011-327 2000, ⌚ tgl. 9–17 Uhr.
Im internationalen Ankunftsterminal des Flughafens gibt es ein **Tourist Information Desk**, ✆ 011-390 3614, wo stapelweise Broschüren über Johannesburg und andere Regionen Südafrikas erhältlich sind, auch Listen mit Übernachtungsmöglichkeiten. Kein Reservierungsservice. ⌚ tgl. 6–22 Uhr.
Kostenloses Kartenmaterial unterschiedlicher Qualität ist in diesen Anlaufstellen für Touristen erhältlich. In der Regel decken die Karten nur das Gebiet des CBD und Teile der nördlichen Bezirke ab. Um sich auch in anderen Gegenden zurechtzufinden, ist insbesondere für Autofahrer detaillierteres Kartenwerk ratsam, z. B. der *Gauteng Central Street Guide* von Mapstudio, der in den Filialen von Exclusive Books (S. 559) verkauft wird.
Eine ausgezeichnete Website ist 💻 www.joburg.org.za. Hier finden sich Beschreibungen aller Vororte und zahlreiche Karten zum Herunterladen.

Medizinische Hilfe

In einem medizinischen Notfall ruft man am besten einen Krankenwagen der privaten Firma **Netcare 911** unter ✆ 082-911 an. Er bringt den Patienten in ein privates Netcare Hospital. Das ist zwar kostspielig, aber zuverlässiger als ein staatliches Krankenhaus.
Staatliche Krankenhäuser mit 24 Std. Notdienst:
Johannesburg General Hospital, Parktown, ✆ 011-488 4911;
Helen Joseph, Auckland Park, ✆ 011-489 1011;
Baragwanath, Zone 6, Diepkloof, Soweto, ✆ 011-933 8000.
Private Krankenhäuser:
Milpark Hospital, Guild St, Parktown, ✆ 011-480 5600;
Morningside Medi-Clinic, in Morningside, nahe Sandton, ab Rivonia Rd, ✆ 011-282 5000.
Privatkrankenhäuser sind immer die bessere Wahl. Wer keine Krankenversicherung nachweisen kann, muss bei der Aufnahme eine Menge Geld hinlegen.

Post

In den meisten Vierteln gibt es ein zentrales Postamt. Die Hauptpost in der Jeppe Street im CBD nimmt postlagernde Sendungen an.

Sport

Schwimmen

Jo'burgs öffentliche Schwimmbäder glänzen nicht immer durch beste Instandhaltung. Ausnahme ist das ausgezeichnete beheizte Freibad im Ellis Park mit einem 50-m-Becken, ✆ 011-402 5565. ⌚ Mitte Aug–Juni Mo–Fr 7–18.30, Sa 7–16.30, So 8–16.30 Uhr.

Fitness

Virgin Active, ✆ 0860-200 911, 💻 www.virginactive.co.za, ist mit mehreren Studios in der Stadt vertreten. Einige Hotels bieten ihren Gästen Gutscheine für die einmalige Nutzung der Fitnesseinrichtungen von Virgin Active an, ansonsten kostet ein Besuch R135.

Nahverkehr

Jo'burgs öffentliches Transportwesen lässt einiges zu wünschen übrig: Es ist langsam, nicht sehr zuverlässig, und außerhalb der Stoßzeiten praktisch nicht existent. Die Situation sollte sich aber mit der schrittweisen Einführung neuer Bus- und Bahnnetze verbessern. Vorrangiges Transportmittel ist der eigene Wagen; der CBD und einige Vororte wie Melville lassen sich zudem bequem zu Fuß erkunden.

Stadtbusse

Die meisten Johannesburger Linien beginnen und enden am zentralen Busbahnhof am Gandhi Square, der über die Eloff Street zu erreichen ist. Fahrpläne gibt es im **Businformationsbüro** in der Gandhi Mall auf der Südseite des Gandhi Square, ✆ 011-833 5538, ◷ Mo–Fr 6–18, Sa 8–13 Uhr.

Die Busse verkehren nur zwischen den Vororten und dem Zentrum, nicht aber zwischen verschiedenen Vororten, es sei denn, diese liegen an derselben Strecke in die Stadt. Die meisten Linien verkehren nicht länger als bis 18.30 Uhr, einige wenige bis 21.30 Uhr. Am Wochenende ist der Betrieb auf sehr wenige Linien eingeschränkt, die Wartezeit zwischen zwei Bussen beträgt dann mindestens eine Stunde. Der Fahrpreis (in der Regel je nach Entfernung R4–10) wird direkt beim Fahrer entrichtet. Das Ticket muss man aufbewahren, damit man es bei einer eventuellen Fahrscheinkontrolle vorzeigen kann. **Nützliche Routen** sind z. B. die 67 nach Melville und die 05CD nach Rosebank und Sandton.

Derzeit befindet sich ein ambitioniertes neues Busnetz mit Namen **Rea Vaya Bus Rapid Transit** (BRT; 🖳 www.reavaya.org.za) im Aufbau, trotz erheblichen Widerstands seitens der Minibustaxibetreiber, die Angst vor der Abwanderung ihrer Kundschaft haben. Die Busse sollen auf eigenen Busspuren in der Mitte der Straßen fahren und an etwa 150 überdachten, ca. 500 m weit auseinander liegenden Haltestellen halten, ähnlich wie bei einem Straßenbahnnetz. Das gesamte Netz wird wahrscheinlich erst 2013 fertig sein, aber Teile davon, z. B. die Strecken vom Stadtzentrum nach Soweto und Sandton, sind seit der WM 2010 in Betrieb.

Minibustaxis

Solange Jo'burg noch auf das komplette BRT-Netz wartet, decken Minibustaxis das größte Gebiet ab. Man findet sie an Standplätzen oder hält sie an der Straße an. In letzterem Fall ist auf das richtige Handzeichen zu achten:
Ein erhobener Zeigefinger signalisiert, dass man in die Stadt hineinfahren möchte. Nach unten gerichtet zeigt der Finger an, dass man in die äußeren Bezirke möchte. Und deutet man mit dem Finger auf sich selbst, bedeutet dies, dass der Park Central Taxi Terminus das Ziel sein soll, die Endstation der meisten Minibusse. Dieser hektische Busbahnhof kann ein wenig einschüchternd wirken: Wer wachsam ist und seine Wertsachen nicht zur Schau stellt, sollte hier aber keine Probleme bekommen. Minibusse nach Melville fahren vom Bussteig 1, nach Sandton von Bussteig 2 und nach Orlando West in Soweto von Bussteig 9.

Taxis

Für kurze Fahrten innerhalb der Stadt empfehlen sich die privaten Taxis, die telefonisch bestellt werden, häufig aber auch vor den größeren Hotels auf Kundschaft warten. Eine Taxifahrt ist kein billiges Vergnügen, denn eine einfache Strecke vom CBD in die nördlichen Vororte schlägt mit mindestens R170 zu Buche.

Maxi Taxis, ✆ 011-648 1212, ist das zuverlässigste Unternehmen für Fahrten in fast alle Stadtteile.

Rose Radio, ✆ 011-403 9625 oder 403 0000, ist preiswert und bedient fast die ganze Stadt.

Nahverkehrszüge

Der mit großem Trara angekündigte **Gautrain Rapid Rail Link**, 🖳 www.gautrain.co.za, ein schnelles Eisenbahnnetz, das es ermöglichen soll, in weniger als 15 Minuten vom Flughafen von Johannesburg nach Sandton zu gelangen sowie in weniger als 40 Minuten ins Stadtzentrum und nach Pretoria – über die nördlichen Vororte und Midrand –, nähert sich seiner Fertigstellung. Die Verbindung zwischen Flughafen und Sandton war zur WM 2010 fertig, das ganze Streckennetz sollte 2011 in Betrieb sein. Das andere Johannesburger Stadtbahnnetz, **Metrorail**, genießt hinsichtlich der

Sicherheit in Johannesburg

Angesichts der tiefen Kluft zwischen extremer Armut und enormem Reichtum – gepaart mit der Verbreitung illegaler Schusswaffen und der vorherrschenden Ellbogengesellschaft – überrascht es kaum, dass manche Gegenden Jo'burgs gefährlich sein können. Obwohl der Stadt ein Ruf anhaftet, um den sie nicht zu beneiden ist, sollte man ein realistisches Augenmaß für potenzielle Gefahren behalten, damit einem der Verfolgungswahn den Aufenthalt nicht verdirbt. Von ganz wenigen Ausnahmen abgesehen, hat kein Johannesburger die Absicht, Touristen irgendetwas anzutun. Wie in allen Großstädten sind bestimmte Sicherheitsmaßnahmen angebracht (s. S. 64). Wer sie einhält, wird vermutlich nicht in Schwierigkeiten geraten. Die größte Gefahr für Fußgänger besteht darin, bestohlen zu werden (manchmal unter Anwendung von Gewalt). Deshalb ist bei Rundgängen im Central Business District (CBD), in Braamfontein und in Newtown Vorsicht geboten. Außerhalb der Bürozeiten sollte man dort keinen Bummel unternehmen. In ganz Jo'burg sollte man sich an die belebten Orte halten und immer und überall auf der Hut sein. Joubert Park, Hillbrow und Berea gelten zurzeit als *no-go*-Zonen, besonders nach Einbruch der Dunkelheit. Yeoville und Observatory sind zwar etwas sicherer, sollten aber dennoch nur von wirklich Unerschrockenen oder in Begleitung besucht werden. In Melville, Parktown oder Rosebank sind Überfälle höchst unwahrscheinlich.

Wer eine der riskanteren Gegenden **zu Fuß** erkunden möchte, sollte vorher den Stadtplan studieren (aber nicht mitten auf der Straße), Wegbeschreibungen möglichst nicht von Passanten erfragen und Märsche mit viel Gepäck gänzlich vermeiden. Im Strom der entgegenkommenden Passanten ist auf Gruppen junger Männer zu achten. Wer Wertsachen bei sich trägt, sollte einen Teil davon griffbereit halten, um mögliche Angreifer schnell zufrieden zu stellen. Gegenwehr ist in keinem Fall anzuraten. Davonrennen kann funktionieren, aber bisweilen haben die Angreifer Schusswaffen bei sich. In **öffentlichen Transportmitteln** sind Überfälle unwahrscheinlich. Wachsam sollte man dennoch sein, vor allem an betriebsamen Knotenpunkten wie Park Station sowie an Taxi- und Bushaltestellen und besonders beim Aussteigen aus einem Minibustaxi. Das Warten auf einen Bus in den nördlichen Bezirken ist in der Regel ungefährlich.

Wer einen Wagen gemietet hat, sollte wissen, dass es, wenn auch sehr selten, zu **Carjacking** kommt. Mit Vorliebe werden deutsche Autos entführt. Manchmal greifen Diebe auch durch offene Fenster oder schlagen Seitenfenster ein, um an Wertgegenstände auf Beifahrer- oder Rücksitzen zu kommen. Alle Türen und Fenster sollten daher geschlossen bleiben, auch wenn man im Wagen wartet, während der Mitfahrer kurz etwas erledigt. Die größte Gefahr besteht beim Verlassen des Wagens und bei der Rückkehr sowie in Grundstückseinfahrten. Also wachsam sein, nicht trödeln, und das Auto vorzugsweise auf einem bewachten Parkplatz abstellen. Häufig wird gesagt, man soll nachts nicht an Ampeln halten, aber das ist kein guter Rat: Statistiken belegen, dass mehr Menschen Opfer von Autounfällen als von Verbrechen werden. Muss bei Fahrten durch eine zwielichtige Gegend an einer Ampel gehalten werden, ist auf großzügigen Abstand zwischen dem eigenen und dem vorderen Wagen zu achten sowie auf Personen, die eventuell ums Auto herumschleichen.

Von der **Polizei**, die normalerweise Wichtigeres zu tun hat, als auf Touristen aufzupassen, ist nicht allzu viel zu erwarten. Im Zentrum – besonders in Newtown – sowie in Rosebank versehen sogenannte **City Ambassadors** ihren Dienst. Sie werden zur Hälfte von der Stadtverwaltung und zur anderen von Ladenbesitzern bezahlt, um durch ihre Präsenz Kriminelle abzuschrecken. Sie tragen gelbe Armbinden. Man kann sie z. B. nach dem Weg fragen oder um Hilfe bitten, wenn man sich verfolgt fühlt.

Sicherheit der Fahrgäste einen schlechten Ruf, umfasst nur wenige Strecken und sollte am besten gemieden werden.

Transport

Selbstfahrer

Für die Erkundung Johannesburgs gibt es kein besseres Transportmittel als ein eigenes Fahrzeug. Es sind genügend Mietwagenfirmen (s. S. 560) vorhanden, und nicht selten lässt sich über die Backpacker-Lodges und bestimmte Guesthouses ein prima Deal abschließen. Obwohl die Ausschilderung mitunter dürftig ist und die einheimischen Autofahrer manchmal drängeln, kommt man problemlos herum, wenn man sich vorab mit den wichtigen Straßen und dem Stadtplan vertraut macht. Die Orientierung im Stadtzentrum ist trotz der Einbahnstraßen und Fußgängerzonen relativ einfach, weil die Straßen im Schachbrettmuster angelegt sind. Die **M1** verbindet das Zentrum mit den nördlichen Bezirken und durchquert dabei Newtown entlang einer Hochtrasse, führt dann weiter durch Braamfontein und Parktown nach Houghton und Sandton und wird in ihrem weiteren Verlauf schließlich zur N1 Richtung Pretoria. Südlich des Zentrums zählt die M1 zu den bevorzugten Strecken nach Soweto. Westlich der M1 und ebenfalls nützlich für eine Fahrt in den Norden ist die **Oxford Road**, die in Parktown beginnt und in Sandton zur Rivonia Road wird. Wiederum westlich verläuft die **Jan Smuts Road** via Rosebank und Dunkfeld nach Sandton.

Busse

Die Park Station im Zentrum der Stadt ist der Busbahnhof für die Busse von **Greyhound**, **Intercape** und **Translux** sowie für Minibus-taxis. Dieser einst berüchtigte Ort ist in den vergangenen Jahren erheblich sicherer geworden. Die Haupthalle ist heute groß und offen und beherbergt Informationsschalter aller Busunternehmen. Als bestes und sicherstes Transportmittel von der Park Station zum endgültigen Zielort empfiehlt es sich (besonders, wenn man viel Gepäck hat), ein Taxi zu nehmen oder die Abholung zusammen mit der Zimmerreservierung zu arrangieren.

Busse nach:
BEITBRIDGE (2x tgl., 7 Std.;
BLOEMFONTEIN (11x tgl., 6 Std.);
DURBAN (14x tgl., 8–11 Std.);
EAST LONDON (12x tgl., 12 3/4 Std.);
KAPSTADT (6x tgl., 19 1/2 Std.);
KIMBERLEY (4x tgl., 6 1/2 Std.);
KING WILLIAM'S TOWN (3x tgl., 12 1/4 Std.);
KLERKSDORP (5x tgl., 2 Std.);
KNYSNA (tgl., 17 Std.);
KURUMAN (tgl., 7 Std.);
LADYSMITH (tgl., 5 3/4 Std.);
LOUIS TRICHARDT (tgl., 5 1/4 Std.);
MOSSEL BAY (2x tgl., 17 Std.);
NELSPRUIT (5x tgl., 5 Std.);
NEWCASTLE (tgl., 5 Std.);
OUDTSHOORN (2x tgl., 14 1/2 Std.);
PIETERMARITZBURG (13x tgl., 7 Std.);
PLETTENBERG BAY (tgl., 17 1/2 Std.);
PORT ELIZABETH (3x tgl., 13 1/4 Std.);
POTCHEFSTROOM (5x tgl., 1 1/2 Std.);
PRETORIA (mehr als 30x tgl., 1 Std.);
QUEENSTOWN (2x tgl., 10 Std.);
UMTATA (tgl., 11 1/2 Std.).

Baz-Busse

Von Jo'burg fährt der Baz Bus nach DURBAN, entweder über die DRAKENSBERGE (3x wöchentl.) oder über NELSPRUIT und SWASILAND mit Übernachtung in MANZINI (ebenfalls 3x wöchentl.).

Baz-Busse nach:
DURBAN (über Drakensberge, 9 Std.);
MANZINI in Swasiland (9 Std.);
MALKERNS VALLEY in Swasiland (8 3/4 Std.
MBABANE in Swasiland (8 Std.);
NELSPRUIT (5 Std.);
PIETERMARITZBURG (8 Std.);
PRETORIA als separater Shuttle (1/2–1 Std.);
AMPHITHEATRE, Nördliche Drakensberge (4 1/2 Std.).

Eisenbahn

Die **Intercity-Züge**, ✆ 086-000 8888, halten in der zentral gelegenen Park Station (siehe Busse).

Züge nach:
BLOEMFONTEIN (2x tgl., 12 Std.);
DURBAN (1–3x tgl., 11 3/4 Std.);
EAST LONDON (tgl., 20 Std.);

KAPSTADT (1–3x tgl., 26 1/4 Std.);
KIMBERLEY (tgl., 8 1/4 Std.);
MUSINA (tgl., 15 Std.);
NELSPRUIT (tgl., 9 3/4 Std.);
PORT ELIZABETH (2x tgl., 18 Std.);
PRETORIA (mehr als 30x tgl., 1 1/2 Std.).

Flüge

Jo'burgs 20 km östlich des Zentrums gelegener **OR Tambo International Airport** ist nach dem wichtigsten exilierten ANC-Führer benannt. In der Ankunftshalle des internationalen Terminals gibt es einen Informationsschalter (S. 561), Geldwechselschalter, Geldautomaten, eine Post, ein Internetcafé und ein Telefon-center.

Transport vom/zum Flughafen

Der **Gautrain** (S. 562) verkehrt zwischen Flughafen und Sandton, man kann aber für die Fahrt in die Stadt oder in die Vororte auch auf Shuttlebusse und Taxis zurückgreifen.
Der **Airport Shuttle**, ✆ 0861-748 8853, 💻 www.airportshuttle.co.za, R300–900 (R50 extra zwischen 21 und 5.30 Uhr), ist rund um die Uhr im Einsatz und holt und setzt die Passagiere direkt vor der Tür ab, auch in den abgelegensten Teilen der Stadt. Einen Tag im Voraus buchen!
Gut ist auch der **Magic Bus**. Er bietet Tür-zu-Tür-Transfers in die wichtigsten Vororte (R270–350 je nach Destination, jeder zusätzliche Fahrgast R40 extra). Tickets gibt's am Magic Bus-Schalter im Busbahnhof, ✆ 011-394 6902, der durch eine Passage vor der Ankunftshalle zwischen dem Hotel Intercontinental und dem Parkade Building zu erreichen ist.
Im Busbahnhof ist auch der **Lux Express**, ✆ 011-770 5563, zu finden, der vom Flughafen zu Hotels in Sandton fährt (R215).
Stanford Hlatshwayo, ✆ 011-872 1375, 084-857 4967, 💻 www.aerowaylink.co.za, betreibt Aeroway, einen sehr empfehlens-werten Taxiservice vom Flughafen (R250–270 in die meisten Ecken von Johannesburg). Er veranstaltet auch Township- und andere Sightseeing-Touren und holt Passagiere auf der Durchreise am Flughafen ab oder bringt sie hin.
KDR Tours, ✆ 011-326 1700, führt ebenfalls eine Soweto-Tour mit kulturellem Schwerpunkt für Transitreisende durch. Abholung und Rücktransport zum Flughafen kosten R380, die Tour selbst R600.
Infos über die Weiterfahrt nach Pretoria s. S. 582.
Die teureren Hotels haben für ihre Gäste häufig einen kostenlosen Flughafenbusservice, und auch die meisten Backpackerhostels und einige kleinere Guesthouses bieten kostenlose **Abholung** vom Flughafen an (am besten bei der Reservierung mitbuchen), manche sogar auch den kostenlosen Transport zum Flughafen.
Taxis mit Taxameter sind ein bequemes und sicheres Transportmittel vom Flughafen in die Stadt. Allerdings muss man sich vor der Abfahrt vergewissern, dass der Fahrer genau weiß, wohin er fahren soll, und auch der ungefähre Fahrpreis sollte klar sein. Eine Fahrt zu einer Adresse in der Innenstadt von Jo'burg darf nicht mehr als R250 kosten, und in einen entlegenen nördlichen oder westlichen Vorort nicht über R350. Ein Schalter, an dem man Ticket für lizensierte Taxis kaufen kann, befindet sich in der Ankunftshalle des Terminals für Inlands-flüge; 🕓 tgl. 6–22 Uhr.
Bei **Airport Link**, ✆ 011-792 2017, 💻 www.airportlink.co.za, kann ein Taxi im Voraus bestellt werden. Der Fahrpreis beträgt ca. R335 für den ersten, R55 für jeden weiteren Fahrgast.
Die Billigfluglinie Kulula (S. 73) fliegt den 30 km nordwestlich von Jo'burg gelegenen **Lanseria Airport**, ✆ 011-659 2750, an. An diesem Flughafen warten gewöhnlich keine Taxis, sodass die Abholung durch die gebuchte Unterkunft organisiert oder ein Taxi gerufen werden muss (s. „Nahverkehr").

Flüge nach:
BLOEMFONTEIN (Mo–Fr 9x tgl., Sa und So 3–5x tgl., 1 1/4 Std.);
DURBAN (mehr als 30x tgl., 1 Std.);
HOEDSPRUIT (2x tgl., 1 Std.);
KAPSTADT (mehr als 30x tgl., 2 Std.);
KIMBERLEY (Mo–Fr 6x tgl., Sa und So 1–3x tgl., 1 1/2 Std.);
MANZINI (3–5x tgl., 1 Std.);

NELSPRUIT (4–6x tgl., 1 3/4 Std.);
PORT ELIZABETH (8x tgl., 1 3/4 Std.);
UPINGTON (tgl., 1 3/4 Std.).

Fluggesellschaften
Die folgenden Fluggesellschaften haben Ticketschalter am OR Tambo International Airport:
Air France, ✆ 0861-340 340;
British Airways, ✆ 011-441 8600;
Lufthansa, ✆ 0861-842 538;
KLM, ✆ 0860-247 747;
South African Airways, Airlink und **SA Express**, ✆ 0861-606 606.
Die folgenden Fluglinien haben Vertretungen in Johannesburg:
Qantas, 195 Jan Smuts Ave, Parktown North, ✆ 011-441 8550;
Virgin Atlantic, 50 Sixth Rd, Hyde Park Mall, Jan Smuts Ave, ✆ 011-340 3500.

Die Umgebung von Johannesburg

Wenn Johannesburger mal außerhalb der Stadt ausspannen wollen, zieht es sie häufig nach Nordwesten in die **Magaliesberge**, die sich von Pretoria im Osten bis nach Rustenburg im Westen erstrecken. Imposant aufragende Gipfel darf man hier nicht erwarten. Ein Großteil des Gebiets besteht aus privatem Farmland, das sich über hügeliges Gelände ausdehnt. Hier und da kann man beeindruckende *kloofs* und wohltuend unverbaute Aussichten genießen.

Die Hügel scheinen auf den ersten Blick reizlos, aber sie bergen verschiedene Höhlen an ihrer südöstlichen, Johannesburg zugewandten Seite. Sie sind ungefähr 3,5 Mio. Jahre alt und zählen zu den weltweit bedeutendsten Zeugnissen in der Entwicklungsgeschichte des Menschen. Die Höhlen, darunter auch die bekannten Sterkfontein Caves, sind inzwischen Teil des Welterbes **Cradle of Humankind** (Wiege der Menschheit) und waren eine der ersten von der Unesco ausgewählten Stätten dieser Art in Südafrika.

Cradle of Humankind

Das rund 47 000 ha große Gelände der Cradle of Humankind umfasst mehrere Dolomithöhlen, in denen während der letzten 60 Jahre rund zwei Fünftel aller hominiden Fossilienfunde weltweit gemacht wurden. Dank der leichten Zugänglichkeit und der Fülle der entdeckten Zeugnisse menschlicher Entwicklung hat die Cradle of Humankind die tansanische Olduvai-Schlucht als wichtigste paläontologische Stätte Afrikas und der Welt abgelöst.

Touristische Einrichtungen sind bis dato noch dünn gesät: Viele der Höhlen sind empfindliches Terrain und werden eifersüchtig von den darin arbeitenden Wissenschaftlern abgeschirmt. Eine Besichtigung der berühmten **Sterkfontein Caves** ist immerhin im Rahmen einer der ausgezeichneten paläontologische Führungen möglich (s. Kasten). Weitere Sehenswürdigkeiten des Gebiets sind das Maropeng Museum sowie das **Rhino and Lion Nature Reserve** und die **Kromdraai Wonder Cave**.

Die Anfahrt mit dem Auto führt von Johannesburg Richtung Westen über die R47 (Hendrik Potgieter Road) oder die M5 (Beyers Naudè Drive), dann über die N14 bis zur Kreuzung mit der R563. Nach einigen Kilometern Richtung Nordwesten auf der R563 erreicht man eine Abzweigung, die zu den Sterkfontein Caves führt.

Sterkfontein Caves

Bekannteste Attraktion der Cradle of Humankind sind die Sterkfontein Caves, ✆ 011-577 9000, 🖳 www.maropeng.co.za, die Vermutungen zufolge vor ca. 3,5 Mio. Jahren von prähominiden Primaten bewohnt waren. Ins Blickfeld der Europäer gerieten die Höhlen erstmals 1896, als der Italiener Gulgimo Martinaglia auf der Suche nach abbaubarem Kalk auf sie stieß. Martinaglia war jedoch nur an den Fledermausexkrementen interessiert, die er kurzerhand abtrug und dadurch die dolomitische Höhlenformation zerstörte.

Zwischen 1936 und 1951 unternahm der Archäologe Dr. Robert Broom Ausgrabungen in den Höhlen. 1947 fand er den Schädel einer über 2,5 Mio. Jahre alten Hominidin, die „Mrs. Ples" getauft wurde. 1995 entdeckte der Archäologe Ronald Clarke dann „Little Foot", die Knochen

Die „Wiege der Menschheit"

Dr. Broom trifft auf Mrs. Ples

Im Dolomitgestein der Höhlen, die sich in dem inzwischen als Cradle of Humankind bezeichneten Gebiet erstrecken, lagern die fossilen Überreste von **Hominiden**, die vor ca. 3,3 Mio. Jahren in Südafrika lebten. Die in den Höhlen ebenfalls entdeckten versteinerten Pollen, Pflanzenteile und Tierknochen deuten darauf hin, dass die Gegend einst von einem tropischen Regenwald überzogen war, in dem Riesenaffen, langbeinige Jagd-Hyänen und Säbelzahnkatzen beheimatet waren.

Wann genau die ersten Hominiden auftauchten, ist zwar noch immer unklar, Wissenschaftler gehen heute jedoch davon aus, dass sich die menschliche Linie im Entwicklungsstammbaum vor ca. 5–6 Mio. Jahren vom Affen abspaltete. Die älteste identifizierte hominide Gruppe ist die der Australopithecine, eine zweibeinige menschenähnliche Art mit kleinem Gehirn. Der erste Australopithecus Südafrikas wurde 1924 entdeckt, als Prof. Raymond Dart in der heutigen Nordwest-Provinz auf das **Taung-Kind** stieß. 1936 fand man die ersten australopithecinen Fossilien in den Sterkfontein Caves, und 1947 konnte Dr. Robert Broom einen nahezu vollständig erhaltenen Schädel ausgraben, den er zunächst *Plesianthropus transvaalensis* („Fast-Mensch" aus Transvaal) nannte und der sich später als 2,6 Mio. Jahre alter *Australopithecus africanus* entpuppte. Dieser als weiblich identifizierte Fund erhielt den Spitznamen **„Mrs. Ples"** und galt viele Jahre weltweit als das „fehlende Glied" in der Evolutionsgeschichte des Menschen. Seither sind in den Sterkfontein Caves und anderen benachbarten Höhlen eine Reihe von Fossilien und Zeugnissen weiterer Arten und Spezies entdeckt worden, darunter der *Australopithecus robustus*, der vor 1–2 Mio. Jahren lebte, und der *Homo ergaster*, der vermutlich der unmittelbare Vorfahre des *Homo sapiens* war und bereits Steinwerkzeuge gebrauchte und Feuer machte.

Wer mehr über dieses faszinierende Thema erfahren und die Höhlen und Ausgrabungsstätten besuchen möchte, die der Öffentlichkeit normalerweise versperrt sind, kann an einer der ausgezeichneten **Touren** von Palaeo-Tours teilnehmen, ✆ 082-804 2899, 💻 www.palaeotours.com.

eines 3 Mio. Jahre alten, aufrecht gehenden Hominiden mit einer abgespreizten großen Zehe, die in ihrer Funktionsweise unserem Daumen entspricht. Der letzte Fund aus dem Jahr 1998 brachte das mit 3,3 Mio. Jahren bis heute älteste gefundene, vollständig erhaltene Skelett eines *Australopithecus* zu Tage. Informative, wenngleich recht kurze Führungen finden einmal pro Stunde (Beginn jeweils zur halben Stunde) statt, in denen die wichtigsten Besonderheiten erklärt werden. 🕓 tgl. 9–17 Uhr, Eintritt R90.

Kromdraai Wonder Cave und Rhino & Lion Nature Reserve

Die einzige weitere für Besucher geöffnete Höhle ist die **Kromdraai Wonder Cave**, ☏ 011-957 0106, 💻 www.wondercave.net, am Rand des Rhino & Lion Nature Reserve, nordöstlich von Sterkfontein. Auch sie diente gegen Ende des 19. Jhs. als Kalksteinbruch, barg aber im Unterschied zu Sterkfontein keinerlei paläontologische Funde. Das Hauptaugenmerk gilt hier den außergewöhnlichen Stalaktiten, Stalagmiten und Sinterbecken in einer riesigen unterirdischen Kammer. Nach einer Fahrt mit dem Aufzug in die Tiefe führen markierte Pfade durch die effektvoll ausgeleuchtete Höhle. Für die Anfahrt empfiehlt sich die Route durch das Rhino & Lion Nature Reserve, allerdings ist dann noch der Eintrittspreis für den Park zu entrichten. Alternativ dazu kann man die holprige Schotterstraße nehmen, die vor dem Park links abzweigt. Kromdraai Wonder Cave 🕓 Mo–Fr 8–16, Sa und So 8–17 Uhr, Eintritt R50.

Das 14 km² große **Rhino & Lion Nature Reserve**, ☏ 011-957 0106, 💻 www.rhinolion.co.za, ist zwar eher ein Safaripark als ein Wildschutzgebiet, wie man es sonst in anderen Teilen Südafrikas findet, jedoch in Gauteng die beste Möglichkeit, große Säugetiere zu sehen. Den Hauptteil des Parks nimmt ein Gelände ein, wo sich Breitmaulnashörner, Gnus, Kuhantilopen und Zebras tummeln, während das Lion and Predator Camp verschiedene ausgedehnte Gehege umfasst, die Löwen, Geparden und Hyänenhunde beherbergen. Daneben gibt es noch einen Aussichtsposten für die Beobachtung von Kapgeiern sowie gegenüber vom Haupttor eine Reihe von Tümpeln mit Flusspferden, eine Zuchtstation und einen Tierhort, wo Besucher Löwenbabys streicheln können (R20). 🕓 Mo–Fr 8–17, Sa und So 8–18 Uhr, Eintritt R90.

Es können auch Besuche zur nahe gelegenen **Old Kromdraai Gold Mine** arrangiert werden. Sie ist die zweitälteste Mine des Witwatersrand und bietet Gelegenheit, dem einstigen Stollen 150 m tief in den Berg zu folgen.

Maropeng

Das **Maropeng Museum**, ☏ 014-577 9000, 💻 www.maropeng.co.za, liegt ein Stückchen hinter der R400-Abfahrt von der R563, nordwestlich der Sterkfontein Caves. Es ist in einem wunderbaren Gebäude untergebracht, genannt The Tumulus. Das Maropeng (SeTswana für „Rückkehr zur Stätte unserer Vorfahren") ist zur Hälfte mit Grasschollen bedeckt, damit es wie ein Grabhügel aussieht. Dieses beeindruckende Museum befasst sich mit dem Ursprung und der Evolution der Menschheit.

Besucher können bei einer kurzen unterirdischen Bootsfahrt in die Zeitnebel eintauchen und sich anschließend mit einigen kinderfreundlichen interaktiven Displays und anderen Informationen zur Entwicklungsgeschichte der Menschheit beschäftigen. Den krönenden Abschluss des Ganzen bildet ein Raum voller echter menschlicher, pflanzlicher und tierischer Fossilien, Leihgaben unterschiedlicher Institutionen aus ganz Südafrika. 🕓 tgl. 9–17 Uhr; Eintritt R95.

Übernachtung und Essen

Nicht weit von den Sterkfontein Caves, an der Kromdraai Road Richtung Lanseria Airport, nordwestlich von Johannesburg, liegt das **Cradle Nature Reserve**, ein kleines, friedliches Fleckchen Wildnis. Hier befindet sich das **Cradle Forest Camp**, ☏ 011-659 1622, 💻 www.thecradle.co. za. Es hat billige, aber absolut ausreichende A-Frame-Chalets, gerade groß genug für ein Paar. Das moderne, minimalistisch eingerichtete **Restaurant Cradle** in der Nähe ist für sein ausgezeichnetes Essen und die herrliche Aussicht bekannt. ❷

Das **Maropeng Hotel**, ☏ 014-577 9100, 💻 www.maropeng.co.za, neben dem Maropeng Museum ist nicht billig, aber jedes Zimmer hat einen Patio mit umwerfender Aussicht auf den

Magaliesberg. Das Hotel ist der neuen südafrikanischen Mode entsprechend in erdfarbenen Tönen gehalten. Wer etwas für witzigen, verhaltenen Luxuskitsch übrig hat, wird sich hier wohlfühlen. ❼

Weitere Übernachtungsmöglichkeiten bieten das **Rhino & Lion Nature Reserve** (S. 568) in einem Selbstversorger-Chalet für 4 Pers., ❹ und die vielen Hotels und Guesthouses des Magalies Meander, 💻 www.magaliesmeander.co.za, und des Crocodile Ramble, 💻 www.theramble.co.za. Die beiden Touristenrouten sind vor allem für Jo'burger gedacht, die übers Wochenende mal kurz aus der Tretmühle raus wollen. Südafrika-Reisende sind besser beraten, wenn sie sich eine abgeschiedenere Ecke zum Übernachten suchen.

An sonnigen Tagen bilden die schönen Gärten des Koloniallandsitzes **Toadbury Hall**, 📞 011-659 0335, einen angenehmen Rahmen für ein Picknick mit u. a. Riesengarnelen, Rind- und Hühnchen-Satay und Quiche (R260).

Pretoria

Die beiden größten Städte Gautengs liegen zwar nur 50 km voneinander entfernt, könnten jedoch unterschiedlicher nicht sein. Pretoria – oder Tshwane, wie das Einzugsgebiet jetzt offiziell heißt (S. 51) – war mit seinen würdevollen Regierungsgebäuden, breiten, von violett blühenden Jacarandas bestandenen Alleen und soliden burisch-bäuerlichen Wurzeln lange Zeit das Symbol unerschütterlicher Tradition. Seit Einführung der Demokratie ist Pretoria jedoch zunehmend kosmopolitischer geworden. In den östlich des Zentrums gelegenen Stadtteilen Arcadia und Hatfield hat sich eine beachtliche Diplomatengemeinde etabliert, und aus der Schar der Staatsbediensteten rekrutiert sich eine wachsende schwarze Mittelschicht. Die meisten Bewohner sind gar keine Afrikaander mehr, sondern Pedi und Tswana. Und Tausende schwarze Studenten bevölkern die verschiedenen Universitäten der Stadt bevölkern.

Pretoria liegt nahe genug am Flughafen von Johannesburg, um als praktische Erkundungsbasis in Gauteng zu dienen. Die Stadt wirkt sicherer als Johannesburg und ist weniger ausgedehnt, allerdings darf man nicht glauben, Pretoria wäre frei von Kriminalität. Im Unterschied zur größeren Nachbarstadt bietet Pretoria mehr klassische Sehenswürdigkeiten, daneben ein lebendiges und kurzweiliges Nachtleben.

Geschichte

Anders als Johannesburg entwickelte sich Pretoria in gemächlichem Tempo aus einer burischen Farmergemeinde in der fruchtbaren Umgebung des Apies River. **Marthinus Wessel Pretorius** gründete 1855 die nach seinem Vater Andries Pretorius benannte Stadt. Sie sollte die Hauptstadt werden, um die herum die neue Südafrikanische Republik (ZAR) wachsen und gedeihen würde. In der Umsetzung ihres festen Glaubens, dass das Land, das sie besetzten, von Gott gegeben war, errichteten die Afrikaander als erstes Gebäude Pretorias eine Kirche. Man legte anschließend ein gitterförmiges Straßennetz an, das es den von auswärts kommenden Farmern erlaubte, ihre Ochsengespanne um die Ecken zu manövrieren.

Nach den unermüdlichen Anstrengungen von Stephanus Schoeman, die kleinstaatlichen Querelen innerhalb Transvaals beizulegen, wurde Pretoria 1860 zur Hauptstadt der neuen ZAR erklärt. Darauf aufbauend setzten die Siedler ihre Feldzüge gegen die einheimischen afrikanischen Völker fort und machten Tausende von ihnen, vor allem auf den Farmen, zu ihren Bediensteten. Aber auch unter den Siedlern gab es weiterhin Streitigkeiten, die immer wieder zu gewalttätigen Auseinandersetzungen zwischen den Wortführern der verschiedenen Gruppen führten. Diese kauften den Großteil des besten Landes auf, was zum einen die Vertreibung und Verbitterung vieler weißer Trekker, zum anderen das Abschlachten der meisten wilden Tiere in der Region, insbesondere Elefanten, nach sich zog.

1877 annektierten die Briten Pretoria und investierten in die Stadt viel Geld. Obgleich Pretoria wuchs und gedieh, mobilisierte der Farmer **Paul Kruger**, der sich nicht erneut den Briten unterwerfen wollte, Kommandos mit burischen

Farmern, um sie zu vertreiben. Es kam zum Ersten Burenkrieg (1877–81). Nach der Niederlage bei Majuba an der Grenze zu Natal stellte die Kolonialregierung die Kämpfe ein und gewährte 1884 die **Unabhängigkeit**. Paul Kruger wurde Präsident der ZAR und behielt dieses Amt bis 1903. Unterlaufen wurde seine Mission einer burischen ZAR jedoch dadurch, dass am Witwatersrand **Gold** entdeckt wurde und eine nicht aufzuhaltende Flut von Ausländern nun in das Gebiet kam. Krugers Rechnung, Neuankömmlinge Steuern zahlen zu lassen und gleichzeitig das burische Machtmonopol aufrecht zu erhalten, ging eine Zeit lang auf.

Die Mehrzahl der eleganten Gebäude am Church Square entstanden aus Geldern, die die Minen abwarfen, und der Raadsaal (das Parlament) blieb fest in burischer Hand. Mit dem Zweiten Burenkrieg (1899–1902) ging die Unabhängigkeit der ZAR zu Ende. Aber trotz der Brutalität des Konflikts ging Pretoria unbeschadet daraus hervor. Als 1910 die **Südafrikanische Union** gebildet wurde, wählte man Pretoria als Sitz der Landesregierung.

Mit der Gründung der staatlichen Eisen- und Stahlwerke, der **Iron and Steel Industrial Corporation** (Iscor), legte die Regierung 1928 das Fundament für die hiesige Industrie. Es entstand rasch eine Reihe verwandter Wirtschaftszweige. Gemeinsam sicherten Staatsbetrieb und Industrie den ruhigen, abgeschiedenen Wohlstand der Weißen in Pretoria. Der immer weiter schwindende Grundbesitz unter Schwarzen ließ unterdessen die **Townships** der Stadt wachsen. Die ältesten sind Marabastad und Atteridgeville, die größte und ärmste ist Mamelodi. Nach der Errichtung des Apartheidsystems durch die National Party 1948 war Pretoria unter der schwarzen Bevölkerung des Landes verhasst. Der hiesige oberste Gerichtshof und das zentrale Gefängnis waren berüchtigte Einrichtungen und galten als Quelle der Gesetze und Verordnungen, die ihnen das Leben zum Albtraum werden ließen.

Mandelas Amtseinführung in den Union Buildings setzte 1994 ein symbolisches Zeichen der Versöhnung mit Pretoria. Während der 1990er-Jahre waren die Phasen der südafrikanischen Revolution in Pretoria ebenso deutlich sichtbar wie in den übrigen Landesteilen auch: die sukzessive Ablösung ewig Gestriger im Militär und Staatsdienst, neue Gesichter in fast allen Regierungseinrichtungen, die Rückkehr ausländischer Diplomaten und der Zustrom von Studenten.

Im Jahr 2005 beschloss der Stadtrat, die Stadt von Pretoria in Tshwane umzutaufen. Tshwane war ein Häuptling der Tswana-Ndebele, die vor der Ankunft der Buren die Gegend beherrschten. Der zentrale Geschäftsbezirk heißt immer noch Pretoria, und irgendwie ist das ein fauler Kompromiss. Die meisten Medien und auch die meisten Bürger verwenden für die ganze Stadt nach wie vor den Namen Pretoria. Viele Afrikaander sind sauer, weil sie das Gefühl haben, dass es sich um einen beschämenden und obendrein kostspieligen Versuch handelt, die historischen Wurzeln der Stadt aus dem Gedächtnis der Öffentlichkeit zu verdrängen.

Viele schwarze Pretorianer dagegen sehen nicht ein, weshalb eine überwiegend schwarze Stadt in Postapartheidzeiten immer noch einen Namen tragen soll, der heftige Assoziationen mit der Zeit der Rassentrennung weckt. Die Stadt wird also voraussichtlich noch einige Jahre lang zwei Namen mit sich herumschleppen.

Orientierung

Pretorias Zentrum ist ein kompaktes Netz breiter, belebter Straßen, das sich bequem und vergleichsweise sicher zu Fuß erkunden lässt. Herzstück ist der von imposanten Bauten umgebene **Church Square**, nicht weit davon befinden sich in der Umgebung vom **Museum Park** weitere historische Gebäude und Museen. Im Norden erstrecken sich die weitläufigen **National Zoological Gardens**, im östlich gelegenen Bezirk Arcadia stehen die berühmten **Union Buildings**.

Am südlichen Stadtrand befinden sich das bemerkenswerte **Voortrekker Monument**, das für die Buren eine Art Heiligtum darstellt, und der **Freedom Park**, ein Mahnmal, mit dem der konfliktreichen Geschichte Südafrikas gedacht wird. Die weite Township **Mamelodi** dehnt sich 15 km östlich der Stadt aus. Pretorias zweite große Township, **Atteridgeville**, liegt in gleicher Entfernung von der Stadt im Westen und kann über die N4 oder R104 Richtung Sun City erreicht werden.

Church Square

Das Herz Pretorias ist zweifellos der Church Square. Er wird von ebenso eindrucksvollen wie wichtigen Gebäuden eingerahmt und ist ein Ort, an dem einem Stück der komplexen Geschichte Südafrikas nachgespürt werden kann. Hier spannten die burischen Farmer ihre Ochsen von den Wagen ab und verwandelten den Platz in eine zeitweilige Lagerstatt, wenn sie alle drei Monate zum Nagmaal (Abendmahl) der Niederländisch Reformierten Kirche in die Stadt kamen.

Der Church Square war Schauplatz für nahezu jede bedeutende Zusammenkunft, Protestkundgebung oder Machtübernahme der Weißen. Hier wurde 1877 die Vierfarben-Flagge der ZAR, die *Vierkleur*, eingeholt, um zunächst vom Union Jack ersetzt zu werden, und 1881 nach dem Abzug der Briten an dieser Stelle erneut gehisst. Zwischen 1900 und 1910 wehte noch einmal die britische Flagge. Auf diesem Platz fand viermal die Ausrufung Paul Krugers zum Regierungsoberhaupt statt, und nach seinem Tod versammelten sich 30 000 Trauernde dicht gedrängt zu einer Gedenkfeier. Die schwarze Bevölkerung Pretorias verbindet mit der Historie des Platzes ganz andere Erfahrungen und betrachtet die an zentraler Stelle errichtete Statue von Paul Kruger – eine Arbeit des burischen Bildhauers Anton van Wouw – vielmehr als das verdammenswerte Relikt einer unglücklichen Vergangenheit.

Der europäisch wirkende Platz wird an allen vier Seiten von Gebäuden umschlossen, die zu den beeindruckendsten in ganz Südafrika zählen. Aufmerksamkeit verdient der alte, im Stil der Renaissance 1891 erbaute **Raadsaal** (das Parlament) an der südwestlichen Ecke, der dem Betrachter bis heute jenen von den Parlamentariern der ZAR erwünschten Respekt abverlangt. Das Sicherheitspersonal gestattet vielleicht einen Blick ins Gebäudeinnere und in den Raum, wo Paul Kruger in den letzten Phasen des Burenkrieges den größten Teil seiner Zeit verbrachte.

Im **Old Nederlandsche Bank** Building neben dem Raadsaal ist heute das Tourist Centre untergebracht. Kaum zu glauben, dass ein Aufmarsch von 10 000 Menschen im Jahr 1975 und fünf Jahre hartnäckiger Auseinandersetzungen nötig waren, um den beschlossenen Abriss dieses Gebäudes und des Raadsaals zu verhindern. Einen eleganten und kultivierten Akzent setzt das im Jugendstil errichtete **Café Riche** (S. 580) auf der Westseite des Platzes. Interessierte können hier nützliche Informationen bekommen sowie ein kleines Büchlein erstehen oder ein Audiogerät ausleihen, um sich die Geschichte und Architektur des Platzes erläutern zu lassen.

Das imposante **Hauptpostamt** prunkt auf der gegenüberliegenden Seite der Church Street. Daneben befindet sich das **Briefmarkenmuseum**, das mehr als eine halbe Million Briefmarken ausstellt, darunter die seltene Cape Triangle von 1853; 🕓 Mo–Do 8–16, Fr 8–15.45 Uhr, Eintritt frei. Der Bau des grandiosen **Justizpalastes** in der Nordwestecke des Platzes wurde 1897 begonnen. Während des Zweiten Burenkriegs diente er den britischen Truppen als Krankenhaus, bevor er nach seiner Fertigstellung 1902 lange Jahre den Obersten Gerichtshof Transvaals beherbergte. Hier fand 1963/64 der Rivonia-Prozess statt, in dem Nelson Mandela und andere Führer des ANC zu lebenslanger Haft verurteilt wurden. Im Zuge von Renovierungsarbeiten wurde die prachtvolle Fassade mit den Balkonen ausgebessert. Das neue Gericht ist allerdings inzwischen in einem hässlichen Klotz in der Straße hinter dem Justizpalast untergebracht.

Daneben steht das ehemalige Gebäude der **Reserve Bank**, das die charakteristische Handschrift Sir Herbert Bakers (S. 538, Kasten) trägt. Die neue Reserve Bank ist in einem eindrucksvollen schwarzen Hochhausturm an der Ecke Vermeulen/Prinsloo Street untergebracht. Zu den weiteren bemerkenswerten Gebäuden an der östlichen und nördlichen Seite des Platzes zählen die 1904 im Tudorstil errichteten **Tudor Chambers** und die klassizistische **Standard Bank** am Standort des alten Grand Hotels.

Strijdom Square und Umgebung

Östlich des Church Square führt die Church Street zum Strijdom Square. Biegt man kurz davor nach links in die Queen Street und dann noch einmal, auf der Hälfte des Häuserblocks, in einen Durchgang, eröffnet sich plötzlich der Blick auf

Pretoria

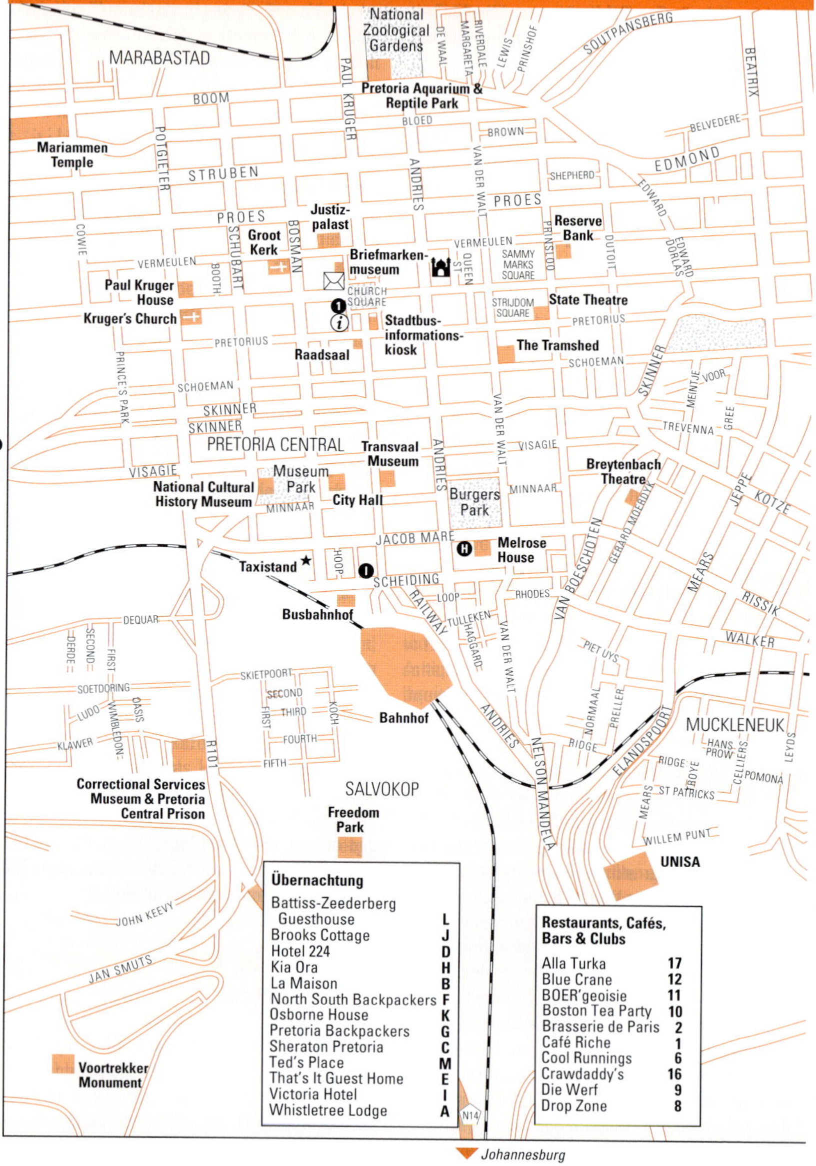

Gauteng 9

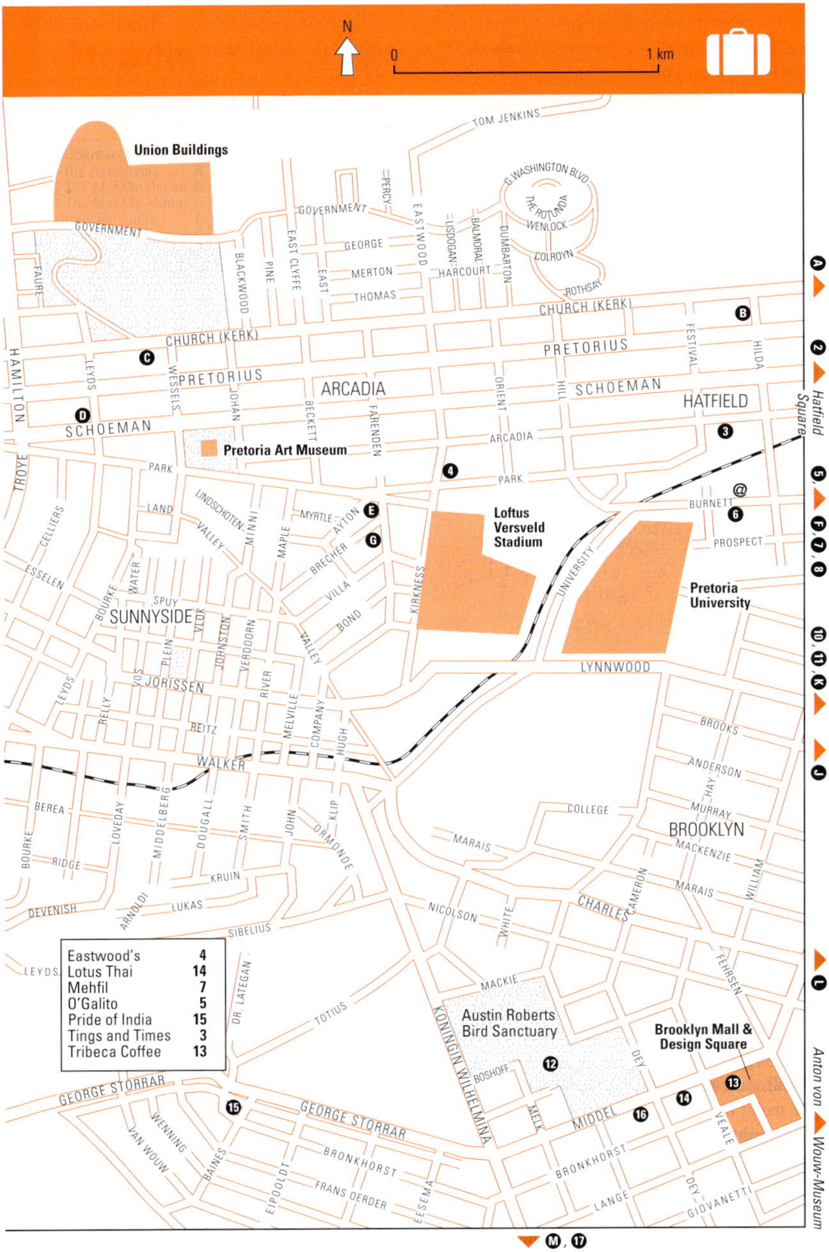
N
0
1 km
Union Buildings
Pretoria Art Museum
Loftus Versveld Stadium
Pretoria University
Austin Roberts Bird Sanctuary
Brooklyn Mall & Design Square
ARCADIA
HATFIELD
SUNNYSIDE
BROOKLYN
Hatfield Square
Anton von Wouw-Museum
TOM JENKINS
G.WASHINGTON BLVD
THE ROTUNDA
WENLOCK
COLROYN
ROTHSAY
GOVERNMENT
PERCY
EASTWOOD
LISDOGAN
BALMORAL
DUMBARTON
GEORGE
MERTON
THOMAS
HARCOURT
EAST CLYFFE
EAST
PINE
BLACKWOOD
FAURE
CHURCH (KERK)
PRETORIUS
SCHOEMAN
HAMILTON
LEYDS
WESSELS
JOHAN
BECKETT
FARENDEN
ORIENT
HILL
FESTIVAL
HILDA
ARCADIA
PARK
TROYE
LAND
LINDSCHOTEN
VALLEY
MINNI
MAPLE
MYRTLE
AYTON
BRECHER
VILLA
BOND
KIRKNESS
BURNETT
PROSPECT
UNIVERSITY
CELLIERS
ESSELEN
BOURKE
WATER
SPUY
VLOK
JOHNSTON
VERDOORN
PLEIN
VOS
JORISSEN
RIVER
MELVILLE
COMPANY
HUGH
RELLY
REITZ
WALKER
LYNNWOOD
BROOKS
ANDERSON
HAY
MURRAY
COLLEGE
MARAIS
MACKENZIE
WILLIAM
BEREA
LOVEDAY
MIDDELBERG
DOUGALL
SMITH
JOHN
KLIP
ORMONDE
RIDGE
KRUIN
DEVENISH
ARNOLDI
LUKAS
SIBELIUS
NICOLSON
WHITE
CHARLES
CAMERON
FEHRSEN
LEYDS
DR. LATEGAN
TOTIUS
MACKIE
KONINGIN WILHELMINA
BOSHOFF
MELK
DEY
MIDDEL
VEALE
GEORGE STORRAR
WENNING
VAN WOUW
BAINES
EIPOOLDT
BRONKHORST
FRANS OERDER
ESSEMA
LANGE
GIOVANETTI
Eastwood's 4
Lotus Thai 14
Mehfil 7
O'Galito 5
Pride of India 15
Tings and Times 3
Tribeca Coffee 13
M, 17
Gauteng

eine leuchtend weiße **Moschee** – schräg zum Straßenverlauf platziert (damit sie nach Mekka weist). Pretorias Muslime, denen ein gutes Verhältnis zu Kruger nachgesagt wird, erwarben 1896 das Grundstück, auf dem Handwerker vom Kap 1927 den heutigen Bau errichteten. Inzwischen steht die Moschee eingezwängt zwischen unansehnlichen Bürotürmen, was ihre Wirkung umso mehr erhöht.

Ein Stückchen weiter Richtung Osten liegt an der Church Street der **Strijdom Square**, so genannt, weil hier die von einem modernistischen Ensemble umrahmte, gewaltige wie grässliche Büste jenes Mannes stand, der von 1954–58 Premierminister und, überzeugt von der „Überlegenheit der Weißen", ein eiserner Verfechter der Apartheid war. Genau 40 Jahre nach Fertigstellung der Plastik, am 31. Mai 2001, führte ein baulicher Fehler (oder eine göttliche Fügung, je nach Blickweise) zu ihrem dramatischen Sturz.

Während viele die Überreste als symbolischen Schuttberg belassen möchten, finden andere, dass es höchste Zeit sei, die Plastik durch ein Denkmal für die sieben Menschen zu ersetzen, die der rechtsgerichtete Amokschütze Barend Strijdom auf dem Gewissen hat. 1993 schoss der Namensvetter des alten Strijdom an dieser Stelle wahllos auf Minibustaxis.

Paul Kruger House und Umgebung

Westlich des Church Square erreicht die Church Street jenseits der Bosman und Schubart Street das 1884 erbaute Paul Kruger House, ✆ 012-326 9172. Architekt war Charles Clark, den Kruger als einen seiner „zahmen Engländer" bezeichnete und der den Zement mit Milch anstatt mit Wasser anmischte. Das Museum im Innern ist eher unspektakulär, abgesehen von der einen oder anderen Besonderheit, etwa die umfangreiche Sammlung an Spucknäpfen. Augenfälligstes Merkmal des Hauses ist die *stoep*, auf der der alte Präsident zu sitzen pflegte und jeden Weißen, der des Weges kam, zu einem Plausch einlud. Hinter dem Haus kann Krugers privater Eisenbahnwaggon aus dem Jahr 1898 in Augenschein genommen werden, mit dem er während des Zweiten Burenkriegs reiste. 🕓 Mo–Fr 8.30–16.30, Sa und So 9–16.30 Uhr, Eintritt R25.

Gegenüber steht die typisch abweisend wirkende Reformierte Kirche, auch bekannt als **Kruger's Church**. Freundlicher ist die **Groot Kerk**, Vermeulen Street, Ecke Bosman Street, deren reich verzierter Turm zu den schönsten Kirchtürmen des Landes zählt.

Burgers Park und Museum Park

Südlich des Church Square schließt sich eine Gegend mit Museen und Freiflächen an, die in wohlwollenden Vergleichen bereits mit dem Smithsonian Institute im amerikanischen Washington D.C. gleichgesetzt worden ist. Begrenzt von der Jacob Maré Street im Süden, der Andries Street im Westen und der Van der Walt Street im Osten lädt der erholsame **Burgers Park** zu einem Besuch ein. Namensgeber war der wenig erfolgreiche ZAR-Präsident Thomas Burger, der von 1873–77 regierte. Die gepflegten Rasenflächen eignen sich bestens für ein Picknick oder ein nachmittägliches Nickerchen. 🕓 tgl. 8–18 Uhr, Eintritt frei.

Jenseits der südlichen Parkbegrenzung steht auf der anderen Straßenseite das in überschwenglich viktorianischem Stil errichtete **Melrose House**, 275 Jacob Maré Street, ✆ 012-322 2805, 💻 www.melrosehouse.co.za. Es besitzt einen herrlichen Wintergarten sowie einen ausgezeichneten Laden für afrikanisches Kunsthandwerk und zeigt interessante Ausstellungen. Erbaut wurde es 1884 für den hiesigen Geschäftsmann George Heys, der ein einträgliches Postkutschenunternehmen betrieb. Während des Zweiten Burenkriegs bewohnte Lord Kitchener das Haus. Unter seinem Dach wurde auch der Friedensvertrag von Vereeniging unterzeichnet, mit dem der Krieg schließlich ein Ende fand. Im prachtvollen Teegarten im Freien (🕓 tgl. ab 8 Uhr) werden Kuchen, kleine Mahlzeiten und an manchen Tagen zur Mittagszeit herzhafte südafrikanische Gerichte wie *bobotie* serviert. 🕓 Di–So 10–17 Uhr, Eintritt R9.

Nach einem Marsch vom Burgers Park entlang der Minnaar Street nach Westen und anschließend rechts in die Paul Kruger Street gelangt man hinter dem riesigen Skelett eines Walfischs zum großartigen **Transvaal Museum**, ✆ 012-322 7632. Es ist das älteste Museum Pretorias und das Kernstück der Northern Flagship Institution, 💻 www.nfi.org.za, in der die großen Museen der Stadt zusammengefasst sind. Das Naturkundemuseum zeigt jede Menge ausgestopfter Tiere, Dinosauriermodelle und Gipsabgüsse von Fossilien, von denen einige mehr als 1 Mio. Jahre alt sind; die Originale werden im Tresor des Museums aufbewahrt und können nur nach Vereinbarung besichtigt werden. Neben einer Bronzebüste von Robert Broom, der in die 3 Mio. Jahre alten Augenhöhlen von „Mrs. Ples" blickt, gibt es Modelle und Rekonstruktionen frühen hominiden Lebens zu sehen. 🕒 Mo–Sa 9–17, So 11–17 Uhr, Eintritt R20.

Gegenüber dem Museum erhebt sich am Ende einer langen Springbrunnenanlage hinter gepflegten Blumenbeeten die **City Hall.** Vor diesem architektonischen Mix aus griechischen und römischen Baustilen stehen zwei ansehnliche Statuen von Andries und Marthinus Pretorius.

Den nächsten größeren Häuserblock in westlicher Richtung nimmt das **National Cultural History Museum** ein, ✆ 012-324 6082, das über die Visagie Street zugänglich ist. Die bunt gemischten Abteilungen der Dauerausstellung wirken leicht zusammenhanglos. Zu ihnen gehören „Access to Power" mit einer Präsentation der Felsenkunst der San und ein Saal mit Werken von J.H. Pierneef (1886–1957). Er zählt zu den berühmtesten Malern Südafrikas und ist für seine dramatisch in Szene gesetzten Bushveld-Landschaften bekannt. 🕒 tgl. 8–16 Uhr, Eintritt R20.

Zoo und Mariammen Temple

Im Unterschied zu anderen zentralen Vierteln Pretorias ist bei einer Erkundung der Gegend nördlich des Church Square um die belebten Straßen Proes und Struben Street herum erhöhte Vorsicht geboten, da Banden in diesen Straßen mitunter ihr Unwesen treiben, und einige Touristen hier überfallen wurden.

Ein Stück weiter erstrecken sich jenseits der Bloed und Boom Street die weitläufigen **National Zoological Gardens**, ✆ 012-328 3265, 💻 www.nzg.co.za. Der Zoo beherbergt seltene Antilopenarten, ein Breitmaulnashorn sowie zahlreiche südamerikanische und afrikanische Spezies. Eine Seilbahn (R10) führt in luftiger Höhe über das Gelände zu beiden Seiten des Apies River. Fußfaule können sich Golfcarts für R80 pro Std. mieten.

Um einige der ungewöhnlichsten Zoobewohner in Aktion zu erleben, empfiehlt sich die Teilnahme an einer der **nächtlichen Führungen**, die Mi, Fr und Sa um 18.30 Uhr beginnen und R70 kosten (mind. 8 Teilnehmer). Oder man verbringt bei einer **Campingtour** gleich die ganze Nacht im Zoo (Fr und Sa 17 Uhr, R100). 🕒 tgl. 8.30–17.30 Uhr, Eintritt R40, Kinder R25.

Das benachbarte **Pretoria Aquarium and Reptile Park** beeindruckt weniger, zeigt aber viele z. T. skurrile und höchst giftige Tiere. Beim Besuch des Zoos ist der Eintritt inklusive, ansonsten R40.

Westlich davon liegen die schmuddeligen Straßen von **Marabastad**. Dies war das erste Gebiet der Stadt für „Nicht-Weiße". Obgleich die Gegend faszinierend ist, kann sie einschüchternd wirken, sodass man sich bei einem Rundgang in Begleitung eines Guide vielleicht wohler fühlen wird. Sehenswert ist hier der reich geschmückte hinduistische **Mariammen Temple** direkt neben dem Markt.

Correctional Services Museum und Freedom Park

Einen Abstecher lohnt das auf dem Gelände des Pretoria Central Prison angesiedelte Correctional Services Museum (Gefängnismuseum), ✆ 012-314 1766. Anfahrt über die Potgieter Street, die zwei Straßen westlich des Church Square in Nord-Süd-Richtung verläuft und später zur R101 Richtung Johannesburg wird. Auf der rechten Seite sieht man dann das berüchtigte Gefängnis, in dem viele berühmte politische Gefangene inhaftiert (und hingerichtet) wurden. Auf dem Weg hinein muss man an bedrückt aussehenden Menschen vorbeigehen, die jemanden im Gefängnis besuchen wollen.

Im Museum werden künstlerische Arbeiten von Häftlingen gezeigt, darunter die lebensgroße

Statue eines Häftlings, der vor einem ausdruckslos blickenden Gefängniswärter auf dem Boden kriecht. Zu sehen gibt es außerdem eine Sammlung von Messern und Feilen, die versteckt in Bibeln, Schuhen, Kuchen usw. an ihre Empfänger gehen sollten. Am bedrückendsten sind die über die Jahre gemachten Gruppenfotos der bedrohlich wirkenden Wärter – eine merkwürdige Art, für den Gefängnisdienst zu werben. 🕒 Mo–Fr 9–15 Uhr, Eintritt frei.

Gegenüber vom Gefängnis zweigt die Skietpoort Street zum **Freedom Park**, ☏ 012-470 7400, 💻 www.freedompark.co.za, ab. Der Park erstreckt sich über den Salvokop Hill und wird durch die Skulptur „Reeds" (Schilfrohre) aus schlanken, immer länger werdenden Stäben gekrönt, die abends effektvoll beleuchtet sind. Mit dem Bau des Parks wurde 2000 begonnen, als Reaktion auf die Forderung der Truth and Reconciliation Commission (Kasten S. 109) nach neuen Symbolen für das neue Südafrika. Der Park stellt tatsächlich ein durchaus gelungenes Denkmal dar, mit dem sich alle Teile der südafrikanischen Gesellschaft identifizieren können.

Zur Zeit der Recherche konnte der Park nur im Rahmen kostenloser Führungen (tgl. 9, 12 und 15 Uhr) besucht werden. Diese Führungen geleiten Besucher zur Wall of Names mit den Namen von 75 000 Opfern verschiedener südafrikanischer Konflikte, einer ewigen Flamme zum Andenken an die unbekannten Soldaten und zu Felsbrocken, die für wichtige Ereignisse in der Geschichte der neun Provinzen des Landes stehen – der Gauteng-Felsen repräsentiert die friedlichen Demonstrationsmärsche in Soweto, Sharpville, Mamelodi und anderen Townships, auf die die Polizei mit dem Einsatz von Gewalt reagierte. Ein Museum erzählt die 3,6 Mrd. Jahre zurückreichende Geschichte Südafrikas.

Voortrekker Monument

Von der R101 führen Wegweiser zum berühmten **Voortrekker Monument and Museum**, ☏ 012-326 6770, 💻 www.voortrekkermon.org.za. Im Gegensatz zum Freedom Park ist dieses Denkmal ein ominöses Symbol der Afrikaanderherrschaft im alten Südafrika. Der gewaltige, nüchterne Granitblock entstand 1940 eingedenk des Sieges der Buren über die Zulu-Armee am Blood River am 16. Dezember 1838 und hätte in seinem Symbolismus kaum erdrückender ausfallen können. Umgeben wird der Koloss von einem Relief, das Ochsenkarren zeigt, davor steht die große Statue einer Frau, die mit erhobener Faust imaginären Unterdrückern droht. Auf einer Reihe von Reliefs werden im Innern Szenen des Großen Trecks dargestellt, draußen findet man versteckt zwischen Bäumen zwei verkleinerte Nachbildungen der Hütten der Zulu-Könige Dingane und Cetshwayo. 🕒 Mai–Aug tgl. 8–17 Uhr, Sep–April tgl. 8–18 Uhr, Eintritt R32.

Das Denkmal befindet sich in einem kleinen **Naturreservat**, in dem verschiedene Wander- und Radwege zu Aussichtspunkten führen, die die Sicht auf Pretoria und die umliegende Landschaft freigeben. Nach vorheriger Anmeldung kann das Gelände auch mit dem Pferd erkundet werden, Reservierung unter ☏ 012-326 6770.

Arcadia und die Union Buildings

Entlang der Vermeulen Street oder der Church Street ist es vom Church Square nicht weit ins östlich gelegene Arcadia, wo die **Union Buildings**, der Sitz der südafrikanischen Regierung, majestätisch auf einem Hügel thronen. Die 1910 von Herbert Baker (S. 538, Kasten) entworfenen Bauten mit ihren langen Kolonnaden und dem weit geschwungenen Amphitheater sollten wahrscheinlich die Einheit von Britischem und Burischem symbolisieren, scheinen jedoch letztlich mehr das imperiale Selbstbewusstsein der Briten zu verherrlichen.

Nelson Mandela besaß hier ein Büro und wurde im Rahmen einer feierlichen Zeremonie 1994 an diesem Ort in sein Amt eingeführt. Es war dies wohl das erste Mal, dass die imperialistischen Sinnbilder – nicht zuletzt durch die Lobpreisungen des afrikanischen Chors, der Mandela als letzten in einer langen Reihe von Helden, von Shaka bis Hintsa, vom Amphitheater aus besang –, eine völlig neue Bedeutung erfuhren. Leider sind die Gebäude nicht für Besucher geöffnet; man kann sie lediglich von den schönen Gärten aus in Augenschein nehmen.

Im südlich der Union Buildings angesiedelten **Pretoria Art Museum**, Schoeman Street, Ecke Wessels Street, ist eine ausgezeichnete Auswahl südafrikanischer Kunst und niederländischer Meister untergebracht. Daneben sind auch schwarze Künstler vertreten, etwa Ephraim Ngatane und Gerard Sekoto. 🕓 Di–So 10–17 Uhr, Eintritt R6.

Sunnyside, Loftus Versveld Stadium und Pretoria University

Geschäftiges Treiben auf der Straße, charakteristische alte Gebäude und eine Vielzahl von Cafés kennzeichnen das südöstlich des Zentrums gelegene, kulturell gemischte Sunnyside, ein Viertel, das wie kein anderes typisch afrikanisches Flair besitzt. Von zahllosen Bars gesäumt und noch mehr fliegenden Händlern bevölkert, verläuft die **Esselen Street** als belebteste Straße durch Sunnyside.

Östlich von Sunnyside liegt das riesige **Loftus Versveld Stadium**, das Heimatstadion der beiden beliebtesten Mannschaften Pretorias: des Rugbyteams Bulls und der Fußballmannschaft Mamelodi Sundowns; außerdem fanden während der WM 2010 hier Spiele statt. Auf der anderen Seite der Bahngleise ist die **Pretoria University** beheimatet, die über ausgezeichnete Galerie- und Museumsflächen verfügt.

Im dortigen Ou Lettre (Alte Kunst) Building z. B. gibt es das **Mapungubwe Museum**, ✆ 012-420 3146. Es ist den bemerkenswerten archäologischen Funden in Mapungubwe gewidmet, einer Bergfeste in der Nähe des Limpopo, die einst die Hauptstadt eines großen Königreichs im südlichen Afrika war. Unter den Exponaten befinden sich ein aus dünner Goldfolie gefertigtes Nashorn, Figurinen, Schmuck und bemaltes Kochgeschirr – allesamt Gegenstände, die mindestens 700 Jahre alt sind. 🕓 Di–Fr 10–16 Uhr, Eintritt frei.

Im selben Gebäude ist eine **Kunstgalerie**, ✆ 012-420 3100, untergebracht, die die umfangreiche Sammlung der Universität präsentiert, darunter holländische Meister und chinesische Keramiken aus der Han-Dynastie (206 v. Chr.–221 n. Chr.). 🕓 Di–Fr 10–16 Uhr, Eintritt frei.

Hatfield und Brooklyn

Jenseits der Pretoria University liegt **Hatfield**, das sich in den letzten Jahren zur lebendigsten Gegend Pretorias entwickelt hat. Die angesagtesten Szenetreffs und Lokale für nächtliche Ausschweifungen befinden sich an der Burnett Street. Dort gibt es jede Menge studentischer Cafés, Bars und Restaurants.

Wer das elegante Wohnhaus und Museum des bejubelten burischen Bildhauers **Anton van Wouw**, 299 Clark Street, ✆ 012-460 7422, besuchen möchte, muss sich von der Universität nach Südosten ins wohlhabende Viertel **Brooklyn** begeben. Von van Wouw stammt die Mehrzahl der mürrischen Abbilder burischer Persönlichkeiten, die von den 1890er- bis in die 1930er-Jahre übers ganze Land verstreut aufgestellt wurden, darunter die Statue Krugers auf dem Church Square in Pretoria. Sein berühmtestes Werk ist das Voortrekker Monument (S. 576).

Das nach Entwürfen des gefeierten Architekten Norman Eaton 1938 errichtete Haus beherbergt eine Sammlung kleinerer Arbeiten van Wouws. Meist waren seine Figuren im ländlichen Kontext gesetzt, es gibt jedoch auch zwei bemerkenswerte Darstellungen aus anderen Bereichen zu sehen: Die eine zeigt einen Bergbauarbeiter, die andere einen vor Gericht angeklagten Mann. Aufmerksamkeit verdient außerdem die munter wirkende Gitarrenspielerin, die sanft lächelnd die Saiten zupft. 🕓 Mo–Fr 10–16 Uhr, Eintritt frei.

UNISA

Auf dem Weg nach Süden Richtung Johannesburg passiert die Elandspoort Road die gleichermaßen monströse wie hässliche **UNISA**, Südafrikas größte Universität. Mehr als 200 000 Studenten sind hier eingeschrieben, die Mehrzahl allerdings im Rahmen eines Fernstudiums. Immerhin beherbergt sie in der 5. Etage eine sehr gute **Kunstgalerie**, ✆ 012-429 6255, die zu den innovativsten ihrer Art in Pretoria zählt und in ihrer Dauerausstellung junge südafrikanische Talente aller Hautfarben vorstellt. 🕓 Di–Fr 9–16 Uhr, Eintritt frei.

Übernachtung

Dank reger Regierungsgeschäfte gibt es in Pretoria jede Menge anonyme, moderne Hotelkomplexe, meist Ableger multinationaler Ketten. Wesentlich angenehmer wohnen Reisende in einem der zahlreichen Guesthouses in den Vororten. Diese Stadtviertel, z. B. Hatfield oder Brooklyn, besitzen außerdem gute Ausgehmöglichkeiten.

Rucksacktouristen können aus einem guten Angebot an **Hostels** im Zentrum von Pretoria und in den Vororten wählen. Die meisten bieten eine preiswerte Abholung vom Flughafen an. Wie in Jo'burg empfiehlt es sich, die erste Übernachtung im Voraus zu buchen.

Backpackerunterkünfte

Kia Ora, 257 Jacob Maré St, ✆ 012-322 4803, 🖳 www.pretoria.us.tc. Freundliches Hostel in bester Lage am Burgers Park, ideal für die Stadterkundung. Saubere und behagliche Dorms und Zimmer sowie gesellige Bar nebenan. Dorms ❶, Zimmer ❷

Pretoria Backpackers, 425 Farenden St, Clydesdale, ✆ 012-343 9754, 🖳 www.pretoria backpackers.net. Anspruchsvolles Ambiente, reichlich DZ und kleinere Schlafsäle in 2 schönen alten Gebäuden mit teilweise Originaleinrichtung und gemütlicher Veranda. Sehr praktisch: das hauseigene Reisebüro. Dorms ❶, Zimmer ❷

Hotels, Guesthouses und B&Bs

Battiss-Zeederberg Guesthouse, 3 Fook Island, 92 Twentieth St, Menlo Park, ✆ 012-460 7318 oder 083-271 0819, 🖳 www.battiss.co.za. Sehr komfortables B&B im früheren Wohnhaus des exzentrischen Künstlers Walter Battiss, einem der größten südafrikanischen Künstler des 20. Jhs. In leuchtenden Farben gestrichene Fußböden, ausgefallene Einrichtung, unverkennbar griechisch beeinflusst. ❸

Elegantes B&B

Ted's Place, 961 Wagon Wheel Ave, Wapadrand, ✆ 012-807 2803, 083-452 5546, 🖳 www.teds-place.za.net. Eine der hübschesten Unterkünfte in Pretoria. Großes und elegantes, auf einem Hügel gelegenes B&B mit schönem Garten. Nette Ausflüge nach Pilanesburg und zu anderen Attraktionen in der Nähe. Nicht weit entfernt gibt es Geschäfte und Restaurants, und auch die Verkehrsanbindung über die N1 und N4 ist gut. ❸

Beste Backpackerherberge

North South Backpackers, 355 Glyn St, Hatfield, ✆ 012-362 0989, 🖳 www.northsouthbackpackers.com. Hübsch und gut geführt: das beste Backpackerhostel der Stadt. Günstig gelegen, um das ausgelassene Nachtleben Hatfields zu erkunden. Dorms und DZ in einem großen, ruhigen Vorstadtgebäude mit herrlichem Garten und Pool, außerdem Zeltstellplatz. Die Besitzer betreiben auch ein Reisezentrum. Freier Transport zum Hostel Purple Palms in Jo'burg. Dorms ❶, Zimmer ❷

Brooks Cottage, 283 Brooks St, Brooklyn, ✆ 012-362 3150, 082-448 3902, 🖳 www. brookscottage.co.za. Elegantes kapholländisches Gebäude – ein National Monument – mit 3 Zimmern. Satelliten-TV und Pool. ❸

Hotel 224, Leyds St, Ecke Schoeman St, ✆ 012-440 5281, 🖳 www.hotel224.com. Nahe den Union Buildings, wirkt etwas betagt, besitzt aber noch Charakter und ist sehr preiswert. Restaurant, Bar, sichere Parkplätze. ❸

La Maison, 235 Hilda St, Hatfield, ✆ 012-430 4341, 🖳 www.lamaison.co.za. Sehr schönes Guesthouse mit herrlichem Garten, 6 viktorianisch eingerichteten Zimmern und ausgezeichnetem Restaurant. ❹

Osborne House, 82 Anderson St, Brooklyn, ✆ 012-362 2334, 083-302 1049, 🖳 www. osborneguesthouse.com. Elegantes Guesthouse in restauriertem edwardianischen Gebäude. Zauberhaft möbliert, große Fenster und Holzfußböden. Blickgeschützter Pool. ❹

Sheraton Pretoria, 643 Church St, Arcadia, ✆ 012-429 9999, 🖳 www.sheraton.com/pretoria. Edles 5-Sterne-Hotel mit allen Annehmlichkeiten, größter Vorzug ist jedoch die unschlagbare Aussicht auf die Union Buildings. Wer sich kein Zimmer hier leisten möchte, kann den Ausblick auch von der Terrasse neben der Tiffens Bar & Lounge genießen. ❼

That's It Guest Home, 5 Brecher St, Clydesdale, ✆ 012-344 3404, 💻 www.thatsit.co.za. Nettes, auf überflüssiges Beiwerk verzichtendes B&B. 4 Zimmer, einladender Garten und Pool. ❸

Victoria Hotel, Scheiding St, Ecke Paul Kruger St, ✆ 012-323 6054, ✉ hvic@absamail.co.za. Das Innenleben dieses Gebäudes von 1894 gegenüber vom Bahnhof hat schon bessere Tage gesehen, aber im Hotel herrscht eine freundliche Atmosphäre, und Zimmer können auch für den Tag (statt eine Nacht) gemietet werden – praktisch für Leute, die auf einen Bus warten müssen. ❷

Whistletree Lodge, 1267 Whistletree Drive, Queenswood, rund 7 km nordöstlich des Zentrums, ✆ 012-333 9915, 082-446 8858, 💻 www.whistletreelodge.com. Ein kleines Boutiquehotel; hübsche Antiquitäten, schicke Möbel und Kunst schaffen ein kultiviertes, luxuriöses Ambiente. Zu den Annehmlichkeiten zählen u. a. ein Pool, eine Sauna und Tennisplätze. Alle Zimmer mit Balkon, tadelloser Service, üppiges Frühstück inkl. ❽

Essen

Wie auch bei den Unterkünften sind die besten Restaurants, Bars und Cafés in Hatfield und Brooklyn zu finden, das Café mit dem meisten Flair liegt jedoch mitten im Zentrum.

Restaurants

Alla Turka, Shop 121, Irene Village Mall, Nellmaphius Ave, Ecke Van Ryneveld Drive, Irene, ✆ 012-662 4314. Einladendes, farbenfrohes Esslokal, das einem türkisch-libanesischen Paar gehört. Auf der Speisekarte stehen verschiedene Gerichte aus der Mittelmeerregion (R90–125). Am Freitag- und Samstagabend wird Bauchtanz vorgeführt, Eintritt R20 p. P.

BOER'geoisie, Greenlyn Village, Thirteenth St, Menlo Park, ✆ 012-460 0264. Der Name verrät schon alles: traditionelle *boerekos,* aufgepeppt mit raffinierten Zutaten aus der Bistro-Küche. Spezialität des Hauses sind *potjies* (Eintöpfe); weitere Köstlichkeiten sind Lamm mit Knödeln oder Kutteln und Schweinsfüße mit Zwiebeln. Definitiv nichts für Vegetarier. Hauptgerichte etwa R70. ◷ Sa mittags und So abends geschl.

Brasserie de Paris, 381 Aries St, Waterkloof Ridge, ✆ 012-460 3583. Nachbildung des klassischen Pariser Cafés mit französisch inspirierten Gerichten, darunter Vol-au-vents mit Jakobsmuscheln und Tatar. Hauptgerichte zumeist R80–100. ◷ Sa mittags und So geschl.

Crawdaddy's, Middel St, Ecke Dey St, Brooklyn, ✆ 012-460 0889. In dem beliebten und gemütlichen Restaurant im Cajun-Stil werden Fischeintöpfe und Gerichte mit Meeresfrüchten und Fleisch serviert. Hauptgerichte R80–90.

Die Werf, 66 Olympus Rd, Faerie Glen, ✆ 012-991 1809. Herzhafte Auswahl an klassischer *boerekos*, u. a. *kerrie skaapafval* (in Curry zubereitete Hammelkutteln). Hauptgerichte zumeist R70–90.

Lotus Thai, 281 Middel St, Brooklyn, ✆ 012-346 6230. Elegantes, authentisches Thai-Restaurant im Herzen von Brooklyn mit stilvoller moderner Einrichtung und effizientem Service. Jede Menge Curry- und Pfannengerichte (R60–90) sowie Sushi.

Mehfil, 1145 Burnett St, Hatfield, ✆ 012-362 8080. Schmackhaftes, erschwingliches Essen aus Nordindien – besonders gut sind die Lammgerichte. Ideal fürs Abendessen vor dem Besuch der Bars an der Burnett St. Die meisten Hauptgerichte kosten R45–70.

O'Galito, Shop 30, Woodlands Blvd, De Villebois Mareuil Rd, Ecke Garfontein Rd, Pretoria East. ✆ 012-997 4164. Ausgezeichnetes mosambikanisch-portugiesisches Essen. Ganz oben auf der Beliebtheitsskala rangieren die riesigen Maputo-Garnelen, Austern und

Gutes Essen in toller Lage

Blue Crane, 156 Melk St, New Muckleneuk, ✆ 012-460 7615. Vergleichsweise anspruchsvolles Restaurant in bestechender Lage mit Blick auf den Stausee und das Austin Roberts Bird Sanctuary. Große Auswahl an Speisen, u. a. vom Lamm und Strauß (Hauptgerichte R70–90). ◷ So und Mo abends geschlossen.

Für Philosophen und Kaffeeliebhaber

Café Riche, 2 Church Square West, ✆ 012-328 3173. Wurde 1905 eröffnet und ist immer noch eines der schönsten Cafés des Landes. Skurriles Veranstaltungsprogramm, darunter am letzten Freitag des Monats spätabendliche philosophische Diskussionsrunden und sonntags Jazz. Thabo Mbeki war hier Stammkunde. Tipp: der ausgezeichnete sonntägliche Brunch auf dem Church Square. ⏲ tgl. 6–24 Uhr.

chicken peri-peri. Es ist ein edler Laden mit angegliederter Sushi-Bar. Hauptgerichte zumeist R70–90.
Pride of India, Groenkloof Plaza, George Storrar Drive, Groenkloof, ✆ 012-346 3684. Bestens zubereitete nordindische und goanische Currys (überwiegend ca. R70) in reich ausgestatteten Räumlichkeiten, elegant und selbstbewusst. ⏲ Sa mittags und So abends geschl.

Bars und Cafés

Cool Runnings, 1071 Burnett St. Lockere, immer gut besuchte Bar mit vorwiegend Rock und Heavy Metal. Hamburger, Currys u. Ä. gibt's für unter R50.
Eastwood's, 391 Eastwood Rd, Arcadia, ✆ 012-344 0243. Gut besuchter Pub für Bier-, Fleisch- und Sportfreunde, wo's oft ganz schön laut hergeht, nahe dem Loftus Versveld Stadium. Wer möchte, kann sich ein selbst ausgesuchtes Steak (R50) grillen.
Tings and Times, 1043 Arcadia St, Hatfield, ✆ 012-430 3176. Bunt gemischte und gay-freundliche Bar in einer ruhigeren Parallelstraße der hektischen Burnett St. Hier läuft vor allem Reggae.
Tribeca Coffee, Brooklyn Design Square, Brooklyn, ✆ 012-460 3068. Angesagtes Café voller schöner Menschen, viele davon gay. Tagsüber gibt's Kaffee, abends Cocktails. An Musik ertönt zumeist House und Electro.

Unterhaltung und Kultur

Zwar kann Pretoria nicht dieselbe Dynamik und Vielfalt in der Kunst- und Musikszene wie Johannesburg vorweisen, doch werden auch hier reichlich Unterhaltungsmöglichkeiten geboten. Am meisten los ist in Hatfield mit seiner Studentenszene um den Hatfield Square herum, gefolgt von Brooklyn mit einem etwas älteren, yuppiemäßigeren Publikum.
Für das ausführliche Theater- und Kinoprogramm empfiehlt sich der **Veranstaltungskalender** der *Pretoria News*. Den bildenden Künsten, dem Theater sowie großen Musikveranstaltungen widmet sich außerdem der überregionale *Mail & Guardian*. Karten für die meisten Kultur- und Sportveranstaltungen bekommt man bei **Computicket**, ✆ 083-915 8000, 💻 www.computicket.com. Filialen dieser Vorverkaufsstelle sind in Einkaufszentren und Kaufhäusern zu finden.

Livemusik und Clubs

Boston Tea Party, Lois Ave, Ecke Glam Ave, Menlyn Plaza, Menlyn, ✆ 012-365 3625. Trendiger Tanzclub mit etwas reiferem Publikum und einheimischen und ausländischen DJs bis in die frühen Morgenstunden.
Drop Zone, Hatfield Square, Hatfield, ✆ 012-362 6528. Studentenclub mit vielen Aktionsangeboten für Getränke und zumeist Mainstream-Musik.

Theater

Breytenbach, 137 Gerard Moerdyk St, Sunnyside, ✆ 012-440 4834, neben dem Oeverzicht Artists' Village. Schwungvolle studentische Produktionen.
State Theatre, Church St, ✆ 012-392 4000, 💻 www.statetheatre.co.za. Pretorias Hauptbühne für Theater, Oper und Klassik. Unter der Leitung von Hugh Masekela und später Aubrey Sekhab ist das Programm um interessante Jazzveranstaltungen und Theaterproduktionen von Schwarzen bereichert worden.

Kino

Nu-Metro, Einkaufszentrum Menlyn Park, östlich des Zentrums, ✆ 086-124 6362. Blockbuster-Kino, beherbergt außerdem ein IMAX-Kino.
Ster-Kinekor, ✆ 082-16789. Kinokette mit Ablegern in der Beatrix St in Arcadia und in der Brooklyn Mall in Brooklyn.

Einkaufen

Bücher

Exclusive Books, Brooklyn Mall, Bronkhorst St, Brooklyn, ✆ 012-346 5864.
Protea Book House, 1067 Burnett St, Hatfield, ✆ 012-362 3444, hat ein riesiges Sortiment an neuen und gebrauchten Büchern.

Camping- und Wanderausrüstung

Trappers Atterbury, Atterbury Value Mart, Atterbury Rd, ✆ 012-991 5585.
Outdoorsman, 42 Pretorius St, ✆ 012-328 7167.

Märkte

Hatfield Flea Market, 1122 Burnett St. Pretorias bester Flohmarkt lockt jeden Sonntag mit Kunsthandwerk, Nippes und einer bunten Besucherschar.

Sonstiges

Apotheken

Apotheken gibt es in fast allen Einkaufszentren. Rund um die Uhr geöffnete Apotheken haben das **Wilgers Hospital**, Denneboom Rd, ✆ 012-807 8136, und die **Muelmed Medi Clinic**, 577 Pretorius St, ✆ 012-440 1457.

Autovermietungen

Avis, ✆ 012-301 0700;
Budget, ✆ 0861-016 622;
Imperial/Europcar, ✆ 0861-131 000;
Tempest, ✆ 0861-836 7378.

Bücherei

Am Sammy Marks Square, ✆ 012-358 8956, ⏲ Mo–Fr 9–17.20, Sa 8–12.50 Uhr.

Diplomatische Vertretungen

Deutschland: 180 Blackwood St, Arcadia, ✆ 012-427 8900, 🖳 www.pretoria.diplo.de, ✉ GermanEmbassyPretoria@gonet.co.za;
Österreich: 1109 Duncan St, Brooklyn, ✆ 012-452 9155, ✉ pretoria-ob@bmaa.gv.at;
Schweiz: 225 Veale St, New Muckleneuk, ✆ 012-452 0660, 🖳 www.eda.admin.ch/pretoria, ✉ vertretung@pre.rep.admin.ch;
Lesotho: 1 Thomas Edison St, Menlo Park, ✆ 012-460 7640;
Swasiland: 715 Government Ave, Arcadia, ✆ 012-344 1917;
Simbabwe: 798 Merton Ave, Arcadia, ✆ 012-342 5125.

Geld

American Express, Brooklyn Mall, Bronkhorst St, Brooklyn, ✆ 012-346 2599.
Die meisten **Banken** liegen am Church Square und entlang der Church St.

Informationen

Tourist Information Centre, im Gebäude der Old Nederlandsche Bank am Church Square, ✆ 012-358 1430. Wichtigste Anlaufstelle für Informationen über die Stadt bzw. Tshwane, wie der Großraum Pretoria auch genannt wird. ⏲ Mo–Fr 7.30–16 Uhr.

Internet

In der Innenstadt von Pretoria gibt es jede Menge Internetcafés, besonders an der Church St zwischen Bosman und Schubart St.
In Hatfield: **Videorama**, The Fields, Burnett St, ⏲ Mo–Fr 9–22, Sa und So 10–22 Uhr.

Medizinische Hilfe

Mit 24-Std.-Notdienst:
Pretoria Academic Hospital, Voortrekker Rd, ✆ 012-354 1000.
Wilgers Hospital, Denneboom Rd, ✆ 012-807 8100.

Notruf

Feuerwehr, ✆ 10177 oder 012-310 6200;
Krankenwagen, ✆ 10177, oder von Netcare (privat), ✆ 082-911;
Polizei, ✆ 10111 oder 012-344 1801.

Post

Church St, ⏲ Mo, Di, Do und Fr 8–16.30, Mi 8.30–16.30, Sa 8–12 Uhr.

Nahverkehr

Pretorias Zentrum lässt sich bequem zu Fuß erkunden, für weitergehende Exkursionen empfiehlt es sich, die Stadtbusse zu nutzen.

Stadtbusse

Die Stadtbusse beginnen ihre Fahrt entlang der Vermeulen St zwischen Bosman und Andries St; Fahrkartenverkauf in den Bussen. Fahrpläne gibt es beim Infokiosk am Church Square, ✆ 012-358 0839, in den Bussen und in Apotheken.

Minibustaxis

Minibustaxis aus Jo'burg und anderswo halten in der Jacob Maré St, Ecke Bosman St, in der Nähe des Bahnhofs.

Taxis

Rixi Taxi, ✆ 012-362 6262, empfiehlt sich als bestes Taxiunternehmen; **Dial-a-Dove Taxi**, ✆ 012-323 2040, ist eine Alternative.

Transport

Busse

Der Busbahnhof liegt neben dem Bahnhof.
Busse nach:
ALIWAL NORTH (3x tgl., 9 Std.);
BEAUFORT WEST (4x tgl., 12 Std.);
BLOEMFONTEIN (11x tgl., 7 1/2 Std.);
DURBAN (14x tgl., 9–12 Std.);
EAST LONDON (2x tgl., 14 1/2 Std.);
ERMELO (tgl., 5 1/2 Std.);
GEORGE (2x tgl., 16 Std.);
GRAAFF-REINET (2x tgl., 12 Std.);
HARRISMITH (8x tgl., 4 3/4 Std.);
JO'BURG (mehr als 30x tgl., 1 Std.);
KAPSTADT (6x tgl., 21 Std.);
KIMBERLEY (4x tgl., 7 Std.);
KING WILLIAM'S TOWN (3x tgl., 13 1/2 Std.);
KLERKSDORP (5x tgl., 3 Std.);
KNYSNA (tgl., 19 1/2 Std.);
KURUMAN (tgl., 9 1/4 Std.);
LADYSMITH (tgl., 6 3/4 Std.);
LOUIS TRICHARDT (tgl., 5 1/4 Std.);
MOSSEL BAY (2x tgl., 18 1/2 Std.);
NELSPRUIT (5x tgl., 7 Std.);
NEWCASTLE (tgl., 6 1/4 Std.);
OUDTSHOORN (2x tgl., 16 Std.);
PIETERMARITZBURG (13x tgl., 8 Std.);
PLETTENBERG BAY (tgl., 19 Std.);
PORT ELIZABETH (3x tgl., 15 Std.);
POTCHEFSTROOM (5x tgl., 3 1/2 Std.);
QUEENSTOWN (2x tgl., 11 1/2 Std.);
UMTATA (tgl., 13 1/4 Std.).

Eisenbahn

Die **Pretoria Station** liegt südlich des Zentrums und wurde nach Plänen von Sir Herbert Baker erbaut. Hier kommen nur Züge aus JOHANNESBURG (mehr als 30x tgl., 1 1/2 Std.) an. Wenn das Nahverkehrsbahnnetz Gautrain (S. 562) komplett fertig ist – voraussichtlich 2011 –, wird es eine schnelle Zugverbindung zwischen dem Jo'burg Zentrum und seinen nördlichen Vororten, Midrand, dem Zentrum von Pretoria und Hatfield geben.

Flüge

Der nächstgelegene Flughafen ist der 50 km südöstlich befindliche **OR Tambo International Airport** (S. 565). Von dort bietet der Fahrer und Tourguide **Stanford Hlatshwayo**, ✆ 011-872 1375, 084-857 4967, 🖳 www.aerowaylink.co.za, für R320 einen sehr empfehlenswerten Taxiservice in die Stadt. Oder man nimmt den **Airport Shuttle**, ✆ 0861-748 8853, 🖳 www.airportshuttle.co.za, ab R340. Ansonsten kann man auch versuchen, die Abholung über die Unterkunft zu arrangieren, das ist vielleicht am billigsten.

Die Umgebung von Pretoria

Faszinierendste Sehenswürdigkeit gleich vor den Toren der Stadt ist die **Doornkloof Farm**, einst Wohnhaus des Premierministers Jan Smuts. Etwas weiter östlich liegt die Bergbaustadt **Cullinan**, deren Ursprung 100 Jahre bis in die Zeit der ersten Diamantensucher zurückreicht. Der **Tswaing-Meteoritenkrater** nördlich von Pretoria ist eine der ungewöhnlicheren Attraktionen der Gegend. Im Westen ist das sehr touristische **Lesedi Cultural Village** Opfer seiner eigenen Popularität geworden. Wer sich für die Rettung der Tierwelt interessiert, für den lohnt sich ein Besuch beim **De Wildt Cheetah and Wildlife Trust**.

Doornkloof Farm und Rietvlei Nature Reserve

Die Doornkloof Farm in **Irene**, nur wenig südlich von Pretoria, diente **Jan Smuts** lange Jahre als Wohnsitz, selbst zu Zeiten, als er das Amt des südafrikanischen Premierministers bekleidete. Heute ist in dem vergleichsweise schlichten Gebäude aus Holz und Eisen ein Museum, ✆ 012-667 1176, untergebracht. Es hat ein wenig zu viel Touch von Heiligenverehrung, bringt dem Besucher aber dennoch einen der geheimnisvollsten Politiker Südafrikas näher. Anfahrt zum Museum von Pretoria nach Süden auf der M18 oder R21 und nach ca. 20 km der Ausschilderung zum Smuts House folgen.

Die enorme Privatbibliothek verweist auf Smuts intellektuelle Tiefe (und Breite), zahlreiche andere Gegenstände zeugen davon, dass er ein Mann von Welt war. Wieder andere Exponate konzentrieren sich auf Smuts Rolle als erfolgreichster Befehlshaber burischer Truppen während der Kriege gegen die Briten. Das umgebende Farmgelände gehört ebenfalls zum Museum. Auf dem reizvollen 2,5 km langen **Oubaas Trail** gelangt man vom Haus auf einen nahen *koppie* – eine Route, die der Naturliebhaber Smuts jeden Tag absolvierte. In der Nähe des Hauses finden sich verstreut verschiedene militärische Gerätschaften, die angesichts der am Weg und an anderen Stellen platzierten Verlautbarungen zu Frieden und Eintracht etwas befremdlich wirken. Nebenan gibt es einen **Teesalon**. ⌚ Mo–Fr 9.30–16.30, Sa und So 9.30–17 Uhr, Eintritt R10.

Cullinan

Touristenbusse machen gern im 50 km östlich von Pretoria gelegenen Cullinan Halt. In der hiesigen, bis heute betriebenen Premier Mine von De Beers wurde 1906 der mit 3106 Karat schwerste Diamant der Welt gefunden, der „Stern von Afrika". Abgesehen von einer **Besichtigung der Mine**, ✆ 011-355 1460, 💻 www.dinokeng.co.za, Führungen ⌚ Mo–Fr 10 und 14.30, Sa und So 10 Uhr, R45, und einem Spaziergang lässt sich kaum etwas unternehmen. Für das leibliche Wohl sorgt z. B. der nette Teegarten Lemon Tree in der Oak Avenue.

Tswaing Crater und Mapoch Ndebele Village

Rund 40 km nördlich von Pretoria befindet sich abseits der M35 der **Tswaing-Krater**, ✆ 012-720 5050 oder 720 5009, einer der jüngsten und

Im Lesedi Cultural Village werden Traditionen zur Schau gestellt – und man kann sogar übernachten.

besterhaltenen Meteoritenkrater der Welt mit einer 500 m breiten, vor ca. 220 000 Jahren entstandenen Senke. Tswaing bedeutet in der Sprache der Tswana „Ort des Salzes", und die reichen Salz- und Sodablagerungen am Rand des flachen Kratersees haben schon vor Urzeiten Menschen angelockt. Bis zu 150 000 Jahre alte Artefakte wurden hier entdeckt.

Ein schlichtes Besucherzentrum markiert den Ausgangspunkt eines 7 km langen Wanderpfads, der zum Krater und wieder zurück führt. Ein kürzerer Spazierweg kann allein oder in Begleitung eines Guide zu einem Aussichtspunkt am Kraterrand zurückgelegt werden. 🕓 tgl. 7.30–16 Uhr, Eintritt R25 mit Führung.

Lesedi Cultural Village und De Wildt Cheetah and Wildlife Trust

Südwestlich von Pretoria liegt abseits der R512 beim Lanseria Airport das **Lesedi Cultural Village**, ✆ 012-205 1394, 💻 www.lesedi.com. Vier Dörfer sind hier zu einer sonderbaren Touristenattraktion zusammengefasst, die die Kultur der Zulu, Pedi, Xhosa, Ndebele und Basotho vorstellt. Die Besucher werden um recht authentische Kraals geführt, begleitet von einer lebendigen Zurschaustellung von Kostümen, Gesängen und Tänzen. Anschließend nimmt man in einem überschwänglich ausstaffierten Restaurant an einem **traditionellen afrikanischen Festmahl** teil. Wer will, kann in einer Grashütte bei einer Lesedi-Familie **übernachten**: inkl. Tour und Halbpension ❼. Führungen tgl. 11.30 und 16.30 Uhr, R220 bzw. R360 inkl. einer Mahlzeit und Tanzdarbietungen.

Nördlich von Lesedi, am Rand der R513 Richtung Brits, liegt der **De Wildt Cheetah and Wildlife Trust**, ein international renommiertes Tierschutzprojekt. Das Zentrum hat sich dem Schutz der Geparden verschrieben. In Zusammenarbeit mit Farmern werden Programme zum Umgang mit Raubtieren ausgearbeitet, Welpen in Gefangenschaft aufgezogen (bislang über 750) und als ausgewachsene Tiere vor allem in Wildreservaten angesiedelt. Im Zentrum werden auch andere gefährdete Tiere großgezogen und/oder betreut, darunter Afrikanische Wildhunde, Geier und Braune Hyänen.

Besucher können ganz nah an die älteren Geparden herangehen, die keine Scheu vor Menschen zeigen. Ein besonderes Highlight ist die Möglichkeit, einen in rasendem Tempo dahinfliegenden Geparden zu fotografieren. Wer sich von der Mission des Centres hat überzeugen lassen, kann auch Pate eines Geparden werden. Gepardentouren Mi, Sa und So um 8.30 und 13.30, Di und Do nur 13.30 Uhr; R220; Reservierung erforderlich unter ✆ 012-504 1921 oder 082-675 5668, 💻 www.dewildt.org.za.

Nordwest-Provinz

Stefan Loose Traveltipps

Kgaswane Mountain Reserve Sanfte Hügel, schroffe *kloofs* und klare Flüsse in den Magaliesbergen schaffen ein herrliches Gebiet zum Wandern. S. 589

Sun City Las Vegas im Bushveld – Fantasieland aus Hotels, Spielautomaten, Bühnenshows und Golfplätzen sowie einem abenteuerlichen Aquapark. S. 592

Pilanesberg National Park In der herrlichen Landschaft des von Johannesburg und Pretoria aus am bequemsten erreichbaren Big Five-Parks kann man hervorragend Tiere beobachten. S. 594

Groot Marico Eines der malerischsten winzigen Farmerstädtchen Südafrikas, berühmt für seine Bedeutung in der Literatur sowie den hochprozentigen Obstschnaps Mampoer. S. 597

16 **Madikwe Game Reserve** Wenig besuchter, aber sehr lohnender Wildpark im äußersten Norden der Provinz mit einer der exklusivsten Wildlife-Lodges von ganz Südafrika. S. 599

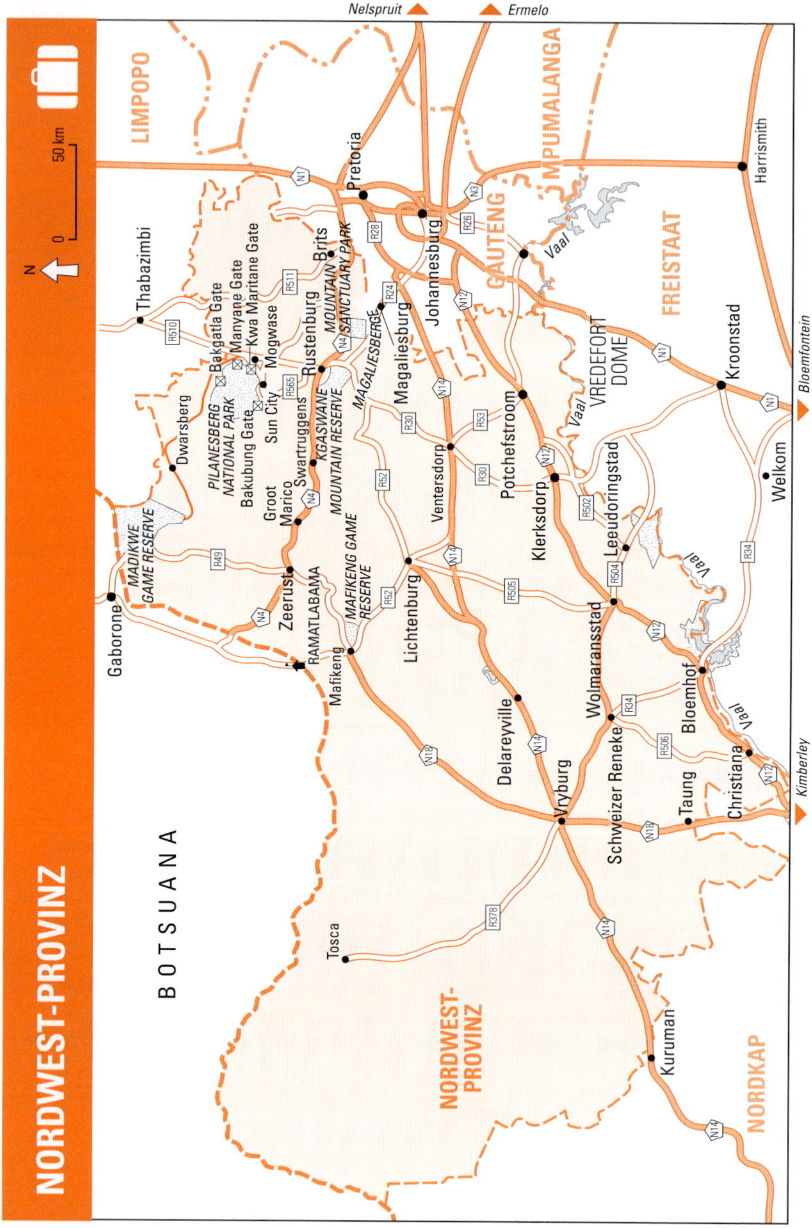
NORDWEST-PROVINZ
N
0
50 km
Nelspruit
Ermelo
Bloemfontein
Kimberley
Upington
LIMPOPO
MPUMALANGA
GAUTENG
FREISTAAT
NORDKAP
BOTSUANA
NORDWEST-PROVINZ
Pretoria
Johannesburg
Harrismith
Thabazimbi
Brits
MOUNTAIN SANCTUARY PARK
Bakgatla Gate
Manyane Gate
Kwa Maritane Gate
Mogwase
Rustenburg
Magaliesburg
MAGALIESBERGE
PILANESBERG NATIONAL PARK
Bakubung Gate
Sun City
Swartruggens
KGASWANE MOUNTAIN RESERVE
Dwarsberg
Groot Marico
MADIKWE GAME RESERVE
Gaborone
Zeerust
RAMATLABAMA
MAFIKENG GAME RESERVE
Mafikeng
Lichtenburg
Ventersdorp
Potchefstroom
Klerksdorp
VREDEFORT DOME
Vaal
Kroonstad
Welkom
Leeudoringstad
Wolmaransstad
Delareyville
Bloemhof
Schweizer Reneke
Christiana
Taung
Vryburg
Tosca
Kuruman
N1
N3
N4
N12
N14
N18
R24
R26
R28
R30
R34
R49
R52
R53
R378
R502
R504
R505
R506
R510
R511
R565

Südafrikas Nordwest-Provinz ist zumindest bei Touristen eigentlich nur für den Vergnügungspark **Sun City** und den **Pilanesberg National Park** mit den Big Five bekannt. Wenige Besucher unternehmen Erkundungen jenseits dieser beiden Attraktionen. Dabei sorgen die traditionelle Gastfreundschaft in den zahlreichen kleinen *dorps* der Region und die beschauliche Idylle der endlosen Grassteppen und Maisfelder für eine willkommene Verschnaufpause nach der Hektik von Johannesburg und Pretoria.

Die Nordwest-Provinz erstreckt sich westlich von Gauteng bis zur Grenze nach Botsuana und dem Rand der Kalahari. Im Osten der Provinz ragen die **Magaliesberge** auf. Sie bilden die Grenze zu Gauteng und sind hundertmal älter als das Himalajagebirge. Heutzutage gibt es dort jede Menge Urlaubsorte für naturhungrige Johannesburger. Von Pretoria führt die N4 in die Berge und durch die wichtigste Stadt im nordöstlichen Teil: **Rustenburg**. Sie ist das Tor zum windgepeitschten **Kgaswane Mountain Reserve**, das zu Wanderungen in die Berge mit Aussicht über die flirrende Ebene einlädt.

Weiter westlich an der N4 liegt **Groot Marico**, ein freundliches *dorp* mit kräftigem, vor Ort gebrautem Bier und geselligen Bewohnern, mit denen sich selbiges genießen lässt. Dahinter erreicht man die Provinzhauptstadt **Mafikeng**, die Schauplatz einer berühmten Belagerung während des Zweiten Burenkriegs war. Richtung Gaborone, der Hauptstadt von Botsuana, ist das **Madikwe Game Reserve** angesiedelt. Es gehört zu den noch wenig besuchten, aber erstklassigen Big Five-Wildreservaten Südafrikas: ein riesiges Gebiet mit ein paar hervorragenden Game Lodges.

Im Sommer brennt in der Nordwest-Provinz die Sonne unerbittlich vom Himmel, nur unterbrochen von kurzen Regengüssen; besser kommt man im **Frühjahr** oder **Herbst**. Wer ein ursprüngliches Naturerlebnis sucht, findet in dieser Ecke Südafrikas, im stillen, zeitlosen *veld,* traumhafte Campingmöglichkeiten.

Informationen über die Provinz erteilt das North West Parks & Tourism Board, ✆ 018-397 1500, 0861-111 866, 💻 www.tourismnorthwest.co.za. Auf Anfrage werden Broschüren und Infomaterial zugeschickt. Die Website bietet Informationen und Links zu allen Parks in der Region. Malaria kommt in der Nordwest-Provinz nicht vor.

Geschichte

Die ersten Bewohner der Nordwest-Provinz waren das Jäger- und Sammlervolk der **San**. Vor ungefähr 500 bis 1000 Jahren wurden sie von Rinderzucht betreibenden Völkern der Eisenzeit verdrängt, die aus Norden kamen und ihre ersten Siedlungen in flussnahen Niederungen errichteten. Diese Ansiedlungen entwickelten sich in steinumwallte, auf Hügeln gelegene Ortschaften. Die größte davon, Karechuenya (nahe Madikwe), besaß nach Schätzungen im Jahr 1820 mehr Bewohner als Kapstadt. Bis zum 19. Jh. etablierten sich die Stammesgruppen der Rolong, Taung, Tlhaping und Tlokwa als dominierende Kraft. Die Europäer bezeichneten sie alle als **Tswana**, aber es ist unklar, ob diese Völker sich als sehr verschieden von den weiter im Osten lebenden, „Sotho" genannten Völkern betrachteten.

Als im frühen 19. Jh. die weißen Siedler *(trekboers)* sich immer mehr Land aneigneten und die Einheimischen verdrängten, brachen erbitterte und durch die zunehmende Verfügbarkeit von Schusswaffen besonders blutige Kämpfe zwischen den Stammesgruppen aus. Den Sieg trugen diejenigen davon, die sich jeweils mit den Neuankömmlingen verbündeten: mit den **Griqua** aus dem Norden der Kapprovinz und mit den **Buren** aus dem Süden. Die verbleibenden Stämme hatten jedoch wenig Freude an ihrem Sieg, denn ihre „Verbündeten", die Griqua und Buren, zwangen auch sie bald zur Aufgabe ihres Lands oder zur Sklavenarbeit.

In der Folgezeit gründeten sich mehrere Kleinstaaten, die sich schließlich 1860 zur **Südafrikanischen Republik** (ZAR) mit Pretoria als Hauptstadt zusammenschlossen. Vom Ersten Burenkrieg (1877–1881) blieb der Großteil der Provinz unberührt. Sehr viel schlimmere Konsequenzen hatte der **Zweite Burenkrieg** (1899–1902). Abgesehen von der berühmten **Belagerung von Mafikeng**, bei der britische und Tswana-Truppen 217 Tage ausharrten, gab es lange, zähe Scharmützel entlang des Vaal River. Nach dem Sieg der Briten wurde sowohl das Land der Buren als auch das der Tswana abgebrannt, und viele landeten in Lagern.

Mit Gründung der Südafrikanischen Union 1910 wurde die Provinz zum Westteil Transvaals und befand sich fest in burischer Hand. Die kleinen *dorps* standen schon bald synonym für kleinbäuerlichen Rassismus. Nicht umsonst etablierte sich hier in den 1980er-Jahren die faschistischen AWB unter **Eugene Terreblanche**. Weil die meisten Tswana-Männer zu den Goldminen am Witwatersrand abgewandert waren und sich deshalb hier keine schwarze Arbeiterklasse entwickelte, spielte die Nordwest-Provinz im Anti-Apartheidskampf auch nur eine relativ untergeordnete Rolle.

Aus den ehemaligen „Einheimischen-Reservaten", den kargen Landstrichen, in die man die Tswana gezwungen hatte, wurde 1977 das Bantustan **Bophuthatswana**, kurz „Bop", gebildet. Bop war alles andere als das lang ersehnte *homeland* für Schwarze. Das Gewirr unterschiedlicher Enklaven stand unter der Herrschaft des korrupten **Lucas Mangope**, der sich an den Gewinnen aus den Casinos in Sun City und Mmabatho sowie an der Entdeckung von Platin bereicherte. Bophuthatswanas kurzlebige Existenz endete im März 1994, als die Armee des Landes einen Monat vor den Wahlen in Südafrika aufbegehrte. Mangope rief Hunderte bewaffneter AWB-Neofaschisten zu Hilfe, um den Aufstand niederzuschlagen, aber der AWB – und Mangope – wurden vernichtend geschlagen.

Die Region Bojanala

Die an Gauteng grenzende Region Bojanala im nordöstlichen Bushveld der Nordwest-Provinz erfreut sich ausgesprochener Beliebtheit bei Wochenendausflüglern aus Johannesburg. Große Teile der Provinz sind weites Ödland, sodass die Magaliesberge eine der buchstäblich herausragenden Attraktionen darstellen. Ihren Namen erhielt die Bergkette nach dem Tswana-Häuptling Mogale aus dem Stamm der **Kwena**, die hier vom 17. Jh. bis zu ihrer Vertreibung durch den Ndebele-Häuptling Mzilikazi im Jahr 1825 lebten. Die Kwena sind heute aus dem Gebiet der Magaliesberge gänzlich verschwunden.

Beachtliche Teile der Magaliesberge sind umzäunt und von Feriensiedlungen in Beschlag genommen worden. Einige Oasen unberührter Natur gibt es aber trotzdem noch. Zu ihnen gehört insbesondere das **Kgaswane Mountain Reserve** – von der größten Stadt der Region, Rustenburg, her erreichbar – weitgehend in seinem natürlichen Zustand erhalten und mit reichlich Wildtieren gesegnet. Die südöstlichen Magaliesberge werdenim Kapitel „Gauteng" behandelt.

Weiter nördlich erstreckt sich in einem urzeitlichen Vulkankrater der faszinierende **Pilanesberg National Park**, das Hauptziel der in Gauteng ansässigen Safari-Veranstalter, wenn es um Begegnungen mit den Big Five geht. Wer mit Kindern unterwegs ist und/oder Lust auf einen Fun-in-the-sun-Wasserpark und ein bisschen „Disneyland" hat, steuert **Sun City** an.

Rustenburg und Umgebung

Ungefähr 120 km nordwestlich von Johannesburg liegt die Platinminenstadt Rustenburg, die älteste Siedlung im ehemaligen West-Transvaal. Mit ihrem Schachbrettmuster aus Ladenketten, Shopping Malls und Neonschildern ist die Stadt ein trauriges Beispiel verfehlter Stadtplanung und lohnt eigentlich keinen Besuch. Dessen ungeachtet legen viele Besucher hier einen Stopp ein, weil sie das herrliche, 7 km südlich der Stadt gelegene **Kgaswane Mountain Reserve** zum Ziel haben. Während der Fußball-WM 2010 rückte Rustenburg kurzzeitig in den Blickpunkt der sportinteressierten Weltöffentlichkeit, als hier im 42 000 Zuschauer fassenden **Royal Bafokeng Sports Palace** in Phokeng, 12 km westlich vom Zentrum der Stadt an der R104, einige Spiele ausgetragen wurden.

Das historische Zentrum von Rustenburg beschränkt sich auf einen Abschnitt der Burger Street zwischen Nelson Mandela Drive und Oliver Tambo Drive. Hier befinden sich zwei Kirchen: die alte **Anglikanische Kirche** aus dem Jahr 1871 und die 1850 erbauten **Niederländisch-Reformierte Kirche**. Letztere steht gegenüber vom würdevollen, 1935 erbauten **Rathaus** und einer Statue von Paul Kruger. Das Kunstwerk aus der Hand des französischen Bildhauers

Kriminalität in Rustenburg

Durch die Erschließung neuer Platinvorkommen erlebt Rustenburg derzeit einen Boom, aber der neue Reichtum hat einen schnellen Anstieg der Verbrechensrate zur Folge gehabt. Die Präsenz von Polizei und Sicherheitskräften ist hier nicht so offensichtlich wie in anderen Gebieten mit hoher Kriminalität wie Jo'burg und Durban, und (zum Teil bewaffnete) Raubüberfälle stellen sowohl abends und nachts als auch tagsüber eine ernsthafte Bedrohung dar. Die Waterfall Mall ist relativ sicher, aber in anderen Gegenden sollte man extrem vorsichtig sein, besonders um den Busbahnhof und die Hauptverkehrsstraßen wie die Fatima Bhayat Street herum. Die **Polizeiwache** der Innenstadt, ✆ 014-590 4111, befindet sich am Beyers Naude Drive, Ecke Kruis Street.

Jean Georges Achard zeigt den Präsidenten in seinen letzten Tagen im Exil in Frankreich, wie er zusammengesunken in einem Lehnstuhl sitzt.

Wem der Sinn danach steht, kann sich nach der kurzen Stadtbesichtigung zur besten Einkaufsmöglichkeit der Region aufmachen, der schicken Waterfall Mall, 5 km östlich der Stadt (immer dem Nelson Mandela Drive nach).

Kgaswane Mountain Reserve

Das Kgaswane Mountain Reserve, 7 km südlich von Rustenburg, ✆ 014-533 2050, 💻 www.tourismnorthwest.co.za/parks/kgaswane.html, ist nur mit einem eigenen Fahrzeug zu erreichen, und zwar über den Beyers Naude Drive Richtung Süden. Nach etwa 2 km geht dieser in die Helen Joseph Street über, der man wiederum 5 km bis zum Parkeingang folgt. Von dort windet sich die Straße entlang einer spektakulären Strecke bis zum Gipfel. Hier gibt es ein Besucherzentrum, das nützliches Kartenmaterial sowie Informationen über Wanderungen und Routen sowie Zeltmöglichkeiten und *braai*-Einrichtungen bereithält. 🕓 tgl. April–Aug 6–18, Sep–März 5.30–19.30 Uhr, Eintritt R20, plus R10 pro Fahrzeug bzw. R5 pro Fahrrad.

Kgaswane erstreckt sich in einem spektakulären, 40 km² großen Teilgebiet der Magaliesberge. In dieser von jahrtausendealten, erodierten Felsformationen durchsetzten Landschaft findet man neben trockenem *veld* auch Wasserläufe, die sich ihren Weg durch die Täler bahnen. Zur üppigen Pflanzenwelt zählen Magaliesberg-Aloen und die zarte Frithia, eine Sukkulente, die zwischen November und März blüht. In den vielen Felsspalten lassen sich auch **Raubvögel** entdecken. Ausschau halten sollte man nach dem seltenen Kaffernadler, dem Kampfadler, dem Kapgeier, Papageien und Paradiesschnäppern. Neben **Zebras** leben im Kgaswane auch 800 **Antilopen**, darunter die meisten in Südafrika vorkommenden Arten. **Raubtiere** sind weniger zahlreich und beschränken sich auf Wüstenluchse, Erdwölfe, Schabrackenschakale und scheue Leoparden.

Das Gebiet lässt sich zu Fuß oder mit dem (mitgebrachten) Fahrrad erkunden. Es gibt zwei kürzere Wege für **Tageswanderungen**. Der dreistündige, 5 km lange Peglarae Trail führt durch ziemlich steiles und felsiges Gelände, belohnt jedoch mit den meisten Attraktionen des Schutzgebiets. Kürzer und leichter ist der 2 km lange Vleiramble, der zu einer Aussichtshütte auf dem *vlei* führt, die besonders bei Vogelfreunden beliebt ist.

Wanderungen mit zwei Übernachtungen folgen dem Rustenburg Hiking Trail (19,5 km bzw. 23,5 km). Die Unterbringung erfolgt in Hütten, die mit Feuerholz und Küchenutensilien ausgestattet sind; auch für Wasser ist gesorgt. Proviant muss mitgebracht werden, im Winter zudem ausreichend Kleidung, da die Nächte bitterkalt werden können. Die Wanderungen mit Übernachtung sollten vorab gebucht werden.

Übernachtung

Wer das intensivste Landschaftserlebnis sucht, bezieht eine Bleibe außerhalb der Stadt. Campingplätze gibt es im Kgaswane Mountain Reserve. Auf motorisierte Besucher warten Dutzende teilweise ziemlich elegante B&Bs und Resorts rund um die Stadt – eine Auswahl findet sich unter 💻 www.rustenburgaccommodation.co.za. Die nachstehend genannten Unterkünfte in der Innenstadt verfügen über sichere Parkplätze.

Erste Wahl

Travellers Inn, 99 Leyds St, ✆ 014-592 7658, 💻 www.travellersinn.co.za. Gute, moderne Zimmer mit Parkplatz vor der Tür. Außerdem Backpacker-Schlafsaal, Pool, reizende rustikale Bar und vorzügliches Essen. Schwule und lesbische Paare willkommen. Camping möglich. ❷

Im Zentrum

Cashane Hotel, 66 Steen St, ✆ 014-592 8541–3. Das etwas ältere, aber gepflegte Business-Hotel mit 6 Etagen und Fahrstuhl bietet komfortable, gut ausgestattete Zimmer mit Blick auf die Stadt, eine gute Bar und ein durchschnittliches Restaurant. ❸
Palm Lodge, 99 Beyers Naude Drive, ✆ 014-597 2520. Großer, strohgedeckter Komplex, der schicker wirkt, als er tatsächlich ist. Mehrere Dutzend kleine, dunkle Zimmer sowie Selbstversorger-Units mit einem Schlafzimmer. Pool, 2 Bars, Restaurant. ❸

Außerhalb

Kedar Country Hotel (Kruger Country House), 20 km nordwestlich der Stadt in Boshoek, 500 m abseits der R565 nach Sun City und 5 km vom Royal Bafokeng Sports Palace, ✆ 014-573 3218, 💻 www.rali.co.za. Liebevoll restauriertes Farmhaus, das einst Präsident Kruger gehörte, der hier in einem kleinen Museum geehrt wird. Die schlichte, aber luxuriöse afrikaanse Einrichtung sowie viele Wildtiere und Vögel in der Umgebung schaffen eine erholsame Atmosphäre in ländlicher Idylle. Pool (und 2 Suiten mit eigenem Minipool). Halbpension. ❺
Rainhill Farm, Watsonia Rd, 4 km südwestlich der Stadt, ✆ 014-592 8911, 💻 www.rainhill.co.za. 4 reizende, mit Antiquitäten bestückte Chalets aus den 40er-Jahren, ideal für Familien oder verliebte Pärchen. Anfahrt mit dem Minibustaxi nach Rustenburg Kloof, Selbstfahrer folgen vom Busbahnhof dem Bethlehem Drive in südlicher Richtung bis zum Schluss, dann links ab in die Brink Street und erneut links in die Watsonia Road bis ans Ende. ❸

Essen und Unterhaltung

In Rustenburg dominieren die Fastfood-Lokale. Jede Menge davon gibt's am Nelson Mandela Drive und in der Fatima Bhayat Street, darunter ein **Nando's**. Gemütlichere Lokale dieser Art, z. B. **Steakout Grill** und **Olive Grove**, finden sich in der Waterfall Mall.
Afrikanisches Mittagessen – verschiedenen Sorten Fleisch mit *pap, samp* und Gemüse (ca. R20) – bietet der exzellente **Ivory Pot** in einer kleinen Passage bei der Fatima Bhayat Street, genauso wie die **Straßenstände** am und um den Busbahnhof. Allerdings muss man in diesen Gegenden höllisch aufpassen, weil viel geklaut wird. Eine sehr gute Auswahl an frisch gepressten Obstsäften gibt es im Supermarkt **Cottage Bakery** am Westende des Oliver Tambo Drive. In den Pubs von Rustenburg wird auch Essen gekocht, und manche bieten Livemusik.

Im Zentrum

Castle Corner, Heystek St, ✆ 014-592 1108. Schicker englischer Pub mit vielen Biersorten vom Fass, ordentlichem Kneipenessen (R50–70) und Sport auf Satelliten-TV. Mi, Fr und Sa abends Livemusik mit Bands aus der Stadt.
Travellers Inn, 99 Leyds St, ✆ 014-592 7658. Die kleine und gemütliche Kneipe hat ausgezeichnetes, ausgewogenes und ansprechend präsentiertes Essen (Abendmenüs R80). Es ist das einzige Etablissement in Rustenburg, das als Backpacker-Bar durchgehen kann. 🕓 So geschl.

Außerhalb

Hartley's, Rainhill Farm (s. Übernachtung), ✆ 014-594 1992. Ruhiges Landgasthaus und Familienrestaurant. Die Kneipenabteilung heißt **The Milk Shed**, das **The Pack House** ist das steifere Nichtraucher-Restaurant. In beiden reicht das Essensangebot von Rippchen und Steaks bis zu Garnelen und Seafood. Unbedingt probieren: die berühmte, hausgemachte Orangenmarmelade. Die meisten Hauptgerichte kosten R50–75.

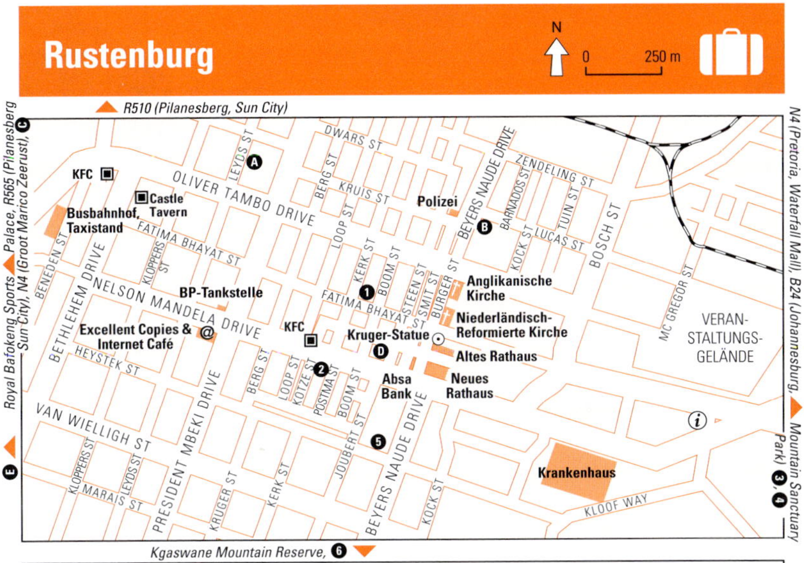

Übernachtung				Restaurants & Bars			
Cashane Hotel	D	Rainhill Farm	E	Castle Corner	5	Nando's	2
Kedar Country Hotel (Kruger Country House)	C	Travellers Inn	A	Hartley's	E	Olive Grove	4
Palm Lodge	B			Ivory Pot	1	Palm Lodge	B
				Keg & Bull	6	Steakout Grill	3
						Travellers Inn	A

Keg & Bull, Safari Gardens Shopping Centre, 3 km südlich der Innenstadt, ✆ 014-533 3123. In diesem Pub treffen sich mit Vorliebe Bewohner der südlichen und östlichen Randbezirke. Abends manchmal Karaoke oder Livemusik.

Sonstiges

Autovermietung

Avis, 194 Beyers Naude Drive, ✆ 014-592 6994

Geld

Absa in der Waterfall Mall hat einen Geldwechselschalter.

Informationen

Tourist Office, in ungünstiger Lage 2 km östlich des Busbahnhofs an der N4, ✆ 014-597 0904-6, ✉ tidcrust@mweb.co.za. Anfahrt aus der Stadt über den Nelson Mandela Drive oder die Fatima Bhayat Street unter Nichtbeachtung der veralteten Hinweisschilder. ⌚ Mo–Fr 8–16.30, Sa 8.30–12 Uhr.

Internet

Excellent Copies & Internet Café, Nelson Mandela Drive, gegenüber der BP-Tankstelle.

Medizinische Hilfe

Im **Medicross Medical Centre**, President Mbeki Drive, Ecke Van Wielligh St, ✆ 014-592 8562, gibt es Ärzte und Zahnärzte.

Notfälle

Privater Krankenwagen (Netcare), ✆ 014-594 0689 oder 082 911
Krankenwagen, ✆ 014-597 6604
Feuerwehr, ✆ 014-590 3333
Polizei, ✆ 014-590 4111

Transport

Busse

Keines der größeren Busunternehmen unterhält regelmäßige Verbindungen nach Rustenburg. Nicht mehr ganz taufrische Busse betreibt

Bojanala Bus, ✆ 014-565 8540 – die nützlichste Strecke ist die tägliche Verbindung nach MAFIKENG (der Bus folgt allerdings einer Route, die nicht durch GROOT MARICO führt). Abfahrt s. u. (Minibustaxis).
Busse nach:
MAFIKENG (1x tgl., 3 Std.).

Minibustaxis

Langstrecken-Minibustaxis sowie die Bojanala-Busse aus Mafikeng (s. o.) fahren am Busbahnhof am westlichen Ende des Nelson Mandela Drive, Höhe Beneden Street, ab.
Die Fahrtziele sind an den Haltebuchten angeschrieben. Es gibt keinen Fahrkartenschalter, deshalb sollte man sich einen Tag vor Abfahrt nach den Verbindungen erkundigen. Vorsicht: den Terminal nicht an der Nordseite beim KFC und der geräuschvollen Castle Tavern verlassen, denn hier wimmelt es von Taschendieben.
Die Minibustaxis steuern Ziele in der gesamten Provinz an, darunter GROOT MARICO (ein Taxi nach ZEERUST nehmen) und MAFIKENG, und fahren auch nach Lesotho.

Sun City

Eine unwirklich wirkende Enklave von Hotelhochhäusern und klimpernden Spielautomaten im endlosen Bushveld – das ist Sun City. Es umfasst vier dicht gedrängte **Hotelkomplexe** mit Golfplätzen, einem Aquapark und anderen Unterhaltungseinrichtungen. Als der Unternehmer Kerzner in den 1970er-Jahren mit dem Bau des Komplexes begann, war das Gebiet noch Teil des Bantustans Bophuthatswana und einer der wenigen Orte im Land, wo man um Geld spielen konnte. Tausende kamen von „jenseits der Grenze", um sich Kerzners Mischung aus Glücksspielen, barbusigen Damen und fabelhaften Hotels hinzugeben.

Aber weil das Glücksspiel in Südafrika mittlerweile kein Verbrechen mehr ist, hat Sun City umdisponiert und macht jetzt auf Familienausflugsziel. Das Konzept geht auf – wer mit Kindern unterwegs ist, sollte tatsächlich nach Sun City fahren. Das Resort ist auch ein guter Ausgangspunkt für einen Abstecher in den Pilanesberg National Park. Der Eintritt für Sun City beträgt R70, wovon R30 in „Sunbucks", der innerhalb der Anlage als Zahlungsmittel verwendeten Währung, zurückerstattet werden. Es kann aber auch überall in Rand bezahlt werden.

Das Resort

Sun City besteht aus drei unterschiedlichen Teilen: dem Abschnitt Cabanas (mit der Waterworld), dem Entertainment Centre und – als Herzstück des Ganzen – der **Lost City**, die vom übrigen Komplex durch die schwankende „Bridge of Time" getrennt ist. In der Lost City ist das „Valley of the Waves" angesiedelt, ein gigantisches Wellenbad mit Strand, Palmen, drei Wasserrutschen und einer Anlage, die 2 m hohe, zum Surfen geeignete Brecher fabriziert. In den Tiefen des oberhalb des „Valley" künstlich angelegten Regenwalds gilt es Wasserfälle, plätschernde Bäche, verschlungene Pfade sowie die „Überreste" der „verlorenen Stadt" zu entdecken. 🕓 Sep–April 9–18, Mai–Aug 10–17 Uhr, Eintritt R80, für Hotelgäste frei.

Über allem thront das gewaltige Hotel Palace of the Lost City. Wer nicht im Palace logiert, kann sich dort zumindest einen Drink genehmigen oder im Rahmen einer **Palace Tour** (8x tgl. 11.30–16 Uhr am Welcome Centre, R60) einen gründlicheren Einblick verschaffen. Den Mittelpunkt der übrigen Anlage von Sun City bildet das neben dem dreieckigen Turm vom Hotel Cascades gelegene **Entertainment Centre** mit seinen lärmenden Spielautomaten, einem Kino, exklusiven Geschäfte und einer Konzerthalle, wo musikalische und andere Veranstaltungen stattfinden. Neben dem Entertainment Centre liegen ein Vogelhaus, Tennisplätze, ein Spa und der berühmte **Gary Player Golf Course** (rechtzeitig buchen – die Warteliste ist nicht selten mehrere Monate lang; Greenfees für 18 Löcher R655–765).

Das nahe dem Eingang gelegene **Cabanas** ist ganz toll für kleinere Kinder: Hier gibt es einen kleinen Zoo, Reitpferde, ein weiteres Vogelhaus (im Sommer mit Flugvorführungen von Raubvögeln und Eulen) und hungrige Krokodile, die um 16.30 Uhr von den Besuchern gefüttert werden dürfen. Dahinter erstreckt sich die **Waterworld**, ein großer künstlicher See mit zahlreichen Wassersportmöglichkeiten, von Parasailing bis Wasserskilaufen.

Übernachtung

Zimmer können über **Sun City Reservations**, ✆ 011-780 7800, 💻 www.suninternational.co.za, reserviert werden, sind aber erheblich billiger, wenn man sie als Teil eines Pauschalpakets oder im Internet bucht. Die Hotels sind ausnahmslos riesige Bettenburgen – selbst das kleinste, das Cascades, hat insgesamt 243 Zimmer.

Cabanas, die billigste Unterkunft von Sun City, die zudem in der Nähe der meisten Angebote für Kinder liegt und sich daher besonders für Familien anbietet. Dazu kommen eine entspannte Atmosphäre, erschwingliche Restaurants und ein gutes Schwimmbad. ❽

Cascades, neben dem Entertainment Centre. Schickes Hochhaus mit „Tropen"-Deko, Mini-Regenwald und Voliere; nach dem Palace die komfortabelste Unterkunft. Von den Aufzügen an der Außenfassade bieten sich herrliche Ausblicke auf Sun City und die umliegenden Hügel. Der hübsche Pool und die Bar stehen nur Hotelgästen offen. ❾

Sun City Hotel. Im ältesten Hotel des Resorts ist das Kasino untergebracht. Wer in erster Linie zum Spielen nach Sun City kommt, lässt sich also am besten hier nieder. Die Zimmer sind hübsch möbliert und es gibt 4 ordentliche Restaurants. ❾

Essen und Unterhaltung

Im Entertainment Centre finden sich jede Menge erschwinglicher Restaurants, Snackbars und Cafés. Das angenehmste unter den nobleren Lokalen ist das auf Mittelmeerküche (R75–100) spezialisierte **Santorini** am herrlichen Pool vom Hotel Cascades. Ebenfalls empfehlenswert sind das üppige Frühstücks-

Ein Märchen aus 1001 Nacht

Palace of the Lost City, ebenso opulenter wie fantasiereicher afrikanischer Dschungelpalast, der mit seinen Türmen, Kuppeln und Skulpturen an eine Kulisse aus *Indiana Jones* erinnert. Der Aufenthalt ist ruinös teuer (und man bekommt woanders mehr fürs Geld), aber unvergesslich. ❾

buffet (R225) und der Nachmittagstee (R145) im **Crystal Court** des Palace. Zum Tanzen und auf einen Drink gehen die meisten Gäste in die Bar/Nachtclub im Obergeschoss des Entertainment Centre, wo sich auch ein alkoholfreier Nightclub nur für Teenager befindet.

Informationen

Welcome Centre, ✆ 014-557 1544.
Guter Startpunkt für die Tour durch Sun City (das groß wirkt, sich aber leicht zu Fuß erkunden lässt). Reichlich Kartenmaterial, Broschüren und Informationen über besondere Angebote. Hier können auch Touren in den Pilanesberg National Park gebucht werden. ◷ Mo–Do und So 8–19, Fr und Sa 8–22 Uhr.
Außerdem gibt es ein Infocenter vom **North West Parks & Tourism Board**, ✆ 014-557 1907, ◷ Mo–Fr 8–16.30, Sa und So 9–14 Uhr.

Transport

Selbstfahrer

Von Pretoria oder Johannesburg nimmt man die R4 bis hinter die Abzweigung nach Brits und biegt nach rechts auf die R556 ab; von dort sind es noch ca. 70 km bis Sun City. Vom riesigen Parkplatz an der Hauptzufahrt verkehren kostenlose Shuttlebusse zu allen Hotels sowie zum Welcome Centre.

Busse

Täglich hält ein Shuttlebus von **Ingelosi Tours**, ✆ 014-557 4488, aus JOHANNESBURG (Flughafen), SANDTON und PRETORIA in Sun City.
Eine beliebte Alternative sind **Tagestouren**, die zahlreiche Veranstalter von Pretoria und Johannesburg nach Sun City unternehmen. Die Preise richten sich nach dem gebotenen Tourprogramm bzw. nach der Zielgruppe, liegen aber mindestens bei R350–500 (plus R200–300 in Kombination mit einer kurzen Pilanesberg-Safari).

Minibustaxis

Die **Minibustaxis** von RUSTENBURG nach MOGWASE halten am Eingang von Sun City.

Pilanesberg National Park

In Nachbarschaft zu Sun City liegt der Pilanesberg National Park, ✆ 014-555 1600, 💻 www.pilanesberg-game-reserve.co.za, der eine immense Artenvielfalt beherbergt und die größte Touristenattraktion der Nordwest-Provinz darstellt. Das künstlich geschaffene Reservat wurde bis 1979 von einheimischen Bauern und Angehörigen des **Tswana**-Stammes unterhalten, die aber unsanft vertrieben wurden, als man im Rahmen der **Operation Genesis** über 6000 Tiere aus allen Teilen des Landes im Park ansiedelte. Der Park liegt nur zwei Autostunden von Pretoria und Jo'burg entfernt und empfiehlt sich besonders für Besucher, die sich in Gauteng aufhalten und nur wenig Zeit in Südafrika zur Verfügung haben.

Von den Besucherströmen und dem durchorganisierten Charakter des Parks sollte man sich keinesfalls abschrecken lassen, denn er bietet reichlich Gelegenheit zur Beobachtung von Tieren und gute Chancen, alle Vertreter der **Big Five** zu Gesicht zu bekommen, daneben auch Flusspferde, Braune Hyänen, Giraffen und Zebras. Die meisten Antilopenarten sind hier ebenso vertreten wie zahlreiche **Vögel** (bislang wurden 365 Arten gezählt). Nachts werden einige fantastische Kreaturen aktiv, darunter Zibetkatze, Stachelschwein und Wüstenluchs, allerdings bedarf es einer gehörigen Portion Glück, um sie zu erspähen.

Um dem 650 km^2 großen Gelände mit seinen ca. 200 km gut befahrbaren Asphalt- und Schotterstraßen gerecht zu werden, sollte man sich mindestens einen Tag Zeit nehmen. Ein herkömmliches Auto reicht für die Erkundung völlig aus; die offizielle Gebietskarte leistet dabei gute Dienste. Die zahlreichen Hügel sind das Ergebnis eines Vulkanausbruchs, der sich vor 1200–1300 Jahren ereignete. Sie zählen zu den größten landschaftlichen Reizen des Parks, werden aber von vielen Besuchern übersehen, weil diese nur nach den Tieren Ausschau halten.

Das natürliche Zentrum des Parks für Mensch und Tier bildet der alkalische **Lake Mankwe** („Leopardensee"), wo sich das emsige Treiben von verschiedenen Unterständen aus verfolgen lässt. Die im Park verstreuten Picknick- und Beobachtungsplätze sind ideal für eine Fahrtunterbrechung. Weil nur ganz wenige Besucher

Pilanesberg-Tourveranstalter

Die Preise für normale Safaris richten sich nach der Größe der Gruppe (je größer, desto billiger) und danach, ob sie nach einem regulären Fahrplan stattfinden oder privat angeboten werden. Bei der ersteren Variante teilen sich mitunter bis zu 15 Teilnehmer einen Minibus! Es ist auch wichtig zu wissen, ob Mittagessen und Eintritt im Preis enthalten sind. Die speziellen, von Gametrackers und Mankwe Safaris (s. u.) organisierten Aktivitäten lassen sich in den meisten Fällen mit Touren anderer Veranstalter kombinieren, vor allem mit den flexiblen privaten Touren. Die Preise für planmäßige Tagesausflüge von Gauteng liegen bei R500–800 p. P., private Touren werden ab R1000 pro Tag angeboten. Bei Touren mit Übernachtung hängt der Preis von der gewählten Unterkunft ab, es ist aber mit mindestens R3000 zu rechnen.

Gametrackers Outdoor Adventures, Sun City, ✆ 014-552 5020, 💻 www.gametrac.co.za. Der Veranstalter hat zwei große Zugpferde im Angebot: Ballonflüge (R3200) und Safaris auf dem Rücken von Elefanten (R1440). Die fünf treuen, aus Simbabwe stammenden Dickhäuter verloren in den 1980er-Jahren ihre Eltern und wurden anschließend domestiziert. Die Ausritte finden am frühen Morgen und späten Nachmittag statt. Es sind auch Tierbeobachtungsfahrten (tags und nachts, ab R360) möglich.

Mankwe Safaris, Manyane Gate, ✆ 014-555 7056, 💻 www.mankwesafaris.co.za. Lizenzierter Tourveranstalter, der Tierbeobachtungsfahrten (ab R290) plus „Heritage Tours" anbietet. Letztere verbinden kulturelle Sehenswürdigkeiten der Umgebung mit dem Aufspüren der Big Five.

Ulysses Tours & Safaris, Protea Waterfront Hotel, Centurion, Pretoria, ✆ 012-663 4941, 💻 www.ulysses.co.za. Renommierter, professioneller, exklusiver Anbieter von Tagesausflügen in den Pilanesberg ab R900.

die Hochsitze aufsuchen, sind das oft idyllische, angenehm kühle Orte, um die Umgebung in aller Ruhe zu genießen.

Es gibt vier **Zufahrtstore** zum Schutzgebiet. Die meistfrequentierten sind das Manyane (Mogwase) am östlichen Rand, wo sich auch die **Parkverwaltung** befindet, und das Bakubung im Süden, unmittelbar westlich von Sun City und über die R565 zu erreichen. An beiden Eingängen gibt es Informationstafeln, auf denen die Stellen markiert sind, wo an dem Tag bestimmte Tiere gesichtet wurden – sehr praktisch, falls man noch ein paar Spezies auf der Checkliste abhaken möchte –, sowie eine ausgezeichnete **Gebietskarte** und einen **Naturführer**, der die einzelnen Lebensräume erläutert.

Man darf aber nicht vergessen, dass auch andere Besucher diese Karte nutzen und es deshalb in den für Tierbeobachtungen empfohlenen Gegenden tagsüber ganz schön voll werden kann. Nach Einbruch der Dunkelheit lässt der Verkehr nach. Dann sind nur noch Tourbusse auf nächtlichen Tierbeobachtungsfahrten erlaubt. Dabei erlebt man den Park von einer ganz besonders faszinierenden Seite (im Winter für die Nachtfahrten unbedingt warme Kleidung mitbringen!). Im Pilanesberg Centre, einem alten kapholländischen Gebäude mitten im Park, gibt es ein Café, einen Souvenirladen und ein Freiluftrestaurant.

🕓 tgl. März, April, Sep und Okt 6–18.30, Mai–Aug 6.30–18, Nov–Feb 5.30–19 Uhr, Eintritt R45 p. P., Auto R20.

Übernachtung

Der Park lockt viele Tagesbesucher an – ein Großteil davon aus Sun City. Wie in jedem anderen Wildreservat hat man jedoch mehr von dem Besuch, wenn man länger bleibt und die Morgendämmerung als beste Beobachtungszeit wahrnehmen kann. Das Unterkunftsangebot reicht von exklusiven Lodges bis zu größeren Ferienanlagen in den Randgebieten sowie billigeren, einfacheren Camps außerhalb des Parks. **Buchungen** für Bakgatla und Manyane müssen über **Golden Leopard Resorts**, ✆ 014-555 1000, 💻 www.goldenleopard.co.za, erfolgen, für Bakubung, Kwa Maritane und Tshukudu über **Legacy Hotels**, ✆ 011-806 6888,

Pilanesberg National Park: Wer nicht viel Zeit hat, kann von Johannesburg zum Tieregucken hierher kommen.

www.legacyhotels.co.za. Ein Zimmer in der Ivory Tree Lodge muss direkt dort bestellt werden. Die Unterkünfte von Golden Leopard bieten auch **Campingmöglichkeiten** (R250–270). Bakubung und Kwa Maritane unterhalten 2-stündlich verkehrende Shuttle-Busse von und nach Sun City, und alle Unterkünfte können Tierbeobachtungsfahrten sowie geführte Spaziergänge arrangieren, sofern diese nicht ohnehin im Preis enthalten sind. Einige fordern am Wochenende einen Mindestaufenthalt von 2 Nächten.

Bakgatla Resort, nahe dem Bakgatla Gate am Fuß der Garamoga Hills. Große Anlage mit guten Chalets für bis zu 5 Pers. und Safari-Zelten mit Bad und schattigen Veranden, Caravanpark, mehreren Zeltplätzen. Ab 3–5 Pers. wird es billiger. Mahlzeiten sind erhältlich. ❹–❼

Bakubung Bush Lodge, am südlichen Parkrand, wenig westlich von Sun City. Große moderne Lodge mit einem Flusspferd-Teich nahe dem Restaurant als Hauptattraktion. Zur Auswahl stehen angenehme, aber etwas eintönige Zimmer und Chalets. ❽

Ivory Tree Lodge, in der Nähe des Bakgatla Gate, ✆ 014-556 8100 oder 011-781 3652, www.ivorytreegamelodge.co.za. Luxuriöse Lodge mit stilvollen Zimmern (mit Bad, aber Dusche draußen), Spa und Konferenzzentrum. VP ❾

Kwa Maritane Bush Lodge, im Südwesten des Parks, nahe dem Pilanesberg Airport. Ausgedehnte, edle Lodge mit zahlreichen Zimmern, Selbstversorger-Cabanas und Chalets, alles etwas abgehoben von der fantastischen Umgebung. ❽

Manyane Resort, unmittelbar außerhalb des Manyane Gate. Niedrige Preise und Komfort entschädigen für die fehlende Busch-Atmosphäre des Hauptcamps. Strohgedeckte Chalets mit AC, Stellplätze für Zelte und Wohnmobile. Bar und Restaurant sowie Pool, Minigolfplatz und Wanderwege. ❺

Tshukudu Bush Lodge, 8 km vom Bakubung Gate. Beste und exklusivste Lodge des Parks in herrlicher Lage auf einem Hügel mit vorzüglichem Ausblick. Von der Veranda kann man Tiere am Wasserloch beobachten. Unterkunft in 6 malerischen, strohgedeckten Cottages der Luxusklasse mit Badewanne und Kamin. Pool, keine Kinder unter 12 Jahren. VP ❾

Transport

Im Park selbst gibt es keinen regulären Transportservice, man kann jedoch ein Fahrzeug bei Avis in Sun City mieten, ✆ 014-552 1501, oder den Transport über einen der Tourveranstalter (s. o.) arrangieren. **Minibustaxis** verkehren in häufigen Abständen auf der 54 km langen Strecke von Rustenburg zum Manyane Gate (Fahrtziel Mogwase).

Die Zentralregion

Bedingt durch ihren ausgesprochen kargen und trockenen Charakter wirkt die Zentralregion der Nordwest-Provinz besonders gottverlassen, und nur wenige Orte sind die Mühe eines Besuchs wert. **Mmabatho**, einst die Hauptstadt von Bophuthatswana und heute mit der Hauptstadt der Provinz, **Mafikeng**, verschmolzen, zwingt Menschen aus der gesamten Provinz nur zu ungeliebten bürokratischen Pilgerreisen in die Zwillingsstadt.

Der Reiz der Region liegt andernorts, nämlich in den vor Hitze flirrenden Ebenen, den üppig bewachsenen Flusstälern bei Marico und den selten besuchten Wildreservaten, darunter das **Madikwe Game Reserve** nahe der Grenze zu Botsuana. Und schließlich sind da noch die Bewohner selbst: einheimische Tswana und Afrikaander, die zwar kaum Englisch sprechen, aber höchst gastfreundlich sind – zumindest ausländischen Besuchern gegenüber. Am eindrucksvollsten lässt sich dieser Charakterzug im Dorf **Groot Marico** erleben, das im ganzen Land für seinen Pfirsichschnaps *mampoer* und seine durch und durch entspannte Atmosphäre bekannt ist.

Groot Marico

Etwas südlich der N4 und 90 km westlich von Rustenburg liegt das beschauliche, winzige *dorp* Groot Marico am Ufer des Marico River. Ruhm erlangte es durch die Kurzgeschichten von Herman Charles Bosman. Der Schriftsteller (einer der beliebtesten Südafrikas) verarbeitete in seinen Erzählungen Erlebnisse aus der Zeit, als er hier Dorfschullehrer war. Alljährlich Mitte Oktober zieht es Literaturfreunde von fern und nah zum „Bosman Weekend" in den Ort. Zu anderen Zeiten bietet sich ein Besuch im **Herman Charles Bosman Living Museum** in der Fakkel Street an. Dort gibt es einem Nachbau der Schule, an der Bosman unterrichtete; 🕓 tgl. 8–18 Uhr; R25.

Zu den wenigen Sehenswürdigkeiten von Groot Marico zählt die **Art Factory** in der Paul Kruger Street, wo Alltagsgegenstände sowie Kunsthandwerk der Tswana und Afrikaander verkauft werden, darunter Holzflöten, Peitschen und Uhren. 🕓 tgl. 8–18 Uhr, Eintritt frei.

Obgleich die Region vor allem im Sommer unter der Hitze ächzt und stöhnt, laden die Hügel um Marico zu schönen Wanderungen ein. Wenn es gar zu unerträglich wird, kann man sich für eine wohltuende Abkühlung an den Fluss begeben. Das Wasser von **Marico Oog** („Marico-Auge"), einer 20 km südlich gelegenen Quelle, ist besonders klar und erfrischend. In dem an Seerosen und herrlichen dolomitischen Felsen reichen Ort lässt sich ein idyllisches Picknick veranstalten.

Mit über 400 gezählten Arten ist er ein Paradies für Vogelfreunde und nicht zuletzt ein beliebter Tauchertreff; Näheres beim Information Office.

Übernachtung und Essen

Von seiner schönsten Seite lässt sich Groot Marico bei einem Aufenthalt auf einer Farm oder in einem Cottage erleben (❷–❸). Details im Information Office, das auch Buchungen übernimmt. Eine gute Auswahl ist außerdem im Internet unter 💻 www.marico.co.za/FarmAccommodation.htm zu finden. Besonders empfehlenswert sind 2 kleine Cottages für Selbstversorger: **Casper's Kaya**, ❷, und **David's Cottage**, ❷. Beide liegen 3–4 km westlich des Orts am Fluss in einem abgeschiedenen, dicht bewaldeten Tal – ideales Gelände für Vogelbeobachtungen. Der Fluss lädt zum Baden oder Ausflügen im Kanu

Mampoer

Der Überlieferung zufolge war es ein Pedi-Chief namens Mampuru, der den Buren beibrachte, wie man Pfirsichschnaps brennt. Seither hat der ihm zu Ehren Mampoer genannte, höllisch starke Sprit Einheimische und Besucher gleichermaßen inspiriert. Mampoer kann man aus jedem Obst herstellen, aber die traditionellste Sorte ist der Pfirsich: Bis 1878 waren die Pfirsichplantagen, die einen Großteil der Nordwest-Provinz ausmachten, ausschließlich für diesen Zweck bestimmt. Das änderte sich mit der von der ZAR-Regierung erhobenen Alkoholsteuer und der Einführung einer Alkohollizenz im Jahr 1894 – Tausende Mampoer-Brennereien wurden dem Erdboden gleichgemacht. Einige wenige aber entgingen der staatlichen Zerstörungswut. Man erzählt sich, dass ein Bauer alle seine Abwasserkanäle freilegte und säuberte, aber keinen Versuch machte, seine fünfzehn Fässer Mampoer zu verstecken. Die Inspektoren fanden die Fässer, schlugen Löcher hinein und schütteten den Inhalt in den Ausguss. Aber der schlaue Bauer hatte mittlerweile seine ganze Familie mit jedem im Haushalt verfügbaren Behältnis auf das Feld geschickt, wo das Kanalisationsrohr aufhörte, und rettete so den Inhalt von vierzehn seiner fünfzehn Fässern.

Das Getränk steht im Mittelpunkt von Herman Charles Bosmans Kurzgeschichte *Willem Prinsloo's Peach Brandy,* die in den 1920er-Jahren spielt:

„Wir kamen zu Willem Prinsloos Haus. Auf dem *veld* davor standen so viele Ochsenkarren, dass es wie ein *laager* [Wagenburg] aussah. Prinsloo empfing uns an der Tür.

„Geht einfach durch, *kerels,*' sagte er. 'Der Tanz ist im *voorhuis* [Scheune]. Der Pfirsichschnaps ist in der Küche."

Das *voorhuis* war zwar groß, aber es war so voll, dass man kaum tanzen konnte. Aber nicht so voll wie in der Küche. Und auch die Musik im *voorhuis* – produziert von mehreren Männern mit Gitarren und Handharmonikas – war nicht so laut wie die Musik in der Küche, wo keine Gruppe spielte, aber jeder Mann sein eigenes Lied sang.

Uns war klar, dass das Fest ein voller Erfolg war. Nachdem ich ungefähr eine halbe Stunde in der Küche zugebracht hatte, beschloss ich ins *voorhuis* zu gehen. Der Weg von der Küche ins *voorhuis* schien jetzt sehr lang, und ich musste mich mehrmals an der Wand abstützen, um nachzudenken. Ich kam an mehreren Männern vorbei, die ebenso wie ich an der Wand lehnten und nachdachten. Einer war sogar der Ansicht, dass er am besten nachdenken konnte, wenn er mit dem Kopf in den Armen auf dem Boden saß. Es war offensichtlich, dass Willem Prinsloo einen echt guten Pfirsichschnaps machte."

Mampoer probieren und kaufen kann man auf der Maruthwane Farm, 12 km westlich von Groot Marico an der N4, wo auch zu sehen ist, wie der Schnaps hergestellt wird. ⏲ Die Farm hat an den meisten Tagen geöffnet, abends geschlossen. Zu Großvaters Zeiten wurde der Alkoholgehalt gemessen, indem man eine Schweineschwarte in ein Probegefäß warf: Wenn sie in der Mitte schwamm, war der Mampoer tadellos. Heutzutage hält man bloß ein brennendes Streichholz drüber – je höher und sauberer die blaue Flamme, desto besser das Gebräu. Das Information Office von Groot Marico organisiert jeweils am letzten Samstag des Monats eine Mampoer-Tour für R150 p. P. (inkl. Mittagessen).

ein, und es werden auch Trommelworkshops angeboten.

Angela's Guest House, zentraler zwischen dem Ort und der N4 gelegen, ✆ 014-503 0085, ✉ angela_s@telkomsa.net. Die freundliche Unterkunft bietet 4 komfortable Zimmer mit Bad und 1 Cottage für Selbstversorger in einem hübschen Garten. Massagen, Schönheitsbehandlungen, Mahlzeiten auf Bestellung. ❸

Groot Marico Bushveld Hotel, Paul Kruger St, beherbergt die beste Bar von Groot Marico. Einheimische Weiße sollen hier beflügelt von Bier, Schnaps und guter Laune gelegentlich traditionellen „Twostep" tanzen.

Informationen

Information Office, Paul Kruger St, neben der First National Bank, ✆ 014-503 0085, 083-272 2958, 🖳 www.marico.co.za. Extrem freundliche Einrichtung mit reichlich Informationen über den Ort und zu allen möglichen Aktivitäten. Buchung von Unterkünften (inkl. Farmaufenthalte und Übernachtungen in Cottages, s. o.) und Verwaltung des örtlichen Museums und der Kunstgalerie. ◷ tgl. 8–18 Uhr.

Transport

Der 1x tgl. zwischen JOHANNESBURG/Pretoria (3 bzw. 4 Std.) und GABORONE in Botsuana verkehrende Intercape-Bus hält in Groot Marico. Die Minibustaxis, die auf der N4 von Pretoria bzw. Rustenburg nach ZEERUST oder Botsuana fahren, halten an der Abzweigung nach Groot Marico, zu Fuß 20 Min. nördlich des Dorfs.

16 HIGHLIGHT

Madikwe Game Reserve

Nahe der Grenze zu Botsuana erstreckt sich im nördlichsten Zipfel der Provinz eines der größten Wildreservate Südafrikas: das 765 km² große Madikwe Game Reserve, ✆ 018-350 9931, 🖳 www.madikwe-game-reserve.co.za. Das Schutzgebiet wurde 1991 auf ehemaligem Farmland eingerichtet. Dank der **Operation Phoenix**, in deren Rahmen über 8000 Tiere neu angesiedelt wurden, tummeln sich hier heute nicht nur zahlreiche Vertreter der Big Five, sondern auch Dutzende andere Säugetierarten wie Geparden, Hyänenhunde und Tüpfelhyänen sowie die meisten im südlichen Afrika vorkommenden Antilopenarten.

Auch Vogelliebhaber kommen angesichts der bislang 350 gezählten, verschiedenen Vogelarten auf ihre Kosten. Besonders lohnende Gegenden für Vogelbeobachtungen sind der Marico River an der Ostgrenze des Schutzgebiets und die in dem gesamten Reservat verstreuten *koppies.*

Seit langem wird Madikwe in Broschüren als Südafrikas Juwel unter den Wildreserveraten mit einer geringen Touristendichte beworben. Letzteres entspricht jedoch nicht mehr ganz der Realität, da inzwischen rund **20 Lodges** um Gäste buhlen. Zugang zum Park erhalten nur die Lodge-Gäste und Tagesbesucher. Letztere müssen bei einer der Lodges ein Pauschalpaket einschließlich Game drives und Mittagessen kaufen. Besuche in Eigenregie sind nicht möglich. **Tierbeobachtungsfahrten** werden von den Lodges in eigenen Fahrzeugen organisiert.

Übernachtung

Bei allen Lodges sind Vollpension, Tierbeobachtungsfahrten (tagsüber und nachts) sowie geführte Buschwanderungen im Preis enthalten. Es gibt keine Budgetunterkünfte oder Campingmöglichkeiten.

Jaci's Safari Lodge & Tree Lodge, ✆ 083-447 7929, 🖳 www.madikwe.com. 2 außergewöhnliche Lodges mit je 8 Zimmern, deren unaufdringlicher Luxus kaum zu übertreffen ist. Die Lodge hat Blick auf eine natürliche Wasserstelle im Marico River, in der Nähe gibt es einen natürlichen Pool in felsiger Umgebung. Die Unterkünfte der Tree Lodge wurden mehrere Meter über dem Boden in die Bäume gebaut. Kinder sind willkommen. ❾

Madikwe Hills Private Game Lodge, ✆ 018-365 9904, Reservierung ✆ 013-737 6626, 🖳 www.madikwehills.com. Um einen *koppie* herum in der Nähe des Flussufers erbaut und ebenfalls ein Traum. Moderne Zimmer mit Aussicht auf das *veld*, noch spektakulärer der Blick von der Terrasse in den Sonnenuntergang. Fitnessbereich, Wellness-Einrichtungen, Kinderbetreuung und hervorragendes Essen. ❾

Mitten in der Natur

Mosetlha Bush Camp Eco Lodge, ✆ 011-444 9345, 🖳 www.thebushcamp.com. Ist etwas günstiger als die anderen Unterkünfte im Park und bietet gleichzeitig die spannendste Umgebung. In zentraler Parklage übernachten die Gäste in schlichten, teilweise offenen Blockhütten ohne Strom und mit Außenduschen, einen Begrenzungszaun gibt es nicht. Den geringen Luxus machen die Atmosphäre und die fachkundige Organisation allemal wett. ❼

Mateya Safari Lodge, ☏ 014-778 9200, 💻 www.mateyasafari.com. Hier erlebt man ultimativen Buschlodge-Komfort. Die 5 schicken Luxus-Suiten verfügen jeweils über einen eigenen Pool und sowohl Innen- als auch Außenduschen. Zum Angebot gehört ein Wellnessbereich, während sich die exquisiten kulinarischen Zaubereien am besten auf der Terrasse mit Blick auf das *veld* genießen lassen. Kinder unter 16 Jahren sind nicht zugelassen. ❾

Transport

Die Anfahrt nach Madikwe erfolgt normalerweise durch das Tau Gate, 12 km abseits der R49, ist aber – je nachdem, welche Unterkunft man im Park ansteuern möchte – auch von Osten auf Schotterstraßen über die Dwarsberge möglich. In jedem Fall ist die Lodge vor der Ankunft zu informieren.

Flüge

Von JOHANNESBURG (1x tgl., 45 Min.) bestehen regelmäßige Flugverbindungen in kleinen Maschinen nach Madikwe. Ein einfacher Flug kostet R1365, hin und zurück R2730; Ticketbuchungen über die Lodges oder direkt bei **Madikwe Air**, ☏ 011-805 4888, 💻 www.madikwecharter.com.

Mafikeng und Mmabatho

Die Zwillingsstädte Mafikeng und Mmabatho gewähren einen einzigartigen Einblick in das Konstrukt der Apartheid und seine krassen Widersprüche. Mafikeng ist das Einkaufszentrum und der Verkehrsknotenpunkt für die Bauernhöfe ringsum. Seine Bekanntheit gründet sich in erster Linie auf Colonel Baden-Powell und die Belagerung durch die Buren 1899/1900.

Weniger als 5 km, in seiner Erscheinung, Bedeutung und Atmosphäre aber Welten entfernt, liegt Mmabatho, die Hauptstadt des früheren Homelands **Bophuthatswana** und ein Paradebeispiel für die hochfahrenden Ambitionen des einstigen Homeland-Diktators Lucas Mangope. Der Ort ist eine Erkundung wert, aber für die Unterkunfts- und Restaurantsuche beschränkt man sich besser auf Mafikeng.

Mafikeng

Die größte Sehenswürdigkeit vor Ort ist das in der Martin Street gelegene **Mafikeng Museum**, das im beeindruckenden früheren Rathaus untergebracht ist. Das Gebäude wurde 1902 errichtet, zwei Jahre nach Ende der Belagerung von Mafikeng. Vor dem Eingang steht eine restaurierte Dampflokomotive, die von 1901–1971 ihren Dienst als Kimberley-Bulawayo-Express verrichtete. Das Museum zeigt von den San verwendete Jagdwerkzeuge und Gifte. Zu den Exponaten über die Tswana zählt die Rekonstruktion einer traditionellen Hütte samt typischer Veranda in Originalgröße.

Ein eigener Raum ist der **Belagerung von Mafikeng** gewidmet. Er birgt zahlreiche Zeugnisse britischer imperialer Größe, darunter Waffen und eine sehenswerte Fotosammlung. Faszinierend ist auch die Ausstellung über Mafikeng und die Eisenbahn. Sie zeigt den Zusammenhang zwischen dem von Kapstadt ausgehenden Eisenbahnbau und Rhodes' Auftrag zur Kolonisierung Afrikas auf.

Am Ostrand der Stadt beginnt das 46 km^2 große **Mafikeng Game Reserve**, ☏ 018-381 5611, 💻 www.tourismnorthwest.co.za/mafikeng_reserve/index.html, 🕓 tgl. Mai–Aug 7–18, Sep–April 7.30–18.30 Uhr, Eintritt R25, plus R5 pro Auto. Es gibt zwei Eintrittstore: eines liegt 10 km östlich von Mafikeng an der R49 Richtung Zeerust, das andere ist nur 3 km von der Innenstadt entfernt – man fährt die Shippard Street lang und biegt direkt hinter der Eisenbahnbrücke (2 km) nach rechts in die Jacaranda Street ein. Dann kommt man direkt zum Aslaagte Gate. Das Reservat ist in erster Linie ein Refugium für Pflanzenfresser, darunter Spitzmaulnashörner und Büffel. Am Cooke's Lake in der Westecke des Reservats unweit der Stadt gibt es zahlreiche Wasservögel und Mungos (sowie die Schlangen, von denen sie sich ernähren).

Mmabatho

Vier Kilometer nördlich von Mafikeng – über den Nelson Mandela Drive zu erreichen, Minibustaxis warten neben dem Boxer Superstore in der Station Street – liegt Mmabatho, das 1977 als Hauptstadt des neuen „unabhängigen Homelands" Bophuthatswana aus dem Boden

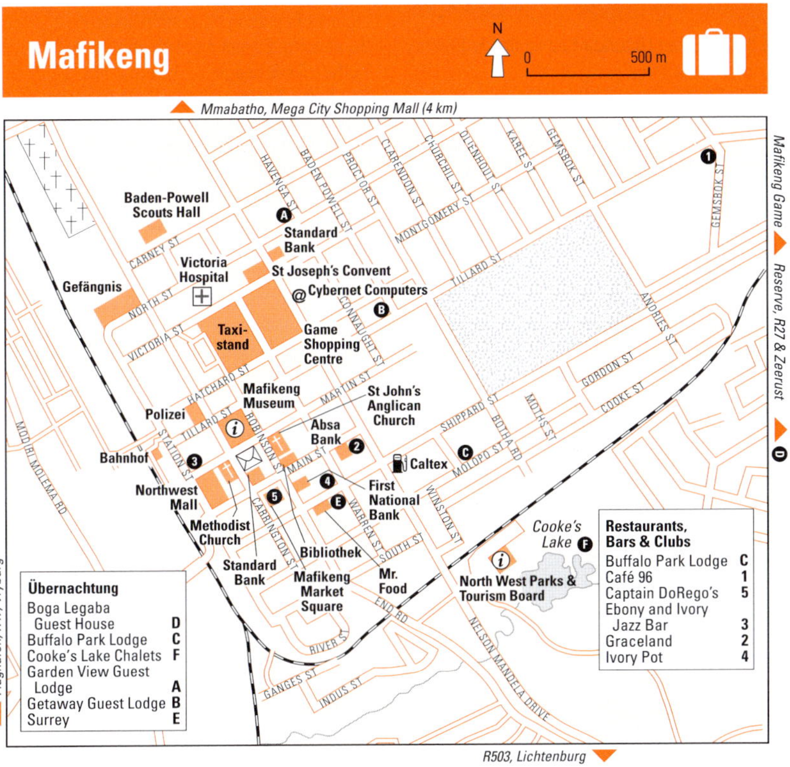

gestampft wurde, nach der Eingemeindung aber inzwischen zu Mafikeng gehört. Die Entdeckung von Platin einerseits und die Einnahmen aus Sol Kerzners Glücksspielparadiesen andererseits beschieden der Stadt ein rasches Wachstum. Unter dem Präsidenten Bophuthatswanas, Lucas Mangope, sollte in der Hauptstadt eindrucksvoll unter Beweis gestellt werden, wie wohlhabend ein unabhängiger afrikanischer Staat werden kann. Aber in Wirklichkeit handelte es sich bei Bop nur um ein fiktives, durch und durch korruptes Staatsgebilde.

Für die aufgeblähte Beamtenschar wurden riesige Häuser gebaut, und nagelneue Casino-Hotels dienten als Anziehungspunkte für die neue schwarze Elite sowie die Südafrikaner auf der Suche nach dem illegalen Nervenkitzel, der ihnen auf der anderen Seite der Grenze verwehrt war. Geld wurde in bizarre Unternehmungen gesteckt, u. a. in ein unter israelischer Leitung gebautes Sportstadion mit 75 000 Plätzen, das kaum Schatten bietet, und in ein hochmodernes **Tonstudio**, das erst seit dem Ende der Apartheid verstärkt genutzt wird. Hier wurde z. B. der Soundtrack zu *König der Löwen* aufgenommen.

Das Einzige, was hier einen Besuch lohnt, sofern man den richtigen Zeitpunkt erwischt, ist das **Mmabana Head Office** (früher der **North West Arts Council**), ✆ 018-384 4890, in der Sekama Street gegenüber der Mega City Shopping Mall. In dem Komplex sind Tanz- und Theaterensembles sowie das National Chamber Orchestra zu Hause. Manchmal finden Vorstellungen und Festivals statt; das aktuelle Programm erfährt man per Telefon.

Übernachtung

Bei den meisten Unterkünften ist das Frühstück im Preis enthalten.

Buffalo Park Lodge, 59 Molopo St, Ecke Botha Rd, ✆ 018-381 2159, 🖳 www.buffalolodge.co.za. Familienbetrieb mit kleinen, kühlen und gepflegten Zimmern mit TV, winziger Pool. Guter Pub mit Restaurant. ❸

Cooke's Lake Chalets, Cooke's Lake, Zugang am Nelson Mandela Drive, ✆ 018-381 6020. Die sehr schönen 2-stöckigen Chalets aus Holz und Stroh am Seeufer sind die mit Abstand attraktivste Unterkunft in Mafikeng. ❺

Garden View Guest Lodge, North St, Ecke Havenga St, ✆ 018-381 3110, 🖳 www.travellodge.co.za. Komfortable Zimmer in einem Gebäude aus der Kolonialzeit mit einem hübschen Patio, sicheren Parkplätzen, Restaurant (am Wochenende geschlossen) und Bar. ❹

Getaway Guest Lodge, 39 Tillard St. Gleiches Management und Preise wie das Garden View. ❹

Surrey, 32 Shippard St, ✆ 018-381 0420, 📠 018-381 1353. Die einzige billige Unterkunft der Stadt hat große, aber ziemlich heruntergekommene Zimmer (die meisten mit Badewanne). Bedingt durch die benachbarte Bar kann es bis Mitternacht laut sein. Keine sicheren Parkplätze. Gutes Preis-Leistungs-Verhältnis. ❶

Essen und Unterhaltung

Mafikeng ist nicht gerade ein kulinarisches Paradies. Es gibt mehrere **Fastfood-Lokale** (z. B. eine Filiale von Captain Do-Rego's im Mafikeng Market Square an der Shippard Street) und den **Ivory Pot** (S. 590), ebenfalls in der Shippard Street, für billiges authentisches afrikanisches Mittagessen. Auf der anderen Straßenseite hat der Lebensmittelladen Mr Food u. a. eine große Auswahl an warmen Speisen (auch Eintöpfe) sowie billiges Frühstück, 🕒 tgl. 6.30–21 Uhr.

Von einem nächtlichen Bummel durch die Straßen ist abzuraten. Wer das **Nachtleben** nicht nur in unmittelbarer Nachbarschaft der Unterkunft kennen lernen möchte, braucht ein eigenes Fahrzeug oder einheimische Begleitung. Es gibt nämlich keinen Taxiruf.

Buffalo Park Lodge, s. „Übernachtung". Das beste Restaurant der Stadt serviert Seafood, vegetarische Mahlzeiten und ungewöhnliche Afrikaander-Spezialitäten wie „Steak Carpetbagger" (mit Käse und Muscheln gefüllt, dazu reichlich Pilzsoße). Ein Hauptgericht kostet durchschnittlich R50–80. Nebenan gibt's einen Pub.

Café 96, Gemsbok St, Ecke Tillard St, 2 km nordöstlich des Zentrums. Der lockere und gastfreundliche Pub ist die bekannteste Nobelschenke der Stadt. Mehrere Biersorten vom Fass und verlässlich gutes Essen.

Ebony and Ivory Jazz Bar, Martin St, Ecke Station St. Eine der besseren Kneipen; friedliche Atmosphäre und sanfte Musik.

Graceland, Main St, nahe Nelson Mandela Drive. Im einzigen Club im Zentrum herrscht an Wochenenden ausgelassene Stimmung. Am besten in Begleitung von Einheimischen hingehen. 🕒 Mi, Fr und Sa 21–5 Uhr.

Sonstiges

Autovermietungen

AVIS, am Mmabatho International Airport, ✆ 018-385 1114.

Geld

First National Bank, Robinson St, wechselt Fremdwährungen.

Informationen

Tourist Office, im Mafikeng Museum (S. 600), ✆ 018-381 0067. Hat nur selten Stadtpläne oder nützliche Infos parat. 🕒 Mo–Fr 8–16 Uhr.

North West Parks & Tourism Board, im Heritage House am Cooke's Lake, 1 km südlich des Zentrums, ✆ 018-397 1500, Zentrale ✆ 0861-111 866, 🖳 www.tourismnorthwest.co.za. Informationen über die Parks und Naturreservate der Provinz. 🕒 Mo–Fr 7.30–16.30 Uhr.

Internet

Cybernet Computers, Nelson Mandela Drive, gegenüber vom Game Shopping Centre.

Die Belagerung von Mafikeng

Drei Tage nach Beginn des Zweiten Burenkriegs (1899–1902) wurde Mafikeng von den Truppen der Generäle Snyman und Cronje belagert. Colonel **Robert Baden-Powell** (der Begründer der Pfadfinderbewegung) hatte die Aufgabe, die Stadt zu verteidigen – und das tat er 217 Tage lang, vom 16. Oktober 1899 bis zum 17. Mai 1900, als Hilfe aus Rhodesien und aus dem Süden kam. Am Ende kannte jedes Kind in Großbritannien den Namen Baden-Powell und er wurde zum Nationalhelden. Die frenetischen Szenen, mit denen in London die Befreiung von Mafikeng gefeiert wurden, bereicherten die englische Sprache sogar um ein Wort: *maffick,* was so viel bedeutet wie übertriebene Begeisterung.

Kriegsstrategisch gesehen war Mafikeng völlig unwichtig; Baden-Powells eigentliche Aufgabe bestand darin, die 6000 vor der Stadt lagernden Afrikaander davon abzuhalten, an anderer Stelle zu kämpfen. Die Verteidigung lag überwiegend in den Händen von Angehörigen der Barolong, die auch die meisten Spähtrupps und Arbeitskräfte stellten. Aber Baden-Powell berichtete davon weder in seinen Depeschen nach London noch vermerkte er es in seinen Memoiren. Und das ungeachtet der Tatsache, dass während der Belagerung 400 Barolong ums Leben gekommen waren – doppelt so viele wie Briten. Einige britische Opfer aus der Belagerungszeit ruhen auf dem städtischen Friedhof in der Carrington Street; ihre Gräber kennzeichnen weiße Eisenkreuze. Bis in die 1980er-Jahre war dies ein *whites-only* Friedhof, und auch heute noch wird hier nur der während der Belagerung umgekommenen Europäer gedacht. Weil sie weitaus weniger Verpflegung als die Briten erhielten, mussten mehr als 1000 Barolong verhungern. Von den 29 000 Britischen Pfund, die in England für den Wiederaufbau von Mafikeng gesammelt worden waren, bekamen sie keinen Pfennig. Als ob das alles nicht schon ungerecht genug gewesen wäre, bedachte man keinen einzigen Barolong mit einer Auszeichnung, während die britischen Soldaten reichlich mit Medaillen behängt wurden. Und obendrein bekamen die Barolong nie auch nur einen Zipfel von dem Grundbesitz, den ihnen Baden-Powell versprochen hatte.

Ein wichtiges Zeugnis für die Rolle der schwarzen Bevölkerung während der Belagerung ist das Tagebuch, das **Sol Plaatje** seinerzeit führte. Plaatje war einer der ersten schwarzen Schriftsteller, die sich Anerkennung und einen Platz in der englischen Literatur eroberten. Später gehörte er zu den Gründungsmitgliedern des South African Native Congress, des Vorgängers des ANC.

Medizinische Hilfe

Mehrere Apotheken und Ärzte gibt es im Game Shopping Centre und in der Mega City Shopping Mall in Mmabatho.

Krankenhäuser: Victoria Hospital, Victoria St, ✆ 018-381 2043. Die Privatklinik ist das beste Krankenhaus der Stadt.

Mafikeng Provincial Hospital, ✆ 018-383 2005. Staatliches Krankenhaus südlich des Zentrums in Danville.

Polizei

Tillard St, Ecke Carrington St, ✆ 018-387 7500.

Post

Postamt in der Carrington St.

Transport

Mafikeng liegt 25 km südlich von Ramatlabama, dem Grenzübergang nach Botsuana.

Busse

Der tgl. verkehrende Bus von **Protour** nach Johannesburg fährt an der Mega City Shopping Mall in Mmabatho ab, hält aber noch mal am Mafikeng Market Square in der Shippard Street (Fahrkarten gibt's beim Fahrer). **Atamelang**, ✆ 018-381 2680, fährt 1x tgl. nach Johannesburg, und **Bojanala Bus**, ✆ 014-565 8540, 1x tgl. nach Rustenburg; die Busse starten am bewachten Minibustaxi-Terminal zwischen Victoria Street und Hatchard Street im Norden der Stadt.

Busse nach:
JOHANNESBURG (2x tgl., 3 Std.);
RUSTENBURG (tgl., 3 Std.).

Minibustaxis

Sie halten ebenfalls am Terminal (s. o.) im Norden der Stadt und fahren die meisten Orte innerhalb der Provinz an, aber auch KIMBERLEY (2–3x tgl., 5 Std.) in der Provinz Nordkap (Abfahrt vor dem Bahnhof in der Station Street).

Eisenbahn

Es fährt tgl. ein **Zug** nach KIMBERLEY 9 Std.) und ein Zug pro Woche nach JOHANNESBURG (6 Std.).

Der Bahnhofseingang (Fahrkartenverkauf 6–19.30 Uhr) ist nicht leicht zu finden:
Er liegt gegenüber der Tillard Street zwischen dem Boxer Superstore und dem Mobiltelefonmasten neben einer Fußgängerbrücke.

Flüge

Der **Mmabatho International Airport**, ✆ 018-385 1140, liegt 17 km westlich der Stadt an der Straße nach Disaneng. Taxis oder Busse fahren nicht in die Stadt, doch die besseren Hotels holen ihre Gäste ab, und am Flughafen ist Avis vertreten. **South African Airlink**, ✆ 011-978 1111, 💻 www.saairlink.co.za, fliegt wochentags nach JOHANNESBURG (2x tgl.; nur Mo–Fr; 1 Std.)

Mpumalanga und Limpopo

Stefan Loose Traveltipps

Blyde River Canyon Am Grunde des spektakulären 30 km langen Canyons durch Stromschnellen paddeln. S. 615

Shangana Cultural Village Traditionelle afrikanische Speisen wie Krokodilfleisch und Mopane-Würmer oder Rinderschmorbraten vom offenen Feuer probieren. S. 626

Aerial Cable Trail In der Nähe von Hazyview an einem Kabel 1,2 km weit über Baumkronen gleiten. S. 626

Einen Elefanten striegeln Im Hazyview Elephant Sanctuary hautnah an einen Elefanten herankommen. S. 626

Letaba Die Wälder, subtropischen Teeplantagen, nebelverhangenen Seen und eleganten Landgasthäuser entdecken. S. 632

17 **Wandersafaris im Krüger-Park** Zu Fuß wilden Tieren zu begegnen, ist ein echtes Abenteuer. Den krönenden Abschluss bildet ein herzhaftes Frühstück in der Wildnis. S. 637

Mpumalanga oder das „Land der aufgehenden Sonne", wie seine siSwati und Zulu sprechenden Bewohner es nennen, liegt östlich von Gauteng und grenzt im Westen an Mosambik und Swasiland. Viele Besucher setzen die Provinz mit dem **Krüger-Park** gleich – *dem* Anziehungspunkt an der Ostgrenze Südafrikas und einem der sehenswertesten afrikanischen Wildparks überhaupt. Der Krüger-Park erstreckt sich fast über die gesamte Länge der Provinzgrenze von Mpumalanga und Limpopo zu Mosambik. Er bedeckt über 20 000 km^2 – das entspricht etwa der Fläche von Hessen. Er gehört zu den Wildparks, in denen sich Besucher mit eigenem Fahrzeug frei bewegen und in einem der zahlreichen, gut geführten Restcamps übernachten können. An seiner Westgrenze liegen mehrere **Privatreservate**, die Zuflucht vor dem Gedränge des Krüger-Parks bieten – allerdings zu gepfefferten Preisen. Dafür gibt es exklusive Safaritouren mit gut ausgebildeten Rangern in offenen Fahrzeugen.

Aber Mpumalanga hat mehr zu bieten als Großwild: zum Beispiel die spektakuläre Berglandschaft des **Escarpment**, die man normalerweise auf dem Weg zum Krüger passiert. Während der Fahrt eröffnen sich immer wieder sensationelle Ausblicke. Die berühmtesten Aussichtspunkte – **God's Window**, **Bourke's Luck Potholes** und **Three Rondavels** – befinden sich am Rand des Escarpment. Sie sind während der 156 km langen Fahrt auf der sogenannten Panorama Route durchs Lowveld zu sehen. Was dann wirklich alles in den Schatten stellt, ist der Blick in den **Blyde River Canyon**, wo es überdies ein fantastisches Wander- und Rafting-Angebot gibt. Keine der Esarpment-Städte lohnt einen längeren Aufenthalt. Zum Übernachten sind sie ok.

Zwischen den Bergen und dem Krüger-Park liegen die ehemaligen afrikanischen **Bantustans**, die während der Apartheid geschaffen wurden: Lebowa für die Sotho- und Gazankulu für die Shangaan und Tsonga sprechende Bevölkerung. Die Armut in diesen künstlichen Kleinstaaten erreichte unerhörte Ausmaße in den 1980er-Jahren, als Hunderttausende Mosambiker auf der Flucht vor dem Bürgerkrieg nach Gazankulu strömten. Selbst heute noch, wo der Krieg lange vorbei ist, versuchen mosambikanische Staatsbürger auf illegalem Weg nach Südafrika zu gelangen. Sie lassen sich beim Versuch, die „goldene Stadt" Johannesburg zu erreichen, weder von den Löwen noch Nationalparkwächtern oder Anti-Wilderereinheiten im Krüger-Park abschrecken.

Besucher aus Übersee nehmen gewöhnlich die entgegengesetzte Strecke: auf dem schnellsten Weg über die N4 von Johannesburg durch den unattraktiven Industriekorridor nach **Nelspruit**, der modernen Hauptstadt von Mpumalanga. Von dort führt die N4 weiter bis zur **Grenze nach Mosambik** und zum südlichen Zugang des Krüger-Parks. Auf der Straße von Nelspruit Richtung Süden gelangt man über **Barberton** nach **Swasiland**.

Der Weg vom Escarpment abwärts über einen der vier Bergpässe führt ins Lowveld, ein Anbaugebiet für Tropenfrüchte, das von Bushveld beherrscht wird. Der Blick auf das hoch aufragende Massiv des Escarpment ist von hier aus sehr eindrucksvoll. Auf dem Weg vom oder zum Krüger-Park bieten sich mehrere Orte in der Nähe des **Blydepoort Dam** am Fuß des Blyde River Canyon als Bushveld-Stopps an. Der am nächsten gelegene ist das kleine, im Anwachsen begriffene Städtchen **Hoedspruit** (es liegt schon in der Provinz Limpopo) mit seinem eigenen Flugplatz. Hoedspruit ist ein Ausgangspunkt für Safaris in den zentralen und nördlichen Teil des Krüger-Parks und liegt am Weg in die privaten Tierreservate Manyeleti und Timbabavati.

Die Fahrt von Hoedspruit nach Norden führt tiefer in die **Provinz Limpopo** und zum **nördlichen Krüger-Park**. Limpopo ist Südafrikas Niemandsland: ein heißes, von Dornbüschen bedecktes Gebiet zwischen dem dynamischen Gauteng im Süden und dem Limpopo River im Norden, der Südafrikas Grenze mit Simbabwe und Botsuana bildet. Mitten hindurch verläuft die viel befahrene Schnellstraße **N1**, die häufig auch als **Great North Road** bezeichnet wird. Sie verbindet eine Reihe von Ortschaften, die meisten davon kaum mehr als Versorgungszentren für die umliegenden Farmen. Die N1 ist auch Südafrikas Verbindungsader mit dem restlichen Afrika. Die größte Stadt entlang der Straße ist Limpopos Hauptstadt **Polokwane** (früher Pietersburg), die allerdings auch keinen Stopp lohnt.

Von der N1 gibt es zwei Hauptstrecken zum Krüger-Park. Die am häufigsten genutzte ist die

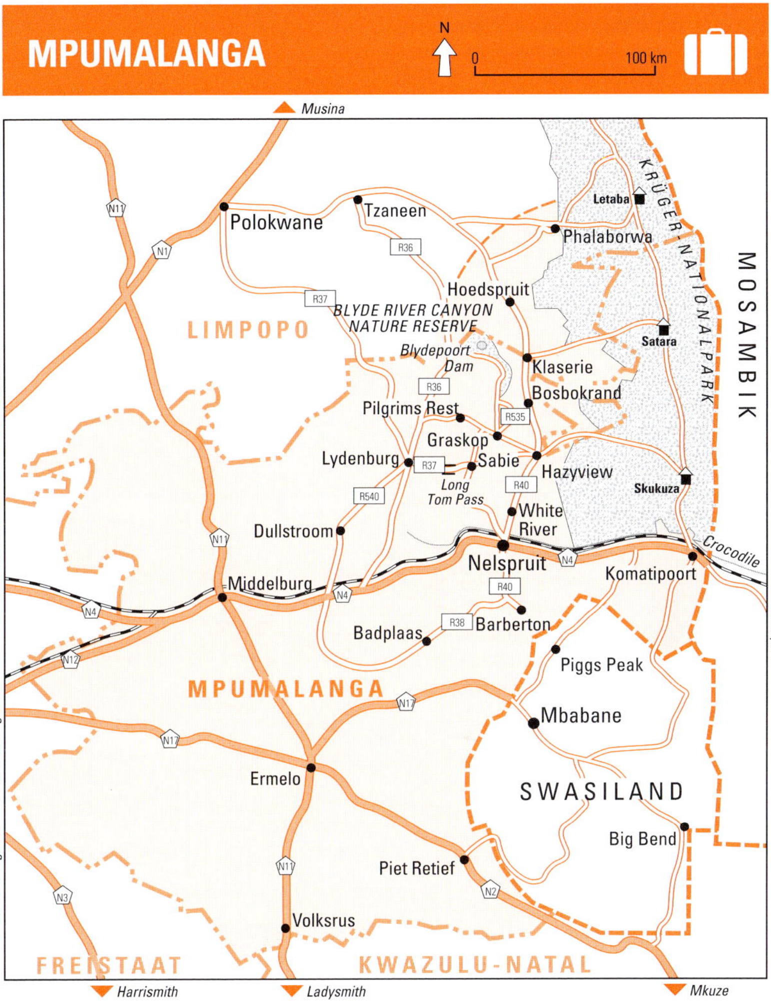

R71, die von Polokwane durchs bergige **Letaba** über Tzaneen zum Phalaborwa Gate führt. Die zweite Route ist die R525, kurz vor Musina an der Grenze zu Simbabwe: Das Pafuri Gate ist der nördlichste Zugang zum Krüger-Park.

Für südafrikanische Verhältnisse ist die N1 eine prima Schnellstraße, wenn auch ein relativ verkehrsreich. Es handelt sich um eine **Mautstraße** mit vier Zahlstellen entlang der Strecke von Kapstadt bis zur Grenze nach Simbabwe. Es müssen jeweils rund R20 bezahlt werden. **Öffentliche Verkehrsmittel** (Busse von Greyhound, Intercape, SA Roadlink und Translux) verkehren auf der N1 zwischen Johannesburg und der Grenze mit Simbabwe. Sie halten in Polokwane und Makhado; die meisten fahren weiter nach Simbabwe. Translux-Busse verkehren via Polokwane zwischen Tzaneen und Johannesburg. Diese und andere Routen bedienen auch Minibustaxis aus jeder Ortschaft nennenswerter Größe. Um herauszufinden, wann sie wohin fahren, erkundigt man sich am besten persönlich bei den Haltestellen.

In Teilen von Limpopo besteht **Malariarisiko** (S. 664). Wer im Lowveld, einschließlich Krüger-Park, oder nördlich der Soutpansberge unterwegs ist, muss Malariaprophylaxe einnehmen und Mückenschutz verwenden.

Das Escarpment

Vom Johannesburg sind es vier Stunden Fahrt bis zu einem der bevorzugten Rückzugsorte der Städter in den Bergen. Das wogende Grasland und die Drakensberge von Mpumalanga werden allgemein als Escarpment bezeichnet. Die meisten Touristen halten sich nur wegen der Nähe zum Krüger-Park in dieser Region auf, dabei bietet sie einige der spektakulärsten Landschaften von Südafrika. Eine Tour zu den Highlights dieser Region über die sogenannte **Panorama Route** wird von zahlreichen Tourveranstaltern als Tagesausflug angeboten und ist landschaftlich sehr reizvoll.

Hauptanziehungspunkt des Escarpment ist der **Blyde River Canyon**. Fotos der Schwindel erregenden Blicke in eine der größten Schluchten der Welt zieren unzählige Touristenbroschüren Südafrikas. Zusätzlich zu den herrlichen Ausblicken, die sich von verschiedenen Aussichtspunkten am Rand des Escarpment bieten, kann man den Canyon auch aus der Nähe erleben. Ein Wanderpfad gewährt Zugang zur Flora und (wenn man sich ruhig verhält) Fauna des Reservates. Zu Letzterer zählen Zebras, Flusspferde, Kudus und die ganze Palette der südafrikanischen Primaten – Paviane, Grüne Meerkatzen, Weißkehlmeerkatzen und Steppengalagos.

Die kleinen Forstwirtschaftsstädte **Sabie** und **Graskop** bieten nicht nur genügend Unterkünfte für jeden Geldbeutel, sondern sind auch bequeme Basisstationen für Erkundungsfahrten in die Umgebung mit reichlich Gelegenheit für **Abenteueraktivitäten**. Der Ort **Dullstroom** hat sich als renommierter Urlaubsort für Fliegenfischer eta-

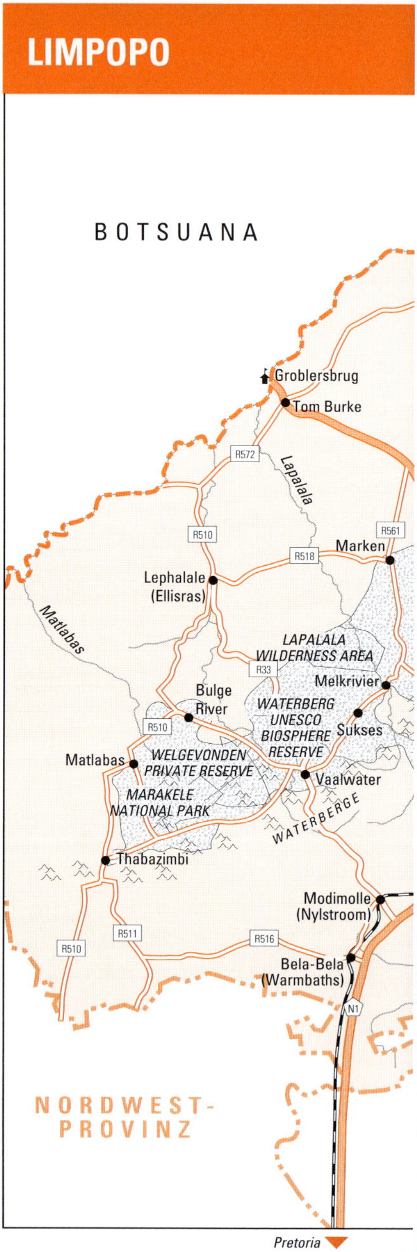

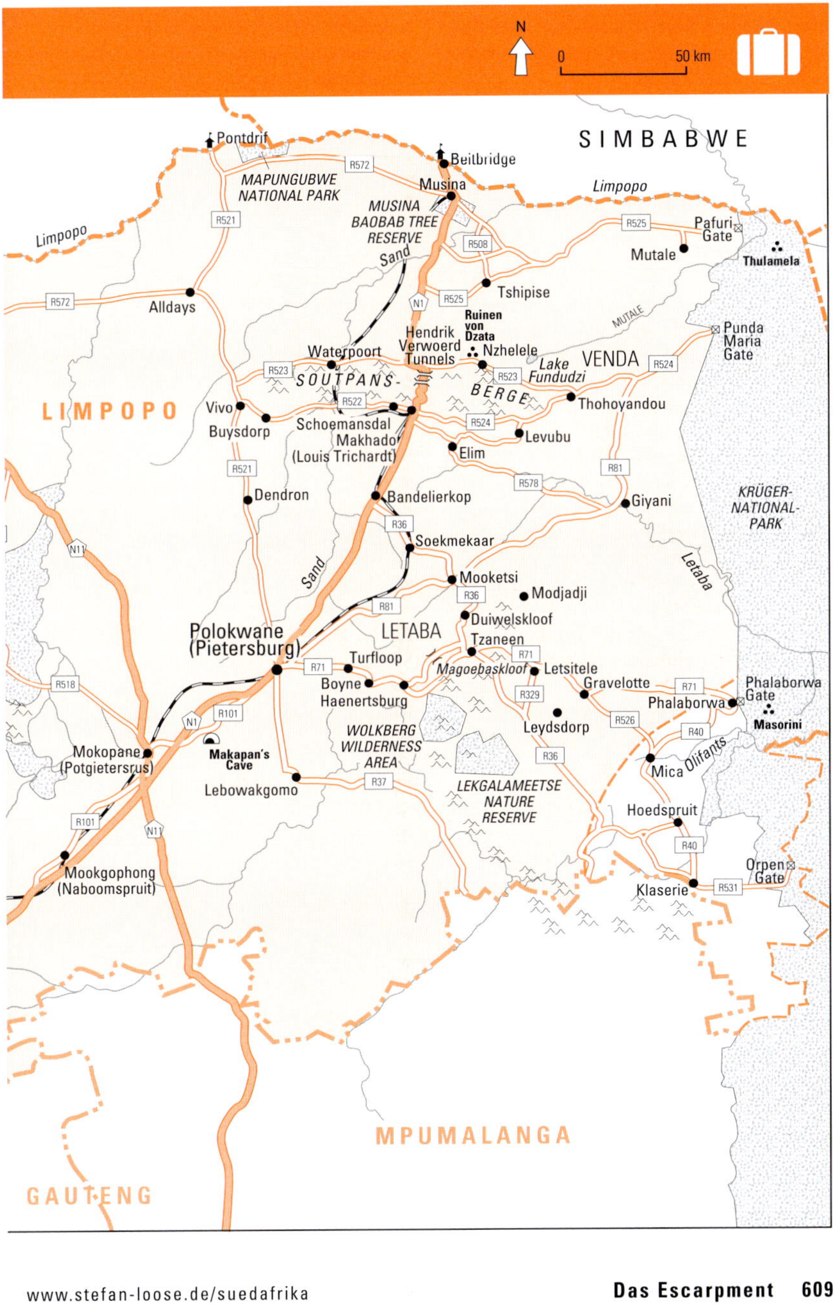
N
0
50 km
SIMBABWE
Limpopo
Limpopo
Pontdrif
Beitbridge
R572
MAPUNGUBWE NATIONAL PARK
Musina
MUSINA BAOBAB TREE RESERVE
R521
R508
R525
Pafuri Gate
Mutale
Thulamela
Sand
R572
Alldays
N1
R525
Tshipise
Ruinen von Dzata
MUTALE
Punda Maria Gate
Hendrik Verwoerd Tunnels
Waterpoort
Nzhelele
VENDA
R523
Lake Fundudzi
R524
SOUTPANS-BERGE
R523
LIMPOPO
R522
Thohoyandou
Vivo
Buysdorp
Schoemansdal
R524
Levubu
Makhado (Louis Trichardt)
Elim
R521
R81
R578
Dendron
Bandelierkop
Giyani
KRÜGER-NATIONAL-PARK
R36
Soekmekaar
N11
Letaba
Sand
Mooketsi
R36
Modjadji
R81
Duiwelskloof
Polokwane (Pietersburg)
LETABA
Tzaneen
R71
Turfloop
R71
Magoebaskloof
Letsitele
R518
Boyne
Gravelotte
R71
Phalaborwa Gate
Haenertsburg
R329
Phalaborwa
Masorini
N1
R101
R526
WOLKBERG WILDERNESS AREA
Leydsdorp
R40
Mokopane (Potgietersrus)
Makapan's Cave
R36
Mica
Olifants
R37
Lebowakgomo
LEKGALAMEETSE NATURE RESERVE
Hoedspruit
R101
N11
R40
Orpen Gate
Mookgophong (Naboomspruit)
Klaserie
R531
MPUMALANGA
GAUTENG

bliert, **Pilgrim's Rest**, eine rekonstruierte Bergbausiedlung aus den Tagen des Goldrausches, ist für Tourbusse konzipiert.

Wer jedoch in erster Linie die wilden Tiere im Krüger-Park im Lowveld am Fuß dieser Berge sehen will, kann auf einen Besuch all dieser Ortschaften gut verzichten.

Dullstroom

Etwa 210 km östlich von Johannesburg zweigt die R540 am unscheinbaren **Belfast** von der N4 ab und führt in die Berge. Die Highveld-Landschaft dort ist im Sommer von wogendem grünem Gras bedeckt, im Winter färbt sie sich rostbraun. Man muss schon ein leidenschaftlicher **Fliegenfischer** sein, um der winzigen Siedlung Dullstroom, 35 km nördlich von Belfast an einer Kreuzung der R540, etwas Aufregendes abgewinnen zu können. Doch als Zwischenstopp für eine Nacht auf dem Weg zum Krüger-Park kann sie ganz nützlich sein, besonders für diejenigen, die sich erst spät von Johannesburg auf den Weg machen. Mit Sicherheit versorgt der Ort die Wochenendausflügler aus Johannesburg bestens auf der Suche nach etwas Ruhe und gutem Essen – die meisten Unterkünfte haben auch ein Restaurant. Am Wochenende ist übrigens alles ein wenig teurer.

Übernachtung und Essen

Das **Dullstroom Information Office**, im Auldstone House an der Hauptstraße Naledi Drive, ✆ 013-254 0254, 💻 www.dullstroom.biz, ist bei der Suche nach einer Unterkunft behilflich. Es hat eine Liste mit mehr als 100 Übernachtungsmöglichkeiten für jeden Geldbeutel. 🕓 Mo–Do 9–17, Fr 9–18, Sa 9–17, So 9–14 Uhr.

Critchley Hackle Lodge, Teding van Berkhout St, ✆ 013-254 0149, 💻 www.critchleyhackle.co.za. Nobles Hotel im Landhausstil mit Cottages aus Stein und Backstein, jeweils mit Kamin. Das gute Restaurant hat eine Bar mit Cognac, Whisky und Zigarren nach dem Abendessen; auf der Terrasse werden Tee und Scones serviert. ❼

Dullstroom Inn, Teding van Berkhout St, ✆ 013-254 0071, 💻 www.dullstroom.info/dullstroominn. Angenehm kühles, viktorianisches Landgasthaus. Dazu gehört ein Pub mit Fassbier und einladendem Kamin. Das durchgehend geöffnete Restaurant serviert wechselnde Tagesgerichte, darunter auch vegetarische, und Forelle in allen möglichen Zubereitungsarten. ❹

Old Transvaal Inn, 117 Hugenote St, ✆ 013-254 0222, ✉ ggg@worldonline.co.za. Ruhiges und freundliches B&B mit gutem Essen, in netter Lage und kultiviert altmodischem Stil. ❷

The Poacher, 66 Hugenote St, ✆ 013-254 0108, 💻 www.dullstroom.co.za. Kleine, freundliche Lodge mit 4 zum Fluss hin gelegenen Zimmern und einem Laden für Angelzubehör. Hauptattraktion ist das Restaurant, das raffinierte Landküche sowie einfache Speisen serviert, im Pub gibt es Guinness vom Fass. ❸

Pickles & Things, ✆ 013-254 0115. Eines von Dullstrooms bekanntesten Restaurants liegt an der Hauptstraße und ist tagsüber ein beliebtes und gut besuchtes Lokal mit üppigem Frühstück, selbst gebackenem Brot und einem hübschen Garten. Abendessen gibt's nur am Freitag und Samstag. Im **Feinkostgeschäft** im vorderen Bereich werden geräucherte Forellen und Süßigkeiten wie Nougat angeboten.

Lydenburg und Long Tom Pass

Ungefähr 58 km nördlich von Dullstroom liegt Lydenburg, der Ort, wo einer der wichtigsten archäologischen Funde Südafrikas gemacht wurde. Im **Lydenburg Museum** im Gustav Klingbiel Nature Reserve, 3 km vor der Stadt an der R37 nach Sabie, sind Repliken ausgestellt. 🕓 Mo–Fr 9–12 und 14–16.15, Sa und So 10–16 Uhr, geringer Eintrittspreis. Die **Lydenburg Heads**, sieben wunderschöne Keramikmasken (wahrscheinlich für zeremonielle Zwecke hergestellt) gehen zurück auf das 5. Jh. und gehören zu den ersten figurativen Skulpturen des südlichen Afrika. Neben Repliken dieser Köpfe (die Originale sind im South African Museum in Kapstadt zu sehen) gibt es eine ausgezeichnete Ausstellung über die Besiedlung der Gegend seit ungefähr einer Million Jahre.

Von Lydenburg windet sich die R37 in östlicher Richtung den Long Tom Pass hinauf, dessen Name von den Waffen aus der Zeit der Belagerung abgeleitet ist, die während des Zweiten Burenkrieges (1899–1902) von den Buren gegen die Briten eingesetzt wurden. „Long Toms" wurden die Waffen wegen ihrer verlängerten Hälse genannt. Die Artilleriegeschütze konnten ein 43 kg schweres Geschoss 10 km weit feuern. Noch heute sieht man die Einschusslöcher an den Serpentinenstraßen, die sich den Pass hinauf schlängeln und als „Staircase" bekannt sind.

Sabie

Sabie (ausgesprochen Sa-abie) an der R37, am Fuß des Long Tom Pass, ist das Zentrum der **Land- und Forstwirtschaft** von Mpumalanga. 450 km^2 werden aktiv bebaut, und die Stadt liegt mitten im Herzen von Südafrikas größtem künstlichen Waldgebiet – die ausgedehnten Pinienplantagen wirken im Vergleich zu der üppigen, dschungelartigen Vielfalt der wenigen verbliebenen heimischen Wälder eher monoton.

Bevor die Förster kamen, hatte sich Sabie bereits nach dem Glücksfund von 1895 an den Klein Sabie Falls einen Namen als Goldzentrum gemacht. Mitte des 20. Jhs. war es mit dem Bergbau vorbei, und heute sind die Goldsucher längst den aus dem hektischen Johannesburg entflohenen Städtern gewichen, die ihren Lebensunterhalt hier mit Restaurants, B&Bs oder Kunsthandwerksläden verdienen.

Sabies Übersichtlichkeit und Gemächlichkeit, das künstlerisch angehauchte Ambiente und das milde Klima machen es zu einer angenehmen Ausgangsbasis für die Erkundung des Escarpment. Wer kein eigenes Fahrzeug zur Verfügung hat, kann sich an die gut organisierte Backpacker Lodge und zahlreiche Tourveranstalter wenden.

Sehenswertes

Sabie wird durch die **Main Street** (die nach Lydenburg und zum Long Tom Pass führende R37) unterteilt, die sich in das Stadtzentrum hineinschlängelt und dort im rechten Winkel auf die Main Road trifft. An dieser Kreuzung steht **St Peter's**, eine Landkirche im englischen Stil, die 1912 von Sir Herbert Baker entworfen wurde. Die Kirche versteckt sich in einem überwucherten Garten, der von einem riesigen Jakarandabaum beherrscht wird.

An der nahe gelegenen Kreuzung von Tenth und Seventh Street liegt das **Komatiland Forest and Industry Museum**, eine kleine, aber sehenswerte Ausstellung zur Geschichte der Forstwirtschaft und der Holzindustrie in Südafrika. Ein Bereich beschäftigt sich auch mit der Papierherstellung. ◷ Mo–Fr 8–16, Sa und So 8–12 Uhr, Eintritt R10.

In der Umgebung von Sabie gibt es zahlreiche **Wasserfälle**. Nur 7 km vor der Stadt, die Old Lydenburg Road entlang, sind drei der eindrucksvolleren zu bewundern: **Bridal Veil**, **Horseshoe** und, am Ende der Straße, die **Lone Creek Falls**. Letzterer ist der schönste und am besten zugängliche. Er lässt sich über einen gepflasterten Rundweg erreichen, der einen Fluss überquert und zum Parkplatz zurückführt. Wer es eilig hat, kann diese drei Wasserfälle auslassen und von Sabie nach Norden 13 km auf der Straße Richtung Graskop fahren.

Dort stürzen die spektakuläreren, 65 m hohen **Mac Mac Falls** in die Tiefe (Eintritt R10). Sie wurden nach den zahlreichen Menschen schottischer Abstammung benannt, die auf der Suche nach Gold ums Leben kamen; ihre Namen sind auf Dutzenden von Grabsteinen in der Umgebung zu lesen. Leider wird der Blick durch den Maschendrahtzaun um die Aussichtsplattform gestört.

Auf dem Parkplatz haben Kunsthandwerker aus der Gegend einen **Markt** errichtet. Im verlockenden natürlichen Pool am Fuß der Fälle ist das Baden nicht möglich, aber 2 km vor den Wasserfällen gibt es an den Mac Mac Pools ein Flussbecken mit Picknick- und *braai*-Bereich (Eintritt R10). Außerdem startet der 3 km lange **Secretary Bird Walking Trail** hier.

Die **Berlin** und **Lisbon Falls** übertreffen die Mac Mac Falls noch. Sie sind von der R532 nahe God's Window ausgeschildert und leicht zugänglich. Absperrungen gibt es an den Schwindel erregenden Fällen keine, und man kann sich so nahe heranwagen, dass man den Sprühnebel auf der Haut spürt.

Übernachtung

Sabie verfügt über ein gutes Angebot an Unterkünften zu vernünftigen Preisen, die aber während der südafrikanischen Schulferien drastisch in die Höhe schnellen können. Die B&Bs, die in den Informationsbüros zu Niedrigstpreisen angepriesen werden, sollte man meiden, denn die meisten davon bieten keinerlei Privatsphäre.

Hillwatering Country House, 50 Marula St, ✆ 013-764 1421, 🖳 www.hillwatering.8m.com. Renoviertes Haus aus den 1950er-Jahren mit 4 großen Zimmern, jeweils mit eigener Veranda und Blick auf die Bridal Veil Falls. Der Empfang ist herzlich, das Frühstück ausgezeichnet. ❸

Merry Pebbles Holiday Resort, 2 km westlich des Zentrums an der Old Lydenburg Rd, ✆ 013-764 2266, 🖳 www.merrypebbles.co.za. Hier gibt es Selbstversorgereinheiten, Camping und Chalets mit Bad, einen schönen, großen beheizten Pool und einen Spielplatz. Am schönsten sind die neueren Units. Zum Glück sind weder Quads noch Motorräder erlaubt. ❸

Misty Mountain Lodge, 24 km südwestlich von Sabie am Long Tom Pass, ✆ 013-764 3377, 🖳 www.mistymountain.co.za. Angenehme B&B-Einheiten, teils mit großartigem Blick über Pinienplantagen in die Täler. Forellenfischen möglich, Angelrutenverleih gegen geringe Gebühr. Günstiger Ausgangspunkt für Wanderungen in die Wälder. Wer sich nicht selbst verköstigen möchte, kann das hauseigene Restaurant mit Pub in Anspruch nehmen. ❺

Sabie River Backpackers Lodge, 185 Main Rd, ✆ 013-764 2118, 🖳 www.sabiextreme.co.za. Camping, Dorms und DZ mit robusten Betten und warmen Decken in einem gut geführten, freundlichen Hostel. Es gibt sogar eine Unterkunft für 2 Personen in einem Baumhaus. Die Lodge ist Sitz von Xtreme Adventures, Veranstalter von zahlreichen Abenteuer-aktivitäten, die z. T. in den guten Wochenend-Pauschalangeboten enthalten sind. Dorms ❶, Zimmer ❸

Villa Ticino, Louis Trichardt, Ecke Second St, ✆ 013-764 2598, 🖳 www.villaticino.co.za. Gastfreundliches und oft ausgebuchtes B&B mit Schweizer Besitzer. Von der Terrasse Blick auf die Berge; Lounge mit Billardtisch. Im Winter Rabatte. ❹

Aktivitäten in Sabie

Die Wälder, gewaltigen Schluchten und Berge laden zu abenteuerlichen Aktivitäten rund ums Escarpment ein.

Sabie Xtreme Adventures, in der Sabie River Backpackers Lodge. Das Angebot umfasst Bunji Swing (eine 69 m hohe Bungee-Schaukel in der Graskop-Schlucht), Ausritte, Caving bei Kerzenlicht in den Höhlen von Lone Creek, Abseilen von den Sabie Falls, Mountainbiken, Wildwasser-Tubing und Canyoning.

Ein empfehlenswerter Veranstalter für Rafting-trips im Blyde River Canyon (einer der längsten Schluchten der Welt) ist **Induna Adventures**, ✆ 013-737 8308, 🖳 www.indunaadventures.com. Die Halbtagsausflüge (R300) beginnen entweder vor- oder nachmittags und dauern drei Stunden.

Essen

Sabie hat zwei nette Lokale für kleine Mahlzeiten oder einen Drink.

The Wild Fig Tree, Main, Ecke Louis Trichardt St. Auf südafrikanische Küche spezialisiertes Familienrestaurant in gepflegtem, üppigem Garten. ◷ tgl. 8–22 Uhr.

Woodsman Restaurant, Main, Ecke Mac Mac Rd. Lizenziertes Restaurant mit Biergarten; zypriotisch-griechische Küche mit vegetarischen *meze*, lokale Spezialitäten wie Strauß, Forelle und Lamm. Auch guter Kaffee und Snacks auf der Terrasse oder am gemütlichen Kamin. ◷ tgl. 8–22 Uhr.

Informationen

Die zentral gelegene **Trips SA**, 90 Main Rd, gegenüber der St Peters-Kirche, ✆ 013-764 1177, 🖳 www.sabie.co.za, ist die bessere der beiden Informationsstellen im Ort. ◷ Mo–Fr 8–17, Sa und So 9–13 Uhr.

Transport

Die öffentlichen Transportmittel nach Sabie beschränken sich auf Minibustaxis auf den

Routen zu den Nachbarorten. Die Sabie River Backpackers Lodge unterhält einen preiswerten Shuttle zwischen Nelspruit und Sabie.

Pilgrim's Rest

35 km nördlich von Sabie in einem Tal verborgen liegt Pilgrim's Rest, ein fast zu perfekt restaurierter **Bergbauort** und eine unwiderstehliche Anlaufstelle für die vielen Reisebusse, die sich täglich über die Pässe des Escarpment quälen. Die Ansammlung von Wellblechbauten mit roten Dächern, die historische Bank, die Tankstelle mit den Treibstoffpumpen von vor 1920 und das atmosphärische Royal Hotel mit seinen viktorianischen Antiquitäten lassen den Ort zweifellos sehr fotogen erscheinen.

Und doch wird man das Gefühl nicht los, dass hinter dem verklärt dargestellten Goldrausch-Image wenig Substanz ist (vor allem wenn das Dorf nach Abreise der Tagesbesucher gegen 17 Uhr in tiefen Schlaf sinkt). Wer eine echte Goldmine besuchen und dabei auch unter die Erde gelangen möchte, sollte besser Barberton (S. 622) ansteuern.

Pilgrim's Rest stammt aus den Tagen von Südafrikas erstem **Goldrausch**, der der Freilegung der großen Flöze von Gauteng vorausging. Im Jahre 1873 fand Alex „Wheelbarrow" Patterson Gold im Creek. Er schaffte es nicht, seine Entdeckung geheim zu halten, und am Jahresende war er einer von 1500 Goldgräbern, die wie wild auf den 4000 Claims arbeiteten. An das makellose Dörfchen von heute war noch nicht zu denken, als die Goldminen von Pilgrim's Rest ein Ort zermürbender Arbeit und unhygienischer Lebensbedingungen war.

Viele Goldsucher kamen unterernährt an und litten an Ruhr oder Malaria, nachdem sie die mörderischen Trecks durchs Lowveld überstanden hatten. Die Überlebenden fristeten ein trostloses Dasein in Zelten oder, wenn ihnen das Glück hold war, in robusteren Hütten aus Lehm und Flechtwerk. 1896 wurden die Minen von **Transvaal Gold Mining Estates** (TGME) aufgekauft, 1972 schloss TGME seine Beta Mine.

Pilgrim's Rest ging an die Provinzverwaltung über. In den 1980er-Jahren wurde die Siedlung zum historischen Denkmal erklärt. Doch hinter dem Hügel südwestlich der Stadt geht, den Augen der Touristen verborgen, der Bergbau weiter, mit Zweckbauten, Zyanid-verseuchten Schlammbecken und großen roten Narben im Berg. Auch der Wald ist dafür geopfert worden.

Orientierung

Pilgrim's Rest erstreckt sich entlang seiner einzigen Hauptstraße und ist in Uptown und Downtown unterteilt. In **Uptown** sind die meisten Läden und Restaurants und folglich auch die meisten Touristen anzutreffen. Der Bezirk liegt im Osten und konzentriert sich um das Royal Hotel und das **Tourist Office**, ✆ 013-768 1060, 💻 www.pilgrimsrest.co.za, das Besucher mit ausführlichen Informationen über die Unterkünfte versorgt. 🕓 tgl. 8.30–16.30 Uhr.

Downtown, 1 km westlich, strahlt eine bodenständigere Atmosphäre aus, und die Restaurants sind nicht ganz so teuer – aber die meisten Besucher huschen eh nur durch Pilgrim's Rest.

Sehenswertes

Souvenirs kaufen, in Cafés und in Tea Shops herumsitzen und die wenigen Museen abklappern – so sehen die Aktivitäten in Pilgrim's Rest aus. Die Tickets dafür müssen im Voraus beim Tourist Office besorgt werden. Die drei bescheidenen „Heimatmuseen" sind praktisch eine Sache von Minuten, da es nicht viel mehr als rekonstruierte Zimmer aus der Zeit des Goldrausches zu sehen gibt.

Interessanter sind die Museen außerhalb des Zentrums: Einen wahrhaft authentischen Eindruck aus den Tagen der Goldsucher bekommt man im Freilichtmuseum **Diggings Site Museum** (nur mit Führung) am östlichen Stadtrand an der Graskop Road. Hier wird Goldwaschen demonstriert, und die Besucher werden zu den düsteren Goldsucherhütten, den Resten der Mine und Maschinen geführt. Führungen täglich um 10, 11, 12, 14 und 15 Uhr, Eintritt R10.

Wer das Gegenstück dazu sehen möchte, sollte das rekonstruierte Wohnhaus des ehemaligen geschäftsführenden Direktors der Mine, **Alanglade**, gleich westlich von Downtown, besichtigen. Es beherbergt eine sehenswerte Sammlung britischer Mode und Dekorationskunst vom Anfang des 20. Jhs. und lässt einen Lebensstil erkennen, der weder mit Afrika noch mit Bergbau zu tun hatte. ⏲ nur mit Führung Mo–Sa 11 und 14 Uhr, Eintritt R20.

Übernachtung

Obwohl Pilgrim's Rest mit Abstand die schönste Stadt des Escarpment ist, kommen in erster Linie Tagestouristen her, und deswegen gibt es direkt im Ort nur wenige Unterkünfte.

Crystal Springs Mountain Lodge, 10 km außerhalb, an der R533 nach Lydenburg, ✆ 013-768 5000, 💻 www.grc-resorts.co.za. Großes Time-share-Resorthotel, das nicht besser geplant, geführt oder gelegen sein könnte und optimale Bedingungen bietet – ein echtes Stück Vorstadt-Südafrika im Urlaub. Die strohgedeckten Cottages haben alle eine Terrasse und bieten Ausblicke auf das Escarpment. Zur Anlage gehören ein Restaurant und eine Bar, Trampoline, ein beheizter Pool, Spielplatz, Spielezimmer, Jacuzzi sowie eine Sauna und ein Dampfbad. Von den Cottages führen deutlich beschilderte Wanderwege in eine Schlucht. Während der Woche und außerhalb der Schulferien günstiger. Selbstversorgung oder B&B. ❹

District Six Miners' Cottages, Downtown, ✆ 013-768 1211, 083-271 8262. Selbstversorger-Unterkunft für 2–4 Personen unter Verwaltung des Public Works Department. Unterbringung in authentischen Minenarbeiter-Hütten mit Veranda und je 2 Schlafzimmern aus den 1920er-Jahren mit Blick auf Stadt und Berge. Im Voraus buchen (Mo–Fr 8.30–16 Uhr), denn vor Ort gibt es kein Büro. Am Wochenende oder außerhalb der Bürozeiten die Handynummer wählen. ❷

Pilgrim's Rest Caravan Park, Downtown, ✆ 013-768 1309, ✉ normane@webmail.co.za. Grasbewachsener Campingplatz an einem Fluss. Unterbringung in 7 Zelten mit 6 Betten, in 4-Bettzimmern, einigen billigen DZ und einem Schlafsaal. Nur im Notfall zu empfehlen. ❷

The Royal Hotel, Main St, Uptown, ✆ 013-768 1100, 💻 www.royal_hotel.co.za. Hotel aus den Tagen des Goldrausches, mit viel Atmosphäre und luxuriösen viktorianischen Antiquitäten. Gäste werden vorwiegend in restaurierten Gebäuden an der Hauptstraße untergebracht. ❺

Essen

In Pilgrim's Rest gibt es einige Restaurants und Tea Shops für die tägliche Besucherschar, aber der Ort ist nicht gerade als Schlemmerparadies bekannt.

In Uptown bietet das **Royal Hotel** verlässliche Qualität, ⏲ bis 22 Uhr. **Scott's Café**, neben dem Hotel, hat Pfannkuchen, belegte Brote, Salate und andere leichte Mahlzeiten und auch eine gemütliche Bar; ⏲ nur tagsüber.

Im Downtown-Abschnitt der Hauptstraße ist **The Vines** für *potjekos* und andere afrikaanse Spezialitäten bekannt, während sich **The Pantry** für Tee und leichte Mittagsgerichte anbietet. Beide ⏲ nur tagsüber.

Aktivitäten

Die „lohnenswerteste" Aktivität hier ist **Goldschürfen**. Die **SA Gold Panning Association**, ✆ 013-768 1471 oder 1472, 💻 www.sagoldpanning.co.za, veranstaltet jedes Jahr die SA Gold Panning Championships sowie täglich einen Kurs, wo man Gold sieben lernen kann.

Graskop

Ungefähr 15 km östlich von Pilgrim's Rest verdankt Graskop seinen Platz auf den Touristenkarten Harrie's Pancake Shop, der unübertroffene Pfannkuchen verkauft und Reisebusse von allen Aussichtspunkten des Escarpment anlockt. Der Ort selbst ist nichts Besonderes – schwere Holztransporter donnern hindurch und im Zentrum gibt es außer den Läden, die nach dem Geschäft mit den Touristen schielen, nichts zu sehen.

Die Lage in nächster Nähe zum Blyde River Canyon im Norden jedoch macht das nahezu wett, und die wachsende Anzahl von Künstlern samt der kleinen Schwulengemeinde trägt dazu bei, das alte Holzfällerimage von Graskop abzuschütteln. Zu den Industriezweigen des Dorfes gehören die **Wildseidenfabrik** mit Ausstellungsraum in der Nähe der Touristeninformation, wo

Kleidung, Dekorationsstoffe, mit Seide gefüllte Steppdecken und sogar Teddybären aus der Seide der Mopane-Seidenwürmer (heimisch in Botsuana) hergestellt und verkauft werden.

Ebenfalls an der Hauptstraße liegt das **Curio D'Afrique**. Hier werden Sammlerstücke und alte afrikanische Kunst aus ehemaligen französischen Kolonien verkauft. Der **Big Swing** von Graskop, ✆ 013-737 8191, R285, ist etwas für Adrenalinjunkies. Es ist der beste von allen großen Bungees im Escarpment – ein 68 m tiefer freier Fall in weniger als drei Sekunden an einem der längsten Bungeeseile der Welt. Nach dem Sprung „fliegt" man an einem 135 m langen *foefie*-Drahtseil über die Schlucht, 130 m über der Erde, mit Blick auf den Graskop-Wasserfall.

Übernachtung

Obwohl es winzig und nicht gerade aufregend ist, hat Graskop eine erstaunliche Auswahl an Unterkünften, darunter das reizende Graskop Hotel.

Graskop Log Cabin Village, Oorwinning St, ✆ 013-767 1974, 💻 www.logcabin.co.za. Mitten im Ort, mit Swimming Pool, aber ohne Aussicht. Unter der Woche und bei längerem Aufenthalt günstiger. Verfügt inzwischen auch über ein paar hübsche „Siedlerhütten" im Stil von Pilgrim's Rest, 💻 www.settlersvillage.co.za, mit Veranden. ❹

Westlodge B&B, 12 Hugenoten St, ✆ 013-767 1390 oder 1869, 💻 www.westlodge.co.za. Helle, geräumige Zimmer und freundliche Gastgeber. Den Gästen stehen eine eigene Lounge und ein eigener Balkon zur Verfügung. ❺

Überraschend stilvoll

Graskop Hotel, High St, Ecke Louis Trichardt Ave, ✆ 013-767 1244, 💻 www.graskophotel.co.za. Eine der hübschesten Unterkünfte am Escarpment, mit persönlicher und entspannter Atmosphäre – von außen dröge, jedoch im Innern sehr elegant mit Retromöbeln, afrikanischen Körben, Stoffen und Skulpturen ausgestattet. Die luftigen Zimmer, einige davon im Gartenhaus, sind stilsicher eingerichtet. ❹

Essen

Harrie's, Louis Trichardt St. Das legendäre und gut ausgeschilderte Restaurant serviert süße oder pikante Pfannkuchen, hat eine schöne Terrasse und ein Esszimmer, wo im Winter Holzscheite im Kamin prasseln.

The Silver Spoon, Louis Trichardt, Ecke Kerk St. Eine durchaus Ernst zu nehmende Konkurrenz zu Harrie's – produziert schon ab 7 Uhr morgens Pfannkuchen und Waffeln.

Canimambo, Hoof St, Ecke Louis Trichardt St, ✆ 013-767 1868. Hat eine ausgezeichnete portugiesische und mosambikanische Küche. 🕒 tgl. 9–21 Uhr.

Informationen

Panorama Information & Central Reservations, Louis Trichardt St, ✆ 013-767 1377, 💻 www.panoramainfo.co.za, auch 💻 www.graskop.co.za. Die offizielle Touristeninformation von Graskop erteilt Infos zu den Unterkünften. 🕒 tgl. 8–17 Uhr.

Blyde River Canyon und Blydepoort Dam

Es gibt wenige Orte in Südafrika, die so einfach zugänglich sind und gleichzeitig eine so atemberaubende Landschaft bieten wie der Blyde River Canyon. Das **Blyde River Canyon Nature Reserve** (auch als Blyderivierspoort Nature Reserve bekannt) erstreckt sich über 60 km von Graskop im Süden bis zu einem riesigen Amphitheater im Norden, das zum Teil vom Blydepoort Dam überflutet ist. Die Blicke auf den Canyon sind von oben wie unten gleichermaßen wunderbar, doch am schönsten kann man die Aussichten auf einer halbtägigen Fahrt am Rande des Canyon entlang genießen.

Etwa 3 km nördlich von Graskop teilt sich die Straße, und die nach Osten führende R534 macht eine 15 km lange Schleife an einer Reihe von großartigen Aussichtspunkten vorbei (Eintritt R22). Sie windet sich durch Pinienplantagen bis zum Abzweig zum **Pinnacle**, einer gigantischen mit Bäumen bestandenen Quarzitsäule, die sich aus einer mit Farnen bewachsenen Schlucht erhebt.

Die Schlucht des Blyde River bietet spektakuläre Aussichten und lässt sich gut in die Route zum Krüger-Park einbauen.

Nach weiteren 4 km erreicht die Straße an einem steilen Gefälle mit Blick aufs Lowveld **God's Window**, einen der touristischsten Aussichtspunkte mit Toiletten und Souvenirständen. Die Straße führt dann auf die R532 zurück, die von hier aus nach 28 km Fahrt in nördlicher Richtung **Bourke's Luck Potholes** am Zusammenfluss von Treur und Blyde erreicht. Die sonderbaren Felsformationen sind durch vom Wasser bewegtes Geröll entstanden.

Der beste Blick bietet sich 14 km dahinter, an den **Three Rondavels**. Der Name beschreibt allerdings nur eine Besonderheit dieses Panoramablicks: die drei Felsen, die in ihrer Form an mächtige Rondavels erinnern und an deren Fuß sich, viele hundert Meter tiefer, der gewundene Blyde River seinen Weg bahnt. Kein Foto kann diese ungeheure Landschaft einfangen, die dazu noch von Felsblöcken durchsetzt ist, die sich wie Pfeiler aus dem Tal erheben.

Die einzige Unterbringungsmöglichkeit im Naturreservat ist das **Aventura Blydepoort**, ✆ 0861-226 966, 💻 www.foreversa.co.za, ❸ 5 km nördlich des Abzweigs zu dem Aussichtspunkt bei Three Rondavels. Zu der Anlage gehören komfortable und voll ausgestattete Cottages, ein Swimming Pool, ein Supermarkt, ein Getränkeladen und eine Tankstelle. Die Atmosphäre wirkt zuweilen etwas arg durchorganisiert, aber für Kinder ist es ein toller Ort. Wer sich nicht selbst versorgen möchte, kann auch B&B nehmen.

Hike Africa, ✆ 084-775 8831, 💻 www.hikeafrica.co.za, veranstaltet eine geführte dreitägige Wanderung: Diese Prime Canyon Route führt über schattige *kloofs,* an atemberaubenden Wasserfällen und einladenden Badestellen vorbei. Die Teilnehmer übernachten in Hütten mit *braai*-Stellen; Ausrüstung und Schlafsack müssen mitgebracht werden. Die Wanderung kostet ungefähr R100 pro Tag.

Von den Three Rondavels zum Blydepoort Dam

Die 90 km lange Fahrt vom Aussichtspunkt bei Three Rondavels zum Fuß des Canyon bietet spektakuläre Blicke auf die Felsen des Escarpment, die aus dem Lowveld emporragen, und

BLYDE RIVER CANYON

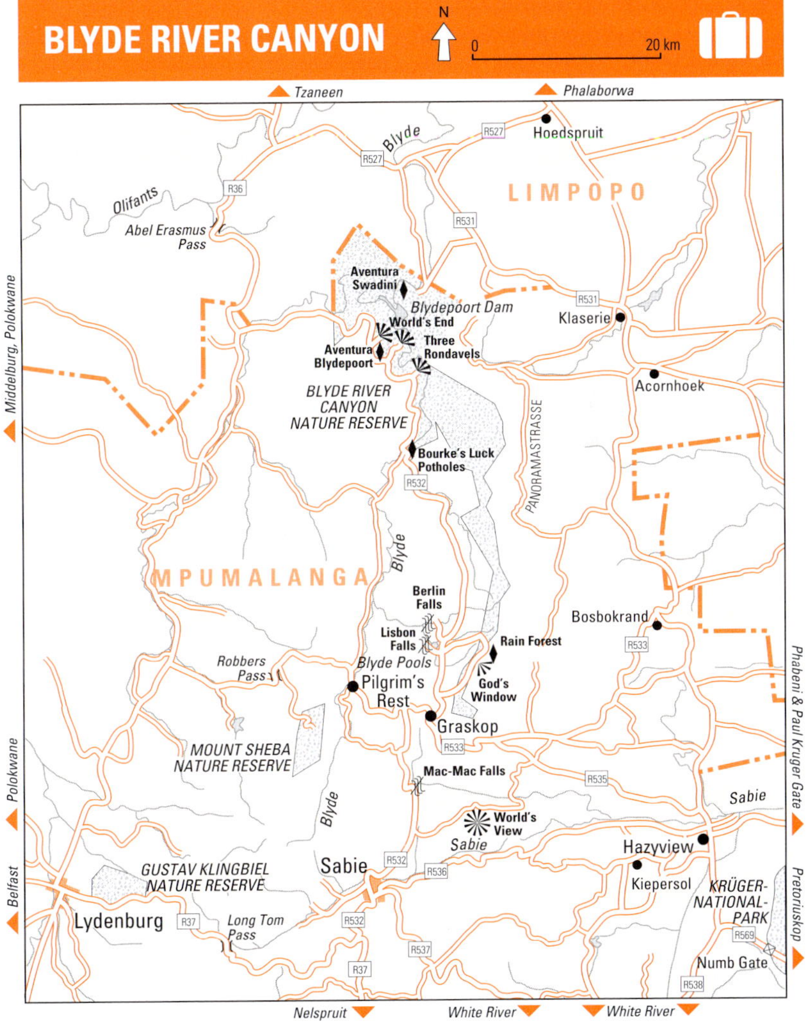

kann leicht in die Reiseroute vom oder zum Krüger-Park integriert werden. Anfänglich führt die Strecke in vielen Kurven nach Westen bis zur R36 und dann nach Norden, wo die Talfahrt beginnt – über den **Abel Erasmus Pass** und durch den J. G. Strijdom-Tunnel, hinter dem sich die weiten Ebenen des Lowveld ausbreiten. Die Straße beschreibt einen großen Bogen um den Canyon herum. In der Nähe des Damms sowie in der Gegend zwischen dem Fuß der Berge und Hoedspruit gibt es ausgezeichnete Übernachtungsmöglichkeiten. Näheres im Lowveld-Abschnitt auf S. 628.

Wer zum **Blydepoort Dam** will, nimmt hinter dem Tunnel die R527 an der Stelle, wo sich die

Straße gabelt, und folgt den Wegweisern bis zu einer Sackgasse. Dort steht das **Blyde River Canyon Adventure Centre,** ✆ 015-795 5961, mit interessanten Schaukästen zur Ökologie der Region und einem Modell der Schlucht – daran kann man sich prima orientieren. ◷ tgl. 8–17 Uhr, kleine Eintrittsgebühr. Die meisten Besucher kommen hierher, um eine der empfehlenswerten Bootsfahrten auf dem Stausee zu unternehmen (tgl. um 9, 11 und 15 Uhr, R85, Kinder unter 12 Jahren R50). Unterwegs eröffnen sich atemberaubende Ausblicke in hoch aufragende Felsspalten und auf die bizarren Kreationen, die von Quellwasser-Kalkablagerungen gebildet wurden. Manchmal kann man Flusspferde oder Krokodile sehen.

Die beste Unterkunft in der Nähe ist **Aventura Swadini,** ✆ 015-795 5141, 💻 www.foreversa.co.za/swadini. ❹ Hier gibt es Chalets für bis zu sechs Personen (für die unabhängig von der Belegung ein Festpreis zu zahlen ist) und einen traumhaft gelegenen Campingplatz. Toll für Kinder und billig für Gruppen. Aber auch hier herrscht ein ähnlicher Kasernenton wie in der verwandten Hotelanlage auf dem Berg. Mehrere kurze Wanderwege laden zum Erkunden der Umgebung ein.

Das Lowveld

Das südafrikanische Lowveld liegt zwischen den Drakensbergen von Mpumalanga und Mosambik. Es gehört zu einer riesigen subtropischen **Savanne**, die sich durch Simbabwe und Zambia bis nach Zentralafrika erstreckt. Assoziierte man die Gegend um 1900 noch mit Glücksrittern, Jägern, Goldsuchern und Abenteurern, so ist sie heute vor allem für ihre Nähe zum Krüger-Park und die angrenzenden Wildschutzgebiete bekannt. Und wenn es am Rande des Parks auch einige nette Orte gibt, zieht es die meisten Besucher doch ins „Großwildland".

Nelspruit, die größte Stadt des Lowveld und Hauptstadt von Mpumalanga, ist auf dem Luftweg und mit dem Bus (auch aus Maputo in Mosambik) zu erreichen. Östlich von Nelspruit verläuft die N4 entlang der südlichen Grenze des Krüger-Parks und bietet bequeme Zufahrt zu den Toren Malelane und Crocodile Bridge. Letzteres liegt gerade einmal 12 km nördlich von **Komatipoort**, einer feuchtheißen Stadt an der Grenze zu **Mosambik**. 32 km südlich von Nelspruit liegt **Barberton**, eine reizvolle Siedlung in den Bergen. Nach weiteren 41 km gelangt man nach **Swasiland**.

Wer ein eigenes Fahrzeug hat, sollte als Übernachtungsort auf dem Weg zwischen dem Krüger-Park und Swasiland statt Nelspruit die weniger hektische Durchgangsstation Barberton wählen.

Von der Provinzhauptstadt führt die R40 in nördlicher Richtung durch **White River**, **Hazyview**, **Klaserie**, **Hoedspruit** und **Phalaborwa**, eine Reihe kleiner Orte, die als Basisstationen für Touren in den Krüger-Park geeignet sind. Alle Städte bieten reichlich Unterkünfte und haben ein Zufahrtstor zum Krüger-Park in der Nähe; in manchen werden Ausflüge angeboten. Da Hazyview am nächsten bei Nelspruit liegt und ein Zugangspunkt zum Park ist, liegt es in der Gunst der Touristen ganz vorn. Hoedspruit und Phalaborwa gehören bereits zur Provinz Limpopo. Im Lowveld besteht **Malariagefahr**. Notwendige Vorsichtsmaßnahmen s. S. 664.

Nelspruit

Das schnell wachsende Nelspruit liegt 358 km östlich von Johannesburg an der N4. Die Stadt entwickelte sich in den 1990er-Jahren als Basis für Händler, Farmer und Goldsucher, aber davon ist kaum noch etwas zu sehen: Die meisten alten Gebäude wurden abgerissen und durch Einkaufszentren und Autobahnen ersetzt. Die Stadt strahlt Vitalität und Wohlstand aus und ist nicht nur eine wichtige Handelsmetropole fürs Lowveld, sondern auch für Geschäftsleute aus Swasiland und Mosambik.

Nelspruit bietet die besten Verkehrsverbindungen der Provinz, hat ein ausgezeichnetes Krankenhaus und ein sehr großes Angebot an Einrichtungen und Geschäften. Im Stadtzentrum, das mehr oder weniger aus sechs Straßen besteht, die wiederum von sechs Straßen gekreuzt werden, ist die Orientierung ein Kinderspiel. Die N4 von Johannesburg nach Komatipoort verläuft

Nelspruit

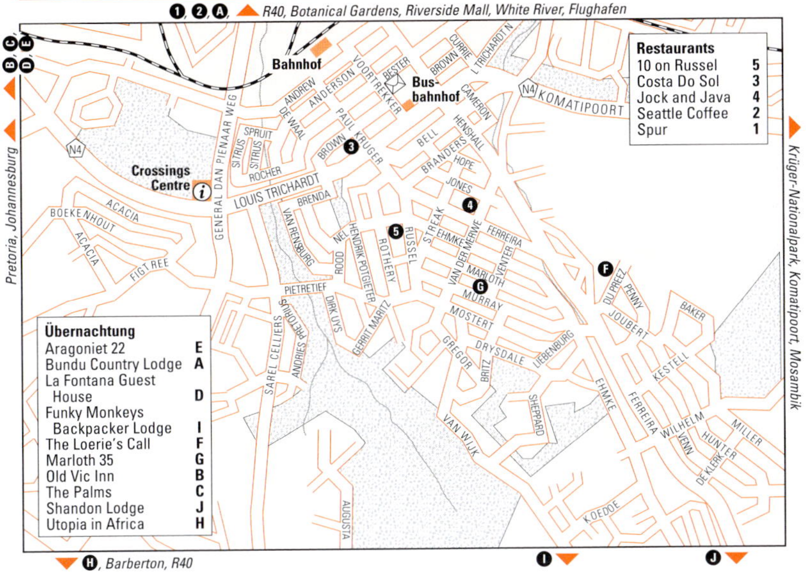

mitten durch die Stadt und ändert auf diesem Stück ihren Namen kurzzeitig in **Louis Trichardt**, die Hauptstraße von Nelspruit.

Fraglos das schickste Einkaufszentrum ist der etwa 5 km nördlich des Zentrums gelegene Komplex **Riverside Mall**, der direkt aus den reichen Vororten Johannesburgs hergezaubert scheint – die gleichen Geschäfte, ein großer Supermarkt, Coffee Shops und ein überdurchschnittlich guter Buchladen. Hier kann man sich nicht nur mit Vorräten eindecken, wenn man im Krüger-Park als Selbstversorger übernachten will, sondern auch sämtliche Reisevorbereitungen treffen. Neben dem Komplex befinden sich ein Kasino und das umstrittene Gebäude der Provinzverwaltung, dessen Bau 600 Mio. Rand gekostet hat.

Unweit von Riverside Mall liegt die Hauptattraktion von Nelspruit: die **Lowveld National Botanical Gardens**. Der Park am Ufer des Crocodile River rangiert gleich hinter den Kirstenbosch Gardens von Kapstadt. Natürliche Wasserfälle und Wanderwege durch den Regenwald bieten eine Abkühlung von der glühenden Mittagshitze. Hat man den Krüger-Park schon gesehen, so wird man hier die gleichen Bäume vorfinden.

Pflanzen sind nach Lebensräumen angeordnet, und eine Besonderheit sind die **Zykaden** aus der ganzen Welt. Es gibt auch ein Wäldchen mit Baobabs aus Südafrika und anderen afrikanischen Ländern. Am Eingang wird eine hilfreiche Broschüre verkauft, in der eine Karte auf die Highlights des Gartens hinweist. Auf dem Gelände gibt es ein Café. 🕓 tgl. 8–17 Uhr, Eintritt R15.

Übernachtung

Die Übernachtungsmöglichkeiten von Nelspruit sind in erster Linie auf Geschäftsreisende ausgerichtet. Die meisten Unterkünfte haben einen Swimming Pool, Esstische unter freiem Himmel und tropische Gärten.

Aragoniet 22, 22 Aragoniet St, ✆ 083-631 2136, 💻 www.aragonietlodge.co.za. Makellos saubere, geräumige und billige Selbstversorger-

oder B&B-Unterkünfte in 2 Gartenhäusern und 2 Zimmern. ❸

Bundu Country Lodge, 11 km vor Nelspruit, abseits der R40 in Richtung White River, ✆ 013-758 1221, 💻 www.bundulodge.co.za. Beliebte und günstige Familienunterkunft in altmodischem Landhotel mit Tierhäuten und Jagdtrophäen an den Wänden. 2 Pools. Auch Reiten und Wanderungen zu Höhlen mit Felsmalereien im Angebot. ❸

La Fontana Guest House, John Vorster St, Ecke Besembos Rd, ✆ 013-741 3138, 💻 www.lafontana.co.za. Mittelklasse-B&B mit 7 Zimmern, großem Pool, Garten und entspannter Atmosphäre. ❸

Funky Monkeys Backpacker Lodge, 102 Van Wijk St, ✆ 013-744 1310, 💻 www.funkymonkeys.co.za. Das beliebte Hostel hat eine Bar mit Alkoholausschank, einen Billardtisch, eine schattige Veranda, einen Swimming Pool und Breitband-Internet. Von hier aus werden 1- bis 3-tägige Touren in den Krüger-Park organisiert. Außerdem kann man zu erschwinglichen Preisen Mietwagen arrangieren. ❶–❷

The Loerie's Call, 2 Du Preez St, ✆ 013-744 1251, 083-283 6190, 💻 www.loeriescall.co.za. Die moderne Unterkunft hat einen Pool und exklusive Zimmer mit Bad und Veranden, von denen man aufs Crocodile River Valley schaut. Oft ausgebucht, daher weit im Voraus reservieren. Keine Kinder unter 8 Jahren. ❺

Marloth 35, 35 Marloth St, ✆ 013-752 4529, ✉ ggink@lantic.net. Schlicht eingerichtetes B&B mit Terracotta-gefliesten Zimmern, Frühstück draußen. Nette Besitzer. Swimming Pool und *braai*-Vorrichtungen. ❷

Old Vic Inn, 12 Impala St, 3 km vor der Stadt, ✆ 013-744 0993, 082-340 1508, 💻 www.kruger andmore.co.za. 6 saubere, komfortable DZ, 3 Selbstversorger-Familienunterkünfte und ein Schlafsaal in einem ruhigen Backpacker-Hostel, mit Pool, Garten und Wanderungen im angrenzenden Naturreservat. Auf Wunsch arrangieren die Besitzer die Abholung vom Stadtzentrum bzw. Flughafen und organisieren Touren, z. B. in den Krüger-Park. Internet-Zugang. Dorms ❶, Zimmer ❷, Selbstversorger-Units R400–600.

The Palms, 25 Van Wyk St, ✆ 013-755 4374, ✉ thepalmsnelspruit@absamail.co.za. Gute, von einem britischen Paar geführte Unterkunft mit 8 Zimmern in einem reizenden Garten. Sonniger Frühstücksraum und Pool. ❹

Shandon Lodge, 1 Saturn St, ✆ 013-744 9934, 💻 www.shandon.co.za. Zimmer mit separaten Eingängen um einen Pool, tropischer Garten. Gut eingerichtetes Haus im Kolonialstil, freundliche Gastgeber, gutes Essen – inkl. Picknickkorb für einen Tagesausflug in den Krüger-Park – und nützliche Informationen. ❺

Utopia in Africa, 6 Daleen St, Sonheuwel Extension, ✆ 013-745 7714, 💻 www.utopiainafrica.co.za. Die luftigen Zimmer unter Strohdach sind liebevoll mit farbenfrohen, stilvollen afrikanischen Gegenständen geschmückt. Hügelige Lage, 4 km von der Innenstadt. ❹

Gourmets im Garten

10 on Russel, im Stadtzentrum, ✆ 013-755 2376. *Der* Ort für ein erstklassiges Gourmetdinner. Auch Tische draußen im Garten. 🕒 Mo–Sa 10–22 Uhr.

Essen

In der Riverside Mall sind die üblichen Steakhäuser und Fastfood-Ketten vertreten. **Spur** hat leckere Salate und Hamburger, **Seattle Coffee** neben Exclusive Books den besten Kaffee.

Costa Do Sol, im Stadtzentrum, Absa Square Building, Kruger St, Ecke Louis Trichardt St, ✆ 013-752 6382. Etwas teure, aber fantasievolle portugiesische und italienische Küche. 🕒 Mo–Fr 12 bis spätabends, Sa ab 18 Uhr.

Jock and Java, Ferreira St, Ecke Van der Merwe St, ✆ 013-755 4969. Coffeeshop, Pub, Garten, sichere Parkmöglichkeiten und viele Angebote für Kinder. 🕒 tgl. 8 Uhr bis spät.

Sonstiges

Apotheke

Chemist Mopani, Crossings Centre, ✆ 013-755 5500, außerhalb der Öffnungszeiten ✆ 082-761 1603.

Autovermietungen

Die größeren Firmen wie **Avis**, 013-741 1087, und **National**, 013-750 2538, haben Schalter am Flughafen. Billiger ist der nationale Anbieter **Abba**, 013-752 7925. Backpackerhostels wie das Funky Monkeys können ebenfalls sehr günstige Mietwagen besorgen.

Diplomatische Vertretung

Botschaft von Mosambik, Brown St, 013-752 7396.

Informationen

Lowveld Info, Crossings Centre, N4, Ecke General Dan Pienaar St, von Johannesburg kommend ausgeschildert, 013-755 1988/1989, www.lowveldtourism.com. Die städtische Touristeninformation hält Karten und Informationen bereit. Die Mitarbeiter buchen Unterkünfte, auch in den Restcamps des Krüger-Parks, sowie Tagesausflüge mit diversen Tourveranstaltern. Mo–Fr 7–17, Sa 8–15 Uhr. Lowveld Info betreibt auch einen Stand in der exklusiven Riverside Mall, wenig nördlich des Zentrums an der R40, 013-757 0994, Mo–Sa 9–18, So 9–15 Uhr.

Internet

Im Restaurant **Mugg & Bean** im Crossings Centre gibt es ein Internet-Café und WLAN.

Medizinische Hilfe

Nelspruit Private Hospital, 013-759 0500.

Notruf

Krankenwagen, 013-101 77.

Post

Hauptpostamt, Voortrekker St, 8.30–16 Uhr. In allen Einkaufszentren gibt es eine PostNet-Filiale – praktischer als das Postamt.

Transport

Busse

Die Busse von **Intercity** halten auf dem Parkplatz des Promenade Hotel in der Louis Trichardt St. **Greyhound**, 013-753 2100, hat sein Büro gegenüber dem Hotel. Der **Baz Bus** aus Mbabane (Swasiland) und Jo'burg hält an den Unterkünften der Stadt. Der häufiger verkehrende **Citybug Shuttle Bus**, 013-753 3392, www.citybug. co.za, der täglich von Jo'burg und Pretoria und wöchentlich von Durban hierher fährt, hält an der BP-Tankstelle im Sonpark Centre, Piet Retief St, südlich des Stadtzentrums.

Busse nach:
DURBAN (wöchentl., 8 Std.);
JOHANNESBURG (3x tgl., 5 Std.);
PRETORIA (3x tgl., 4 Std.).

Baz Busse nach:
JOHANNESBURG (3x wöchentl., 4 Std.);
MANZINI in Swasiland (3x wöchentl., 2 1/2 Std.);
MBABANE in Swasiland (3x wöchentl., 3 1/2 Std.);
PRETORIA (3x wöchentl., 5 Std.).
Nelspruit ist auch Ausgangspunkt für die Fahrt nach MAPUTO in Mosambik.
Der **Cheetah Express**, 013-755 1988, R190 einfache Strecke, ist ein Shuttleservice zwischen den beiden Städten. Abfahrt in Nelspruit um 16.30 Uhr (Mo–Sa), Fahrtdauer 2 1/2–3 Std. Tickets gibt's beim Tourist Office im Crossings Centre, Visa direkt an der Grenze.

Minibustaxis

Wer einen Transport in andere Orte der Provinz benötigt, fährt von Nelspruit am besten mit Minibustaxis weiter. Minibustaxis stehen meist in der Bester St North, unmittelbar östlich des Bahnhofs von Nelspruit.

Eisenbahn

Der **Bahnhof** von Nelspruit, 013-752 9203, liegt an der Andrew St am Nordrand des Stadtzentrums.

Züge nach:
JOHANNESBURG (1x tgl., 10 Std.);
PRETORIA (1x tgl., 8 Std.).

Flüge

Die Maschinen von SA Airlink, 013-750 2531, landen auf dem **Kruger Mpumalanga International Airport**, kurz KMIA, 013-753 7500, 20 km nördlich der Stadt an der R40

nach White River. Im Flughafen befinden sich Schalter verschiedener Autoverleihfirmen.
Tina Bohm von **Malachite Tours and Transfers**, ✆ 083-459 4150, 💻 www.malachitetours.co.za, holt Passagiere am Flughafen ab und bringt sie zuverlässig und zu angemessenen Preisen nach Nelspruit (oder in den Krüger-Park und die privaten Reservate, nach Hazyview sowie von Nelspruit weiter nach Mozambik).
Es bestehen **Flugverbindungen** zwischen Nelspruit und JOHANNESBURG (3–6x tgl., 1 3/4 Std.), KAPSTADT (tgl. über Johannesburg, 4 Std.), DURBAN (1x tgl., 1 1/2 Std.) und MAPUTO (tgl., 1 1/2 Std.) sowie anderen Zielen in Mosambik. Leider zählen die Flüge nach Nelspruit zu den teuersten des Landes, sodass es billiger sein kann, nach Johannesburg zu fliegen und von dort mit dem Auto weiterzufahren.

Östlich von Nelspruit: Südrand des Krüger-Parks

Von Nelspruit folgt die N4 in östlicher Richtung grob dem Lauf des **Crocodile River**, der die südliche Grenze des Krüger-Parks beschreibt. Auf den 58 km bis zum Dörfchen Malelane verläuft die Straße am bewaldeten Ufer des Crocodile River entlang durch üppiges, subtropisches Farmland und vorbei an den grauen, surrealen Formationen von Granit-*koppies*. Rund 4 km hinter Malelane geht die Straße ab zum Krüger-Park-Eingang **Malelane Gate**, dem günstigsten Eingangstor für Gäste des Restcamps Berg-en-Dal (S. 642).

Ein Schild 12 km östlich von Malelane weist zur **Buhala Game Lodge**, ✆ 013-792 4372 oder 4817, 💻 www.buhala.co.za, ❽ einem tollen Gästehaus auf einer Mango-, Zuckerrohr- und Papayafarm. Von der Lodge hoch über dem Crocodile River reicht der Blick über das langsam dahinfließende Wasser bis in den Krüger-Park hinein. Für etwa R660 p. P. können von hier aus Touren zum Krüger-Park arrangiert werden, ebenso Wanderungen im Park für R450.

Die 2 km vom Malelane Gate entfernte Unterkunft **Selati 103**, ✆ 013-790 0978, 💻 www.selati103.co.za, vermietet Garten-Cottages für Selbstversorger ❸–❺. Frühstück und/oder Abendessen ist nach Anmeldung erhältlich, ebenso ein Frühstückspaket für Leute, die frühmorgens in den Park aufbrechen. Es gibt einen Pool, *braai*-Stellen und zwei gut sortierte Supermärkte. Restaurants und Speisen zum Mitnehmen gibt es im 4 km entfernten Dorf Malelane. Näher gelegene Verpflegungsmöglichkeiten finden sich auf dem Weg zum Malelane Gate.

Barberton

Die 36 km südlich von Nelspruit gelegene Stadt Barberton entstand, nachdem Auguste Robert („French Bob") 1883 **Gold** entdeckt hatte. Im Jahr darauf fand **Graham Barber** eine weitere ergiebige Goldader und gab der Stadt seinen Namen. Bald setzte ein Zustrom von Händlern, Hoteliers, Barkeepern, Prostituierten und sogar Pfarrern ein, die sich zu den Goldsuchern in der wachsenden Grenzstadt gesellten, die aus Zelten, Blech, Stroh und Schlamm gebaut war. Fast jedes zweite Gebäude diente als Kneipe. Während des **Riesenbooms** der 1880er-Jahre entglitt die Kontrolle über die Goldfunde den Händen der kleinen Goldsucher, und die Minen gerieten in den Besitz jener großen Unternehmen, die sie noch heute besitzen.

Hier werden die besten Untertagetouren durch eine aktive Goldmine in Südafrika angeboten, außerdem kann man lernen, Gold zu waschen. Davon abgesehen hat Barberton den Charme eines kolonialen Provinzstädtchens, preiswerte Unterkünfte, einige historische Sehenswürdigkeiten sowie tropische Vegetation und eine attraktive Lage in einem von Bergen gesäumten Talbecken.

Sehenswertes

In der Umgebung von Barberton sind noch sieben Minen in Betrieb, die alle eigene Vergnügungslokalitäten für die Bergleute unterhalten – man trifft also in den öffentlichen Kneipen nicht so viele Schürfer wie in den alten, wildenTagen.

Einen Einblick in die Bergbaugeschichte der Stadt vermittelt das **Barberton Museum**, 36 Pilgrim Street, drei Straßen östlich des Tourist Office. In dem gelungenen modernen Bau ist eine gute Ausstellung über die Goldrauschzeit zu sehen. ⌚ Mo–Fr 9–16, Sa und So 9–13 und 14–16 Uhr, Eintritt frei.

Noch interessanter ist es, den schwarzen Auszubildenden des **Umjindi Jewellery Project** dabei zuzusehen, wie sie Gold verarbeiten. Hier werden Menschen aus der Umgebung während einer 3-jährigen Lehrzeit zu Goldschmieden und Schmuckdesignern ausgebildet. Einige der Arbeiten kann man kaufen. Im benachbarten Café gibt es guten Espresso und Caffe Latte – reichlich exotische Genüsse für hiesige Verhältnisse. ⌚ Mo–Fr 8–17, Sa 8–14 Uhr.

Im Museum und im Tourist Office sind Karten für den **Heritage Walk** erhältlich, einen Stadtspaziergang, auf dem grün-weiße Wegweiser zu einigen historisch interessanten Häusern und Denkmälern führen. Das für eine wohlhabende Mittelstandsfamilie erbaute **Belhaven House**, 18 Lee Rd, ⌚ 9–16 Uhr, liegt fünf Gehminuten nördlich des Museums (Führungen 10–15 Uhr jede volle Stunde, R10).

Weiter östlich gelangt man zum interessantesten der drei historischen Häuser: **Stopforth House**, 18 Bowness St, ⌚ 9–16 Uhr, Führungen wie bei Belhaven. Das ursprüngliche Haus aus Holz und Eisen ist samt der Nebengebäude von James Stopforth, einem hiesigen Bäcker und Gemischtwarenhändler, erbaut worden. Die Eintrittskarte fürs Belhaven gilt auch für das Stopforth House.

Übernachtung

Barberton selbst verfügt über gute Unterkünfte, aber es gibt auch einige Kilometer entfernt hervorragende Überachtungsmöglichkeiten.

Aloe Ridge Guest Farm, 10 km nördlich von Barberton an der R38, ✆ 082-456 3442, 💻 www.aloeridgeguestfarm.com. Ruhige, erschwingliche B&B- und Selbstversorger-Unterkünfte auf einer Biofarm. Sehr gute Gelegenheiten zur Vogelbeobachtung. ❸

Fountain Baths Guest House, 48 Pilgrim St, ✆ 013-712 2707, 💻 www.fountainbaths.co.za. Angenehme B&B-Zimmer und Mini-Apartments für Selbstversorger (2–4 Pers.) in zentraler Lage. Der tropische Garten grenzt an den Saddleback Hill. ❸

Mazwita Bush Camp, 17 km Richtung Nelspruit an der R40, ✆ 082-604 1190, 💻 www.mazwita.com. Kleine Wildfarm mit strohgedeckten Rondavels, Holzplankenwegen und hübschen Hügeln zum Wandern und Radfahren oder für Fahrten zur Wildbeobachtung ohne Bedrohung durch Raubtiere. ❻

Old Coach Road Guest House and Restaurant, 13 km nördlich von Barberton an der R38 nach Kaapmuiden, 💻 www.oldcoachroad.co.za, ✆ 013-719 9755. Komfortable DZ mit Bad und 1 Familienappartment. Freundliche Unterkunft

Minentouren und Spaziergänge in Barberton

In Barberton können Besucher spektakuläre Touren durch eine aktive Goldmine unternehmen und dabei lernen, wie man Gold wäscht. Die Touren (R90) durch die **Agnes Mine** finden täglich nach Bedarf statt und können über das Tourist Office, ✆ 013-712 2880, ✉ astrid@barberton.co.za, gebucht werden. Agnes liegt 9 km außerhalb von Barberton an der Verlängerung der Crown Street und hat ein Restaurant auf dem Gelände.

Eine weitere faszinierende Tour konzentriert sich auf die Geologie des Gebietes. Zu sehen sind Meteoritablagerungen und 3,5 Mrd. Jahre alte Felsformationen, die Barberton den Status eines Welterbes eingebracht haben.

Um einen wirklichen Eindruck der alten Minen zu bekommen, bietet sich der 2 km lange **Fortuna Mine Hiking Trail** an, ein Rundwanderweg, der unmittelbar südlich der Stadt u. a. durch einen still gelegten, 600 m langen Tunnel führt, der für den Transport des goldhaltigen Erzes zur Fortuna Mine gebaut worden war. Der Spaziergang (Taschenlampe nicht vergessen und gutes Schuhwerk tragen) beginnt am Parkplatz abseits der Crown Street im Süden der Stadt. Er führt zunächst durch reizvolle Landschaft und schließlich in den Tunnel, an dessen Ende sich schöne Blicke auf Barberton und das De Kaap Valley eröffnen. Entsprechendes Kartenmaterial ist im Tourist Office zu bekommen.

auf einem ruhigen Gelände mit Pool, ausgedehntem Rasen und Affen in den Bäumen. Lizenziertes Restaurant (🕒 nur abends) mit Terrasse und fantastischem Blick auf die Berge. ❹

Essen

Co-Co Pan, Crown St. Das beste Lokal der Stadt ist preiswert und freundlich. Serviert werden einfache Hamburger, Steaks und Omelettes.

Einheimische treffen sich bevorzugt in **Papa's Kitchen**, 18 Judge St, zwei Straßen vom Tourist Office entfernt, wo ab und zu auch live zum Tanz aufgespielt wird. 🕒 tgl. 10 Uhr bis spät.

Victorian Tea Garden, neben dem Tourist Office, Crown St. Gepflegter Teesalon in einem weißen Gartenhaus, das direkt aus einem Londoner Park zu stammen scheint. An Tischen im Freien gibt es guten Tee und Snacks. 🕒 Mo–Fr 8–17, Sa 8–13 Uhr.

Piccadilly Deli, 18 Sheba Rd, Abendmahlzeiten mit einem gewissen Flair. 🕒 Di–Sa Mittag- und Abendessen.

Informationen

Tourist Office, Crown St, 📞 013-712 2880, 💻 www.barberton.co.za. Hilft bei der Suche nach einer Unterkunft in der Gegend, gibt Auskunft über Wandermöglichkeiten und hat Broschüren und Karten für die ganze Provinz. Die Mitarbeiter buchen Minentouren oder Aktivitäten wie Reiten und Segelflüge. 🕒 Mo–Fr 7.30–16.30, Sa 9–14 Uhr.

Transport

Öffentliche Verkehrsmittel sucht man vergebens, von Nelspruit fahren allerdings Minibustaxis nach Barberton.

Nördlich von Nelspruit: Westflanke des Krüger-Parks

Die R40 verläuft von Nelspruit in nördlicher Richtung entlang der Westgrenze des Krüger-Parks durch reiche Ländereien, auf denen Tropenfrüchte angebaut werden, und bettelarme ehemalige Homelands. Der wahrscheinlich einzige Grund, weshalb Touristen wie du und ich die Strecke von Hazyview nach Norden nehmen, sind die privaten Wildschutzgebiete **Sabi Sands**, **Manyeleti** und **Timbavati**, die an den westlichen Krüger-Park grenzen (S. 653, Privatreservate). Oder das Ziel heißt **Orpen Gate**, das in den reizvollen Zentralabschnitt des Krüger-Parks führt.

Auf dem Weg nach Hazyview wimmelt es von Gästehäusern, darunter ziemlich noble. Das hört erst auf, wenn man die dicht besiedelten ehemaligen Bantustan-Gebiete um **Bosbokrand** erreicht. **Klaserie,** an der Grenze von Mpumalanga zur Provinz Limpopo, sieht auf der Landkarte nach sonstwas aus, ist aber in Wirklichkeit kaum mehr als eine leicht zu übersehende Tankstelle mit Laden, umgeben von verschiedenen privaten Wildfarmen – die „armen Verwandten" der teureren Lodges innerhalb der Privatreservate.

Nördlich der Grenze von Mpumalanga führt die Straße durch mehrere Kleinstädte ins Zentralgebiet des Krüger-Parks und zu den Privatreservaten Manyeleti und Timbavati. Wer über die R36/R527 aus dem Escarpment von den Aussichtspunkten am Blyde River Canyon (S. 615) herkommt, erreicht nach etwa 75 km eine Gabelung. Auf der nördlicheren Strecke geht es nach **Hoedspruit** und Klaserie.

In der Umgebung von Hoedspruit gibt es ein paar gute Übernachtungsgelegenheiten, besonders in der Gegend am Fuß des Escarpment. Viel weiter nördlich, und meist auf der N1 von Polokwane aus angefahren, liegt die Bergbaustadt **Phalaborwa.** Sie ist nur 2 km vom gleichnamigen Zufahrtstor entfernt, das ins Zentralgebiet des Krüger-Parks und zu den schönen Camps Letaba und Olifants führt.

Hazyview

Hazyview liegt 43 km nördlich von Nelspruit und bestand früher im Wesentlichen aus einer Hand voll großer Einkaufszentren, zwischen denen sich haufenweise Minibustaxis tummelten. Kleine Marktstände versorgten die afrikanischen Gemeinden der Gegend mit Obst und anderen Waren. Seit der Eröffnung des nur 10 km von der Stadt entfernten **Phabeni Gate** zum Krüger-Park ist Hazyview der perfekte Ausgangspunkt für Fahrten in die wildreiche Südregion des Reservates. Eine ideale Basis finden hier vor allem Besucher, die Tiere beobachten, aber nicht im Park übernachten wollen. Außerdem lockt die Stadt mit diversen Abenteueraktivitäten und Touren.

Eine Art Zentrum der weitläufigen Stadt bildet die **Perry's Bridge** an der Kreuzung von R536 und R40. Dieser kleine Komplex besteht aus Luxusgeschäften, Kunsthandwerksläden, Restaurants und Safari-Buchungsbüros.

Übernachtung

Über mangelnde Unterkünfte kann man sich in Hazyview nicht beklagen. Die meisten liegen auf Farmgelände an den Straßen zu den Nachbarorten Sabie (R536), Graskop (R535) und White River (R538) sowie in Richtung Paul Kruger Gate zum Krüger-Park (R40).

Bohms Zeederberg Country House, 17 km von Hazyview an der R536, ✆ 013-737 8101, 💻 www.bohms.co.za. Gepflegte altmodische Chalets in einem subtropischen Garten rund um einen Swimming Pool mit traumhafter Aussicht und Wanderpfaden zum Fluss hinab. Rollstuhlfreundlich. ❻

Bushpackers at Gecko Lodge, 3 km von Hazyview an der R536, ✆ 013-737 8140, 082-342 6598, 💻 www.gecko-bushpackers.co.za. Direkt neben der Gecko Lodge, mit Swimming Pool, Campingplatz, Dorms und DZ, plus Transfers von und nach Nelspruit sowie Tages- oder längere Ausflüge in den Krüger-Park. ❶–❷

Eagle's Nest Chalets, 5 km von Hazyview an der R536 Richtung Sabie, ✆ 013-737 8434, 💻 www.eaglesnest.co.za. 12 gepflegte Selbstversorger-Chalets oben auf einem Hügel in einer tropischen Grünanlage mit Swimming Pool und Minigolfplatz. Man biegt von der R536 auf die Straße nach Kiepersol ab und fährt 2,2 km auf der kurvigen Schotterstraße hoch. ❸

Gecko Lodge, 3 km von Hazyview an der R536, ✆ 013-737 8374, 082-556 6458, 💻 www.geckolodge.net. Hat vielleicht die hübscheste Location in Hazyview: durch das üppige grüne Gelände windet sich ein Fluss. Die Zimmer sind ordentlich und ihren Preis wert, und es gibt sowohl einen Pub als auch ein Restaurant. Die Lodge ist Ausgangspunkt des Aerial Cable Trail (s. Skyway Trails S. 626). ❹

Country Lodge mit super Service

Rissington Inn, 2 km südlich der Stadt an der R40, ✆ 013-737 7700, 💻 www.rissington.co.za. Entspannte und lockere Unterkunft mit 14 Zimmern im Garten eines großen, strohgedeckten Farmhauses (Kinder willkommen). Am besten sind die Garten-Suiten mit Außenduschen. Pool, Bar und Restaurant. ❹–❻

Hotel Numbi, Main Rd, ✆ 013-737 7301, 💻 www. hotelnumbi.co.za. Ein gemütliches altmodisches Hotel mitten in der Stadt. Es hat einen Campingplatz, Garten-Suiten und Hotelzimmer. Auf dem Gelände gibt's Schatten und im Hotelrestaurant leckere Steaks. ❹–❺

Idle and Wild, 6 km vor Hazyview an der R536, ✆ 013-737 8173, 083-283 6190, 💻 www.idleandwild.co.za. Mangofarm in einem grünen Tal am Ufer des Sabie River. Hat 2 strohgedeckte Rondavels, eine Familieneinheit und 2 Honeymoon-Suiten (mit eigenem Spa) im prachtvollen Garten. Im Haupthaus daneben werden 2 Zimmer mit Bad vermietet. Alle mit Küchenzeile, außerdem Jacuzzi, Sauna und Swimming Pool. ❹

Sabi River Sun, 2 km vor Hazyview an der R536, am Ufer des Sabie, ✆ 013-737 7311, 💻 www. southernsun.com. Luxuriöse Familienanlage um einen großen Golfplatz herum angelegt. Es ist zwar in erster Linie ein Time-share-Resort, aber es gibt Hotelzimmer, ein Restaurant, einen Pub und einen Kinderspielplatz, wo in den Schulferien ein Kinderfreizeitprogramm durchgeführt wird. ❻

Thulamela, von der R40 km auf die White River Rd abbiegen und 1 km folgen, ✆ 013-737 7171, 💻 www.thulamela.co.za. Romantisches Guesthouse, von einem Ernährungsberater geführt, der für ein gesundes Frühstück sorgt. Die Gäste werden in Holz-Cottages mit Bad untergebracht, jeweils mit eigener Terrasse, Jacuzzi und Blick übers Bushveld. Keine Kinder unter 16. ❻

Essen und Unterhaltung

In der Gegend von Hazyview haben sich eine ganze Reihe guter Esslokale niedergelassen, vorwiegend an den Hauptstraßen, die zu den

Nachbarorten führen. Am besten legt man am **Perry's Bridge Centre** an der Kreuzung von R40 und R356 einen Stopp ein. Hier gibt es zwei gute Esslokale, Kaffee, Bier und Pizza. Und auch das billigste Ganztagsfrühstück ist im Perry's zu haben, im Corner Shop, wo an der Biltongbar Wild- und Rindfleischbiltong verkauft wird. Wer köstlich afrikanisch essen möchte, geht abends zu Speis und Tanz ins Shangana Cultural Village.

Kuka, Perry's Bridge Centre, ✆ 013-737 6957. Edles Afro-chic-Restaurant und Cocktailbar mit farbenfrohem, modernem Dekor und Tischen drinnen und draußen. Außer Wild- und anderen Fleischgerichten produziert die Küche auch leckere Salate. ⏲ tgl. ab 7 Uhr bis spät.

Perry's Bridge, Perry's Bridge Centre, ✆ 013-737 7767. Zum selbstgebrauten Lager und Ale passt prima ein Grillteller. Es gibt sogar eine ordentliche Auswahl an Kindergerichten. ⏲ tgl. ab 11 Uhr bis spät.

Shangana Cultural Village, 4 km außerhalb an der R535 nach Graskop, ✆ 013-737 5804/5. Ausgezeichnetes afrikanisches Abendessen (ab R300), das von Häuptlingsfrauen in gewaltigen Töpfen über offenem Feuer gekocht wird. Auf der Speisekarte stehen mitunter Krokodilfleisch in pikanter Erdnusssauce, Rindfleisch oder Süßkartoffeln mit Honigglasur, zum Nachtisch gibt's tropische Früchte am Spieß. Angesichts der zahlreichen Gemüse- und Bohnengerichte kommen auch Vegetarier auf ihre Kosten. Die Gäste werden in Hütten sehr zuvorkommend von den Damen des Hauses bedient. Das Essen bildet den krönenden Abschluss eines Dorfrundgangs sowie einer feurigen Tanzdarbietung, alles im Preis inbegriffen.

Summerfields Kitchen, 4,5 km außerhalb der Stadt an der R536 Sabie Rd, ✆ 013-737 6500. Wunderschön auf einer Rosenfarm gelegen (weder zum Pflücken noch zum Verkauf). Das Mittagessen wird auf einer Holzveranda unter Sonnenschirmen aufgetragen und besteht z. B. aus Pilzpastete mit Estragon oder frisch gebackener Pizza. Abends darf man mit knusprig gebratenem Lachs, Pfeffersteak o. Ä. rechnen. Die Preise sind angemessen, es gibt eine Kinderspeisekarte und einen Spielplatz. ⏲ Mo–Fr nur Nachmittagstee 14–17, Sa 8–21 Uhr, So abends geschl.

Aktivitäten

In der Nähe von Hazyview lassen sich zwei echt aufregende Sachen unternehmen. Beide können unabhängig von einander gebucht werden oder ohne zusätzliche Kosten bei Big 5 Country Tourism (s. „Informationen").

Die Kabelgleitbahn **Skyway Trails**, ✆ 082-825 0209, 013-737 8374, 💻 www.skywaytrails.com, ist ein 3-stündiges Vergnügen (R450). Sicher an einem dicken Kabel festgehakt, gleitet man hoch über dem Tal und den Baumwipfeln von Plattform zu Plattform. Sturzhelme und Ausrüstungen werden gestellt, die Guides sind sehr nett und verstehen ihr Handwerk. Für den „Gleitflug" sind keine besonderen Fähigkeiten notwendig, abgesehen von einer Portion Gelassenheit, und natürlich darf man keine Höhenangst haben. Kinder zwischen 6 und 10 Jahren werden von einem Guide begleitet. Treffpunkt ist die **Gecko Lodge**, 3 km weiter an der R536. Dort bekommt man die Ausrüstung und eine kurze Einweisung. Anschließend geht's hoch auf den Berg, wo der Trail anfängt.

Im **Elephant Sanctuary**, ✆ 079-624 9436, 💻 www.elephantsanctuary.co.za, 5 km von Hazyview an der R536 Richtung Sabie, dürfen Besucher die drei vor dem Abschuss geretteten Elefantenwaisen streicheln und füttern, die jetzt in ihre „Patchworkfamilie" eingegliedert werden. In unterschiedlichen Programmen (jeweils R400) kommen sich Mensch und Elefant näher. Sehr zu empfehlen sind das „Brush Down"-Programm, bei dem man die Tiere striegelt und die Beschaffenheit ihrer Haut und Ohren fühlt, in Kombination mit dem „Trunk in Hand" – dabei geht man neben dem Elefanten her und hält ganz leicht den Elefantenrüssel (R400, mit Elefantenritt R700).

Wer lieber auf einem Pferd reitet, wendet sich an **Mzuri Horse Trails**, 5 km außerhalb der Stadt an der R536 nach Sabi, ✆ 013-737 8191. Hier werden bis zu 3 Stunden lange Ausritte durch Buschgelände und Obstplantagen durchgeführt. Die Preise liegen bei R185–400.

Sonstiges

Informationen

Big 5 Country Tourism, ✆ 013-737 8191, 💻 www.big5country.co.za, ist das beste Informationsbüro in Mpumalanga. Die Mitarbeiter reservieren Unterkünfte, Safaris in den Krüger-Park, Abenteueraktivitäten und Transfers. Es hat die deutlichste Landkarte der Region erstellt und gibt eigene Broschüren mit Freizeittipps heraus – alles im Büro erhältlich. Informiert auch über das Escarpment.
⌚ Mo–Sa 8–17, So 10–13 Uhr.

Internet

Das Internetcafé **Paper Chain** befindet sich praktischerweise im gleichen Komplex wie Big 5 Country Tourism, ist aber sonntags geschlossen.

Transport

Die kürzeste und schnellste Strecke vom 422 km entfernten Johannesburg nach Nelspruit führt über die N4. Nach Hazyview fahren mit Ausnahme von Minibustaxis keine öffentlichen Verkehrsmittel, doch als Gast einer der hiesigen Backpacker Lodges kann man sich aus Nelspruit abholen lassen.

Orpen Gate

Hinter Hazyview führt die R40 durch Farmland und sanfte Hügel. Auf dem Weg nach **Bosbokrand**, 28 km nördlich, ändert sich das Bild plötzlich: Es tauchen Elendssiedlungen, belebte Straßen, überweidetes Land und dicht besiedelte Ortschaften auf, und hier und da wächst ein Papayabaum oder eine Bananenstaude. Bosbokrand wird auch **Bushbuck Ridge** genannt (eine direkte Übersetzung aus dem Afrikaans ins Englische) und erhielt seinen Namen in Anlehnung an den hügeligen Ausläufer, der sich vom Escarpment nach Osten erstreckt – die Buschböcke, die einst hier umhergestreift sein mögen, haben allerdings schon längst den Rindern und Ziegen das Feld überlassen.

Obwohl die Landkarten der Gegend wenig oder gar keine Besiedelung angeben, führt die verkehrsreiche und z. T. anstrengend zu befahrende Straße durch das ehemalige Bantustan **Lebowa**, wo die Menschen so beengt zusammenleben, dass die Bevölkerungsdichte hier sechsmal höher ist als der Provinzdurchschnitt. Der Ort **Klaserie** liegt 42 km nördlich von Bosbokrand inmitten von Wildfarmen, an der Grenze zwischen Mpumalanga und der Provinz Limpopo. 45 km östlich davon befindet sich das **Orpen Gate** des Krüger-Nationalparks.

Einen Besuch lohnt das **Nyani Shangaan Cultural Village**, Orpen Rd, 28 km vom Gate entfernt, ✆ 083-512 4865, ❸. Es ist eine gute Wahl zum Mittagessen oder zur Übernachtung mit Abendessen und traditionellen Tänzen. Anders als bei den kommerzielleren Kulturdörfern handelt es sich hier um den Versuch von Axon Khosa, einem hiesigen Shangaan, ein Dorf so wieder auferstehen zu lassen, wie er es aus den Geschichten seiner Großeltern aus deren Kindertagen kennt. Gemeinsam mit seiner großen Familie empfängt er Besucher, führt sie durch das Dorf und bietet ihnen eine Mahlzeit an, die meist aus Huhn oder *gem squash*, Spinat und Erdnüssen in *mielie pap* besteht.

Auch Übernachtungen (Reservierung nötig, Mindestgruppengröße 4 Pers.) sind möglich und zwar in einer Hütte mit traditionellem Dungboden und Strohdach. Verglichen mit den Safari Lodges wirkt sie vielleicht ein wenig bescheiden, aber dafür ist es eine authentische Shangaan-Behausung. Die Wände bestehen aus Erde von Termitenhügeln und sind liebevoll von Hand mit weißen, orangefarbenen und schwarzen Motiven verziert. Geschlafen wird auf Matratzen, die tagsüber zusammengerollt werden; es gibt kalte Duschen und Spültoiletten für Gäste.

Die beste Wahl für eine **Übernachtung** in der Gegend ist die bequem zu erreichende Timbavati Safari Lodge an der Orpen Gate Road, 13 km von Klaserie und 20 km vom Tor entfernt, ✆ 015-793 0415, 082-362 2922, 💻 www.timbavatisafarilodge.com, Halbpension ❹. Die strohgedeckten Hütten im Ndebele-Stil bieten Platz für Paare oder größere Gruppen. Zur Anlage gehören ein Pool, eine Bar und eine hübsche Essecke im Freien. Dort wird unterm Sternenzelt das herzhafte Abendessen serviert. Auf dem Gelände kann man gefahrlos herumspazieren und dabei vielleicht Giraffen, Zebras und Antilopen sehen. Mühelos lassen sich interessante Besuche in den afrikanischen Dörfern auf der anderen Straßenseite arrangieren. Auf Wunsch organisieren die Angestellten Game drives und Abenteueraktivitäten in der Umgebung.

Hoedspruit

Von Kaserie auf direktem Weg über die R40 zu erreichen, liegt versteckt im hügeligen Lowveld und vor der Kulisse der dunstigen Berge des Escarpment, die in der Ferne aufragen, das kleine Hoedspruit. Um den Ort konzentrieren sich mehrere private **Wildreservate** und Lodges. Die Stadt bietet sich als Ausgangspunkt für Aktivitäten wie **Reiten** und **Rafting** auf dem Blyde River sowie für Besuche der **Animal Rehabilitation Centres** und gemächliche **Ballonflüge** über das Buschland an.

Hoedspruit ist ein wichtiger Anreiseort für Besucher, die mit dem Flugzeug zum Krüger-Park kommen. Aber man gelangt von hier aus nicht direkt in den Park. Die Flugzeuge landen am **Eastgate Airport**, ✆ 015-793 3681, etwa 14 km südlich von Hoedspruit. Es bestehen Verbindungen nach Johannesburg und Kapstadt. Von den **Autovermietungen** unterhält Avis, ✆ 015-793 2014, ein Büro am Flughafen, aber auch die Firmen aus Nelspruit bringen Autos nach Hoedspruit. Transfers von hier zu den Game Lodges bietet Eastgate Safaris, ✆ 015-793 3678 oder 082-774 9544. Allerdings organisieren die meisten Lodges die Abholung ihrer Gäste selbst.

Hoedspruit besitzt einen kleinen Ortskern, und alles was man so braucht, findet sich in den Einkaufszentren Kamogelo und Crossings Centre an der R527 bzw. R40, darunter ein Internetcafé in Ersterem und ein gut sortierter Pick 'n Pay-Supermarkt und Geldautomat in Letzterem.

Verschiedene Unterkünfte existieren im Umland von Hoedspruit. Westwärts, in Richtung Blyde River Canyon, befinden sich zwei hervorragende Unterkünfte. Und wie angesichts der Nähe zum Krüger nicht verwunderlich, werden alle möglichen Tierbeobachtungsfahrten angeboten. Im Osten liegen am Rand des Krüger-Parks einige der luxuriösesten Safari-Camps in den Reservaten Manyeleti und Timbavati (s. S. 653).

Das Umland von Hoedspruit

Das **Moholoholo Wildlife Rehabilitation Centre**, Buchung unter ✆ 015-795 5236, 💻 www.moholoholo.co.za, liegt an der R531 zwischen der R40 und der R527, etwa 3 km vor der geteerten Abfahrt zum Blydepoort Dam. Der Ex-Ranger Brian Jones hat hier seinen persönlichen Kampf zur Rettung und Auswilderung verletzter und verlassener Tiere aufgenommen. Besonders am Herzen liegen ihm die Raubvögel, aber auch Löwen und Leoparden. Die Führungen sind super interessant, und die Teilnehmer bekommen eine Menge bedrohter Tiere aus nächster Nähe zu sehen.

Das Zentrum gehört zu einem größeren Reservat. Es werden Nachtfahrten und frühmorgendliche Wanderungen angeboten, außerdem gibt es Übernachtungsmöglichkeiten. Wer sich intensiver engagieren möchte, kann an verschiedenen Freiwilligenprojekten teilnehmen – Näheres auf der Website. ◷ Führungen Mo–Sa 9.30 und 15 Uhr, während der Schulferien auch So 15 Uhr, Eintritt R80.

Ähnlich, aber nicht ganz so gut, ist das **Hoedspruit Research and Breeding Centre for Endangered Species**, gemeinhin **Cheetah Project** genannt, das 20 km südlich von Hoedspruit an der R40 liegt. Zu jeder vollen Stunde werden hier zweistündige Touren in offenen Fahrzeugen angeboten, bei denen Besucher die Gehege und Käfige mit Geparden, Afrikanischen Wildhunden, Paradieskranichen und gefährdeten Tierarten wie Kaffern-Hornraben sehen können. Die Tiere werden zu Forschungszwecken gezüchtet, aber auch um sie zu schützen und ihren Bestand zu vergrößern. In dem kleinen Restaurant auf dem Gelände gibt es Tee, Kuchen, Sandwiches und Hotdogs. ◷ Mo–So 8–15 Uhr, Eintritt R70.

Die **Monsoon Gallery** an der R527 nahe der Kreuzung mit der R36, ✆ 015-795 5114, 💻 www.monsoongallery.com, 29 km westlich von Hoedspruit, eignet sich prima für eine Fahrtunterbrechung. In dem entzückenden afrikanischen Kunst- und Kunstgewerbeladen möchte man stundenlang in faszinierenden authentischen Stücken stöbern, darunter Eisenfigurinen und Holzschnitzereien aus Simbabwe, wunderschöne Wandbehänge aus der Karosswerkers-Fabrik in der Nähe von Tzaneen, Venda-Töpfereien und -schmuck sowie afrikanische Musik-CDs und Bücher. ◷ tgl. 8.30–16.30 Uhr.

Zu dem Geschäft gehört auch das hervorragende Esslokal **Mad Dogz Café**, ✆ 015-795 5425, wo in einem schattigen Garten Frühstück, Mittagessen und Nachmittagstee aufgetischt wird. Die Bedienung ist langsam, das Essen preiswert und liebevoll angerichtet. 🕓 tgl. 7.30–16.30 Uhr. Außerdem gibt es hier ein paar ausgezeichnete Übernachtungsmöglichkeiten.

Übernachtung

Blue Cottages Country House, ✆ 015-795 5114, 💻 www.countryhouse.co.za. Gemütliche Ferienwohnungen in einem Bauernhaus voller afrikanischer Kunstgegenstände und Textilien mitten in einem angenehm kühlen und farbenfrohen tropischen Garten. Die Ferienhütten auf dem Gelände sind etwas einfacher, aber gleichfalls ganz schnuckelig. Das Frühstück wird im Mad Dogz Café eingenommen, und auf Wunsch bekommt man ein Abendessen mittlerer Preislage im eigenen Garten bei Kerzenlicht serviert. ❸

Kapama Gwala Gwala, 35 km südlich von Hoedspruit an der Straße nach Guernsey, ✆ 015-793 3491, 💻 www.kapama.co.za. Genau der richtige Ort für Ruhe in einem Big-Five-Gebiet. Unterkunft in 7 Luxus-Safarizelten in der Kapama Private Nature Reserve am Klaserie River. Zwei Tierbeobachtungsfahrten pro Tag sind im Preis enthalten. ❽

Moholoholo Forest Camp, 26 km von Hoedspruit an der R531, ✆ 013-795 5236, 💻 www.moholoholo.co.za. Moholoholo hat zwei gute Unterbringungsarten zur Wahl. Die bessere – und teurere – ist die Forest Lodge an den Ausläufern des Drakensberg-Escarpment, ein eher schlicht gehaltenes Safaricamp. Vollpension und jede Menge Großwild, einschließlich Nashörnern, auf dem Gelände. Auch Ausritte sind möglich. Für Selbstversorger und B&B-Gäste gibt's das rustikalere Mountain View am Rand der R531. Mountain View ❸, Forest Lodge ❼

Trackers, an der R531, die sich 25 km vor Hoedspruit an die Klippen des Canyon schmiegt, ✆ 015-795 5033, 082-494 4266, 💻 www.trackers.co.za. Hier gibt es mehrere Unterkünfte auf einem Farmgelände mit heimischer Bushveld-Vegetation (dazu Zebras und Antilopen): Campingplätze, ein Haus für Backpacker mit einem Schlafsaal und 6 DZ sowie Chalets für Selbstversorger, auch mit Halbpension, nur Getränke müssen selbst mitgebracht werden. Ein Botaniker, der auf der Farm lebt, bietet Touren durch den Busch an. ❷–❹

Zuleika Country House, an der R531 ausgeschildert, ✆ 015-795 5064, 082-823 0609, 💻 www.zuleika.co.za. Das Zuleika liegt zwar nahe beim Otter's Den in einem Zitrusfrüchte-Anbaugebiet, aber nicht am Fluss. Dafür hat es einen reizenden tropischen Garten und einen Swimming Pool. Alle 15 Zimmer sind geschmackvoll eingerichtet und sind unterschiedlich teuer, je nachdem, ob man sich für Selbstversorgung oder ein luxuriöses B&B-Zimmer mit Bergblick von der Holzveranda entscheidet. ❹–❻

Minicamp auf einer Insel

Otter's Den, an der R531, unweit der Kreuzung mit der R527, ✆ 015-795 5488, 082-572 2223, 💻 www.ottersden.co.za. Kleines und erholsames Camp für 8 Personen auf einer mit Busch bewachsenen Insel im Blyde River, wo es sich hervorragend angeln und Vögel beobachten lässt. Die Ankunft beim Camp ist aufregend: Man steigt aus dem Auto aus und überquert den Fluss auf einer Holzbrücke über den Köpfen prustender und schnaubender Hippos. Es gibt Chalets mit Bad auf Stelzen und Blick über den Fluss sowie einen felsigen Swimming Pool mit Flusswasser. Hausherr Wynand begleitet die Gäste auf Wanderungen und hilft bei der Bestimmung von Bäumen und Vögeln. Seine Leidenschaft ist das Heißluftballonfahren. Halbpension ❻

Aktivitäten

In der Umgebung von Hoedspruit bieten sich zwei tolle Unternehmungen an. Erstens ein höchst empfehlenswerter **Ausritt** ab dem Reitstall **Off-Beat Safaris**, 13 km nördlich der Stadt, ✆ 015-793 2422, 082-494 1735, 💻 www.offbeatsafaris.co.za, bei dem man Giraffen, Kudus, Zebras und Gnus zu sehen bekommt. Los geht's für R200 tgl. um 8.30 und 14 Uhr, allerdings nur nach Anmeldung. Zweitens gibt's einen Flug in einem **Heißluftballon** (R2500). Das ist eine fantastische Möglichkeit, den Busch aus einer anderen Perspektive zu betrachten. Angeboten werden sie von Wynand aus dem Otter's Den, ✆ 015-795 5488. Das Wetter muss allerdings perfekt sein; die Flüge starten normalerweise in aller Herrgottsfrühe, wenn es am stabilsten ist. Je nach Wetterlage fliegen die Ballons an unterschiedlichen Stellen ab – der genaue Ort wird den Teilnehmern rechtzeitig mitgeteilt.

Polokwane und die R71 nach Phalaborwa

Polokwane (früher Pietersburg), im Herzen der Provinz Limpopo und Hauptstadt derselben, ist die größte Stadt an der Great North Road zwischen Johannesburg und der Grenze nach Simbabwe. Sie ist vor allem ein administratives und industrielles Zentrum und erhält einen großen Teil ihrer Dynamik aus dem riesigen Verkehrsaufkommen, das auf der N1 durch die Stadt rollt. Aber sie kann auch mit einem erstklassigen Museum aufwarten.

Wer in Richtung Lowveld oder zentraler Krüger-Park unterwegs ist, muss bei Polokwane auf die R71 nach Phalaborwa abbiegen. Im Herzen des lebhaften und kompakten Geschäftsbezirks von Polokwane liegt der **Civic Square**, eine von der Landros Mare Street und der Thabo Mbeki Street begrenzte Parkanlage.

Wirklich sehenswert in Polokwane ist nur das **Bakone Malapa Museum**, 9 km südöstlich der Stadt an der R37. Das Freilichtmuseum ist schlicht, aber glaubwürdig, denn es vermittelt mehr von der alten Lebensart des hier ansässigen Volkes der Bakone (einer Gruppe innerhalb der Nord-Sotho) als viele aufwendiger angelegte Versuche. Im traditionellen Stil ist ein Hüttendorf erbaut worden, in dem 14 Bewohner ständig leben und tagsüber handwerklichen Tätigkeiten wie Töpfer- oder Lederarbeiten nachgehen. Einer von ihnen führt Besucher auch durch das Dorf und erläutert die verschiedenen Aktivitäten, die Architektur sowie die Geschichte und Legenden des Dorfes. ◷ tgl. 8.30–16.30 Uhr, Eintritt R6.

Das gewisse Etwas

African Roots Guesthouse, 58a Devenish St, ✆ 015-297 0113, 💻 www.africanroots.info. Die Zimmer in dem gastfreundlichen Haus sind allesamt makellos und stilvoll mit Schmuckstücken und Kunstgegenständen eingerichtet. Überall WiFi. ❸

Übernachtung

In Polokwane bestehen jede Menge Übernachtungsmöglichkeiten, an vielen Straßenecken weisen Schilder auf B&Bs und Lodges hin. Nachstehend sind einige der besten beschrieben. Der Campingplatz im **Polokwane Game Reserve**, ✆ 015-290 2331, hinter dem Golfplatz an der Dorp Street, hat einfache Einrichtungen, die völlig in Ordnung sind, und ein paar billige Chalets ❷. Obwohl er innerhalb eines Tierschutzgebiets liegt, fühlt man sich eigentlich nicht wie mitten in der Natur.

Garden Court, Thabo Mbeki St, Ecke Bok St, ✆ 015-291 2030, 💻 www.southernsun.com. Große Anlage 2 Blocks vom Civic Square. Die Zimmer sind nicht besonders ausgefallen, aber mit allem Erforderlichen ausgestattet. Außerdem gibt es ein gutes Restaurant und einen Pool im Freien. ❺

Pietersburg Club, 122 South St, ✆ 015-291 2900, 💻 www.pcob.za/pburgclub. Das Clubhaus mit viktorianischem Touch liegt in Spaziernähe vom Fußballstadion. Es hat gut ausgestattete Zimmer mit Bad und zum Garten hin gelegenen Veranden, ideal für einen Absacker von der vielfältigen Cocktailbar. Zum Club gehört auch ein hervorragendes Restaurant. ❺

Victoria Guest House, 32 Burger St, ✆ 015-295 7599, 💻 www.victoriaplace.co.za. Wie der Name verrät, handelt es sich um ein Guesthouse im viktorianischen Baustil. Es besteht aus 3 separaten Gebäuden, in denen 18 individuell gestaltete Zimmer mit Bad untergebracht sind, und einem Bereich für

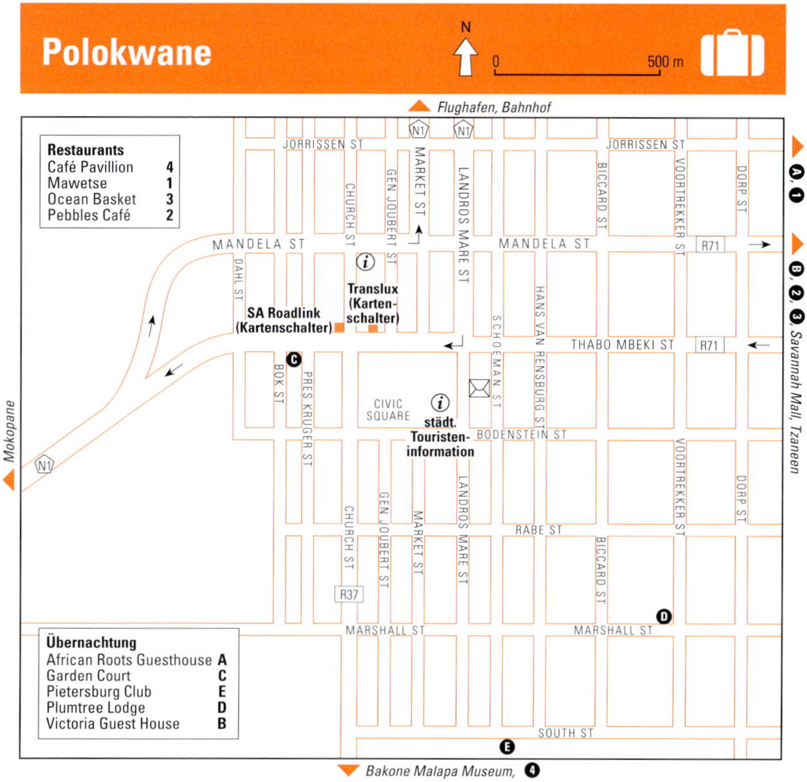

Selbstversorger auf der anderen Straßenseite. Berühmt für das großzügig bemessene Frühstück. ❸

Essen

In Polokwane sind zahlreiche Restaurant- und Fastfood-Ketten vertreten. Die größte Ansammlung findet man in der Savannah Mall, die am Stadtrand an der Straße nach Tzaneen liegt – abgesehen von den bekannten Namen ist dort in der unteren Etage eine empfehlenswerte Filiale von **Ocean Basket** vertreten, die zu einer südafrikanischen Seafood-Kette gehört. In der Stadt gibt es aber auch ein paar unabhängige, von Einheimischen geführte Restaurants:

Cafe Pavillion, abseits Church St, ✆ 015-291 5359. Hat erstklassige Fisch- und Fleischgerichte und Currys; im Gartencafé werden köstliche Kuchen serviert.

Pebbles Café, 39 Mandela St, im Haus von Tom Naude, ✆ 015-295 6999. ⌚ Frühstück, Snacks, Mittagessen, wochentags auch Abendessen.

Mawetse, Jorissen St, Ecke Hoog St, nur einen Steinwurf vom African Roots Guesthouse, ✆ 015-297 4439, 💻 www.mawetse.com. Wer sich mal einen ganz besonderen Abend gönnen will – dieses Gourmetrestaurant ist der richtige Ort. Es hat Extra-Lounges, wo man Champagner (nur französischen, versteht sich) trinken und Zigarren (ausschließlich kubanische) rauchen kann, außerdem Essen vom Allerfeinsten, das natürlich seinen Preis hat (ab R135 für ein Hühnchensandwich).

Sonstiges

Autovermietungen
Alle Autovermietungen der Stadt sind am Flughafen vertreten:
Avis, ✆ 015-288 0171;
Budget, ✆ 015-288 0169;
Imperial, ✆ 015-288 0097;
Tempest, ✆ 015-288 0219.

Informationen
Polokwane hat zwei Touristeninformationsbüros.
Municipal Tourist Information Service, am Civic Square, ✆ 015-290 2010. Informiert über Unterkünfte, Sehenswürdigkeiten und Transportmöglichkeiten in der Stadt.
⌚ Mo–Fr 8–18, Sa 8–13 Uhr.
Limpopo Tourism and Parks Board, Mandela St, Ecke Church St, ✆ 015-290 7300, 💻 www.golimpopo.com. Ist für die ganze Provinz zuständig und hat einige Broschüren, Pläne und Landkarten auf Lager. ⌚ Mo–Fr 8–16.30 Uhr.

Reisebüros
SA Tours and Bookings, in der Plumtree Lodge, ✆ 015-295 6162, ✉ satours@mweb.co.za.

Transport

Busse
Sämtliche Intercity-Busse fahren durch das Stadtzentrum: **Translux** und **Greyhound** halten vor dem Translux-Fahrkartenbüro in der Thabo Mbeki Street, ganz in der Nähe vom Civic Square. Die Busse von **SA Roadlink** halten bei ihrem Ticketbüro, ebenfalls in der Thabo Mbeki Street direkt gegenüber vom Hotel Garden Court. Die Intercity-Busse haben ihre Haltestelle nördlich der Innenstadt abseits vom Nelson Mandela Drive.
Busse nach:
JOHANNESBURG (5x tgl., 4–5 Std.);
TZANEEN (tgl., 1 3/4 Std.).

Eisenbahn
Der **Bahnhof**, ✆ 015-299 6202, liegt am Nordrand der Innenstadt unweit der R521 (eine Verlängerung der Market St). Täglich außer Sa verkehrt je ein Zug zwischen JOHANNESBURG und MUSINA (Gesamtfahrzeit 14–15 Std. über Nacht), der auch in Polokwane hält. Unbedingt beachten: Die Zwischenstationen auf dieser (sehr langsamen) Strecke werden oftmals mitten in der Nacht erreicht.

Flüge
Der **Gateway Airport** liegt 5 km nördlich der Stadt an der N1. Informationen unter ✆ 015-288 0122. Der Flughafen wird sowohl von Inlandsflügen der **SA Airlink**, ✆ 015-288 0164 oder 011-978 1111, als auch von gelegentlichen Auslandsflügen aus den Nachbarländern bedient. Verbindungen nach JO'BURG Mo–Fr 4x tgl., Sa und So 1–2x tgl., 3/4 Std.
Wer ein **Taxi** braucht, wählt ✆ 015-297 4493.

Letaba

Letaba, östlich von Polokwane, ist eine waldreiche, üppig grüne Gebirgsgegend, völlig anders als das heiße Lowveld unmittelbar östlich und das weite, flache Buschland im Westen. Hier beginnt der spektakuläre Anstieg des Drakensberg Escarpment, das sich in vielen Windungen durch Mpumalanga nach Süden erstreckt. Das Waldgebiet beginnt in der Umgebung des Bergdorfes **Haenertsburg** und dehnt sich über zwei schöne, parallel gelegene Täler bis zu Limpopos zweitgrößter Stadt, **Tzaneen**, aus. In den Tälern gibt es inmitten dichter Pinienwälder zahlreiche Seen, glitzernde Flüsse und in Nebel gehüllte Gipfel. Je weiter man sich Tzaneen nähert, desto mehr subtropische Feldfrüchte wie Tee, Macadamia-Nüsse und Avocados kommen hinzu.

Neben einigen sehr komfortablen und wunderschön gelegenen Gästehäusern, Teestuben und Farmstalls, die frische Produkte vom Land anbieten, finden Besucher hier reichlich Gelegenheit zum Wandern und Angeln und insgesamt ein vielseitiges Angebot, das Letaba zu einer reizvollen, weniger bekannten Alternative zu den überlaufenen Bergregionen Mpumalangas macht. So langsam wird es aber auch hier zusehends touristischer.

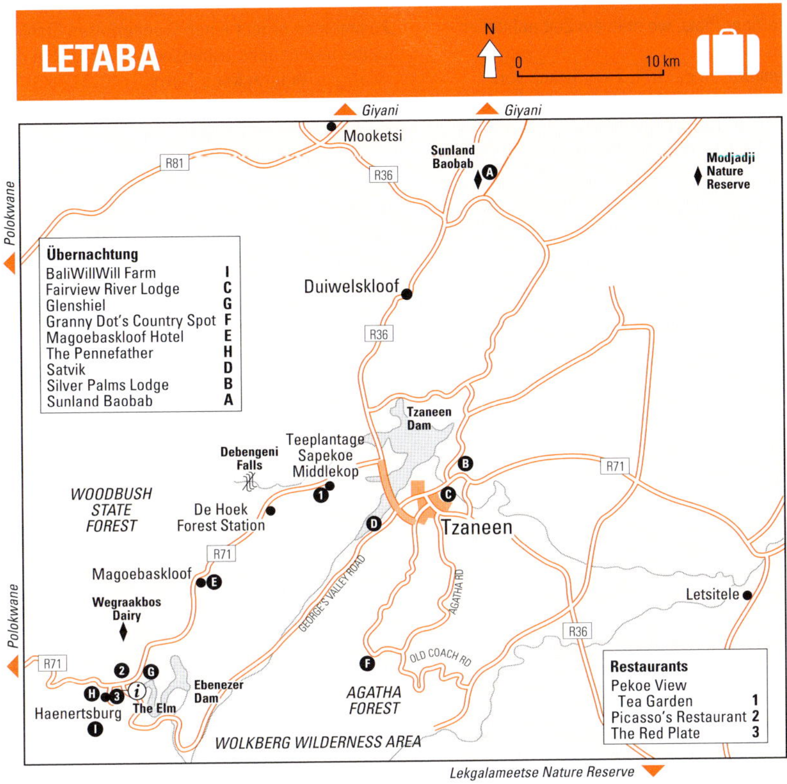

Haenertsburg

Das heitere Haenertsburg liegt 60 km von Polokwane entfernt auf einem Berg mit Blick auf die R71, die sich in die dicht bewaldeten Magoebaskloof-Täler hinabschlängelt.

Das einstige Goldgräberdorf bietet herrliche Blicke über das als „Land des Silbernebels" bekannte Gebiet. Es besteht in erster Linie aus einer Hauptstraße. An ihrem östlichen Ende befindet sich der nette Andenkenladen **The Elms**, ◷ Di–So 8.30–17 Uhr.

Zu The Elms gehört ein nützliches **Tourist Information Office**, die Magoebaskloof Tourist Association, ✆ 015-276 4880, 💻 www.magoebaskloof tourism.co.za, gleiche Öffnungszeiten.

Übernachtung

Für Unterkünfte weiter außerhalb der Stadt an den beiden Strecken, die nach Tzaneen führen, s. S. 634.

The Pennefather, in günstiger Lage an der Hauptstraße 300 m hinter The Elms und nur ein paar Schritte vom Ausgangspunkt eines Wanderpfads, ✆ 015-276 4885, 💻 www.wheretostay.co.za-pennefather. 6 neue, im alten Bergarbeiterstil errichtete Selbstversorger-Cottages. ❸

BaliWillWill Farm, hinter der Polizeiwache noch 2 km die Hügel hinauf, ✆ 015-276 2212. Bietet B&B-Zimmer im Bauernhaus sowie Unterkunft in einem einfachen Apartment für Selbstversorger. Hinter dem Haus liegt ein schattiger Platz, wo man ein Zelt aufstellen kann. ❸

Glenshiel, an der R71, 2 km östlich von Haenertsburg, ✆ 015-276 4335, 💻 www.glenshiel.co.za. Eines der vornehmeren alten Landgasthäuser Südafrikas mit prasselndem Kaminfeuer, tiefen Sofas, Antiquitäten und erlesenen Speisen. Das alte Farmhaus steht mitten in einem dichten Pinienwald. ❻

Essen

Picasso's Restaurant, eine große Blockhütte an der R71. Gutes Essen, darunter Pfannkuchen und ein reichliches Frühstück. 🕓 Mo und Mi–So 8.30–16.30 Uhr.

The Red Plate, an der Hauptstraße neben The Elms. Tipp für den Abend. 🕓 Di und So 10–16, Mi–Sa 10–22 Uhr.

Iron Crown Pub and Grill, an der Hauptstraße. Gemütliches Restaurant mit Standardgerichten. 🕓 Di–Fr 11–23, Sa 10–23, So 9.30–23 Uhr.

George's Valley Road und Magoebaskloof Valleys

Unmittelbar östlich von Haenertsburg führt eine Abfahrt von der großen R71 auf die George's Valley Road, eine Alternativstrecke nach Tzaneen. In punkto Entfernung und fantastischer Landschaft nehmen sich die beiden Strecken nicht viel. An der George's Valley Road steht ein **Denkmal für John Buchan** (Autor des legendären *Die neununddreißig Stufen*). Am **Ebeneezer Dam** kann man ein stimmungsvolles Picknick oder ein erfrischendes Bad genießen. Etwa 4 km vor Tzaneen an der George's Valley Road liegt das **Satvik**, ✆ 0845-562 414, 💻 www.satvik.co.za, ❶, eine ungewöhnliche, reizvolle Backpacker Lodge.

Wer anstatt auf die George's Valley Road abzubiegen auf der **R71** bleibt, erreicht nach rund 4 km östlich von Haenertsburg die Abzweigung zu den **Cheerio Gardens**, in denen alljährlich Ende September das Cherry Blossom Festival veranstaltet wird. Ebenfalls an dieser Abzweigung bekommt man erneut einen wunderbaren Einblick in die traditionelle Lebensweise vor Ort: In der winzigen **Wegraakbos Dairy**, ✆ 015-276 1811, wird noch in einem riesigen Kupferkessel über einem offenen Feuer Käse hergestellt.

Ein paar Kilometer zurück auf der R71 erreicht man die **Magoebaskloof Valleys**, deren Name auf Häuptling Makgoba zurückgeht, der 1895 von einheimischen Kriegern unter dem Buren-Anführer Abel Erasmus geköpft wurde. Von der vorderen Terrasse des **Magoebaskloof Hotels**, ✆ 015-276 5400, 💻 www.magoebaskloof.co.za, eröffnet sich der wahrscheinlich spektakulärste Ausblick der ganzen Gegend; ❺

Wo die R71 den Magoebaskloof-Pass überquert, windet sie sich entlang eindrucksvoller Kurven und durch dichte Wälder. Abwechselnd eröffnen sich zu beiden Seiten weite Blicke über das Land. Eine Seitenstraße führt zum **Woodbush State Forest**, dessen Straßen nur zum Teil befahrbar sind. Neben verschiedenen mehrtägigen Wanderrouten lockt das Gebiet mit den berühmten **Debegeni Falls**, einer Reihe herrlicher Wasserfälle und Naturpools.

Zwischen den Abzweigungen nach Debengeni und Tzaneen weitet sich das Tal und bietet ausgedehnten Zitrusfrucht-, Avocado- und Bananenplantagen Platz. Daneben überziehen saftig grüne Teeplantagen die sanft ansteigende Hügellandschaft.

Auf der stillgelegten Teeplantage **Sapekoe Middlekop**, unweit der Kreuzung von R71 und R36, schlängelt sich eine Straße hoch zum Pekoe View Tea Garden (🕓 tgl. 10–17 Uhr, Eintritt frei), von wo aus sich mit die besten Aussichten des ganzen Tals bieten. Man bekommt Tee und Scones (weiches Teegebäck), daneben auch andere kleine Speisen und Getränke.

Tzaneen

Die Stauseen und Eukalyptuswälder im Umland von Tzaneen sind anmutig und reizvoll. Die Stadt an sich wirkt vergleichsweise schmuddelig und empfiehlt sich ungeachtet der vielen Geschäfte, die es hier gibt, nicht unbedingt als Aufenthaltsort.

Übernachtung

Fairview River Lodge, Old Gravelotte Rd, ✆ 015-307 2679, 🖳 www.fairviewlodge.co.za. Die schicke Anlage hat Selbstversorger-Chalets am Fluss sowie gemütliche DZ mit Bad. ❹

Die Straße stadtauswärts Richtung Agatha und Wolkberg Mountains bietet eine fantastische Aussicht auf die Berge und Täler des Escarpment. Hier gibt es elegante Landgasthäuser, die sich nicht groß von einander unterscheiden.

Granny Dot's Country Spot, rund 10 km von Tzaneen an einer Schotterstraße (immer den Wegweisern folgen), ✆ 015-307 5149, 083-760 0983, 🖳 www.grannydots.co.za. Das kleine, schnucklige B&B ist eine der schlichteren Unterkünfte in der Gegend von Agatha. Es hat einige Selbstversorger-Studios mit fantastischen Ausblicken in die Berge. ❸

Essen

Das Angebot beschränkt sich auf bekannte Takeaways und Filialen von Restaurantketten.

Tino's Pizzaria, Danie Joubert, Ecke Lannie St. Der beste Imbiss der Stadt.

Ashley's Continental Corner, 30 Agatha St. In diesem französisch gestylten Café in einem alten viktorianischen Garten in der Nähe des Museums werden fabelhafte Frühstücksteller, Salate, Eiscreme und Kuchen serviert.

Informationen

Limpopo Tourism and Parks, an der R71 stadtauswärts Richtung Phalaborwa, ✆ 015-307 3582, 🖳 www.golimpopo.com. Hat allgemeine Reiseinfos bezüglich Limpopo und Tipps für Exkursionen nach Modjadji, in die Magoebaskloof Valleys und den Krüger-Park. ◷ Mo–Fr 8–16 Uhr. Detailliertere Informationen über Tzaneen sowie Gästebetten in der Region gibt's beim Touristeninformationsschalter, ✆ 015-307 6513, 🖳 www.tzaneeninfo.co.za, an der Rezeption der **Fairview River Lodge**.

Transport

Busse von **Translux** und **City Link** verbinden Tzaneen mit POLOKWANE (tgl., 1 3/4 Std.) und JOHANNESBURG (tgl., 7 1/2 Std.).

Modjadji Cycad Reserve

Die Gegend um das eher düster wirkende Dorf Modjadji, 32 km nordöstlich von Tzaneen und unweit der R36, ist die Heimat der berühmten **Regenkönigin**. Sie ist die Erbmonarchin des Volkes der Lobedu und besitzt der Legende nach die Macht, Regen herbeizuholen – ein sehr nützliches Talent in diesen häufig ausgedörrten Regionen im Norden.

Derzeit ist keine Königin „im Amt", aber ihre Residenz ist ein Dorf hoch oben in den Nebelschleiern eines Berges, wo eine spezielle Form eines urzeitlichen Palmfarns gedeiht. Diese Pflanze wird auf dem Berggipfel im Modjadji Cycad Reserve geschützt, wo es herrliche, aber leider häufig von Nebel getrübte Ausblicke und mehrere schöne kürzere Wanderwege gibt. Zu den wenigen Einrichtungen gehören Rondavels für Selbstversorger ❷, ein Souvenirgeschäft und ein Informationszentrum, das sich mit den einzigartigen Pflanzen des Gebiets und der berühmten Königin befasst. ◷ tgl. 7.30–18 Uhr, Eintritt R10.

Rund 20 km südöstlich von Modjadji (den Wegweisern folgen) liegt das für Selbstversorger gedachte **Sunland Baobab**, ✆ 015-309 9030, 🖳 www.bigbaobab.co.za, mit dem angeblich größten Baobab-Baum der Welt. Vor dem Baum stehen fünf strohgedeckte A-frame-Cottages ❸. Es gibt einen Pool, und ein Restaurant ist in Planung. Wer nicht über Nacht bleibt, zahlt R10 Eintritt.

Phalaborwa

Der nördlichste Zugang zum zentralen Teil des Krüger-Parks befindet sich bei Phalaborwa (ausgesprochen: „Palla-bor-wa"), 74 km nördlich von Hoedspruit. Der Name bedeutet „besser als der Süden" und ist ein augenzwinkernder Hinweis darauf, dass die Stadt ihre Existenz reichen Mineralvorkommen verdankt. In den 1960er-Jahren bekamen die Parkgrenzen in der Nähe von Phalaborwa plötzlich einen Knick, und wunderbarerweise wurden direkt außerhalb des Naturschutzgebietes umfangreiche Kupferlager entdeckt.

Phalaborwa erreicht man nach einer 490 km langen Fahrt von Jo'burg her auf der N1 nach Polokwane und dann auf der R71 via Tzaneen. Phalaborwa liegt direkt am Parkeingang und bietet sich schon deshalb als Ausgangsbasis an. Darüber hinaus lassen sich hier noch andere tolle Sachen unternehmen. Golfspieler sollten sich eine Runde im ausgeschilderten **Hans Merensky Country Club,** ✆ 015-781 3931, 🖳 www.hansmerensky.co.za, nicht entgehen lassen. Auf den Fairways grasen oft Giraffen und Elefanten in aller Gemütsruhe. Im Club kann man übrigens gut essen.

Bevor es auf Safari im Park geht, kann man sich bei einer Sundowner-**Bootsfahrt** (R120) mit Jumbo River Safaris schon mal einstimmen, Reservierung erforderlich unter ✆ 015-781 6168. Das Boot legt um 15.30 Uhr zur Fahrt auf dem Olifants River ab; unterwegs sind fast immer wilde Tiere zu sehen, darunter auch Elefanten, garantiert aber Flusspferde und Krokodile.

Sehr empfehlenswerte Aktivitäten werden im **Krüger-Park** selbst angeboten. Ausgangspunkt ist das Phalaborwa Gate, ✆ 013-735 3547 oder 3548. Teilnehmer werden auf Wunsch von ihrer Unterkunft abgeholt. Am begehrtesten sind die **Bush Braais** (R460), eine Kombination aus nächtlicher Pirschfahrt und *braai* in einer *boma* am Sable Dam, wo man bei deftiger Grillkost von den zahllosen Nachtgeräuschen des Buschs verzaubert wird. An gleicher Stelle, die sonst für Besucher nicht zugänglich ist, wird auch ein Busch-Frühstück veranstaltet. Der Preis beinhaltet neben dem Essen den Eintritt zum Krüger-Park. Am Tor können überdies **Safari-Wanderungen** und -Fahrten in den Park gebucht werden.

An den um 200 n. Chr. einsetzenden Bergbau in Phalaborwa erinnert die unweit des Phalaborwa Gate gelegene **Masorini Heritage Site**, ein rekonstruiertes Dorf von Eisenschmelzern. Die Siedlung umfasst mehrere Kornspeicher und Hütten, in denen man Tonscherben, Schleifsteine und Matten sehen kann. Außerdem bekommt man einen Eindruck davon, wie die Lebensbedingungen aussahen, unter denen die Menschen von Masorini mit der Herstellung und dem Verkauf von Eisenspeeren, Hacken und anderen Metallwerkzeugen mühselig ihr Auskommen bestritten.

In der Stadt tauchen manchmal dick von Staub bedeckte Fahrzeuge mit langen Antennen auf, an deren oberem Ende Fähnchen angebracht sind. Damit machen die Fahrer auf sich aufmerksam, damit sie bei den dicken Trucks, die von und zu den Minen fahren, nicht unter die Räder kommen.

Nicht ganz alltäglich sind auch die Straßenschilder mit der Aufschrift „Beware of the Hippos" (Vorsicht Flusspferde!), denn vor allem in den trockenen Wintermonaten pflegen die Schwergewichte auf der Suche nach Nahrung durch die hübschen Gärten zu streifen. Eine ortsansässige Warzenschweinfamilie macht ebenfalls die Straßen unsicher.

Übernachtung

In Phalaborwa ist das Angebot an Unterkünften groß. Darunter befinden sich auch gute im unteren Preissegment.

Daan & Zena's, 15 Birkenhead St, ✆ 015-781 6049, 🖳 www.daanzena.co.za. Helles, freundliches B&B (Selbstverpflegung möglich) mit klimatisierten Zimmern (Bad/TV) in 3 benachbarten Häusern, außerdem 3 Swimming Pools zur Auswahl. ❷–❸

Elephant Walk, 30 Anna Scheepers St, ✆ 015-781 5860, 082-495 0575, 🖳 www.elewalk.com. Kleines, freundliches Hostel mit Campingmöglichkeiten, preiswerten Touren in den Krüger-Park und Buchung von Aktivitäten in Phalaborwa und im Krüger-Park. Außer Dorms und DZ auch 4 Gartenzimmer mit Bad; Swimming Pool im Garten. ❶–❸

Elmecon, Park St, Ecke Selati St, ✆ 015-781 1110, ✉ elmecon-b@webmail.co.za. Das gut geführte B&B hat 4 Zimmer mit Bad, TV und AC; Swimming Pool, hübscher Garten und *braai*. ❹

Sefapane Lodge, Copper St, 5 Autominuten außerhalb, auf dem Weg zum Krüger-Park, ✆ 015-780 6700, 🖳 www.sefapane.co.za. Entspannte und noble Unterkunft in gepflegten strohgedeckten Hütten inmitten subtropischer Gärten, mit Restaurant, schönem Pool und einer Pool-Bar. Die Lodge veranstaltet auch (allerdings etwas teure) Touren nach Mosambik. ❻

Essen

Die Auswahl an Lokalen beschränkt sich in Phalaborwa zumeist auf die den Unterkünften angeschlossenen Restaurants.
Sefapane Lodge, das hauseigene Restaurant der gleichnamigen Lodge mit gastlicher Bar neben dem Pool lädt in angenehmer Umgebung zum Mittag- oder Abendessen ein.
Yurok Spur, im großen Einkaufszentrum an der Nelson Mandela Ave, versorgt seine Gäste mit den allgegenwärtigen Steaks und frischen Salaten.
Buffalo Pub & Grill, fast nicht zu übersehen in der Hendrick van Eck St, der zum Krüger-Park führenden Hauptstraße. Serviert Steaks und Pasta. ⌚ So geschlossen.
Marloe, 31 Grosvenor Crescent, ✆ 082-493 5403. Besuchenswertes Bistro und Gartencafé (rollstuhlfreundlich) mit Kunstgalerie und Biokräutergarten. ⌚ tgl. 10–18 Uhr.

Sonstiges

Apotheke

Link Pharmacy im Einkaufszentrum an der Nelson Mandela Ave. ⌚ bis 20 Uhr.

Autovermietungen

Sämtliche Autovermietungen von Phalaborwa sind am Flughafen vertreten:
Avis, ✆ 015-781 3169; **Budget**, ✆ 015-781 5404; **Imperial**, ✆ 015-781 0376.

Informationen

Phalaborwa Tourist Information, Präsident Steyn St, Ecke Van Eck St, ✆ 015-781 2498/2, 💻 www.phalaborwa.co.za. Bietet den üblichen Service. ⌚ So geschlossen.

Transport

Die dem Ort am nächsten gelegenen Camps sind **Letaba**, 50 km parkeinwärts (mind. 90 Min. mit dem Auto), und **Shimuwini**, 52 km parkeinwärts.

Busse

Zwei Busse bedienen die Strecke von und nach JOHANNESBURG: **Translux**, ✆ 012-315 4300, fährt über POLOKWANE, **City to City**, ✆ 012-315 4300, über DULLSTROOM, LYDENBURG und HOEDSPRUIT.

Flüge

Regelmäßige Flüge aus JOHANNESBURG mit **SA Airlink**, ✆ 015-781 5823, landen am Flughafen von Phalaborwa, 5 Min. Fahrt vom Phalaborwa Gate des Krüger-Parks entfernt, unweit President Steyn St. Leider zählt dieser Flug zu den teuersten in Südafrika.

17 HIGHLIGHT

Krüger-Park

Der Krüger-Park ist ohne Frage der touristische Hauptanziehungspunkt Südafrikas. Er hat genau das, was die meisten Afrika-Besucher sehen möchten: jede Menge Elefanten und Löwen sowie Tausende andere wilde Tiere, die durch die Savanne streifen. Der Krüger-Park besteht aus einem schmalen Landstrich an der Grenze zu Mosambik. Er erstreckt sich über beachtliche 414 km durch die Provinzen Limpopo und Mpumalanga, vom Pafuri Gate im Norden zum Malelane Gate im Süden. Die Gates sind durch eine Teerstraße verbunden. Von ihr gehen viele gut instand gehaltene Schotterwege ab, auf denen die Safarifahrzeuge verkehren.

Der Park ist auf **Selbstfahrer** und **Selbstversorger** ausgerichtet. Das eigene Fahrzeug ermöglicht zwar ein Höchstmaß an Flexibilität, doch viele Besucher erliegen der Versuchung, zu viel und zu schnell zu fahren, und sehen somit weniger. Mietwagen weisen oft eine zu geringe Bodenfreiheit auf und sind für die Tierbeobachtung nicht so gut geeignet wie die Fahrzeuge, die von den Lodges und Tourveranstaltern genutzt werden. Wer mit dem eigenen Auto unterwegs ist, kann dafür jederzeit ins nächste Restcamp zum Essen fahren oder dort alles Notwendige einkaufen. Ein Mietwagen ist für Familien mit kleinen Kindern, die zeitlich und bei den Mahlzeiten unabhängig sein wollen, tatsächlich oft die einzige Möglichkeit, die Tiere des Parks zu erleben.

Manche privaten Lodges akzeptieren Kinder erst ab 12 Jahren, aber in vielen sind inzwischen auch Kinder über sechs Jahren zugelassen. Die

Wanderungen und Safaris

Übernachtungsgäste des Krüger-Parks sowie Tagesbesucher können an den täglichen vom Nationalpark angebotenen Fahrten zur Wildbeobachtung am frühen Morgen, am Vormittag, bei Sonnenuntergang oder am Abend teilnehmen. Die Fahrten zählen bei Preisen von etwa R250 zu den günstigsten Möglichkeiten, den Park zu erkunden, und der Blick aus den hohen Fahrzeugen ist unschlagbar. Exkursionen in kleineren, bequemeren Fahrzeugen sind etwas kostspieliger, aber ihren Preis auf alle Fälle wert. Die Touren starten von allen Camps des Parks (an der jeweiligen Rezeption buchen oder am besten gleich bei der Unterkunftsreservierung mitbuchen), für Gäste von außerhalb des Parks an den Zufahrtstoren Crocodile Bridge, ✆ 013-735 6012, Malelane, ✆ 013-735 6152, Numbi, ✆ 013-735 5133, Paul Kruger Park, ✆ 013-735 5107, Phabeni, ✆ 013-735 5890, und Phalaborwa, ✆ 013-735 3547 oder 3548.

Gäste der diversen Park-Camps können jeden Morgen bei Sonnenaufgang an dreistündigen Wanderungen zur Tierbeobachtung (R350) teilnehmen, ähnliche Wanderungen finden auch am Nachmittag statt. Die Anzahl der Teilnehmer ist auf acht Personen pro Gruppe beschränkt, eine vorherige Reservierung ist ratsam. In den meisten Camps sowie an den Eingangstoren werden **Bush Breakfasts und Braais** angeboten. Sie kombinieren eine kurze Fahrt durch die Wildnis mit einer Mahlzeit unter freiem Himmel – der wohl einzigen Mahlzeit im Leben eines jeden Gastes, für die eine Verzichtserklärung (Haftungsausschluss) ausgefüllt werden muss. Schließlich stehen noch diverse, von Rangern begleitete **Wildniswanderungen** mit drei Übernachtungen (S. 646) in verschiedenen Park-Abschnitten zur Auswahl; sie bieten eine fantastische Gelegenheit, die Wildnis hautnah zu erleben, müssen aber bereits Monate im Voraus gebucht werden.

ungeheure Beliebtheit des Parks hat leider zur Folge, dass man ständig anderen Autofahrern begegnet und die **Unterkünfte** besonders teuer sind, vor allem während der Schulferien in Südafrika. Dann ist vielleicht alles ausgebucht. Auch zu anderen Zeiten kann es passieren, dass alle Unterkünfte voll sind – dann muss man nehmen, was man kriegen kann.

Die Vorstellungen, die Europäer aus Filmen wie *Jenseits von Afrika* mitbringen, werden am ehesten in den **privaten Wildreservaten** an der Westseite des Krüger-Parks befriedigt, wo Luxus-Unterkünfte und Gourmetverpflegung geboten werden. Qualifizierte Ranger bringen den Gästen die Tiere und den Busch in kleinen Gruppen nahe. Um das Optimale aus dem Besuch herauszuholen, sollte man möglichst von allem etwas mitnehmen. Vielleicht zwei Nächte in einer privaten Lodge verbringen und anschließend zwei, drei weitere in den Restcamps. Aber egal, wofür man sich entscheidet: Die Entspannung sollte auf jeden Fall im Vordergrund stehen und nicht die fieberhafte Suche nach den Big Five.

Man sollte sich der Tatsache bewusst sein, dass die Tiere in freier Wildbahn sich nicht so verhalten wie in einer Fernsehdokumentation: Es ist höchst unwahrscheinlich, einen Löwen zu Gesicht zu bekommen, der gerade seine Beute reißt (man kann schon froh sein, wenn man überhaupt einen sieht). Auch auf den Anblick von riesigen, durch die staubige Savanne galoppierenden Gnu-Herden wird man wahrscheinlich verzichten müssen. Ein bisschen Glück gehört bei der Tierbeobachtung immer dazu – und genau das macht die Sache so spannend. Ein paar Tipps zur **Tierbeobachtung** s. S. 645.

Wanderungen durch die Wildnis erfreuen sich immer größerer Beliebtheit, und nicht nur der Krüger-Park, sondern auch sämtliche Privatreservate und einige professionelle Veranstalter bieten Spaziergänge zur Tierbeobachtung mit Begleitung an. Nicht vergessen: Der Krüger-Park ist **Malariagebiet**. Genaueres zu den Vorsichtsmaßnahmen auf S. 664.

Geschichte

Es ist höchst fraglich, ob der Krüger-Park als „unberührte Wildnis" gelten kann, wie es so oft heißt, denn seit Tausenden von Jahren haben hier Menschen gelebt. Die **Jäger und Sammler**

KRÜGER-NATIONALPARK

der San haben ihre Spuren in Form von Zeichnungen und Gravierungen an 150 bisher entdeckten Stellen hinterlassen, und überall im Park findet man Zeugnisse alter Farmkulturen. Zwischen 1000 und 1300 n. Chr. bauten zentral organisierte Staaten Steinpaläste und trieben **Handel**, durch den chinesisches Porzellan, Juwelen und Stoffe in die Gegend kamen.

Den größten Einfluss auf die Region hatte die Ankunft der weißen Glücksritter in der zweiten Hälfte des 19. Jhs. Die afrikanischen Bauern wurden Anfang des 20. Jhs. von ihrem angestammten Land vertrieben, damit der Nationalpark eingerichtet werden konnte, und es herrscht seit jeher eine ambivalente Haltung gegenüber Jägern, Kriminellen und **Wilderern** (wie der berüchtigte Elfenbeinjäger Cecil Barnard), die hier auf Kosten der Tiere ein Vermögen machten und die Wildpopulationen enorm dezimierten. Von Barnards „Heldentaten" erzählt T.V. Bulpin voller Bewunderung in dem Roman *Ivory Trail*, und jede zweiten Episode der noch heute populären Geschichte *Jock of the Bushveld*, die in der Gegend spielt, handelt von der Jagd.

Paul Kruger, der ehemalige Präsident der South African Republic, wurde für seinen Weitblick gelobt, das Land eigens für den Tierschutz zur Verfügung zu stellen. Kruger gilt als herausragende Persönlichkeit in der Afrikaander-Geschichte, und **James Stevenson-Hamilton**, der erste Direktor des Nationalparks, wusste Krugers Namen geschickt einzusetzen, um die Afrikaander-Gegner des Parks milde zu stimmen. In Wirklichkeit wusste Stevenson-Hamilton genau, dass Kruger alles andere als ein Naturschützer, sondern nur ein eingefleischter Jäger war.

Stevenson-Hamilton schrieb einmal in einem privaten Brief: „Kruger hat sich sein ganzes Leben nicht für Tiere interessiert, außer in Form von *biltong*". Er bemerkte weiter, dass die meisten Menschen ohnehin nur Interesse an toten Wildtieren hätten. Weniger Krugers, als viel mehr Stevenson-Hamiltons Hartnäckigkeit ist es zu verdanken, dass wenigstens jene Tiere gerettet wurden, die durch Jäger und Wilderer noch nicht ausgerottet waren. Auch was das Park-Management betrifft, haben sich die Zeiten geändert: 1998 trat der erste schwarze Direktor, David Mabunda (derzeit Leiter von SANParks), sein Amt an.

Der Krüger-Park verzeichnet einen Erfolg nach dem anderen. Seit der Gründung des Great Limpopo Transfrontier Park reicht er bis nach Mosambik. Es wurden zwei Grenzübergänge eröffnet, die den Krüger-Park mit Mosambik verbinden – einer an der Nordgrenze des Parks bei Pafuri unweit vom Punda Maria Camp, der andere in Giriyondo, zwischen den Camps Letaba und Mopani. Als weitere Neuerung hat SANParks vor einiger Zeit Konzessionen an private Betrei-

Flora und Fauna im Krüger-Park

Zu den fast 150 Säugetierarten des Parks zählen u. a. Geparden, Leoparden, Löwen, Tüpfelhyänen, Hyänenhunde, Breit- und Spitzmaulnashörner, Streifengnus, Büffel, Steppenzebras, Schirrantilopen, Elenantilopen, Elefanten, Giraffen, Flusspferde, Impalas, Kudus, Bergriedböcke, Nyalas, Oribis, Riedböcke, Pferde-, Rappen- und Halbmondantilopen, Warzenschweine und Wasserböcke. Die 507 Vogelarten umfassen Raubvögel, Hornraben, Strauße und zahllose farbenprächtige Arten. Die „Big Six" für Vogelfreunde sind Sattelstorch, Riesentrappe, Kampfadler, Ohrengeier, Fischeule und Kaffern-Hornrabe.

Es gibt auch eine Vielzahl von Reptilien, Amphibien und Insekten zu entdecken. Oben in den Bäumen oder sogar im eigenen Rondavel regt sich immer etwas. Die Geckos an den Wänden sollte man tunlichst am Leben lassen, denn es sind insektenvertilgende Tiere, die sehr nützlich sind. Menschen, die sich vor Insekten oder Fröschen gruseln, sollten den Krüger-Park in der Regenzeit (Nov–März) meiden.

Weit verbreitet unter den mehr als 300 **Baumarten** sind der Baobab oder Affenbrotbaum, die Maulbeerfeige oder Sykomore, Knopfdorn, Natal-Mahagoni, Affenorange, Rosinenbusch, Tambuti, Korallenbaum, Fieberbaum, Schakalbeere oder Afrikanisches Ebenholz, Ahnenbaum, Marula, Mopane, Dumpalme und der Leberwurstbaum.

ber für den Bau mehrerer Luxus Lodges innerhalb des Krüger-Parks vergeben. Einzelheiten dazu finden sich auf der kommerziellen Website www.krugerpark.co.za. Die Zentrale von SANParks (S. 643) nimmt inzwischen Bettenreservierungen für alle Camps im Park entgegen.

Reisezeit

Der Krüger-Park ist das ganze Jahr über ein Erlebnis, wobei jede Jahreszeit ihre Vor- und Nachteile hat. Hitzeempfindliche Menschen kommen besser nicht im **Hochsommer** (Dez–Feb) her, wenn die Temperaturen schlimmstenfalls 45 °C erreichen – meist herrschen etwa 35–40 °C. Viele Camps sind mit Klimaanlage oder Ventilator ausgestattet, ein klimatisierter Mietwagen empfiehlt sich ohnehin. Den ganzen Sommer über kann die Hitze durch Gewitterschauer unterbrochen werden. Um diese Zeit wird alles grüner, ab Anfang November streunen viele niedliche Jungtiere herum.

Wenig Regen fällt in den kühleren **Wintermonaten** (April–Aug), wenn die Vegetation verdorrt und das Wild leichter zu entdecken ist. Die Tagestemperaturen steigen dann bis auf 25 °C und die Tage sind ausnahmslos heiter und sonnig. Die Nächte und frühen Morgenstunden dagegen können sehr kalt werden, vor allem im Juni und Juli. Rondavels in den öffentlichen Restcamps verfügen über Heizungen in den Schlafzimmern. Ein unbestrittener Vorteil des Winters ist, dass es kaum Moskitos und andere Insekten gibt.

Orientierung

Der öffentliche Bereich des Krüger-Parks lässt sich grob in **drei Regionen** einteilen, die sich in Charakter und Terrain deutlich unterscheiden. Ist die Zeit begrenzt, sollte man sich für nur eine oder höchstens zwei Regionen entscheiden. Hat man mindestens fünf Tage eingeplant, empfiehlt sich eine langsame Fahrt durch den Park, auf der man die Wechsel in der Landschaft genießen kann. Die Süd-, Zentral- und Nordregionen werden auch „Zirkus", „Zoo" und „Wildnis" genannt – Beinamen, die mehr als nur ein Körnchen Wahrheit beinhalten.

In der **Südregion** konzentriert sich das meiste Wild, weshalb sie auch die meisten Besucher anlockt. Dieser Teil des Parks ist am einfachsten zugänglich, wenn man aus dem 478 km entfernten Johannesburg über die N4 anreist. Hier liegen die Park-Hauptverwaltung (im Camp Skukuza), der Flughafen, diverse Autovermietungen, eine Tankstelle, Autowerkstätten, Autowaschanlagen, eine Bank, eine Post und Ärzte sowie Rondavels für bis zu 1000 Gäste. Die **Zentralregion** bietet ebenfalls gute Möglichkeiten zur Tierbeobachtung und dazu zwei der reizvollsten Camps des Parks: Olifants und Letaba.

Je weiter es nach Norden geht, desto weniger Tiere und Besucher sind anzutreffen, doch erst die **Nordregion** vermittelt ein Gefühl echter Wildnis; Höhepunkt ist das wunderbar altmodische Camp Punda Maria, das aus den 1930er-Jahren stammt. Ein Muss für Vogelfreunde ist die nördlichste Park-Ecke. Sie sollten unbedingt auf der S63 am Pafuri River entlang bis Crooks' Corner fahren, besonders im Sommer, denn dann gibt es hier die besten Gelegenheiten in ganz Südafrika, Vögel zu beobachten.

Außerhalb der öffentlichen Gebiete setzt sich das „Großwildland" in mehreren exklusiven **privaten Wildschutzgebieten** fort, die sich über riesige Ländereien westlich erstrecken und häufig als Greater Kruger Park bezeichnet werden. Die drei großen Privatreservate sind **Sabi Sands** im Süden sowie **Timbavati** und **Manyeleti**, die an die Zentralregion des Nationalparks grenzen. Obwohl dies Privatbesitz ist, können die Tiere ungehindert in die öffentlichen Gebiete wandern und umgekehrt.

Der einzige Unterschied besteht darin, dass die Privatreservate ihren Gästen nicht gestatten, auf eigene Faust herumzufahren. Dafür vermitteln sie ein besseres Wildnisgefühl, weil es dort keine Asphaltstraßen und mit Ausnahme der Lodges auch keine Bebauung gibt. Besucher, die mit dem Auto kommen, lassen es an der Lodge stehen und sehen es erst bei der Abreise wieder. Es ist zu beachten, dass in den privaten Schutzgebieten keine Tagesbesuche möglich sind.

Übernachtung

Die folgenden Abschnitte beziehen sich auf die öffentlichen Bereiche des Parks. Infos zu Unterkünften in den Privatreservaten s. S. 651.
In den meisten der 14 großen Restcamps des Krüger-Parks gehen die Geräusche der

afrikanischen Nacht im Lärm der Klimaanlagen und der abendlichen Geselligkeit mit *braai* und Bier unter. Doch die Camps haben auch Vorteile: Fast alle verfügen über Strom, öffentliche Telefone, Tankstellen, Geschäfte (in denen allerdings nicht gerade ein Überangebot an Obst oder Gemüse herrscht), Restaurants, Waschsalons und Snackbars. Die meisten haben auch einen Pool und bieten Pirschfahrten und -wanderungen an, einige sogar Busch-Frühstücke und Nachtfahrten kombiniert mit *braais*. Da diese Aktivitäten sehr beliebt sind, sollten sie gleich bei der Reservierung mitgebucht werden. Die Restcamps sind sehr angenehm. Hier kann man spazieren gehen, die Bäume sind für Naturinteressierte beschriftet, und es gibt zahlreiche Vögel und kleinere Lebewesen zu entdecken. Camps wie Lower Sabie, Skukuza, Olifants und Letaba liegen nahe an Flüssen, und die Besucher können aus einiger Entfernung die Tiere beim Trinken beobachten.

Sämtliche Unterkünfte in den Krüger-Camps sind renoviert und modernisiert worden. U. a. gibt es **strohgedeckte Rondavels**, jeweils mit Essecke im Freien. Von dort aus hat man aber gewöhnlich nur Blick auf die Nachbarhütte, nicht in die freie Natur. Die besten Hütten befinden sich am Rand der Camps oder haben Blick auf einen Fluss. Fast alle Camps verfügen jetzt über einen **Zeltplatz** (mit Gemeinschaftsküche und Waschräumen), wo man am billigsten unterkommen kann (ab R130 pro Stellplatz). Standplätze für **Caravans** und **Wohnmobile** (R100) gibt es überall dort, wo auch Zelten möglich ist. Sie sind häufig mit Stromanschluss ausgestattet.

In den meisten Camps gibt es **Safarizelte** und **Hütten** (meist 2–4 Pers.). Sie sind voll ausgestattet und verfügen über Gemeinschaftsküchen und -bäder.

Bungalows, **Cottages** und **Family Cottages** für 2–6 Personen gibt es in verschiedenen Ausführungen, mit voll ausgestatteten Küchen und Badezimmern. Für zwei Personen sind pro Nacht zwischen R600 und R1100 an Übernachtungskosten einzukalkulieren, je nach Einrichtungen und Lage der Unterkunft. Da die Unterkünfte heiß begehrt sind, muss man normalerweise nehmen, was gerade zu haben ist, egal wo.

Rustikaler wird es in einem der wenigen **Bushveld-Camps** (2–4 Pers., ab R1000), fernab von den Banalitäten des Alltags und den Touristenhorden. Sie bieten bei der Unterbringung den gleichen Standard wie die übrigens Restcamps, können aber nicht so viele Personen aufnehmen. Es gibt dort auch keine Geschäfte oder Restaurants, diese sind aber meistens irgendwo in Reichweite – falls jemand doch nicht ohne seine Cola leben kann.

Restcamps im südlichen Krüger-Park

Der „Circus" genannte Abschnitt ist der meistbesuchte Teil des Krüger-Parks. Hier befinden sich das Zentrum **Skukuza**, das größte Camp des Krüger-Parks, sowie **Lower Sabie**, eines der beliebtesten. Der Circus bietet einige der besten Plätze zur Beobachtung der reichlich vertretenen Tierwelt und ist zudem von Johannesburg bequem über die N4 erreichbar. Zu Stoßzeiten platzt dieses Gebiet aus allen Nähten, denn überall versuchen Fahrzeuge sich an gesichtete Tiere heranzudrängen.

Berg-en-Dal

In der südwestlichen Ecke des Parks, 12 km nordwestlich des **Malelane Gate**, schön in einer flachen, grasbewachsenen Mulde zwischen *koppies* liegt das Camp Berg-en-Dal, ✆ 013-735 6106 oder 6107. Es überblickt den Matjulu Spruit und den gleichnamigen See. Die modernen, voll ausgestatteten Chalets – ein Bruch mit der Tradition der strohgedeckten Rondavels des Krüger-Parks – fügen sich harmonisch in die Bushveld-Vegetation ein und sind so weit voneinander entfernt, dass die Privatsphäre gewahrt ist. Zur Anlage gehören ein hübsch gelegener Pool, ein Lebensmittelladen, ein Restaurant mit Alkohollizenz und ausgezeichnetem Ruf, eine Snackbar, eine Tankstelle und ein Waschsalon. Im Mittelpunkt der Camp-Aktivitäten steht der Rhino Trail, der entlang der Umzäunung der Anlage verläuft (mit Grillplatz) und unter Bäumen dem Ufer des Matjulu-Stausees folgt, wo Krokodile leben und Fischadler nisten. Zu den hier vertretenen Großwildarten zählen

Organisatorisches zum Krüger-Park

Die Restcamps und Bushveld-Camps des Krüger-Parks stehen unter Verwaltung von **SANParks**, ✆ 012-428 9111, 💻 www.sanparks.org/parks/kruger. Hier werden Reservierungen angenommen (am gleichen Tag kann man auch direkt im jeweiligen Camp buchen). Der **Eintritt** für den Krüger-Park beträgt für die meisten ausländischen Besucher ab R140 pro Tag (Kinder von 2–15 Jahrem zahlen R70). Wer einen Aufenthalt im Park plant, besonders während der Schulferien oder an Wochenenden, sollte lange im Voraus buchen, da die Unterkünfte im Park oft voll sind. **Buchungen** sind bis zu 13 Monate vorher möglich.

Alle **Restcamps** sind umzäunt und mit Toren versehen, die zu den unten genannten Zeiten geöffnet sind. Die Gäste sind angehalten, zu den vorgeschriebenen Zeiten von ihren Touren zurück zu sein oder den Park verlassen zu haben. Wenn nicht anders angegeben, gelten die **Öffnungszeiten** sowohl für die Eingangstore zum Park als auch für die Camps. Die Schließzeiten werden strikt eingehalten:

Jan	4.30–18.30 (Camp), 5.30–18.30 Uhr (Park)
Feb	5.30–18.30 Uhr
März	5.30–18 Uhr
April	6–18 Uhr
Mai–Juli	6–17.30 Uhr
Aug–Sep	6–18 Uhr
Okt	5.30–18 Uhr
Nov und Dez	4.30–18.30 (Camp), 5.30–18.30 Uhr (Park)

Rezeptionen in den Restcamps sind zwischen 8 Uhr und 17.30 Uhr geöffnet, **Geschäfte** von 8 Uhr bis eine halbe Stunde nach Schließung der Tore. Die **Restaurants** servieren Frühstück von 7–9 Uhr, Mittagessen von 12–14 Uhr und Abendessen von18–21 Uhr.

Autofahrer

Autofahrer müssen die offiziellen Straßen benutzen und dürfen keinesfalls auf unbeschilderten Strecken oder in freiem Gelände herumfahren. So gut wie unverzichtbar ist eine **Straßenkarte** des Krüger-Parks, auf der alle offiziellen Wege verzeichnet sind. Die teils asphaltierten, teils unbefestigten Straßen sind meistens mit Nummern und nicht mit Namen gekennzeichnet. Es sei daran erinnert, dass die **Geschwindigkeitsbegrenzung** (50 km/h auf Teer-, 40 km/h auf Schotterstraßen und 20 km/h in Restcamps) dafür sorgt, dass es nur langsam vorangeht – von den häufigen Stopps zur Tierbeobachtung gar nicht zu reden. In einigen Teilen des Parks gibt es auch Radarfallen. Wer sein Auto außerhalb der dafür vorgesehenen Stellen verlässt, handelt gesetzeswidrig und fahrlässig.

Breitmaulnashorn, Leopard und Löwe sowie zahlreiche Kudus. Rappenantilopen und Bergriedböcken begegnet man eher selten. Manche Safariexperten sind der Ansicht, dass das Berg-en-Dal das beste Camp für Morgenwanderungen ist. Die Chancen, einem Spitzmaulnashorn zu begegnen, stehen sehr gut, und die Landschaft ist atemberaubend schön.

Crocodile Bridge

Östlich von Berg-en-Dal liegt Crocodile Bridge, ✆ 013-735 6012, das unattraktivste von allen Restcamps des Krüger-Parks. Seine Lage im äußersten Süden des Parks mit Blick auf Zuckerrohrfarmen lässt keine Wildnis-Atmosphäre aufkommen. Kenner behaupten dagegen, dieses Camp werde enorm unterschätzt, denn neben einer sehr hohen Dichte an Wildtieren bestünden auch ausgezeichnete Chancen, die Big Five zu Gesicht zu bekommen.

Das Camp befindet sich am **Crocodile Bridge Gate** am Nordufer des Crocodile River und ist über das 12 km weiter südlich an der mosambikanischen Grenze gelegene Komatipoort erreichbar. Übernachten kann man im eigenen Zelt, in festen Zelten mit zwei Betten oder in Bungalows mit Bad und Kochgelegenheit für 2–3 Personen. Die Anlage umfasst lediglich einen Waschsalon, eine Tankstelle und einen Laden mit dem Nötigsten. Elefanten, Nashörner und Büffel zeigen sich am ehesten an der asphaltierten H4 Richtung Norden und an der unbefestigten S25 Richtung Osten. Geparden bevorzugen die offenen Ebenen an der S28 Nhola Road. Besucher, die weiter Richtung Norden nach Lower Sabie wollen, sollten die Fahrt langsam angehen, denn die Knopfdorn- und Marula-Bäume locken Pflanzenfresser an wie Giraffen, Kudus, Steinböckchen, Gnus, Zebras, Büffel und Wasserböcke sowie Strauße, Warzenschweine und die wunderbaren Rappenantilopen. Auch nach Raubtieren wie Löwen, Geparden, Hyänen und Schakalen lohnt es sich Ausschau zu halten.

Lower Sabie

Etwa 35 km nördlich von Crocodile Bridge liegt hübsch in wildreichem Gelände am Fluss das Restcamp Lower Sabie, ✆ 013-735 6056 oder 6057 – zur Tierbeobachtung eines der drei besten im Krüger-Park. Es ist oft komplett ausgebucht und ganz schön betriebsam. Die offene Savanne der Umgebung und das Ufer des Sabie River locken das Wild zum Trinken und Weiden an. Schon auf dem Weg vom Eingangstor zum Camp gibt es mehrere Wasserstellen und Seen, an denen Krokodile und Flusspferde leben und die zum Halten und Beobachten der Tiere einladen. Im Dornendickicht gleich westlich des Camps hat man gute Chancen, Elefanten zwischen den Bäumen oder Breitmaulnashörner auf dem Grasland auszumachen, das auch Büffelherden und damit Löwen anlockt. Übernachten kann man auf Zeltstellplätzen, in Safarizelten, Bungalows und Guestcottages, z. T. mit Flussblick. Ein Restaurant, eine Cafeteria, ein Laden, eine Tankstelle und ein Waschsalon sind ebenfalls vorhanden.

Pretoriuskop

Westlich von Lower Sabie, allerdings nicht direkt damit verbunden, liegt Pretoriuskop, ✆ 013-735 5128 oder 5132, das über das **Numbi Gate**, 9 km westlich, zu erreichen ist. Seine Lage im Sourveld mit dem zutage liegenden Granitgestein, hohen Gras und Sekelbusch, das von Bergriedböcken, Rappenantilopen und Breitmaulnashörnern bevorzugt wird, zieht auch Löwen, Hyänenhunde und Streifenschakale an. In Anbetracht des dichten Busches sind die Tiersichtungen hier enttäuschend. Man kann schon froh sein, wenn man größere Arten wie Kudus und Giraffen entdeckt, deren Köpfe aus dem Dickicht herausragen. Dafür lohnt eine Fahrt über die vom Numbi Gate nach Crocodile Bridge führende Voortrekker Road (H2-2). Unterwegs lassen sich Stopps an historischen Wegtafeln einlegen, die an berühmte Forscher und Handelsreisende erinnern.
Die Unterkünfte sind Cottages und Guesthouses mit Bad, Bungalows und billigere Hütten sowie Campingmöglichkeiten mit gemeinschaftlichen Waschräumen und Kochgelegenheiten. Im Camp gibt es ein Restaurant, eine Snackbar, einen Laden, einen Waschsalon und eine Tankstelle sowie ein halb natürliches Felsschwimmbecken, das mit seinem umliegenden Garten und Picknickbereich zu den schönsten im Krüger-Park zählt. Entlang der Umzäunung sieht man bei Nacht häufig Hyänen umherstreifen, die es auf die *braai*-Abfälle abgesehen haben.

Skukuza

Das größte Restcamp des Krüger-Parks heißt Skukuza, ✆ 013-735 4152. Es kann über 1000 Gäste beherbergen und liegt mitten im besten Tierbeobachtungsrevier. Das bringt sowohl Vor- als auch Nachteile: Zwar gibt es hier eine Vielzahl von Tieren, doch sind auch die Besucher nicht weit, und bisweilen verscheuchen diese Menschen durch schnelles Fahren genau jene Tiere, nach denen alle Ausschau halten.
Übernachtet wird in Gästehäusern, Cottages und Bungalows mit Bad oder, etwas billiger im Caravanpark, in ostafrikanisch eingerichteten Zelten mit Gemeinschaftsküchen und -waschgelegenheiten. Das nächstgelegene Zufahrtstor ist **Paul Kruger Gate**, 12 km westlich bzw. 42 km östlich von Hazyview. Skukuza ist das Zentrum des Krüger-Parks, es verfügt über einen eigenen Flughafen und eine Autovermietung. Mit seiner ausgedehnten Ansammlung an Rondavels gleicht das Camp

Tipps für die Tierbeobachtung

Hier einige Hinweise für eine gelungene Safari:

- **Die besten Tageszeiten** zur Tierbeobachtung sind die kühleren Phasen am frühen Morgen und am späten Nachmittag. Es empfiehlt sich, gleich früh bei der Öffnung der Tore des Camps loszufahren und dann noch einmal, wenn die Temperaturen nachmittags wieder sinken. Während der Mittagshitze kann man sich etwas Ruhe gönnen, genau wie die Tiere, die dann schattige Plätze aufsuchen und sich kaum sehen lassen.
- **Eine detaillierte Karte des Krüger-Parks** (so gut wie in allen Restcamps erhältlich) ist eine sinnvolle Investition. Mit ihrer Hilfe kann man eine Route planen, die Flüsse und/oder Senken einschließt – lohnende Stopps, um die Landschaft und die Vogelwelt zu genießen, während man auf das Wild wartet, das sich vor allem am späten Nachmittag an den Wasserstellen zum Trinken einfindet.
- **Langsames Fahren** zahlt sich aus, ebenso häufige Stopps. Beim Halten Motor ausmachen, Fenster öffnen und die Sinne schärfen. Im Busch sein, heißt nicht nur Tiere sehen. Auch die Gerüche und Geräusche der Wildnis geben manchmal Hinweise: Knackende Zweige oder die Warnschreie von Tieren können bedeuten, dass etwas im Anmarsch ist.
- Nicht zu viel Ehrgeiz entwickeln bei der Abfahrt vom Restcamp. Ruhiges Abwarten im Auto bringt genauso viel Erfolg wie hektisches Herumfahren den ganzen Tag. Andere haltende Autos sind oft ein Anzeichen für Tiere in der Nähe.
- **Ferngläser sind unverzichtbar** für das Absuchen des Horizonts.
- **Lebensmittel und Getränke mitnehmen**. Man verlässt die endlich erspähten Löwen ungern, bloß weil der eigene Magen knurrt. Wer genügend Tiere für den Tag gesehen hat, kann einen der gekennzeichneten Picknickplätze im Park ansteuern, wo es immer heißes Wasser, Tische und Stühle gibt. Es gibt auch gasbetriebene *braai*-Stellen.
- Eine allgemeine Übersicht über die südafrikanische Flora und Fauna findet sich auf S. 82–94.
- Das vortreffliche *Make the Most of Kruger*, das in den meisten Restcamps angeboten wird, ist sein Geld wert, denn es vermittelt die Grundlagen der Ökologie des Parks. Ein verständlicher und spannender Leitfaden zum Verhalten afrikanischer Säugetiere ist der überall erhältliche *Safari Companion* von Richard Estes. Selbst einige „gewöhnlichere" Tiere wie die Impalas werden plötzlich faszinierend, wenn man ihr Verhalten begreift, sodass sich Interessantes auch an Tagen entdecken lässt, an denen sich beispielsweise die großen Raubkatzen partout nicht zeigen wollen. Ebenfalls sehr gut ist der Prime Origins-Führer *Exploring Kruger* von Brett Hilton-Barber und Lee Berger. Er hat als Extrabeilage eine Krügerpark-Landkarte, auf der die besten Fahrstrecken und Locations zum Beobachten bestimmter Vierbeiner und Vögel eingezeichnet sind.

fast schon einer kleinen Stadt. Hier gibt es zwei Swimming Pools und ein Café mit Internetzugang. Die Werkstatt des Restcamps repariert Autos, und vertreten sind auch Post, Bank, Tankstelle, zwei Restaurants, eine Cafeteria und eine wirklich gute Bibliothek mit Naturbüchern und Ausstellungsstücken. Bibliothek ⌚ Mo–Fr 8.30–16 und 19–21, Sa 8.30–12.45, 13.45–16 und 19–21, So 8.30–12.45 und 13.45–16 Uhr. Ein weiteres Highlight von Skukuza ist das Freilichtkino, das jeden Abend Tierfilme unterm Sternenhimmel zeigt. Obendrein hat das Skukuza einen Golfplatz. Tages- und Nachtfahrten in offenen Fahrzeugen können im Hauptkomplex arrangiert werden. Die Nachtfahrten sind ausgezeichnet, da bei Dunkelheit alle übrigen Fahrzeuge nicht mehr fahren dürfen und die Straßen leer sind. Skukuza liegt am Sabie River, der von einem breiten, gepflasterten Spazierweg mit Parkbänken zu überblicken ist. Dort kann man Krokodile beobachten, die wie Baumstämme im braunen Wasser vorbeitreiben. Die meisten Besucher fahren am Sabie River entlang über die H4 nach Lower Sabie, dessen Umgebung zu den besten Gegenden im ganzen Park gehört, um Wildtiere zu sehen. Der dichte Wald am Fluss wird von Akazienbüschen und Mischsavanne gesäumt – es ist eines der fruchtbarsten und abwechslungsreichsten Gebiete des Parks. Eine weitere sehr schöne Strecke führt Richtung Nordosten über die H1-2 zum Picknickplatz Tshokwane mit Zwischenstopp an den Wasserstellen Elephant, Jones, Leeupan und Siloweni.

Wanderungen durch die Wildnis

In Begleitung eines erfahrenen Rangers führen acht Wildniswanderungen durch besonders schöne Abschnitte des Krüger-Parks mit unterschiedlichen Landschaften und abwechslungsreicher Flora und Fauna. Die Teilnehmer kommen dabei aber nicht unbedingt näher an die Tiere heran als im Auto; die Wanderungen konzentrieren sich vielmehr auf die Vegetation und die kleineren Tiere, wobei man natürlich auch auf Großwild treffen kann. Gruppen mit maximal acht Teilnehmern verbringen drei Nächte in rustikalen Zwei-Bett-Hütten mit WC und Duschen aus Schilfrohrwänden. Für einfache Verpflegung ist gesorgt. Morgens ist man fünf Stunden unterwegs, dann kehrt man zum Mittagessen und Ausruhen zurück ins Camp. Abends geht es noch einmal eine oder zwei Stunden in die freie Natur. Danach klingt der Tag bei einer gemütlichen Runde am Lagerfeuer aus.

Die Nachfrage nach diesen geführten Wanderungen ist enorm. Die **Buchung** kann bis zu 13 Monate im Voraus bei SANParks (S. 643) erfolgen, die Kosten belaufen sich auf R2800 p. P. einschließlich Unterkunft und Mahlzeiten. Die einzige Wanderung, bei der die Teilnehmer ihre Sachen selbst tragen müssen, ist der **Olifants River Backpack Trail**, eine geführte Wanderung mit drei Übernachtungen am Olifants River entlang. Verpflegung, Schlafsack usw. müssen selbst mitgebracht werden. Nur feste Gruppen (max. 8 Pers.) können diese Tour buchen.

Restcamps im zentralen Krüger-Park

Extrem aufregend kann sich die Tierbeobachtung im „Zoo" gestalten, dem Dreieck zwischen **Orpen**, **Satara** und **Letaba**, denn es ist für gute Löwensichtung bekannt. Besonders spektakulär liegt **Olifants,** mit fantastischem Blick in eine von einem Fluss ausgewaschene Schlucht. **Satara** wiederum ist eines der beliebtesten Camps – seine Lage ist ideal für Abstecher in die Tierwelt. Schätzungen zufolge leben rund 60 Löwenrudel in diesem zentralen Gebiet. Es gibt natürlich trotzdem keine Garantie, dass man auch nur einen einzigen Löwen zu Gesicht bekommt.

Orpen und Maroela

Wie Crocodile Bridge liegt auch Orpen, ✆ 013-735 6355, direkt an einem Eingangstor, dem **Orpen Gate**, 45 km östlich von Klaserie. Es empfiehlt sich vornehmlich bei später Ankunft, wenn man die tiefer im Park gelegenen Camps nicht mehr vor deren Torschluss erreichen kann. Davon abgesehen bietet das Orpen erstklassige Möglichkeiten zur Tierbeobachtung und ist wesentlich interessanter als sein südliches Pendant. Es befindet sich nämlich in der Nähe des tierreichen, westlich vom Orpen gelegenen Timbavati Private Game Reserve. Mit anderen Worten: Die Wildnis ist genau hier. Das Camp ist klein, beschaulich und von wunderschönen Bäumen überschattet. Die Fahrt von hier an einem Fluss entlang nach Satara, dem nächsten großen Camp, ist ein Genuss. Das Camp umfasst eine Tankstelle, einen Laden und einen Pool. Geschlafen wird in Bungalows und Guestcottages mit Bad, gekocht wird in Gemeinschaftsküchen. Wer zelten möchte, begibt sich auf den angeschlossenen **Campingplatz Maroela**. Er liegt am Timbavati River, verfügt über Elektrizität und ist etwa 4 km vom Orpen entfernt. Wer den Campingplatz benutzen möchte, muss sich an der Rezeption des Orpen anmelden.

Tamboti

Vom **Orpen Gate** ist es nicht weit in den Park hinein bis Tamboti, ✆ 013-735 6355, dem einzigen Zeltcamp des Krüger-Parks (2 km hinter Orpen nach links abbiegen und noch 1 km fahren). Die Unterbringung erfolgt in Safarizelten, *budget* (ab R300) oder *semi-luxury* (ab R675). Sie liegen in ruhiger Lage am Ufer des häufig ausgetrockneten Timbavati River zwischen Maulbeerfeigen und Schakalbeeren. Gleich hinter dem elektrisch geladenen Zaun tauchen oft Elefanten auf, die im Flussbett nach Wasser graben. Aus diesem Grund ist das Camp unheimlich begehrt (nur rechtzeitige Vorausbuchung sichert einen Platz). Die Straßen am Timbavati River (S39 und S40) bieten gute Gelegenheit zum Sichten wilder Tiere. Die begehbaren Zelte verfügen alle über eigene Terrassen mit Blick auf den Fluss, die besten sind Nr. 21 und 22 im Schatten hoher Bäume. In den Zelten gibt es Kühlschränke und elektrisches Licht, sämtliche Koch-, Wasch- und Sanitäranlagen sind in zwei zentralen Gemeinschaftseinrichtungen untergebracht. Kochgeschirr und Lebensmittel müssen mitgebracht werden.

Satara

46 km vom **Orpen Gate** entfernt, in Richtung Osten, rangiert Satara, ✆ 013-735 6306 oder 6307, nach Skukuza (92 km südlich) an zweiter Stelle, was die Größe und die Tierbeobachtungsmöglichkeiten betrifft. Inmitten ebenen Graslands gelegen, bietet das Camp nicht gerade atemberaubende Aussichten. Es ist jedoch Skukuza insofern überlegen, als man nicht das Gefühl hat, in Reihenhäuschen zu übernachten. In der Saison ist hier ganz schön was los. Die Übernachtungsmöglichkeiten reichen von Camping über Bungalows und Cottages im Schatten großer Bäume auf Rasenflächen bis zu versteckt gelegenen Guesthouses. Zur Anlage gehören ein Laden, eine Tankstelle, ein Waschsalon, eine AA-Autowerkstatt, ein Pool, ein Restaurant und eine Cafeteria, wo man inmitten einer Riesenschar kreischender Vögel essen kann.
Etwa auf halber Strecke zwischen Satara und Skukuza liegt der Picknickbereich Tshokwane, in dessen Umgebung relativ viele Löwen gesichtet werden – ein Grund für die zahlreichen Safarifahrzeuge hier. In der Umgebung von Satara selbst lassen sich häufig Weidetiere wie Büffel, Gnus, Zebras, Kudus, Impalas und Elefanten beobachten. Lohnende Strecken sind die Timbavati River Road (S39) und die Fahrt von Satara nach Osten über die S100. Letztere schlängelt sich am N'wanetsi River entlang zu den Lebombo Mountains, die die Grenze zu Mosambik bilden.

Balule

Am Südufer des Olifants River befindet sich Balule, ✆ 013-735 6306 oder 6307, 41 km nördlich von Satara und 87 km vom Phalaborwa Gate entfernt. Das Camp ist ein sehr spartanisches Anhängsel von Olifants (11 km nördlich) und zählt zu den wenigen Restcamps, in denen zwei Personen für unter R250 übernachten können, ohne in Zelten logieren zu müssen. Das kompakte Balule besteht aus zwei Bereichen: einem mit sechs rustikalen Rondavels (3 Pers.) und einem mit 15 Camping- und Caravan-Plätzen. Jeder Bereich hat eigene gemeinschaftliche, fensterlose Wasch- und Kochgelegenheiten. Dort gibt es nur eiserne Waschtische mit Emailleschüsseln und natürlich keine Klimaanlage: Die einzige Elektrizität strömt durch den Zaun zum Schutz vor den Löwen. Gäste müssen ihr eigenes Geschirr, Besteck usw. mitbringen und sich mindestens eine halbe Stunde vor Toresschluss im Satara oder Olifants melden.

Olifants

Die großartige Lage auf einem Felsen mit Blick auf den Olifants River verleiht Olifants, ✆ 013-735 6606 oder 6607, ein zauberhaft altmodisches Flair. Für viele ist es das schönste Restcamp des Krüger-Parks. Stundenlang kann man auf den Bänken der überdachten Aussichtsterrasse sitzen und den Blick ins Tal genießen, während Gaukler und Schmarotzermilane am Himmel ihre Kreise ziehen und das Rauschen des Wassers im Tal einen fast hypnotisierenden Rhythmus erzeugt. Die Camp-Gäste übernachten in strohgedeckten Rondavels mit Bad; die Nummern 1–24 bieten erstklassige Ausblicke ins Tal. Um eines davon zu ergattern, lohnt sich eine Buchung weit im Voraus. Es gibt aber auch *noch* exklusivere

Guesthouses. Essen kann man im Restaurant oder in einer Snackbar. Außerdem gibt es einen Laden und einen Waschsalon.
Der Fluss beschreibt die Grenze zwischen wildem und felsigem *veld* mit Fieberbäumen am südlichen Flussufer und dem Mopane-Wald im Norden, der u. a. Elen-, Pferde-, Rappen- und Halbmondantilopen anlockt. Auch die Chance, Elefanten, Giraffen, Löwen, Hyänen und Geparden zu sichten, ist hier groß. Besucher sollten nach dem kleinen Klippspringer Ausschau halten, einer Antilope, die sich geschickt in felsigem Gelände bewegt und von Felsblock zu Felsblock springt. Zu den Höhepunkten des Gebietes zählen die Schotterstraßen, die am Olifants River entlangführen.
Mountainbiking wird ausschließlich im Olifants angeboten. Nur jeweils sechs Personen machen sich in Begleitung bewaffneter Guides auf den Weg in die wunderbare Landschaft (am besten reservieren: direkt im Olifants oder über SANPark). Eine Tour am Morgen kostet R400, die am Nachmittag ist etwas billiger und kürzer.

Letaba

Im Mopane-Buschland, 34 km nördlich von Olifants, befindet sich Letaba, ✆ 013-735 6636 oder 6637, in herrlicher Lage an einer weiten Biegung des Letaba River. Das schon etwas ältere Camp ist ziemlich groß, aber leider erlauben nur sehr wenige Rondavels Ausblick in die Landschaft. Das Restaurant hingegen bietet eine klasse Aussicht, und es lässt sich locker ein ganzer Tag damit verbringen, den durchs Gelände streifenden Büffelherden, Elefanten und vielen anderen Wildtieren zuzuschauen. Das Camp verfügt über alle möglichen unterschiedlichen Unterkünfte und die üblichen Einkaufs- und Waschgelegenheiten, eine Autowerkstatt und ein interessantes **Museum**. Dieses zeigt eine Ausstellung über Elefanten und eine Sammlung gewaltiger Stoßzähne.

Restcamps im nördlichen Krüger-Park

Auch im Norden, dem am wenigsten besuchten Teil des Krüger-Parks, lauert nicht hinter jedem Busch ein wildes Tier. Aber hier hat man viel stärker das Gefühl, die unverfälschte

Krüger-Park: Aussicht vom Olifants Camp

afrikanische Wildnis zu betreten. Erst recht, nachdem man nördlich vom Mopani-Camp den südlichen Wendekreis überquert und das Camp Punda Maria erreicht hat, das wie ein Busch-Außenposten aus vergangenen Zeiten erscheint.

Mopani

Etwa 42 km nördlich von Letaba liegt Mopani, ✆ 013-735 6535 oder 6536, eines der neueren Camps des Krüger-Parks, an den Ufern des Pioneer Dam. Der See, eines der wenigen Gewässer in der Umgebung, lockt viele Tiere wie Elefanten, Büffel und Antilopen zum Trinken an. Das Camp liegt in einem ausgedehnten Gebiet mit eintönigem Mopane-Busch, das sich besser per Auto als zu Fuß erkunden lässt. Die modernen Unterkünfte mit Bad – Bungalows, Cottages, Gästehütten und -häuser – sind aus grob gehauenem Stein und Stroh gebaut. Das Restaurant rangiert eindeutig über dem Durchschnitt des Krüger-Parks, und von der Bar hat man herrliche Ausblicke auf den See. Ein Laden und Waschsalon sowie eine Tankstelle sind ebenfalls vorhanden. Der Swimming Pool bietet angenehme Abkühlung nach einer langen Safari.

Shingwedzi

Das recht große Camp, ✆ 013-735 6806 oder 6807, bietet einen Zeltplatz, quadratische Hütten aus Ziegelsteinen, ein paar ältere weiße, strohgedeckte Bungalows im Kolonialstil, ein Cottage und ein Gästehaus. Es liegt 63 km nördlich von Mopani in einem ausgedehnten Gelände mit Schatten spendenden Mopane- und Apfelblattbäumen. Der Speiseraum verfügt über eine Terrasse, zu deren ständigen Besuchern Stare und freche Hornraben gehören, die darauf aus sind, etwas vom Essen zu stibitzen. Von der Terrasse blickt man weit über den meist ausgetrockneten Shingwedzi River. An den Dachvorsprüngen der Rezeption und der Cafeteria hängen die Nester der **Webervögel** mit ihren länglichen, schlauchförmigen Eingängen. Die Anlage umfasst einen Laden, eine Tankstelle und einen Swimming Pool. Camp-Gäste können an Nachtfahrten teilnehmen.

Punda Maria und Pafuri

Das nördlichste Camp des Krüger-Parks, Punda Maria, ✆ 013-735 6873, liegt 71 km hinter Shingwedzi und ist ein entspannter tropischer Außenposten in der Nähe der Grenze zu Simbabwe. Dies ist das ursprünglichste und am wenigsten besuchte Camp des Parks, unprätentiös und friedlich – das, was Kenner als wahren Krüger-Park bezeichnen. Die Wilddichte ist zwar geringer als in den anderen Teilen des Parks, das bedeutet aber nicht, dass man hier gar keine Tiere zu Gesicht bekommt (die Big Five lassen sich immer mal wieder blicken). Sie werden einem nur nicht auf dem Silbertablett serviert, und es kostet mehr Anstrengung, sie in dem Wald und dem dichten Mopane-Buschland zu entdecken. Der besondere Reiz von Punda liegt in seiner Landschaft und der unglaublich vielfältigen Vegetation, zu der sage und schreibe neun Lebensräume (Biome) gehören, die hier aufeinander treffen, was es auch zu einem absoluten Paradies für **Vogelfreunde** macht. Die Umgebung von Punda ist von zahlreichen zerklüfteten Sandsteinklippen geprägt, und die Hügelkuppen werden von riesigen, teilweise über 4000 Jahre alten Baobabs gekrönt. Die Unterbringung erfolgt auf dem Campingplatz oder in Safarizelten mit Gemeinschaftskochgelegenheit und -bad. Oder in voll ausgestatteten Bungalows mit Bad, zwei davon für Familien eingerichtet. Zum Camp gehören ein sehr einfaches Restaurant, ein kleiner Laden, eine Tankstelle, ein Swimming Pool und eine Vogelbeobachtungsstelle. Vom Punda Maria aus kann man mit einem Guide die faszinierende historische und archäologische Stätte **Thulamela** in ihrer majestätischen Lage besuchen – hoch über dem Zusammenfluss des Luvuvhu und Limpopo. Die steinernen Ruinen erinnern an Great Simbabwe, mit dessen Bewohnern die Einwohner Thulamelas vom 15. bis Mitte des 17. Jhs. Handel trieben. Den **Picknickplatz Pafuri**, 46 km nördlich von Punda, sollte man auf keinen Fall verpassen, denn hier zeigt sich der eigentliche Reichtum des nördlichen Krüger-Parks. Der Platz am Ufer des Luvuvhu River dehnt sich unter gewaltigen Akazien, Ahnen- und Schakalbeerbäumen aus und ist der ultimative Ort für ein Picknick am

Mittag. Eine Informationstafel erläutert die faszinierende Geschichte der Gegend. Es gibt *braai*-Vorrichtungen und heißes Wasser für Tee, der Aufseher verkauft eisgekühlte Erfrischungsgetränke in Dosen.

Bushveld-Camps

Wer in einem Bushveld-Camp übernachten möchte, sollte sich um eine möglichst frühe Reservierung bemühen, denn die Nachfrage ist sehr groß. Diese Camps sind ausschließlich für gebuchte Gäste zugänglich. In den meisten werden Tierbeobachtungsfahrten bei Tag und bei Nacht angeboten. Die Preise für eine Unit für 2–6 Pers. beginnen bei R1000.

Bateleur

Abseits der Touristenwege gelegen, rund 40 km südwestlich des Restcamps Shingwedzi im äußersten Norden des Parks am Ufer des meist trockenen Mashokwe Spruit. Das Camp, ✆ 013-735 6843, verfügt über eine Aussichtsplattform, die gute Blicke auf die Wasserstelle bietet, zu der die Tiere zum Trinken kommen. Die nahe gelegenen Seen Silver Fish und Rooibosrand locken ebenfalls Wild und eine Vielzahl Vögel an. Hier gibt es drei 6-Bett-Cottages und vier 4-Bett-Cottages, alle sind mit kleiner Küche und Kühlschrank ausgestattet und werden mit Solarenergie versorgt.

Biyamiti

Biyamiti, ✆ 013-735 6171, liegt am Ufer des Mbiyamiti River, etwa 41 km nordöstlich des Malelane Gate und 26 km westlich des Crocodile Bridge Gate. Die Nähe zu den Gates ist ein großer Vorteil dieses Camps im tiefen Süden. Ein zusätzliches Plus ist die Tatsache, dass das Gelände zahlreiche Tiere anzieht, auch Löwen, Elefanten und Nashörner. Im Camp gibt es zehn 2-Bett-Guestcottages und fünf 1-Bett-Cottages, alle mit voll ausgestatteten Küchen.

Boulders Bush Lodge

Die exklusive Boulders Bush Lodge (Buchung und Check-in im Mopani Camp, S. 649) muss als Ganzes reserviert werden (max. 12 Personen, R2500). Das Camp liegt zwischen Felsblöcken und hat auf Pfählen erbaute Cottages, wo Holzplanken die Schlafzimmer mit dem Aufenthaltsgelände und Aussichtsdeck verbinden. Die Zimmer verfügen alle über ein Bad. Auf dem Gemeinschaftsgelände gibt es eine Küche, ein Esszimmer, eine Bar, eine Lounge und eine *braai*-Stelle. Alles wird mit Solarstrom betrieben.

Sable und Shipandani Overnight Hides

Eine ausgefallene Schlafgelegenheit für Mutige (R350 für 2 Pers., Schlafgelegenheit für höchstens 6 Pers.). Tagsüber sind es Vogelbeobachtungsverstecke, abends verwandeln sie sich in primitive Schlafstätten. Der Sable Hide, rund 10 km vom Phalaborwa Gate, liegt über dem Sable Dam, wo sich zahlreiche Tiere zum Trinken versammeln. Reservierung beim Phalaborwa Gate (S. 635). Shipandani liegt 3 km südlich vom Mopani am Tzendze River und wird von Büffelherden und vielen Elefantenbullen aufgesucht. Reservierung beim Mopani (S. 649).

Shimuwini

Das idyllische Camp, ✆ 013-735 6683, liegt am oberen Abschnitt des vom Letaba River gespeisten Shimuwini Dam, in etwa 50 km Entfernung vom Phalaborwa Gate an der Mooiplaas Road. Es befindet sich inmitten von Mopanebäumen und Buschweiden, und am Flussufer wachsen Maulbeerfeigen. Das Shimuwini ist weniger für sein hohes Wildaufkommen berühmt, als ein echter Dauerbrenner für Vogelfreunde. Hier können wunderbar in Flussnähe lebende Vogelarten wie Schreiseeadler beobachtet werden.
Für Gäste stehen fünf Cottages mit zwei Schlafzimmern, neun edlere Guestcottages mit zwei Schlafzimmern und ein Guestcottage mit drei Schlafzimmern bereit.

Sirheni

Das Sirheni, ✆ 013-735 6860, liegt am Ufer des Sirheni Dam, ungefähr 54 km südlich von Punda Maria. Die herrliche Waldlandschaft am Fluss ist ein lohnendes Revier für die Vogelbeobachtung, aber auch viele andere Tiere bevölkern dieses Gebiet. Den großen Reiz macht die Bushveld-Einsamkeit dieser wenig frequentierten Gegend aus. Im Camp gibt es fünf Cottages mit fünf Schlafzimmern und zehn Guestcottages, alle mit Bad und Küche. Die meisten Besucher kommen wegen der beiden Vogelbeobachtungsposten her.

Talamati

Das Camp, ✆ 013-735 6343, liegt am Ufer des meist ausgetrockneten Nwaswitsontso River, ca. 31 km vom Orpen Gate. Das Mischwaldgelände, auf dem das Camp errichtet wurde, ist der Lebensraum von Giraffen, Kudus, Gnus, Zebras und Raubtieren wie Löwen, Hyänen und Schakalen, aber auch Nashörnern und Rappenantilopen. Die beiden Unterstände innerhalb des Camps überblicken eine Wasserstelle und sind ausgezeichnete Plätze zur Tierbeobachtung. Am Fluss zwischen Ahnenbäumen und rötlichen Buschweiden stehen, hufeisenförmig angeordnet, zehn gut ausgestattete Cottages mit zwei Schlafzimmern und vier kleinere mit einem Schlafzimmer.

Tzendze Rustic Camp

Das Tzendze Rustic Camp, ✆ 013-735 6535 oder 6536, richtet sich an diejenigen, die dem typischen Krüger-Camp-Ambiente aus dem Weg gehen möchten. Es liegt 7 km südlich von Mopani, wo sich die nächste Einkaufsmöglichkeit befindet. Strom gibt es hier keinen – die Beleuchtung in den Toiletten stammt aus Solarbatterien und das Warmwasser der Duschen im Freien von natürlichen Gasquellen. Jeder der 30 Zeltstellplätze (die besten sind Nr. 14, 15 und 16) ist von Bäumen und Gebüsch umgeben. Deshalb fühlt man sich wie in der Wildnis – zurück zur Natur eben. Ab R130 pro Stellplatz.

Privatreservate – Greater Kruger

Der Westteil des Krüger-Parks besteht aus privaten Reservaten. Die Gebietsgrenzen zum Krüger sind offen, d. h. nicht eingezäunt – die ganze Zone wird oft als **Greater Kruger** bezeichnet. In jedem Reservat befinden sich mehrere Safarilodges, jede auf einem ausgedehnten Landstück, und zwischen ihnen und den benachbarten Safaricamps gibt es ebenfalls keine Zäune. Lodges mit kleineren Anwesen haben oft das Wege- bzw. Durchfahrtsrecht zu größeren oder tierreicheren Grundstücken. Die Ranger stehen untereinander in Kontakt per Funk und benachrichtigen sich, wenn irgendwo Großwild gesehen wurde, damit die anderen ebenfalls in den Genuss kommen. Es gelten strenge Regeln, wie viele Fahrzeuge an einer Beobachtungsstelle zugelassen sind. Wenn man beispielsweise gerade Löwen beobachtet, ist wahrscheinlich nur noch ein anderes Fahrzeug zugegen.

Im Sabi Sands dürfen Fahrzeuge kreuz und quer durch den Busch fahren –das bedeutet, dass man zum Beispiel einem Leoparden folgen kann, der durch ein steiniges Flussbett streift, aber im Allgemeinen ist man sich darüber einig, dass das Fahren abseits der Straßen der Umwelt schadet. Ein großes Lob geht an die Manyeleti und Honeyguide Camps, die eine Politik des *no off-road driving* verfolgen und damit zweifellos die Vegetation und Kleintiere vor Schaden bewahren.

Das größte Gelände nimmt die Mala Mala Lodge in Sabi Sands ein. Hier befinden sich mehrere winzige **Landepisten**, und ständig landen und starten Flugzeuge von und nach Nelspruit oder Johannesburg. Man kann aber mit jedem normalen **Pkw** zu allen Lodges und Camps fahren. In manchen Reservaten gibt es drei verschiedene Lodges mit unterschiedlichen Preisen.

In den Privatreservaten bekommen die Gäste überaus luxuriöse und romantische Zimmer, köstliches Essen und klassische Safaris in Landrovern geboten, bei denen jede Menge Großwild, kleinere Tiere und Vögel zu sehen sind. Alle Lodges bieten Vollpension und von einem Ranger oder einem Fährtenleser begleitete Tierbeobachtungsfahrten in offenen Fahrzeugen in der Morgen- und Abenddämmerung an. Die Nachmittagsausflüge werden nach dem „Sundowner" im Busch oft zu Nachtfahrten ausgeweitet. In den Wintermonaten werden die Passagiere im Fahrzeug in Decken gewickelt und bekommen manchmal sogar Wärmflaschen mit. Das Dinner wird natürlich unter freiem Himmel bei Lampenlicht rund um ein offenes Feuer eingenommen. Auch Buschwanderungen gehören zum Angebot, in

Die Chancen, einen Leoparden zu Gesicht zu bekommen, stehen im Sabi Sands am besten.

der Regel nach dem Frühstück. Die meisten Camps überblicken Wasserstellen oder Ebenen, sodass die Gäste nach Tieren Ausschau halten können, während sie sich im Camp aufhalten, am Pool faulenzen oder Tierbücher durchblättern.

Das **Sabi Sands Game Reserve**, 💻 www.sabi.krugerpark.co.za, ist der beste Ort weltweit, um Leoparden und Löwen zu beobachten. Von allen Safarigebieten Südafrikas ist das **Sabi Sands South** das exklusivste. Nicht nur der reichen Tierwelt wegen, sondern auch wegen seiner Nähe zu Nelspruit. Und mit dem Auto sind es nur ein, zwei Stunden bis zu den Lodges von Hazyview. **Sabi Sands North** ist billiger. Auch hier gibt es zahlreiche Tiere, aber es ist schwieriger zu erreichen. Man biegt bei Acornhoek von der R40 nach Osten ab und fährt dann zwei Stunden auf Schotterpisten durch traditionelle afrikanische Dörfer bis zu den Lodges. Das Gleiche gilt für das **Manyeleti** nördlich von Sabi Sands. **Timbavati**, das nördlichste der Reservate, ist von der Orpen Gate-Straße her zugänglich, aber leichter zu erreichen. Hier muss nämlich längst nicht so viel Zeit auf holprigen, ungeteerten Straßen zurückgelegt werden wie auf dem Weg zum Manyeleti oder Sabi Sands North.

Wem es vor allem um **wilde Tiere**, insbesondere um Leoparden geht, der ist im Sabi Sands am besten aufgehoben. Das gilt besonders für den Süden, wo die Leoparden sich inzwischen von Menschen und Fahrzeugen kaum noch aus der Ruhe bringen lassen. Timbavati ist viel ruhiger und wilder als Sabi Sands. Es ist für seine großen Büffelherden bekannt, außerdem leben dort viele Löwen und Elefanten. Leoparden und Geparden sind aber sehr selten, mit Ausnahme in der Umgebung der Gomo Gomo Lodge, wo sich ab und zu mal Leoparden sehen lassen.

Der Name Timbavati steht für das Phänomen der **weißen Löwen**. Es ist nicht ausgeschlossen, dass man einige Löwen zu Gesicht bekommt, die dieses rezessive Gen in sich tragen, das sie etwas blasser aussehen lässt. Das letzte Mal, dass ein ausgewachsener weißer Löwe gesichtet wurde, war 1993 – im Mai 2009 wurden aber zwei Löwenbabys geboren.

Im Manyeleti gibt es viele wilde Tiere und zudem atemberaubende Landstriche mit offener

Steppe und schroffen Felsen an der Grenze zum Krüger-Park. Während der Apartheid war Manyeleti der einzige Teil des Krüger-Parks, den auch Schwarzafrikaner besuchen durften. Es ist immer noch weitaus weniger erschlossen als die anderen Reservate und hat nur wenige Unterkünfte. Das ist durchaus von Vorteil, denn hier fahren dann auch sehr viel weniger Fahrzeuge herum.

Die **Preise** in den Privatreservaten sind sehr hoch – keine Frage. Die Gäste werden für die hautnahe Erfahrung der afrikanischen Wildnis zur Kasse gebeten und außerdem für die aufmerksame Begleitung der Ranger, die sich alle Mühe geben, ihnen den Aufenthalt zum unvergesslichen Erlebnis zu machen. Die angegebenen Preise gelten pro Person und Nacht im DZ, Verpflegung und alle Safariaktivitäten inbegriffen. Im Winter geben die Preise nach, manche Reservate werben mit Winter-Specials. Hochsaison ist zwischen Dezember und April. Manchmal sind die Preise in US-Dollar statt SA Rand angegeben. Ohne Reservierung geht gar nichts, und erst bei der Buchung erhält man genaue Hinweise zur Anreise, denn Überraschungsbesuche sind nicht erlaubt. Alle nachstehend genannten Lodges haben sich bewährt und können empfohlen werden.

Manyeleti

Honeyguide, 4 km vom Orpen Gate, 💻 www.honeyguidecamp.com, ✆ 011-341 0282. Eines der preiswerteren Camps und das einzige, das an seinen beiden Standorten Übernachtung im Zelt bietet: Khoka Moya ist modern eingerichtet und akzeptiert Kinder; Mantobeni zeigt mehr traditionelles Safaricamp-Ambiente. Weil sie auf Rasenflächen verzichten, hat sich in den Camps ein echtes „Buschgefühl" erhalten. Und dafür, dass es keinen Flussblick oder Aussicht auf eine Wasserstelle gibt, entschädigen die zuvorkommenden Mitarbeiter und ausgezeichneten Ranger und Fährtenleser. Jedes Zelt ist riesig und hat ein Bad mit zwei Duschen und Waschbecken. Frühmorgens, während man sich noch unter den Daunendecken rekelt, wird der Tee gebracht *(before breakfast tea)*. Das Beste am Honeyguide ist das fantasievolle Programm für Kinder aller Altersklassen. Die Ranger kümmern sich um die Kids und machen Abdrücke von Tierspuren im Busch, bringen ihnen viel über das Tierreich bei, und abends sitzen sie mit ihnen auf Kissen um das Lagerfeuer herum. Der Preis umfasst Vollverpflegung und alle Getränke, einschließlich Wein. Ein weiteres Plus ist die Location: nur 4 km auf einer Schotterpiste vom Orpen Gate. Ab R3350.

Timbavati

Gomo Gomo, im Norden, Zufahrt über die Orpen Rd, ✆ 013-752 3954, 💻 www.gomogomo.co.za. Die besondere Attraktion von Gomo Gomo ist seine Lage an einem ständig Wasser führenden Fluss, wo eine gute Sicht auf die Tiere herrscht. Die Ausstattung und strohgedeckten Chalets sind nicht besonders aufregend. Es ist auch nicht so glamouriös und stilvoll wie die nobleren Lodges. Aber wenn man aufs Geld achtet, ist es eine hervorragende Wahl. Es hat fünf Chalets und vier Zelte, manche davon für Familien gedacht. R1700.

Umlani, Anfahrt über die Orpen Rd, nahe Orpen Gate, ✆ 021-785 5547, 💻 www.umlani. com. Acht Hütten mit Schilfrohrwänden und Blick über den trockenen Nhlaralumi River sowie jeweils mit einer oben offenen Buschdusche, die von einem Holzboiler beheizt wird (es gibt keinen Strom). Umlani (der Name bedeutet „Ort der Erholung") ist nicht eingezäunt, da Wert auf unverfälschtes Buscherlebnis gelegt wird. Die Fenster sind mit Gaze versehen, damit man den nächtlichen Geräuschen der Wildnis lauschen kann. Eines der Highlights ist das Duschen im Freien mit Blick auf den Sternenhimmel. Die Einrichtung ist schlicht, ebenso das Essen – aber es ist köstlich und nicht so mächtig, dass man sich hinterher nicht mehr rühren mag. Alles in allem verschafft das Umlani eine sehr viel befriedigendere Naturerfahrung als viele andere Reservate, die mehr einem Hotel im Busch gleichen. R2750.

Sabi Sands North

Chitwa Chitwa Game Lodge, ✆ 011-883 1354, 💻 www.chitwa.co.za. Wundervoll am Rand des größten *pan* (Wasserbecken) in Sabi Sands gelegen, wo abgesehen von den dort lebenden Flusspferden und Krokodilen auf jeden Fall Tiere an der Tränke zu sehen sind. Chitwa Chitwa bietet sowohl Luxus als auch die Chance Raubkatzen zu sehen, hält die Preise aber niedriger als manche berühmten Nachbarn weiter südlich. Es ist die hübscheste der Lodges im nördlichen Sabi Sands; jede der super gemütlichen Suiten hat einen Kamin und Aussicht aufs Wasser. Die Verpflegung ist gut, und manchmal deckt man nach dem morgendlichen Game drive für die Gäste den Frühstückstisch draußen im Busch. Weil zwei Swimming Pools vorhanden sind, können Kinder in einem toben und die Erwachsenen im anderen ungestört ihre Runden drehen. Die Zimmerpreise schwanken je nach Ausstattung. Ab R4000.

Djuma Game Reserve, ✆ 013-735 5118, 💻 www.djuma.com. Die Bush Lodge vom Djuma ist ein entspanntes Plätzchen inmitten von Mischwald. Ihre acht nicht besonders großen A-Frame-Hütten sind schlicht und geschmackvoll eingerichtet. Der Service und die Safaribegleitung könnten nicht besser sein. Mit ihrem hippen, modern-afrikanischen Ambiente (u.a. Township-Kunst) ist Djuma's Vuyatela eine der innovativsten Game Lodges im Krüger-Park. Jede der Fünf-Sterne-Suiten verfügt über einen kleinen Pool und eine Minibar. Außerdem gibt's eine Bücherei, einen Fitnessraum und ein Wellnesscentre mit Massagen und Schönheitspflege. Beide Lodges haben gute Internetverbindung; in der Bush Lodge sind auch Kinder zugelassen. Das Djuma ist eines der sozial engagierteren Reservate. Es unterstützt Vorschulen in traditionellen Dörfern und zwischen den Game drives werden auch Besuche dort angeboten. Ab R5000 in der Vuyatela und R3300 in der Bush Lodge.

Nkorho Bush Camp, ✆ 013-735 5367, 💻 www.nkorho.com. Der kleine Familienbetrieb auf einem grasbewachsenen Gelände mit einzelnen Bäumen setzt auf Erschwinglichkeit. Weil es so bodenständig und gemütlich ist, hat man im Nkorho das Gefühl, Ferien auf dem Bauernhof von Freunden zu machen. Das Camp für max. 16 Gäste bietet sechs einfache, aber komfortable Chalets mit Dusche. Gemeinsam genutzt werden ein Aufenthaltsbereich im Freien, eine Bar mit Billardtisch und eine afrikanische *boma* aus knorrigen Baumstämmen, wo das Abendessen um ein großes offenes Feuer herum serviert wird. Vom Swimming Pool schaut man direkt auf eine viel besuchte Tränke. Ab R2050.

Sabi Sands South

Mala Mala, ✆ 011-442 2267, 💻 www.malamala.com. Das ist die berühmteste und exklusivste Game Lodge von ganz Südafrika. Die hier durchgeführten Safaris sind unvergesslich, die Küche erlesen und die Ranger erstklassig. Hierher kommen die Berühmten und Reichen. Die Atmosphäre ist freundlich und relaxt. Das Main Camp besteht aus reetgedeckten Suiten am Ufer eines Flusses, einem kleinen Fitnessraum und gepflegten Grünanlagen. Kinder sind willkommen; eine Familie bekommt oft ihren eigenen Landrover und Guide gestellt. Am Ende des Aufenthalts erhalten die Gäste eine Bescheinigung, dass sie die Big Five „gefangen" haben. Das Main Camp ist am erschwinglichsten. Die anderen beiden Camps, Sable und Rattray's, sind exklusiver und folglich teurer. Main Camp ab R5750.

Nottens Bush Camp, ✆ 013-735 5105, 💻 www.nottens.com. Dieser Familienbetrieb ist mehr als zwei Jahrzehnte alt und widersteht noch immer der Versuchung, das Geschäft auszudehnen. Es gehört zu den beliebtesten und reizvollsten kleinen Camps. Zu Abend gegessen wird an einem großen Tisch, die anderen Mahlzeiten gibt es auf der riesigen Aussichtsplattform mit Blick über die Ebene vor dem Camp oder im Winter in einer *boma* am offenen Feuer. Die Unterkünfte für max. 18 Gäste (Kinder über 8 Jahre willkommen) umfassen angenehme Chalets mit Paraffinlampen und Blechdächern. Auf Elektrizität wird hier bewusst verzichtet – das ist Teil der Philosophie, um den Gästen den Busch näher zu bringen. Ab R3500.

Sabi Sabi, ✆ 011-447 7172, 💻 www.sabisabi.com. Im Sabi Sabi gibt es vier unterschiedliche Lodges. Die größte, die Bush Lodge, ist schlichtweg umwerfend: Die Suiten mit Innen- und Außenduschen, Patios und Grünflächen sind fantastisch, es wimmelt

von wilden Tieren, die Anfahrt von Hazyview ist ein Kinderspiel, und die Büffets sind denkwürdig. Allerdings hat die Bush Lodge etwas von einem Hotel. Sie bietet Platz für 40 Gäste, Es gibt Fernsehen, Handyempfang, Internet und eine Safari-Landroverflotte. Wer in erster Linie viele Tiere sehen möchte und nicht furchtbar scharf auf die unverfälschte Wildnis ist, wird sich hier bestimmt wohl fühlen. In der Bush Lodge sind Kinder willkommen, und es gibt auch für Kinder geeignete DVDs.
Die Earth Lodge dagegen ist etwas für Superreiche und Kinderlose. Man sieht sie erst im letzten Moment, denn sie ist unter Busch und mit Gras überzogenen Erdhügeln versteckt. Hier herrscht ultra-luxuriöser Ökoschick nach dem letzten Schrei. Jede Suite verfügt über einen Meditationsgarten und eine Staffelei samt Farben. Und dann gibt es noch den Butler, der rund um die Uhr zur Verfügung steht, um z. B. einen himmlischen Tropfen aus dem umfangreichen Weinkeller auszuwählen. Von R5600 in der Bush Lodge bis R7500 in der Earth Lodge.

Touren

Das Angebot an Touren in den Krüger-Park ist sehr umfangreich – am besten fährt man nicht selbst, sondern schließt sich einer organisierten Tour an, die meist in Johannesburg beginnt.
Die aufgeführten Preise verstehen sich pro Person, sofern nicht anders angegeben. Bei den meisten Safari-Veranstaltern sind die Naturschutzgebühr, die Mahlzeiten und der Transport von und nach Jo'burg im Preis enthalten.
Livingstone Trails, ✆ 082-654 9478, 💻 www.livingstonetrails.co.za. Veranstaltet von Johannesburg aus viertägige Ausflüge mit Besuch des atemberaubenden Blyde River Canyon sowie Tages- und Nachtfahrten durch den Krüger-Park. Gäste haben die Wahl zwischen Camping (R4150) und Betten in privaten Lodges (R5050).
Outlook Small Group Explorations, ✆ 011-894 5406, 💻 www.outlook.co.za. Die Teilnehmer der 4-Tage-Safari ab Jo'burg haben die Wahl zwischen Camping (R3630) und Unterkunft mit Betten (R6350); außerdem ist eine Safarikombination mit Krüger und Sabi Sands im Programm (5 Tage, R11 050).
Transfrontiers, ✆ 083-382 5098, 083-700 7987, 💻 www.tsafaris.co.za. Eine der besten und bewährtesten Optionen für Leute, die den Krüger-Park zu Fuß erkunden möchten. Auf den fünftägigen Safaris (R5300), die regelmäßig von den Hostels in Jo'burg aus starten, verbringen die Teilnehmer zwei Nächte im Timbavati Reserve und zwei Nächte in Klaserie. Die Unterbringung erfolgt in großen Zelten mit richtigen Betten inklusive Bettzeug. Die Guides sind gut ausgebildet und freundlich. Es werden auch Touren nach Mosambik angeboten.
Wildlife Safaris, ✆ 011-791 4238, 011-792 2080, 💻 www.wildlifesaf.co.za. 3-Tage-Touren ab Jo'burg in den Krüger-Park (R6090 oder R5495 in der Sparvariante) mit Übernachtung in komfortablen Zimmern mit Bad.

Transport

Eine Möglichkeit zum Krüger-Park zu kommen, ist die Fahrt mit dem Bus von Johannesburg nach Nelspruit oder Phalaborwa. Alternativ dazu kann man sich einer der zahlreichen Touren anschließen, die von den Backpacker Lodges angeboten werden, etwa vom Old Vic Inn, Funky Monkey und Elephant Walk in Nelspruit oder Phalaborwa. Ein Veranstalter in Hazyview ist Bushpackers at Gecko Lodge (S. 625). Auch von Johannesburg aus werden viele Touren angeboten. Das ist sehr praktisch, vor allem wenn man auf dem Flughafen von Jo'burg ankommt oder von dort abfliegt und allein reist (S. 655).

Selbstfahrer

Es gibt neun **Zufahrtstore** entlang der West- und Südgrenze des Krüger-Parks. Von Johannesburg führt der schnellste Weg zum Krüger-Park über die N4, die auf ihrem Weg nach Mosambik die Südgrenze des Parks streift. Von der N4 aus gelangt man schnell zu den **Südtoren** Malelane, ✆ 013-735 6152, 411 km von Jo'burg, und Crocodile Bridge, ✆ 013-735 6012, weitere 57 km entfernt. Auch wenn man aus KwaZulu-Natal oder Swasiland über Barberton anreist, sind das die am nächsten gelegenen Tore.
Besucher des Blyde River Canyon kommen über die R538/R40 zwischen White River und Klaserie

zu den **Westtoren** Phabeni, ✆ 013-735 5890, Paul Kruger, ✆ 013-735 5107, Orpen, ✆ 013-735 6355, und Phalaborwa, ✆ 013-735 3547 oder 3548, die in die Süd- und Zentralregion des Parks führen. Die beiden **Nordtore** auf der Westseite sind am einfachsten über die N1 von Johannesburg nach Musina an der Nordgrenze Südafrikas zu erreichen. Von der N1 führen die R524 in östlicher Richtung von Makhado zum Punda Maria Gate, ✆ 013-735 6870, und die 58 km weiter nördlich gelegene R525 zum Pafuri Gate, ✆ 013-735 5574.

Flüge

Flugverbindungen bestehen nach NELSPRUIT (S. 618) für den südlichen Abschnitt, HOEDSPRUIT (S. 628) für den zentralen und den nördlichen Abschnitt und nach PHALABORWA (S. 635) für den nördlichen Abschnitt. Für die Weiterfahrt empfiehlt sich ein Mietwagen.

SAA und **SA Airlink** fliegen von JOHANNESBURG nach Nelspruit und Phalaborwa, SA Airlink außerdem von DURBAN nach Nelspruit und von KAPSTADT nach Nelspruit und Hoedspruit. Gäste einer privaten Wildlife Lodge können sich von einem der genannten Flughäfen abholen lassen. Wenn Geld keine Rolle spielt, kann man auch nach Nelspruit fliegen und anschließend mit einer kleinen Maschine eine der teuren Lodges anfliegen.
Leider sind die Flüge zu Zielen in der Umgebung des Krüger-Parks teuer, Sondertarife gibt es nicht. Wer sich in Kapstadt oder Durban aufhält, findet möglicherweise eine günstigere Möglichkeit in Form eines Billigflugs (z. B. mit kulula.com) nach Johannesburg und mietet am Flughafen ein Auto für die fünfstündige Weiterfahrt zum Park. Der Flughafen von Jo'burg liegt praktischerweise direkt an der N4, die zum Krüger-Park führt.

Anhang

Sprache S. 658
Glossar S. 661
Reisemedizin zum Nachschlagen S. 663
Index S. 666
Bildnachweis S. 678
Impressum S. 679
Kartenverzeichnis S. 680

Sprache

In Südafrika gibt es elf offizielle Amtssprachen. In der Praxis ist **Englisch** die *lingua franca,* sie herrscht in der Politik, der Wirtschaft und den Medien vor. Südafrikabesucher, die sich in den größeren Städten und den Nationalparks aufhalten, können sich mühelos auf Englisch verständigen. Daneben aber ist **Afrikaans** weit verbreitet, und selbst wenn man kaum in die Verlegenheit kommen wird, Afrikaans sprechen zu müssen, begegnet man dieser Sprache mit Sicherheit auf offiziellen Formularen und zahlreichen Schildern, vor allem im Straßenverkehr. Was die neun weiteren offiziellen sowie die vielen inoffiziellen indigenen Sprachen anbelangt, wird kein Urlaubsreisender auch nur den Versuch unternehmen, sie alle zu erlernen, und selbst das Erlernen einer dieser Sprachen stellt schon eine echte Herausforderung dar.

Aber es ist immer nützlich, ein paar kurze Sätze auf Lager zu haben, vor allem Grußformeln – eine Geste, die in jedem Fall erfreut zur Kenntnis genommen wird, auch wenn man keine tiefschürfende Konversation in der fremden Sprache führen kann. Die neun offiziellen afrikanischen Sprachen lassen sich in vier Gruppen aufteilen: **Nguni**, bestehend aus Zulu, Xhosa, siSwati und Ndebele; **Sotho**, bestehend aus Northern Sotho, Southern Sotho (oder Sesotho) und Tswana; **Venda**; **Tsonga**. Die meisten Südafrikaner gehören einer der ersten beiden Sprachgruppen an. Ebenso wie alle anderen indigenen südafrikanischen Sprachen unterscheidet sich ihre Grammatik wesentlich von der mitteleuropäischer Sprachen, denn die Sätze werden vom Substantiv dominiert, dem sich die anderen Wörter wie Verben und Adjektive in Person, Geschlecht und Zahl anpassen müssen. Dies geschieht dadurch, dass die Wortstämme je nach Aussage mit Vor- oder Nachsilben versehen werden.

Englisch

Südafrikanisches Englisch ist eine Sprache mit vielen Varianten. Die Muttersprache von 40 % der Weißen ist Englisch, und viele von ihnen glauben, ein reines britisches „Hochenglisch" zu sprechen. Allerdings unterscheidet sich das südafrikanische Englisch vom britischen nicht nur in der Aussprache, sondern vor allem durch

Grußformeln

Deutsch	Englisch	Afrikaans	Northern Sotho
Ja	*Yes*	*Ja*	*e*
Nein	*No*	*Nee*	*Aowa*
Bitte	*Please*	*Asseblief*	*Hle. . ./. . .hle*
Danke	*Thank you*	*Dankie*	*Ke a leboga*
Entschuldigung	*Excuse me*	*Verskoon my*	*Tshwarelo*
Guten Morgen	*Good morning*	*Goiemore*	*Thobela/dumela*
Guten Nachmittag	*Good afternoon*	*Goeiemiddag*	*Thobela/dumela*
Guten Abend	*Good evening*	*Goeinaand*	*Thobela/dumela*
Bis später	*See you later*	*Sien jou later*	*Re tla bonana*
Auf Wiedersehen	*Goodbye*	*Totsiens*	*Sala gabotse/*
Bis bald	*Until we meet again*	*Totsiens*	*Go fihla re kopana gape*
Erfreut, deine/ Ihre Bekanntschaft gemacht zu haben	*Nice to meet you*	*Aangename kennis*	*Ke leboga go le tseba*
Wie geht es Ihnen/dir?	*How are you*	*Hoe gaan dit?*	*Le kae?*
Es geht mir/ uns gut, danke	*I'm fine, thanks*	*Goed dankie*	*Re gona*

seinen riesigen, reichhaltigen Wortschatz, der ganz eigene Wortschöpfungen umfasst, manche davon aus dem Afrikaans und den indigenen Sprachen entlehnt.

Afrikaans

Im Gegensatz zu dem, was meist angenommen wird, ist Afrikaans nicht nur die Muttersprache der weißhäutigen Buren, sondern auch die der meisten südafrikanischen „Coloureds“. Sie ist keineswegs im Aussterben begriffen, sondern eine sehr lebendige Sprache, in der sich die Mehrzahl der Südafrikaner müheloser als in jeder anderen verständigen kann, denn sie lässt jederzeit Neuschöpfungen zu. Am weitesten verbreitet ist sie in den Provinzen West- und Nordkap, und so gut wie alle Medien im Freistaat bedienen sich vorrangig des Afrikaans.

Afrikaans ist eine vom Holländischen, der Sprache der ersten europäischen Siedler, abgeleitete Sprache (kein Dialekt!), die am Südzipfel Afrikas durch Begriffe aus dem Französischen, Deutschen und Englischen, d. h. den Sprachen der ersten europäischen Seeleute, die am Kap vor Anker gingen, bereichert wurde und zudem mit Wörtern und Wortschöpfungen aus der Sprache der Urbevölkerung sowie den verschiedenen Sprachen der eingeschleppten Sklaven durchsetzt ist. Manche Historiker behaupten (und sie könnten Recht haben), dass die ersten in arabischer Schrift geschriebenen Texte auf Afrikaans Anfang des 19. Jahrhunderts von Kap-Muslimen verfasst wurden.

Ungeachtet ihres vielvölkischen Erbes beanspruchten die Afrikaander vom späten 19. Jahrhundert an diese Sprache als tragendes Element beim Aufbau ihrer Rassentheorie für sich. Der Versuch der Apartheidregierung, Afrikaans zur Lehrsprache in schwarzen Schulen zu machen, führte 1976 zum Aufstand von Soweto (S. 548) – ein Ausdruck dafür, dass Afrikaans in den Augen vieler schwarzer Südafrikaner ein Instrument des verhassten weißen Regimes war.

Nguni

Ebenso wie das Southern Sotho enthalten die Sprachen der Nguni-Gruppe ein paar den San-Sprachen entnommene Klicklaute, die eu-

Sesotho	Tswana	Xhosa	Zulu
E!	*Ee*	*Ewe*	*Yebo*
Tjhe	*Nnyaa*	*Hayi*	*Cha*
(Ka kopo) hle	*Tsweetswee*	*Nceda*	*Uxolo*
Ke a leboha	*Ke a leboga*	*Enkosi*	*Ngiyabonga*
Ntshwaerele	*Intshwarele*	*Uxolo*	*Uxolo*
Dumela (ng)	*Dumela*	*Molo/bhota*	*Sawubona*
Dumela (ng)	*Dumela*	*Molo/bhoto*	*Sawubona*
Fonaneng	*Dumela*	*Molo/bhota*	*Sawubona*
Re tla bonana	*Ke tla go bona*	*Sobe sibonane*	*Sizobanana*
Sala(ng) hantle sepele gabotse	*Sala sentle*	*Nisale kakuhle*	*Sala kahle*
ho fihlela re bonana	*Go fitlhelela re bonana gape*	*De sibonane kwakhona*	*Size sibonane*
Ke thabela ho o tseba	*O tsogile jang?*	*Kunjani*	*Ninjani?*
O/le sa phela?	*O tsogile jang?*	*Kunjani?*	*Ninjani?*
Ke phela hantle	*Ke tsogile sentle*	*Ndiphilile, enkosi*	*Ngisaphila*

Hinweisschilder auf Afrikaans	
Bed en Ontbyt	Übernachtung mit Frühstück
Derde	der/die/das Dritte
Dankie	danke
Doeane	Zoll
Drankwinkel	Spirituosenladen
Eerste	der/die/das Erste
Vrugte	Obst
Geen ingang	Einfahrt verboten
Gevaar	Vorsicht!
Grens	Grenze
Hoof	Haupt-
Hoog	hoch
Ingang	Eingang; Zufahrt
Inligting	Information
Kantoor	Büro
Kerk	Kirche
Kort	Kurz
Links	(nach) links
Lughawe	Flughafen
Mans / Vrouens	Herren / Damen
Mark	Markt
Ompad	Umleitung
Pad	Straße
Padwerke voor	Vorsicht Straßenarbeiten!
Pastorie	Kirchengemeinde
Perron	Bahnsteig; Bahnhof
Plaas	Farm
Poskantoor	Postamt
Regs	rechts
Ry	fahren
Sentrum	Zentrum
Singel	Ringwall; Stadtring
Slaghuis	Fleischerei
Stadig	langsam
Stad	Stadt
Stad sentrum	Stadtzentrum
Stasie	Bahnhof
Straat	Straße
Strand	Strand
Swembad	Schwimmbad
Toegang	Eingang
Tweede	der/die/das Zweite
Verbode	verboten
Verkeer	Straßenverkehr
Versigtig	Achtung!
Vierde	der/die/das Vierte
Vyfde	der/die/das Fünfte

ropäische Zungen erst nach einiger Übung hervorbringen. **Zulu** (oder isiZulu) ist die meistgesprochene afrikanische Sprache Südafrikas und wird von rund zwölf Millionen Menschen verstanden. Sie ist die Muttersprache der Bewohner des südöstlichen Landesteiles, darunter ganz KwaZulu-Natal, der östliche Freistaat, Süd-Mpumalanga und Gauteng.

Manche Sprachforscher sind der Ansicht, dass Zulu Englisch als südafrikanische *lingua franca* ablösen könnte. Zulu darf nicht mit **Fanakalo** verwechselt werden, ein Pidgin-Zulu, das zwar manchmal noch in den Minen gesprochen, von den meisten Zulu-Sprachigen jedoch abgelehnt wird – was vielen weißen Südafrikanern völlig unbekannt ist. Das in Swasiland gesprochene **siSwati** unterscheidet sich kaum vom Zulu, hat jedoch aus historischen Gründen eine eigene Identität entwickelt.

Dasselbe gilt für **Ndebele**, dessen Wortschatz sich ungefähr zu 95 % mit dem des Zulu deckt. Es spaltete sich (ungefähr um die gleiche Zeit wie siSwati) vom Zulu ab, als eine Gruppe Zulu-Sprachiger vor den Expansionsfeldzügen Shakas nach Norden flüchtete. Ndebele wird heute in manchen Ecken Gautengs und der Nordwest-Provinzen sowie überall im Süden von Zimbabwe gesprochen.

Xhosa ist die Muttersprache Nelson Mandelas sowie die von sieben Millionen anderer Südafrikaner, vor allem im Ostkap. Xhosa wird aber auch im Westkap, insbesondere in Kapstadt, gesprochen.

Sotho

Northern-Sotho, Southern-Sotho (oder Sesotho) und Tswana gehören derselben Sotho-Sprachgruppe an. Ebenso wie die Nguni-Sprachen verdanken sie ihre Unterteilung eher geschichtlichen, politischen und geografischen als rein linguistischen Ursachen. Die Sprecher einiger Dialekte des Northern Sotho verstehen manche Dialekte des Tswana besser als manche anderen Northern Sotho-Dialekte.

Die zahlreichen unterschiedlichen Dialekte des **Northern Sotho** werden von rund 2,5 Millionen Menschen innerhalb eines weiten Bogens in der Nordwestregion Südafrikas gesprochen, der die Gebiete rings um den Krüger-Nationalpark umfasst, hoch zur Grenze mit Botswana reicht und von dort aus nach Süden bis Pretoria geht. **Southern Sotho**, eine der ersten afrikanischen Sprachen, die schriftlich aufgezeichnet wurden, spricht man im Freistaat, in einigen Teilen von Gauteng, ebenso in Lesotho und dort angrenzenden Gegenden des Ostkaps.

Tswana, ebenfalls durch zahlreiche Dialekte charakterisiert, ist die in geografischer Hinsicht verbreitetste südafrikanische Sprache. Die Dialekte der vorherrschenden Sprache Botswanas werden in Südafrika im Nordkap, im Freistaat und in den Nordwest-Provinzen gesprochen.

Glossar

A

Afrikaner schwarzer Südafrikaner
Afrikaander Bure; europäischstämmiger, weißer Südafrikaner
Apartheid ab 1940 gebräuchlicher offizieller Terminus der National Party für „Rassentrennung"
Arvie Nachmittag
Assegai Kurzspeer

B

Bakkie Jeep oder Kleinbus
Bantustan während der Apartheid gebräuchlicher Terminus für Territorien, wie z. B. die Transkei, in die Afrikaner, nach Sprachgruppen geordnet, abgeschoben wurden
Biltong sonnengetrocknete Fleischstreifen
Boerekos ländliche Kost; zeichnet sich v. a. durch viel Fleisch, Zucker und in Butter gedünstetem Gemüse aus
Boerewors gut gewürzte Bratwurst, unverzichtbarer Bestandteil eines *braai*
Bokkoms getrockneter Fisch
Boland Südteil des Westkaps
Braai Grill
Bredie Eintopf aus Fleisch und Gemüse
Bundu Urwald oder ungezähmtes Gelände
Bush siehe *bundu*
Bushveld überwiegend aus Dornenbusch bestehendes Gelände

C

Cape Dutch typisch südafrikanischer Architekturstil des 19. Jahrhunderts
Ciskei Ostkap-Region westlich des Kei River; wurde 1973 zum „selbstverwalteten Territorium" für Angehörige der Xhosa-Sprachgruppe ernannt, ist inzwischen wieder Teil Südafrikas
Coloured Farbiger, Mischling

D

Dagga Marihuana
Dassie Klippschliefer
Dominee Pfarrer
Donga ausgetrockneter Wassergraben
Dorp Dorf
Drift Furt; Flussübergang (Afrikaans)

E/F/G

Egoli Zulu-Bezeichnung für Johannesburg
Fanakalo nicht mehr gebräuchliches Kauderwelsch aus Englisch, Zulu und Afrikaans, diente zur Verständigung zwischen weißen Vorarbeitern und afrikanischen Arbeitern in Bergwerken und auf Farmen
Frikkadel Boulette aus Fleisch und Zwiebeln
Fundi Experte
Fynbos Bezeichnung für die einzigartige Fauna des südlichen Westkaps
Group Areas Act 1950 verabschiedetes, jetzt abgeschafftes Gesetz, das die Einrichtung getrennter Lebensräume für jede „Rassengruppe" vorsah

H

Hanepoort süße Weintraube
Highveld höher gelegene Gebiete von Gauteng und Mpumalanga
Homeland siehe *bantustan*
Hottentotten seines diskriminierenden Beiklangs wegen inzwischen abgeschaffter Begriff für die indigenen Khoisan-Hirten, denen die ersten europäischen Siedler am Kap begegneten

I

Impi Zulu-Streitmacht

Indaba Zulu-Bezeichnung für eine Diskussionsrunde; inzwischen im südafrikanischen Englisch üblicher Begriff für jede Art von Versammlung

Inkatha radikal-nationalistische politische Zulu-Partei, wurde 1928 als Kulturorganisation gegründet

K

Kaffer sehr beleidigendes Schimpfwort für Afrikaner

Karoo unwirtliches Hochplateau, das einen Großteil des südafrikanischen Binnenlandes einnimmt

Khoi-Khoi (selbst gewählte) Bezeichnung für das älteste südafrikanische Hirtenvolk

Kloof Schlucht

Knobkerrie Holzknüppel

Koeksister sehr süßes Zopfbrot

Koppie Hügel

Kraal mehrere, von einer Mauer umschlossene Hütten

Kramat Schrein für einen muslimischen Heiligen

Krans Felsklippe

L

Lapa Innenhof zwischen mehreren Ndebele-Häusern; auch Bezeichnung für ein Grillgelände in Safaricamps

Lebowa ehemaliges Homeland *(bantustan)* von Angehörigen der nördlichen Sotho-Sprachgruppe

Lekker gut, hübsch, schmackhaft

Location nicht mehr gebräuchliche Bezeichnung für ein abgegrenztes Gelände am Rand einer Stadt oder Farm „nur für Schwarze"

Lowveld niedrig gelegene, subtropische Region, umfasst das Gebiet von Mpumalanga und die Nord-Provinz (neuerdings: Limpopo)

M

Mealie siehe *mielie*

Melktert Vanillepudding mit Karamellsoße

Mielie Mais

MK Umkhonto we Sizwe („Speer der Nation"), militanter Flügel des ANC, inzwischen in die Armee eingegliedert

N

Naartjie Tangarine/Mandarine

Nek Gebirgspass

Nguni bantusprachige Volksgruppe im südöstlichen Südafrika, umfasst Zulu, Xhosa und Swasi

Nkosi Sikelel 'i Afrika „Gott schütze Afrika", Erkennungsmelodie des ANC, jetzt die Nationalhymne Südafrikas

Nyanga traditioneller Heilkundiger

O/P/Q

Pawpaw Papaya

Pastorie Pfarrhaus

Platteland ländliche Gebiete

Poort schmaler Gebirgspass an einem Flussufer

Protea Nationalblume Südafrikas

Qwaqwa ehemaliges Homeland für Angehörige der South Sotho-Sprachgruppe

R

Raadsaal Parlamentsgebäude

Rest Camp Unterkunft für Besucher von Nationalparks

Robot Verkehrsampel

Rondavel Rundhütte nach traditioneller afrikanischer Bauweise

Rooibos tea Kräutertee

S

SABC South African Broadcasting Authority

Sjambok Bullenpeitsche

Shebeen Wohnzimmer-Kneipe ohne Schanklizenz

Shell Ultra City helle, saubere Tankstellen an Überlandstraßen, mit Restaurant, Minisupermarkt, verfügt manchmal auch über ein Hotel

Skelm Dieb

Snoek großer Fisch, Bestandteil vieler traditioneller Kap-Gerichte

Spaza shops kleine, provisorische Lebensmittelstände oder -geschäfte

Sosatie würziger Hackfleischspieß

Stoep Veranda

T

Township unfruchtbare Landstriche, in die während der Apartheid schwarze Südafrikaner verbannt wurden

Transkei ehemaliges Homeland für Angehörige der Xhosa-Sprachgruppe
Tsostsie Verbrecher

V

Vetkoek Pfannkuchen
Vlej Sumpf
VOC Vereenigde Oostindische Compagnie (Niederländisch-Ostindische Handelskompanie)

Reisemedizin zum Nachschlagen

Aids und Geschlechtskrankheiten

HIV/Aids und Geschlechtskrankheiten sind im südlichen Afrika sowohl unter Männern als auch Frauen weit verbreitet, und die Wahrscheinlichkeit, sich durch sexuellen Kontakt mit dem Virus anzustecken, ist sehr hoch. Es sollte also auf jeden Fall *safer sex* praktiziert werden. Wer in abgeschiedene Landesteile reist und auf Nummer Sicher gehen möchte, kann eine steril verpackte Nadel und ein Transfusionsset mitnehmen.

Bilharziose

Bilharziose stellt ein ernsthaftes Risiko in allen Gebieten Afrikas südlich der Sahara dar. Diese Wurmplage kommt in den meisten **Süßwasserseen und Flüssen** vor, allerdings nicht in Gebirgsregionen. Bilharziose (Schistosomiasis) wird durch winzige, wurmähnliche Parasiten übertragen, die in Süßwasserschnecken leben, ihren Wirt jedoch irgendwann verlassen und in die Haut eines Menschen eindringen, um sich in dessen Blut zu vermehren. Anschließend arbeiten sie sich zu den Darm- oder Blasenwänden vor, wo sie anfangen Eier abzulegen.

Am besten lässt sich eine Infektion verhindern, indem man darauf verzichtet, in Stauseen und Flüssen zu baden. Wer mit dem Kajak gefahren ist oder aus irgendeinem anderen Grund die Berührung mit solchen Gewässern nicht vermeiden konnte, sollte sich nach der Reise beim Arzt einem Bilharziosetest unterziehen.

Allgemeines Unwohlsein ist bisweilen das erste feststellbare Symptom einer Infektion. Hat sich die Krankheit etabliert, kommen als weitere Anzeichen Unterleibsschmerzen sowie Blut im Urin und Stuhl hinzu. Einen Impfstoff gibt es nicht, aber zum Glück lässt sich Bilharziose leicht und schnell kurieren.

Bisse und Stiche

Schlangen- und Spinnenbisse oder Skorpionstiche kommen in Südafrika vergleichsweise selten vor. Es gibt zwar **Schlangen**, aber die meisten verschwinden, sobald sich jemand nähert. Am gefährlichsten sind die Puff- und Bergottern. Sie sonnen sich oft auf Pfaden und machen sich nicht aus dem Staub, wenn ein Wanderer kommt. Wer gebissen wird, sollte sich das Aussehen der Schlange merken und so schnell wie möglich einen Arzt aufsuchen. Wichtig ist: Keine Panik, denn selbst an giftigen Schlangenbissen stirbt man nicht augenblicklich. Aus den verzweifelten Versuchen, Extremitäten abzubinden, resultiert in der Regel mehr Schaden als Nutzen.

Wer im Busch unterwegs war, vor allem in hohem Gras, sollte Körper und Kleidung sorgfältig nach **Zecken** untersuchen, da sie Zeckenfieber übertragen können. Die Symptome setzen eine Woche später ein – geschwollene Lymphdrüsen, Glieder- und Rückenschmerzen sowie Fieber. Die Krankheit heilt allerdings innerhalb von drei, vier Tagen von selbst aus. Die Zecken, die man bei sich am Körper findet, sind im Grunde nicht gefährlich, nur ein bisschen eklig. Man entfernt sie am besten, indem man mit einer Pinzette die Haut um den Zeckenkopf eindrückt, diesen packt und den ganzen Körper vorsichtig herauszieht (es tut nicht weh). Kleine Zecken fallen von selbst ab, wenn man Vaseline oder Fett darüber schmiert.

Skorpione und **Spinnen** gibt es massenhaft, aber man sieht sie wahrscheinlich nur, wenn man Holzstücke aufhebt oder Steine umdreht. Wer Holz für ein Lagerfeuer sammelt, sollte es nicht gleich anfassen, sondern zuerst mit dem

Schuh oder irgendeinem Gegenstand dagegen klopfen. Im Gegensatz zur landläufigen Meinung sind Skorpion- und Spinnenbisse zwar schmerzhaft, aber so gut wie nie tödlich. Eine gute Vorsichtsmaßnahme beim Campen ist es, morgens vor dem Anziehen Kleidung und Schuhe auszuschütteln.

Tollwut ist in ganz Südafrika verbreitet. Also Vorsicht vor Tieren. Nach einem Biss sofort ärztliche Hilfe in Anspruch nehmen. Mit einer Injektionskur lässt sich Tollwut wirksam behandeln.

Magen-/Darmerkrankungen

Magen- und Durchfallerkrankungen aufgrund von unsauberen Lebensmitteln kommen in Südafrika höchst selten vor. Rohkostsalate und Eis – die gefährlichsten Lebensmittel in vielen anderen Dritte-Welt-Ländern – können ohne Probleme verzehrt werden. Natürlich sollte man Lebensmittel nicht zu lange aufbewahren und Ost und Gemüse gründlich waschen.

Wer sich trotzdem einen Magenvirus eingefangen hat, braucht vor allem viel Flüssigkeit und Ruhe. Sowohl das Fleisch als auch die Kerne von Papayas sind ein bewährtes Naturheilmittel gegen Durchfall. Ansonsten gibt es aber auch in jeder Apotheke oder Drogerie Arzneimittel namhafter Hersteller.

Auf keinen Fall sollte man beim ersten Krankheitsanzeichen auf Antibiotika zurückgreifen, sondern sie für den echten Notfall aufbewahren. Eine Magen-Darmverstimmung reguliert sich normalerweise nach ein paar Tagen fettfreier Diät. Wenn nicht (oder falls außergewöhnliche Symptome hinzukommen), sollte so schnell wie möglich ein Arzt aufgesucht werden.

Malaria

Der größte Teil Südafrikas ist frei von Malaria, einer Krankheit, die tödliche Folgen haben kann. Ein Malariarisiko besteht im nördlichen und nordöstlichen Mpumalanga, insbesondere im Krüger-Nationalpark, sowie im nördlichen KwaZulu-Natal, in den Grenzgebieten der Nordwest-Provinz und der Provinz Limpopo. Das **größte Risiko** besteht während der heißen, regenreichen Monate **von November bis April**. Geringer ist sie in den kühleren, trockenen Monaten von Mai bis Oktober, und manche Reisende entscheiden sich dafür, während dieser Zeit auf eine Malariaprophylaxe zu verzichten.

Malaria wird durch einen Parasiten verursacht, der sich im Speichel der weiblichen Anopheles-Mücke befindet. Die Krankheit hat eine Inkubationszeit von mehreren Tagen bis zu mehreren Wochen, sodass man also noch lange nach einem Stich krank werden kann. Die ersten **Symptome** der Malaria sind leicht mit Grippesymptomen zu verwechseln; es beginnt relativ harmlos mit Fieber-, Gliederschmerz- und Zitterattacken, zumeist am frühen Abend. Wenn sich die Erreger dann im Blut verbreiten, kann sich die Krankheit schnell verschlimmern. Malaria ist nicht ansteckend, kann aber tödlich sein, wenn sie nicht zügig behandelt wird: Wer in einem Malariagebiet innerhalb einer Woche oder nach Verlassen des Gebiets innerhalb von drei Monaten grippeähnliche Symptome aufweist, sollte umgehend ärztliche Hilfe in Anspruch nehmen.

Ärzte geben Auskunft über die empfohlene **Malariaprophylaxe**. Wichtig ist, sowohl vor als auch nach der Reise die vorgeschriebene Dosis einzunehmen. Reisende sollten auf jeden Fall rechtzeitig **vor der Abreise** den Hausarzt oder einen Reisemediziner konsultieren, da mit der Einnahme der Tabletten in jedem Fall ein oder zwei Wochen vor der Einreise begonnen werden muss. Für welche Medikation man sich auch entscheidet, man muss sich immer bewusst sein, dass keines der im Handel erhältlichen Medikamente einen 100-prozentigen Schutz gewährt und die genannten Vorsichtsmaßnahmen unbedingt eingehalten werden sollten.

Die Anopheles-Mücke sticht zwischen Beginn der Dämmerung und Sonnenaufgang, sodass man sich zu dieser Zeit am besten nicht im Freien aufhält oder sich zumindest gut schützt. Ist der Schlafraum nicht mückensicher, sollte man unter einem **Moskitonetz** schlafen und dieses unter der Matratze feststecken. Räucherspiralen *(coils)*, die überall erhältlich sind, verringern das Risiko zusätzlich, verpesten aber die Luft. Die elektrischen Moskitovernichter, die man jeden Abend mit einem Pad füttert, riechen weniger unangenehm, doch ist für das Gerät eine Steckdose erforderlich. Sogenannte Mosquitobuzzer sind nutzlos.

Wenn die Stechmücken besonders arg plagen – was nicht oft der Fall ist –, sollte man ungeschützte Hautstellen mit **Insektenschutzmittel** *(insect repellent)* einreiben; am besten funktionieren Mittel, die Diethyltoluamid (DEET) enthalten. In Südafrika produzierte Insektenschutzmittel wie Peaceful Sleep sind vielerorts erhältlich.

Sonnenbrand

Die Sonne ist wahrscheinlich das größte Gesundheitsrisiko, dem Reisende in Südafrika ausgesetzt sind, vor allem hellhäutige. Wie gefährlich eine Überdosis Sonne ist, und dass man davon Hautkrebs bekommen kann, hat sich selbst bei weißen Südafrikanern noch nicht herumgesprochen, und viele legen immer noch mehr Wert auf Bräune als auf ihre Gesundheit.

Die Kurzzeitfolgen übermäßiger Sonnenbestrahlung sind Sonnenbrand, Übelkeit und Kopfschmerzen, meistens das Resultat eines zu lange ausgedehnten Sonnenbades, um möglichst schnell braun zu werden. Je heller die Haut, desto kürzer sollten die ersten Sonnenbäder und desto höher der Lichtschutzfaktor des Sonnenschutzmittels sein (mindestens 15). Menschen mit sehr heller Haut und Sommersprossen sollten ganz besonders vorsichtig sein, zu Anfang eine Sonnenschutzcreme mit Faktor 25–30 benutzen und im weiteren Verlauf des Aufenthaltes nicht unter 15 gehen.

Sind die Augen übermäßiger Sonne ausgesetzt, kann es zu einer Netzhautverbrennung oder Bindehautentzündung mit schweren Kurz- und Langzeitfolgen kommen. Eine gute Sonnenbrille kann die UV-Bestrahlung der Augen um bis zu 50 % reduzieren. Ebenfalls empfehlenswert ist ein breitkrempiger Sonnenhut.

Alle diese Vorsichtsmaßnahmen sind für Kinder unabdingbar, und Eltern sollten darauf achten, dass Kleinkinder am Strand von Kopf bis Fuß bekleidet sind. Selbst an wolkigen Tagen darf man sich nicht in Sicherheit wiegen, denn dann kann die UV-Strahlung immer noch hoch sein. UV-Strahlen undurchlässige Kleidung gibt es zwar in Südafrika zu kaufen, sollte aber besser mitgebracht werden. Am Strand sollten Kinder T-Shirts tragen und oft und großzügig mit einem Sonnenschutzmittel Faktor 30 eingecremt werden.

Tuberkulose

Tuberkulose ist ein ernstes Problem in Südafrika, aber für die meisten Reisenden ist das Infektionsrisiko eher gering. Stärker gefährdet sind Personen, die im Gesundheitswesen arbeiten, Langzeitreisende und Menschen mit einem angegriffenen Immunsystem wie etwa HIV-Infizierte. Für Kinder empfiehlt sich eine BCG-Impfung, und viele sind ja schon als Kleinkinder geimpft worden. Erwachsene werden seltener routinemäßig gegen TBC geimpft, da durch eine Impfung, falls man sich später einmal infiziert, latente Symptome verdeckt werden können. Wer annimmt, gefährdet zu sein, sollte sich hinsichtlich einer Impfung beraten lassen.

Index

A

Addo Elephant National Park 363
Afrikaans 659, 211
  Hinweisschilder 660
Aids 663
Airlines 73
Aktivitäten 65
  Augrabies Falls National Park 337
  Garden Route 263
  Hazyview 626
  Mkhuze Game Reserve 484
  Montagu 228
  Plettenberg Bay 286
  Port Alfred 372
  Sabie 612
  Schnorcheln 67
  Schwimmen 65
  Sodwana Bay 487
  St. Lucia 478
  Storms River 294
  Tauchen 67
  Wanderwege 65
  Wassersport 65
Alexander Bay 349
Alexandria State Forest 369
Alice 395
Aliwal Shoal 446
Amatola Mountains 394
Amatola Trail 397
ANC Youth League 101
Anreise 40
Apartheid 100, 104, 124
Apartheid-Museum 545
Apple Express 356
Architektur 29
  Baker, Sir Herbert 538
  Kapholländische Architektur 142
Arniston 259
Atlantic Seaboard 145
  Chapman's Peak Drive 148
  Clifton 146
  Green Point und Mouille Point 145
  Hout Bay 146
  Sandy Bay 146
  Scarborough 149
  Sea Point und Bantry Bay 145
Augrabies Falls National Park 337
  Aktivitäten 337
  Anfahrt 337
  Park 338
Auslandskrankenversicherung 79
Auto 73

B

Baden-Powell, Robert 603
Baker, Sir Herbert 538
Ballito 451
Bambatha-Aufstand 99
Banken 48
Bankkarten 48
Barberton 622
  Barberton Museum 622
  Minentouren 623
Barrydale 230
  Labyrinth und Warmwaterberg Spa 231
  Sanbona Wildlife Reserve 231
Basotho Cultural Village 515
Bathurst 380
Battlefields 501
  Battlefield-Guides 502
  Blood River 504
  Isandlwana 501
  Ladysmith 505
  Rorke's Drift 501
  Spioenkop 506
Beaufort West 240
Behinderungen, Reisende mit 62
Betty's Bay 248
Biedouw Valley 311
Big Five 82
Biko, Steve 395
Bilharziose 663
Bisse 663
Black-Consciousness-Bewegung 395
Bloemfontein 508
  Essen 512
  National Women's Monument and War Museum 510
  Oliewenhuis Art Gallery 510
  Transport 514
  Übernachtung 511
  Unterhaltung und Kultur 513
Blydepoort Dam 617
Blyde River Canyon 615
Blyde River Canyon Nature Reserve 615
Blythedale 451
Boerekos 43
Boesmanskloof Traverse 243
Bojanala 588
Bokkeveld 344
Bontebok National Park 247
Bootstouren
  Knysna 278
  Plettenberg 287
  Robben Island 137
  Storms River 294
Boskloof 310
Bosman, Herman Charles 597
Botha, Pieter Willem 269
Botschaften 40
Boulders 153
Braai 42
Bredasdorp 258
Broederbond 100
Bunny Chow 43
Burenkrieg 98
Busse 68

C

Caledon 241
Calitzdorp 235
Calvinia 347
Camdeboo National Park 386
Cango Caves 234
Cape Agulhas 258
Cape Flats 157
Cape of Good Hope 154
Cape Ordinance 50 98
Cape Point 155
  Wandern 157

Anhang

Cathedral Peak 467
Cederberge 306
Cederberg Wilderness Area 307
Champagne Castle 466
Champagne Valley 466
Cintsa 402
Citrusdal 306
Citrusdal Hot Springs 307
Clanwilliam 308
Clarens 520
Coffee Bay 406
Coloured Proclamation Act 124
Coloureds 124
Columbine Nature Reserve 303
Congress of the People 103
Constantia 141
Cradle of Humankind 566
  Kromdraai Wonder Cave 568
  Maropeng Museum 568
  Mrs. Ples 567
  Rhino & Lion Nature Reserve 568
  Sterkfontein Caves 566
Cradock 380
Cullinan 583
Cwebe Nature Reserve 405

D

Danger Point 257
Darling 297
Defiance Campaign 102
De Hoop Nature Reserve 260
  Übernachtung und Essen 260
  Whale Trail 260
De Kelders 255
De Klerk, Frederik Willem 106
De Wildt Cheetah and Wildlife Trust 584
Diamanten 98
Diepwalle Forest 280
District Six 132
Doornkloof Farm 582
Drakensberge
  Nördliche 468
  Ostkap-Drakensberge 398
  Südliche 460
  Ukhahlamba 458
  Zentrale 462
Drakensberg Escarpment 515
Dullstroom 610
Dundee 503
Durban 420
  Aktivitäten 440
  Beachfront 428
  Berea 429
  Cato Manor 432
  City Hall und Old Courthouse Museum 426
  Dr Yusuf Dadoo Street und Umgebung 426
  Einkaufen 439
  Essen 436
  Gandhi Settlement 433
  Geschichte 421
  Hafengelände 428
  Inanda Seminary 434
  KwaMashu 433
  Kwa Muhle Museum 426
  Nahverkehr 443
  Shembe 433
  Stadt- und Hafenrundfahrten 441
  Straßennamen 422
  Transport 443
  Übernachtung 434
  Umgebung 445
  Unterhaltung und Kultur 438
  Warwick Triangle 427
  Zentrum 422
Dwesa Nature Reserve 405
Dyer Island 256

E

East London 390
  Strände 390
  Touren 393
  Zentrum 390
Eisenbahn 72
Elands Bay 304
Elektrizität 53
Elephant Coast 471
  Nördliche 485
Elim 257
E-Mail 52
eMmakhosini Valley 500
Englisch 658
Escarpment 608
Eshowe 496
  Dlinza Forest 497
Essen 42
  Kap-Küche 43
  Vegetarisches Essen 43

F

Fagan Commission 101
Fahrrad 75
False Bay Seaboard 149
  Fish Hoek 151
  Historical Mile 150
  Kalk Bay 150
  Muizenberg 149
  St James 150
Fassie, Brenda 113
Fauna 82
  Kap-Fauna 155
Featherbed Nature Reserve 278
Feiertage 46
Felsmalereien 399, 464
Ferientermine 47
Fernsehen 54
Feste 45
Festkalender 46
Ficksburg 521
Fish Hoek 151
Flora 25
  Fynbos 154
  Kapflora 25
Flüge 72
Fort Hare University 395
Fouriesburg 521
Franschhoek 217
  Weingüter 218
Freedom Charta 102
Freistaat 507
  Geschichte 508
Fremdenverkehrsämter 50
Fynbos 25, 154

G

Gandhi, Mahatma 532
Gansbaai 257

Garden Route 261
Outdoor-Aktivitäten 263
Wandern 290
Gärten und Parks
Hantam National Botanic Garden 346
Harold Porter National Botanical Garden 248
Karoo Botanic Gardens 224
Kirstenbosch National Botanical Gardens 140
Lowveld National Botanical Gardens 619
Gauteng 523
Geld 48
Genadendal 244
George 267
George's Valley Road 634
Geschichte 94
Geschlechtskrankheiten 663
Gesundheit 49
Getränke 44
Bier 44
Mampoer 598
Rooibostee 309
Wein 45
Giant's Castle Game Reserve 463
Giant's Cup Hiking Trail 461
Gingindlovu 495
Glossar 661
Goegap Nature Reserve 342
Gold 98
Golden Gate Highlands National Park 517
Gospel 111
Goudveld 280
Goudveld State Forest 279
Graaff-Reinet 384
Camdeboo National Park 386
Geschichte 385
Township-Tour 385
Grahamstown 374
Geschichte 375
Rhodes University und die Museen 376
Umgebung 379
Xhosa Grahamstown 377
Graskop 614
Great Fish River Reserve Complex 382
Greyton 243
Groenfontein Valley 236
Grootbos 255
Groot Constantia 141
Groot Marico 597
Groot Winterhoek 298
Große Karoo 347
Großer Treck 98
Groutville 451

H

Haenertsburg 633
Haga-Haga 402
Haie
Dyer Island 256
Mossel Bay 266
Natal Sharks Board 450
Rocktail Bay 489
Harold Johnson Nature Reserve 452
Harold Porter National Botanical Garden 248
Haven Hotel 405
Hazyview 624
Hemel-en Aarde Valley 250
Hermanus 249
Hibiscus Coast 447
Highlands Route 514
Historical Mile 150
Hluhluwe 473
Hluhluwe-Imfolozi Park 473
Geschichte 474
Tierbeobachtung 474
Transport 476
Übernachtung und Essen 475
Hluleka Nature Reserve 408
Hoedspruit 628
Cheetah Project 628
Moholoholo Wildlife Rehabilitation Centre 628
Hogsback 396
Hole In The Wall 407

I

Ibrahim, Abdullah 180
Impfungen 49
Informationen 50
Ingwavuma 489
Injisuthi 465
Internet 52
Isandlwana 501
Iscathamiya 114
Ithala Game Reserve 492

J

Jeffrey's Bay 367
Johannesburg 524
Alexandra 543
Apartheid-Museum 545
Braamfontein 535
Central Business District (CBD) 532
Einkaufen 558
Essen 552
Festivals 557
Geschichte 526
Gold Reef City 544
Hillbrow, Berea und Yeoville 536
Innenstadt 529
Johannesburg Art Gallery 535
Johannesburg Zoo und Houghton 540
Melville 540
MuseuMAfricA 534
Nahverkehr 562
Parktown 537
Radiosender 555
Rosebank, Melrose, Hyde Park, Parkhurst, Geenside, Norwood und Orange Grove 542
Sandton, Randburg, Bryanston, Morningside und Fourways 542
Sicherheit 563
Sophiatown 542
Soweto 545
Sport 560
Transport 564
Übernachtung 549
Umgebung 566
Unterhaltung, Nachtleben und Kultur 555

Johannesburg Art Gallery 535
Jüdische Immigranten 130

K

Kajakfahren
Columbine Nature Reserve 303
Dyer Island 256
Kapstadt 192
Plettenberg Bay 286
Port Alfred 372
St. Lucia 478
Kalahari 326
Kgalagadi Transfrontier Park 332
Touren 327
Kalk Bay 150
Kamberg 462
Kamieskroon 344
Kapflora 25
Kapstadt 117
Adderley Street 124
Aktivitäten 190
Bo-Kaap 133
Buitenverwachting 142
Cape Town Holocaust Centre 130
Castle of Good Hope 131
Company Gardens 127
Constantia 141
District Six 132
Einkaufen 186
Essen 170
Fish Quay 137
Geschichte 118
Gold of Africa Museum 133
Groot Constantia 141
Houses of Parliament 131
Informationen 195
Irma Stern Museum 139
Jazz-Tour 180
Kapholländische Architektur 142
Kinder 183
Kirstenbosch National Botanical Gardens 140
Klein Constantia 142
Long Street 126
Nahverkehr 196
Robben Island 137
Schwule und Lesben 185
South African Jewish Museum 128
South African Museum 130
South African National Gallery 128
Strand Street 133
Südliche Vororte 139
Tafelberg 143
Touren 192
Townships 157
Township Homestays 169
Township-Touren 158
Transport 198
Two Oceans Aquarium 135
Übernachtung 158
Unterhaltung und Kultur 176
Upper City Centre 122
V&A Waterfront 134
Karoo Botanic Gardens 224
Karoo National Park 240
Kartenverlust 49
Kei Mouth 403
Kenton-on-Sea 370
Keurboomstrand 289
Kgalagadi Transfrontier Park 332
Park 334
Praktisches 333
Tierbeobachtung 335
Übernachtung 335
Khoikhoi 96
!Khwa Ttu San Culture and Education Centre 298
Kimberley 315
Belgravia 321
Big Hole 315
Hauptgeschäftsviertel (CBD) 319
Kimberley Mine Museum 318
Market Square und Umgebung 319
Touren 319
Kinder 52
King William's Town 394
Kirstenbosch National Botanical Gardens 140
Kleine Karoo 221
Karoo Botanic Gardens 224
Pässe und Poorts 223
Klima 36
Klimawandel 41
Klippschliefer 144
Knysna 273
Bootstouren 278
Geschichte 273
Stadt und Strände 273
Wälder 279
Knysna Elephant Park 282
Konsulate 40
Kosi Bay 491
Kreditkarten 48
Kromdraai Wonder Cave 568
Krüger-Park 637
Flora und Fauna 640
Geschichte 638
Malelane Gate 622
Organisatorisches 643
Orpen Gate 627
Phabeni Gate 624
Reisezeit 641
Tipps für die Tierbeobachtung 645
Touren 655
Transport 655
Übernachtung 641
Wandern 646
Wanderungen und Safaris 638
Kuruman 330
Umgebung 331
KwaDukuza 451
Kwaito 112
Kwa Muhle Museum 426
Kwandwe Private Game Reserve 381
KwaZulu-Natal 417
Geschichte 420

L

Ladybrand 522
Ladysmith 505
Ladysmith Black Mambazo 114
Lake Sibaya 488

Lake St. Lucia 476
False Bay Park 482
St. Lucia und Cape Vidal 477
Westufer 481
Lambert's Bay 305
La Mercy 451
Landkarten 51
Langebaan 299
Lesben 62
Lesedi Cultural Village 584
Letaba 632
Limpopo 606
Long Tom Pass 611
Lotheni 462
Lowveld 618
Lowveld National Botanical Gardens 619
Lydenburg 610

M

Mabbi 488
Madikwe Game Reserve 599
Mafikeng 600
Belagerung 603
Mafikeng Game Reserve 600
Mafikeng Museum 600
Magen-/Darmerkrankungen 664
Magoebaskloof Valleys 634
Malaria 664, 49
Malope, Rebecca 112
Mampoer 598
Mandela, Nelson 101, 105, 107, 410
Margate 447
Maropeng Museum 568
Maße 53
Matjiesfontein 239
Mazeppa Bay 404
Mbeki, Thabo 108
McGregor 226
Medien 54
Mehrwertsteuer 48
Mfecane 97
Midlands 457
Minibus-Taxis 71
Mkhambathi Nature Reserve 415
Mkhuze Game Reserve 482
Mmabatho 600
Modjadji Cycad Reserve 635
Moholoholo Wildlife Rehabilitation Centre 628
Montagu 228
Wandern 228
Morgan Bay 403
Morgenster 212
Mossel Bay 262
Mountain Zebra National Park 384
Mpumalanga 606
Mrs. Ples 567
Mthatha 408
Mthatha River Mouth 408
Muizenberg 149
Museen
Apartheid-Museum, Johannesburg 545
District Six Museum, Kapstadt 132
Gold of Africa Museum, Kapstadt 133
Hector Peterson Memorial and Museum, Soweto 547
Johannesburg Art Gallery 535
!Khwa Ttu San Culture and Education Centre 298
Kimberley Mine Museum 318
Kwa Muhle Museum, Durban 426
Maropeng Museum 568
MuseuMAfricA, Johannesburg 534
Oliewenhuis Art Gallery, Bloemfontein 510
Origins Centre, Johannesburg 536
Owl House 388
Red Location Museum of the People's Struggle 357
South African Jewish Museum, Kapstadt 128
South African National Gallery, Kapstadt 128
Vukani Zulu Cultural Museum, Eshowe 496
MuseuMAfricA 534
Musik 110
Afrikaansmusiek 116
Afropop 115
Cape Jazz 180
Ghoema 180
Gospel 111
Hip-Hop 112
House, Rap und Reggae 112
Iscathamiya 114
Jazz 114
Kwaito 112
Neo-traditionelle Musik 113
Politische Musik 115
Weißer Pop und Rock 116

N

Namaqualand 339
Namaqua National Park 340, 344
Nationalparks 55
Parkgebühren 60
Reservierungen 60
Unterkünfte 56
Nationalparks und Reservate
Addo Elephant National Park 363
Agulhas National Park 258
Ai-Ais Richtersveld Transfrontier Park 349
Augrabies Falls National Park 337
Blyde River Canyon Nature Reserve 615
Bontebok National Park 247
Camdeboo National Park 386
Cape of Good Hope Nature Reserve 157
Cederberg Wilderness Area 307
Columbine Nature Reserve 303
Cwebe Nature Reserve 405

Anhang

De Hoop Nature Reserve 260
Dwesa Nature Reserve 405
Featherbed Nature Reserve 278
Fernkloof Nature Reserve 249
Giant's Castle Game Reserve 463
Goegap Nature Reserve 342
Golden Gate Highlands National Park 517
Great Fish River Reserve Complex 382
Harold Johnson Nature Reserve 452
Hluhluwe-Imfolozi Park 473
Hluleka Nature Reserve 408
Ithala Game Reserve 492
Karoo National Park 240
Kgalagadi Transfrontier Park 332
Kgaswane Mountain Reserve 589
Krüger-Nationalpark 637
Kwandwe Private Game Reserve 381
Madikwe Game Reserve 599
Mafikeng Game Reserve 600
Mkhambathi Nature Reserve 415
Mkhuze Game Reserve 482
Modjadji Cycad Reserve 635
Mountain Zebra National Park 384
Namaqua National Park 340
Ndumo Game Reserve 490
Oribi Gorge Nature Reserve 447
Phinda Private Game Reserve 485
Pilanesberg National Park 594
Pumba Private Game Reserve 382
Rhino & Lion Nature Reserve 568
Robberg Marine and Nature Reserve 283
Royal Natal National Park 468
Sanbona Wildlife Reserve 231
Sibuya Game Reserve 382
Silaka Nature Reserve 412
Silvermine Nature Reserve 150
Table Mountain National Park 154
Tembe Elephant Park 491
Tsitsikamma National Park 292
Ukhahlamba-Drakensberg Park 458
Umtamvuna Nature Reserve 449
West Coast National Park 300
Wilderness National Park 272
National Party 102
Natives' Land Act 100
Natur 26
Nature's Valley 292
Naturreservate 27
Ncome Blood River 504
Ndumo Game Reserve 490
Nelspruit 618
Lowveld National Botanical Gardens 619
Nguni 659
Niederländisch-Ostindische Kompanie 96
Nieu Bethesda 388
Owl House 388
Nieuwoudtville 346
Umgebung 347
Nordkap 313
Geschichte 314
Nordküste 449
Nordküste Kwazulu Natal 449
Nordwest-Provinz 585
Geschichte 587
Notfälle 61
Nxaxo Mouth 404
Nyani Shangaan Cultural Village 627

O

Öffnungszeiten 42
Ondini 500
Oribi Gorge Nature Reserve 447
Orpen Gate 627
Ortsnamen 51
Ostkap 351
Geschichte 354
Ostkap-Drakensberge 398
Oudtshoorn 231
Geschichte 232
Stadt und Straußenfarmen 232
Outdoor-Aktivitäten 26
Overberg-Hinterland 241
Owl House 388

P

Paarl 212
Geschichte 213
Victor Verster Prison 214
Weingüter 216
Pakhuis Pass 310
Passgesetze 101
Paternoster 301
Pella 339
Phalaborwa 635
Phinda Private Game Reserve 485
Phuthadijhaba 516
Pietermaritzburg 453
Pietersburg 630
Pilanesberg National Park 594
Touren 595
Pilgrim's Rest 613
Plettenberg Bay 283
Aktivitäten 286
Touren 287
Walbeobachtung 284, 286
Polokwane 630
Population Registration Act 124
Port Alfred 371
Aktivitäten 372

Port Edward 448
Port Elizabeth 355
Beachfront und Umgebung 356
Red Location Museum of the People's Struggle 357
Addo Elephant National Park 363
Amakhala Game Reserve 366
Lalibela Game Reserve 366
Schotia Private Game Reserve 366
Shamwari Game Reserve 366
Zentrum 356
Port Nolloth 348
Port St Johns 412
Silaka Nature Reserve 412
Post 61
Potjiekos 43
Pretoria 569
Arcadia 576
Brooklyn 577
Burgers Park 574
Church Square 571
Correctional Services Museum 575
Einkaufen 581
Essen 579
Freedom Park 576
Geschichte 569
Hatfield 577
Loftus Versveld Stadium 577
Mapungubwe Museum 577
Mariammen Temple 575
Museum Park 574
Paul Kruger House 574
Strijdom Square 571
Sunnyside 577
Transport 582
Übernachtung 578
Umgebung 582
Union Buildings 576
UNISA 577
Unterhaltung und Kultur 580
Voortrekker Monument 576
Zoo 575
Primaten 82
Prince Albert 236
Pumba Private Game Reserve 382

Q
Qolora Mouth 403
Qora Mouth 405
Qunu 411

R
Radio 55, 555
Rafting
Augrabies Falls National Park 337
Blyde River Canyon 612
Doring River 311
Oribi Gorge Nature Reserve 447
Richtersveld 350
Tugela River 463
Ramsgate 447
Raubtiere 83
Red Location Museum of the People's Struggle 357
Regionen 25
Reiseapotheke 49
Reisegepäckversicherung 79
Reisekosten 38
Reisemedizin 663
Reiserouten 30
Reiserücktrittsversicherung 80
Reiseschecks 48
Reisezeiten 36
Reiseziele 23
Reiten
Clarens 519
Drakensberg Escarpment 519
Garden Route 263
Kapstadt 191
Port Alfred 372
Rhebokskloof 214
St. Lucia 479
Storms River 294
Wild Coast 401
Reservate 55
Rhino & Lion Nature Reserve 568
Rhodes 398
Rhodes, Cecil John 323
Richtersveld 349
Dorftourismus 349
Praktisches 350
Robben Island 137
Bootsfahrten 137
Geschichte 138
Hochsicherheitsgefängnis 138
Insel 137
Robberg Marine and Nature Reserve 283
Robertson 225
Rocktail Bay 489
Rooibostee 309
Rorke's Drift 501
Route 62 221
Royal Natal National Park 468
Rustenburg 588
Essen und Unterhaltung 590
Kgaswane Mountain Reserve 589
Kriminalität 589
Transport 591
Übernachtung 589

S
Sabie 611
Aktivitäten 612
Safaris 57
Kalahari 327
Krüger-Park 638, 655
Kwandwe Private Game Reserve 381
Ostkap 382
Tipps 645
San 23, 95, 464
Felsmalereien 399, 464
!Khwa Ttu San Culture and Education Centre 298
Origins Centre, Johannesburg 536
Sanbona Wildlife Reserve 231
Sani-Pass 460
Schildkröten 490
Schnorcheln 67
Schreiner, Olive 381

Anhang

Schwimmen 65
Schwule 62
Second Language Movement 211
Shakaland 499
Shark Alley 256
Sharpeville 103
Shembe 433
Sibuya Game Reserve 382
Sicherheit 63
Sicherheitstipps 64
Silaka Nature Reserve 412
Silvermine Nature Reserve 150
Simon's Town 151
Simunye 499
Sobukwe, Robert 385
Sodwana Bay 485
Somerset West 212
Sonnenbrand 665
Sotho 660
South African Communist Party 101
South African Native National Congress 100
Southbroom 448
Soweto 545
 Aufstand 548
 Hector Peterson Memorial and Museum 547
 Orlando West und Dube 546
 Touren 546
Spioenkop 506
Sport 65
Sprache 658
 Grußformeln 658
 Hinweisschilder auf Afrikaans 660
Springbok 341
Stanford 254
Stellenbosch 203
 Geschichte 203
 Village Museum und Dorp Street 207
 Weingüter 209
Sterkfontein Caves 566
St Francis Bay 368
Stiche 663
St James 150
St. Lucia 477
 Aktivitäten 478
Storms River Mouth 293
Storms River Village 295
 Aktivitäten 294
Südküste 445
Südliches Namaqualand 344
Sun City 592
Sutherland 239
Swartland 297
Swellendam 245

T

Table Mountain National Park 154
Tafelberg 143
 Platteklip Gorge und Maclear's Beacon 144
 Schwebebahn 143
 Signal Hill und Lion's Head 143
 Skeleton Gorge und Nursery Ravine 144
 Wandern 143, 192
Tagesbudget 38
Talana Museum 503
Tauchen 67
 Durban 440
 Kapstadt 192
 Port Alfred 372
 Rocktail Bay 489
 Sodwana Bay 486
Telefon 67
Tembe Elephant Park 491
The Crags 290
Tierbeobachtung
 Boulders 153
 Hluhluwe-Imfolozi Park 474
 Kgalagadi Transfrontier Park 335
 Krüger-Park 645
 Kwandwe Private Game Reserve 381
 Mkhuze Game Reserve 484
 Mountain Zebra National Park 384
 Sanbona Wildlife Reserve 231
 Schildkröten in Maputaland 490
 Tipps 645
Tiere 82
 Antilopen 87
 Bärenpaviane 82
 Big Five 82
 Büffel 91
 De Wildt Cheetah and Wildlife Trust 584
 Ducker 88
 Elefanten 92
 Flusspferde 93
 Galagos 83
 Giraffen 91
 Grüne Meerkatzen 83
 Hundeartige 84
 Hyänen 84
 Impala 89
 Klippschliefer 144
 Kuhantilopen 88
 Nashörner 93
 Pferdeböcke 87
 Pinguine 153
 Primaten 82
 Raubkatzen 85
 Raubtiere 83
 Schildkröten 490
 Schliefer 92
 Schweine 94
 Springbock 89
 Waldböcke 87
 Wasser- und Riedböcke 90
 Weißkehlmeerkatzen 83
 Zebras 93
 Zwergantilopen 88
Tongaat 451
Touren
 Barberton 623
 Battlefields 502
 Cradle of Humankind 567
 Durban 441
 Felsmalereien 399
 Graaf-Reinet 385
 Jazz-Tour Kapstadt 180
 Kalahari 327
 Kimberley 319
 Krüger-Park 655

Namaqualand 341
Pilanesberg 595
Port Elizabeth 361
Sabie 612
Sodwana Bay 487
Soweto 546
St. Lucia 478
Township-Touren Kapstadt 158
Zulu-Zeremonien 497
Township-Touren
Graaff-Reinet 385
Kapstadt 158
Plettenberg 287
Soweto 546
Trampen 75
Transport 68
Airlines 73
Auto 73
Busse 68
Eisenbahn 72
Fahrrad 75
Flüge 72
Minibus-Taxis 71
Trampen 75
Wohnmobil 73
Travellers Cheques 48
Trekburen 97
Trinken 44
Trinkgeld 45
Tropenmedizinische Institute 50
Truth and Reconciliation Commission 109
Tsitsikamma National Park 292
Tswaing Crater 583
Tuberkulose 665
Tulbagh 224
Tzaneen 634

U

Übernachtung 75
Backpacker-Lodges 78
B&Bs 76
Boutiquehotels 76
Caravan Parks 77
Country-Lodges 76
Ferienanlagen 77
Gästehäuser 76
Hotels 76
Preiskategorien 77
Selbstversorger 79
Unterkunftsuche im Internet 78
Zeltplätze 77
Ukhahlamba Drakensberge 458
Wandern 470
Ukhahlamba-Drakensberg Park 458
Ulundi 500
Umhlanga Rocks 449
Umtamvuna Nature Reserve 449
Upington 326

V

Valley of a Thousand Hills 452
Vanrhynsdorp 344
Velddrif 303
Vergelegen 212
Versicherungen 79
Victoria Bay 269
Visa 80
Vogelbeobachtung
Durban 440
Knysna 279
Krüger-Park 650
Lake Sibaya 488
Westküste 296
Vorwahlen 68
Vredenburg 300
Vukani Zulu Cultural Museum 496

W

Wahrheits- und Versöhnungskommission 109
Währung 48
Walbeobachtung
Dyer Island 256
Kap 151
Plettenberg Bay 284, 286
St. Lucia 479
Whale Coast 252
Walfang 288
Walker Bay 250
Wandern
Amatola Trail 397
Blyde River Canyon 616
Boesmanskloof Traverse 243
Cape Point 157
De Hoop Nature Reserve 260
Drakensberg Escarpment 515
Garden Route 290
Giant's Cup Hiking Trail 461
Goudveld 280
Krüger-Park 646
Montagu 228
Rustenburg Hiking Trail 589
Sodwana Bay 487
Tafelberg 192
Ukhahlamba Drakensberge 470
Wild Coast 401
Wanderwege 65
Wassersport 65
Wavecrest Hotel 404
Wechselkurse 48
Weingüter
Buitenverwachting 142
Calitzdorp 235
Franschoek 218
Groot Constantia 141
Klein Constantia 142
Paarl 216
Robertson Valley 227
Stellenbosch 209
Tulbagh 224
Upington 327
Walker Bay 250
Weinland 202
West Coast Fossil Park 300
West Coast National Park 300
Westkap 201
Westküste 296, 347
Vogelbeobachtung 296
Wildblumen 297

Whale Coast 249
  Walbeobachtung 252
Whale Trail 260
Wildblumen 340
Wild Coast 400
  Amadiba Horse Trail 401
  Fish River Horse Safaris 401
  Praktische Tipps 400
  Wandern und Reiten 401
Wilderness 271
Wilderness National Park 272
Wohnmobil 73
Worcester
  Karoo Botanic Gardens 224
Wuppertal 311
Xhosa 406
Zeitungen 54
Zeitverschiebung 80
Zentral-Namaqualand 343
Zentralregion 597
Zentral-Zululand 493
Zulu 97
  Feste 497
    King Shaka Day 497
    Royal Reed Dance 497
    Shembe Festival 497
Zulu-Kerngebiet 493
  Geschichte 495
Zulu-Krieg 99
Zuma, Jacob 110

Notizen

Notizen

Bildnachweis

Umschlag

LOOK-foto/age fotostock: Titelfoto; Kapstadt
mauritius images/Steve Bloom: Umschlagklappe vorn; Leopard
laif/Marcel Malherbe: Umschlagklappe hinten; Bloubergstrand, Tafelberg, Kapstadt

Farbteil

Corbis/Roger de la Harpe: S. 11 (oben)
Corbis/Frans Lanting: S. 8
Courtesy of South African Tourism: S. 3 (unten), 4 (oben)
Dumont Bildarchiv/Arthur F. Selbach: S. 2, 5, 10/11 (unten), 12/13, 16
laif/Clemes Emmler: S. 4 (Mitte)
laif/Lammers/Hollandse Hoogte: S. 14
laif/Thomas Linkel: S. 15
Masterfile/Horst Klemmv: S. 3 (oben)
mauritius images/Uppercut Independent: S. 9
mauritius images/Oxford Scientific: S. 6/7
Rough Guides Pictures: S. 4 (unten), 10 (oben)

Schwarz-Weiß

Alamy: S. 410
Alamy/AfriPics.com: S. 652
Alamy/FAN travelstock: S. 507
Alamy/Jon Hicks: S. 23
Alamy/Robert Hollingworth: S. 282
Alamy/Peter Horree: S. 592
Alamy/imagebroker: S. 596
Alamy/Images of Africa Photobank: S. 318
Alamy/Nicholas Pitt: S. 270
Alamy/Rupert Sagar-Musgrave: S. 302
Alamy/Willie Sator: S. 216
Alamy/Christopher Scott: S. 377
Alamy/Martin Strmiska: S. 446
Alamy/Peter Titmuss: S. 242, 338, 357
Alamy/Ariadne Van Zandbergen: S. 399
Alamy/Wildlife GmbH: S. 534
Corbis/Nic Bothma: S. 36 (unten)
Corbis/Martin Harvey: S. 38 (oben und unten), 583
Corbis/Gallo Images: S. 417
Corbis/Yi Lu: S. 232
Corbis/Dr. Aron Mazel: S. 95
Corbis/Gideon Mendel: S. 388
Corbis/Charles O'Rear: S. 427
Corbis/Henrik Trygg: S. 66
Courtesy of South African Tourism: S. 518, 616
DuMont Bildarchiv/Arthur F. Selbach: S. 24, 36 (oben), 81, 90, 108, 117, 313, 523, 585
Elke Losskarn: S. 499
Getty Images/Kelly Cestari: S. 368
James Hager/Robert Harding: S. 227
Jupiter Images/Ann & Steve Toon: S. 605
Per-Anders Pettersson: S. 481
Photolibrary/Rob Cousins: S. 457
Photolibrary/Jan Greune: S. 39
Photolibrary/Ea. Janes: S. 223
Photolibrary/Ronald M Maratea: S. 648
Photolibrary/Visions Llc: S. 567
Rex Features: S. 334
Rough Guides Pictures: S. 135, 178, 201, 253, 351, 657
South African Tourism/www.southafrican tourism.de: S. 148, 156, 177, 187, 193
Tips Images/ImageState: S. 547
Richard van Ryneveld: S. 468

Impressum

Südafrika
Stefan Loose Travel Handbücher
3., vollständig überarbeitete Auflage **2011**

Das Buch basiert auf der englischsprachigen Originalausgabe
South Africa von Tony Pinchuck, Barbara McCrea, Donald Reid und Ross Velton
ISBN 978-1-84836-433-2

Gesamtredaktion und -herstellung
Bintang Buchservice GmbH
Zossener Str. 55/2, 10961Berlin
www.bintang-berlin.de
Übersetzung: Silvia Mayer, Gunter Mühl, Inga-Brita Thiele
Redaktion: Dorit Aurich, Jan Haas, Dieter Losskarn, Slivia Mayer
Karten: Katharina Grimm, Anja Krapat, Klaus Schindler
Grafisches Konzept: Groschwitz, Hamburg
Layout und Herstellung: Gritta Deutschmann, Anja Linda Dicke
Farbseitengestaltung: Anja Linda Dicke, Jan Düker
Umschlaggestaltung: Anja Linda Dicke, Anja Krapat

Printed in China

Kartenverzeichnis

Entfernungstabelle 70
Hauptbusrouten 69
Nationalparks und Reservate 57
Reiserouten 30/31

Bloemfontein 511
Blyde River Canyon 617
Cradock 383
Durban 423
Berea 430/431
Stadtzentrum und Beachfront 424/425
East London 391
Elephant Coast und Wildreservate 472
Franschhoek 218
Freistaat 509
Garden Route 264/265
Gauteng 525
Graaff-Reinet 387
Grahamstown 375
Hermanus 250
Highlands Route 516/517
Hluhluwe-Imfolozi Park 475
Johannesburg 527
Melville 541
Nördliche Bezirke 539
Zentrum 530/531
Kapstadt 120
Camps Bay und Bakoven 147
City Bowl 162
Long Street und Company Gardens 129
Mouille Point, Green Point, Sea Point und Clifton 164/165
V&A Waterfront und De Waterkant 136
Zentrum 123
Von Kalk Bay nach Muizenberg 152/153
Kapstadt und die Kap-Halbinsel 119
Kgalagadi Transfrontier Park 333
Kimberley 320
Knysna 275
Die Wälder von Knysna 281
Krüger-Nationalpark 639
KwaZulu-Natal 419
Letaba 633
Limpopo 608/609
Mafikeng 601
Mkhuze Game Reserve 483
Mpumalanga 607
Mthatha 409
Nelspruit 619
Nordkap 316/317
Nordwest-Provinz 586
Ostkap 352/353
Paarl 213
Pietermaritzburg 455
Plettenberg Bay 285
Polokwane 631
Port Alfred 373
Port Elizabeth
Beachfront und Vororte 358
Zentrum 361
Port St Johns 413
Pretoria 572/573
Rustenburg 591
Stellenbosch 206
Weinroute 210
Ukhahlamba Drakensberge 459
Upington 329
Westkap 204/205
Wild Coast 402
Zululand und Battlefields 494

Legende

Autobahn mit Straßennummer	Internationaler Flughafen
Fernstraße mit Nummer	Regionaler Flughafen, Flugplatz
Hauptstraße	Sehenswürdigkeit
Nebenstraße	Archäologische Stätte
Straße, ungeteert	Denkmal
Straße in Bau; Straße in Planung	Leuchtturm
Straße für Kfz gesperrt	Badestrand
Tunnel	Wellenreiten
Eisenbahn	Wasserfall
Fähre, Schiffsverbindung	Höhle
Staatsgrenze	Berggipfel
Provinzgrenze	Pass
Nationalpark-, Naturparkgrenze	Aussichtspunkt
Sperrgebiet	Naturpark, Wildschutzgebiet
Hafen, Ankerplatz	Brunnen

A
B
C
1
2
3
4
S. 688
Yzerfontein
Yzerfonteinpunt
House Bay
Dassen Island
Ichabo Point
The Grotto Bay
Jacobs Bay
Leerbaai
Bokpunt
Bok Bay
Matroosbaai
Atlantischer Ozean
Atlantic Ocean
Darling
Darling Station
Januarieskraal
Kanonkop
Mamreweg
Riebeek-Wes
Riebeek-Kast
Bothmas
974 m
Malmes
Abbotsdale
Mamre
Dassenberg
Atlantis
Kalbaskraal
Perdeb
759
Wintervogel
Diep
Philadelphia
Klipheuwel
Steelwater
Mellish
Melkbosstrand
Kreeftebaai
Bloubergstrand
Robben Island
Durbanville
Fisantkraal
Kraaifontein
Milnerton
Good-wood
Bracke
Bellville
KAPSTADT (CAPE TOWN)
Parow
Kuilsrivie
Sea Point
Clifton Bay
Camps Bay
Koeël Bay
Table Mtn. 1087 m
Bishop Lavis
Table Mountain National Park
Llandudno Bay
Llandudno
Eersterivier
Lyned
Faure
Sandy Bay
Constantia
Nyanga
Croydon
Duikerpunt
Hout Bay
Strandfontein
Firgrove
Macassar
Noordhoek
Muizenberg
Strand
St. James
Chapman's Bay
Kalk Bay
False Bay
Melk Bay
Kommetjie
Fish Hoek
Gordon's
Slangkop Point
Glencairn
Witsand Bay
Steenbras Mou
Scarborough
Simon's Town
Schuster Bay
Boulders Beach
Die Mond
Olifantsbospum
Smitswinkel Bay
Koeël
Mast Bay
Table Mountain National Park
Rooiels B
Buffels Bay
Cape of Good Hope Nature Reserve
Pringl
Cape Point
Groot Ba
Cape of Good Hope (Kap der Guten Hoffnung)
Hang
R315
R307
R27
R45
R46
R302
R304
R310
N7
N2
M5
M6
M7
M9
M13
M58
M63
M64
M65
M3
M4

D
E
F
S. 689
S. 684
1
2
3
4
Ceres Nature Reserve
Skoonvlei
Ceres
Swaarm Pass
1036 m
Sanddriftskloof Dam
Matroosberg
2251 m
Verkeerdevlei
Draai
Touws River
Zuurplaats
1382 m
Hugo
Nouga
Kleinstraat
Voëlvlei
Kastel
Artois
Waveren
Wolseley
Michell's Pass
Hex River Pass
960 m
Hermon
La Plaisante
De Doorns
Tunnel
Matroosberg
Osplaas
R318
Karee
Avondrust
Bailey's Peak
1519 m
Romansrivier
Buffelshoekpiek
2062 m
Hexrivierberge
Hexrivier
Orchard
Sandhills
Kwadousberg
Soetendal
Breerivier
Nouga Hills
Rooihoogte Pass
1234 m
Bain's Kloof Pass
701 m
Malan
Goedehoep
R303
Karoo National Botanic Garden
Keeromsberg
2075 m
Keerom Dam
Patatsfontein
Botha
Goudiniweg
Chavonnes
De Wet
Worcester
1387 m
Waboomsberg
1428 m
Bovlei
Wellington
Over-Hex
Wilgerboomsrivier
Burgers Pass
762 m
Waboomsberge
Du Toitskloof
1046 m
Goudini
Voorsorg
Nuy
Koo
Kiesie
Rawsonville
Greater Brandflei Dam
Mowers
Dassieshoek
1700 m
R318
Huguenot Tunnel
R101
Dutoitspiek
1997 m
Langvlei
Kogmanskloof Pass
240 m
Montagu
Cillie
Wemmershoekberge
Kwaggaskloof Dam
Moordkuil
Breë
Vink
Robertson
Simondium
Moordkuil Dam
Goree
Ashton
Groot-Drakenstein
Wemmershoek Dam
Le Chasseur
Klaas Voogdsrivier
Sandvliet
Langeberg
Paarl
Wemmershoek
Vrolijkheid Nature Reserve
Franschhoek
Groendal
Stettyn
Hammanshof
Wakkerstroom
Languedoc
Franschhoek Pass
Kylemore
Rooihoogte
Bonnievale Station
Stellenbosch
Aasvoëlberg
1644 m
Jonaskop
1646 m
Sewelfontein
Groot
Merwespont
Bonnievale
Olifantsberg
1603 m
McGregor
Hottentots-Holland National Reserve
Villiersdorp
Riviersonderendberge
Theewaterskloof Dam
Genadendal
Greyton
Skilpadkop
1510 m
Pilaarkop
1655 m
Somerset West
R321
Bereaville
Stormsvlei
Vyeboom
Viljoens Pass
Riviersonderend
Eerstehoop
Dwarskloof
R406
Lindeshof
Sir Lowry's Pass
Floorshoogte
R406
R317
Grabouw
Elgin
Groenrug
Vander Stel Pass
Riviersonderend
Sir Lowry's Pass
Vredendal
Houhoek
Mission
Swartberg
1089 m
Krige
Botrivier
Houhoek Pass
Caledon
Drayton
Skilpadskloof
Langkuil
R316
Rietpoel
Soutkuil
Klipdale
Protem
Jongensklip
Babilonstoring
1169 m
R320
Kykoedie
Betty's Bay
Kleinmond
Albertyn
Goudini
Oukraal
Shaws Pass
Sunny Seas Estate
Fisherhaven
Sandown Bay
Hermanus
Akkedisbergpas
Onrus
Tafelberg
845 m
R316
Fairfield
Hawston
Mudge Point
Vermont
Mosselrivier
Kleinriviersvlei
Salmonsdam Nature Reserve
Stanford
Papiesvlei
Napier
R317
Kars
Walker Bay
Die Plaat
Grootbos Nature Reserve
Die Kelders
Sandy's Glen
Bredasdorpberge
Noormanskop
624 m
Bredasdorp
Stanford Cove
Strands Kloof
Gansbaai
Franskraal Strand
Baardskeerdersbos
Elim
R319
Mourkraal
R316
Romans Bay
Kleinbaai
Danger Point
Frikkie se Baai
Vogelflei
Sandy Point
Pearly Beach
Viljoenshof
Soetendals Vlei
Dyer Island
Buffelsjagberg
313 m
Soutpan
Kassiesbaai
De Mond
Ratelsrivier
Asfontein
Molshoop
Jessie se Baai
Die Dam
Sand Bay
Hotagterklip
Struis Bay
Quoin Point
Agulhas National Park
Rasperpunt
Oubaai
L'Agulhas
Cape Agulhas

S. 690
S. 683
Touws River
Hugo
Kleinstraat
Nouga
Zuurplaats
1382 m
Kragershoek
Witteberge
Rooinek Pass
914 m
Rouxpos
Vleila
Kraggasrivier
Avondrust
Bloutoring
Karee
Anys
Prins
Prinsrivier Dam
R323
Groot
Anysberg
1623 m
Anysberg
Touws
Little Karoo
Hoek van die Berg
Kareevlakte
Hondewater
Plathuis
Patatsfontein
1387 m
Waboomsberg
1428 m
Waboomsberge
Ouberg Pass
990 m
Brak
Keeskraal
Kiesie
Langkloof
Boerboonfontein
Bellair Dam
R318
Kogmanskloof Pass
240 m
Montagu
Kleinberg
1115 m
Kalkoenshoek
Warmwaterberg
Jakalsfontein
1352 m
Warmwaterberg
Ashton
R62
Groot
Poortjieskloof Dam
Langeberge
Sanbona Private Game Reserve
Lemoenshoek
Brandrivier
Sandvliet
Sheepersrus
Vleipass
Barrydale
Tradouw
1364 m
Boosmansbos Wilderness Area
Bonnievale Station
Bonnievale
Die Vlakte
Zuurbrak
1508 m
Tradouw Pass
403 m
Garcias Pa
Merwespont
Marloth Nature Reserve
Drew
R60
Swellendam
R324
Strawberry Hill
WESTERN
Jubilee
Leeurivier
Suurbraak
Stormsvlei
Voorhuis
Buffelsjagrivier
Bontebokskloof
Garden Route
Heidelberg
N2
Bontebok National Park
Niekerkshek
Vleidam
Renier
Karringmelk
Askraal
Riviersonderend
R317
Breede
R324
R322
Slang
Protem
R319
Kadiesvlei
Klipdale
Kykoedie
Malgas
Vermaaklikheid
Salt
Kapstylhouse
Wydgeleë
Potberg
612 m
Ouplaas
Port Beaufort
Witsand
St. Sebastians Bay
Elandspad
Barry Church
Infanta-on-River
De Hoop Nature Reserve
De Hoopvlei
Napier
R317
Kars
Die Mond
Cape Infante
Bredasdorp
Skihaven
Skipskop
Marthapunt
Ryspunt
R319
Mourkraal
R316
Hoopunt
Marcus Bay
Vogelflei
Soetendals Vlei
Arniston (Waenhuiskrans)
Kassiesbaai
Struispunt
De Mond
De Mond Nature Reserve
Molshoop
Hotagterklip
Struis Bay
L'Agulhas
Cape Agulhas
A
B
C
1
2
3
4

D
E
F
1
2
3
4
S. 691
S. 686
Swartberg Nature Reserve
Seweweekspoort
Seweweekspoort Pass
1019 m
Gamkaskloof
Die Hel
Droe-
waterval
Swartberg Pass
1436 m
Cango Caves
Klaarstroom
R407
Meiringspoort
716 m
Matjiesrivier
Grootkraal
Matjiesvlei
Kruisrivier
Schoemanspoort Pass
610 m
Schoemanshoek
R328
De Rust
Amalienstein
R 62
Huisrivier Pass
655 m
Groenfontein
Zoar
Matroosberg
2251 m
Calitzdorp
smith
Oosgam
Oudtshoorn
Stolsvlakte
Vanwykskraal
Dysselsdorp
Little Karoo
Hoopvol
Friesland
Kamanassie Dam
Brak
Koutjie
Volmoed
N 12
Klip
Rooiberg Pass
838 m
Gamka Mtn. Nature Res.
Blossoms
Van Wyksdorp
Gourtis
Groot
Zebra
Holgate
1214 m
N 9
R328
Robinson Pass
859 m
Outeniqua
Nature Reserve
Herold
1301 m
Outeniquaberge
Outeniqua Pass
800 m
Montagu Pass
745 m
Eight Bells
Langberg
R327
Cloete´s Pass
Ruitersbos
Blanco
George
Saasveld
Sinkasbrug
Gwaing
Wilderness
angeberge
Herbertsdale
Terqniet
N 2
Victoria Bay
CAPE
Brandwag
R102
Groot Brakrivier
Glentana
Herold´s Bay
Pacalts-dorp
Du Plessis Pass
iversdale
Gourtis
R327
Klein Brakrivier
Botlierskop Private Game Reserve
Hartenbos
Garden Route
Cape St. Blaize
Mossel Bay
Dana Bay
Albertinia
Droëvlakte
R325
Vlees Bay
Johnson´s Post
Vlees Bay
Cape Vacca
(Kanonpunt)
PROVINCE
R305
Gouritsmond
Still Bay East
Still Bay West
Ystervarkpunt
Groot-Jongensfontein
Indischer Ozean
Indian Ocean

A
B
C
1
2
3
4
S. 691
S. 693
S. 685
Amos
Salt
Rietbron
Beervlei Dam
Groot
R306
Seekoegat
Witteberge
Kommandokraal
Volstruisleeg
Kareedouwberg Pass
Perdepoort
R407
R329
Klaarstroom
Swartberge
Caves
Willowmore
R332
Buyspoort
Meiringspoort 716 m
Ghwarriepoort
Baviaanskloof Wilderness Area
(Welbe
(Skilpadbeen)
(Misgund)
Schoemanshoek
De Rust
R341
Olifants
Stompdrift Dam
Vanwykskraal
Dysselsdorp
Kammanassieberge
Mannetjiesberg 1955 m
R339
Zaaimansdal
Hoopsberg 1706 m
Kamanassie Dam
Brak
Koutjie
Buffelsdrif
Kammanassie
Potjiesberg Pass 1006 m
Uniondale
Uniondale Poort 880 m
Avontuur
Daskop
Molenrivier
Speelmans Kraal
Siesta
1320 m
Haarlem
Ongelegen
Misgund
Zebra
Holgate
1214 m
Noll
Die Vlug
Kleinplaat
Millwood Nat. Res.
Gouna
Prince Alfred's Pass 853 m
Formosa Nature Res
Herold
1301 m
Jubilee Creek Nat. Res.
Knysna
Kruisvallei
Outeniqua Pass 800 m
Montagu Pass 745 m
Touws
Bergplaas
Barrington
Homtini Pass
Keurbooms Nature Reserve
Blanco
George
Karatara
Rheenendal
Diepwalle
Ysternek Nat. Res.
R340
The Crags
Groot
Saasveld
Hoekwil
Rondevlei
Swartvlei
Phantom Pass
R102
Gwaing
Wilderness
Serpentine
Garden Route
Knysna
Brackenhill Falls
Wittedrift
Keurbooms
Victoria Bay
Bleshoender
Keytersnek
Knysna Lagoon
Keurboomsrivier
Monkeyland Primate San
Glentana
Herold's Bay
Pacaltsdorp
Gerickespunt
Wilderness National Park
Sedgefield
Buffelsbaai
Walker Point
Brenton-on-Sea
Hornlee
Noetzie
The Heads
Knysna Elephant Park
Elephant Sanctuar
Plettenberg Bay
Robberg Nature Reserve
Cape Seal
Knysna National Lake Area
Game Reserve
Blaize
Indischer Ozean

D
E
F
S. 693
S. 694
1
2
3
4
EASTERN CAPE
PROVINCE
Aberdeen Road
Oatlands
R338
Kaapse Poortjie
R337
Soutpansnek Pass 797 m
Jansenville
R 75
Klipplaat
Grootrivierberge
Miller
1450 m
R400
Greystone
Mount Stewart
R338
Baroe
R329
Wolwefontein
Kleinpoort
Cockscomb
Groot
Steytlerville
R329
Baviaanskloofberge
Grootwinterhoekberge
Cockscomb 1759 m
Groot
R332
Studtis
Baviaanskloof
Baviaanskloof
Sandvlakte
Coleskeplaas
R332
Cambria
Melkhoutboom
Kougaberge
Wilderness
Area
Smitskraal
Kouga Dam
Demistkraal
Kouga
Andrieskraal
Patensie
R331
Joubertina
Kouga
R332
Hol
Hankey
Duplex
Gamtoos
Tsitsikammaberge
Peak Formosa 1675 m
R 62
Kammiebos
R330
Coldstream
Kareedouw
Assegaaibos
R102
Garden Route
Stormsrivier
R402
N 2
Kruisfontein
Otter Trail
Suspension Bridge
Clarkson
Churchill Dam
R 62
N 2
Kruis
R102
Tsitsikamma
National
Park
Woodlands
R402
Humansdorp
Aston Bay
Oubosstrand
Impofu Dam
Paradise Beach
Oyster Bay
Slangrivier
R330
Cape St. Francis
Indian Ocean

A
B
C
1
2
3
4
S. 692
S. 682
Atlantischer Ozean
Atlantic Ocean
WESTERN CAPE
PROVINCE
Ratelfontein
Lambert's Bay
R364
R27
N7
Graafwater
Clanwil
Wolfhuis
Leipoldtville
R365
R363
Clanwilliam
Dam
Baboon Point
Eland's Bay
Sandberg
Witelskloof Pass
487 m
R366
Redelinghuys
Redelinghuys
Paleisheuwel
Noordkuil
R366
R365
Het Kruis
Rocher Pan
Nature
Reserve
St. Helena Bay
Aurora
R366
Stompneuspunt
Dwarskersbos
R27
Stompneusbaai
St. Helena
Bay
Eendekuil
Laaiplek
Velddrif
Cape
Columbine
Versveld Pass
680 m
Poo
Paternoster
R399
R399
Goedverwacht
Columbine
National
Reserve
Piketberg
Vredenburg
Berg
Witwater
Bergrvier
De Hoek
R44
Langebaanweg
R79
R45
Koringberg
N7
Saldanha
Saldanha
Bay
R27
Berg
Langebaan
Hopefield
R311
Moorreesburg
Churchhaven
R307
West Coast
National Park
Kiekoesvlei
Groen
Salt
Oupos
R311
Soutbosv
Platteklip
Rust
974 m
R45
Yzerfontein
R315
R315
R307
Riebeek-Wes
Riebeek-Kaste
Yzerfonteinpunt
Darling Station
Januarieskraal
Darling
R27
Kanonkop
House Bay
Bothmask
R46
Mamreweg
Dassen Island
Ichabo
Point
R315
Malmesb
Bay

1 cm = 10 km 1 : 1.000.000 0 10 20 30 40 km

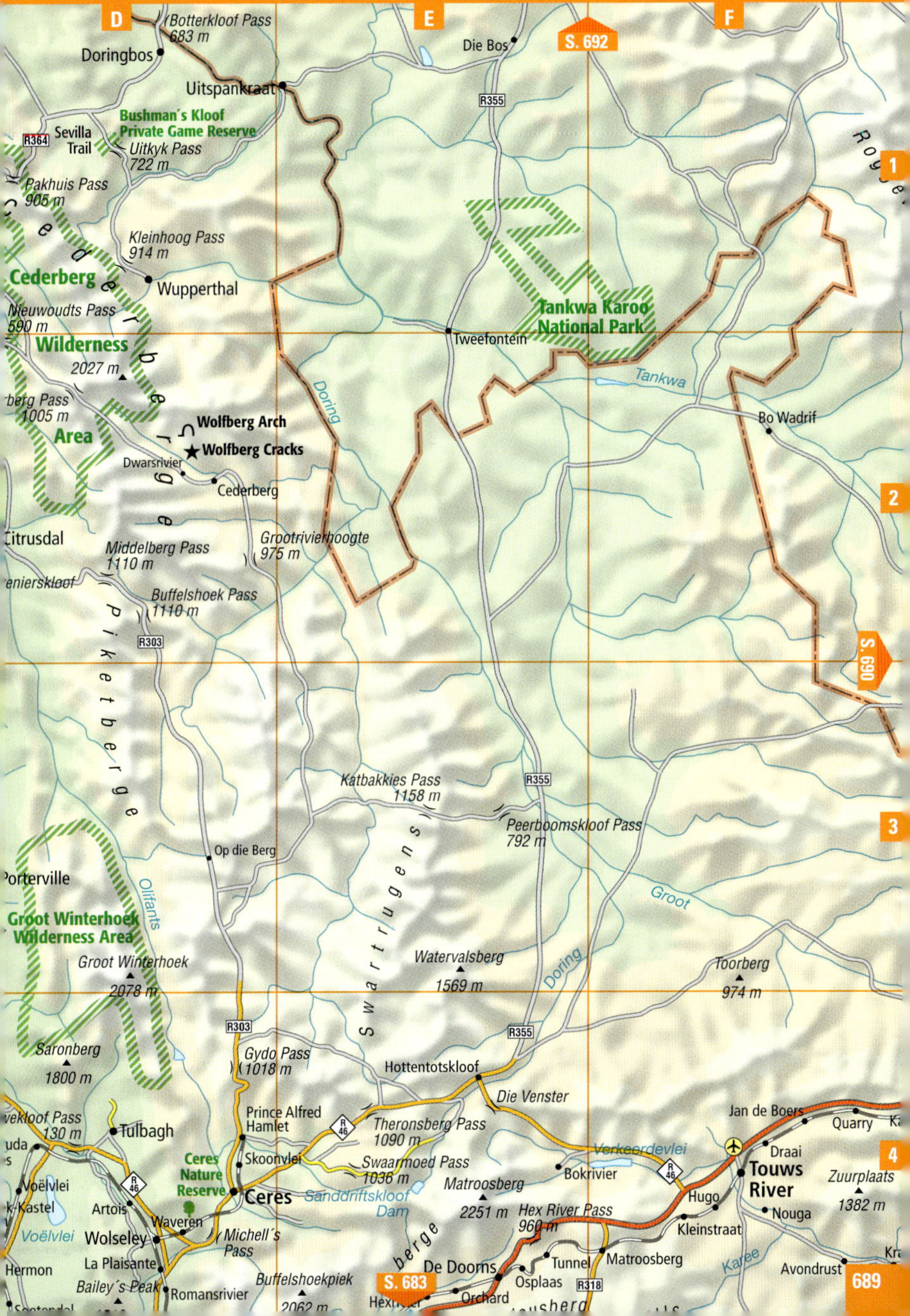

A
B
C
1
2
3
4
S. 692
S. 689
S. 684
Snyderspoort
Renoster
Basterberge
Roggeveldberge
R354
NORTHERN CAPE
PROVINCE
Sutherland
R356
SALT
Sternwarte
Bo Wadrif
Rooikloof
Verlatekloof Pass
1584 m
Komsberg Pass
1721 m
Komsberge
Koringplaas
Roggeveld
Hillandale
Buffels
Wilgerhout
Toorberg
974 m
Groot
Laingsburg
Vleifontein
Geelbek
Baviaan
Perdefontein
Viskuil
Whitehill
Bantams
Tweeside
Matjiesfontein
Memorial
Pieter Meintjies
Jan de Boers
Quarry
Kanstabel
R323
Floriskraal Dam
Paradehoek
Ezelsfontein
1474 m
1543 m
Kragershoek
1344 m
Witteberge
Rooinek Pass
914 m
Draai
Touws River
Zuurplaats
1382 m
Hugo
Nouga
Kleinstraat
Karee
Avondrust
Kraggasrivier
Bloutoring
Anysberg
Anys
Prins
Prinsrivier Dam
Rouxpos
Vleila
Groot

D
E
F
S. 693
1
2
3
4
R353
Teekloof Pass
1385 m
Oukloof Pass
1400 m
1913 m
Rondefontein
Rosedene
R381
Molteno
Pass
1524 m
Rosesberg
Pass
S. 693
Karoo National Park
Beaufort
West
Droërivier
N 1
N 12
u w e v e l d b e r g e
Gamka
Leeuw
Letjiesbos
Leeugamka
Dam
Luttig
R353
Merweville
WESTERN CAPE
PROVINCE
Leeu Gamka
Kruidfontein
Zwarts
Prince Albert Road
Doring
R407
Dwyka
Seekoegat
S. 686
Dwyka
Gamka
Prince Albert
Oukloof Dam
Kareedouwberg Pass
1080 m
R407
Groot Swartberge
Boshuiskloof
1000 m
Gamkapoort
Dam
Swartberg Nature Reserve
Swartberg Pass
1436 m
Klaarstroom
R407
Seweweekspoort
Gamkaskloof
Die
Hel
Droe-
waterval
Matjiesrivier
Cango Caves
Seweweekspoort Pass
1019 m
Matjiesvlei
Grootkraal
Meiringspoort
716 m
Kruisrivier
Amalienstein
R 62
Huisrivier Pass
655 m
Groenfontein
S. 685
Schoemanspoort Pass
610 m
Schoemanshoek
De Rust
R328
Zoar
Calitzdorp

A
B
C
1
2
3
4
S. 696
Richtersveld National Park
Oranjemund
Alexanderbaai
Alexanderbaai
Wreck Point
Cliff Point
Port Nolloth
John Owenbaai
Wedge Point
Kleinsee
Melkbospunt
Skulpfonteinpunt
Hondeklipbaai
Wallekraal
Strandfonteinpunt
Groenriviersmond
1378 m
Noordoewer
Vioolsdrif
Anenous Pass 950 m
Steinkopf
Nababeep
Okiep
Springbok
Komagasberge
Mesklip
Namaqua National Park
Kamieskroon
Kamiesberge
Namakwaland
Garies
Witwater
1024 m
Goegap Nature Reserve
Gamoep
Platbakkies
Kliprand
Warmbad
Goodhouse
Aggeneys
Velloor
Onseepkans
Pella
Pofadder
Namies
Bladgrond
Augrabies Falls
Augrabies National Park
Alheit
Bossiekom
Soutrivier
Granaatboskolk
Rock Paintings
Swartkolkvloer
Tontelbos
Loeriesfontein
Bitterfontein
Nuwerus
Bokkeveldberge
Soutrivier
Nieuwoudtville
Hantamsberg 1673 m
Calvinia
Bloukranspas
Visrivier
Middelpos
Botterkloof
Vanrhynsdorp
Lutzville
Vredendal
Strandfontein
Doring Bay
Klawer
Lambert's Bay
Graafwater
Clanwilliam
Eland's Bay
Leipoldtville
Sandberg
Wupperthal
Tankwa-Karoo National Park
Roggeveldberge
Tweefontein
Tankwa
St. Helenabaai
Piekenaarskloof
Stompneuspunt
Paternoster
Vredenburg
Saldanha
Saldanhabaai
Langebaan
West Coast National Park
Velddrif
Eendekuil
Sauer
Piketberg
Porterville
Hopefield
Moorreesburg
WESTERN CAPE PROVINCE
Swartruggens
Die Venster
Gouda
Tulbagh
Ceres
Darling
Riebeek-Kasteel
Yzerfontein
Malmesbury
Wolseley
Wellington
Paarl
Matroosberg
Hex River Pass
De Doorns
Worcester
Nuy
Burgers Pass
Montagu
Bloubergstrand
Milnerton
KAPSTADT (CAPE TOWN)
Parow
Belleville
Moordkuil
Franschhoek
Robertson
Ashton
Marloth Nat'l. Res.
Swellendam
Camps Bay
Llandudno
Hout Bay
Stellenbosch
Somersetwes
Strand
Stormsvlei
Table Mountain National Park
Simon's Town
Gordon's Bay
Grabouw
Caledon
Riviersonderend
Kap der Guten Hoffnung
Cape of Good Hope
Cape of Good Hope Nature Res.
Valsbaai
Pringle Bay
Hermanus
Protem
Hawston
Napier
Bredasdorp
Elim
Gansbaai
Skipskop
Waenhuiskrans
Struitsbaai
Quoinpunt
L'Agulhas
Cape Agulhas
Atlantischer Ozean
200 m
2000 m
4000 m

D
E
F
1
2
3
4
S. 697
S. 694
Postmasburg
Lime Acres
Vaalb
National Park
Delports-
hoop
Barkly
West
Windsorton
Windsorton Road
Bultfontein
FREE
PROV
Boshof
Dealesville
Kimberley
Big Hole
Bloemfontein
Grootdrink
1682 m
Asbesberge
Schmidtsdrif
Campbell
Neilersdrif
Wegdraai
Kleinbegin
Groblershoop
Volop
Griekwastad
Griquatown
Rietrivier
Vaalrivier
Ritchie
Jacobsdal
Petrusburg
Ferreira
Putsonderwater
Westerberg
Niekerkshoop
Oranjerivier
Belmont
Koffiefontein
Kenhardt
Marydale
Draghoender
Diamond Diggings
Prieska
Hopetown
Luckhoff
Jagersfontein
Edenburg
Fauresmith
Verneuk Pan
Diemansputs
Copperton
Middelveld
Strydenburg
Kraankuil
Orania
Trompsburg
Karoo
Zwartkop
Sodium
Potfontein
Blue Train
Petrusville
P. K. le Rouxdam
Philippolis
Springfontein
Van Wyksvlei
Bushman Drawings
Kareeberge
Philipstown
Bethulie
Donkerpoort
Vosburg
Britstown
De Aar
Colesberg
NORTHERN CAPE PROVINCE
Burgerville
Hanover Road
Venterstad
Carnarvon
Mynfontein
Pampoenpoort
Ongersriv.
Merriman
Hanover
Noupoort
Burgersdorp
Steynsburg
Sterling
Winterveld
Victoria West
Richmond
Middelburg
Sherborne
Schoombee
Loxton
Hutchinson
Heydon
Sneeuberg
2504 m
Rosmead
Witkransnek
Fraserburg
Three Sisters
Nieu-Bethesda
Naudeberg
Lootsberg Pass
Conway
Visrivier
Spitskopvlei
Mountain Zebra National Park
Molteno Pass
Nelspoort
Kariega
Murraysburg
Camdeboo National Park
Graaff-Reinet
Bankberg
Cradock
Nuweveldberge
1913 m
Karoo National Park
Munnikspoort
Adendorp
Swaershoek Pass
Beaufort Wes
Beaufort-West
Droërivier
Aberdeen
Kendrew
Swaershoek
Drennan
Daggaboers
Merweville
Groot Karoo
Great Karoo
Pearston
Eastpoort
Leeu-Gamka
Aberdeen Road
Somerset Oos
Somerset-East
Cookhouse
Prince Albert Road
Kruidfontein
Rietbron
Kaapse Poortjie
Jansenville
Soutpansnek
Middleton
Volstruisleegte
Miller
Klipplaat
Baroe
Waterford
Sheldon
Klipfontein
Koup
Prince Albert
Seekoegat
Witteberge
1581 m
Swartberg Pass
1436 m
2325 m
Klaarstroom
Ghwarriepoort
Willowmore
Steytlerville
Wolwefontein
Addo Elephant National Park
Shamwari Game Reserve
Klein Swartberge
Groot Swartberge
Grootkraal
Cango Caves
Buyspoort
Grootwinterhoekberge
Kirkwood
Amalienstein
Calitzdorp
De Rust
Nuwekloof
Colekeplaas
Addo
Kammanassieberge
Uniondale
Kougaberge
Haarlem
Uitenhage
Nanaha
Colchester
Oudtshoorn
Robinson Pass
Herold
Noll
Avontuur
Joubertina
Patensie
Hankey
Despatch
Algoabaai
Langberg
838 m
George
Knysna
Storm's River
Karredouw
Clarkson
Witteklip
Port Elizabeth
Herbertsdale
Plettenberg Bay
Humansdorp
St. Francisbay
Summerstrand
Cape Recife
Langeberg
Riversdale
Heroldsbaai
Mosselbaai
Mossel Bay
Knysna National Lake Area
Tsitsikamma National Park
Cape St. Francis
Albertinia
Gouritsmond
Groot Jongensfontein

A
B
C
1
2
3
4
S. 698
S. 693
FREE STATE
PROVINCE
EAST CAPE
PROVINCE
LESOTHO
Kimberley
Big Hole
Vaalbos
National Park
Ulco
Hoop
Barkly West
Windsorton
Windsorton Road
Boshof
Schmidtsdrif
Campbell
Ritchie
Jacobsdal
Rietrivier
Oranjerivier
Belmont
Koffiefontein
Hopetown
Luckhoff
Orania
Kraankuil
Blue Train
Potfontein
Petrusville
Philippolis
P. K. le Rouxdam
Philipstown
Britstown
De Aar
Burgerville
Hanover Road
Hanover
Colesberg
Noupoort
Merriman
Richmond
Middelburg
Sherborne
Heydon
Sneeuberg
2504 m
Nieu-Bethesda
Naudeberg
Murraysburg
Camdeboo National Park
Graaff-Reinet
Munnikspoort
Adendorp
Aberdeen
Kendrew
Aberdeen Road
Kaapse Poortjie
Jansenville
Miller
Klipplaat
Baroe
Steytlerville
Wolwefontein
Grootwinterhoekberge
Colekeplaas
Joubertina
Patensie
Hankey
Karredouw
Clarkson
Humansdorp
Cape St. Francis
St. Francisbay
Tsitsikamma National Park
UITENHAGE
Despatch
Witteklip
PORT ELIZABETH
Summerstrand
Cape Recife
Algoabaai
Kirkwood
Addo
Addo Elephant National Park
Colchester
Ncanaha
Alexandria
Port Alfred
Boesmansriviermond
Cape Padrone
Grahamstad
Grahamstown
Shamwari Game Res.
Riebeek-Oos
Sheldon
Klipfontein
Waterford
Middleton
Cookhouse
Somerset Oos
Somerset-East
Soutpansnek
Pearston
Swaershoek
Swaershoek Pass
Bankberg
Drennan
Eastpoort
Bedford
Adelaide
Fort Beaufort
Alice
Hogsback
Dimbaza
King-William's Town
Zwelitsha
Bisho
Mdantsane
Beacon Bay
Oos-Londen
East London
Kidd's Beach
Hamburg
Bell
Peddie
Stutterheim
Cathcart
Komga
Macleantown
Kei Mouth
Centani
Willowvale
Idutywa
Butterworth
Nqamakwe
Tsomo
Cradock
Mountain Zebra National Park
Spitskopvlei
Lootsberg Pass
Visrivier
Conway
Rosmead
Witkransnek
Schoombee
Hofmeyr
Steynsburg
Molteno
Bamboesberg
2207 m
Sterkstroom
Penhoek Pass
Stormberg
2127 m
Tarkastad
Sada
Whittlesea
Winterberge
Daggaboersnek
Spring Valley
Balfour
Seymour
Queenstown
Ezibeleni
Bailey
Lady Frere
Dordrecht
Indwe
Cala
Askeaton
Engcobo
Cofimvaba
Nobokwe
St. Marks
Burgersdorp
Venterstad
Hendrik Verwoerd Dam Nat'l. Res.
Bethulie
Donkerpoort
Springfontein
Trompsburg
Fauresmith
Jagersfontein
Edenburg
Reddersburg
Petrusburg
Dealesville
Soutpan
Bultfontein
Theunissen
Brandfort
Glen
Bloemfontein
De Brug
Ferreira
Sannaspos
Tweespruit
Thaba Nchu
Excelsior
Winburg
Allemanskraaldam
Marquard
Clocolan
Ficksburg
Ladybrand
Maseru
Hobhouse
Dewetsdorp
Jammersdrif
Wepener
Welbedacht Dam
Vanstadensrus
Smithfield
Rouxville
Aliwal-Noord
Aliwal North
Zastron
Mohales Hoek
Mafeteng
Rock Paintings
Morija
Roma
Marakabei
Maluti Mts.
Cheche Pass
Central Range
Thaba Putsoa
Sinqua
Mphaki
Quthing
Sebapaia
Moyeni
Palmietfontein
Sterkspruit
Herschel
Lady Grey
Naudesnek Pass
Elands Height
New England
Clanville
Barkly East
Moshesh's Ford
2871 m
Jamestown
Rossouw
Elliot
Barkly Pass
Ugie
Maclear
Tsolo
Quiba
Ntibane
Coghlan
Bashee Bridge
Teyateyaneng
Lejone
Hlotse
Butha-Buthe
Fouriesburg
Rosendal
Witteberge
Clarens
Golden Gate Highlands Nat'l. P.
Senekal
Wildtuin
Seneka
Kaapse
Mazeppa
200 m
2000 m
4000 m

D
E
F
1
2
3
4
S. 699
Harrismith
Glencoe
Dundee
Monument
Hlabisa
Lake St. Lucia
Van Reenen
Elandslaagte
Vant's Drift
Silutshana
Mahlabatini
Umfolozi Game Res.
Somkele
St. Lucia
St. Lucia Park
Mtubatuba
Olivershoek Pass
Ladysmith
Pomeroy
Buffelsriv.
NATAL
Melmoth
Simunye
Bergville
Winterton
Colenso
Tugela Fery
Dlolwana
Empangeni
Richards Bay
Weenen
Frere
Entumeni
Nkwalini
Eshowe
Felixton
Estcourt
Giants Castle Game Res.
Greytown
Kranskop
Gingindlovu
Rietvlei
Fort Mtobeni
Mooirivier
Giants Castle
Thabana Ntlenyana
Howick Falls
Fawnleas
Darnall
Stanger
200 m
Lower Loteni
Howick
3482 m
Pietermaritzburg
Mzimkulwana Nat'l. Res.
Valley of 1000 Hills
Tongaat
Verulam
Himeville
Edendale
Moumalanga
Kwa-Mashu
Underberg
Bulwer
Richmond
Pinetown
DURBAN
Donnybrook
Umbumbulu
Isipingo
2000 m
Kingsburg
Amanzimtoti
Swartberg
Ixopo
Umkomaas
Umzimkulu
Highflats
Franklin
Umzinto
Park Rynie
Sezela
Kokstad
2268 m
Harding
Oribi Gorge Nat. Res.
Hibberdene
Brooks Nek
Sea Park
Magusheni
Port Shepstone
Mount Ayliff
Bizana
Ramsgate
Flagstaff
Port Edward
Umtentu
Lusikisiki
Mkambati Nat. Res.
Port Grosvenor
Port St. Johns
Indischer Ozean
Notintsila
Coffee Bay
Hole in the Wall
Coast

A
B
C
1
2
3
4
Gross
Otjimbingwe
Omitara
Silversand
Drimiopsis
Buitepos
Mamuno
1353 m
B 1
B 6
Brakwater
WINDHOEK
Ninette
Witvlei
Gobabis
Daan Viljoek
Game Park
Khomas Hochland
Kapps
Seeis
Erongoberg
2332 m
1850 m
Aris
Olifants
Grootduin
Kuiseb
Ruimte
Dordabis
Nina
C 20
Kule
Ncojane
Skaap
Karubeamsberge
624 m
Gross Ums
Gamsberg
2347 m
Isabis
Rehoboth
Kous
C 15
Leonardville
Nauchas
Derm
Aminuis
Rantberge
2149 m
Klein Aub
Petrusdal
Uhlenhorst
Solitaire
N A M I B I A
Kam
Olifants
Büllsport
Gamis
Kalkrand
Narib
Aranos
Narob
B 1
Stampriet
Nossob
Sesriem
Nomtsas
Kalf
C 14
Mariental
Akanous
1898 m
Tsarisberge
Lendepas
Union's End
Gochas
Maltahöhe
Bossiesvlei
Witbooisvlei
C 18
Auob
Olifants
Grootkolk
Tsarishoogte
Pass
Hasaweb
Gibeon
Schwarzrand
Duwisib
Castle
Vis
C 15
Asab
Mukurob
Twee Rivier
Langklass
Eidsemub
Brakpan
Mata
Mata
Welverdiend
1977 m
Brukkaros
1586 m
Helmeringhausen
Tses
Shirley
Koës
R 360
Rooirand
Tirasberge
Berseba
Salt Pan
C 13
Gurib
C 17
Koichab
Konkiep
Namaland
Koichab
Pan
C 14
Kokerboomwoud
Schakalskuppe
Bethanie
B 4
Garub
Keetmanshoop
Gariganus
C 16
Gross Aub
Aalenberg
Aus
Naiams
Fort
Goageb
Riet-
fontein
Aroab
Hakskeen
pan
Seeheim
Löwen
Stone
Rondavel
Huib-Hochplato
Rock Engravings
Music Stones
Gawachab
Narubis
Schroffenst.
R 31
Vredeshoop
Uitsakpan
2202 m
Diamond
Area
Restricted
C 13
Hope
Holoog
B 1
Groot Karasberge
Abiekwasputs
Klein
Karas
Noenieput
Witpütz
Visrivier-
canyon
Hunsberge
Vis
Grünau
Kanus
Kainab
Visrivierafgronde
Park
Rosh Pinah
Ai-Ais
Nuwe-
fontein
Oranjerivier
Karasburg
B 3
Hamab
Kums
Richtersveld
National Park
Gamkab
Nakop
N 10
Haib
Haib
Ham
Oranjemund
Khubus
Oranjerivier
Augrabies
Falls
Warmbad
1378 m
Velloor
Augrabies
National Park
Alexanderbaai
Noordoewer
Onseepkans
Alexanderbaai
Vioolsdrif
Bladgrond

S. 692

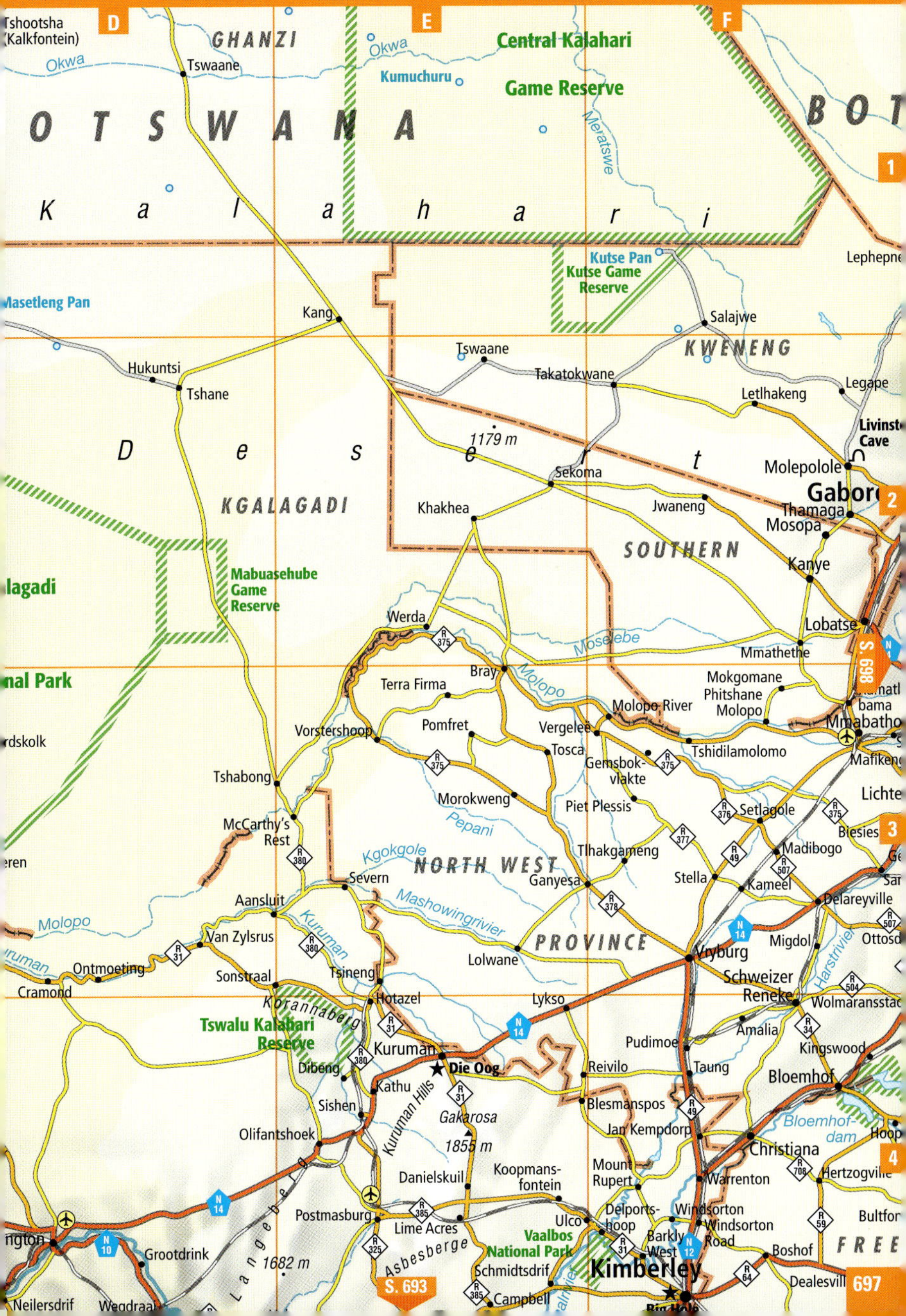
D
E
F
1
2
3
4
Tshootsha (Kalkfontein)
GHANZI
Tswaane
Okwa
Kumuchuru
Central Kalahari
Game Reserve
Meratswe
BOTSWANA
BOT
K a l a h a r i
Lephepne
Kutse Pan
Kutse Game Reserve
Masetleng Pan
Kang
Salajwe
KWENENG
Hukuntsi
Tshane
Tswaane
Takatokwane
Legape
Letlhakeng
Livinst Cave
1179 m
D e s e r t
Molepolole
Sekoma
Gabor
KGALAGADI
Khakhea
Jwaneng
Thamaga
Mosopa
SOUTHERN
Kanye
lagadi
Mabuasehube Game Reserve
Werda
Lobatse
Moselebe
Mmathethe
nal Park
Bray
Molopo
Terra Firma
Mokgomane
Phitshane Molopo
Molopo River
Mmabatho
Mafiken
Pomfret
Vergelee
Tosca
rdskolk
Vorstershoop
Tshidilamolomo
Gemsbokvlakte
Tshabong
Morokweng
Piet Plessis
Setlagole
Lichte
McCarthy's Rest
Pepani
Biesies
Madibogo
Kgokgole
Tlhakgameng
NORTH WEST
Ganyesa
Stella
Kameel
Severn
Aansluit
Delareyville
Molopo
Mashowingrivier
Kuruman
Van Zylsrus
PROVINCE
Migdol
Ottosd
Vryburg
Harts
Ontmoeting
Lolwane
Tsineng
Sonstraal
Schweizer Reneke
Cramond
Hotazel
Lykso
Wolmaransstad
Korannaberg
Tswalu Kalahari Reserve
Amalia
Pudimoe
Kingswood
Kuruman
Die Oog
Dibeng
Reivilo
Taung
Bloemhof
Kathu
Sishen
Kuruman Hills
Blesmanspos
Gakarosa
1855 m
Jan Kempdorp
Bloemhofdam
Olifantshoek
Christiana
Hoop
Danielskuil
Koopmansfontein
Mount Rupert
Warrenton
Hertzogville
Langeberg
Postmasburg
Lime Acres
Ulco
Delportshoop
Windsorton
Windsorton Road
Bultfon
Vaalbos National Park
Barkly West
Boshof
FREE
Grootdrink
1682 m
Asbesberge
Schmidtsdrif
Kimberley
Dealesvill
Neilersdrif
Weggdraai
Campbell
Big Hole
S. 693
S. 699
697

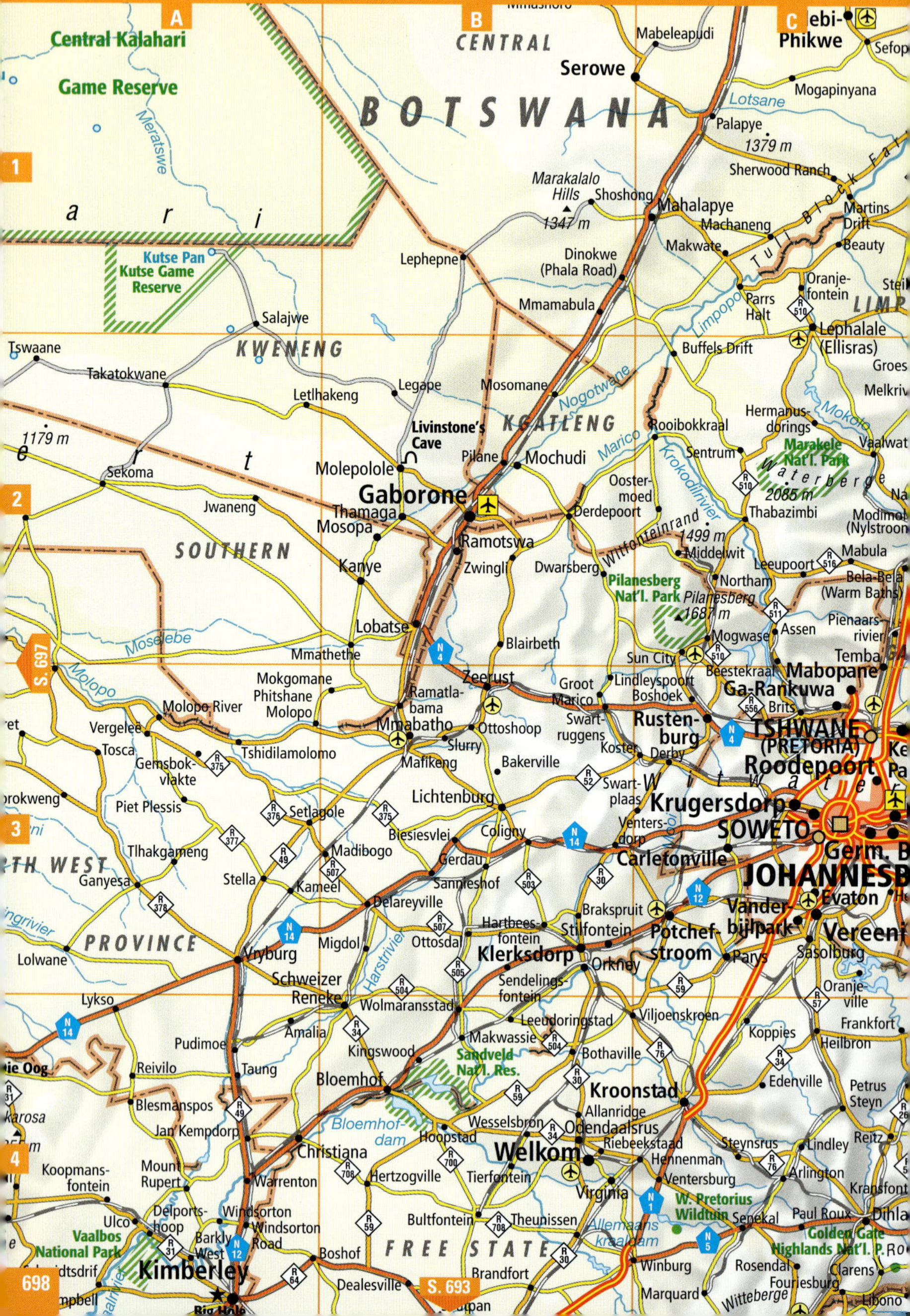

A
B
C
Central Kalahari
Game Reserve
Meratswe
CENTRAL
BOTSWANA
Serowe
Mabeleapudi
Selebi-Phikwe
Sefop
Mogapinyana
Lotsane
Palapye
1379 m
Sherwood Ranch
Martins Drift
Beauty
1
K a r i
Kutse Pan
Kutse Game Reserve
Marakalalo Hills
1347 m
Shoshong
Mahalapye
Machaneng
Makwate
Tuli Block Farms
Lephepne
Dinokwe (Phala Road)
Mmamabula
Oranje-fontein
Parrs Halt
Lephalale (Ellisras)
Limpopo
Salajwe
Tswaane
KWENENG
Takatokwane
Letlhakeng
Legape
Mosomane
Buffels Drift
Groes
Melkriv
Nogotwane
KGATLENG
Livinstone's Cave
Rooibokkraal
Hermanus-dorings
Mokolo
Marakele Nat'l. Park
Vaalwat
1179 m
Sekoma
Molepolole
Pilane
Mochudi
Marico
Sentrum
Waterberge
2085 m
Gaborone
Thamaga
Mosopa
Jwaneng
Oostermoed
Derdepoort
Krokodilrivier
Thabazimbi
Modimolle (Nylstroom)
2
SOUTHERN
Ramotswa
Zwingli
Dwarsberg
Witfonteinrand
1499 m
Middelwit
Leeupoort
Mabula
Kanye
Northam
Bela-Bela (Warm Baths)
Pilanesberg Nat'l. Park
Pilanesberg
1687 m
Assen
Pienaarsrivier
Lobatse
Moselebe
Mmathethe
Blairbeth
Mogwase
Sun City
Temba
S. 697
Molopo
Mokgomane
Phitshane Molopo
Ramatlabama
Zeerust
Groot Marico
Lindleyspoort
Boshoek
Beestekraal
Mabopane
Ga-Rankuwa
Brits
Molopo River
Vergelee
Tosca
Mmabatho
Ottoshoop
Slurry
Swartruggens
Rustenburg
Koster
Derby
TSHWANE (PRETORIA)
Gemsbokvlakte
Tshidilamolomo
Mafikeng
Bakerville
Roodepoort
Swartplaas
Witwatersrand
Krugersdorp
Piet Plessis
Setlagole
Lichtenburg
Biesiesvlei
Coligny
Ventersdorp
SOWETO
Germ.
3
NORTH WEST
Tlhakgameng
Madibogo
Gerdau
Carletonville
JOHANNESBURG
Ganyesa
Stella
Kameel
Sannieshof
Delareyville
Brakspruit
Evaton
Vanderbijlpark
Vereeniging
PROVINCE
Lolwane
Vryburg
Migdol
Ottosdal
Hartbeesfontein
Stilfontein
Klerksdorp
Potchefstroom
Orkney
Parys
Sasolburg
Schweizer Reneke
Harts rivier
Sendelingsfontein
Oranjeville
Lykso
Wolmaransstad
Leeudoringstad
Viljoenskroon
Koppies
Frankfort
Heilbron
Pudimoe
Amalia
Makwassie
Kingswood
Sandveld Nat'l. Res.
Bothaville
Edenville
Petrus Steyn
Reivilo
Taung
Bloemhof
Kroonstad
Allanridge
Blesmanspos
Jan Kempdorp
Bloemhof-dam
Wesselsbron
Hoopstad
Odendaalsrus
Riebeeckstaad
Steynsrus
Lindley
Reitz
4
Koopmansfontein
Mount Rupert
Christiana
Welkom
Hennenman
Arlington
Warrenton
Hertzogville
Tierfontein
Virginia
Ventersburg
Kransfont
Delportshoop
Ulco
Windsorton
Windsorton Road
W. Pretorius Wildtuin
Senekal
Paul Roux
Dihla
Vaalbos National Park
Barkly West
Bultfontein
Theunissen
Allemanskraaldam
Golden Gate Highlands Nat'l. Park
Kimberley
Boshof
FREE STATE
Brandfort
Winburg
Rosendal
Clarens
Fouriesburg
Marquard
Witteberge
Big Hole
Dealesville
S. 693
Libono

D
E
F
1
2
3
4
Mapungubwe N.P.
Nuli
Beitbridge
Limpopo
Musina (Messina)
Baines Drift
Bridge-water
Mopane
Tshipise
Pafuri Gate
Pafuri
Punda Maria
Bandur
Alldays
Machemma Ruins
Wyllie's Poort
Dzata Ruins
Mutale
Waterpoort
Thohoyandou
Sirheni
Shingwedzi
2046 m
Vivo
Soutpansberg
Mara
Louis Trichardt
Kl. Letaba
Bandelierkop
Giyani
Lebowa Bochum
Legkraal
Soekmekaar
Mooketsi
Kruger
Thorndale
Duiwelskloof
Gr. Letaba
Shimuwini
1780 m
Seshego
Tzaneen
Tzaneen Dam
Ndzalama Wildlife Res.
Letaba
Boyne
Letsitele
Gravelotte
Polokwane
Makopane (Potgietersrus)
Haenertsburg
Strydpoortberge
Ofcolaco
Phalaborwa
Olifants
Mica
Klaserie Nat'l. Res.
National
Zeekoegat
Zebediela
Lebowakgomo
Abel Erasmus Pass
Hoedspruit
Kapama Game Res.
Satara
Roedtan
Tompi Seleka
Echo Caves
Mogaba
Voortrekker Fort
Klaserie
Timbavati G. Res.
Blyde River Canyon Nat. Res.
Sabi Sand G. Res.
Kennedy's Vale
Ohrigstad
Bergpunt
Kdwyn's Pass
Tshokwane
Marble Hall
Malaita
Pilgrim's Rest
Graskop
Marite
Skukuza
Siyabuswa
Groblersdal
Lydenburg
Sabie
Hazyview
Sabierivier
Lower Sabie
Roossenekal
Rooikraal
Sudwala Caves
Witrivier
Park
Damwal
Stoffberg
Klipskool
Hectorspruit
Verena
Waterval-Boven
Mbombela (Nelspruit)
Komatipoort
Vaalplaas
Lammerkop
Kaapmuiden
Middelburg
Belfast
Old Stock Exchange
Machado-dorp
Barberton
Hhohho
Witbank
Wonder-fontein
Saddle-back Pass
Badplaas
Piggs Peak
Balmoral
Ogies
Vandyksdrif
Carolina
Bulembu
Tjaneni
Namaacha
Mpumalanga
Lochiel
Malolotja Nat'l. Res.
Hendrina
Chrissies-meer
Warburton
Ka Dake
Mbabane
Croydon
Kriel
Leandra
Breyten
Province
Mantenga Falls
Mpaka
Stn.
Kinross
Bethal
Ermelo
Manzini
Lovengo
Hoëveld
Sheepmoor
Amsterdam
Swaziland
Big Bend
Morgenzon
Iswepe
Sicunusa
Sithobela
Standerton
1827 m
Grootdraai-dam
Amersfoort
Piet Retief
Assegai
Nhlangano
Nsoko
Hluthi
Perdekop
Volksrust
2268 m
Berbice
Lavumisa
Vrede
Wakkerstrom
uPhongolo
Pongola
2026 m
Bothasberg
Balelesberge
Hot Springs
Itala Nat. Res.
Utrecht
Witkoppies
Memel
Louwsburg
Mkuze
2379 m
Newcastle
Madadeni
Vryheid
Steilrand
kerskop
Dannhauser
Kwa Zulu
Nongoma
Melanieskop
Kingsley
Hluhluwe-Umfolozi National Park
2286 m
Glencoe
Dundee
Blood River Monument
Hlabisa
Harrismith
Van Reenen
Elandslaagte
Vant's Drift
Silutshana
Mahlabatini
Umfolozi Game Res.
Somkele
Oliviershoek Pass
Ladysmith
Pomeroy
Buffelsriv.
Natal
Mtubatuba
Bergville
Colenso
Tugela
Dlolwana
Simunye
S. 695
Sango
Chicualacuala
Chigamane
R. Nuanetze
Machaila
R. Chefu
Moçambique
Mapai
Parque Nacional de Banhine
Mambeco
Rio Limpopo
R. Chigombe
Combomume
Barr. de Massingir
Lagoa Nova
Magan
Maalamba
Gaza
Nalázi
Zuca
R.d. Elefantes
Maqueze
R. Mazimechopes
Macarretane
Guijá
Mapulanguene
Maele
Chókuè
Chibuto
Jantingue
Maputo
Macaene
Panchane
Chissano
Macia
Magude
Xai-Xai
Taninga
Sabiè
Chinhanguanine
Praia do Biler
Lagoa Uembje
Manhiça
Moamba
Marracuene
MAPUTO
Matola
Baía do Maputo
Ilha da Inhaca
Inhaca
Boane
Goba
Porto Henrique
Fronteira
Bela Vista
Lebombo
Reserva de Elefantes do Maputo
R. Maputo
Lagoa Piti
Zitundo
Catuane
Ndumo
Kosi Bay
Kosimeer
Kosibaai National Reserve
Tembe Elefant Res.
Ubombo
Rocktail Bay
Pongolapoort-dam
Lake Sibaya
Candover
Mbaswana
Phinda Reserve
Sodwana Bay National Park
Hluhluwe
St. Lucia Game Reserve
Lake St. Lucia
St. Lucia
St. Lucia Park
Indischer Ozean
Limpopo Province
Area
Safari Area
Mapumalanga

ANGOLA
SAMBIA
SIMBABWE
NAMIBIA
BOTSWANA
MOSAMBIK
696 / 697
698 / 699
692 / 693
694 / 695
688 / 689
690 / 691
686 / 687
682 / 683
684 / 685
Musina
Lephalale (Ellisras)
Polokwane
Makopano
Hoedspruit
Tshwane (Pretoria)
Barberton
Mmabatho
Soweto
Johannesburg
Vereeniging
SWAZI-LAND
Ermelo
Vryburg
Klerksdorp
Volksrust
Madadeni
Van Zylsrus
Kuruman
Welkom
Harrismith
Alexanderbaai
Augrabies
Oranje
Upington
Kimberley
Ladysmith
Springbok
Prieska
Bloemfontein
Maseru
LESOTHO
Pietermaritzburg
Durban
Drakensberge
Aliwal North
Atlantischer Ozean
Umtata
Graaff-Reinet
Indischer Ozean
Beaufort West
Cradock
Mdantsane
Vredenburg
East London
Worcester
Oudtshoorn
Grahamstown
Kapstadt
Swellendam
George
Knysna
Uitenhage
Stellen-bosch
Mossel Bay
Port Elizabeth